《中华人民共和国公司法》释义与典型案例

项国　翟继光　◎　主编

2023年12月29日，第十四届全国人民代表大会常务委员会第七次会议对《中华人民共和国公司法》进行了第二次修订。

对比清晰　　逐条释义　　典型案例

立信会计出版社
LIXIN ACCOUNTING PUBLISHING HOUSE

图书在版编目（CIP）数据

《中华人民共和国公司法》释义与典型案例/项国，翟继光主编. —上海：立信会计出版社，2024.3
ISBN 978-7-5429-7603-1

Ⅰ.①中… Ⅱ.①项…②翟… Ⅲ.①公司法—法律解释—中国②公司法—案例—中国 Ⅳ.① D922.291.915

中国国家版本馆 CIP 数据核字（2024）第 045016 号

责任编辑　毕芸芸

《中华人民共和国公司法》释义与典型案例
ZHONGHUA RENMIN GONGHEGUO GONGSIFA SHIYI YU DIANXING ANLI

出版发行	立信会计出版社	
地　　址	上海市中山西路 2230 号	邮政编码　200235
电　　话	（021）64411389	传　　真　（021）64411325
网　　址	www.lixinaph.com	电子邮箱　lixinaph2019@126.com
网上书店	http：//lixin.jd.com	http：//lxkjcbs.tmall.com
经　　销	各地新华书店	

印　　刷	三河市中晟雅豪印务有限公司
开　　本	787 毫米 ×1092 毫米　1/16
印　　张	58
字　　数	1236 千字
版　　次	2024 年 3 月第 1 版
印　　次	2024 年 3 月第 1 次
书　　号	ISBN 978-7-5429-7603-1/ D
定　　价	398.00 元

如有印订差错，请与本社联系调换

编　委　会

主　编

项　　国　北京市盈科律师事务所/博士

翟　继　光　中国政法大学/教授

编委委员（排名不分先后）

欧云塔娜　新疆维吾尔自治区人民政府办公厅

石　银　霞　北京大成律师事务所

周　　跃　北京市盈科（深圳）律师事务所

杨　　巍　北京市两高律师事务所

葛　　昱　北京市兰台律师事务所

卜　庆　卫　中国航天科工集团有限公司

王　月　圆　中国航天科工集团有限公司

毋　亦　蒙　中原银行股份有限公司

马　跃　鑫　中国政法大学研究生院

葛　禹　辰　中国政法大学法律硕士学院

前　言

公司法是规范公司的设立、组织活动和解散以及其他与公司组织有关的对内对外关系的法律规范，是社会主义市场经济最基础、最重要的商事法律之一。1993年12月29日，第八届全国人民代表大会常务委员会第五次会议通过《中华人民共和国公司法》（以下简称《公司法》），该法历经1999年12月25日第九届全国人民代表大会常务委员会第十三次会议第一次修正、2004年8月28日第十届全国人民代表大会常务委员会第十一次会议第二次修正、2005年10月27日第十届全国人民代表大会常务委员会第十八次会议第一次修订、2013年12月28日第十二届全国人民代表大会常务委员会第六次会议第三次修正、2018年10月26日第十三届全国人民代表大会常务委员会第六次会议第四次修正。

2023年12月29日，第十四届全国人民代表大会常务委员会第七次会议对《公司法》进行了第二次修订。该次修订是对《公司法》的全面修订，增加和完善了一系列重要的制度：进一步完善公司出资制度，强化股东出资责任；明确股东失权的决议程序和失权股东的异议程序；进一步强化职工民主管理、保护职工合法权益；规定公司董事会成员中的职工代表可以成为审计委员会成员；明确公司收到股东提议召开临时股东会会议的请求时，应当在规定期限内答复股东是否召开会议，以确保股东能够及时自行召集；完善审计委员会的议事方式和表决程序；增加股东对全资子公司相关材料的查阅、复制权利，完善股东对全资子公司董事、监事、高级管理人员等提起代表诉讼的程序。

为帮助公司的股东、董事、监事、高级管理人员以及社会公众了解新修订的《公司法》的主要内容，我们组织相关专家、研究人员和律师编写了本书。

本书具有以下三个特点：第一，对比清晰。本书列举了2018年版本的《公司法》、

2023年8月提交全国人大常委会审议的《中华人民共和国公司法（修订草案三次审议稿）》（以下简称《三次审议稿》）以及2023年12月29日全国人大常委会审议通过的《公司法》，便于读者对照三个版本之间的差异。第二，逐条释义，简明扼要，重点突出。本书对《公司法》266个条款进行了逐条释义，释义遵循简明扼要、重点突出的原则，对一些常识性的问题不再做详细解释，重点介绍容易理解错误的重要内容。第三，相关法律、法规、司法解释和典型案例齐全。本书在逐条释义之后，增加了与该条款相关的法律、法规、规章、其他规范性文件、司法解释，并为其中65个条款配备了典型案例，案例内容涉及《公司法》100余个条款，案例总数近80个。

本书由北京市盈科律师事务所项国博士和中国政法大学翟继光教授主编，编委委员包括欧云塔娜（新疆维吾尔自治区人民政府办公厅）、石银霞（北京大成律师事务所）、周跃［北京市盈科（深圳）律师事务所］、杨巍（北京市两高律师事务所）、葛昱（北京市兰台律师事务所）、卜庆卫（中国航天科工集团有限公司）、王月圆（中国航天科工集团有限公司）、毋亦蒙（中原银行股份有限公司）、马跃鑫（中国政法大学研究生院）、葛禹辰（中国政法大学法律硕士学院）。（排名不分先后）

本书使用的法律、法规、规章、其他规范性文件、司法解释的发布日期截至2023年12月31日。上述规范性文件的部分内容与新修订的《公司法》有冲突，本书收录的相关判决文书是按照当时有效的相关法律、法规和司法解释来审理的，读者在使用时应当注意。由于时间关系，本书在写作和资料搜集中难免有不足，欢迎广大读者批评指正，相关意见和建议可以发送至电子邮箱：zhaijiguang2008@sina.com。本书收录的案例均为真实发生且已经公开的法院判决书，其中对相关当事人姓名和名称的处理如有不适当，敬请相关当事人谅解，我们将在未来修订时予以进一步完善。

本书编委会

2024年1月10日

目　录

第一章　总则 …………………………………………………………………… 001

第二章　公司登记 ……………………………………………………………… 163

第三章　有限责任公司的设立和组织机构 …………………………………… 181

 第一节　设立 ………………………………………………………………… 181

 第二节　组织机构 …………………………………………………………… 267

第四章　有限责任公司的股权转让 …………………………………………… 320

第五章　股份有限公司的设立和组织机构 …………………………………… 363

 第一节　设立 ………………………………………………………………… 363

 第二节　股东会 ……………………………………………………………… 430

 第三节　董事会、经理 ……………………………………………………… 459

 第四节　监事会 ……………………………………………………………… 480

 第五节　上市公司组织机构的特别规定 …………………………………… 485

| 第六章 | 股份有限公司的股份发行和转让 | 506 |

    第一节　股份发行 …………………………………………………… 506

    第二节　股份转让 …………………………………………………… 535

第七章　国家出资公司组织机构的特别规定 ……………………………… 579

第八章　公司董事、监事、高级管理人员的资格和义务 ………………… 601

第九章　公司债券 …………………………………………………………… 685

第十章　公司财务、会计 …………………………………………………… 700

第十一章　公司合并、分立、增资、减资 ………………………………… 755

第十二章　公司解散和清算 ………………………………………………… 795

第十三章　外国公司的分支机构 …………………………………………… 852

第十四章　法律责任 ………………………………………………………… 866

第十五章　附则 ……………………………………………………………… 917

第一章 总　　则

【2023 年版本】

第一条　为了规范公司的组织和行为，保护公司、股东、职工和债权人的合法权益，完善中国特色现代企业制度，弘扬企业家精神，维护社会经济秩序，促进社会主义市场经济的发展，根据宪法，制定本法。

【三次审议稿】

第一条　为了规范公司的组织和行为，保护公司、股东和债权人的合法权益，完善中国特色现代企业制度，弘扬企业家精神，维护社会经济秩序，促进社会主义市场经济的发展，制定本法。

【2018 年版本】

第一条　为了规范公司的组织和行为，保护公司、股东和债权人的合法权益，维护社会经济秩序，促进社会主义市场经济的发展，制定本法。

【本条释义】

本条规定了公司法的立法宗旨。与2018年版本相比，三次审议稿和2023年版本增加了"完善中国特色现代企业制度，弘扬企业家精神"。

《公司法》是对公司的规范，《中华人民共和国民法典》（以下简称《民法典》）、《中华人民共和国证券法》（以下简称《证券法》）、《中华人民共和国保险法》（以下简称《保险法》）等法律也涉及对公司的规范，但《公司法》是规范公司组织和行为最基本的法律。如何成立公司，公司的组织架构是什么，公司如何运作等基本问题都由《公司法》来规范，其他法律仅仅起到补充作用。

《公司法》的直接目的是通过规范公司的组织和行为，保护公司、股东和债权人的合法权益。这里需要注意的是，与公司相关的利益主体包括公司、股东和债权人三者，《公司法》对三者的利益均予以保护，并非仅仅保护股东利益。在大多数情形下，三者利益是一致的。只有在少数情形下，三者利益才会发生冲突。此时，《公司法》的作用就是平衡三者利益，避免一方利用其优势地位侵犯其他一方或者两方的利益。

《公司法》的间接目的是完善中国特色现代企业制度，弘扬企业家精神，维护社会经济秩序，促进社会主义市场经济的发展。公司是现代企业最主要的表现形式，除此以外，还有个人独资企业、合伙企业等。完善公司法律制度就是完善中国特色现代企业制度。由于中国企业发展的历史较短，股东利用公司有限责任侵犯其他主体利益的情形还时有出现，因此，急需弘扬企业家精神，维护社会经济秩序。《公司法》设计的有限责任是为了防范股东的风险，并非为股东逃债、侵犯其他主体利益提供保护伞。

通过以上直接目的与间接目的，《公司法》的最终目的是促进社会主义市场经济的发展，因为公司是社会主义市场经济中最重要的主体，公司能够规范发展，也就为社会主义市场经济的稳定发展奠定了基础。

【2023年版本、三次审议稿】

第二条　本法所称公司，是指依照本法在中华人民共和国境内设立的有限责任公司和股份有限公司。

【2018年版本】

第二条　本法所称公司是指依照本法在中国境内设立的有限责任公司和股份有限公司。

【本条释义】

本条规定了公司的种类和范围。

各国的公司种类各不相同，但比较常见的两种形态是有限责任公司和股份有限公司。《公司法》规范的公司仅限于在中国境内设立的有限责任公司和股份有限公司。在中国境内，不允许有其他形态的公司存在。个人独资企业、合伙企业不是公司。

有限责任公司和股份有限公司基本结构是类似的，前者不存在股份，股东持有的是股权，后者存在股份，股东持有股份，股份的外在表现形态是股票。有限责任公司不能上市，其股权只能私下转让或者在国家设立的相关交易场所转让，股份有限公司可以上市，其股票可以在证券交易所公开交易。

第一章 总　则

【2023年版本、三次审议稿】

第三条　公司是企业法人，有独立的法人财产，享有法人财产权。公司以其全部财产对公司的债务承担责任。

公司的合法权益受法律保护，不受侵犯。

【2018年版本】

第三条　公司是企业法人，有独立的法人财产，享有法人财产权。公司以其全部财产对公司的债务承担责任。

有限责任公司的股东以其认缴的出资额为限对公司承担责任；股份有限公司的股东以其认购的股份为限对公司承担责任。

【本条释义】

本条规定了公司的基本地位。与2018年版本相比，三次审议稿增加了"公司的合法权益受法律保护，不受侵犯"。

民事主体分为自然人、法人等，法人又包括营利法人、非营利法人和特别法人。营利法人的主要形态是企业法人。公司是企业法人的主要形态，除公司外，我国还存在全民所有制企业，也属于企业法人。公司有独立的法人财产，享有法人财产权。股东出资、公司成立之后，股东的出资就转化为公司的财产。公司是独立于股东的法律主体，公司也具有独立于股东的合法权益，公司的合法权益受法律保护，不受侵犯。

公司虽然名称中含有"有限"两字，但公司本身承担的是无限责任。也就是说，公司以其全部财产对公司的债务承担责任。如果其全部财产少于公司债务，公司可以破产，也可以继续经营，创造新的利润来偿还债务。

【典型案例】

新疆维吾尔自治区高级人民法院
民　事　判　决　书

〔2020〕新民终359号

上诉人（原审被告）：刘某远，男，1984年7月28日出生，汉族，住新疆维吾尔自治区乌鲁木齐市。

委托诉讼代理人：邱锦才，北京盈科（乌鲁木齐）律师事务所律师。

被上诉人（原审原告）：王某，男，1951年10月4日出生，汉族，住新疆维吾尔自治区乌鲁木齐市。

委托诉讼代理人：曾万民，新疆新纪元律师事务所律师。

原审被告：苑某，女，1957年12月28日出生，汉族，住新疆维吾尔自治区乌鲁木齐市。

委托诉讼代理人：邱锦才，北京盈科（乌鲁木齐）律师事务所律师。

原审第三人：新疆拜城音西铁热克煤业有限公司，住所地新疆维吾尔自治区拜城县胜利路西苑小区二号楼二单元201室。

法定代表人：王某凯，该公司总经理。

委托诉讼代理人：王飞，男，该公司工作人员。

上诉人刘某远因与被上诉人王某及原审被告苑某、原审第三人新疆拜城音西铁热克煤业有限公司（以下简称煤业公司）与公司有关的纠纷一案，不服新疆维吾尔自治区乌鲁木齐市中级人民法院〔2019〕新01民初539号民事判决，向本院提起上诉。本院于2020年10月23日立案后，依法组成合议庭，于2020年11月18日开庭进行了审理。上诉人刘某远、原审被告苑某的共同委托诉讼代理人邱锦才，被上诉人王某及其委托诉讼代理人曾万民，原审第三人煤业公司的委托诉讼代理人王飞到庭参加诉讼。本案现已审理终结。

刘某远上诉请求：撤销一审判决，改判驳回王某的全部诉讼请求。事实和理由：一、一审程序违法。首先，本案不应由中级人民法院审理，王某将本应分别针对两个被告的诉讼合并在一个案件中起诉，存在恶意规避级别管辖的情形。一审中刘某远提出了本案管辖错误的答辩意见，但一审法院未予回应；其次，一审法院超出原告的诉讼请求判决，违反了民事诉讼的基本原则。王某的第一项诉讼请求是"判令被告偿付由原告为刘斌垫付的建设煤业公司所欠外债"，而一审判决第一项为"被告刘某远向原告王某偿付外债9 716 319.89元"，判决明显超出原告诉讼请求。二、一审法院认定事实不清。首先，王某主张刘某远偿付其为刘斌垫付的外债，而一审法院并未查明王某是否存在为刘斌垫付外债的事实；其次，一审判决在经审理查明部分叙述"王某通过德科公司不间断地进行投资（据煤业公司财务账册反映累计约1.3亿元）"，该认定缺乏事实依据。三、一审判决适用法律错误。王某的请求权基础依据是《中华人民共和国继承法》，而一审法院并未对其请求权基础法律关系进行审查，仅依据《中华人民共和国民法总则》（以下简称《民法总则》）、《中华人民共和国民法通则》（以下简称《民法通则》）及《最高人民法院关于适用〈中华人民共和国民法总则〉诉讼时效制度若干问题的解释》的规定判令刘某远向王某偿付外债，法律依据不足。四、一审法院认定刘某远向王某偿付外债9 716 319.89元无事实和法律依据。首先，刘某远与王某之间无债权债务关系，根据王某的诉讼请求，其要求刘某远承担的是王某替刘斌垫付的外债款。而本案中并未查清是否存在王某替刘斌垫付外债款的事实；其次，刘斌在去世时已履行了出资义务，根据《中华人民共和国继承法》第三十三条的规定，继承遗产应当清偿被继承人依法应当缴纳的税款和债务，缴纳税款和清偿债务以他的遗产实际价值为限。刘某远通过法定继承获得刘斌持有的30%股权，其无需对王某偿付外债款9 716 319.89元承担偿还责任；第三，刘斌与王某不存在债权债务关系，无需对王某偿付的煤业公司的外债承担偿还责任。王某替煤业公司偿还外债的行为是其个人行为，其与煤业公司形成了债权债务关系，债务人应当是煤业公司而非刘某远。王某应当向煤业公司主张债务，而不应当要求已完成出资义务的刘斌的继承人刘某远承担。五、一审法院认定本案未过诉讼时效与客观事实不符。通过整理本案双方当事人涉诉系列案件可以看出各案件中的诉讼请求、案件事实与理由均不涉及本案王某主张的与刘斌之间的债权债务关系。王某所负债务在〔2012〕阿中民二初字第2号案件中已予以确认，但其始终未向刘斌的继承人刘某远主张要求其承担其中的30%。即使王某与刘斌之间存在债权债务关系，王某的起诉时间也已远远超过法定诉讼时效。一审法院不论〔2016〕最高法民再95号民事判决是否与本案有关，就认定王某向刘某远追索的行为未超过诉讼时效是不正确的。

  王某辩称，一、一审的审理程序符合法律规定，不存在管辖错误的情形。王某诉讼标的总额共计36 550 985.18元，中级人民法院一审立案标准是3 000万元以上，王某的起诉符合级别管辖的规定。二、一审判决没有超出王某的诉讼请求。王某一审起诉总标的是36 550 985.18元，而法院只支持了9 716 319.89元，远低于王某的诉讼请求。三、一审法院认定事实清楚，查清了王某为刘斌垫付的外债。根据新疆宏申有限责任会计师事务所作出的《经济鉴证报告》，王某在2008年6月将51%的股权转让给上海正龙投资有限公司（以下简称正龙公司）后，用所得的股权转让款为建设煤业公司所欠外债垫付债务款32 387 732.97元，苑某、方黎三均同意按持股比例承担债务，刘某远占股权比例30%，按此比例计算其应当承担9 716 319.89元。2003年7月28日，王某和刘斌注册成立了煤业公司，但公司成立后不到五个月，刘斌因病去世。刘斌去世后从2003年到2008年的五年间，王某陆续投入建矿资金1.3亿，王某对外转让股权后，用所得款偿付了外债。因此，王某为刘斌垫付外债真实存在。四、一审判决适用法律正确。本案涉及《中华人民共和国继承法》《公司法》《民法通则》《民法总则》等法律规范，审理案件不存在基础法律和非基础法律，人民法院根据事实适用应当适用的法律，不存在适用法律错误的问题。五、一审法院不是仅仅依据刘某远继承了30%的股权和《经济鉴证报告》认定刘某远应承担王某为刘斌垫付的外债，同时还依据了苑某、方黎三也同意承担所占股权外债。一审法院依据整个案件事实进行的判决。六、刘某远继承刘斌的股权是在2009年12月15日，依据的是新疆维吾尔自治区高级人民法院作出的〔2009〕新民二终字第97号判决书，继承时没有承担外债。王某偿付的外债，是在2003年到2008年建矿过程中对外所欠的材料、设备等各种款项，这些款项一直没有偿付，直到2008年6月王某用自己转让的股权款进行偿付。刘某远通过诉讼得到了股权，依法应当偿付债务。七、起诉没有超过诉讼时效。王某与刘某远就股权纠纷自2009年到现在一直在诉讼之中，其中有中级人民法院、高级人民法院，最高人民法院，自治区检察院，最高人民检察院等二十多份法律文书。最后一个判决是

2016年5月30日最高人民法院〔2016〕最高法民再95号民事判决书，王某的起诉时间是2018年12月26日，没有超过三年诉讼时效。

苑某述称，我在前案中表示愿意承担与持股比例相当的债务是以王某将股权转让价差1 000万元给付我为前提，但王某拒绝给付，该案经再审驳回了我的诉讼请求，因此本案中我并不同意承担煤业公司的债务。

煤业公司述称，本案是王某与刘某远之间的纠纷，我方不发表意见。

王某向一审法院起诉请求：1.判令苑某、刘某远偿付王某为其被继承人刘斌垫付的建设煤业公司所欠外债款22 230 948.46元（总对外欠款55 577 374.16元×苑某、刘某远所占股权出资比例40%）；2.判令苑某、刘某远偿付王某为其被继承人刘斌垫付的煤业公司建矿款14 320 036.72元（王某全部自有资金投资额35 800 091.8元×苑某、刘某远所占股权出资比例40%）；3.判令苑某、刘某远就上述款项承担连带责任。

一审法院认定事实：2003年4月7日，拜城县人民政府通过阿克苏地区行政公署招商引资，与大连德科工业有限公司（以下简称德科公司）协商后，订立《关于投资开发新疆拜城县音西铁热克煤矿协议书》，约定由德科公司作为投资主体，投资建设音西铁热克煤矿，投资总额为7 800万元，注册资本暂定500万元，三年内分期到位，必须独资建矿，不得以任何形式倒卖、转让采矿权，拜城县人民政府确保音西铁热克煤矿行政审批事项合法，并协助德科公司在六个月内办结采矿许可证。与此同时，新疆维吾尔自治区工商行政管理局于2003年3月19日发出《企业名称预先核准通知书》，同意预先核准"新疆拜城音西铁热克煤业有限公司"名称，保留期六个月，拟设公司注册资本500万元，全体股东（发起人）为王某、刘斌。2003年7月，拜城县经济贸易委员会、阿克苏地区行政公署分别向新疆维吾尔自治区工商行政管理局出函，请求为德科公司组建的煤业公司办理企业登记有关手续，同时明确音西铁热克煤矿的业主为煤业公司。2003年7月28日，新疆维吾尔自治区工商行政管理局根据设立登记申请书、公司登记委托证明、筹建章程、验资报告等资料办理了煤业公司筹建营业执照，核准登记的公司注册资本为100万元，股东为王某、刘斌，法定代表人为王某，王某核准登记的出资额为60万元，占60%，刘斌核准登记的出资额为40万元，占40%，登记的经营范围为筹建。自2003年9月开始，德科公司陆续为煤业公司支付前期筹建费用，至2004年12月，德科公司向新疆煤田地质局161队等多家单位多次汇款，共计1 404 800元。2003年12月29日，刘斌因病去世。苑某在2004年3月将注册资金连同利息共计105 048.61元汇入煤业公司账户，并自2004年下半年起监管公司财务。2004年9月，煤业公司获得新疆维吾尔自治区国土资源厅颁发的《采矿许可证》并进行矿井建设。苑某此后陆续投资，至2005年1月苑某投资金额累计2 011 308.3元。王某通过德科公司也不间断地进行投资（据煤业公司财务账册反映累计约1.3亿元）。2005年9月，苑某因涉嫌挪用公款被检察机关立案调查，遂离开煤业公司。2006年4月1日，煤业公司出具《公司章程修正案》，将"王某出资60万元，占公司注册资本的60%；刘斌出资40万元，占公司注册资本的40%"修改为"王某出资90万元，占公司注册资本的90%；苑某出资10万元，占公司注册资本的10%"。同日，还形成签有刘斌、王某、苑某名字的《股东转让出资协议》及《音西铁热克煤业公司股东会关于同意转让出资的决定》。2006年6月11日，煤业公司依据上述材料申请工商登记变更，新疆维吾尔自治区工商行政管理局经审核予以变更登记，并于2006年6月23日向煤业公司颁发了《企业法人营业执照》。2008年5月30日，王某与苑某订立《股权转让协议》，约定：双方合伙成立了煤业公司，投资比例为王某90%、苑某10%，苑某将10%的股份以300万元的价格出让给王某，转让款须于2008年7月30日付清，苑某转让股权后不再享有公司各种权益，公司的债权债务均与其无关。协议达成后，苑某于2008年7月至2009年4月共从王某处取得股权转让款1 000万元。与此同时，王某与上海正龙投资有限公司（以下简称正龙公司）协商转让股权，正龙公司委托资产评估公司对煤业公司资产予以评估，2008年8月1日评估结论为资产总计41 893 200元、负债总计34 901 100元、净资产6 992 100元，市场评估值为210 260 400元。2008年6月12日，王某与正龙公司订立《股权转让协议》，约定王某持有煤业公司100%股权，愿将51%的股份及相应的收益转让给正龙公司，受让51%的股权总价格为10 200万元，转让后正龙公司持股51%、王某持股49%；转让前煤业公司的债权债务归王某享有并承担；如因债权人追索，煤业公司及正龙公司为转让前债务承担责任后，王某应予赔偿。合同签订后，正龙公司支付转让费10 200万元，并进行了工商变更登记。

2009年4月21日，苑某作为原告将王某、正龙公司、煤业公司诉至阿克苏地区中级人民法院，认为其股权交易是在对公司股权真实价格缺乏了解，产生重大误解的情形下进行的，交易显失公平，王某以欺诈手段在苑某违背真实意思的情况下订立的《股权转让协议》应依法撤销，请求：1.撤销苑某与王某2008年5月30日签订的《股权转让协议》；2.判令王某、正龙公司、煤业公司共同将正龙公司持有的煤业公司10%的股权在工商部门办理变更登记至苑某名下。阿克苏地区中级人民法院于2009年10月20日作出〔2009〕阿中民二初字第10号民事判决，驳回苑某的诉讼请求。苑某不服上诉至新疆维吾尔自治区高级人民法院，该院经审理查明，刘斌死亡后，其配偶苑某、子女刘某远及刘斌父母就原由刘斌所持有的煤业公司40%股权的分割问题达成合意，苑某继承原由刘斌持有的煤业公司股权中的10%。同时该院认为"王某未向苑某告知正龙公司欲收购煤业公司股权的事实违反诚实信用原则，构成欺诈，造成的结果显失公平。由于本案所涉由苑某向王某转让10%煤业公司股权已经被王某转让给正龙公司，正龙公司又依据善意取得制度成为该10%股权的权利人，故在本案所涉苑某与王某2008年5月30日签订的《股权转让协议》被撤销后，苑某要求返还10%股权的基础已经不存在。在这种情况下，只能由王某进行补偿。苑某要求将其恢复登记为出资比例为10%的煤业公司股东的诉讼请求因返还原物已无可能而无法得到人民法院的支持，苑某可在本案裁判结果发生法律效力后另行就折价补偿问题向王某主张权利"。新疆维吾尔自治区高级人民法院于2009年12月15日作出〔2009〕新民二终字第98号民事判决：一、撤销阿克苏地区中级人民法院〔2009〕阿中民二初字第10号民事判决；二、撤销苑某与王某于2008年5月30日签订的《股权转让协议》；三、驳回苑某的其他诉讼请求。王某不服上述判决，向最高人民法院申请再审。最高人民法院于2011年7月7日作出〔2010〕民申字第364号民事裁定，指令新疆维吾尔自治区高级人民法院再审。新疆维吾尔自治区高级人民法院于2011年12月29日作出〔2011〕新审民一再终字第21号民事判决书，维持〔2009〕新民二终字第98号民事判决。王某仍不服，向检察机关提出申诉。最高人民检察院于2013年9月18日作出高检民抗〔2013〕63号民事抗诉书。最高人民法院于2015年7月8日作出〔2014〕民抗字第21号民事判决：一、撤销新疆维吾尔自治区高级人民法院〔2011〕新审民一再终字第21号民事判决以及〔2009〕新民二终字第98号民事判决；二、维持阿克苏地区中级人民法院〔2009〕阿中民二初字第10号民事判决。

　　2012年4月12日，苑某作为原告将王某、煤业公司诉至阿克苏地区中级人民法院，请求：1.判令王某支付股权折价款1 000万元及利息2 096 250元；2.判令煤业公司承担连带赔偿责任。在该案中，王某提出反诉：1.判令苑某向王某支付垫付债务款11 342 314.7元；2.判令苑某承担利息2 543 514元。该案审理过程中，苑某申请对王某2008年6月转让股权后所承担的债务进行审计，王某同意审计。由于阿克苏地区中级人民法院受理的〔2012〕阿中民二初字第2号案件（方黎三诉王某及煤业公司股权转让纠纷一案）正在审理中，该案王某提出了要求方黎三承担债务的相同反诉请求，方黎三申请对王某的债务账目进行审计，阿克苏地区中级人民法院已委托新疆宏申有限责任会计师事务所进行审计，两案申请审计的事项完全相同。王某与苑某均同意不需要另行委托审计，可参照方黎三诉王某及煤业公司股权转让纠纷案的审计结果作出处理。阿克苏地区中级人民法院委托新疆宏申有限责任会计师事务所对自2003年至2008年王某转让股权时止，王某为煤业公司所负债务进行审计。该事务所作出〔2012〕001号《经济鉴证报告》结论为：1.2003年至2008年王某转让股权时止，煤业公司财务账目显示的王某为煤业公司所负债务4 483.3万元。2.2008年股权转让以后煤业公司账目挂账的王某偿还的债务为32 387 732.97元，王某提供的资料为投入资金偿还债务57 527 374.88元，经审计调减25 139 641.91元，实际偿还债务32 387 732.97元。阿克苏地区中级人民法院于2012年12月4日作出〔2012〕阿中民二初字第12号民事判决：一、王某向苑某给付股权折价款1 000万元并承担利息损失209.625 0万元；二、驳回苑某要求煤业公司承担连带责任的诉讼请求；三、苑某向王某偿还垫付债务款323.877 3万元并承担债务垫付款利息67.892 8万元；四、上述第一项、第三项折抵后，王某应当向苑某支付817.854 9万元。王某不服上述判决，向新疆维吾尔自治区高级人民法院提出上诉，该院于2014年1月10日作出〔2013〕新民二终字第58号民事判决：驳回上诉，维持原判。王某仍不服，向最高人民法院申请再审，最高人民法院于2015年11月10日作出〔2015〕民申字第2639号民事裁定，提审该案。并于2016年5月30日作出〔2016〕最高法民再95号民事判决：一、撤销新疆维吾尔自治区高级人民法院〔2013〕新民二终字第58号民事判决和阿克苏地区中级人民法院〔2012〕阿中民二初字第12号民事判决；二、驳回苑某的诉讼请求；三、驳回王某的反诉请求。

2009年，刘某远作为原告将煤业公司、王某、正龙公司诉至阿克苏地区中级人民法院，请求：1.确认署名为刘斌、苑某、王某于2006年4月1日签订的《股东转让出资协议》无效；2.煤业公司、王某、正龙公司在公司登记机关办理股权变更登记到刘某远名下。阿克苏地区中级人民法院于2009年10月20日作出〔2009〕阿中民二初字第9号民事判决：驳回刘某远的诉讼请求。刘某远不服该判决，向新疆维吾尔自治区高级人民法院提出上诉，该院于2009年12月15日作出〔2009〕新民二终字第97号民事判决：一、撤销阿克苏地区中级人民法院〔2009〕阿中民二初字第9号民事判决；二、本案所涉署名为刘斌、苑某、王某于2006年4月1日签订的《股东转让出资协议》无效；三、煤业公司应当在本判决生效后十日内将刘某远及其所持有的30%煤业公司股权在公司登记机关办理登记，王某、正龙公司应当予以协助；四、驳回刘某远的其他诉讼请求。王某不服上述判决向最高人民法院申请再审，最高人民法院于2015年10月30日作出〔2015〕民申字第2638号民事裁定：驳回王某的再审申请。

2011年，王某作为原告将刘某远、上海兆信恒投资有限公司（以下简称兆信恒公司）、煤业公司诉至新疆维吾尔自治区高级法院，请求：1.确认2011年5月13日刘某远与兆信恒公司签订的股权转让协议（交割证明）无效；2.判令刘某远向王某支付投资权益款124 139 170.39元（根据2011年10月8日新疆志诚矿业评估咨询事务所评估的煤矿采矿权价值157 600 500元＋2011年10月21日新疆康德资产评估有限责任公司评估的煤业公司净资产值256 196 734.64元＝413 797 234.64元×30%股东权益＝124 139 170.39元）；3.判令兆信恒公司、煤业公司与刘某远共同承担连带责任。新疆维吾尔自治区高级人民法院于2013年2月18日作出〔2011〕新民二初字第16号民事判决，判决：驳回王某的诉讼请求。王某不服，上诉至最高人民法院。最高人民法院于2013年10月25日作出〔2013〕民二终字第91号民事判决：驳回上诉，维持原判。

一审法院认为，本案的争议焦点为一、王某要求苑某、刘某远连带承担偿付外债款22 230 948.46元、建矿款14 320 036.72元有无事实及法律依据。1.关于苑某是否应当偿付外债款、建矿款的问题。一审法院认为，2003年7月28日，王某与刘斌共同设立煤业公司，王某占煤业公司60%的股份，刘斌占煤业公司40%的股份。2003年12月29日，刘斌因病去世。依据法律规定，刘斌的妻子苑某、儿子刘某远及父母享有上述股份的继承权。后刘斌父母放弃其应继承的遗产份额，由刘某远继承煤业公司30%的股权、苑某继承煤业公司10%的股权。2008年5月30日，苑某与王某签订《股权转让协议》，苑某将其持有的煤业公司10%的股权转让给王某，并办理了工商登记。之后，苑某提出诉讼要求撤销上述《股权转让协议》，该案经一审、二审及再审，最终确认《股权转让协议》合法有效，对双方当事人具有约束力。该协议约定苑某将煤业公司10%的股权转让给王某后，煤业公司的债权、债务与苑某无关，今后该公司的所有行为与苑某无关，苑某不再享有煤业公司的各种权益。虽然该约定中未具体载明王某放弃向苑某主张外债款及建矿款，但该《股权转让协议》系王某与苑某所订立，煤业公司并未参与，王某无权替煤业公司作出放弃债权、债务的意思表示，根据上述内容反映，王某实际是在受让苑某持有的煤业公司10%股权后，不再向苑某主张任何债务的意思表示，且经法院多次审理，均确认苑某与王某已履行了《股权转让协议》，故王某现诉请苑某偿付外债款及建矿款无事实及法律依据，一审法院不予支持。2.关于刘某远是否应当偿付外债款、建矿款的问题。一审法院认为，首先，刘某远诉煤业公司、王某、正龙公司一案，新疆维吾尔自治区高级人民法院作出〔2009〕新民二终字第97号民事判决，确认署名为刘斌、苑某、王某于2006年4月1日签订的《股东转让出资协议》无效，王某返还刘某远30%的煤业公司股权。据此可以确认，刘某远继承刘斌在煤业公司享有的30%的股权。其次，在〔2012〕阿中民二初字第12号案件中，经审计确认，煤业公司财务账目显示王某所负债务为4 483.3万元，王某提供偿还债务的资料为57 527 374.88元，经审计调减25 139 641.91元，实际偿还债务32 387 732.97元。虽然〔2012〕阿中民二初字第12号案件已被最高人民法院撤销，但该审计报告仍对各方当事人具有约束力，且亦作为王某反诉方黎三要求承担债务的审判依据，〔2012〕阿中民二初字第2号民事判决已生效，故刘某远应当按照鉴定报告的结论向王某偿付外债款9 716 319.89元（32 387 732.97元×30%）。其次，煤业公司最初系王某与刘斌出资设立，煤业公司的注册资本为100万元，王某与刘斌已按照6∶4的比例进行出资。刘斌去世后，王某与苑某、刘某远因继承刘斌股权后产生的纠纷已长达十几年，王某主张建矿款所提交的财务凭证大部分系复印件，且从证据内容并不能反映均系其个人出资。同时王某与苑某、刘某远的数次诉讼中其从未向二人主张过建矿款，直至今日才提出相应的诉讼请求，亦不符合常理。综合上述情形，一审法院对王某主张刘某远支付建矿款的诉讼请求不予支持。第四，依据《中华人民共和国继承法》的规定，苑某与刘某远及刘斌父母针对被继承人刘斌所持煤业公司股权自行进行分割并确权后，苑某与刘某远即按照各自所持股权份额合法享有煤业公司的股东权益。王某在本案中主张刘某远向其偿付外债款，应依据《公司法》的相关规定确定各方当事人的权利义务。据此，苑某与刘某远理应对各自继承的股份产生的权益独立承担责任，王某要求苑某对刘某远的债务承担连带责任无事实及法律依据，一审法院不予采信。二、王某的诉讼请求是否已过诉讼时效。《民法通则》第一百三十五条规定"向人民法院请求保护民事权利的诉讼时效期间为2年，法律另有规定的除外"；《民法总则》第一百八十八条第一款规定"向人民法院请求保护民事权利的诉讼时效期间为三年。法律另有规定的，依照其规定"；《最高人民法院关于适用〈中华人民共和国民法总则〉诉讼时效制度若干问题的解释》第二条规定"民法总则施行之日，诉讼时效期间尚未满民法通则规定的二年或者一年，当事人主张适用民法总则关于三年诉讼时效期间规定的，人民法院应予支持"。本案中，虽然2012年6月19日《经济鉴证报告》明确了王某已偿付外债的具体数额，但王某与苑某、刘某远在刘斌过世后，各方当事人因刘斌40%的股权产生了各类纠纷长达十数年，各方当事人已发生的最后一起诉讼的截止日期系最高人民法院于2016年5月30日作出的〔2016〕最高法民再

95号民事判决。苑某与刘某远系母子关系,分别继承了刘斌共计40%煤业公司股份,王某于2019年1月向阿克苏地区中级人民法院提起本案诉讼,未过诉讼时效。判决:一、刘某远于判决生效后十日内向王某偿付外债款9 716 319.89元;二、驳回王某的其他诉讼请求。

二审中,当事人没有提交新证据。

本院二审查明,〔2013〕新民二终字第57号民事判决书(方黎三诉王某股权转让纠纷案)查明:诉讼中,王某认为其向正龙公司转让股权时按照协议承担了转让前煤业公司的所有债务,方黎三要求按照王某与煤业公司的《股权转让协议》约定的价格支付股权转让款,就应当按比例分担债务。该案一审法院认为,根据新疆宏申有限责任会计师事务所作出的《经济鉴证报告》,王某为煤业公司偿还的债务为32 387 732.97元,在该债务中包含了王某已对外承担而实际应由方黎三支付的160万元贷款及16万元利息,方黎三亦表示该债务应由其个人承担,故王某实际偿还的债务金额为30 627 732.97元(32 387 732.97 − 1 600 000 − 160 000)。方黎三应当以其当时持有的煤业公司15%的股权比例承担债务,则方黎三应承担的债务为4 594 160元(30 627 732.97×15%)。该案一审法院作出〔2012〕阿中民二初字第2号民事判决书后王某不服提出上诉,本院驳回了王某的上诉,维持了一审判决。最高人民法院〔2016〕最高法民再95号民事判决书载明,王某在该案一审期间提出反诉称,苑某在煤业公司仅投入了200万元,而王某对煤业公司的实际投入为1.3亿元,苑某应当按照10%股权份额将其承担的投资份额返还王某并承担煤业公司的债务5 557 737.42元(总债务55 577 374.16元×10%)。苑某辩称,对2008年6月份王某向正龙公司转让股权后其又支付的债务,同意按比例偿还。转让股权之前已经偿还的债务是煤业公司偿还的,当时苑某是煤业公司的股东,应当视为已承担。该案一审法院认为,根据新疆宏申有限责任会计师事务所作出的《经济鉴证报告》王某实际偿还的债务为32 387 732.97元,苑某应承担其中的10%,即3 238 773元。该案二审法院维持了一审判决,最高人民法院经再审撤销了一、二审判决,驳回苑某的诉讼请求、驳回王某的反诉请求。

本院二审查明的其他事实与一审查明的事实基本一致。

本院认为,本案二审期间双方当事人的主要争议在于刘某远是否应当承担王某所偿还的债务32 387 732.97元中的30%,计9 716 319.89元。根据新疆宏申有限责任会计师事务所《经济鉴证报告》载明的内容,上述32 387 732.97元是2008年6月王某将煤业公司51%股权转让正龙公司后,由王某实际承担的股权转让前原属煤业公司的债务。王某称上述债务是其为刘斌垫付的债务并无事实依据亦与人民法院数份生效法律文书所查明的事实不符,本院不予采信。〔2012〕阿中民二初字第2号民事判决及〔2013〕新民二终字第57号民事判决认定的事实可以反映,王某实际承担的煤业公司股权转让前的债务数额应在32 387 732.97元基础上扣除方黎三的个人债务160万元和60万元,为30 627 732.97元。王某与正龙公司在《股权转让协议》中约定:煤业公司评估值为212 929 659.96元；正龙公司受让51%的股权总价格为10 200万元；资产评估报告中未包括的目标公司的债权债务以及正龙公司接管煤业公司之日前的债权债务归王某享有并承担；目标公司评估时只评估资产，目标公司在正龙公司接管前的全部债务由王某承担。根据上述约定，向王某以每1%股200万元的价格支付总价10 200万元股权转让款是股权受让方正龙公司的主要合同义务，而承担在股权转让前已产生的煤业公司的债务是股权转让方王某的主要合同义务，双方在每1%股200万元的定价中考虑了煤业公司存在债务负担的因素。因此，王某在2008年6月之后承担了原属于煤业公司的30 627 732.97元债务是《股权转让协议》的应有之意。根据〔2013〕新民二终字第57号民事判决书查明内容，方黎三同意按其持股比例承担煤业公司在股权转让前的债务是因为王某向正龙公司转让的煤业公司股权中包括了方黎三的部分股权，方黎三对王某将其持有的煤业公司股权转让正龙公司的行为表示认可，对《股权转让协议》约定的每1%股200万元的转让价格表示接受，则该协议中约定的股权转让方需承担煤业公司转让前的债务的义务同样约束方黎三。因此，〔2012〕阿中民二初字第2号民事判决书判令王某向方黎三给付股权转让款，同时方黎三承担与其持股比例相应的煤业公司的债务。而刘某远系通过继承其父亲刘斌的遗产获得煤业公司的股权，本院在〔2009〕新民二终字第97号案件中确认，王某所转让的煤业公司51%股权中并不包括刘某远继承的、原由刘斌持有的30%，刘某远并不认可王某占有并转让其股权的行为且通过诉讼取回了自己应当享有的股权份额。因此，《股权转让协议》所约定的股权转让方应承担煤业公司在转让前的债务的条款并不能约束刘某远。不可否认的是，刘斌去世后至王某向正龙公司转让煤业公司股权之前，主要在王某的经营管理之下，煤业公司的资产较成立之初有较大幅度增加，公司资产价值的增长必然导致公司股权升值，但煤业公司自成立以来至今未进行增资扩股，注册资本金仍为100万元，刘斌因出资获得煤业公司40%的股权，刘某远继承了其中的30%，该股权比例一直未发生变化。王某向正龙公司转让股权时称自己拥有煤业公司100%股权，让予51%后，王某还留有煤业公司49%股权，王某认为该保留的股权份额能够使其继续享有因煤业公司资产增加产生的股权升值利益。但由于方黎三、刘某远与王某的诉讼，法院认定王某在向正龙公司转让股权时并不享有煤业公司100%股权，在扣除了应属于方黎三、刘某远的股权份额以及王某转让给正龙公司的股权份额后，法院判定王某持有的煤业公司股权为14.25%，并不是49%，导致王某在《股权转让协议》中期望获得的利益减少，但该减少并不损害王某的利益，而是纠正了王某擅自占有其他股东股权份额的错误。另，《股权转让协议》约定王某承担煤业公司股权转让前的债务同时亦享有煤业公司股权转让前的债权，现王某仅强调自己承担了全部债务对其不公但不提及自己还享有债权的事实，是不客观的。《公司法》第二十条规定：公司股东应当遵守法律、行政法规和公司章程，依法行使股东权利，不得滥用股东权利损害公司或者其他股东的利益；公司股东滥用股东权利给公司或者其他股东造成损失的，应当依法承担赔偿责任。

刘某远在取得煤业公司股权以及转让煤业公司股权过程中均不存在滥用股东权利损害王某利益的情形。王某以煤业公司股东身份要求公司其他股东对其承担责任的事实及法律依据不足。另外，根据《公司法》及相关司法解释的规定，有限责任公司的股东以其出资额为限对公司承担责任，一般情形下，股东不是公司债务的承担主体。股东应对公司债务承担相应责任的特殊情况包括：1.公司财产不足以清偿债务，未缴出资或抽逃出资的股东在出资不足的范围内对公司债务承担责任；2.公司股东滥用公司法人独立地位和股东有限责任，逃避债务，严重损害公司债权人利益，应对公司债务承担责任；3.股东怠于履行义务，导致公司主要财产、账册、重要文件等灭失，无法进行清算，债权人有权主张股东对公司债务承担责任。本案王某要求刘斌（死亡后为其继承人刘某远）对煤业公司的债务承担责任，但又未举证证明刘斌（刘某远）作为股东存在上述情形，则王某以煤业公司债权人身份要求煤业公司股东对公司债务承担责任的事实及法律依据亦不足。

关于本案涉及的诉讼时效问题。根据王某所述，案涉债务发生于2003年至2008年煤业公司进行煤矿建设期间。2008年6月王某向正龙公司转让股权，并按双方约定承担了煤业公司在股权转让前产生的债务。2011年12月，王某向本院提出诉讼（〔2011〕新民二初字第16号），要求确认刘某远与兆信恒公司签订的股权转让协议无效；刘某远向其给付投资权益款1.24亿余元等。在该案诉讼时王某承担煤业公司债务的事实以及刘某远将其持有的股权转让的事实均已发生，如王某认为刘某远在转让股权时未承担公司债务损害了自己的利益，则在该案中就应当提出要求刘某远承担债务的诉讼主张，但王某并未提出，至2019年2月提起本案诉讼不符合《民法总则》第一百八十八条"向人民法院请求保护民事权利的诉讼时效期间为三年。诉讼时效期间自权利人知道或者应当知道权利受到损害以及义务人之日起计算"的规定。另，最高人民法院〔2016〕最高法民再95号案审理的是苑某起诉王某、煤业公司要求王某按照10%的股权实际价值给付1 000万元股权价差款，王某提出反诉要求苑某承担王某对煤业公司投资额1.3亿元的10%以及承担煤业公司的债务。在该案中王某要求苑某按持股比例承担煤业公司债务的诉讼请求其事实理由、计算方式及标的数额与本案一致，即王某针对苑某承担煤业公司债务的诉讼已在最高人民法院进行了审理并作出生效判决，王某再次在本案提出，属于重复诉讼，应予驳回。而刘某远并非〔2016〕最高法民再95号民事案件的当事人，该案并不涉及王某与刘某远之间的纠纷。本案王某虽将苑某、刘某远作为共同被告，但从查明事实可见，本案并不属于必要的共同诉讼。一审法院认为王某与苑某的案件审理过程属诉讼时效中断，以〔2016〕最高法民再95号民事判决书的作出日期作为王某与刘某远之间诉讼时效的起算点不正确。

根据以上分析，一审判令刘某远向王某偿付9 716 319.89元缺乏事实及法律依据，本院予以纠正。

关于刘某远上诉提出的管辖问题。刘某远在一审提出了管辖异议，认为其长期居住地在乌鲁木齐市，因此本案不应由阿克苏地区中级人民法院管辖，法院经审理支持了刘某远的异议将案件移送至乌鲁木齐市中级人民法院。刘某远上诉称一审法院对其提出的管辖异议未予回应与事实不符。另,刘某远在一审中仅针对地域管辖提出异议,并未提出级别管辖存在错误。王某起诉标的为 36 550 985.18 元,符合中级人民法院一审立案标准。关于一审判决是否超出王某诉讼请求问题,王某的一审诉讼请求共三项,其中第一项为:判令苑某、刘某远偿付王某为其被继承人刘斌垫付的建设煤业公司所欠外债款 22 230 948.46 元(总对外欠款 55 577 374.16 元 × 苑某、刘某远所占股权出资比例 40%)。一审判决第一项为:刘某远向王某偿付外债款 9 716 319.89 元,表述方式虽与上述诉讼请求不完全一致,但其实质内容并未超出王某的诉讼请求。

综上所述,刘某远的上诉请求成立,予以支持。依照《公司法》第三条、《民法总则》第一百八十八条、《中华人民共和国民事诉讼法》(以下简称《民事诉讼法》)第一百七十条第一款第(二)项规定,判决如下:

一、撤销新疆维吾尔自治区乌鲁木齐市中级人民法院〔2019〕新 01 民初 539 号民事判决;

二、驳回王某的诉讼请求。

一审案件受理费 224 554.93 元、二审案件受理费 79 814.24 元,由王某负担。

本判决为终审判决。

审判长　侯卫宁
审判员　陈建红
审判员　王　恺
二○二○年十一月三十日
书记员　丛雅靓

中华人民共和国最高人民法院

民 事 裁 定 书

〔2021〕最高法民申 4524 号

再审申请人(一审原告、二审被上诉人):王某,男,汉族,1951 年 10 月 4 日出生,住辽宁省瓦房店市。

委托诉讼代理人:王新全,新疆航迪律师事务所律师。

委托诉讼代理人:曾万民,新疆新纪元律师事务所律师。

被申请人(一审被告、二审上诉人):刘某远,男,汉族,1984 年 7 月 28 日出生,住新疆维吾尔自治区乌鲁木齐市新市区。

被申请人（原审被告）：苑某，女，汉族，1957年12月28日出生，住新疆维吾尔自治区乌鲁木齐市水磨沟区。

原审第三人：新疆拜城音西铁热克煤业有限公司。住所地：新疆维吾尔自治区拜城县胜利路西苑小区二号楼二单元201室。

法定代表人：王某凯，该公司总经理。

再审申请人王某因与被申请人苑某、刘某远、原审第三人新疆拜城音西铁热克煤业有限公司（以下简称煤业公司）与公司有关的纠纷一案，不服新疆维吾尔自治区高级人民法院〔2020〕新民终359号民事判决，向本院申请再审。本院依法组成合议庭进行审查，现已审查终结。

王某申请再审称：（一）原审法院关于刘某远、苑某不应承担王某为其垫付的煤业公司所欠外债的认定错误。2008年5月，王某与苑某签订《股权转让协议》后，王某占有了煤业公司100%的出资，在此之前，煤业公司的建设工作全部由王某完成。2008年6月王某与上海正龙投资有限公司签订《股权转让协议》时，王某名下的对外欠债为5 557.737 4万元。上述欠款并未计入煤业公司的对外债务，全部由王某个人承担。经过多次诉讼，原股东刘斌所持有40%股权确定由苑某和刘某远继承后，根据《公司法》第十一条、《中华人民共和国合同法》（以下简称《合同法》）第五十八条、《民法总则》第一百七十六条和一百七十八条的规定，刘斌应当承担的债务由其继承人苑某和刘某远承担。有关案件虽认定苑某投入煤业公司200万元，对于一个中型煤矿而言远远不够。王某承担了建设煤业公司所需的绝大部分资金，根据《公司法》的相关规定，刘斌作为发起人成为股东后，仍应当承担相应民事责任，苑某和刘某远作为其继承人亦应承继债务。（二）原审法院关于王某的诉讼时效已经经过的认定错误。首先，本案为因股权纠纷而产生的与公司有关纠纷，属于必要的共同诉讼，苑某与刘某远分别继承刘斌的股权份额系基于家庭内部的约定，不能对抗王某，也不能部分免除对外应承担的债务，故本案王某起诉苑某与刘某远应属于必要的共同诉讼，起诉时间未超过诉讼时效。其次，前述诉讼一直是物权之诉，物权请求权不适用诉讼时效。王某就案涉股权归属问题直到2016年5月30日仍在主张权利，只要不放弃物权的追索，王某即有权利选择主张本案的债权。选择主张债权的时间即为计算债权诉讼时效的时间。王某于2018年12月向一审法院起诉，并未超过诉讼时效。王某根据《民事诉讼法》第二百条第二项和第六项的规定申请再审。

本院经审查认为：根据《公司法》第三条关于"公司是企业法人，有独立的法人财产，享有法人财产权。公司以其全部财产对公司的债务承担责任。有限责任公司的股东以其认缴的出资额为限对公司承担责任；股份有限公司的股东以其认购的股份为限对公司承担责任"的规定，公司设立后，享有独立的法人财产权并以其财产对公司所负债务承担民事责任，有限责任公司股东在其认缴的出资额范围内对公司而非外部债权人承担有限责任。另根据《最高人民法院关于适用〈中华人民共和国公司法〉若干问题的规定（三）》第二条第一款关于"发起人为设立公司以自己名义对外签订合同，合同相对人请求该发起人承担合同责任的，人民法院应予支持"、第三条第一款关于"发起人以设立中公司名义对外签订合同，公司成立后合同相对人请求公司承担合同责任的，人民法院应予支持"、第四条第一款和第二款关于"公司因故未成立，债权人请求全体或者部分发起人对设立公司行为所产生的费用和债务承担连带清偿责任的，人民法院应予支持。部分发起人依照前款规定承担责任后，请求其他发起人分担的，人民法院应当判令其他发起人按照约定的责任承担比例分担责任；没有约定责任承担比例的，按照约定的出资比例分担责任；没有约定出资比例的，按照均等份额分担责任"的规定，在公司未能设立的情况下，外部债权人方可向发起人主张权利，发起人之间互负连带清偿责任；部分发起人承担民事责任后可以请求其他发起人按照约定出资比例分担责任。本案中，王某与刘斌同为目标公司煤业公司的发起人，如公司未能依法设立，则应共同对债权人承担清偿责任并互有追偿权利。但实际上煤业公司已于2003年7月28日被工商行政管理部门核准登记，于彼时起已成为享有独立财产权利并独立承担民事责任的法人，公司法中有限责任这一基本制度产生保护公司股东王某和刘斌免于外部债权人直接请求的作用，王某和刘斌之间也不负有共同承担公司外部债务的法定义务。2003年12月29日，煤业公司股东刘斌病逝，苑某与刘某远经过诸多诉讼依法承继刘斌持有的煤业公司40%股权。王某承担煤业公司债务后，取得并不大于公司其他外部债权人的相应权利，在未主张并证实煤业公司股东苑某和刘某远出资不实或者另有特别约定的情况下，请求煤业公司股东苑某和刘某远承担清偿责任缺乏法律根据和事实依据。

（二）关于本案诉讼时效是否已经经过问题。原审法院已查明，案涉债务发生于2003年至2008年煤业公司进行煤矿建设期间。2008年6月王某承担了煤业公司所产生的对外债务后，如认为刘某远未承担公司债务损害了自己的利益，则应在其于2011年12月起诉的〔2011〕新民二初字第16号案中提出要求刘某远承担债务的诉讼主张，而在后续的诸多诉讼中，王某均未向刘某远提出明确的债务清偿主张，故二审法院关于王某向刘某远主张债权的诉讼时效已经经过的认定有事实依据。王某主张刘斌股权存在继承分割问题产生对刘某远效力，但确认刘斌所持有煤业公司40%股权由刘某远继承30%、苑某继承10%部分的〔2009〕新民二终97号民事判决已于2009年12月25日作出，结合其在最高人民法院〔2016〕最高法民再95号案中仅对苑某提出债权主张的事实，不能认定王某对苑某提出债权清偿的行为可以产生对刘某远主张权利的诉讼时效予以中断的效果。王某还主张本案诸多诉讼所涉标的为物权请求权、不受诉讼时效制度制约，因无充分且明确的法律依据而不能成立。

依照《民事诉讼法》第二百零四条第一款，《最高人民法院关于适用〈中华人民共和国民事诉讼法〉的解释》第三百九十五条第二款规定，裁定如下：

驳回王某的再审申请。

审　判　长　　宋　　冰
审　判　员　　吴　　笛
审　判　员　　董俊武
二〇二一年七月三十日
法官助理　　杨　涛
书　记　员　　陈小雯

【2023年版本、三次审议稿】

第四条　有限责任公司的股东以其认缴的出资额为限对公司承担责任；股份有限公司的股东以其认购的股份为限对公司承担责任。

公司股东对公司依法享有资产收益、参与重大决策和选择管理者等权利。

【2018年版本】

第三条　公司是企业法人，有独立的法人财产，享有法人财产权。公司以其全部财产对公司的债务承担责任。

有限责任公司的股东以其认缴的出资额为限对公司承担责任；股份有限公司的股东以其认购的股份为限对公司承担责任。

第四条　公司股东依法享有资产收益、参与重大决策和选择管理者等权利。

【本条释义】

本条规定了股东的有限责任及股东权利。

公司名称中的"有限"是针对股东责任而言的，股东对公司承担责任是有限度的。有限责任公司的股东以其认缴的出资额为限对公司承担责任；股份有限公司的股东以其认购的股份为限对公司承担责任。需要注意的是，股东是以"认缴的出资额"或者"认购的股份"为限对公司承担责任，并非以实缴出资额或者实际购买的股份为限对公司承担责任。因此，股东在确定公司注册资本的数额时应当量力而行，如果在注册资本上"吹牛"，将来全体股东需要按照注册资本的数额来对公司债务承担责任，在公司破产之前，全体股东必须将各自认缴的出资额全部出资完成或者将认购的股份认购完成。

公司是股东出资设立的，因此，股东对公司享有非常重要的权利。公司股东对公司依法享有资产收益、参与重大决策和选择管理者等权利。资产收益权也就是分取股息的权利。参与重大决策权就是参加股东会并进行表决的权利。选择管理者权则是通过股东会确定公司管理人员的权利。股东行使上述权利应当依照法律和公司章程规定的程序和方式。

【2023年版本、三次审议稿】

第五条 设立公司应当依法制定公司章程。公司章程对公司、股东、董事、监事、高级管理人员具有约束力。

【2018年版本】

第十一条 设立公司必须依法制定公司章程。公司章程对公司、股东、董事、监事、高级管理人员具有约束力。

【本条释义】

本条规定了公司章程及其约束力。

公司章程是在法律允许的范围内对公司设立、组织、运行等相关内容的具体规范。公司章程不仅涉及公司自身的建设,还涉及股东、董事、监事以及高级管理人员的权利义务,因此,其对公司、股东、董事、监事、高级管理人员具有约束力。公司章程的规定只要不违反法律法规的强制性规定,公司、股东、董事、监事、高级管理人员均应遵守公司章程的规定。

【典型案例】

中华人民共和国
重庆市第五中级人民法院
民 事 裁 定 书

〔2018〕渝05民初687号

原告:深圳市瑞得能医药科技有限公司,住所地中华人民共和国广东省深圳市罗湖区笋岗街道笋岗东路3002号万通大厦1918室,统一社会信用代码9144030079170576XL。

法定代表人:陈某娟,董事。

委托诉讼代理人:叶峥嵘,重庆睿通律师事务所律师。

第一章 总 则

委托诉讼代理人：谭晶晶，重庆睿通律师事务所律师。

被告：上海龙德医疗技术有限公司，住所地中华人民共和国上海自由贸易试验区毕升路299弄6号301-A室，统一社会信用代码91310000766934296F。

法定代表人：HENRIMARIERUIJTEN，执行董事。

被告：吕某勤（DR.LUQINMAXIMILIAN），男，1968年2月24日出生，德意志联邦共和国国籍，住址不详。

被告：华药国际医药有限公司，住所地中华人民共和国河北省石家庄长安区和平东路217-1号，统一社会信用代码911300001043215547。

法定代表人：李某民，经理。

第三人：重庆瑞得能医药有限公司，住所地中华人民共和国重庆市九龙坡区奥体路1号6幢19-3号，统一社会信用代码91500107585737330P。

法定代表人：艾某坤，经理。

原告深圳市瑞得能医药科技有限公司（以下简称深圳瑞得能）与被告上海龙德医疗技术有限公司（以下简称上海龙德）、吕某勤、华药国际医药有限公司（以下简称华药国际）、第三人重庆瑞得能医药有限公司（以下简称重庆瑞得能）损害公司利益责任纠纷一案，本院于2018年5月7日立案。

原告深圳瑞得能向本院提出诉讼请求：1.判令被告上海龙德、吕某勤连带赔偿重庆瑞得能损失暂计50万元（最终以海关报关单确定的数据计算后予以确定）；2.判令被告上海龙德、吕某勤终止授权被告华药国际销售药品"多种微量元素注射液—来维"（国家药监局进口药品注册证号为国药准字H20110522）；3.判令被告华药国际停止销售药品"多种微量元素注射液—来维"（国家药监局进口药品注册证号为国药准字H20110522），并对以上两被告的赔偿款项承担连带赔偿责任；4.判令诉讼费、保全费、担保费等由三被告共同承担。事实与理由：2011年11月8日，重庆瑞得能成立，股东分别为被告上海龙德（法定代表人为被告吕某勤），持股比例为55%；原告深圳瑞得能（股东为陈列100%控股），持股比例为45%。重庆瑞得能的前法定代表人为陈列，2015年5月中旬法定代表人变更为何会军；执行董事为吕某勤。重庆瑞得能作为药品"多种微量元素注射液—来维"（国家药监局进口药品注册证号为国药准字H20110522）在中国大陆唯一授权的总经销依法在中国大陆进行销售。但是被告上海龙德、被告吕某勤却严重违背重庆瑞得能章程的规定及违反公司法等相关法律法规的规定，置重庆瑞得能的利益于不顾，于2014年私自将药品"多种微量元素注射液—来维"交由被告华药国际销售，给重庆瑞得能及股东造成了巨大的经济损失。被告滥用股东权利且未尽到忠实义务，给公司利益造成了损害。原告于2015年5月29日向重庆市第五中级人民法院起诉，并于2016年4月30日向第三人重庆瑞得能监事会发函，请求第三人重庆瑞得能起诉被告，后原告撤诉，但第三人重庆瑞得能至今未向人民法院起诉被告，损害了第三人重庆瑞得能的利益。为此，原告作为第三人重庆瑞得能的股东特根据相关法律法规之规定向第三人重庆瑞得能住所地人民法院起诉，请求依法判决以维护原告的合法权利。

本院经审查认为，本案系损害公司利益责任纠纷。原告深圳瑞得能和被告上海龙德作为第三人重庆瑞得能的股东，根据《公司法》第十一条即"设立公司必须依法制定公司章程。公司章程对公司、股东、董事、监事、高级管理人员具有约束力。"的规定，依法受到《重庆瑞得能医药有限公司章程》的约束。原告深圳瑞得能提交的《重庆瑞得能医药有限公司章程》第四十四条为"如股东之间在公司经营上产生分歧，应尽力友好协商达成一致。协商后不能达成一致，可以进行仲裁。仲裁地为中国上海仲裁委员会。"由于本案系因"多种微量元素注射液—来维"的销售引起的纠纷，属于《重庆瑞得能医药有限公司章程》约定的"股东之间在公司经营上产生分歧"。根据《中华人民共和国仲裁法》第十六条即"仲裁协议包括合同中订立的仲裁条款和以其他书面方式在纠纷发生前或者纠纷发生后达成的请求仲裁的协议。仲裁协议应当具有下列内容：（一）请求仲裁的意思表示；（二）仲裁事项；（三）选定的仲裁委员会。"《民事诉讼法》第一百二十四条第（二）项即"依照法律规定，双方当事人达成书面仲裁协议申请仲裁、不得向人民法院起诉的，告知原告向仲裁机构申请仲裁。"的规定，原告应当将其请求向上海仲裁委员会申请仲裁。

依照《公司法》第十一条、《中华人民共和国仲裁法》第十六条、《民事诉讼法》第一百二十四条第（二）、第一百五十四条第一款第（三）项、《最高人民法院关于适用〈中华人民共和国民事诉讼法〉的解释》第二百零八条第三款规定，裁定如下：

驳回原告深圳市瑞得能医药科技有限公司的起诉。

如不服本裁定，原告深圳市瑞得能医药科技有限公司、被告上海龙德医疗技术有限公司、被告华药国际医药有限公司、第三人重庆瑞得能医药有限公司可以在裁定书送达之日起十日内，被告吕某勤可以在裁定书送达之日起三十日内向本院递交上诉状，并按照对方当事人或者代表人的人数提出副本，上诉于重庆市高级人民法院。

审 判 长　胡　进
审 判 员　彭　浩
审 判 员　严荣源
二〇一八年九月二十一日
法官助理　赖　春
书 记 员　郭俊男

第一章 总 则

中华人民共和国
重庆市高级人民法院
民事裁定书

〔2020〕渝民终 2240 号

上诉人（原审原告）：深圳市瑞得能医药科技有限公司，住所地中华人民共和国广东省深圳市罗湖区笋岗街道笋岗东路3002号万通大厦1918室，统一社会信用代码9144030079170576XL。

法定代表人：陈某娟，董事。

上诉人（原审被告）：上海龙德医疗技术有限公司，住所地中华人民共和国上海自由贸易试验区毕升路299弄6号301-A室，统一社会信用代码91310000766934296F。

法定代表人：FANGHOU，执行董事。

被上诉人（原审被告）：吕某勤（DR.LUQINMAXIMILIAN），男，1968年2月24日出生，德意志联邦共和国国籍，住址不详。

被上诉人（原审被告）：华药国际医药有限公司，住所地中华人民共和国河北省石家庄长安区和平东路217-1号，统一社会信用代码911300001043215547。

法定代表人：王军，董事长。

原审第三人：重庆瑞得能医药有限公司，住所地中华人民共和国重庆市九龙坡区奥体路1号6幢19-3号，统一社会信用代码91500107585737330P。

法定代表人：艾某坤，经理。

上诉人深圳市瑞得能医药科技有限公司（以下简称深圳市瑞得能）、上海龙德医疗技术有限公司（以下简称上海龙德）因与被上诉人吕某勤、华药国际医药有限公司（以下简称华药国际）及原审第三人重庆瑞得能医药有限公司（以下简称重庆瑞得能）损害公司利益责任纠纷一案，不服重庆市第五中级人民法院〔2018〕渝05民初687号民事裁定，向本院提起上诉。本院于2020年11月17日立案后，依法组成合议庭，对本案进行了审理。本案现已审理终结。

深圳市瑞得能上诉请求：一、撤销重庆市第五中级人民法院〔2018〕渝05民初687号民事裁定；二、指令本案由重庆市第五中级人民法院管辖，并支持深圳市瑞得能的全部诉讼请求；三、本案诉讼费由上海龙德、吕某勤、华药国际承担。事实与理由：一审法院认定事实和适用法律错误。一审法院认定本案属于《重庆瑞得能医药有限公司章程》第四十四条约定的股东之间在公司经营上产生分歧，受《重庆瑞得能医药有限公司章程》的约束，应进行仲裁。但深圳市瑞得能是依据上海龙德、吕某勤严重违背《重庆瑞得能医药有限公司章程》的规定及违反公司法等相关法律规定，置重庆瑞得能的利益于不顾，私自将药品"多种微量元素注射液—来维"交由华药国际销售，给重庆瑞得能及股东造成了巨大的经济损失而起诉，并非股东之间在公司经营上产生分歧，因此不受《重庆瑞得能医药有限公司章程》的约束。并且，深圳市瑞得能为了公司的利益已经请求重庆瑞得能起诉，但重庆瑞得能收到请求后三十日未起诉，为了维护公司的利益，深圳市瑞得能根据《公司法》第一百五十一条的规定，有权向法院提起诉讼。

上海龙德上诉请求：依法确认本案由上海市浦东新区人民法院管辖。事实与理由：损害公司利益责任纠纷本质上属于侵权纠纷，应依照《民事诉讼法》第二十八条规定，因侵权行为提起的诉讼，由侵权行为地或者被告住所地人民法院管辖。深圳市瑞得能的起诉不属实，即使属实，上海龙德住所地为上海自由贸易试验区毕升路，属于上海市浦东新区，行为地也是上海市浦东新区。

被上诉人吕某勤、华药国际、原审第三人重庆瑞得能未提交书面答辩意见。

深圳市瑞得能向一审法院请求：1. 判令上海龙德、吕某勤连带赔偿重庆瑞得能损失暂定50万元（最终以海关报关单确定的数据计算后予以确定）；2. 判令上海龙德、吕某勤终止授权华药国际销售药品"多种微量元素注射液—来维"；3. 判令华药国际停止销售药品"多种微量元素注射液—来维"，并对上海龙德、吕某勤的赔偿款项承担连带赔偿责任；4. 判令诉讼费、保全费、担保费等由上海龙德、吕某勤、华药国际共同承担。

一审法院经审查认为，本案系损害公司利益责任纠纷。深圳市瑞得能和上海龙德作为第三人重庆瑞得能的股东，根据《公司法》第十一条："设立公司必须依法制定公司章程。公司章程对公司、股东、董事、监事、高级管理人员具有约束力。"的规定，依法受到《重庆瑞得能医药有限公司章程》的约束。深圳市瑞得能提交的《重庆瑞得能医药有限公司章程》第四十四条："如股东之间在公司经营上产生分歧，应尽力友好协商达成一致。协商后不能达成一致，可以进行仲裁。仲裁地为中国上海仲裁委员会。"由于本案系因"多种微量元素注射液—来维"的销售引起的纠纷，属于《重庆瑞得能医药有限公司章程》约定的："股东之间在公司经营上产生分歧"。根据《中华人民共和国仲裁法》第十六条："仲裁协议包括合同中订立的仲裁条款和以其他书面方式在纠纷发生前或者纠纷发生后达成的请求仲裁的协议。仲裁协议应当具有下列内容：（一）请求仲裁的意思表示；（二）仲裁事项；（三）选定的仲裁委员会。"《民事诉讼法》第一百二十四条第二项："依照法律规定，双方当事人达成书面仲裁协议申请仲裁、不得向人民法院起诉的，告知原告向仲裁机构申请仲裁。"的规定，深圳市瑞得能应当将其请求向上海仲裁委员会申请仲裁。依照《公司法》第十一条、《中华人民共和国仲裁法》第十六条、《民事诉讼法》第一百二十四条第二项、第一百五十四条第一款第三项、《最高人民法院关于适用〈中华人民共和国民事诉讼法〉的解释》第二百零八条第三款规定，裁定：驳回原告深圳市瑞得能医药科技有限公司的起诉。

本院认为，《公司法》第十一条规定，设立公司必须依法制定公司章程。公司章程对公司、股东、董事、监事、高级管理人员具有约束力。本案中,深圳市瑞得能和上海龙德系第三人重庆瑞得能的股东,依法应受到《重庆瑞得能医药有限公司章程》的约束。《重庆瑞得能医药有限公司章程》第四十四条约定:"如股东之间在公司经营上产生分歧,应尽力友好协商达成一致。协商后不能达成一致,可以进行仲裁。仲裁地为中国上海仲裁委员会"。本案系因重庆瑞得能拥有销售授权的"多种微量元素注射液—来维"是否授予其他厂家销售引起的纠纷。是否授予其他厂家销售"多种微量元素注射液—来维"属于股东之间在公司经营上产生分歧。根据《民事诉讼法》第一百二十四条第二项:"依照法律规定,双方当事人达成书面仲裁协议申请仲裁、不得向人民法院起诉的,告知原告向仲裁机构申请仲裁。"的规定,深圳市瑞得能应当将其请求向上海仲裁委员会申请仲裁。因此,一审法院裁定驳回深圳市瑞得能的起诉并无不当,本院予以维持。上海龙德请求确认本案由上海市浦东新区人民法院管辖的上诉理由不成立,本院不予支持;深圳市瑞得能请求指令本案由重庆市第五中级人民法院管辖的上诉理由不成立,本院不予支持。

综上,深圳市瑞得能、上海龙德的上诉请求均不能成立,一审裁定认定事实清楚、适用法律正确,依照《民事诉讼法》第一百七十条第一款第一项、第一百七十一条规定,裁定如下:

驳回上诉,维持原裁定。

本裁定为终审裁定。

审判长　周　敏

审判员　付　莎

审判员　王　乐

二〇二一年二月十九日

书记员　吴晓未

【2023年版本、三次审议稿】

第六条　公司应当有自己的名称。公司名称应当符合国家有关规定。

公司的名称权受法律保护。

【2018年版本】

第八条　依照本法设立的有限责任公司,必须在公司名称中标明有限责任公司或者有限公司字样。

依照本法设立的股份有限公司,必须在公司名称中标明股份有限公司或者股份公司字样。

【本条释义】

本条规定了公司的名称。

公司作为独立的法人，必须有自己的名称。公司签订合同，参与法律诉讼等均以自己的名称签订或者参与。公司名称的确定既涉及公共利益，也涉及已有公司的利益，公司登记机关对公司名称有详细的规定，因此，公司名称应当符合国家有关规定。

公司名称是公司的重要资产，也具有经济价值，因此，公司的名称权受法律保护。未经公司允许，不允许使用或者借用其名称从事法律活动。

【2023 年版本、三次审议稿】

第七条　依照本法设立的有限责任公司，应当在公司名称中标明有限责任公司或者有限公司字样。

依照本法设立的股份有限公司，应当在公司名称中标明股份有限公司或者股份公司字样。

【2018 年版本】

第八条　依照本法设立的有限责任公司，必须在公司名称中标明有限责任公司或者有限公司字样。

依照本法设立的股份有限公司，必须在公司名称中标明股份有限公司或者股份公司字样。

【本条释义】

本条规定了公司确定名称的规范。

一个好的公司名称应当包含公司最基本的要素，因此，公司名称通常应当包括公司的地理位置、字号、所处行业以及组织形式。因此，有限责任公司，应当在公司名称中标明有限责任公司或者有限公司字样。股份有限公司，应当在公司名称中标明股份有限公司或者股份公司字样。例如，"北京好宝贝餐饮有限责任公司"就包含了地域、字号、行业和组织形式等信息，是一个合格的企业名称。

第一章 总　　则

【2023 年版本、三次审议稿】

第八条　公司以其主要办事机构所在地为住所。

【2018 年版本】

第十条　公司以其主要办事机构所在地为住所。

【本条释义】

本条规定了公司的住所。

公司必须有住所，这既是公司主要的办事机构所在地，也是确定管辖法院、送达诉讼文书等的法定地址。在公司有多个办事机构时，应当以其主要办事机构所在地为住所。住所应当登记在公司的营业执照上。

【2023 年版本、三次审议稿】

第九条　公司的经营范围由公司章程规定。公司可以修改公司章程，变更经营范围。

公司的经营范围中属于法律、行政法规规定须经批准的项目，应当依法经过批准。

【2018 年版本】

第十二条　公司的经营范围由公司章程规定，并依法登记。公司可以修改公司章程，改变经营范围，但是应当办理变更登记。

公司的经营范围中属于法律、行政法规规定须经批准的项目，应当依法经过批准。

【本条释义】

本条规定了公司的经营范围。

公司的经营范围是公司最主要的事项，应当由公司章程明确规定，且应登记在公司营业执照之上。公司的经营范围并非一成不变，但如果变更经营范围，公司必须修改公司章程。也就是说，无论什么时候，公司的经营范围都以公司章程规定的范围为准。

公司的经营范围原则上由股东通过公司章程自由决定，但其中属于法律、行政法规规定须经批准的项目，应当依法经过批准才能写到公司章程之中。目前，需要经过批准才能经营的项目已经大大压缩了，绝大多数经营项目均不需要批准，股东可以通过公司章程自由决定。股东在公司登记机关办理登记、确定经营范围时，公司登记机关会告知其哪些项目需要经过批准。

【2023年版本】

第十条　公司的法定代表人按照公司章程的规定，由代表公司执行公司事务的董事或者经理担任。

担任法定代表人的董事或者经理辞任的，视为同时辞去法定代表人。

法定代表人辞任的，公司应当在法定代表人辞任之日起三十日内确定新的法定代表人。

【三次审议稿】

第十条　公司的法定代表人按照公司章程的规定，由代表公司执行公司事务的董事或者经理担任。

【2018年版本】

第十三条　公司法定代表人依照公司章程的规定，由董事长、执行董事或者经理担任，并依法登记。公司法定代表人变更，应当办理变更登记。

【本条释义】

本条规定了公司的法定代表人。

法定代表人是公司的代表，代表公司签订合同，代表公司参与诉讼，也是承担相关责任的主体，因此，是公司的重要事项。公司法定代表人应当由公司章程明确规定，且登记在营业执照之上。董事长、执行董事或者经理可以担任法定代表人，其他人不允许担任法定代表人。

担任法定代表人的董事或者经理如果辞任，视为同时辞去法定代表人。因为担任法定代表人的前提是担任公司董事或者经理。法定代表人辞职可以向董事会秘书提出，也可以向董事长提出，如果其本身就是董事长，也可以向副董事长提出。

法定代表人辞任的，公司应当在法定代表人辞任之日起30日内确定新的法定代人，因为公司不能长期没有法定代表人。法定代表人的辞职原则上立即生效，公司应当及时确定新的法定代表人。公司章程也可以规定在法定代表人辞职后，由谁接任法定代表人或者由谁担任临时法定代表人，以防止公司运营出现权力真空。

【2023 年版本、三次审议稿】

第十一条 法定代表人以公司名义从事的民事活动，其法律后果由公司承受。

公司章程或者股东会对法定代表人职权的限制，不得对抗善意相对人。

法定代表人因执行职务造成他人损害的，由公司承担民事责任。公司承担民事责任后，依照法律或者公司章程的规定，可以向有过错的法定代表人追偿。

【本条释义】

本条规定了法定代表人民事活动的后果。本条是三次审议稿新增加的内容。

由于法定代表人是写入公司章程和营业执照的，已经向社会公示，因此，法定代表人以公司名义从事的民事活动，其法律后果应当由公司承受。法定代表人以个人名义从事的民事活动，其法律后果由个人承受，与公司无关。

公司章程或者股东会对法定代表人职权的限制，由于对外公示性不足，为降低交易成本，保护善意相对人的利益，该限制不得对抗善意相对人。善意相对人是不知道且不应知道该项限制的相对人，即相对人应当对该项限制尽到合理注意义务，在签订重要合同时应当查看公司章程是否有该项限制并要求公司及法定代表人承诺股东会未作出该项限制。

法定代表人的一切职务行为，其后果都应当由公司承担。因此，法定代表人因执行职务造成他人损害的，应当由公司承担民事责任。公司承担民事责任后，依照法律或者公司章程的规定，可以向有过错的法定代表人追偿。这里的"过错"通常是指故意以及重大过失，如果公司章程另有明确规定，可以包括轻微过失。如果法定代表人在执行职务时，尽到了通常合理的注意义务，应当认为法定代表人没有"过错"。

【2023 年版本、三次审议稿】

第十二条 有限责任公司变更为股份有限公司，应当符合本法规定的股份有限公司的条件。股份有限公司变更为有限责任公司，应当符合本法规定的有限责任公司的条件。

有限责任公司变更为股份有限公司的，或者股份有限公司变更为有限责任公司的，公司变更前的债权、债务由变更后的公司承继。

【2018 年版本】

第九条 有限责任公司变更为股份有限公司，应当符合本法规定的股份有限公司的条件。股份有限公司变更为有限责任公司，应当符合本法规定的有限责任公司的条件。

有限责任公司变更为股份有限公司的，或者股份有限公司变更为有限责任公司的，公司变更前的债权、债务由变更后的公司承继。

【本条释义】

本条规定了有限责任公司和股份有限公司的互相变更。

为提高公司经营的连续性，降低交易成本，有限责任公司和股份有限公司可以互相转变形式。由于二者设立的条件并不完全相同，因此，有限责任公司变更为股份有限公司，应当符合《公司法》规定的股份有限公司的条件。股份有限公司变更为有限责任公司，应当符合《公司法》规定的有限责任公司的条件。

公司组织形式的变更并未改变公司的实质性法律关系，因此，有限责任公司变更为股份有限公司的，或者股份有限公司变更为有限责任公司的，公司变更前的债权、债务由变更后的公司承继。

【典型案例】

吉林省长春市中级人民法院

民 事 判 决 书

〔2014〕长民五初字第 00001 号

原告隋某杰，女，1957 年 3 月 17 日出生，汉族，现住长春市绿园区。

委托代理人张铁岩，吉林煜博律师事务所律师。

被告吉林市隆博工贸有限公司，住所地吉林省吉林市龙潭区大口钦镇红阳街。

法定代表人金某顺，经理。

委托代理人王成，吉林志强律师事务所律师。

被告金某顺，男，1963 年 9 月 14 日生，汉族，现住吉林省吉林市。

委托代理人王成，吉林志强律师事务所律师。

第一章 总则

被告吉林老君炉耐火材料股份有限公司,住所地吉林省吉林市龙潭区大口钦镇红阳街。

法定代表人金某顺,经理。

委托代理人王成,吉林志强律师事务所律师。

原告隋某杰因与被告吉林市隆博工贸有限公司(以下简称隆博公司)、被告金某顺、被告吉林老君炉耐火材料股份有限公司(以下简称老君炉公司)民间借贷纠纷一案,向本院提起诉讼。本院受理后,依法组成合议庭,公开开庭进行了审理。原告隋某杰及委托代理人张铁岩,被告隆博公司、被告金某顺、被告老君炉公司的共同委托代理人王成到庭参加诉讼。本案现已审理终结。

原告隋某杰诉称,被告隆博公司、金某顺向原告出具借据900万元。该笔欠款实际已经近五年,经原告对此向被告催要,被告已偿还190万元,尚欠760万元。2013年4月22日被告在原告处以50万元购买两台二手汽车未付款,被告老君炉公司为被告市隆博公司、金某顺提供还款担保。承诺"如在规定时间内,无法偿还上述欠款,担保单位,吉林市老君炉耐火材料有限公司进行偿还"。请求依法判决三被告立即给付欠款760万元及利息。

被告隆博公司辩称,1.该案长春中院没有管辖权,立案庭裁定错误;2.我公司不欠原告钱,有证人证言为证,3.以前有过经济往来,但都还清了,借款是金某顺职务行为,金某顺作为诉讼主体错误;4.借据时间不对;5.老君炉公司不应是本案当事人,该公司没有为借款提供担保,吉林老君炉耐火材料股份有限公司是吉林市老君炉耐火材料有限公司改制而来,改制时没有该债务,借据是4月22日的,改制是4月22日之前,借据时间提前了,本应是8月发生的借款;公司改制必须处理好债权债务,根据公司法规定,改制前的债务由吉林老君炉耐火材料股份有限公司承担,改制后的债务我公司不承担。改制后吉林市老君炉耐火材料有限公司不存在,再进行对外担保无效,改制后的企业有新的股东参加,有限公司不能改制为股份有限公司,两个公司不是一个主体。

被告金某顺辩称,我本人不欠原告钱,我是被骗写的借条,那是我的职务行为,不是个人行为。

被告老君炉公司辩称,我公司是2013年4月22日前成立,没有为本案债务做担保,吉林市老君炉耐火材料有限公司早已不存在,不可能为债务做担保。

原告隋某杰为证明自己的主张,向本院提供了如下证据:1.2013年4月22日借(欠)据一份,证据来源是隆博公司及金某顺向原告出具,证明金某顺及隆博公司向原告借款900万元事实成立。2.2013年4月22日借款说明一份,来源是隆博公司和金某顺向原告提供,证明隆博公司、金某顺向隋某杰借款双方已计算清楚,共计欠款900万元。3.2013年4月22日欠据一份,来源是隆博公司及金某顺向原告出具,证明欠款事实成立,被告向原告借款50万元。4.担保书一份,来源是老君炉公司法定代表人金某顺向原告出具,证明老君炉公司承担欠款保证责任依法成立。5.承诺书一份，来源是隆博公司及金某顺向原告提供，证明原告主张的760万元借款依法成立，并且阐明了利息的计算方式。原欠款共计950万，已经偿还190万元，现在共计欠款760万元未还。6. 中国建设银行转款凭据，证据来源中国建设银行，证明2009年8月9日原告向金某顺配偶邹淑珍转款人民币100万元，中国建设银行业务收费凭据，来源于建设银行，转账手续费50元，证明以往原告与被告发生借款往来账目的凭据，证明曾经金某顺曾经借款100万元及借款过程。7. 证明一份，该证据来源于吉林市龙潭区大口钦镇政府民政部门，金某顺和邹淑珍身份证复印件，证明金某顺与邹淑珍是夫妻关系。8. 借条复印件8份，分别是：2009年1月15日隆博公司及金某顺向原告出具的借条，证明借款50万元。2009年1月23日隆博公司和金某顺向原告出具欠条，证明欠款25万元。2009年4月6日，金某顺向原告出具借条，证明借款25万元。2009年9月23日借条一份，隆博公司和金某顺出具的借条，证明借款120万元，用于购买土地、修建用款。2009年9月23日隆博公司和金某顺出具的借条，证明借款3.5万元。隆博公司和金某顺出具的借条，证明借款20万元。2011年4月28日，隆博公司和金某顺出具的借条，证明借款138万元。隆博公司和金某顺出具的借条，证明借款350.8万元。该组证据与之前的证据共产生1 000余万元借款，双方有诸多经济往来，后来归还了一部分，已经将借条原件给金某顺，最后隆博公司和金某顺出具了900万元的对账单和总欠款。9. 老君炉公司进行担保时提供的企业营业执照、机构代码证、资质证书、分析报告等。10. 本案立案时长春市绿园区法院依职权调取的工商局有限责任公司变更申请书，证明吉林市老君炉耐火材料有限公司依法变更登记为吉林老君炉耐火材料股份有限公司，金某顺是法定代表人。证明吉林市老君炉耐火材料有限公司依法变更登记为吉林老君炉耐火材料股份有限公司，并非该企业注销或改制，只是变更注册名称，保证责任应由吉林老君炉耐火材料股份有限公司依法承担。

被告隆博公司、被告金某顺、被告老君炉公司对原告隋某杰提供的证据质证意见是，对证据1的真实性无异议，该900万借款是原告丈夫艾清华说给隆博公司融资5 000万元，隆博公司给艾清华的好处费900万；借条不是2013年4月22日出具的，该借条是2013年9月份左右出具的，借条有造假成分，应艾清华要求，提前了借条时间到4月22日；艾清华没有给隆博公司融来资，所以隆博工贸没有义务偿还。对证据2的真实性无异议，艾清华要给被告融资，他要求被告做的，不是隆博公司及金某顺真实意图，该说明是为了给融资5 000万，给艾清华的好处费900万。对证据3的真实性无异议，是我们出具的。其实一共三辆车，宝马车款项隆博公司已经付给艾清华了63万元，该车出现故障，在修理厂修理，艾清华有该车钥匙，该车被其开走了，该款我们不该还。对证据4的真实性有异议，签字是金某顺本人写的，吉林市老君炉耐火材料有限公司不存在了，在2013年4月21日之前已经不存在了，不能为隆博公司提供担保。吉林老君炉耐火材料股份有限公司在2013年4月22日以前就已经由吉林市老君炉耐火材料有限公司改制为吉林老君炉耐火材料股份有限公司，吉林老君炉耐火材料股份有限公司没有给任何人提供过担保。更没有给隆博公司提供担保。

这份担保是金某顺以吉林市老君炉耐火材料有限公司法定代表人身份签字,虽然担保书是假的,但从字面看是吉林市老君炉耐火材料有限公司提供的担保。对证据5的真实性有异议,公章和金某顺签字是真实的,但该承诺没有执行。该证据没有时间,是在给融资5 000万时的承诺。被告对该证据能提出证人证明是虚假的承诺,证明借据是虚假的。对证据6、7的真实性无异议,证明问题有异议,金某顺承认有100万元借款,该100万元已经还了,不是900万元借款中的一部分。对证据8有异议,双方确实有经济往来,一共隆博工贸向原告借款100万元,都还完了,与900万元无关,后边的借条是否包括前面的不明确,900万元借款如何打过去需要对方提供银行汇款证明,如果没有汇款证明,不能认定900万元借款成立,借条都是复印件,不能作为证据使用。对证据9的真实性无异议,该证据在提供担保时已经没有效力了,吉林市老君炉耐火材料有限公司已经被吉林老君炉耐火材料股份有限公司取代,法定代表人已经不是金某顺,是邹罡。该证据不是用于担保,而是拿去融资用的。对证据10的真实性无异议,吉林市老君炉耐火材料有限公司的股东没有邹罡和张建业,2012年11月20日,吉林市老君炉耐火材料有限公司改制为吉林老君炉耐火材料股份有限公司,是改制,根据公司法规定,有限责任公司和股份有限公司的转变需经改制才能实现,否则工商管理部门不能将吉林市老君炉耐火材料有限公司改名为吉林老君炉耐火材料股份有限公司。

被告隆博公司、被告金某顺、被告老君炉公司为证明自己的主张,向本院提供了如下证据:1.陶某某的证人证言,内容是我是隆博公司员工,艾清华经常去我们公司,说给我们贷款5 000万元,听说让金总给出好处费900万元。用以证明原告主张的900万元是好处费。2.证人王某某的证言,内容是原告丈夫艾清华2013年4月回长春之前拿了我手里3万元,没有给我打条,证明向原告还款了。3.隆博公司收据9份,来源是隆博公司账目,经手人均为张东,分别为:①2010年10月11日,人民币2.5万元宝马利息款;②2010年11月13日付款据一张,人民币2.5万元宝马利息;③2012年2月2日收据,人民币6万元;④2010年5月9日公司财会孙少侠取款的工商银行凭证,证明给原告汇款还原告10万元;⑤2011年3月8日3.2万元收据一份;⑥2010年5月9日银行凭证,证明给原告汇款还原告10万元。⑦2010年5月12日20万收据一份(与本案第6.8份证据的20万元的取款是同一笔);⑧2010年4月1日农村信用社孙少侠取款的银行凭证10万元;⑨2009年10月14日10万元收据。该证据证明还了对方钱。4.原告丈夫艾清华签字的收据四份,分别为:①2012年3月2日,银行转款凭条一份,证明给对方63万元;②2010年12月2日5万元收据;③2013年4月8日5万元收据;④2012年3月15日中国银行汇款凭证50万元。

原告隋某杰对被告隆博公司、金某顺、老君炉公司提供证据的质证意见是,对证据1、2不应予以采信,证人是被告单位职工,与被告有利害关系,证言不具有法律效力。对证据3,证据均超过法院规定的举证期限,该证据是被告财务人员自行建立的记账凭证,不能反映还款事实存在,不能作为本案定案依据,双方账目已经确认完毕,有原告提供借据为证。对证据4,对证据真实性均认可,但都是以往发生的经济往来,经过最后对账出现了 900 万元对账单。之后还了 190 万，现在仍欠 760 万元，被告证据可以证明双方发生多次经济往来，但大部分都发生在 2013 年 4 月 22 日之前。

经本院审理查明，被告隆博公司、金某顺 2013 年 4 月 22 日向原告隋某杰出具借（欠）据，内容为："借隋某杰人民币壹佰伍拾万元整（¥1 500 000.00）。原欠隋某杰柒佰伍拾万元整（¥7 500 000.00）。两张借（欠）据合计欠人民币玖佰万元整（¥9 000 000.00）。2013 年 5 月前可分两次还清，如还不上此款同意在长春市绿园区法院起诉。特此写据。以此据为准"。同日，被告隆博公司、金某顺向原告隋某杰出具借款说明书，内容为"吉林市隆博工贸有限公司金某顺向隋某杰借款说明。于二〇一三年四月二十二日前金某顺向隋某杰借款双方已计算清楚，现在金某顺共计欠隋某杰人民币玖佰万元整（¥9 000 000.00）。从二〇一三年四月二十二日后，双方所发生借或还钱以双方出据或转账凭证为准"。同日，被告隆博公司、金某顺向原告隋某杰出具欠据，内容为"欠隋某杰两台车款（伍拾万元）。注：雪佛兰房车壹台，奥迪 A6 壹台，车号为吉 AAV0**、吉 AQ67**"。同日被告老君炉公司、金某顺以吉林市老君炉耐火材料有限公司、金某顺的名义向原告隋某杰出具担保书，内容为"由吉林市隆博工贸有限公司、金某顺借（欠）款隋某杰人民币玖佰伍拾万元整，如再（在）规定内无法偿还，上述借款担保单位吉林市老君炉耐火材料有限公司进行偿还"。同日，被告隆博公司、金某顺向原告隋某杰出具承诺书，内容为"隋某杰为吉林市隆博工贸有限公司做出贡献，给予大量资金支持，公司保证再（在）每年收购粮食（玉米）利润 15% 分配给隋某杰。特此承诺"。此后原告隋某杰自认被告隆博公司、金某顺偿还欠款 190 万元。原告以被告隆博公司、被告金某顺、被告老君炉公司尚欠 760 万元款项为由，向长春市绿园区人民法院起诉，请求判令三被告偿还上述款项并给付利息。被告隆博公司向长春市绿园区人民法院提出管辖权异议，长春市绿园区人民法院作出〔2013〕绿民立管字第 23 号民事裁定，驳回被告隆博公司异议。被告隆博公司提出上诉，本院作出〔2013〕长民立管终字第 75 号民事裁定，撤销长春市绿园区人民法院作出的民事裁定，确定本案由本院管辖。

另查明，原告隋某杰及丈夫艾清华 2013 年 4 月 22 日之前与被告隆博公司、金某顺存在多笔借款、还款及车辆交易、房产抵押贷款等诸多经济往来。

再查明，被告老君炉公司原企业名称为吉林市老君炉耐火材料有限公司，2012 年 10 月 6 日向吉林市工商行政管理局申请有限责任公司变更登记，吉林市工商行政管理局于 2012 年 11 月 30 日向被告老君炉公司发出公司名称核准变更登记通知书，核准被告老君炉公司由原企业名称吉林市老君炉耐火材料有限公司变更为现企业名称为被告吉林老君炉耐火材料股份有限公司，公司类型由有限责任公司变更为股份有限公司，法定代表人仍为被告金某顺。

本院认为，被告隆博公司、金某顺 2013 年 4 月 22 日向原告出具借（欠）据及两台车款欠据，结合被告隆博公司、金某顺向原告隋某杰出具的借款说明书、承诺书，被告老君炉公司向原告隋某杰出具担保书，以及原告隋某杰提供的借条复印件，三被

第一章 总 则

告提供的原告丈夫艾清华签字的收据等证据，应当确认被告隆博公司、金某顺与原告隋某杰夫妻之间存在多笔经济往来。原告隋某杰与被告隆博公司、金某顺之间结算确认截至2013年4月22日被告隆博公司、金某顺尚欠原告隋某杰款项900万元及两台车款50万元。且被告老君炉公司、金某顺以吉林市老君炉耐火材料有限公司、金某顺名义向原告隋某杰出具担保书的内容中认可900万元及两台车款50万元是两笔款项，欠款总额为950万元，原告隋某杰与被告隆博公司、金某顺之间债权债务关系明确。原告隋某杰自认被告隆博公司、金某顺已经偿还190万元，三被告不能提供其他反驳证据，故对被告隆博公司、金某顺尚欠原告隋某杰原告760万元的事实予以认定。被告隆博公司、金某顺向原告隋某杰出具借款说明书内容明确被告隆博公司、金某顺为共同债务人，且被告隆博公司在为原告隋某杰出具借（欠）据及两台车款欠据，借款说明书、承诺书上均盖有公章，应当认定被告隆博公司、金某顺为共同债务人。《民法通则》一百零八条规定"债务应当清偿。暂时无力清偿的，经债权人同意或者人民法院裁决，可以由债务人分期偿还。有能力偿还拒不偿还的，由人民法院判决强制偿还。"被告隆博公司、金某顺对所欠原告隋某杰款项负有共同偿还义务。被告老君炉公司以原企业名称吉林市老君炉耐火材料有限公司为被告隆博公司、金某顺偿还欠款提供保证担保，虽然企业名称不同，但被告老君炉公司仅是公司名称及公司类型变更登记，且被告金某顺作为变更登记前后的法定代表人，明知公司名称及公司类型发生变化，仍以原企业名称进行担保，存在明显的欺诈行为，故被告老君炉公司应当为被告隆博公司、金某顺偿还欠款承担一般保证担保责任。原告与被告之间就欠款未约定利息，应当以原告主张权利之日起，以中国人民银行同期贷款利率计付欠款利息。三被告虽然主张900万元是融资的好处费，并申请证人出庭做证，但证人系被告隆博公司员工，与被告隆博公司存在利害关系，其证言不予采信，三被告没有提供其他证据证实，该主张不能成立。三被告提供的隆博公司的九份收据用以证明已经偿还了2013年4月22日前的全部借款，但九份收据均为隆博公司财务人员自行制作，无原告或其丈夫签字，且原告否认收到上述款项，对上述证据不应采信。三被告提供原告丈夫艾清华签字的收据四份用以证实已经还款，原告对证据的真实性无异议，四份收款收据均发生在2013年4月22日之前，且被告没有提供除原告自认的已经偿还的190万元之外的其他还款凭证，故不能冲抵被告尚欠债务数额。被告对欠车辆款项50万元提出的车辆欠款已经偿还完毕，该款被告不该再次偿还主张，没有提供证据证明，故不予支持。本案管辖权业经生效的终审民事裁定确认，本案不予审理。综上，本院依照《民法通则》第一百零八条、第一百三十条，《中华人民共和国担保法》（以下简称《担保法》）第六条、第十七条、第二十五条，最高人民法院《关于人民法院审理借贷案件的若干意见》第八条、第九条之规定，判决如下：

一、被告吉林市隆博工贸有限公司、被告金某顺于本判决生效后立即偿还原告隋某杰欠款760万元及利息（利息自2013年8月6日起按中国人民银行同期贷款利率计算，至偿还完毕之日止）；

二、被告吉林老君炉耐火材料股份有限公司对被告吉林市隆博工贸有限公司、被告金某顺偿还原告隋某杰欠款 760 万元及利息不能履行部分承担连带责任;

三、驳回原告其他诉讼请求。

被告如果未按本判决指定的期间履行给付金钱义务,应当依照《民事诉讼法》第二百五十三条之规定,加倍支付迟延履行期间的债务利息。

案件受理费 65 000 元,财产保全费 5 000 元由被告吉林市隆博工贸有限公司、被告金某顺、吉林老君炉耐火材料股份有限公司负担。

如不服本判决,可在判决书送达之日起十五日内,向本院递交上诉状,并按对方当事人的人数提出副本,上诉于吉林省高级人民法院。

审 判 长　沈　宏
代理审判员　赵芳芳
人民陪审员　张国发
二〇一四年四月二十五日
书 记 员　白　雪

吉林省高级人民法院
民事判决书

〔2014〕吉民一终字第 99 号

上诉人(一审被告):吉林老君炉耐火材料股份有限公司。住所:吉林省吉林市龙潭区。

法定代表人:金某星,该公司经理。

委托代理人:王成,吉林志强律师事务所律师。

被上诉人(一审原告):隋某杰,女,汉族,1957 年 3 月 17 日生,现住长春市绿园区。

委托代理人:张铁岩,吉林煜博律师事务所律师。

一审被告:吉林市隆博工贸有限公司。住所:吉林省吉林市龙潭区。

法定代表人:金某顺,该公司经理。

委托代理人:王成,吉林志强律师事务所律师。

一审被告:金某顺,男,汉族,1963 年 9 月 14 日生,现住吉林省吉林市龙潭区。

委托代理人:王成,吉林志强律师事务所律师。

上诉人吉林老君炉耐火材料股份有限公司(以下简称老君炉股份公司)因与被上诉人隋某杰、一审被告吉林市隆博工贸有限公司(以下简称隆博公司)、金某顺民间借贷纠纷一案,不服吉林省长春市中级人民法院(以下简称长春中院)〔2014〕长民五初字第1号民事判决,向本院提起上诉。本院受理后,依法组成合议庭,公开开庭进行了审理。上诉人老君炉股份公司及一审被告隆博公司、金某顺的共同委托代理人王成,被上诉人隋某杰及委托代理人张铁岩到庭参加诉讼。本案现已审理终结。

隋某杰一审诉称:隆博公司、金某顺向隋某杰出具借据900万元,已还190万元,尚欠760万元。2013年4月22日,隆博公司、金某顺在隋某杰处以50万元购买两台二手汽车未付款,老君炉股份公司为隆博公司、金某顺提供还款担保,承诺"如在规定时间内,无法偿还上述欠款,担保单位,吉林市老君炉耐火材料有限公司进行偿还"。请求依法判决隆博公司、金某顺、老君炉股份公司立即给付欠款760万元及利息。

隆博公司一审辩称:1.一审法院没有管辖权,立案庭裁定错误;2.我公司不欠隋某杰钱,有证人证言为证;3.以前有过经济往来,但都还清了,借款是金某顺职务行为,金某顺作为诉讼主体错误;4.借据时间不对;5.老君炉股份公司不应是本案当事人,该公司没有为借款提供担保,老君炉股份公司是吉林市老君炉耐火材料有限公司(以下简称老君炉有限公司)改制而来,改制时没有该债务,借据是4月22日的,改制是4月22日之前,借据时间提前了,本应是8月发生的借款。

金某顺一审辩称:我本人不欠隋某杰钱,我是被骗写的借条,那是我的职务行为,不是个人行为。

老君炉股份公司一审辩称:我公司是2013年4月22日前成立,没有为本案债务做担保,老君炉有限公司早已不存在,不可能为债务做担保。

一审法院审理查明:隆博公司、金某顺2013年4月22日向隋某杰出具借(欠)据,内容为"借隋某杰人民币壹佰伍拾万元整(¥1 500 000.00)。原欠隋某杰柒佰伍拾万元整(¥7 500 000.00)。两张借(欠)据合计欠人民币玖佰万元整(¥9 000 000.00)。2013年5月前可分两次还清,如还不上此款同意在长春市绿园区法院起诉。特此写据。以此据为准"。同日,隆博公司、金某顺向隋某杰出具借款说明书,内容为"吉林市隆博工贸有限公司金某顺向隋某杰借款说明。于二〇一三年四月二十二日前金某顺向隋某杰借款双方已计算清楚,现在金某顺共计欠隋某杰人民币玖佰万元整(¥9 000 000.00)。从二〇一三年四月二十二日后,双方所发生借或还钱以双方出据或转账凭证为准"。同日,隆博公司、金某顺向隋某杰出具欠据,内容为"欠隋某杰两台车款(伍拾万元)。注:雪佛兰房车壹台,奥迪A6壹台,车号为吉AAV0**、吉AQ67**"。同日,老君炉股份公司、金某顺以老君炉有限公司、金某顺名义向隋某杰出具担保书,内容为"由吉林市隆博工贸有限公司、金某顺借(欠)款隋某杰人民币玖佰伍拾万元整,如再(在)规定内无法偿还,上述借款担保单位吉林市老君炉耐火材料有限公司进行偿还"。同日,隆博公司、金某顺向隋某杰出具承诺书,内容为"隋某杰为吉林市隆博工贸有限公司做出贡献,给予大量资金支持,公司保证再(在)每年收购粮食(玉米)利润15%分配给隋某杰。特此承诺"。此后，隋某杰自认隆博公司、金某顺偿还欠款190万元。隋某杰以隆博公司、金某顺、老君炉股份公司尚欠760万元为由，向长春市绿园区人民法院（以下简称绿园法院）起诉，请求判令隆博公司、金某顺、老君炉股份公司偿还上述款项并给付利息，隆博公司向该院提出管辖权异议，该院作出〔2013〕绿民立管字第23号民事裁定，驳回隆博公司的管辖权异议。隆博公司提出上诉，长春中院作出〔2013〕长民立管终字第75号民事裁定，撤销〔2013〕绿民立管字第23号民事裁定，确定本案由长春中院管辖。

隋某杰及丈夫艾清华2013年4月22日之前与隆博公司、金某顺存在多笔借款、还款及车辆交易、房产抵押贷款等诸多经济往来。

老君炉股份公司原企业名称为老君炉有限公司，2012年10月6日向吉林市工商行政管理局申请有限责任公司变更登记，该局于2012年11月30日发出公司名称核准变更登记通知书，核准老君炉有限公司更名为"吉林老君炉耐火材料股份有限公司"，公司类型由有限责任公司变更为股份有限公司，法定代表人仍为金某顺。

一审法院认为：隆博公司、金某顺2013年4月22日向隋某杰出具借（欠）据及两台车款欠据，结合隆博公司、金某顺向隋某杰出具的借款说明书、承诺书，老君炉股份公司向隋某杰出具担保书，以及隋某杰提供的借条复印件，隆博公司、金某顺、老君炉股份公司提供的隋某杰丈夫艾清华签字的收据等证据，应当确认隆博公司、金某顺与隋某杰夫妻之间存在多笔经济往来。隋某杰与隆博公司、金某顺之间结算确认截至2013年4月22日，隆博公司、金某顺尚欠隋某杰款项900万元及两台车款50万元。且老君炉股份公司、金某顺以老君炉有限公司、金某顺名义向隋某杰出具担保书的内容中认可900万元及两台车款50万元是两笔款项，欠款总额为950万元，隋某杰与隆博公司、金某顺之间债权债务关系明确。隋某杰自认隆博公司、金某顺已经偿还190万元，隆博公司、金某顺、老君炉股份公司不能提供其他反驳证据，故对隆博公司、金某顺尚欠隋某杰760万元的事实予以认定。隆博公司、金某顺向隋某杰出具借款说明书内容明确隆博公司、金某顺为共同债务人，且隆博公司在为隋某杰出具借（欠）据及两台车款欠据，借款说明书、承诺书上均盖有公章，应当认定隆博公司、金某顺为共同债务人。根据《民法通则》一百零八条"债务应当清偿。暂时无力清偿的，经债权人同意或者人民法院裁决，可以由债务人分期偿还。有能力偿还拒不偿还的，由人民法院判决强制偿还"的规定，隆博公司、金某顺对所欠隋某杰款项负有共同偿还义务。老君炉股份公司以原企业名称老君炉有限公司为隆博公司、金某顺偿还欠款提供保证担保，虽然企业名称不同，但老君炉股份公司仅是公司名称及公司类型变更登记，且金某顺作为变更登记前后的法定代表人，明知公司名称及公司类型发生变化，仍以原企业名称进行担保，存在明显的欺诈行为，老君炉股份公司应当为隆博公司、金某顺偿还欠款承担一般保证担保责任。隋某杰与隆博公司、金某顺、老君炉股份公司之间就欠款未约定利息，应当自隋某杰主张权利之日起，按中国人民银行同期贷款利率计付欠款利息。隆博公司、金某顺、老君炉股份公司虽然主张900万元是融资的好处费，并申请证人出庭做证，但证人系隆博公司员工，与隆博公司存在利害关系，其证言不予采信。隆博公司、金某顺、老君炉股份公司没有提供其他证据证实，该主张不能成立。隆博公司、金某顺、老君炉股份公司提供的隆博公司的九份收据用以证明已经偿还了2013年4月22日前的全部借款，但九份收据均为隆博公司财务人员自行制作，没有隋某杰或其丈夫签字，且隋某杰否认收到上述款项，对上述证据不应采信。隆博公司、金某顺、老君炉股份公司提供艾清华签字的收据四份用以证实已经还款，隋某杰对证据的真实性无异议，四份收款收据均发生在2013年4月22日之前，且隆博公司、金某顺、老君炉股份公司没有提供除隋某杰自认的已经偿还的190万元之外的其他还款凭证，故不能冲抵隆博公司、金某顺、老君炉股份公司尚欠债务数额。隆博公司、金某顺、老君炉股份公司提出的50万元车辆欠款已经偿还完毕，不该再次偿还的主张，没有证据证明，故不予支持。本案管辖权业经生效的终审民事裁定确认，本案不予审理。综上，该院依照《民法通则》第一百零八条、第一百三十条，《担保法》第六条、第十七条、第二十五条，最高人民法院《关于人民法院审理借贷案件的若干意见》第八条、第九条之规定，判决：一、隆博公司、金某顺于本判决生效后立即偿还隋某杰欠款760万元及利息（利息自2013年8月6日起按中国人民银行同期贷款利率计算，至偿还完毕之日止）；二、老君炉股份公司对隆博公司、金某顺偿还隋某杰欠款760万元及利息不能履行部分承担连带责任；三、驳回原告其他诉讼请求。被告如果未按本判决指定的期间履行给付金钱义务，应当依照《民事诉讼法》第二百五十三条之规定，加倍支付迟延履行期间的债务利息。案件受理费65 000元，财产保全费5 000元，由隆博公司、金某顺、老君炉股份公司负担。

老君炉股份公司不服，上诉称：1.老君炉股份公司是由老君炉有限公司改制而来，是两个不同的公司，老君炉有限公司在改制后已经不存在了，起诉书上第三被告是老君炉有限公司，判决时换成了老君炉股份公司，老君炉股份公司没有提供担保，不应是本案当事人。2.本案管辖错误。3.隆博公司不欠隋某杰钱，以前是与艾清华有些经济往来，但都还清了。4.从借据上看，不是金某顺的个人行为，是职务行为，金某顺不是债务人，将其列为诉讼主体错误。5.真实写借据的时间是6月，而借据上的时间是2013年4月22日，是艾清华的要求，可能是想把老君炉股份公司拉进来，或者有其他目的。6.一审判决程序违法，质证不充分。

隋某杰答辩称：1.一审三名被告中，只有老君炉股份公司提起上诉，二审中对没有上诉的二被告的主张不应审理。2.一审判决认定事实清楚，适用法律正确，应当维持原判。

隆博公司和金某顺的意见与老君炉股份公司的意见相同。

本院二审查明：一审判决认定担保书的出具时间为2013年4月22日，但该担保书上并无具体出具日期，结合一审判决认定的其他事实，只能认定该担保书出具于2013年4月22日之后。其他事实与一审相同。

本院认为：

一、根据《公司法》第九条第二款"有限责任公司变更为股份有限公司的，或者股份有限公司变更为有限责任公司的，公司变更前的债权、债务由变更后的公司承继"的规定，老君炉有限公司的债权债务由老君炉股份公司承继。由于老君炉有限公司在诉讼前已经变更为老君炉股份公司，一审法院在查清该事实后，将老君炉有限公司更换为老君炉股份公司并无不当。金某顺作为变更登记前后的法定代表人，明知公司名称及公司类型发生变化，仍以原企业名称进行担保，应视为名称变更后的老君炉股份公司的行为。因此，一审判决认定老君炉股份公司应当为隆博公司、金某顺偿还欠款承担一般保证担保责任，适用法律正确。

二、本案管辖权问题已经生效的终审民事裁定确认，本院二审不予审理。

三、一审判决后，金某顺未提起上诉，因此，本院对老君炉股份公司提出的金某顺的行为是职务行为，不是债务人，不应列为本案当事人的主张，不予审理。

四、老君炉股份公司主张隆博公司已经不欠隋某杰借款，但是根据隆博公司、金某顺向隋某杰出具的借（欠）据及两台车款欠据，结合隆博公司、金某顺向隋某杰出具的借款说明书、承诺书，老君炉股份公司向隋某杰出具的担保书，以及隋某杰提供的借条复印件，隆博公司、金某顺、老君炉股份公司提供的艾清华签字的收据等证据，一审判决认定隆博公司、金某顺尚欠隋某杰760万元，证据充分。老君炉股份公司的此点上诉主张，没有事实及法律依据，本院不予支持。

五、老君炉股份公司主张借据书写的真实时间要晚于借据记载的时间，但没有证据能够证明该主张成立，本院不予支持。

六、根据一审庭审笔录的记载，双方当事人在庭审过程中对各自所举的证据进行了充分的质证，并无程序违法之处。因此，本院对老君炉股份公司提出一审判决程序违法的上诉主张，不予支持。

综上，一审判决审判程序合法，适用法律正确，认定事实虽然略有不当之处，但不影响案件的裁判结果。根据《民事诉讼法》第一百七十条之规定，判决如下：

驳回上诉，维持原判。

二审案件受理费65 000元，由上诉人吉林老君炉耐火材料股份有限公司负担。

本判决为终审判决。

审　判　长　姜　涛
代理审判员　杜　鹃
代理审　员　王　亮
二〇一四年九月十七日
书　记　员　王海南

【2023 年版本】

第十三条 公司可以设立子公司。子公司具有法人资格,依法独立承担民事责任。
公司可以设立分公司。分公司不具有法人资格,其民事责任由公司承担。

【三次审议稿】

第十三条 公司可以设立分公司。分公司不具有法人资格,其民事责任由公司承担。
公司可以设立子公司。子公司具有法人资格,依法独立承担民事责任。

【2018 年版本】

第十四条 公司可以设立分公司。设立分公司,应当向公司登记机关申请登记,领取营业执照。分公司不具有法人资格,其民事责任由公司承担。
公司可以设立子公司,子公司具有法人资格,依法独立承担民事责任。

【本条释义】

本条规定了子公司与分公司的设立。

为方便公司跨地区经营以及集团化管理,公司可以设立子公司。子公司具有法人资格,也就是说能够独立承担民事责任,能够破产。母公司在认缴出资范围内对子公司的债务承担责任。子公司作为独立的公司,可以设立自己的分公司,也可以设立自己的子公司。

为方便公司跨地区经营以及精细化管理,公司可以设立分公司。分公司不具有法人资格,也就是说不能独立承担民事责任,不能破产,分公司的民事责任由公司承担。分公司也应当登记并领取营业执照,因此,分公司可以参与诉讼,也可以先用自己的财产承担民事责任,不足部分再由总公司承担。

【2023 年版本】

第十四条 公司可以向其他企业投资。
法律规定公司不得成为对所投资企业的债务承担连带责任的出资人的,从其规定。

【三次审议稿】

第十四条 公司可以向其他企业投资;法律规定公司不得成为对所投资企业的债

务承担连带责任的出资人的,从其规定。

【2018年版本】

第十五条 公司可以向其他企业投资;但是,除法律另有规定外,不得成为对所投资企业的债务承担连带责任的出资人。

【本条释义】

本条规定了公司对外投资的限制。

公司可以向其他企业投资,可以成为其他公司的股东,构建母子公司的架构。

公司通常情况下也可以向合伙企业投资,成为合伙企业的合伙人。如果法律规定公司不得成为对所投资企业的债务承担连带责任的出资人的,从其规定。实务中,公司作为合伙企业的有限合伙人没有争议。比较有争议的是公司能否成为合伙企业的普通合伙人。《公司法》的本条规定并未限制公司成为合伙企业的普通合伙人,如果其他法律有限制规定,则遵守其规定,例如《中华人民共和国合伙企业法》(以下简称《合伙企业法》)。目前,《合伙企业法》也仅仅是规定上市公司、国有独资公司和国有企业不能作为合伙企业的普通合伙人,因此,从目前法律规定来看,并不禁止普通公司成为合伙企业的普通合伙人。

【相关法律规定】

《合伙企业法》(1997年2月23日第八届全国人民代表大会常务委员会第二十四次会议通过,2006年8月27日第十届全国人民代表大会常务委员会第二十三次会议修订,下同)

第二条 本法所称合伙企业,是指自然人、法人和其他组织依照本法在中国境内设立的普通合伙企业和有限合伙企业。

普通合伙企业由普通合伙人组成,合伙人对合伙企业债务承担无限连带责任。本法对普通合伙人承担责任的形式有特别规定的,从其规定。

有限合伙企业由普通合伙人和有限合伙人组成,普通合伙人对合伙企业债务承担无限连带责任,有限合伙人以其认缴的出资额为限对合伙企业债务承担责任。

第三条 国有独资公司、国有企业、上市公司以及公益性的事业单位、社会团体不得成为普通合伙人。

【典型案例】

广东省惠州市中级人民法院

民事判决书

〔2020〕粤 13 民终 9040 号

上诉人（原审原告）：应某晶。
委托诉讼代理人：许宏伟，广东商盾律师事务所律师。
委托诉讼代理人：周伟，应某晶配偶。
被上诉人（原审被告）：惠州市亲馨健康管理有限公司。
法定代表人：欧某。
委托诉讼代理人：庄凯钦，广东科明律师事务所律师。

上诉人应某晶因与被上诉人惠州市亲馨健康管理有限公司（以下简称"亲馨公司"）确认合同无效纠纷一案，不服惠东县人民法院〔2020〕粤1323民初2107号民事判决，向本院提起上诉。本院依法组成合议庭公开开庭进行审理。上诉人应某晶及其委托诉讼代理人许宏伟、周伟，被上诉人亲馨公司的委托诉讼代理人庄凯钦到庭参加诉讼。本案现已审理终结。

上诉人应某晶上诉请求及理由：请求上级法院依法改判，支持上诉人的全部诉讼请求。事实和理由：上诉人与被上诉人因合同无效，返还投资款纠纷诉于惠东县人民法院，案号2020粤1323民初2107号。一审法院错误判决认为涉案《合作协议》有效并已履行，错误驳回原告诉讼请求。上诉人不服一审裁判结果，依法提起上诉，请求上级法院能够依法予以改判，支持上诉人的诉求。一、一审法院认为公司可以投资成立个体工商户结论荒谬。在一审判决书的裁判论述部分，一审法院认为个体工商户不是企业，《公司法》第十五条禁止公司投资需要承担连带责任的企业，因此，公司投资设立个体工商户，不受《公司法》第十五条的禁止性规定的限制。一审法院不仅对涉案的被投资主体"某健康管理中心"的法律性质避而不谈，刻意回避，而且通过自己的逻辑推理，得出"有限公司可以投资设立个体工商户"的荒谬结论。显然，这样的判决不能令上诉人服判。本案合作协议的甲方，被上诉人公司法人根本不可能投资设立个体户性质的"某健康管理中心"的。根据国务院《个体工商户条例》的规定，个体户的设立者只能是自然人或者家庭。一审法院何以认定《合作协议》中被上诉人公司投资设立"个体工商户"的合同条款有效？二、本案被上诉人恶意欺诈上诉人，上诉人投资款八万元应当予以返还。案件在一审庭审过程中，被上诉人不打自招，当庭提供证据，证明被上诉人的法人代表于2019年6月27日到工商部门申请设立"某"商号个体户，因违反工商登记的规定无法设立的事实。显然，被上诉人在与上诉人在两个半月后的2019年9月8日签订《合作协议》的时候，已经明知"某健康管理中心"的个体工商登记是无法办理下来的。且被上诉人当时也知晓法律规定，没有以公司名义申请，而是以法人代表的自然人名义去申请个体工商登记。但是被上诉人仍然与上诉人签订《合作协议》，诱使上诉人交付八万元人民币给被上诉人。因此，退一步讲，即使一审法院认为《合作协议》部分无效，不影响协议的全部效力，但根据被上诉人自己提供的证据，即协议签署两个半月之前的工商登记设立申请文件，足以说明被上诉人具有恶意欺诈上诉人的故意。上诉人如果知晓"某健康管理中心"的个体工商登记无法办理成功，所投资的主体不能依法设立，是不会签署《合作协议》，支付投资款项的。实际上，上诉人在签约并支付投资款八万元后，一直在期待个体工商户的成功设立。故，即使退一步讲，一审法院不认为合同全部无效，但因被上诉人恶意欺诈上诉人，上诉人有权撤销合同，追讨返还全部的投资款八万元。三、一审法院认为《合作协议》已经被履行属于事实认定错误。根据国务院颁布的《个体工商户条例》以及国家工商行政管理局颁布的《个体工商户登记管理办法》，个体工商户以准予登记决定之日为成立日期，并在十日内发给营业执照。本案在"某健康管理中心"的个体工商登记工作完成以前，被投资的主体始终没有依法成立。在双方所投资的主体没有依法成立之前，一审法院就认为《合作协议》得到履行，显然对上诉人是不公平的。本案《合作协议》约定被上诉人办理个体工商户的形式进行合作。上诉人在签约后即诚信履行了支付投资款八万元的义务。本案被上诉人迟迟没有履行合同义务，去完成合作投资的经济主体"某健康管理中心"的个体工商登记工作。在"某健康管理中心"的个体工商登记工作没有完成，且不能完成的情况下，应当认为，上诉人履行了合同付款义务，但被上诉人没有履行合同义务，上诉人希望共同投资经营"某健康管理中心"的合同目标始终没有实现。一审法院认为《合作协议》得到履行的看法属于认定事实错误，二审法院应当予以纠正。上诉人在履行投资款支付义务后，原本根据合同约定，不参与经营管理（被上诉人也有权拒绝上诉人的参与经营行为）。被上诉人邀请上诉人参与经营讨论的行为，属于权利放弃行为。该行为发生于合作投资主体的个体工商户依法成立之前，应当属于前期筹备行为，或者上诉人应邀参与被上诉人公司经营的行为。一审法院将之认为上诉人参与了"某健康管理中心"的经营行为，属于事实认定错误。"某健康管理中心"始终未能依法成立，始终没有独立的账本，上诉人根本无法参与"某健康管理中心"的经营行为。综上所述，被上诉人明知"某健康管理中心"无法完成个体工商登记，而引诱上诉人签署《合作协议》并收取上诉人八万元投资款。其约定公司办理工商户登记的条款无效，且被上诉人有欺诈上诉人投资款的恶意。上诉人有权以合同无效或者被欺诈而解除合同为理由，要求返还已经支付的八万元投资款。

上诉人诚信支付投资款八万元后,殷殷期盼三个月。未曾想被上诉人不仅没有依约定成立个体工商户,反而关闭店门,要大家散了吧,其间始终没有公开账目。被上诉人作为大股东,口口声声进行清算,但即使到了一审法庭上,也拿不出单方的清算结论数据,反而要求进行司法鉴定,不诚信表现已经淋漓尽致。一审法院奇妙推理,竟然认为公司不能投资承担连带责任的企业,但投资个体工商户不受限制的结论,进而认为《合作协议》有效。一审法院无视"某健康管理中心"没有依法成立的事实,在没有任何证据支持的情况下,以"被告表示"为由,认为被上诉人将收到的八万元投资款交付给了,在法律上始终不存在的"某健康管理中心",进而认定《合作协议》已经得到履行。上诉人认为一审法院认定错误。

应某晶补充意见称:一审判决荒谬,公司不可能成为个体户的投资人。上诉人根本没有参与经营,且我方是有证据证明是被上诉人公司在散伙的时候才要求我方加入公司微信群的。被上诉人在一审时候提交的证据,在6月份已知不能注册个体户,仍然在9月份与上诉人签订成立个体户的约定合同,显然是存在欺诈的。

被上诉人答辩表示服从一审判决,请二审驳回上诉,维持原判。

应某晶向一审法院提出如下诉讼请求:1.判令确认合同无效。2.判令被告返还原告人民币80 000元。3.判令被告从原告起诉之日起,以80 000元为基数,按照同期全国银行间同业拆借中心公布的贷款市场报价利率计算利息,直至付清为止。4.本案诉讼费用由被告承担。

一审法院查明事实:被告亲馨公司系于2018年9月3日登记成立的有限责任公司(自然人投资或控股),经营范围健康管理(须经审批的诊疗活动除外)、营业健康咨询服务、产后修复、月嫂家政服务、企业管理信息咨询、器械销售,法定代表人为欧某。

被告亲馨公司提供商户入账数据(2019年7月1日至12月1日),商户名称某产后修复健康管理中心、账户名称邱小寒,入账总金额139 845元。

2019年9月8日,被告亲馨公司作为甲方与原告应某晶作为乙方签订《合作协议》,内容:第一条,合作宗旨。订立本合同旨在三方共同遵守惠州市亲馨健康管理有限公司特许加盟之规则。第二条,合作经营项目和范围。某健康管理中心第一门店(地址:惠州市惠东县平山镇华侨城某中央街1号铺)的筹措、设立、经营、推广等有关内容。第三条,合作方式。1.各方协议,以甲方的名义,注册设立个体工商户的形式开展合作。2.拟投资资本为75万人民币。3.拟注册设立的个体工商户店铺名称:某产后修复健康管理中心,经营范围及经营地址惠州市惠东县平山镇华侨城某中央街1号铺,以工商登记信息为准。4.各方的出资比例及权益、分红份额为:(1)乙方出资人民币8万元整;(2)将该店甲方的10%权益及分红划分给乙方。第四条,各方的权利、义务。(一)甲方的权利、义务:1.甲方就本协议签订之日起需组织启动有关设立的工作,并推动在合理时间内完成个体工商户的注册登记。2.甲方需着手培训新店员,负责着手确定店铺的品牌、定位、经营、管理、logo设计等有关工作。3.负责设立期间的其他有关事项的处理。4.在设立期间,负责配合甲方做好注册个体工商户的有关工作；配合策划店铺的定位，设计品牌logo，人员的招聘等有关工作。5.组织、配合及协助店铺、新设备的规划、设计，实现管理设备的标准化。6.甲方提交的各类规范规程、岗位手册、策划设计方案、技术成果等的所有权、著作权归甲方所有，且不得侵犯第三方的合法权益，给甲方造成损失的，应当承担赔偿责任。（二）乙方的权利义务：1.乙方需按照各方的指示或约定，及时足额地履行出资义务。2.乙方在某的经营过程中，有权及时向各方提出管理等有关建议，但不参与管理运营工作。3.乙方需在门店的日常经营活动中，协助好有关工作，不得有其他侵害本门店权益的行为。4.乙方按照本协议履行出资义务后，有权享受该门店的分红权及有关的权利。5.乙方未按上述规定履行其义务的，甲方有权解除其在本协议中的合作权利并扣除原购入金额10%再退回剩下原购入金额。6.因乙方自身原因退股，需扣除原购入金额10%再退回剩下原购入金额。第五条，乙方的保障。1.投资某的门店，可随时查该门店的账，自带客户，配合门店各项工作安排，按照股份的份额分红。2.乙方的股份均可以出售，优先卖给甲方，具体价格可以按当时市值评估。出售前需扣除原购入金额10%再退回剩下原购入金额。第六条，议事规则。拟注册设立的某门店的出资人按其所持有权益的份额享有权利，承担义务。门店的议事规则按照出资人所持有权益的份额享有表决权……。

同日，被告亲馨公司向原告应某晶出具收据，内容：今收到应某晶女士交来华侨城某1号铺某产后修复健康管理门店入股10%资金80 000元。被告确认收到原告投资款80 000元。

被告亲馨公司提供2019年9月30日、10月16日、10月20日、10月29日、11月20日原告应某晶与被告股东微信聊天记录，内容主要是对分红方案、员工外出培训、店里监督和操作操练、制定制度和培训技术进行讨论。

2019年12月，某产后修复管理中心停止营业。庭审中，原告应某晶称，不清楚停止营业的原因，就是被告知开不下去了，要求查看账目，但被告一直未给原告查看。被告欧某称，不经营的原因是入不敷出，无法继续经营，且已经过原告知情和同意。被告提供其法定代表人欧某与原告的微信聊天记录，内容：2019年12月4日应某晶：这三个月的业绩，给我说一下，看亏还是赚。欧某：我刚睡醒，我没算，这两天算好发你吧。应某晶：好的。算好了吗？2019年12月12日欧某：晶，我算出来之后没勇气跟你说。还是直接跟小寒说，撑不下去大家散了。……新开的做到吃力，工作室类型适合实体店开支大。应某晶：是啊，开支太大了，有点吃力。

诉讼期间，被告亲馨公司向一审法院提交鉴定申请书，申请对"某健康管理中心"店铺财务经营情况及剩余资产价值进行鉴定。原告应某晶表示不同意鉴定，认为没有鉴定必要。

一审法院认为，本案争议焦点为《合作协议》的效力问题。原告主张《合作协议》无效的依据是《公司法》第十五条"公司可以向其他企业投资，但是，除法律另有规定外，不得成为对所投资企业的债务承担连带责任的出资人。"根据《民法总则》第五十四条"自然人从事工商业经营，经依法登记，为个体工商户。"及国务院《个体工商户条例》第二十九条"个体工商户申请转变为企业组织形式，符合法定条件的，登记机关和有关行政机关应当为其提供便利。"且最高人民法院《关于贯彻执行〈中华人民共和国民法通则〉若干问题的意见（试行）》第四十一条"起字号的个体工商户，在民事诉讼中，应当以营业执照登记的户主（业主）为诉讼当事人，在诉讼文书中注明系某字号的户主。"的规定，个体工商户的法律主体为自然人（公民），不具有企业的性质，本案不符合《公司法》第十五条规定的情形。原、被告签订的《合作协议》系双方真实意思表示，未违反法律强制性、效力性规定，原告按照协议约定将投资款80 000元支付给被告，被告表示已将原告的投资款交付双方投资的某健康管理中心，原告亦实际参与某健康管理中心的经营决策，该《合作协议》有效并已履行。原告以合同无效为由主张返还投资款及利息，于法无据，一审法院不予支持。

综上，依照《公司法》第十五条，《民法总则》第五十四条，最高人民法院《关于贯彻执行〈中华人民共和国民法通则〉若干问题的意见（试行）》第四十一条及《民事诉讼法》第六十四条第一款、第一百四十二条之规定，一审法院判决如下：驳回原告应某晶的全部诉讼请求。案件受理费900元（原告已预交），由原告应某晶负担。

上诉人应某晶提交一份证据：2019年12月，在被上诉人公司决定散伙的时候，邀请我方加入公司的微信聊天群的截图，用以证明我方并没有参与被上诉人公司经营的情况，是在散伙的时候才让我方加入进群了解散伙事实。

被上诉人亲馨公司质证称：这不是新证据，不应当被采纳。关联性和合法性不予认可，截图无法看出后面的聊天内容，属于断章取义的举证。从截图也可以看出这个群只有五个人，也是刚成立的，与上诉人所称是临时加入群事实是不符合的，更加没办法证明上诉人没有参与公司经营。一审中被上诉人提供了上诉人的相关聊天记录，上诉人是无论经营、管理还是决策，乃至到最后决定结业，都是全程参与的。

本院认为，《公司法》第十五条规定："公司可以向其他企业投资，但是，除法律另有规定外，不得成为对所投资企业的债务承担连带责任的出资人。"该规定适用于公司投资企业的行为。本案中，上诉人认为应当适用该规定认定本案《合作协议》无效，但是，双方《合作协议》约定投资对象为个体工商户，并非企业，故上述规定在本案中并不适用。双方约定以被上诉人名义设立个体工商户，但依据相关法律规定，申请个体工商户的主体为自然人，被上诉人为法人，并不符合申请的条件，故双方约定以被上诉人名义设立个体工商户的条款是无法履行的，但是，无法履行的协议并不等同于合同无效。双方签订的《合作协议》是双方真实意思表示，未违反法律法规相关强制性规定，协议成立并生效，上诉人认为本案《合作协议》无效依据不足，一审不予支持正确，本院予以维持。

依照《民事诉讼法》第一百七十条第一款第一项规定，判决如下：

驳回上诉，维持原判。

本案件二审受理费900元由应某晶负担。

本判决为终审判决。

审　判　长　陈晓文

审　判　员　黄**锋

审　判　员　刘艳妹

二○二○年十二月九日

法官助理　李嘉伊

书　记　员　林楚侨

附相关法律规定：

《民事诉讼法》

第一百七十条　第二审人民法院对上诉案件，经过审理，按照下列情形，分别处理：

（一）原判决、裁定认定事实清楚，适用法律正确的，以判决、裁定方式驳回上诉，维持原判决、裁定；

（二）原判决、裁定认定事实错误或者适用法律错误的，以判决、裁定方式依法改判、撤销或者变更；

（三）原判决认定基本事实不清的，裁定撤销原判决，发回原审人民法院重审，或者查清事实后改判；

（四）原判决遗漏当事人或者违法缺席判决等严重违反法定程序的，裁定撤销原判决，发回原审人民法院重审。

原审人民法院对发回重审的案件作出判决后，当事人提起上诉的，第二审人民法院不得再次发回重审。

【2023年版本、三次审议稿】

第十五条　公司向其他企业投资或者为他人提供担保，按照公司章程的规定，由董事会或者股东会决议；公司章程对投资或者担保的总额及单项投资或者担保的数额有限额规定的，不得超过规定的限额。

公司为公司股东或者实际控制人提供担保的，应当经股东会决议。

前款规定的股东或者受前款规定的实际控制人支配的股东，不得参加前款规定事项的表决。该项表决由出席会议的其他股东所持表决权的过半数通过。

第一章 总 则

【2018年版本】

第十六条 公司向其他企业投资或者为他人提供担保，依照公司章程的规定，由董事会或者股东会、股东大会决议；公司章程对投资或者担保的总额及单项投资或者担保的数额有限额规定的，不得超过规定的限额。

公司为公司股东或者实际控制人提供担保的，必须经股东会或者股东大会决议。

前款规定的股东或者受前款规定的实际控制人支配的股东，不得参加前款规定事项的表决。该项表决由出席会议的其他股东所持表决权的过半数通过。

【本条释义】

本条规定了公司对外投资或者提供担保的规则。

公司向其他企业投资或者为他人提供担保，对于公司而言，都是重要的事项，都有可能给公司及其股东造成损失或者增加其责任，因此应当经过董事会会议或者股东会会议决定，具体由哪一个机构决定，还是一定金额以上的由股东会会议决定，一定金额以下的由董事会会议决定，则按照公司章程的规定来执行。如果公司章程对投资或者担保的总额及单项投资或者担保的数额有限额规定，无论该事项是由董事会会议决定，还是由股东会会议决定，均不得超过规定的限额。

如果公司为公司股东或者实际控制人提供担保，无论数额大小，也无论是否提供反担保，为防止公司股东或者实际控制人利用其控制的董事会操纵会议决议，从而损害公司小股东的利益，该项担保应当经股东会决议。这一项属于法律的强制性规定，不允许公司通过公司章程或者股东会特别决议予以变更。

为保护中小股东利益，防止大股东利用绝对控股权损害中小股东的利益，前一段所提及的股东或者受前一段提及的实际控制人支配的股东，不得参加前一段提及的担保事项的表决。该项表决由出席会议的其他股东所持表决权的过半数通过。这一规则也是法律的强制性规定，不允许公司通过公司章程或者股东会特别决议予以变更。

【典型案例】

福建省高级人民法院

民 事 判 决 书

〔2019〕闽民终1093号

上诉人（原审被告）：福州市晋安区鑫万旺小额贷款股份有限公司（原福州市晋

安区盛丰小额贷款有限公司），住所地福建省福州市晋安区福新东路478号（盛丰大厦）25层。

法定代表人：李某平，该公司总经理。

委托诉讼代理人：叶清艳，女，该公司员工。

委托诉讼代理人：陈虓，福建闽榕律师事务所律师。

被上诉人（原审原告）：郑某云，女，1979年12月11日出生，汉族，住福建省福州市鼓楼区。

委托诉讼代理人：陈桂华，福建天恩律师事务所律师。

委托诉讼代理人：王某旻，福建天恩律师事务所律师。

被上诉人（原审被告）：吴某炎，男，1962年1月1日出生，汉族，住福建省龙岩市新罗区。

被上诉人（原审被告）：郭某娥，女，1963年9月19日出生，汉族，住福建省龙岩市新罗区。

被上诉人（原审被告）：吴某宇，男，1984年11月10日出生，汉族，住福建省龙岩市新罗区。

被上诉人（原审被告）：龙岩市龙驰塔水泥有限公司，住所地福建省龙岩市新罗区小池镇南村鲤鱼滩（龙岩市新罗区小池水泥厂21幢二层南侧）。

法定代表人：郭某森。

被上诉人（原审被告）：连某文，女，1984年5月10日出生，汉族，住福建省龙岩市新罗区。

上诉人福州市晋安区鑫万旺小额贷款股份有限公司［以下简称鑫万旺公司，原名福州市晋安区盛丰小额贷款股份有限公司（以下简称盛丰公司）］因与被上诉人郑某云、吴某炎、郭某娥、吴某宇、龙岩市龙驰塔水泥有限公司（以下简称龙驰塔公司）、连某文民间借贷纠纷一案，不服福建省福州市中级人民法院于2016年1月10日作出〔2015〕榕民初字第339号民事判决，提出上诉。本院于2016年7月28日作出〔2016〕闽民终412号民事判决。鑫万旺公司不服，向最高人民法院申请再审。最高人民法院于2017年8月28日作出〔2017〕最高法民申29号民事裁定，提审本案；后于2018年3月28日作出〔2017〕最高法民再429号民事裁定，撤销原一二审判决，发回福建省福州市中级人民法院重审。福建省福州市中级人民法院于2019年3月26日作出〔2018〕闽01民初1252号民事判决。鑫万旺公司不服提起上诉。本院于2019年7月1日立案后，依法组成合议庭，进行了审理。本案现已审理终结。

鑫万旺公司上诉请求：1.撤销福州市中级人民法院〔2018〕闽01初1252号民事判决；2.将本案发回重审或直接改判驳回郑某云对鑫万旺公司的诉讼请求。事实和理由：（一）根据《公司法》第十六条的规定，吴某炎代表鑫万旺公司为股东龙驰塔公司及实际控股人吴某炎提供担保必须经公司股东会决议，且龙驰塔公司、吴某炎没有表决权。鑫万旺公司为龙驰塔公司、吴某炎借款提供担保，公司其他股东

第一章 总　则

并不知情，也未形成股东会决议。吴某炎的行为超越代表权限，损害公司利益，属越权担保。（二）根据《最高人民法院关于适用〈中华人民共和国担保法〉若干问题的解释》第十一条的规定，吴某炎越权担保行为的法律效力取决于郑某云是否知道或应当知道吴某炎已超越担保权限。《公司法》第十六条已对担保事宜作出限制性规定，具有公开宣示效力，郑某云理应知晓并遵守该规定。因此吴某炎以鑫万旺公司为龙驰塔公司及实际控制人吴某炎借款提供担保须经股东会决议，理应成为郑某云"应当知道"的内容。郑某云未要求吴某炎出具鑫万旺公司股东会决议，未尽审慎注意义务，显然有过错，不属于善意第三人。综上，一审判决以吴某炎是法定代表人可代表鑫万旺公司盖章及《公司法》第十六条非效力性强制性规定为由，支持郑某云的诉讼请求，适用法律错误。

郑某云答辩称：（一）2014年7月11日签订本案讼争《借款合同》时，吴某炎并不是鑫万旺公司的实际控制人。没有证据证明吴某炎系龙驰塔公司、厦门保成进出口有限公司的实际控制人，也非该两家公司唯一股东；即使吴某炎实际控制该两家公司，该两家公司合计仅持有鑫万旺公司20%股权，达不到实际控制鑫万旺公司的条件。根据《福建省小额贷款公司暂行管理办法》第十条第二款规定，鑫万旺公司仅有一个最大股东，即福建盛丰物流集团有限公司（以下简称盛丰物流公司），其持有鑫万旺公司20%股权，其他股东均不得超过10%。同时根据入股股东实名制及严禁股东集合他人资金入股的规定，吴某炎最多也只能持有鑫万旺公司10%股权，不可能是鑫万旺公司的实际控制人。事实上，吴某炎在处理公司事务，包括签订本案讼争《借款合同》时，鑫万旺公司总经理潘宇涵都要向刘用腾请示，刘用腾与盛丰物流公司的原法定代表人刘用旭系亲兄弟，而盛丰物流公司又持有鑫万旺公司20%股权，由此可以推定刘用腾才是鑫万旺公司的实际控制人。（二）本案借款合同签订时，鑫万旺公司全体股东对借款是知情的。根据鑫万旺公司2014年4月11日向福州市晋安区经济发展局呈报的《福州市晋安区盛丰国融小额贷款有限公司近期情况的说明》证实，2014年4月间，鑫万旺公司对股东进行优化组合，并向主管部门提交了公司股权变更的前置审批申请，由于出让方占有鑫万旺公司10%股权的股东福建国融担保有限公司因欠杨昔新1 700多万元借款而被厦门市中级人民法院诉讼保全，致使鑫万旺公司无法对股东进行优化组合。鉴于此，鑫万旺公司全体股东经过协商，决定同意公司部分股权进行变更，其中含有福建国融担保有限公司将其持有的鑫万旺公司10%股权转让给陈祥生，并决定由全体股东积极筹资，代为清偿杨昔新借款。之后，鑫万旺公司董事长、法定代表人吴某炎以吴某炎、郭某娥、吴某宇、龙驰塔公司名义，由鑫万旺公司作为担保人向郑某云借款2 500万元，通过吴某宇账户代为清偿杨昔新1 600余万元。因此，鑫万旺公司全体股东对案涉借款及担保是知情的。（三）鑫万旺公司对本案借款合同提供担保是有效的。《公司法》第十六条的规定是规范公司内部管理的强制性规定，并未规定公司在违反此条规定的对外担保无效。（四）吴某炎有权以鑫万旺公司名义对外进行民事活动，没有越权签订案涉《借款合同》。2014年5月15日，福建省经济和信息化委员会在网络上公示了《关于福州市晋安区盛丰国融小额贷款有限公司变更登记事项的公示》，公示时间为2014年5月16日至5月23日，公示内容第三项即为鑫万旺公司法定代表人变更为吴某炎。（五）郑某云属于善意第三人。讼争《借款合同》在鑫万旺公司办公场所签订，郑某云也通过互联网查询了吴某炎的身份，推定吴某炎有权代表鑫万旺公司对外进行民事活动，属于善意第三人。综上，请求驳回鑫万旺公司的上诉请求，维持原判。

郑某云向一审法院提出诉讼请求：1.判令吴某炎、郭某娥、吴某宇、龙驰塔公司立即归还借款本金2 500万元并支付利息（利息自2014年11月11日始至还款之日止按合同约定的利息计算，暂算至原告起诉时利息为220万元）；2.判令鑫万旺公司对第1项诉讼请求承担连带还款责任；3.判令吴某炎、郭某娥、吴某宇、龙驰塔公司、鑫万旺公司共同承担本案诉讼费用、保全费、律师费等费用；4.判令连某文对本案借款承担共同还款责任。

一审法院认定的事实：福州市晋安区盛丰国融小额贷款有限公司于2014年7月15日更名为福州市晋安区盛丰小额贷款有限公司。吴某炎于同日经工商登记为福州市晋安区盛丰小额贷款有限公司法定代表人。2015年6月2日，福州市晋安区盛丰小额贷款有限公司更名为福州市晋安区盛丰小额贷款股份有限公司，又于2017年9月7日更名为福州市晋安区鑫万旺小额贷款股份有限公司。

2014年7月11日，郑某云作为出借人，吴某炎、郭某娥、吴某宇、龙驰塔公司作为共同借款人，盛丰公司作为保证人签订了《借款合同》。该《借款合同》约定：郑某云同意出借给吴某炎、郭某娥、吴某宇、龙驰塔公司人民币2 500万元（具体金额以实际到账为准），指定的收借款账户为吴某宇名下兴业银行账户；借款期限壹个月（自银行转款到账后起算），借款利率月3%；若借款人逾期支付借款利息及本金，则继续计息的同时，借款人应当从逾期之日起按日支付逾期总金额千分之五的违约金。如果借款人逾期还款，出借人可向出借人所在地法院起诉。出借人为实现债权而支付的诉讼费、律师费等均由借款人承担；盛丰公司以自身所有财产为借款人向出借人的借款承担连带还款责任，保证范围包括借款本金及利息、违约金和实现债权的费用（包括诉讼费、律师费等），保证期限自2014年7月11日至2016年7月10日止。郑某云及吴某炎、郭某娥、吴某宇、龙驰塔公司均在合同落款处签名盖章。该《借款合同》的"丙方（保证人）"处盖有"福州市晋安区盛丰国融小额贷款有限公司"印章，且吴某炎在盛丰公司"法定代表人"处再次签名。

同日，郑某云向吴某宇转款人民币2 500万元。

2014年12月22日，吴某炎、盛丰公司向郑某云出具《欠款确认》，确认：被告已合计付利息300万元（2014年7月11日至2014年11月10日），其中2014年8月11日吴某宇转郑某云户头付利息75万元，2014年8月12日吴某宇转郑某云户头付利息75万元，2014年12月22日许沂炎转郑某云户头付利息150万元。但该《欠款确认》上盛丰公司印章编号为"35011110070678"，盛丰公司在公安留存的印鉴编号为

"3501110070678"。

另查，郑某云为提起本案一审诉讼已支付律师代理费人民币10万元。

再查，连某文系吴某宇的配偶。

一审法院认为，本案讼争《借款合同》，当事人主体适格，除利息及违约金约定过高无效外，其余内容系当事人真实意思表示，未违反法律、行政法规的强制性规定，合法有效。郑某云已依约履行出借2 500万元款项的义务，吴某炎、郭某娥、吴某宇、龙驰塔公司未按约向郑某云还款，已构成违约，吴某炎、郭某娥、吴某宇、龙驰塔公司应承担还本付息责任。合同约定利息按月利率3%计算超过银行同期贷款利率的四倍，对超出部分不予支持。吴某炎等已支付300万元高息依法应先抵利息后折抵本金。按月利率2%计算，折抵后截至2014年12月22日，吴某炎、郭某娥、吴某宇、龙驰塔公司尚欠郑某云借款本金2 404.986万元、利息61.639万元，应予偿还。郑某云为实现债权而支出的律师代理费人民币10万元，吴某炎、郭某娥、吴某宇、龙驰塔公司应依约予以赔付。

附表（单位：万元　利率：2%/月）

借款日期	还款日期	借款期间	借款本金	新增利息	还款	尚欠利息	尚欠本金	尚欠款
2014年7月11日	2014年8月11日	32	2 500.000	53.333	75	0.000	2 478.333	2 478.333
2014年8月12日	2014年8月12日	1	2 478.333	1.652	75	0.000	2 404.986	2 404.986
2014年8月13日	2014年12月22日	132	2 404.986	211.639	150	61.639	2 404.986	2 466.624

关于该债务是否属于吴某宇与连某文的夫妻共同债务的问题。本案借款高达2 500万元，明显超出家庭日常生活需要。郑某云在原审亦未能举证证明本案借款用于夫妻共同生活、共同生产经营或者基于夫妻双方共同意思表示。且郑某云在诉讼中主张借款人向其借款的理由是用于偿还公司贷款，因此郑某云对本案借款不是用于家庭日常生活是明知的。郑某云提出的关于本案债务系吴某宇与连某文的夫妻共同债务的主张，缺乏依据，不予支持。

关于鑫万旺公司（原盛丰公司）是否应承担担保责任的问题。首先，在诉讼中盛丰公司确认签订合同时吴某炎系盛丰公司的董事长，且吴某炎具有代表盛丰公司对外签订合同的职权。吴某炎在签订《欠款确认》时也已登记为盛丰公司的法定代表人。郑某云作为合同相对方有理由相信吴某炎有权代表盛丰公司对外签订合同并信赖吴某炎加盖的公章的真实性。其次，《公司法》第十六条第二款关于"公司为公司股东或者实际控制人提供担保的，必须经股东会或者股东大会决议"的规定，并未将公司违反上述规定对外提供担保的行为认定为无效。根据《最高人民法院关于适用〈中华人民共和国合同法〉若干问题的解释（二）》第十四条关于"合同法第五十二条第（五）项规定的'强制性规定'，是指效力性强制性规定"的规定，合同必须违反了"效力性强制性规定"方能被认定为无效。《公司法》第十六条的规定并非效力性强制性规定，在公司法没有明确规定公司违反该法第十六条对外提供担保无效的情形下，对公司对外提供担保的效力应当予以确认，而且公司法第十六条规定的公司内部决议程序并非适用于第三人。因此，根据《合同法》第五十条"法人或者其他组织的法定代表人、负责人超越权限订立的合同，除相对人知道或者应当知道其超越权限的以外，该代表行为有效"的规定，鑫万旺公司以其法定代表人违反公司章程规定对外提供担保为由主张担保无效缺乏依据。鑫万旺公司应当按照约定对讼争借款承担担保责任。

综上，本案经该院审判委员会讨论决定，依照《合同法》第二百零六条、第二百零七条，《担保法》第十八条、第二十一条、第三十一条、《最高人民法院关于适用〈中华人民共和国担保法〉若干问题的解释》第四十二条第一款，《民事诉讼法》第一百四十四条的规定，判决：一、吴某炎、郭某娥、吴某宇、龙驰塔公司应于判决生效之日起十日内共同偿还郑某云借款本金人民币2 404.986万元及利息（截至2014年12月22日利息为61.639万元，此后利息以本金2 404.986万元为基数，按中国人民银行同期同类贷款利率的四倍计付至款项还清之日止）；二、吴某炎、郭某娥、吴某宇、龙驰塔公司应于判决生效之日起十日内共同赔付郑某云律师代理费人民币10万元；三、鑫万旺公司对判决第一、二项所确定的债务向郑某云承担连带清偿责任，并在承担责任后有权向吴某炎、郭某娥、吴某宇、龙驰塔公司追偿；四、驳回郑某云的其他诉讼请求。如果未按判决确定的期限履行给付金钱义务，应当依照《民事诉讼法》第二百五十三条之规定，加倍支付迟延履行期间的债务利息。案件受理费177 800元、财产保全费5 000元，由吴某炎、郭某娥、吴某宇、龙驰塔公司、鑫万旺公司共同负担。

二审中，当事人没有提交新证据。对一审法院认定的事实，双方当事人均无异议。本院依法对双方当事人均无异议的事实予以确认。

二审另查明：鑫万旺公司经营范围：办理各项小额贷款；银行业机构委托贷款；其他经省经贸委批准的业务。

2014年4月11日，鑫万旺公司向福州市晋安区经济发展局呈报的《福州市晋安区盛丰国融小额贷款有限公司近期情况的说明》载明，盛丰公司成立之初，全体股东委托福建国融担保有限公司法定代表人温国雄负责经营。后股东们发现其经营不规范，决定收回经营权，同时劝福建国融担保有限公司退出盛丰公司。股东们商议由福建省翔达实业集团有限公司收购福建国融担保有限公司持有的盛丰公司10%的股权。2013年期间，福建国融担保有限公司未能偿还陈秀娟、陈晓斐及杨昔新的借款，其持有的盛丰公司股权被法院保全。盛丰公司为对现有的股东进行优化整合，提高公司的抵抗市场风险能力，经公司全体股东协商，同意对公司的部分股东所持股权进行变更，其中含福建国融担保有限公司所持公司10%股权转让给陈祥生（福建省翔达实业集团有限公司法定代表人）。陈祥生及盛丰公司其他股东已代为清偿陈秀娟、陈晓斐的债务，并争取在股权变更的前置审批期间，解决杨昔新的债权，或在审批后工商变更登记前，由股权受让人陈祥生及盛丰公司其他股东筹足款项，代为清偿杨昔新的债务。

2014年7月11日，郑某云向吴某宇账户转账2500万元；同日，吴某宇向杨昔新转账1650万元。

杨昔新与温国雄、曾水晶、福建国融担保有限公司强制执行纠纷案件，申请执行人杨昔新于2018年3月27日向法院提交《执行结案申请书》，该案已全部执行完毕。

在本院组织的调查中，郑某云主张案涉借款中的1650万元经由吴某宇转给杨昔新，福建国融担保有限公司对杨昔新的欠款得以清偿，鑫万旺公司股权解冻并发生转让。对此，鑫万旺公司认为，事实部分由法院审查，但不能仅凭《福州市晋安区盛丰国融小额贷款有限公司近期情况的说明》认定案涉借款用途。

《福建省经济和信息化委员会关于福州市晋安区盛丰小额贷款有限公司股权变更的批复》显示，2014年12月24日，龙驰塔公司不再是盛丰公司股东。

本院认为，本案争议焦点为：鑫万旺公司提供担保的行为是否有效。对此，本院分析如下：

2014年4月11日，鑫万旺公司向福州市晋安区经济发展局呈报的《福州市晋安区盛丰国融小额贷款有限公司近期情况的说明》可以证实，鑫万旺公司全体股东经协商，共同筹款，为将要出让股权的福建国融担保有限公司清偿对外欠款，使其顺利完成股权转让，实现鑫万旺公司股东优化整合，提高公司抵御市场风险能力；收款人吴某宇的银行流水显示，案涉大部分借款转入福建国融担保有限公司的债权人杨昔新账户，后福建国融担保有限公司持有的鑫万旺公司10%的股权解冻并转让给陈祥生。上述事实可以看出，案涉借款系用于鑫万旺公司的经营活动。鑫万旺公司为案涉借款提供担保的行为属于为自身开展经营活动向债权人提供担保的情形，是为了鑫万旺公司的利益，故即便郑某云知道或者应当知道担保未经鑫万旺公司股东会决议，也应当认定担保合同符合鑫万旺公司的真实意思表示，担保行为有效。一审判决鑫万旺公司对案涉借款提供的担保有效，并承担连带清偿责任，并无不当。

综上所述，鑫万旺公司的上诉请求不能成立，应予驳回；一审判决认定事实清楚、适用法律正确，应予维持。依照《民事诉讼法》第一百四十四条、第一百七十条第一款第一项规定，判决如下：

驳回上诉，维持原判。

二审案件受理费177 800元，由福州市晋安区鑫万旺小额贷款股份有限公司负担。

本判决为终审判决。

审判长　黄晓文

审判员　高晓嵘

审判员　林峥峥

二〇二〇年七月三十一日

书记员　赵宇宏

附：本案适用的主要法律条文

《民事诉讼法》

第一百四十四条　被告经传票传唤，无正当理由拒不到庭的，或者未经法庭许可中途退庭的，可以缺席判决。

第一百七十条　第二审人民法院对上诉案件，经过审理，按照下列情形，分别处理：

（一）原判决、裁定认定事实清楚，适用法律正确的，以判决、裁定方式驳回上诉，维持原判决、裁定；

（二）原判决、裁定认定事实错误或者适用法律错误的，以判决、裁定方式依法改判、撤销或者变更；

（三）原判决认定基本事实不清的，裁定撤销原判决，发回原审人民法院重审，或者查清事实后改判；

（四）原判决遗漏当事人或者违法缺席判决等严重违反法定程序的，裁定撤销原判决，发回原审人民法院重审。

原审人民法院对发回重审的案件作出判决后，当事人提起上诉的，第二审人民法院不得再次发回重审。

中华人民共和国最高人民法院
民 事 判 决 书

〔2021〕最高法民再312号

再审申请人（一审被告、二审上诉人）：福建省鑫万旺贸易股份有限公司（原福州市晋安区鑫万旺小额贷款股份有限公司、福州市晋安区盛丰小额贷款有限公司），住所地福建省福州市晋安区福新东路478号（盛丰大厦）25层。

法定代表人：李某平，该公司总经理。

委托诉讼代理人：夏佳楠，北京市中闻律师事务所律师。

委托诉讼代理人：何佳玲，北京市中闻律师事务所律师。

被申请人（一审原告、二审被上诉人）：郑某云，女，1979年12月11日出生，汉族，住福建省福州市鼓楼区。

委托诉讼代理人：徐军，北京市盈科（福州）律师事务所律师。

委托诉讼代理人：戴伟斌，福建能匠律师事务所律师。

被申请人（一审被告、二审被上诉人）：吴某炎，男，1962年1月1日出生，汉族，住福建省龙岩市新罗区。

被申请人（一审被告、二审被上诉人）：郭某娥，女，1963年9月19日出生，汉族，住福建省龙岩市新罗区。

被申请人（一审被告、二审被上诉人）：吴某宇，男，1984年11月10日出生，汉族，住福建省龙岩市新罗区。

被申请人（一审被告、二审被上诉人）：连某文，女，1984年5月10日出生，汉族，住福建省龙岩市新罗区。

被申请人（一审被告、二审被上诉人）：龙岩市龙驰塔水泥有限公司，住所地福建省龙岩市新罗区小池镇南村鲤鱼滩（龙岩市新罗区小池水泥厂21幢二层南侧）。

法定代表人：郭某淼。

再审申请人福建省鑫万旺贸易股份有限公司（以下简称鑫万旺公司）与被申请人郑某云、吴某炎、郭某娥、吴某宇、连某文、龙岩市龙驰塔水泥有限公司（以下简称龙驰塔公司）民间借贷纠纷一案，福建省福州市中级人民法院于2016年1月10日作出〔2015〕榕民初字第339号民事判决；鑫万旺公司提出上诉后，福建省高级人民法院于2016年7月28日作出〔2016〕闽民终412号民事判决。鑫万旺公司不服，向本院申请再审。本院于2017年8月28日作出〔2017〕最高法民申29号民事裁定，提审本案。本院提审后于2018年3月28日作出〔2017〕最高法民再429号民事裁定，撤销一、二审判决，发回福州市中级人民法院重新审理本案。福州市中级人民法院于2019年3月26日作出〔2018〕闽01民初1252号民事判决；鑫万旺公司不服提起上诉后，福建省高级人民法院于2020年7月31日作出〔2019〕闽民终1093号民事判决。鑫万旺公司仍不服，再次向本院申请再审。本院于2021年9月22日作出〔2021〕最高法民申4407号民事裁定，裁定本案由本院提审且再审期间中止原判决的执行。本院提审后，于2021年10月20日立案受理本案，依法组成合议庭对本案进行了公开开庭审理，再审申请人鑫万旺公司的委托诉讼代理人夏佳楠、何佳玲，被申请人郑某云及其委托诉讼代理人徐军、戴伟斌到庭参加了诉讼。被申请人吴某炎、郭某娥、吴某宇、连某文、龙驰塔公司经本院合法传唤未到庭应诉，本院依法缺席审理本案。本案现已审理终结。

鑫万旺公司依照《民事诉讼法》第二百条第二项、第六项之规定，向本院申请再审，请求撤销一、二审判决，改判鑫万旺公司不承担连带责任。事实与理由：一、担保合同对鑫万旺公司不发生效力。吴某炎系鑫万旺公司法定代表人，其代表鑫万旺公司为公司股东龙驰塔公司及实际控制人提供关联担保，根据《公司法》第十六条规定必须经由股东会决议，未经股东会决议，构成越权代表。债权人郑某云主张担保合同有效，应当提供证据证明其在订立合同时对鑫万旺公司的股东会决议进行了合理审查，郑某云在没有鑫万旺公司股东会决议情况下签订担保合同显然属于非善意，担保合同对鑫万旺公司不发生效力。二、二审法院认定案涉借款系用于鑫万旺公司经营活动错误。即使按照二审法院所认定之事实，案涉借款中的1 650万元部分用于偿还鑫万旺公司原股东的债务，也不能证明案涉借款用于鑫万旺公司的经营活动，公司和股东系不同的法律主体，公司并不对股东的债务承担责任，二审法院的裁判理由没有法律依据。

被申请人郑某云辩称，一、鑫万旺公司主张重审的一、二审判决适用法律错误的观点无事实和法律依据。案涉法律事实及纠纷的产生均在《民法典》实施之前，故本案不适用《民法典》有关担保制度的司法解释。本案不适用《公司法》第十六条的规定，《公司法》第十六条非效力性强制性规定。二、鑫万旺公司主张其为担保所盖印章系吴某炎控制公司所盖，故对其不具担保效力是错误的。吴某炎作为鑫万旺公司的法定代表人，郑某云作为合同相对方有理由相信其有权代表鑫万旺公司对外签订合同，并信赖加盖公章的真实性。三、重审二审判决认定本案借款系用于鑫万旺公司经营，且鑫万旺公司的股东对此明确知情，即便郑某云知道或者应当知道担保未经鑫万旺公司股东会决议，也应当认定担保行为有效是正确的。

被申请人吴某炎、郭某娥、吴某宇、连某文、龙驰塔公司未发表答辩意见。

郑某云向一审法院起诉请求：1.判令吴某炎、郭某娥、吴某宇、龙驰塔公司立即归还借款本金2 500万元并支付利息（利息自2014年11月11日始至还款之日止按合同约定的利息计算，暂算至原告起诉时利息为220万元）；2.判令鑫万旺公司对第1项诉讼请求承担连带还款责任；3.判令吴某炎、郭某娥、吴某宇、龙驰塔公司、鑫万旺公司共同承担本案诉讼费用、保全费、律师费等费用；4.判令连某文对本案借款承担共同还款责任。一审法院认定事实：福州市晋安区盛丰国融小额贷款有限公司于2014年7月15日更名为福州市晋安区盛丰小额贷款有限公司。吴某炎于同日经工商登记为福州市晋安区盛丰小额贷款有限公司法定代表人。2015年6月2日，福州市晋安区盛丰小额贷款有限公司更名为福州市晋安区盛丰小额贷款股份有限公司，又于2017年9月7日更名为福州市晋安区鑫万旺小额贷款股份有限公司。

2014年7月11日，郑某云作为出借人，吴某炎、郭某娥、吴某宇、龙驰塔公司作为共同借款人，鑫万旺公司作为保证人签订了《借款合同》。该《借款合同》约定：郑某云同意出借给吴某炎、郭某娥、吴某宇、龙驰塔公司2 500万元（具体金额以实际到账为准），指定的收借款账户为吴某宇名下兴业银行账户；借款期限壹个月（自银行转款到账后起算），借款利率月3%；若借款人逾期支付借款利息及本金，则继续计息的同时，借款人应当从逾期之日起按日支付逾期总金额千分之五的违约金。如果借款人逾期还款，出借人可向出借人所在地法院起诉。出借人为实现债权而支付的诉讼费、律师费等均由借款人承担；鑫万旺公司以自身所有财产为借款人向出借人的借款承担连带还款责任，保证范围包括借款本金及利息、违约金和实现债权的费用（包括诉讼费、律师费等），保证期限自2014年7月11日至2016年7月10日止。郑某云及吴某炎、郭某娥、吴某宇、龙驰塔公司均在合同落款处签名盖章。该《借款合同》的"丙方（保证人）"处盖有"福州市晋安区盛丰国融小额贷款有限公司"印章，且吴某炎在鑫万旺公司"法定代表人"处再次签名。同日，郑某云向吴某宇转款2 500万元。2014年12月22日，吴某炎、鑫万旺公司向郑某云出具《欠款确认》，确认：被告已合计付利息300万元（2014年7月11日至2014年11月10日），其中2014年8月

11日吴某宇转郑某云户头付利息75万元,2014年8月12日吴某宇转郑某云户头付利息75万元,2014年12月22日许沂炎转郑某云户头付利息150万元。但该《欠款确认》上鑫万旺公司印章编号为"35011110070678",鑫万旺公司在公安留存的印鉴编号为"3501110070678"。另查,郑某云为提起本案一审诉讼已支付律师代理费人民币10万元。再查,连某文系吴某宇的配偶。

一审法院判决:一、吴某炎、郭某娥、吴某宇、龙驰塔公司应于判决生效之日起十日内共同偿还郑某云借款本金人民币24 049 860元及利息(截至2014年12月22日利息为616 390元,此后利息以本金24 049 860元为基数,按中国人民银行同期同类贷款利率的四倍计付至款项还清之日止);二、吴某炎、郭某娥、吴某宇、龙驰塔公司应于判决生效之日起十日内共同赔付郑某云律师代理费人民币10万元;三、鑫万旺公司对判决第一、二项所确定的债务向郑某云承担连带清偿责任,并在承担责任后有权向吴某炎、郭某娥、吴某宇、龙驰塔公司追偿;四、驳回郑某云的其他诉讼请求。一审案件受理费177 800元,财产保全费5 000元,由吴某炎、郭某娥、吴某宇、龙驰塔公司、鑫万旺公司共同负担。

鑫万旺公司不服一审判决,上诉请求:撤销一审判决,将本案发回重审或改判驳回郑某云对鑫万旺公司的诉讼请求。事实和理由:一、根据《公司法》第十六条的规定,吴某炎代表鑫万旺公司为股东龙驰塔公司及实际控制人吴某炎提供担保必须经公司股东会决议,且龙驰塔公司、吴某炎没有表决权。鑫万旺公司为龙驰塔公司、吴某炎借款提供担保,公司其他股东并不知情,也未形成股东会决议。吴某炎的行为超越代表权限,损害公司利益,属越权担保。二、根据《最高人民法院关于适用〈中华人民共和国担保法〉若干问题的解释》第十一条的规定,吴某炎越权担保行为的法律效力取决于郑某云是否知道或应当知道吴某炎已超越担保权限。《公司法》第十六条已对担保事宜作出限制性规定,具有公开宣示效力,郑某云理应知晓并遵守该规定。因此鑫万旺公司为龙驰塔公司及实际控制人吴某炎借款提供担保须经股东会决议,理应成为郑某云"应当知道"的内容。郑某云未要求吴某炎出具鑫万旺公司的股东会决议,未尽审慎注意义务,显然有过错,不属于善意第三人。一审判决以吴某炎是法定代表人可代表鑫万旺公司盖章及《公司法》第十六条并非效力性强制性规定为由,支持郑某云的诉讼请求,属于适用法律错误。

郑某云辩称,一、2014年7月11日签订本案讼争《借款合同》时,吴某炎并不是鑫万旺公司的实际控制人。没有证据证明吴某炎系龙驰塔公司、厦门保成进出口有限公司的实际控制人,也非该两家公司唯一股东;即使吴某炎实际控制该两家公司,该两家公司合计仅持有鑫万旺公司20%股权,达不到实际控制鑫万旺公司的条件,不可能是鑫万旺公司的实际控制人。二、本案借款合同签订时,鑫万旺公司全体股东对借款是知情的。根据鑫万旺公司2014年4月11日向福州市晋安区经济发展局呈报的《福州市晋安区盛丰国融小额贷款有限公司近期情况的说明》证实,2014年4月间,鑫万旺公司对股东进行优化组合,并向主管部门提交了公司股权变更的前置审批申请,由于出让方占有鑫万旺公司10%股权的股东福建国融担保有限公司（以下简称国融公司）因欠案外人杨昔新17**多万元借款而被厦门市中级人民法院诉讼保全，致使鑫万旺公司无法对股东进行优化组合。鉴于此，鑫万旺公司全体股东经过协商，决定同意公司部分股权进行变更，其中含有国融公司将其持有的鑫万旺公司10%股权转让给陈祥生，并决定由全体股东积极筹资，代为清偿杨昔新借款。之后，鑫万旺公司董事长、法定代表人吴某炎以吴某炎、郭某娥、吴某宇、龙驰塔公司名义，由鑫万旺公司作为担保人向郑某云借款2 500万元，通过吴某宇账户代为清偿杨昔新1 600余万元。因此，鑫万旺公司全体股东对案涉借款及担保是知情的。三、鑫万旺公司对本案借款合同提供担保有效。《公司法》第十六条的规定是规范公司内部管理的强制性规定，并未规定公司在违反此条规定的对外担保无效。四、吴某炎有权以鑫万旺公司名义对外从事民事活动，没有越权签订案涉担保合同。2014年5月15日，福建省经济和信息化委员会在网络上公示了《关于福州市晋安区盛丰国融小额贷款有限公司变更登记事项的公示》，公示时间为2014年5月16日至5月23日，公示内容第三项即为鑫万旺公司法定代表人变更为吴某炎。五、郑某云属于善意第三人。讼争《借款合同》在鑫万旺公司办公场所签订，郑某云也通过互联网查询了吴某炎的身份，推定吴某炎有权代表鑫万旺公司对外从事民事活动，属于善意第三人。

　　二审期间，当事人没有提交新的证据。福建省高级人民法院对一审判决认定的事实予以确认。二审另查明：鑫万旺公司经营范围包括办理各项小额贷款；银行业机构委托贷款；其他经省经贸委批准的业务。2014年4月11日，鑫万旺公司向福州市晋安区经济发展局呈报的《福州市晋安区盛丰国融小额贷款有限公司近期情况的说明》载明，鑫万旺公司成立之初，全体股东委托国融公司法定代表人温国雄负责经营。后股东们发现其经营不规范，决定收回经营权，同时劝国融公司退出鑫万旺公司。股东们商议由福建省翔达实业集团有限公司收购国融公司持有的鑫万旺公司10%的股权。2013年期间，国融公司未能偿还案外人陈秀娟、陈晓斐及杨昔新的借款，其持有的鑫万旺公司股权被法院保全。鑫万旺公司为对现有的股东进行优化整合，提高公司抵抗市场风险的能力，经公司全体股东协商，同意对公司的部分股东所持股权进行变更，其中含国融公司所持公司10%股权转让给陈祥生（福建省翔达实业集团有限公司法定代表人）。陈祥生及鑫万旺公司其他股东已代为清偿陈秀娟、陈晓斐的债务，并争取在股权变更的前置审批期间，解决杨昔新的债权，或在审批后工商变更登记前，由股权受让人陈祥生及鑫万旺公司其他股东筹足款项，代为清偿杨昔新的债务。2014年7月11日，郑某云向吴某宇账户转账2 500万元；同日，吴某宇向杨昔新转账1 650万元。杨昔新与温国雄、曾水晶、国融公司强制执行纠纷案件，申请执行人杨昔新于2018年3月27日向法院提交《执行结案申请书》，该案已全部执行完毕。在二审法院组织的调查中，郑某云主张案涉借款中的1 650万元经由吴某宇转给杨昔新，国融公司对杨昔新的欠款得以清偿，鑫万旺公司股权解冻并发生转让。对此，鑫万旺公司认为，事实部分由法院审查，但不能仅凭《福州市晋安区盛丰国融小额贷款有限公司近期情况的说明》认定案涉借款用途。《福建省经济和信息化委员会关于福州市晋安区盛丰小额贷款有限公司股权变更的批复》显示,2014年12月24日,龙驰塔公司不再是鑫万旺公司股东。

二审法院认为,本案争议焦点为鑫万旺公司提供担保的行为是否有效。2014年4月11日,鑫万旺公司向福州市晋安区经济发展局呈报的《福州市晋安区盛丰国融小额贷款有限公司近期情况的说明》可以证实,鑫万旺公司全体股东经协商,共同筹款,为将要出让股权的国融公司清偿对外欠款,使其顺利完成股权转让,实现鑫万旺公司股东优化整合,提高公司抵御市场风险能力。收款人吴某宇的银行流水显示,案涉大部分借款转入国融公司的债权人杨昔新账户,后国融公司持有的鑫万旺公司10%的股权解冻并转让给陈祥生。从上述事实可以看出,案涉借款系用于鑫万旺公司的经营活动。鑫万旺公司为案涉借款提供担保的行为属于为自身开展经营活动向债权人提供担保的情形,是为了鑫万旺公司的利益,故即便郑某云知道或者应当知道担保未经鑫万旺公司股东会决议,也应当认定担保合同符合鑫万旺公司的真实意思表示,担保行为有效。一审判决鑫万旺公司对案涉借款提供的担保有效,并承担连带清偿责任,并无不当。二审法院判决:驳回上诉,维持原判。二审案件受理费177 800元,由鑫万旺公司负担。

本院再审查明,原一、二审查明的案件事实属实,本院予以确认。本院另查明,福州市晋安区鑫万旺小额贷款股份有限公司于2020年8月6日更名为福建省鑫万旺贸易股份有限公司。

本院再审认为,《公司法》第十六条第二款、第三款分别规定:"公司为公司股东或者实际控制人提供担保的,必须经股东会或者股东大会决议""前款规定的股东或者受前款规定的实际控制人支配的股东,不得参加前款规定事项的表决。该项表决由出席会议的其他股东所持表决权的过半数通过"。有关公司为其股东或实际控制人提供关联担保的决定机关以及担保合同效力问题,《全国法院民商事审判工作会议纪要》第十七条、第十八条明确,公司为其股东或实际控制人提供关联担保行为不是法定代表人所能单独决定的事项,必须以公司股东(大)会、董事会等公司机关的决议作为授权的基础和来源。公司法定代表人未经授权擅自为他人提供担保的,构成越权代表,应当根据《合同法》第五十条关于法定代表人越权代表的规定,区分订立合同时债权人是否善意而分别认定合同效力:债权人善意的,合同有效;反之,合同无效。在此情况下,债权人主张担保合同有效,应当提供证据证明其在订立合同时对股东(大)会决议进行了审查,决议表决程序符合《公司法》第十六条的规定。本案中,鑫万旺公司为公司股东或者实际控制人提供关联担保,郑某云作为债权人在签订担保合同时,理应按照法律规定要求鑫万旺公司订立合同人员出具股东会决议。郑某云未要求出具,则应认定其没有尽到谨慎注意义务,对此负有过错,不能构成善意第三人。案涉担保合同对鑫万旺公司不发生效力。

关于案涉借款担保能否被认定为鑫万旺公司为了自身开展经营活动或自身利益向债权人提供担保。二审法院查明案涉借款大部分转入案外人国融公司的债权人杨昔新账户，后国融公司持有的鑫万旺公司10%的股权解冻并转让给案外人陈祥生。从二审查明的相关事实看，该笔借款由出借人郑某云打到吴某宇账户，再从吴某宇账户转至案外人国融公司的债权人杨昔新账户，用于偿还国融公司债务。因国融公司仅为鑫万旺公司的股东之一，其自身的债权债务并不等同于鑫万旺公司的债权债务，国融公司所欠案外人杨昔新的债务能否得到清偿，与鑫万旺公司的自身经营活动并无必然的联系。虽然郑某云辩称以及二审法院裁判理由均认为，郑某云出借该笔资金系用于鑫万旺公司股东的优化组合，国融公司拟将所持鑫万旺公司10%的股权转让给案外人陈祥生。但案涉借款发生时，鑫万旺公司的股东并非仅有国融公司以及本案借款人，还涉及鑫万旺公司自身利益以及公司其他股东的利益。国融公司是否将其持有的鑫万旺公司股权转让给他人，并不能当然地认定为关系到鑫万旺公司全体股东的利益以及鑫万旺公司自身的利益。郑某云关于案涉借款担保属于鑫万旺公司为了自身开展经营活动或自身利益向债权人提供担保因而有效的答辩意见不能成立。本案当事人之间签订的借款合同有效，但担保合同无效。对于该担保合同的无效，债权人郑某云未尽必要的审查义务，存在过错；保证人鑫万旺公司未经公司有权机关决议即向债权人郑某云出具担保，亦有过错。本案应根据保证人鑫万旺公司与债权人郑某云对导致保证合同无效的过错情况确定损失分担比例，由双方分担因吴某炎、郭某娥、吴某宇、龙驰塔公司不能清偿郑某云债务所带来的损失。

郑某云一审起诉时，基于保证合同有效请求保证人鑫万旺公司承担连带保证责任。经本院审理认定保证合同无效，保证人应根据其自身的过错承担相应的赔偿责任。该赔偿责任不同于保证责任，二者的请求权基础并不一致；但一般来说保证责任请求的范围大于或者覆盖了赔偿责任的范围。从纠纷一次性解决理念出发，本案也没有必要向一审原告郑某云释明要求其变更诉讼请求、如不变更则驳回对保证人的诉讼请求，可以直接根据债权人和保证人各自的过错情况，判令保证人承担相应的赔偿责任。

另，因利率市场化改革，中国人民银行已授权全国银行间同业拆借中心自2019年8月20日起公布贷款市场报价利率，取代中国人民银行同期贷款基准利率。因此，2019年8月20日以前，吴某炎、郭某娥、吴某宇、龙驰塔公司应按照中国人民银行同期同类贷款利率的四倍计付应偿还本金的利息，自2019年8月20日起，应按照全国银行间同业拆借中心公布的贷款市场报价利率的四倍计算欠付本金利息。

综上，鑫万旺公司的再审请求部分成立。一、二审判决认定事实清楚，但适用法律错误。依照《公司法》第十六条，《最高人民法院关于适用〈中华人民共和国担保法〉若干问题的解释》第七条，《民事诉讼法》第二百零七条第一款、第一百七十条第一款第二项，《最高人民法院关于适用〈中华人民共和国民事诉讼法〉的解释》第四百零七条第二款之规定，判决如下：

一、撤销福建省高级人民法院〔2019〕闽民终1093号民事判决和福州市中级人民法院〔2018〕闽01民初1252号民事判决第四项。

二、维持福州市中级人民法院〔2018〕闽01民初1252号民事判决第二项。

三、变更福州市中级人民法院〔2018〕闽01民初1252号民事判决第一项"吴某炎、郭某娥、吴某宇、龙驰塔公司应于判决生效之日起十日内共同偿还郑某云借款本金人民币24 049 860元及利息（截至2014年12月22日利息为616 390元，此后利息以本金24 049 860元为基数，按中国人民银行同期同类贷款利率的四倍计付至款项还清之日止）"为：吴某炎、郭某娥、吴某宇、龙驰塔公司应于判决生效之日起十日内共同偿还郑某云借款本金人民币24 049 860元及利息（截至2014年12月22日利息为616 390元；此后利息以本金24 049 860元为基数，按中国人民银行同期同类贷款利率的四倍计付至2019年8月19日，自2019年8月20日起按全国银行间同业拆借中心公布的贷款市场报价利率的四倍计付至款项还清之日止）。

四、变更福州市中级人民法院〔2018〕闽01民初1252号民事判决第三项"福建省鑫万旺贸易股份有限公司对判决第一项、第二项所确定的债务向郑某云承担连带清偿责任，并在承担责任后有权向吴某炎、郭某娥、吴某宇、龙岩市龙驰塔水泥有限公司追偿"为：福建省鑫万旺贸易股份有限公司对于判决第一项、第二项所确定的债务，就吴某炎、郭某娥、吴某宇、龙岩市龙驰塔水泥有限公司不能清偿部分承担二分之一的赔偿责任；福建省鑫万旺贸易股份有限公司在承担赔偿责任后，有权向吴某炎、郭某娥、吴某宇、龙岩市龙驰塔水泥有限公司追偿。

五、驳回郑某云的其他诉讼请求。

一审案件受理费177 800元，财产保全费5 000元，总计182 800元，由吴某炎、郭某娥、吴某宇、龙岩市龙驰塔水泥有限公司、福建省鑫万旺贸易股份有限公司共同负担（福建省鑫万旺贸易股份有限公司在91 400元范围内负担）。二审案件受理费177 800元，由福建省鑫万旺贸易股份有限公司负担88 900元，由郑某云负担88 900元。

审 判 长　李延忱
审 判 员　王　珅
审 判 员　郁　琳
二〇二一年十二月七日
法官助理　高　玥
书 记 员　汤陈某
书 记 员　李菊影

【2023年版本、三次审议稿】

第十六条　公司应当保护职工的合法权益，依法与职工签订劳动合同，参加社会保险，加强劳动保护，实现安全生产。

公司应当采用多种形式，加强公司职工的职业教育和岗位培训，提高职工素质。

【2018年版本】

第十七条 公司必须保护职工的合法权益,依法与职工签订劳动合同,参加社会保险,加强劳动保护,实现安全生产。

公司应当采用多种形式,加强公司职工的职业教育和岗位培训,提高职工素质。

【本条释义】

本条规定了公司对职工权益的保护。

公司不仅仅属于股东,也是职工的家园。公司不能仅以盈利为目的,还应当尽到职工保护等社会责任。因此,公司应当保护职工的合法权益,依法与职工签订劳动合同,参加社会保险,加强劳动保护,实现安全生产。以上内容实际上也是《中华人民共和国劳动法》(以下简称《劳动法》)和《中华人民共和国劳动合同法》(以下简称《劳动合同法》)的相关要求,公司必须遵守。

职工素质的高低直接影响公司的效益,因此,公司应当采用多种形式,加强公司职工的职业教育和岗位培训,提高职工素质。这些内容实际上也是《劳动法》和《劳动合同法》的相关要求,公司必须遵守。

《中华人民共和国企业所得税法》(以下简称《企业所得税法》)及其实施条例还专门规定了企业职工教育经费支出、劳动保护支出的扣除,可见国家对职工权益保护的重视。

【相关法律规定】

《**劳动法**》(1994年7月5日第八届全国人民代表大会常务委员会第八次会议通过,根据2009年8月27日第十一届全国人民代表大会常务委员会第十次会议《关于修改部分法律的决定》第一次修正,根据2018年12月29日第十三届全国人民代表大会常务委员会第七次会议《关于修改〈中华人民共和国劳动法〉等七部法律的决定》第二次修正,下同)

第一条 为了保护劳动者的合法权益,调整劳动关系,建立和维护适应社会主义市场经济的劳动制度,促进经济发展和社会进步,根据宪法,制定本法。

第二条 在中华人民共和国境内的企业、个体经济组织(以下统称用人单位)和与之形成劳动关系的劳动者,适用本法。

国家机关、事业组织、社会团体和与之建立劳动合同关系的劳动者,依照本法执行。

第三条 劳动者享有平等就业和选择职业的权利、取得劳动报酬的权利、休息休假的权利、获得劳动安全卫生保护的权利、接受职业技能培训的权利、享受社会保险和福利的权利、提请劳动争议处理的权利以及法律规定的其他劳动权利。

劳动者应当完成劳动任务,提高职业技能,执行劳动安全卫生规程,遵守劳动纪律和职业道德。

第四条 用人单位应当依法建立和完善规章制度,保障劳动者享有劳动权利和履行劳动义务。

第五条 国家采取各种措施,促进劳动就业,发展职业教育,制定劳动标准,调节社会收入,完善社会保险,协调劳动关系,逐步提高劳动者的生活水平。

第六条 国家提倡劳动者参加社会义务劳动,开展劳动竞赛和合理化建议活动,鼓励和保护劳动者进行科学研究、技术革新和发明创造,表彰和奖励劳动模范和先进工作者。

第七条 劳动者有权依法参加和组织工会。

工会代表和维护劳动者的合法权益,依法独立自主地开展活动。

第八条 劳动者依照法律规定,通过职工大会、职工代表大会或者其他形式,参与民主管理或者就保护劳动者合法权益与用人单位进行平等协商。

《劳动合同法》(2007年6月29日第十届全国人民代表大会常务委员会第二十八次会议通过,根据2012年12月28日第十一届全国人民代表大会常务委员会第三十次会议《关于修改〈中华人民共和国劳动合同法〉的决定》修正 主席令第73号,下同)

第一条 为了完善劳动合同制度,明确劳动合同双方当事人的权利和义务,保护劳动者的合法权益,构建和发展和谐稳定的劳动关系,制定本法。

第二条 中华人民共和国境内的企业、个体经济组织、民办非企业单位等组织(以下称用人单位)与劳动者建立劳动关系,订立、履行、变更、解除或者终止劳动合同,适用本法。

国家机关、事业单位、社会团体和与其建立劳动关系的劳动者,订立、履行、变更、解除或者终止劳动合同,依照本法执行。

第三条 订立劳动合同,应当遵循合法、公平、平等自愿、协商一致、诚实信用的原则。

依法订立的劳动合同具有约束力,用人单位与劳动者应当履行劳动合同约定的义务。

第四条 用人单位应当依法建立和完善劳动规章制度,保障劳动者享有劳动权利、履行劳动义务。

用人单位在制定、修改或者决定有关劳动报酬、工作时间、休息休假、劳动安全卫生、保险福利、职工培训、劳动纪律以及劳动定额管理等直接涉及劳动者切身利益的规章制度或者重大事项时,应当经职工代表大会或者全体职工讨论,提出方案和意见,与工会或者职工代表平等协商确定。

在规章制度和重大事项决定实施过程中,工会或者职工认为不适当的,有权向用人单位提出,通过协商予以修改完善。

用人单位应当将直接涉及劳动者切身利益的规章制度和重大事项决定公示，或者告知劳动者。

《企业所得税法》（2007年3月16日第十届全国人民代表大会第五次会议通过。根据2017年2月24日第十二届全国人民代表大会常务委员会第二十六次会议《关于修改〈中华人民共和国企业所得税法〉的决定》第一次修正。根据2018年12月29日第十三届全国人民代表大会常务委员会第七次会议《关于修改〈中华人民共和国电力法〉等四部法律的决定》第二次修正，下同）

第八条　企业实际发生的与取得收入有关的、合理的支出，包括成本、费用、税金、损失和其他支出，准予在计算应纳税所得额时扣除。

【相关法规规定】

《中华人民共和国企业所得税法实施条例》（2007年12月6日中华人民共和国国务院令第512号公布，根据2019年4月23日《国务院关于修改部分行政法规的决定》修订，以下简称《企业所得税法实施条例》）

第四十二条　除国务院财政、税务主管部门另有规定外，企业发生的职工教育经费支出，不超过工资薪金总额2.5%的部分，准予扣除；超过部分，准予在以后纳税年度结转扣除。

第四十八条　企业发生的合理的劳动保护支出，准予扣除。

【2023年版本】

第十七条　公司职工依照《中华人民共和国工会法》组织工会，开展工会活动，维护职工合法权益。公司应当为本公司工会提供必要的活动条件。公司工会代表职工就职工的劳动报酬、工作时间、休息休假、劳动安全卫生和保险福利等事项依法与公司签订集体合同。

公司依照宪法和有关法律的规定，建立健全以职工代表大会为基本形式的民主管理制度，通过职工代表大会或者其他形式，实行民主管理。

公司研究决定改制、解散、申请破产以及经营方面的重大问题、制定重要的规章制度时，应当听取公司工会的意见，并通过职工代表大会或者其他形式听取职工的意见和建议。

【三次审议稿】

第十七条　公司职工依照《中华人民共和国工会法》组织工会，开展工会活动，维护职工合法权益。公司应当为本公司工会提供必要的活动条件。公司工会代表职工就职工的劳动报酬、工作时间、休息休假、劳动安全卫生和保险福利等事项依法与公司签订集体合同。

公司依照宪法和有关法律的规定，建立健全以职工代表大会为基本形式的民主管理制度，通过职工代表大会或者其他形式，实行民主管理。

公司研究决定改制以及经营方面的重大问题、制定重要的规章制度时，应当听取公司工会的意见，并通过职工代表大会或者其他形式听取职工的意见和建议。

【2018年版本】

第十八条 公司职工依照《中华人民共和国工会法》组织工会，开展工会活动，维护职工合法权益。公司应当为本公司工会提供必要的活动条件。公司工会代表职工就职工的劳动报酬、工作时间、福利、保险和劳动安全卫生等事项依法与公司签订集体合同。

公司依照宪法和有关法律的规定，通过职工代表大会或者其他形式，实行民主管理。

公司研究决定改制以及经营方面的重大问题、制定重要的规章制度时，应当听取公司工会的意见，并通过职工代表大会或者其他形式听取职工的意见和建议。

【本条释义】

本条规定了公司的工会建设。

工会是中国共产党领导的职工自愿结合的工人阶级群众组织，是中国共产党联系职工群众的桥梁和纽带。因此，公司职工有权依照《中华人民共和国工会法》（以下简称《工会法》）组织工会，开展工会活动，维护职工合法权益。公司应当为本公司工会提供必要的活动条件，如活动场地和活动经费。根据《劳动法》和《劳动合同法》的规定，公司工会可以代表职工就职工的劳动报酬、工作时间、休息休假、劳动安全卫生和保险福利等事项依法与公司签订集体合同。

公司实行民主化管理不仅是维护职工权益的表现，也能大大提高公司的效益。因此，公司应当依照宪法和有关法律的规定，建立健全以职工代表大会为基本形式的民主管理制度，通过职工代表大会或者其他形式，实行民主管理。职工代表大会是最基本的公司民主管理形式，但公司也可以采取其他方式，如征求职工意见、征求工会意见以及选举职工代表列席董事会、监事会和股东会等。

公司的重要决策不仅影响股东利益，也影响职工的饭碗，因此，公司研究决定改制、解散、申请破产以及经营方面的重大问题、制定重要的规章制度时，应当听取公司工会的意见，并通过职工代表大会或者其他形式听取职工的意见和建议。需要注意的是，公司决策影响的主要是股东的利益，因此，公司决策中听取职工意见和建议并不意味着一定要采纳。职工意见和建议仅供公司决策时参考。

【相关法律规定】

《工会法》（1992年4月3日第七届全国人民代表大会第五次会议通过，根据2001年10月27日第九届全国人民代表大会常务委员会第二十四次会议《关于修改〈中华人民共和国工会法〉的决定》第一次修正，根据2009年8月27日第十一届全国人民代表大会常务委员会第十次会议《关于修改部分法律的决定》第二次修正，根据2021年12月24日第十三届全国人民代表大会常务委员会第三十二次会议《关于修改〈中华人民共和国工会法〉的决定》第三次修正）

第一条　为保障工会在国家政治、经济和社会生活中的地位，确定工会的权利与义务，发挥工会在社会主义现代化建设事业中的作用，根据宪法，制定本法。

第二条　工会是中国共产党领导的职工自愿结合的工人阶级群众组织，是中国共产党联系职工群众的桥梁和纽带。

中华全国总工会及其各工会组织代表职工的利益，依法维护职工的合法权益。

第三条　在中国境内的企业、事业单位、机关、社会组织（以下统称用人单位）中以工资收入为主要生活来源的劳动者，不分民族、种族、性别、职业、宗教信仰、教育程度，都有依法参加和组织工会的权利。任何组织和个人不得阻挠和限制。

工会适应企业组织形式、职工队伍结构、劳动关系、就业形态等方面的发展变化，依法维护劳动者参加和组织工会的权利。

第五条　工会组织和教育职工依照宪法和法律的规定行使民主权利，发挥国家主人翁的作用，通过各种途径和形式，参与管理国家事务、管理经济和文化事业、管理社会事务；协助人民政府开展工作，维护工人阶级领导的、以工农联盟为基础的人民民主专政的社会主义国家政权。

第六条　维护职工合法权益、竭诚服务职工群众是工会的基本职责。工会在维护全国人民总体利益的同时，代表和维护职工的合法权益。

工会通过平等协商和集体合同制度等，推动健全劳动关系协调机制，维护职工劳动权益，构建和谐劳动关系。

工会依照法律规定通过职工代表大会或者其他形式，组织职工参与本单位的民主选举、民主协商、民主决策、民主管理和民主监督。

工会建立联系广泛、服务职工的工会工作体系，密切联系职工，听取和反映职工的意见和要求，关心职工的生活，帮助职工解决困难，全心全意为职工服务。

第七条　工会动员和组织职工积极参加经济建设，努力完成生产任务和工作任务。教育职工不断提高思想道德、技术业务和科学文化素质，建设有理想、有道德、有文化、有纪律的职工队伍。

第八条　工会推动产业工人队伍建设改革，提高产业工人队伍整体素质，发挥产业工人骨干作用，维护产业工人合法权益，保障产业工人主人翁地位，造就一支有理想守信念、懂技术会创新、敢担当讲奉献的宏大产业工人队伍。

《劳动法》

第三十三条 企业职工一方与企业可以就劳动报酬、工作时间、休息休假、劳动安全卫生、保险福利等事项，签订集体合同。集体合同草案应当提交职工代表大会或者全体职工讨论通过。

集体合同由工会代表职工与企业签订；没有建立工会的企业，由职工推举的代表与企业签订。

第三十四条 集体合同签订后应当报送劳动行政部门；劳动行政部门自收到集体合同文本之日起十五日内未提出异议的，集体合同即行生效。

第三十五条 依法签订的集体合同对企业和企业全体职工具有约束力。职工个人与企业订立的劳动合同中劳动条件和劳动报酬等标准不得低于集体合同的规定。

《劳动合同法》

第五十一条 企业职工一方与用人单位通过平等协商，可以就劳动报酬、工作时间、休息休假、劳动安全卫生、保险福利等事项订立集体合同。集体合同草案应当提交职工代表大会或者全体职工讨论通过。

集体合同由工会代表企业职工一方与用人单位订立；尚未建立工会的用人单位，由上级工会指导劳动者推举的代表与用人单位订立。

第五十二条 企业职工一方与用人单位可以订立劳动安全卫生、女职工权益保护、工资调整机制等专项集体合同。

第五十三条 在县级以下区域内，建筑业、采矿业、餐饮服务业等行业可以由工会与企业方面代表订立行业性集体合同，或者订立区域性集体合同。

第五十四条 集体合同订立后，应当报送劳动行政部门；劳动行政部门自收到集体合同文本之日起十五日内未提出异议的，集体合同即行生效。

依法订立的集体合同对用人单位和劳动者具有约束力。行业性、区域性集体合同对当地本行业、本区域的用人单位和劳动者具有约束力。

第五十五条 集体合同中劳动报酬和劳动条件等标准不得低于当地人民政府规定的最低标准；用人单位与劳动者订立的劳动合同中劳动报酬和劳动条件等标准不得低于集体合同规定的标准。

第五十六条 用人单位违反集体合同，侵犯职工劳动权益的，工会可以依法要求用人单位承担责任；因履行集体合同发生争议，经协商解决不成的，工会可以依法申请仲裁、提起诉讼。

【相关法规规定】

《企业所得税法实施条例》

第四十一条 企业拨缴的工会经费，不超过工资薪金总额2%的部分，准予扣除。

【2023年版本、三次审议稿】

第十八条 在公司中，根据中国共产党章程的规定，设立中国共产党的组织，开展党的活动。公司应当为党组织的活动提供必要条件。

【2018年版本】

第十九条 在公司中，根据中国共产党章程的规定，设立中国共产党的组织，开展党的活动。公司应当为党组织的活动提供必要条件。

【本条释义】

本条规定了公司中的党组织。

中国共产党党员是中国工人阶级的有共产主义觉悟的先锋战士。每个党员，不论职务高低，都必须编入党的一个支部、小组或其他特定组织，参加党的组织生活，接受党内外群众的监督。由于公司中也存在大量党员，因此，在公司中，根据中国共产党章程的规定，设立中国共产党的组织，开展党的活动。党员人数较少的公司可以设立党支部，人数较多的公司可以设立党委。如果公司的主要负责人也是党员，可以担任党支部书记、党委书记，以便于党组织在公司中开展活动。公司应当为党组织的活动提供必要条件，如活动场所、活动时间和活动经费等。

【相关党内法规的规定】

《**中国共产党章程**》（中国共产党第二十次全国代表大会部分修改，2022年10月22日通过）

第一条 年满十八岁的中国工人、农民、军人、知识分子和其他社会阶层的先进分子，承认党的纲领和章程，愿意参加党的一个组织并在其中积极工作、执行党的决议和按期交纳党费的，可以申请加入中国共产党。

第二条 中国共产党党员是中国工人阶级的有共产主义觉悟的先锋战士。

中国共产党党员必须全心全意为人民服务，不惜牺牲个人的一切，为实现共产主义奋斗终身。

中国共产党党员永远是劳动人民的普通一员。除了法律和政策规定范围内的个人利益和工作职权以外，所有共产党员都不得谋求任何私利和特权。

第八条 每个党员，不论职务高低，都必须编入党的一个支部、小组或其他特定组织，参加党的组织生活，接受党内外群众的监督。党员领导干部还必须参加党委、党组的民主生活会。不允许有任何不参加党的组织生活、不接受党内外群众监督的特殊党员。

第三十条 企业、农村、机关、学校、医院、科研院所、街道社区、社会组织、人民解放军连队和其他基层单位，凡是有正式党员三人以上的，都应当成立党的基层组织。

党的基层组织，根据工作需要和党员人数，经上级党组织批准，分别设立党的基层委员会、总支部委员会、支部委员会。基层委员会由党员大会或代表大会选举产生，总支部委员会和支部委员会由党员大会选举产生，提出委员候选人要广泛征求党员和群众的意见。

第三十一条 党的基层委员会、总支部委员会、支部委员会每届任期三年至五年。基层委员会、总支部委员会、支部委员会的书记、副书记选举产生后，应报上级党组织批准。

第三十二条 党的基层组织是党在社会基层组织中的战斗堡垒，是党的全部工作和战斗力的基础。它的基本任务是：

（一）宣传和执行党的路线、方针、政策，宣传和执行党中央、上级组织和本组织的决议，充分发挥党员的先锋模范作用，积极创先争优，团结、组织党内外的干部和群众，努力完成本单位所担负的任务。

（二）组织党员认真学习马克思列宁主义、毛泽东思想、邓小平理论、"三个代表"重要思想、科学发展观、习近平新时代中国特色社会主义思想，推进"两学一做"学习教育、党史学习教育常态化制度化，学习党的路线、方针、政策和决议，学习党的基本知识，学习科学、文化、法律和业务知识。

（三）对党员进行教育、管理、监督和服务，提高党员素质，坚定理想信念，增强党性，严格党的组织生活，开展批评和自我批评，维护和执行党的纪律，监督党员切实履行义务，保障党员的权利不受侵犯。加强和改进流动党员管理。

（四）密切联系群众，经常了解群众对党员、党的工作的批评和意见，维护群众的正当权利和利益，做好群众的思想政治工作。

（五）充分发挥党员和群众的积极性创造性，发现、培养和推荐他们中间的优秀人才，鼓励和支持他们在改革开放和社会主义现代化建设中贡献自己的聪明才智。

（六）对要求入党的积极分子进行教育和培养，做好经常性的发展党员工作，重视在生产、工作第一线和青年中发展党员。

（七）监督党员干部和其他任何工作人员严格遵守国家法律法规，严格遵守国家的财政经济法规和人事制度，不得侵占国家、集体和群众的利益。

（八）教育党员和群众自觉抵制不良倾向，坚决同各种违纪违法行为作斗争。

第三十三条 街道、乡、镇党的基层委员会和村、社区党组织，统一领导本地区基层各类组织和各项工作，加强基层社会治理，支持和保证行政组织、经济组织和群众性自治组织充分行使职权。

国有企业党委（党组）发挥领导作用，把方向、管大局、保落实，依照规定讨论和决定企业重大事项。国有企业和集体企业中党的基层组织，围绕企业生产经营开展工作。保证监督党和国家的方针、政策在本企业的贯彻执行；支持股东会、董事会、监事会和经理（厂长）依法行使职权；全心全意依靠职工群众，支持职工代表大会开展工作；参与企业重大问题的决策；加强党组织的自身建设，领导思想政治工作、精神文明建设、统一战线工作和工会、共青团、妇女组织等群团组织。

非公有制经济组织中党的基层组织，贯彻党的方针政策，引导和监督企业遵守国家的法律法规，领导工会、共青团等群团组织，团结凝聚职工群众，维护各方的合法权益，促进企业健康发展。

社会组织中党的基层组织，宣传和执行党的路线、方针、政策，领导工会、共青团等群团组织，教育管理党员，引领服务群众，推动事业发展。

实行行政领导人负责制的事业单位中党的基层组织，发挥战斗堡垒作用。实行党委领导下的行政领导人负责制的事业单位中党的基层组织，对重大问题进行讨论和作出决定，同时保证行政领导人充分行使自己的职权。

各级党和国家机关中党的基层组织，协助行政负责人完成任务，改进工作，对包括行政负责人在内的每个党员进行教育、管理、监督，不领导本单位的业务工作。

第三十四条 党支部是党的基础组织，担负直接教育党员、管理党员、监督党员和组织群众、宣传群众、凝聚群众、服务群众的职责。

【2023年版本、三次审议稿】

第十九条 公司从事经营活动，应当遵守法律法规，遵守社会公德、商业道德，诚实守信，接受政府和社会公众的监督。

【2018年版本】

第五条 公司从事经营活动，必须遵守法律、行政法规，遵守社会公德、商业道德，诚实守信，接受政府和社会公众的监督，承担社会责任。

公司的合法权益受法律保护，不受侵犯。

【本条释义】

本条规定了公司的基本社会义务。

公司是社会生产的基本单位之一，也是社会的组成部分。公司不仅要完成股东的盈利目标，也要实现社会单位与组成部分的任务。因此，公司从事经营活动，应当遵守法律法规，遵守社会公德、商业道德，诚实守信，接受政府和社会公众的监督。不同类型的公司，接受政府和社会公众监督的程度是不同的。国有企业、上市公司应当起到表率作用，受到监督的程度最高。上市公司以外的公众公司其次，非公众公司的有限责任公司和股份有限公司受到的监督最弱。

【2023 年版本】

第二十条　公司从事经营活动，应当充分考虑公司职工、消费者等利益相关者的利益以及生态环境保护等社会公共利益，承担社会责任。

国家鼓励公司参与社会公益活动，公布社会责任报告。

【三次审议稿】

第二十条　公司从事经营活动，应当在遵守法律法规规定的基础上，充分考虑公司职工、消费者等利益相关者的利益以及生态环境保护等社会公共利益，承担社会责任。

国家鼓励公司参与社会公益活动，公布社会责任报告。

【2018 年版本】

第五条　公司从事经营活动，必须遵守法律、行政法规，遵守社会公德、商业道德，诚实守信，接受政府和社会公众的监督，承担社会责任。

公司的合法权益受法律保护，不受侵犯。

【本条释义】

本条规定了公司的社会责任。

公司是多个利益主体共同的利益主体，因此，公司不能只关注股东利益，还应当考虑其他主体的利益。公司从事经营活动，应当充分考虑公司职工、消费者等利益相关者的利益以及生态环境保护等社会公共利益，承担社会责任。

公司积极承担社会责任不仅是公司应尽的法律义务，也是提升公司知名度，提高公司效益的重要途径。国家鼓励公司参与社会公益活动，公布社会责任报告。国有企业和上市公司在社会责任的承担方面应当走在前面，应当积极履行社会责任并发布社会责任报告。特殊行业的经营者也应当在履行社会责任方面走在其他行业前面，如农产品生产经营者、提供个人信息服务的企业、数据处理企业、旅游企业、网络运营者等。

【相关法律规定】

《中华人民共和国农产品质量安全法》（2006年4月29日第十届全国人民代表大会常务委员会第二十一次会议通过，根据2018年10月26日第十三届全国人民代表大会常务委员会第六次会议《关于修改〈中华人民共和国野生动物保护法〉等十五部法律的决定》修正，2022年9月2日第十三届全国人民代表大会常务委员会第三十六次会议修订）

第七条 农产品生产经营者应当对其生产经营的农产品质量安全负责。

农产品生产经营者应当依照法律、法规和农产品质量安全标准从事生产经营活动，诚信自律，接受社会监督，承担社会责任。

《中华人民共和国职业教育法》（1996年5月15日第八届全国人民代表大会常务委员会第十九次会议通过，2022年4月20日第十三届全国人民代表大会常务委员会第三十四次会议修订）

第二十四条 企业应当根据本单位实际，有计划地对本单位的职工和准备招用的人员实施职业教育，并可以设置专职或者兼职实施职业教育的岗位。

企业应当按照国家有关规定实行培训上岗制度。企业招用的从事技术工种的劳动者，上岗前必须进行安全生产教育和技术培训；招用的从事涉及公共安全、人身健康、生命财产安全等特定职业（工种）的劳动者，必须经过培训并依法取得职业资格或者特种作业资格。

企业开展职业教育的情况应当纳入企业社会责任报告。

《中华人民共和国个人信息保护法》（2021年8月20日第十三届全国人民代表大会常务委员会第三十次会议通过，以下简称《个人信息保护法》）

第五十八条 提供重要互联网平台服务、用户数量巨大、业务类型复杂的个人信息处理者，应当履行下列义务：

（一）按照国家规定建立健全个人信息保护合规制度体系，成立主要由外部成员组成的独立机构对个人信息保护情况进行监督；

（二）遵循公开、公平、公正的原则，制定平台规则，明确平台内产品或者服务提供者处理个人信息的规范和保护个人信息的义务；

（三）对严重违反法律、行政法规处理个人信息的平台内的产品或者服务提供者，停止提供服务；

（四）定期发布个人信息保护社会责任报告，接受社会监督。

《中华人民共和国数据安全法》（2021年6月10日第十三届全国人民代表大会常务委员会第二十九次会议通过）

第八条 开展数据处理活动，应当遵守法律、法规，尊重社会公德和伦理，遵守商业道德和职业道德，诚实守信，履行数据安全保护义务，承担社会责任，不得危害国家安全、公共利益，不得损害个人、组织的合法权益。

《中华人民共和国旅游法》（2013年4月25日第十二届全国人民代表大会常务委员会第二次会议通过，根据2016年11月7日第十二届全国人民代表大会常务委员会第二十四次会议《关于修改〈中华人民共和国对外贸易法〉等十二部法律的决定》第一次修正，根据2018年10月26日第十三届全国人民代表大会常务委员会第六次会议《关于修改〈中华人民共和国野生动物保护法〉等十五部法律的决定》第二次修正）

第六条 国家建立健全旅游服务标准和市场规则，禁止行业垄断和地区垄断。旅游经营者应当诚信经营，公平竞争，承担社会责任，为旅游者提供安全、健康、卫生、方便的旅游服务。

《中华人民共和国网络安全法》（2016年11月7日第十二届全国人民代表大会常务委员会第二十四次会议通过）

第九条 网络运营者开展经营和服务活动，必须遵守法律、行政法规，尊重社会公德，遵守商业道德，诚实信用，履行网络安全保护义务，接受政府和社会的监督，承担社会责任。

《中华人民共和国企业国有资产法》（2008年10月28日第十一届全国人民代表大会常务委员会第五次会议通过，以下简称《企业国有资产法》）

第十七条 国家出资企业从事经营活动，应当遵守法律、行政法规，加强经营管理，提高经济效益，接受人民政府及其有关部门、机构依法实施的管理和监督，接受社会公众的监督，承担社会责任，对出资人负责。

国家出资企业应当依法建立和完善法人治理结构，建立健全内部监督管理和风险控制制度。

《合伙企业法》

第七条 合伙企业及其合伙人必须遵守法律、行政法规，遵守社会公德、商业道德，承担社会责任。

【相关规章规定】

《国务院国有资产监督管理委员会关于印发〈关于国有企业更好履行社会责任的指导意见〉的通知》（国资发研究〔2016〕105号）

企业积极履行社会责任，以遵循法律和道德的透明行为，在运营全过程对利益相关方、社会和环境负责，最大限度地创造经济、社会和环境的综合价值，促进可持续发展，是深入贯彻落实党的十八大和十八届三中、四中、五中全会精神，深化国有企业改革的重要举措，也是适应经济社会可持续发展要求，提升企业核心竞争力的必然选择。为推动国有企业更好地履行社会责任，现提出以下意见。

……

坚持以可持续发展为核心。在努力创造经济价值、实现自身发展的同时，管理好企业运营对利益相关方的影响，有效利用资源，保护生态环境，坚持以人为本，促进社会和谐，最大限度创造经济、社会和环境的综合价值。

坚持社会责任与企业改革发展相结合。把社会责任作为提高依法治企水平、提高发展质量效益和提高企业竞争力的重要内容，将社会责任工作与企业改革发展各项工作作为一个有机整体，统筹安排部署，同步推动落实。

坚持社会责任与企业运营相融合。将社会责任融入企业战略、治理和日常经营，全面改进、丰富和完善各项制度和管理体系，促进企业不断优化管理，提升管理水平。

【2023年版本、三次审议稿】

第二十一条　公司股东应当遵守法律、行政法规和公司章程，依法行使股东权利，不得滥用股东权利损害公司或者其他股东的利益。

公司股东滥用股东权利给公司或者其他股东造成损失的，应当承担赔偿责任。

【2018年版本】

第二十条　公司股东应当遵守法律、行政法规和公司章程，依法行使股东权利，不得滥用股东权利损害公司或者其他股东的利益；不得滥用公司法人独立地位和股东有限责任损害公司债权人的利益。

公司股东滥用股东权利给公司或者其他股东造成损失的，应当依法承担赔偿责任。

公司股东滥用公司法人独立地位和股东有限责任，逃避债务，严重损害公司债权人利益的，应当对公司债务承担连带责任。

【本条释义】

本条规定了股东依法行使股东权利的义务。

权利不得滥用是现代法治社会的基本原则。《公司法》在充分保障股东权利的同时，也禁止股东滥用股东权利损害其他股东或者公司的利益。因此，公司股东应当遵守法律、行政法规和公司章程，依法行使股东权利，不得滥用股东权利损害公司或者其他股东的利益。所谓"不得滥用股东权利"是指股东在行使权利的同时应当考虑到其他股东的利益，不能为了个人的蝇头小利而损害其他股东的重要利益，或者利用股东权利与其他股东"共同毁灭"，让其他股东为自己"陪葬"，最终结果是损人不利己。在大多数情况下，大股东依法行使自己的权利，即使对小股东不利，只要没有达到明显不公平的程度，法律都应当保护大股东的权利。

公司股东滥用股东权利给公司或者其他股东造成损失的，应当承担赔偿责任。公司或者其他股东可以直接起诉滥用权利的股东，请求其承担赔偿责任。小股东也有可能滥用其股东权利，损害公司以及其他股东的利益，此时，小股东也应依法承担赔偿责任。

【相关法律规定】

《中华人民共和国宪法》（1982年12月4日第五届全国人民代表大会第五次会议通过，1982年12月4日全国人民代表大会公告公布施行，根据1988年4月12日第七届全国人民代表大会第一次会议通过的《中华人民共和国宪法修正案》、1993年3月29日第八届全国人民代表大会第一次会议通过的《中华人民共和国宪法修正案》、1999年3月15日第九届全国人民代表大会第二次会议通过的《中华人民共和国宪法修正案》、2004年3月14日第十届全国人民代表大会第二次会议通过的《中华人民共和国宪法修正案》和2018年3月11日第十三届全国人民代表大会第一次会议通过的《中华人民共和国宪法修正案》修正）

第五十一条　中华人民共和国公民在行使自由和权利的时候，不得损害国家的、社会的、集体的利益和其他公民的合法的自由和权利。

《民法典》

第六条　民事主体从事民事活动，应当遵循公平原则，合理确定各方的权利和义务。

第七条　民事主体从事民事活动，应当遵循诚信原则，秉持诚实，恪守承诺。

第八条　民事主体从事民事活动，不得违反法律，不得违背公序良俗。

第十条　处理民事纠纷，应当依照法律；法律没有规定的，可以适用习惯，但是不得违背公序良俗。

【相关法规规定】

《证券公司监督管理条例》（2008年4月23日中华人民共和国国务院令第522号公布，根据2014年7月29日《国务院关于修改部分行政法规的决定》修订，下同）

第三条　证券公司的股东和实际控制人不得滥用权利，占用证券公司或者客户的资产，损害证券公司或者客户的合法权益。

【相关规章规定】

《证券公司股权管理规定》〔2018 年 8 月 15 日中国证券监督管理委员会 2018 年第 7 次主席办公会议（委务会）审议通过，根据 2021 年 3 月 18 日中国证券监督管理委员会《关于修改〈证券公司股权管理规定〉的决定》修正〕

第二十九条 证券公司股东及其控股股东、实际控制人不得有下列行为：

（一）对证券公司虚假出资、出资不实、抽逃出资或者变相抽逃出资；

（二）违反法律、行政法规和公司章程的规定干预证券公司的经营管理活动；

（三）滥用权利或影响力，占用证券公司或者客户的资产，进行利益输送，损害证券公司、其他股东或者客户的合法权益；

（四）违规要求证券公司为其或其关联方提供融资或者担保，或者强令、指使、协助、接受证券公司以其证券经纪客户或者证券资产管理客户的资产提供融资或者担保；

（五）与证券公司进行不当关联交易，利用对证券公司经营管理的影响力获取不正当利益；

（六）未经批准，委托他人或接受他人委托持有或管理证券公司股权，变相接受或让渡证券公司股权的控制权；

（七）中国证监会禁止的其他行为。

证券公司及其董事、监事、高级管理人员等相关主体不得配合证券公司的股东及其控股股东、实际控制人发生上述情形。

证券公司发现股东及其控股股东、实际控制人存在上述情形，应当及时采取措施防止违规情形加剧，并在 2 个工作日内向住所地中国证监会派出机构报告。

《期货公司监督管理办法》（中国证券监督管理委员会令 2019 年第 155 号）

第四条 期货公司的股东、实际控制人和其他关联人不得滥用权利，不得占用期货公司资产或者挪用客户资产，不得侵害期货公司、客户的合法权益。

《证券公司治理准则》（2012 年 12 月 11 日中国证券监督管理委员会公告〔2012〕41 号发布，根据 2020 年 3 月 20 日中国证券监督管理委员会《关于修改部分证券期货规范性文件的决定》修正）

第二十条 证券公司的控股股东、实际控制人不得利用其控制地位或者滥用权利损害证券公司、公司其他股东和公司客户的合法权益。

【典型案例】

最高法院十大公司纠纷典型案例
海南碧桂园房地产开发有限公司与三亚凯利投资有限公司、张某男等确认合同效力纠纷案

案例索引

案号：〔2019〕最高法民终960号

审理法院：最高人民法院

案件来源：《最高人民法院公报》2021年第2期

裁判要旨

公司股东仅存在单笔转移公司资金的行为，尚不足以否认公司独立人格的，不应依据《公司法》第二十条第三款判决公司股东对公司的债务承担连带责任。但该行为客观上转移并减少了公司资产，降低了公司的偿债能力，根据"举重以明轻"的原则参照《最高人民法院关于适用〈中华人民共和国公司法〉若干问题的规定（三）》第十四条关于股东抽逃出资情况下的责任形态之规定，可判决公司股东对公司债务不能清偿的部分在其转移资金的金额及相应利息范围内承担补充赔偿责任。

入选理由

公司人格否认系对股东最为严厉的"惩处"，股东需对公司债务承担无限连带责任。诚然，也因为公司人格否认制度的"威力"，司法审判实践对适用公司人格否认慎之又慎。本案系《最高人民法院公报》2021年第2期刊登的公报案例。最高人民法院作为本案二审法院，在本案中认定"凯利公司该单笔转账行为尚不足以证明凯利公司和张某男构成人格混同"，从而纠正了一审法院依据《公司法》第二十条第三款"判令张某男对本案中凯利公司的全部债务承担连带责任"的不当认定。本案的典型意义在于，并未仅在论述凯利公司不构成人格否认后就戛然而止，对于张某男无故收取凯利公司款项的行为，最高院根据举重以明轻的原则参照了《最高人民法院关于适用〈中华人民共和国公司法〉若干问题的规定（三）》第十四条关于股东抽逃出资情况下的责任形态的规定，直接将张某男认定为对外承担责任的义务主体，有利于外部债权人合法利益的维护。

中华人民共和国最高人民法院
民事判决书

〔2019〕最高法民终960号

上诉人（一审被告）：三亚凯利投资有限公司，住所地海南省三亚市天涯区新风路创业大厦B栋703室。

法定代表人：梁某璐，该公司总经理。

上诉人（一审被告）：张某男。

上述两上诉人共同委托诉讼代理人：林建才，海南外经律师事务所律师。

被上诉人（一审原告）：海南碧桂园房地产开发有限公司，住所地海南省海口市龙华区滨海大道117号海南滨海国际金融中心A-12层。

法定代表人：叶某清。

委托诉讼代理人：董积诚，男，该公司职员。

委托诉讼代理人：洪昊伟，男，该公司职员。

一审被告：梁某璐。

一审被告：西藏圣方投资有限公司，住所地西藏自治区拉萨经济技术开发区金珠西路158号阳光新城A区4栋3单元2-2号。

法定代表人：王某强，该公司执行董事兼经理。

一审第三人：中国建设银行股份有限公司三亚分行，住所地海南省三亚市吉阳区商品街100号。

负责人：杨某华，该分行行长。

委托诉讼代理人：王建虎，男，该分行职员。

上诉人三亚凯利投资有限公司（以下简称凯利公司）、张某男因与被上诉人海南碧桂园房地产开发有限公司（以下简称碧桂园公司）、一审被告梁某璐、西藏圣方投资有限公司（以下简称圣方公司）及一审第三人中国建设银行股份有限公司三亚分行（以下简称建行三亚分行）确认合同效力纠纷一案，不服海南省高级人民法院〔2018〕琼民初6号民事判决，向本院提起上诉。本院于2019年6月13日立案受理后，依法组成合议庭，开庭进行了审理。上诉人凯利公司、张某男的委托诉讼代理人林建才，被上诉人碧桂园公司的委托诉讼代理人董积诚、洪昊伟及一审第三人建行三亚分行的委托诉讼代理人王建虎到庭参加诉讼，一审被告梁某璐、圣方公司经本院依法传唤，未到庭参加诉讼。本案现已审理终结。

凯利公司、张某男上诉请求：1.撤销一审判决；2.改判驳回碧桂园公司关于解除

《三亚蓝月湾海景酒店公寓项目资产转让合同》(以下简称《资产转让合同》)、凯利公司退还诚意金3.2亿元并支付违约金、对凯利公司位于三亚市吉阳区红沙网枝村东侧的土地使用权及地上附着物折价或拍卖、变卖后的价款优先受偿等所有诉讼请求;3.改判驳回张某男对凯利公司一审判决第四判项所负债务承担连带清偿责任的诉讼请求;4.本案一、二审全部诉讼费由碧桂园公司承担。事实和理由:(一)一审判决对《资产转让合同》《委托贷款合同》效力、不可抗力、《资产转让合同》解除、违约金、碧桂园公司对凯利公司名下的土地使用权及地上附着物享有优先受偿权等方面的认定事实不清、证据不足。1.一审判决认定《资产转让合同》《委托贷款合同》有效错误。《资产转让合同》《委托贷款合同》系两份性质不同的合同,不能同时被认定为有效。《委托贷款合同》是当事人的真实意思表示,《资产转让合同》名为项目资产转让,实为委托贷款,违反了法律、行政法规的强制性规定而无效。2.凯利公司无法履约系因政府政策调整导致,属于不可抗力。《资产转让合同》于2017年7月15日签订,同年9月海南省人民政府出台"两个暂停"政策,10月案涉项目受政策影响暂停。政府部门政策调整属于不可抗力,不应认定凯利公司违约。3.一审判决认定《资产转让合同》于2017年11月12日解除错误。《资产转让合同》约定的先决条件最后履行期限是2017年10月30日,碧桂园公司于2017年10月26日出具《退款函》,该《退款函》无效,由《退款函》延伸的2017年11月12日的《催款函》亦无效,不能作为合同解除的依据。4.一审判决按年利率24%标准计算违约金错误。首先,《资产转让合同》为无效合同,其第十七条对违约金的约定无效。其次,《委托贷款合同》约定的年利率7%,一审判决以在现实经济活动中借款成本或贷款收益要高于该利率为由支持按年利率24%计算违约金不当。再次,碧桂园公司未举证证明其存在损失。5.一审判决认定碧桂园公司就本案的债务对凯利公司名下的琼〔2016〕三亚市不动产权第0006583号土地使用权及地上附着物享有优先受偿权错误。根据《抵押合同》约定,抵押权人为建行三亚分行而非碧桂园公司。(二)一审判决判令张某男对凯利公司所负债务承担连带责任错误。凯利公司在收到3.2亿元后向张某男转账2951.8384万元系归还借款,符合《委托贷款合同》第二条约定的借款款项用途中有用于归还股东借款及公司的日常经营周转,张某男并未虚构2000万元借款,不存在披露虚假信息和虚假出资的行为,没有滥用公司法人独立地位和股东有限责任逃避债务,严重损害公司债权人利益的行为。(三)一审判决适用法律错误。1.一审判决适用《合同法》第九十三条和九十六条规定认定《资产转让合同》于2017年11月12日已依法解除,属于适用法律错误。2.一审判决适用《最高人民法院关于审理民间借贷案件适用法律若干问题的规定》第二十六条第一款认定利息,属于适用法律错误。3.一审判决适用《公司法》第二十条第三款认定张某男滥用公司法人独立地位和股东有限责任逃避债务,属于适用法律错误。4.本案实际为借款关系,一审判决适用《合同法》第三百九十六条和第四百零二条错误。5.一审判决认定《资产转让合同》有效,与之相冲突的《委托贷款合同》因此当然无效,其从合同《抵押合同》亦应无效。一审判决仍适用《中华人民共和国物权法》(以下简称《物权法》)第一百七十三条和第一百七十九条认定碧桂园公司就本案债务对凯利公司名下的琼〔2016〕三亚市不动产权第0006583号土地使用权及地上附着物享有优先受偿权错误。(四)张某男、梁某璐、圣方公司并非本案适格被告,一审法院将该三方列为本案被告,程序违法。1.张某男系凯利公司股东,并非《资产转让合同》的一方当事人,根据合同的相对性原则,碧桂园公司不能向张某男提出诉讼请求。2.碧桂园公司主张张某男、圣方公司虚构债务转移公司财产损害其权益,属于侵权之诉,而本案系确认合同效力之诉,股东侵权之诉应另案审理。3.股东侵权之诉不是必要共同诉讼,一审法院不应将张某男、梁某璐、圣方公司列为本案被告。

碧桂园公司辩称,(一)《委托贷款合同》与《资产转让合同》不可分割,《委托贷款合同》《抵押合同》系为履行《资产转让合同》而签订,一审判决认定三份合同合法有效正确。首先,凯利公司和碧桂园公司实为资产转让法律关系,签订《委托贷款合同》是为了履行《资产转让合同》。其次,从《资产转让合同》《委托贷款合同》《抵押合同》的约定、合同实际履行情况和凯利公司的真实意思表示看,本案资产转让关系明确、清晰,而非借款关系。(二)《资产转让合同》明确约定解除合同的条件,只要达到该解除条件,碧桂园公司即有权解除合同。一审法院对于合同达到解除条件、解除的具体日期、不存在不可抗力的认定正确。1.《资产转让合同》约定了资产转让先决条件完成的截止时间,在该截止时间凯利公司未完成先决条件,碧桂园公司有权解除合同。2.一审法院认定《资产转让合同》已于2017年11月12日解除与事实情况相符。3.凯利公司所述两点政府政策调整不属于不可抗力因素。首先,棚改政策调整的通知文件发布于2017年4—5月、海南省"两个暂停"政策相关文件发布于2016年,均早于《资产转让合同》的签订时间,不存在不可预见的情况。其次,海南省人民政府2017年9月28日发布的《关于进一步深化"两个暂停"政策促进房地产业平稳健康发展的意见》,是针对原"两个暂停"政策的重申,并不是新出台的政策。相关通知文件仅涉及对融资担保方式的限制,而非限制规划指标调整,凯利公司一审提交的证据30也证明在《资产转让合同》约定的履行期间内,政府仍在出台政策和计划推进棚改项目。海南省"两个暂停"政策涉及暂停新增商品住宅、产权式酒店用地审批以及新建商品住宅项目规划报建审批,与规划指标调整无关。再次,根据《合同法》第一百一十八条规定,凯利公司并未在所谓不可抗力发生后及时通知碧桂园公司,而是在碧桂园公司向其发函要求解除合同后,才于2017年10月31日回函《情况说明》表示存在不可抗力的情况,该函件与实际情况明显不符。最后,根据《资产转让合同》第十四条约定,不可抗力是在碧桂园公司选择继续履行合同时才能适用并免除凯利公司违约责任的事由,而碧桂园公司实际已选择解除合同,不可抗力没有适用的基础。(三)在《资产转让合同》已经解除的情况下,凯利公司应当向碧桂园公司返还诚意金并支付违约金,碧桂园公司有权依据《抵押合同》主张优先受偿权。碧桂园公司主动调低违约金计算标准并参照民间借贷相关规定按年利率24%计算违约金,符合碧桂园公司的资金投入成本和商业交易实际利率水平。根据《委托贷款合同》《抵押合同》

相关约定和凯利公司出具的股东会决议,建行三亚分行作为碧桂园公司的代理人与凯利公司签订《抵押合同》,碧桂园公司可直接要求凯利公司承担担保责任,主张抵押物优先受偿权。(四)张某男存在利用其控股股东和实际控制人身份,虚构债务,转移凯利公司的公司权益,严重损害债权人碧桂园公司权利的行为,应当对凯利公司所负债务承担连带清偿责任。(五)本案只有《资产转让合同》一个基础法律关系,碧桂园公司关于凯利公司履行债务、凯利公司股东承担连带清偿责任的诉讼主张基于该基础法律关系中紧密关联的事实情况,法律依据充分,有利于充分保障碧桂园公司作为债权人的合法权益,一审法院一并进行实体审理,程序正当。综上,请求驳回上诉,维持原判。

建行三亚分行陈述意见称,其已完全履行《委托贷款合同》,其对《资产转让合同》不知情,发生纠纷之后才知晓存在《资产转让合同》。

碧桂园公司向一审法院起诉请求:1.确认《资产转让合同》合法有效;2.确认《资产转让合同》已经解除(具体合同解除之日以法院认定为准);3.判令凯利公司立即退还碧桂园公司诚意金3.2亿元;4.判令凯利公司以3.2亿元为基础,按年利率24%的标准向碧桂园公司计付自2017年11月3日至凯利公司全部清偿3.2亿元之日止的违约金;5.判令张某男、圣方公司对上述第3、4项诉讼请求项下的全部债务承担连带责任;6.判令张某男、圣方公司、梁某璐在未出资1 000万元本息范围内对公司债务不能清偿的部分承担连带补充赔偿责任;7.判令碧桂园公司对抵押物(不动产权证号:琼〔2016〕三亚市不动产权第0006583号的土地使用权及其地上附着物)拍卖、变卖所得价款在上述第3、第4项诉讼请求项下全部债务的范围内享有优先受偿权;8.本案诉讼费用由凯利公司、张某男、圣方公司、梁某璐承担。

一审法院认定事实:2017年7月15日,凯利公司形成股东会决议:1.凯利公司全体股东一致同意公司与碧桂园公司签订《资产转让合同》;2.凯利公司股东一致同意转让《资产转让合同》项下的三亚蓝月湾海景酒店公寓项目(原海景泰鑫花园项目)所有资产(含目标土地及地上/地下建筑物);3.凯利公司股东一致同意股东圣方公司将其持有50%的公司股权,股东张某男将其个人持有25%的公司股权,股东梁某璐将其个人持有25%的公司股权,质押给碧桂园公司,作为碧桂园公司向凯利公司提供借款的担保措施,担保主债权为1.3亿元;4.凯利公司股东一致同意提供公司全额资产抵押给碧桂园公司,作为凯利公司全面、适当履行《资产转让合同》项下全部义务和责任的担保,担保主债权为3.2亿元。

2017年7月15日,碧桂园公司作为甲方,凯利公司作为乙方,签订《资产转让合同》,约定:第一条,资产权属概况。乙方为三亚蓝月湾海景酒店公寓项目产权所有人,于2012年12月18日设立,注册资金为2 000万元,截至本合同订立时,乙方股东及持股情况如下:圣方公司持股50%、张某男持股25%、梁某璐持股25%。第二条,目标资产情况。目标地块总占地面积为16 969.08平方米。乙方于2016年6月20日通过司法转让取得证号为琼〔2016〕三亚市不动产权第0006583号的地块,宗地用途为综合用地。截至转让手续变更完成之日目标地块不存在抵押、查封、闲置、违反政府出让合同等权利负担,已完成司法转让过程中全额转让税费缴纳。目标地块现已建成(完成主体封顶)四栋烂尾式的框架建筑,具体为一栋五层(含地下一层)的商业综合体类型建筑和三栋十一层的公寓楼式建筑,目前为停建状态。根据有权政府主管部门片区控制性详细规划及乙方披露,目标地块现状容积率为1.49,具体地块现状规划指标如下:地块编号为A-021、计入容积率建筑面积为2.64万平方米、限高为36米、建筑密度为30%、绿地率为30%。第三条,上述关于拟转让资产的描述基于乙方向甲方作出的声明和保证,乙方保证上述内容的真实性和完整性,保证未隐瞒涉及目标地块的任何重要事实。第四条,资产转让先决条件。在甲乙双方共同向政府有权主管部门申请办理资产评估工作前,乙方应完成以下工作,作为本合同项下资产转让的先决条件:1.目标地块完成规划调整及用地性质变更。乙方承诺协调有权政府部门审批通过《海南省三亚市红沙片区控制性详细规划网枝村及周边片区规划修改》,目标地块主要规划指标确定可调整为:地块编号为A-021、容积率≥3.5、计入容积率建筑面积≥6.2万平方米、限高≥80 m、建筑密度≥30%、绿地率≤30%。同时,目标地块土地性质可以从综合用地变更为二类住宅用地。……第六条,资产转让手续办理。1.在满足本合同第四条约定的先决条件义务后五日内,甲方通过项目公司与乙方共同向有权政府部门申请办理资产评估工作,并办理土地、房屋等资产过户登记,变更权利人为项目公司。……第七条,资产转让价款。1.甲乙双方共同确认,本合同约定的资产转让价款=土地面积(以目标地块规划调整及用地性质变更后换发的《不动产权证书》所记载的实际土地面积为准)×规划调整后的容积率×11 786.142 8元/平方米。暂依据目前乙方披露的目标地块土地面积16 969.08平方米及调整后容积率为3.5计算,资产转让价款暂定为7亿元。……第八条,资产转让价款的支付。1.诚意金3.2亿元。乙方将拟转让资产全部抵押给项目公司(办理资产转让时双方配合办理解押手续)后15个工作日内,甲方通过项目公司向乙方支付诚意金3.2亿元。前述诚意金由甲方通过银行委托贷款形式(委托贷款银行由甲方指定)支付给以下乙方指定支付账户信息如下:开户行:海南银行三亚分行,账号:60×××12,户名:凯利公司。上述诚意金在项目公司取得新的不动产权属证书之日起转为项目公司应向乙方支付的转让价款。……第十二条,甲方或项目公司应按照本合同约定支付合同价款,如逾期支付,每逾期一日须按应付未付额的万分之五向乙方支付违约金,如逾期付款超过30天,则乙方有权解除合同。如乙方选择解除合同,则甲方向乙方支付3亿元作为违约金。第十四条,如乙方在2017年10月30日前,未完成第四条第1款约定规划调整事宜并缴纳完毕增容变性费用的,则甲方有权单方解除本合同,乙方需在收到甲方书面通知的3日内返还甲方或项目公司已支付诚意金3.2亿元,超过3日后乙方应按应付未付款每日5‰向甲方或项目公司计付违约金。如甲方选择不解除合同的,乙方应就甲方或项目公司按第五条、第八条已支付的全部资金按年化利率15%向甲方或项目公司计付资金占用费,自资金支付之日起算,至乙方完成第四条约定事项之日止,且甲方或项目公司有权就该资金占用费在本合同第七条约定的资产转让价款中等额扣除。但是,因出现不可抗力原因导致上述规划调整无法按本合同约定完成的，不认定为乙方违约，甲方或项目公司支付本合同约定借款或资产转让借款时间相应顺延。第十七条，甲方或项目公司依据本合同约定或法定事由解除合同的，乙方须在接到甲方解除合同书面通知后三日内退还甲方或项目公司已付款项（第五条第八条已支付的全部资金）至甲方指定银行账户，及配合解除共管账户资金，超过3日未予退还的按应付未付款每日5‰向甲方或项目公司计付违约金。

2017年8月1日，凯利公司作为甲方（借款人），碧桂园公司作为乙方（委托贷款人），建行三亚分行作为丙方（代理人）签订的《委托贷款合同》约定：第一条，借款金额。乙方委托丙方向甲方发放贷款3.2亿元。第二条，借款用途。甲方应将借款用于归还股东借款及日常经营周转。甲方保证该用途符合国家的有关法律、法规、规章和政策。未经乙方同意并书面通知丙方，甲方不得改变借款用途。第三条，借款期限。本合同约定借款期限为12个月。第四条，贷款利率、计息与结息。本合同项下委托贷款的利率为7%。本合同项下委托贷款的计、结息方式为到期一次性还本付息。第五条，委托资金的交付与贷款发放。乙方应在《委托贷款发放通知书》列明的放款日期之前将足额委托资金交付丙方。委托贷款应由借款人应于2017年8月一次性提款。第七条，还款。除非甲乙双方另行达成书面协议并书面通知丙方，本合同项下甲方的还款应按照先还息后还本、利随本清的原则偿还。甲方应在结息日通过丙方向乙方支付到期利息。首次付息日为贷款发放后的第一个结息日。最后一笔贷款清偿时，利随本清。

2017年8月1日，凯利公司作为甲方（抵押人）与建行三亚分行作为乙方（抵押权人）签订的《抵押合同》约定：鉴于凯利公司（债务人）与乙方及碧桂园公司（委托贷款人）签订了编号为〔2017〕委贷字第05号的《委托贷款合同》（即主合同），甲方愿意为债务人在主合同项下的债务提供抵押担保，委托贷款人委托乙方作为委托贷款人的代理人以乙方的名义与甲方签署本合同。第一条，抵押财产。甲方以其名下的琼〔2016〕三亚市不动产权第0006583号土地使用权设定抵押。第二条，担保范围。主合同项下本金3.2亿元及利息（包括复利和罚息）、违约金、赔偿金、债务人应向委托贷款人支付的其他款项以及实现主合同项下债权与担保权利而发生的费用（包括但不限于诉讼费、仲裁费、财产保全费、差旅费、执行费、评估费、拍卖费、公证费、送达费、公告费、律师费等）。第八条，抵押权实现。一、债务人不履行主合同项下到期债务或不履行被宣布提前到期的债务，或违反主合同的其他约定，委托贷款人或乙方有权处分抵押财产。四、无论主合同项下债权是否拥有其他担保（包括但不限于保证、抵押、质押、保函、备用信用证等担保方式），不论上述其他担保何时成立、是否有效、是否向其他担保人提出权利主张，也不论是否有第三方同意承担主合同项下的全部或部分债务，也不论其他担保是否由债务人自己所提供，甲方在本合同项下的担保责任均不因此减免，委托贷款人或乙方均可直接要求甲方依照本合同约定在其担保范围内承担担保责任，甲方将不提出任何异议。

2017年8月7日，碧桂园公司通过其在建行三亚分行的账户向凯利公司在建行三亚分行的账户转账3.2亿元。

琼〔2016〕三亚市不动产权第 0006583 号不动产权证载明，权利类型为国有建设用地使用权，权利人为凯利公司，用途为综合用地，面积为 16 969.08 平方米，坐落于三亚市吉阳区红沙网枝村东侧。琼〔2016〕三亚市不动产权第 0006583 号土地使用权于 2017 年 8 月 3 日被办理了抵押登记，证号为琼〔2017〕三亚市不动产证明第 0008162 号，抵押物类型为土地使用权及地上附着物，担保债权金额为 3.2 亿元，权利人登记为建行三亚分行。

2017 年 10 月 31 日，凯利公司向碧桂园公司出具《情况说明》，载明按照《资产转让合同》第十四条的约定，由于三亚市政府 2017 年棚改项目政策调整，致使已经列入其中的网枝村棚改项目控制性规划调整未能在 10 月 30 日前完成，因而三亚蓝月湾海景酒店公寓项目虽然已经纳入网枝村棚改项目控规调整范围，但由于上述政府不可抗力原因造成规划调整无法按合同约定完成，为此，凯利公司向碧桂园公司致函说明，也希望能够就下一步合作事宜提出建议。鉴于海南明年建省 30 周年，中共十九大之后可能对海南国际旅游岛的发展提出更大利好政策因素，海南房地产价格总体趋高发展，土地资源更加紧缺，尤其是三亚市内海景资源会更加稀缺，而网枝村棚改项目可以提供的 300 亩土地就特别显得珍贵和具备更大的开发价值。网枝村已经正式列入三亚市 2017 年 32 个棚改项目，只不过是由于政府政策调整和中央十九大维稳政治要求延迟开发，不代表不能开发，只是时间问题。网枝村棚改项目，整体 3.0 容积率的控规指标调整在三亚市 2017 年 32 个棚改项目是最低的，而三亚蓝月湾海景酒店公寓项目作为网枝村核心地块项目，3.5 容积率的控规指标调整在中国城市规划设计研究院已经完成的控规调整方案中也得到专家的认可且可以通过市规委会评审。所以，该项目控规指标的调整和网枝村棚改项目的开发都不会有根本性的改变，唯一的就是一个时间问题，中共十九大后三亚市人民政府各项工作都在加紧推进，应该近期就会有实质性进展。有鉴于此，凯利公司向碧桂园公司提出按合同约定和实际情况，顺延合同执行时间，同时为了加强合作的紧密性，能够尽快签署网枝村棚改项目框架合作协议，凯利公司在海口市江东新区参与开发的亚特兰蒂斯项目也可以委托碧桂园公司代销代建。

2017 年 11 月 12 日，凯利公司收到碧桂园公司发出的《催款函》，该函载明凯利公司已逾期退还 3.2 亿元诚意金，严重影响碧桂园公司资金安全。现再次函告凯利公司解除合同，请凯利公司立即无条件退还 3.2 亿元诚意金及相应违约金至碧桂园公司账户。

2017 年 11 月 16 日，凯利公司、碧桂园公司向建行三亚分行出具《提前还款申请》，载明凯利公司（借款人）、碧桂园公司（委托贷款人）与建行三亚分行于 2017 年 8 月 1 日签订合同编号为〔2017〕委贷字第 05 号委托贷款合同。根据合同约定，委托贷款金额为 3.2 亿元，贷款期限为 12 个月，即从 2017 年 8 月 1 日起至 2018 年 8 月 1 日，贷款利率为 7%，合同约定委托贷款的计、结息方式为到期一次性还本付息。目前经过双方协商达成一致意见，拟对委托贷款合同约定贷款本金及利息申请提前还款，还款本金为 3.2 亿元，利息结算至实际还款日，还款日期为 2017 年 11 月 20 日。

2018年1月29日,凯利公司收到碧桂园公司发出的《解除合同返还资金催告函》,该函载明碧桂园公司已经多次向凯利公司提出解除《资产转让合同》,并要求凯利公司依约承担责任,但凯利公司至今不能返还和支付相应资金。现碧桂园公司再次催告凯利公司立即退还3.2亿元资金并向碧桂园公司支付违约金和相应利息。

2013年1月31日,海南华合会计师事务所(普通合伙)的海华合会验字〔2013〕第801049号验资报告载明,截至2013年1月30日止,凯利公司已收到全体股东缴纳的注册资本合计1 000万元,以货币出资1 000万元。凯利公司设立时的股东为张某男(出资500万元、占股50%)、梁某璐(出资500万元、占股50%)。

2015年8月4日,梁某璐作为甲方,张某男作为乙方,圣方公司作为丙方签订的《凯利公司增资协议书》约定:凯利公司增资前的注册资本为1 000万元,公司增资前股本结构为:甲方出资500万元,占股50%,乙方出资500万元,占股50%。丙方以货币出资1 000万元,该出资由丙方于本协议生效后根据三亚海景泰鑫花园房地产(在建)项目需要汇入目标公司相应账户。凯利公司增资后的注册资本为2 000万元。凯利公司增资后的股本结构为:甲方出资500万元,占股25%,乙方出资500万元,占股25%,丙方出资1 000万元,占股50%。

2015年8月5日,凯利公司制定的公司章程规定,公司注册资本为2 000万元,股东名称为梁某璐(出资500万元、占股25%)、张某男(出资500万元、占股25%)、圣方公司(出资1 000万元、占股50%)。梁某璐、张某男在2013年1月30日前将认缴出资一次性缴付到位,圣方公司应在2015年8月30日前将1 000万元认缴出资一次性缴付到位。

2015年8月7日,经海南省三亚市工商行政管理局核准,凯利公司的注册资本由1 000万元变更为2 000万元,股东由梁某璐、张某男变更为圣方公司、梁某璐、张某男。

2015年8月28日,圣方公司向凯利公司转账1 000万元,并注明为投资款。

2015年9月15日,海南华合会计师事务所(普通合伙)的海华合会验字〔2015〕第809002号验资报告载明,截至2015年8月28日,凯利公司已收到圣方公司缴纳的新增注册资本合计1 000万元,以货币出资。

2017年5月25日,圣方公司作为甲方与张某男作为乙方签订的《股权转让协议》约定:甲方同意根据本协议的条款和条件向乙方转让无任何担保权益或其他财产权益瑕疵的甲方持有的凯利公司的50%的股权(目标股权),该目标股权对应的目标公司注册资本金为1 000万元,乙方同意受让上述甲方持有的目标股权。甲乙双方同意目标股权的转让价款为2 580.838 4万元。乙方以现金向甲方支付股权转让款。

2017年6月7日、2017年11月27日的凯利公司的工商机读档案资料显示圣方公司实缴出资为0。2018年2月1日和2018年11月6日的凯利公司的工商机读档案资料显示张某男认缴出资为1 500万元,实缴出资为500万元。

2015年1月7日,凯利公司向河南省驻马店市中级人民法院转账3 000万元。

2015年5月25日,乌鲁木齐中盛天誉股权投资管理有限公司向河南省驻马店市中级人民法院执行局出具《代付款函》，载明乌鲁木齐中盛天誉股权投资管理有限公司于2015年5月25日代凯利公司支付三亚蓝月湾海景酒店公寓项目转让款项1 000万元，请予查收。

2015年5月26日，乌鲁木齐中盛天誉股权投资管理有限公司向河南省驻马店市中级人民法院转账1 000万元。

2015年8月5日，凯利公司作为甲方与圣方公司作为乙方签订的《借款协议》约定：第一条，借款金额、期限及资金占用费。1.乙方同意向甲方提供借款2 000万元，本协议生效后根据借款用途需要，乙方通过银行转账方式向甲方支付所借款项。2.借款期限自乙方划出借款之日起算，借款期限为12个月。3.借款资金占用费按年利率12%计算。第二条，借款用途。甲方向乙方所借款用于乙方支付受让三亚海景泰鑫花园酒店公寓房地产（在建）项目款项，不得挪作他用。

2015年8月5日，凯利公司作为甲方，圣方公司作为乙方，乌鲁木齐中盛天誉股权投资管理有限公司签订的《委托借款三方协议》约定：鉴于甲方与乙方于2015年8月5日签订了《借款协议》，约定乙方向甲方提供2 000万元借款，借款期限12个月，借款年利率12%，借款用途为支付受让三亚蓝月湾产权式酒店项目（原名三亚海景泰鑫花园酒店公寓房地产项目）款项。甲、乙、丙三方遵循自愿、公平、诚实信用的原则，经友好协商，就委托借款相关事宜达成一致意见，签订本委托借款三方协议作为确认补充。第一条，借款金额、期限及利率。乙方委托丙方向甲方提供借款1 000万元，该金额计入甲方与乙方签订的《借款协议》总额度内，即甲方剩余提供借款额度为1 000万元。

2015年8月5日，凯利公司作为甲方与张某男作为乙方签订《借款协议》约定：乙方同意向甲方提供借款2 000万元，本协议生效后根据借款用途需要，乙方通过银行转账方式向甲方支付所借款项。该笔款项已于2015年1月7日汇入甲方账号并通过甲方汇入河南省驻马店市中级人民法院账户用于支付受让三亚海景泰鑫花园公寓房地产项目定金，因甲方增资扩股，该笔款项转作为借款，借款条件按本协议执行。借款期限自乙方按本协议签订之日起算，借款期限12个月。借款资金占用费按年利率12%计算。

2015年10月26日，凯利公司向圣方公司出具《借款确认函》载明，凯利公司与圣方公司于2015年8月5日签订了《借款协议》，约定圣方公司向凯利公司提供2 000万元借款，借款期限12个月。因项目资金紧急需要，经凯利公司及凯利公司授权代表张某男先生申请，圣方公司已委托乌鲁木齐中盛天誉股权投资管理有限公司于2015年5月25日向凯利公司提供了1 000万元借款。凯利公司确认该笔借款已收到，且该笔借款期限、利率及用途均按照《借款协议》执行，计入《借款协议》总额度内。

2015年12月18日，圣方公司向凯利公司转账650万元。

2016年2月19日，圣方公司向凯利公司转账350万元。

2017年5月25日，圣方公司作为甲方与凯利公司作为乙方签订的《还款协议书》约定：鉴于甲乙双方于2015年8月5日签署《借款协议》，甲方向乙方提供借款

2 000万元。经双方平等协商，各方就上述借款及资金占用费的偿还，自愿达成以下协议：一、甲乙双方确认，截至2017年6月16日，乙方应付甲方借款本金2 000万元，资金占用费419.161 6万元，共计2 419.161 6万元。二、乙方应于2017年6月16日之前向甲方或甲方指定第三方付清上述借款及资金占用费；否则由乙方按照《借款协议》约定承担违约责任。

2017年5月25日，张某男作为甲方与凯利公司作为乙方签订的《还款协议书》约定：鉴于甲乙双方于2015年8月5日签署《借款协议》，甲方向乙方提供借款2 000万元。经双方平等协商，各方就上述借款及资金占用费的偿还，自愿达成以下协议：一、甲乙双方确认，截至2017年6月16日，乙方应付甲方借款本金2 000万元，资金占用费951.838 4万元，共计2 951.838 4万元。二、乙方应于2017年6月16日之前向甲方或甲方指定第三方付清上述借款及资金占用费；否则由乙方按照《借款协议》约定承担违约责任。

2017年8月8日，凯利公司向圣方公司转账2 419.161 6万元，凯利公司向张某男转账2 951.838 4万元。

2013年7月4日，国务院下发《国务院关于加快棚户区改造工作的意见》（国发〔2013〕25号），该文载明2008年以来，各地区、各有关部门贯彻落实党中央、国务院决策部署，将棚户区改造纳入城镇保障性安居工程，大规模推进实施。2008年至2012年，全国改造各类棚户区1 260万户，有效改善了困难群众住房条件，缓解了城市内部二元矛盾，提升了城镇综合承载能力，促进了经济增长与社会和谐。

2016年2月23日，海南省人民政府发布《关于加强房地产市场调控的通知》，海南房地产业"两个暂停"政策正式开始实施。2017年9月28日，海南省人民政府印发《关于进一步深化"两个暂停"政策促进房地产业平稳健康发展的意见》。

一审法院认为，本案的争议焦点为：1.《资产转让合同》是否已经解除以及解除的具体日期；2.凯利公司是否应向碧桂园公司退还3.2亿元诚意金及支付违约金，以及违约金的支付标准；3.张某男、圣方公司对凯利公司的上述债务应否承担连带责任；4.张某男、圣方公司、梁某璐应否在碧桂园公司主张的未出资的1 000万元本息范围内，对凯利公司不能清偿的上述债务承担连带补充赔偿责任；5.碧桂园公司能否就本案的债务对凯利公司名下的琼〔2016〕三亚市不动产权第0006583号土地使用权及地上附着物享有优先受偿权。

第一，关于《资产转让合同》是否已经解除以及解除的具体日期的问题。《资产转让合同》系碧桂园公司与凯利公司的真实意思表示，且未违反法律、行政法规的强制性规定，应为合法有效，且本案的各方当事人对《资产转让合同》的效力均无异议，故对碧桂园公司请求确认《资产转让合同》有效的诉讼请求，依法予以支持。《资产转让合同》第四条约定："在向政府有权主管部门申请办理资产评估工作前，凯利公司应完成以下工作，作为合同项下资产转让的先决条件：目标地块完成规划调整及用地性质变更。凯利公司承诺协调有权政府部门审批通过《海南省三亚市红沙片区控制性详细规划网枝村及周边片区规划修改》，目标地块主要规划指标确定可调整为：地块编号为A-021、容积率≥3.5、计入容积率建筑面积≥6.2万平方米、限高≥80m、建筑密度≥30%、绿地率≤30%。同时，目标地块土地性质可以从综合用地变更为二类住宅用地。"《资产转让合同》第十四条约定："如凯利公司在2017年10月30日前，未完成第四条约定的规划调整事宜并缴纳完毕增容变性费用的，则碧桂园公司有权单方解除合同。但是，因出现不可抗力原因导致上述规划调整无法按合同约定完成的，不认定为凯利公司违约，碧桂园公司或项目公司支付合同约定借款或资产转让借款时间相应顺延。"凯利公司并未提供证据证明其在2017年10月30日前完成了《资产转让合同》第四条约定的案涉地块的容积率、土地性质等规划指标的调整。根据上述《资产转让合同》第四条的约定，碧桂园公司享有单方解除合同的权利。2017年11月12日，凯利公司收到碧桂园公司发出的《解除合同返还资金催告函》。《合同法》第九十三条规定："当事人协商一致，可以解除合同。当事人可以约定一方解除合同的条件。解除合同的条件成就时，解除权人可以解除合同。"第九十六条规定："当事人一方依照本法第九十三条第二款、第九十四条的规定主张解除合同的，应当通知对方。合同自通知到达对方时解除。对方有异议的，可以请求人民法院或者仲裁机构确认解除合同的效力。"根据《资产转让合同》的上述约定及《合同法》的上述规定，凯利公司收到碧桂园公司发出的《解除合同返还资金催告函》的当日，即2017年11月12日就已发生解除合同的法律效力，故《资产转让合同》已于2017年11月12日解除。凯利公司抗辩主张案涉项目纳入了棚户区改造范围，三亚市整个棚户区改造政策在2016年开始调整，部分项目予以暂停，案涉项目的棚户区改造于2017年10月暂停，于2018年10月予以重启，该三亚市人民政府有关棚户区改造政策的调整属于不可抗力，海南省人民政府出台"两个暂停"政策造成目标地块的规划调整进度有所延迟，目标地块无法在合同约定的2017年10月30日完成规划调整及土地性质变更。对此，一审法院认为，从海南省人民政府"两个暂停"政策的施行时间来看，其在案涉合同签订之前已经实施，而全国的棚户区政策也在2008年已经开展，2013年已进一步推进，即使案涉项目在2017年10月时被三亚市人民政府政策调整予以暂停，但由于三亚市的部分其他项目在2016年时就已经被政府政策调整予以暂停，凯利公司也应能预见案涉项目因棚户区政策调整予以暂停的可能性。故凯利公司主张的棚户区改造政策的调整及海南省人民政府的"两个暂停"政策不属于《合同法》第一百一十七条第二款"本法所称不可抗力，是指不能预见、不能避免并不能克服的客观情况"规定的《资产转让合同》不能按期履行的不可抗力，凯利公司以不可抗力为由主张其未违约应继续履行《资产转让合同》的抗辩意见不能成立，依法不予支持。

第二，关于凯利公司是否应向碧桂园公司退还3.2亿元诚意金及支付违约金，以及违约金的支付标准的问题。如前所述，《资产转让合同》已于2017年11月12日解除，凯利公司于2017年11月12日收到碧桂园公司发出的解除合同的书面通知，但一直未将3.2亿元诚意金退还碧桂园公司。根据《资产转让合同》第十七条"碧桂园公司依据合同约定或法定事由解除合同的，凯利公司须在接到碧桂园公司解除合同书面通知后三日内退还碧桂园公司已付款项至指定银行账户，超过3日未予退还的按应付未付款每日5‰向碧桂园公司或项目公司计付违约金"的规定，凯利公司应于2017年11月15日之前向碧桂园公司退还3.2亿元，如未退还的，则应于2017年11月16日起向碧桂园公司支付违约金。《资产转让合同》约定的日5‰折算为年利率则为182.5%，现碧桂园公司起诉请求按年利率24%计付违约金。凯利公司认为按年利率24%计算违约金过高，主张按《委托贷款合同》约定的年利率7%来计算，但是，在现实经济活动中，借款成本或贷款收益常常要高于该利率。《最高人民法院关于审理民间借贷案件适用法律若干问题的规定》第二十六条第一款规定："借贷双方约定的利率未超过年利率24%，出借人请求借款人按照约定的利率支付利息的，人民法院应予支持。"可见，年利率24%以内的民间借贷收益是合法的、受保护的。据此可以认定，除经金融监管部门批准设立的从事贷款业务的金融机构及其分支机构，因发放贷款等相关金融业务产生的法律关系外，自然人、法人、其他组织之间及其相互之间约定迟延退款违约金未超过年利率24%的，可以不认定为过高。碧桂园公司并非从事贷款业务的金融机构，其主张按年利率24%计算违约金，应予支持。

第三，关于张某男、圣方公司对凯利公司的上述债务应否承担连带责任的问题。《公司法》第二十条第三款规定："公司股东滥用公司法人独立地位和股东有限责任，逃避债务，严重损害公司债权人利益的，应当对公司债务承担连带责任。"碧桂园公司依据该条法律规定请求张某男、圣方公司对凯利公司在本案中的债务承担连带责任。圣方公司曾是凯利公司的股东，圣方公司提交了《借款协议》《借款确认函》《委托借款三方协议》《代付款函》及转账凭证等证据来证明其与凯利公司在凯利公司向其转账2 419.161 6万元之前就已存在借贷关系，该证据形成了圣方公司向凯利公司出借2 000万元的证据链，可以认定圣方公司与凯利公司之间存在借贷关系，凯利公司关于其向圣方公司转账的2 419.161 6万元是归还其对圣方公司的借款本息的抗辩理由成立。故碧桂园公司关于圣方公司利用控股股东身份，虚构债务，转移凯利公司的公司财产，损害其权益，从而请求圣方公司对凯利公司的本案债务承担连带责任的诉讼主张不能成立，依法不予支持。张某男提交了《借款协议》《还款协议书》，以及凯利公司向河南省驻马店市中级人民法院转账3 000万元的转账凭证，但未能提交其向凯利公司支付《借款协议》约定的2 000万元借款的银行转账凭证，不能证明张某男已实际向凯利公司支付了协议约定的借款，不能证明张某男与凯利公司实际发生了借款关系。故张某男提交的证据不能证明凯利公司于2017年8月8日向其转账支付的2 951.838 4万元是凯利公司向其归还的借款，碧桂园公司据此依据《公司法》第二十条第三款的规定请求张某男对凯利公司在本案中的债务承担连带责任，具有事实和法律依据，依法予以支持。

第四，关于张某男、圣方公司、梁某璐应否在碧桂园公司主张的未出资的1 000万元本息范围内，对凯利公司不能清偿的上述债务承担连带补充赔偿责任的问题。海南华合会计师事务所于2015年9月15日出具的海华合会验字〔2015〕第809002《验资报告》载明，凯利公司新增股东圣方公司认缴的1 000万元出资已经实缴到位，且圣方公司提供了该1 000万元出资款由圣方公司账户转入凯利公司账户的银行转账凭证。故可以认定圣方公司增资的1 000万元已经实际缴纳到位。《公司法》第二十八条第一款规定："股东应当按期足额缴纳公司章程中规定的各自所认缴的出资额。股东以货币出资的，应当将货币出资足额存入有限责任公司在银行开设的账户；以非货币财产出资的，应当依法办理其财产权的转移手续。"第二十九条规定："股东认足公司章程规定的出资后，由全体股东指定的代表或者共同委托的代理人向公司登记机关报送公司登记申请书、公司章程等文件，申请设立登记。"第一百七十八条第一款规定："有限责任公司增加注册资本时，股东认缴新增资本的出资，依照本法设立有限责任公司缴纳出资的有关规定执行。"根据上述的法律规定，股东以现金出资的，将相应现金存入公司银行账户，即完成出资义务，工商登记是完成实质性出资后应办理的登记备案手续，而不是认定股东出资是否到位的唯一依据。因此，碧桂园公司以凯利公司工商登记未登记圣方公司出资到位为由，请求张某男、梁某璐、圣方公司在圣方公司未出资的1 000万元范围内对凯利公司的本案债务承担连带补充赔偿责任的诉讼请求，于法无据，依法不予支持。

第五，关于碧桂园公司能否就本案的债务对凯利公司名下的琼〔2016〕三亚市不动产权第0006583号土地使用权及地上附着物享有优先受偿权的问题。本案的《委托贷款合同》与《抵押合同》均系当事人的真实意思表示，且未违反法律、行政法规的强制性规定，应为合法有效。《合同法》第三百九十六条规定："委托合同是委托人和受托人约定，由受托人处理委托人事务的合同。"第四百零二条规定："受托人以自己的名义，在委托人的授权范围内与第三人订立的合同，第三人在订立合同时知道受托人与委托人之间的代理关系的，该合同直接约束委托人和第三人，但有确切证据证明该合同只约束受托人和第三人的除外。"《委托贷款合同》第一条约定："碧桂园公司委托建行三亚分行向凯利公司发放贷款3.2亿元。"《抵押合同》约定："碧桂园公司委托建行三亚分行作为委托贷款人的代理人以建行三亚分行的名义与凯利公司签署本合同。碧桂园公司或建行三亚分行均可直接要求凯利公司依照本合同约定在其担保范围内承担担保责任，凯利公司将不提出任何异议。"根据上述法律的规定和合同的约定，碧桂园公司与建行三亚分行构成委托代理关系，建行三亚分行与凯利公司签订的《委托贷款合同》和《抵押合同》直接约束碧桂园公司，碧桂园公司对凯利公司提供的抵押物享有抵押权。凯利公司以其名下的〔2016〕三亚市不动产权第006583号土地使用权及地上附着物为《委托贷款合同》项下的款项提供了抵押担保，并已办理了抵押登记手续，根据《物权法》第一百八十条、第一百八十七条的规定，抵押权已经设立。《物权法》第一百七十三条规定："担保物权的担保范围包括主债权及其利息、违约金、损害赔偿金、保管担保财产和实现担保物权的费用。当事人另有约定的，按照约定。"第一百七十九条规定："为担保债务的履行，债务人或者第三人不转移财产的占有，将该财产抵押给债权人的，债务人不履行到期债务或者发生当事人约定的实现抵押权的情形，债权人有权就该财产优先受偿。"《抵押合同》约定："凯利公司以其名下的琼〔2016〕三亚市不动产权第0006583号土地使用权及地上附着物设定抵押，担保范围为《委托贷款合同》项下本金3.2亿元及利息、违约金、赔偿金、债务人应向委托贷款人支付的其他款项以及实现《委托贷款合同》项下债权与担保权利而发生的费用。"故如凯利公司不履行支付《委托贷款合同》项下尚欠的本金、利息、违约金等款项义务的，碧桂园公司有权就对前述业已办理抵押登记的〔2016〕三亚市不动产权第006583号土地使用权及地上附着物优先受偿。

综上，原审法院依照《合同法》第四十四条、第九十六条、第一百零七条，《物权法》第一百七十三条、第一百七十九条，《公司法》第二十条，《最高人民法院关于适用〈中华人民共和国民事诉讼法〉的解释》第九十条规定，判决：一、《资产转让合同》合法有效；二、《资产转让合同》已于2017年11月12日解除；三、限凯利公司于判决生效之日起十日内向碧桂园公司退还诚意金3.2亿元并支付违约金（违约金的计算方式为：以本金3.2亿元为基数，自2017年11月16日起至实际偿清之日止，按年利率24%计算）；四、张某男对凯利公司依判决第三项所负的债务，承担连带清偿责任；五、如凯利公司到期不履行判决第三项的还款义务，碧桂园公司有权对凯利公司名下的位于三亚市吉阳区红沙网枝村东侧的土地证号为琼〔2016〕三亚市不动产权第0006583号土地使用权及地上附着物折价或拍卖、变卖后的价款优先受偿；六、驳回碧桂园公司的其他诉讼请求。案件受理费3 541 800元，保全费5 000元，共计3 546 800元，由凯利公司负担3 540 000元，碧桂园公司负担6 800元。

二审中，凯利公司、张某男提交了《资产转让合同》附件详细规划修改图，用以证明红沙网枝村片区已纳入2017年的棚户区改造计划，规划指标延迟是因政府政策调整，属于不可抗力，不可归责于凯利公司。

碧桂园公司质证认为，该证据不属于新证据，对其真实性和合法性没有异议，对其证明目的不予认可。

建行三亚分行未发表质证意见。

本院对该证据的真实性予以认定，能否达到证明目的在以下争议焦点中予以评述。

本院除对一审法院查明的事实予以确认外，另查明：

2016年2月23日，海南省人民政府发布《海南省人民政府关于加强房地产市场调控的通知》（琼府〔2016〕22号），通知的部分内容为："各市、县、自治县人民政府，省政府直属各单位：为保护生态环境资源，鼓励住房消费，加强房地产市场调控，积极消化我省房地产库存，促进房地产市场平稳健康发展，现就有关事项通知如下：……二、加强开发管控，合理控制商品住宅增量。加强商品住宅用地计划管理和规划审批调控，对商品住宅库存消化期超过全省平均水平的市县，暂停办理新增商品住宅（含酒店式公寓，下同）及产权式酒店用地审批（包括农用地转用及土地征收审批、土地供应审批、已供应的非商品住宅用地改为商品住宅用地审批、商品住宅用地容积率提高审批），暂停新建商品住宅项目规划报建审批。……"2016年12月7日，海南省人民政府发布《海南省人民政府关于继续落实"两个暂停"政策进一步促进房地产市场健康发展的通知》（琼府〔2016〕113号）。2017年9月28日，海南省人民政府印发《海南省人民政府关于进一步深化"两个暂停"政策促进房地产业平稳健康发展的意见》（琼府〔2017〕76号）。

本院认为，结合上诉人的上诉理由和被上诉人的答辩意见，本案二审的争议焦点为：1.《资产转让合同》的效力如何；2.凯利公司是否构成违约，其关于因不可抗力免责的主张能否成立；3.一审判决认定《资产转让合同》已解除并按年利率24%标准计算违约金是否正确；4.碧桂园公司就本案债务是否对凯利公司名下的琼〔2016〕三亚市不动产权第0006583号土地使用权及地上附着物享有优先受偿权；5.张某男对凯利公司的债务应否承担连带清偿责任；6.一审法院将张某男、梁某璐、圣方公司列为本案被告是否属于程序违法。

一、关于《资产转让合同》的效力问题

本院认为，《合同法》第四十四条第一款规定，依法成立的合同，自成立时生效。本案中，2017年7月15日，凯利公司形成股东会决议：1.同意凯利公司与碧桂园公司签订《资产转让合同》；2.同意转让《资产转让合同》项下蓝月湾项目所有资产（含目标土地及地上/地下建筑物）……。同日，碧桂园公司与凯利公司签订《资产转让合同》约定：凯利公司将三亚蓝月湾海景酒店公寓项目产权转让给碧桂园公司，目标地块总占地面积为16 969.08平方米，资产转让价款暂定为7亿元，凯利公司将拟转让资产全部抵押给项目公司后15个工作日内，碧桂园公司通过项目公司向凯利公司付诚意金3.2亿元，由碧桂园公司通过银行委托贷款形式支付给凯利公司。并约定上述诚意金在项目公司取得新的不动产权属证书之日起转为项目公司应向凯利公司支付的转让价款。

2017年8月1日，凯利公司、碧桂园公司和建行三亚分行签订《委托贷款合同》约定碧桂园公司委托建行三亚分行向凯利公司发放贷款3.2亿元。2017年8月7日，碧桂园公司通过其在建行三亚分行的账户向凯利公司在建行三亚分行的账户转账3.2亿元。

2017年10月31日，凯利公司向碧桂园公司出具《情况说明》，载明按照《资产转让合同》第十四条的约定，由于三亚市人民政府2017年棚改项目政策调整，致使已经列入其中的网枝村棚改项目控制性规划调整未能在10月30日前完成，因而三亚蓝月湾海景酒店公寓项目虽然已经纳入网枝村棚改项目控规调整范围，但由于上述政府不可抗力原因造成规划调整无法按合同约定完成。凯利公司向碧桂园公司提出按合同约定和实际情况,顺延合同执行时间。

通过上述《资产转让合同》内容以及签订履行情况等事实,可以认定《资产转让合同》是凯利公司和碧桂园公司的真实意思表示并经双方协商一致。该合同内容不违反法律、行政法规的强制性规定,应为合法有效。凯利公司、碧桂园公司以及建行三亚分行签订《委托贷款合同》是《资产转让合同》实际履行中的一个环节,凯利公司主张《资产转让合同》名为项目资产转让实为委托贷款违反法律、行政法规的强制性规定而无效,缺乏事实和法律依据,本院不予支持。

二、凯利公司是否构成违约,其关于因不可抗力免责的主张能否成立

本院认为,根据《合同法》第一百一十七条的规定,不可抗力,是指不能预见、不能避免并不能克服的客观情况。案涉《资产转让合同》第四条约定:凯利公司应完成以下工作,作为合同项下资产转让的先决条件:目标地块完成规划调整及用地性质变更。凯利公司承诺协调有权政府部门审批通过《海南省三亚市红沙片区控制性详细规划网枝村及周边片区规划修改》,目标地块主要规划指标确定可调整为:地块编号为A-021、容积率≥3.5、计入容积率建筑面积≥6.2万m²、限高≥80m、建筑密度≥30%、绿地率≤30%。目标地块土地性质可以从综合用地变更为二类住宅用地。第十四条约定:如凯利公司在2017年10月30日前,未完成第四条第1款约定规划调整事宜并缴纳完毕增容变性费用的,则碧桂园公司有权单方解除合同。但是,因出现不可抗力原因导致上述规划调整无法按合同约定完成的,不认定为凯利公司违约,碧桂园公司或项目公司支付合同约定借款或资产转让借款时间相应顺延。

本案中,凯利公司未能在2017年10月30日前完成《资产转让合同》第四条约定的案涉地块的容积率、土地性质等规划指标的调整。凯利公司辩称,其无法如期完成案涉地块规划指标的调整,系因2017年9月海南省人民政府出台的"两个暂停"政策导致,属于不可抗力,不应认定其构成违约。

但根据查明的事实,2016年2月23日,海南省人民政府就发布《海南省人民政府关于加强房地产市场调控的通知》(琼府〔2016〕22号),通知加强商品住宅用地计划管理和规划审批调控,对商品住宅库存消化期超过全省平均水平的市县,暂停办理新增商品住宅(含酒店式公寓,下同)及产权式酒店用地审批(包括农用地转用及土地征收审批、土地供应审批、已供应的非商品住宅用地改为商品住宅用地审批、商品住宅用地容积率提高审批),暂停新建商品住宅项目规划报建审批。2016年12月7日,海南省人民政府发布《海南省人民政府关于继续落实"两个暂停"政策进一步促进房地产市场健康发展的通知》(琼府〔2016〕113号)。2017年9月28日,海南省人民政府印发《海南省人民政府关于进一步深化"两个暂停"政策促进房地产业平稳健康发展的意见》(琼府〔2017〕76号)。

可见,早在2016年2月23日海南省人民政府便实施了"两个暂停"政策,2017年

9月28日的《海南省人民政府关于进一步深化"两个暂停"政策促进房地产业平稳健康发展的意见》（琼府〔2017〕76号）是对2016年2月23日《海南省人民政府关于加强房地产市场调控的通知》（琼府〔2016〕22号）的继续深化落实。《资产转让合同》于2017年7月15日签订，凯利公司作为在海南省三亚市登记注册的专业房地产投资公司，海南省人民政府的"两个暂停"政策不属于凯利公司在签订该合同时无法预见的客观情况，现凯利公司主张相关政府政策调整构成不可抗力进而主张其应免责，依据不足，本院不予支持。

三、原审判决认定《资产转让合同》已解除并按年利率24%标准计算违约金是否正确

关于《资产转让合同》是否已解除的问题。《合同法》第九十三条规定："当事人协商一致，可以解除合同。当事人可以约定一方解除合同的条件。解除合同的条件成就时，解除权人可以解除合同。"第九十六条规定："当事人一方依照本法第九十三条第二款、第九十四条的规定主张解除合同的，应当通知对方。合同自通知到达对方时解除。对方有异议的，可以请求人民法院或者仲裁机构确认解除合同的效力。法律、行政法规规定解除合同应当办理批准、登记等手续的，依照其规定。"如前所述，凯利公司未能在2017年10月30日前完成约定的规划调整事宜，构成违约。依据《资产转让合同》第十四条"如凯利公司在2017年10月30日前，未完成第四条第1款约定规划调整事宜并缴纳完毕增容变性费用的，则碧桂园公司有权单方解除合同"之约定，碧桂园公司有权解除《资产转让合同》。2017年11月12日，凯利公司收到碧桂园公司发出的《催款函》，该函载明：凯利公司已逾期退还3.2亿元诚意金，严重影响碧桂园公司资金。现再次函告凯利公司解除合同，请凯利公司立即无条件退还3.2亿元诚意金及相应违约金至碧桂园公司账户。因此，原审判决认定《资产转让合同》于2017年11月12日即《催告函》送达凯利公司之日解除，并无不当。

关于违约金的承担问题。《合同法》第一百一十四条规定："当事人可以约定一方违约时应当根据违约情况向对方支付一定数额的违约金，也可以约定因违约产生的损失赔偿额的计算方法。约定的违约金低于造成的损失的，当事人可以请求人民法院或者仲裁机构予以增加；约定的违约金过分高于造成的损失的，当事人可以请求人民法院或者仲裁机构予以适当减少。当事人就迟延履行约定违约金的，违约方支付违约金后，还应当履行债务。"《最高人民法院关于适用〈中华人民共和国合同法〉若干问题的解释（二）》第二十九条规定："当事人主张约定的违约金过高请求予以适当减少的，人民法院应当以实际损失为基础，兼顾合同的履行情况、当事人的过错程度以及预期利益等综合因素，根据公平原则和诚实信用原则予以衡量，并作出裁决。当事人约定的违约金超过造成损失的30%的，一般可以认定为合同法第一百一十四条第二款规定的"过分高于造成的损失"。根据《资产转让合同》第十七条约定，碧桂园公司或项目公司依据合同约定或法定事由解除合同的，凯利公司须在接到碧桂园公司

解除合同书面通知后三日内退还碧桂园公司或项目公司已付款项至指定碧桂园公司银行账户，超过3日未予退还的按应付未付款每日5‰向碧桂园公司或项目公司计付违约金。凯利公司于2017年11月12日收到碧桂园公司解除合同的书面通知，其应于2017年11月15日之前向碧桂园公司退还3.2亿元，而凯利公司并未退还该款项，故其应自2017年11月16日起向碧桂园公司支付违约金。合同约定的每日5‰的标准换算成年利率为182.5%，碧桂园公司一审诉请按照年利率24%的标准计算违约金。原审判决结合合同约定内容、履行情况以及经济活动现实等，参照民间借贷利率标准，将违约金计算标准调整为年利率24%，并无不妥。

四、碧桂园公司就本案债务是否对凯利公司名下的琼〔2016〕三亚市不动产权第0006583号土地使用权及地上附着物享有优先受偿权

本案中，《委托贷款合同》第一条约定：碧桂园公司委托建行三亚分行向凯利公司发放贷款3.2亿元。《抵押合同》"鉴于"部分第三项约定：碧桂园公司委托建行三亚分行作为碧桂园公司的代理人以建行三亚分行的名义与凯利公司签署本合同。第八条第四项约定：碧桂园公司或建行三亚分行均可直接要求凯利公司依照本合同约定在其担保范围内承担担保责任，凯利公司将不提出任何异议。凯利公司是《委托贷款合同》一方主体，上述约定内容对其具有约束力。原审法院判决碧桂园公司就凯利公司应支付的3.2亿元及其违约金对凯利公司名下的琼〔2016〕三亚市不动产权第0006583号土地使用权及地上附着物折价或拍卖、变卖后的价款享有优先受偿权，有合同依据，并无不当。

五、张某男对凯利公司的债务应否承担连带清偿责任

《公司法》第三条规定："公司是企业法人，有独立的法人财产，享有法人财产权。公司以其全部财产对公司的债务承担责任。有限责任公司的股东以其认缴的出资额为限对公司承担责任；股份有限公司的股东以其认购的股份为限对公司承担责任。"第二十条第三款规定："公司股东滥用公司法人独立地位和股东有限责任，逃避债务，严重损害公司债权人利益的，应当对公司债务承担连带责任。"公司人格独立和股东有限责任是《公司法》的基本原则。否认公司独立人格，由滥用公司法人独立地位和股东有限责任的股东对公司债务承担连带责任，是股东有限责任的例外情形。否认公司法人资格，须具备股东实施滥用公司法人独立地位及股东有限责任的行为以及该行为严重损害公司债权人利益的法定要件。

具体到本案中，2017年8月7日，碧桂园公司向凯利公司转账3.2亿元，次日凯利公司向张某男转账2 951.838 4万元。张某男提交了《借款协议》《还款协议书》以及凯利公司向河南省驻马店市中级人民法院转账3 000万元的转账凭证，但未提交其向凯利公司支付《借款协议》约定的2 000万元借款的银行转账凭证，未能形成证据链证明张某男与凯利公司之间存在真实有效的借款关系。原审判决认定，张某男所提交证据不能证明凯利公司向张某男转账支付的2 951.838 4万元是凯利公司向其归还的借

款,并无不当。但是,认定公司与股东人格混同,需要综合多方面因素判断公司是否具有独立意思、公司与股东的财产是否混同且无法区分、是否存在其他混同情形等。本案中,凯利公司该单笔转账行为尚不足以证明凯利公司和张某男构成人格混同。并且,凯利公司以《资产转让合同》目标地块为案涉债务设立了抵押,碧桂园公司亦未能举证证明凯利公司该笔转账行为严重损害了其作为债权人的利益。因此,凯利公司向张某男转账2951.8384万元的行为,尚未达到否认凯利公司的独立人格的程度。原审法院依据《公司法》第二十条第三款径行判令张某男对本案中凯利公司的全部债务承担连带责任不当,本院予以纠正。

作为凯利公司股东的张某男在未能证明其与凯利公司之间存在交易关系或者借贷关系等合法依据的情况下,接收凯利公司向其转账2951.8384万元,虽然不足以否定凯利公司的独立人格,但该行为在客观上转移并减少了凯利公司资产,降低了凯利公司的偿债能力,张某男应当承担相应的责任。该笔转款2951.8384万元超出了张某男向凯利公司认缴的出资数额,根据举重以明轻的原则并参照《最高人民法院关于适用〈中华人民共和国公司法〉若干问题的规定(三)》第十四条关于股东抽逃出资情况下的责任形态的规定,张某男应对凯利公司的3.2亿元及其违约金债务不能清偿的部分在2951.8384万元及其利息范围内承担补充赔偿责任,其中利息以2951.8384万元为基数按中国人民银行公布的同期同档次贷款利率自2017年8月8日起计算至2019年8月20日,按全国银行间同业拆借中心公布的贷款市场报价利率自2019年8月21日起分段计算至张某男实际履行完毕补充赔偿责任之日止。

六、一审法院将张某男、梁某璐、圣方公司列为本案被告是否属于程序违法

张某男、梁某璐系凯利公司的股东,圣方公司曾系凯利公司的股东,碧桂园公司依据《公司法》的相关规定将三者作为被告提起诉讼主张相应的权利,原审法院将张某男、梁某璐、圣方公司列为本案被告,程序合法,并无不当。

综上所述,上诉人的上诉请求部分成立。本院依照《公司法》第三条、《民事诉讼法》第一百七十一条第一款第二项规定,判决如下:

一、维持海南省高级人民法院〔2018〕琼民初6号民事判决第一项、第二项、第三项及第五项;

二、撤销海南省高级人民法院〔2018〕琼民初6号民事判决第六项;

三、变更海南省高级人民法院〔2018〕琼民初6号民事判决第四项为:张某男对三亚凯利投资有限公司在本判决第三项所负的3.2亿元及其违约金债务不能清偿的部分在2951.8384万元及其利息范围内承担补充赔偿责任,其中利息以2951.8384万元为基数按中国人民银行公布的同期同档次贷款利率自2017年8月8日起计算至2019年8月20日,按照全国银行间同业拆借中心公布的贷款市场报价利率自2019年8月21日起分段计算至张某男实际履行完毕补充赔偿责任之日止;

四、驳回海南碧桂园房地产开发有限公司的其他诉讼请求。

一审案件受理费 3 541 800 元，保全费 5 000 元，共计 3 546 800 元，由三亚凯利投资有限公司负担 3 540 000 元（其中的 149 355 元由张某男共同负担），由海南碧桂园房地产开发有限公司负担 6 800 元。二审案件受理费 3 541 800 元，由三亚凯利投资有限公司负担 3 535 000 元（其中的 149 355 元由张某男共同负担），由海南碧桂园房地产开发有限公司负担 6 800 元。

本判决为终审判决。

审 判 长　高燕竹
审 判 员　刘少阳
审 判 员　杨　蕾
二〇一九年十一月二十日
法官助理　王智锋
书 记 员　黄慧航

中华人民共和国最高人民法院
民 事 裁 定 书

〔2021〕最高法民申 6722 号

再审申请人（一审原告、二审上诉人）：浙江名邦装饰工程有限公司。住所地：浙江省宁波市鄞州区天童南路 588 号（40 层）。

法定代表人：罗某昌，该公司总经理。

委托诉讼代理人：陶学委，浙江滔腾律师事务所律师。

被申请人（一审被告、二审被上诉人）：温州天润房地产开发有限公司。住所地：浙江省温州市望江西路 108-115125 室。

法定代表人：游某敏，该公司董事长。

被申请人（一审被告、二审被上诉人）：浙江浙欧气阀制造有限公司。住所地：浙江省温州市新桥高翔工业区高新路 4 号。

法定代表人：陈某华，该公司执行董事及总经理。

被申请人（一审被告、二审被上诉人）：朱某群（CHuCHihCHun），男，1958 年 8 月 5 日出生，荷兰王国公民，住浙江省温州市鹿城区。

上述被申请人之共同委托诉讼代理人：邱智赟，北京观韬中茂（杭州）律师事务所律师。

上述被申请人之共同委托诉讼代理人：吴如意，北京观韬中茂（杭州）律师事务所律师。

再审申请人浙江名邦装饰工程有限公司（以下简称名邦装饰公司）因与被申请人温州天润房地产开发有限公司（以下简称天润房开公司）、浙江浙欧气阀制造有限公司（以下简称浙欧气阀公司）、朱某群股东损害公司债权人利益责任纠纷一案，不服浙江省高级人民法院作出的〔2020〕浙民终876号民事判决，向本院申请再审。本院依法组成合议庭进行了审查，现已审查终结。

名邦装饰公司申请再审称，三被申请人作为温州天润王朝大酒店有限公司（以下简称天润王朝酒店公司）的股东，在公司出资不足无法经营的情况下，未成立清算小组、故意不履行清算义务，实施了滥用公司法人独立地位和股东有限责任的行为，违反了《公司法》第二十条第三款的规定，并严重损害了再审申请人的债权人利益。再审申请人在原审提交的证据足以证明三被申请人与天润王朝酒店公司存在人员、财务混同的事实。三被申请人共同认缴追加5 000万元出资不到位，在公司财产不足以清偿债务时，三被申请人应依法在未缴出资范围内对公司债务承担连带清偿责任。因此，原审判决认定事实不清，适用法律错误，依据《民事诉讼法》第二百条第二项、第六项规定申请再审。

三被申请人共同提交意见称，被申请人未逃避债务，也不存在滥用公司法人独立地位和股东有限责任等损害债权人利益的行为。被申请人已尽到配合清算的义务，天润王朝酒店公司已破产清算完毕，不存在因主要财产、账册、重要文件灭失等导致清算不能的情形。天润王朝酒店公司系独立法人，具有独立意思和独立财产，与被申请人不存在人格混同。天润王朝酒店公司的注册资本为3 000万元，被申请人已按照公司章程足额缴纳。再审申请人所称的5 000万元系追加投资，并非追加注册资本。故被申请人不存在出资不到位的情形。再审申请人的再审事由不能成立，请求驳回其再审申请。

本院认为，本案系再审审查案件，应当围绕再审申请人提出的再审事由是否成立进行审查。

《公司法》第二十条第三款规定，公司股东滥用公司法人独立地位和股东有限责任，逃避债务，严重损害公司债权人利益的，应当对公司债务承担连带责任。本案中，名邦装饰公司依据上述规定，主张三被申请人承担相应的连带责任。根据原审查明的事实，天润王朝酒店公司已完成破产清算。名邦装饰公司及天润房开公司、浙欧气阀公司作为债权人参与了该破产程序，并经债权人会议确定破产财产分配方案，确认了各自债权的受偿率。在天润王朝酒店公司破产清算过程中，名邦装饰公司并未就破产程序提出异议。名邦装饰公司虽主张三被申请人存在违反《公司法》上述规定的行为以及存在人员、财务混同，但三被申请人予以否认，而名邦装饰公司亦未能提交充分证据证明其该项主张。故原审判决认定由名邦装饰公司承担举证不能的责任，并无不当。

名邦装饰公司还主张三被申请人共同认缴追加的 5 000 万元属股东出资不到位，但经原审法院查明，该款项系三被申请人提出追加的投资而非增加天润王朝酒店公司注册资本，且该公司的注册资本 3 000 万元三被申请人已足额缴纳。名邦装饰公司的该项主张，亦不能成立。

综上，名邦装饰公司的再审申请不符合《民事诉讼法》第二百条的规定。本院依照《民事诉讼法》第二百零四条第一款、《最高人民法院关于适用〈中华人民共和国民事诉讼法〉的解释》第三百九十五条第二款规定，裁定如下：

驳回浙江名邦装饰工程有限公司的再审申请。

审判长　　奚向阳
审判员　　杨弘磊
审判员　　李光琴
二〇二一年十二月十六日
书记员　　王　瀚

【2023 年版本、三次审议稿】

第二十二条　公司的控股股东、实际控制人、董事、监事、高级管理人员不得利用关联关系损害公司利益。

违反前款规定，给公司造成损失的，应当承担赔偿责任。

【2018 年版本】

第二十一条　公司的控股股东、实际控制人、董事、监事、高级管理人员不得利用其关联关系损害公司利益。

违反前款规定，给公司造成损失的，应当承担赔偿责任。

【本条释义】

本条规定了公司控股股东等的责任。

公司的控股股东、实际控制人、董事、监事、高级管理人员对公司的控制能力较强，理应公平合理地利用公司这个平台给所有人谋利益，不得利用关联关系损害公司利益。上述主体利用关联关系损害公司利益的常见形式是转移利润，即将公司的产品或者资产低价卖给自己的关联企业，或者将自己关联企业的产品或资产高价卖给公司，或者将公司的经营机会拱手让给自己的关联企业。

上述主体利用关联关系损害公司利益，给公司造成损失的，应当承担赔偿责任。公司法定代表人可以代表公司起诉上述主体，如果法定代表人不履行职责，公司董事会也有权代表公司起诉上述主体，如果董事会不履行职责，监事会也有权代表公司起诉上述主体，如果监事会也不履行职责，公司股东有权代表公司起诉上述主体。

【相关法律规定】

《民法典》

第八十四条　营利法人的控股出资人、实际控制人、董事、监事、高级管理人员不得利用其关联关系损害法人的利益；利用关联关系造成法人损失的，应当承担赔偿责任。

《中华人民共和国慈善法》（2016年3月16日第十二届全国人民代表大会第四次会议通过）

第十四条　慈善组织的发起人、主要捐赠人以及管理人员，不得利用其关联关系损害慈善组织、受益人的利益和社会公共利益。

慈善组织的发起人、主要捐赠人以及管理人员与慈善组织发生交易行为的，不得参与慈善组织有关该交易行为的决策，有关交易情况应当向社会公开。

《企业所得税法》

第四十一条　企业与其关联方之间的业务往来，不符合独立交易原则而减少企业或者其关联方应纳税收入或者所得额的，税务机关有权按照合理方法调整。

企业与其关联方共同开发、受让无形资产，或者共同提供、接受劳务发生的成本，在计算应纳税所得额时应当按照独立交易原则进行分摊。

【相关法规规定】

《企业所得税法实施条例》

第一百零九条　企业所得税法第四十一条所称关联方，是指与企业有下列关联关系之一的企业、其他组织或者个人：

（一）在资金、经营、购销等方面存在直接或者间接的控制关系；

（二）直接或者间接地同为第三者控制；

（三）在利益上具有相关联的其他关系。

【典型案例】

江苏省南通市中级人民法院
民 事 判 决 书

〔2021〕苏 06 民终 2084 号

上诉人（原审原告）：赵某树，男，1938 年 10 月 23 日生，汉族，住上海市虹口区四平路 755 弄 1 号 507 室。

委托诉讼代理人：凌宏，上海罗业律师事务所律师。

被上诉人（原审被告）：符某清，男，1963 年 3 月 1 日生，汉族，住江苏省如东县丰利镇新建西路 99 号 23 室。

委托诉讼代理人：冯谨，江苏通衡律师事务所律师。

原审第三人：如东县丰利医药化工厂有限公司，住所地江苏省如东县丰利镇新建西路 99 号。

法定代表人：符某清，该公司执行董事。

上诉人赵某树因与被上诉人符某清、原审第三人如东县丰利医药化工厂有限公司（以下简称丰利医药公司）损害股东利益责任纠纷一案，不服江苏省如东县人民法院〔2020〕苏 0623 民初 1224 号民事判决，向本院提起上诉。本院于 2021 年 5 月 17 日立案后，依法组成合议庭进行了审理。本案现已审理终结。

赵某树上诉请求：撤销一审判决，改判支持本人的全部诉讼请求或发回重审，一、二审诉讼费用由符某清承担。事实和理由：一、一审法院认定事实错误。1. 符某清与上海旭东海普药业有限公司（以下简称旭东公司）签订的两份股权转让协议所涉标的物仅为股权，部分条款明确出售方应当确保公司原有的知识产权、许可及授权等可以继续使用，并不包含任何专利权转让的内容。从股权转让协议附表也可见，南通海尔斯医药有限公司（以下简称海尔斯公司）及江苏中渊化学品有限公司（以下简称中渊公司）在案涉股权转让前已经取得了 7 项专利的长期独占使用许可，该独占使用许可的价值当然属于无形资产的范畴，不应在其股权价值中进行区分。旭东公司根本没有必要再受让专利所有权或另行计付专利所有权的价值，一审法院对专利所有权和使用权未正确区分，导致事实认定错误。2. 案涉股权转让协议的主体是符某清与旭东公司，而符某清所主张的专利权转让合同的主体是海尔斯公司，两者系不同主体之间的不同法律关系。旭东公司仅是股权受让方，并非专利权的受让方，其也没有实际取得专利权，一审将两个不同法律关系项下的交易金额混为一谈，认定符某清与海尔斯公司的专利权转让价格包含在其与旭东公司股权转让价格之中错误。根据符某清提交的知识产权转让协议，双方约定专利权转让价格为1元，该约定系双方自愿达成当属有效，故本案关于专利权的转让价格也仅为2元。而本案间隔仅三个月的两次股权转让之间价格相差却达到四千余万元，一审认定该差额系因专利权转让所导致显然不能成立。3. 根据符某清提供的国家知识产权局签发的手续合格通知书，案涉专利转让的申办时间在2018年7月以后，显然与2017年11月的股权转让无关。且符某清提交的专利申请权转让协议及补充协议的落款时间为2017年12月，并加盖了上海旭东海普南通药业有限公司（以下简称旭东南通公司）的印章，但此时海尔斯公司尚未更名为旭东南通公司，可见相关转让协议系符某清与其控制的旭东南通公司倒签、补签而来，属虚假证据，一审予以采信对本人严重不公。4. 符某清本案主张的所谓专利权，实际并非其个人所有，而系本人发明，被其恶意登记在名下。符某清在庭审中亦自认专利是以公司名义申请，专利证书上登记的是其个人，可见符某清自己也认可案涉专利系属丰利医药公司所有，只是办理登记时登记在符某清一人名下。故即便本案第二次股权转让价格受到专利权价值的影响，该部分价值仍然属于丰利医药公司，符某清擅自转让亦损害本人的股东利益。5. 根据符某清在庭审中的陈述，早在2017年6月5日其即已经确定将丰利医药公司名下的海尔斯公司及中洲公司股权转让给旭东公司，在此情况下符某清于2017年6月29日先将股权转到自己名下，并在三个月后以双倍的价格卖给旭东公司，实属恶意侵犯本人的股东权益。6. 根据符某清与旭东公司之间的股权转让协议，双方确定股权价格的依据是目标公司截至2017年8月31日的资产情况，此时距离符某清受让股权仅2个月的期间，同一股权的价格在这2个月期间呈翻倍增长明显不合常理，印证了符某清与丰利医药公司进行股权交易时已具备低买高卖的恶意。且该笔股权交易并没有对股权价值进行市场评估，符某清提交的审计报告也未经本人认可，不能仅凭该审计报告就认定符某清的购入价格与股权真实价值一致。符某清出具的一份公司重组后股权变动的承诺中也提及由股权机构进行重新评估并算出本人在新公司里应有的份额等内容，也可以看出其明知两次股权转让存在恶意，价格有失公允。二、一审法院适用法律错误。符某清作为丰利医药公司股东，未经股东会决议，擅自向自己出售丰利医药公司的财产，且出售款项一直没有入账，应当认定符某清滥用股东权利，符合《最高人民法院关于适用〈中华人民共和国公司法〉若干问题的规定（四）》第十五条规定中的但书条款即强制盈余分配的实质要件，一审法院未予适用有误。三、一审法院程序违法。1. 一审法院于2021年1月29日发出通知，要求本人于7日内对符某清提供的新证据发表书面质证意见，说明本案已经恢复法庭调查程序。本人于2021年2月1日收到该通知及相关证据后，于2021年2月6日提交追加第三人的申请尚在恢复法庭调查后的答辩期内，符合法律规定。旭东公司在受让符某清的股权时已取得了海尔斯公司及中洲公司的详细财务报表并据此评估了资产状况，追加旭东公司作为本案第三人有利于查明案件的基础事实，一审法院以法庭辩论终结为由不予准许存在错误。2. 本人邮寄质证意见及追加第三人申请书后，不仅没有收到是否同意追加第三人的决定,反而直接收到了宣判传票。一审法院对符某清补充的证据及相关案件事实未经当事人充分质证和辩论,且直接将符某清提交的真实性存在异议的证据作为认定案件事实的依据,导致实体不公。3.符某清同时担任丰利医药公司、海尔斯公司及中渊公司的法定代表人并负责经营管理,其对案涉股权转让的时间、公司资产状况等情况明知,也具备提供详细财务报告的能力,以证明两次股权交易时公司的资产状况。但符某清在一审中未提交相应财务报告,而仅提交了由其单方委托的两份审计报告。且符某清受让股权的时间在2017年6月29日,而该两份审计报告于2017年7月13日才出具。在审计报告尚未出具的情况下,符某清即按照该审计报告折算股权价值明显存在矛盾,也有违常理,一审采信该虚假的审计报告导致事实认定错误。同时,本人作为丰利医药公司内仅负责技术的人员,从未参与过公司经营管理,符某清也从未向本人汇报过丰利医药公司的经营情况,本人自身并不具备提供证明公司资产状况相关证据的客观能力,一审法院未能正确分配举证责任,以本人未能举证证明丰利医药公司持有标的公司股权价值为由未支持本人的主张,过分加重了本人的举证责任,程序违法。

符某清辩称:1.赵某树对本人收购丰利医药公司持有的海尔斯公司、中渊公司股权及再向旭东公司转让的事实明知且未提出异议。本人从丰利医药公司处收购海尔斯公司、中渊公司股权的价格与其注册资本及经审计确定的净资产基本吻合,本人向旭东公司转让股权的价格也符合一般交易习惯,该转让行为与赵某树无关。本人已向丰利医药公司支付了全部股权转让款3 166.4万元,赵某树作为丰利医药公司的股东,其权益并未受到实际损害。2.赵某树混淆了公司财产和股东财产的范畴,其主张以自己持有丰利医药公司股权比例,将两次股权转让的差价直接判归其所有没有法律依据。3.赵某树本案请求权的基础是认为本人滥用股东权利造成其损失,旭东公司不属法律规定的本案第三人,赵某树无权申请追加旭东公司作为第三人参加诉讼。

丰利医药公司述称:同意符某清的答辩意见。

赵某树向一审法院起诉请求:1.判令符某清向其支付股权损害赔偿金8 654 464元(包括:海尔斯公司股权转让差价款6 768 729元,中渊公司股权转让差价款1 885 735元)。2.判令符某清支付相应利息,以8 654 464元为基数,自2017年7月5日起按中国人民银行同期贷款利率计算至2019年8月19日,自2019年8月20日起按同期全国银行间同业拆借中心公布的贷款市场报价利率计算至符某清实际支付款项之日止,暂计至2020年1月20日为1 061 974.85元。3.本案的诉讼费由符某清承担。

一审法院认定事实:

一、丰利医药公司的相关情况。

如东县丰利医药化工厂成立于1990年3月14日,集体企业,法定代表人符某清,主营盐酸、二氯六环等制造销售。

赵某树经人介绍与符某清认识后,赵某树(乙方)与如东县丰利化工厂(甲方)于1996年12月31日签订了合作协议书一份,约定:一、合作方式。1.利用甲方条件,组织有关产品生产。2. 乙方提供全面技术服务。3. 乙方技术投入，效益分成。二、甲方责任……。三、乙方责任。1. 改进原有产品工艺，提供较先进的技术，提高经济效益。2. 提供有关产品生产技术……。四、双方责任。1. 甲方有生产、经营、行政管理权。2. 甲方有使用乙方提供的技术权。3. 乙方拥有提供的技术权益。4. 乙方有权了解企业财务情况，财务核算需双方认可。五、效益分配。1. 甲方享受全厂税后效益的70%。2. 乙方享受全厂税后效益的30%。3. 乙方个调税由甲方承担。4. 效益分配半年结算一次，年终总结算。符某清在"甲方"处签名，加盖如东丰利化工厂公章。

2001年3月9日，如东县经济体制改革委员会东改委〔2001〕9号文件《县体改委关于同意如东县丰利医药化工厂公有净资产一次性出售转让改制为有限责任公司的批复》，载明：同意如东县丰利医药化工厂公有净资产一次性出售转让给符某清个人，并由符某清以丰利中学工会的名义出资组建有限责任公司。受让者最终应付价款公有净资产为71.15万元、非经营性资产为9.26万元，两项合计80.41万元，必须一次性上缴县财政。

2001年3月15日，符某清向如东县丰利中学交纳购买如东县丰利医药化工厂整体产权价款80.41万元。

2001年6月28日，如东东盛会计师事务所出具的验资报告载明，丰利医药公司，贵公司申请的注册资本80.41万元，根据我们的审验，截至2001年6月28日，贵公司股东已以购买股权款80.41万元（购入原如东县丰利医药化工厂净资产）投入该公司。验资报告附件一投入资本明细表载明"如东县丰利医药化工厂有限公司，投资者符某清，申请的注册资本70.41万元，占比87.56%；投资者赵某树，申请的注册资本10万元，占比12.44%"。附件二验资事项说明中载明"实际出资情况，根据我所实际验证，股东以购入如东县丰利医药化工厂净资产80.41万元（购买净资产款）投入拟设公司（购买款已于2001年6月28日交纳如东县丰利中学），其中赵某树委托符某清缴纳净资产股金款10万元"。

丰利医药公司于2001年7月13日成立，注册资本80.41万人民币，法定代表人符某清。2007年4月17日修订的公司章程载明，股东符某清以货币方式出资70.41万元，于2001年7月足额缴纳；股东赵某树以货币出资10万元，于2001年7月足额缴纳。公司章程第七条，股东会由全体股东组成，是公司的权力机构，行使下列职权：（1）决定公司的经营方针和投资计划……。第九条，股东会会议由股东按照出资比例行使表决权。第十一条，股东会会议由执行董事召集和主持……。第十二条，股东会会议应对所议事项作出决议，决议应由代表二分之一以上表决权的股东表决通过。但股东会对公司增加或减少注册资本、分立、合资、解散或变更公司形式、修改公司章程所作出的决议，应由代表三分之二以上表决权的股东表决通过。股东会应当对所议事项的决定作出会议纪（记）录，出席会议的股东应当在会议记录上签名。第十三条，公司设执行董事一名，由股东会选举产生。执行董事任期3年，任期届满，可连选连任。执行董事对股东会负责，行使下列职权：（1）负责召集股东会会议，并向股东会报告工作；（2）执行股东会决议；（3）决定公司的经营计划和投资方案。第十八条，执行董事为公司的法定代表人，任期为三年，由股东会选举产生和罢免，任期届满，可连选连任……。2014年3月20日修订的公司章程在以上内容方面没有变化。

二、关于案涉股权的变动情况。

（一）丰利医药公司曾持有海尔斯公司股权相关情况。

2008年8月6日，南通市对外贸易经济合作局，通外经贸〔2008〕266号文件《关于同意南通海尔斯药业有限公司股权转让的批复》载明：一、同意如东县海尔斯医药化工厂将其在海尔斯公司持有的74%的股权（计133.2万美元）以原值转让给丰利医药公司。二、股权转让后，公司投资总额200万美元，注册资本180万美元，其中丰利医药公司出资133.2万美元，占注册资本的74%；永联国际集团有限公司（以下简称永联公司）出资46.8万美元，占注册资本的26%。三、根据投资方委派，公司董事会由符某清、蔡守清、樊兵等三人组成，由符某清担任董事长。

2008年7月5日，如东县海尔斯医药化工厂（出让方、甲方，法定代表人符某清）与丰利医药公司（受让方，乙方，法定代表人符某清）签订关于将如东县海尔斯医药化工厂持有的133.2万美元的海尔斯公司股权转让给丰利医药公司的股权转让协议。协议甲方、乙方代表签字都是符某清。

2017年6月29日，丰利医药公司（出让方，甲方）与符某清（受让方，乙方）签订股权转让合同，载明：海尔斯公司，注册资本为480万美元。甲方将持有的公司74%共355.2万美元（折人民币24 763 484.17元）的股权转让给乙方。该股权经甲乙双方协商一致以2 516万元的价格转让，自本合同生效后一个月内由乙方将转让款2 516万元支付给甲方。

同日，形成一份海尔斯公司董事会决议，会议参加人员为符某清、符筱筠、樊兵。会议内容为：1.根据股东之间协商，同意永联公司将持有海尔斯公司26%的股权共计124.8万美元（折人民币8 700 683.63元）以884万元的价格全部转让给新吸收股东中国自然人符筱筠，同意丰利医药公司将持有海尔斯公司74%共计355.2万美元（折人民币24 763 484.17元）以2 516万元的价格全部转让给新吸收股东中国自然人符某清；2.转股后公司性质由中外合资企业变更为内资有限责任公司；3.终止原公司合同章程，由变更后的新股东修订公司新章程。符某清、符筱筠（系符某清之女）、樊兵在决议上签名。

同日，永联公司与丰利医药公司共同出具《关于终止南通海尔斯医药有限公司合同、章程的决议》一份，载明：因原股东永联公司将其在海尔斯公司所持有26%的股权全部转让给符筱筠，原股东丰利医药公司在海尔斯公司所持有74%的股权全部转让给符某清，转股后永联公司、丰利医药公司退出海尔斯公司，股东变更为符某清、符筱筠。

2017年7月5日，海尔斯公司投资人由永联公司、丰利医药公司变更为符某清、符筱筠。

2017年11月3日，符某清、符筱筠（出售人）与旭东公司（购买人）签订股权购买协议,约定:本协议签署日,出售人在海尔斯公司中合计拥有公司100%的股权,其中符某清持有74%的股权,符筱筠持有26%的股权;根据本协议规定的条款和条件,出售人有意出售而购买人有意购买出售人合计拥有的56.07%的股权。其中,符某清将30.07%的股权出售给购买人,价格为2 211万元,符筱筠将26%的股权出售给购买人,价格为1 912万元。该协议首页载明,鉴于在签署本协议的同时,就中渊公司股权转让事宜,出售人与购买人另行签署一份股权购买协议,约定符某清将中渊公司16.07%的股权出售给购买人,符筱筠将中渊公司40%的股权出售给购买人……。基于上述,并基于本协议所规定的各方的相互陈述、保证、约定和协议以及其他良好和有价值的对价,而该等对价的收悉及充分性在此经本协议确认,……。在协议的第3.24条知识产权,载明:(a)附表3.24(a)的清单列明了公司拥有或持有的所有已注册及申请注册的专利、商标、版权或域名。(b)对附表3.24(b)所述的所有在其相关业务中使用的知识产权,公司在本协议签订之日或知识产权转让协议履行之后拥有所有的权力和利益,或持有效且可强制执行的使用权利。第5.17条知识产权转让,载明:在交割日或之前,每一出售中应当确保续任股东与公司按照本协议附录C的格式或内容签订一份或多份知识产权转让协议("知识产权转让协议"),以续任股东同意立即将附表5.17载明的知识产权("续任股东知识产权")全部以1元的对价转让给公司,并确保公司合法并完整地拥有续任股东知识产权的全部权利,且续任股东知识产权未设定任何权利负担,也未以任何形式许可给第三方。

2017年12月12日,海尔斯公司投资人由符某清、符筱筠变更为旭东公司、符某清。

2018年3月6日,海尔斯公司更名为旭东南通公司。

(二)丰利医药公司持有的中渊公司股权相关情况。

2008年12月24日,江苏省对外贸易经济合作厅及台港侨投资企业批件,苏外经贸资审字〔2008〕第06103号文件,《关于同意南通天籁化学品有限公司股权转让公司性质变更为中外合资企业的批复》载明,一、同意永联公司将所持南通天籁化学品有限公司(以下简称天籁公司)96万美元的出资义务转让给丰利医药公司。二、变更后,公司性质变更为中外合资企业。公司投资总额228万美元,注册资本160万美元,其中丰利医药公司出资96万美元,占注册资本的60%;永联公司出资64万美元,占注册资本的40%。三、根据投资方委派,公司董事会由符筱筠、蔡守清、符某清三人组成,其中符筱筠任董事长。天籁公司更名为中渊公司。

2008年12月15日,永联公司(出让方、甲方,法定代表人蔡守清)与丰利医药公司(受让方,乙方,法定代表人符某清)签订关于将永联公司持有的96万美元的天籁公司股权转让给丰利医药公司的股权转让协议。

2017年6月29日,丰利医药公司(出让方,甲方)与符某清(受让方,乙方)签订股权转让合同,载明:中渊公司,注册资本为160万美元。甲方将持有的60%共96万美元(折人民币6 877 690.84元)的股权转让给乙方。该股权经甲乙双方协商一致以650.4万元的价格转让,自本合同生效后一个月内由乙方将转让款650.4万元支付给甲方。

同日，形成一份中渊公司董事会决议，会议参加人员为符某清、符筱筠、樊兵。会议内容为：1. 根据股东之间协商，同意永联公司将持有中渊公司40%的股权共计64万美元（折人民币4 585 127.22元）以433.6万元的价格全部转让给新吸收股东中国自然人符筱筠，同意丰利医药公司将持有中渊公司60%共计96万美元（折人民币6 877 690.84元）以650.4万元的价格全部转让给新吸收股东中国自然人符某清；2. 转股后公司性质由中外合资企业变更为内资有限责任公司；3. 终止原公司合同章程，由变更后的新股东修订公司新章程。符某清、符筱筠、樊兵在决议上签名。

2017年7月5日，中渊公司投资人由永联公司、丰利医药公司变更为符某清、符筱筠。

2017年11月3日，符某清、符筱筠（出售人）与旭东公司（购买人）签订股权购买协议，约定：本协议签署日，出售人在中渊公司中合计拥有100%的股权，其中符某清持有60%的股权，符筱筠持有40%的股权；根据本协议规定的条款和条件，出售人有意出售而购买人有意购买出售人合计拥有的56.07%的股权。其中，符某清将16.07%的股权出售给购买人，价格为406万元，符筱筠将40%的股权出售给购买人，价格为1 007万元。协议首页载明：鉴于在签署本协议的同时，就海尔斯公司股权转让事宜，出售人与购买人另行签署一份股权购买协议，约定符某清将海尔斯公司30.07%的股权出售给购买人，符筱筠将海尔斯公司26%的股权出售给购买人……。基于上述，并基于本协议所规定的各方的相互陈述、保证、约定和协议以及其他良好和有价值的对价，而该等对价的收悉及充分性在此经本协议确认，……。

2017年12月12日，中渊公司投资人由符某清、符筱筠变更为旭东公司、符某清。

三、其他事实。

（一）庭审中，赵某树认为其长期没有获得丰利医药公司利润，且公司大股东未通过召开股东会，形成股东会决议，也未通知小股东，就将公司的优质股份转至个人名下，又加价一倍卖给案外人，导致公司优质股份流失，资产流失，给其他股东造成了严重的损害。按照《公司法》第二十条第二款"公司股东滥用股东权利给公司或者其他股东造成损失，应当依法承担赔偿责任"的规定，符某清应向赵某树承担损害赔偿责任。赵某树主张的赔偿款是股权价值，并不是差价。

赵某树主张其在丰利医药公司处持有的股份为12.44%（10÷80.41×100%），主张的损害赔偿金由两部分组成。

第一部分为涉海尔斯公司的股权，具体为丰利医药公司在海尔斯公司持有74%的股份，转让给符某清个人的总价是2 516万元，每股作价34万元。符某清在受让74%的股份后，将其中的30.07%转让给旭东公司，价格为2 211万元，每股作价73.528万元，该转让过程已经交接完成。赵某树认为两次转让间隔的时间很短，应以旭东公司收购的股价73.528万元/股作为基准价计算74%股权的真实价值，即总价为5 441.1万元（73.528×74）。再按赵某树在丰利医药公司持股比例12.44%计算为6 768 729元（5 441.1×12.44%）。

第二部分为涉中渊公司的股权，具体为丰利医药公司在中渊公司持有60%的股份，转让给符某清个人的总价是650.4万元，每股作价10.84万元。符某清在受让60%的股份后，将其中的16.07%转让给旭东公司，价格为406万元，每股作价25.264 4万元，该转让过程已经交接完成。赵某树认为两次转让间隔的时间很短，应以旭东公司收购的股价25.264 4万元/股作为基准价计算60%股权的真实价值，即总价为1 515.864万元（25.264 4×60）。再按赵某树在丰利医药公司持股比例12.44%计算为1 885 735元（1 515.864×12.44%）。

损害赔偿金总计为8 654 464元（6 768 729＋1 885 735）。

符某清认为，在丰利医药公司章程"股东会的议事规则"中并未提到公司对外投资或转让需要有股东会进行决议，而对执行董事的职权有明确的规定，执行董事有权决定经营计划和投资方案，所以符某清有权决定对外投资和转让。退一步讲，即使股权转让行为需要由公司股东会作出决议，事实上没有履行这个程序，但从持股比例，符某清持有公司超过85%的股权，也即如果经过股东会讨论，符某清也可以作出决定，并不影响实际结果。

对于低价从丰利医药公司处受让股权再高价转让，是因为转让给旭东公司的同时将符某清名下的专利权一并进行了转让，相关专利权的转让在协议附件一中体现。符某清名下共有七项专利，约定以1元的价格转让给旭东公司，不是专利不值钱，而是与其谈的是一揽子价格，是要求将海尔斯公司、中渊公司一并收购重组，并要求符某清留在公司继续进行经营管理，这也是符某清为何只转让了部分股权而未全部转让的原因。旭东公司看重的是符某清的社会资源、专业能力、管理经验，同时还有其名下的专利，所以不能以转让的价格来判断符某清从中牟利，从而认为损害了赵某树的利益。如果是赵某树方与对方谈判，未必就是这个价格，因为各自的条件不一样。符某清（让与方，乙方）提供了一份其与海尔斯公司（受让方，甲方）于2017年12月12日签订的知识产权转让协议，载明：本协议乙方将其拥有专利权和专有技术转让给甲方，本协议作为中渊公司、海尔斯公司股权转让合同的附件，乙方转让本协议附件一所列的专利权及相关专有技术。专利权的转让价总额为人民币1元，此价款包括专利权相关专有技术的转让价款。附件一后列六项专利权。符某清与旭东南通公司签订了知识产权转让协议之补充协议，在补充协议上增加了两项转让内容，并载明：甲方名称由海尔斯公司变更为旭东南通公司，工商变更登记于2018年3月6日办理完毕，以原公司名称签订的原协议仍为有效。符某清还提供了其与旭东南通公司于2017年12月13日签订的专利申请权转让协议，转让价款为人民币1元。

符某清认为，其受让丰利医药公司持有的海尔斯公司74%股权的价格是2 516万元，该价格符合当时海尔斯公司的净资产状况，仅从其受让股权的价格与转让股权价格差来计算赵某树的损失没有依据，而要看丰利医药公司享有股权转让款有无收回。符某清负有向丰利医药公司支付股权转让款的义务，并没有向赵某树进行赔偿的义务。

对于当时海尔斯公司的资产状况，符某清提供了一份南通瑞东会计师事务所有限公司于2017年3月15日出具的海尔斯公司的审计报告（通瑞会审〔2017〕129号）。报告载明：我们审计了后附的海尔斯公司财务报表，包括2016年12月31日的资产负债表，2016年度的利润表、现金流量表和股东权益变动表以及财务报表附注。我们认为，海尔斯公司财务报表在所有重大方面按照《企业会计准则——基本准则》和《企业会计制度》的规定编制，公允反映了海尔斯公司2016年12月31日的财务状况以及2016年度的经营成果和现金流量。

符某清还提供了南通瑞东会计师事务所有限公司2017年7月13日出具的海尔斯公司的审计报告（通瑞会专审〔2017〕301号）。报告载明：经审计及对方确认后海尔斯公司截至2017年5月31日账面资产总额75 545 271.82元，账面负债总额53 769 415.86元，账面净资产21 775 855.96元，预测评估增值12 265 283.22元，净资产合计34 041 139.18元。股权转让价格为2 519万元（34 041 139.18×74%）。

对于当时中渊公司的资产状况，符某清提供了一份南通瑞东会计师事务所有限公司2017年3月17日出具的中渊公司的审计报告（通瑞会审〔2017〕130号）。报告载明：我们审计了后附的中渊公司财务报表，包括2016年12月31日的资产负债表，2016年度的利润表、现金流量表和股东权益变动表以及财务报表附注。我们认为，中渊公司财务报表在所有重大方面按照《企业会计准则——基本准则》和《企业会计制度》的规定编制，公允反映了中渊公司2016年12月31日的财务状况以及2016年度的经营成果和现金流量。

符某清还提供了南通瑞东会计师事务所有限公司2017年7月13日出具的中渊公司的审计报告（通瑞会专审〔2017〕300号）。报告载明：经审计，确认贵公司截至2017年5月31日账面资产总额101 682 906.13元，账面负债总额103 485 993.25元，账面净资产－1 803 087.12元，长期资产预估增值12 648 088.29元，根据增加预估增值后的净资产合计10 845 001.17元。股权转让价格为650.7万元（10 845 001.17×60%）。

（二）关于案涉股权转让合同的效力。

符某清认为，赵某树是认可2009年（2008年）股权转让合同的效力，才能确认丰利医药公司在其他公司享有的股权。该两份合同并没有经过股东会决议，而案涉的股权转让合同与2009年（2008年）签订合同的过程是一样的，都是符某清在代表，事实上平时公司的事情都是符某清在管理，赵某树也并未提出异议，现在赵某树方认为案涉合同没有经过股东会决议，符某清滥用股东权利的说法不成立。

赵某树方认为案涉的股权转让合同的效力待定。

一审法院曾于2019年9月25日受理了赵某树诉符某清股权转让纠纷一案，后赵某树撤诉。在该案中赵某树提交了一份符某清于2017年6月5日出具的《公司重组后股权变动的承诺》，内容为："赵某树持有南通海尔斯医药有限公司、如东县丰利医药化工有限公司的股份（南通海尔斯医药有限公司为如东县丰利医药化工有限公司的股份），我公司重组被收购成功后，先与新股东方友好协商按照赵某树持有如东县丰利医药化工有限公司的股份，由股权机构进行重新评估，算出在新公司里应有的份额。

若新股东不同意,为确保赵某树的权益,若新公司认为股东组成对公司的发展有利,赵某树同意将自己在新公司的股份挂在符某清的名下,双方签订协(议),进行公证。至此,赵某树放弃原来持有海尔斯医药有限公司、如东县丰利医药化工有限公司的股份。承诺人:符某清"。

符某清认为,赵某树将符某清出具的承诺作为证据提供,应是认可这一承诺的内容的,从而说明赵某树对丰利医药公司将持有的海尔斯公司、中渊公司股权转让给符某清是不持异议的。

而赵某树方认为,符某清确实向赵某树出具过承诺,真实性没有异议,但在该承诺中没有明确表明公司的收购方是谁,有几次收购,转让的金额是多少,承诺的内容只是一个模糊的说法,所以不能证明符某清所称的将有关对外投资及收购的情况向赵某树表明。同时该承诺只是符某清单方面作出,并不意味着赵某树同意该承诺,不影响赵某树在本案的主张。

(三)关于赵某树有无实际出资10万元及赵某树的持股情况。赵某树认为其已委托符某清交付了10万元,10万元的来源是当时双方合作的税后效益分红。在验资报告中也是如此表述,赵某树委托符某清出资10万元。且之后近20年的时间内双方对此也无争议。工商登记也显示赵某树持股12.44%,赵某树也共计拿到了100余万元的分红。

符某清认为如东县丰利医药化工厂改制后的注册资本80.41万元都是其个人缴纳,赵某树并没有实际出资。当时双方关系较好,有限公司的股东至少是两人,所以就随机定了由赵某树拿10万元的份额。事实上赵某树也从未参与丰利医药公司章程的制定,也未参与过公司管理,只是挂名股东。赵某树也未参与过分红,所拿的100多万元系符某清根据其工作情况以个人名义支付的款项,是公司老板对员工的奖励,丰利医药公司账面上也体现不出有分红的记录。从2001年公司成立至2017年,若是分红的话应该不止100余万元。

(四)一审庭审中,赵某树陈述其由四川大学化学系毕业,原是上海华联制药有限公司的高级工程师。当时经南通市药监局的人介绍与符某清认识,邀请其去帮符某清办厂。当时如东县丰利医药化工厂是校办厂,设备简陋,缺少产品。最初其是自带实验设备,帮符某清改进产品,提高了质量。符某清看到其实力以后,与其签订了合作协议,共同办厂,共同开发了20多个种类的产品,其中一个产品还获得了南通市科技进步二等奖。当时其负责技术及产品质量,符某清负责行政管理和市场开发。最初双方间互相信任,但随着企业的壮大,符某清并未按照公司的章程将对外投资的信息及被收购的信息及时告知赵某树,也从未召开过股东会。2017年符某清欺骗赵某树,说办公室要装修,要求赵某树到其他的办公场所去办公,将赵某树的办公家具、文件资料都堆放在赵某树在如东的住处门前,并未安排其他的办公场所。经历过搬家事件后,通过调取工商档案其才发现公司所持的股权被上海公司收购,多项知识产权也被符某清拿走。2017年11月份,其被迫离开公司。

符某清认可赵某树当时在公司负责技术,其他事务是由符某清负责的。符某清为南通大学化学系毕业,最初是做教师,后至校办厂工作。

(五)关于发明专利,符某清最初陈述其取得了十几个专利,都有专利证书,其中最主要的有三个专利。

赵某树方陈述公司在经营过程中是有十几项专利,主要的有三个,但这些专利并不是符某清的,而是赵某树研发的,因为由符某清去申报,所以符某清就填了自己的名字,并未经过赵某树的同意。

符某清表示专利当时是以公司的名义申请的,专利证书上登记的是其个人。

庭后符某清提供了七份发明专利证书,发明人和专利权都是符某清,专利申请日分别为2006年、2007年、2008年、2012年,授权公告日一份为2007年、五份为2012年,一份为2015年。

赵某树提供了发明专利的原始实验记录及技术资料的复印件。

(六)对案涉的股权转让款有无支付。赵某树陈述,丰利医药公司向符某清转让股权的款项,符某清没有向丰利医药公司支付,而符某清受让股权再向案外人转让,该转让款符某清都已收到。符某清认为如东县丰利医药化工厂实际是由其一人投资,相关的债权债务也是由其处理的,目前还有没有处理完毕。现赵某树若以股东身份主张权利,只能提出股权转让款的主张,对于赵某树主张的相关经济利益应在公司清算之后才能确定。

(七)符某清提供了旭东南通公司出具的股权购买支付款项说明,在符某清、符筱筠与旭东公司关于海尔斯公司、中渊公司股权转让交易中,共支付了607.132 24万元的税费。

(八)一审庭审程序结束后,赵某树邮寄来书面申请,要求追加旭东南通公司为本案的第三人,以查明认定丰利医药公司收购股权交易的真实性。

一审法院认为:

一、对于赵某树是否具有丰利医药公司的股东身份,根据如东东盛会计师事务所出具的验资报告附件二验资事项说明中载明的事实,即"股东以购入如东县丰利医药化工厂净资产80.41万元(购买净资产款)投入拟设公司(购买款已于2001年6月28日交纳如东县丰利中学),其中赵某树委托符某清缴纳净资产股金款10万元",以及2007年4月17日修订的公司章程载明的事实,"股东符某清以货币方式出资70.41万元,于2001年7月足额缴纳;股东赵某树以货币出资10万元,于2001年7月足额缴纳",可以认定赵某树已经依法向公司履行了出资义务,应当确认赵某树在丰利医药公司的股东身份。

二、赵某树认为符某清滥用股东地位,在未经股东会决议及其同意的情况下将丰利医药公司持有的海尔斯公司74%的股权及中渊公司60%的股权低价转让给符某清自己,后又高价对外出售前述部分股权。符某清行为侵犯赵某树作为丰利医药公司股东的合法权益,故提起本案之诉。

本案的第一个争议焦点为符某清是否存在低价受让股权并高价转出的行为。案涉两次股权转让，第一次发生在丰利医药公司与符某清之间，第二次发生在符某清与旭东公司之间。关于第一次的股权转让，根据符某清所提供的南通瑞东会计师事务所有限公司于2017年7月13日出具的海尔斯公司的审计报告（通瑞会专审〔2017〕301号）载明的海尔斯公司截至2017年5月31日净资产合计34 041 139.18元的事实能够看出，在2017年6月29日丰利医药公司与符某清签订的股权转让合同中所载明的转让对价2 519万元（34 041 139.18×74%）符合当时海尔斯公司股权价值实际情况。赵某树对第一次转让时丰利医药公司持有的股权到底价值多少未能举证证明，也未能提供证据推翻符某清提供的海尔斯公司的审计报告，只从符某清将股权转让给旭东公司时的价格来推定第一次是低价转让，赵某树的主张显然没有合法依据。根据符某清与旭东公司间股权转让协议载明的情况以及双方间签订的关于知识产权方面转让的协议，能够认定符某清与旭东公司之间的转让应是包含知识产权在内的多方面的一个综合协议。虽然两次股权转让的价格差距较大，且间隔时间不长，必然会引起利害关系人的合理怀疑，但影响股权转让价格的因素是多方面的，包括公司的注册资金、公司资产、公司的未来盈利能力及公司的无形资产等多种因素，特别是本案中所涉及的专利权的转让。旭东公司在股权受让前也必定做过市场评估及多方面的调查，这一股权转让对价应是从多方面考虑后双方商定的。因此，在无证据证明的情况下，并不能以第二次股权转让的价格来推断和否定第一次股权转让价格的真实合理性。

同样在丰利医药公司将持有的中渊公司股权转让给符某清个人的过程中，符某清提供了南通瑞东会计师事务所有限公司2017年7月13日出具的江苏中渊化学品有限公司的审计报告（通瑞会专审〔2017〕300号）。报告载明截至2017年5月31日公司净资产合计10 845 001.17元。而股权转让价格为650.7万元（10 845 001.17×60%）符合当时中渊公司的实际情况。综上，赵某树主张符某清低价受让了丰利医药公司持有的海尔斯公司及中渊公司的股权后又高价转出的这一观点无证据证实，其主张不能成立，赵某树应承担举证不能的法律后果。当然符某清在未依程序召开股东会并形成股东会决议的情况下将丰利医药公司所持的海尔斯公司及中渊公司的股权转让，违反了公司章程的规定。虽然从持股比例看，符某清持有公司超过85%的股权，股权转让这一事项若经过股东会讨论形成决议也许并不能改变最终结果，但赵某树作为公司股东应当要保障其的知晓权及参与决策权，所以符某清在实施股权转让中主观上是存在过错。

本案的第二个争议焦点为符某清与本公司进行股权交易，如损害公司利益，其权利归属。赵某树明确其主张的请求权基础为《公司法》第二十条第二款的规定，"公司股东滥用股东权利给公司或者其他股东造成损失，应当依法承担赔偿责任"。赵某树认为，符某清低价受让丰利医药公司的股权，又高价转让，其庭审中称，第二次股权转让的价格即为被转让股权的真实价格。如存在上述情形，符某清未经股东会或者股东大会同意，通过与本公司进行股权交易获取利益的行为，直接损害的是公司利益，当然也涉及股东利益,其权利归属应为丰利医药公司,应由符某清向公司支付股权转让款并赔偿相应的经济损失。《公司法》规定,股东、高级管理人员不得未经股东会或者股东大会同意,与本公司订立合同或者进行交易。违反前述规定所得的收入应当归公司所有。公司具有独立的法人人格,股东是基于向公司出资而享有权利,公司的财产和股东的财产分属不同的范畴。对于本案中丰利医药公司应得的股权转让款抑或两次股权转让的差价,赵某树作为股东无权主张将其所持有的相应股权的价款直接判归其所有。

三、本案庭审程序结束后,赵某树书面提出申请,要求追加旭东公司为本案第三人参加诉讼。我国民事诉讼中,当事人诸多诉讼权利的行使,均以"一审法庭辩论终结前"为限。赵某树的申请不符合《民事诉讼法》的规定,不予准许。

据此,一审判决:驳回赵某树对符某清的诉讼请求等。

本院二审期间,当事人围绕上诉请求依法提交了证据。本院组织当事人进行了证据交换和质证。

符某清提交中国工商银行业务回单三份,证明符某清已向丰利医药公司全额支付了股权转让款,其没有实施滥用股东权利损害赵某树利益的行为。

赵某树质证认为:对三份业务回单的真实性无异议,是银行出具的,但转账回单并未载明款项用途,加上符某清自认其与丰利医药公司之间存在多笔往来,无法证明与本案的关联性,不能达到其证明目的。

本院认证意见,对符某清提交的证据,赵某树对真实性无异议,本院对其真实性予以确认。但本案争议问题并非为符某清的股权转让款是否已经向丰利医药公司支付,该证据与本案待证事项无关联性。

本院经审理,除一审法院查明的"三、其他事实部分"第6项案涉股权转让款有无支付外,对一审法院采信的证据以及据此认定的案件其他事实予以确认。

本案二审争议焦点为:符某清受让丰利医药公司持有海尔斯公司及中渊公司的股权并向旭东公司出让的行为有无侵害其他股东赵某树的利益,赵某树作为丰利医药公司的股东是否有权要求符某清直接向其进行赔偿。

本院认为,赵某树主张符某清向其支付损害赔偿金缺乏法律依据,不予支持。

首先,根据《公司法》第二十条规定,公司股东应当遵守法律、行政法规和公司章程,依法行使股东权利,不得滥用股东权利损害公司或者其他股东的利益。公司股东滥用股东权利给公司或者其他股东造成损失的,应当依法承担赔偿责任。该条规定中,公司股东滥用股东权利给其他股东造成损失的,系指公司股东滥用股东权利直接侵害其他股东权利的情形。本案中,根据赵某树的陈述,符某清系以不合理的低价受让了丰利医药公司所持有的海尔斯公司及中渊公司的股权,再以正常价格将股权转让给旭东公司,从而造成其在丰利医药公司享有的股东权益受到损害。但符某清本身即为丰利医药公司持股超过85%的股东,又系丰利医药公司的法定代表人及执行董事,其与丰利医药公司订立股权转让协议不属于公司正常经营行为,本质上属于关联交易的范畴。根据《公司法》第二十一条规定,公司的控股股东、实际控制人、董事、监事、高级管理人员不得利用其关联关系损害公司利益。违反前款规定,给公司造成损失的,应当承担赔偿责任。即便符某清的前述行为造成了损害,其也是直接损害了丰利医药公司的利益,应当向丰利医药公司承担赔偿责任。赵某树只是因为丰利医药公司的利益受到损害而导致其享有该公司的股东权益发生损害,属于间接损害,在公司利益得到弥补后该间接损害自然也不复存在。因此本案无论符某清的行为是否侵害丰利医药公司利益,赵某树作为丰利医药公司的股东都无权要求将被损害的利益直接归于自己,其本案的诉讼请求均不应予以支持。至于符某清案涉关联交易是否损害了丰利医药公司的利益,各方如有争议可另行处理。

其次,《最高人民法院关于适用〈中华人民共和国公司法〉若干问题的规定(四)》第十五条规定,股东未提交载明具体分配方案的股东会或者股东大会决议,请求公司分配利润的,人民法院应当驳回其诉讼请求,但违反法律规定滥用股东权利导致公司不分配利润,给其他股东造成损失的除外。关于该条规定本案应否适用的问题,一方面,本案双方争议在于符某清的行为有无侵害赵某树的股东权益,而非符某清是否滥用股东权利导致公司不分配利润的问题,该问题与本案不属同一法律关系。另一方面,公司的财产与公司可分配的利润不能等同,即便符某清侵害了公司利益并承担了赔偿责任,按照《公司法》的相关规定,对于公司税后利润还需要提取相应的公积金、弥补以前年度亏损等之后才能作为可分配的利润。赵某树对此方面并未提供相关证据,其主张本案达到上述规定中强制盈余分配的实质要件缺乏依据,本院不予支持。

最后,本案没有必要追加旭东公司为第三人参加诉讼,对符某清提交的新证据一审法院也交由赵某树发表了质证意见,并未影响案件实体审理结果,赵某树对一审法院审理程序所提异议不能成立,本院不予采纳。

综上,赵某树的上诉理由不能成立。依照《民事诉讼法》第一百七十条第一款第一项的规定,判决如下:

驳回上诉,维持原判。

二审案件受理费 79 815 元,由上诉人赵某树负担。

本判决为终审判决。

审 判 长　戴志霞
审 判 员　沙　楠
审 判 员　陈燮峰
二〇二一年八月九日
法官助理　顾　星
书 记 员　王滢梅

【2023年版本、三次审议稿】

第二十三条 公司股东滥用公司法人独立地位和股东有限责任，逃避债务，严重损害公司债权人利益的，应当对公司债务承担连带责任。

股东利用其控制的两个以上公司实施前款规定行为的，各公司应当对任一公司的债务承担连带责任。

只有一个股东的公司，股东不能证明公司财产独立于股东自己的财产的，应当对公司债务承担连带责任。

【2018年版本】

第二十条 公司股东应当遵守法律、行政法规和公司章程，依法行使股东权利，不得滥用股东权利损害公司或者其他股东的利益；不得滥用公司法人独立地位和股东有限责任损害公司债权人的利益。

公司股东滥用股东权利给公司或者其他股东造成损失的，应当依法承担赔偿责任。

公司股东滥用公司法人独立地位和股东有限责任，逃避债务，严重损害公司债权人利益的，应当对公司债务承担连带责任。

第六十三条 一人有限责任公司的股东不能证明公司财产独立于股东自己的财产的，应当对公司债务承担连带责任。

【本条释义】

本条规定了公司股东滥用权利的责任。

公司股东可以利用公司法人独立地位和股东有限责任来限定自身责任范围，从而减轻经营风险，但不能滥用公司法人独立地位和股东有限责任，逃避债务，严重损害公司债权人利益的，如果公司股东有上述行为，法律不会保护股东的有限责任，该股东应当对公司债务承担连带责任。

如果股东利用其控制的两个以上公司滥用公司法人独立地位和股东有限责任，逃避债务，严重损害公司债权人利益，各公司应当对任一公司的债务承担连带责任。也就是说，股东及其控制的两个以上的公司作为一个整体要对外承担责任，任何一个主体的债权人都可以要求其他主体对其债务承担连带责任。

如果公司的股东只有一个，该公司在以前的《公司法》中被称为"一人有限责任公司"，这类公司的股东如果不能证明公司财产独立于股东自己的财产，就应当对公司债务承担连带责任。公司的债权人不负举证责任，原则上，只要是一人有限责任公司，债权人就可以要求股东对公司债务承担连带责任，除非该公司的股东能够证明公司财产独立于股东自己的财产。通常需要公司建立完善的财务会计制度和清晰的账簿记录来证明公司财产独立于股东自己的财产。

【相关规章规定】

《上市公司章程指引（2022年修订）》（中国证券监督管理委员会公告〔2022〕2号）

第三十八条　公司股东承担下列义务：

（一）遵守法律、行政法规和本章程；

（二）依其所认购的股份和入股方式缴纳股金；

（三）除法律、法规规定的情形外，不得退股；

（四）不得滥用股东权利损害公司或者其他股东的利益；不得滥用公司法人独立地位和股东有限责任损害公司债权人的利益；

（五）法律、行政法规及本章程规定应当承担的其他义务。

公司股东滥用股东权利给公司或者其他股东造成损失的，应当依法承担赔偿责任。公司股东滥用公司法人独立地位和股东有限责任，逃避债务，严重损害公司债权人利益的，应当对公司债务承担连带责任。

《上市公司监管指引第3号——上市公司现金分红》（中国证券监督管理委员会公告〔2022〕3号）

第十三条　证券监管机构在日常监管工作中，应当对下列情形予以重点关注：

（一）公司章程中没有明确、清晰的股东回报规划或者具体的现金分红政策的，重点关注其中的具体原因，相关决策程序是否合法合规，董事、监事、高级管理人员是否勤勉尽责，独立董事是否出具了明确意见等；

（二）公司章程规定不进行现金分红的，重点关注该等规定是否符合公司的实际情况，是否进行了充分的自我评价，独立董事是否出具了明确意见等；

（三）公司章程规定了现金分红政策，但无法按照既定现金分红政策确定当年利润分配方案的，重点关注公司是否按照要求在年度报告中披露了具体原因，相关原因与实际情况是否相符合，独立董事是否出具了明确意见等；

（四）上市公司在年度报告期内有能力分红但不分红尤其是连续多年不分红或者分红水平较低的，重点关注其有关审议通过年度报告的董事会公告中是否详细披露了未进行现金分红或现金分红水平较低的原因，相关原因与实际情况是否相符合，持续关注留存未分配利润的确切用途以及收益情况，独立董事是否对未进行现金分红或现金分红水平较低的合理性发表独立意见，是否按照规定为中小股东参与决策提供了便利等；

（五）上市公司存在大比例现金分红等情形的，重点关注相关决策程序是否合法合规，董事、监事及高级管理人员是否勤勉尽责，独立董事是否出具了明确意见，是否按照规定为中小股东参与决策提供了便利,是否存在明显不合理或相关股东滥用股东权利不当干预公司决策等情形。

【典型案例】

最高法院十大公司纠纷典型案例
华夏银行股份有限公司武汉洪山支行、北京长富投资基金股权转让纠纷再审审查与审判监督案

案例索引

案号:〔2020〕最高法民申2158号
审理法院:最高人民法院
案件来源:中国裁判文书网

裁判要旨

《公司法》第六十三条的规定虽系股东为公司债务承担连带责任,但目前司法实践中,在股东与公司人格混同的情形下,公司亦可为股东债务承担连带责任。

入选理由

公司法人的人格独立和股东有限责任系现代公司的基本特征,但也易诱发股东滥用有限责任规避债务,我国《公司法》第二十条建立了法人人格否认制度,第六十三条系一人有限责任公司该类特殊类型公司的法人人格否认制度,公司法人人格否认成立后的法律后果系股东对于公司的债务承担无限连带责任。但是,实践中也存在公司是否可以对股东的债务承担连带责任,即所谓的"法人人格逆向否认"。在法律并未明确规定公司可以对股东债务承担连带责任的前提下,导致司法审判实践对该种"法人人格逆向否认"的认定也不统一。我们认为一人有限责任公司仅有唯一股东,缺乏股东互相制约的一人有限责任公司极易产生股东与公司的财产混同,不乏股东为了达到规避《公司法》正向法人人格制度的适用,存在将资产转移至公司,导致股东自身偿债能力不足从而损害债权人,此种情形下允许适用"法人人格逆向否认",具有现实意义。同时,我们认为由于一人有限责任公司股东的唯一性,此种情形下公司对股东的债务承担连带责任并不会损害其他人的利益。本案的典型意义在于,本案系最高人民法院对于一人有限责任公司可适用"法人人格逆向否认"制度的肯定,是司法审判实践对现实需求的回应,也对一人有限公司的合规治理提出了警示。

中华人民共和国最高人民法院
民事判决书

〔2019〕最高法民终 542 号

上诉人（原审第三人）：北京长富投资基金（有限合伙）。住所地：北京市丰台区丽泽路 18 号院 1 号楼 501-09 室。

主要负责人：李某华，该有限合伙执行事务合伙人委派代表。

上诉人（原审第三人）：华夏银行股份有限公司武汉洪山支行。住所地：湖北省武汉市洪山区珞狮北路 2 号樱花大厦。

主要负责人：司某明，该支行行长。

以上二上诉人委托诉讼代理人：宋加安，中国长城资产管理股份有限公司湖北省分公司职员。

以上二上诉人委托诉讼代理人：万钦忠，湖北浩泽律师事务所律师。

被上诉人（原审原告）：武汉航天波纹管股份有限公司。住所地：湖北省武汉市江岸区解放大道 2735 号。

法定代表人：周某斌，该公司总经理。

委托诉讼代理人：曾宪强，湖北光年律师事务所律师。

委托诉讼代理人：张春和，北京观韬中茂（武汉）律师事务所律师。

被上诉人（原审被告）：中森华投资集团有限公司。住所地：湖北省武汉市江岸区车站路 100 号。

法定代表人：郑某云，该公司董事局主席。

被上诉人（原审被告）：武汉中森华置业有限公司。住所地：湖北省武汉市江岸区京汉街车站路危改楼 3 栋 1-3 层。

法定代表人：陈某国，该公司总经理。

以上二被上诉人委托诉讼代理人：鲁卫红，湖北谦顺律师事务所律师。

以上二被上诉人委托诉讼代理人：刘聪，湖北谦顺律师事务所律师。

上诉人北京长富投资基金（有限合伙）（以下简称长富基金）、华夏银行股份有限公司武汉洪山支行（以下简称华夏银行）与被上诉人武汉航天波纹管股份有限公司（以下简称航天波纹管公司）、中森华投资集团有限公司（以下简称中森华投资公司）、武汉中森华置业有限公司（以下简称中森华置业公司）股权转让纠纷一案，不服湖北省高级人民法院（以下简称湖北高院）〔2018〕鄂民初 48 号民事判决，向本院提起上诉。本院于2019年4月10日立案后，依法组成合议庭，开庭进行了审理。上诉人长富基金、华夏银行的委托诉讼代理人宋加安、万钦忠，被上诉人航天波纹管公司的法定代表人周某斌、委托诉讼代理人曾宪强、张春和，被上诉人中森华投资公司、中森华置业公司的委托诉讼代理人刘聪到庭参加诉讼。本案现已审理终结。

长富基金、华夏银行上诉请求：1.撤销湖北高院〔2018〕鄂民初48号判决。2.改判上诉人对被上诉人中森华置业公司抵押的中华国际城1栋、5栋共4套面积6122.91平方米商铺享有优先受偿权。3.改判被上诉人航天波纹管公司与中森华投资公司以中森华置业公司开发的房产抵债及商铺转让协议无效。4.一、二审诉讼费用由被上诉人承担。事实及理由：一、一审法院关于"中森华置业公司是中森华投资公司发起设立的项目公司，在中森华置业公司有两名以上股东期间，中森华投资公司有绝对控股地位，且自2013年7月11日以来，中森华置业公司是中森华投资公司持有100%股权的一人公司"的事实认定错误。首先，2009年1月16日，中森华投资公司投资900万元、陈少夏投资100万元设立中森华置业公司。2009年2月，股东变更为中森华投资公司、湖北建鑫房地产开发有限公司。2010年2月2日，变更为中森华投资公司独资。2010年8月11日变更为中融国际信托有限公司独资。直到2013年7月11日之后，股东才变更为中森华投资公司独资。根据工商登记的全部年检报告、资产负债审计报告、损益表来看，中森华投资公司与中森置业公司财务、利润、负债都是相互独立，没有任何账目混同的情况。其次，"中森华国际城"项目系中森华置业公司开发的，与中森华投资公司无关。中森华投资公司与航天波纹管公司2011年5月26日签订《商铺转让协议》、2013年1月6日签订《补充协议》，均发生在中融国际信托有限公司100%持有中森华置业公司股权期间，而中森华投资公司在此期间并非中森华置业公司股东，无权处分中森华置业公司财产，上述协议应为无效。二、一审法院依据《中森华国际城1号、5号楼商业面积统计表》及虚假的《关于中森华国际城1号楼、5号楼地上建筑及地下室产权交付情况说明》认定中森华置业公司于2012年5月18日完成交付，航天波纹管公司为合法占有，系认定事实不清。案涉商铺在为华夏银行、长富基金办理抵押时仍是在建工程，该房的施工许可证是2011年3月11日，预售许可证是2011年8月31日（4、5号楼）、2011年3月18日（1、2、3号楼），竣工验收许可证是2013年9月26日，交付许可证是2013年12月26日取得的。2012年5月18日，案涉房屋根本没有竣工，谈何交付。三、一审认定被上诉人航天波纹管公司享有优先于上诉人的物权期待权，适用法律错误。中森华投资公司与航天波纹管公司之间的补充协议并未明确房屋的具体位置，一审认定4套房屋与长富基金、华夏银行享有抵押权的商铺完全重合系由航天波纹管公司随意指认而成。上诉人申请执行后，被上诉人航天波纹管公司未提出执行异议；该房屋抵押权登记在上诉人名下；被上诉人航天波纹管公司与中森华投资公司之间不存在买卖合同，只存在以房抵债协议；航天波纹管公司没有向房屋所有人中森华置业公司支付任何价款；不能办证的原因是航天波纹管公司不符合登记条件。故航天波纹管公司对中森华投资公司享有的应为债权期待权。

被上诉人航天波纹管公司辩称，一审认定事实清楚、适用法律正确。理由如下：一、中森华置业公司系中森华投资公司为进行"中森华国际城"开发而成立的全资子公司，中森华投资公司一直处于绝对控股地位。中森华投资公司人格混同，承担连带责任完全正确；二、中森华置业公司于2012年5月12日承担了交付义务且实际履行，航天波纹管公司也接受了相应房产交付行为。从房屋交付至一审判决达6年之久，对方从来没有提出任何异议。三、《股权转让协议》《补充协议》《商铺转让协议》《补充协议》系航天波纹管公司与中森华投资公司的真实意思表示，应为有效。四、长富基金、华夏银行与中森华置业公司等签订的《委托贷款合同》《抵押合同》系恶意损害航天纹管公司利益而无效。首先，根据《城市房地产抵押管理办法》第三十四条第二款规定，以预售商品房或者在建工程抵押的，登记机关应当在抵押合同上作记载。抵押的房地产在抵押期间竣工的，当事人应当在抵押人领取房地产权属证书后，重新办理房地产抵押登记。由于"中森华国际城"项目已于2012年9月28日竣工，已不具备在建工程抵押贷款的条件。其次，"中森华国际城"项目已经销售近两年，长富基金、华夏银行明知销售完毕且已经入住的前提下，于2013年6月1日与中森华投资公司、中森华置业公司恶意串通伪造航天波纹管公司的公章，杜撰虚假《承诺函》，将已经交付给航天波纹管公司的房产进行抵押，不仅没有向航天波纹管公司落实情况，也没有尽到抵押贷款审查义务。再次，长富基金、华夏银行至今未提供7500万元发放情况和《监管协议》，无法证实该笔贷款是否真实存在。五、航天波纹管公司以975万元出资与新荣村委会以26.25亩集体土地作价525万元共同出资设立的航新商贸城系残疾人企业，原意是建立航新综合商贸城项目。截至股权转让前，航天波纹管公司已经在26.25亩土地上建有厂房、办公楼和宿舍等房屋共计27 000平方米，并且该公司在册职工473人（其中残疾人136人）。股权转让后，中森华投资公司、中森华置业公司拆了该27 000平方米的厂房盖成商品房，但至今十年有余不按约定支付对价，竟拿着虚假的承诺函、公证书提起诉讼，损害残疾人的利益。综上，请求本院依法驳回长富基金、华夏银行的上诉请求，维持原判。

被上诉人中森华投资公司、中森华置业公司辩称，一、《股权转让协议》《补充协议》签订的真实目的是通过股权转让的形式取得新农村180亩集体土地的开发权，是以合法形式掩盖非法目的，违反法律强制性规定的无效合同。二、航天波纹管公司与中森华投资公司签订的《商铺转让协议》《补充协议》无效。中森华投资公司、中森华置业公司系相互独立的法人，不存在人格混同的情形，中森华置业公司不是合同签订主体，没有授权中森华投资公司签订，事后也没有追认，不承担合同义务。一审法院以财产混同、人格混同为由判决中森华置业公司对中森华投资公司债务承担责任错误。三、一审法院以《最高人民法院关于人民法院办理执行异议和复议案件若干问题的规定》（以下简称《执行异议和复议规定》）第二十八条规定，判决航天波纹管公司的物权期待权优于长富基金、华夏银行的抵押权属适用法律错误。四、中森华置业公司与航天波纹管公司之间不存在买卖合同，且航天波纹管公司强行占有了中森华置业公司的商铺,也从未向中森华置业公司支付价款。航天波纹管公司要求交付的房屋已经办理了抵押登记,长富基金、华夏银行是抵押权人,因此中森华置业公司不能向航天波纹管公司交付房屋。五、中森华投资公司、中森华置业公司也不服一审判决,但由于无力缴纳上诉费而被法院按自动撤诉处理。对长富基金、华夏银行的上诉请求及理由均无异议。

航天波纹管公司诉讼请求:一、中森华投资公司、中森华置业公司赔偿依据合同不能交付的位于湖北省武汉市江岸区新荣村中森华国际城商铺7 508.43平方米折合相应价值18 020.232万元(以开盘价2.4万元/平方米计)。二、中森华投资公司、中森华置业公司依据合同为航天波纹管公司办理已经交付房屋(面积9 291.57平方米)的不动产产权证,并且依法承担延期办证的违约责任1 010.458 2万元。三、中森华投资公司、中森华置业公司承担本案诉讼费。

长富基金、华夏银行共同提出诉讼请求:一、长富基金、华夏银行对中森华置业公司抵押的中森华国际城五栋共4套面积6 122.91平方米的商铺享有优先受偿权。二、航天波纹管公司与中森华投资公司签订的《股权转让协议》《补充协议》及《商铺转让合同》无效。三、中森华置业公司、中森华投资公司承担本案诉讼费。

一审法院查明:2005年4月26日,航天波纹管公司与武汉市江岸区后湖乡新荣村村民委员会(以下简称新荣村委会)签订《联合投资武汉市航新商贸城合同书》,约定双方共同出资设立航新商贸公司,注册资本1 500万元,航天波纹管公司以现金975万元出资持股65%,新荣村委会以26.25亩集体土地的征用补偿费每亩作价20万元合计525万元作为出资持股35%,该宗土地于2005年5月26日前移交公司使用,航新商贸城项目,预计总投资9 000万元,除注册资本1 500万元外,还需投入7 500万元,双方按出资比例对等投资,航天波纹管公司投资建设资金4 875万元,新荣村委会投资建设资金2 625万元,以180亩集体土地征用补偿费作为投资,新荣村委会向公司提供180亩项目用地(公司成立后及时与新荣村委会签订征地合同),协助公司办理项目用地的征地手续,协助办理批文,争取各项优惠政策。

2008年5月22日,航天波纹管公司(甲方)与中森华投资公司(乙方)签订《股权转让协议》。协议约定,甲方将持有的航新商贸公司65%的股权作价5 100万元转让给乙方,乙方将以现金(人民币)5 100万元支付该股权转让价款。其中,乙方于2008年12月底支付股权转让款1 000万元整;开盘后根据实际销售情况支付部分相应股权转让款;协议签订之日起满四年后,支付剩余股权转让款,以上共计支付股权转让款5 100万元整。同时约定:1.甲方保证对转让给乙方的股权拥有完全、有效的处分权,保证股权没有质押,并免遭第三者追索,否则应由甲方承担由此而引起一切经济和法律责任。2.在协议签订之日前,因甲方原因未能履行其和新荣村委会签署的《联合投资协议书》中的股东名义内容的部分,由甲方承担相应责任,若因此影响乙方在航新商贸公司中行使股东权利所带来的损失,乙方有权在股权转让款中予以扣除。

同日,双方签订《补充协议》。约定对《股权转让协议》中甲方在航新商贸公司 65% 股权溢价及整体搬迁费，双方一致确认上述股权溢价及整体搬迁费的金额为 8 400 万元整。关于付款方式及时间约定：乙方以实物作价 8 400 万元支付股权溢价款及整体搬迁费。实物资产界定为乙方将以甲方和新荣村委会联合投资的航新商贸公司所拥有的 180 亩土地进行城中村改造，项目中经甲乙双方确认的相关商铺的一楼及二楼作为支付股权溢价款及整体搬迁费的标的物；乙方将于规划图编制完毕后，和甲方确定城中村改造项目中具体商铺位置，以双方认可的商铺作价 5 000 元/平方米冲抵股权溢价款及整体搬迁费共计 8 400 万元整。根据《股权转让协议》和《补充协议》股权转让款总额为 13 500 万元整，该股权转让及整体搬迁费价格的确定是基于经甲方确认的前期已经投资的 3 287 万元整的投资款项确已到位。若在协议签订之后，上述甲方投资款项未到位或者不足 3 287 万元整，甲方必须将上述投资款项在协议签订之后十日内补足。若甲方不能在规定的时间内予以补足，则另行协商并以补充合同的形式重新确定股权转让的总价。

2008 年 6 月 10 日，武汉市欣荣实业有限公司（以下简称欣荣公司，在协议股权转让方处括注原新荣村委会）与中森华投资公司签订《股权转让协议》，约定欣荣公司（甲方）将在航新商贸公司 35% 股权及项目开发权作价 1.2 亿元转让给中森华投资公司（乙方），以现金 6 000 万元及实物作价 6 000 万元分期支付，实物资产界定为项目中经欣荣公司和航新商贸公司双方确认的新荣村城中村改造项目中的相关商铺作为支付股权转让款的标的物，以 5 000 元/平方米作价。

中森华投资公司于 2008 年 2 月 29 日成立，成立时名称为武汉中森华房地产开发有限公司，曾更名为武汉中森华投资集团有限公司，2010 年 9 月 7 日更名为现名称。中森华置业公司于 2009 年 1 月 16 日成立，成立时中森华投资公司持股 90%，陈少夏持股 10%，2010 年 5 月变更登记中森华投资公司持股 100%，2010 年 8 月 11 日变更登记中融国际信托有限公司持股 100%，2013 年 7 月至今，中森华投资公司持有中森华置业公司 100% 股权。2011 年 2 月，中森华置业公司取得位于新荣村的中森华国际城项目的建设工程规划许可证和建筑工程施工许可证。

航新商贸公司于 2005 年 8 月 22 日成立，成立时航天波纹管公司持股 65%，新荣村委会持股 35%，2008 年 6 月 26 日，中森华投资公司受让前者持有的全部股权，持有航新商贸公司 100% 股权。其后，航新商贸公司与欣荣公司签订《新荣村"城中村改造"挂靠开发协议书》，约定现航新商贸公司 100% 股权已属中森华投资公司所有，航新商贸公司拥有《联合投资武汉市航新商贸城合同书》中项目土地的完全开发和收益权，欣荣公司不再参与项目运作和利润分配，项目名称新荣村城中村改造，规划改造总用地面积约为 180 亩，项目开发载体为欣荣公司，航新商贸公司以欣荣公司名称通过招、拍、挂方式取得土地，该协议签订后，欣荣公司与航新商贸公司签订的关于该项目的合作开发协议中的权利义务实际归于中森华投资公司。

2011 年 3 月 18 日，武汉市住房保障和房屋管理局办理了核准预售中森华国际城 1 至 3 号楼住宅建筑面积 40 989.5 平方米的武房开预售〔2011〕69 号《武汉市商品房预售许可证》。2011年8月31日,武汉市住房保障和房屋管理局办理了核准预售中森华国际城4至5号楼住宅建筑面积37 910.33平方米的武房开预售〔2011〕358号《武汉市商品房预售许可证》。2013年9月25日,武汉市城乡建设委员会对中森华国际城1号楼和5号楼分别出具工程竣工验收备案证明书。2013年12月26日,武汉市住房保障和房屋管理局对中森华国际城1至5号楼出具了武汉市房地产开发项目竣工交付使用备案证。

2011年5月26日,中森华投资公司(甲方)与航天波纹管公司(乙方)签订《商铺转让合同》。约定双方就2008年5月22日签订的《股权转让协议》《补充协议》中有关中森华国际城一期项目的商铺转让一事达成协议,该转让合同的标的物为甲方现有的中森华国际城一期项目的商铺含架空层、专用地下停车场。转让的商铺面积约为9 000平方米(含架空层面积680平方米),具体结算面积按相关职能部门实测面积计算。转让专用地下停车场约3 000平方米,具体结算面积按相关职能部门实测面积计算。转让价款及支付方式约定如下:1.该商铺含架空层单价为每平方米5 000元,总金额约为4 500万元整。该专用地下停车场单价为每平方米2 700元,总金额约为810万元整。2.商铺含架空层的转让总金额用以抵付《补充协议》甲方购买乙方股权的应付购商铺款项。3.专用地下停车场的转让金额,于该合同订立之日起10日内由航天波纹管公司另行支付。对航天波纹管公司购买的中森华国际城商业中心商铺,中森华投资公司享有优先租赁权。租赁价格和具体方式另行约定。

2013年1月6日,中森华投资公司(甲方)与航天波纹管公司(乙方)签订《补充协议书》。约定:根据原《股权转让协议》及《补充协议》约定,甲方应付乙方股权转让款5 100万元及商铺面积16 800平方米(按5 000元每平方米作价8 400万元支付股权溢价款及整体搬迁费)。一、股权转让款部分,甲方在该协议之前已向乙方支付股权转让款3 000万元。乙方同意甲方以1号楼地下室面积2 675.47平方米、5号楼地下室面积3 204.6平方米,合计地下室面积5 880.07平方米,按2 700元每平方米,总计1 587.618 9万元作为原协议中5 100万元的资金抵扣。全部以房产部门实际测绘面积为准。即5 100万元中甲方尚余512.381 1万元(5 100-3000-1 587.618 9)应支付给乙方。二、股权溢价款及整体搬迁费部分,乙方同意甲方以中森华新荣国际城1号楼商业裙房面积4 792.18平方米及一、二层主楼面积1 670.98平方米,5号楼商业裙房面积2 158.54平方米及一、二层面积669.87平方米,以上总计9 291.57平方米作为原协议中的商业抵扣面积。全部以房产部门实际测绘面积为准。即甲方尚余7 508.43平方米(16 800-9 291.57)的商铺面积应交付给乙方。三、另补部分,1号楼主楼1 670.98平方米(含架空层819.99平方米),5号楼主楼669.87平方米(含架空层260.91平方米),合计2 340.85平方米,因在第二条作为商业抵扣面积,另由甲方按2 500元/平方米折合资金585.212 5万元后支付给乙方,作为商业面积的折扣补偿。四、综合第一、二、三条,甲方之于乙方剩余应付资金为1 097.593 6万元(512.381 1+585.212 5),未付商铺面积7 508.43平方米。五、甲方抵付给乙方的商铺必须是能办两证的一至二层商铺，1号楼主楼及5号楼主楼面积2 340.85平方米是能办理两证的商品房，并由甲方出具武汉市房管局的商铺和商品房的预售证，供乙方办理两证。

一审庭审中，中森华投资公司表示案涉中森华国际城项目仅完成第一期开发，目前完成的第一期项目的开发面积中已无相应房屋可用以交付，《补充协议书》中确定的未交付商铺面积7 508.43平方米，后期开发是否能够进行目前无法确定，航天波纹管公司对此事实不持异议。

2013年6月8日，委托人长富基金与借款人和抵押人中森华置业公司，保证人中森华投资公司、郑某云、陈少夏签订一份《投资合作协议》，约定长富基金通过华夏银行向中森华置业公司发放委托贷款7 500万元，期限两年，用于中森华国际城后期建设，该协议签订后，另行签订委托贷款合同和相关担保合同，第一年财务顾问费为借款金额的4%，如该协议约定与委托贷款合同约定内容不一致，以委托贷款合同约定为准，该协议项下的配套协议有《委托贷款合同》《抵押合同》《连带保证合同》《监管合同》。该合同由湖北省武汉市楚信公证处（以下简称楚信公证处）出具〔2013〕鄂楚信证字第14397号公证书予以公证。

同日，委托人长富基金与受托人华夏银行、借款人中森华置业公司签订一份《委托贷款合同》，第二条基本条款，借款金额7 500万元，借款用途为中森华国际城后期建设，借款期限24个月，自发放贷款之日起算，借款年利率为14%，按自然季结息，结息日为每季末月的20日后的第一个工作日，借款人应当在借款发放日起，第一年末（第12个月的21日）按照贷款本金的30%与中森华国际城项目当期销售收入的60%孰高原则偿还本金，第二年按照贷款本金余额分四期（第15、18、21个月的21日，最后一期为借款期限届满之日）等额与中森华国际城销售收入的60%孰高原则偿还本金，借款人未按约定期限归还借款本息的，委托人对逾期的借款从逾期之日起在约定利率基础上上浮50%计收罚息，直至本息清偿为止，未按合同约定还本付息的，借款人应按约定支付罚息和复利，债务逾期30日或累计逾期2次后，委托人有权宣布借款提前到期并要求借款人一次性清偿全部借款本息，未按期支付利息的，委托人从未按期支付之日起按月按罚息利率计收复利，委托事项仅限于划转贷款、代为计息和协助收回贷款。

同日，抵押权人华夏银行与抵押人中森华置业公司签订一份《抵押合同》，对前述《委托贷款合同》合同项下委托人债权的实现提供抵押担保，抵押财产为中森华置业公司合法拥有的位于武汉市江岸区新荣村的中森华国际城项目在建工程（34套3 141.2平方米的住宅和6 122.91平方米的商铺）及对应的土地使用权（面积852.08平方米），详见《抵押财产清单》，《抵押财产清单》与权利证书或登记机关的登记簿记载不一致，以权利证书或登记机关的登记簿相关记载为准，担保范围为主合同项下全部债权，包括但不限于本金、利息、违约金、实现债权的费用（包括但不限于律师费等），中森华置业公司承诺对抵押财产享有所有权或处分权，抵押财产不存在任何权属争议，设立本抵押权不会受到任何限制。《抵押财产清单》显示，抵押的34套住宅位于中森华国际城5号楼，4套商铺为中森华国际城1号楼1层2 172.75平方米，1号楼2层1 834.52平方米，5号楼1层1 172.6平方米，5号楼2层943.04平方米，商铺面积6 122.91平方米，对应土地使用权面积641.86平方米，总面积9 264.11平方米，对应土地使用权面积852.08平方米。

同日，华夏银行还与郑某云、陈少夏签订一份《连带保证合同》。

2013年6月15日，楚信公证处出具〔2013〕鄂楚信证字第14402号《具有强制执行效力的债权文书公证书》，申请人为长富基金、华夏银行、中森华置业公司、中森华投资公司、陈巨云、陈少夏，公证事项为赋予前述《委托贷款合同》《抵押合同》《连带保证合同》强制执行效力，并载明自《委托贷款合同》《抵押合同》《连带保证合同》生效及债权债务形成之日起，本公证书具有强制执行效力。

2013年7月5日，武汉市江岸区住房保障和房屋管理局办理了在建工程抵押登记，出具的武房期岸字第2013004337号《武汉市期房抵押证明》记载，设定日期2013年7月2日，抵押人中森华置业公司，抵押权人华夏银行，建设面积9 264.11平方米，土地使用权面积852.08平方米。2013年7月11日，武汉市国土资源和规划局办理了土地使用权抵押登记，出具的武他项〔2013〕440号《土地他项权利证明书》记载，土地使用权面积25 125.49平方米，本次抵押土地使用权面积852.08平方米。建设用地规划许可证显示前述抵押用地单位为中森华置业公司，建设工程规划许可证显示建设单位为中森华置业公司，武国用〔2010〕740号国有土地使用权证显示土地权利人为中森华置业公司。

2014年11月27日，楚信公证处作出〔2014〕鄂楚信证字第29145号《执行证书》，载明，中森华置业公司应于2014年7月21日前（第一期）偿还本金不少于2 250万元，于2014年10月21日前（第二期）偿还本金不少于1 312.5万元，但中森华置业公司只偿还第一期本金5 027 744.66元，利息未依约支付，长富基金与华夏银行已联名向中森华置业公司、中森华投资公司、郑某云、陈少夏送达了《还款期限提前到期告知书》，但中森华置业公司、中森华投资公司、郑某云、陈少夏均未在指定期限内履行应付义务，现应长富基金、华夏银行的申请，出具此证书，债权人可持本证书向人民法院申请强制执行。证书并载明执行标的包括本金、利息、罚息、复利、实现债权的费用等5项。

经长富基金、华夏银行申请执行，2015年1月10日，湖北省武汉市中级人民法院作出〔2015〕鄂武汉中执字第00027号执行通知书，通知中森华投资公司、中森华置业公司、郑某云、陈少夏向长富基金、华夏银行支付借款本金69 972 255.24元及相应利息、罚息、复利等，支付迟延履行期间的加倍债务利息，承担债权人实现债权、抵押权的费用，承担本案执行费用。现抵押房屋已被湖北省武汉市中级人民法院查封。

一审中，中国长城资产管理公司武汉办事处（以下简称长城汉办）向一审法院提交《情况反映》，称长富基金、华夏银行是本案利害关系人，本案所涉房屋的土地已经办理了抵押登记，长富基金、华夏银行已向湖北省武汉市中级人民法院申请执行，航天波纹管公司对中森华置业公司所有债权均劣后于长富基金、华夏银行的债权。该《情况反映》的附件三为《承诺函》和楚信公证处出具的〔2013〕鄂楚信证字第15095号《公证书》。《承诺函》内容为，2008年5月22日，航天波纹管公司与中森华投资公司签订《股权转让协议》，航天波纹管公司将持有航新商贸公司65%股权作价5 100万元转让给中森华投资公司，截至2013年5月31日，中森华投资公司尚有2 100万元股权转让款未支付，航天波纹管公司承诺公司对中森华置业公司所有债权均劣后于长富基金通过委托贷款和长城汉办通过债务重组对中森华置业公司享有的债权本息及其他相关权益。《承诺函》尾部加盖"武汉航天波纹管股份有限公司"字样印章并有"周某斌"字样签名，落款时间为2013年6月1日。楚信公证处〔2013〕鄂楚信证字第15095号《公证书》证明《承诺函》中的航天波纹管公司的印鉴均属实。

2018年4月8日，航天波纹管公司向楚信公证处出具《申请复核、撤销公证申请书》，以未委托雷华山为代理人办理公证，印章、法定代表人签名系伪造为由申请撤销〔2013〕鄂楚信证字第15095号《公证书》。经楚信公证处委托鉴定机构进行鉴定，鉴定意见为《承诺函》中的航天波纹管公司印文与样本印文不是同一枚印章所盖印。2018年5月8日，楚信公证处作出〔2018〕鄂楚信撤字第2号《关于撤销〔2013〕鄂楚信证字第15095号〈公证书〉的决定》，将前述公证书予以撤销。2018年8月16日，楚信公证处作出〔2018〕鄂楚信撤字第5号《关于撤销〔2013〕鄂楚信证字第15106号〈公证书〉的决定》，载明具体经办人雷华山向楚信公证处提供的《委托书》《承诺函》及相关证明材料上所盖的欣荣公司印章、法定代表人签字经相关人员鉴定为不真实，决定撤销〔2013〕鄂楚信证字第15106号《公证书》。

房屋登记资料反映如下事实：2015年10月16日，湖北省武汉市中级人民法院依据已经发生法律效力的〔2014〕鄂武汉中民商初字第00190号民事判决，根据申请执行人刘和琳的申请作出〔2015〕鄂武汉中执字第00426号执行裁定书及〔2015〕鄂武汉中执字第00426-2号协助执行通知书，查封了中森华置业公司名下中森华国际城1号楼1层房产，查封期限自2015年10月21日起至2018年10月22日止。2015年12月16日，湖北省武汉市中级人民法院在审理原告东方伟业建筑工程有限公司与被告中森华置业公司建设工程合同纠纷一案中作出〔2015〕鄂武汉中民商初字第000994-1号民事裁定书，又于同年12月29日作出〔2015〕鄂武汉中民商初字第000994-1号协助执行通知书，查封中森华置业公司名下中森华国际城159套房产，查封期限自2015年12月29日起至2018年12月28日止。在该协助执行通知书附件清单中，1号楼1层商铺合同备案号为岸110153709，1号楼2层商铺合同备案号为岸110153712，5号楼1层商铺合同备案号为岸110153919，5号楼2层商铺合同备案号为岸110153928。2017年6月14日，湖北省武汉市中级人民法院依据已经发生法律效力的〔2014〕鄂武汉中民商初字第00914号民事判决，根据申请执行人李峰的申请作出〔2015〕鄂武汉中执字第01216号之一号执行裁定书及〔2015〕鄂武汉中执字第01216号之二号协助执行通知书，查封了中森华置业公司名下中森华国际城159套未售房产，查封期限自2017年6月15日起至2020年6月14日止。该协助执行通知书附件清单的合同备案号同前述协助执行通知书。在1号楼、5号楼的房屋列表中，1号楼1、2层商铺预测面积分别为2 172.75平方米、1 834.52平方米，实测面积为4 146.98平方米，5号楼1、2层商铺预测面积分别为1 172.6平方米、943.04平方米，实测面积为2 117.64平方米。1号楼1层商铺合同备案号岸110153709，1号楼2层商铺合同备案号岸110153712，5号楼1层商铺合同备案号岸110153919，5号楼2层商铺合同备案号岸110153928。上述商铺在合同备案号后的权利人栏为空白。

《中森华国际城1#、5#楼商业面积统计表》载有1号楼、5号楼地下室、商业裙房、主楼一层、主楼二层的面积，打印标注时间2012年5月18日，有"楼银根"字样签名。《关于中森华国际城1号楼、5号楼地上建筑及地下室产权的交付情况说明》加盖中森华置业公司新荣项目部印章，称谓对象为航天波纹管公司，内容为：中森华国际城1号楼地下室（2 675.47平方米）、地上一层、二层和裙楼（6 463.16平方米）以及5号楼地下室（3 204.6平方米）及三单元一、二层和裙楼（2 828.41平方米），是我公司实施新荣村城中村改造项目中，已经还建给航天波纹管公司的房产（2012年房屋已经交付给航天波纹管公司）。其产权属于航天波纹管公司（产权证正在办理中）。该房产由航天波纹管公司独立拥有使用，不与中森华国际城1号楼、5号楼其他居民区有所关联。目前贵司已将房屋出租，凡涉及的商服经营手续均由贵司和相关政府职能部门正常办理。特此说明！根据上述两份证据，可以认定航天波纹管公司已于2012年5月18日占有证据列明的房屋。

一审法院认为，一、关于《股权转让协议》《补充协议》《商铺转让合同》《补充协议书》的效力问题。中森华置业公司是中森华国际城的开发主体，该房地产项目的土地使用权证、建设工程规划许可证、建筑工程施工许可证、《武汉市商品房预售许可证》均办理在中森华置业公司名下，中森华置业公司对其开发的房地产具有处分权。虽然中森华投资公司与中森华置业公司均登记为公司法人，但两者之间具有紧密关联。中森华置业公司是中森华投资公司发起设立的项目公司，在中森华置业公司有两名以上股东期间，中森华投资公司有绝对控股地位，且自2013年7月11日以来，中森华置业公司是中森华投资公司持有100%股权的一人公司。《公司法》第六十三条规定："一人有限责任公司的股东不能证明公司财产独立于股东自己的财产的，应当对公司债务承担连带责任。"根据该条规定，中森华投资公司未提交证据证明公司财产独立于股东财产，两公司人格混同，在法律上应视为同一主体。法条规定股东应对公司债务承担连带责任，反之亦然，公司对股东债务亦应承担连带责任。在前述认定基础上，中森华投资公司对中森华置业公司开发的房地产进行处分，与航天波纹管公司先后签订《股权转让协议》《补充协议》《商铺转让合同》《补充协议书》，非无权处分行为，该行为后果应由中森华投资公司与中森华置业公司连带承担。中森华置业公司称与中森华投资公司均系独立法人，长富基金和华夏银行称中森华投资公司无权处分中森华置业公司的房屋因而合同无效的抗辩理由无法律依据，不能成立。上述合同均不存在《合同法》第五十二条规定的法定无效情形,为有效合同。

二、关于航天波纹管公司主张不能交付面积 7 508.43 平方米的赔偿责任问题。各方当事人均对该约定面积的房屋已无法交付不持异议,不能交付面积的房屋价值应根据合同相关条款进行确定。《股权转让协议》《补充协议》《商铺转让合同》《补充协议书》具有先后延续性,后合同是对前合同的修订和补充。《股权转让协议》和《补充协议》共同确定,航天波纹管公司将持有航新商贸公司 65% 股权作价 13 500 万元转让给中森华投资公司,中森华投资公司以货币和实物抵偿两种方式履行支付股权转让价款的义务。《商铺转让合同》就转让商铺的面积、单价、转让停车场的单价进行了补充约定。在《补充协议书》中进一步明确,以房屋抵扣货币价款后的不足部分 1 097.593 6 万元,中森华投资公司就该差额应承担支付义务,实物抵扣部分还应交付 7 508.43 平方米的商铺面积。上述合同跨越 2008 年至 2013 年,但均以 5 000 元每平方米计算应交付的商铺价值,约定价值显然与市场价值不相符,且最后签订的《补充协议书》仍未约定 7 508.43 平方米的商铺面积的履行期限。在该合同签订时,中森华置业公司尚未开始中森华国际城的后续建设,房屋尚不存在,无法履行交付义务,之所以未约定 7 508.43 平方米的商铺面积的交付期限,显然与该事实相关。至 2015 年 6 月一审庭审时,已确定交付义务客观上无法履行,航天波纹管公司根据合同约定获得房屋的期待利益已经落空。根据查明事实,2008 年 6 月 26 日,航天波纹管公司已将股权变更登记至中森华投资公司,履行了交付股权的义务,中森华投资公司未履行交付 7 508.43 平方米商铺的义务,构成履行非金钱债务违约,并造成航天波纹管公司的期待利益落空,依据《合同法》第一百零七条、第一百一十三条的规定,中森华投资公司应对该期待利益损失予以赔偿,按照该时点的房屋市场价值赔偿损失。但由于航天波纹管公司未提交证据证实房屋的价值,且未申请鉴定,现仅能根据约定价值即每平方米 5 000 元计算先行赔偿损失 3 754.215 万元,不足部分,航天波纹管公在取得相关证据后可另行主张。根据前述认定,中森华置业公司对此债务承担连带清偿责任。法定孳息部分,航天波纹管公司在本案中未主张,一审不予处理。

三、关于航天波纹管公司主张已交付面积的办证及延期办证的违约责任,长富基金、华夏银行请求确认的抵押权的问题。根据航天波纹管公司实际占有的事实和《中森华国际城1#、5# 楼商业面积统计》《关于中森华国际城1号楼、5号楼地上建筑及地下室产权的交付情况说明》,可以认定 9 291.57 平方米房屋已在 2012 年由航天波纹管公司占有使用。关于能否继续履行 9 291.57 平方米的办证义务的问题。在《补充协议书》中,该 9 291.57 平方米由 1 号楼商业裙楼面积 4 792.18 平方米,1 号楼一、二层主楼面积 1 670.98 平方米,5 号楼商业裙楼面积 2 158.54 平方米,5 号楼一、二层主楼面积 669.87 平方米四项组成。由于合同中无更多关于上述房屋具体位置的描述,一审要求航天波纹管公司就该房屋面积与房屋管理部门登记的合同备案号的对应关系作出说明。航天波纹管公司说明 1 号楼商业裙楼面积 4 792.18 平方米对应的合同备案号为岸 110153709 和岸 110153712 两层共计 4 146.98 平方米的商铺面积,以及无合同备案号的 1 号楼中庭面积 629.2 平方米；1 号楼一、二层主楼面积 1 670.98 平方米对应有 10 个合同备案号但都备注为公共设施；5 号楼商业裙楼面积 2 158.54 平方米对应的合同备案号为岸 110153919 和岸 110153928 两层共计 2 117.64 平方米的商铺面积；5 号楼一、二层主楼面积 669.87 平方米对应有 5 个合同备案号但都备注为公共设施。上述房屋面积中无对应合同备案号的中庭面积及备注为公共设施的面积部分，依据《中华人民共和国物权法》第七十三条关于"建筑区划内的其他公共场所、公用设施和物业服务用房，属于业主共有"的规定和《最高人民法院关于审理建筑物区分所有权纠纷案件具体应用法律若干问题的解释》第三条关于"建筑物的基础、承重结构、外墙、屋顶等基本结构部分，通道、楼梯、大堂等公共通行部分""也应当认定为物权法第六章所称的共有部分"的规定，均应认定为属于业主共有，航天波纹管公司要求将业主共有部分为其办理不动产权属证书无法律依据，一审予以驳回。

航天波纹管公司主张办证的商铺面积部分，与长富基金、华夏银行主张抵押权（4 套商铺）的标的完全重合，双方权利主张相互冲突。航天波纹管公司并主张，长富基金、华夏银行与中森华置业公司恶意串通，将已出售给航天波纹管公司的房屋办理抵押，抵押合同无效。依据《最高人民法院关于适用〈中华人民共和国民事诉讼法〉的解释》第一百零九条的规定，恶意串通的证明标准是能够排除合理怀疑。尽管作为审核借款发放文件之一的《承诺函》上加盖的航天波纹管公司印章不真实，对该《承诺函》进行公证的楚信公证处〔2013〕鄂楚信证字第 15095 号《公证书》已被撤销，但从《承诺函》的内容来看，不能推定长富基金、华夏银行在发放贷款时已经知晓航天波纹管公司与中森华投资公司之间存在以房抵债合同关系以及已经实际占有房屋，在房屋登记部门也没有待抵押房屋的销售备案登记，航天波纹管公司的主张不能排除合理怀疑，应承担未尽证明责任的不利后果。华夏银行与中森华置业公司签订的《抵押合同》不存在《合同法》第五十二条规定的法定无效情形，为有效合同，抵押人与抵押权人已依法办理了抵押登记，长富基金、华夏银行在本案中仅请求确认抵押物中 4 套商铺的抵押权，该 4 套商铺的抵押权已经依法设立。

由此，就 4 套商铺产生两项相互冲突的权利主张，即航天波纹管公司享有的物权期待权和长富基金、华夏银行享有的抵押权。在客观事实上，航天波纹管公司在 2012 年已经占有 4 套商铺，该 4 套商铺是用于抵偿股权转让价款，可视为航天波纹管公司已经支付 4 套商铺的全部价款，包含买卖 4 套商铺的《商铺转让合同》签订于 2011 年 5 月 26 日，该合同有效且签订时间先于抵押合同签订及抵押登记的 2013 年，航天波纹管公司未在抵押前办理过户登记的原因是中森华国际城 1 至 5 号楼的竣工交付使用备案证在 2013 年 12 月 26 日才办理，在此之间，房屋尚未达到交付使用办理不动产权属证书的条件，航天波纹管公司未办理过户登记不是因自身原因且没有过错。《执行异议和复议规定》第二十八条规定："金钱债权执行中，买受人对登记在被执行人名下的不动产提出异议，符合下列情形且其权利能够排除执行的，人民法院应予支持：（一）在人民法院查封之前已签订合法有效的书面买卖合同；（二）在人民法院查封之前已合法占有该不动产；（三）已支付全部价款，或者已按照合同约定支付部分价款且将剩余价款按照人民法院的要求交付执行；（四）非因买受人自身原因未办理过户登记。"现长富基金、华夏银行的委托贷款债权正在湖北省武汉市中级人民法院执行中，参照上述规定，四项条件均已满足，应认定航天波纹管公司对4套商铺的物权期待权优先于长富基金、华夏银行的抵押权。同理，中森华置业公司其他债权人对4套商铺的查封亦不能对抗物权期待权。因此，中森华置业公司应将4套商铺的不动产权属证书办至航天波纹管公司名下。

关于航天波纹管公司主张的延期办证的损失，因办理已交付商铺的不动产权属证书属于中森华投资公司的法定随附义务，故应从2012年5月18日商铺实际交付于航天波纹管公司的时间起算延期办证违约损失。依据《最高人民法院关于审理商品房买卖合同纠纷案件适用法律若干问题的解释》第十八条"由于出卖人的原因，买受人在下列期限届满未能取得房屋权属证书的，除当事人有特殊约定外，出卖人应当承担违约责任：（一）商品房买卖合同约定的办理房屋所有权登记的期限；（二）商品房买卖合同的标的物为尚未建成房屋的，自房屋交付使用之日起90日；（三）商品房买卖合同的标的物为已竣工房屋的，自合同订立之日起90日。合同没有约定违约金或者损失数额难以确定的，可以按照已付购房款总额，参照中国人民银行规定的金融机构计收逾期贷款利息的标准计算"的规定，以2012年5月18日实际交付房屋时间后推90日作为应办证而未办证的违约起始点，以交付面积乘以5 000元为基数，按中国人民银行同期六个月贷款利率标准上浮50%计付。因至本判决作出之日已超出航天波纹管公司主张的逾期办证损失1 010.458 2万元，故对航天波纹管公司诉请的该项损失一审予以支持。

综上所述，本案所涉相关合同均为有效，在本案情形下，航天波纹管公司就前述4套商铺的物权期待权优先于长富基金、华夏银行享有的抵押权，长富基金、华夏银行的诉讼请求不能成立，该院予以驳回，航天波纹管公司的诉讼请求部分成立，中森华投资公司、中森华置业公司应连带向航天波纹管公司承担责任，配合航天波纹管公司办理4套商铺的不动产权属证书，就不能交付的房屋承担违约赔偿责任，并承担逾期办证的赔偿责任。经该院审判委员会讨论决定，依照《合同法》第五十二条、第一百零七条、第一百一十三条，《公司法》第六十三条，《中华人民共和国物权法》第七十三条，《最高人民法院关于审理建筑物区分所有权纠纷案件具体应用法律若干问题的解释》第三条，《最高人民法院关于人民法院办理执行异议和复议案件若干问题的规定》第二十八条，《最高人民法院关于审理商品房买卖合同纠纷案件适用法律若干问题的解释》第十八条，《最高人民法院关于适用〈中华人民共和国民事诉讼法〉的解释》第九十条，《民事诉讼法》第九条、第一百四十二条规定，判决如下：一、中森华投资公司、中森华置业公司于该判决生效之日起十日内向航天波纹管公司支付赔偿款3 754.215万元；二、中森华投资公司、中森华置业公司于该判决生效之日起三十日内配合航天波纹管公司办理已交付商铺（1号楼1层商铺合同备案号岸110153709，1号楼2层商铺合同备案号岸110153712,5号楼1层商铺合同备案号岸110153919,5号楼2层商铺合同备案号岸110153928)的不动产权属证书;三、中森华投资公司、中森华置业公司于该判决生效之日起三十日内向航天波纹管公司支付延期办证的损失1 010.458 2万元;四、驳回航天波纹管公司的其他诉讼请求;五、驳回长富基金、华夏银行的诉讼请求。如未按该判决指定的期间履行上述给付金钱义务,应当依照《民事诉讼法》第二百五十三条之规定,加倍支付迟延履行期间的债务利息。案件受理费1 152 856.5元,保全费5 000元,由中森华投资公司、中森华置业公司共同负担;第三人诉讼案件受理费270 900元,由长富基金、华夏银行共同负担。

二审中,长富基金、华夏银行向本院提交湖北省武汉市中级人民法院〔2016〕鄂01执异639号执行裁定书复印件,最高人民法院〔2018〕最高法民申1382号民事裁定书复印件、〔2018〕最高法民申4565号民事判决书复印件,拟作为新证据证明:1.中森华投资公司、中森华置业公司不存在人格混同;2.上诉人对中森华国际城案涉商铺享有优先受偿权的主张成立。经庭审质证,被上诉人中森华投资公司、中森华置业公司对裁判文书的真实性无异议。航天波纹管公司认为上述裁判文书不属于新证据。本院认为,上述法院裁判文书裁判内容与本案没有事实与法律上的直接关联,本院不予采纳。

本院对一审法院查明的案件基本事实予以确认。

本院认为,综合当事人起诉、上诉主张及答辩意见,确定本案的争议焦点是:一、中森华投资公司与中森华置业公司是否人格混同。二、关于案涉《股权转让协议》《补充协议》《商铺转让合同》《补充协议书》的效力问题;三、长富基金、华夏银行对中森华国际城案涉4套商铺是否享有优先受偿权。

一、中森华投资公司与中森华置业公司是否人格混同

《公司法》第六十三条规定:"一人有限责任公司的股东不能证明公司财产独立于股东自己的财产的,应当对公司债务承担连带责任。"《公司法》本条规定的立法目的在于当一人有限责任公司的股东不能证明自己的财产独立于公司财产时,应否认其法人有限责任。即股东应根据《公司法》第六十三条的规定,对公司债务负连带清偿责任。本案中,中森华投资公司未提交证据证明中森华置业公司财产独立于其自己的财产,两公司在法律上应视为同一责任主体,构成人格混同。以下具体事实可以证明两公司构成人格混同。首先,在房地产开发项目中,项目公司是开发商以明确具体的工程项目为开发对象,由投资人成立的具有房地产开发经营资格的房地产开发企业,成立项目公司是房地产开发的重要形式。本案郑某云、陈少夏夫妻共同出资设立了中森华投资公司,而后中森华置业公司于2009年1月16日成立,成立时中森华投资公司持股90%,陈少夏持股10%,即中森华置业公司从成立之初就是实质上的一人公司。2010年5月又变更登记中森华投资公司持股100%,成为一人公司;其次,结合以下事实:1.2013年6月1日中森华置业公司股东会决议有关表述内容:"……三、长城汉办收购中融国际信托有限公司持有的对中森华投资公司的人民币柒仟伍佰万的债权后,

本公司全体股东一致同意由本公司作为该笔债务的共同债务人,自愿与中森华投资公司一起,向长城汉办承担共同的连带偿还责任……落款处加盖中森华置业公司及中森华投资公司公章。"2.2013年6月8日长富基金、华夏银行与中森华置业公司签订的《委托贷款合同》:"……2.4.2为保证本合同项下委托贷款得到清偿,借款人股东及其实际控制人郑某云及其配偶同意为借款人项下的委托贷款偿还义务及相关承诺、保函、责任等事宜提供连带保证责任……"可以看出,中森华投资公司与中森华置业公司对外承担案涉开发项目融资债务的连带责任。一审关于"中森华置业公司与中森华投资公司人格混同,中森华置业公司应对中森华投资公司债务承担连带清偿责任"的认定,并无不当。上诉人提出的该项上诉理由不能成立。

二、关于案涉《股权转让协议》《补充协议》《商铺转让合同》《补充协议书》的效力问题

首先,关于《股权转让协议》《补充协议》的效力。有限责任公司的股权转让合同是公司股东根据《公司法》的规定,依法将其持有的公司股份转让给受让人,受让人支付价款的合同。就本案而言,中森华投资公司与航天波纹管公司之间关于航新商贸公司股权转让的合同,属当事人真实意思表示,不违反法律法规的效力性强制性规定。长富基金、华夏银行关于《股权转让协议》《补充协议》无效的上诉主张,没有事实与法律依据,本院不予支持。其次,关于《商铺转让合同》《补充协议书》的效力。根据《最高人民法院关于审理买卖合同纠纷案件适用法律问题的解释》第三条第一款:"当事人一方以出卖人在缔约时对标的物没有所有权或者处分权为由主张合同无效,人民法院不予支持"的规定,本案中,《商铺转让合同》《补充协议书》均是为履行双方之间《股权转让协议》及《补充协议》而签订的。中森华置业公司是案涉项目的开发主体,该项目的土地使用权证、建设工程规划许可证、建设工程施工许可证、商品房预售许可证等均已经办理在该公司名下。如上所述,中森华置业公司与中森华投资公司人格混同,中森华投资公司对以中森华置业公司名义开发的房地产有权进行处分,其与航天波纹管公司签订的《商铺转让合同》《补充协议书》,为有权转让相关房地产形成的协议,不违反法律法规的效力性禁止性规定,为有效协议。上诉人长富基金、华夏银行关于"中森华投资公司无权处分中森华置业公司的案涉房产,进而主张《商铺转让协议》《补充协议》无效"的上诉理由不能成立。

三、关于长富基金、华夏银行对中森华国际城案涉4套商铺是否享有优先受偿权问题

首先,关于案涉房屋是否于2012年5月12日交付航天波纹管公司的问题。航天波纹管公司主张案涉房屋于2012年5月12日由中森置业公司完成交付,并提供了《中森华国际城1#、5#楼商业面积统计表》及《关于中森华国际城1号楼、5号楼地上建筑及地下室产权的交付情况说明》。从上述两组证据看,《中森华国际城1#、5#楼商业面积统计表》载有1号楼、5号楼地下室、商业裙房、主楼一层、主楼二层的面积,

打印标注时间2012年5月18日，有"楼银根"字样签名。《关于中森华国际城1号楼、5号楼地上建筑及地下室产权的交付情况说明》加盖中森华置业公司新荣项目部印章，称谓对象为航天波纹管公司，内容为：中森华国际城1号楼地下室（2 675.47平方米）、地上一层、二层和裙楼（6 463.16平方米）以及5号楼地下室（3 204.6平方米）及三单元一、二层和裙楼（2 828.41平方米），是我公司实施新荣村城中村改造项目中，已经还建给航天波纹管公司的房产（2012年房屋已经交付给航天波纹管公司）。其产权属于航天波纹管公司（产权证正在办理中）。该房产由航天波纹管公司独立拥有使用，不与中森华国际城1号楼、5号楼其他居民区有所关联。目前贵司已将房屋出租，凡涉及的商服经营手续均由贵司和相关政府职能部门正常办理。特此说明！根据上述两份证据，可以认定航天波纹管公司已于2012年5月18日占有案涉4套商铺的房屋，并得到中森华置业公司的确认，应视为双方合意交付房产。根据本案查明事实，2013年9月25日，武汉市城乡建设委员会对中森华国际城1号楼和5号楼分别出具工程竣工验收备案证明书。2013年12月26日，武汉市住房保障和房屋管理局对中森华国际城1至5号楼出具了武汉市房地产开发项目竣工交付使用备案证，上述房产交付手续的完善已经弥补了之前交付行为的瑕疵。而长富基金、华夏银行就案涉房产设定抵押权在2013年5月，发生在航天波纹管公司实际合法占有案涉商铺之后。综上，一审法院关于"航天波纹管公司于2012年5月18日实际占有案涉房屋"的认定有事实依据。长富基金、华夏银行没有提交充分证据足以推翻上述事实认定，该项上诉理由不能成立。

其次，关于长富基金、华夏银行是否对案涉4套商铺享有优先受偿权。本案中，长富基金、华夏银行的诉讼请求第一项是"长富基金、华夏银行对中森华置业公司抵押的中森华国际城五栋共4套面积6 122.91平方米的商铺享有优先受偿权"。本院认为，长富基金、华夏银行是否享有案涉房产优先受偿权的前提为其是否对该房产拥有合法的抵押权。华夏银行与中森华置业公司签订的《抵押合同》，并办理了抵押登记，不存在《合同法》第五十二条规定的法定无效情形，该《抵押合同》应为有效，就长富基金、华夏银行诉讼请求的案涉4套商铺的抵押权依法设立。被上诉人航天波纹管公司抗辩长富基金、华夏银行与中森华置业公司恶意串通，将已经出售给航天波纹管公司的房屋办理抵押，主张该抵押无效。本院认为，依据《最高人民法院关于适用〈中华人民共和国民事诉讼法〉的解释》第一百零九条的规定，恶意串通的证明标准是能够排除合理怀疑。虽然作为审核借款发放文件之一的航天波纹管公司出具的《承诺函》系他人伪造的，但从该《承诺函》的内容来看，不能推定长富基金、华夏银行在发放贷款时已经知晓航天波纹管公司与中森华投资公司之间存在商铺转让的事实。由于目前证据尚不足以排除合理怀疑，故航天波纹管公司抗辩理由不能成立，本院不予采信。关于长富基金、华夏银行是否享有对本案案涉地产的优先受偿权问题，本院认为，抵押权人主张优先受偿权只是行使和实现抵押权的一种方式，但要受到抵押权与其他权利同时存在时，行使权利顺位的限制。根据《建设工程价款优先受偿权批复》精神，建筑工程承包人的优先受偿权优于抵押权和其他债权,消费者交付购买商品房的全部或者大部分款项后,承包人就该商品房享有的工程价款优先受偿权不得对抗买受人。《最高人民法院关于人民法院民事执行中查封、扣押、冻结财产的规定》第十七条规定:"……第三人已经支付全部价款并实际占有,但未办理过户登记手续的,如果第三人对此没有过错,人民法院不得查封、扣押、冻结。"本院认为,前述批复与规定系为保护公民的基本生存权利而在司法实践层面作出的特别规定。根据物权优于债权的原则,应尊重申请执行人基于不动产登记而享有的担保物权等优先受偿权,原则上物权期待权不能对抗抵押权。但是,在抵押债权人和商品房买受人利益发生冲突时,在满足一定的特殊条件下,对于作为商品房买受人的消费者就其享有的必要的居住生存权益等,可以给予适当的保护。《执行异议和复议规定》第二十八条、第二十九条规定,进一步对作为商品房买受人的普通消费者的物权期待权保护作出规定。根据前述规定,普通消费者以其享有的物权期待权可以对抗执行标的之上设立的抵押权,但是,须同时符合该规定的多项条件,且消费者自身无过错。据原审查明事实,由于航天波纹管公司主张办证的商铺面积部分,与长富基金、华夏银行主张确认享有优先受偿权(4套商铺)的标的物完全重合。由此,在4套商铺之上形成了为实现权利而产生权利顺位法律保护的争议,即航天波纹管公司享有的房产物权期待权与长富基金、华夏银行基于抵押权主张对案涉房产优先受偿权而产生权利顺位法律保护的争议。如上分析,本案有关物权期待权和抵押权同时存在,结合长富基金、华夏银行一审诉讼请求的案涉商铺享有优先受偿权的主张内容看,一审法院认为是"两项相互冲突的权利主张,即航天波纹管公司享有的物权期待权和长富基金、华夏银行享有的抵押权",该表述与本案基本事实和法律关系相符。具体到本案,针对长富基金、华夏银行是否对案涉4套商铺享有优先受偿权,或长富基金、华夏银行主张的抵押优先受偿权能否对抗航天波纹管公司的物权期待权,应当结合具体案情综合予以评判,主要考虑以下事实:
1.2011年5月26日,中森华投资公司(甲方)与航天波纹管公司(乙方)签订《商铺转让合同》,双方形成了商品房买卖法律关系。航天波纹管公司作为案涉房产受让方,在开发商已经办理开发房产的全部权证证书,特别是取得《预售房许可证》的前提下,其在2012年已经实际占有4套商铺,该4套商铺是用于抵偿股权转让价款,可视为波纹管公司已经支付4套商铺的全部价款。2.《商铺转让合同》签订时间先于抵押合同签订及抵押登记的2013年,航天波纹管公司未在抵押前办理过户登记的原因是中森华国际城1至5号楼的竣工交付使用备案证直到2013年12月26日才办理,在此期间,房屋尚未达到办理不动产权属证书的条件,航天波纹管公司未办理过户登记不是因自身原因且没有过错。3.作为审核借款发放文件之一的《承诺函》,其上所加盖的航天波纹管公司印章系他人伪造。该《承诺函》签注日期为2013年6月1日,先于2013年7月5日在建工程抵押登记。2013年7月11日,武汉市国土资源和规划局办理了土地使用权抵押登记。《承诺函》中的内容有"抵押权劣后于航天波纹管公司债权"的相关表述,因此,尽管不能因《承诺函》为伪造而必然得出长富基金、华夏银行签订的《抵押合同》为无效的结论，但可以推定华夏银行在办理融资贷款中在设定案涉房产的抵押权时存在没有尽到审慎审查义务的情形。《执行异议和复议规定》第二十八条规定："金钱债权执行中，买受人对登记在被执行人名下的不动产提出异议，符合下列情形且其权利能够排除执行的，人民法院应予支持：（一）在人民法院查封之前已签订合法有效的书面买卖合同；（二）在人民法院查封之前已合法占有该不动产；（三）已支付全部价款，或者已按照合同约定支付部分价款且将剩余价款按照人民法院的要求交付执行；（四）非因买受人自身原因未办理过户登记。"一审法院以现"长富基金、华夏银行的委托贷款债权正在湖北省武汉市中级人民法院执行中，参照上述规定，认为四项条件均已满足，应认定长富基金、华夏银行主张的优先受偿权不能对抗航天波纹管公司的物权期待权"，该裁判理由并无不当。

综上，一审判决认定事实清楚，适用法律正确，应予维持；长富基金、华夏银行的上诉理由不能成立，应予驳回。

依照《民事诉讼法》第一百七十条第一款第一项的规定，判决如下：

驳回上诉，维持原判。

一审案件受理费按照一审判决执行。二审案件受理费270 900元，由北京长富投资基金（有限合伙）、华夏银行股份有限公司武汉洪山支行承担。

本判决为终审判决。

审判长　宁　晟
审判员　李相波
审判员　关晓海
二〇一九年六月二十八日
书记员　张晓旭

中华人民共和国最高人民法院

民事裁定书

〔2020〕最高法民申2158号

再审申请人（一审第三人，二审上诉人）：华夏银行股份有限公司武汉洪山支行，住所地湖北省武汉市洪山区珞狮北路2号樱花大厦。

负责人：阮某平，该支行行长。

委托诉讼代理人：唐明，北京市中闻律师事务所律师。

再审申请人（一审第三人，二审上诉人）：北京长富投资基金（有限合伙），住所地北京市丰台区丽泽路18号院1号楼501-09室。

主要负责人：李某华，有限合伙执行事务合伙人委派代表。

委托诉讼代理人：穆振辉，北京市中闻律师事务所律师。

再审申请人（一审被告，二审被上诉人）：武汉中森华置业有限公司。住所地：湖北省武汉市江岸区京汉街车站路危改楼3栋1-3层。

法定代表人：陈某国，该公司总经理。

委托诉讼代理人：李健健，湖北瑞德律师事务所律师。

委托诉讼代理人：苏桐，湖北瑞德律师事务所律师。

被申请人（一审原告，二审被上诉人）：武汉航天波纹管股份有限公司。住所地：湖北省武汉市江岸区解放大道2735号。

法定代表人：周某斌，该公司总经理。

被申请人（一审被告，二审被上诉人）：中森华投资集团有限公司。住所地：湖北省武汉市江岸区车站路100号。

法定代表人：郑某云，该公司董事局主席。

华夏银行股份有限公司武汉洪山支行（以下简称华夏银行）、北京长富投资基金（有限合伙）（以下简称长富基金）因与武汉航天波纹管股份有限公司（以下简称航天波纹管公司）、中森华投资集团有限公司（以下简称中森华投资公司）、武汉中森华置业有限公司（以下简称中森华置业公司）股权转让纠纷一案，不服本院〔2019〕最高法民终542号民事判决，向本院申请再审。案件审查期间，中森华置业公司亦向本院申请再审。依据《最高人民法院关于适用〈中华人民共和国民事诉讼法〉的解释》第三百九十八条规定，将各方当事人提出的再审事由一并审查，并重新计算审限。本院依法组成合议庭对本案进行了审查，现已审查终结。

华夏银行、长富基金申请再审称：原判决符合《民事诉讼法》第二百条第二、六项规定的情形，请求再审。理由如下：（一）原判决未对航天波纹管公司与中森华投资公司签订的《股权转让协议》履行问题进行查明和认定，属事实认定不清。（二）中森华置业公司与中森华投资公司不构成人格混同，不应对中森华投资公司相关债务承担连带责任，原判决事实认定与适用法律错误。1.本案《商铺转让合同》签订时中森华投资公司不是中森华置业公司的股东，依据一人有限公司规定判决中森华投资公司担责没有基础。中森华置业公司当时的股东是中融国际信托有限公司，且该公司对中森华置业公司进行严格的监管和控制。2.一人有限公司人格混同的担责原则是股东对公司债务承担连带责任，判决让公司对股东债务承担连带责任没有法律依据。3.华夏银行、长富基金及中森华投资公司、中森华置业公司在原审中全面提交了两公司财产相互独立的证据，原判决忽视了此重要事实。4.原判决举例证明构成人格混同的两个事实均不符合法律规定的精神，系无原则扩大和错误认定公司人格混同。5.原判决没有证据支持中森华置业公司和中森华投资公司存在人格混同。（三）中森华投资公司无权处分不属于自己所有的财产，案涉《商铺转让合同》《补充协议》应为无效。1.中森华投资公司不是商铺的所有人，无权处分他人财产，在中森华置业公司明确不认可的情况下，所签转让合同应属无效合同。2.签订案涉《商铺转让合同》及补充协议时中森华投资公司不是中森华置业公司的股东，双方没有关系，对中森华置业公司不产生约束力。3.公司人格混同的结果是产生连带责任，但绝不会产生或推导出股东未经授权可以有代表公司对外签署处分财产合同的实体权利。4.原判决引用《最高人民法院关于审理买卖合同纠纷案件适用法律问题的解释》第三条之规定，不支持合同无效的诉请，法律适用错误。（四）案涉商铺房产于2012年5月18日交付和合法占有的认定不符合事实和法律规定，涉案房产已早于竣工验收前完成抵押权设定。1.统计表和情况说明不能作为商铺交付证明。2.案涉商铺一直由中森华置业公司管理和使用，因航天波纹管公司强占房屋，中森华置业公司曾多次报警，没有交付商铺。3.案涉房产尚未竣工和通过验收前，依法不能视为合法占有，长富基金、华夏银行已在竣工验收前完成案涉房产的抵押权设定。（五）本案所谓物权期待权不能对抗业已成立的抵押权。1.中森华投资公司与航天波纹管公司之间成立的是以物抵债的法律关系，没有办理预售合同备案或者预告登记，不产生物权期待权。2.物权期待权排除执行的规定系为保护公民个人的基本生存权利而作出特别规定，本案作为公司间商业合作和抵债交易行为，不适用为保护普通消费者和公民个体而设定的特别规定。3.原判决适用《最高人民法院关于人民法院办理执行异议和复议案件若干问题的规定》第二十八条错误，该条款仅能对抗被执行人享有普通债权的债权人，不能排除担保物权的优先受偿权。4.原判决对《承诺函》中关于"抵押权劣后与航天波纹管公司债权"的相关表述引用错误。

中森华置业公司申请再审称：原判决符合《民事诉讼法》第二百条第二、六项规定的情形，请求再审。理由如下：（一）原判决基于《股权转让协议》及其派生的《补充协议》《商铺转让合同》《补充协议》认定事实并判决中森华置业公司承担责任错误。上述协议系无效协议，且对价明显不合理，中森华置业公司不应再基于上述协议约定承担责任。（二）中森华置业公司不是《股权转让协议》及其所派生的相关协议签订主体，根据合同相对性原则，不应承担以上协议中的任何义务。原判决以财产混同、人格混同为由判决中森华置业公司承担责任错误。（三）原判决认定航天波纹管公司的物权期待权优先于抵押权不符合法律规定，且导致中森华置业公司对第三人债务无法清偿，增加了中森华置业公司债务负担。

航天波纹管公司提交书面意见称：（一）航天波纹管公司与中森华投资公司签订的《股权转让协议》合法有效，履行完毕。（二）中森华投资公司收购航天波纹管公司的股权，取得地上建筑物并拆迁，再成立项目公司——中森华置业公司进行房地产开发，构成人格混同。（三）中森华投资公司是否有权处分中森华置业公司的财产，与中森华置业公司按照案涉《商铺转让合同》《补充协议》履行交房义务无关。（四）华夏银行、长富基金与中森华投资公司、中森华置业公司恶意串通抵押已经销售的房地产进行贷款，抵押无效。（五）案涉商铺房产于2012年5月18日交付和合法占有的认定正确。（六）航天波纹管公司购买的房屋优先于抵押权。

中森华投资公司未提交书面意见。

本院认为：

（一）原判决认定中森华投资公司与中森华置业公司构成人格混同，是否属法律适用错误

我国法律在认定公司人格混同时，区分是否为一人有限责任公司规定了不同的举证责任规则。其原因在于一人有限责任公司只有一名股东控制公司而缺乏其他股东的有效制约，极易造成股东对公司法人人格的滥用。公司法第六十三条规定："一人有限责任公司的股东不能证明公司财产独立于股东自己的财产的，应对债务承担连带责任。"原判决适用上述规定认定中森华投资公司与中森华置业公司构成人格混同，并无不当。

首先，从工商登记情况看，中森华置业公司为一人有限责任公司。2013年7月至今，中森华置业公司股东为中森华投资公司，持股比例100%。

其次，原审中，中森华投资公司、中森华置业公司虽分别提交了工商登记资料、年检报告、纳税凭证等证据，但并不能否定中森华置业公司系中森华投资公司的项目公司以及两公司承诺对涉案项目的欠款承担连带责任的相关事实。原判决认定中森华投资公司作为控股权为100%的股东并未举出充分证据证明与中森华置业公司财产相互独立，并无不当。

再次，中森华置业公司系中森华投资公司为开发中森华国际城项目而成立的房地产项目公司。中森华置业公司成立之初即由中森华投资公司及其股东实际控制。从中森华置业公司股东会决议及长富基金、华夏银行与中森华置业公司的《委托贷款合同》均可以看出，中森华置业公司和中森华投资公司共同承诺对涉案房地产项目债务清偿承担连带责任。虽然中融国际信托有限公司短期持有中森华置业公司100%股权，但后来又变更登记为中森华投资公司。

最后，《公司法》第六十三条的规定虽系股东为公司债务承担连带责任，但目前司法实践中，在股东与公司人格混同的情形下，公司亦可为股东债务承担连带责任。

（二）原判决认定案涉《股权转让协议》《补充协议》《商铺转让合同》《补充协议书》有效，是否属法律适用错误

首先，原判决认定涉案《股权转让协议》及《补充协议》有效，具有事实和法律基础。《股权转让协议》及《补充协议》系中森华投资公司受让航天波纹管公司持有的航新商贸公司股权而签订的协议，上述协议系双方当事人真实意思表示，不违反法律法规的禁止性规定。《股权转让协议》约定65%股权作价5100万元，以现金支付。

《补充协议》确认65%的股权溢价及整体搬迁费金额为8 400万元，中森华公司以实物支付。该实物资产以案涉商铺作为标的物。中森华投资公司依据上述协议取得了相应股权，合同目的已经实现，应依照上述协议约定支付相应股权转让价款。华夏银行、长富基金、中森华置业公司关于中森华投资公司支付股权溢价款的前提是取得180亩土地的开发权的主张与合同约定不符、原判决对股权转让支付价款未查清、股权转让明显不合理等为由申请再审，本院不予支持。

其次，原判决认定《商铺转让合同》《补充协议书》有效，亦无不当。中森华投资公司与航天波纹管公司签订的上述协议明确了股权转让价款以实物支付的具体标的物。原判决以存在人格混同认定中森华投资公司对以中森华置业公司名义开发的房地产有权处分，并无不当。中森华置业公司以其不是合同主体，违反合同相对性原则等为由主张其不应承担责任，本院亦不予支持。

（三）原判决未支持华夏银行、长富基金以抵押权主张对案涉4套商铺优先受偿，是否属认定事实缺乏证据证明，适用法律错误

依据原审查明的事实可知，华夏银行、长富基金与航天波纹管公司主张实现权利的标的完全重合，均为涉案4套商铺。虽然长富基金、华夏银行与中森华置业公司抵押权有效，但当抵押权与其他权利同时存在时，应遵循法律关于权利顺位的规定予以保护。《最高人民法院关于人民法院办理执行异议和复议案件若干问题的规定》第二十八条规定："金钱债权执行中，买受人对登记在被执行人名下的不动产提出异议，符合下列情形且其权利能够排除执行的，人民法院应予支持：1.在人民法院查封之前已签订合法有效的书面买卖合同；2.在人民法院查封之前已合法占有该不动产；3.已支付全部价款，或者已按照合同约定支付部分价款且将剩余价款按照人民法院的要求交付执行；4.非因买受人自身原因未办理过户登记。"该条系对商品房消费者之外的一般买受人在满足上述条件时可排除其他权利执行的规定。原判决参照上述规定认定华夏银行、长富基金的抵押权无法优先受偿，并无不当。

首先，案涉《商铺转让合同》《补充协议书》签订于2011年5月26日，先于华夏银行、长富基金签订抵押合同及办理抵押登记的时间。其次，长富基金与中森华置业公司、中森华投资公司于2013年签订委托贷款合同及抵押协议。航天波纹管公司在抵押权形成前已经合法占有涉案4套商铺。华夏银行、长富基金申请再审称航天波纹管公司强占房屋，中森华置业公司曾经多次报警，但提交的证据系2018年后的报案材料，无法达到其证明目的。再次，航天波纹管公司已依照股权转让协议的约定转让了全部股权，原判决认定可视为航天波纹管公司支付了全部价款，具有事实依据。最后，航天波纹管公司未在抵押登记前办理过户系因中森华国际城竣工手续直至2013年12月26日才办理，当时未达到办理产权证的条件，未办理产权过户的原因不应归责于航天波纹管公司。另外，华夏银行、长富基金在签订抵押合同及办理抵押登记时，航天波纹管公司已经占有该商铺，华夏银行、长富基金在发放贷款时未尽到审慎审查义务。

综合上述情形，在航天波纹管公司与华夏银行、长富基金对相同标的物主张权利时，原判决未支持华夏银行、长富基金依据抵押权主张优先受偿，并无不当。

华夏银行、长富基金、中森华置业公司的其他再审申请理由，亦缺乏事实和法律依据，本院不予支持。

综上，华夏银行、长富基金、中森华置业公司的再审申请不符合《民事诉讼法》第二百条第二、六项规定的情形。本院依照《民事诉讼法》第二百零四条第一款、《最高人民法院关于适用〈中华人民共和国民事诉讼法〉的解释》第三百九十五条第二款之规定，裁定如下：

驳回华夏银行股份有限公司武汉洪山支行、北京长富投资基金（有限合伙）、武汉中森华置业有限公司的再审申请。

审 判 长　　孙祥壮
审 判 员　　郭忠红
审 判 员　　张代恩
二〇二〇年十二月三日
法官助理　　刘园园
书 记 员　　魏靖宇

【2023 年版本】

第二十四条　公司股东会、董事会、监事会召开会议和表决可以采用电子通信方式，公司章程另有规定的除外。

【三次审议稿】

第二十四条　公司股东会、董事会、监事会召开会议和表决可以采用电子通讯方式，公司章程另有规定的除外。

【本条释义】

本条规定了公司三会的电子通信表决方式。

在互联网时代，很多会议都是通过线上方式召开的，线上方式与线下方式没有本质区别，因此，除非公司章程另有规定外，公司股东会、董事会、监事会召开会议和表决均可以采用电子通信方式。实践中，全部线上召开会议和表决，部分线上、部分线下召开会议和表决均是合法的。无论采取什么方式召开会议和表决，所有股东、董事和监事都应当在会议决议和相关文件上亲笔签名。

【2023年版本、三次审议稿】

第二十五条　公司股东会、董事会的决议内容违反法律、行政法规的无效。

【2018年版本】

第二十二条　公司股东会或者股东大会、董事会的决议内容违反法律、行政法规的无效。

股东会或者股东大会、董事会的会议召集程序、表决方式违反法律、行政法规或者公司章程，或者决议内容违反公司章程的，股东可以自决议作出之日起六十日内，请求人民法院撤销。

股东依照前款规定提起诉讼的，人民法院可以应公司的请求，要求股东提供相应担保。

公司根据股东会或者股东大会、董事会决议已办理变更登记的，人民法院宣告该决议无效或者撤销该决议后，公司应当向公司登记机关申请撤销变更登记。

【本条释义】

本条规定了公司股东会、董事会决议无效的情形。

公司股东会、董事会的决议内容违反法律、行政法规的无效。如果公司股东会、董事会的决议内容违反规章，并不会导致其无效。公司股东会、董事会的决议内容违反法律、行政法规的强制性规定才会导致其无效，违反非强制性规定不会导致其无效。

【相关规章规定】

《上市公司股东大会规则》（中国证券监督管理委员会公告〔2022〕13号）

第四十六条　公司股东大会决议内容违反法律、行政法规的无效。

公司控股股东、实际控制人不得限制或者阻挠中小投资者依法行使投票权，不得损害公司和中小投资者的合法权益。

股东大会的会议召集程序、表决方式违反法律、行政法规或者公司章程，或者决议内容违反公司章程的，股东可以自决议作出之日起六十日内，请求人民法院撤销。

【相关司法解释规定】

《最高人民法院关于适用〈中华人民共和国公司法〉若干问题的规定（一）》

（2006年3月27日最高人民法院审判委员会第1382次会议通过，根据2014年2月17日最高人民法院审判委员会第1607次会议《关于修改关于适用〈中华人民共和国公司法〉若干问题的规定的决定》修正，2014年2月20日发布，下同）

第三条 原告以公司法第二十二条第二款、第七十四条第二款规定事由，向人民法院提起诉讼时，超过公司法规定期限的，人民法院不予受理。

《最高人民法院关于适用〈中华人民共和国公司法〉若干问题的规定（四）》

（2016年12月5日最高人民法院审判委员会第1702次会议通过，根据2020年12月23日最高人民法院审判委员会第1823次会议通过的《最高人民法院关于修改〈最高人民法院关于破产企业国有划拨土地使用权应否列入破产财产等问题的批复〉等二十九件商事类司法解释的决定》修正，下同）

第一条 公司股东、董事、监事等请求确认股东会或者股东大会、董事会决议无效或者不成立的，人民法院应当依法予以受理。

第二条 依据民法典第八十五条、公司法第二十二条第二款请求撤销股东会或者股东大会、董事会决议的原告，应当在起诉时具有公司股东资格。

第三条 原告请求确认股东会或者股东大会、董事会决议不成立、无效或者撤销决议的案件，应当列公司为被告。对决议涉及的其他利害关系人，可以依法列为第三人。

一审法庭辩论终结前，其他有原告资格的人以相同的诉讼请求申请参加前款规定诉讼的，可以列为共同原告。

第四条 股东请求撤销股东会或者股东大会、董事会决议，符合民法典第八十五条、公司法第二十二条第二款规定的，人民法院应当予以支持，但会议召集程序或者表决方式仅有轻微瑕疵，且对决议未产生实质影响的，人民法院不予支持。

第五条 股东会或者股东大会、董事会决议存在下列情形之一，当事人主张决议不成立的，人民法院应当予以支持：

（一）公司未召开会议的，但依据公司法第三十七条第二款或者公司章程规定可以不召开股东会或者股东大会而直接作出决定，并由全体股东在决定文件上签名、盖章的除外；

（二）会议未对决议事项进行表决的；

（三）出席会议的人数或者股东所持表决权不符合公司法或者公司章程规定的；

（四）会议的表决结果未达到公司法或者公司章程规定的通过比例的；

（五）导致决议不成立的其他情形。

第六条 股东会或者股东大会、董事会决议被人民法院判决确认无效或者撤销的,公司依据该决议与善意相对人形成的民事法律关系不受影响。

【典型案例】

西藏自治区高级人民法院
民事判决书

〔2020〕藏民终 50 号

上诉人(一审被告):西藏林芝江南实业有限责任公司,住所地林芝市。
法定代表人:何某刚,该公司总经理。
委托诉讼代理人:格列,西藏珠穆朗玛律师事务所律师。
委托诉讼代理人:其美,西藏珠穆朗玛律师事务所律师。
被上诉人(一审原告):艾某宇,男,1963年,现住日喀则市。
被上诉人(一审原告):何某濛,女,1995年,现住四川省成都市。
以上二人的共同委托诉讼代理人:伍小容,西藏昂秀律师事务所律师。

上诉人西藏林芝江南实业有限责任公司(以下简称江南实业公司)因与被上诉人艾某宇、何某濛公司决议效力确认纠纷一案,不服林芝市中级人民法院〔2019〕藏04民初6号民事判决,向本院提起上诉。本院于2020年6月10日立案后,依法组成合议庭,于2020年7月9日公开开庭进行了审理。上诉人江南实业公司的委托诉讼代理人格列、其美,被上诉人艾某宇、何某濛的共同委托诉讼代理人伍小容均到庭参加诉讼。本案现已审理终结。

江南实业公司的上诉请求:1.撤销林芝市中级人民法院〔2019〕藏04民初6号民事判决,驳回被上诉人的全部诉讼请求;2.本案一、二审诉讼费由被上诉人承担。事实及理由:一、一审法院认定本案未过诉讼时效属事实认定不清、片面适用法律。一审法院在认定本案适用《民法总则》第一百八十八条关于普通诉讼时效规定的前提下,认为江南实业公司破产清算案件已由一审法院受理,而推定江南实业公司申请破产之日即2017年11月25日为艾某宇、何某濛知道或应当知道之日,本案未过诉讼时效。但本案若适用普通诉讼时效规定,则诉讼时效的起算点应为权利人知道或者应当知道权利受到损害之日开始计算,本案中《股东会决议》于2014年2月26日作出,基于该《股东会决议》,江南实业公司于2014年3月14日在工商登记部门进行变更登记并公示,艾某宇、何某濛在公示当日就应当知道其权利是否被侵犯,故本案诉讼时效应当从工商变更登记之日起算,本案显然已过诉讼时效,而一审法院将上诉人申请破产之日视为本案诉讼时效的起算点,属于对法律规定的片面适用。2.一审法院认定《股东会决议》无效属认定事实错误且适用法律不当。根据《公司法》第四十三条之规定,本案中即便没有艾某宇、何某濛参与表决也完全符合三分之二以上有表决权的股东通过表决结果,故该《股东会决议》属于有效的股东会决议。如本案中确实存在股东会召开未按《公司法》及公司章程规定通知艾某宇、何某濛,且伪造《股东会决议》中股东签字的情形,但前述情形属于股东会召集程序及表决方式问题,对此艾某宇、何某濛可根据《公司法》第二十二条之规定,认为股东会的会议召集程序、表决方式违反法律、行政法规或者公司章程,可以自决议作出之日起六十日内,请求人民法院撤销。综上,请求二审法院依法撤销原判决,并驳回艾某宇、何某濛的全部诉讼请求。

艾某宇、何某濛辩称,江南实业公司的上诉理由不成立,应驳回江南实业公司的上诉请求。一、确认公司决议无效之诉不应受诉讼时效期间的限制,诉讼时效的适用范围是有限的,并非适用于全部民事请求权,本案案由为公司决议效力确认之诉,该项诉求无需合同相对方同意或给付,通过权利人向法院主张即可实现,判决不具有给付内容,不属于债权性请求权,不应受诉讼时效制度的限制。二、股东会决议内容违反法律、行政法规应为无效,本案中江南实业公司没有通知艾某宇、何某濛参加股东会不属于召集程序违法,而是剥夺了股东就公司重大事项表达意见、参与决策等权利,故所形成的股东会决议不属于可撤销范畴,应属无效。三、江南实业公司伪造艾某宇、何某濛在《股东会决议》上的签名,该决议应为无效。

艾某宇、何某濛向一审法院起诉请求:1.确认江南实业公司2014年2月26日的股东会决议无效;2.本案诉讼费由江南实业公司承担。

一审法院认定事实:2011年3月2日,江南实业公司设立,注册资本8 000万元,股东艾某宇认缴出资240万元,占3%股权;2012年4月4日,何某濛入股江南实业公司,认缴出资80万元,占1%股权。2012年4月17日,西藏金秋会计师事务所出具《验资报告》,全部认缴资本已缴足。2014年2月26日,江南实业公司伪造艾某宇、何某濛签名,通过了江南实业公司2014年2月26日《股东会决议》,决议内容为:七位股东按原持股比例对公司进行增资,共增资1亿元,其中艾某宇增资300万元,何某濛增资100万元。2014年3月14日,江南实业公司变更注册资本为1.8亿元,实收资本8 000万元。2017年11月25日,江南实业公司向一审法院提出破产申请,一审法院已受理并于2018年2月1日指定西藏珠穆朗玛律师事务所担任破产管理人。股东袁立贵,占83.5%股权,下落不明。

一审法院认为,本案的争议焦点为:1.诉讼时效的问题;2.2014年2月26日《股东会决议》是否无效的问题。一审法院分析认定如下:

1.诉讼时效的问题。关于公司决议效力确认纠纷的诉讼时效,《公司法》第二十二条及《最高人民法院关于适用〈中华人民共和国公司法〉若干问题的规定(四)》第一条未作规定,司法实践中观点亦不一致,有待法律进一步明确。一审法院认为,首先根据《民法总则》第一百八十八条规定，本案系民事权利纠纷，应受《民法总则》的约束，在没有特别法规定的情况下，适用普通诉讼时效的规定；其次诉讼时效制度的设立，从目的上来看，既充分保护当事人的利益又督促当事人保护利益的及时性，有利于司法机关查清事实、公正裁判，进而更加公平、公正地保护各方当事人的利益，故一审法院认可公司决议效力确认纠纷适用《民法总则》普通诉讼时效规定的意见。关于本案是否已过诉讼时效的问题，一审法院认为，江南实业公司未举证证明2014年2月26日的《股东会决议》已通知艾某宇、何某濛参加股东会且二人知道决议内容，而艾某宇、何某濛的证据已证实签名系虚假的，故综合本案中江南实业公司破产清算案件已由一审法院受理的事实，一审法院推定江南实业公司申请破产之日即2017年11月25日为艾某宇、何某濛知道或应当知道之日，并开始起算，本案未过诉讼时效。

2.2014年2月26日《股东会决议》是否无效的问题。《公司法》第二十二条及《最高人民法院关于适用〈中华人民共和国公司法〉若干问题的规定（四）》未列举规定哪些情形导致股东会决议无效，司法实践中裁判依据和结果观点也未形成倾向性意见。一审法院认为，依据《公司法》第二十二条规定："股东会决议内容违反法律、行政法规的无效"，是指内容违反法律、行政法规的效力性强制性规定，在该条未明确的情况下，应适用《民法总则》的规定，《民法总则》第一百三十四条第二款规定股东会决议系民事法律行为，是否有效适用民事法律行为有效要件的规定即《民法总则》第一百四十三条，本案中审理范围为增资决议，涉及艾某宇、何某濛的财产利益，应受上述法律规定的约束。江南实业公司大股东下落不明、法定代表人未出庭阐述股东会召开的具体事实，破产管理人未掌握相关情况，对股东会召集、议事、表决等事实中艾某宇、何某濛是否参与未能举证证明，而《司法鉴定意见书》已证实艾某宇、何某濛的签名系虚假的，故一审法院认定2014年2月26日《股东会决议》内容未经艾某宇、何某濛同意，系其不真实的意思表示，应认定为无效。

综上所述，真实、合法的股东会决议应受法律保护，违反法律强制性规定的股东会决议应认定为无效，江南实业公司未举证证明2014年2月26日《股东会决议》的合法性，其意见一审法院不予支持，《股东会决议》对艾某宇、何某濛不发生法律效力，其诉求一审法院予以支持。依照《民法总则》第一百三十四条第二款、第一百四十三条、第一百八十八条，《公司法》第二十二条，《民事诉讼法》第六十四条、第一百五十二条，《最高人民法院关于适用〈中华人民共和国公司法〉若干问题的规定（四）》第一条、第三条，《最高人民法院关于适用〈中华人民共和国民事诉讼法〉的解释》第九十条、第九十一条、第九十四条规定，一审法院判决：确认西藏林芝江南实业有限责任公司于2014年2月26日作出的《股东会决议》无效。一审案件受理费50元，由西藏林芝江南实业有限责任公司负担。

二审中，双方均未提供新证据。本院查明的事实与一审法院查明的事实一致。

本院认为，本案的争议焦点为：一、本案是否适用普通诉讼时效的问题；二、《股东会决议》是否有效的问题。具体分析认定如下：

一、本案是否适用普通诉讼时效的问题

本案中艾某宇、何某濛主张未收到江南实业公司的股东会会议通知，且股东会在二人未出席股东会会议情况下伪造其二人在《股东会决议》上的签名。经天津迪安司法鉴定中心作出的两份《司法鉴定意见书》，认定2014年2月26日《股东会决议》签名处"艾某宇""何某濛"的签名笔迹与样本笔迹不是同一人书写，故江南实业公司在未举证证明已通知艾某宇、何某濛参加股东会会议的情况下，根据《公司法》第二十二条第二款之规定："股东会或者股东大会、董事会的会议召集程序、表决方式违反法律、行政法规或者公司章程，或者决议内容违反公司章程，股东可以自决议作出之日起六十日内，请求人民法院撤销"及第四十一条之规定："召开股东会议，应当于会议召开十五日前通知全体股东；但是公司章程另有规定或者全体股东另有约定的除外。股东会应当对所议事项的决定作成会议记录，出席会议的股东应当在会议记录上签名"。本院认为江南实业公司未通知艾某宇、何某濛参加股东会应属会议召集程序违反法律的情形，艾某宇、何某濛应在该股东会决议作出之日起六十日内请求人民法院撤销，而艾某宇、何某濛提起本案诉讼已过六十日的除斥期间。一审法院对时效的认定有误，本院予以纠正。

二、《股东会决议》是否有效的问题

根据《公司法》第四十三条第二款之规定："股东会会议作出修改公司章程、增加或者减少注册资本的决议，以及公司合并、分立、解散或者变更公司形式的决议，必须经代表三分之二以上表决权的股东通过"，本案中江南实业公司于2014年2月26日作出的《股东会决议》，已经公司三分之二以上表决权的股东通过，符合法律规定，属合法有效。并且江南实业公司于2014年3月14日在工商登记部门进行变更登记并公示，本院认为虽江南实业公司未通知艾某宇、何某濛参加股东会，《股东会决议》中股东签名已经鉴定机构确认并非艾某宇、何某濛二人本人所签，但基于工商增资变更登记具有公示效力，且江南实业公司现已向一审法院申请破产，为保护债权人利益的角度考量，不宜轻易否定伪造行为的法律效力，故该《股东会决议》应认定有效，一审法院同样对此认定有误，本院予以纠正。

综上所述，江南实业公司的上诉请求成立，本院予以支持。依照《公司法》第二十二条第二款、第三十七条、第四十一条、第四十三条第二款，《民事诉讼法》第六十四条第一款、第一百七十条第一款第二项之规定，判决如下：

一、撤销林芝市中级人民法院〔2019〕藏04民初6号民事判决；

二、驳回艾某宇、何某濛的全部诉讼请求。

一审案件受理费50元（艾某宇、何某濛已预交），由艾某宇、何某濛负担。二审案件受理费50元（西藏林芝江南实业有限责任公司已预交），由艾某宇、何某濛负担。

本判决为终审判决。

审 判 长 索 娜 吉
审 判 员 白玛旺姆
审 判 员 郑   丽
二〇二〇年七月二十七日
法官助理 次仁卓嘎
书 记 员 仓   决

中华人民共和国最高人民法院
民 事 裁 定 书

〔2020〕最高法民申6122号

再审申请人（一审原告、二审被上诉人）：艾某宇，男，汉族，1963年2月13日出生，住西藏自治区日喀则市桑珠孜区。

委托诉讼代理人：王伟志，北京市东卫（重庆）律师事务所律师。

委托诉讼代理人：王忠平，北京市东卫（重庆）律师事务所实习律师。

再审申请人（一审原告、二审被上诉人）：何某濛，女，汉族，1995年5月16日出生，住四川省成都市高新区。

委托诉讼代理人：王伟志，东卫（重庆）律师事务所律师。

委托诉讼代理人：王忠平，东卫（重庆）律师事务所实习律师。

被申请人（一审被告、二审上诉人）：西藏林芝江南实业有限责任公司。住所地：西藏自治区林芝市巴宜区八一镇塔布路14号。

法定代表人：何某刚，该公司总经理。

再审申请人艾某宇、何某濛因与被申请人西藏林芝江南实业有限责任公司（以下简称江南实业公司）公司决议效力确认纠纷一案，不服西藏自治区高级人民法院〔2020〕藏民终50号民事判决，向本院申请再审。本院依法组成合议庭进行了审查，现已审查终结。

艾某宇、何某濛申请再审称：（一）二审判决适用法律错误。未通知股东参加股东会，伪造股东签名通过股东协议进行增资是无效而非可撤销。（二）《股东会决议》内容包括了增资和股东如何认缴两部分，江南实业公司伪造的股东签名既剥夺了艾某宇、何某濛参与公司重大事项表达意见、参与决策的权利，也违背艾某宇、何某濛的意愿强制要求分担认缴份额,二审法院故意回避股东如何认缴的问题,属于认定事实不清。(三)二审判决从保护破产债权人的角度考量,就认定伪造行为有效,违背了公正、公平、合法的法律精神,将会造成极其恶劣的社会影响。艾某宇、何某濛依据《民事诉讼法》第二百条第二项、第六项之规定申请再审。

本院经审查认为,《公司法》第二十二条规定:"公司股东会或者股东大会、董事会的决议内容违反法律、行政法规的无效。股东会或者股东大会、董事会的会议召集程序、表决方式违反法律、行政法规或者公司章程,或者决议内容违反公司章程的,股东可以自决议作出之日起六十日内,请求人民法院撤销。"依该规定,股东会决议瑕疵包括内容瑕疵和程序瑕疵两种情形。决议内容瑕疵是指股东会的决议内容违反法律法规的强制性规定或公司章程的规定,其中如果是因违反法律、行政法规的规定而引起的,其法律后果是该决议自始无效,如果是因违反公司章程的规定而引起的,其法律后果则为该决议可被撤销。程序瑕疵是指会议召集程序、表决方式等违反法律法规或者公司章程的规定,一般适用于会议召集程序瑕疵、会议通知程序瑕疵、表决事项瑕疵、表决瑕疵、决议方法瑕疵等,其法律后果一律为可撤销。就本案而言,江南实业公司于2014年2月26日通过的《股东会决议》内容为七位股东按原持股比例对公司进行增资,共增资1亿元,其中艾某宇增资300万元,何某濛增资100万元。公司增资及股东认缴的协议内容本身并未违反法律、行政法规的规定,不属于《公司法》第二十二条第一款规定的决议无效的情形。艾某宇、何某濛主张江南实业公司未通知其参加股东会,其也未在决议上签字,实际上艾某宇、何某濛是对股东会的召集程序提出异议。关于股东会的召集程序,根据《公司法》第二十二条第二款规定,股东对于股东会召集程序上存在的瑕疵,可以采取自决议作出之日起六十日内行使撤销权的救济方式。该六十日的性质为除斥期间,除斥期间届满以后,则权利本身消灭。艾某宇、何某濛没有在除斥期间内及时提起撤销之诉,撤销权消灭,二审判决认定《股东会决议》有效,并无不当。

综上,艾某宇、何某濛的再审申请不符合《民事诉讼法》第二百条第二项、第六项规定的情形。依照《民事诉讼法》第二百零四条第一款,《最高人民法院关于适用〈中华人民共和国民事诉讼法〉的解释》第三百九十五条第二款规定,裁定如下:

驳回艾某宇、何某濛的再审申请。

审 判 长　汪国献
审 判 员　孙晓光
审 判 员　葛洪涛
二〇二〇年十二月三十日
法官助理　陈　吉
书 记 员　伍齐敏

北京市昌平区人民法院
民事判决书

〔2018〕京0114民初131号

原告：其某鲁，男，1957年10月7日出生，蒙古族，北京大学化学系教师，住北京市海淀区。

委托诉讼代理人：张智国，北京市亿达律师事务所律师。

委托诉讼代理人：任玉刚，北京市亿达律师事务所律师。

被告：中信国安盟固利电源技术有限公司，住所地北京市昌平区科技园区白浮泉路18号。

法定代表人：张某溪，董事长。

委托诉讼代理人：李岩，北京观韬中茂律师事务所律师。

第三人：天津国安盟固利新材料科技股份有限公司，住所地天津市宝坻区九园工业园9号路。

法定代表人：钱某林，董事长。

委托诉讼代理人：苏海峰，北京肇文律师事务所律师。

原告其某鲁与被告中信国安盟固利电源技术有限公司（以下简称盟固利公司）、第三人天津国安盟固利新材料科技股份有限公司（以下简称天津公司）公司决议撤销纠纷一案，本院受理后，依法适用普通程序公开开庭进行了审理，原告其某鲁的委托诉讼代理人张智国，被告盟固利公司的委托诉讼代理人李岩，第三人天津公司的委托诉讼代理人苏海峰到庭参加诉讼。本案现已审理终结。

原告其某鲁向本院提出诉讼请求：1.判令撤销被告于2017年10月20日召开的公司2017年第一次股东会会议决议；2.判令被告承担本案全部诉讼费用。事实和理由：2017年10月10日，原告接到被告《关于召开中信国安盟固利电源技术有限公司2017年第一次股东会会议的通知》，后原告立即给被告发送《关于索要股东会议案材料及参加股东会的函》，被告未予答复。2017年10月20日，被告召开公司2017年第一次股东会会议，原告及第三人均派人参加，并就议案进行审议。会议期间，原告就股东会所涉四个议案提出问题，原告同时表示，既然资金支持系借款，且借款又需偿还利息，因此议案1、2、3均与股东天津公司存在关联关系，相关交易显系关联交易，天津公司应当就相关事项表决予以回避，由其他股东投票表决。

对于原告针对议案所提出的问题，开会时被告公司（董事长及相关人员）并未给原告明确答复，同时相关内容亦未在被告公司整理的会议记录中予以如实记录，被告公司妄图以"讨论"来掩盖真实的会议内容，以图达到不法目的。会后，原告向被告发送《关于中信国安盟固利电源技术有限公司2017年第一次股东会会议记录的回函》，而被告并未给予任何答复。2017年11月初，原告收到被告发送的会议记录。

原告认为：1.原告要求被告相关人员列席会议并就问题进行解释，而被告未予安排。原告开会现场拿到议案材料，并提出相关问题，被告以"不清楚"为由，均未予以解答；2.第三人的委托代理人王晓浦系被告工作人员，却在会议中代表第三人参会、发表意见、进行表决，足见被告与第三人关联密切；3.议案1、2、3均与第三人存在关联关系，相关交易为关联交易，第三人应当就关联事项表决予以回避，由其他股东投票表决；4.被告与第三人关系密切，未就方案予以明确，就强行通过表决作出决议，势必影响公司的合法权益、损害股东的合法权益；5.被告未形成真实的会议记录。根据《公司法》第二十一条、第四十一条第二款、第一百五十条及第二百一十六条之规定，原告向法院提起诉讼。

被告盟固利公司辩称：不同意原告的诉讼请求。第一，本次股东会召集程序符合《公司法》和公司章程的规定。2017年9月29日，盟固利公司董事会向股东发出召开股东会的通知，通知两位股东参加于2017年10月20日召开的2017年第一次股东会会议。会议通知明确列明了本次会议的时间、地点及四项议题，且会议通知于2017年9月30日送达原告联系地址，原告已经确认收到上述会议通知。因此，本次股东会会议已经于召开日期10日前通知全体股东，股东会会议召集程序符合《公司法》和公司章程的规定。第二，本次会议的召开和表决程序符合《公司法》和公司章程的规定。本次股东会于2017年10月20日召开，股东天津公司委托代理人王晓浦参加股东会并表决，股东其某鲁委托代理人张智国、任玉刚参加股东会并表决。按照股东会会议议程，股东会对各项议案进行逐项审议，经审议后，天津公司就四项议案均投赞成票，原告代理人对四项议案均投反对票，双方股东均签署了股东会决议和表决票。根据公司章程第十三条的规定，本次所有议案经代表二分之一以上表决权的股东同意，已经有效通过。在股东就各项议案进行表决之后，双方股东共同商讨了会议纪要。由于在会议纪要的记录方式上存在分歧，双方在表决后未能签署会议纪要。本次股东会会议闭会后，盟固利公司做成会议纪要，分别提供给双方股东征求意见，天津公司对会议纪要予以认可并签署，原告仍认为记录方式不符合其要求，盟固利公司对原告的意见进行备案、存档处理。第三，原告提出撤销股东会决议的诉讼请求没有法律依据，本次股东会决议不存在《公司法》第二十二条第二款中规定的情形。原告提出的程序瑕疵事项不能成立，盟固利公司并未接到股东会要求董事、监事、高级管理人员列席的要求，且《公司法》和公司章程均未规定管理方回避的要求。本次会议已经形成会议纪要，原告对记录方式有特别要求而未予签署，不影响决议的有效通过。综上，恳请驳回原告的诉讼请求。

第三人天津公司述称：不同意原告的诉讼请求。一、本次股东会召集程序符合法律、行政法规及公司章程的规定。第一，2017年9月29日，盟固利公司董事会向原告发出召开股东会会议的通知，通知程序符合《公司法》第四十一条第一款及公司章程

第十一条（提前10日通知）的规定。第二，根据《公司法》第一百五十一条的规定，有权要求董、监、高列席会议的主体是股东会，而非某一股东。我们认为，本次会议不涉及对董、监、高的质询事项，无需做出此项安排，这一事项并不构成本次股东会会议的程序瑕疵。

二、本次股东会的召开和表决方式符合法律、行政法规及公司章程的规定。第一，原告主张议案一、二、三涉及关联关系及关联交易，关联股东即天津公司应当回避表决无法律依据，《公司法》和公司章程均未对股东就关联事项进行表决有所限制。第二，原告主张盟固利公司与天津公司关系密切，盟固利公司未就方案予以明确即通过表决有损公司及股东利益并据此主张公司决议撤销无事实依据及法律依据。首先，在本次股东会会议上审议的议案均明确、具体；其次，正当的关联交易不会对公司利益造成损害，《公司法》也并未禁止关联交易而是对之加以规范；再次，是否损害公司或者其他股东利益不是决议撤销之诉应审理的范畴，在落实上述三项决议时，如果有证据证明存在损害公司或者股东利益的情形，原告亦可依据《公司法》第二十一条规定提起损害公司利益之诉，而无权在现阶段提起公司决议撤销之诉阻却公司的正常经营。第三，从客观情况来看，王晓浦作为天津公司的董事会秘书，同时作为盟固利公司的副总经理，了解两家公司的具体情况，有利于做出符合盟固利公司利益的决策，有利于股东会的表决。第四，本次股东会的四项会议议案，首先在盟固利公司提供给股东双方的会议通知中已有明确载明，而且在会议过程中有充分审议和考虑。原告委托张智国、任玉刚出席本次股东会会议，张智国、任玉刚也代表原告对股东会审议的四项议案提出反对意见表示，在充分审议的基础上，原告的股东权利已得到充分行使，本次股东会议案表决过程及结果未受到任何不利影响。第五，原告称盟固利公司未形成真实的会议记录，此次股东会决议应当撤销，无事实及法律依据。在盟固利公司已经做出会议记录的基础上，原告与天津公司对于会议记录的记录方式未达成一致意见，原告要求重点记录对董事长的质询内容，天津公司与盟固利公司认为，与会议无关的、有误导性的内容和待核实的信息不宜做出记录，原告要求的记录方式有严重的误导性和偏颇。在会议已经审议和形成有效表决的情形下，由于原告自身原因，拒绝签署会议记录，不应当影响股东会决议本身的合法有效。综上，恳请驳回原告诉讼请求。

当事人围绕诉讼请求依法提交了证据，本院组织当事人进行了证据交换和质证。对当事人无异议的证据，本院予以确认并在卷佐证。根据当事人陈述和相关证据，本院认定事实如下：其某鲁与天津公司系盟固利公司的股东，持股比例分别为3.95%和96.05%。

2017年9月29日，盟固利公司向其某鲁邮寄股东会会议通知，通知其某鲁盟固利公司将于2017年10月20日召开2017年第一次股东会会议。该会议通知于2017年9月30日被签收。2017年10月20日，盟固利公司召开股东会会议，其某鲁委托张智国、任玉刚参加会议，天津公司委托王晓浦参加会议。本次股东会会议审议了四项议案：1.《关于公司与天津国安盟固利新材料科技股份有限公司协同发展持续做大做强锂离子电池正极材料业务的议案》，2.《关于天津国安盟固利新材料科技股份有限公司向公司提供资金支持的议案》，3.《关于同意张某溪、苏迎春等在天津国安盟固利新材料科技股份有限公司任职的议案》，4.《关于审议公司2016年度审计报告的议案》。此次股东会会议由盟固利公司的董事长张某溪主持，会议上，其某鲁的委托代理人张智国、任玉刚对上述四项议案均投反对票，天津公司的委托代理人王晓浦对上述四项议案均投赞成票，盟固利公司作出通过上述四项议案的股东会会议决议，张智国、任玉刚及王晓浦均在该决议上签字。天津公司委托代理人王晓浦在本次股东会会议的会议记录上签字，其某鲁一方因不认可该会议记录的记录方式，未在会议记录上签字。

另查，盟固利公司于2006年5月20日形成的《中信国安盟固利电源技术有限公司章程》第九条规定："股东会由全体股东组成，行使下列职权：（1）决定公司的经营方针和投资计划；（2）选举和更换非由职工代表担任的董事、监事，决定有关董事、监事的报酬事项；（3）审议批准董事会的报告；（4）审议批准监事会的报告；（5）审议批准公司的年度财务预算方案、决算方案；（6）审议批准公司的利润分配方案和弥补亏损的方案；（7）对公司增加或者减少注册资本作出决议；（8）对发行公司债券作出决议；（9）对公司合并、分立、变更公司形式，解散和清算等事项作出决议；（10）对公司聘用、解聘承办公司审计业务的会计师事务所作出决议；（11）修改公司章程"；该章程第十一条规定："股东会会议分为定期会议和临时会议。定期会议应每年召开一次，代表十分之一以上表决权的股东，三分之一以上的董事，或者监事会提议召开临时会议的，应当召开临时会议。召开股东会会议，应当于会议召开10日前通知全体股东……"；第十二条规定："股东会会议由董事会召集，董事长主持……"；第十三条规定："股东会会议由股东按照认缴的出资比例行使表决权。（1）股东会会议作出修改公司章程的决议，增加或者减少注册资本的决议，公司合并、分立、解散或者变更公司形式的决议，必须经代表三分之二以上表决权的股东通过；（2）股东会其他决议须经代表二分之一以上表决权的股东同意通过。股东会应当对所议事项的决定作成会议记录，出席会议的股东应当在会议记录上签名"；第二十五条规定："董事长为公司的法定代表人，任期三年，由董事会选举产生，任期届满，可连选连任"。

庭审中，当事人各方均认可，王晓浦在盟固利公司任副总经理一职，同时担任天津公司的董事会秘书。

另，其某鲁于2017年12月12日向本院递交了起诉材料。

上述事实有会议通知、会议议程及议案材料、股东会会议签到簿、表决票、股东会会议决议、股东会会议记录、邮寄凭单、公司章程及当事人陈述等证据在案佐证。

本院认为，《公司法》第二十二条第二款规定："股东会或者股东大会、董事会的会议召集程序、表决方式违反法律、行政法规或者公司章程，或者决议内容违反公司章程的，股东可以自决议作出之日起六十日内，请求人民法院撤销"。其某鲁主张撤销盟固利公司于2017年10月20日召开的公司2017年第一次股东会会议决议，应当证明本次股东会会议召集程序、表决方式违反法律、行政法规或者公司章程，或者决议内容违反公司章程。诉讼中,其某鲁要求撤销涉诉股东会会议决议的主要理由有四:一是股东会会议通知中应当列明具体议案的内容,而非仅列明议题;二是就表决内容,盟固利公司未就其某鲁一方的质疑进行解答;三是本次股东会未形成真实的会议记录;四是王晓浦作为盟固利公司的副总经理不应代表天津公司参加股东会会议,且天津公司在就与其相关的议案进行表决时应当回避。

对此,本院分别评述如下:其某鲁主张涉诉股东会会议的通知仅列明议案的名称,无议案具体内容,故属召集程序违反法律及公司章程规定。《公司法》并无在召开股东会会议前应当将具体、明确的议案内容通知股东的规定,盟固利公司公司章程亦无此规定,且在股东会会议进行过程中,其某鲁的委托代理人张智国、任玉刚对所涉四项议案进行审议并均投了反对票,没有提前通知议案的具体内容并未影响其某鲁行使其股东权利,也并未影响涉案股东会议案的表决过程和结果。另盟固利公司于2017年9月29日向其某鲁邮寄涉诉股东会会议通知,经查询显示该邮件于2017年9月30日签收,盟固利公司章程规定,"召开股东会会议,应当于会议召开10日前通知全体股东"。涉诉股东会的开会时间为2017年10月20日,依据股东会会议通知的签收时间,会议通知时间符合盟固利公司章程的规定。庭审中其某鲁认可其于2017年10月10日收到该会议通知,以此计算,其某鲁于会议召开前9日收到会议通知,根据《最高人民法院关于适用〈中华人民共和国公司法〉若干问题的规定(四)》第四条规定:"股东请求撤销股东会或者股东大会、董事会决议,符合公司法第二十二条第二款规定的,人民法院应当予以支持,但会议召集程序或者表决方式仅有轻微瑕疵,且对决议未产生实质影响的,人民法院不予支持"。即便依其某鲁陈述会议通知确未满10日,但其某鲁已于2017年10月20日开会当日委派代理人参加了股东会会议并就相关议题进行表决,其某鲁的权利未受到实质影响,且对决议未产生实质影响,涉诉股东会决议亦不能以此而撤销。

其某鲁另称,在涉案股东会会议期间,其有依法行使质询的权利,就相关方案内容要求盟固利公司予以解答,盟固利公司未予以明确答复。根据《公司法》第一百五十条第一款"股东会或者股东大会要求董事、监事、高级管理人员列席会议的,董事、监事、高级管理人员应当列席并接受股东的质询"之规定,有权要求公司董事、监事、高级管理人员列席股东会并接受质询的主体是股东(大)会,其某鲁作为股东并无此权利。

就其某鲁主张此次股东会就会议事项未进行真实记录,会后未形成真实、合法、有效的会议记录。《公司法》第四十一条第二款规定:"股东会应当对所议事项的决定作成会议记录,出席会议的股东应当在会议记录上签名",该规定属于管理性强制性规定,且其某鲁的委托代理人张志国、任玉刚已在涉案股东会决议上签字,即便会议记录中未如实记载其某鲁的质询且未在会议记录上签字,这一轻微程序瑕疵并未对股东会决议产生实质性影响。

其某鲁称,案涉股东会会议的第一、二、三项议案均与天津公司具有重大利害关系,天津公司应就相关事项表决予以回避。盟固利公司的公司类型为有限责任公司,我国公司法并未对有限责任公司股东会决议事项所涉及的股东对与其有关的决议行使表决权进行限制。前述其某鲁主张撤销股东会决议的事由均不成立,其某鲁主张的其他撤销股东会决议的其他理由亦无事实法律依据,故对于其撤销案涉股东会会议决议的诉讼请求,本院不予支持。

综上所述,依照《公司法》第二十二条第二款,《最高人民法院关于适用〈中华人民共和国公司法〉若干问题的规定(四)》第四条及《民事诉讼法》第六十四条之规定,判决如下:

驳回其某鲁的诉讼请求。

案件受理费70元,由其某鲁负担(已交纳)。

如不服本判决,可在判决书送达之日起十五日内,向本院递交上诉状,并按对方当事人的人数提出副本,交纳上诉案件受理费,上诉于北京市第一中级人民法院。

审 判 长　　郭　玮

人民陪审员　　李宝英

人民陪审员　　刘建强

二〇一八年七月五日

书 记 员　　马英博

【2023年版本】

第二十六条 公司股东会、董事会的会议召集程序、表决方式违反法律、行政法规或者公司章程,或者决议内容违反公司章程的,股东自决议作出之日起六十日内,可以请求人民法院撤销。但是,股东会、董事会的会议召集程序或者表决方式仅有轻微瑕疵,对决议未产生实质影响的除外。

未被通知参加股东会会议的股东自知道或者应当知道股东会决议作出之日起六十日内,可以请求人民法院撤销;自决议作出之日起一年内没有行使撤销权的,撤销权消灭。

【三次审议稿】

第二十六条 公司股东会、董事会会议的召集程序、表决方式违反法律、行政法规或者公司章程,或者决议内容违反公司章程的,股东自决议作出之日起六十日内,未被通知参加股东会的股东自知道或者应当知道股东会决议作出之日起六十日内,可以请求人民法院撤销；但是，股东会、董事会会议的召集程序或者表决方式仅有轻微瑕疵，对决议未产生实质影响的除外。

股东自决议作出之日起五年内没有行使撤销权的，撤销权消灭。

【2018 年版本】

第二十二条 公司股东会或者股东大会、董事会的决议内容违反法律、行政法规的无效。

股东会或者股东大会、董事会的会议召集程序、表决方式违反法律、行政法规或者公司章程，或者决议内容违反公司章程的，股东可以自决议作出之日起六十日内，请求人民法院撤销。

股东依照前款规定提起诉讼的，人民法院可以应公司的请求，要求股东提供相应担保。

公司根据股东会或者股东大会、董事会决议已办理变更登记的，人民法院宣告该决议无效或者撤销该决议后，公司应当向公司登记机关申请撤销变更登记。

【本条释义】

本条规定了股东的撤销权。

如果公司股东会、董事会会议的召集程序、表决方式违反法律、行政法规或者公司章程，或者决议内容违反公司章程，此种情形有可能侵犯部分股东的利益，但通常不会侵犯社会公共利益，因此，法律并未规定上述情形自动无效，而是赋予利益受到影响的股东撤销权。

股东自上述决议作出之日起六十日内，未被通知参加股东会的股东自知道或者应当知道股东会决议作出之日起六十日内，可以请求人民法院撤销；但是，如果股东会、董事会会议的召集程序或者表决方式仅有轻微瑕疵，对决议未产生实质影响，为防止个别股东滥用股东权利，影响公司正常运转，此时，股东对上述决议没有撤销权。未被通知参加股东会会议的股东自知道或者应当知道股东会决议作出之日起六十日内，可以请求人民法院撤销。

由于股东有可能在相当长的时间内并不知晓上述决议，为确保社会秩序的稳定，防止公司决议在相当长的时间内处于不确定的状态，如果股东自决议作出之日起一年内没有行使撤销权，撤销权消灭。也就是说，如果股东在一年后才得知公司决议，其撤销权也同样消灭。股东一年内均不知晓公司的该项决议，说明公司的该项决议对其利益的影响微乎其微，为保护社会秩序的稳定，可以忽略该股东的撤销权。

【相关法律规定】

《民法典》

第一百五十二条 有下列情形之一的，撤销权消灭：

（一）当事人自知道或者应当知道撤销事由之日起一年内、重大误解的当事人自知道或者应当知道撤销事由之日起九十日内没有行使撤销权；

（二）当事人受胁迫，自胁迫行为终止之日起一年内没有行使撤销权；

（三）当事人知道撤销事由后明确表示或者以自己的行为表明放弃撤销权。

当事人自民事法律行为发生之日起五年内没有行使撤销权的，撤销权消灭。

第一百九十九条 法律规定或者当事人约定的撤销权、解除权等权利的存续期间，除法律另有规定外，自权利人知道或者应当知道权利产生之日起计算，不适用有关诉讼时效中止、中断和延长的规定。存续期间届满，撤销权、解除权等权利消灭。

第五百三十八条 债务人以放弃其债权、放弃债权担保、无偿转让财产等方式无偿处分财产权益，或者恶意延长其到期债权的履行期限，影响债权人的债权实现的，债权人可以请求人民法院撤销债务人的行为。

第五百三十九条 债务人以明显不合理的低价转让财产、以明显不合理的高价受让他人财产或者为他人的债务提供担保，影响债权人的债权实现，债务人的相对人知道或者应当知道该情形的，债权人可以请求人民法院撤销债务人的行为。

第五百四十条 撤销权的行使范围以债权人的债权为限。债权人行使撤销权的必要费用，由债务人负担。

第五百四十一条 撤销权自债权人知道或者应当知道撤销事由之日起一年内行使。自债务人的行为发生之日起五年内没有行使撤销权的，该撤销权消灭。

第五百四十二条 债务人影响债权人的债权实现的行为被撤销的，自始没有法律约束力。

第六百六十三条 受赠人有下列情形之一的，赠与人可以撤销赠与：

（一）严重侵害赠与人或者赠与人近亲属的合法权益；

（二）对赠与人有扶养义务而不履行；

（三）不履行赠与合同约定的义务。

赠与人的撤销权，自知道或者应当知道撤销事由之日起一年内行使。

第六百六十四条 因受赠人的违法行为致使赠与人死亡或者丧失民事行为能力的，赠与人的继承人或者法定代理人可以撤销赠与。

赠与人的继承人或者法定代理人的撤销权，自知道或者应当知道撤销事由之日起六个月内行使。

第六百六十五条 撤销权人撤销赠与的，可以向受赠人请求返还赠与的财产。

第一章 总 则

【相关司法解释规定】

《江苏省高级人民法院关于债权人行使撤销权的五年除斥期间应从何时起算问题的纪要》(江苏省高级人民法院审判委员会会议纪要〔2015〕3号)

2015年3月30日,江苏省高级人民法院审判委员会第7次会议讨论了南京雅德投资管理咨询有限公司(以下简称雅德公司)与江苏省金湖县饮食服务公司(以下简称饮服公司)、江苏金湖农村商业银行股份有限公司(原金湖县农村信用合作联社,以下简称信用社)债权人撤销权纠纷一案,就债权人行使撤销权的五年除斥期间应从何时起算的问题形成意见,现将讨论意见纪要如下:

一、案件基本情况

江苏省淮安市中级人民法院(以下简称淮安中院)于2002年1月4日作出〔2001〕淮经初字第110号民事调解书,确认饮服公司欠中国华融资产管理公司南京办事处(以下简称华融南京办)本金171万元及相应利息。饮服公司未按调解书履行义务,华融南京办向淮安中院申请执行,因饮服公司暂无财产可供执行,华融南京办也提供不出被执行人可供执行的财产线索,2003年10月15日华融南京办表示,同意领取债权凭证终结该案的执行程序,2003年10月17日,淮安中院作出〔2002〕淮执字第69-3号民事裁定书,裁定:执行程序终结。该院向华融南京办发出债权凭证,未受偿债权余额为1 313 328.2元。

2007年10月12日,华融南京办将上述债权转让给雅德公司,并通知了债务人饮服公司。雅德公司在向法院申请恢复执行中得知饮服公司于2002年至2003年间,将位于金湖县人民南路50号2 415.75平方米的房屋转让给了信用社,该房屋占用的5 055平方米土地使用权于2002年12月27日变更登记于信用社名下,房屋所有权于2008年7月7日登记至信用社名下。雅德公司认为饮服公司在明知尚欠巨额债务的情况下,擅自无偿转让房屋,侵犯了债权人的利益,故于2011年9月向金湖法院起诉,要求撤销饮服公司与信用社之间房屋转让的行为。

金湖法院一审查明:因饮服公司及物资局、贸易局下属八家企业经营困难,且拖欠信用社七百余万元贷款无力偿还。从2001年开始,在政府主导下,饮服公司即开始改制,在改制过程中,将上述土地、房屋转让给信用社,以抵偿上述企业拖欠的贷款。

金湖法院一审认为:撤销权的行使不得违反法律规定。饮服公司与信用社签订的房屋转让协议系当事人真实意思表示,且不违反法律法规的强制性规定,合法有效。信用社已支付对价,不存在无偿转让房产的行为。债权人的撤销权自债务人的行为发生之日起五年内没有行使撤销权的,该撤销权消灭。饮服公司与信用社的房屋交易行为及交付行为均发生于2002年至2003年间,雅德公司于2011年提起债权人撤销权之诉,已超过法律规定的最长期间,故撤销权已消灭。遂判决驳回雅德公司的诉讼请求。

雅德公司不服,提起上诉。淮安中院二审认为:饮服公司与信用社签订协议是在 2002 年至 2003 年间,信用社履行了支付对价的义务,且已办理了国有土地使用权过户手续,房屋也已转移占有,从该日期起算,撤销权已经消灭。故判决:驳回上诉,维持原判。雅德公司仍不服,向本院申请再审,本院裁定驳回再审申请。后雅德公司向江苏省人民检察院申诉,省检察院向本院抗诉认为,雅德公司的撤销权没有消灭,应当从物权变动之日起计算撤销权的起算期间。

二、关于相关问题的处理意见

本院审判委员会讨论认为,本案争议焦点是债权人撤销权的五年除斥期间从何时起算的问题,其中涉及以下几个问题的理解与认定。

1. 债权人撤销权撤销的是债务人处分财产的行为,物权变更登记仅是处分行为的结果。债权人为了债的保全享有的撤销权是以《合同法》第七十四条规定的撤销事由为前提。根据《合同法》第七十四条和《最高人民法院关于适用〈中华人民共和国合同法〉若干问题的解释(二)》第十八条、第十九条的规定,债务人放弃到期债权或者无偿转让财产,对债权人造成损害的;债务人以明显不合理的低价转让财产,对债权人造成损害,并且受让人知道该情形的;债务人放弃未到期债权或放弃债权担保、恶意延长到期债权的履行期、以明显不合理的高价收购他人财产等情形之一的,债权人享有撤销权。从《合同法》的上述规定分析,只要债务人实施了一定的法律上处分财产的行为,即放弃债权、无偿转让、免除债务以及高价收购等行为,且处分财产的行为已经发生法律效力,而该处分行为有可能导致债权人的债权难以实现或者完全不能实现,债权人方可行使撤销权。由此可见,债权人撤销的是债务人处置财产的行为。具体来说,对于无偿转让、高价收购的行为而言,债务人与受让人(或出让人)签订了买卖合同,且合同不违反法律的规定,财产转让合同生效,就应当认定债务人已经实施了法律上处分财产的行为,受让人(或债务人)有权据此要求债务人(或出让人)交付转让的财产、办理产权过户登记。因此,如果转让的财产属于不动产或者特殊动产,办理产权过户登记的,只是该处分行为的结果,即财产转让合同的履行结果。而对于放弃债权、免除债务等行为,无须办理任何财产过户登记手续,只要当事人作出明确的意思表示即可,就应当认定当事人已经实施了处分财产的行为。所以,不论当事人的财产转让是否需要办理过户手续以及有无办理过户手续,如果该处分行为有可能损害债权人的利益,那么债权人就具备了行使撤销权的条件,就可以向人民法院提起诉讼请求撤销该财产转让合同。由此可见,《合同法》第七十四条规定的债权人的撤销权是以债务人的财产处分行为的发生为前提条件,而不是以为了实现财产处分结果而进行的过户登记行为作为撤销权行使的条件。

2. 债权人撤销权一年期间与五年期间的适用。《合同法》第七十五条规定:"撤销权自债权人知道或者应当知道撤销事由之日起一年内行使。自债务人的行为发生之日起五年内没有行使撤销权的，该撤销权消灭。"据此，债权人行使撤销权的时间，应当同时受一年期间和五年期间的限制。换言之，即使债权人行使撤销权的时间是在其知道或者应当知道撤销事由的一年之内，但是如果此时自债务人的处分行为发生之日已满五年的，则该撤销权依法已消灭。

3. 从本案查明的事实看，雅德公司主张撤销权既超过了一年期间，也超过了五年的最长期间，其撤销权已经消灭。雅德公司享有的债权系在2007年10月12日受让的华融南京办的债权，而华融南京办早在2002年5月22日就该债权向人民法院申请执行，尚有1 311 332.72元未能执行到位，因饮服公司暂无财产可供执行，华融南京办也提供不出被执行人可供执行的财产情况，华融南京办同意领取债权凭证终结该案的执行程序，淮安中院作出裁定终结执行程序，并向华融南京办发出债权凭证。也就是在2002年至2003年，即在华融南京办申请执行该案的过程中，债务人饮服公司与信用社以及主管部门物资公司签订系列协议，将本案所涉房地产转让给信用社以偿还所欠信用社贷款，信用社也早在2002年12月27日取得涉案房地产的土地使用权证，且占有了地上建筑物。虽然，信用社并未办理房屋产权证，根据我国房屋、土地不得分离转让，土地使用权转让时地上建筑物应当一并转让的原则，作为债权人的华融南京办也应当通过土地使用权的变更登记情况以及房屋的实际占有状况知道或者应当知道债务人饮服公司转让财产的行为已经发生，如果华融南京办认为饮服公司处分财产的行为损害其利益，应当在一年的期间内向人民法院申请撤销该房地产转让协议。但直至2007年10月12日，华融南京办在转让该债权时，从未向人民法院申请撤销该转让协议，已经超过了法律规定的一年撤销权期间，撤销权已经消灭。不论是由于债权人华融南京办自己的过失应当知道而未知道撤销事由的发生，还是知道后没有及时行使撤销权，均不影响撤销权的消灭。雅德公司系该债权的受让人，该受让的债权不能超出原债权的内容和范围，债务人对原债权人的抗辩，同样可以对受让人主张。因此，原债权人丧失的撤销权，雅德公司在受让该债权后不得重新享有。即便如雅德公司所说，华融南京办和雅德公司因为不可归责于自己的原因确实不知道撤销事由已经发生，直到其起诉前才知道饮服公司处分财产的情形，但从债务人饮服公司处分财产的最后时间（2003年12月）至雅德公司2011年9月起诉时，也已经远远超过了五年的撤销权期间，撤销权也已消灭。据此，雅德公司认为应当从本案房屋产权变更登记之日计算五年的撤销权期间，其作为债权人的撤销权没有消灭的理由不能成立。

【2023年版本、三次审议稿】

第二十七条 有下列情形之一的，公司股东会、董事会的决议不成立：

（一）未召开股东会、董事会会议作出决议；

（二）股东会、董事会会议未对决议事项进行表决；

（三）出席会议的人数或者所持表决权数未达到本法或者公司章程规定的人数或者所持表决权数；

（四）同意决议事项的人数或者所持表决权数未达到本法或者公司章程规定的人数或者所持表决权数。

【本条释义】

本条规定了公司股东会、董事会决议不成立的情形。

公司股东会、董事会的决议应当按照法定程序作出，如果违反了最基本的程序，其决议在形式上就不能成立。有下列情形之一的，公司股东会、董事会的决议不成立：

（1）未召开股东会、董事会会议作出决议，必须按照程序召开股东会、董事会会议，才有可能作出有效的决议，如果连会议都未召开，所谓的决议肯定不能成立。

（2）股东会、董事会会议未对决议事项进行表决，股东会、董事会会议应当按照法律或者公司章程确定的表决程序对相关事项进行表决，如果根本未表决，关于该事项的决议根本不能成立。

（3）出席会议的人数或者所持表决权数未达到《公司法》或者公司章程规定的人数或者所持表决权数，股东会、董事会会议合法召开的前提之一就是出席人数达到法定人数或者公司章程规定的人数，如果出席人数不达标，则无法召开合法的股东会和董事会会议，由该次会议通过的决议自然不能成立。

（4）同意决议事项的人数或者所持表决权数未达到《公司法》或者公司章程规定的人数或者所持表决权数，股东会会议表决通过的标准大多是股东所持表决权过半数或者达到三分之二，董事会会议表决通过的标准大多数是同意人数过全体董事的半数，如果上述标准未达到，相关决议当然不能成立。

【2023 年版本】

第二十八条 公司股东会、董事会决议被人民法院宣告无效、撤销或者确认不成立的，公司应当向公司登记机关申请撤销根据该决议已办理的登记。

股东会、董事会决议被人民法院宣告无效、撤销或者确认不成立的，公司根据该决议与善意相对人形成的民事法律关系不受影响。

【三次审议稿】

第二十八条 公司股东会、董事会决议被人民法院宣告无效、撤销或者确认不成立的，公司应当向公司登记机关申请撤销根据该决议已办理的变更登记。

股东会、董事会决议被人民法院宣告无效、撤销或者确认不成立的，公司根据该决议与善意相对人形成的民事法律关系不受影响。

【2018 年版本】

第二十二条 公司股东会或者股东大会、董事会的决议内容违反法律、行政法规的无效。

股东会或者股东大会、董事会的会议召集程序、表决方式违反法律、行政法规或者公司章程，或者决议内容违反公司章程的，股东可以自决议作出之日起六十日内，请求人民法院撤销。

股东依照前款规定提起诉讼的，人民法院可以应公司的请求，要求股东提供相应担保。

公司根据股东会或者股东大会、董事会决议已办理变更登记的，人民法院宣告该决议无效或者撤销该决议后，公司应当向公司登记机关申请撤销变更登记。

【本条释义】

本条规定了股东会、董事会决议无效、被撤销或者不成立的后果。

如果公司股东会、董事会决议被人民法院宣告无效、撤销或者确认不成立，根据该决议所进行的登记等事项都是无效的，因此，公司应当向公司登记机关申请撤销根据该决议已办理的变更登记。

为维护社会秩序的稳定，保护善意第三人的利益，如果股东会、董事会决议被人民法院宣告无效、撤销或者确认不成立，公司根据该决议与善意相对人形成的民事法律关系不受影响。如公司根据该决议对外签订了买卖合同、担保合同、投资合同等，如果相对人是善意的，上述合同都是有效的，公司应当履行合同义务。当然，公司也可以在平等协商的基础上，与善意第三人协商解除合同或者变更合同。善意相对人是不知且不应知公司股东会、董事会决议无效、被撤销或者不成立的相对人，相对人应当尽到普通人的谨慎注意义务，如果通常人都能看出股东会、董事会决议无效、被撤销或者不成立，则不能认定相对人为善意。

第二章 公司登记

【2023年版本、三次审议稿】

第二十九条 设立公司，应当依法向公司登记机关申请设立登记。

法律、行政法规规定设立公司必须报经批准的，应当在公司登记前依法办理批准手续。

【2018年版本】

第六条 设立公司，应当依法向公司登记机关申请设立登记。符合本法规定的设立条件的，由公司登记机关分别登记为有限责任公司或者股份有限公司；不符合本法规定的设立条件的，不得登记为有限责任公司或者股份有限公司。

法律、行政法规规定设立公司必须报经批准的，应当在公司登记前依法办理批准手续。

公众可以向公司登记机关申请查询公司登记事项，公司登记机关应当提供查询服务。

【本条释义】

本条规定了设立公司应当登记。

登记是国家同意公司成立的标志，因此，设立公司，应当依法向公司登记机关申请设立登记。我国的公司登记机关是各级市场监督管理局。

我国公司登记大多数情况下并不需要其他部门的实现审批，但对一些特殊行业，如金融、安全生产等，法律、行政法规规定设立公司应当报经批准，对于这些有事先审批要求的行业，应当在公司登记前依法办理批准手续。没有相关批准手续，公司登记机关不能办理公司设立登记。

【相关法规规定】

《中华人民共和国市场主体登记管理条例》（中华人民共和国国务院令2021年第746号，下同）

第一条 为了规范市场主体登记管理行为，推进法治化市场建设，维护良好市场秩序和市场主体合法权益，优化营商环境，制定本条例。

第二条 本条例所称市场主体，是指在中华人民共和国境内以营利为目的从事经营活动的下列自然人、法人及非法人组织：

（一）公司、非公司企业法人及其分支机构；

（二）个人独资企业、合伙企业及其分支机构；

（三）农民专业合作社（联合社）及其分支机构；

（四）个体工商户；

（五）外国公司分支机构；

（六）法律、行政法规规定的其他市场主体。

第三条 市场主体应当依照本条例办理登记。未经登记，不得以市场主体名义从事经营活动。法律、行政法规规定无需办理登记的除外。

市场主体登记包括设立登记、变更登记和注销登记。

第四条 市场主体登记管理应当遵循依法合规、规范统一、公开透明、便捷高效的原则。

第五条 国务院市场监督管理部门主管全国市场主体登记管理工作。

县级以上地方人民政府市场监督管理部门主管本辖区市场主体登记管理工作，加强统筹指导和监督管理。

第六条 国务院市场监督管理部门应当加强信息化建设，制定统一的市场主体登记数据和系统建设规范。

县级以上地方人民政府承担市场主体登记工作的部门（以下称登记机关）应当优化市场主体登记办理流程，提高市场主体登记效率，推行当场办结、一次办结、限时办结等制度，实现集中办理、就近办理、网上办理、异地可办，提升市场主体登记便利化程度。

第七条 国务院市场监督管理部门和国务院有关部门应当推动市场主体登记信息与其他政府信息的共享和运用，提升政府服务效能。

【2023年版本、三次审议稿】

第三十条 申请设立公司，应当提交设立登记申请书、公司章程等文件，提交的相关材料应当真实、合法和有效。

申请材料不齐全或者不符合法定形式的，公司登记机关应当一次性告知需要补正的材料。

【2018年版本】

第二十九条 股东认足公司章程规定的出资后，由全体股东指定的代表或者共同委托的代理人向公司登记机关报送公司登记申请书、公司章程等文件，申请设立登记。

【本条释义】

本条规定了公司登记的材料。

申请设立公司，应当提交设立登记申请书、公司章程等文件，提交的相关材料应当真实、合法和有效。公司申请书中有公司的基本信息，公司章程是公司最基本的规范，也是公司治理的重要依据，因此上述两份文件是必须的，其他材料由市场监督管理局具体制定。

为减少当事人跑腿的次数，如果当事人的申请材料不齐全或者不符合法定形式，公司登记机关应当一次性告知需要补正的材料。因此，建议相关当事人先去市场监督管理局咨询公司设立登记所应提交的材料，避免跑冤枉路。

【相关法规规定】

《中华人民共和国市场主体登记管理条例》

第十六条 申请办理市场主体登记，应当提交下列材料：

（一）申请书；

（二）申请人资格文件、自然人身份证明；

（三）住所或者主要经营场所相关文件；

（四）公司、非公司企业法人、农民专业合作社（联合社）章程或者合伙企业合伙协议；

（五）法律、行政法规和国务院市场监督管理部门规定提交的其他材料。

国务院市场监督管理部门应当根据市场主体类型分别制定登记材料清单和文书格式样本，通过政府网站、登记机关服务窗口等向社会公开。

登记机关能够通过政务信息共享平台获取的市场主体登记相关信息，不得要求申请人重复提供。

第十七条 申请人应当对提交材料的真实性、合法性和有效性负责。

第十八条 申请人可以委托其他自然人或者中介机构代其办理市场主体登记。受委托的自然人或者中介机构代为办理登记事宜应当遵守有关规定,不得提供虚假信息和材料。

【2023年版本、三次审议稿】

第三十一条 申请设立公司,符合本法规定的设立条件的,由公司登记机关分别登记为有限责任公司或者股份有限公司;不符合本法规定的设立条件的,不得登记为有限责任公司或者股份有限公司。

【2018年版本】

第六条 设立公司,应当依法向公司登记机关申请设立登记。符合本法规定的设立条件的,由公司登记机关分别登记为有限责任公司或者股份有限公司;不符合本法规定的设立条件的,不得登记为有限责任公司或者股份有限公司。

法律、行政法规规定设立公司必须报经批准的,应当在公司登记前依法办理批准手续。

公众可以向公司登记机关申请查询公司登记事项,公司登记机关应当提供查询服务。

【本条释义】

本条规定了公司设立登记的结果。

当事人申请设立公司,如果符合《公司法》规定的设立条件,由公司登记机关根据其申请的种类及其符合的条件分别登记为有限责任公司或者股份有限公司。如果不符合《公司法》规定的设立条件的,公司登记机关不得将其登记为有限责任公司或者股份有限公司。

【相关法规规定】

《中华人民共和国市场主体登记管理条例》

第十九条 登记机关应当对申请材料进行形式审查。对申请材料齐全、符合法定形式的予以确认并当场登记。不能当场登记的,应当在3个工作日内予以登记;情形复杂的,经登记机关负责人批准,可以再延长3个工作日。

申请材料不齐全或者不符合法定形式的,登记机关应当一次性告知申请人需要补正的材料。

第二十条 登记申请不符合法律、行政法规规定,或者可能危害国家安全、社会公共利益的，登记机关不予登记并说明理由。

【2023年版本】

第三十二条　公司登记事项包括：

（一）名称；

（二）住所；

（三）注册资本；

（四）经营范围；

（五）法定代表人的姓名；

（六）有限责任公司股东、股份有限公司发起人的姓名或者名称。

公司登记机关应当将前款规定的公司登记事项通过国家企业信用信息公示系统向社会公示。

【三次审议稿】

第三十二条　公司登记事项包括：

（一）名称；

（二）住所；

（三）注册资本；

（四）经营范围；

（五）法定代表人的姓名；

（六）有限责任公司股东、股份有限公司发起人的姓名或者名称。

公司登记机关应当将前款规定的公司登记事项通过统一的企业信息公示系统向社会公示。

【2018年版本】

第六条　设立公司，应当依法向公司登记机关申请设立登记。符合本法规定的设立条件的，由公司登记机关分别登记为有限责任公司或者股份有限公司；不符合本法规定的设立条件的，不得登记为有限责任公司或者股份有限公司。

法律、行政法规规定设立公司必须报经批准的，应当在公司登记前依法办理批准手续。

公众可以向公司登记机关申请查询公司登记事项，公司登记机关应当提供查询服务。

【本条释义】

本条规定了公司登记事项。

公司登记事项是公司登记最基本的事项,也是写到营业执照上向社会公示的事项,具体包括:

(1)名称,规范的公司名称应当体现其所在地域、所在行业以及组织形式等,后登记的公司不能侵犯之前登记公司的名称。

(2)住所,住所是公司总机构所在地,也是公司接收合同、法律文件、确定诉讼管辖权等的地址。

(3)注册资本,注册资本是全体股东认缴的资本额,与实缴资本不同。

(4)经营范围,经营范围代表了公司所处的行业以及主要的服务种类、商品种类。

(5)法定代表人的姓名,法定代表人是公司的代表,也是公司向社会公示的唯一合法代表人。

(6)有限责任公司股东、股份有限公司发起人的姓名或者名称,这些名称往往不登记在营业执照上,因为他们的数量有可能较多。

公司登记机关应当将上述规定的公司登记事项通过统一的企业信息公示系统向社会公示。上述登记信息无论是否写到营业执照上,均应在统一的企业信息公示系统中显示,这些信息均应免费向所有社会公众公开。

【相关法规规定】

《中华人民共和国市场主体登记管理条例》

第八条 市场主体的一般登记事项包括:

(一)名称;

(二)主体类型;

(三)经营范围;

(四)住所或者主要经营场所;

(五)注册资本或者出资额;

(六)法定代表人、执行事务合伙人或者负责人姓名。

除前款规定外,还应当根据市场主体类型登记下列事项:

(一)有限责任公司股东、股份有限公司发起人、非公司企业法人出资人的姓名或者名称;

(二)个人独资企业的投资人姓名及居所;

(三)合伙企业的合伙人名称或者姓名、住所、承担责任方式;

(四)个体工商户的经营者姓名、住所、经营场所;

（五）法律、行政法规规定的其他事项。

第九条 市场主体的下列事项应当向登记机关办理备案：

（一）章程或者合伙协议；

（二）经营期限或者合伙期限；

（三）有限责任公司股东或者股份有限公司发起人认缴的出资数额，合伙企业合伙人认缴或者实际缴付的出资数额、缴付期限和出资方式；

（四）公司董事、监事、高级管理人员；

（五）农民专业合作社（联合社）成员；

（六）参加经营的个体工商户家庭成员姓名；

（七）市场主体登记联络员、外商投资企业法律文件送达接受人；

（八）公司、合伙企业等市场主体受益所有人相关信息；

（九）法律、行政法规规定的其他事项。

第十条 市场主体只能登记一个名称，经登记的市场主体名称受法律保护。

市场主体名称由申请人依法自主申报。

第十一条 市场主体只能登记一个住所或者主要经营场所。

电子商务平台内的自然人经营者可以根据国家有关规定，将电子商务平台提供的网络经营场所作为经营场所。

省、自治区、直辖市人民政府可以根据有关法律、行政法规的规定和本地区实际情况，自行或者授权下级人民政府对住所或者主要经营场所作出更加便利市场主体从事经营活动的具体规定。

第十二条 有下列情形之一的，不得担任公司、非公司企业法人的法定代表人：

（一）无民事行为能力或者限制民事行为能力；

（二）因贪污、贿赂、侵占财产、挪用财产或者破坏社会主义市场经济秩序被判处刑罚，执行期满未逾5年，或者因犯罪被剥夺政治权利，执行期满未逾5年；

（三）担任破产清算的公司、非公司企业法人的法定代表人、董事或者厂长、经理，对破产负有个人责任的，自破产清算完结之日起未逾3年；

（四）担任因违法被吊销营业执照、责令关闭的公司、非公司企业法人的法定代表人，并负有个人责任的，自被吊销营业执照之日起未逾3年；

（五）个人所负数额较大的债务到期未清偿；

（六）法律、行政法规规定的其他情形。

第十三条 除法律、行政法规或者国务院决定另有规定外，市场主体的注册资本或者出资额实行认缴登记制，以人民币表示。

出资方式应当符合法律、行政法规的规定。公司股东、非公司企业法人出资人、农民专业合作社（联合社）成员不得以劳务、信用、自然人姓名、商誉、特许经营权或者设定担保的财产等作价出资。

第十四条 市场主体的经营范围包括一般经营项目和许可经营项目。经营范围中属于在登记前依法须经批准的许可经营项目，市场主体应当在申请登记时提交有关批准文件。

市场主体应当按照登记机关公布的经营项目分类标准办理经营范围登记。

第十五条　市场主体实行实名登记。申请人应当配合登记机关核验身份信息。

【2023年版本、三次审议稿】

第三十三条　依法设立的公司，由公司登记机关发给公司营业执照。公司营业执照签发日期为公司成立日期。

公司营业执照应当载明公司的名称、住所、注册资本、经营范围、法定代表人姓名等事项。

公司登记机关可以发给电子营业执照。电子营业执照与纸质营业执照具有同等法律效力。

【2018年版本】

第七条　依法设立的公司，由公司登记机关发给公司营业执照。公司营业执照签发日期为公司成立日期。

公司营业执照应当载明公司的名称、住所、注册资本、经营范围、法定代表人姓名等事项。

公司营业执照记载的事项发生变更的，公司应当依法办理变更登记，由公司登记机关换发营业执照。

【本条释义】

本条规定了公司营业执照的发放与使用。

依法设立的公司，由公司登记机关发给公司营业执照。公司营业执照是公司依法设立的凭证，未依法取得公司营业执照的，不得以公司的名义开展生产经营活动。公司营业执照签发日期为公司成立日期。在公司成立之前，不得开展生产经营活动。

公司营业执照应当载明公司最主要的信息，以便向社会公众公示，该信息包括公司的名称、住所、注册资本、经营范围、法定代表人姓名等事项。

为大力推广信息化、数字化建设，公司登记机关可以发给电子营业执照。电子营业执照具有方便保存、方便携带、方便使用等优点。电子营业执照与纸质营业执照具有同等法律效力。

【相关法规规定】

《中华人民共和国市场主体登记管理条例》

第二十一条　申请人申请市场主体设立登记，登记机关依法予以登记的，签发营业执照。营业执照签发日期为市场主体的成立日期。

法律、行政法规或者国务院决定规定设立市场主体须经批准的，应当在批准文件有效期内向登记机关申请登记。

第二十二条　营业执照分为正本和副本，具有同等法律效力。

电子营业执照与纸质营业执照具有同等法律效力。

营业执照样式、电子营业执照标准由国务院市场监督管理部门统一制定。

【2023年版本、三次审议稿】

第三十四条　公司登记事项发生变更的，应当依法办理变更登记。

公司登记事项未经登记或者未经变更登记，不得对抗善意相对人。

【2018年版本】

第七条　依法设立的公司，由公司登记机关发给公司营业执照。公司营业执照签发日期为公司成立日期。

公司营业执照应当载明公司的名称、住所、注册资本、经营范围、法定代表人姓名等事项。

公司营业执照记载的事项发生变更的，公司应当依法办理变更登记，由公司登记机关换发营业执照。

【本条释义】

本条规定了公司登记事项变更登记及其效力。

公司登记事项具有对社会公示的效力，因此，如果其中的相关事项发生变更，公司应当依法到公司登记机关办理变更登记。

由于公司登记事项具有公示效力，社会公众主要依靠公司登记系统查询公司的相关信息，因此，如果公司登记事项未经登记或者未经变更登记，该事项不得对抗善意相对人。例如，公司更换了法定代表人，但未依法进行变更登记。公司登记系统中显示的仍然是原法定代表人。原法定代表人代表公司与善意相对人签订合同，该合同对公司有效。

【相关法规规定】

《中华人民共和国市场主体登记管理条例》

第二十三条 市场主体设立分支机构,应当向分支机构所在地的登记机关申请登记。

第二十四条 市场主体变更登记事项,应当自作出变更决议、决定或者法定变更事项发生之日起30日内向登记机关申请变更登记。

市场主体变更登记事项属于依法须经批准的,申请人应当在批准文件有效期内向登记机关申请变更登记。

第二十五条 公司、非公司企业法人的法定代表人在任职期间发生本条例第十二条所列情形之一的,应当向登记机关申请变更登记。

第二十六条 市场主体变更经营范围,属于依法须经批准的项目的,应当自批准之日起30日内申请变更登记。许可证或者批准文件被吊销、撤销或者有效期届满的,应当自许可证或者批准文件被吊销、撤销或者有效期届满之日起30日内向登记机关申请变更登记或者办理注销登记。

第二十七条 市场主体变更住所或者主要经营场所跨登记机关辖区的,应当在迁入新的住所或者主要经营场所前,向迁入地登记机关申请变更登记。迁出地登记机关无正当理由不得拒绝移交市场主体档案等相关材料。

第二十八条 市场主体变更登记涉及营业执照记载事项的,登记机关应当及时为市场主体换发营业执照。

第二十九条 市场主体变更本条例第九条规定的备案事项的,应当自作出变更决议、决定或者法定变更事项发生之日起30日内向登记机关办理备案。农民专业合作社(联合社)成员发生变更的,应当自本会计年度终了之日起90日内向登记机关办理备案。

【2023年版本、三次审议稿】

第三十五条 公司申请变更登记,应当向公司登记机关提交公司法定代表人签署的变更登记申请书、依法作出的变更决议或者决定等文件。

公司变更登记事项涉及修改公司章程的,应当提交修改后的公司章程。

公司变更法定代表人的,变更登记申请书由变更后的法定代表人签署。

【2018年版本】

第七条 依法设立的公司,由公司登记机关发给公司营业执照。公司营业执照签发日期为公司成立日期。

公司营业执照应当载明公司的名称、住所、注册资本、经营范围、法定代表人姓名等事项。

公司营业执照记载的事项发生变更的,公司应当依法办理变更登记,由公司登记机关换发营业执照。

【本条释义】

本条规定了公司变更登记。

公司申请变更登记,应当向公司登记机关提交公司法定代表人签署的变更登记申请书、依法作出的变更决议或者决定等文件。公司的重要事项,需要由法定代表人签署意见。根据公司章程的规定,相关事项的变更需要公司股东会或者董事会决议的,应当提交该决议;如果不需要公司股东会或者董事会决议,仅仅需要相关主体的决定,如一个股东的决定,国资委的决定等,应当提交该决定。

公司变更登记事项涉及修改公司章程的,应当提交修改后的公司章程。公司登记事项大多都会在公司章程中规定,因此,公司变更登记事项通常都会涉及修改公司章程。修改公司章程需要召开股东会,并经过公司全体股东或者出席会议股东所持表决权的三分之二以上通过。

公司变更法定代表人的,原法定代表人已无权代表公司,也可能不愿意签署相关文件,因此,变更登记申请书由变更后的法定代表人签署。

【相关法规规定】

《中华人民共和国市场主体登记管理条例》

第二十四条 市场主体变更登记事项,应当自作出变更决议、决定或者法定变更事项发生之日起30日内向登记机关申请变更登记。

市场主体变更登记事项属于依法须经批准的,申请人应当在批准文件有效期内向登记机关申请变更登记。

第二十六条 市场主体变更经营范围,属于依法须经批准的项目的,应当自批准之日起30日内申请变更登记。许可证或者批准文件被吊销、撤销或者有效期届满的,应当自许可证或者批准文件被吊销、撤销或者有效期届满之日起30日内向登记机关申请变更登记或者办理注销登记。

【2023年版本、三次审议稿】

第三十六条 公司营业执照记载的事项发生变更的,公司办理变更登记后,由公司登记机关换发营业执照。

【2018 年版本】

第七条 依法设立的公司,由公司登记机关发给公司营业执照。公司营业执照签发日期为公司成立日期。

公司营业执照应当载明公司的名称、住所、注册资本、经营范围、法定代表人姓名等事项。

公司营业执照记载的事项发生变更的,公司应当依法办理变更登记,由公司登记机关换发营业执照。

【本条释义】

本条规定了营业执照的换发。

如果公司营业执照记载的事项发生变更,公司办理变更登记后,原营业执照的信息就不准确了,因此,应当由公司登记机关换发营业执照。

【相关法规规定】

《中华人民共和国市场主体登记管理条例》

第二十八条 市场主体变更登记涉及营业执照记载事项的,登记机关应当及时为市场主体换发营业执照。

【2023 年版本、三次审议稿】

第三十七条 公司因解散、被宣告破产或者其他法定事由需要终止的,应当依法向公司登记机关申请注销登记,由公司登记机关公告公司终止。

【本条释义】

本条规定了公司终止。

如果公司因解散、被宣告破产或者其他法定事由需要终止,公司法定代表人或者其他主体应当依法向公司登记机关申请注销登记,由公司登记机关公告公司终止。公司登记机关的终止公告是公司在法律上终止的标志。

【相关法规规定】

《中华人民共和国市场主体登记管理条例》

第三十条 因自然灾害、事故灾难、公共卫生事件、社会安全事件等原因造成经营困难的，市场主体可以自主决定在一定时期内歇业。法律、行政法规另有规定的除外。

市场主体应当在歇业前与职工依法协商劳动关系处理等有关事项。

市场主体应当在歇业前向登记机关办理备案。登记机关通过国家企业信用信息公示系统向社会公示歇业期限、法律文书送达地址等信息。

市场主体歇业的期限最长不得超过3年。市场主体在歇业期间开展经营活动的，视为恢复营业，市场主体应当通过国家企业信用信息公示系统向社会公示。

市场主体歇业期间，可以以法律文书送达地址代替住所或者主要经营场所。

第三十一条 市场主体因解散、被宣告破产或者其他法定事由需要终止的，应当依法向登记机关申请注销登记。经登记机关注销登记，市场主体终止。

市场主体注销依法须经批准的，应当经批准后向登记机关申请注销登记。

第三十二条 市场主体注销登记前依法应当清算的，清算组应当自成立之日起10日内将清算组成员、清算组负责人名单通过国家企业信用信息公示系统公告。清算组可以通过国家企业信用信息公示系统发布债权人公告。

清算组应当自清算结束之日起30日内向登记机关申请注销登记。市场主体申请注销登记前，应当依法办理分支机构注销登记。

第三十三条 市场主体未发生债权债务或者已将债权债务清偿完结，未发生或者已结清清偿费用、职工工资、社会保险费用、法定补偿金、应缴纳税款（滞纳金、罚款），并由全体投资人书面承诺对上述情况的真实性承担法律责任的，可以按照简易程序办理注销登记。

市场主体应当将承诺书及注销登记申请通过国家企业信用信息公示系统公示，公示期为20日。在公示期内无相关部门、债权人及其他利害关系人提出异议的，市场主体可以于公示期届满之日起20日内向登记机关申请注销登记。

个体工商户按照简易程序办理注销登记的，无需公示，由登记机关将个体工商户的注销登记申请推送至税务等有关部门，有关部门在10日内没有提出异议的，可以直接办理注销登记。

市场主体注销依法须经批准的，或者市场主体被吊销营业执照、责令关闭、撤销，或者被列入经营异常名录的，不适用简易注销程序。

第三十四条 人民法院裁定强制清算或者裁定宣告破产的，有关清算组、破产管理人可以持人民法院终结强制清算程序的裁定或者终结破产程序的裁定，直接向登记机关申请办理注销登记。

【2023年版本、三次审议稿】

第三十八条 公司设立分公司，应当向公司登记机关申请登记，领取营业执照。

【2018年版本】

第十四条 公司可以设立分公司。设立分公司，应当向公司登记机关申请登记，领取营业执照。分公司不具有法人资格，其民事责任由公司承担。

公司可以设立子公司，子公司具有法人资格，依法独立承担民事责任。

【本条释义】

本条规定了分公司的营业执照。

如果公司要设立分公司，应当向公司登记机关申请登记，领取营业执照。分公司虽然没有法人资格，分公司的责任虽然最终由总公司承担，但分公司毕竟是一个相对独立的主体，可以参与诉讼，也可以在自身管理财产的范围内承担责任，因此，设立分公司也应当申请登记，领取营业执照。分公司拥有与总公司不同的统一社会信用代码，分公司在增值税上属于独立的纳税主体，与总公司分别独立缴纳增值税。在企业所得税上，分公司需要与总公司汇总纳税。如果分公司与总公司不在同一省份，分公司需要在当地预缴企业所得税。

【相关法律规定】

《民法典》

第七十四条 法人可以依法设立分支机构。法律、行政法规规定分支机构应当登记的，依照其规定。

分支机构以自己的名义从事民事活动，产生的民事责任由法人承担；也可以先以该分支机构管理的财产承担，不足以承担的，由法人承担。

【相关法规规定】

《中华人民共和国市场主体登记管理条例》

第二十三条 市场主体设立分支机构，应当向分支机构所在地的登记机关申请登记。

【2023 年版本】

第三十九条　虚报注册资本、提交虚假材料或者采取其他欺诈手段隐瞒重要事实取得公司设立登记的，公司登记机关应当依照法律、行政法规的规定予以撤销。

【三次审议稿】

第三十九条　虚报注册资本、提交虚假材料或者采取其他欺诈手段隐瞒重要事实取得公司登记的，公司登记机关应当依法予以撤销。

【本条释义】

本条规定了虚假登记的后果。

当事人如果虚报注册资本、提交虚假材料或者采取其他欺诈手段隐瞒重要事实取得公司登记，公司登记机关查实后，应当依照法律、行政法规的规定予以撤销。公司登记被撤销后，视为自始不存在该登记事项，但善意相对人的利益应当予以保护。

【相关法规规定】

《中华人民共和国市场主体登记管理条例》

第四十条　提交虚假材料或者采取其他欺诈手段隐瞒重要事实取得市场主体登记的，受虚假市场主体登记影响的自然人、法人和其他组织可以向登记机关提出撤销市场主体登记的申请。

登记机关受理申请后，应当及时开展调查。经调查认定存在虚假市场主体登记情形的，登记机关应当撤销市场主体登记。相关市场主体和人员无法联系或者拒不配合的，登记机关可以将相关市场主体的登记时间、登记事项等通过国家企业信用信息公示系统向社会公示，公示期为 45 日。相关市场主体及其利害关系人在公示期内没有提出异议的，登记机关可以撤销市场主体登记。

因虚假市场主体登记被撤销的市场主体，其直接责任人自市场主体登记被撤销之日起 3 年内不得再次申请市场主体登记。登记机关应当通过国家企业信用信息公示系统予以公示。

第四十一条　有下列情形之一的，登记机关可以不予撤销市场主体登记：
（一）撤销市场主体登记可能对社会公共利益造成重大损害；
（二）撤销市场主体登记后无法恢复到登记前的状态；
（三）法律、行政法规规定的其他情形。

第四十二条　登记机关或者其上级机关认定撤销市场主体登记决定错误的，可以撤销该决定，恢复原登记状态，并通过国家企业信用信息公示系统公示。

【2023年版本】

第四十条　公司应当按照规定通过国家企业信用信息公示系统公示下列事项：

（一）有限责任公司股东认缴和实缴的出资额、出资方式和出资日期，股份有限公司发起人认购的股份数；

（二）有限责任公司股东、股份有限公司发起人的股权、股份变更信息；

（三）行政许可取得、变更、注销等信息；

（四）法律、行政法规规定的其他信息。

公司应当确保前款公示信息真实、准确、完整。

【三次审议稿】

第四十条　公司应当按照规定通过统一的企业信息公示系统公示下列事项：

（一）有限责任公司股东认缴和实缴的出资额、出资方式和出资日期，股份有限公司发起人认购的股份数；

（二）有限责任公司股东股权转让等股权变更信息；

（三）行政许可取得、变更、注销等信息；

（四）法律、行政法规规定的其他信息。

【本条释义】

本条规定了企业信息公示系统公示的事项。

公司应当按照规定通过国家企业信用信息公示系统公示下列事项，并确保其公示信息真实、准确、完整：

（1）有限责任公司股东认缴和实缴的出资额、出资方式和出资日期，股份有限公司发起人认购的股份数。这些信息直接决定着公司对外承担责任的范围，应当为社会公众知晓。

（2）有限责任公司股东、股份有限公司发起人的股权、股份变更信息。通过股权转让信息，可以知晓公司的创始股东及其后继股东，有利于社会公众了解该公司的历史及其责任承担主体，也应当为社会公众知晓。

（3）行政许可取得、变更、注销等信息。这些信息有助于社会公众判断公司的经营范围、经营能力及其责任承担，也应当为社会公众知晓。

（4）法律、行政法规规定的其他信息。法律、行政法规可以规定其他应当公示的事项，规章以及级别更低的规范性文件无权作出该项规定。

【相关法规规定】

《中华人民共和国市场主体登记管理条例》

第三十五条　市场主体应当按照国家有关规定公示年度报告和登记相关信息。

【2023年版本】

第四十一条　公司登记机关应当优化公司登记办理流程，提高公司登记效率，加强信息化建设，推行网上办理等便捷方式，提升公司登记便利化水平。

国务院市场监督管理部门根据本法和有关法律、行政法规的规定，制定公司登记注册的具体办法。

【三次审议稿】

第四十一条　公司登记机关应当优化公司登记办理流程，完善具体规定，提高公司登记效率，加强信息化建设，推行网上办理等便捷方式，提升公司登记便利化水平。

【本条释义】

本条规定了公司登记机关提高信息化建设的义务。

为方便公司登记，公司登记机关应当优化公司登记办理流程，提高公司登记效率，加强信息化建设，推行网上办理等便捷方式，提升公司登记便利化水平。目前各省市场监督管理局基本上推出了网上注册登记的APP和相关网站，基本上满足了该条的规定。

【相关法规规定】

《中华人民共和国市场主体登记管理条例》

第六条　国务院市场监督管理部门应当加强信息化建设，制定统一的市场主体登记数据和系统建设规范。

县级以上地方人民政府承担市场主体登记工作的部门（以下称登记机关）应当优化市场主体登记办理流程，提高市场主体登记效率，推行当场办结、一次办结、限时办结等制度，实现集中办理、就近办理、网上办理、异地可办，提升市场主体登记便利化程度。

第七条 国务院市场监督管理部门和国务院有关部门应当推动市场主体登记信息与其他政府信息的共享和运用，提升政府服务效能。

第三章 有限责任公司的设立和组织机构

第一节 设 立

【2023 年版本、三次审议稿】

第四十二条 有限责任公司由一个以上五十个以下股东出资设立。

【2018 年版本】

第二十四条 有限责任公司由五十个以下股东出资设立。

【本条释义】

本条规定了有限责任公司的股东人数。

有限责任公司由一个以上五十个以下股东出资设立,也就是说,有限责任公司的股东人数最低为一人,最高为五十人。有限责任公司的股东可以是自然人、有限责任公司、股份有限公司、合伙企业、个人独资企业。通常情况下,不能是公司的分支机构、个体工商户、政府机关。

【2023 年版本、三次审议稿】

第四十三条 有限责任公司设立时的股东可以签订设立协议,明确各自在公司设立过程中的权利和义务。

【本条释义】

本条规定了股东协议。

除了公司章程以外，有限责任公司设立时的股东可以签订设立协议，明确各自在公司设立过程中的权利和义务。该协议仅仅约束在协议上签字的创始股东，未来的公司章程可以根据该协议起草。该协议的内容如果写入公司章程，则对公司、全体股东、董事、监事、高管等均有约束力，未写入公司章程的内容仅对签字的股东有效，对公司及其他人无效。

【相关司法解释规定】

《最高人民法院关于适用〈中华人民共和国公司法〉若干问题的规定（三）》（2010年12月6日最高人民法院审判委员会第1504次会议通过，根据2014年2月17日最高人民法院审判委员会第1607次会议《关于修改关于适用〈中华人民共和国公司法〉若干问题的规定的决定》第一次修正，根据2020年12月23日最高人民法院审判委员会第1823次会议通过的《最高人民法院关于修改〈最高人民法院关于破产企业国有划拨土地使用权应否列入破产财产等问题的批复〉等二十九件商事类司法解释的决定》第二次修正，法释〔2020〕18号，下同）

第一条　为设立公司而签署公司章程、向公司认购出资或者股份并履行公司设立职责的人，应当认定为公司的发起人，包括有限责任公司设立时的股东。

第二条　发起人为设立公司以自己名义对外签订合同，合同相对人请求该发起人承担合同责任的，人民法院应予支持；公司成立后合同相对人请求公司承担合同责任的，人民法院应予支持。

【典型案例】

湖南省张家界市中级人民法院
民事判决书

〔2020〕湘08民终231号

上诉人（原审原告）：庹某云，女，1964年6月9日出生，土家族，住湖南省张家界市永定区。

委托诉讼代理人：彭祥文，湖南生元律师事务所律师。

被上诉人（原审被告）：湖南张家界天门山旅游股份有限公司，统一社会信用代码9143000070737337XB，住所地张家界市永定区官黎坪天门山索道下站房。

法定代表人：翟某速，该公司总经理。

委托诉讼代理人：王智能，湖南人和人（张家界）律师事务所律师。

委托诉讼代理人：肖旺，湖南人和人（张家界）律师事务所律师。

上诉人庹某云与被上诉人湖南张家界天门山旅游股份有限公司（以下简称张家界天门山公司）股东资格确认纠纷一案，不服湖南省张家界市永定区人民法院〔2019〕湘0802民初4714号民事判决，向本院提起上诉。本院于2020年3月12日立案后，依法组成合议庭。经过阅卷，询问各方当事人，本院认为原审案件事实清楚，决定不开庭审理。本案现已审理终结。

上诉人庹某云的上诉请求：1.撤销张家界市永定区人民法院〔2019〕湘0802民初4714号民事判决；2.确认上诉人是被上诉人公司的股东，并判决被上诉人在工商管理部门进行股东变更登记；3.确认被上诉人2007年和2010年的股东大会关于不给上诉人进行增资扩股的行为无效，并判决上诉人同股同权，按照被上诉人公司2007年和2010年的增资扩股比例进行增资扩股，按照扩股后的股份进行分红（即由原来的2 000股扩股为8 000股，分红为9 600元）；4.判决被上诉人承担一审和二审的诉讼费用。事实和理由：1.一审认定事实不清，将张家界天门山公司（筹）的征寻发起人行为认定为金马公司所为是错误的，认定金马公司以张家界天门山公司（筹）的名义发行股票也错误，将农业银行的证明作为定案事实错误。2.张家界天门山公司征寻发起人是合法的，符合当时《公司法》相关规定。3.被上诉人设立公司时存在违法行为，当时筹备处向工商部门申请时未将上诉人名字写入申请书，而是将包括上诉人在内的2 800名交缴认股款的人登记在金马公司名下，导致上诉人未能登记为被上诉人股东。4.代理关系不成立，上诉人与金马公司没有代持协议或委托协议。5.代持关系不成立，当时公司法不承认代持行为,且现行法律只认可有限责任公司中的代持行为,不认可股份有限公司中的代持关系。6.一审适用法律错误。

被上诉人张家界天门山公司答辩称:1.上诉人在形式和实质上均不具有被上诉人公司股东资格。形式上,被上诉人公司的设立批准文件中发起人名册、发起设立协议书、公司章程、工商登记资料等文件中,上诉人均非发起人或股东。实质上,根据被上诉人的验资报告、银行出资证明均未显示上诉人有注入资金的情形,且从设立大会、设立时公司章程签署来看,上诉人均未参加。根据1993年《公司法》第七十六条及相关司法解释看,上诉人不符合当时法律规定的发起人身份。故上诉人在被上诉人处不享有股权,不具有股东资格。从农业银行的证明看,1 000万元是金马公司向被上诉人注入的,并非上诉人。综上,一审判决认定事实清楚,适用法律准确、程序合法,应予维持。

庹某云向一审法院提出诉讼请求:1.依法确认原告是被告公司的股东,并判决被告在工商管理部门进行股东变更登记;2.依法确认被告2007年和2010年的股东大会不给原告进行增资扩股决议是无效的;3.依法判决原告同股同权,按照被告2007年和2010年的增资扩股比例进行增资扩股,并按照扩股后的股份进行分红(即由原来的2 000股扩股为8 000股,分红为9 600元);4.由被告承担本案的诉讼费。

一审法院认定事实如下:1997年9月5日,张家界市体改委作出张体改〔1997〕10号文件,关于同意筹建湖南张家界天门山旅游股份有限公司的批复,同意筹建湖南张家界天门山旅游股份有限公司,请按国家有关政策、规定,抓紧有关材料的准备工作,及时按程序报批。

1997年9月8日,湖南省体改委回复湖南张家界天门山旅游股份有限公司(筹),其内容为:你单位申请筹建股份有限公司的报告收悉。经研究,同意采取发起方式筹建湖南张家界天门山旅游股份有限公司(暂定名)。请按照《公司法》的要求,认真搞好公司的筹建工作,并按法定程序办理有关手续。加盖有湖南省经济体制改革委员会企业处的公章。

1997年11月,张家界金马(集团)有限公司以张家界天门山公司(筹)的名义在张家界日报上刊登《高举伟大旗帜,发展旅游事业》和《湖南张家界天门山旅游股份有限公司(筹)征寻发起人公告》及《中华人民共和国湖南张家界市公证处公证书》,对天门山景区的开发项目、投资规模、经济效益、战略目标、市场开发等问题进行了分析论证和公告公开征寻发起人,张家界市公证处对此予以公证。

1995年3月15日,张家界金马(集团)有限公司成立,1998年5月8日,张家界金马(集团)有限公司申请变更为张家界市金马(集团)有限公司,1999年4月28日,张家界市金马(集团)有限公司申请变更为张家界市金马发展有限公司,2002年6月19日,经湖南省证券委批准,张家界市金马发展有限公司申请变更为湖南金马投资股份有限公司,2012年7月31日最后一次变更,是申请变更公司住址,将张家界市陵园北路变更为永定区永定办事处北正居委会澧滨小区104。

第三章　有限责任公司的设立和组织机构

1997年11月左右，原告认购张家界天门山公司（筹）的公司股份2 000股，原告先取得被告发行的股票证明，当时的董事长是王允连，后才取得被告发行的股票2张，时间约为2001年6月4日以后，股票编号分别为0007259、0007260，股票正面为湖南张家界天门山旅游有限公司，董事长：张同生，票面股票数为1 000股，每股面值：人民币壹圆整，本股分红不派息，公司地址：中国湖南张家界，登记日期：1999年1月8日。股票背面为：股权登记及转让登记栏，左为1 000股，1 000股下方为1 000圆，右为填发人：股东清册编号：在1 000股下方：持股人姓名处盖有湖南金马投资股份有限公司代理，其下方又有持股人姓名：庹某云，身份证号码：4331021964×××××××××。

1997年11月期间，张家界金马（集团）有限公司在未正式取得证监会等法定部门批准的前提下，以张家界天门山公司（筹）名义向社会约2 800名个人公开征集发起人并发行股票，收取包括原告庹某云在内的1 000万股（每股一元）的股金。1998年11月25日，中国农业银行张家界市旅游经济开发区支行出具证明，张家界金马（集团）有限公司（即天门山股份有限公司筹建处）筹聚的1 000万元人民币已存入我行。

1997年11月28日，由三个公司发起人及24个自然人签订《湖南张家界天门山旅游股份有限公司发起人协议书》，公司发起人为天津汇达行投资发展有限公司、北京红绿蓝影视广告中心、张家界市金马（集团）有限公司，24个自然人为于佑祥、杨天轿、许名博、彭桂英、贾绍清、熊先华、熊荷桂、杨永华、敖令勇、卓雪梅、赵慧、吴胜林、周福根、陈延春、肖瑾、郭光茹、丁祖学、李卫忠、吴光元、杨再文、陈勋、吴自能、朱仕钢、易先进。协议对组建公司的原则，公司名称及注册地址，公司发起人名称、法定代表人、地址，主要投资者股权的形成及对所属无形资产的处置，股东股本总额及股权结构，公司筹备处的组建，发起人权利、义务及责任（各发起人共应认购5 000万元），具体问题的处理等，各发起人均在湖南张家界天门山旅游股份有限公司发起人签名清册上签名认购各自认购股份。

1998年12月29日，湖南省经济体制改革委员会作出湘体改字〔1998〕57号文件，关于同意设立湖南张家界天门山旅游股份有限公司的批复。具体内容：张家界市体改委：你委张体改字〔1998〕18号《要求批准发起设立湖南张家界天门山旅游股份有限公司的请示》收悉。经省政府同意，我委会同省财政厅、省人民银行、省工商局、省国资局等单位对报送的有关文件进行了联合审查，现批复如下：一、同意天津汇达行投资发展有限公司、北京红绿兰影视广告中心、张家界市金马（集团）有限公司及于佑祥等24个自然人共同发起组建湖南张家界天门山旅游股份有限公司（下称"公司"），公司采取发起方式设立，并原则同意公司章程。二、公司注册资本为人民币5 000万元，股本总额为5 000万股，每股面值和发行价均为人民币1元。公司股本结构为：1. 法人股4 886.7万股，占股本总额的97.73%。分别由三个法人认购和持有：（1）天津汇达投资发展有限公司持有3 331万股，占股本总额的66.62%。由两部分构成：一是以1 500万元现金认购1 500万股；二是经法定机构评估的张家界天门山景区特许使用权中的 1 831 万元无形资产折成 18 321 万股投入。（2）北京红绿兰影视广告中心持有 406.7 万股，占股本总额的 8.11%。由两部分构成：一是以经过法定机构审计的前期投入天门山开发的 1 806 541.11 元资产折成 180 万股投入；二是以其张家界天门山景区特许使用权中的 225.7 万元的无形资产折成 225.7 万股投入。（3）张家界市金马（集团）有限公司持有 1 150 万股，占股本总额的 23%。由两部分构成：一是以 1 000 万元现金认购 1 000 万股；二是以天津汇达行投资发展有限公司、北京红绿兰影视广告中心对其前期参与开发给予补偿的无形资产 150 万元折成 150 万股投入。2. 自然人股 113.3 万股，占股本总额的 2.27%。由于佑祥等 24 个自然人持有，其股东姓名、持股数额及出资方式详见附表。三、公司创立大会通过的正式章程须报省体改委备案。公司按有关规定向省体委和有关部门报送统计、财务半年及年度报表。公司设立后应按《公司法》等法律法规和公司章程运作。四、请按有关规定到省工商行政管理局办理注册登记手续。

1999 年 1 月 2 日，张家界市审计事务所作出张审所验字〔1998〕45 号验资报告。认为各股东已按照规定的出资金额、出资比例、出资方式于 1998 年 12 月 24 日前出资到位。

1999 年 1 月 2 日，张家界天门山公司召开公司创立大会，27 位发起人到会，一致讨论通过《湖南张家界天门山旅游股份有限公司章程（草案）》。各发起人在上面盖章（法人）和签名（自然人）。

1999 年 1 月 8 日，张家界天门山公司核准成立，首任董事长为王允连，2001 年 6 月 4 日，公司董事长由王允连变更为张同生，2018 年 3 月 19 日，公司董事长由张同生变更为翟某速。

张家界天门山公司对于 2017 年和 2018 年的分红均发布了通知，2017 年每股分红 1 元，税后 0.8 元/股，2018 年每股分红 0.5 元，税后 0.4 元/股。

张家界天门山公司共分红三次，庹某云从湖南金马投资有限公司三次领取分红款，分别为：2017 年 5 月 8 日，庹某云出具收条，收到分红款 800 元，收条内容为：今收到湖南金马投资股份有限公司代理分红款项共计人民币捌佰元整（小写）￥800 元。2018 年 3 月 27 日收到分红款 1 600 元，收据内容为：今收到湖南金马投资股份有限公司支付的代理红利款项（2017 年度）共计人民币壹仟陆佰元整（1 600 元）。2019 年 2 月 21 日收到分红款 800 元，收据内容为：今收到湖南金马投资股份有限公司支付的代理红利款项（2018 年度）共计人民币捌佰元整（800 元）。以上分红均由湖南金马投资股份有限公司在工商银行尾号为 3706 账户打入原告庹某云在工商银行尾号为 8835 账户内，并在备注栏里注明用途为红利。

张家界天门山公司成立后，因公司经营需要，先后经过 4 次增资扩股，注册资本由成立时的 5 000 万元变更为现在的 32 850 万元。具体为：2002 年 1 月 16 日注册资本变更为 1 亿元、2007 年 8 月 15 日注册资本变更为 2.1 亿元、2010 年 5 月 11 日注册资本变更为 22 750 万元、2010 年 6 月 25 日注册资本变更为 32 750 万元。2002 年 1 月 16 日变更登记是基于公司于 2001 年 10 月 12 日通过的 2001 年第二次临时股东大会通过定向增资 5 000 万股的决议所做的变更，该次增资由天津市宁发集团有限公司以 4 848.6 万元认购新增 5 000 万股中的 4 848.6 万股股份，由金马公司以 151.4 万元现金认购新增 5 000 万股中的 151.4 万股，公司注册资本由 5 000 万变更为 1 亿。2007 年 7 月 25 日，公司召开了 2007 年第一次临时股东大会，决定将公司注册资本增至 2.1 亿，新增资本 1.1 亿（1 元一股）由全体股东按持股比例自愿认购，如股东放弃认购，则由天津市宁发集团有限公司认购，最终通过了天津市宁发集团有限公司认购该新增股权的 10 954.33 万股（含其他股东放弃的 5 776.96 万股），其他部分股东认购 47.67 万股的决议，于 2007 年 8 月 15 日经湖南省工商行政管理局对该增资后的公司注册资本进行了变更。2009 年 3 月 11 日，公司召开了 2008 年年度股东大会，通过了吸收合并张家界天门山索道有限公司，并以"折股方式"的形式向天门山索道公司的股东（外资）定向增股共计 1 750 万股的决议，并得到了湖南省商务厅的批准，公司投资总额变更为 22 750 万元。2010 年 4 月 29 日，公司召开 2009 年年度股东大会通过了增资 1 亿元，并由全体股东认购的决议，2010 年 5 月 31 日，湖南省商务厅批准了该次增资，并由湖南省工商行政管理局于 2010 年 6 月 25 日对公司的投资总额（注册资本）进行了变更，增资后投资总额为 32 750 万元。

一审法院认为，争议的焦点在于：一、能否确认原告是被告的发起人并要求被告在工商管理部门进行股东变更登记；二、原告是否同股同权，被告 2007 和 2010 年的股东大会不给原告增资扩股决议是否无效及能否要求被告在 2007 年和 2010 年确定的增资扩股比例给原告增资扩股并且按增资扩股后股份进行分红。关于焦点一，根据《公司法》（1993 年版）第七十三条，设立股份有限公司，应当具备下列条件：（1）发起人符合法定人数；（2）发起人认缴和社会公开募集的股本达到法定资本最低限额；（3）股份发行、筹办事项符合法律规定；（4）发起人制订公司章程，并经创立大会通过；（5）有公司名称，建立符合股份有限公司要求的组织机构；（6）有固定的生产经营场所和必要的生产经营条件。第七十四条第二款，发起设立，是指由发起人认购公司应发行的全部股份而设立公司。第七十六条，股份有限公司发起人，必须按照本法规定认购其应认购的股份，并承担公司筹办事务。第七十七条，股份有限公司的设立，必须经过国务院授权的部门或者省级人民政府批准。张家界天门公司的成立是严格按照当时的公司法来组建的，符合法律规定。而原告庹某云依据张家界日报公告而向张家界金马（集团）有限公司认购 2 000 股，张家界金马（集团）有限公司违法向社会公开寻找发起人，违法募集股份，收取包含原告庹某云在内的 2 800 余人股金 1 000 余万元，并将募集的 1 000 万元以自己的名义作为法人股入股到被告张家界天门山公司，该 1 000 万股包含原告庹某云的 2 000 股，从原告庹某云提供的股票来看，原告庹某云的 2 000 股由张家界金马（集团）有限公司即湖南金马投资股份有限公司代理，原告庹某云认为自己是发起人，但原告庹某云既没有参与制订公司章程，参加创立大会，也没有承担公司筹办事务，公司法的上述规定，是效力性强制性规定，由法律规定的部门进行批准，不属于人民法院的管辖范围，故对原告要求确认原告是被告的发起人并要求被告在工商管理部门进行股东变更登记的诉讼请求不予支持。关于焦点二，同股同权的问题，从本案查明的事实来看，原告是被告公司的股东，是间接持股，是由湖南金马投资股份有限公司代理，其股东权利让与湖南金马投资股份有限公司，由湖南金马投资股份有限公司代为行使，从被告公司几次分红来看，按每股分红将分红款打给湖南金马投资股份有限公司，由湖南金马投资股份有限公司按原告庹某云所持有2 000股按每股分红所得将分红款打给原告庹某云，原告庹某云均享受同股分红，并没有什么不同，故同股不同权的问题并不存在。关于2007年和2009年的两次增资扩股的决议是否无效的问题，原告庹某云的股票是由湖南金马投资股份有限公司代理并由其行使投票权，且原告庹某云并没有提交任何证据予以证实被告张家界天门山公司2007年度和2009年的两次增资扩股的决议违反公司法的情形。该两次增资扩股均是按照公司法的相关规定进行，其程序符合法律规定，故对原告庹某云要求被告2007年和2010年的股东大会不给原告增资扩股决议无效及要求被告在2007年和2010年确定的增资扩股比例给原告增资扩股并且按增资扩股后股份进行分红的诉讼请求，不予以支持。依照《公司法》第七十三条、第七十四条第二款、第七十六条、第七十七条，《民事诉讼法》第六十四条第一款，《最高人民法院关于适用〈中华人民共和国民事诉讼法〉的解释》第九十条之规定，判决：驳回原告庹某云的全部诉讼请求。案件受理费100元，适用简易程序减半收取50元，由原告庹某云负担。

二审中，上诉人向本院提交了如下证据：1.《张家界旅游杂志》1998年第3期第48页《天门山开发备忘录》1份，拟证实征询发起、筹集资金是政府和被上诉人筹委会的行为，不是金马公司的行为，发起人购买天门山股金1 300万元；2.1999年2月8日《张家界日报》1份，拟证实给上诉人发放股票的是被上诉人，不是金马公司；3.《股权证》1份，拟证实1997年12月，被上诉人筹备处给覃海军等2 800名认股人发了股份证明，不是金马公司发放，筹集资金得到了有关部门的批准，不存在违法。被上诉人认为上诉人提交的证据不是新证据，与本案没有关联；其中对证据1、证据2的真实性无异议，对证据3的真实性有异议。经审理认为，上诉人提交的上述证据均与上诉人本人没有关联，且不属于二审新证据，不予采信。

经审理查明，一审认定事实清楚，二审予以确认。

本院认为，本案为确权给付之诉，根据当事人的诉辩意见，本案争议焦点为上诉人是否是被上诉人的股东及上诉人能否享有其与股东身份相对应的权利。要解决上诉人的股东身份问题，其一是审查上诉人是否被上诉人的发起人。被上诉人设立形式为发起设立，根据当时的《公司法》的规定，发起设立应当由全体发起人发起并签订设立协议，全体发起人制定公司章程，进行必要的行政审批，股东认购相应股份并缴纳出资并取得验资证明。经审查，上诉人陈述其仅到有关地点交钱，并由收款人出具收据，后将收据调换成股权证明，最后又将股权证明换成现在的股票。上诉人自始至终未履行发起人参与签订设立协议、制定公司章程等公司设立程序的相关义务，公司设立登记申请书、公司章程、发起人协议书等证据中，均未有上诉人参与的痕迹，即没有证据证实上诉人履行了设立职责。根据《最高人民法院关于适用〈中华人民共和国公司法〉若干问题的规定（三）》第一条："为设立公司而签署公司章程、向公司认购出资或者股份并履行公司设立职责的人，应当认定为公司的发起人"的规定，不能认定上诉人系被上诉人的发起人。其二是审查上诉人是否行使或履行了股东的权利义务。据上诉人陈述，在1997年交钱后一直持观望状态，直到2016年才开始主张股东权利。也就是说上诉人在长达19年的时间内既未向公司主张其发起人身份，亦未主张（行使或履行）出席公司股东大会、参与公司重大决策、选择管理者等股东的权利义务。其三，从上诉人诉请的证据看，上诉人主张股东资格的依据是其持有的张家界天门山公司1999年发行的股票。经审查，该股票背面第一栏"持股人姓名"处明确记载为"湖南金马投资股份有限公司代理"字样，背面的"背书"栏及"受让人"栏均系空白，背面第二栏"持股人姓名"处记载了上诉人的姓名。据上述内容，作为主张权利的上诉人对湖南金马投资股份有限公司的存在是知情的，且对同一股票上出现两名不同的持股人没有作出合理解释。反而，上诉人三次领取红利的款项均来源于湖南金马投资股份有限公司，出具的收条均载明是收到湖南金马投资股份有限公司代理分红的款项。依照《最高人民法院关于适用〈中华人民共和国民事诉讼法〉的解释》第九十条"当事人对自己提出的诉讼请求所依据的事实或者反驳对方诉讼请求所依据的事实，应当提供证据加以证明，但法律另有规定的除外。在作出判决前，当事人未能提供证据或者证据不足以证明其事实主张的，由负有举证证明责任的当事人承担不利的后果"的规定，上诉人主张权利的股票不足以认定其股东身份，应承担举证不能的不利后果。故上诉人既非被上诉人公司的发起人，也没有以股东的身份主张行使权利或履行义务，虽然其提供了载有其本人姓名的股票，但该股票不足以证实上诉人的股东身份。上诉人主张其系被上诉人的股东并要求享受相应的股东权利缺乏依据，不予支持。

综上，上诉人庹某云的上诉请求不能成立，应予驳回；一审判决认定事实清楚，适用法律正确，应予维持。依照《民事诉讼法》第一百七十条第一款第一项规定，判决如下：

驳回上诉，维持原判。

二审案件受理费100元，由上诉人庹某云负担。

本判决为终审判决。

审 判 长　傅辉雪
审 判 员　刘雪飞
审 判 员　吕红军
二〇二〇年四月二十四日
法官助理　吴桓熠
书 记 员　朱奕静

【2023年版本】

第四十四条　有限责任公司设立时的股东为设立公司从事的民事活动，其法律后果由公司承受。

公司未成立的，其法律后果由公司设立时的股东承受；设立时的股东为二人以上的，享有连带债权，承担连带债务。

设立时的股东为设立公司以自己的名义从事民事活动产生的民事责任，第三人有权选择请求公司或者公司设立时的股东承担。

设立时的股东因履行公司设立职责造成他人损害的，公司或者无过错的股东承担赔偿责任后，可以向有过错的股东追偿。

【三次审议稿】

第四十四条　有限责任公司设立时的股东为设立公司从事的活动，其法律后果由公司承受。

公司未成立的，其法律后果由公司设立时的股东承受；设立时的股东为二人以上的，享有连带债权，承担连带债务。

设立时的股东因履行公司设立职责造成他人损害的，公司或者无过错的股东承担赔偿责任后，可以向有过错的股东追偿。

设立时的股东为设立公司以自己的名义从事活动而产生的责任，第三人有权请求公司或者公司设立时的股东承担。

【本条释义】

本条规定了有限责任公司设立中责任的承担。

有限责任公司设立时的股东为设立公司从事的活动，其法律后果由公司承受。此时公司尚未成立，无法以自己的名义从事相关活动，只能由股东来从事，类似职务代理行为，该行为的法律后果应当由公司承受。

如果公司最终并未成立，股东为设立公司从事的活动的法律后果只能由公司设立时的股东承受，如果设立时的股东为二人以上，全体股东享有连带债权，承担连带债务。这里需要注意的是，一个股东的行为将由全体股东承担后果。

设立时的股东为设立公司以自己的名义从事民事活动而产生的民事责任，第三人有权选择请求公司或者公司设立时的股东承担。该项活动是为公司设立而从事的，其法律后果可以归属于公司和全体股东，该项活动又是以股东自己的名义从事的，其法律后果也可以归属于该股东个人，因此，第三人有选择权。

如果设立时的股东因履行公司设立职责造成他人损害，公司或者无过错的股东承担赔偿责任后，可以向有过错的股东追偿。如果履行职责、造成他人损害的股东并无过错，则不能向其追偿，该责任由全体股东承担。

【相关司法解释规定】

《最高人民法院关于适用〈中华人民共和国公司法〉若干问题的规定（三）》

第四条　公司因故未成立，债权人请求全体或者部分发起人对设立公司行为所产生的费用和债务承担连带清偿责任的，人民法院应予支持。

部分发起人依照前款规定承担责任后，请求其他发起人分担的，人民法院应当判令其他发起人按照约定的责任承担比例分担责任；没有约定责任承担比例的，按照约定的出资比例分担责任；没有约定出资比例的，按照均等份额分担责任。

因部分发起人的过错导致公司未成立，其他发起人主张其承担设立行为所产生的费用和债务的，人民法院应当根据过错情况，确定过错一方的责任范围。

第五条　发起人因履行公司设立职责造成他人损害，公司成立后受害人请求公司承担侵权赔偿责任的，人民法院应予支持；公司未成立，受害人请求全体发起人承担连带赔偿责任的，人民法院应予支持。

公司或者无过错的发起人承担赔偿责任后，可以向有过错的发起人追偿。

【2023年版本、三次审议稿】

第四十五条　设立有限责任公司，应当由股东共同制定公司章程。

【2018年版本】

第二十三条　设立有限责任公司，应当具备下列条件：
（一）股东符合法定人数；
（二）有符合公司章程规定的全体股东认缴的出资额；
（三）股东共同制定公司章程；
（四）有公司名称，建立符合有限责任公司要求的组织机构；
（五）有公司住所。

【本条释义】

本条规定了公司章程的制定主体。

公司章程对全体股东均有约束力，是全体股东达成的一致协议，因此，设立有限责任公司，应当由股东共同制定公司章程。公司章程中的内容原则上需要由全体股东一致同意。公司成立后，为确保公司和社会秩序的稳定，修改公司章程仅仅需要全体股东三分之二以上表决权同意即可。

【2023 年版本、三次审议稿】

第四十六条 有限责任公司章程应当载明下列事项：

（一）公司名称和住所；

（二）公司经营范围；

（三）公司注册资本；

（四）股东的姓名或者名称；

（五）股东的出资额、出资方式和出资日期；

（六）公司的机构及其产生办法、职权、议事规则；

（七）公司法定代表人的产生、变更办法；

（八）股东会认为需要规定的其他事项。

股东应当在公司章程上签名或者盖章。

【2018 年版本】

第二十五条 有限责任公司章程应当载明下列事项：

（一）公司名称和住所；

（二）公司经营范围；

（三）公司注册资本；

（四）股东的姓名或者名称；

（五）股东的出资方式、出资额和出资时间；

（六）公司的机构及其产生办法、职权、议事规则；

（七）公司法定代表人；

（八）股东会会议认为需要规定的其他事项。

股东应当在公司章程上签名、盖章。

第三十四条 股东按照实缴的出资比例分取红利；公司新增资本时，股东有权优先按照实缴的出资比例认缴出资。但是，全体股东约定不按照出资比例分取红利或者不按照出资比例优先认缴出资的除外。

【本条释义】

本条规定了有限责任公司章程应当记载的事项。

有限责任公司章程应当载明对公司而言最重要、最基本的事项，具体包括下列事项：

（1）公司名称和住所。该事项是在公司登记机关登记的事项，也是写在营业执照上的事项，对公司而言，是最重要、最基本的事项。公司参加各种法律关系均需要一个名称和一个住所。在公司签订的合同中，一般均在开头写明该公司的名称和住所（地址）。

（2）公司经营范围。该事项是在公司登记机关登记的事项，也是写在营业执照上的事项，该事项决定了公司的性质、所处的行业以及未来主要从事的业务。

（3）公司注册资本。该事项是在公司登记机关登记的事项，也是写在营业执照上的事项，该事项决定了公司的规模以及对外承担责任的额度。

（4）股东的姓名或者名称。该事项是在公司登记机关登记的事项，但不需要写在营业执照上。公司章程是由全体股东共同制定的，因此，应当在章程中写明全体股东的姓名（如果是自然人）或者名称（如果是组织）。

（5）股东的出资额、出资方式和出资日期。该事项是在公司登记机关登记的事项，但不需要写在营业执照上。由于公司的注册资本是认缴的，因此，真正能决定公司规模、决定公司对外承担责任的是股东的实缴资本，因此，公司章程中应写明认缴资本的出资期限和方式。

（6）公司的机构及其产生办法、职权、议事规则。该事项通常不需要在公司登记机关进行登记，也不写在营业执照上，但这是公司日常运营所必需的。未来公司产生争议和矛盾较多的领域也是该项规定，因此，公司章程应当认真、详细规定公司的机构及其产生办法、职权以及议事规则。例如是否设立董事会？是否设立监事会？是否将股东会的部分职权授予董事会，或者将董事会的部分职权提升至股东会行使？

（7）公司法定代表人的产生、变更办法。公司法定代表人是公司登记事项，也是写在营业执照上的事项，但其产生、变更办法并不是登记事项，也不需要写在营业执照上。法定代表人可以由董事长、执行董事、经理等担任，其作为公司的代表，产生与变更办法非常重要。如果章程规定由董事长担任法定代表人，董事长的产生与变更办法实际上就是法定代表人产生与变更的办法。

（8）股东会认为需要规定的其他事项。只要不违反法律规定，股东会可以在公司章程上规定其他事项，如股权转让的规则、股东继承的规则、股息分配的规则、对法定代表人权限的限制等。

股东应当在公司章程上签名或者盖章。自然人股东签名，非自然人股东盖章。

【2023 年版本】

第四十七条　有限责任公司的注册资本为在公司登记机关登记的全体股东认缴的出资额。全体股东认缴的出资额由股东按照公司章程的规定自公司成立之日起五年内缴足。

法律、行政法规以及国务院决定对有限责任公司注册资本实缴、注册资本最低限额、股东出资期限另有规定的，从其规定。

【三次审议稿】

第四十七条　有限责任公司的注册资本为在公司登记机关登记的全体股东认缴的出资额。全体股东认缴的出资额由股东按照公司章程的规定自公司成立之日起五年内缴足。

法律、行政法规以及国务院决定对有限责任公司注册资本实缴、注册资本最低限额另有规定的，从其规定。

【2018 年版本】

第二十六条　有限责任公司的注册资本为在公司登记机关登记的全体股东认缴的出资额。

法律、行政法规以及国务院决定对有限责任公司注册资本实缴、注册资本最低限额另有规定的，从其规定。

【本条释义】

本条规定了有限责任公司的注册资本。

有限责任公司的注册资本为在公司登记机关登记的全体股东认缴的出资额。注册资本是认缴的出资额，而非实缴出资额。认缴制有利于减轻股东在设立公司时的出资负担。为防止股东认缴期限过长，导致其实缴资本过低，全体股东认缴的出资额由股东按照公司章程的规定自公司成立之日起五年内缴足。公司章程规定的缴足期限可以低于五年，但不能超过五年。公司章程可以规定股东按年分期缴纳出资，也可以规定股东在出资期限届满之前一次性缴足出资。

法律、行政法规以及国务院决定对有限责任公司注册资本实缴、注册资本最低限额、股东出资期限另有规定的，从其规定。目前，我国相关法律法规对银行、证券、保险、信托等特殊领域的公司在注册资本实缴、注册资本最低限额方面有强制性规定，该类公司应当遵守相关法律法规的规定。除法律、行政法规以及国务院决定以外，其他规范性文件和主体不得对有限责任公司注册资本实缴、注册资本最低限额另有规定。

【相关法律规定】

《中华人民共和国商业银行法》（1995年5月10日第八届全国人民代表大会常务委员会第十三次会议通过，根据2003年12月27日第十届全国人民代表大会常务委员会第六次会议《关于修改〈中华人民共和国商业银行法〉的决定》修正，根据2015年8月29日第十二届全国人民代表大会常务委员会第十六次会议《关于修改〈中华人民共和国商业银行法〉的决定》第二次修正，以下简称《商业银行法》）

第十三条　设立全国性商业银行的注册资本最低限额为十亿元人民币。设立城市商业银行的注册资本最低限额为一亿元人民币，设立农村商业银行的注册资本最低限额为五千万元人民币。注册资本应当是实缴资本。

国务院银行业监督管理机构根据审慎监管的要求可以调整注册资本最低限额，但不得少于前款规定的限额。

《证券法》（1998年12月29日第九届全国人民代表大会常务委员会第六次会议通过，根据2004年8月28日第十届全国人民代表大会常务委员会第十一次会议《关于修改〈中华人民共和国证券法〉的决定》第一次修正，2005年10月27日第十届全国人民代表大会常务委员会第十八次会议第一次修订，根据2013年6月29日第十二届全国人民代表大会常务委员会第三次会议《关于修改〈中华人民共和国文物保护法〉等十二部法律的决定》第二次修正，根据2014年8月31日第十二届全国人民代表大会常务委员会第十次会议《关于修改〈中华人民共和国保险法〉等五部法律的决定》第三次修正，2019年12月28日第十三届全国人民代表大会常务委员会第十五次会议第二次修订，下同）

第一百二十条　经国务院证券监督管理机构核准，取得经营证券业务许可证，证券公司可以经营下列部分或者全部证券业务：

（一）证券经纪；

（二）证券投资咨询；

（三）与证券交易、证券投资活动有关的财务顾问；

（四）证券承销与保荐；

（五）证券融资融券；

（六）证券做市交易；

（七）证券自营；

（八）其他证券业务。

国务院证券监督管理机构应当自受理前款规定事项申请之日起三个月内，依照法定条件和程序进行审查,作出核准或者不予核准的决定,并通知申请人;不予核准的,应当说明理由。

证券公司经营证券资产管理业务的,应当符合《中华人民共和国证券投资基金法》等法律、行政法规的规定。

除证券公司外,任何单位和个人不得从事证券承销、证券保荐、证券经纪和证券融资融券业务。

证券公司从事证券融资融券业务,应当采取措施,严格防范和控制风险,不得违反规定向客户出借资金或者证券。

第一百二十一条 证券公司经营本法第一百二十条第一款第(一)项至第(三)项业务的,注册资本最低限额为人民币五千万元;经营第(四)项至第(八)项业务之一的,注册资本最低限额为人民币一亿元;经营第(四)项至第(八)项业务中两项以上的,注册资本最低限额为人民币五亿元。证券公司的注册资本应当是实缴资本。

国务院证券监督管理机构根据审慎监管原则和各项业务的风险程度,可以调整注册资本最低限额,但不得少于前款规定的限额。

《保险法》(1995年6月30日第八届全国人民代表大会常务委员会第十四次会议通过,根据2002年10月28日第九届全国人民代表大会常务委员会第三十次会议《关于修改〈中华人民共和国保险法〉的决定》第一次修正,2009年2月28日第十一届全国人民代表大会常务委员会第七次会议修订,根据2014年8月31日第十二届全国人民代表大会常务委员会第十次会议《关于修改〈中华人民共和国保险法〉等五部法律的决定》第二次修正,根据2015年4月24日第十二届全国人民代表大会常务委员会第十四次会议《关于修改〈中华人民共和国计量法〉等五部法律的决定》第三次修正,下同)

第六十八条 设立保险公司应当具备下列条件:

(一)主要股东具有持续盈利能力,信誉良好,最近三年内无重大违法违规记录,净资产不低于人民币二亿元;

(二)有符合本法和《中华人民共和国公司法》规定的章程;

(三)有符合本法规定的注册资本;

(四)有具备任职专业知识和业务工作经验的董事、监事和高级管理人员;

(五)有健全的组织机构和管理制度;

(六)有符合要求的营业场所和与经营业务有关的其他设施;

(七)法律、行政法规和国务院保险监督管理机构规定的其他条件。

第六十九条 设立保险公司,其注册资本的最低限额为人民币二亿元。

国务院保险监督管理机构根据保险公司的业务范围、经营规模,可以调整其注册资本的最低限额,但不得低于本条第一款规定的限额。

保险公司的注册资本必须为实缴货币资本。

【相关规章规定】

《信托公司管理办法》（中国银行业监督管理委员会令2007年第2号）

第十条 信托公司注册资本最低限额为3亿元人民币或等值的可自由兑换货币，注册资本为实缴货币资本。

申请经营企业年金基金、证券承销、资产证券化等业务，应当符合相关法律法规规定的最低注册资本要求。

中国银行业监督管理委员会根据信托公司行业发展的需要，可以调整信托公司注册资本最低限额。

【典型案例】

最高法院十大公司纠纷典型案例

鸿大（上海）投资管理有限公司与姚某城公司决议纠纷上诉案

案例索引

案号：〔2019〕沪02民终8024号

审理法院：上海市第二中级人民法院

案件来源：《最高人民法院公报》2021年第3期

裁判要旨

有限责任公司章程或股东出资协议确定的公司注册资本出资期限系股东之间达成的合意，除法律规定或存在其他合理性、紧迫性事由需要修改出资期限的情形外，股东会会议作出修改出资期限的决议应经全体股东一致通过。公司股东滥用控股地位，以多数决方式通过修改出资期限决议，损害其他股东期限权益，其他股东请求确认该项决议无效的，人民法院应予支持。

入选理由

随着2014年我国注册资本认缴制的实施，不少公司都设置了较长的股东出资期限，近些年股东出资加速到期的认定成为司法审判的难点，更是出现了类案不同判的司法案例。本案系《最高人民法院公报》2021年第3期刊登的公报案例，本案对股东出资加速到期的问题作出了准确认定。本案明确了股东的出资加速到期不是"一般的修改公司章程事项"，不是公司经营管理事项。股东的出资期限利益系股东的根本性权利，股东出资的信赖利益不应被随意剥脱和限制，不能简单地适用资本多数决规则。本案的典型意义在于，不仅对股东出资期限不能简单适用资本多数决原则的原因进行了详细阐述,更是关注到了现实中确有存在股东出资加速到期的必要性及正当性的情形,法院在本案中也进一步查实了公司并不具有合理性且紧迫性事由而需要修改出资期限的事实。本案的裁判观点,为该类股东出资加速到期案件的认定思路起到了很好的示范作用。

上海市虹口区人民法院
民事判决书

〔2019〕沪0109民初11538号

原告:姚某城,男,1972年12月12日出生,汉族,住上海市浦东新区。
委托诉讼代理人:倪志刚,上海市海华永泰律师事务所律师。
委托诉讼代理人:胡哲敏,上海市海华永泰律师事务所律师。
被告:鸿大(上海)投资管理有限公司,住所地上海市虹口区。
法定代表人:章某歌。
委托诉讼代理人:闫飞翔,北京市中伦(上海)律师事务所律师。
委托诉讼代理人:张金娜,北京市中伦(上海)律师事务所律师。
第三人:章某歌,男,1981年6月5日出生,汉族,住江苏省南京市江宁区秣陵街道佛城西路×××号。
第三人:蓝某球,女,1965年4月12日出生,畲族,住上海市黄浦区梅家弄××弄×号。
第三人:何某松,男,1969年12月6日出生,汉族,住上海市锦绣路×××弄×××号×××室。

原告姚某城与被告鸿大(上海)投资管理有限公司、第三人章某歌、蓝某球、何某松公司决议纠纷一案,本院于2019年4月22日立案后,依法适用简易程序,公开开庭进行了审理。原告委托诉讼代理人倪志刚律师、胡哲敏律师,被告委托诉讼代理人闫飞翔律师、张金娜律师到庭参加诉讼。三个第三人经传票传唤,未到庭参加诉讼。本案现已审理终结。

原告向本院提出诉讼请求:1.确认被告于2018年11月18日作出的临时股东会决议无效;2.被告恢复2017年7月17日所签订的公司章程及认缴出资时间。审理中,原告变更诉请为:确认被告于2018年11月18日作出的2018年第一次临时股东会决议无效。事实和理由:2017年7月17日,原告和第三人何某松、蓝某球在第三人章某歌以开展特斯拉代理项目的邀请下,通过受让第三人章某歌和案外人马某某的股权成为被告股东。同日，被告修改公司章程为：被告注册资本增加至1 000万元，第三人章某歌认缴出资700万元、持被告70%股权，原告认缴出资150万元、持被告15%股权，第三人何某松、蓝某球各认缴出资75万元、各持被告7.5%股权。2018年7月10日，特斯拉公司工厂落户上海的新闻刊出，被告拟发展的唯一项目中止。因此，原告认为所谓特斯拉项目根本不存在。2018年10月30日，被告和三个第三人在明知原告实际居住地、手机号码、微信号码等有效联系方式的情况下，却仅通过向原告早已出售多年的地址快递寄送被告股东会通知，该邮件由他人签收，未送达原告。2018年11月18日，三个第三人在刻意隐瞒原告的前提下召开被告2018年第一次临时股东会，私自强行通过修改公司章程，将原章程约定的认缴时间从2037年7月1日提前至2018年12月1日，并免除原告监事职务、限制原告股东权利。股东会召开后被告及三个第三人亦未在合理期间内告知原告结果。此后，被告提起〔2019〕沪0109民初××××号案件（以下简称5509号案件）诉讼，该案于2018年12月10日进入诉前调解、2019年1月4日第一次法院谈话时被告均刻意隐瞒上述事实，直到在作出上述临时股东会决议60日后才在5509号案件中将上述决议提交法院。故原告于2019年2月25日收到法院转寄的被告补充证据才得知上述事实。被告自成立至今无持续经营业务，在特斯拉项目失败后，被告无维持公司运营的必要需要提前缴纳出资。被告修改章程后股东出资期限仅有12天，在其他股东未出资到位且被告无实际运营情况下，该提前出资要求不合理。综上，三个第三人恶意提前股东实缴出资期限，是滥用股东权利，损害原告作为股东的利益，故根据我国《公司法》第二十条第一款、第二十二条第一款，该股东会决议中第二项决议通过章程修正案应当认定为无效；第三项决议系基于第二项决议作出，因第二项决议无效，故第三项决议的依据不存在，被告无权限制原告的股东知情权。综上，原告诉至法院要求判如诉请。

被告辩称，不同意原告诉请。不存在被告、三个第三人恶意不告诉原告的情形，被告通过向原告快递送达的方式已经尽到通知义务，不存在故意规避的情况。原告没有告知过被告其更换地址，三名第三人亦没有向原告进行通知的义务。被告所形成的股东会决议无程序性问题，且至原告起诉已经超过六十日。原告所引用的公司法第二十条与股东会决议无效无关。涉案临时股东会决议全部内容均为有效；即使如果第二项决议无效，第三项决议与第二项决议无关联性、相互独立，第三项决议依然有效。

第三人章某歌、蓝某球、何某松述称，2018年10月30日，被告通过快递向原告发送2018年第一次临时股东会通知，详细载明会议召开的时间、地点、议案等内容。会议通知快递单上注明原告身份证地址与手机号。上述程序经过相关公证处予以公证。经查询上述快递已被原告签收。三个第三人均不清楚原告所称其已出售身份证地址的房产并另居他处。因原告已严重失信于被告与三个第三人，故未采取电话、微信等方式通知原告。2018年11月18日，被告召开股东会，三个第三人作为股东参加，并一致作出了将出资时间变更为2018年12月1日等决议内容。上述股东会依法有效。

本院经审理，对当事人无异议的证据予以确认，认定事实如下：2017年7月17日，被告形成新的公司章程，载明：第四条被告注册资本1 000万元；第五条第三人章某歌出资700万元、原告出资150万元、第三人蓝某球、何某松各出资75万元，出资时间均为2037年7月1日；第九条股东会会议应当于会议召开十五日以前通知全体股东；第十一条……股东会会议由股东按照出资比例行使表决权；股东会会议作出修改公司章程、增加或者减少注册资本的决议，以及公司合并、分立、解散或者变更公司形式的决议，必须经代表全体股东三分之二以上表决权的股东通过。原告及三个第三人在上述章程后签名。此后，在公司登记机关备案材料显示，原告和三名第三人成为被告股东，原告持股15%、第三人何某松持股7.5%、第三人章某歌持股70%、第三人蓝某球持股7.5%。

2018年10月30日，被告向原告发送快递，快递单载明：内件品名为被告2018年临时股东会通知，寄送的地址为上海市南汇区康桥镇秀沿路×××弄×××支弄×××号。上述快递于次日被签收，快递记载签收人为他人收。被告2018年第一次临时股东会通知载明：召开会议时间为2018年11月18日下午2时，会议地点为上海市世纪大道8号国金中心二期10楼，会议审议事项为：更换并选举新的监事；修改公司章程；限制部分未履行出资义务股东的股东权利；授权公司就敦促未履行出资义务的股东缴付出资事项采取必要措施。

2018年11月18日，被告形成2018年第一次临时股东会决议，载明：应到会股东4人，实际到会股东为三个第三人，占总股数85%，原告收到股东会通知后未出席股东会，也未委托其他人出席股东会，会议由执行董事主持，到会股东一致同意形成决议如下：1.选举何某松为公司监事，免除原告的公司监事职务；2.通过章程修正案；3.原告未按照约定缴付出资款700万元，且在被告多次催缴的情况下仍拒不履行出资义务，股东会决定限制原告的一切股东权利（包括但不限于收益分配权、表决权、知情权等），直至原告履行全部出资义务之日止；4.采取一切必要措施要求原告履行出资义务（包括但不限于向原告发送催款函、委托律师代表被告向原告提起诉讼或仲裁等）。三个第三人合计持有被告85%股权，代表的表决权超过三分之二，以上决议内容符合公司法及公司章程的规定，合法有效。上述临时股东会决议第二项决议所涉章程修正案，载明如下内容：将被告公司章程第五条原告及三个第三人作为被告股东的出资时间2037年7月1日修改为出资时间2018年12月1日；并增加以下内容：若公司股东之间或股东与公司之间就出资时间另有约定，无论这等出资约定的具体时间在本章程或章程修正案签署之前还是签署之后，则股东的出资时间以该出资约定为准，但出资约定的最晚期限不得超过2018年12月1日；股东逾期未缴纳出资额的，应当按照同期人民银行公布的一年期贷款利息向公司支付逾期利息；股东溢价投资入股的金额超过其认缴的注册资本部分，应当计入公司的资本公积金。上述章程修正案落款处由第三人章某歌作为被告法定代表人签名，落款时间为2018年11月18日。

另查明，2011年2月10日开始，上海市康桥镇秀沿路×××弄×××支弄×××号的权利人系案外人俞某某、李某。

被告存放于公司登记机关内档材料中原告的身份证有效期为从2007年9月2日至2027年9月2日，该身份证载明原告住址为上海市南汇区康桥镇秀沿路×××弄×××支弄×××号。被告现身份证有效期为2011年10月29日至2031年10月29日，该身份证载明的原告住址为上海市浦东新区花木路×××弄×××号。

本院认为，原告诉请所针对的被告于2018年11月18日作出的临时股东会决议共有四项决议内容。根据原告陈述及提供的证据材料分析，原告要求确认无效的决议内容主要为第二、三项决议。关于第二项决议，本院认为，参与涉案股东会决议表决的股东为三个第三人，其中第三人章某歌持被告70%股权并系被告法定代表人，三个第三人共计持有被告85%股权，根据被告章程，可以通过涉及被告重大事项的任何决议。但涉案第二项决议内容涉及将被告原章程中规定的股东出资时间从2037年7月1日提前至2018年12月1日，而该决议形成时间为2018年11月18日，即被告要求各个股东完成注册资本的缴纳期限从二十年左右缩减于半个月不到的时间内，却未对要求提前缴纳出资的紧迫性等作出说明，不具有合理性；要求自然人于短期内完成一百余万元的筹措，亦不符合常理。综上，出资期限提前涉及股东基本利益，不能通过多数决的方式予以提前，故涉案临时股东会决议中第二项决议无效。对于第三项决议，本院认为，第三项决议作出的限制原告的股东权利系基于原告未按约定缴付700万元，该笔款项与第二项决议中所涉及的注册资本出资的含义、款项金额均不相同，故原告要求基于第二项决议要求确认第三项决议无效缺乏相应依据，且原告亦未提供其他证据证明第三项决议无效，原告应对此承担举证不能的法律后果。对于被告于2018年11月18日的临时股东会决议中除第二、三项决议外其他内容，本院认为，原告未举证证明该等内容无效，且原告在审理中亦明确其诉请临时股东会决议无效实际仅针对第二、三项决议，综上，本院认为，2018年11月18日被告临时股东会决议中仅第二项决议无效，其他内容均有效。

本案三个第三人经本院传票传唤，无正当理由拒不到庭，不影响本案的正常审理。

依照《公司法》第二十条第一款、第二十二条第一款，《民事诉讼法》第六十四条第一款，《最高人民法院关于适用〈中华人民共和国民事诉讼法〉的解释》第九十条、第二百四十条规定，判决如下：

一、确认被告鸿大（上海）投资管理有限公司于2018年11月18日作出的2018年第一次临时股东会决议中的第二项决议"通过章程修正案"无效；

二、驳回原告姚某城的其他诉讼请求。

案件受理费80元，减半收取40元，由被告鸿大（上海）投资管理有限公司负担。

如不服本判决，可以在判决书送达之日起十五日内，向本院递交上诉状，并按照对方当事人或者代表人的人数提出副本,上诉于上海市第二中级人民法院。

审判员　　沈文宏

二〇一九年六月二十八日

书记员　　王　倩

附:相关法律条文

一、《公司法》

第二十条　公司股东应当遵守法律、行政法规和公司章程,依法行使股东权利,不得滥用股东权利损害公司或者其他股东的利益;不得滥用公司法人独立地位和股东有限责任损害公司债权人的利益。

……

第二十二条　公司股东会或者股东大会、董事会的决议内容违反法律、行政法规的无效。

……

二、《民事诉讼法》

第六十四条　当事人对自己提出的主张,有责任提供证据。

……

三、《最高人民法院关于适用〈中华人民共和国民事诉讼法〉的解释》

第九十条　当事人对自己提出的诉讼请求所依据的事实或者反驳对方诉讼请求所依据的事实,应当提供证据加以证明,但法律另有规定的除外。

在作出判决前,当事人未能提供证据或者证据不足以证明其事实主张的,由负有举证证明责任的当事人承担不利的后果。

第二百四十条　无独立请求权的第三人经人民法院传票传唤,无正当理由拒不到庭,或者未经法庭许可中途退庭的,不影响案件的审理。

上海市第二中级人民法院

民事判决书

〔2019〕沪02民终8024号

上诉人(原审被告):鸿大(上海)投资管理有限公司,住所地上海市虹口区。

法定代表人：章某歌，执行董事。
委托诉讼代理人：闫飞翔，北京市中伦（上海）律师事务所律师。
委托诉讼代理人：张金娜，北京市中伦（上海）律师事务所律师。
被上诉人（原审原告）：姚某城，男，1972年12月12日出生，汉族，住上海市浦东新区。
委托诉讼代理人：倪志刚，上海市海华永泰律师事务所律师。
委托诉讼代理人：胡哲敏，上海市海华永泰律师事务所律师。
原审第三人：章某歌，男，1981年6月5日出生，汉族，住江苏省南京市。
原审第三人：蓝某球，女，1965年4月12日出生，畲族，住上海市黄浦区。
原审第三人：何某松，男，1969年12月6日出生，汉族，住上海市。

上诉人鸿大（上海）投资管理有限公司（以下简称鸿大公司）因与被上诉人姚某城及原审第三人章某歌、蓝某球、何某松等公司决议纠纷一案，不服上海市虹口区人民法院〔2019〕沪0109民初11538号民事判决，向本院提起上诉。本院于2019年8月6日立案后，依法组成合议庭，公开开庭进行了审理。上诉人鸿大公司委托诉讼代理人闫飞翔、张金娜及被上诉人姚某城委托诉讼代理人胡哲敏到庭参加诉讼。原审第三人章某歌、蓝某球、何某松经本院传票传唤未到庭应诉，本院依法缺席审理。本案现已审理终结。

鸿大公司上诉请求：撤销一审判决第一项，改判驳回姚某城全部诉讼请求。事实和理由：一审判决确认鸿大公司2018年11月18日作出的2018年第一次临时股东会决议（以下简称临时股东会决议）第二项无效，属于适用法律错误。公司法规定修改公司章程、增加或减少注册资本等事项的决议须经代表全体股东三分之二以上表决权的股东通过。股东出资期限如需经过全体股东一致同意方能修改，实际上赋予任何股东一票否决权，该观点并无法律和章程依据。修改出资期限与公司增资、减资、合并、分立、解散等均属于公司及股东重大利益事项，其中增资、减资及解散公司对股东利益更为密切，高于出资期限的重要性，如果解散公司也需经过全体股东一致同意，则公司可能永远无法解散。其次，本案不应适用公司法第二十条第一款、第二十二条第一款，临时股东会决议并未违反任何法律、行政法规，鸿大公司股东也未滥用股东权利、侵害公司或其他股东权利。且本案章某歌、姚某城、蓝某球、何值松、鸿大公司于2017年6月27日签订了《合作协议书》，约定姚某城应于2017年6月30日前履行出资义务，故本案不属于要求股东提前出资的情形。鸿大公司2017年7月17日形成的章程与合作协议书，系一般约定与特殊约定的关系，应优先适用合作协议书的特殊约定。临时股东会决议将公司章程记载的出资期限修改为2018年12月1日，并未早于合作协议书约定的2017年6月30日，且何值松、蓝某球等均已按照合作协议书的约定实际出资到位，仅姚某城一人在2037年7月1日才出资，将导致合作协议书的根本目的无法实现。此外，股东出资是否存在紧迫性、合理性不影响股东会决议的效力。综上，本案临时股东会决议修改公司章程记载的出资期限应当适用资本多数决规则，具有正当性,并未损害姚某城的利益,且股东会召集、表决程序均合法,该股东会决议合法有效。故此,请求二审支持其上诉请求。

姚某城答辩称,不同意鸿大公司上诉请求。本案鸿大公司其他股东利用资本多数决规则修改章程关于出资期限的规定,是对资本多数决的滥用。出资期限的提前或修改,需经全体股东一致同意。公司资本认缴制的核心是赋予公司自治及股东相应的出资期限利益。出资期限的修改决议不同于公司增资、减资、分立、合并及解散等情形,后者决议中股东固有权利均未改变。出资期限虽系公司章程记载的事项,但是涉及股东自身权利及出资期限利益,不能以多数决的方式进行修改而强迫不同意修改的股东接受。否则,对于其他小股东来说,认缴制度实际将不存在。一审法院适用法律正确,一审判决合法合理。本案表面上系修改公司章程的股东会决议,实质系章某歌、何值松、蓝某球等股东通过修改公司章程剥夺其他小股东的出资期限利益,限制了姚某城的合法权益。且对方号称其他股东已按照合作协议书出资人民币700万元(以下币种均为人民币),但其资金用途和使用情况不清,相关资产负债表显示未有出资变动,也未有其他股东出资及资本公积金注入,现单独要求姚某城出资不合理。且2017年6月27日合作协议书明确载明其仅是初步法律文件,效力待定。而嗣后2017年7月,鸿大公司形成新的章程并完成股东变更且进行了工商变更登记,姚某城已正式成为工商登记的鸿大公司股东,故各方的履行方式已经发生了重大改变。一审判决认定事实清楚,适用法律正确,请求二审驳回上诉,维持原判。

原审第三人章某歌、蓝某球、何某松未到庭应诉,亦未陈述意见。

姚某城向一审法院起诉请求:确认鸿大公司于2018年11月18日作出的2018年第一次临时股东会决议无效。

一审法院认定事实:2017年7月17日,鸿大公司形成新的公司章程,载明:第四条鸿大公司注册资本1000万元;第五条第三人章某歌出资700万元、姚某城出资150万元、第三人蓝某球、何某松各出资75万元,出资时间均为2037年7月1日;第九条股东会会议应当于会议召开十五日以前通知全体股东;第十一条……股东会会议由股东按照出资比例行使表决权;股东会会议作出修改公司章程、增加或者减少注册资本的决议,以及公司合并、分立、解散或者变更公司形式的决议,必须经代表全体股东三分之二以上表决权的股东通过。姚某城及三个第三人在上述章程后签名。此后,在公司登记机关备案材料显示,姚某城和三名第三人成为鸿大公司股东,姚某城持股15%、第三人何某松持股7.5%、第三人章某歌持股70%、第三人蓝某球持股7.5%。

2018年10月30日,鸿大公司向姚某城发送快递,快递单载明:内件品名为鸿大公司2018年临时股东会通知,寄送的地址为上海市南汇区康桥镇秀沿路×××弄×××支弄×××号。上述快递于次日被签收,快递记载签收人为他人收。鸿大公司2018年第一次临时股东会通知载明:召开会议时间为2018年11月18日下午2时,会议地点为上海市世纪大道8号国金中心二期10楼,会议审议事项为:更换并选举新的监事;修改公司章程;限制部分未履行出资义务股东的股东权利;授权公司就敦促未履行出资义务的股东缴付出资事项采取必要措施。

2018年11月18日，鸿大公司形成2018年第一次临时股东会决议，载明：应到会股东4人，实际到会股东为三个第三人，占总股数85%，姚某城收到股东会通知后未出席股东会，也未委托其他人出席股东会，会议由执行董事主持，到会股东一致同意形成决议如下：1.选举何某松为公司监事，免除姚某城的公司监事职务；2.通过章程修正案；3.姚某城未按照约定缴付出资款700万元，且在鸿大公司多次催缴的情况下仍拒不履行出资义务，股东会决定限制姚某城的一切股东权利（包括但不限于收益分配权、表决权、知情权等），直至姚某城履行全部出资义务之日止；4.采取一切必要措施要求姚某城履行出资义务（包括但不限于向姚某城发送催款函、委托律师代表鸿大公司向姚某城提起诉讼或仲裁等）。三个第三人合计持有鸿大公司85%股权，代表的表决权超过三分之二，以上决议内容符合公司法及公司章程的规定，合法有效。上述临时股东会决议第二项决议所涉章程修正案，载明如下内容：将鸿大公司章程第五条姚某城及三个第三人作为鸿大公司股东的出资时间2037年7月1日修改为出资时间2018年12月1日；并增加以下内容：若公司股东之间或股东与公司之间就出资时间另有约定，无论这等出资约定的具体时间在本章程或章程修正案签署之前还是签署之后，则股东的出资时间以该出资约定为准，但出资约定的最晚期限不得超过2018年12月1日；股东逾期未缴纳出资额的，应当按照同期人民银行公布的一年期贷款利息向公司支付逾期利息；股东溢价投资入股的金额超过其认缴的注册资本部分，应当计入公司的资本公积金。上述章程修正案落款处由第三人章某歌作为鸿大公司法定代表人签名，落款时间为2018年11月18日。

一审另查明，2011年2月10日开始，上海市康桥镇秀沿路×××弄×××支弄×××号的权利人系案外人俞某某、李某。鸿大公司存放于公司登记机关内档材料中姚某城的身份证有效期为从2007年9月2日至2027年9月2日，该身份证载明姚某城住址为上海市南汇区康桥镇秀沿路×××弄×××支弄×××号。姚某城现身份证有效期为2011年10月29日至2031年10月29日，该身份证载明的姚某城住址为上海市浦东新区花木路×××弄×××号。

一审法院认为，姚某城诉请所针对的鸿大公司于2018年11月18日作出的临时股东会决议共有四项决议内容。根据姚某城陈述及提供的证据材料分析，姚某城要求确认无效的决议内容主要为第二、三项决议。关于第二项决议，一审法院认为，参与涉案股东会决议表决的股东为三个第三人，其中第三人章某歌持鸿大公司70%股权并系鸿大公司法定代表人，三个第三人共计持有鸿大公司85%股权，根据鸿大公司章程，可以通过涉及鸿大公司重大事项的任何决议。但涉案第二项决议内容涉及将鸿大公司原章程中规定的股东出资时间从2037年7月1日提前至2018年12月1日，而该决议形成时间为2018年11月18日，即鸿大公司要求各个股东完成注册资本的缴纳期限从二十年左右缩减于半个月不到的时间内，却未对要求提前缴纳出资的紧迫性等作出说明，不具有合理性；要求自然人于短期内完成一百余万元的筹措，亦不符合常理。综上，出资期限提前涉及股东基本利益，不能通过多数决的方式予以提前，故涉案临时股东会决议中第二项决议无效。对于第三项决议，一审法院认为，第三项决议作出的限制姚某城的股东权利系基于姚某城未按约定缴付700万元，该笔款项与第二项决议中所涉及的注册资本出资的含义、款项金额均不相同，而姚某城要求基于第二项决议无效来确认第三项决议无效缺乏相应依据，且姚某城亦未提供其他证据证明第三项决议无效，姚某城应对此承担举证不能的法律后果。对于鸿大公司于2018年11月18日的临时股东会决议中除第二、三项决议外其他内容，一审法院认为，姚某城未举证证明该等内容无效，且姚某城在一审中亦明确其诉请临时股东会决议无效实际仅针对第二、三项决议，综上，一审法院认为，2018年11月18日鸿大公司临时股东会决议中仅第二项决议无效，其他内容均有效。本案三个第三人经一审法院传票传唤，无正当理由拒不到庭，不影响案件正常审理。

据此，一审法院依照《公司法》第二十条第一款、第二十二条第一款，《民事诉讼法》第六十四条第一款，《最高人民法院关于适用〈中华人民共和国民事诉讼法〉的解释》第九十条、第二百四十条规定，判决如下：一、确认鸿大公司于2018年11月18日作出的2018年第一次临时股东会决议中的第二项决议"通过章程修正案"无效；二、驳回姚某城的其他诉讼请求。一审案件受理费80元，减半收取40元，由鸿大公司负担。

二审中，鸿大公司向本院提交了鸿大公司存款交易明细对账单，旨在证明截至2019年7月31日，鸿大公司账户余额仅为25 754.07元，亟需股东实缴出资以便开展经营管理活动，临时股东会决议修改章程约定的出资期限具有紧迫性、合理性。

姚某城经质证认为，对上述材料的真实性、合法性不持异议，但对关联性存在异议。并称，各方加入鸿大公司就是为了特斯拉项目，现该项目已经明确失败，公司已无存在的意义。

本院经认证认为，鸿大公司提供的鸿大公司存款交易明细对账单等证据表明，鸿大公司截至2019年7月31日的账户余额为25 754.07元。但该账户余额情况与是否需要股东提前出资以及临时股东会决议修改章程约定的出资期限具有紧迫性、合理性之间并无直接关联关系。

本院经审理查明，一审认定事实无误，本院予以确认。

本院另查明，2017年6月27日，章某歌（甲方）、姚某城（乙方）、蓝某球（丙方）、何值松（丁方）、鸿大公司（戊方）共同签订《合作协议书》，约定：一、基于戊方将取得代理Tesla在中国大陆设立外商投资企业事宜的授权的预期，乙方、丙方、丁方愿意溢价投资入股戊方。其中乙方拟出资700万元，占增资后戊方15%的股份；丙方、丁方拟各出资350万元，各占增资后戊方7.5%的股份。……二、1.乙方、丙方、丁方应在本协议签署后的三日内将各自认缴的出资额全部实缴至戊方。……九、本协议系各方合作的初步法律文件，未来将可根据具体情况适时修改、调整、细化、充实。……章某歌、姚某城、蓝某球、何值松、鸿大公司均在该协议上签字或盖章。

鸿大公司工商登记信息显示：2017年7月21日，鸿大公司股东变更为：章某歌、姚某城、蓝某球、何值松。

本院认为，本案争议焦点为：1.鸿大公司2017年7月17日章程是否系对《合作协议书》约定的股东出资作出了变更；2.本案修改股东出资期限是否适用资本多数决规则；3.鸿大公司是否存在亟需股东提前出资的正当理由。

关于争议焦点一。根据2017年6月27日《合作协议书》约定，姚某城拟出资额为700万元，且应在协议签署后的三日内全部实缴至鸿大公司。而2017年7月17日，鸿大公司形成新的章程，明确章某歌认缴出资700万元，姚某城认缴出资150万元，蓝某球、何值松各认缴出资75万元，实缴时间均为2037年7月1日。可见，鸿大公司在姚某城并未按照《合作协议书》约定时间实缴出资的情况下，仍将其列为公司股东，且明确股东出资时间为2037年7月1日。并且，2017年7月21日，鸿大公司进行了相应工商变更登记，将姚某城正式登记为公司股东。故此，从各方实际履行来看，姚某城作为鸿大公司股东的出资时间已变更至2037年7月1日。此外，《合作协议书》亦明确载明，其仅是各方合作的初步法律文件，"未来将可根据具体情况适时修改、调整、细化、充实"。由此，鸿大公司将姚某城的出资时间调整至2037年7月1日，亦符合《合作协议书》之约定，且并不违反法律规定，合法有效。本案临时股东会决议第二项通过章程修正案将股东出资时间从2037年7月1日修改为2018年12月1日，显然属于要求股东姚某城提前出资的情形。因此，鸿大公司关于本案并非要求股东提前出资而是按照《合作协议书》要求姚某城出资的主张，与事实不符，不能成立。

关于争议焦点二。根据公司法相关规定，修改公司章程须经代表全体股东三分之二以上表决权的股东通过。本案临时股东会决议第二项系通过修改公司章程将股东出资时间从2037年7月1日修改为2018年12月1日，其实质系将公司股东的出资期限提前。而修改股东出资期限，涉及公司各股东的出资期限利益，并非一般的修改公司章程事项，不能适用资本多数决规则。理由如下：

首先，我国实行公司资本认缴制，除法律另有规定外，《公司法》第二十八条规定，"股东应当按期足额缴纳公司章程中规定的各自所认缴的出资额"，即法律赋予公司股东出资期限利益，允许公司各股东按照章程规定的出资期限缴纳出资。股东的出资期限利益，是公司资本认缴制的核心要义，系公司各股东的法定权利，如允许公司股东会以多数决的方式决议修改出资期限，则占资本多数的股东可随时随意修改出资期限，从而剥夺其他中小股东的合法权益。

其次，修改股东出资期限直接影响各股东的根本权利，其性质不同于公司增资、减资、解散等事项。后者决议事项一般与公司直接相关，但并不直接影响公司股东之固有权利。如增资过程中，不同意增资的股东，其已认缴或已实缴部分的权益并未改变，仅可能因增资而被稀释股份比例。而修改股东出资期限直接关系到公司各股东的切身利益。如允许适用资本多数决，不同意提前出资的股东将可能因未提前出资而被剥夺或限制股东权益，直接影响股东根本利益。因此，修改股东出资期限不能简单等同于公司增资、减资、解散等事项，亦不能简单地适用资本多数决规则。

最后，股东出资期限系公司设立或股东加入公司成为股东时，公司各股东之间形成的一致合意，股东按期出资虽系各股东对公司的义务，但本质上属于各股东之间的一致约定，而非公司经营管理事项。法律允许公司自治，但需以不侵犯他人合法权益为前提。公司经营过程中，如有法律规定的情形需要各股东提前出资或加速到期，系源于法律规定，而不能以资本多数决的方式，以多数股东意志变更各股东之间形成的一致意思表示。故此，本案修改股东出资期限不应适用资本多数决规则。

关于争议焦点三。一般债权具有平等性，但司法实践中，具有优先性质的公司债权在一定条件下可以要求公司股东提前出资或加速到期。如公司拖欠员工工资而形成的劳动债权，在公司无资产可供执行的情况下，可以要求公司股东提前出资或加速到期以承担相应的法律责任。而本案并不属于该种情形。本案当事人对鸿大公司是否继续经营持不同意见，且双方均确认《合作协议书》的合作目的已无法实现，目前也并无证据证明存在需要公司股东提前出资的必要性及正当理由，因此，一审判决认定本案要求股东提前出资不具有合理性且不符合常理，并无不当。章某歌、何值松、蓝某球等股东形成的临时股东会决议，剥夺了姚某城作为公司股东的出资期限利益，限制了姚某城的合法权益。一审判决确认该项决议无效，于法有据，本院予以认可。

综上所述，鸿大公司的上诉请求不能成立，应予驳回；一审判决认定事实清楚，判决并无不当，应予维持。依照《公司法》第二十八条、第三十七条、《民事诉讼法》第一百七十条第一款第一项规定，判决如下：

驳回上诉，维持原判。

二审案件受理费人民币80元，由上诉人鸿大（上海）投资管理有限公司负担。

本判决为终审判决。

法官助理　李　超
审 判 长　庄龙平
审 判 员　李非易
审 判 员　杨怡鸣
二〇一九年十月十一日
书 记 员　莫莉菲

附：相关的法律条文

一、《公司法》

第二十八条　股东应当按期足额缴纳公司章程中规定的各自所认缴的出资额。……

第三十七条　股东会行使下列职权：

（一）决定公司的经营方针和投资计划；
（二）选举和更换非由职工代表担任的董事、监事，决定有关董事、监事的报酬事项；
（三）审议批准董事会的报告；
（四）审议批准监事会或者监事的报告；
（五）审议批准公司的年度财务预算方案、决算方案；
（六）审议批准公司的利润分配方案和弥补亏损方案；
（七）对公司增加或者减少注册资本作出决议；
（八）对发行公司债券作出决议；
（九）对公司合并、分立、解散、清算或者变更公司形式作出决议；
（十）修改公司章程；
（十一）公司章程规定的其他职权。

对前款所列事项股东以书面形式一致表示同意的，可以不召开股东会会议，直接作出决定，并由全体股东在决定文件上签名、盖章。

二、《民事诉讼法》

第一百七十条　第二审人民法院对上诉案件，经过审理，按照下列情形，分别处理：

（一）原判决、裁定认定事实清楚，适用法律正确的，以判决、裁定方式驳回上诉，维持原判决、裁定；

……

【2023年版本、三次审议稿】

第四十八条　股东可以用货币出资，也可以用实物、知识产权、土地使用权、股权、债权等可以用货币估价并可以依法转让的非货币财产作价出资；但是，法律、行政法规规定不得作为出资的财产除外。

对作为出资的非货币财产应当评估作价，核实财产，不得高估或者低估作价。法律、行政法规对评估作价有规定的，从其规定。

【2018年版本】

第二十七条　股东可以用货币出资，也可以用实物、知识产权、土地使用权等可以用货币估价并可以依法转让的非货币财产作价出资；但是，法律、行政法规规定不得作为出资的财产除外。

对作为出资的非货币财产应当评估作价，核实财产，不得高估或者低估作价。法律、行政法规对评估作价有规定的，从其规定。

【本条释义】

本条规定了股东出资的形式。

货币是一般等价物,因此,股东可以用货币出资。除货币外,股东也可以用实物、知识产权、土地使用权、股权、债权等可以用货币估价并可以依法转让的非货币财产作价出资;但是,法律、行政法规规定不得作为出资的财产除外。不动产、土地使用权、机器设备、专利权、商标权、股权、债权是比较常见的非货币出资形式。依法不得转让的非货币财产不得用于出资,如全民所有的森林、水流、矿藏等自然资源,军用武器、弹药和淫秽物品等。

对作为出资的非货币财产应当评估作价,核实财产,不得高估或者低估作价。评估的方法可以由公司章程规定,既可以由专业的资产评估机构评估作价,也可以由全体股东共同评估作价。法律、行政法规对评估作价有规定的,应遵守其规定。除法律、行政法规外,其他规范性文件不允许对公司出资的非货币财产的评估作价作出其他规定。

【相关法律规定】

《**中华人民共和国资产评估法**》(2016年7月2日第十二届全国人民代表大会常务委员会第二十一次会议通过,以下简称《资产评估法》)

第一条 为了规范资产评估行为,保护资产评估当事人合法权益和公共利益,促进资产评估行业健康发展,维护社会主义市场经济秩序,制定本法。

第二条 本法所称资产评估(以下称评估),是指评估机构及其评估专业人员根据委托对不动产、动产、无形资产、企业价值、资产损失或者其他经济权益进行评定、估算,并出具评估报告的专业服务行为。

第三条 自然人、法人或者其他组织需要确定评估对象价值的,可以自愿委托评估机构评估。

涉及国有资产或者公共利益等事项,法律、行政法规规定需要评估的(以下称法定评估),应当依法委托评估机构评估。

第四条 评估机构及其评估专业人员开展业务应当遵守法律、行政法规和评估准则,遵循独立、客观、公正的原则。

评估机构及其评估专业人员依法开展业务,受法律保护。

第五条 评估专业人员从事评估业务,应当加入评估机构,并且只能在一个评估机构从事业务。

第六条 评估行业可以按照专业领域依法设立行业协会,实行自律管理,并接受有关评估行政管理部门的监督和社会监督。

第七条　国务院有关评估行政管理部门按照各自职责分工，对评估行业进行监督管理。

设区的市级以上地方人民政府有关评估行政管理部门按照各自职责分工，对本行政区域内的评估行业进行监督管理。

【2023 年版本】

第四十九条　股东应当按期足额缴纳公司章程规定的各自所认缴的出资额。

股东以货币出资的，应当将货币出资足额存入有限责任公司在银行开设的账户；以非货币财产出资的，应当依法办理其财产权的转移手续。

股东未按期足额缴纳出资的，除应当向公司足额缴纳外，还应当对给公司造成的损失承担赔偿责任。

【三次审议稿】

第四十九条　股东应当按期足额缴纳公司章程规定的各自所认缴的出资额。

股东以货币出资的，应当将货币出资足额存入有限责任公司在银行开设的账户；以非货币财产出资的，应当依法办理其财产权的转移手续。

股东未按期足额缴纳出资给公司造成损失的，应当承担赔偿责任。

【2018 年版本】

第二十八条　股东应当按期足额缴纳公司章程中规定的各自所认缴的出资额。股东以货币出资的，应当将货币出资足额存入有限责任公司在银行开设的账户；以非货币财产出资的，应当依法办理其财产权的转移手续。

股东不按照前款规定缴纳出资的，除应当向公司足额缴纳外，还应当向已按期足额缴纳出资的股东承担违约责任。

【本条释义】

本条规定了股东按期足额缴纳出资的义务。

出资是股东最基本的义务，也是股东享有股东权利的前提，甚至也是取得股东资格的条件，因此，股东应当按期足额缴纳公司章程规定的各自所认缴的出资额。股东的出资义务既包括按照公司章程规定的期限和金额出资，也包括按照公司章程规定的出资形式来出资。如公司章程规定股东使用货币出资，股东不得用非货币财产出资，公司章程规定股东使用不动产出资，股东不得用其他货币资产出资。由于货币是一般等价物，因此，公司章程规定股东使用非货币财产出资的，股东可以使用货币出资来代替。

股东以货币出资的，应当将货币出资足额存入有限责任公司在银行开设的账户，如果公司开设有多个银行存款账户，通常应当存入公司的基本存款账户。股东以非货币财产出资的，应当依法办理其财产权的转移手续。不动产、土地使用权通常需要办理登记才能转移财产权，动产交付后即算完成转移手续，但机动车、船舶、航空器等特殊不动产还需要转移登记才算完成转移手续。

股东未按期足额缴纳出资的，除应当向公司足额缴纳外，还应当对给公司造成的损失承担赔偿责任。股东未按期足额缴纳出资首先会给公司造成利息的损失，因此，股东应当按照同期人民币贷款利率依法向公司支付迟延缴纳出资期间的利息。如果公司因此产生其他损失，如对合同相对人违约、迟延缴纳税款等，则由此产生的违约金和滞纳金等损失，股东也应当承担赔偿责任。

【相关法律规定】

《民法典》

第二百零九条 不动产物权的设立、变更、转让和消灭，经依法登记，发生效力；未经登记，不发生效力，但是法律另有规定的除外。

依法属于国家所有的自然资源，所有权可以不登记。

第二百一十四条 不动产物权的设立、变更、转让和消灭，依照法律规定应当登记的，自记载于不动产登记簿时发生效力。

第二百一十五条 当事人之间订立有关设立、变更、转让和消灭不动产物权的合同，除法律另有规定或者当事人另有约定外，自合同成立时生效；未办理物权登记的，不影响合同效力。

第二百一十六条 不动产登记簿是物权归属和内容的根据。

不动产登记簿由登记机构管理。

第二百一十七条 不动产权属证书是权利人享有该不动产物权的证明。不动产权属证书记载的事项，应当与不动产登记簿一致；记载不一致的，除有证据证明不动产登记簿确有错误外，以不动产登记簿为准。

第二百二十四条 动产物权的设立和转让，自交付时发生效力，但是法律另有规定的除外。

第二百二十五条 船舶、航空器和机动车等的物权的设立、变更、转让和消灭，未经登记，不得对抗善意第三人。

第二百二十六条 动产物权设立和转让前，权利人已经占有该动产的，物权自民事法律行为生效时发生效力。

第二百二十七条 动产物权设立和转让前，第三人占有该动产的，负有交付义务的人可以通过转让请求第三人返还原物的权利代替交付。

第二百二十八条 动产物权转让时，当事人又约定由出让人继续占有该动产的，物权自该约定生效时发生效力。

第二百二十九条 因人民法院、仲裁机构的法律文书或者人民政府的征收决定等，导致物权设立、变更、转让或者消灭的，自法律文书或者征收决定等生效时发生效力。

第二百三十条 因继承取得物权的，自继承开始时发生效力。

第二百三十一条 因合法建造、拆除房屋等事实行为设立或者消灭物权的，自事实行为成就时发生效力。

第二百三十二条 处分依照本节规定享有的不动产物权，依照法律规定需要办理登记的，未经登记，不发生物权效力。

【相关司法解释规定】

《最高人民法院关于适用〈中华人民共和国公司法〉若干问题的规定（三）》

第七条 出资人以不享有处分权的财产出资，当事人之间对于出资行为效力产生争议的，人民法院可以参照民法典第三百一十一条的规定予以认定。

以贪污、受贿、侵占、挪用等违法犯罪所得的货币出资后取得股权的，对违法犯罪行为予以追究、处罚时，应当采取拍卖或者变卖的方式处置其股权。

第八条 出资人以划拨土地使用权出资，或者以设定权利负担的土地使用权出资，公司、其他股东或者公司债权人主张认定出资人未履行出资义务的，人民法院应当责令当事人在指定的合理期间内办理土地变更手续或者解除权利负担；逾期未办理或者未解除的，人民法院应当认定出资人未依法全面履行出资义务。

第九条 出资人以非货币财产出资，未依法评估作价，公司、其他股东或者公司债权人请求认定出资人未履行出资义务的，人民法院应当委托具有合法资格的评估机构对该财产评估作价。评估确定的价额显著低于公司章程所定价额的，人民法院应当认定出资人未依法全面履行出资义务。

第十条 出资人以房屋、土地使用权或者需要办理权属登记的知识产权等财产出资，已经交付公司使用但未办理权属变更手续，公司、其他股东或者公司债权人主张认定出资人未履行出资义务的，人民法院应当责令当事人在指定的合理期间内办理权属变更手续；在前述期间内办理了权属变更手续的，人民法院应当认定其已经履行了出资义务；出资人主张自其实际交付财产给公司使用时享有相应股东权利的，人民法院应予支持。

出资人以前款规定的财产出资，已经办理权属变更手续但未交付给公司使用，公司或者其他股东主张其向公司交付、并在实际交付之前不享有相应股东权利的,人民法院应予支持。

第十一条 出资人以其他公司股权出资,符合下列条件的,人民法院应当认定出资人已履行出资义务:

(一)出资的股权由出资人合法持有并依法可以转让;

(三)出资人已履行关于股权转让的法定手续;

(四)出资的股权已依法进行了价值评估。

股权出资不符合前款第(一)、(二)、(三)项的规定,公司、其他股东或者公司债权人请求认定出资人未履行出资义务的,人民法院应当责令该出资人在指定的合理期间内采取补正措施,以符合上述条件;逾期未补正的,人民法院应当认定其未依法全面履行出资义务。

股权出资不符合本条第一款第(四)项的规定,公司、其他股东或者公司债权人请求认定出资人未履行出资义务的,人民法院应当按照本规定第九条的规定处理。

第十九条 公司股东未履行或者未全面履行出资义务或者抽逃出资,公司或者其他股东请求其向公司全面履行出资义务或者返还出资,被告股东以诉讼时效为由进行抗辩的,人民法院不予支持。

公司债权人的债权未过诉讼时效期间,其依照本规定第十三条第二款、第十四条第二款的规定请求未履行或者未全面履行出资义务或者抽逃出资的股东承担赔偿责任,被告股东以出资义务或者返还出资义务超过诉讼时效期间为由进行抗辩的,人民法院不予支持。

第二十条 当事人之间对是否已履行出资义务发生争议,原告提供对股东履行出资义务产生合理怀疑证据的,被告股东应当就其已履行出资义务承担举证责任。

【2023年版本】

第五十条 有限责任公司设立时,股东未按照公司章程规定实际缴纳出资,或者实际出资的非货币财产的实际价额显著低于所认缴的出资额的,设立时的其他股东与该股东在出资不足的范围内承担连带责任。

【三次审议稿】

第五十条 有限责任公司设立时,股东未按照公司章程规定足额缴纳出资,或者作为出资的非货币财产的实际价额显著低于所认缴的出资额的,应当由该股东补足其差额,设立时的其他股东承担连带责任。

【2018 年版本】

第三十条 有限责任公司成立后,发现作为设立公司出资的非货币财产的实际价额显著低于公司章程所定价额的,应当由交付该出资的股东补足其差额;公司设立时的其他股东承担连带责任。

【本条释义】

本条规定了有限责任公司股东的补足出资责任。

有限责任公司设立时,如果股东未按照公司章程规定足额缴纳出资,包括出资期限迟延、出资金额不足、出资形式不符等,或者实际出资的非货币财产的实际价额显著低于所认缴的出资额,应当由该股东补足其差额,设立时的其他股东承担连带责任。

上述"实际价额"是指出资时相关非货币财产的实际价值,如果出资之后由于市场变化或者其他客观因素导致出资的非货币财产贬值,该风险应当由公司承担,而不能转嫁给股东,除非股东在出资时对该财产的贬值风险进行了保证。

承担连带责任的是设立时的其他股东,公司设立后通过增资的方式新增加的股东不承担责任。如果设立时的其他股东将全部股权转让给他人,该连带责任应当由转让股权的股东和受让股权的股东共同承担。

【相关司法解释规定】

《最高人民法院关于适用〈中华人民共和国公司法〉若干问题的规定(三)》

第十三条 股东未履行或者未全面履行出资义务,公司或者其他股东请求其向公司依法全面履行出资义务的,人民法院应予支持。

公司债权人请求未履行或者未全面履行出资义务的股东在未出资本息范围内对公司债务不能清偿的部分承担补充赔偿责任的,人民法院应予支持;未履行或者未全面履行出资义务的股东已经承担上述责任,其他债权人提出相同请求的,人民法院不予支持。

股东在公司设立时未履行或者未全面履行出资义务,依照本条第一款或者第二款提起诉讼的原告,请求公司的发起人与被告股东承担连带责任的,人民法院应予支持;公司的发起人承担责任后,可以向被告股东追偿。

股东在公司增资时未履行或者未全面履行出资义务,依照本条第一款或者第二款提起诉讼的原告,请求未尽公司法第一百四十七条第一款规定的义务而使出资未缴足的董事、高级管理人员承担相应责任的,人民法院应予支持;董事、高级管理人员承担责任后,可以向被告股东追偿。

第十五条 出资人以符合法定条件的非货币财产出资后,因市场变化或者其他客观因素导致出资财产贬值,公司、其他股东或者公司债权人请求该出资人承担补足出资责任的,人民法院不予支持。但是,当事人另有约定的除外。

【典型案例】

湖南省资兴市人民法院
民 事 判 决 书

〔2022〕湘 1081 民初 1725 号

原告:郴州东江湾电子商务股份有限公司,住所地湖南省资兴市东江街道寿佛路 588 号 16 栋 501。

法定代表人:李某武,该公司董事长。

委托诉讼代理人:何华江,湖南宏法律师事务所律师。

被告:广州纵队网络技术有限公司,住所地广东省广州市天河区五山翰景路 1 号 501 号 F08 房。

法定代表人:刘某勇,该公司执行董事。

第三人:资兴东江湾置业有限公司,住所地湖南省资兴市唐洞街道阳安路 18 号。

法定代表人:邬某平,该公司总经理。

第三人:资兴市力天电子商务科技有限公司,住所地湖南省资兴市东江街道资兴市秀流名居三期 3 栋一楼 101 号。

法定代表人:薛某峰,该公司执行董事。

委托诉讼代理人:薛某涛,男,该公司员工。

原告郴州东江湾电子商务股份有限公司(以下简称东江湾电子公司)与被告广州纵队网络技术有限公司(以下简称广州纵队公司)及第三人资兴东江湾置业有限公司(以下简称东江湾置业公司)、资兴市力天电子商务科技有限公司(以下简称力天电子公司)股东出资纠纷一案,本院于 2022 年 11 月 8 日立案后,依法适用普通程序,于 2023 年 1 月 16 日公开开庭进行了审理。原告东江湾电子公司的委托诉讼代理人何华江及第三人力天电子公司的委托诉讼代理人薛某涛到庭参加诉讼,被告广州纵队公司、第三人东江湾置业公司经合法传唤无正当理由未到庭参加诉讼。本案现已审理终结。

原告东江湾电子公司向本院提出诉讼请求:一、依法判决被告向原告缴纳所认购的股本金190万元。二、本案案件受理费全部由被告负担。事实及理由：被告广州纵队公司与第三人东江湾置业公司、力天电子公司作为发起人于2016年6月3日成立原告东江湾电子公司。原告东江湾电子公司股份总数1 000万股，每股金额为1元，注册资本1 000万元。根据公司章程第十一条规定由被告广州纵队公司认购股份190万元，由第三人东江湾置业公司认购510万元，由第三人力天电子公司认购300万股，各股东认购款出资时间在2019年6月1日前。原告为了公司经营，在2017年5月23日召开公司经营管理会议决定第三人力天电子公司认购的300万股减为180万股，被告广州纵队公司认购的190万股减为50万股，被告和力天电子公司减出合计的260万股要李帅受让。由于李帅没有参加会议，召开会议之后，原告要力天电子公司受让了被告减出的14%的股份140万股，并要力天电子公司支付了140万元到原告账户，由此，原告认为被告仅要缴纳认购的股本金为50万元。第三人力天电子公司支付140万元后，认为其没有受让被告的140万股份，要求原告返还其支付的140万元。第三人力天电子公司与原告就原告收取的140万元发生纠纷，经多次协商未果后，第三人力天电子公司在2022年1月25日向资兴市人民法院提起诉讼，确认认购原告140万元股份无效，并要求原告返还股份转让款140万元。资兴市人民法院经公开开庭审理后，于2022年7月18日判决确认第三人力天电子公司认购原告140万元股份无效，返还第三人力天电子公司股份转让款140万元。公司章程规定的出资时间届满，以及原告与第三人力天电子公司转让被告股份纠纷判决生效后，被告至今仍未主动缴纳所认购的股本金190万元。基于以上事实，原告认为被告不按公司章程规定时间缴纳所认购的股本金190万元行为严重损害了原告的利益，其行为违反了《公司法》。现原告依据《公司法》第三条、第八十三条之规定要求被告缴纳所认购的股本金190万元，特向法院提起诉讼，望判如所请。

被告广州纵队公司未予答辩。

第三人东江湾置业公司述称：东江湾电子公司与力天电子公司已按公司章程规定在2019年6月1日前将认购的股本金全部缴纳到位，而广州纵队公司至今未支付认购的股本金190万元，故对原告的请求无异议。

第三人力天电子公司述称：力天电子公司与东江湾置业公司已按照公司章程规定，在2019年6月1日前将认购的股本金全部缴纳到位，而广州纵队公司至今未支付认购的股本金190万元，故对原告的请求无异议。

原告东江湾电子公司围绕自己的诉讼请求，向本院提交了四组证据。

证据一：营业执照、法定代表人身份证明书、身份证复印件，拟证明原告是合法存续的公司，具备原告的诉讼主体资格。

证据二：企业信用信息公示报告，拟证明被告及第三人是合法存续的公司，具备被告的诉讼主体资格。

证据三：公司章程，拟证明被告认购原告股份190万股，在2019年6月1日前缴纳认购股份的股本金190万元。

证据四：民事判决书，拟证明被告要向原告缴纳所认购的股本金190万元。

第三人力天电子公司对原告提交的证据均无异议。

对于原告提交的证据一、二、三，能够证明原、被告的企业工商登记信息以及原告公司章程对各股东出资的规定，对该三份证据，本院予以认定。对证据四的真实性、合法性、关联性予以认可，对证明方向在本院认为中再综合予以论述。

被告广州纵队公司、第三人东江湾置业公司及力天电子公司未向本院提交证据材料。

根据当事人的陈述及庭审举证质证确认的证据，本院认定事实如下：2016年6月3日，东江湾置业公司、力天电子公司及广州纵队公司共同发起设立了东江湾电子公司，注册资本1 000万元，每股1元，共1 000万股，东江湾置业公司、力天电子公司及广州纵队公司分别认购510万元、300万元、190万元，公司章程载明各发起人的出资时间均为2019年6月1日前。

2017年5月23日，东江湾电子公司召开会议，会上对公司股份进行了调整，具体调整为绿鼎李帅等人占股26%、力天电子公司占股18%、广州纵队公司占股5%，东江湾置业公司占股51%不变，并要求股份调整在三个月之内到位，力天电子公司、广州纵队公司需将调减的股份转让给绿鼎李帅等人。由于李帅等人未参加会议，会后，东江湾电子公司要求力天电子公司受让广州纵队减少的14%股份。之后，绿鼎李帅等人以力天电子公司的名义认购了26%的股份，并由力天电子公司为其代持该部分股份。绿鼎李帅等人将款项支付到力天电子公司后，力天电子公司又转款440万元至东江湾电子公司用作认购股份款。

2022年1月25日，力天电子公司以东江湾电子公司要求其受让广州纵队公司调减的140万股违反法律、行政法规规定为由向法院起诉，要求确认力天电子公司认购东江湾电子公司的140万元股份不成立，并要求东江湾电子公司返还其已支付的股份转让款140万元。法院经审理后，认为2017年5月23日东江湾电子公司以会议纪要的方式转让公司股份的行为违反了法律的效力性规定应属无效，故判决支持了力天电子公司的请求。判决生效后，因广州纵队公司一直未按公司章程缴纳所认购的股本金，故东江湾电子公司向本院提起该案诉讼。

本院认为，《公司法》第八十三条第一款规定："以发起设立方式设立股份有限公司的，发起人应当书面认足公司章程规定其认购的股份，并按照公司章程规定缴纳出资。以非货币财产出资的，应当依法办理其财产权的转移手续。"《最高人民法院关于适用〈中华人民共和国公司法〉若干问题的规定（三）》第十三条第一款："股东未履行或者未全面履行出资义务，公司或者其他股东请求其向公司依法全面履行出资义务的，人民法院应予支持。"本案中，广州纵队公司、东江湾置业公司、力天电子公司作为东江湾电子公司的发起人，应当按照公司章程的规定足额缴纳出资，公司章程明确约定了广州纵队公司作为发起人所认购的股份为190万股，出资期限为2019年6月1日前，现广州纵队公司在公司章程规定的出资期限届满后仍未足额缴纳出资，侵害了公司的合法权益，其股份转让也已经生效法院判决确认无效，故东江湾电子公司请求广州纵队公司按照其认购 190 万股缴纳股本金，符合法律规定，本院予以支持。广州纵队公司、东江湾置业公司经传票传唤，无正当理由拒不到庭参加诉讼，应视为自愿放弃相关诉讼权利，应承担由此产生的不利法律后果。

综上，依照《公司法》第十一条、第八十三条第一款，《最高人民法院关于适用〈中华人民共和国公司法〉若干问题的规定（三）》第十三条第一款，《民事诉讼法》第一百四十七条规定，判决如下：

限被告广州纵队网络技术有限公司于本判决生效之日起六十日内向原告郴州东江湾电子商务股份有限公司缴足其认购的股本金 190 万元。

如未按本判决指定期限履行给付金钱的义务，应当依照《民事诉讼法》第二百六十条之规定，加倍支付迟延履行期间的债务利息。

案件受理费 21 900 元，公告费 560 元，合计 22 460 元，由被告广州纵队网络技术有限公司负担。

如不服本判决，可自判决书送达之日起十五日内向本院递交上诉状，并按对方当事人的人数提出副本，上诉于湖南省郴州市中级人民法院。

本判决生效后，负有履行义务的当事人应当按期履行生效法律文书确定的义务，并不得有转移、隐匿、毁损财产及高消费等妨害或逃避执行的行为。本条款即为执行通知，本案执行立案后，人民法院可依法对被执行人的财产采取执行措施，对相关当事人采取纳入失信被执行人名单、限制消费、罚款、拘留等强制措施，构成犯罪的，依法追究刑事责任。

审 判 长　李江林
人民陪审员　杨满标
人民陪审员　廖秀玲
二〇二三年二月二十七日
法官助理　唐明菲
书 记 员　何苇杭

【2023 年版本】

第五十一条　有限责任公司成立后，董事会应当对股东的出资情况进行核查，发现股东未按期足额缴纳公司章程规定的出资的，应当由公司向该股东发出书面催缴书，催缴出资。

未及时履行前款规定的义务，给公司造成损失的，负有责任的董事应当承担赔偿责任。

【三次审议稿】

第五十一条 有限责任公司成立后,董事会应当对股东的出资情况进行核查,发现股东未按期足额缴纳公司章程规定的出资的,应当向该股东发出书面催缴书,催缴出资。

董事会未履行前款规定的义务,给公司造成损失的,负有责任的董事应当承担赔偿责任。

【本条释义】

本条规定了董事会催缴出资的义务。

有限责任公司成立后,公司的日常领导机构是董事会,因此,董事会应当对股东的出资情况进行核查,如果发现股东未按期足额缴纳公司章程规定的出资,应当向该股东发出书面催缴书,催缴出资。董事会没有强制股东出资的权利,只能向股东催缴出资。

如果董事会未履行上述催缴出资义务,且给公司造成损失,负有责任的董事应当承担赔偿责任。通常情况下,董事长属于负有责任的董事,因为其有义务召集董事会并作出向股东催缴出资的决议。如果董事长依法召集了董事会会议,但董事会会议没有通过向股东催缴出资的决议,该次会议未投赞成票的董事都是负有责任的董事,都应当承担赔偿责任。

【2023年版本】

第五十二条 股东未按照公司章程规定的出资日期缴纳出资,公司依照前条第一款规定发出书面催缴书催缴出资的,可以载明缴纳出资的宽限期;宽限期自公司发出催缴书之日起,不得少于六十日。宽限期届满,股东仍未履行出资义务的,公司经董事会决议可以向该股东发出失权通知,通知应当以书面形式发出。自通知发出之日起,该股东丧失其未缴纳出资的股权。

依照前款规定丧失的股权应当依法转让,或者相应减少注册资本并注销该股权;六个月内未转让或者注销的,由公司其他股东按照其出资比例足额缴纳相应出资。

股东对失权有异议的,应当自接到失权通知之日起三十日内,向人民法院提起诉讼。

【三次审议稿】

第五十二条 公司依照前条第一款规定发出书面催缴书催缴出资,可以载明缴纳出资的宽限期；宽限期自公司发出催缴书之日起，不得少于六十日。宽限期届满，股东仍未履行出资义务的，公司可以向该股东发出失权通知，通知应当以书面形式发出，自通知发出之日起，该股东丧失其未缴纳出资的股权。

依照前款规定丧失的股权应当依法转让，或者相应减少注册资本并注销该股权；六个月内未转让或者注销的，由公司其他股东按照其出资比例足额缴纳相应出资。

【本条释义】

本条规定了股东失权制度。

有限责任公司成立后，董事会应当对股东的出资情况进行核查，发现股东未按期足额缴纳公司章程规定的出资的，应当向该股东发出书面催缴书，催缴出资。公司发出书面催缴书催缴出资，可以载明缴纳出资的宽限期；宽限期自公司发出催缴书之日起，不得少于六十日。宽限期最长不得超过公司五年的出资期限。例如，公司于2024年1月10日成立，某位股东的最后出资期限为2028年10月10日，该股东出资逾期后，公司可以给60天的宽限期，也可以给更长的宽限期，但最长不能超过2029年1月10日，否则就是变相规避五年的出资期限。

宽限期届满，股东仍未履行出资义务的，公司经董事会决议可以向该股东发出失权通知，通知应当以书面形式发出，自通知发出之日起，该股东丧失其未缴纳出资的股权。股东失权不需要由股东会会议另行决议，也不需要由公司章程明确规定，这是法律规定的制度。

依照上述规定丧失的股权应当依法转让，或者相应减少注册资本并注销该股权。该股权可以转让给其他股东，也可以转让给股东以外的人，引入新的股东。如果多个股东都要购买该股权，可以根据持股比例由多个股东共同购买。股权转让的价款由公司与拟购买的股东或主体协商确定。如果上述股权在六个月内未转让或者注销的，由公司其他股东按照其出资比例足额缴纳相应出资。

股东对失权如果有异议的，应当自接到失权通知之日起三十日内，向人民法院提起诉讼。超过期限，人民法院将不予受理。

【2023年版本】

第五十三条 公司成立后，股东不得抽逃出资。

违反前款规定的，股东应当返还抽逃的出资；给公司造成损失的，负有责任的董事、监事、高级管理人员应当与该股东承担连带赔偿责任。

【三次审议稿】

第五十七条 公司成立后,股东不得抽逃出资。

违反前款规定的,股东应当返还抽逃的出资;给公司造成损失的,负有责任的董事、监事、高级管理人员应当与该股东承担连带赔偿责任。

【2018 年版本】

第三十五条 公司成立后,股东不得抽逃出资。

【本条释义】

本条规定了股东不得抽逃出资的义务。

公司资本是公司运营以及对外承担责任的保障,因此,公司成立后,股东不得抽逃出资。所谓抽逃出资就是没有其他合理理由和正当目的,将公司资本转入股东个人账户。

股东抽逃出资的,股东应当返还抽逃的出资。股东抽逃出资会导致公司日常经营资金不足,有可能给公司造成损失,如果给公司造成损失,负有责任的董事、监事、高级管理人员应当与该股东承担连带赔偿责任。因为股东抽逃出资往往需要董事、监事、高级管理人员的配合,帮助股东抽逃出资、发现股东抽逃出资不予以制止或者采取其他措施、因工作失误而未发现股东抽逃出资的董事、监事、高级管理人员都属于负有责任的人员。

【相关法律规定】

《中华人民共和国期货和衍生品法》(2022 年 4 月 20 日第十三届全国人民代表大会常务委员会第三十四次会议通过)

第七十五条 期货经营机构的股东有虚假出资、抽逃出资行为的,国务院期货监督管理机构应当责令其限期改正,并可责令其转让所持期货经营机构的股权。

在股东依照前款规定的要求改正违法行为、转让所持期货经营机构的股权前,国务院期货监督管理机构可以限制其股东权利。

《证券法》

第一百四十一条 证券公司的股东有虚假出资、抽逃出资行为的,国务院证券监督管理机构应当责令其限期改正,并可责令其转让所持证券公司的股权。

在前款规定的股东按照要求改正违法行为、转让所持证券公司的股权前，国务院证券监督管理机构可以限制其股东权利。

《中华人民共和国证券投资基金法》（2003年10月28日第十届全国人民代表大会常务委员会第五次会议通过，2012年12月28日第十一届全国人民代表大会常务委员会第三十次会议修订，根据2015年4月24日第十二届全国人民代表大会常务委员会第十四次会议《关于修改〈中华人民共和国港口法〉等七部法律的决定》修正，下同）

第二十三条 公开募集基金的基金管理人的股东、实际控制人应当按照国务院证券监督管理机构的规定及时履行重大事项报告义务，并不得有下列行为：

（一）虚假出资或者抽逃出资；

（二）未依法经股东会或者董事会决议擅自干预基金管理人的基金经营活动；

（三）要求基金管理人利用基金财产为自己或者他人牟取利益，损害基金份额持有人利益；

（四）国务院证券监督管理机构规定禁止的其他行为。

公开募集基金的基金管理人的股东、实际控制人有前款行为或者股东不再符合法定条件的，国务院证券监督管理机构应当责令其限期改正，并可视情节责令其转让所持有或者控制的基金管理人的股权。

在前款规定的股东、实际控制人按照要求改正违法行为、转让所持有或者控制的基金管理人的股权前，国务院证券监督管理机构可以限制有关股东行使股东权利。

《中华人民共和国刑法》（1979年7月1日第五届全国人民代表大会第二次会议通过，1997年3月14日第八届全国人民代表大会第五次会议修订，根据1998年12月29日第九届全国人民代表大会常务委员会第六次会议通过的《全国人民代表大会常务委员会关于惩治骗购外汇、逃汇和非法买卖外汇犯罪的决定》、1999年12月25日第九届全国人民代表大会常务委员会第十三次会议通过的《中华人民共和国刑法修正案》、2001年8月31日第九届全国人民代表大会常务委员会第二十三次会议通过的《中华人民共和国刑法修正案（二）》、2001年12月29日第九届全国人民代表大会常务委员会第二十五次会议通过的《中华人民共和国刑法修正案（三）》、2002年12月28日第九届全国人民代表大会常务委员会第三十一次会议通过的《中华人民共和国刑法修正案（四）》、2005年2月28日第十届全国人民代表大会常务委员会第十四次会议通过的《中华人民共和国刑法修正案（五）》、2006年6月29日第十届全国人民代表大会常务委员会第二十二次会议通过的《中华人民共和国刑法修正案（六）》、2009年2月28日第十一届全国人民代表大会常务委员会第七次会议通过的《中华人民共和国刑法修正案（七）》、2009年8月27日第十一届全国人民代表大会常务委员会第十次会议通过的《全国人民代表大会常务委员会关于修改部分法律的决定》、2011年2月25日第十一届全国人民代表大会常务委员会第十九次会议通过的《中华人民共和国刑法修正案（八）》、2015年8月29日第十二届全国人民代表大会常务委员会第十六次会议通过的《中华人民共和国刑法修正案（九）》、2017年11月4日第十二届全国人民代表大会常务委员会第三十次会议通过的《中华人民共和国刑法修正案（十）》和2020年12月26日第十三届全国人民代表大会常务委员会第二十四次会议通过的《中华人民共和国刑法修正案（十一）》修正，以下简称《刑法》）

第一百五十九条 【虚假出资、抽逃出资罪】公司发起人、股东违反公司法的规定未交付货币、实物或者未转移财产权，虚假出资，或者在公司成立后又抽逃其出资，数额巨大、后果严重或者有其他严重情节的，处五年以下有期徒刑或者拘役，并处或者单处虚假出资金额或者抽逃出资金额百分之二以上百分之十以下罚金。

单位犯前款罪的，对单位判处罚金，并对其直接负责的主管人员和其他直接责任人员，处五年以下有期徒刑或者拘役。

【相关法规规定】

《私募投资基金监督管理条例》（国务院令2023年第762号，下同）

第十二条 私募基金管理人的股东、实际控制人、合伙人不得有下列行为：

（一）虚假出资、抽逃出资、委托他人或者接受他人委托出资；

（二）未经股东会或者董事会决议等法定程序擅自干预私募基金管理人的业务活动；

（三）要求私募基金管理人利用私募基金财产为自己或者他人牟取利益，损害投资者利益；

（四）法律、行政法规和国务院证券监督管理机构规定禁止的其他行为。

《期货交易管理条例》（2007年3月6日中华人民共和国国务院令第489号公布，根据2012年10月24日《国务院关于修改〈期货交易管理条例〉的决定》第一次修订，根据2013年7月18日《国务院关于废止和修改部分行政法规的决定》第二次修订，根据2016年2月6日《国务院关于修改部分行政法规的决定》第三次修订，根据2017年3月1日《国务院关于修改和废止部分行政法规的决定》第四次修订）

第五十七条 期货公司的股东有虚假出资或者抽逃出资行为的，国务院期货监督管理机构应当责令其限期改正，并可责令其转让所持期货公司的股权。

在股东按照前款要求改正违法行为、转让所持期货公司的股权前，国务院期货监督管理机构可以限制其股东权利。

《金融违法行为处罚办法》（国务院令1999年第260号）

第八条 金融机构不得虚假出资或者抽逃出资。

金融机构虚假出资或者抽逃出资的，责令停业整顿，并处虚假出资金额或者抽逃出资金额百分之五以上百分之十以下的罚款；对该金融机构直接负责的高级管理人员给予开除的纪律处分，对其他直接负责的主管人员和直接责任人员给予记过直至开除的纪律处分；情节严重的，吊销该金融机构的经营金融业务许可证；构成虚假出资、抽逃出资罪或者其他罪的，依法追究刑事责任。

《中华人民共和国市场主体登记管理条例》

第四十五条 实行注册资本实缴登记制的市场主体虚报注册资本取得市场主体登记的，由登记机关责令改正，处虚报注册资本金额5%以上15%以下的罚款；情节严重的，吊销营业执照。

实行注册资本实缴登记制的市场主体的发起人、股东虚假出资，未交付或者未按期交付作为出资的货币或者非货币财产的，或者在市场主体成立后抽逃出资的，由登记机关责令改正，处虚假出资金额5%以上15%以下的罚款。

《中华人民共和国民办教育促进法实施条例》（2004年3月5日中华人民共和国国务院令第399号公布，2021年4月7日中华人民共和国国务院令第741号修订）

第十条 举办民办学校，应当按时、足额履行出资义务。民办学校存续期间，举办者不得抽逃出资，不得挪用办学经费。

举办者可以依法募集资金举办营利性民办学校，所募集资金应当主要用于办学，不得擅自改变用途，并按规定履行信息披露义务。民办学校及其举办者不得以赞助费等名目向学生、学生家长收取或者变相收取与入学关联的费用。

第六十二条 民办学校举办者及实际控制人、决策机构或者监督机构组成人员有下列情形之一的，由县级以上人民政府教育行政部门、人力资源社会保障行政部门或者其他有关部门依据职责分工责令限期改正，有违法所得的，退还所收费用后没收违法所得；情节严重的，1至5年内不得新成为民办学校举办者或实际控制人、决策机构或者监督机构组成人员；情节特别严重、社会影响恶劣的，永久不得新成为民办学校举办者或实际控制人、决策机构或者监督机构组成人员；构成违反治安管理行为的，由公安机关依法给予治安管理处罚；构成犯罪的，依法追究刑事责任：

（一）利用办学非法集资，或者收取与入学关联的费用的；

（二）未按时、足额履行出资义务，或者抽逃出资、挪用办学经费的；

（三）侵占学校法人财产或者非法从学校获取利益的；

（四）与实施义务教育的民办学校进行关联交易，或者与其他民办学校进行关联交易损害国家利益、学校利益和师生权益的；

（五）伪造、变造、买卖、出租、出借办学许可证的；

（六）干扰学校办学秩序或者非法干预学校决策、管理的；

（七）擅自变更学校名称、层次、类型和举办者的；

（八）有其他危害学校稳定和安全、侵犯学校法人权利或者损害教职工、受教育者权益的行为的。

《中华人民共和国中外合作办学条例》（2003年3月1日中华人民共和国国务院令第372号公布，根据2013年7月18日《国务院关于废止和修改部分行政法规的决定》第

一次修订，根据2019年3月2日《国务院关于修改部分行政法规的决定》第二次修订）

第五十三条 中外合作办学者虚假出资或者在中外合作办学机构成立后抽逃出资的，由教育行政部门、劳动行政部门按照职责分工责令限期改正；逾期不改正的，由教育行政部门、劳动行政部门按照职责分工处以虚假出资金额或者抽逃出资金额2倍以下的罚款。

【相关司法解释规定】

《最高人民法院民二庭关于"股东以土地使用权的部分年限对应价值作价出资，期满后收回土地是否构成抽逃出资"的答复》（〔2009〕民二他字第5号函，2009年7月29日）

辽宁省高级人民法院：

你院〔2006〕辽民二终字第314号《关于鞍山市人民政府与大连大锻锻造有限公司、鞍山第一工程机械股份有限公司、鞍山市国有资产监督管理委员会加工承揽合同欠款纠纷一案的请示报告》收悉。经研究，答复如下：

根据我国公司法及相关法律法规的规定，股份有限公司设立时发起人可以用土地使用权出资。土地使用权不同于土地所有权，其具有一定的存续期间即年限，发起人将土地使用权出资实际是将土地使用权的某部分年限作价用于出资，发起人可以将土地使用权的全部年限作价用于出资，作为公司的资本。发起人将土地使用权的部分年限作价作为出资投入公司，在其他发起人同意且公司章程没有相反的规定时，并不违反法律法规的禁止性规定，此时发起人投入公司的资本数额应当是土地使用权该部分年限作价的价值。

在该部分年限届至后，土地使用权在该部分年限内的价值已经为公司所享有和使用，且该部分价值也已经凝结为公司财产，发起人事实上无法抽回。由于土地使用权的剩余年限并未作价并用于出资，所以发起人收回土地使用权是取回自己财产的行为，这种行为与发起人出资后再将原先出资的资本抽回的行为具有明显的区别，不应认定为抽逃出资。发起人取回剩余年限的土地使用权后，公司的资本没有发生变动，所以无须履行公示程序。

本案中，你院应当查明作为股东的鞍山市人民政府在公司即鞍山一工设立时投入的570 620平方米土地使用权作价1 710万元所对应的具体年限。如果该作价1 710万元的土地使用权对应的出资年限就是10年，在10年期满后，鞍山市人民政府将剩余年限的土地使用权收回，不构成抽逃出资，也无需履行公示程序；反之，则鞍山市人民政府存在抽逃出资的行为，其应当承担对公司债务的赔偿责任，但以抽逃出资的价值为限。

以上意见，仅供参考。

《最高人民检察院　公安部关于严格依法办理虚报注册资本和虚假出资抽逃出资刑事案件的通知》（公经〔2014〕247号）

各省、自治区、直辖市人民检察院，公安厅、局，新疆生产建设兵团人民检察院、公安局：

2013年12月28日，第十二届全国人民代表大会常务委员会第六次会议通过了关于修改《中华人民共和国公司法》的决定，自2014年3月1日起施行。2014年4月24日，第十二届全国人民代表大会常务委员会第八次会议通过了《全国人大常委会关于刑法第一百五十八条、第一百五十九条的解释》。为了正确执行新修改的公司法和全国人大常委会立法解释，现就严格依法办理虚报注册资本和虚假出资、抽逃出资刑事案件的有关要求通知如下：

一、充分认识公司法修改对案件办理工作的影响。新修改的公司法主要涉及三个方面：一是将注册资本实缴登记制改为认缴登记制，除对公司注册资本实缴有另行规定的以外，取消了公司法定出资期限的规定，采取公司股东（发起人）自主约定认缴出资额、出资方式、出资期限等并记载于公司章程的规定。二是放宽注册资本登记条件，除对公司注册资本最低限额有另行规定的以外，取消了公司最低注册资本限制、公司设立时股东（发起人）的首次出资比例以及货币出资比例限制。三是简化登记事项和登记文件，有限责任公司股东认缴出资额、公司实收资本不再作为登记事项，公司登记时不需要提交验资报告。全国人大常委会立法解释规定："刑法第一百五十八条、第一百五十九条的规定，只适用于依法实行注册资本实缴登记制的公司。"新修改的公司法和上述立法解释，必将对公安机关、检察机关办理虚报注册资本和虚假出资、抽逃出资刑事案件产生重大影响。各级公安机关、检察机关要充分认识新修改的公司法和全国人大常委会立法解释的重要意义，深刻领会其精神实质，力争在案件办理工作中准确适用，并及时了解掌握本地区虚报注册资本和虚假出资、抽逃出资案件新情况、新问题以及其他相关犯罪态势，进一步提高办理虚报注册资本和虚假出资、抽逃出资刑事案件的能力和水平。

二、严格把握罪与非罪的界限。根据新修改的公司法和全国人大常委会立法解释，自2014年3月1日起，除依法实行注册资本实缴登记制的公司（参见《国务院关于印发注册资本登记制度改革方案的通知》（国发〔2014〕7号））以外，对申请公司登记的单位和个人不得以虚报注册资本罪追究刑事责任；对公司股东、发起人不得以虚假出资、抽逃出资罪追究刑事责任。对依法实行注册资本实缴登记制的公司涉嫌虚报注册资本和虚假出资、抽逃出资犯罪的，各级公安机关、检察机关依照刑法和《立案追诉标准（二）》的相关规定追究刑事责任时，应当认真研究行为性质和危害后果，确保执法办案的法律效果和社会效果。

三、依法妥善处理跨时限案件。各级公安机关、检察机关对发生在2014年3月1日以前尚未处理或者正在处理的虚报注册资本和虚假出资、抽逃出资刑事案件，应当按照刑法第十二条规定的精神处理：除依法实行注册资本实缴登记制的公司以外，依照新修改的公司法不再符合犯罪构成要件的案件，公安机关已经立案侦查的，应当撤销案件；检察机关已经批准逮捕的，应当撤销批准逮捕决定，并监督公安机关撤销案件；检察机关审查起诉的，应当作出不起诉决定；检察机关已经起诉的，应当撤回起诉并作出不起诉决定；检察机关已经抗诉的，应当撤回抗诉。

四、进一步加强工作联系和沟通。各级公安机关、检察机关应当加强工作联系，对重大、疑难、复杂案件，主动征求意见，共同研究案件定性和法律适用等问题；应当加强与人民法院、工商行政管理等部门的工作联系，建立健全案件移送制度和有关工作协作制度，全面掌握公司注册资本制度改革后面临的经济犯罪态势；上级公安机关、检察机关应当加强对下级公安机关、检察机关的指导，确保虚报注册资本和虚假出资、抽逃出资案件得到依法妥善处理。

各地在执行中遇到的问题，请及时报告最高人民检察院和公安部。

《最高人民法院关于适用〈中华人民共和国公司法〉若干问题的规定（三）》

第十二条　公司成立后，公司、股东或者公司债权人以相关股东的行为符合下列情形之一且损害公司权益为由，请求认定该股东抽逃出资的，人民法院应予支持：

（一）制作虚假财务会计报表虚增利润进行分配；

（二）通过虚构债权债务关系将其出资转出；

（三）利用关联交易将出资转出；

（四）其他未经法定程序将出资抽回的行为。

第十四条　股东抽逃出资，公司或者其他股东请求其向公司返还出资本息、协助抽逃出资的其他股东、董事、高级管理人员或者实际控制人对此承担连带责任的，人民法院应予支持。

公司债权人请求抽逃出资的股东在抽逃出资本息范围内对公司债务不能清偿的部分承担补充赔偿责任、协助抽逃出资的其他股东、董事、高级管理人员或者实际控制人对此承担连带责任的，人民法院应予支持；抽逃出资的股东已经承担上述责任，其他债权人提出相同请求的，人民法院不予支持。

第十六条　股东未履行或者未全面履行出资义务或者抽逃出资，公司根据公司章程或者股东会决议对其利润分配请求权、新股优先认购权、剩余财产分配请求权等股东权利作出相应的合理限制，该股东请求认定该限制无效的，人民法院不予支持。

第十七条　有限责任公司的股东未履行出资义务或者抽逃全部出资，经公司催告缴纳或者返还，其在合理期间内仍未缴纳或者返还出资，公司以股东会决议解除该股东的股东资格，该股东请求确认该解除行为无效的，人民法院不予支持。

在前款规定的情形下，人民法院在判决时应当释明，公司应当及时办理法定减资程序或者由其他股东或者第三人缴纳相应的出资。在办理法定减资程序或者其他股东或者第三人缴纳相应的出资之前，公司债权人依照本规定第十三条或者第十四条请求相关当事人承担相应责任的，人民法院应予支持。

【典型案例】

中华人民共和国最高人民法院
民 事 判 决 书

〔2020〕最高法民终 87 号

上诉人（原审原告）：新疆锦龙电力集团有限公司（原新疆锦龙电力有限责任公司）。住所地：新疆维吾尔自治区伊犁州奎屯市天北新区行知园天北大道33幢14层。

法定代表人：王某锋，该公司董事长。

委托诉讼代理人：沈峰，该公司总会计师。

委托诉讼代理人：马永胜，新疆燎原律师事务所律师。

上诉人（原审被告）：中网电力投资有限公司。住所地：北京市房山区长沟镇金元大街1号D座201。

法定代表人：陈某晖，该公司执行董事。

委托诉讼代理人：张弘昊，北京卓纬律师事务所律师。

委托诉讼代理人：胡宇翔，北京卓纬律师事务所律师。

上诉人（原审被告）：陈某晖，男，1974年12月9日出生，汉族，住北京市朝阳区林萃路国奥村小区B5栋2单元502室。

委托诉讼代理人：张弘昊，北京卓纬律师事务所律师。

委托诉讼代理人：胡宇翔，北京卓纬律师事务所律师。

被上诉人（原审被告）：张某秀，1972年3月29日出生，汉族，住北京市朝阳区林萃路国奥村小区B5栋2单元502室，系陈某晖之妻。

委托诉讼代理人：张弘昊，北京卓纬律师事务所律师。

委托诉讼代理人：胡宇翔，北京卓纬律师事务所律师。

原审被告：陈某辉，男，1984年10月5日出生，汉族，住安徽省合肥市滨湖新区保利五月花小区1栋2102室。

委托诉讼代理人：张弘昊，北京卓纬律师事务所律师。

委托诉讼代理人：胡宇翔，北京卓纬律师事务所律师。

原审第三人：奎屯中网锦龙水电有限责任公司。住所地：新疆维吾尔自治区伊犁州奎屯市5-B区乌鲁木齐东路51号。

法定代表人：陈某晖，该公司董事长。

上诉人新疆锦龙电力集团有限公司（以下简称锦龙公司）、中网电力投资有限公司

（以下简称中网公司）、陈某晖因与被上诉人张某秀、原审被告陈某辉、原审第三人奎屯中网锦龙水电有限责任公司（以下简称中网锦龙公司）损害公司利益责任纠纷一案，不服新疆维吾尔自治区高级人民法院生产建设兵团分院〔2017〕兵民初5号民事判决，向本院提起上诉。本院于2020年1月9日立案后，依法组成合议庭进行了审理，现已审理终结。

锦龙公司上诉请求：一、维持原审判决第一项、第二项；二、撤销原审判决第三项，并改判为陈某晖对中网公司应当返还中网锦龙公司出资本金6 000万元承担连带责任，张某秀对中网公司应当返还中网锦龙公司出资本金8 600万元承担连带责任；三、本案诉讼费用、保全费、鉴定费由陈某晖、张某秀、中网公司承担。事实及理由：原审判决认定中网公司的行为构成抽逃出资，并判决中网公司向中网锦龙公司返还出资8 600万元及利息，认定事实清楚，适用法律正确。陈某晖和张某秀系夫妻关系，其作为中网锦龙公司的董事、中网公司及中网建设公司（以下简称中网建设公司）的股东、安徽省鼎跃电气贸易有限公司的实际股东，利用关联公司之间的便利条件进行转账，二人对于中网公司抽逃出资8 600万元明知且故意，并协助中网公司抽逃出资。根据相关法律规定，公司的董事、高级管理人员等，只要实施了协助股东抽逃出资的行为，即应当承担连带责任。因此二人应当对中网公司返还中网锦龙公司出资8 600万元及利息承担连带责任。

中网公司、陈某晖、张某秀、陈某辉辩称，锦龙公司的上诉请求无事实及法律依据，应当驳回锦龙公司的全部诉讼请求。一、中网锦龙公司代偿的2 600万元贷款并非基于抽逃意图而发生，中网锦龙公司已经取得追偿权且该债权已通过诉讼的方式主张且已经进入执行阶段，中网锦龙公司的资产未减损，若本案中判决中网公司赔偿，将导致中网锦龙公司双重收益。案涉工程项目真实存在，施工合同中明确约定了付款条件，6 000万元工程款的支付符合合同的约定，并非虚构，不构成抽逃出资。二、如上所述，中网公司不构成抽逃出资，也无证据显示陈某晖、张某秀、陈某辉存在"协助行为"，连带责任自然不能成立。

中网锦龙公司述称，锦龙公司的上诉请求不成立，应驳回其全部诉讼请求。

中网公司、陈某晖上诉请求：一、撤销原审判决第一项、第二项，依法改判驳回锦龙公司的全部诉讼请求；二、本案所有诉讼费用由锦龙公司承担。事实和理由：一、原审认定事实和适用法律错误，故意回避真实的质押担保法律关系及施工合同关系，导致判决错误。中网公司的出资合理合法，并没有虚构债权。（一）存单质押担保系正常的经济行为，且首笔2 600万元的贷款质押已经归还解押，其后的质押担保与注册资本无关，且中网锦龙公司的代偿纠纷已经另案处理，目前正在执行阶段。原审判决将已由生效判决定性的质押担保法律关系重新认定为抽逃出资造成判决之间的矛盾和冲突。（二）中网锦龙公司与中网电力建设有限公司奎屯分公司（以下简称中网建设奎屯分公司）是承包关系，所有施工费用及前期费用均由中网建设公司垫付，6 000万元工程款支付合法有据。中网建设公司在收到工程款后在集团内部进行调配，合理合法。

案涉工程总造价已经覆盖了锦龙公司起诉的抽逃出资额,因此并未发生抽逃,而是形成了在建工程资产。二、中网公司作为中网锦龙公司的股东,公司的利益与自身利益密不可分,中网公司不可能损害中网锦龙公司的利益,陈某晖更不应该承担返还出资2 600万元的连带责任。

锦龙公司辩称,中网公司及陈某晖的上诉请求不能成立,应当驳回其上诉。一、中网公司利用控股便利条件,用中网锦龙公司存单质押取得的贷款归还中网公司出资所产生的借款2 600万元,之后不主动归还贷款,导致中网锦龙公司质押存单被银行支取,中网公司完成2 600万元出资的抽逃。中网公司以中网锦龙公司名义在安徽省合肥市中级人民法院提起的追偿权诉讼,系中网公司为规避其抽逃出资2 600万元责任而为的虚假诉讼。二、虽然中网锦龙公司与中网建设奎屯分公司之间存在承包工程事实关系,但6 000万元转出并非真正用于支付工程款,而是以支付工程款名义,利用关联交易将出资转出。依据中标合同计价,涉案项目已完工程量造价不超过2 000万元,而报告书得出的已完工程造价为8 593万余元,远超工程概算和中标价,报告书造价不能作为定案依据。报告书中对于引水渠的造价不符合国家有关水利水电工程计价规定,仅此项目就相差4 800万元左右。三、中网锦龙公司的出资8 600万元全部系对外借款而来,最终为了归还借款,中网公司、陈某晖、张某秀、陈某辉采用虚构债权债务关系、关联交易,实施了抽逃出资,造成中网锦龙公司资产减少,构成股东在公司成立后抽逃出资的行为,中网公司应当向中网锦龙公司返还出资8 600万元。四、抽逃出资过程中,陈某晖、张某秀相互配合、故意而为,该夫妻二人主观上对抽逃出资明知,客观上也实施了协助行为,依据《最高人民法院关于适用〈中华人民共和国公司法〉若干问题的规定(三)》第十四条的规定,陈某晖、张某秀均应对返还出资8 600万元及利息承担连带责任。

张某秀、陈某辉、中网锦龙公司述称,同意中网公司的上诉请求。

锦龙公司向原审法院起诉请求:一、认定中网公司抽逃其在中网锦龙公司的出资8 600万元;二、判决中网公司向中网锦龙公司返还出资本金8 600万元及利息(利息计算至实际清偿之日);三、判决陈某晖、张某秀、陈某辉对中网公司应当返还给中网锦龙公司的出资本金8 600万元及利息承担连带责任。四、本案诉讼费用由被告承担。

原审法院认定事实:2013年1月22日,兵团第七师与中网公司签订合作协议,约定共同开发古尔图河二级水电站项目。2013年7月9日,锦龙公司与中网公司共同出资注册成立中网锦龙公司,陈某晖任法定代表人,注册资金1亿元,其中中网公司占公司股份65%,应缴出资额6 500万元,2013年7月8日实缴出资额2 600万元;锦龙公司占公司股份35%,应缴出资额3 500万元,2013年7月8日实缴出资额1 400万元。2014年4月中网锦龙公司股东会变更股权比例,中网公司占公司股份86%,2014年4月29日,中网公司缴纳第二笔出资额6 000万元,共计出资8 600万元。

注册资本金2 600万元的由来和资金流出情况。2013年7月1日,新疆慧中财务管理咨询有限公司董延霞向中网公司转账2 600万元,7月2日,中网公司将2 600万元转入新疆慧中财务管理咨询有限公司法定代表人徐慧账户，后从徐慧账户转给陈某晖，7月8日，陈某晖将2 600万元转入中网公司，当日，中网公司将2 600万元转入中网锦龙公司作为第一笔注册资本金。2013年10月9日，中网锦龙公司从其建设银行伊犁分行奎屯支行营业部账户转账3 000万元至其招商银行乌鲁木齐迎宾路支行账户，于2013年11月12日办理定期存款2 680万元。当日，中网建设公司以该存单作质押，向招商银行乌鲁木齐迎宾路支行贷款2 600万元。11月13日，中网建设公司收到贷款2 600万元后，在同一天内，以支付货款形式向安徽省鼎跃电气贸易有限公司转入2 600万元，安徽省鼎跃电气贸易有限公司又将2 600万元转至陈某晖账户，陈某晖再将2 600万元转至新疆慧中财务管理咨询有限公司董延霞账户，归还了借款2 600万元。2014年5月12日，中网建设公司向北京天有美业咨询有限公司借款2 600万元，归还了招商银行乌鲁木齐迎宾路支行2 600万元贷款本息。2014年5月14日，中网建设公司以中网锦龙公司存单2 680万元质押，又向招商银行乌鲁木齐迎宾路支行借款2 600万元，当日，中网建设公司收到贷款后，以支付货款的形式向安徽省鼎跃电气贸易有限公司转款2 600万元，5月15日，安徽省鼎跃电气贸易有限公司将2 600万元转入中网建设公司，该公司归还了北京天有美业咨询有限公司的借款2 600万元。2014年11月13日，中网锦龙公司以支付工程款的形式，向中网建设奎屯分公司转款20 915 000元，当日，从中网建设奎屯分公司账户转款2 366万余元至中网建设公司，中网建设公司从其另一账户徽商银行合肥和平路支行账户转账200万元，张某秀个人以借款形式向中网建设公司转账60万元，以上款项共计2 626万余元，中网建设公司归还了招商银行乌鲁木齐迎宾路支行2 600万元贷款本息。2014年11月20日，中网建设公司以中网锦龙公司的两张存单，一张2 680万元、一张80万元作质押，第三次向招商银行乌鲁木齐迎宾路支行贷款2 600万元。2015年11月19日，2 600万元贷款到期后，中网建设公司未按约定时间还款，招商银行乌鲁木齐迎宾路支行于2015年11月24日将中网锦龙公司质押存单本金及利息支取，用于归还贷款本金2 600万元、利息702 572元，余款1 810 751.34元退还至中网锦龙公司账户。

  注册资本金6 000万元的由来和资金流出情况。2014年4月29日，中网公司为中网锦龙公司增资，与北京天有美业咨询有限公司签订《借款协议》《财务顾问协议》，约定向该公司借款6 000万元，借期两天，4月30日归还，借款利息和财务顾问费合计90万元，中网锦龙公司承诺在实缴注册资本后向银行贷款，所贷款项优先偿还借款。当天，北京天有美业咨询有限公司股东邢星与孔德志、毛建军就关于中网公司向北京天有美业咨询有限公司支付借款利息事宜，出具《承诺书》，具体内容为：1.北京天有美业咨询有限公司在收到中网公司还款当日，将多支付的借款利息90万元退还到中网建设奎屯分公司账户；2.借款6 000万元的还款流程为：由中网锦龙公司转入中网建设奎屯分公司，再由中网建设奎屯分公司转入中网公司，最后由中网公司归还北京天有美业咨询有限公司；3.多预支的90万元由孔德志、毛建军、邢星三人担保，在北京天有美业咨询有限公司收到还款24小时内归还中网建设奎屯分公司。否则，三人承担无限连带责任；4.2014年5月10日前，北京天有美业咨询有限公司代中网建设公司还款2 600万元。借款协议签订当日，中网建设奎屯分公司分两笔90万元，共计180万元，支付给北京天有美业咨询有限公司。2014年4月29日，北京天有美业咨询有限公司向中网公司转入6 000万元，当日，中网公司将6 000万元转入中网锦龙公司作为第二笔注册资本金。2014年4月30日，中网锦龙公司向中网建设奎屯分公司以预付工程款形式转款6 000万元，同一天内，中网建设奎屯分公司将6 000万元转入中网公司，中网公司又将6 000万元转入北京天有美业咨询有限公司，归还了借款6 000万元，北京天有美业咨询有限公司按约定向中网建设奎屯分公司转回90万元。

中网公司在原审审理过程中认可上述资金银行流转过程和借款缴纳注册资本金8 600万元，以及两笔款项均已全部归还的事实。原审庭审中，原审法院限期要求陈某晖、张某秀、陈某辉提供证明中网建设公司与安徽省鼎跃电气贸易有限公司之间存在买卖关系的合同、收货单据、货款发票等相关证据，陈某晖、张某秀、陈某辉未能提供相关证据，亦未予以说明。中网公司认可从新疆慧中财务管理咨询有限公司董延霞处借来2 600万元已归还，对具体还款时间，中网公司提供了两张银行转账凭条，认可2013年11月13日从陈某晖账户转账2 600万元至董延霞账户，归还了借款的事实。

中网锦龙公司、中网公司认可古尔图河二级水电站项目工程由中网建设奎屯分公司在2013年9月开始承包施工。中网锦龙公司将项目工程发包于中网建设奎屯分公司，双方于2013年8月13日签订《工程总承包合同书》，总承包合同金额为22 900万元，2013年9月16日，签订《建设工程施工合同》，2014年2月25日，签订《河道疏浚施工合同》。工程由新疆昆仑工程监理有限责任公司进行建设监理，但该监理公司未履行工程监理职责。因中网建设奎屯分公司没有水电工程施工资质，为便于工程竣工验收结算，中网锦龙公司在2014年5月补办了工程招投标手续。2014年6月22日，中建新疆建工（集团）有限公司中标。2014年6月24日，中网锦龙公司与中建新疆建工（集团）有限公司签订《水利水电工程施工合同》，合同约定由中建新疆建工（集团）有限公司承包古尔图河二级水电站项目工程，签约合同价为159 052 600元，该合同未实际履行。2014年7月19日，中网建设公司与中建新疆建工（集团）有限公司签订《建设工程施工管理协议书》。锦龙公司认可在2014年召开股东会时才知道项目工程实际施工单位是中网建设奎屯分公司，而非中标人中建新疆建工（集团）有限公司。

因中网公司在2013年11月12日提出取消锦龙公司在中网锦龙公司委派财务会计人员的银行印鉴，锦龙公司未予同意，后中网公司单方取消。2013年11月18日，锦龙公司向中网公司发出《关于中网电力取消锦龙电力公司委派财务会计银行印鉴的函》，对中网公司单方提出取消锦龙公司向中网锦龙公司委派财务会计及银行印鉴的意见不予采纳，要求纠正。中网公司未采纳该意见。2014年4月29日，中网锦龙公司因项目资金需要，向招商银行乌鲁木齐迎宾路支行贷款1亿元。4月30日，该行向中网锦龙公司发放1亿元贷款。因中网锦龙公司到期无力还贷，锦龙公司作为担保人，替中网锦龙公司向银行清偿了贷款本金96 900 088.50元、利息1 471 203.50元，合计本息 98 371 292 元。2014 年 10 月，锦龙公司与中网公司协商中网锦龙公司股权变更和转让事项，2014 年 12 月 18 日，双方达成《关于中网锦龙水电有限责任公司股权转让意向协议》，约定双方在清产核资及公司股权价值评估均完成后选择三种股权并购方式进行。该水电站项目工程于 2014 年 12 月 31 日停工。2015 年 2 月 10 日，双方签署评估事宜的备忘录，一致同意委托新疆宏昌建设工程项目管理有限责任公司对水电站已完工程造价进行审核，委托新疆宏昌天圆有限责任会计师事务所进行财务审计，委托北京中科华资产评估有限公司对股权价值进行评估。2015 年 5 月 29 日，新疆宏昌天圆有限责任会计师事务所作出《净资产专项审计报告》，审计调整后资产总额 197 990 581.23 元。2015 年 6 月 16 日，新疆宏昌建设工程项目管理有限责任公司作出《工程造价咨询报告书》，水电站已完工程结算编制造价为 85 931 207.81 元。锦龙公司对以上已完工工程造价报告结果与净资产审计报告结果均有异议，双方协商进行二次评估未果。

2015 年 7 月，锦龙公司向兵团第七师公安局报案，因涉嫌挪用公司资金一案，兵团第七师公安局对陈某晖、张某秀、陈某辉立案侦查。侦查中，兵团第七师公安局委托新疆中天工程项目管理有限公司奎屯分公司对水电站已完工程进行结算，委托新疆永信有限责任会计师事务所对中网锦龙公司注册资金及贷款资金使用情况进行司法鉴定。2015 年 8 月 31 日，新疆中天工程项目管理有限公司奎屯分公司作出《工程造价咨询报告书》，结果为水电站已完工程结算编制工程造价为 15 661 318.72 元。2016 年 9 月 23 日，新疆永信有限责任会计师事务所作出《中网锦龙公司资金挪用一案的会计司法鉴定报告》。2016 年 10 月，兵团第七师公安局对陈某晖、张某秀、陈某辉的强制措施由拘留变更为取保候审，2017 年 10 月，解除三人的取保候审措施。该案至今无侦查结果。

中网锦龙公司备案的公司章程第十三条规定："股东会由全体股东组成，是公司的权力机构，行使下列职权：…第十一项：对公司向其他企业投资或者为他人提供担保作出决议"。中网锦龙公司认可该公司以存单作质押为中网建设公司银行贷款提供担保，未按照公司章程的规定通知锦龙公司召开股东会进行决议。

陈某晖为中网公司和中网锦龙公司的法定代表人。张某秀为中网建设公司的法定代表人和中网锦龙公司的董事。陈某辉为中网建设奎屯分公司的负责人、安徽省鼎跃电气贸易有限公司的法定代表人、中网锦龙公司的监事。陈某晖为安徽省鼎跃电气贸易有限公司实际出资人，陈某辉为名义出资持有人。中网公司、陈某晖、张某秀为中网建设公司的股东。

锦龙公司在原审理过程中申请对涉案的古尔图河二级水电站工程已完工程量进行鉴定。法院委托新疆中天工程项目管理有限公司对项目工程已完工程量及造价进行鉴定，2018 年 10 月 29 日，该鉴定机构以中网锦龙公司与中网建设奎屯分公司签订的工程总承包合同为依据作出鉴定报告书，鉴定已完工程量为 63 888 726.91 元。锦龙公司不认可该鉴定结论，认为中网锦龙公司与中网建设奎屯分公司签订的工程总承包合同为无效合同，鉴定机构以该合同为依据计算作出的鉴定结论错误，不应采纳。

2018 年 3 月 14 日，在诉讼中，中网锦龙公司向安徽省合肥市中级人民法院提起诉讼，要求中网建设公司归还其代偿的银行借款本息 26 615 715.33 元。2018 年 7 月 3 日，安徽省合肥市中级人民法院作出〔2018〕皖 01 民初 350 号民事判决，判令中网建设公司给付中网锦龙公司代偿款 26 615 715.33 元。双方均未上诉，该判决已生效，中网建设公司未自动履行支付义务，中网锦龙公司亦未申请执行。

原审法院认为，该案的争议焦点一是中网公司是否存在抽逃其在中网锦龙公司出资 8 600 万元的事实；二是陈某晖、张某秀、陈某辉是否对中网公司向中网锦龙公司返还出资本金和利息承担连带责任。

关于中网公司是否存在抽逃出资 8 600 万元问题。中网公司作为中网锦龙公司的股东，按照公司章程的规定，以及与另一股东锦龙公司形成的股东决议，其应当向成立的中网锦龙公司缴纳注册资金 8 600 万元。由于中网公司自身缺乏资金，在公司成立之时，向新疆慧中财务管理咨询有限公司董延霞借款 2 600 万元，于 2013 年 7 月 8 日转入中网锦龙公司，作为该公司缴纳的第一笔注册资本金。中网锦龙公司股权比例发生变动后，中网公司又向北京天有美业咨询有限公司借款 6 000 万元，于 2014 年 4 月 29 日转入中网锦龙公司，作为中网公司缴纳的第二笔注册资本金。至此，该公司履行了向中网锦龙公司出资 8 600 万元的股东出资义务。《公司法》第三十五条规定，"公司成立后，股东不得抽逃出资"。具体而言，抽逃出资是指公司成立后，股东非经法定程序，从公司抽回相当于已缴纳出资数额的财产，同时继续持有公司股份。按照公司法人人格独立制度的规定，公司的财产权受法律保护。股东向公司履行出资义务后，其出资财产的所有权转移到公司。股东非经法定程序，在公司成立后，不得取回出资资产。股东抽逃出资的行为侵犯了公司法人的财产权，破坏了公司资本制度维持原则，致使公司资产实际减少。《最高人民法院关于适用〈中华人民共和国公司法〉若干问题的规定（三）》第十二条规定，"公司成立后，公司、股东或者公司债权人以相关股东的行为符合下列情形之一且损害公司权益为由，请求认定该股东抽逃出资的，人民法院应予支持：（一）制作虚假财务会计报表虚增利润进行分配；（二）通过虚构债权债务关系将其出资转出；（三）利用关联交易将出资转出；（四）其他未经法定程序将出资抽回的行为"。锦龙公司认为中网公司利用控股股东的地位通过虚构债权债务关系和关联交易，将其 2 600 万元与 6 000 万元出资转出，其行为构成抽逃出资。中网公司辩称，其并未抽逃出资，2 600 万元资金的使用是中网锦龙公司为中网建设公司贷款提供质押担保，而且已经过诉讼，行使了追偿权，本案不应再重复审理。6 000 万元是中网锦龙公司向中网建设奎屯分公司支付工程款所用，并未抽逃。原审法院认为，首先，中网公司的上述辩称理由，与该公司在审理中认可其注册资本金 8 600 万元来源于向他人借款，并在履行出资义务后，将实缴注册资金 8 600 万元全部归还的事实表述不相符。其次，中网公司向董延霞借来的 2 600 万元归还形式虽不是"一对一"直接归还，但从本案查明的事实可以确认，中网公司凭借其控股股东地位，利用其关联公司中网建设公司、安徽省鼎跃电气贸易有限公司，在 2013 年 11 月 13 日同一天内，将以中网建设公司的名义从银行贷款的 2 600 万元，在两家公司之间以支付贷款的形式进行流转，并最终转入陈某晖个人账户，由陈某晖归还了董延霞的借款2 600万元。该借款归还过程与中网公司认可的2013年11月13日从陈某晖账户转入董延霞账户2 600万元归还借款的事实相吻合。原审法院就中网建设公司和安徽省鼎跃电气贸易有限公司之间发生货款的转账支付行为，限期要求陈某晖、张某秀、陈某辉提供二公司存在买卖关系并支付货款的相关证据，但到期未提供。由此可以确认，中网建设公司与安徽省鼎跃电气贸易有限公司之间并无真实、合理的交易行为。第三，中网公司作为中网锦龙公司的控股股东，违反公司章程规定，在未召开公司股东会议的情况下，单方决定用中网锦龙公司的大额资金为其关联公司中网建设公司向银行贷款提供担保，并最终由中网锦龙公司替中网建设公司清偿了贷款。虽然中网锦龙公司已提起诉讼行使了追偿权，但代偿款至今未收回，亦未申请法院强制执行。中网公司利用其控股股东地位，以中网建设公司向银行贷款的形式，通过虚构的债权债务关系，达到了最终将其出资2 600万元转出的目的。第四，中网公司认可第二笔注册资本金6 000万元借自北京天有美业咨询有限公司，并按照借款时《承诺书》中约定的还款流程："由中网锦龙公司转入中网建设奎屯分公司，再由中网建设奎屯分公司转入中网公司，最后由中网公司归还北京天有美业咨询有限公司"，于第二日就已归还了借款。可以看出，中网公司按照借款时事先约定的还款流程，将借款在一天之内经几家公司流转后归还了出借人北京天有美业咨询有限公司。虽然中网锦龙公司与中网建设奎屯分公司之间存在承包工程的事实关系，但6 000万元经中网锦龙公司转入中网建设奎屯分公司，并非真正用于支付工程款，而是借用双方的承包工程关系，以支付工程款名义，最终利用关联交易将出资6 000万元从中网锦龙公司转出。中网公司在既认可6 000万元已按还款流程归还借款的同时，又主张该款用于支付工程款，这种"一款两用"的说法相互矛盾且不符合正常逻辑。关于涉案工程已完工程的造价，鉴定机构新疆中天工程项目管理有限公司以中网锦龙公司与中网建设奎屯分公司签订的工程总承包合同为依据作出鉴定意见，根据《最高人民法院关于审理建设工程施工合同纠纷案件适用法律问题的解释》第一条的规定，"建设工程施工合同具有下列情形之一的，应当根据《合同法》第五十二条第（五）项的规定，认定无效：（一）承包人未取得建筑施工企业资质或者超越资质等级的……"，因中网建设奎屯分公司作为承包工程的施工单位，其并无水电工程施工资质，故中网锦龙公司与中网建设奎屯分公司签订的工程总承包合同为无效合同，对鉴定机构依据该合同作出的鉴定意见，不予采纳。

原审法院对中网公司以及陈某晖、张某秀、陈某辉、中网锦龙公司关于中网公司并未抽逃出资8 600万元的辩称理由不予采信。中网公司在履行出资义务后，将其在中网锦龙公司实缴的8 600万元出资全部归还出借人，造成中网锦龙公司资产实际减少，其行为构成股东在公司成立后抽逃出资的行为。中网公司应当向中网锦龙公司返还出资8 600万元，锦龙公司的该项诉讼请求成立，予以支持。锦龙公司起诉主张利息损失500万元，庭审中要求将利息计算至实际付清之日，因该利息主张无具体明确数额，按其起诉主张的500万元利息损失,从中网公司2014年4月30日抽逃出资开始计算,为合理损失,故对锦龙公司主张的500万元利息损失予以支持。

关于陈某晖、张某秀、陈某辉是否对中网公司向中网锦龙公司返还出资本金和利息承担连带责任的问题。依据《最高人民法院关于适用〈中华人民共和国公司法〉若干问题的规定(三)》第十四条规定,"股东抽逃出资,公司或者其他股东请求其向公司返还出资本息、协助抽逃出资的其他股东、董事、高级管理人员或者实际控制人对此承担连带责任的,人民法院应予支持"。本案中,陈某晖既是中网公司法定代表人,同时又是中网锦龙公司法定代表人,其利用中网公司控股中网锦龙公司的便利条件,在中网建设公司与安徽省鼎跃电气贸易有限公司等几家关联公司之间进行资金流转,并使用其个人账户协助将中网公司在中网锦龙公司的出资2 600万元抽回,陈某晖应当对中网公司向中网锦龙公司返还8 600万元出资中的2 600万元承担连带责任。锦龙公司主张陈某晖对中网公司返还的6 000万元,以及主张张某秀、陈某辉对中网公司向中网锦龙公司返还8 600万元出资及赔偿利息承担连带责任的请求,因证据不足,不予支持。

综上,原审法院判决:一、中网公司于本判决生效后十日内向中网锦龙公司返还出资8 600万元及利息500万元,合计9 100万元;二、陈某晖对中网公司向中网锦龙公司返还出资2 600万元承担连带责任;三、驳回锦龙公司的其他诉讼请求。如未按本判决指定的期间履行给付金钱义务,应当依照《民事诉讼法》第二百五十三条的规定,加倍支付迟延履行期间的债务利息。案件受理费496 800元,保全费5 000元,鉴定费254 000元,合计诉讼费755 800元,由中网电力投资有限公司负担。

本院二审查明的事实与原审判决认定的事实一致。

本院认为,本案的争议焦点一是中网公司是否抽逃出资8 600万元;二是如中网公司构成抽逃,陈某晖、张某秀、陈某辉是否承担连带责任。

一、中网公司是否抽逃出资

(一)2 600万元是否构成抽逃出资

中网公司从新疆慧中财务管理咨询有限公司董延霞借款缴纳了其向中网锦龙公司的出资2 600万元,之后中网锦龙公司以其银行存单作为质押为中网建设公司从银行贷款2 600万元,以该2 600万元银行贷款归还了中网公司向董延霞的借款,中网建设公司向北京天有美业公司借款归还了该笔银行贷款。之后中网锦龙公司以其银行存单作为质押再次为中网建设公司贷款2 600万元,将贷款归还了北京天有美业公司的借款。2014年11月20日,中网建设公司第三次向银行贷款,同样以中网锦龙公司的银行存单作为质押,取得贷款后,中网建设公司到期未偿还,银行行使质押权。中网公司利用其关联公司中网建设公司通过三次以中网锦龙公司银行存单质押向银行贷款的手段,将中网公司向董延霞的还款义务通过其和中网建设公司的关联关系、对中网锦龙公司的控制关系转化为中网建设公司对银行的贷款债务。该贷款债务以中网锦龙公司的银行存单质押，中网建设公司未按时偿还贷款，银行行使质押权，最终中网锦龙公司代偿了 2 600 万元贷款及利息。中网公司向董延霞借款 2 600 万元向中网锦龙公司出资，实质是中网锦龙公司代替中网公司偿还了出资借款，中网公司构成 2 600 万元出资的抽逃。

关于中网公司以中网锦龙公司已向中网建设公司申请履行追偿权生效判决为由，辩称其并未抽逃 2 600 万元出资的问题。首先，银行行使质押权的时间是 2015 年 11 月，本案于 2017 年 6 月 13 日立案，中网锦龙公司在本案审理过程中于 2018 年 3 月 14 日提起上述追偿权诉讼，2018 年 7 月 3 日该案判决后，2019 年 5 月 30 日中网锦龙公司申请执行。从以上追偿权的起诉、申请执行时间来看，中网锦龙公司在本案诉讼前，一直怠于行使追偿权，该追偿权案件系针对本案诉讼而提起。其次，中网锦龙公司受中网公司实际控制，不因中网锦龙公司向中网公司的关联公司中网建设公司行使追偿权而改变本案中网公司抽逃出资的认定。以中网锦龙公司银行存单设定质押是抽逃出资的手段，抽逃出资才是中网公司的真实目的。中网锦龙公司实际由中网公司控制，本案是锦龙公司作为公司小股东提起诉讼维护公司利益。较之行使追偿权而言，对该 2 600 万元按照抽逃出资进行处理更符合本案的客观情况。因此，对中网公司该辩称本院不予支持。至于有关 2 600 万元生效判决的问题，则应依法定程序另行解决。

（二）6 000 万元是否构成抽逃出资

法律不禁止关联交易，但利用关联交易损害公司利益以及利用关联关系将出资转出是法律禁止的行为。本案中，中网锦龙公司与中网建设公司奎屯分公司之间存在承包关系，已经完成了部分工程。中网公司以中网锦龙公司向其关联公司中网建设公司支付工程款的名义，将其缴纳的第二笔注册资本金 6 000 万元抽逃。

中网公司于 2014 年 4 月 29 日从北京天有美业公司借款 6 000 万元缴纳了第二笔注册资本金，约定次日归还。同日，中网锦龙公司以支付工程款的名义向中网建设公司转款 6 000 万元，再由中网建设公司转入中网公司，由中网公司归还了向北京天有美业公司的借款。虽中网建设公司与中网锦龙公司存在施工关系，但该 6 000 万元在出资后同日又转出，最终归还了借款，该转款流程与事先《承诺书》中的还款流程一致，中网公司以工程款的形式将出资转出归还出资借款的意图十分明显。中网公司利用其对中网锦龙公司的控制地位，和其关联公司中网建设公司，以工程款名义将出资转出，构成注册资本抽逃。

综上，中网公司抽逃出资 8 600 万元，减少了公司的责任财产，不仅损害了中网锦龙公司的利益，同时损害了中网锦龙公司其他股东和债权人的利益，中网公司应当依法补足出资。原审判决对抽逃出资的认定正确，中网公司关于不构成抽逃出资的上诉理由不能成立，对其相应的上诉请求不予支持。

二、陈某晖、张某秀、陈某辉是否承担连带责任

陈某晖作为中网公司和中网锦龙公司的法定代表人，使用其个人账户参与协助 2 600 万元出资的转出，根据《最高人民法院关于适用〈中华人民共和国公司法〉若干问

题的规定（三）》第十四条的规定，陈某晖应当对该 2 600 万元承担连带责任。陈某晖关于其不应承担连带责任的上诉请求不能成立。锦龙公司无证据证明陈某晖个人协助抽逃 6 000 万元出资，因此其主张陈某晖对 6 000 万元承担连带责任的上诉请求不能成立。

张某秀系中网建设公司的法定代表人和中网锦龙公司的董事，陈某辉系中网建设公司奎屯分公司的负责人以及鼎跃公司的法定代表人，但锦龙公司无证据证明张某秀、陈某辉协助中网公司抽逃注册资本，因此对于锦龙公司请求张某秀、陈某辉对抽逃出资承担连带责任的上诉请求，本院不予支持。

综上所述，锦龙公司、中网公司、陈某晖的上诉请求均不能成立，应予驳回；原审判决认定事实清楚，适用法律正确，应予维持。依照《民事诉讼法》第一百七十条第一款第一项规定，判决如下：

驳回上诉，维持原判。

二审案件受理费 993 600 元，由新疆锦龙电力集团有限公司承担 496 800 元，由中网电力投资有限公司、陈某晖承担 496 800 元。

本判决为终审判决。

审　判　长　　陈纪忠
审　判　员　　杨　卓
审　判　员　　欧海燕
二〇二〇年六月三十日
法官助理　　赵　静
书　记　员　　王伟明

【2023 年版本】

第五十四条　公司不能清偿到期债务的，公司或者已到期债权的债权人有权要求已认缴出资但未届出资期限的股东提前缴纳出资。

【三次审议稿】

第五十三条　公司不能清偿到期债务的，公司或者已到期债权的债权人有权要求已认缴出资但未届缴资期限的股东提前缴纳出资。

【本条释义】

本条规定了公司股东提前缴纳出资的义务。

公司的注册资本是公司对外承担责任的基础，因此，如果公司不能清偿到期债务，公司或者已到期债权的债权人有权要求已认缴出资但未届缴资期限的股东提前缴纳出资。该项出资，应当给相关股东留出合理的期限。提前缴纳的出资以公司不能清偿的到期债务为限，例如公司不能清偿的到期债务为100万元，某位股东未届缴资期限的认缴出资额为200万元，公司或者已到期债权的债权人只能要求其提前出资100万元。如果有多名股东未届缴资期限，公司或者已到期债权的债权人有权要求任意一名股东提前缴纳出资。

【2023年版本】

第五十五条 有限责任公司成立后，应当向股东签发出资证明书，记载下列事项：

（一）公司名称；

（二）公司成立日期；

（三）公司注册资本；

（四）股东的姓名或者名称、认缴和实缴的出资额、出资方式和出资日期；

（五）出资证明书的编号和核发日期。

出资证明书由法定代表人签名，并由公司盖章。

【三次审议稿】

第五十四条 有限责任公司成立后，应当向股东签发出资证明书，记载下列事项：

（一）公司名称；

（二）公司成立日期；

（三）公司注册资本；

（四）股东的姓名或者名称、认缴和实缴的出资额、出资方式和出资日期；

（五）出资证明书的编号和核发日期。

出资证明书由法定代表人签名，并由公司盖章。

【2018年版本】

第三十一条 有限责任公司成立后，应当向股东签发出资证明书。

出资证明书应当载明下列事项：

（一）公司名称；

（二）公司成立日期；

（三）公司注册资本；

（四）股东的姓名或者名称、缴纳的出资额和出资日期；

（五）出资证明书的编号和核发日期。

出资证明书由公司盖章。

【本条释义】

本条规定了出资证明书。

有限责任公司成立后，应当向股东签发出资证明书，出资证明书就是股东的股权证。出资证明书应当记载下列事项：

（1）公司名称。公司名称代表了股东拥有的是哪家公司的股权，因此，属于必须记载事项。

（2）公司成立日期。公司的成立日期代表了公司的历史，从其与出资证明书核发日期的对比也能看出该股东是创始股东还是非创始股东。

（3）公司注册资本。公司注册资本代表了公司的规模，也能间接计算该股东的持股比例，因此，属于必须记载事项。

（4）股东的姓名或者名称、认缴和实缴的出资额、出资方式和出资日期。这些信息是股东本人的基本信息，也表明了股东应当承担的出资义务，因此，属于必须记载事项。

（5）出资证明书的编号和核发日期。每一份出资证明书都应当是唯一的，因此，应当有唯一的编号，核发日期意味着股东是在公司成立后即取得了出资证明书，还是事后通过受让或者增资的方式取得了出资证明书。

出资证明书由法定代表人签名，并由公司盖章。出资证明书是公司出具的最重要的文件之一，因此，应当由公司的最高代表人签名，由公司盖章。

【部门规章的相关规定】

《金融企业财务规则》（财政部令2006年第42号）

第二十条 金融企业筹集资本金，应当符合国家有关资本金管理的规定，根据发展战略和经营规划拟定筹资方案，履行规定的程序。

金融企业在国家法律、行政法规允许的范围内，可以接受货币出资，也可以接受实物、知识产权、土地使用权等可以用货币估价并可以依法转让的非货币财产出资，或者采取发行股票等方式筹集资本金。

金融企业接受非货币财产出资，应当进行评估作价，核实财产，按照评估确认或者合同约定的价值计价；采取发行股票方式筹集的资本金，按照股票面值计价。

金融企业筹集资本金，应当聘请会计师事务所验资。办理工商登记后，应当向投资者出具出资证明书。

《企业财务通则》（财政部令2006年第41号）

第十六条 企业应当执行国家有关资本管理制度，在获准工商登记后30日内，依据验资报告等向投资者出具出资证明书，确定投资者的合法权益。

企业筹集的实收资本，在持续经营期间可以由投资者依照法律、行政法规以及企业章程的规定转让或者减少，投资者不得抽逃或者变相抽回出资。

除《公司法》等有关法律、行政法规另有规定外，企业不得回购本企业发行的股份。企业依法回购股份，应当符合有关条件和财务处理办法，并经投资者决议。

【司法解释的相关规定】

《最高人民法院关于人民法院强制执行股权若干问题的规定》（法释〔2021〕20号）

第十七条 在审理股东资格确认纠纷案件中，当事人提出要求公司签发出资证明书、记载于股东名册并办理公司登记机关登记的诉讼请求且其主张成立的，人民法院应当予以支持；当事人未提出前述诉讼请求的，可以根据案件具体情况向其释明。

生效法律文书仅确认股权属于当事人所有，当事人可以持该生效法律文书自行向股权所在公司、公司登记机关申请办理股权变更手续；向人民法院申请强制执行的，不予受理。

《人民法院办理执行案件规范（第二版）》（2022年）

859.【股权确认之诉的执行】

在审理股东资格（在其他营利法人享有的投资权益）确认纠纷案件中，当事人提出要求公司签发出资证明书、记载于股东名册并办理公司登记机关登记的诉讼请求且其主张成立的，人民法院应当予以支持；当事人未提出前述诉讼请求的，可以根据案件具体情况向其释明。

生效法律文书仅确认股权属于当事人所有，当事人可以持该生效法律文书自行向股权所在公司、公司登记机关申请办理股权变更手续；向人民法院申请强制执行的，不予受理。

【典型案例】

中静实业（集团）有限公司与上海电力实业有限公司、中国水利电力物资有限公司、上海新能源环保工程有限公司、上海联合产权交易所股权转让纠纷案

（一）基本案情

民营企业中静实业（集团）有限公司（以下简称中静公司）、国有企业上海电力实业有限公司（以下简称电力公司）系上海新能源环保工程有限公司（以下简称新能源公司）的股东，分别持股38.2%、61.8%。2012年2月15日，新能源公司通过股东大会决议：同意电力公司转让其所持股份，转让价以评估价为依据；中静公司不放弃优先购买权。5月25日，新能源公司将股权公开转让材料报送某产权交易所。6月1日，产权交易所公告新能源公司61.8%股权转让的信息。7月2日，中静公司向产权交易所发函称，根据框架协议及补充协议，系争转让股权信息披露遗漏、权属存在争议，中静公司享有优先购买权，请求产权交易所暂停挂牌交易，重新披露信息。7月3日，中国水利电力物资有限公司（以下简称水利公司）与电力公司通过产权交易所签订产权交易合同。9月11日，新能源公司向水利公司出具出资证明书，并将其列入公司股东名册，但未能办理工商变更登记。中静公司诉至法院，认为电力公司擅自转让股份侵害了其优先购买权，请求判令中静公司对电力公司转让给水利公司的新能源公司61.8%股权享有优先购买权，并以转让价48 691 000元行使优先购买权。

（二）裁判结果

上海市黄浦区人民法院一审认为：股东优先购买权是公司法赋予股东的法定权利。《公司法》第七十一条规定："有限责任公司的股东之间可以相互转让其全部或者部分股权。股东向股东以外的人转让股权，应当经其他股东过半数同意。股东应就其股权转让事项书面通知其他股东征求同意，其他股东自接到书面通知之日起满三十日未答复的，视为同意转让。其他股东半数以上不同意转让的，不同意的股东应当购买该转让的股权；不购买的，视为同意转让。经股东同意转让的股权，在同等条件下，其他股东有优先购买权。两个以上股东主张行使优先购买权的，协商确定各自的购买比例；协商不成的，按照转让时各自的出资比例行使优先购买权。公司章程对股权转让另有规定的，从其规定。"本案中，中静公司未明示放弃优先购买权，且在股权交易前向产权交易所提出了异议，产权交易所在对中静公司提出的异议未予答复，且未告知交易易是否如期进行的情况下，直接将电力公司股权拍卖给水利公司，侵害了中静公司的优先购买权，电力公司与水利公司的股权转让合同不发生效力。判决：中静公司对电

力公司转让给水利公司的61.8%新能源公司的股权享有优先购买权。电力公司、水利公司上诉后，上海市第二中级人民法院判决驳回上诉，维持原判。

（三）典型意义

本案是保护民营企业在有限责任公司股权转让时享有优先购买权的典型案例。电力公司作为国有企业，转让其股权时必须进场交易，但进场交易不能侵害其他股东的权利。产权交易所在中静公司提出异议却未告知是否如期交易的情况下，将电力公司的股权转让给水利公司，侵害了中静公司的优先购买权。人民法院审理本案时，平等对待不同所有制股东，依法保护非公有制企业中静公司的优先购买权。

混合所有制经济中，应当平等保护公有制经济主体与非公有制经济主体。由于混合所有制企业中，不同所有制经济主体的权利体现为对混合所有制企业的股权，故保护非公有制经济主体的权利就体现为对其股东权利的保障。有限责任公司中，股东对外转让股权时，其他股东的优先购买权是股权的重要内容之一，应依法予以保护。人民法院支持中静公司要求行使优先购买权的主张，体现了对混合所有制企业中非公有制股东的平等保护。

【2023年版本】

第五十六条 有限责任公司应当置备股东名册，记载下列事项：
（一）股东的姓名或者名称及住所；
（二）股东认缴和实缴的出资额、出资方式和出资日期；
（三）出资证明书编号；
（四）取得和丧失股东资格的日期。
记载于股东名册的股东，可以依股东名册主张行使股东权利。

【三次审议稿】

第五十五条 有限责任公司应当置备股东名册，记载下列事项：
（一）股东的姓名或者名称及住所；
（二）股东认缴和实缴的出资额、出资方式和出资日期；
（三）出资证明书编号；
（四）取得和丧失股东资格的日期。
记载于股东名册的股东，可以依股东名册主张行使股东权利。

【2018年版本】

第三十二条 有限责任公司应当置备股东名册，记载下列事项：

（一）股东的姓名或者名称及住所；

（二）股东的出资额；

（三）出资证明书编号。

记载于股东名册的股东，可以依股东名册主张行使股东权利。

公司应当将股东的姓名或者名称向公司登记机关登记；登记事项发生变更的，应当办理变更登记。未经登记或者变更登记的，不得对抗第三人。

【本条释义】

本条规定了股东名册。

有限责任公司应当置备股东名册，以便公司能够随时准确掌握本公司的股东情况。股东名册应当记载下列事项：

（1）股东的姓名或者名称及住所。股东名册的首要作用是提供公司股东的名单，因此，自然人股东的姓名，非自然人股东的名称，股东的住所是必须记载的事项。

（2）股东认缴和实缴的出资额、出资方式和出资日期。股东享有权利的基础是出资，股东不仅享有股东权利，也承担出资义务，因此，关于股东出资的信息也是必须记载的事项。

（3）出资证明书编号。为了使股东名册与出资证明书互相对照，便于查找股东以及防范出资证明书造假，股东名册上应当记载出资证明书编号。

（4）取得和丧失股东资格的日期。为便于全面掌握公司股东变动的历史和现状，股东名册上不仅应记载股东取得股东资格的日期，也应当记载股东丧失股东资格的日期。也就是说，股东名册上的股东包括公司成立以来的所有股东，既包括现任所有股东，也包括曾任所有股东。

记载于股东名册的股东，可以依股东名册主张行使股东权利。如果股东丢失了出资证明书，其可以依据股东名册请求公司补发出资证明书，也可以直接依据股东名册主张行使股东权利。

【相关法律规定】

《商业银行法》

第十五条 设立商业银行的申请经审查符合本法第十四条规定的，申请人应当填写正式申请表，并提交下列文件、资料：

（一）章程草案；

（二）拟任职的董事、高级管理人员的资格证明；

（三）法定验资机构出具的验资证明；

（四）股东名册及其出资额、股份；
（五）持有注册资本百分之五以上的股东的资信证明和有关资料；
（六）经营方针和计划；
（七）营业场所、安全防范措施和与业务有关的其他设施的资料；
（八）国务院银行业监督管理机构规定的其他文件、资料。

【相关法规规定】

《私募投资基金监督管理条例》

第二十一条　私募基金管理人运用私募基金财产进行投资的，在以私募基金管理人名义开立账户、列入所投资企业股东名册或者持有其他私募基金财产时，应当注明私募基金名称。

【相关规章规定】

《优先股试点管理办法》（2013年12月9日中国证券监督管理委员会第16次主席办公会会议审议通过，根据2021年6月11日中国证券监督管理委员会《关于修改部分证券期货规章的决定》修正，2023年中国证券监督管理委员会第2次委务会议修订）

第十二条　优先股股东有权查阅公司章程、股东名册、公司债券存根、股东大会会议记录、董事会会议决议、监事会会议决议、财务会计报告。

《金融控股公司监督管理试行办法》（中国人民银行令2020年第4号）

第十三条　设立金融控股公司，应当经中国人民银行批准，依照金融机构管理。

本办法实施前已具备第六条情形的机构，拟申请成为金融控股公司的，应当在本办法实施之日起12个月内向中国人民银行提出申请。

本办法实施后，拟控股或实际控制两个或两个以上不同类型金融机构，并具有本办法第六条规定设立金融控股公司情形的，应当向中国人民银行申请。

申请设立金融控股公司应当提交以下文件、资料：

（一）章程草案。
（二）拟任职的董事、高级管理人员的资格证明。
（三）法定验资机构出具的验资证明。
（四）股东名册及其出资额、股份。
（五）持有注册资本5%以上的股东的资信证明和有关资料。
（六）经营方针和计划。
（七）经营场所、安全防范措施和与业务有关的其他设施的资料。
（八）其他需专门说明的事项及申请材料真实性声明。

中国人民银行应当自受理申请之日起六个月内作出批准或不予批准的书面决定；决定不批准的，应当说明理由。

设立许可的实施细则由中国人民银行另行制定。

中国人民银行批准后，应当颁发金融控股公司许可证，并由金融控股公司凭该许可证向市场监督管理部门办理登记，领取营业执照。未经中国人民银行批准，不得注册登记为金融控股公司。

金融控股公司名称应包含"金融控股"字样，未取得金融控股公司许可证的，不得从事本办法第六条所规定的金融控股公司业务，不得在名称中使用"金融控股""金融集团"等字样。

《信托公司股权管理暂行办法》（中国银行保险监督管理委员会令2020年第4号）

第四十七条 信托公司应当建立股权托管制度，原则上将股权在信托登记机构进行集中托管。信托登记机构履行股东名册初始登记和变更登记等托管职责。托管的具体要求由国务院银行业监督管理机构另行规定。

上市信托公司按照法律、行政法规规定股权需集中存管到法定证券登记结算机构的，股权托管工作按照相应的规定进行。

《商业银行股权托管办法》（中国银行保险监督管理委员会令2019年第2号）

第三条 本办法所称股权托管是指商业银行与托管机构签订服务协议，委托其管理商业银行股东名册，记载股权信息，以及代为处理相关股权管理事务。

《保险公司股权管理办法》（保监会令2018年第5号）

第六十一条 保险公司应当加强对股权质押和解质押的管理，在股东名册上记载质押相关信息，并及时协助股东向有关机构办理出质登记。

【相关司法解释规定】

《最高人民法院关于适用〈中华人民共和国民事诉讼法〉的解释》（2014年12月18日最高人民法院审判委员会第1636次会议通过；根据2020年12月23日最高人民法院审判委员会第1823次会议通过的《最高人民法院关于修改〈最高人民法院关于人民法院民事调解工作若干问题的规定〉等十九件民事诉讼类司法解释的决定》第一次修正；根据2022年3月22日最高人民法院审判委员会第1866次会议通过的《最高人民法院关于修改〈最高人民法院关于适用《中华人民共和国民事诉讼法》的解释〉的决定》第二次修正，该修正自2022年4月10日起施行）

第二十二条 因股东名册记载、请求变更公司登记、股东知情权、公司决议、公司合并、公司分立、公司减资、公司增资等纠纷提起的诉讼，依照民事诉讼法第二十七条规定确定管辖。

《最高人民法院关于人民法院强制执行股权若干问题的规定》（法释〔2021〕20号）

第四条 人民法院可以冻结下列资料或者信息之一载明的属于被执行人的股权：

（一）股权所在公司的章程、股东名册等资料；

（二）公司登记机关的登记、备案信息；

（三）国家企业信用信息公示系统的公示信息。

案外人基于实体权利对被冻结股权提出排除执行异议的，人民法院应当依照民事诉讼法第二百二十七条的规定进行审查。

第十七条 在审理股东资格确认纠纷案件中，当事人提出要求公司签发出资证明书、记载于股东名册并办理公司登记机关登记的诉讼请求且其主张成立的，人民法院应当予以支持；当事人未提出前述诉讼请求的，可以根据案件具体情况向其释明。

生效法律文书仅确认股权属于当事人所有，当事人可以持该生效法律文书自行向股权所在公司、公司登记机关申请办理股权变更手续；向人民法院申请强制执行的，不予受理。

《民事案件案由规定》〔2007年10月29日最高人民法院审判委员会第1438次会议通过，自2008年4月1日起施行，根据2011年2月18日最高人民法院《关于修改〈民事案件案由规定〉的决定》（法〔2011〕41号）第一次修正，根据2020年12月14日最高人民法院审判委员会第1821次会议通过的《最高人民法院关于修改〈民事案件案由规定〉的决定》（法〔2020〕346号）第二次修正〕

二十一、与公司有关的纠纷

262. 股东资格确认纠纷

263. 股东名册记载纠纷

264. 请求变更公司登记纠纷

265. 股东出资纠纷

266. 新增资本认购纠纷

267. 股东知情权纠纷

268. 请求公司收购股份纠纷

269. 股权转让纠纷

270. 公司决议纠纷

　（1）公司决议效力确认纠纷

　（2）公司决议撤销纠纷

271. 公司设立纠纷

272. 公司证照返还纠纷

273. 发起人责任纠纷

274. 公司盈余分配纠纷

275. 损害股东利益责任纠纷

第三章　有限责任公司的设立和组织机构

276. 损害公司利益责任纠纷

277. 损害公司债权人利益责任纠纷

（1）股东损害公司债权人利益责任纠纷

（2）实际控制人损害公司债权人利益责任纠纷

278. 公司关联交易损害责任纠纷

279. 公司合并纠纷

280. 公司分立纠纷

281. 公司减资纠纷

282. 公司增资纠纷

283. 公司解散纠纷

284. 清算责任纠纷

285. 上市公司收购纠纷

《最高人民法院关于适用〈中华人民共和国公司法〉若干问题的规定（三）》

第二十一条　当事人向人民法院起诉请求确认其股东资格的，应当以公司为被告，与案件争议股权有利害关系的人作为第三人参加诉讼。

第二十二条　当事人之间对股权归属发生争议，一方请求人民法院确认其享有股权的，应当证明以下事实之一：

（一）已经依法向公司出资或者认缴出资，且不违反法律法规强制性规定；

（二）已经受让或者以其他形式继受公司股权，且不违反法律法规强制性规定。

第二十三条　当事人依法履行出资义务或者依法继受取得股权后，公司未根据公司法第三十一条、第三十二条的规定签发出资证明书、记载于股东名册并办理公司登记机关登记，当事人请求公司履行上述义务的，人民法院应予支持。

第二十四条　有限责任公司的实际出资人与名义出资人订立合同，约定由实际出资人出资并享有投资权益，以名义出资人为名义股东，实际出资人与名义股东对该合同效力发生争议的，如无法律规定的无效情形，人民法院应当认定该合同有效。

前款规定的实际出资人与名义股东因投资权益的归属发生争议，实际出资人以其实际履行了出资义务为由向名义股东主张权利的，人民法院应予支持。名义股东以公司股东名册记载、公司登记机关登记为由否认实际出资人权利的，人民法院不予支持。

实际出资人未经公司其他股东半数以上同意，请求公司变更股东、签发出资证明书、记载于股东名册、记载于公司章程并办理公司登记机关登记的，人民法院不予支持。

第二十五条　名义股东将登记于其名下的股权转让、质押或者以其他方式处分，实际出资人以其对于股权享有实际权利为由，请求认定处分股权行为无效的，人民法院可以参照民法典第三百一十一条的规定处理。

名义股东处分股权造成实际出资人损失，实际出资人请求名义股东承担赔偿责任的，人民法院应予支持。

第二十六条 公司债权人以登记于公司登记机关的股东未履行出资义务为由,请求其对公司债务不能清偿的部分在未出资本息范围内承担补充赔偿责任,股东以其仅为名义股东而非实际出资人为由进行抗辩的,人民法院不予支持。

名义股东根据前款规定承担赔偿责任后,向实际出资人追偿的,人民法院应予支持。

第二十八条 冒用他人名义出资并将该他人作为股东在公司登记机关登记的,冒名登记行为人应当承担相应责任;公司、其他股东或者公司债权人以未履行出资义务为由,请求被冒名登记为股东的承担补足出资责任或者对公司债务不能清偿部分的赔偿责任的,人民法院不予支持。

【典型案例】

汤某龙诉周某海股权转让纠纷案

(最高人民法院审判委员会讨论通过 2016年9月19日发布)

关键词

民事 / 股权转让 / 分期付款 / 合同解除

裁判要点

有限责任公司的股权分期支付转让款中发生股权受让人延迟或者拒付等违约情形,股权转让人要求解除双方签订的股权转让合同的,不适用《合同法》第一百六十七条关于分期付款买卖中出卖人在买受人未支付到期价款的金额达到合同全部价款的五分之一时即可解除合同的规定。

相关法条

《合同法》第九十四条、第一百六十七条

基本案情

原告汤某龙与被告周某海于2013年4月3日签订《股权转让协议》及《股权转让资金分期付款协议》。双方约定:周某海将其持有的青岛变压器集团成都双星电器有限公司6.35%股权转让给汤某龙。股权合计710万元,分四期付清,即2013年4月3日付150万元;2013年8月2日付150万元;2013年12月2日付200万元;2014年4月2日付210万元。此协议双方签字生效,永不反悔。协议签订后,汤某龙于2013年4月3日依约向周某海支付第一期股权转让款150万元。因汤某龙逾期未支付约定的第二期股权转让款,周某海于同年10月11日,以公证方式向汤某龙送达了《关于解除协议的通知》,以汤某龙根本违约为由,提出解除双方签订的《股权转让资金分期付款协议》。次日,汤某龙即向周某海转账支付了第二期150万元股权转让款,并按照约定的时间和数额履行了后续第三、四期股权转让款的支付义务。周某海以其已经解除合同为由，如数退回汤某龙支付的4笔股权转让款。汤某龙遂向人民法院提起诉讼，要求确认周某海发出的解除协议通知无效，并责令其继续履行合同。

另查明，2013年11月7日，青岛变压器集团成都双星电器有限公司的变更（备案）登记中，周某海所持有的6.35%股权已经变更登记至汤某龙名下。

裁判结果

四川省成都市中级人民法院于2014年4月15日作出〔2013〕成民初字第1815号民事判决：驳回原告汤某龙的诉讼请求。汤某龙不服，提起上诉。四川省高级人民法院于2014年12月19日作出〔2014〕川民终字第432号民事判决：一、撤销原审判决；二、确认周某海要求解除双方签订的《股权转让资金分期付款协议》行为无效；三、汤某龙于本判决生效后十日内向周某海支付股权转让款710万元。周某海不服四川省高级人民法院的判决，以二审法院适用法律错误为由，向最高人民法院申请再审。最高人民法院于2015年10月26日作出〔2015〕民申字第2532号民事裁定，驳回周某海的再审申请。

裁判理由

法院生效判决认为：本案争议的焦点问题是周某海是否享有《合同法》第一百六十七条规定的合同解除权。

一、《合同法》第一百六十七条第一款规定，"分期付款的买受人未支付到期价款的金额达到全部价款的五分之一的，出卖人可以要求买受人支付全部价款或解除合同"。第二款规定，"出卖人解除合同的，可以向买受人要求支付该标的物的使用费。"最高人民法院《关于审理买卖合同纠纷案件适用法律问题的解释》第三十八条规定，"合同法第一百六十七条第一款规定的'分期付款'，系指买受人将应付的总价款在一定期间内至少分三次向出卖人支付。分期付款买卖合同的约定违反合同法第一百六十七条第一款的规定，损害买受人利益，买受人主张该约定无效的，人民法院应予支持"。依据上述法律和司法解释的规定，分期付款买卖的主要特征为：一是买受人向出卖人支付总价款分三次以上，出卖人交付标的物之后买受人分两次以上向出卖人支付价款；二是多发、常见在经营者和消费者之间，一般是买受人作为消费者为满足生活消费而发生的交易；三是出卖人向买受人授予了一定信用，而作为授信人的出卖人在价款回收上存在一定风险，为保障出卖人剩余价款的回收，出卖人在一定条件下可以行使解除合同的权利。

本案系有限责任公司股东将股权转让给公司股东之外的其他人。尽管案涉股权的转让形式也是分期付款，但由于本案买卖的标的物是股权，因此具有与以消费为目的的一般买卖不同的特点：一是汤某龙受让股权是为参与公司经营管理并获取经济利益，并非满足生活消费；二是周某海作为有限责任公司的股权出让人，基于其所持股权一直存在于目标公司中的特点，其因分期回收股权转让款而承担的风险，与一般以消费为目的分期付款买卖中出卖人收回价款的风险并不同等；三是双方解除股权转让合同，也不存在向受让人要求支付标的物使用费的情况。综上特点，股权转让分期付款合同，与一般以消费为目的分期付款买卖合同有较大区别。对案涉《股权转让资金分期付款协议》不宜简单适用《合同法》第一百六十七条规定的合同解除权。

二、本案中，双方订立《股权转让资金分期付款协议》的合同目的能够实现。汤某龙和周某海订立《股权转让资金分期付款协议》的目的是转让周某海所持青岛变压器集团成都双星电器有限公司 6.35% 股权给汤某龙。根据汤某龙履行股权转让款的情况，除第 2 笔股权转让款 150 万元逾期支付两个月，其余 3 笔股权转让款均按约支付，周某海认为汤某龙逾期付款构成违约要求解除合同，退回了汤某龙所付 710 万元，不影响汤某龙按约支付剩余 3 笔股权转让款的事实的成立，且本案一、二审审理过程中，汤某龙明确表示愿意履行付款义务。因此，周某海签订案涉《股权转让资金分期付款协议》的合同目的能够得以实现。另查明，2013 年 11 月 7 日，青岛变压器集团成都双星电器有限公司的变更（备案）登记中，周某海所持有的 6.35% 股权已经变更登记至汤某龙名下。

三、从诚实信用的角度，《合同法》第六十条规定，"当事人应当按照约定全面履行自己的义务。当事人应当遵循诚实信用原则，根据合同的性质、目的和交易习惯履行通知、协助、保密等义务"。鉴于双方在股权转让合同上明确约定"此协议一式两份，双方签字生效，永不反悔"，因此周某海即使依据《合同法》第一百六十七条的规定，也应当首先选择要求汤某龙支付全部价款，而不是解除合同。

四、从维护交易安全的角度，一项有限责任公司的股权交易，关涉诸多方面，如其他股东对受让人汤某龙的接受和信任（过半数同意股权转让），记载到股东名册和在工商部门登记股权，社会成本和影响已经倾注其中。本案中，汤某龙受让股权后已实际参与公司经营管理、股权也已过户登记到其名下，如果不是汤某龙有根本违约行为，动辄撤销合同可能对公司经营管理的稳定产生不利影响。

综上所述，本案中，汤某龙主张的周某海依据《合同法》第一百六十七条之规定要求解除合同依据不足的理由，于法有据，应当予以支持。

（生效裁判审判人员：梁红亚、王玥、李莉）

【2023 年版本】

第五十七条 股东有权查阅、复制公司章程、股东名册、股东会会议记录、董事会会议决议、监事会会议决议和财务会计报告。

股东可以要求查阅公司会计账簿、会计凭证。股东要求查阅公司会计账簿、会计凭证的,应当向公司提出书面请求,说明目的。公司有合理根据认为股东查阅会计账簿、会计凭证有不正当目的,可能损害公司合法利益的,可以拒绝提供查阅,并应当自股东提出书面请求之日起十五日内书面答复股东并说明理由。公司拒绝提供查阅的,股东可以向人民法院提起诉讼。

股东查阅前款规定的材料,可以委托会计师事务所、律师事务所等中介机构进行。

股东及其委托的会计师事务所、律师事务所等中介机构查阅、复制有关材料,应当遵守有关保护国家秘密、商业秘密、个人隐私、个人信息等法律、行政法规的规定。

股东要求查阅、复制公司全资子公司相关材料的,适用前四款的规定。

【三次审议稿】

第五十六条 股东有权查阅、复制公司章程、股东名册、股东会会议记录、董事会会议决议、监事会会议决议和财务会计报告。

股东可以要求查阅公司会计账簿、会计凭证。股东要求查阅公司会计账簿、会计凭证的,应当向公司提出书面请求,说明目的。公司有合理根据认为股东查阅会计账簿、会计凭证有不正当目的,可能损害公司合法利益的,可以拒绝提供查阅,并应当自股东提出书面请求之日起十五日内书面答复股东并说明理由。公司拒绝提供查阅的,股东可以向人民法院提起诉讼。

股东查阅前款规定的材料,可以委托会计师事务所、律师事务所等中介机构进行。

股东及其委托的会计师事务所、律师事务所等中介机构查阅、复制有关材料,应当遵守有关保护国家秘密、商业秘密、个人隐私、个人信息等法律、行政法规的规定。

【2018年版本】

第三十三条 股东有权查阅、复制公司章程、股东会会议记录、董事会会议决议、监事会会议决议和财务会计报告。

股东可以要求查阅公司会计账簿。股东要求查阅公司会计账簿的,应当向公司提出书面请求,说明目的。公司有合理根据认为股东查阅会计账簿有不正当目的,可能损害公司合法利益的,可以拒绝提供查阅,并应当自股东提出书面请求之日起十五日内书面答复股东并说明理由。公司拒绝提供查阅的,股东可以请求人民法院要求公司提供查阅。

【本条释义】

本条规定了股东的查阅和复制权。

股东行使权利以了解公司经营状况为前提，因此，法律必须赋予股东一定的查阅权和复制权。股东有权查阅和复制的资料包括公司章程、股东名册、股东会会议记录、董事会会议决议、监事会会议决议和财务会计报告。这些资料本来就应当向股东公开或者应当送达股东，因此，股东不仅有查阅权，还有复制权。

公司会计账簿、会计凭证属于公司的敏感信息，需要特别保护，股东只能查阅，不能复制。为防止一些别有用心的小股东利用股东权利来谋取私人利益，股东要求查阅公司会计账簿、会计凭证的，应当向公司提出书面请求，说明目的。该目的应当与其股东权利的行使有关。公司有合理根据认为股东查阅会计账簿、会计凭证有不正当目的，可能损害公司合法利益的，可以拒绝提供查阅，并应当自股东提出书面请求之日起十五日内书面答复股东并说明理由。该理由的重点是阐述股东查阅相关资料的"不正当目的"。为了平衡二者的利益，法律将最终的决定权交给了法院，公司拒绝提供查阅的，股东可以向人民法院提起诉讼，由法院作出最终裁决。

由于会计账簿、会计凭证属于专业资料，非财务专业人士可能根本看不出问题，为确保股东能够真正行使查阅权，法律允许股东在查阅会计账簿、会计凭证时，委托会计师事务所、律师事务所等中介机构进行。

股东通过行使查阅权和复制权所获得的信息只能用于行使其股东权利等正当目的，不能侵犯公司以及相关个人的秘密及隐私，因此，股东及其委托的会计师事务所、律师事务所等中介机构查阅、复制有关材料，应当遵守有关保护国家秘密、商业秘密、个人隐私、个人信息等法律、行政法规的规定。

股东有权要求查阅、复制公司的全资子公司的相关材料，查阅的范围、条件等与查阅公司相关资料的要求相同。例如，张某为甲公司的股东，乙公司为甲公司的全资子公司，张某不仅有权查阅、复制甲公司的相关资料，也有权查阅、复制乙公司的相关资料。

【相关法律规定】

《中华人民共和国保守国家秘密法》（1988年9月5日第七届全国人民代表大会常务委员会第三次会议通过，2010年4月29日第十一届全国人民代表大会常务委员会第十四次会议修订）

第二条 国家秘密是关系国家安全和利益，依照法定程序确定，在一定时间内只限一定范围的人员知悉的事项。

第三条 国家秘密受法律保护。

一切国家机关、武装力量、政党、社会团体、企业事业单位和公民都有保守国家秘密的义务。

任何危害国家秘密安全的行为，都必须受到法律追究。

第四条 保守国家秘密的工作（以下简称保密工作），实行积极防范、突出重点、依法管理的方针，既确保国家秘密安全，又便利信息资源合理利用。

法律、行政法规规定公开的事项，应当依法公开。

第七条 机关、单位应当实行保密工作责任制，健全保密管理制度，完善保密防护措施，开展保密宣传教育，加强保密检查。

《中华人民共和国反不正当竞争法》（1993年9月2日第八届全国人民代表大会常务委员会第三次会议通过，2017年11月4日第十二届全国人民代表大会常务委员会第三十次会议修订，根据2019年4月23日第十三届全国人民代表大会常务委员会第十次会议《关于修改〈中华人民共和国建筑法〉等八部法律的决定》修正）

第九条 经营者不得实施下列侵犯商业秘密的行为：

（一）以盗窃、贿赂、欺诈、胁迫、电子侵入或者其他不正当手段获取权利人的商业秘密；

（二）披露、使用或者允许他人使用以前项手段获取的权利人的商业秘密；

（三）违反保密义务或者违反权利人有关保守商业秘密的要求，披露、使用或者允许他人使用其所掌握的商业秘密；

（四）教唆、引诱、帮助他人违反保密义务或者违反权利人有关保守商业秘密的要求，获取、披露、使用或者允许他人使用权利人的商业秘密。

经营者以外的其他自然人、法人和非法人组织实施前款所列违法行为的，视为侵犯商业秘密。

第三人明知或者应知商业秘密权利人的员工、前员工或者其他单位、个人实施本条第一款所列违法行为，仍获取、披露、使用或者允许他人使用该商业秘密的，视为侵犯商业秘密。

本法所称的商业秘密，是指不为公众所知悉、具有商业价值并经权利人采取相应保密措施的技术信息、经营信息等商业信息。

《民法典》

第一千零三十二条 自然人享有隐私权。任何组织或者个人不得以刺探、侵扰、泄露、公开等方式侵害他人的隐私权。

隐私是自然人的私人生活安宁和不愿为他人知晓的私密空间、私密活动、私密信息。

第一千零三十三条 除法律另有规定或者权利人明确同意外，任何组织或者个人不得实施下列行为：

（一）以电话、短信、即时通讯工具、电子邮件、传单等方式侵扰他人的私人生活安宁；

（二）进入、拍摄、窥视他人的住宅、宾馆房间等私密空间；

（三）拍摄、窥视、窃听、公开他人的私密活动；

（四）拍摄、窥视他人身体的私密部位；

（五）处理他人的私密信息；

（六）以其他方式侵害他人的隐私权。

第一千零三十四条 自然人的个人信息受法律保护。

个人信息是以电子或者其他方式记录的能够单独或者与其他信息结合识别特定自然人的各种信息，包括自然人的姓名、出生日期、身份证件号码、生物识别信息、住址、电话号码、电子邮箱、健康信息、行踪信息等。

个人信息中的私密信息，适用有关隐私权的规定；没有规定的，适用有关个人信息保护的规定。

第一千零三十五条 处理个人信息的，应当遵循合法、正当、必要原则，不得过度处理，并符合下列条件：

（一）征得该自然人或者其监护人同意，但是法律、行政法规另有规定的除外；

（二）公开处理信息的规则；

（三）明示处理信息的目的、方式和范围；

（四）不违反法律、行政法规的规定和双方的约定。

个人信息的处理包括个人信息的收集、存储、使用、加工、传输、提供、公开等。

第一千零三十六条 处理个人信息，有下列情形之一的，行为人不承担民事责任：

（一）在该自然人或者其监护人同意的范围内合理实施的行为；

（二）合理处理该自然人自行公开的或者其他已经合法公开的信息，但是该自然人明确拒绝或者处理该信息侵害其重大利益的除外；

（三）为维护公共利益或者该自然人合法权益，合理实施的其他行为。

第一千零三十七条 自然人可以依法向信息处理者查阅或者复制其个人信息；发现信息有错误的，有权提出异议并请求及时采取更正等必要措施。

自然人发现信息处理者违反法律、行政法规的规定或者双方的约定处理其个人信息的，有权请求信息处理者及时删除。

第一千零三十八条 信息处理者不得泄露或者篡改其收集、存储的个人信息；未经自然人同意，不得向他人非法提供其个人信息，但是经过加工无法识别特定个人且不能复原的除外。

信息处理者应当采取技术措施和其他必要措施，确保其收集、存储的个人信息安全，防止信息泄露、篡改、丢失；发生或者可能发生个人信息泄露、篡改、丢失的，应当及时采取补救措施，按照规定告知自然人并向有关主管部门报告。

第一千零三十九条 国家机关、承担行政职能的法定机构及其工作人员对于履行职责过程中知悉的自然人的隐私和个人信息，应当予以保密，不得泄露或者向他人非法提供。

《个人信息保护法》

第二条 自然人的个人信息受法律保护，任何组织、个人不得侵害自然人的个人信息权益。

第四条 个人信息是以电子或者其他方式记录的与已识别或者可识别的自然人有关的各种信息，不包括匿名化处理后的信息。

个人信息的处理包括个人信息的收集、存储、使用、加工、传输、提供、公开、删除等。

第五条 处理个人信息应当遵循合法、正当、必要和诚信原则，不得通过误导、欺诈、胁迫等方式处理个人信息。

第六条 处理个人信息应当具有明确、合理的目的，并应当与处理目的直接相关，采取对个人权益影响最小的方式。

收集个人信息，应当限于实现处理目的的最小范围，不得过度收集个人信息。

【相关司法解释规定】

《最高人民法院关于适用〈中华人民共和国公司法〉若干问题的规定（四）》

第七条 股东依据公司法第三十三条、第九十七条或者公司章程的规定，起诉请求查阅或者复制公司特定文件材料的，人民法院应当依法予以受理。

公司有证据证明前款规定的原告在起诉时不具有公司股东资格的，人民法院应当驳回起诉，但原告有初步证据证明在持股期间其合法权益受到损害，请求依法查阅或者复制其持股期间的公司特定文件材料的除外。

第八条 有限责任公司有证据证明股东存在下列情形之一的，人民法院应当认定股东有公司法第三十三条第二款规定的"不正当目的"：

（一）股东自营或者为他人经营与公司主营业务有实质性竞争关系业务的，但公司章程另有规定或者全体股东另有约定的除外；

（二）股东为了向他人通报有关信息查阅公司会计账簿，可能损害公司合法利益的；

（三）股东在向公司提出查阅请求之日前的三年内，曾通过查阅公司会计账簿，向他人通报有关信息损害公司合法利益的；

（四）股东有不正当目的的其他情形。

第九条 公司章程、股东之间的协议等实质性剥夺股东依据公司法第三十三条、第九十七条规定查阅或者复制公司文件材料的权利，公司以此为由拒绝股东查阅或者复制的，人民法院不予支持。

第十条 人民法院审理股东请求查阅或者复制公司特定文件材料的案件，对原告诉讼请求予以支持的，应当在判决中明确查阅或者复制公司特定文件材料的时间、地点和特定文件材料的名录。

股东依据人民法院生效判决查阅公司文件材料的,在该股东在场的情况下,可以由会计师、律师等依法或者依据执业行为规范负有保密义务的中介机构执业人员辅助进行。

第十一条 股东行使知情权后泄露公司商业秘密导致公司合法利益受到损害,公司请求该股东赔偿相关损失的,人民法院应当予以支持。

根据本规定第十条辅助股东查阅公司文件材料的会计师、律师等泄露公司商业秘密导致公司合法利益受到损害,公司请求其赔偿相关损失的,人民法院应当予以支持。

第十二条 公司董事、高级管理人员等未依法履行职责,导致公司未依法制作或者保存公司法第三十三条、第九十七条规定的公司文件材料,给股东造成损失,股东依法请求负有相应责任的公司董事、高级管理人员承担民事赔偿责任的,人民法院应当予以支持。

【典型案例】

中华人民共和国最高人民法院
民 事 判 决 书

〔2020〕最高法民再170号

再审申请人(一审原告、二审上诉人):阿特拉斯设备有限公司(Atlas Equipment Company, Inc.)。住所地:美利坚合众国华盛顿州西雅图市南96大街1313号(1313 South 96th Street, Seattle, WA98108, USA)。

代表人:鲁某夫(FlorianLouisKuffel),该公司总裁。

委托诉讼代理人:张国敏,河北勤有功律师事务所律师。

委托诉讼代理人:潘志瀛,河北勤有功律师事务所律师。

被申请人(一审被告、二审被上诉人):河北阿特拉斯设备制造有限公司。住所地:中华人民共和国河北省石家庄市太行大街201号。

法定代表人:郗某林,该公司董事长。

委托诉讼代理人:徐文莉,国浩律师(石家庄)事务所律师。

委托诉讼代理人:路晓,国浩律师(石家庄)事务所律师。

再审申请人阿特拉斯设备有限公司(以下简称阿特拉斯公司)因与被申请人河北阿特拉斯设备制造有限公司(以下简称河北阿特拉斯公司)股东知情权纠纷一案,不服河北省高级人民法院〔2018〕冀民终4号民事判决,向本院申请再审。本院于2019年9月25日作出〔2019〕最高法民申3044号民事裁定,提审本案。本院依法组成合议庭，于2020年9月7日公开开庭审理了本案。再审申请人阿特拉斯公司的委托诉讼代理人张国敏、潘志瀛，被申请人河北阿特拉斯公司的委托诉讼代理人徐文莉、路晓到庭参加诉讼。本案现已审理终结。

阿特拉斯公司向石家庄市中级人民法院起诉请求：1.判令河北阿特拉斯公司允许阿特拉斯公司查阅、复制其公司章程、董事会会议记录、决议及财务会计报告；2.判令河北阿特拉斯公司允许阿特拉斯公司查阅其包括原始会计凭证在内的所有会计账簿；3.判令河北阿特拉斯公司允许阿特拉斯公司指定审计师对其账目进行审计；4.本案诉讼费用由河北阿特拉斯公司承担。

一审法院认定事实：2005年7月16日，阿特拉斯公司与河北阿特拉斯公司的中方股东签订《合同、章程的修改协议》，阿特拉斯公司通过股权转让成为河北阿特拉斯公司的股东，持股比例为50%。阿特拉斯公司委派鲁某夫（Florian Louiskuffel）和周作民担任河北阿特拉斯公司的董事，后将周作民更换为Matthew Kuffel。2010年至本案起诉期间，河北阿特拉斯公司曾发出过召开董事会会议的通知，但因阿特拉斯公司与河北阿特拉斯公司中方股东的矛盾，双方未再召开过董事会。

在本案一审判决后，河北阿特拉斯公司向阿特拉斯公司发送了《合营各方的协议》《中外合资经营企业河北艾尔柯机械制造有限公司章程》《中外合资经营企业河北艾尔柯机械制造有限公司合同》《河北阿特拉斯设备制造有限公司章程修正案》、董事会决议、2011—2013年审计报告及每个月财务报表，在本案二审期间向阿特拉斯公司提交了2014年度审计报告和每个月的财务报表。

另查明，阿特拉斯公司经营和销售的产品与河北阿特拉斯公司产品相同，并且阿特拉斯公司的代表人鲁某夫的侄子Matthew Kuffel于2006年6月22日成立Atlas Equipment CO.II.LLC（以下简称AtlasII.LLC）。根据河北阿特拉斯公司提供的信息，经该公司申请，一审法院到天津海关调取证据，天津海关出具证明：查明阿特拉斯公司曾多次从河北阿特拉斯公司的竞争对手石家庄欧宇贸易有限公司、石家庄思拉瑞泵业有限公司、石家庄宏昌泵业有限公司处直接购买与河北阿特拉斯公司生产销售的产品相同的货物。

一审法院认为，首先，《公司法》第三十三条第一款规定："股东有权查阅、复制公司章程、股东会会议记录、董事会会议记录、监事会会议记录和财务会计报告"。因此，股东对于上述内容享有绝对知情权。河北阿特拉斯公司在一审判决后，向阿特拉斯公司发送了诉讼请求中要求的合资协议、章程、董事会会议决议、2010—2014年度审计报告及财务报表，但尚未发送2015和2016年度的年度审计报告和财务报表。河北阿特拉斯公司应当向阿特拉斯公司提供最新的年度审计报告和财务报表。其次，《公司法》第三十三条第二款规定："股东要求查阅公司会计账簿的，应当向公司提出书面请求，说明目的。公司有合理根据认为股东查阅会计账簿有不正当目的，可能损害公司合法利益的，可以拒绝提供查阅。"因此，股东对于公司会计账簿查阅权的行使受到法律的限制，属于相对知情权的范畴，要以正当目的为前提。本案中，阿特拉斯公司的股东鲁某夫在担任河北阿特拉斯公司董事期间，又注册成立了与河北阿特拉斯公司经营范围一致的Atlas Equipment CO.LLC（以下简称Atlas LLC），同时其侄子Matthew Kuffel作为股东注册成立了Atlas II.LLC，并以阿特拉斯公司的名义进行交易。这些公司与河北阿特拉斯公司存在竞争关系，并通过从河北阿特拉斯公司的竞争对手处购买与其经营的相同的产品，与河北阿特拉斯公司主营业务构成实质性竞争关系，损害了河北阿特拉斯公司的利益，应当认为阿特拉斯公司有不正当目的。不应支持阿特拉斯公司的该项诉讼请求。第三，河北阿特拉斯公司的公司章程中虽然规定合资任何一方可以自费聘请会计师事务所对合资公司账目进行审计，但是该规定是以不违反《公司法》为前提的。由于阿特拉斯公司查阅会计账簿的目的不正当，因此，河北特拉斯公司的诉讼请求，一审法院不予支持。依据《公司法》第三十三条、《最高人民法院关于用〈中华人民共和国公司法〉若干问题的规定（四）》（以下简称公司法司法解释四）第八条的规定，判决：（一）河北阿特拉斯公司应于本判决生效之日起十五日内向阿特拉斯公司提交2015年至判决生效日的年度财务审计报告和财务报表；（二）驳回阿特拉斯公司的其他诉讼请求。

阿特拉斯公司不服一审判决，上诉请求：1.撤销一审判决；2.改判河北阿特拉斯公司允许阿特拉斯公司查阅、复制其公司章程、董事会会议记录、决议及财务会计报告；3.改判河北阿特拉斯公司允许阿特拉斯公司查阅包括原始会计凭证在内的所有会计账簿；4.改判河北阿特拉斯公司允许阿特拉斯公司指定审计师对其账目进行审计；5.河北阿特拉斯公司承担本案全部诉讼费。

二审法院查明：对于一审查明的基本事实，河北阿特拉斯公司无异议；阿特拉斯公司对于一审法院认定"阿特拉斯公司经营和销售的产品与河北阿特拉斯公司相同"以及"阿特拉斯公司曾多次从河北阿特拉斯公司的竞争对手石家庄欧宇贸易有限公司、石家庄思拉瑞泵业有限公司，石家庄宏昌泵业有限公司处直接购买与河北阿特拉斯公司的产品相同的货物"等事实存有异议。

对于一审查明的事实双方没有异议的部分，二审法院予以确认，对于存有异议的部分，在说理部分中予以评述。

二审法院认为，本案焦点问题为：1.河北阿特拉斯公司是否应当允许阿特拉斯公司查阅、复制其公司章程、董事会会议记录、决议及财务会计报告；2.河北阿特拉斯公司是否应当允许阿特拉斯公司查阅其包括原始会计凭证在内的所有会计账簿；3.河北阿特拉斯公司是否应当允许阿特拉斯公司指定审计师对河北阿特拉斯公司的账目进行审计。

关于问题一，阿特拉斯公司认可收到河北阿特拉斯公司答辩状所述第一项"公司章程、董事会决议、各期财务会计报告和月报表"等文件，认可一审判决主文中的"财务审计报告和财务报表"属于其所主张的财务会计报告,但坚持认为河北阿特拉斯公司应当按照《公司法》的规定允许其查阅和复制上述文件而不是仅提交上述文件。对此,该院认为,股东知情权是保障股东了解公司信息的权利,上述文件材料无论以电子版或文字版的方式提交,在阿特拉斯公司收到上述文件内容后均能达到使其了解公司信息的目的,即符合《公司法》关于"股东有权查阅、复制公司章程、股东会会议记录……"的规定。因此,阿特拉斯公司关于必须按照《公司法》的上述规定到河北阿特拉斯公司去查阅、复制公司存放的上述文件文本并无必要,该上诉理由不应得到支持。

关于问题二,对于阿特拉斯公司的代表人鲁某夫在美国设立 Atlas LLC,鲁某夫的侄子 Matthew Kuffel 作为股东成立 Atlas II.LLC,以及 Atlas LLC 之前在北美销售河北阿特拉斯公司的产品,后销售国内其他厂家同类产品等事实,各方均无异议。因此,鉴于阿特拉斯公司、Atlas LLC 及 Atlas II.LLC 三家公司的上述关联关系,无论 Atlas LLC(含 Atlas II.LLC)在国内销售厂家的变更是由于阿特拉斯公司还是河北阿特拉斯公司的原因,其结果均是 Atlas LLC 不再销售河北阿特拉斯公司的产品转而销售与该公司具有竞争关系的生产厂家的同类产品。虽然阿特拉斯公司上诉称 Atlas LLC 从事销售与河北阿特拉斯公司的生产行为属于上下游关系,不属于相同经营范围,但是正是这种生产与销售的关系,可能影响河北阿特拉斯公司产品在北美的销售情况,进而影响该公司利益。因此,即使阿特拉斯公司对一审查明"阿特拉斯公司经营和销售的产品与河北阿特拉斯公司相同"以及"天津海关出具证明查明阿特拉斯公司曾多次从河北阿特拉斯公司的竞争对手石家庄欧宇贸易有限公司等处直接购买与河北阿特拉斯公司生产销售的产品相同的货物"等事实不予认可,均不影响阿特拉斯公司查阅会计账簿具有不正当目的的判定。一审法院以阿特拉斯公司具有不正当目的而驳回其该项诉讼请求符合法律规定,并无不当。

关于问题三,阿特拉斯公司二审庭审时称,根据公司法司法解释四第八条第一款第一项"股东自营或者为他人经营与公司主营业务有实质性竞争关系业务的,但公司章程另有规定或者全体股东另有约定的除外"的规定,本案合营合同章程约定了股东可以单方委托审计,因此,应当允许其单方审计。对此,该院认为,上述法律规定是对于上述第一项是否构成不正当目的的情形所作出的除外规定,即如果在公司章程另有规定或者全体股东另有约定的"股东自营或者为他人经营与公司主营业务有实质性竞争关系业务"的情形下,股东查阅公司会计账簿的,不应认定为有不正当目的。本案中,AtlasLLC 销售其他厂家与河北阿特拉斯公司相同产品的行为并非基于公司章程的规定和全体股东的约定,因此不符合上述法律规定的除外情形。虽然河北阿特拉斯公司的公司章程中规定合营各方有权自费聘请审计师查阅合营公司账簿,但是如果该行为存在不正当性目的,可能损害公司利益的,河北阿特拉斯公司同样可以拒绝,以维护公司合法利益。因此,阿特拉斯公司要求其单方指定审计师对河北阿特拉斯公司的账目进行审计的诉讼请求也不应得到支持。

另外，目前双方当事人均认可合资公司、中方股东及外方股东之间在经营管理方面存在矛盾和互不信任的情况，对此，各方均应首先依据合营公司合同及章程设置的公司机制处理公司经营管理过程中所存在的矛盾与问题。从公允、均衡的角度考虑，允许阿特拉斯公司查阅河北阿特拉斯公司的会计账簿及允许其单方审计并不能达到解决各方矛盾和消除不信任的目的。

综上，阿特拉斯公司的上诉理由均不能成立，应当予以驳回。一审认定事实清楚，适用法律正确，应当予以维持。二审法院依照《民事诉讼法》第一百七十条第一款第一项的规定，判决驳回上诉，维持原判。

阿特拉斯申请再审称：（一）二审判决认定的基本事实缺乏证据证明、适用法律错误。1.股东有权查阅合资公司文件档案材料，这与合资公司将相关文件的复印件以邮寄等方式交给阿特拉斯公司是两个不同的概念，二审判决将阿特拉斯公司查阅、复制原始文件的权利限缩为"以邮寄方式取得复印件"的权利适用法律错误。2.二审判决认定阿特拉斯公司查阅公司会计账簿存在不正当目的缺乏证据证明，适用法律错误。首先，公司配合股东查阅公司会计账簿是公司所负有的基本义务，除非公司有合理根据认为股东查阅会计账簿有不正当目的，可能损害公司合法利益。然而，河北阿特拉斯公司并没有举证证明阿特拉斯公司具有不正当目的。其次，阿特拉斯公司、Atlas LLC（含Atlas II.LLC）与河北阿特拉斯公司经营范围并不一致，不存在实质的竞争关系。阿特拉斯公司仅持有河北阿特拉斯50%的股权，由于其税务账户一直关闭，未进行过任何泵及泵件的采购销售活动。Atlas LLC和Atlas II.LLC为同一家公司。Atlas LLC主要从事泵及泵件的采购销售，河北阿特拉斯公司主要从事泵及泵件的设计、生产以及基于生产的销售。再次，早在阿特拉斯公司投资河北阿特拉斯公司前后，鲁某夫及阿特拉斯公司的关联公司Atlas LLC（含Atlas II.LLC）就一直在从事与泵业有关的经营活动，河北阿特拉斯公司及中方股东对此是明知且认可的，因此并不损害河北阿特拉斯公司的合法权益。（二）阿特拉斯公司有权查阅公司包括原始会计凭证在内的所有会计账簿并有权单方进行审计监督。1.基于股东与公司之间的利益平衡，股权查阅会计账簿理应包括原始会计凭证在内的所有会计账簿。2.合资合同和河北阿特拉斯公司章程规定了股东的单方审计监督权，河北阿特拉斯公司提供会计凭证是其应当履行的配合审计义务。3.根据公司法司法解释四第八条的规定，股东自营或者为他人经营与公司主营业务有实质性竞争关系业务的，可以认定为有不正当目的，但公司章程另有规定或者全体股东另有约定的除外。二审法院以存在不正当目的为由否定合资合同的约定以及章程的规定适用法律错误。（三）二审判决逻辑错误。合营双方存在矛盾和不信任，否则也不会出现知情权纠纷。阿特拉斯公司行使股东知情权的目的就是了解河北阿特拉斯公司在中方股东控制之下是否存在中方股东损害公司及阿特拉斯公司合法利益的情况。查阅会计账簿和单方审计权的行使确实无法从根本上解决各方矛盾，达到消除不信任的目的，但如果连获知公司真实情况的权利都无法依法保障，其他更为复杂的权利或机制更不可能实现。（四）二审判决没有遵守对合营各方平等、均衡提供司法保护的原则，这将对中国营商环境的塑造造成负面影响。综上，阿特拉斯公司请求判决：撤销一、二审判决，改判支持阿特拉斯公司提出的全部诉讼请求；本案一、二审及再审诉讼费用全部由河北阿特拉斯公司承担。

河北阿特拉斯公司辩称：（一）阿特拉斯公司要求查阅、复制合资公司章程、董事会决议记录、决议及财务会计报告的请求已经得到实际履行，达到了了解合资公司经营状况的目的，足以满足其确定股权状况和价值的目的，其没有提起本案诉讼的基础。（二）阿特拉斯公司通过其控股的AtlasLLC从事与河北阿特拉斯公司相同的销售业务，构成同业竞争关系，要求查阅会计账簿存在不正当目的。（三）协议和章程的履行应当以符合法律要求为前提，在其查阅账簿目的不正当，损害河北阿特拉斯公司利益的情况下，河北阿特拉斯公司可以拒绝提供公司账目供阿特拉斯公司指定的审计师进行审计。（四）阿特拉斯公司以原判决没有平等、均衡提供司法保护，损害营商环境为由申请再审缺乏依据。请求驳回阿特拉斯公司的再审请求。

再审期间，河北阿特拉斯公司提交了一份《备忘录》，用以证明双方拟通过清算方式解决矛盾。阿特拉斯公司质证认为，对《备忘录》的真实性没有异议，但与本案无关，且中文翻译与英文文本原意不一致。本院认为，阿特拉斯公司对该《备忘录》的真实性没有异议，故对该证据的真实性予以确认，但该证据只证明双方在本案再审期间对合资公司清算事宜的初步磋商，与阿特拉斯公司查阅权行使目的是否正当无关，故对其关联性不予确认。

双方当事人对二审判决查明的事实无异议，本院予以确认。

本院另查明：《中外合资经营企业河北阿特拉斯设备制造有限公司合同》第三十三条约定："合营公司的财务账册应每年一次由一个在中国注册的会计师事务所进行审计，费用由合营公司承担。合同各方有权各自承担费用自行指定审计师审计合营公司的账目。"《中外合资经营企业河北阿特拉斯设备制造有限公司章程》第三十四条约定："合营各方有权自费聘请审计师查阅合营公司账簿。查阅时，合营公司应提供方便。"

河北阿特拉斯公司经营范围为：研究、设计、生产渣浆泵、脱硫泵、疏浚泵、其他工业水泵及泵系统，生产耐磨机械部件、销售自产产品并提供咨询、维修等配套服务。

河北阿特拉斯公司经营期限为自2004年5月12日至2019年5月12日。

本院再审认为，阿特拉斯公司为在美国注册成立的公司，本案为涉外商事纠纷。根据《中华人民共和国涉外民事关系法律适用法》第十四条的规定，法人的股东权利义务事项适用登记地法律。阿特拉斯公司作为合资公司河北阿特拉斯公司的股东，提起股东知情权诉讼，故本案应适用合资公司登记地法即中华人民共和国法律。

本案争议焦点为，阿特拉斯公司行使股东知情权目的是否正当以及在其查阅目的正当的前提下，其是否有权查阅包括原始凭证和记账凭证在内的所有会计账簿。

一、阿特拉斯公司有权查阅合资公司的文件档案材料。《公司法》第三十三条规定："股东有权查阅、复制公司章程、股东会会议记录、董事会会议决议、监事会会议决议和财务会计报告。股东可以要求查阅公司会计账簿。股东要求查阅公司会计账簿的，应当向公司提出书面请求，说明目的。公司有合理根据认为股东查阅会计账簿有不正当目的，可能损害公司合法利益的，可以拒绝提供查阅，并应当自股东提出书面请求之日起十五日内书面答复股东并说明理由。公司拒绝提供查阅的，股东可以请求人民法院要求公司提供查阅。"合资公司章程、董事会会议记录、财务会计报告等是合资公司应当制备的文件材料，属于合资双方有权请求查阅的范围，合资一方请求查阅的，合资公司应当提供。这些材料是在合资公司内部需要公开的资料，应当允许合资双方不受限制地查阅或者复制。河北阿特拉斯公司虽然向阿特拉斯公司提交了2014年度以前的审计报告和每个月的财务报表，但不应影响阿特拉斯公司查阅权的正常行使。阿特拉斯有权在合适的时间自行查阅，否则将构成对阿特拉斯公司行使查阅权的不当限制。阿特拉斯公司请求查阅、复制河北阿特拉斯公司章程、董事会会议记录、决议及财务会计报告的再审请求具有事实和法律依据，本院予以支持。

二、阿特拉斯公司查阅合资公司会计账簿不具有不正当目的。公司法司法解释四第八条规定："有限责任公司有证据证明股东存在下列情形之一的，人民法院应当认定股东有《公司法》第三十三条第二款规定的'不正当目的'：（一）股东自营或者为他人经营与公司主营业务有实质性竞争关系业务的，但公司章程另有规定或者全体股东另有约定的除外；（二）股东为了向他人通报有关信息查阅公司会计账簿，可能损害公司合法利益的；（三）股东在向公司提出查阅请求之日前的三年内，曾通过查阅公司会计账簿，向他人通报有关信息损害公司合法利益的；（四）股东有不正当目的的其他情形。"河北阿特拉斯公司以股东自营或者为他人经营与公司主营业务有实质性竞争关系业务为由主张阿特拉斯公司具有不正当目的，对此负有证明义务。在认定主营业务时应当主要考虑该项业务对公司稳定利润的贡献，兼顾在营业收入中的比重，河北阿特拉斯公司作为渣浆泵生产企业，渣浆泵的生产应当为其主营业务。实质性竞争关系则是指股东和公司之间存在利益冲突，其情形需要根据案件事实综合认定。河北阿特拉斯公司的经营范围为研究、设计、生产渣浆泵、脱硫泵、疏浚泵、其他工业水泵及泵系统，生产耐磨机械部件，销售自产产品并提供咨询、维修等配套服务。阿特拉斯公司的经营范围为泵件销售，在生产环节二者不存在竞争关系。在销售环节，合作初期，Atlas LLC采购河北阿特拉斯公司的产品在北美地区销售，二者存在分工合作的关系。合资公司股东双方产生争议后，根据一审法院从海关调取的证据，Atlas LLC从其他公司购买过同类产品，但阿特拉斯公司与Atlas LLC均为鲁某夫出资设立的公司，两公司之间不存在控股关系，以此认定阿特拉斯公司的查阅要求具有不正当目的，理据不足。河北阿特拉斯公司主张阿特拉斯公司系通过其控股的Atlas LLC从事与河北阿特拉斯公司相同的销售业务，亦缺乏事实依据。河北阿特拉斯公司没有证据证明阿特拉斯公司与Atlas LLC存在主体混同的情形，其以公司关联关系为由限制合资一方查阅会计账簿的权利，没有法律依据。综上，河北阿特拉斯公司并未提供有效证据证明阿特拉斯公司查阅合资公司会计账簿具有不正当目的。二审判决认定阿特拉斯公司查阅合资公司会计账簿具有不正当目的，认定事实错误，本院予以纠正。阿特拉斯公司请求查阅公司会计账簿的主张成立，本院予以支持。

三、阿特拉斯公司有权查阅合资公司的原始凭证和记账凭证，并有权指定审计师对合资公司账目进行审计。虽然《公司法》第三十三条第二款规定股东可以要求查阅公司会计账簿，并未规定股东可以查阅原始凭证和记账凭证，但该条规定的意旨主要是防止小股东滥用知情权干扰公司的正常经营活动。本案中，合资双方持股比例各为50%，不存在小股东滥用股东权利妨碍公司正常经营的情形。况且，双方在合资合同中有"合同各方有权各自承担费用自行指定审计师审计合营公司的账目"的特别约定。河北阿特拉斯公司章程亦规定，"合营各方有权自费聘请审计师查阅合营公司账簿。查阅时，合营公司应提供方便"。合资双方通过章程、合资合同约定的公司内部治理事项，属于当事人意思自治权利的范畴，缔约双方应当诚实守信，予以遵守。河北阿特拉斯公司亦确认，审计师在审计合资公司的账目时，必然涉及原始凭证和记账凭证。在合资双方约定合资一方有权自行指定审计师审计合资公司账目的情况下，股东知情权的范围不宜加以限缩，否则，将与设置股东知情权制度的目的背道而驰。此外，考虑到河北阿特拉斯公司已经不再实际经营、双方协商通过清算解决遗留问题的实际情况，基于利益平衡和确保信息真实的考虑，阿特拉斯公司查阅会计账簿时应有权查阅原始凭证和记账凭证。在河北阿特拉斯未能举证证明阿特拉斯查阅会计账簿具有不正当目的的情况下，阿特拉斯公司请求查阅原始凭证在内的会计账簿并指定审计师对合资公司账目进行审计，具有合同依据和法律依据。

综上，阿特拉斯公司的再审请求成立，本院予以支持。依照《公司法》第三十三条，《最高人民法院关于适用〈中华人民共和国公司法〉若干问题的规定（四）》第八条，《民事诉讼法》第二百零七条第一款、第一百七十条第一款第二项之规定，判决如下：

一、撤销河北省高级人民法院〔2018〕冀民终4号民事判决和河北省石家庄市中级人民法院〔2015〕石民五初字第00346号民事判决；

二、本判决生效之日起三十日内，河北阿特拉斯设备制造有限公司提供自公司成立之日起至其实际提供日止的公司章程、董事会会议记录、决议、财务会计报告供阿特拉斯设备有限公司查阅及复制，并提供包括原始会计凭证在内的所有会计账簿供阿特拉斯设备有限公司查阅。以上查阅、复制的时间总计不超过三十个工作日；

三、自本判决生效之日起九十日内,由阿特拉斯设备有限公司自行聘请具有资质的机构和人员对河北阿特拉斯设备制造有限公司的账目进行审计。

一审案件受理费人民币80元、二审案件受理费人民币80元,均由河北阿特拉斯设备制造有限公司负担。

本判决为终审判决。

审 判 长　马东旭

审 判 员　杨兴业

审 判 员　郭载宇

二〇二一年二月三日

法官助理　许英林

书 记 员　房建屹

第二节 组织机构

【2023 年版本、三次审议稿】

第五十八条　有限责任公司股东会由全体股东组成。股东会是公司的权力机构，依照本法行使职权。

【2018 年版本】

第三十六条　有限责任公司股东会由全体股东组成。股东会是公司的权力机构，依照本法行使职权。

【本条释义】

本条规定了有限责任公司股东会的组织及其地位。

有限责任公司股东会由全体股东组成。无论股东持股比例有多少，均有权参加股东会。股东会是公司的权力机构，依照《公司法》行使职权。在公司的各类组织机构中，权力最大的机会股东会。只要不违反法律，公司股东会理论上可以行使公司的一切权力。

【相关法律规定】

《企业国有资产法》

第十三条　履行出资人职责的机构委派的股东代表参加国有资本控股公司、国有资本参股公司召开的股东会会议、股东大会会议，应当按照委派机构的指示提出提案、发表意见、行使表决权，并将其履行职责的情况和结果及时报告委派机构。

《中华人民共和国证券投资基金法》

第二十一条　公开募集基金的基金管理人应当建立良好的内部治理结构，明确股东会、董事会、监事会和高级管理人员的职责权限，确保基金管理人独立运作。

公开募集基金的基金管理人可以实行专业人士持股计划，建立长效激励约束机制。

公开募集基金的基金管理人的股东、董事、监事和高级管理人员在行使权利或者履行职责时,应当遵循基金份额持有人利益优先的原则。

【2023年版本、三次审议稿】

第五十九条 股东会行使下列职权:

(一)选举和更换董事、监事,决定有关董事、监事的报酬事项;

(二)审议批准董事会的报告;

(三)审议批准监事会的报告;

(四)审议批准公司的利润分配方案和弥补亏损方案;

(五)对公司增加或者减少注册资本作出决议;

(六)对发行公司债券作出决议;

(七)对公司合并、分立、解散、清算或者变更公司形式作出决议;

(八)修改公司章程;

(九)公司章程规定的其他职权。

股东会可以授权董事会对发行公司债券作出决议。

对本条第一款所列事项股东以书面形式一致表示同意的,可以不召开股东会会议,直接作出决定,并由全体股东在决定文件上签名或者盖章。

【2018年版本】

第三十七条 股东会行使下列职权:

(一)决定公司的经营方针和投资计划;

(二)选举和更换非由职工代表担任的董事、监事,决定有关董事、监事的报酬事项;

(三)审议批准董事会的报告;

(四)审议批准监事会或者监事的报告;

(五)审议批准公司的年度财务预算方案、决算方案;

(六)审议批准公司的利润分配方案和弥补亏损方案;

(七)对公司增加或者减少注册资本作出决议;

(八)对发行公司债券作出决议;

(九)对公司合并、分立、解散、清算或者变更公司形式作出决议;

(十)修改公司章程;

(十一)公司章程规定的其他职权。

对前款所列事项股东以书面形式一致表示同意的,可以不召开股东会会议,直接作出决定,并由全体股东在决定文件上签名、盖章。

【本条释义】

本条规定了股东会的职权。

股东会作为公司的权力机关,行使公司决策中最重要的职权,具体包括:

(1)选举和更换董事、监事,决定有关董事、监事的报酬事项。董事会和监事会是在股东会领导之下的执行机关和监督机关,因此,其具体人选及其报酬均由股东会决定。

(2)审议批准董事会的报告。股东会领导董事会工作的主要形式,除了选举和更换董事之外,审议和批准董事会的报告也是最重要的形式之一。董事会的报告如果未被批准,则可能面临更换董事的结果。

(3)审议批准监事会的报告。股东会领导监事会工作的主要形式,除了选举和更换监事之外,审议和批准监事会的报告也是最重要的形式之一。监事会的报告如果未被批准,则可能面临更换监事的结果。

(4)审议批准公司的利润分配方案和弥补亏损方案。公司的权益属于股东,因此,关于利润和亏损的问题,往往都由股东会决定。公司如有亏损应当先弥补亏损,弥补亏损之后才能分配利润。

(5)对公司增加或者减少注册资本作出决议。公司资本全部来自股东,属于股东权益,因此,有关资本的事项往往也是由股东会决定。

(6)对发行公司债券作出决议。公司对外借款属于重大事项,通常需要由股东会决定。发行公司债券属于比较重要的借款与金融行为,应当由股东会决定。

(7)对公司合并、分立、解散、清算或者变更公司形式作出决议。涉及公司生死存亡的重大事项,应当由股东会决定。变更公司形式主要是指从有限责任公司变更为股份有限公司,或者从股份有限公司变更为有限责任公司。如果公司因股权变动由普通有限责任公司变更为一人有限责任公司,或者反之,或者由非国有企业变更为国有企业,或者反之,或者由非外资企业变更为外资企业,或者反之,不属于变更公司形式。如果由公司变更为个体工商户、个人独资企业或者合伙企业,属于公司解散和清算,也不属于变更公司形式。

(8)修改公司章程。公司章程是公司应当遵守的除法律法规以外最重要的规范性文件,其对股东均有约束力,因此,修改公司章程应由股东会决定。如果公司章程规定了法定代表人,变更法定代表人也应修改公司章程,也应由股东会决定。

(9)公司章程规定的其他职权。公司章程可以规定股东会拥有更多职权,可以将法律规定属于董事会、监事会或者其他主体的部分职权规定为股东会的职权。

由于股东会会议次数较少,召集程序也比较复杂,耗费时间较长,为方便公司对发行公司债券事项及时作出回应,股东会可以授权董事会对发行公司债券作出决议。股东会拥有的其他职权原则上不允许授权董事会行使。

对于规模较小、股东人数较少的公司,为提高股东会决议的效率,对上述股东会职权范围内的事项股东以书面形式一致表示同意的,可以不召开股东会会议,直接作出决定,并由全体股东在决定文件上签名或者盖章。书面决议的形式大大提高了小公司股东会决议的效率,节省了人力物力。

【相关法律规定】

《民法典》

第八十条 营利法人应当设权力机构。

权力机构行使修改法人章程、选举或者更换执行机构、监督机构成员,以及法人章程规定的其他职权。

《保险法》

第八十九条 保险公司因分立、合并需要解散,或者股东会、股东大会决议解散,或者公司章程规定的解散事由出现,经国务院保险监督管理机构批准后解散。

经营有人寿保险业务的保险公司,除因分立、合并或者被依法撤销外,不得解散。

保险公司解散,应当依法成立清算组进行清算。

《企业国有资产法》

第四十条 企业改制应当依照法定程序,由履行出资人职责的机构决定或者由公司股东会、股东大会决定。

重要的国有独资企业、国有独资公司、国有资本控股公司的改制,履行出资人职责的机构在作出决定或者向其委派参加国有资本控股公司股东会会议、股东大会会议的股东代表作出指示前,应当将改制方案报请本级人民政府批准。

【相关法规规定】

《证券公司风险处置条例》(2008年4月23日中华人民共和国国务院令第523号公布,根据2016年2月6日《国务院关于修改部分行政法规的决定》第一次修订,根据2023年7月20日《国务院关于修改和废止部分行政法规的决定》第二次修订,下同)

第十一条 国务院证券监督管理机构决定对证券公司进行接管的,应当按照规定程序组织专业人员成立接管组,行使被接管证券公司的经营管理权,接管组负责人行使被接管证券公司法定代表人职权,被接管证券公司的股东会或者股东大会、董事会、监事会以及经理、副经理停止履行职责。

接管组自接管之日起履行下列职责:

(一)接管证券公司的财产、印章和账簿、文书等资料;

(二)决定证券公司的管理事务;

（三）保障证券公司证券经纪业务正常合规运行，完善内控制度；
（四）清查证券公司财产，依法保全、追收资产；
（五）控制证券公司风险，提出风险化解方案；
（六）核查证券公司有关人员的违法行为；
（七）国务院证券监督管理机构要求履行的其他职责。

接管期限一般不超过12个月。满12个月，确需继续接管的，国务院证券监督管理机构可以决定延长接管期限，但延长接管期限最长不得超过12个月。

《私募投资基金监督管理条例》
第十二条 私募基金管理人的股东、实际控制人、合伙人不得有下列行为：
（一）虚假出资、抽逃出资、委托他人或者接受他人委托出资；
（二）未经股东会或者董事会决议等法定程序擅自干预私募基金管理人的业务活动；
（三）要求私募基金管理人利用私募基金财产为自己或者他人牟取利益，损害投资者利益；
（四）法律、行政法规和国务院证券监督管理机构规定禁止的其他行为。

《企业国有资产监督管理暂行条例》（2003年5月27日中华人民共和国国务院令第378号公布，根据2011年1月8日《国务院关于废止和修改部分行政法规的决定》第一次修订，根据2019年3月2日《国务院关于修改部分行政法规的决定》第二次修订，下同）

第二十二条 国有资产监督管理机构依照公司法的规定，派出股东代表、董事，参加国有控股的公司、国有参股的公司的股东会、董事会。

国有控股的公司、国有参股的公司的股东会、董事会决定公司的分立、合并、破产、解散、增减资本、发行公司债券、任免企业负责人等重大事项时，国有资产监督管理机构派出的股东代表、董事，应当按照国有资产监督管理机构的指示发表意见、行使表决权。

国有资产监督管理机构派出的股东代表、董事，应当将其履行职责的有关情况及时向国有资产监督管理机构报告。

【相关规章规定】

《证券期货经营机构私募资产管理业务管理办法》（中国证券监督管理委员会令2023年第203号）

第三十五条 证券期货经营机构以自有资金参与集合资产管理计划，应当符合法律、行政法规和中国证监会的规定，并按照《中华人民共和国公司法》和公司章程的规定，获得公司股东会、董事会或者其他授权程序的批准。

证券期货经营机构自有资金所持的集合资产管理计划份额，应当与投资者所持的同类份额享有同等权益、承担同等风险。

《企业集团财务公司管理办法》（中国银行保险监督管理委员会令2022年第6号）

第十四条 财务公司股东应当承担下列义务并在财务公司章程中载明：

（一）遵守法律法规和监管规定。

（二）以合法自有资金出资，不得使用委托资金、债务资金等非自有资金入股，不得虚假出资、循环出资、抽逃出资或者变相抽逃出资。

（三）承诺不将所持有的财务公司股权质押或设立信托。

（四）股东及其实际控制人应维护财务公司独立法人地位和经营管理自主权，不得滥用股东权利损害财务公司、其他股东及利益相关者的合法权益，不得干预财务公司董事会、高级管理层根据公司章程享有的决策权和管理权，不得越过董事会、高级管理层直接干预财务公司经营管理。

（五）应经但未经监管部门批准或未向监管部门报告的股东，不得行使股东会召开请求权、表决权、提名权、提案权、处分权等权利。

（六）不得将股东所享有的管理权，股东会召开请求权、表决权、提名权、提案权、处分权等各项权利委托他人行使。

（七）集团母公司应当承担财务公司风险防范和化解的主体责任，应当建立有效的风险隔离机制，防止风险通过财务公司外溢；集团母公司及财务公司控股股东应当在必要时向财务公司补充资本。

（八）财务公司发生风险事件或者重大违规行为的，股东应当配合监管机构开展调查和风险处置。

（九）主要股东应当及时、准确、完整地向财务公司提供自身经营状况、财务信息、股权结构等信息。

（十）对于存在虚假陈述、滥用股东权利或其他损害财务公司利益行为的股东，银保监会及其派出机构可以限制或禁止财务公司与其开展关联交易，限制其持有财务公司股权的限额等，并可限制其股东会召开请求权、表决权、提名权、提案权、处分权等权利。

《期货公司期货交易咨询业务办法》（2010年12月23日中国证券监督管理委员会第289次主席办公会议审议通过，根据2022年8月12日中国证券监督管理委员会《关于修改、废止部分证券期货规章的决定》修正）

第七条 期货公司申请期货交易咨询业务资格，应当提交下列申请材料：

（一）期货交易咨询业务资格申请书；

（二）股东会关于申请期货交易咨询业务的决议文件；

（三）申请日前6个月的期货公司风险监管报表；

（四）期货交易咨询业务管理制度文本，内容包括部门和人员管理、业务操作、合规检查、客户回访与投诉等；

（五）最近3年的期货公司合规经营情况说明；

（六）拟从事期货交易咨询业务的高级管理人员和业务人员的名单、简历、相关任职条件和从业条件证明，以及公司出具的诚信合规证明材料；

（七）加盖公司公章的《企业法人营业执照》复印件、《经营期货业务许可证》复印件；

（八）经符合规定的会计师事务所审计的前一年度财务报告；申请日在下半年的，还应当提供经审计的半年度财务报告；

（九）律师事务所就期货公司是否符合本办法第六条第（三）、（五）项规定的条件，以及股东会决议是否合法出具的法律意见书；

（十）中国证监会规定的其他材料。

【相关司法解释规定】

《最高人民法院关于执行担保若干问题的规定》（2017年12月11日最高人民法院审判委员会第1729次会议通过，根据2020年12月23日最高人民法院审判委员会第1823次会议通过的《最高人民法院关于修改〈最高人民法院关于人民法院扣押铁路运输货物若干问题的规定〉等十八件执行类司法解释的决定》修正，下同）

第五条 公司为被执行人提供执行担保的，应当提交符合公司法第十六条规定的公司章程、董事会或者股东会、股东大会决议。

《最高人民法院关于适用〈中华人民共和国行政诉讼法〉的解释》（2017年11月13日最高人民法院审判委员会第1726次会议通过，自2018年2月8日起施行 法释〔2018〕1号，下同）

第十六条 股份制企业的股东大会、股东会、董事会等认为行政机关作出的行政行为侵犯企业经营自主权的，可以企业名义提起诉讼。

联营企业、中外合资或者合作企业的联营、合资、合作各方，认为联营、合资、合作企业权益或者自己一方合法权益受行政行为侵害的，可以自己的名义提起诉讼。

非国有企业被行政机关注销、撤销、合并、强令兼并、出售、分立或者改变企业隶属关系的，该企业或者其法定代表人可以提起诉讼。

【典型案例】

姚某某与鸿大（上海）投资管理有限公司、章某等公司决议纠纷案

关键词

公司法　修改出资期限　资本多数决　无效

裁判要旨

有限责任公司章程或股东出资协议确定的公司注册资本出资期限系股东之间达成的合意。除法律规定或存在其他合理、紧迫事由需要修改出资期限的情形外，股东会会议作出修改出资期限的决议应经全体股东一致通过。大股东滥用控股地位，以多数决方式通过修改出资期限决议，损害其他股东期限利益，其他股东请求确认该项决议无效的，人民法院应予支持。

相关法条

《公司法》第二十条第一款、第二十二条第一款、第二十八条、第三十七条

基本案情

2017年6月27日，原告姚某某因与被告鸿大（上海）投资管理有限公司（以下简称鸿大公司），第三人章某、蓝某某、何某某签订《合作协议书》约定，鸿大公司预期将取得代理Tesla在中国大陆设立外商投资企业事宜的授权，姚某某拟出资700万元，蓝某某、何某某拟各出资350万元，均投资入股鸿大公司，且应在协议签署后的三日内全部实缴至鸿大公司；本协议系各方合作的初步法律文件，未来将可根据具体情况适时修改、调整、细化、充实。

2017年7月17日，被告鸿大公司形成新的公司章程，载明：第四条鸿大公司注册资本1 000万元；姚某某出资150万元……出资时间为2037年7月1日……；第九条股东会会议应当于会议召开十五日以前通知全体股东；第十一条……股东会会议作出修改公司章程、增加或者减少注册资本的决议，以及公司合并、分立、解散或者变更公司形式的决议，必须经代表全体股东三分之二以上表决权的股东通过。此后，在公司登记机关备案材料显示，姚某某和三个第三人成为鸿大公司股东，其中姚某某持股15%。

2018年10月30日，被告鸿大公司向原告姚某某发送临时股东会通知。2018年11月18日，被告鸿大公司形成临时股东会决议，载明：应到会股东4人，实际到会股东为三个第三人，占总股数85%，原告姚某某收到股东会通知后未出席股东会，也未委托其他人出席股东会，会议由执行董事主持，到会股东一致同意形成决议如下：……2.通过章程修正案；3.姚某某未按照约定缴付出资款700万元，且在鸿大公司多次催缴的情况下仍拒不履行出资义务，股东会决定限制姚某某的一切股东权利（包括但不限于收益分配权、表决权、知情权等），直至姚某某履行全部出资义务之日止。临时股东会决议第二项决议所涉章程修正案，载明如下内容：将鸿大公司公司章程第五条姚某某及三个第三人作为鸿大公司股东的出资时间2037年7月1日修改为出资时间2018年12月1日；并增加以下内容：若公司股东之间或股东与公司之间就出资时间另有约定，无论这等出资约定的具体时间在本章程或章程修正案签署之前还是签署之后，则股东的出资时间以该出资约定为准，但出资约定的最晚期限不得超过2018年12月1日……

原告姚某某认为：出资期限的提前或修改，需经全体股东一致同意。被告鸿大公司其他股东利用资本多数决规则修改章程关于出资期限的规定，是对资本多数决的滥用，

损害了其作为股东的利益,要求判令确认鸿大公司于2018年11月18日作出的临时股东会决议无效。

被告鸿大公司称,已经通过快递向姚某某送达了临时股东会通知,尽到了通知义务。鸿大公司所形成的股东会决议无程序性问题,经代表全体股东三分之二以上表决权的股东通过,合法有效。且2017年6月27日签订的《合作协议书》,约定姚某某应于2017年6月30日前履行出资义务,故本案不属于要求股东提前出资的情形。

三个第三人述称,鸿大公司通过快递向姚某某发送临时股东会通知,详细载明会议召开的时间、地点、议案等内容,经查询上述快递已被姚某某签收。2018年11月18日,鸿大公司召开股东会,三个第三人作为股东参加,并一致作出了将出资时间变更为2018年12月1日等决议内容。上述股东会依法有效。

裁判结果

上海市虹口区人民法院于2019年6月28日作出一审判决:一、确认被告鸿大(上海)投资管理有限公司于2018年11月18日作出的2018年第一次临时股东会决议中的第二项决议"通过章程修正案"无效;二、驳回原告姚某某的其他诉讼请求。一审宣判后,鸿大公司不服,向上海市第二中级人民法院提起上诉。上海市第二中级人民法院驳回上诉,维持原判。

裁判理由

针对修改股东出资期限的决议,不应适用资本多数决规则。

第一,股东出资期限利益是未出资股东具有的法定性权利。我国《公司法》明确赋予公司股东出资期限利益,允许公司各股东按照章程规定的出资期限缴纳出资。股东的出资期限利益,是公司资本认缴制的核心要义,系公司各股东的法定权利。如允许公司股东会以多数决的方式任意决议修改出资期限,则占资本多数的股东可随时随意修改出资期限,从而剥夺其他中小股东的合法权益。

第二,股东出资期限利益是未出资股东具有的契约性权利。股东出资期限系公司设立或成为股东时,公司各股东之间形成的一致合意,股东按期出资虽系各股东对公司的义务,但本质上属于各股东之间的一致约定,而非公司经营管理事项。公司章程中关于股东认缴的出资期限是股东之间形成的合意,公司内部应遵守该合意。

第三,在未有明确合意情况下,股东出资期限只有特殊情形才可以加速到期。股东享有出资期限利益是其法定权利,但为平衡股东与公司、公司债权人之间的利益,故在个别特殊情形下股东出资期限利益可予以突破。主要有以下两类:其一,法律明确规定。公司经营过程中出现法律规定的破产、强制清算等情形,各股东应提前出资或出资加速到期。此种情况下,只要出现上述法定情形,而无需以资本多数决的方式变更各股东之间形成的一致意思表示。其二,公司存在紧急筹措资金的特殊合理情况。例如,司法实践中具有优先性质的公司债权在一定条件下可以要求公司股东提前出资或加速到期,公司拖欠员工工资而形成的劳动债权,在公司无资产可供执行的情况下,可以要求公司股东提前出资或加速到期以承担相应的法律责任。又例如,公司确实存在紧急对外投资的经营行为，而公司自有资金不足以支付，可以通过股东资本多数决的方式要求股东出资加速到期。

本案不属于上述出资期限加速到期的任何一种情形。本案当事人对鸿大公司是否继续经营持不同意见，且各方均确认《合作协议书》的合作目的已无法实现，目前也并无证据证明存在需要公司股东提前出资的必要性及正当理由，因此，法院认定本案要求股东提前出资不具有合理性且不符合常理，并无不当。章某、何某某、蓝某某等股东形成的临时股东会决议，剥夺了被上诉人姚某某作为公司股东的出资期限利益，限制了姚某某的合法权益，故该项决议无效。综上，一般而言，股东出资期限既是未出资股东的法定性权利，也是未出资股东的契约性权利，涉及股东的根本利益，并非一般的修改公司章程事项，不能适用资本多数决规则。

（生效裁判审判人员：庄龙平、李非易、杨怡鸣）

中华人民共和国最高人民法院

民事裁定书

〔2021〕最高法民申 3136 号

再审申请人（一审原告、二审上诉人）：海南天然橡胶产业集团股份有限公司，住所地海南省海口市滨海大道 103 号财富广场四层。

法定代表人：艾某伦，该公司董事长。

委托诉讼代理人：张威，北京市通商律师事务所律师。

委托诉讼代理人：苏忻和，北京市通商律师事务所律师。

被申请人（一审被告、二审被上诉人）：海南华阳投资集团有限公司，住所地海南省海口市秀英区滨海大道 159-2 号福隆广场三期 G 栋 2 层商业。

法定代表人：姚某强，该公司董事长。

委托诉讼代理人：黄雅楠，该公司员工。

被申请人（一审被告、二审被上诉人）：华阳致远实业集团有限公司，住所地西安市莲湖区未央路 32 号喜来登办公楼 9 楼。

法定代表人：姚某强，该公司董事长。

被申请人（一审被告、二审被上诉人）：海南华橡实业集团有限公司，住所地海南省澄迈县老城经济开发区南二环路海胶深加工产业园 206 栋 501 室。

法定代表人：李某卫，该公司董事长。

委托诉讼代理人：刘玥彤，该公司员工。

再审申请人海南天然橡胶产业集团股份有限公司（以下简称海胶公司）因与被申请人海南华阳投资集团有限公司（以下简称华阳投资公司）、华阳致远实业集团有限公司（以下简称华阳致远公司）、海南华橡实业集团有限公司（以下简称华橡公司）新增资本认购纠纷一案，不服本院〔2020〕最高法民终223号民事判决，向本院申请再审。本院依法组成合议庭对本案进行了审查，现已审查终结。

海胶公司依据《民事诉讼法》第二百条第二项、第六项规定申请再审。事实和理由：（一）二审判决根据《增资扩股协议》内容径行认定华阳投资公司的增资义务，拒绝根据《华橡公司章程》内容认定华阳投资公司的增资义务，适用法律错误。实际上，《增资扩股协议》签订后，《华橡公司股东会决议》《华橡公司章程》对《增资扩股协议》中华阳投资公司的增资义务作出了明确约定与修改。根据《公司法》第二十八条的规定，应按照《华橡公司章程》的内容确定华阳投资公司的出资义务。（二）即便仅根据《增资扩股协议》认定华阳投资公司的增资义务，二审判决认定的华阳投资公司的第二项增资义务也是错误的，与《增资扩股协议》中的约定不一致。二审判决无视海胶公司与华阳投资公司之间将"西安翔宇不动产有限公司（以下简称翔宇公司）股权的评估值经过海胶公司确认"作为华阳投资公司使用翔宇公司股权对华橡公司增资的前提条件的约定，径行将华阳投资公司在《增资扩股协议》项下的第二项增资义务认定为使用翔宇公司股权对华橡公司进行增资，是错误的。（三）二审判决认定的华阳投资公司完成了"使用翔宇公司股权对华橡公司出资"的义务，不仅缺乏证据证明，并且与当前证据反映的事实相反。（四）截至目前，华阳投资公司仅实际出资1 574.72万元，却因认缴注册资本为115 349.5万元而控制了华橡公司经营管理，海胶公司虽然已实际出资62 111.27万元，却无法参与华橡公司的经营管理，严重损害了海胶公司的合法权益，二审判决在此情况下认定华阳投资公司完成了出资义务，严重与事实不符。

本院经审查认为，根据案件事实及法律规定，海胶公司的再审申请事由不能成立，理由如下：

《公司法》第三条第一款规定，公司是企业法人，有独立的法人财产，享有法人财产权。第三十七条第一款规定，股东会行使下列职权……（七）对公司增加或者减少注册资本作出决议……。第一百七十七条规定，公司需要减少注册资本时，必须编制资产负债表及财产清单。公司应当自作出减少注册资本决议之日起十日内通知债权人，并于三十日内在报纸上公告。债权人自接到通知书之日起三十日内，未接到通知书的自公告之日起四十五日内，有权要求公司清偿债务或者提供相应的担保。首先，公司以资本为信用，公司资本一经增加，非依法定程序不可随意变更，对外具有公示效力的公司股东，非依法定程序不得随意抽回出资。故原审认为海胶公司不能以华阳投资公司的履约瑕疵为由要求返还其已经工商变更登记的出资，不支持海胶公司关于返还其因《增资扩股协议》而注入华橡公司资产的请求，适用法律并无不当。其次，公司减资属于公司内部自治事项，《公司法》规定了经股东会决议后公司减资应履行的程序，强制公司减资也违背《公司法》关于公司自治的立法精神。原审法院认为司法不宜直接干预公司自治事项，不支持海胶公司关于办理减资手续的诉请，亦无不当。

综上所述，海胶公司的再审申请不符合《民事诉讼法》第二百条第二项、第六项规定的情形。依照《民事诉讼法》第二百零四条第一款，《最高人民法院关于适用〈中华人民共和国民事诉讼法〉的解释》第三百九十五条第二款规定，裁定如下：

驳回海南天然橡胶产业集团股份有限公司的再审申请。

审　判　长　张代恩
审　判　员　马成波
审　判　员　杨心忠
二〇二一年六月二十五日
法官助理　张海玲
书　记　员　魏靖宇

【2023 年版本、三次审议稿】

第六十条　只有一个股东的有限责任公司不设股东会。股东作出前条第一款所列事项的决定时，应当采用书面形式，并由股东签名或者盖章后置备于公司。

【2018 年版本】

第六十一条　一人有限责任公司不设股东会。股东作出本法第三十七条第一款所列决定时，应当采用书面形式，并由股东签名后置备于公司。

【本条释义】

本条规定了一人有限责任公司权力机构的设置。

只有一个股东的有限责任公司因为只有一名股东，不设股东会。由该股东独自行使有限责任公司股东会的职权，为便于事后审查和其他利益主体监督，股东作出股东会职权范围事项的决定时，应当采用书面形式，并由股东签名或者盖章后置备于公司。

【2023 年版本、三次审议稿】

第六十一条　首次股东会会议由出资最多的股东召集和主持，依照本法规定行使职权。

【2018 年版本】

第三十八条　首次股东会会议由出资最多的股东召集和主持，依照本法规定行使职权。

【本条释义】

本条规定了首次股东会会议的召集人。

首次股东会会议召开时尚未选举董事和董事长，所以无法由董事长召集和主持，因此，应当由出资最多的股东召集和主持，依照《公司法》规定行使职权。这里所谓的出资最多，应当理解为认缴出资最多的股东，而非实缴出资最多的股东。

【2023 年版本、三次审议稿】

第六十二条　股东会会议分为定期会议和临时会议。

定期会议应当按照公司章程的规定按时召开。代表十分之一以上表决权的股东、三分之一以上的董事或者监事会提议召开临时会议的，应当召开临时会议。

【2018 年版本】

第三十九条　股东会会议分为定期会议和临时会议。

定期会议应当依照公司章程的规定按时召开。代表十分之一以上表决权的股东，三分之一以上的董事，监事会或者不设监事会的公司的监事提议召开临时会议的，应当召开临时会议。

【本条释义】

本条规定了股东会会议的召开。

为确保股东权利的行使，股东会应当每年召开适当次数的会议。股东会会议分为定期会议和临时会议。定期会议应当按照公司章程的规定按时召开。通常情况下，股东会会议每年应当召开一次。

为确保小股东权利的行使以及应对公司的紧急状况，代表十分之一以上表决权的股东、三分之一以上的董事或者监事会提议召开临时会议的，应当召开临时会议。

三分之一以上的董事即有股东会临时会议的召集权，董事会当然也有股东会临时会议的召集权，但从合法性的角度来看，原则上还是应该以三分之一以上的董事的名义提议召开股东会临时会议。代表十分之一以上表决权的股东、三分之一以上的董事或者监事会提议召开临时会议的，董事会必须依法召开股东会临时会议，不存在拒绝的可能性。

【2023年版本、三次审议稿】

第六十三条 股东会会议由董事会召集，董事长主持；董事长不能履行职务或者不履行职务的，由副董事长主持；副董事长不能履行职务或者不履行职务的，由过半数的董事共同推举一名董事主持。

董事会不能履行或者不履行召集股东会会议职责的，由监事会召集和主持；监事会不召集和主持的，代表十分之一以上表决权的股东可以自行召集和主持。

【2018年版本】

第四十条 有限责任公司设立董事会的，股东会会议由董事会召集，董事长主持；董事长不能履行职务或者不履行职务的，由副董事长主持；副董事长不能履行职务或者不履行职务的，由半数以上董事共同推举一名董事主持。

有限责任公司不设董事会的，股东会会议由执行董事召集和主持。

董事会或者执行董事不能履行或者不履行召集股东会会议职责的，由监事会或者不设监事会的公司的监事召集和主持；监事会或者监事不召集和主持的，代表十分之一以上表决权的股东可以自行召集和主持。

【本条释义】

本条规定了股东会会议的召集和主持人。

董事会是股东会设立的行政机构，因此，股东会会议由董事会召集，董事长主持；董事长不能履行职务或者不履行职务的，由副董事长主持；副董事长不能履行职务或者不履行职务的，由过半数的董事共同推举一名董事主持。这里所谓"不能履行职务"包括因董事长健康或者其他原因而导致其在客观上不能履行职务，所谓"不履行职务"则是指其主观上不愿意履行职务。如果董事意见过于分散，任何一名董事均无法得到半数以上的董事支持，则董事会无法召集股东会。

董事会不能履行或者不履行召集股东会会议职责的，由监事会召集和主持；监事会不召集和主持的，代表十分之一以上表决权的股东可以自行召集和主持。股东会会议召集权的行使顺序依次为董事会、监事会和代表十分之一以上表决权的股东，持有低于十分之一表决权的股东没有股东会会议的召集权。代表十分之一以上表决权的股东可以是一人，也可以是多人联合在一起，因此，多位小股东联合在一起也有可能合法召集股东会临时会议。

【典型案例】

北京市高级人民法院

民 事 裁 定 书

〔2020〕京民申 3396 号

再审申请人（一审第三人、二审上诉人）：胡某伟，男，1977年2月2日出生，住山西省晋城市。

再审申请人（一审第三人、二审上诉人）：胡某华，男，1979年5月28日出生，住广东省深圳市。

再审申请人（一审第三人、二审上诉人）：李某黎，女，1983年8月20日出生，住山西省高平市。

被申请人（一审原告、二审被上诉人）：韩某进，男，1965年11月28日出生，住山西省晋城市。

被申请人（一审被告、二审被上诉人）：北京金辇酒店管理有限公司，住所地北京市丰台区洋桥西里甲1号。

法定代表人：王某超，总经理。

再审申请人胡某伟、胡某华、李某黎因与被申请人韩某进、北京金辇酒店管理有限公司（以下简称金辇酒店公司）公司决议撤销纠纷一案，不服北京市第二中级人民法院〔2019〕京 02 民终 13832 号民事判决，向本院申请再审。本院依法组成合议庭进行了审查，现已审查终结。

胡某伟、胡某华、李某黎申请再审称，请求撤销一、二审判决，驳回韩某进的全部诉讼请求。事实与理由：（一）金辇酒店公司执行董事王某超召集的2017年7月17日临时股东会议，并不是按照李某黎的提议召开的，不能视为执行董事王某超已经履行召集临时股东会的职责。因此，李某黎召集的2017年7月18日的临时股东会召集程序合法。王某超在收到李某黎提议后3日内，既没有履行召集职责，也没有向李某黎表示同意召集临时股东会议。尽管王某超在收到提议后5日内发出了召集2017年7月17日临时股东会的通知，但因王某超拒不按照提议进行召集，李某黎已于2017年

6月28日通过电话、手机短信和ENS快递的方式,向包括王某超在内的全体股东发出了召集2017年7月18日临时股东会议通知,且通知中已经明确了罢免王某超执行董事、经理和法定代表人职务的提请表决内容。之后,王某超才于2017年6月30日发出了召集临时股东会议的通知。王某超在收到李某黎的召开临时股东会的通知后再召集股东会,其通知的召开时间为2017年7月17日上午9时,比李某黎召集的会议召开时间早一天,且要求表决的内容为终止李某黎、胡某华股东资格。故王某超召集的临时股东会不仅不是附和李某黎的提议,而是为了限制并排除李某黎作为公司监事提议召开临时股东会及提出股东会会议提案的权利,避免对罢免其执行董事、经理和法定代表人职务的议案提交股东会议进行审议和表决。因此王某超召集临时股东会议实际上是滥用执行董事的权利,目的具有不正当性,不能视为其已经按照监事李某黎的提议履行了召集股东会议的职责。7月17日临时股东会议的现场录音证明,王某超作为金辇酒店公司的执行董事在主持7月17日的临时股东会议中,对于李某黎在6月28日已经通知全体股东的关于罢免王某超执行董事、经理、法定代表人职务的议案,拒绝进行审议和表决。王某超拒绝对李某黎提出的议案进行表决,充分证明王某超召集股东会议的目的就是阻碍对其本人不利的股东会议的召开和提案审议,且其召集行为已经与李某黎提议和召集的临时股东会议不是同一事项,不能视为其履行公司章程召集股东会议的职责。(二)李某黎、胡某华参与2017年7月18日金辇酒店公司临时股东会议是否具备表决主体资格,是本案双方重要的争议焦点之一,且经一审判决作出认定,二审认为不影响本案处理结果是错误的。李某黎、胡某华是否具备表决主体资格,直接关系到本案2017年7月18日金辇酒店公司临时股东会议是否合法,是否应予撤销,在申请人已经举证证明对关于解除其股东资格的2017年7月17日临时股东会决议提出确认无效之诉,且该确认无效之诉结果影响本案审判结果的情况下,本案依法应当中止审理,而不是与办案处理结果无关。故依据《民事诉讼法》第二百条第二项、第六项的规定申请再审。

本院经审查认为,(一)关于2017年7月18日临时股东会的召集程序问题。根据《公司法》第四十条第二款和第三款规定:"有限责任公司不设董事会的,股东会会议由执行董事召集和主持。董事会或者执行董事不能履行或者不履行召集股东会会议职责的,由监事会或者不设监事会的公司的监事召集和主持;监事会或者监事不召集和主持的,代表十分之一以上表决权的股东可以自行召集和主持。"第四十一条第一款规定:"召开股东会会议,应当于会议召开十五日前通知全体股东;但是,公司章程另有规定或者全体股东另有约定的除外。"金辇酒店公司章程第十一条和第十二条也规定了关于临时股东会的召集程序,与《公司法》的有关规定一致。本案中,王某超系金辇酒店公司执行董事,李某黎系金辇酒店公司监事。李某黎于2017年6月23日、25日分别以快递、短信形式向执行董事王某超提议召开临时股东会,要求王某超收到提议之日起3日内召集,并在20日内召开。王某超未在李某黎提出的

3 日内召集，于收到提议后 5 日内，即 2017 年 6 月 30 日发出召开 2017 年 7 月 17 日临时股东会的通知。召集时间并未违反《公司法》或者公司章程提前 15 日通知的规定，应视为执行董事已经履行召集股东会会议职责。在此情况下，李某黎于 2017 年 7 月 18 日主持召开临时股东会，会议的召集程序不符合前述法律和公司章程的规定。胡某伟、胡某华、李某黎主张执行董事召开的 7 月 17 日临时股东会表决审议内容与监事李某黎要求的内容不符，不是对监事召集股东会要求的落实，但监事提议召开临时股东会时并未提出明确的会议议题。因此无法认定执行董事构成不履行召集股东会会议职责，监事有理由自行召集 7 月 18 日临时股东会。一、二审法院认定 7 月 18 日临时股东会召集程序不符合法律和公司章程的规定应予撤销，处理结果并无不当。（二）李某黎、胡某华参与 2017 年 7 月 18 日临时股东会表决时，是否具备表决主体资格，不影响本案处理结果，本案并非必须以另案的审理结果为依据，故本案不符合《民事诉讼法》第一百五十条中止诉讼的情形。综上，胡某伟、胡某华、李某黎的再审申请不符合《民事诉讼法》第二百条第二项、第六项规定的情形。

依照《民事诉讼法》第二百零四条第一款，《最高人民法院关于适用〈中华人民共和国民事诉讼法〉的解释》第三百九十五条第二款规定，裁定如下：

驳回胡某伟、胡某华、李某黎的再审申请。

审判长　田　燕
审判员　史利晖
审判员　王　宁
二〇二〇年八月十二日
法官助理　乔　娇
书记员　李梦寒

【2023 年版本】

第六十四条　召开股东会会议，应当于会议召开十五日前通知全体股东；但是，公司章程另有规定或者全体股东另有约定的除外。

股东会应当对所议事项的决定作成会议记录，出席会议的股东应当在会议记录上签名或者盖章。

【三次审议稿】

第六十四条　召开股东会会议，应当于会议召开十五日前通知全体股东；但是，公司章程另有规定或者全体股东另有约定的除外。

股东会应当对所议事项的决定作成会议记录，出席会议的股东应当在会议记录上签名。

【2018 年版本】

第四十一条　召开股东会会议，应当于会议召开十五日前通知全体股东；但是，公司章程另有规定或者全体股东另有约定的除外。

股东会应当对所议事项的决定作成会议记录，出席会议的股东应当在会议记录上签名。

【本条释义】

本条规定了召开股东会会议的通知及决议程序。

为了确保股东有充足的时间研究相关提案以及安排参会事宜，召开股东会会议，应当于会议召开十五日前通知全体股东。由于这一时间较长，有可能影响股东会会议召开的效率，因此，如果公司章程另有规定或者全体股东另有约定的，可以按照较短的期限来通知。当然，公司章程和全体股东也可以规定或者约定更长的通知期限，从实践角度来看，规定或者约定更长的通知期限意义并不大。

股东会应当对所议事项的决定作成会议记录，出席会议的股东应当在会议记录上签名或者盖章。股东会会议记录实际上是对股东会整个召开过程是否合法、每位股东是否同意等的书面确认，未来如产生争议，股东会会议记录是非常重要的文件。如果会议记录记载有误，股东在签名前可以要求更正，如果公司拒绝更正，股东可以拒绝签名。如果股东是组织，则由出席会议的股东代表盖章。

【2023 年版本、三次审议稿】

第六十五条　股东会会议由股东按照出资比例行使表决权；但是，公司章程另有规定的除外。

【2018 年版本】

第四十二条　股东会会议由股东按照出资比例行使表决权；但是，公司章程另有规定的除外。

【本条释义】

本条规定了股东会会议表决权的分配方式。

通常情况下,股东会会议由股东按照出资比例行使表决权;但是,公司章程另有规定的除外。《公司法》允许股东出资比例与行使表决权的比例不一致,也就是说出资少的股东可以比出资多的股东拥有更高比例的表决权,这样就可以使得公司的创始股东可以以较小的出资控制公司较大的表决权,提高了公司经营与融资的灵活性。

【相关法律规定】

《企业国有资产法》

第十三条 履行出资人职责的机构委派的股东代表参加国有资本控股公司、国有资本参股公司召开的股东会会议、股东大会会议,应当按照委派机构的指示提出提案、发表意见、行使表决权,并将其履行职责的情况和结果及时报告委派机构。

第三十四条 重要的国有独资企业、国有独资公司、国有资本控股公司的合并、分立、解散、申请破产以及法律、行政法规和本级人民政府规定应当由履行出资人职责的机构报经本级人民政府批准的重大事项,履行出资人职责的机构在作出决定或者向其委派参加国有资本控股公司股东会会议、股东大会会议的股东代表作出指示前,应当报请本级人民政府批准。

本法所称的重要的国有独资企业、国有独资公司和国有资本控股公司,按照国务院的规定确定。

【典型案例】

中华人民共和国最高人民法院

民 事 裁 定 书

〔2018〕最高法民申 3884 号

再审申请人(一审原告、二审上诉人):佛山市顺德区南华投资有限公司。住所地:广东省佛山市顺德区大良鉴海北路 110、112、114 号。

法定代表人:何某坤,该公司总经理。

委托诉讼代理人:冯立文,北京市中伦(广州)律师事务所律师。

委托诉讼代理人：夏珺，北京市中伦（广州）律师事务所律师。

被申请人（一审被告、二审被上诉人）：佛山市燃气集团股份有限公司。住所地：广东省佛山市禅城区季华五路25号。

法定代表人：尹某祥，该公司董事长。

委托诉讼代理人：程珂，北京市金杜（广州）律师事务所律师。

委托诉讼代理人：李一默，北京市金杜（广州）律师事务所律师。

一审第三人：佛山市顺德区港华燃气有限公司。住所地：广东省佛山市顺德区大良街道鉴海北路110、112、114号。

法定代表人：梁某劲。

再审申请人佛山市顺德区南华投资有限公司（以下简称南华公司）因与被申请人佛山市燃气集团股份有限公司（以下简称佛燃公司）以及一审第三人佛山市顺德区港华燃气有限公司（以下简称港华公司）损害公司利益责任纠纷一案，不服广东省高级人民法院〔2017〕粤民终834号民事判决，向本院申请再审。本院依法组成合议庭对本案进行了审查，现已审查终结。

南华公司申请再审称，（一）原审对南华公司提交的关键证据《佛山市顺德区港华燃气有限公司的第三届董事会第二十三次会议会议纪要》（以下简称《会议纪要》）不予采信是错误的。南华公司在一审开庭时已经出示了该证据的原件，且佛山市中级人民法院另案已生效的〔2017〕粤06民终12697号民事判决已经认可了该证据的内容，故原审在本案中不认可《会议纪要》内容是错误的。该《会议纪要》可以证明，佛燃公司在董事会上阻挠港华公司向已对港华公司构成违约的佛山市天然气高压管网有限公司（以下简称高网公司）提出仲裁请求；（二）原审认定佛燃公司没有侵害港华公司的仲裁请求权是错误的。佛燃公司滥用控股股东地位，为防止"自己的一个子公司去告另一个子公司"的情形出现，不同意港华公司提起仲裁。佛燃公司的恶意阻却行为侵害了港华公司的仲裁请求权，其行为应当被认定为损害公司利益的行为。（三）原审认定南华公司要求佛燃公司及其派出董事在股东会及董事会上同意港华公司提起仲裁，属于对公司自治的强制干预，是错误的。股东或董事独立行使表决权，对公司治理实施意思自治，并非没有任何限制，股东不得滥用股东权利给公司或者其他股东造成损失。佛燃公司的派出董事在表决时违反了《公司法》和公司章程，超过了董事表决意思自治的界限，导致公司的意思自治失灵，司法权应及时介入。如司法权不及时介入加以纠正，港华公司的仲裁程序性权利得不到保障，任何实体性权利均会因大股东滥用控股地位使得小股东无法独自通过公司决议启动救济程序而陷入僵局。综上，南华公司根据《民事诉讼法》第二百条第一项、第二项、第六项的规定申请再审，请求撤销原审判决，判令佛燃公司立即停止损害港华公司利益的行为，要求佛燃公司在港华公司的股东会决议和董事会决议中同意港华公司对高网公司提起仲裁，并赔偿港华公司的经济损失137 429 361元。

佛燃公司答辩称，（一）原审认定事实清楚，不存在所认定的基本事实缺乏证据证明的情形。原审不予采纳南华公司提供的证据《会议纪要》符合法律规定且该证据并不能证明佛燃公司存在损害港华公司利益的行为。（二）原审适用法律正确。佛燃公司派出董事在董事会中根据自己的独立判断发表意见、行使表决权，是《公司法》赋予股东参与公司治理的基本权利，也是公司章程赋予董事的权利。南华公司主张佛燃公司侵害了港华公司提起仲裁的程序权利，缺乏事实和法律依据。南华公司请求法院判决佛燃公司在港华公司的公司决议中作出同意仲裁的特定意思表示，于法无据。综上，请求依法驳回南华公司的再审申请。

本院认为，本案再审审查的焦点问题是：1.南华公司提交的证据《会议纪要》是否应予采纳；2.佛燃公司在《会议纪要》中的表决意见是否属于滥用控股股东地位损害公司利益的行为；3.南华公司能否请求人民法院判令佛燃公司在港华公司董事会或股东会上就同意提起仲裁事项必须投赞同票。

（一）南华公司提交的证据《会议纪要》是否应予采纳

对于南华公司提交的证据《会议纪要》，一审法院结合佛燃公司的质证意见认为，该证据与原件并不完全相同，内容并不连续完整，而且无法显示尾页的董事签名即针对前述记录内容，故不予采纳。二审法院亦未认定该《会议纪要》。本院认为，原审对该证据未予采信确有不妥。首先，如果南华公司提供给一审法院的该证据与原件不完全相同或者不完整时，一审法院可以要求南华公司在其出示原件时重新复印并提交完整版本，不能因为南华公司提供了复印件不完整就否定该证据的效力。其次，佛山市中级人民法院另案已生效的〔2017〕粤06民终12697民事判决已经采信并查明了该《会议纪要》的内容，说明其内容属实。虽然本案原审对该《会议纪要》未予采信存在不妥，但不能就此认定本案认定事实不清而导致判决错误。该《会议纪要》证实，在2015年5月21日的港华公司董事会中，就"关于要求高网公司即时恢复供应一万吨一期大鹏气并补足之前停供量的议案"，佛燃公司派出董事表示不同意由港华公司对高网公司提起诉讼，并对前述议案投出否定票。

（二）佛燃公司在《会议纪要》中的表决意见是否属于滥用控股股东地位损害港华公司利益的行为

《公司法》第二十条第一款和第二款规定："公司股东应当遵守法律、行政法规和公司章程，依法行使股东权利，不得滥用股东权利损害公司或者其他股东的利益；不得滥用公司法人独立地位和股东有限责任损害公司债权人的利益。公司股东滥用股东权利给公司或者其他股东造成损失的，应当依法承担赔偿责任。"通常来说，公司利益既包括实体性利益，也包括程序性利益。如果因为公司股东的原因使得公司程序性权利无法启动，进而导致公司的实体利益无法律途径进行救济，可以认定是滥用股东权利损害公司利益的行为。佛燃公司在《会议纪要》中表示不同意以港华公司的名义对高网公司提起诉讼，故南华公司认为佛燃公司的表决意见损害了港华公司的利益。

本院认为，首先，严格地说，佛燃公司在《会议纪要》中投出反对票所针对的是"关于要求高网公司即时恢复供应一万吨一期大鹏气并补足之前停供量的议案"，并非针对南华公司是否应当对高网公司提起诉讼的议案。而且，佛燃公司仅表示不同意以港华公司的名义提起诉讼，并未明确反对以港华公司的名义提起仲裁。其次，即使采用类推的方式认定佛燃公司必然也不会同意关于港华公司对高网公司提起仲裁的议案，也不能就此直接认定佛燃公司滥用股东权利损害港华公司的利益。股东代表诉讼制度是公司自治机制失灵时允许司法适当介入和干预，以保障公司和中小股东的合法权益的制度。本案中，佛燃公司既是港华公司的股东，也是高网公司的关联企业，佛燃公司可能基于多种因素考虑不同意由港华公司对高网公司提起诉讼或仲裁，由此导致港华公司对高网公司的诉讼或仲裁无法启动。根据《公司法》第一百五十一条的规定，此时可以引入股东代表诉讼制度来保障港华公司的程序性利益得以实现。根据原审查明的事实看，虽然南华公司曾通过股东代表诉讼的方式对高网公司提起诉讼，但佛山市中级人民法院以港华公司和高网公司订立的仲裁条款对南华公司同样具有约束力为由，裁定驳回南华公司的起诉。在南华公司提起的股东代表诉讼被裁定驳回后，本案没有证据证明南华公司曾代表港华公司对高网公司提起过仲裁，也没有证据证明仲裁机构对南华公司的仲裁请求不予受理。因此，南华公司不能证明因为佛燃公司的表决意见导致港华公司完全丧失了法律救济的途径，由此就不能认定佛燃公司滥用控股股东地位损害港华公司的利益。既然本案不能认定佛燃公司损害了港华公司的利益，原审据此驳回南华公司要求判令佛燃公司立即停止损害港华公司的利益并赔偿损失 137 429 361 元的诉讼请求，并无不妥。

（三）南华公司能否请求人民法院判令佛燃公司在港华公司董事会或股东会上就同意提起仲裁事项必须投赞同票

《公司法》第四十二条规定："股东会会议由股东按照出资比例行使表决权；但是，公司章程另有规定的除外。"第四十八条规定："董事会的议事方式和表决程序，除本法有规定的外，由公司章程规定。董事会应当对所议事项的决定作成会议记录，出席会议的董事应当在会议记录上签名。董事会决议的表决，实行一人一票。"公司股东或者其派出董事依照公司章程或者《公司法》的规定享有参与重大决策并根据自己的意思表决的权利。对于公司议案，公司股东或者其派出董事有权独立进行判断，即便表决意见可能构成滥用股东权利损害公司利益，其后果应通过《公司法》第二十条规定的股东赔偿责任制度来进行规制，也不应在法律上强制公司股东或者其派出董事必须投赞同票或者反对票，否则就损害了公司股东或者其派出董事的独立表决权。原审据此驳回南华公司要求人民法院判令佛燃公司在港华公司董事会或股东会上就同意提起仲裁事项必须投赞同票的诉讼请求，并无不妥。

综上所述，南华公司的再审申请不符合《民事诉讼法》第二百条规定的情形。依照《民事诉讼法》第二百零四条第一款、《最高人民法院关于适用〈中华人民共和国民事诉讼法〉的解释》第三百九十五条第二款规定，裁定如下：

驳回佛山市顺德区南华投资有限公司的再审申请。

审　判　长　　王毓莹
审　判　员　　陈宏宇
审　判　员　　曹　刚
二〇一八年九月十九日
法官助理　　陈　亚
书　记　员　　林文婷

【2023 年版本】

第六十六条　股东会的议事方式和表决程序，除本法有规定的外，由公司章程规定。

股东会作出决议，应当经代表过半数表决权的股东通过。

股东会作出修改公司章程、增加或者减少注册资本的决议，以及公司合并、分立、解散或者变更公司形式的决议，应当经代表三分之二以上表决权的股东通过。

【三次审议稿】

第六十六条　股东会的议事方式和表决程序，除本法有规定的外，由公司章程规定。

股东会会议作出决议应当经代表过半数表决权的股东通过。

股东会会议作出修改公司章程、增加或者减少注册资本的决议，以及公司合并、分立、解散或者变更公司形式的决议，应当经代表三分之二以上表决权的股东通过。

【2018 年版本】

第四十三条　股东会的议事方式和表决程序，除本法有规定的外，由公司章程规定。

股东会会议作出修改公司章程、增加或者减少注册资本的决议，以及公司合并、分立、解散或者变更公司形式的决议，必须经代表三分之二以上表决权的股东通过。

【本条释义】

本条规定了股东会的议事方式和表决程序。

股东会的议事方式和表决程序，属于公司自治的范围，因此，除《公司法》有规定的外，由公司章程规定。公司章程的规定应当具有合理性，能够顺利通过股东会会议的决议。例如，公司章程不能规定低于半数即可通过股东会会议决议，这样就相当于少数表决权可以否定多数表决权，既违背了常理，在实践中也行不通。

股东会会议作出决议应当经代表过半数表决权的股东通过。这里的"过半数"是指超过50%，等于50%不可以，因为公司中可以有两个股东各持股50%。这里的"过半数"是指超过公司全部表决权的50%，而非出席会议的股东所持全部表决权的50%。因此，如果出席股东会会议的股东所持表决权等于或者小于公司全部表决权的50%，该次股东会会议不应继续召开，因为无法作出有效的决议。

为防止大股东侵犯小股东的利益，股东会会议作出修改公司章程、增加或者减少注册资本的决议，以及公司合并、分立、解散或者变更公司形式的决议，应当经代表三分之二以上表决权的股东通过。这里的"三分之二以上"包括三分之二本身，因为一个公司中不可能有两个股东都持股三分之二。如果单一大股东的持股比例达到三分之二，原则上该股东自己即可以决定股东会的所有事项。这里规定的"三分之二以上"是法律的强制性要求，不允许通过公司章程或者全体股东约定予以修改。当然，公司章程有权增加必须经代表三分之二以上表决权的股东通过的事项，如变更法定代表人、对外重大担保、为股东提供担保、向股东提供借款、决定上市、决定发行公司债券、改变公司经营范围等。

【2023年版本】

第六十七条 有限责任公司设董事会，本法第七十五条另有规定的除外。

董事会行使下列职权：

（一）召集股东会会议，并向股东会报告工作；

（二）执行股东会的决议；

（三）决定公司的经营计划和投资方案；

（四）制订公司的利润分配方案和弥补亏损方案；

（五）制订公司增加或者减少注册资本以及发行公司债券的方案；

（六）制订公司合并、分立、解散或者变更公司形式的方案；

（七）决定公司内部管理机构的设置；

（八）决定聘任或者解聘公司经理及其报酬事项，并根据经理的提名决定聘任或者解聘公司副经理、财务负责人及其报酬事项；

（九）制定公司的基本管理制度；

（十）公司章程规定或者股东会授予的其他职权。

公司章程对董事会职权的限制不得对抗善意相对人。

【三次审议稿】

第六十七条 有限责任公司设董事会，本法第七十五条另有规定的除外。

董事会行使下列职权：

（一）召集股东会会议，并向股东会报告工作；

（二）执行股东会的决议；

（三）制订公司的利润分配方案和弥补亏损方案；

（四）制订公司增加或者减少注册资本以及发行公司债券的方案；

（五）制订公司合并、分立、解散或者变更公司形式的方案；

（六）决定公司内部管理机构的设置；

（七）决定聘任或者解聘公司经理及其报酬事项，并根据经理的提名决定聘任或者解聘公司副经理、财务负责人及其报酬事项；

（八）制定公司的基本管理制度；

（九）公司章程规定或者股东会授予的其他职权。

公司章程对董事会权力的限制不得对抗善意相对人。

【2018年版本】

第四十六条 董事会对股东会负责，行使下列职权：

（一）召集股东会会议，并向股东会报告工作；

（二）执行股东会的决议；

（三）决定公司的经营计划和投资方案；

（四）制订公司的年度财务预算方案、决算方案；

（五）制订公司的利润分配方案和弥补亏损方案；

（六）制订公司增加或者减少注册资本以及发行公司债券的方案；

（七）制订公司合并、分立、解散或者变更公司形式的方案；

（八）决定公司内部管理机构的设置；

（九）决定聘任或者解聘公司经理及其报酬事项，并根据经理的提名决定聘任或者解聘公司副经理、财务负责人及其报酬事项；

（十）制定公司的基本管理制度；

（十一）公司章程规定的其他职权。

【本条释义】

本条规定了有限责任公司的董事会及其职权。

除《公司法》另有规定外，有限责任公司应当设董事会，作为股东会的执行机关。

董事会作为股东会下属的执行机关，负责公司重要事项方案的起草以及股东会职权以外的管理事项，具体而言，董事会行使下列职权：

（1）召集股东会会议，并向股东会报告工作。董事会类似股东会的常设机构，因此，召集股东会会议是其首要职权，向股东会报告工作是其首要义务。

（2）执行股东会的决议。董事会作为股东会下属的执行机关，执行股东会的决议是其基本职权和职责。

（3）决定公司的经营计划和投资方案。公司的经营计划和投资方案属于具体经营管理方面的比较重要的事项，由董事会决定比较合适。

（4）制订公司的利润分配方案和弥补亏损方案。股东会行使的很多职权都需要由相关机构起草具体的方案，公司的利润分配方案和弥补亏损方案的制订者就是董事会。实务中，大多数董事本身就是大股东，其制订的方案大概率可以被股东会会议通过。

（5）制订公司增加或者减少注册资本以及发行公司债券的方案。公司增加或者减少注册资本以及发行公司债券是股东会的职权，制订具体方案自然就是董事会的职权与职责。

（6）制订公司合并、分立、解散或者变更公司形式的方案。公司合并、分立、解散或者变更公司形式是股东会的职权，制订具体方案自然就是董事会的职权与职责。

（7）决定公司内部管理机构的设置。公司内部管理机构，如总经理办公室、财务部、销售部、研发部、售后部、法务部等的设置属于董事会的职权。

（8）决定聘任或者解聘公司经理及其报酬事项，并根据经理的提名决定聘任或者解聘公司副经理、财务负责人及其报酬事项。公司高级管理人员的聘任及其报酬属于董事会的职权。

（9）制定公司的基本管理制度。公司的基本管理制度涉及事项较多，股东会往往没有足够的时间予以制订，通常作为董事会的职权。

（10）公司章程规定或者股东会授予的其他职权。通常情况下，除法律另有规定外，公司章程或者股东会可以将股东会的部分职权授予董事会。

公司章程对董事会职权可以进行限制，该限制由于属于内部决策，外部人员无法得知，因此，该项限制不得对抗善意相对人。

【相关法律规定】

《民法典》

第八十一条 营利法人应当设执行机构。

执行机构行使召集权力机构会议，决定法人的经营计划和投资方案，决定法人内部管理机构的设置，以及法人章程规定的其他职权。

执行机构为董事会或者执行董事的，董事长、执行董事或者经理按照法人章程的规定担任法定代表人；未设董事会或者执行董事的，法人章程规定的主要负责人为其执行机构和法定代表人。

《企业国有资产法》

第三十二条 国有独资企业、国有独资公司有本法第三十条所列事项的，除依照本法第三十一条和有关法律、行政法规以及企业章程的规定，由履行出资人职责的机构决定的以外，国有独资企业由企业负责人集体讨论决定，国有独资公司由董事会决定。

第三十三条 国有资本控股公司、国有资本参股公司有本法第三十条所列事项的，依照法律、行政法规以及公司章程的规定，由公司股东会、股东大会或者董事会决定。由股东会、股东大会决定的，履行出资人职责的机构委派的股东代表应当依照本法第十三条的规定行使权利。

【相关法规规定】

《证券公司风险处置条例》

第十一条 国务院证券监督管理机构决定对证券公司进行接管的，应当按照规定程序组织专业人员成立接管组，行使被接管证券公司的经营管理权，接管组负责人行使被接管证券公司法定代表人职权，被接管证券公司的股东会或者股东大会、董事会、监事会以及经理、副经理停止履行职责。

接管组自接管之日起履行下列职责：

（一）接管证券公司的财产、印章和账簿、文书等资料；

（二）决定证券公司的管理事务；

（三）保障证券公司证券经纪业务正常合规运行，完善内控制度；

（四）清查证券公司财产，依法保全、追收资产；

（五）控制证券公司风险，提出风险化解方案；

（六）核查证券公司有关人员的违法行为；

（七）国务院证券监督管理机构要求履行的其他职责。

接管期限一般不超过12个月。满12个月，确需继续接管的，国务院证券监督管理机构可以决定延长接管期限，但延长接管期限最长不得超过12个月。

《私募投资基金监督管理条例》

第十二条 私募基金管理人的股东、实际控制人、合伙人不得有下列行为：

（一）虚假出资、抽逃出资、委托他人或者接受他人委托出资；

（二）未经股东会或者董事会决议等法定程序擅自干预私募基金管理人的业务活动；

（三）要求私募基金管理人利用私募基金财产为自己或者他人牟取利益，损害投资者利益；

（四）法律、行政法规和国务院证券监督管理机构规定禁止的其他行为。

《企业国有资产监督管理暂行条例》

第二十二条 国有资产监督管理机构依照公司法的规定，派出股东代表、董事，参加国有控股的公司、国有参股的公司的股东会、董事会。

国有控股的公司、国有参股的公司的股东会、董事会决定公司的分立、合并、破产、解散、增减资本、发行公司债券、任免企业负责人等重大事项时，国有资产监督管理机构派出的股东代表、董事，应当按照国有资产监督管理机构的指示发表意见、行使表决权。

国有资产监督管理机构派出的股东代表、董事，应当将其履行职责的有关情况及时向国有资产监督管理机构报告。

【相关司法解释规定】

《最高人民法院关于适用〈中华人民共和国民法典〉有关担保制度的解释》（法释〔2020〕28号）

第九条 相对人根据上市公司公开披露的关于担保事项已经董事会或者股东大会决议通过的信息，与上市公司订立担保合同，相对人主张担保合同对上市公司发生效力，并由上市公司承担担保责任的，人民法院应予支持。

相对人未根据上市公司公开披露的关于担保事项已经董事会或者股东大会决议通过的信息，与上市公司订立担保合同，上市公司主张担保合同对其不发生效力，且不承担担保责任或者赔偿责任的，人民法院应予支持。

相对人与上市公司已公开披露的控股子公司订立的担保合同，或者相对人与股票在国务院批准的其他全国性证券交易场所交易的公司订立的担保合同，适用前两款规定。

《最高人民法院关于执行担保若干问题的规定》

第五条 公司为被执行人提供执行担保的，应当提交符合公司法第十六条规定的公司章程、董事会或者股东会、股东大会决议。

《最高人民法院关于适用〈中华人民共和国行政诉讼法〉的解释》

第十六条 股份制企业的股东大会、股东会、董事会等认为行政机关作出的行政行为侵犯企业经营自主权的，可以企业名义提起诉讼。

联营企业、中外合资或者合作企业的联营、合资、合作各方，认为联营、合资、合作企业权益或者自己一方合法权益受行政行为侵害的，可以自己的名义提起诉讼。

非国有企业被行政机关注销、撤销、合并、强令兼并、出售、分立或者改变企业隶属关系的，该企业或者其法定代表人可以提起诉讼。

【典型案例】

桑某受贿、国有公司人员滥用职权、利用未公开信息交易案

（检例第 188 号）

关键词

受贿罪　国有公司人员滥用职权罪　利用未公开信息交易罪　股权收益权　损失认定

要旨

检察机关在办理投融资领域受贿犯罪案件时，要准确认定利益输送行为的性质，着重审查投融资的背景、投融资方式、融资需求的真实性、行为人是否需要承担风险、风险与所获收益是否相符等证据。在办理国有公司人员滥用职权犯罪案件时，要客观认定行为造成公共财产损失的范围，对于国有公司应得而未获得的预期收益，可以认定为损失数额。在办理利用未公开信息交易犯罪案件时，对于内幕信息、未公开信息的范围、趋同性交易盈利数额等关键要件的认定，要调取证券监督管理部门、证券交易所等专业机构出具的认定意见，综合全案证据审查判断。

基本案情

被告人桑某，男，甲资产管理股份有限公司（国有非银行金融机构，以下简称甲公司）原总裁助理、投资投行事业部总经理，乙投资管理有限公司（甲公司的全资子公司，以下简称乙公司）原总经理、董事长。

（一）受贿罪。2009 年至 2017 年，被告人桑某利用担任甲公司投资投行部总经理、乙公司总经理、董事长等职务上的便利，为相关公司或个人在企业融资等事项上提供帮助，收受公司、个人给予的股权、钱款共计折合人民币 1.05 亿余元。

其中，2015 年至 2017 年，桑某利用职务便利，为郭某实际控制的泉州某公司借壳黑龙江某公司上市、获得乙公司融资支持等事项提供帮助。借壳上市成功后，黑龙江某公司股票更名为泉州某公司股票。2016 年 9 月，桑某安排朋友蒋某与郭某签订股权收益权代持协议，约定郭某低价将泉州某公司股票 500 万股股份收益权以上市前的价格即每股 7.26 元转让给蒋某，协议有效期至少为一年，按照退出日前 20 个交易日均价的 9 折计算回购股份金额，蒋某向郭某支付 3 630 万元。2017 年 3 月，协议有效期尚未到期，蒋某见市场行情较好，遂与郭某签订协议，约定由郭某提前回购股权收益权，回购总价款为 6 200 万元。同年 4 月至 7 月，郭某分两次将 6 200 万元转账给蒋某。蒋某实际获益 2 570 万元，并与桑某约定平分。

（二）国有公司人员滥用职权罪。2015 年 6 月，乙公司管理的一个基金项目成立，

桑某让其朋友温某的云南某公司投资1.61亿余元作为基金劣后级，后其中的1.3亿元出让给乙公司，云南某公司剩余3 132.55万元劣后级份额。为帮助云南某公司提前转让该剩余部分份额获利，2018年2月，桑某找到朱某帮助承接，同时未经乙公司经营决策委员会及董事会研究决定，违规安排乙公司向朱某实际控制的上海某公司出具函件，表示知晓上海某公司出资1.01亿元购买云南某公司剩余的全部劣后级份额，并承诺将来按照其出资份额而非基金份额分配股票。2018年3月，上海某公司出资1.01亿元承接云南某公司劣后级份额后，云南某公司早于乙公司退出该基金项目，并获利7 000余万元。因云南某公司提前退出，导致改变了劣后级合伙人分配协议等文件约定的浮动收益分配规则，使得基金份额年化收益出现差别，经会计师事务所测算，乙公司少分得投资收益1 986.99万元。

桑某其他国有公司人员滥用职权事实略。

（三）利用未公开信息交易罪。2015年6月至2016年9月，桑某利用职务便利，获取乙公司及该公司实际控制的某基金证券账户投资股票名称、交易时间、交易价格等未公开信息。经证监会认定，上述信息属于内幕信息以外的其他未公开信息。其间，桑某违反相关规定，利用上述未公开信息，操作其本人控制的公司和他人名下证券账户进行关联趋同交易，非法获利441.66万元。

本案由北京市监察委员会调查终结后移送起诉。2020年3月3日，北京市人民检察院第二分院以桑某犯受贿罪、利用未公开信息交易罪、国有公司人员滥用职权罪依法提起公诉。2021年8月27日，北京市第二中级人民法院作出一审判决，以桑某犯受贿罪，判处无期徒刑，剥夺政治权利终身，并处没收个人全部财产；犯利用未公开信息交易罪，判处有期徒刑三年，并处罚金人民币四百五十万元；犯国有公司人员滥用职权罪，判处有期徒刑五年；决定执行无期徒刑，剥夺政治权利终身，并处没收个人全部财产。一审宣判后，桑某提出上诉。北京市高级人民法院二审裁定驳回上诉，维持原判。

检察机关履职过程

（一）提前介入

检察机关根据监察机关商请提前介入审查，围绕利用未公开信息交易罪中桑某的主观故意、未公开信息的认定等，提出具体补证意见，全面夯实关键证据。一是调取乙公司的交易指令，并由乙公司对桑某签字的相关交易指令进行说明，查明桑某对未公开信息的主观明知。二是调取证监会专业认定意见，证实桑某利用职务便利所掌握的乙公司和某基金证券账户在投资决策、交易执行、持仓、资金数量及变化、投资规模等方面的信息，属于"内幕信息以外的其他未公开信息"。

（二）审查起诉

审查起诉阶段，检察机关依法审查了桑某涉案全部犯罪事实和证据。针对受贿犯罪中所涉金融专业问题，咨询了证券行业人士和刑法学专家，了解正常的股权收益权代持融资协议的性质和交易形式,厘清与本案中所涉协议的区别,揭示涉案协议系行受贿双方输送利益的手段。针对利用未公开信息交易犯罪中获利数额的认定问题,听取了证券交易所等机构的意见,确定了趋同性交易股票"前五后二"的比对原则、交易金额及盈利计算方法即"先进先出法"、盈利数额的计算公式,最终以上海、深圳证券交易所提供的交易数据为依据,认定桑某非法获利共计441.66万元。

(三)指控与证明犯罪

庭审中,针对被告人和辩护人提出的桑某、蒋某和郭某之间签订的股权收益权代持融资协议属于正常商业投资,涉案基金项目并未造成公共财产损失等意见,有针对性地进行了质证和答辩。

关于收受郭某贿赂的事实,公诉人指出,该笔系以股权收益权代持融资协议的方式受贿,不属于资本市场正常的投融资行为。一是签订股权收益权代持融资协议的背景异常。桑某安排蒋某与郭某签订协议时,郭某公司没有大额融资需求,且当时公司已经上市,股权价格正处于上涨区间,郭某将500万股股权收益权转让给他人,属于让渡具有高度确定性的预期利益,不符合常理。二是转让价格异常。双方签订协议时公司已经上市,桑某方按照公司上市前的价格计算应支付的价款,显然与正常交易价格不符。三是回购时间异常。股权收益权代持融资协议约定协议有效期至少为一年,也就是桑某方至少在一年后方能要求郭某公司回购股权收益权,但在协议签订后六个月左右,桑某方为兑现收益,即要求郭某提前回购,有违协议约定的主要条款。此外,桑某利用职务便利为郭某实际控制的公司借壳上市、获得乙公司融资支持等事项提供帮助。综上,涉案股权收益权代持融资协议具有虚假性,实为权钱交易、输送利益的手段。

关于滥用职权的事实,公诉人指出,桑某未经董事会、经营决策委员会审议,擅自决定采用会签形式向上海某公司出具承诺函,朱某据此同意上海某公司高价受让云南某公司劣后级基金份额,由于云南某公司提前退出基金项目,直接改变了合伙协议等文件约定的浮动收益分配规则,使得同为劣后级有限合伙人的乙公司持有的基金份额年化收益减少,损害了乙公司的利益。桑某滥用职权行为与公共财产损失的结果之间具有因果关系。

指导意义

(一)办理以投融资方式收受贿赂的职务犯罪案件,要综合审查投融资的背景、方式、真实性、风险性、风险与收益是否相符等证据,判断是否具备受贿罪权钱交易的本质特征。对于利用股权收益权代持融资等投融资手段进行利益输送的受贿案件,检察机关应当着重审查投融资的背景情况、请托方是否有真实融资需求、投融资的具体方式、受贿人是否支付对价以及是否需要承担投资风险、风险是否与所获收益相符等情况。对于资本运作或相关交易异于正常市场投资,受贿人职务行为和非法获利之间紧密关联,受贿人所支付对价与所获收益明显不对等,具备受贿犯罪权钱交易特征的,依法认定构成受贿罪。

（二）渎职犯罪造成公共财产损失的范围包括国有单位因错失交易机会、压缩利润空间、让渡应有权益进而造成应得而未得的收益损失。实践中，渎职犯罪造成公共财产的损失范围一般为国有单位现有财产的实际损失，但在金融领域渎职犯罪案件中，介入交易规则变化、收益分配方式调整等因素，可能导致国有单位压缩利润空间、让渡应有权益，进而造成国有单位预期收益应得而未得。检察机关应当注重审查造成损失的原因是市场因素还是渎职行为，渎职行为的违规性、违法性，是否具有徇私舞弊情节等要素。对因渎职行为而不是市场因素造成预期收益损失的部分，一般应当计入公共财产损失范围。

（三）办理证券期货类犯罪案件，对于内幕信息、未公开信息的范围、趋同性交易盈利数额等关键要件的认定，一般应调取证券监督管理部门、证券交易所等专业机构的认定意见，并依法进行审查判断。行为人利用职务便利实施的内幕交易、利用未公开信息交易犯罪，此类犯罪中的内幕信息、未公开信息等关键要件的认定，以及对趋同性交易盈利数额等重要情节的认定，专业性较强，要以证券监督管理部门、证券交易所等专业机构出具的认定意见为依据，如在审查中发现缺少专业认定意见，应及时与监察机关沟通，补充完善相关证据材料。

相关规定

《刑法》第一百六十八条、第一百八十条、第三百八十三条、第三百八十五条、第三百八十六条

《最高人民法院 最高人民检察院关于办理利用未公开信息交易刑事案件适用法律若干问题的解释》第五条

办案检察院：北京市人民检察院

北京市人民检察院第二分院

承办检察官：张翠松

案例撰写人：张翠松、李银、张韩旭、刘珊

【2023年版本、三次审议稿】

第六十八条 有限责任公司董事会成员为三人以上，其成员中可以有公司职工代表。职工人数三百人以上的有限责任公司，除依法设监事会并有公司职工代表的外，其董事会成员中应当有公司职工代表。董事会中的职工代表由公司职工通过职工代表大会、职工大会或者其他形式民主选举产生。

董事会设董事长一人，可以设副董事长。董事长、副董事长的产生办法由公司章程规定。

第三章　有限责任公司的设立和组织机构

【2018 年版本】

第四十四条　有限责任公司设董事会，其成员为三人至十三人；但是，本法第五十条另有规定的除外。

两个以上的国有企业或者两个以上的其他国有投资主体投资设立的有限责任公司，其董事会成员中应当有公司职工代表；其他有限责任公司董事会成员中可以有公司职工代表。董事会中的职工代表由公司职工通过职工代表大会、职工大会或者其他形式民主选举产生。

董事会设董事长一人，可以设副董事长。董事长、副董事长的产生办法由公司章程规定。

【本条释义】

本条规定了有限责任公司董事会成员及其职务设置。

有限责任公司董事会成员为三人以上，通常为单数，如五人、九人等，便于董事会作出有效决议，但董事会成员人数为偶数也不违法，董事会成员人数没有上限。董事会成员中可以有公司职工代表，也可以没有公司职工代表。

职工人数三百人以上的有限责任公司，除依法设监事会并有公司职工代表的外，其董事会成员中应当有公司职工代表。董事会中设置职工代表可以在相关决策中充分考虑职工的利益。无论是国有企业还是非国有企业，只要职工人数超过三百人，除依法设监事会并有公司职工代表的外，其董事会成员中应当有公司职工代表。职工人数可以按照季度平均值来计算，即用每一个季度的季初人数与季末人数的平均数作为该季度的职工人数，四个季度的职工人数相加后除以四，作为该年度的职工人数。

董事会中的职工代表由公司职工通过职工代表大会、职工大会或者其他形式民主选举产生。其他形式包括由工会推荐代表、由职工代表推荐代表等。董事会中的职工代表不应由公司股东会决议产生或者由大股东指定。

董事会设董事长一人，可以设副董事长，也可以不设副董事长。董事长、副董事长的产生办法由公司章程规定。通常由董事会全体成员选举产生，当然也可以由股东会会议直接指定董事长和副董事长。

【2023 年版本】

第六十九条　有限责任公司可以按照公司章程的规定在董事会中设置由董事组成的审计委员会，行使本法规定的监事会的职权，不设监事会或者监事。公司董事会成员中的职工代表可以成为审计委员会成员。

【三次审议稿】

第六十九条 有限责任公司可以按照公司章程的规定在董事会中设置由董事组成的审计委员会，行使本法规定的监事会的职权，不设监事会或者监事。

【本条释义】

本条规定了审计委员会代替监事会的制度。

实务中，公司监事会起到的作用并不大，为进一步简化公司的机构设置，减轻公司运行的成本，有限责任公司可以按照公司章程的规定在董事会中设置由董事组成的审计委员会，行使《公司法》规定的监事会的职权，不设监事会或者监事。实行该项制度需要在公司章程中有明确规定，董事会审计委员会全部由董事组成，可以是内部董事，也可以是外部董事，还可以是职工董事或者独立董事。公司董事会成员中的职工代表可以成为审计委员会成员，当然也可以不作为审计委员会的成员。为确保审计委员会的独立性，建议担任公司高级管理人员的董事不参加审计委员会，审计委员会人数可以为5人（通常审计委员会仅为3人），成员中建议包括独立董事、职工董事和外部董事。

【2023年版本】

第七十条 董事任期由公司章程规定，但每届任期不得超过三年。董事任期届满，连选可以连任。

董事任期届满未及时改选，或者董事在任期内辞任导致董事会成员低于法定人数的，在改选出的董事就任前，原董事仍应当依照法律、行政法规和公司章程的规定，履行董事职务。

董事辞任的，应当以书面形式通知公司，公司收到通知之日辞任生效，但存在前款规定情形的，董事应当继续履行职务。

【三次审议稿】

第七十条 董事任期由公司章程规定，但每届任期不得超过三年。董事任期届满，连选可以连任。

董事任期届满未及时改选，或者董事在任期内辞任导致董事会成员低于法定人数的，在改选出的董事就任前，原董事仍应当依照法律、行政法规和公司章程的规定，履行董事职务。

董事辞任的，应当以书面形式通知公司，公司收到通知之日辞任生效，但存在前款规定情形的，董事应当继续履行职务。

担任法定代表人的董事辞任的，视为同时辞去法定代表人。

法定代表人辞任的，公司应当在法定代表人辞任之日起三十日内确定新的法定代表人。

【2018年版本】

第四十五条 董事任期由公司章程规定，但每届任期不得超过三年。董事任期届满，连选可以连任。

董事任期届满未及时改选，或者董事在任期内辞职导致董事会成员低于法定人数的，在改选出的董事就任前，原董事仍应当依照法律、行政法规和公司章程的规定，履行董事职务。

【本条释义】

本条规定了董事的任期及履职义务。

董事任期由公司章程规定，但每届任期不得超过三年，可以为三年，实务中通常为三年。董事任期届满，连选可以连任，连任次数不受限制。实务中，很多董事都是大股东，因此，只要其不转让股权，董事可以一直担任公司董事。

董事任期届满应当及时改选，如果未及时改选，或者董事在任期内辞任导致董事会成员低于法定人数，在改选出的董事就任前，原董事仍应当依照法律、行政法规和公司章程的规定，履行董事职务。由于董事会并非天天开会，因此，董事履职时也并没有太多任务需要完成。在新董事上任前，原董事仍是公司董事。如果遇到董事会召开会议，原董事仍应参加并履行职责。如果是董事突然离世，股东会应当及时改选董事，避免董事会因人数不足而无法行使职权。

董事辞任的，应当以书面形式通知公司，公司收到通知之日辞任生效，但依法应当继续履行职务的情形除外。董事辞职可以向董事会秘书提出，也可以向董事长提出，或者向公司法定代表人提出。

【2023年版本、三次审议稿】

第七十一条 股东会可以决议解任董事，决议作出之日解任生效。

无正当理由，在任期届满前解任董事的，该董事可以要求公司予以赔偿。

【本条释义】

本条规定了股东会解任董事的规则。

由于董事是股东会选举产生的，因此，股东会当然可以决议解任董事，决议作出之日解任生效。原则上，股东会在解任董事的同时应当选出新的董事来接任，如果留任董事的数量足够，股东会也可以只解任董事，而不任命新的董事，董事会仍旧可以正常运作。需要注意的是，如果是由职工代表出任的董事，股东会无权解任，选举该职工代表的职工代表大会、职工大会等有权解任其选举的董事。

股东会解任董事不需要任何理由，但如果股东会无正当理由，在任期届满前解任董事，对董事的信赖利益造成了损害，该董事可以要求公司予以赔偿。

【相关司法解释规定】

《最高人民法院关于适用〈中华人民共和国公司法〉若干问题的规定（五）》（2019年4月22日最高人民法院审判委员会第1766次会议审议通过，根据2020年12月23日最高人民法院审判委员会第1823次会议通过的《最高人民法院关于修改〈最高人民法院关于破产企业国有划拨土地使用权应否列入破产财产等问题的批复〉等二十九件商事类司法解释的决定》修正，下同）

第三条 董事任期届满前被股东会或者股东大会有效决议解除职务，其主张解除不发生法律效力的，人民法院不予支持。

董事职务被解除后，因补偿与公司发生纠纷提起诉讼的，人民法院应当依据法律、行政法规、公司章程的规定或者合同的约定，综合考虑解除的原因、剩余任期、董事薪酬等因素，确定是否补偿以及补偿的合理数额。

【2023年版本、三次审议稿】

第七十二条 董事会会议由董事长召集和主持；董事长不能履行职务或者不履行职务的，由副董事长召集和主持；副董事长不能履行职务或者不履行职务的，由过半数的董事共同推举一名董事召集和主持。

【2018 年版本】

第四十七条　董事会会议由董事长召集和主持；董事长不能履行职务或者不履行职务的，由副董事长召集和主持；副董事长不能履行职务或者不履行职务的，由半数以上董事共同推举一名董事召集和主持。

【本条释义】

本条规定了董事会的召集和主持规则。

董事长是董事会必须设置的职位，因此，董事会会议由董事长召集和主持。如果董事长不能履行职务或者不履行职务且董事会设置了副董事长，则由副董事长召集和主持。这里所谓"不能履行职务"是指由于客观原因无法履行职务，如因疾病、被留置、被拘留、被非法拘禁、失踪等原因而不能履行职务，所谓"不履行职务"是指其主观上不愿意履行职务。无论出于什么原因，只要董事长无法履行职务，就应当由副董事长代替。

如果副董事长不能履行职务或者不履行职务，则由过半数的董事共同推举一名董事召集和主持。如果任何一位董事均无法取得过半数的董事同意，则董事会无法顺利召开会议，已经陷入僵局。股东会应当尽快召开临时会议解决董事会的僵局，可以通过更换董事的方式来解决。

【2023 年版本、三次审议稿】

第七十三条　董事会的议事方式和表决程序，除本法有规定的外，由公司章程规定。

董事会会议应当有过半数的董事出席方可举行。董事会作出决议，应当经全体董事的过半数通过。

董事会决议的表决，应当一人一票。

董事会应当对所议事项的决定作成会议记录，出席会议的董事应当在会议记录上签名。

【2018 年版本】

第四十八条　董事会的议事方式和表决程序，除本法有规定的外，由公司章程规定。

董事会应当对所议事项的决定作成会议记录，出席会议的董事应当在会议记录上签名。

董事会决议的表决，实行一人一票。

【本条释义】

本条规定了董事会会议的议事方式和表决程序。

董事会的议事方式和表决程序，原则上属于公司自治的范围，因此，除《公司法》有规定的外，由公司章程规定。当然，公司章程也不能任意规定，否则很容易导致董事会陷入僵局而无法正常运作。公司章程仍应参照大多数公司行之有效的方式来规定，但可以在某些细节上创新。

董事会会议应当有过半数的董事出席方可举行。这里所谓"过半数"是指超过一半，如董事会成员为5人，则至少应当有3人出席才能举行会议，如果董事会成员为6人，则至少应当有4人出席方可举行会议。董事会作出决议，应当经全体董事的过半数通过。注意，无论出席董事会会议的董事为几人，最后作出决议都必须经"全体董事"的过半数通过。例如，董事会成员为5人，3人出席董事会会议，出席会议的3人必须一致同意才能通过决议。再例如，董事会成员为9人，7人出席董事会会议，出席会议的董事中如果有4人同意，不能通过决议，必须有5人同意才能通过决议。

董事会决议的表决，不同于股东会会议的表决，股东会会议的表决强调表决权的数量，董事不一定是股东，因此，不能用董事持有的表决权来判断，而应当实行董事一人一票。所有董事在表决时权利是相同的，都只有一票，董事长和副董事长也只有一票。内部董事、外部董事、职工代表董事和独立董事的表决权都是相同的，都是一人一票。未出席会议的董事没有表决权，但依公司章程规定由出席会议的董事代为投票的除外。

董事会应当对所议事项的决定作成会议记录，出席会议的董事应当在会议记录上签名。董事会会议记录实际上是对董事会召集、主持以及通过决议的详细记载，也是事后审查董事会会议的召集及决议程序是否合法的重要依据。董事会会议记录上应当记载董事会会议通知的时间、开会的时间和地点、到会董事和缺席董事人数和姓名、会议议程、会议主持人、计票人、会议表决的票数以及最终决议、列席会议的监事姓名等。

【2023年版本】

第七十四条 有限责任公司可以设经理，由董事会决定聘任或者解聘。

经理对董事会负责,根据公司章程的规定或者董事会的授权行使职权。经理列席董事会会议。

【三次审议稿】

第七十四条 有限责任公司设经理,由董事会决定聘任或者解聘。

经理对董事会负责,根据公司章程的规定或者董事会的授权行使职权。经理列席董事会会议。

【2018 年版本】

第四十九条 有限责任公司可以设经理,由董事会决定聘任或者解聘。经理对董事会负责,行使下列职权:
(一)主持公司的生产经营管理工作,组织实施董事会决议;
(二)组织实施公司年度经营计划和投资方案;
(三)拟订公司内部管理机构设置方案;
(四)拟订公司的基本管理制度;
(五)制定公司的具体规章;
(六)提请聘任或者解聘公司副经理、财务负责人;
(七)决定聘任或者解聘除应由董事会决定聘任或者解聘以外的负责管理人员;
(八)董事会授予的其他职权。
公司章程对经理职权另有规定的,从其规定。
经理列席董事会会议。

【本条释义】

本条规定了经理的设置及其地位。

董事会毕竟是一个议事机构,不能担任公司日常行政管理的重任,因此,有限责任公司应当设经理,经理是隶属于董事会的公司最高行政管理岗位,因此,应当由董事会决定聘任或者解聘。经理只能有一人,在经理之下可以设置若干名副经理。副经理的聘任或者解聘根据公司章程的规定进行,既可以由董事会决议,也可以授权经理决定,也可以由经理提名由董事会决议。

经理是隶属于董事会的管理岗位,因此,经理应当对董事会负责,根据公司章程的规定或者董事会的授权行使职权。当然,经理也应当对股东会负责,但由于股东会并不直接领导经理,所以,经理应当对董事会负责,而不是对股东会负责。对股东会负责的是董事会，而非经理。经理列席董事会会议，但没有表决权。当然经理也可以由董事兼任，此时的经理由于具有了董事身份，可以参加董事会会议并享有表决权。由于经理的地位比较重要，实务中比较常见的做法是由董事长兼任经理，或者由副董事长兼任经理，这样可以将公司的行政管理权牢牢掌握在董事会的手中。

【2023年版本、三次审议稿】

第七十五条 规模较小或者股东人数较少的有限责任公司，可以不设董事会，设一名董事，行使本法规定的董事会的职权。该董事可以兼任公司经理。

【2018年版本】

第五十条 股东人数较少或者规模较小的有限责任公司，可以设一名执行董事，不设董事会。执行董事可以兼任公司经理。

执行董事的职权由公司章程规定。

【本条释义】

本条规定了执行董事制度。

规模较小或者股东人数较少的有限责任公司，具体标准由股东自行把握，法律并没有严格的界限，原则上属于微型企业、小型企业的有限责任公司属于规模较小的有限责任公司，股东人数在10人以下的属于股东人数较少的有限责任公司。该类有限责任公司可以不设董事会，仅设一名董事，一般被称为执行董事，该董事行使《公司法》规定的董事会的职权。当然，对于规模较大或者股东人数较多的有限责任公司，如果全体股东一致同意并在公司章程中明确规定，也可以不设董事会，仅设一名执行董事。

该董事可以兼任公司经理，也可以不兼任公司经理。为了保证执行董事对公司行政管理权的控制，建议执行董事兼任公司经理。

【2023年版本】

第七十六条 有限责任公司设监事会，本法第六十九条、第八十三条另有规定的除外。

监事会成员为三人以上。监事会成员应当包括股东代表和适当比例的公司职工代表，其中职工代表的比例不得低于三分之一，具体比例由公司章程规定。监事会中的职工代表由公司职工通过职工代表大会、职工大会或者其他形式民主选举产生。

监事会设主席一人，由全体监事过半数选举产生。监事会主席召集和主持监事会会议；监事会主席不能履行职务或者不履行职务的，由过半数的监事共同推举一名监事召集和主持监事会会议。

董事、高级管理人员不得兼任监事。

【三次审议稿】

第七十六条　有限责任公司设监事会，本法第六十九条、第八十三条另有规定的除外。

监事会成员为三人以上。监事会应当包括股东代表和适当比例的公司职工代表，其中职工代表的比例不得低于三分之一，具体比例由公司章程规定。监事会中的职工代表由公司职工通过职工代表大会、职工大会或者其他形式民主选举产生。

监事会设主席一人，由全体监事过半数选举产生。监事会主席召集和主持监事会会议；监事会主席不能履行职务或者不履行职务的，由过半数的监事共同推举一名监事召集和主持监事会会议。

董事、高级管理人员不得兼任监事。

【2018 年版本】

第五十一条　有限责任公司设监事会，其成员不得少于三人。股东人数较少或者规模较小的有限责任公司，可以设一至二名监事，不设监事会。

监事会应当包括股东代表和适当比例的公司职工代表，其中职工代表的比例不得低于三分之一，具体比例由公司章程规定。监事会中的职工代表由公司职工通过职工代表大会、职工大会或者其他形式民主选举产生。

监事会设主席一人，由全体监事过半数选举产生。监事会主席召集和主持监事会会议；监事会主席不能履行职务或者不履行职务的，由半数以上监事共同推举一名监事召集和主持监事会会议。

董事、高级管理人员不得兼任监事。

【本条释义】

本条规定了有限责任公司的监事会。

为确保董事会正确履行职责，不损害包括小股东在内的股东利益，除《公司法》另有规定外，有限责任公司应当设监事会。监事会是隶属于股东会的监督机构，负责监督董事会、公司高级管理人员依法合规履行职责。

监事会成员为三人以上，最好是单数，但偶数也不违法，没有人数的上限。实务中，大多数有限责任公司的监事会成员为三人。监事会应当包括股东代表和适当比例的公司职工代表，其中职工代表的比例不得低于三分之一，具体比例由公司章程规定。如果监事会成员为三人，其中有一人是职工代表即可，其余两人可以为股东，也可以不是股东。监事会中的职工代表由公司职工通过职工代表大会、职工大会或者其他形式民主选举产生。监事会中职工代表的产生方式与董事会中职工代表的产生方式是相同的，二者可以在同一民主程序中共同产生。需要注意的是，董事会通常并不需要有职工代表，只有满足一定条件的公司董事会才需要有职工代表。但监事会不同，所有公司的监事会中都应当有职工代表，而且不少于三分之一。如果监事会成员为三人，应当至少有一人为职工代表，如果监事会成员为四人，应当至少有两人为职工代表，如果监事会成员为五人，应当至少有两人为职工代表。实务中，监事会成员为三人时，职工代表的比例可以达到最低，为三分之一，如果监事会成员为五人或者七人都无法做到职工代表的比例为三分之一，实际上职工代表的比例都会超过三分之一。

监事会设主席一人，由全体监事过半数选举产生。监事会主席产生的方式与董事长产生的方式不同，前者是法定的，只能由全体监事过半数选举产生，后者由公司章程规定的方式产生。需要注意的是，监事会设主席，董事会不设主席，只设董事长和副董事长，实务中，有些公司设置董事会主席或者董事局主席都是没有法律依据的不规范的做法。虽然并不违法，但在正式文件中，其身份仍然是董事长，而非什么董事会主席或者董事局主席。

监事会主席召集和主持监事会会议。通常情况下，监事会会议与董事会会议在同一天召开，全体监事先列席董事会会议，董事会会议结束后立即召开监事会会议。监事会主席不能履行职务或者不履行职务的，由过半数的监事共同推举一名监事召集和主持监事会会议。如果监事会成员为三人，剩下两名监事均要召集和主持监事会会议，此时监事会就无法正常召开会议，也就无法正常履职了。股东会应当及时介入，可以通过更换监事的方式来解决监事会的僵局。

董事、高级管理人员不得兼任监事。公司中不担任董事的党委书记、党委副书记、团委书记、团委副书记、工会主席、工会副主席等均可以担任监事。经理、副经理、财务负责人和董事会秘书属于高级管理人员，不得兼任监事。需要注意的是，监事也不能兼任董事和高级管理人员。如果现任监事被任命为公司高级管理人员，则其应当辞去监事职务。

【相关法律规定】

《中华人民共和国红十字会法》（1993年10月31日第八届全国人民代表大会常务委员会第四次会议通过，根据2009年8月27日第十一届全国人民代表大会常务委员会第十次会议《关于修改部分法律的决定》修正，2017年2月24日第十二届全国人民代表大

会常务委员会第二十六次会议修订）

第八条　各级红十字会设立理事会、监事会。理事会、监事会由会员代表大会选举产生，向会员代表大会负责并报告工作，接受其监督。

理事会民主选举产生会长和副会长。理事会执行会员代表大会的决议。

执行委员会是理事会的常设执行机构，其人员组成由理事会决定，向理事会负责并报告工作。

监事会民主推选产生监事长和副监事长。理事会、执行委员会工作受监事会监督。

第二十二条　红十字会应当建立财务管理、内部控制、审计公开和监督检查制度。

红十字会的财产使用应当与其宗旨相一致。

红十字会对接受的境外捐赠款物，应当建立专项审查监督制度。

红十字会应当及时聘请依法设立的独立第三方机构，对捐赠款物的收入和使用情况进行审计，将审计结果向红十字会理事会和监事会报告，并向社会公布。

【2023年版本、三次审议稿】

第七十七条　监事的任期每届为三年。监事任期届满，连选可以连任。

监事任期届满未及时改选，或者监事在任期内辞任导致监事会成员低于法定人数的，在改选出的监事就任前，原监事仍应当依照法律、行政法规和公司章程的规定，履行监事职务。

【2018年版本】

第五十二条　监事的任期每届为三年。监事任期届满，连选可以连任。

监事任期届满未及时改选，或者监事在任期内辞职导致监事会成员低于法定人数的，在改选出的监事就任前，原监事仍应当依照法律、行政法规和公司章程的规定，履行监事职务。

【本条释义】

本条规定了监事的任期和履职。

监事的任期与董事的任期类似，每届为三年。二者不同的是，董事会的任期可以由公司章程在三年内具体规定，监事的任期只能是三年。为公司运行协调考虑，通常情况下，董事和监事的任期均设置为三年比较合适。监事任期届满，连选可以连任。监事没有连任的限制，可以一直连任下去。

监事任期届满应当及时改选，如果未及时改选，或者监事在任期内辞任导致监事会成员低于法定人数，为确保监事会能够正确履行职责，在改选出的监事就任前，原监事仍应当依照法律、行政法规和公司章程的规定，履行监事职务。如果因客观原因导致监事无法履行职责，股东会应及时改选，以免监事会无法履行职责。

【2023年版本、三次审议稿】

第七十八条　监事会行使下列职权：

（一）检查公司财务；

（二）对董事、高级管理人员执行职务的行为进行监督，对违反法律、行政法规、公司章程或者股东会决议的董事、高级管理人员提出解任的建议；

（三）当董事、高级管理人员的行为损害公司的利益时，要求董事、高级管理人员予以纠正；

（四）提议召开临时股东会会议，在董事会不履行本法规定的召集和主持股东会会议职责时召集和主持股东会会议；

（五）向股东会会议提出提案；

（六）依照本法第一百八十九条的规定，对董事、高级管理人员提起诉讼；

（七）公司章程规定的其他职权。

【2018年版本】

第五十三条　监事会、不设监事会的公司的监事行使下列职权：

（一）检查公司财务；

（二）对董事、高级管理人员执行公司职务的行为进行监督，对违反法律、行政法规、公司章程或者股东会决议的董事、高级管理人员提出罢免的建议；

（三）当董事、高级管理人员的行为损害公司的利益时，要求董事、高级管理人员予以纠正；

（四）提议召开临时股东会会议，在董事会不履行本法规定的召集和主持股东会会议职责时召集和主持股东会会议；

（五）向股东会会议提出提案；

（六）依照本法第一百五十一条的规定，对董事、高级管理人员提起诉讼；

（七）公司章程规定的其他职权。

【本条释义】

本条规定了监事会的职权。

监事会的职责以监督董事、高级管理人员的行为为主，具体而言，监事会行使下列职权：

（1）检查公司财务。财务监督是监事会最重要的职权，通过财务监督可以发现公司经营中的部分重大问题，从而及时向股东会报告或者依法采取相关制止措施。

（2）对董事、高级管理人员执行职务的行为进行监督，对违反法律、行政法规、公司章程或者股东会决议的董事、高级管理人员提出解任的建议。公司董事、高级管理人员是监事会监督的重点对象，如果他们能够守法、守规，公司经营就不会出现大问题，股东的权益就能得到基本的保障。一旦发现公司董事、高级管理人员有不当行为，监事会就可以向股东会提出解任的建议。需要注意的是，只有监事会这个集体才能向股东会提出解任的建议，任何一位监事均无权单独向股东会提出解任的建议。

（3）当董事、高级管理人员的行为损害公司的利益时，监事会有权要求董事、高级管理人员予以纠正。如果董事、高级管理人员纠正了错误并补偿了公司的损失，监事会可以不向股东会提出解任的建议。如果董事、高级管理人员的行为比较严重，对公司利益的损害比较大，即使董事、高级管理人员纠正了错误、弥补了公司的损失，监事会仍应向股东会提出解任建议，是否解任，留给股东会决定。

（4）提议召开临时股东会会议，在董事会不履行《公司法》规定的召集和主持股东会会议职责时召集和主持股东会会议。监事会作为一个整体有权提议召开临时股东会会议，任何一位监事，包括监事会主席均无权单独提议召开临时股东会会议。

（5）向股东会会议提出提案。监事会作为股东会的下属机构，有权就其职权范围内的事项，如公司财务制度、高级管理人员的监督制度等向股东会提出提案。

（6）依照《公司法》的规定，对董事、高级管理人员提起诉讼。在特殊情况下，在董事会失灵的情况下，监事会有权代表公司对董事、高级管理人员提起诉讼，通过法律程序追究其法律责任，维护公司和股东利益。

（7）公司章程规定的其他职权。公司章程可以赋予监事会更多职权，但通常情况下应当属于监督的范畴，如公司财务制度、内部审计制度、董事与高级管理人员监督制度、内部控制制度的起草权等，法律规定的董事会职权原则上不宜授予监事会行使。

【相关法律规定】

《民法典》

第八十二条 营利法人设监事会或者监事等监督机构的，监督机构依法行使检查法人财务，监督执行机构成员、高级管理人员执行法人职务的行为，以及法人章程规定的其他职权。

第九十三条 设立捐助法人应当依法制定法人章程。

捐助法人应当设理事会、民主管理组织等决策机构，并设执行机构。理事长等负责人按照法人章程的规定担任法定代表人。

捐助法人应当设监事会等监督机构。

《证券法》

第八十二条 发行人的董事、高级管理人员应当对证券发行文件和定期报告签署书面确认意见。

发行人的监事会应当对董事会编制的证券发行文件和定期报告进行审核并提出书面审核意见。监事应当签署书面确认意见。

发行人的董事、监事和高级管理人员应当保证发行人及时、公平地披露信息,所披露的信息真实、准确、完整。

董事、监事和高级管理人员无法保证证券发行文件和定期报告内容的真实性、准确性、完整性或者有异议的,应当在书面确认意见中发表意见并陈述理由,发行人应当披露。发行人不予披露的,董事、监事和高级管理人员可以直接申请披露。

第一百零二条 实行会员制的证券交易所设理事会、监事会。

证券交易所设总经理一人,由国务院证券监督管理机构任免。

【典型案例】

中华人民共和国最高人民法院

民事裁定书

〔2021〕最高法民申 5307 号

再审申请人(一审原告、二审上诉人):成都蓉联水泥有限公司,住所地四川省成都市双流县西航港开发区长城路二段 308 号。

法定代表人:黄某九。

诉讼代表人:陈某明。

委托诉讼代理人:杜明明,四川八和律师事务所律师。

委托诉讼代理人:杨杰,四川八和律师事务所律师。

被申请人(一审被告、二审被上诉人):黄某九,男,1968 年 2 月 14 日出生,汉族,住四川省双流县。

再审申请人成都蓉联水泥有限公司(以下简称蓉联公司)因与被申请人黄某九损害公司利益责任纠纷一案,不服四川省高级人民法院(以下简称四川高院)〔2021〕川民终 663 号民事裁定书,向本院申请再审。本院依法组成合议庭,对本案进行了审查,现已审查终结。

蓉联公司申请再审称,2021 年 3 月 1 日,四川省成都市中级人民法院作出〔2021〕

川01民初266号民事裁定，以提起诉讼未经过监事会决议，蓉联公司不具有提起诉讼的主体资格为由，裁定驳回蓉联公司起诉。2021年4月28日，在一审裁定后，蓉联公司依法召开监事会并作出决议，且全票通过由陈某明代蓉联公司提起监事代表诉讼。2021年5月26日，四川高院受理该上诉案件。2021年6月2日，蓉联公司将监事会决议提交至四川高院，并出具材料收据。然而2021年6月18日，四川高院作出终审裁定，并未审查蓉联公司提交的新证据，以监事会未作出决定，未履行相关前置程序，诉讼代表人陈某明提起诉讼无相关事实和法律依据为由，裁定驳回上诉，维持原裁定。蓉联公司认为，二审法院裁定认定的基本事实缺乏证据证明。故依据《民事诉讼法》第二百条第一项、第二项之规定申请再审。

　　本院经审查认为，本案的焦点问题为：陈某明用蓉联公司监事身份以蓉联公司名义对黄某九提起诉讼是否符合法律规定。

　　本院认为，《公司法》第五十一条第一款规定："有限责任公司设监事会，其成员不得少于三人。股东人数较少或者规模较小的有限责任公司，可以设一至二名监事，不设监事会。"第五十三条规定："……监事会、不设监事会的公司的监事行使下列职权：（六）依照本法第一百五十一条的规定，对董事、高级管理人员提起诉讼"，第一百四十九条规定："董事、监事、高级管理人员执行公司职务时违反法律、行政法规或者公司章程的规定，给公司造成损失的，应当承担赔偿责任。"第一百五十一条第一款规定："董事、高级管理人员有本法第一百四十九条规定的情形的，有限责任公司的股东、股份有限公司连续一百八十日以上单独或合计持有公司1%以上股份的股东，可以书面请求监事会或不设监事会的有限责任公司的监事向人民法院提起诉讼；监事有本法第一百四十九条规定的情形的，前述股东可以书面请求董事会或者不设董事会的有限责任公司的执行董事向人民法院提起诉讼。"《全国法院民商事审判工作会议纪要》（2019年）第25条规定："根据《公司法》第一百五十一条的规定，股东提起代表诉讼的前置程序之一是，股东必须先书面请求公司有关机关向人民法院提起诉讼。一般情况下，股东没有履行该前置程序的，应当驳回起诉。……"根据前述法律规定及会议纪要精神，监事、监事会代表公司对公司高级管理人员提起诉讼，需履行相关前置程序。即，首先蓉联公司设有监事会，其在收到股东要求起诉蓉联公司法定代表人黄某九的书面请求时，应以监事会身份提起诉讼，而不能以监事个人名义提起诉讼；其次，在监事会提起诉讼前，必须先履行前置程序，即要有蓉联公司的股东要求监事会提起诉讼的书面请求。经审查，本案中陈某明以股东身份要求监事会对黄某九提起诉讼的时间为2021年4月13日，监事会作出决议时间为2021年4月28日，而一审裁定作出时间为2021年3月1日。如前所述，前置程序必须是在提起诉讼前完成，且本案中亦不存在可以豁免前置程序的情形。因此，蓉联公司以其在提起诉讼后已履行了法律规定的接受股东起诉高级管理人员的书面请求和召开了监事会等程序为由主张原审裁判错误，无事实和法律依据，本院不予支持。

　　综上，蓉联公司的再审申请不符合《民事诉讼法》第二百条第一项、第二项规定的情形。依照《民事诉讼法》第二百零四条第一款、《最高人民法院关于适用〈中华人民共和国民事诉讼法〉的解释》第三百九十五条第二款规定，裁定如下：

驳回成都蓉联水泥有限公司的再审申请。

审 判 长　郭凌川
审 判 员　郎贵梅
审 判 员　孙建国
二〇二一年九月二十九日
法官助理　陈登荣
书 记 员　戚凤梅

【2023年版本、三次审议稿】

第七十九条　监事可以列席董事会会议，并对董事会决议事项提出质询或者建议。

监事会发现公司经营情况异常，可以进行调查；必要时，可以聘请会计师事务所等协助其工作，费用由公司承担。

【2018年版本】

第五十四条　监事可以列席董事会会议，并对董事会决议事项提出质询或者建议。

监事会、不设监事会的公司的监事发现公司经营情况异常，可以进行调查；必要时，可以聘请会计师事务所等协助其工作，费用由公司承担。

【本条释义】

本条规定了监事的列席权和调查权。

为了更好履行监督职责，监事可以列席董事会会议，并对董事会决议事项提出质询或者建议。监事列席董事会会议，在董事会会议表决时，监事没有表决权。通常情况下，董事会会议和监事会会议同一天召开，先开董事会会议，监事列席，再开监事会会议。监事是否列席董事会会议不是董事会会议召开的必要条件，只要将董事会开会的时间和地点通知了监事，监事是否列席均不影响董事会的正常召开与作出决议。

监事会发现公司经营情况异常，可以进行调查。该项调查需要以监事会的名义作出，具体调查工作可以由一位或者多位监事进行，也可以委托其他人员进行调查。必要时，监事会可以聘请会计师事务所等协助其工作，费用由公司承担。该项聘请权也应当以监事会的名义作出，单独一位或者两位监事没有权利聘请会计师事务所。

【典型案例】

江苏省高级人民法院
民 事 裁 定 书

〔2020〕苏民申 6315 号

再审申请人（一审原告、二审上诉人）：李某强，男，1982年5月3日出生，汉族，住辽宁省沈阳市铁西区。

被申请人（一审被告、二审被上诉人）：兴峰物流（镇江）有限公司，住所地江苏省句容市郭庄镇空港新区 20 号。

法定代表人：王某征，该公司董事长。

再审申请人李某强因与被申请人兴峰物流（镇江）有限公司（以下简称兴峰物流公司）知情权纠纷一案，不服江苏省镇江市中级人民法院〔2020〕苏 11 民终 921 号民事裁定，向本院申请再审。本院依法组成合议庭进行了审查，现已审查终结。

李某强申请再审称：一、二审裁定认定事实不清，适用法律错误。一、二审法院认为监事（会）作为公司的内部机构，在公司经营过程中并无自身特殊利益，不属于《民事诉讼法》第一百一十九条规定的与案件有直接利害关系的主体错误。《公司法》为了防止董事会、经理滥用职权，损害公司和股东的利益，设立了监事（会），且赋予监事（会）对公司事务监督检查的权利。在李某强作为兴峰物流公司的监事，行使检查公司财务的权利得不到保障，进而向法院提起诉讼寻求救济时，却被告知无权提起民事诉讼，此与上述法律规定的初衷相违背。综上，请求依法再审本案。

兴峰物流公司提交意见认为，一、二审裁定认定事实清楚，适用法律正确，李某强的申请再审理由不能成立，请求予以驳回。

本院认为，李某强的申请再审理由不能成立。

《公司法》第五十三条规定"监事会、不设监事会的公司的监事行使下列职权：（一）检查公司财务；（二）对董事、高级管理人员执行公司职务的行为进行监督，对违反法律、行政法规、公司章程或者股东会决议的董事、高级管理人员提出罢免的建议；（三）当董事、高级管理人员的行为损害公司的利益时，要求董事、高级管理人员予以纠正；（四）提议召开临时股东会会议，在董事会不履行本法规定的召集和主持股东会会议职责时召集和主持股东会会议；（五）向股东会会议提出提案；（六）依照本法第一百五十一条的规定，对董事、高级管理人员提起诉讼；（七）公司章程规定的其他职权。"第五十四条规定"监事可以列席董事会会议，并对董事会决议事项提出质询或者建议。监事会、不设监事会的公司的监事发现公司经营情况异常，可以进行调查；必要时，可以聘请会计师事务所等协助其工作，费用由公司承担。"依据上述规定，公司监事或监事会行使检查公司财务的职权，属于公司内部经营管理范畴，当公司不配合监事或者监事会行使职权时，监事或者监事会应当通过提议召开股东会等方式解决。且从第五十三条的规定亦可见，只有出现第（六）项规定的情形，公司监事才享有提起诉讼的权利，而该条款并未赋予公司监事以诉讼方式检查公司财务的权利。因此，在法无明文规定的情形下，对公司内部管理事务不宜予以司法干预。况且，兴峰物流公司已于2019年12月办理相关工商变更登记，免去李某强的监事职务。据此，一、二审法院认为李某强以监事身份提起本次诉讼，要求兴峰物流公司向其提供公司的财务会计报告、会计凭证账簿和会计凭证以供其查阅、复制，不符合《民事诉讼法》第一百一十九条的规定，从而裁定驳回李某强的起诉，并无不当。

综上，依照《民事诉讼法》第二百零四条第一款，《最高人民法院关于适用〈中华人民共和国民事诉讼法〉的解释》第三百九十五条第二款之规定，裁定如下：

驳回李某强的再审申请。

审 判 长　　管　波

审 判 员　　许俊梅

审 判 员　　赵　畅

法官助理　　张　婧

二〇二〇年十二月十七日

书 记 员　　闻方惠

【2023年版本、三次审议稿】

第八十条　监事会可以要求董事、高级管理人员提交执行职务的报告。

董事、高级管理人员应当如实向监事会提供有关情况和资料，不得妨碍监事会或者监事行使职权。

【本条释义】

本条规定了监事会要求提交报告的权利。

为了更好地行使监督职责，更清晰地了解董事、高级管理人员的工作情况，监事会可以要求董事、高级管理人员提交执行职务的报告。该报告应当包括本人的职责与分工、本人执行的具体职务、本人职务范围内公司相关的业绩、本人执行职务所花费的成本费用、本人执行职务过程中给公司造成的损失（如果有）、本人积极执行职务的具体事例、监事会特别要求说明的情况等。

董事、高级管理人员应当如实向监事会提供有关情况和资料，原则上，只要董事和高级管理人员掌握的情况和资料，都应当如实提供给监事会，如其不掌握相关情况或者资料，应当告知监事会掌握相关情况和资料的人员以及获取方式。董事、高级管理人员不得利用其职权或者授意他人利用其职权妨碍监事会或者监事行使职权。

【2023年版本、三次审议稿】

第八十一条 监事会每年度至少召开一次会议，监事可以提议召开临时监事会会议。

监事会的议事方式和表决程序，除本法有规定的外，由公司章程规定。

监事会决议应当经全体监事的过半数通过。

监事会决议的表决，应当一人一票。

监事会应当对所议事项的决定作成会议记录，出席会议的监事应当在会议记录上签名。

【2018年版本】

第五十五条 监事会每年度至少召开一次会议，监事可以提议召开临时监事会会议。

监事会的议事方式和表决程序，除本法有规定的外，由公司章程规定。

监事会决议应当经半数以上监事通过。

监事会应当对所议事项的决定作成会议记录，出席会议的监事应当在会议记录上签名。

【本条释义】

本条规定了监事会的会议与表决制度。

监事会每年度至少召开一次会议，为充分履行监督职责，监事会的开会次数通常要和董事会的开会次数相同，这样监事可以比较方便地列席每一次董事会会议。任何一位监事均可以提议召开临时监事会会议，只要提议，就必须召开，这样可以充分保障每一位监事的监督权。

监事会的议事方式和表决程序，除《公司法》有规定的外，由公司章程规定。监事会的议事方式和表决程序可以与董事会的议事方式和表决程序保持一致，也可以保持自己的特色。由于该事项属于公司自治的范围，原则上，法律不予以干预，由公司章程自由规定。

监事会决议应当经全体监事的过半数通过。无论有多少监事出席监事会会议，在表决时，都应当确保有全体监事过半数的同意票。例如，监事会成员共3人，其中2人出席监事会会议，此时如果通过一项决议，出席会议的2位监事必须一致同意。

监事会决议的表决，应当一人一票。监事有可能是股东，也可能不是股东，因此，无法按持股比例行使表决权，只能一人一票。监事会主席与其他监事在表决权上是相同的。

监事会应当对所议事项的决定作成会议记录，监事会会议记录应当记载以下信息：监事会会议通知的时间、召开的时间和地点、出席会议的监事姓名、会议的议程、每一项议程的表决情况等。出席会议的监事应当在会议记录上签名，如果会议记录有错误或者重大遗漏，监事在签名前可以要求改正或者补充。

【2023年版本、三次审议稿】

第八十二条 监事会行使职权所必需的费用，由公司承担。

【2018年版本】

第五十六条 监事会、不设监事会的公司的监事行使职权所必需的费用，由公司承担。

【本条释义】

本条规定了监事会履职费用的负担。

监事会是公司的常设监督机构，因此，其行使职权所必需的费用，应当由公司承担。所谓"必需的费用"是指与监事会履行职责相关的、必需开支的、符合大多数监事会履职惯例的费用。如监事会履职必须定期召开会议，与监事会会议的召开直接相关的场地费、打印费、交通费、人员费等就是必需的费用，当然，如果公司可以直接提供相关资源，如场地、打印设备、打印纸、签字笔、交通工具以及必要的工作人员等，监事会则没有必要去市场上购买上述资源。如在疫情期间，需要线上召开监事会时，必要的线上会议设备也属于必需的费用。

【2023年版本、三次审议稿】

第八十三条 规模较小或者股东人数较少的有限责任公司，可以不设监事会，设一名监事,行使本法规定的监事会的职权;经全体股东一致同意,也可以不设监事。

【2018年版本】

第五十一条 有限责任公司设监事会,其成员不得少于三人。股东人数较少或者规模较小的有限责任公司,可以设一至二名监事,不设监事会。

监事会应当包括股东代表和适当比例的公司职工代表,其中职工代表的比例不得低于三分之一,具体比例由公司章程规定。监事会中的职工代表由公司职工通过职工代表大会、职工大会或者其他形式民主选举产生。

监事会设主席一人,由全体监事过半数选举产生。监事会主席召集和主持监事会会议;监事会主席不能履行职务或者不履行职务的,由半数以上监事共同推举一名监事召集和主持监事会会议。

董事、高级管理人员不得兼任监事。

【本条释义】

本条规定了监事的设置。

鉴于实务中监事会发挥的作用并不大,规模较小的公司,其股东会可以直接监督董事会及高级管理人员,或者董事和高级管理人员主要都是由股东担任,对董事和高级管理人员的监督需求不大,规模较小或者股东人数较少的有限责任公司,可以不设监事会,仅设一名监事,行使《公司法》规定的监事会的职权。该名监事可以是股东,也可以不是股东;可以是职工代表,也可以不是职工代表;但不能由董事、高级管理人员兼任监事。

经全体股东一致同意,也可以不设监事。不设监事的公司,需要由全体股东一致同意。未来,如果有一位股东提出增设监事的提议,原则上就应当设立监事。因为不设监事的该项决定需要由全体股东一致同意,而且该项同意应当一直保持,只要有人反对,就应当增设监事。

第四章　有限责任公司的股权转让

【2023年版本、三次审议稿】

第八十四条　有限责任公司的股东之间可以相互转让其全部或者部分股权。

股东向股东以外的人转让股权的，应当将股权转让的数量、价格、支付方式和期限等事项书面通知其他股东，其他股东在同等条件下有优先购买权。股东自接到书面通知之日起三十日内未答复的，视为放弃优先购买权。两个以上股东行使优先购买权的，协商确定各自的购买比例；协商不成的，按照转让时各自的出资比例行使优先购买权。

公司章程对股权转让另有规定的，从其规定。

【2018年版本】

第七十一条　有限责任公司的股东之间可以相互转让其全部或者部分股权。

股东向股东以外的人转让股权，应当经其他股东过半数同意。股东应就其股权转让事项书面通知其他股东征求同意，其他股东自接到书面通知之日起满三十日未答复的，视为同意转让。其他股东半数以上不同意转让的，不同意的股东应当购买该转让的股权；不购买的，视为同意转让。

经股东同意转让的股权，在同等条件下，其他股东有优先购买权。两个以上股东主张行使优先购买权的，协商确定各自的购买比例；协商不成的，按照转让时各自的出资比例行使优先购买权。

公司章程对股权转让另有规定的，从其规定。

【本条释义】

本条规定了有限责任公司股权的转让。

第四章 有限责任公司的股权转让

有限责任公司具有资合公司与人合公司的双重属性，重视股东之间的和谐关系。有限责任公司的股东本来就具有一种和谐关系，因此，他们之间可以相互转让其全部或者部分股权。该项股权转让既不需要经过其他股东同意，其他股东也不享有优先购买权。

股东向股东以外的人转让股权，由于新股东的加入，需要原股东对新股东有一个接受和熟悉的过程，因此，原股东享有优先购买权，拟转让股权的股东应当将股权转让的数量、价格、支付方式和期限等事项书面通知其他股东，其他股东在同等条件下有优先购买权。需要注意的是，新《公司法》删除了股权转让需要经过其他股东过半数同意的规定，大大提高了股权转让的便利性，提高了股权的流动性。优先购买权的行使以"同等条件"为前提，所谓同等条件，是指股权转让的数量、价格、支付方式和期限等重要条件均相同或者更加优厚。如果其他股东不接受同等条件，则不享有优先购买权。

股东自接到书面通知之日起三十日内未答复的，视为放弃优先购买权。该项答复，可以采取书面形式，也可以采取网络形式或者口头形式等。在等待股东答复的期间，股权转让的条件不允许变更，如果确实有必要变更，应当重新将股权转让的数量、价格、支付方式和期限等事项书面通知其他股东，其他股东三十日的答复期应当重新计算。如果有股东主张行使优先购买权，则该项股权只能转让给主张行使优先购买权的股东。

如果两个以上股东均要求行使优先购买权，应当通过协商的方式确定各自的购买比例；如果协商不成，应当按照转让时各自的出资比例行使优先购买权。需要注意的是，拟转让股权的股东无权自行决定将股权转让给哪位股东。

股权转让属于公司自治范围，因此，公司章程对股权转让的方式可以作出具体规定，如果该项规定与《公司法》的规定不同，优先适用公司章程的相关规定。公司章程可以对股权转让增加限制条件，如股东之间股权转让也需要经过其他股东半数以上同意，或者经过某位股东同意，或者经过董事会同意，但该项限制也不能超过必要限度，如公司章程不能规定股东之间不允许转让股权，或者股东不允许将股权转让给股东以外的人。这种规定剥夺了股东最基本的权利，应属无效。

【相关司法解释规定】

《最高人民法院关于适用〈中华人民共和国公司法〉若干问题的规定（三）》

第十八条 有限责任公司的股东未履行或者未全面履行出资义务即转让股权，受让人对此知道或者应当知道，公司请求该股东履行出资义务、受让人对此承担连带责任的，人民法院应予支持；公司债权人依照本规定第十三条第二款向该股东提起诉讼，同时请求前述受让人对此承担连带责任的，人民法院应予支持。

受让人根据前款规定承担责任后，向该未履行或者未全面履行出资义务的股东追偿的，人民法院应予支持。但是，当事人另有约定的除外。

第二十七条 股权转让后尚未向公司登记机关办理变更登记，原股东将仍登记于其名下的股权转让、质押或者以其他方式处分，受让股东以其对于股权享有实际权利为由，请求认定处分股权行为无效的，人民法院可以参照民法典第三百一十一条的规定处理。

原股东处分股权造成受让股东损失，受让股东请求原股东承担赔偿责任、对于未及时办理变更登记有过错的董事、高级管理人员或者实际控制人承担相应责任的，人民法院应予支持；受让股东对于未及时办理变更登记也有过错的，可以适当减轻上述董事、高级管理人员或者实际控制人的责任。

《最高人民法院关于适用〈中华人民共和国公司法〉若干问题的规定（四）》

第十七条 有限责任公司的股东向股东以外的人转让股权，应就其股权转让事项以书面或者其他能够确认收悉的合理方式通知其他股东征求同意。其他股东半数以上不同意转让，不同意的股东不购买的，人民法院应当认定视为同意转让。

经股东同意转让的股权，其他股东主张转让股东应当向其以书面或者其他能够确认收悉的合理方式通知转让股权的同等条件的，人民法院应当予以支持。

经股东同意转让的股权，在同等条件下，转让股东以外的其他股东主张优先购买的，人民法院应当予以支持，但转让股东依据本规定第二十条放弃转让的除外。

第十八条 人民法院在判断是否符合公司法第七十一条第三款及本规定所称的"同等条件"时，应当考虑转让股权的数量、价格、支付方式及期限等因素。

第十九条 有限责任公司的股东主张优先购买转让股权的，应当在收到通知后，在公司章程规定的行使期间内提出购买请求。公司章程没有规定行使期间或者规定不明确的，以通知确定的期间为准，通知确定的期间短于三十日或者未明确行使期间的，行使期间为三十日。

第二十条 有限责任公司的转让股东，在其他股东主张优先购买后又不同意转让股权的，对其他股东优先购买的主张，人民法院不予支持，但公司章程另有规定或者全体股东另有约定的除外。其他股东主张转让股东赔偿其损失合理的，人民法院应当予以支持。

第二十一条 有限责任公司的股东向股东以外的人转让股权，未就其股权转让事项征求其他股东意见，或者以欺诈、恶意串通等手段，损害其他股东优先购买权，其他股东主张按照同等条件购买该转让股权的，人民法院应当予以支持，但其他股东自知道或者应当知道行使优先购买权的同等条件之日起三十日内没有主张，或者自股权变更登记之日起超过一年的除外。

前款规定的其他股东仅提出确认股权转让合同及股权变动效力等请求，未同时主张按照同等条件购买转让股权的，人民法院不予支持，但其他股东非因自身原因导致无法行使优先购买权，请求损害赔偿的除外。

股东以外的股权受让人，因股东行使优先购买权而不能实现合同目的的，可以依法请求转让股东承担相应民事责任。

第二十二条 通过拍卖向股东以外的人转让有限责任公司股权的,适用公司法第七十一条第二款、第三款或者第七十二条规定的"书面通知""通知""同等条件"时,根据相关法律、司法解释确定。

在依法设立的产权交易场所转让有限责任公司国有股权的,适用公司法第七十一条第二款、第三款或者第七十二条规定的"书面通知""通知""同等条件"时,可以参照产权交易场所的交易规则。

【典型案例】

最高法院十大公司纠纷典型案例

李某民、张某归与张某明、张旭、郭伟伟股权转让纠纷上诉案

案例索引

案号:〔2021〕皖民终893号

审理法院:安徽省高级人民法院

案件来源:中国裁判文书网

裁判要旨

瑕疵出资股东转让股权时,若受让方对此知道或者应当知道存在瑕疵出资的情形下仍继续受让股权的,转让方在承担出资缴付义务后若导致此前双方达成的股权转让对价显失公平时,转让方有权要求调整股权转让对价。

入选理由

《最高人民法院关于适用〈中华人民共和国公司法〉若干问题的规定(三)》第十八条规定了有限责任公司出资瑕疵的股东股权转让后,股权受让方履行出资义务后有权向瑕疵出资的股东追偿。若在受让方知道或者应当知道瑕疵出资的情况下仍受让股权,若由转让方履行了出资缴付义务后,转让方是否有进一步的救济路径,法律并未对此作出规定。本案中的原告系瑕疵出资股东,股权受让方在取得股权后直接以公司名义并以抽逃出资为由,起诉原股东要求履行出资义务,并获得了法院的支持。股权受让方的该种操作直接导致了瑕疵出资股东"贱卖"股权的实质结果。本案充分关注到了股权转让对价不应包括瑕疵出资股东所缴纳的出资款,进一步提出若不允许转让方调整股权转让价款将导致显失公平,也违背了双方对于股权转让对价最初达成的真实意思表示。本案的典型意义在于,二审法院支持了瑕疵出资股东要求调整股权转让款的诉求,系公平原则在司法审判案例中的生动适用,体现了司法助力构建市场主体诚实守信的原则。

安徽省高级人民法院
民事判决书

〔2018〕皖民终 562 号

上诉人（一审被告）：李某民，男，1951年7月5日出生，汉族，退休职工，住上海市闵行区。

上诉人（一审被告）：张某归（系李某民妻子），1951年8月20日出生，汉族，退休职工，住址同上。

以上两上诉人共同委托诉讼代理人：陈宗瀛，安徽展翔律师事务所律师。

被上诉人（一审原告）：安徽博泰氟材料科技有限公司，住所地安徽省蚌埠市怀远经济开发区。

法定代表人：张某明，该公司执行董事。

委托诉讼代理人：项伟，上海丰进立和律师事务所律师。

上诉人李某民、张某归因与被上诉人安徽博泰氟材料科技有限公司（以下简称博泰公司）股权转让纠纷一案，不服安徽省蚌埠市中级人民法院〔2017〕皖03民初24号民事判决，向本院提起上诉。本院立案后，依法组成合议庭，公开开庭进行了审理。李某民和张某归的共同委托诉讼代理人陈宗瀛，博泰公司的委托诉讼代理人项伟到庭参加诉讼。本案现已审理终结。

李某民、张某归上诉请求：请二审法院查明事实后依法撤销一审判决，驳回博泰公司诉讼请求。事实与理由：一、一审判决认定李某民、张某归抽逃资金没有事实依据。对照《最高人民法院关于适用〈中华人民共和国公司法〉若干问题的规定（三）》（以下简称公司法解释三）第十二条规定，李某民、张某归的行为不能认定为抽逃资金。一审中查明的事实是博泰公司与郭鸿运之间存在借款关系，李某民、张某归与郭鸿运之间没有债务关系。二、李某民、张某归增资的数额是经过新老股东各方一致同意的，根据新老股东各方的《合作协议》，可以证明公司转让时进行了资产评估，转让时点2014年2月28日的财务报表范围内包括了增资的财务事项。一审判决显然对此节事实失察，致判决错误。若一审法院不认同上述决议，也应根据公司法解释三第九条规定组织对博泰公司资产进行评估，然后才能确定是否存在抽逃资金的事实是否存在。三、博泰公司的新股东在完成公司收购之后，应当自行依据《审计评估报告》进行注册资本的变更登记，博泰公司不作为产生的后果不应由李某民、张某归承担。四、一审判决的结论也是明显错误的。李某民、张某归在2009年就实际出资900万元，当时公司实有资产1 495余万元，在2012年12月31日公司实有资产已超过3 000万元的情况下，判决李某民、张某归再出资2 500万元，实际出资达近4 000万元。五、一审判决对李某民、张某归提交的2012年12月31日的资产负债表和损益表不予认定错误。六、博泰公司没有按照一审法院要求向法庭提交公司银行流水和2014年12月31日的资产负债表和损益表，掩盖了增资2 500万元包括在公司收购的资产范围内的事实，是一审法院未能查明本案事实的原因之一。

博泰公司辩称：李某民、张某归抽逃出资2 500万元的事实清楚，请依法驳回上诉，维持原判。一、李某民、张某归认为没有抽逃资金与其在一审庭审的陈述不符，其没有证据证明博泰公司与郭鸿运之间存在债权债务关系。李某民在一审庭审中陈述"我和郭鸿运之间没有债权债务，原告与郭鸿运之间有债权债务关系，即原告借郭鸿运的2 500万元就是用于注册资金，注册完后再还给他。当时是我以公司的名义委托总经理办理的，具体情况不了解。"前述陈述足以表明2 500万元增加的注册资本（以李某民名义在2014年1月3日转入的出资1 428.51万元，张某归在2014年1月3日转入出资1 372.49万元），系李某民、张某归借用郭鸿运的2 500万元资金进行验资，验资后即于当日返还给郭鸿运。二、增资数额经过新老股东各方一致同意，系公司股东对增资事项的决议，并不是决议免除李某民、张某归抽逃出资的责任。公司法解释三第九条规定的是对以非货币财产出资评估作价有争议的需对非货币财产出资进行评估作价，而本案2 500万元出资系货币出资，不存在对货币出资评估作价的问题，不适用公司法解释三第九条规定。三、李某民、张某归主张博泰公司的新股东应根据《审计评估报告》进行注册资本的变更登记没有依据，同时，李某民、张某归作为公司老股东并不因为股权转让而免除全面出资的义务。即公司法解释三第十八条"有限责任公司的股东未履行或者未全面履行出资义务即转让股权，受让人对此知道或者应当知道，公司请求该股东履行出资义务、受让人对此承担连带责任的，人民法院应予支持"。四、李某民、张某归混淆了公司资产和注册资金及股东出资的概念。公司的注册资金出资到位后，公司的资产根据经营情况可能大于注册资金，也可能小于注册资金数额，公司资产所有权独立，公司股东未经法定程序后不得分配公司资产。无论公司资产金额大于注册资金还是小于注册资金，均不免除公司股东的全面出资义务，相应地，股东也不能基于公司资产金额的大小而违反《公司法》第三十五条公司成立后股东不得抽逃出资这一规定。

博泰公司向一审法院起诉请求：1.李某民向公司返还抽逃出资1 275万元，张某归向公司返还抽逃出资1 225万元。2.李某民就抽逃的1 275万元出资赔偿给公司造成的同期银行贷款利息损失155万元（暂计至起诉之日，要求从2014年1月3日抽逃之日起算至实际返还之日止）。3.张某归就抽逃的1 225万元出资赔偿给公司造成的同期银行贷款利息损失145万元（暂计至起诉之日，要求从2014年1月3日抽逃之日起算至实际返还之日止）。4.李某民就张某归的抽逃出资行为的返还利息承担连带责任。5.本案的诉讼费用由李某民、张某归承担。

一审法院认定事实：2007年2月8日，李某民出资255万元与张某归（系李某民妻子）出资245万元共同成立博泰公司，注册资本500万元，李某民任执行董事、法定代表人。2009年7月3日，因李某民、张某归转让部分股权给李云来、胡长翠，博泰公司股东会决议载明：经对各股东投资额审查后确认：博泰公司现有注册资金为500万元，占总股本100%；其中：李某民投资153.51万元，占总资本30.70%，张某归投资147.49万元，占总资本29.50%，李云来投资123.75万元，占总资本24.75%，胡长翠投资75.25万元，占总资本15.05%。博泰公司章程按股东会决议对各股东出资额及比例也作了相应修改。2014年1月2日，博泰公司召开股东会议，股东会决议载明：经全体股东研究决定，变更公司的注册资本及实收资本。同意将公司的注册资本及实收资本由500万元增加到3 000万元，新增部分由原股东李某民出资1 275万元、原股东张某归出资1 225万元，同时修改公司章程相关内容，并通过章程修正案，向公司登记机关申请办理变更手续。博泰公司全体股东李某民、张某归、李云来、胡长翠均在会议决议上签名。2014年1月3日，博泰公司向郭鸿运借款2 500万元，并于当日以李某民名义转入博泰公司账户1 275万元作为投资款，以张某归名义转入博泰公司账户1 225万元作为投资款。当日，安徽展望会计师事务所出具《验资报告》载明：经审验，截至2014年1月3日，博泰公司已收到全体股东缴纳的新增注册资本2 500万元，以货币出资；变更后的累计注册资本为3 000万元，实收资本为3 000万元。当日，博泰公司在验资后即将2 500万元全部退还郭鸿运，并为此支付了郭鸿运12万元借款利息。

2014年5月4日，博泰公司股东会议决议载明，经全体股东研究，一致同意变更公司的法定代表人、股东及股权：1.公司股权转让基准日为2014年2月28日，资产负债表为基本数据源。公司原股东李某民将所持有的1 428.51万元股权分别转让给新股东张某明637.51万元、转让给新股东郭伟伟690.万元、转让给原股东胡长翠101.00万元。公司原股东张某归将所持有的1 372.49万元股权全部转让给新股东张某明；公司原股东李云来将所持有的123.75万元股权全部转让给原股东胡长翠。2.变更公司的法定代表人，免去李某民在博泰公司的执行董事兼经理职务，重新选举张某明为公司的执行董事兼经理（法定代表人）职务，免去张某归的监事职务，重新选举张龙为公司监事。后股权转让的双方以前述2014年1月2日博泰公司工商登记记载的持股比例转让并进行工商登记，并于2014年5月30日以登记股权1 372.5万元，持股比例45.749 7%向蚌埠市地方税务局进行自然人股东股权转让纳税。

2014年5月17日，李某民、张某归、李云来、胡长翠（协议甲方）与张某明（乙方）、张旭（丙方）共同签订一份合作协议，主要内容有：甲方持股比例以2014年2月28日前工商登记的股权比例为准；甲方聘请第三方会计师事务所评估公司净资产为2 522万元，具体见《审计评估报告》；经三方同意将公司现有全部资产作价2 800万元，作为转让的基数；甲方向乙方转让股份67%，甲方向丙方转让股份23%、甲方马剑（李云来的委托代理人）个人持新公司股份10%；转让费支付约定为：公司现有工商银行贷款2 000万元延续，三方按照比例承担债务，即甲方200万元，乙方1 340万元，丙方460万元，三方需按照贷款协议要求，履行还款义务；剩余800万元当中马剑固有10%

即80万元，余下部分由乙方给甲方536万元，丙方给甲方184万元；签订协议后，过户当日当时办理一切手续，乙、丙即时向甲方支付全部费用；甲方需要完成股份整合，乙方、丙方只认可马剑个人独立在新公司持股10%；博泰公司在本次收购完成前所负的一切债务以及股权转让完成后因股权转让前的原因造成的债务、担保、应付账款或有负债均由甲方承担；有关行政、司法部门对公司因此次股权转让之前所存在的行为所作出的任何提议、通知、命令、裁定、判决、决定等所确定的义务，均由甲方承担，同时甲方要以股权、个人资产作为担保；各方还约定甲方不得隐瞒公司业务或财务上的任何瑕疵，包括但不限于应尽未尽的纳税义务等，甲方需妥善处理相关问题，确保新公司正常运行，三方共同努力确保平稳过渡；甲方、丙方全权授权乙方行使股东权限并公证，直到新公司成为上市公司后一年，同时乙方承诺：年度财务预算、重大的投资以及总经理、副总经理、财务负责人等人事调整与另外两方商定。该协议还就三方后期新公司运行作出约定。

一审法院认为，《公司法》第三十五条规定，公司成立后，股东不得抽逃出资。本案中，李某民、张某归作为博泰公司的原股东，为使公司注册资本从500万元增至3 000万元，而向郭鸿运借款2 500万元，并以李某民出资1 275万元、张某归出资1 225万元的名义转入博泰公司账户，在验资完毕当日即转出还给郭鸿运，因此，博泰公司借款2 500万元并非用于其公司生产经营之目的，而是专为股东李某民、张某归增资所用，目的是骗取验资。二人从博泰公司账户上各自抽回了所增资的1 275万元和1 225万元，抽逃出资事实成立。即使公司的资产有增值，所增值的资产在公司及其股东未经法定程序分配前并不能当然成为股东出资部分，更不能因此推导出股东已经履行了出资义务。因此，博泰公司主张李某民、张某归承担抽逃出资责任的请求能够成立，予以支持。李某民、张某归应当向博泰公司分别返还出资1 275万元和1 225万元，并应赔偿出资款1 275万元和1 225万元的利息损失，可按照中国人民银行同期贷款利率自2014年1月3日起至款项归还之日止计算利息损失。由于李某民、张某归各自为博泰公司的股东，二人虽为夫妻关系，但博泰公司要求李某民就张某归的抽逃出资行为返还利息承担连带责任，无事实和法律依据，不予支持。《公司法》解释三第十八条第一款规定："有限责任公司的股东未履行或者未全面履行出资义务即转让股权，受让人对此知道或者应当知道，公司请求该股东履行出资义务、受让人对此承担连带责任的，人民法院应予支持。"因此，李某民、张某归在承担本案返还出资款义务后，如认为受让人明知股权存在瑕疵仍然受让，且受让人支付的股款已包含代为承担履行未出资部分股本的义务，可依股权转让协议约定向相关权利义务人另行主张权利。该院依照《公司法》第三十五条、《最高人民法院关于适用〈中华人民共和国公司法〉若干问题的规定（三）》第十八条第一款之规定，判决：一、李某民于判决生效之日起十日内返还博泰公司出资款1 275万元，并赔偿该款项的损失即以1 275万元为基数、按照中国人民银行同期贷款利率的标准、自2014年1月3日起至款项归还之日止的利息损失；二、张某归于判决生效之日起十日内返还博泰公司出资款1 225万元，并赔偿该款项的损失即以 1 225 万元为基数、按照中国人民银行同期贷款利率的标准、自 2014 年 1 月 3 日起至款项归还之日止的利息损失；三、驳回博泰公司的其他诉讼请求。案件受理费 166 800 元由李某民和张某归共同负担。

二审中，李某民、张某归新提交 4 份证据。证据 1，蚌埠市中级人民法院〔2017〕皖 03 民终 1005 号民事判决书。证据 2，蚌埠市中级人民法院〔2017〕皖 03 民终 1322 号民事判决书。证据 3，蚌埠市中级人民法院〔2018〕皖 03 民终 909 号民事调解书，证明目的：李某民、张某归已将股权转让款 2 800 万元中 2 000 万元抵付了博泰公司主张的所谓抽逃资金的款项。证据 4，付款凭证，证明目的：2014 年 2 月 28 日之后李某民、张某归又付款给博泰公司 54.5 万元。

博泰公司对上述证据质证意见：证据 1、2、3 真实性认可，但无法证明李某民、张某归向博泰公司支付了 2 000 万元的股权转让款。54.5 万元系博泰公司和作为公司执行董事的李某民之间的部分资金往来，李某民作为执行董事将公司的 1.2 亿元转往其个人和配偶实际控制的账户。其中向公司归还了 1 亿元，该案已经作为董监高侵害公司权利案在蚌埠市中级人民法院诉讼并在审理中。不能达到证明目的。

本院认证认为：博泰公司认可上述证据的真实性，对其真实性予以确认，但上述证据的内容并不能达到证明目的。

本院二审对一审认定的事实予以确认。

本院认为，综合双方当事人的诉辩意见，本案二审争议焦点为：一审认定李某民、张某归抽逃出资，判决其返还 2 500 万元是否正确。根据已查明的事实，2014 年 1 月 2 日，博泰公司形成股东会决议，将公司的注册资本及实收资本由 500 万元增加到 3 000 万元，新增部分由原股东李某民出资 1 275 万元、原股东张某归出资 1 225 万元；2014 年 1 月 3 日，博泰公司向郭鸿运借款 2 500 万元，并于当日分别以李某民、张某归名义转入博泰公司账户 1 275 万元、1 225 万元作为投资款；安徽展望会计师事务所出具《验资报告》确认博泰公司已收到全体股东缴纳的新增注册资本 2 500 万元；博泰公司在验资后即将 2 500 万元全部退还郭鸿运。从上述股东会决议增资、借款 2 500 万元用于增资、验资、验资后将 2 500 万元退还出借人的过程看，特别是验资后立即将出资款 2 500 万元退还出借人的行为，已经构成了抽逃出资，借款人是博泰公司还是李某民，2012 年 12 月 31 日博泰公司资产负债表、损益表的真实性认定与否，博泰公司是否提交公司银行流水和 2014 年 12 月 31 日的资产负债表和损益表，对上述抽逃出资行为的认定不产生影响。博泰公司 2014 年 5 月 4 日的股东会决议，并不表明李某民、张某归可以抽逃出资。公司法解释三第九条规定：出资人以非货币财产出资，未依法评估作价，公司、其他股东或者公司债权人请求认定出资人未履行出资义务的，人民法院应当委托具有合法资格的评估机构对该财产评估作价。评估确定的价额显著低于公司章程所定价额的，人民法院应当认定出资人未依法全面履行出资义务。该条是针对非货币财产出资，规定应对该财产评估作价，不涉及货币出资，而李某民、张某归系以货币出资，故本案不适用该条规定。股东的出资额与公司实有资产是性质完全不同的两个概念,不具有对应关系,公司实有资产多于股东出资额,并不代表股东已履行法定出资义务。李某民、张某归的上诉理由,均不能成立,其上诉请求,应予驳回。一审判决认定事实清楚,适用法律正确,应予维持。依照《民事诉讼法》第一百七十条第一款第一项规定,判决如下:

驳回上诉,维持原判。

二审案件受理费 166 800 元,由上诉人李某民、张某归负担。

本判决为终审判决。

审 判 长　张苏沁
审 判 员　刘　志
审 判 员　郑　霞
二〇一八年十一月二十日
法官助理　任纪敏
书 记 员　王晓菲

【2023 年版本、三次审议稿】

第八十五条 人民法院依照法律规定的强制执行程序转让股东的股权时,应当通知公司及全体股东,其他股东在同等条件下有优先购买权。其他股东自人民法院通知之日起满二十日不行使优先购买权的,视为放弃优先购买权。

【2018 年版本】

第七十二条 人民法院依照法律规定的强制执行程序转让股东的股权时,应当通知公司及全体股东,其他股东在同等条件下有优先购买权。其他股东自人民法院通知之日起满二十日不行使优先购买权的,视为放弃优先购买权。

【本条释义】

本条规定了人民法院强制执行股权的程序。

人民法院依照法律规定的强制执行程序转让股东的股权时,也应当保障其他股东的优先购买权和知情权,因此,应当通知公司及全体股东,其他股东在同等条件下有优先购买权。实务中,人民法院也应当事先征集其他人员,如债权人取得该项股权的报价,由此,其他股东才有"同等条件"可以参考。需要注意的是,非股东的每一次新的报价,人民法院都应当事先征求其他股东的意见,特别是降低条件的报价,更应当确保其他股东的优先购买权。

为了提高法院强制执行的效率,其他股东自人民法院通知之日起满二十日不行使优先购买权的,视为放弃优先购买权。该项优先购买权的答复期限只有二十日,比普通股权转让的答复期要短。如果变更了股权转让的条件,特别是降低了条件,法院应当重新通知其他股东,其他股东的二十日答复期应当重新计算。

【典型案例】

中华人民共和国最高人民法院
民 事 判 决 书

〔2016〕最高法民终 295 号

上诉人(一审原告):甘肃兰驼集团有限责任公司。住所地:甘肃省兰州市七里河区民乐路 8 号。

法定代表人:杨某忠,该公司董事长。

委托诉讼代理人:万迎军,北京天睿律师事务所律师。

委托诉讼代理人:鲁敏,兰州兰石集团公司职员。

被上诉人(一审被告):常柴银川柴油机有限公司。住所地:宁夏回族自治区银川市西夏区怀远西路 501 号。

法定代表人:李某光,该公司董事长。

委托诉讼代理人:杨胜林,北京市齐致律师事务所律师。

被上诉人(一审第三人):兰州常柴西北车辆有限公司。住所地:甘肃省兰州市安宁区安宁东路 148 号。

法定代表人:金某晖,该公司董事长。

委托诉讼代理人:张莹,该公司法律顾问。

被上诉人(一审第三人):兰州万通房地产经营开发有限公司。住所地:甘肃省兰州市城关区佛慈大街 253 号 302 室。

法定代表人:魏某翠,该公司董事长。

委托诉讼代理人:汪智雯,该公司职员。

委托诉讼代理人:丁灿平,北京舟之同律师事务所律师。

上诉人甘肃兰驼集团有限责任公司(以下简称兰驼公司)因与被上诉人常柴银川柴油机有限公司(以下简称常柴银川公司)、兰州常柴西北车辆有限公司(以下简称西北车辆公司)、兰州万通房地产经营开发有限公司(以下简称万通公司)股权转让纠纷一案，不服甘肃省高级人民法院〔2014〕甘民二初字第1号民事判决，提起上诉。本院于2016年4月26日立案后，依法组成合议庭，开庭进行了审理。兰驼公司委托诉讼代理人万迎军、常柴银川公司委托诉讼代理人杨胜林、西北车辆公司委托诉讼代理人张莹、万通公司委托诉讼代理人丁灿平到庭参加诉讼。本案现已审理终结。

兰驼公司上诉请求：1.依法撤销一审判决；2.改判上诉人与被上诉人常柴银川公司签订的《股权转让协议书》无效；常柴银川公司向上诉人返还西北车辆公司57%的股权；常柴银川公司与万通公司转让西北车辆公司57%股权的行为无效；万通公司将其持有的西北车辆公司57%股权变更登记给上诉人；西北车辆公司恢复其成立时上诉人持有的股权数量；3.本案一、二审诉讼费用全部由各被上诉人承担。事实与理由：一、一审法院错误地变更了当事人之间的法律关系和案由，本案案由应为"股权转让纠纷"。一审法院将其更改为"债权转股权纠纷"错误。常柴银川公司与上诉人签订的是《股权转让协议书》。在《最高人民法院民事案由规定理解与适用》中的"232.企业债权转股权合同纠纷"部分，"确定该案由应当注意的问题"中载明，"用于转让的股份是债务企业自身的，而不是债务企业对其他企业享有的股份"。因此，根据本案基本事实，本案的案由不应确定为"债权转股权纠纷"，应为国有"股权转让纠纷"。综合万通公司与常柴银川公司的转让行为，以及上诉人诉求判定上述转让无效等因素，本案案由亦应确定为"股权转让纠纷"。二、一审判决适用法律错误。一审判决以《最高人民法院关于审理与企业改制相关的民事纠纷案件若干问题的规定》（以下简称《企业改制规定》）第十四条规定，判定上诉人与常柴银川公司的《股权转让协议书》有效，法律适用错误。该规定是审理"在企业产权制度改造中发生的民事纠纷案"，本案并非"与企业改制相关的民事纠纷"。上诉人与常柴银川公司的股权转让行为发生在2000年，该规定系在2003年2月1日起施行，该规定不应溯及其施行前的法律行为。根据《企业国有资产法》第五十一条的规定，只要是发生将国有资产权益转移给其他单位和个人（即便是债权转股权），均为国有资产转让，应遵循国有资产转让规定的评估和报批等程序。一审判决认为"企业之间非政策性债权转股权当时并无法律法规规定必须进行评估和报批"错误。本案涉及国有股权的转让，应依法适用《合同法》《公司法》和《国有资产评估管理办法》等规定。三、一审判决对于《股权转让协议书》效力的认定错误。（一）该国有股权转让事项，未经评估以及对评估价值的依法确认，未获审批，严重违反法律法规。依据国务院《国有资产评估管理办法》第三条的规定，国有资产进行转让时，必须依法进行评估以及对评估结果进行确认。国务院办公厅《关于加强国有企业产权交易管理的通知》亦有同样明确的规定。上诉人与常柴银川公司转让的股权没有依法经过评估、没有依法获得国有资产管理部门对评估价值的确认，无效。（二）甘肃省人民政府国有资产监督管理委员会（以下简称甘肃省国资委）明文确认该次转让因违规而无效。甘肃省国资委于2012年7月12日正式下发《关于甘肃兰驼集团有限责任公司转让兰州常柴西北车辆有限公司股权有关问题的函》，明确认定："该国有股权转让行为没有进行审计评估，……，没有获得主管部门和国资监管部门的批复,因此你公司与常柴银川柴油机有限公司签订的股权转让协议没有法律效力"。(三)一审判决错误地将本案定性为"企业之间非政策性债权转股权",继而认为"当时并无法律法规规定必须进行评估和报批"错误。四、一审判决认定事实错误。(一)常柴银川公司低价受让国有股权,导致国有资产严重非法流失。西北车辆公司设立时,委托甘肃亨源会计师事务所有限公司所制作并于 2000 年 11 月 6 日出具的验资《报告书》载明,兰驼公司投入实物资产计 2 500 万元,投入无形资产(土地使用权)6 100 万元。土地使用权评估值为 10 895 万元,入股作价 6 100 万元。兰州市土地估价事务所出具的《土地估价技术报告》认定,兰驼公司土地使用权地价总额:108 957 179 元。当时是为招商目的,共同拓展甘肃和西北的农用车市场,因此,将评估值为 10 895 万元的土地使用权,入股作价 6 100 万元,也是部分地考虑到该资产仍然在合资公司内,上诉人是大股东。上诉人 57% 的股权对应的价值在当时应至少为 10 180 万元,常柴银川公司以 5 700 万元的价格签订《股权转让协议书》,导致国有资产在当时即遭受近 5 000 万元的重大损失。一审判决认为属于等价交换,符合自愿、公平、等价有偿、诚实信用的民法原则错误。(二)上诉人曾于 2000 年 11 月 28 日向其原上级主管部门甘肃省机械集团公司提交书面请示,设立西北公司以及"使常柴股份公司成为第一大股东",但是,甘肃省机械集团公司仅仅批复设立西北公司,对于使常柴股份有限公司(以下简称常柴股份公司)成为第一大股东的请示未予批准,更未批准向常柴银川公司转让股权。一审判决对于该重大事实没有提及。(三)常柴银川公司与万通公司的 57% 股权的转让系恶意串通、虚假交易,损害了国有权益和股东的优先购买权等,应被认定为无效。1. 对于本案争议的 5 700 万元股权,万通公司声称在 2009 年 10 月 22 日签订了《借款质押合同》并办理公证书,履行了该合同。但事实上:其一,该合同显示落款日期为 2009 年 10 月 22 日、借款金额为 5 700 万元、借款期限分别为 10 日(2 700 万元)和 20 日(3 000 万元)。万通公司提供的两张《电汇凭证》,分别是 2009 年 11 月 6 日汇款 350 万元和同年 11 月 13 日汇款 2 600 万元,万通公司在 11 月 12 日即向宁夏回族自治区高级人民法院(以下简称宁夏高院)提起诉讼,冻结了股权,主要证据是常柴银川公司的《推迟还款通知》,载明"截至 2009 年 11 月 10 日,我公司已收到借款人民币伍仟柒佰万元整……",以上,充分证明万通公司和常柴银川公司落款日期为 2009 年 10 月 22 日的《借款质押合同》和《推迟还款通知》等是虚假合同和虚假交易,是伪证。双方提起虚假诉讼、恶意串通、非法转移国有资产并非法排除其他股东的优先购买权。其二,上述各项付款是发生在和本案无关的兰州亚太经贸发展有限公司(以下简称亚太经贸公司)和宁夏澎柏商贸有限公司(以下简称澎柏公司)之间,和常柴银川公司与万通公司的《借款质押合同》无关。万通公司和常柴银川公司提供了两份《委托付款说明》和三份《收据》,但是,甘肃省高级人民法院(以下简称甘肃高院)委托作出的《司法鉴定意见书》的鉴定结论是不能确定原件的形成时间,即不能证明万通公司和常柴银川公司当时出具有该等《收据》和《委托付款说明》。同时,对于常柴银川公司盖章的 2009 年 11 月 5 日、9 日的《借款汇款指令》《收借款证明》，鉴定结论为：与常柴银川公司在2010年9月的《汇款指令》文本同期形成，再次证明了双方交易的虚假性。其三，万通公司提供了一份证据"电汇凭证"，拟证明亚太经贸公司给澎柏公司汇出《借款质押合同》项下的借款350万元，显示的"汇出行"是"兰州市城关中山路信用社"，日期为2009年11月6日。甘肃高院从中国农业银行股份有限公司银川金凤支行调取的一份付款凭证，也是亚太经贸公司给澎柏公司汇款350万元，日期为2009年11月10日，"汇出行"也不同，为"永登县农村信用合作社联合社营业部"，因此，该两公司有很多经济往来，双方之间的款项来往，不应界定为常柴银川公司和万通公司之间的《借款质押合同》的履行。其四，甘肃高院从中国农业银行股份有限公司西夏支行调取的部分证明《借款质押合同》履行的证据也有重大问题，落款日期为2009年11月6日的《还款凭证》，在"贷款人"处填写有"常柴银川柴油机有限公司"，"借款人"处复印不清，显示为"开发有限公司"，应为"兰州万通房地产经营开发有限公司"，另注明"上述还贷款项我行已收妥"，因此，是一笔银行经办的委托贷款业务，常柴银川公司为贷款人，万通公司为借款人。落款日期为2009年11月6日的《记账凭证》显示有："收款人户名：常柴银川柴油机有限公司收委托贷款"，又一次证明是万通公司偿还常柴银川公司出借的委托贷款，常柴银川公司收委托贷款，并非《借款质押合同》下的所谓"借款"。2.企业之间借贷无效，股权质押亦无效。按照《贷款通则》61条的规定以及《最高人民法院关于对企业借贷合同借款方逾期不归还借款应如何处理问题的批复》的规定，企业借贷合同违反有关金融法规，属无效合同，因此用于担保的质押行为也无效。本案担保也不符合《担保法》第七十八条规定的股权质押担保需要过户和出质登记的规定，《借款质押合同》没有合法性，亦属无效。3. 对于本案争议的5 700万元股权，万通公司和常柴银川公司签订了《股权转让合同》和《执行和解协议书》，但是，事实上：其一，万通公司和常柴银川公司串通，向各股东发出《征询函》，常柴银川公司拟向万通公司转让0.5%股权，原始价值人民币五十万元，股权转让价为人民币五百万元整。但是，万通公司提供的落款日期为同年10月19日的宁夏高院〔2009〕宁高法执裁字第12-5号《执行裁定书》载明："2010年10月10日双方签订了《执行和解协议书》：常柴银川公司已将持有的兰州常柴50万股权作价人民币50万元转让给万通公司抵偿债务，并已在兰州市工商行政管理局办理了变更登记手续"，因此，溢价十倍转让给万通公司股权的《股权转让合同》是一个虚假合同、虚假交易。其二，在万通公司和常柴银川公司将0.5%的股权非法转让给万通公司并使后者成为"股东"后，在未通知任何其他股东的情况下，以和万通公司签订《执行和解协议书》为由，将5 650万元股权又以1∶1的价格作价抵偿"债务"，非法排除了其他股东的优先购买权，转让行为非法。综上，万通公司和常柴银川公司先后伪造《借款质押合同》《推迟还款通知》和《股权转让合同》等，提起虚假诉讼，非法获得国有股权，属于恶意串通，损害国家和第三人利益以及以合法形式掩盖非法目的的情形，依据《合同法》第五十二条规定，该双方的股权抵债转让协议属于无效合同，不仅转让行为无效，而且涉嫌刑事犯罪。

(四)常柴银川公司将其没有处分权的股权,转让给万通公司,因没有经过权利人的认可,属于无效转让协议。由于常柴银川公司受让该57%国有股权的协议系无效协议,故其对该57%国有股权并没有法定的处分权,其通过和万通公司签订股权转让合同和股权抵债转让协议的方式处分该股权,从未经过该国有股权权利人的认可或追认,依据《合同法》第五十一条规定,常柴银川公司处分该国有股权的股权转让合同属于无效合同。

常柴银川公司答辩称:一、兰驼公司关于本案为"股权转让纠纷"的三点理由不能成立。(一)兰驼公司《关于合资组建"兰州常柴西北车辆股份有限公司"的意向协议书》中"各方股东的原债权、债务与公司无关"的表述不能证明一审定性错误。股权的流转并不增加组建的目标公司的负债,目标公司资产不发生增减和变动。(二)本案的债权转股权不是目标公司的债权,而是其股东的代物清偿行为,这一债权转股权的性质和《最高人民法院民事案由规定理解与适用》讲的不是一回事。(三)万通公司与兰驼公司的代物清偿行为,已被最高法院确认为合法行为,并非非法行为。兰驼公司请求判决转让无效,本质是企求代物清偿行为无效,不是"股权转让纠纷"。二、一审判决适用《企业改制规定》没有错误。《企业改制规定》中有本案情况的规定,这一规定应用的法理基础并没有例外,即:第十四条规定"债权人与债务人自愿达成债权转股权协议,且不违反法律和行政法规强制性规定的,人民法院在审理相关的民事纠纷案件中,应当确认债权转股权协议有效。政策性债权转股权,按照国务院有关部门的规定处理。"本案的债权转股权是当事人之间的代物清偿行为,本质是代物清偿合同,根本不属于政策性债权转股权。成立目标公司,也是企业改制使然。三、一审判决对《股权转让协议书》效力的认定,没有错误。(一)企业代物清偿债务,是企业经营中的一种行为,不需要审批。而该案中在成立目标公司之前就有《股权转让协议书》,成立时国有资产就进行了评估,成立后即进行股权清偿债务,债权转股权,利用该评估结果,并没有使国有资产流失。(二)甘肃省国资委文件地方保护严重,违反法律,不能作为判决依据。(三)国资设立公司,要经过审批,但代物清偿债务,是成立公司后的具体经营行为,没有审批的任何规定。再者,《股权转让协议书》已经在2000年完全履行完毕。四、一审判决认定事实没有错误。(一)债权转股权后至今在长达十多年的时间里没有人主张优先购买权。宁夏高院执行期间,2009年12月7日、8日,甘肃省国资委和兰驼公司分别致函宁夏高院暂停执行,要求股东之间协商转让,对此,万通公司也在2010年4月30日向宁夏高院提交《延期执行申请书》,2010年7月19日,答辩人就优先权向西北车辆公司股东发出《征询函》,足以说明留足了优先权的行使时间,股东无人行使优先权,万通公司才在2010年9月7日向宁夏高院递交《恢复执行申请书》,恢复执行。这是向特定主体清偿债务,是债的相对性决定的,不是向不特定主体转让股权,法院执行有法有据。(二)答辩人的股东身份在2005年就被最高人民法院判决确认。2005年7月12日最高人民法院〔2005〕民二终字第109号民事判决书明确确认答辩人是西北车辆公司的股东。该判决已长达10年,没有人申请撤销,已为人民法院发生法律效力的裁判所确认的事实依法是不需要证明的事实,被答辩人没有任何证据足以推翻该认定的情况下,应充分尊重生效裁判的既判力。(三)被答辩人与万通公司的债务清偿真实确定,其效力已由最高人民法院判决确定,法院也执行完毕。综上,请求驳回上诉,维持原判。

万通公司答辩称,请求判令驳回上诉人全部的诉讼请求。事实和理由:一、原审法院确定本案的案由为"债权转股权纠纷"符合本案的客观事实。本案并不是单纯的股权转让纠纷,兰驼公司投资设立西北车辆公司的目的就是为了用西北车辆公司的57%的股权抵偿欠付常柴银川公司的债务。二、兰驼公司与常柴银川公司的债权转股权行为不违反我国法律的规定。兰驼公司按照《股权转让协议书》将57%的股权转让给常柴银川公司,常柴银川公司作为最大的股东派驻了法定代表人及其他高管人员,成为控股股东。西北车辆公司根据股东会的决议,将公司股东名册进行了变更,并给常柴银川公司发放了股东登记证明。兰驼公司为了投资设立西北车辆公司的所有评估报批手续其实也就是为了将股权落实到常柴银川公司名下。本案债权转股权过程中得到主管机关的同意和支持,并且有主管机关确认的第三方机构甘肃亨源会计师事务有限公司评估和监督,实质对转让时股权价值已经做出明确的评定,并得到了甘肃省财政厅的确认。上诉人声称转让股权价值没有经过资产评估,完全违背客观事实。该《股权转让协议书》已经最高人民法院〔2005〕民二终字第109号民事判决书确认为有效,且实际履行,该股权早已转让给常柴银川公司。三、一审法院适用法律正确。原审法院适用《企业改制规定》符合本案的客观事实。鉴于我国《国有资产评估管理办法》第三条"国有资产进行转让时,必须依法进行评估以及对评估结果进行确认"的规定系管理性规定而非效力性规定,违反该规定并不导致协议无效。另外该规定明确要求企业转让时评估的目的就是避免股权转让时不要出现股权价值受损的问题,而对于当时刚刚在设立时评估的价值5 700万元的股权抵偿5 700万元的债务,完全是公平的,何况当时常柴银川公司也属于国有企业,国有企业之间的正常交易完全不存在国有资产流失的问题。时隔十几年,兰驼公司因为当地的土地价格上涨主张合同无效违反诚实信用的原则。甘肃省国资委完全无视当时的历史背景出具相关函件没有任何法律效力。四、一审法院认定事实清楚正确。设立西北车辆公司的评估中,兰驼公司声称当时土地评估10 895万元,但是只作价了6 100万元,存在国有资产流失的问题。首先该评估作价是兰驼公司委托相关的机构评估入资的,如果有低估的问题,那也是兰驼公司的全部过错。何况该评估并不存在土地价值低估的问题。因为该土地评估报告非常清楚表明10 895万元的土地价值成立的前提是"甘肃兰驼集团有限责任公司位于兰州市安宁区安宁东路的工业用地在达到估价定义所设定的条件下的土地使用价格,"而估价定义所设定的条件为评估土地为出让土地,使用年限为50年,而该土地实际评估时现状为国家划拨地,根本还没有缴纳土地出让金,当时土地的账面值只有5 164.1万元,评估机构综合考虑作价为6 100万元。2000年11月6日甘肃亨源会计师事务有限公司出具验资报告显示西北车辆公司实收资本1个亿,其中兰驼公司投资实物资产2 500万元,无形资产 6 100 万元。因此，当时西北车辆公司成立之初的股价是每股 100 万元，转让 57% 股权抵偿常柴银川公司 5 700 万元的债务根本不存在资产流失问题。五、万通公司已善意取得该涉案股权，根据合同相对性原则，他人无权主张无效。兰驼公司多次无理请求确认万通公司与常柴银川公司的股权转让无效，属于无理缠诉。最高人民法院〔2012〕民二终字第 76 号民事裁定书明确表明："兰驼公司认为宁夏回族自治区高级人民法院将常柴银川公司在兰州常柴公司的股权强制执行给万通公司，损害兰驼公司权利，其可根据上述规定向执行法院提出异议或诉讼。兰驼公司请求确认常柴银川公司与万通公司股权转让无效的诉请，人民法院不应受理。"该终审裁定已经非常清楚表明，兰驼公司针对本案诉争的股权纠纷无权向万通公司提起诉讼，主张权利。兰驼公司对最高人民法院的裁定也未提请再审等法律救济，该裁定终审生效裁定，具有既判力。2009 年 10 月 22 日常柴银川公司与万通公司签订了《借款质押合同》，2009 年 11 月 5 日双方对该《借款质押合同》予以申请强制执行公证。万通公司陆续向常柴银川公司打款 5 700 万元，在常柴银川公司无法正常偿还的情况下，万通公司向宁夏高院提起强制执行，2010 年 10 月 10 日常柴银川公司和万通公司达成《执行和解协议书》，双方债权、债务结清。宁夏高院出具了裁定书，西北车辆公司出具了股东登记书，并到工商机关办理了股权变更登记，万通公司成为该公司持有 57% 股权的控股股东。兰驼公司在之后西北车辆公司的股东会会议上及实际经营中未提出任何异议。原审法院根据上诉人的申请委托第三方机构对万通公司及常柴银川公司加盖公章形成时间进行了鉴定并到相关银行调取原始的转账记录确认了万通公司打款给常柴银川公司借款 5 700 万元及股权转让款 500 万元的客观事实。万通公司和常柴银川公司之间的交易行为符合法律规定，应该受到法律的保护。根据合同相对性原则，合同以外的第三人无权申请万通公司和常柴银川公司之间的股权转让行为无效。

兰驼公司向一审法院诉请判令：一、兰驼公司与常柴银川公司签订的《股权转让协议书》无效；二、常柴银川公司向兰驼公司返还西北车辆公司 57% 的股权；三、常柴银川公司与万通公司转让西北车辆公司 57% 股权的行为无效；四、万通公司将持有的西北车辆公司 57% 的股权变更登记给兰驼公司；五、西北车辆公司恢复其成立时兰驼公司所持有的股权数量；六、本案诉讼费用由常柴银川公司承担。

一审法院经审理查明：1997 年 1 月 20 日，甘肃省人民政府下发甘政发〔1997〕9 号《甘肃省人民政府关于组建兰驼等三个集团有限责任公司有关问题的批复》。主要内容为，同意组建兰驼公司等三个集团有限责任公司，投资主体暂定为甘肃机械集团公司。兰驼公司长期与常柴股份公司控股子公司常柴银川公司有业务往来，兰驼公司最终累计欠常柴银川公司货款 5 700 万元。2000 年 4 月 7 日，常柴股份公司与兰驼公司签订《关于合资组建"兰州常柴西北车辆股份有限公司"的意向协议书》，双方的上级主管单位常柴集团有限公司与甘肃机械集团公司同时在协议书上盖章确认。2000 年 8 月 7 日下午，由甘肃省人民政府副省长韩修国主持召开会议，专题研究兰驼公司与常柴股份公司合资合作项目有关事宜。省政府顾问李文治，省财政厅王玉珍、省国土资源厅黄宝生、省机械集团公司杨书昌、兰驼公司朱列等参加了会议。会议认为,兰驼公司与常柴股份公司共同投资建厂(暂定名:常柴西北车辆有限公司),有利于我省地方经济发展,有利于机械工业实施结构调整和产品升级换代,有利于提高企业的市场竞争力,得到了省政府和兰州市政府的高度重视。会议指出,国有企业改制需要付出一定成本。要充分考虑到兰驼公司的实际负担。省市有关部门都要千方百计创造条件,力争合资成功。会议对兰驼公司拟投入合资公司的土地使用权证如何办理作出了决定,并责成兰驼公司向兰州市土地管理部门尽快办理手续。2000年8月24日,甘肃省人民政府办公厅下发了甘政办纪〔2000〕12号《关于兰驼公司合资问题的会议纪要》。

2000年8月26日,兰驼公司与常柴股份公司正式签订了关于合资组建西北车辆有限公司的《项目协议书》,其中第一条约定:"双方同意联合常柴银川柴油机有限公司、兰驼公司职工及西北六省区十二家农机经销商,以多种形式共同出资,在兰州设立兰州常柴西北车辆有限责任公司"。2000年8月29日,兰驼公司以兰驼集财字〔2000〕128号《关于兰驼公司(北厂区)资产评估的立项申请》向甘肃省国有资产管理局请示:"兹有我甘肃兰驼集团有限责任公司同意与常柴股份有限公司合作投资设立新公司,拟对合作场地全部资产进行评估,现申请你局给予立项,并委托甘肃天行健会计师事务所对2000年8月31日以前的资产进行评估。"甘肃省机械集团公司2000年8月30日在该申请上盖章同意评估立项。2000年9月10日,甘肃天行健会计师事务有限责任公司应兰驼公司的委托,就拟应用于投资组建西北车辆公司之目的的全部资产价值作出了天行健评报字〔2000〕35号《资产评估报告书》。拟投资资产评估价值为124 730 966.96元。2000年9月25日,兰驼公司(甲方)与常柴银川公司(乙方)签订《股权转让协议书》一份,约定:"一、在'兰州常柴西北车辆有限公司'(下称西北车辆公司)注册登记后。经公司股东会同意,甲方将其持有西北车辆公司的5 700万元股权以同价转让给乙方。二、乙方受让上述股权后,凭西北车辆公司签发的出资证明书,同价冲减其对甲方的债权"。同日,兰驼公司向常柴银川公司出具一份《承诺函》载明:"本公司承诺在'兰州常柴西北车辆有限公司'(简称西北车辆公司)注册登记完成后60天内,经西北车辆公司股东会同意后,将本公司持有西北车辆公司的5 700万元股权转让给贵公司,同价抵偿本公司对贵公司的债务。特此承诺"。常柴银川公司亦向兰驼公司出具一份《承诺函》载明:"本公司承诺在'兰州常柴西北车辆有限公司'(简称西北车辆公司)注册登记完成后,经西北车辆公司股东会同意,受让贵公司持有西北车辆公司的5 700万元股权,并凭西北车辆公司签发给本公司的出资证明书,同价冲减本公司在贵公司的债权。特此承诺"。2000年10月8日,兰驼公司以兰驼集企字〔2000〕147号《关于以固定资产作价投资西北车辆公司的请示》向甘肃机械集团公司报告,其与常柴股份公司、常柴银川公司及陕、甘、宁、青、新、内蒙古等六省区经销商充分协商,拟共同发起设立"西北车辆公司",经各方发起人同意,该公司以兰州手扶拖拉机厂北厂区生产区的土地使用权、厂房和公用设施进行投资,并依据评估资料商定。

上述资产作价 8 600 万元作为该方出资。甘肃机械集团公司 2000 年 10 月 31 日在该请示报告上签字盖章同意。2000 年 11 月 6 日，甘肃亨源会计师事务有限公司作出甘亨会验字〔2000〕177 号《验资报告》，主要内容为，西北车辆公司申请注册的资本为壹亿元。根据审验，截至 2000 年 11 月 1 日止，已收到股东投入资本壹亿元。其中货币资金 1 400 万元，实物资产 2 500 万元，无形资产（土地使用权）6 100 万元。注：土地使用权评估值为 10 895 万元，入股作价 6 100 万元。2000 年 11 月 7 日，西北车辆公司注册成立，注册资金 1 亿元。2000 年 11 月 21 日，甘肃省财政厅以甘财国字发〔2000〕127 号《关于甘肃兰驼集团有限责任公司拟对外投资部分资产评估结果的审核意见》确认天行健评报字〔2000〕35 号《资产评估报告书》评估结果有效。

2000 年 11 月 28 日，兰驼公司以兰驼集字〔2000〕172 号《关于成立兰州常柴西北车辆有限公司的请示》向甘肃机械集团公司报告有关拟合资组建西北车辆公司的有关事项，该文件第四条请示内容为："……在工商注册后 90 日内通过股本结构调整，使常柴股份公司成为第一大股东"。2000 年 12 月 22 日，甘肃机械集团以甘机集规发〔2000〕31 号《关于组建兰州常柴西北车辆有限公司的批复》，同意兰驼公司与常柴股份公司组建西北车辆公司。2000 年 12 月 28 日，西北车辆公司召开第二次股东会议，并作出如下决议：一、股东会同意兰驼公司向常柴银川公司转让在本公司的 5 700 万元出资额，常柴银川公司同意受让该出资额；公司的其他股东表示愿意放弃优先受让权。四、兰驼公司部分出资转让后，股东的出资额变更为：1. 兰驼公司以实物出资人民币 2 900 万元，占注册资本的 29%；2. 常柴银川公司在受让兰驼公司出让的 5 700 万元股权后，占注册资本的 57%。2000 年 12 月 30 日，西北车辆公司向常柴银川公司核发了编号为：兰常车股〔2000〕02 号出资证明书。并将常柴银川公司记入西北车辆公司股东名册。常柴银川公司取得西北车辆公司股权后，在财务账目上核减了兰驼公司相应债务，至本案诉讼时至今也无向兰驼公司主张债权。

另查明：最高人民法院〔2005〕民二终字第 109 号民事判决关于常柴银川公司是否具有西北车辆公司股东资格的问题中认为："上诉人兰州常柴公司在一审中所提交的《股权转让协议书》等五份证据，经质证是真实有效的证据，该证据能够证明常柴银川公司是兰州常柴公司的控股股东"……"工商行政管理机关是企业依法登记注册成立的法定部门，登记不是确定股东地位的唯一要件。常柴银川公司已实际控制了兰州常柴公司，可以认定常柴银川公司是兰州常柴公司股东。与本案相关的股权转让协议有效，且已实际履行。故本院认为兰州常柴公司关于常柴银川公司是其股东的上诉理由成立，应予支持"。

2005 年 11 月 1 日，宁夏回族自治区高级人民法院作出〔2005〕宁高法执裁字第 20-1 号民事裁定书，该裁定载明"本院依据已经发生法律效力的中华人民共和国最高人民法院〔2005〕民二终字第 109 号民事判决书，于 2005 年 10 月 19 日向二被执行人发出了执行通知书，责令二被执行人立即履行法律文书所确定的全部义务，但二被执行人至今未履行。执行中查明，甘肃兰驼集团有限责任公司与常柴银川柴油机有限公司于2000年9月25日签订股权转让协议书，约定甘肃兰驼集团有限责任公司将自己持有兰州常柴西北车辆有限公司的5 700万元股权转让给常柴银川柴油机有限公司，并且经过股东会决议同意，常柴银川柴油机有限公司占兰州常柴西北车辆有限公司注册资本的57%（5 700万元股权），是兰州常柴西北车辆有限公司的控股股东。该事实经最高人民法院〔2005〕民二终字第109号民事判决书判决认定。故依照《民事诉讼法》第二百二十三条、最高人民法院《关于人民法院执行工作若干问题的规定（试行）》第53条之规定，裁定如下：冻结被执行人常柴银川柴油机有限公司在兰州常柴西北车辆有限公司持有57%的股权（5 700万元股权）。冻结期间不得变更、转让"。

2005年11月3日，西北车辆公司向兰州市工商局递交了兰常车办发〔2005〕05号《关于公司变更登记的申请》，该申请载明"关于甘肃兰驼集团有限责任公司向常柴银川柴油机有限公司转让其所持我公司的5 700万元股权一事，已经我公司股东会讨论通过，我公司也修改了公司章程。现我公司已收到宁夏高院〔2005〕宁高法执裁字第20-1号民事裁决书，法院要求将常柴银川柴油机有限公司持有的57%股权变更登记到常柴银川柴油机有限公司名下，并依法冻结。关于常柴银川柴油机有限公司持有我公司5 700万元股份（占总股本的57%）的事实，已经中华人民共和国最高人民法院〔2005〕民二终字第109号终审判决中明确认可，常柴银川柴油机有限公司又函告我公司要求澄清股东关系，办理变更登记，向社会公示"。2005年12月7日，兰州市工商局对西北车辆公司给予行政处罚后，核准了上述工商变更登记申请。

兰驼公司提交的宁夏回族自治区高级人民法院〔2009〕宁高法执字第12号民事执行卷宗载明，2009年10月22日，常柴银川公司与万通公司签订了一份《借款质押合同》，约定万通公司给常柴银川公司提供短期借款5 700万元，常柴银川公司以其持有的西北车辆公司57%股权作为质押，并约定常柴银川公司届时不能还款，万通公司有权申请强制执行。2009年11月5日，双方就该《借款质押合同》在银川市国信公证处办理了具有强制执行效力的公证书。2009年11月11日，常柴银川公司通知万通公司其无法按期归还借款，万通公司遂向宁夏回族自治区高级人民法院申请强制执行。2010年10月10日双方在执行中达成和解协议，常柴银川公司将持有的西北车辆公司0.5%股权作价50万元转让给万通公司抵偿债务并在工商局办理了股权变更登记手续；常柴银川公司将持有的西北车辆公司56.5%股权作价5 650万元抵偿万通公司剩余债务。该院根据和解协议将常柴银川公司持有的西北车辆公司56.5%股权执行给了万通公司。

一审庭审中，兰驼公司对万通公司与常柴银川公司之间是否存在真实借款关系提出质疑，申请该院对涉及借款的相关凭证进行调查取证及司法鉴定。该院委托西南政法大学司法鉴定中心对常柴银川公司给万通公司出具的两份《借款汇款指令》、四份《收据》、一份《汇款指令》、一份《收借款证明》以及万通公司给亚太经贸公司出具的两份《委托付款说明》的形成时间进行鉴定。该鉴定中心于2015年6月10日作出西政司法鉴定中心〔2015〕鉴字第1079号《司法鉴定意见书》，鉴定意见为：1.送检的标称落款时间为"2009年11月5日"的《借款汇款指令》、"2009年11月9日"的《借款汇款指令》、"2009年11月5日"的《收借款证明》、"2010年9月9日"的《汇款指令》原件上的"常柴银川柴油机有限公司"公章印文与送检的"2010年1月21日"的《委托代理合同》原件上同名样本印文的老化程度接近,应为同期盖印形成。2. 现有条件下,不能确定落款时间为"2009年11月5日""2009年11月11日"的2份《委托付款说明》以及"2009年11月5日""2009年11月11日""2009年11月5日""2010年9月9日"共4份《收据》原件的形成时间。另外,经该院向中国农业银行股份有限公司银川金凤支行以及西夏支行调查核实,亚太经贸公司2009年11月9日、2009年11月12日给澎柏公司付款350万元、2 600万元;万通公司2010年9月9日给澎柏公司付款500万元;万通公司2009年11月6日以其在西夏支行账户内的2 750万元代常柴银川公司向西夏支行清偿贷款本息及其他费用共计2 743.193 8万元,剩余6.806 2万元支付给澎柏公司。万通公司与常柴银川公司均认可其中5 700万元属于借款。

再查明:2012年7月12日,甘肃省国资委向兰驼公司发出甘国资产权函〔2012〕87号《关于甘肃兰驼集团有限责任公司转让兰州常柴西北车辆有限公司股权有关问题的函》,认为该国有股权转让行为没有进行审计评估,没有获得主管部门和国资监管部门的批复,且常柴银川公司没有兑现设立西北车辆公司的相关承诺,要求对国有股权转让行为予以纠正。

上述事实,有《甘肃省人民政府批复》《会议纪要》《项目合作协议书》《资产评估报告书》《验资报告》《股权转让协议书》《承诺函》、公司章程及股东会决议、工商登记材料、银行款项往来凭证、民事执行卷宗、生效法律文书、鉴定意见书等证据在案佐证,并经双方当事人质证。

该院认为,本案各方争议的焦点问题如下:

一、本案的法律关系及效力。根据甘肃省政府办公厅《会议纪要》和《项目协议书》等文件记载的内容,兰驼公司与常柴股份公司、常柴银川公司等合作的目的是合资设立西北车辆公司。在此之后,兰驼公司向主管单位甘肃机械集团公司请示,其与常柴股份公司、常柴银川公司及陕、甘、宁、青、新、内蒙古等六省区经销商充分协商,拟共同发起设立"兰州常柴西北车辆有限公司",经各方发起人同意,该公司以兰州手扶拖拉机厂北厂区生产区的土地使用权、厂房和公用设施进行投资,并依据评估资料商定。上述资产作价8 600万元作为该方出资。甘肃机械集团公司在该请示报告上签字盖章同意。兰驼公司及其主管单位甘肃机械集团公司认可常柴银川公司是西北车辆公司的发起人,再次表明了各方合资设立西北车辆公司的真实意愿。为实现冲减债务及合资办厂的目的,兰驼公司与常柴银川公司签订了《股权转让协议书》,当时目标公司西北车辆公司尚未设立,股权并不存在,股权转让及评估客观上无法实现。结合签订《股权转让协议书》当日兰驼公司、常柴银川公司相互出具的《承诺函》来看,双方相互保证受让将来的股权,冲减已有的债务。该协议书约定股权转让对价是冲减债务，实质是将兰驼公司拖欠常柴银川公司的债务转化成将来常柴银川公司对合资公司的股权。故本案法律性质应为债权转股权关系。《企业改制规定》第十四条规定："债权人与债务人自愿达成债权转股权协议，且不违反法律和行政法规强制性规定的，人民法院在审理相关的民事纠纷案件中，应当确认债权转股权协议有效。政策性债权转股权，按照国务院有关部门的规定处理。"对于企业之间非政策性债权转股权当时并无法律法规规定必须进行评估和报批，故本案债权转股权行为依照上述规定应属有效。

二、兰驼公司的诉讼请求是否成立。根据甘肃省人民政府甘政发〔1997〕9号文件，甘肃机械集团公司是甘肃省人民政府授权的兰驼公司出资人，因此负有国有资产监督管理职能。兰驼公司对拟投资资产向甘肃省国有资产管理局报请评估立项，甘肃机械集团公司批准同意评估立项，投资资产评估结果上报甘肃省国有资产管理局予以了确认。兰驼公司与其他发起人协商后，将拟投资资产在评估价基础上作价8 600万元并报请甘肃机械集团公司审批获得同意。围绕合资设立西北车辆公司相关事宜包括资产评估、评估结果确认以及作价出资，兰驼公司均按照国有资产管理的相关规定报请甘肃机械集团公司等批复同意并依法履行了相关审批手续，西北车辆公司整个设立过程并不违反法律法规及当时的政策规定。西北车辆公司注册资金1亿元，常柴银川公司5 700万元的债权转为占西北车辆公司57%的股权属于等价交换，符合自愿、公平、等价有偿、诚实信用的民法原则。故常柴银川公司通过债转股已成为西北车辆公司合法的股东。兰驼公司主张本案的《股权转让协议书》所涉股权未经评估及国有资产管理部门审核批准，《股权转让协议书》应当无效，常柴银川公司应当返还股权的诉请理由与当时的客观事实不符，西北车辆公司设立以及投资资产评估作价均是其独立实施和报批的，常柴银川公司并未参与，其与常柴银川公司的债转股行为是双方的真实意思表示，并不违反当时法律法规的禁止性规定，本案债转股行为合法有效。万通公司以常柴银川公司不能偿还其5 700万元借款为由申请宁夏高院强制执行，该院将常柴银川公司持有的西北车辆公司57%股权执行给了万通公司，万通公司通过司法执行程序成为西北车辆公司的股东。首先，因常柴银川公司是西北车辆公司的合法股东，故其与万通公司之间如何处置所拥有西北车辆公司的股权与兰驼公司并无关联。其次，根据查明的事实，万通公司确实支付了常柴银川公司5 700万元。鉴定意见书认定万通公司提交的关于向常柴银川公司支付5 700万元的四份凭证形成时间有误，其余六份凭证不能确定形成时间。该鉴定意见本身不完整，不能作为定案的依据，且部分凭证形成时间不符亦不足以证实常柴银川公司与万通公司存在虚假交易关系。最后，根据合同相对性原则，基于常柴银川公司不承担返还股权的责任，万通公司亦不应承担返还股权的责任。针对兰驼公司要求西北车辆公司恢复其股权的诉请，本案各方诉争的股权与目标公司西北车辆公司并无关联，亦无证据证实西北车辆公司侵害了兰驼公司的股东权益，故西北车辆公司不应承担恢复股权的责任。综上，兰驼公司的全部诉讼请求依法不能成立，不予支持。

三、万通公司的诉讼请求是否成立。万通公司起诉要求驳回兰驼公司将其追加为无独立请求权第三人的起诉属于针对兰驼公司起诉的答辩意见。其要求兰驼公司、常柴银川公司赔偿因滥诉给其造成的损失600万元，但未提交造成损失的相关证据，故对其诉讼请求依法不予支持。

综上，依照《合同法》第四十四条、《企业改制规定》第十四条、《民事诉讼法》第六十四条第一款、《最高人民法院关于适用〈中华人民共和国民事诉讼法〉的解释》第九十条之规定，判决如下：一、驳回兰驼公司的诉讼请求；二、驳回万通公司的诉讼请求。兰驼公司预交的一审案件受理费326 500元，保全费5 000元，鉴定费96 800元由其负担；万通公司预交的一审案件受理费26 900元由其负担。

本院对原审法院查明的事实予以确认。

本院二审期间，当事人围绕上诉请求依法提交了证据。本院组织当事人进行了证据交换和质证。对当事人二审争议的事实，本院认定如下：

甘肃省人民政府甘政发〔1997〕9号《甘肃省人民政府关于组建兰驼等三个集团有限责任公司有关问题的批复》载明："甘肃机械集团……一、同意组建……甘肃兰驼集团有限责任公司……二、上述三个集团有限责任公司为国有独资公司，投资主体暂定为甘肃机械集团公司，并负责向国资部门进行产权变更登记。……抄送省国有资产管理局。"

在本案所涉万通公司与常柴银川公司借款质押纠纷案强制执行过程中，在执行法院拟对案涉股权进行拍卖时，2009年12月7日，甘肃省国资委向宁夏高院发去甘国资改组函〔2009〕127号《关于兰州常柴西北车辆有限公司股权拍卖有关问题的商榷函》，该函载明："建议贵院不要以拍卖方式处置常柴银川柴油机有限公司持有的西北公司股权，最好采取在股东之间协商转让的方式，我委将积极予以配合"。2009年12月8日，兰驼公司给宁夏高院发去《关于兰州常柴西北车辆有限公司股权转让事宜的函》，该函载明："我公司不同意以拍卖方式转让该项股权，建议在股东之间协商转让。"

在执行法院拟对上述股权进行拍卖时，常柴银川公司于2010年7月19日给兰驼公司发去《征询函》，载明，该公司拟向万通公司转让该公司持有的西北车辆公司0.5%的股权，原始价值人民币50万元，股权转让价为人民币500万元。兰驼公司是否愿意以上述价款受让如上股权，如同意，请自收到本书面通知之日起30日内书面答复并交清上述股权转让款。如自接到该书面通知之日起30内不答复或不交清上述股权转让款，该公司将视为兰驼公司同意该公司向万通公司转让上述股权。2010年8月20日，兰驼公司给常柴银川公司发去《关于同意受让常柴银川柴油机有限公司所持兰州常柴西北车辆有限公司0.5%股权的复函》，该函载明："经我公司同意，原则同意按照贵公司〈征询函〉的条件和价款受让上述股权。同时，因我公司系由甘肃省政府国资委履行出资人职责的国有企业，根据我国《国有资产法》《企业国有资产监督管理暂行条例》等规定，我公司受让上述股权需对兰州常柴西北车辆有限公司进行财务审计和整体资产评估，待审计和评估结果经甘肃省政府国资委审核确认后，我公司将就本次股权受让事宜上报甘肃省政府国资委，经批复后与贵公司签订《股权转让协议》，尽快完成交割。"后万通公司与常柴银川公司签订了《股权转让合同》。该合同第一条约定，常柴银川公司将其持有的西北车辆公司的0.5%的股权以500万元价格转让给万通公司。2010年9月9日，常柴银川公司给万通公司出具的《汇款指令》写明："万通公司支付我公司股权转让款五百万元，因我公司欠澎柏公司款，贵公司直接代我公司汇入澎柏公司，由此引发的一切法律责任由我公司承担。"同日，电汇凭证载明，万通公司打给澎柏公司500万元。常柴银川公司于同日给万通公司出具了收到500万元款项的收据。2010年10月10日万通公司与常柴银川公司签订的《执行和解协议书》载明："1.经股东会决议，乙方（常柴银川公司）已将持有的兰州常柴西北车辆有限公司57%股权中的0.5%（50万股）作价50万元转让予甲方（万通公司）抵偿债务。"宁夏高院2010年10月19日作出的〔2009〕宁高法执裁字第12-5号《执行裁定书》载明："2010年10月10日双方签订了《执行和解协议书》：常柴银川公司已将持有的兰州常柴50万元股份作价人民币50万元转让给万通公司抵偿债务，并已在兰州市工商行政管理局办理了股权变更登记手续。双方经过协商自愿以常柴银川公司持有的兰州常柴5650万股权作价人民币5650万元抵偿所欠万通公司的剩余债务。……裁定如下：……将被执行人常柴银川柴油机有限公司持有的兰州常柴西北车辆有限公司5650万元股价作价人民币5650万元，交付申请执行人兰州万通房地产经营开发有限公司抵偿债务。"2011年2月12日，宁夏高院执行局给该院司法行政管理处发去《关于撤销拍卖手续的函》，载明："现因在执行过程中，双方当事人达成执行和解协议，并已履行完毕，本案已结案，故应撤销该案的拍卖手续。"

在本院二审期间，经本院询问，兰驼公司表示，如果案涉股权在万通公司行使质押权时重新进行拍卖，其行使优先购买权。

本院认为，本案二审争议焦点有四个问题：

一、本案案由是"股权转让纠纷"还是"债转股纠纷"

兰驼公司一审诉请人民法院判令：一、兰驼公司与常柴银川公司签订的《股权转让协议书》无效；二、常柴银川公司向兰驼公司返还西北车辆公司57%的股权；三、常柴银川公司与万通公司转让西北车辆公司57%股权的行为无效；四、万通公司将持有的西北车辆公司57%的股权变更登记给兰驼公司；五、西北车辆公司恢复其成立时兰驼公司所持有的股权数量；六、本案诉讼费用由常柴银川公司承担。根据上述诉请，兰驼公司是依据其与常柴银川公司签订的《股权转让协议书》请求确认股权转让协议无效，进而请求确认常柴股份公司与万通公司签订的以股抵债协议无效。两份协议的本质是转让股权用以抵偿债务，因此，其实质为股权转让行为，本案案由应为股权转让纠纷。

二、原审法院关于兰驼公司与常银银川公司签订的《股权转让协议书》有效的认定是否正确

《合同法》第四十四条规定："依法成立的合同，自成立时生效。法律、行政法规规定应当办理批准、登记等手续生效的，依照其规定。"该条是对合同法定生效要

件的规定。《企业国有资产法》第三十条规定:"国家出资企业合并、分立、改制、上市,增加或者减少注册资本,发行债券,进行重大投资,为他人提供大额担保,转让重大财产,进行大额捐赠,分配利润,以及解散、申请破产等重大事项,应当遵守法律、行政法规以及企业章程的规定,不得损害出资人和债权人的权益。"《企业国有资产监督管理暂行条例》第二十三条规定:"国有资产监督管理机构决定其所出资企业的国有股权转让。对于重要子企业的重大事项。"国务院国办发明电〔1994〕12号《关于加强国有企业产权交易管理的通知》规定:"地方管理的国有企业产权交易,要经地级市以上人民政府审批,其中有中央投资的,要事先征得国务院有关部门的同意,属中央投资部分的产权收入归中央。"因此,国有股权转让,应经过国有资产管理部门批准。未经批准的,合同未生效。本案中,兰驼公司是甘肃省国资委设立的企业,其股权转让行为,应经甘肃省国资委批准后才生效。

根据甘肃省人民政府甘政发〔1997〕9号文件载明的事实,兰驼公司是国有独资公司,甘肃机械集团公司是甘肃省人民政府授权的该公司出资人。兰驼公司在出资设立西北车辆公司时,就拟投资资产向甘肃省国有资产管理局报请评估立项,投资资产评估结果上报甘肃省国有资产管理局予以了确认。甘肃省国有资产管理局是当时的国有资产管理部门。兰驼公司与常柴银川公司签订《股权转让协议书》之时,当事人并无甘肃省国有资产管理局批准的证据。在本案所涉万通公司与常柴银川公司借款质押纠纷强制执行过程中,2009年12月7日,甘肃省国资委向宁夏高院提交的《关于兰州常柴西北车辆有限公司股权拍卖有关问题的商榷函》载明,其建议不要以拍卖方式处置常柴银川公司持有的西北车辆公司股权,最好采取在股东之间协商转让的方式,该委将积极配合,2009年12月8日,兰驼公司也给宁夏高院发去《关于兰州常柴西北车辆有限公司股权转让事宜的函》表明了该公司不同意以拍卖方式转让该项股权,建议在股东之间协商转让的意见。上述函表明,甘肃省国资委并没有否定常柴银川公司持有西北车辆公司股权的事实,兰驼公司亦没有否定。事实上,在签订案涉《股权转让协议书》之后,兰驼公司再没有向常柴银川公司偿还过案涉5 700万元债务,常柴银川公司已经作为西北车辆公司的股东行使了股东权利。因此,尽管在2012年7月12日,甘肃省国资委向兰驼公司发出甘国资产权函〔2012〕87号《关于甘肃兰驼集团有限责任公司转让兰州常柴西北车辆有限公司股权有关问题的函》,正式表明其认为该国有股权转让行为没有进行审计评估,没有获得主管部门和国资监管部门的批复,应对股权转让行为予以纠正,但该函不能否定上述《商榷函》的内容。综上,兰驼公司关于案涉《股权转让协议书》因未经国有资产管理部门批准而无效的理由不能成立,本院不予支持。原审法院关于合同有效,常柴银川公司取得案涉57%的股权的认定正确。

三、原审法院是否适用法律错误

《企业改制规定》规范的是与企业改制相关的民事纠纷案件中出现的问题。本案是因兰驼公司将西北车辆公司的股权转让给常柴银川公司抵债以及常柴银川公司将上述股权抵债给万通公司引发的纠纷,并非"与企业改制相关的民事纠纷",因此,原审法院适用该规定审理案件错误。

本案中，万通公司与常柴银川公司之间签订的借款合同系企业之间借贷合同。《最高人民法院关于审理民间借贷案件适用法律若干问题的规定》第十一条规定："法人之间、其他组织之间以及它们相互之间为生产、经营需要订立的民间借贷合同，除存在《合同法》第五十二条、本规定第十四条规定的情形外，当事人主张民间借贷合同有效的，人民法院应予支持。"第十四条规定："具有下列情形之一，人民法院应当认定民间借贷合同无效：（一）套取金融机构信贷资金又高利转贷给借款人，且借款人事先知道或者应当知道的；（二）以向其他企业借贷或者向本单位职工集资取得的资金又转贷给借款人牟利，且借款人事先知道或者应当知道的；（三）出借人事先知道或者应当知道借款人借款用于违法犯罪活动仍然提供借款的；（四）违背社会公序良俗的；（五）其他违反法律、行政法规效力性强制性规定的。"根据上述规定，万通公司与常柴银川公司之间签订的借贷合同并不存在上述无效情形，因此，原审法院认定该借贷合同有效正确，兰驼公司关于原审法院对于该问题适用法律错误的上诉理由不能成立，本院不予支持。

四、万通公司是否享有案涉西北车辆公司57%股权

（一）常柴银川公司与万通公司签订借款质押合同、存在借款质押法律关系的事实是否真实。根据本院查明的事实，万通公司通过委托案外人付款等方式向常柴银川公司支付了5 700万元借款，常柴银川公司与万通公司对借款5 700万元的事实均予以认可。鉴定意见书认定万通公司提交的关于向常柴银川公司支付5 700万元的四份凭证形成时间有误，其余六份凭证不能确定形成时间，但该鉴定意见本身不完整，不足以作为定案的依据。"电汇凭证"日期、"汇出行"并不当然否定协议的真实性和借款协议的真实履行。部分凭证形成时间不符亦不足以证实常柴银川公司与万通公司存在虚假交易关系。因此，上述证据不足以否定常柴银川公司与万通公司存在借贷法律关系。

（二）常柴银川公司与万通公司转让57%股权的行为是否属于恶意串通、虚假交易，损害国有权益和股东的优先购买权的行为，是否应认定无效。《中华人民共和国物权法》第二百一十九条规定："债务人不履行到期债务或者发生当事人约定的实现质权的情形，质权人可以与出质人协议以质押财产折价，也可以就拍卖、变卖质押财产所得的价款优先受偿。"应当说，无论是折价、拍卖、变卖，均关涉到股权转让问题。《公司法》第七十二条规定："人民法院依照法律规定的强制执行程序转让股东的股权时，应当通知公司及全体股东，其他股东在同等条件下有优先购买权。其他股东自人民法院通知之日起满二十日不行使优先购买权的，视为放弃优先购买权。"西北车辆公司为有限责任公司。案涉该公司57%的股权在执行程序中以拍卖方式进行转让，应根据上述法条规定，保护作为西北车辆公司股东的兰驼公司等股东的优先购买权。在常柴银川公司与万通公司借款质押案执行程序中，法院采取拍卖的方式对57%股权中的0.5%股权进行转让。常柴银川公司向兰驼公司发出的《征询函》，告知0.5%股权转让的价款为500万元并询问兰驼公司是否行使优先购买权。兰驼公司回复意见称，

其行使优先购买权，但需经甘肃省国资委批准。在法定的20日期间内，兰驼公司未提交甘肃省国资委的批准文件，亦未交付转让款，在本案一审期间，亦没有甘肃省国资委的批准意见，未交付转让款，故应认定兰驼公司对以500万元转让0.5%股权不行使优先购买权。但兰驼公司主张，案涉0.5%的股权的价格为50万元而非500万元，其证据为宁夏高院2010年10月19日作出的〔2009〕宁高法执裁字第12-5号《执行裁定书》载明的事实。万通公司主张转让的价格是500万元，并提交了《股权转让合同》、2010年9月9日，常柴银川公司给万通公司出具的《汇款指令》以及同日万通公司打给澎柏公司500万元的电汇凭证、常柴银川公司给万通公司出具的其收到500万元收据等证据予以证明。本院认为，宁夏高院〔2009〕宁高法执裁字第12-5号《执行裁定书》作出的时间为2010年10月19日，在万通公司提交的《汇款指令》、电汇凭证、收据之后，且其载明，该裁定书是依据万通公司与常柴银川公司签订的《执行和解协议书》载明的事实认定0.5%的股权是抵偿50万元债务。由于万通公司与常柴银川公司签订的《执行和解协议书》明确载明0.5%的股权抵债50万元的事实，且该事实被法院裁定书认定，故该0.5%股权的对价款为应50万元而非500万元。鉴于0.5%的股权的转让款为50万元，远低于询问兰驼公司是否行使优先购买权时《征询函》载明的价格，故载明案涉0.5%的股权的转让款为500万元的《征询函》并不构成有效通知。在本院二审期间，兰驼公司仍明确表示，其行使上述股权的优先购买权。该股权抵债行为侵犯了兰驼公司的优先购买权，万通公司与常柴银川公司没有有效转让案涉0.5%的股权。由于万通公司未合法取得西北车辆公司0.5%的股权，故其以股东身份受让剩余56.5%股权抵债，未通知西北车辆公司股东行使优先购买权的行为也侵害了西北车辆公司其他股东的优先购买权，亦不发生有效转让股权的效力。综上，不能认定万通公司合法取得案涉57%的股权。《最高人民法院关于适用〈中华人民共和国民事诉讼法〉的解释》第九十三条规定："下列事实，当事人无须举证证明：……（五）已为人民法院发生法律效力的裁判所确认的事实；……第五项至第七项规定的事实，当事人有相反证据足以推翻的除外。"本案中，尽管以股抵债事实已被法院生效裁定确定，但由于兰驼公司有相反证据足以推翻，故本院对相关事实另行作出认定。万通公司应将案涉57%的股权返还给常柴银川公司。万通公司若对设定质押的案涉57%的股权行使质押权，应根据《公司法》第七十二条的规定，保障兰驼公司等西北车辆公司股东的优先购买权。

综上，原审法院认定事实不清，适用法律错误。本院依照《合同法》第四十四条第二款、《公司法》第七十二条、《中华人民共和国物权法》第一百零六条、《民事诉讼法》第一百七十条第一款第二项之规定，判决如下：

一、撤销甘肃省高级人民法院〔2014〕甘民二初字第1号民事判决；

二、确认甘肃兰驼集团有限责任公司与常柴银川柴油机有限公司签订的《股权转让协议书》生效，常柴银川柴油机有限公司享有案涉兰州常柴西北车辆有限公司57%股权；

三、确认常柴银川柴油机有限公司与兰州万通房地产经营开发有限公司转让兰州常柴西北车辆有限公司57%股权的行为无效；

四、兰州万通房地产经营开发有限公司于本判决生效后三十日内将其持有的兰州常柴西北车辆有限公司57%股权变更登记给常柴银川柴油机有限公司；

五、兰州常柴西北车辆有限公司于本判决生效后三十日内将案涉57%的股权的股东登记为常柴银川柴油机有限公司；

六、驳回甘肃兰驼集团有限责任公司的其他诉讼请求。

甘肃兰驼集团有限责任公司预交的一审案件受理费326 500元，由甘肃兰驼集团有限责任公司负担183 250元，由常柴银川柴油机有限公司负担91 625元；兰州万通房地产经营开发有限公司负担91 625元。保全费5 000元，由甘肃兰驼集团有限责任公司负担2 500元，由常柴银川柴油机有限公司负担1 250元；兰州万通房地产经营开发有限公司负担1 250元。鉴定费96 800元，由甘肃兰驼集团有限责任公司负担。兰州万通房地产经营开发有限公司预交的一审案件受理费26 900元，由该公司自行负担。二审案件受理费326 500元，由甘肃兰驼集团有限责任公司负担183 250元，由常柴银川柴油机有限公司负担91 625元；兰州万通房地产经营开发有限公司负担91 625元。

本判决为终审判决。

审　判　长　　张雪楳
代理审判员　　林海权
代理审判员　　高燕竹
二〇一六年十二月十六日
书　记　员　　张茜娟

【2023年版本】

第八十六条　股东转让股权的，应当书面通知公司，请求变更股东名册；需要办理变更登记的，并请求公司向公司登记机关办理变更登记。公司拒绝或者在合理期限内不予答复的，转让人、受让人可以依法向人民法院提起诉讼。

股权转让的，受让人自记载于股东名册时起可以向公司主张行使股东权利。

【三次审议稿】

第八十六条　股东转让其股权的，应当书面通知公司，请求变更股东名册，需要办理变更登记的并请求公司向公司登记机关办理变更登记。公司拒绝或者在合理期限内不予答复的，转让人、受让人可以依法向人民法院提起诉讼。

股权转让的，受让人自记载于股东名册时起向公司主张行使股东权利。

【本条释义】

本条规定了股权转让后的相关程序。

股东转让股权，公司并不一定知晓，因此，应当书面通知公司。股权转让之后，由于股东信息发生了变更，因此，转让人或者受让人应当请求公司变更股东名册，需要办理变更登记的应当请求公司向公司登记机关办理变更登记。公司应当予以配合并及时办理相关手续。公司无权拒绝股东依法转让股权的权利，也不能拒绝股东信息的变更。如果公司拒绝或者在合理期限内不予答复，转让人、受让人可以依法向人民法院提起诉讼。

股权转让，会出现新旧股东的更换，由于股东名册是股东对公司享有股东权利的基本依据，因此，受让人自记载于股东名册时起向公司主张行使股东权利。原则上，在股权转让期间不宜召开股东会，同样，如果已经确定了股东会的召开时间，原则上，此时也不宜进行股权转让。

【2023年版本、三次审议稿】

第八十七条 依照本法转让股权后，公司应当及时注销原股东的出资证明书，向新股东签发出资证明书，并相应修改公司章程和股东名册中有关股东及其出资额的记载。对公司章程的该项修改不需再由股东会表决。

【2018年版本】

第七十三条 依照本法第七十一条、第七十二条转让股权后，公司应当注销原股东的出资证明书，向新股东签发出资证明书，并相应修改公司章程和股东名册中有关股东及其出资额的记载。对公司章程的该项修改不需再由股东会表决。

【本条释义】

本条规定了股权转让后公司的相关义务。

依照《公司法》规定转让股权后，由于原股东已经全部或者部分退出了公司，其出资权利及义务也已经相应转移给新的股东，因此，公司应当及时注销原股东的出资证明书，如果原股东仅仅转让部分股权，仍然是公司的股东，此时公司应向其换发新的出资证明书。公司应当向新股东签发出资证明书，并相应修改公司章程和股东名册中有关股东及其出资额的记载。

一般情况下，修改公司章程需要经过股东会的特别多数表决权通过，但由于依法转让股权而导致公司章程相关内容的修改，由于已经依法办理了相关手续，因此，对公司章程的该项修改不需再由股东会表决。

【相关司法解释规定】

《最高人民法院关于适用〈中华人民共和国公司法〉若干问题的规定（一）》

第三条　原告以公司法第二十二条第二款、第七十四条第二款规定事由，向人民法院提起诉讼时，超过公司法规定期限的，人民法院不予受理。

【2023年版本】

第八十八条　股东转让已认缴出资但未届出资期限的股权的，由受让人承担缴纳该出资的义务；受让人未按期足额缴纳出资的，转让人对受让人未按期缴纳的出资承担补充责任。

未按照公司章程规定的出资日期缴纳出资或者作为出资的非货币财产的实际价额显著低于所认缴的出资额的股东转让股权的，转让人与受让人在出资不足的范围内承担连带责任；受让人不知道且不应当知道存在上述情形的，由转让人承担责任。

【三次审议稿】

第八十八条　股东转让已认缴出资但未届缴资期限的股权的，由受让人承担缴纳该出资的义务；受让人未按期足额缴纳出资的，转让人对受让人未按期缴纳的出资承担补充责任。

未按期足额缴纳出资或者作为出资的非货币财产的实际价额显著低于所认缴的出资额的股东转让股权的，受让人知道或者应当知道存在上述情形的，在出资不足的范围内与该股东承担连带责任。

【本条释义】

本条规定了股权转让后出资责任的承担。

未完成出资的股权也允许转让，但转让人和受让人应当承担相应责任。股东转让已认缴出资但未届缴资期限的股权，由于受让人在受让股权时已经了解受让股权所应承担的缴资义务，因此，应当由受让人承担缴纳该出资的义务。由于受让人是转让人选择的,转让人将其本来应当承担的缴资义务转让给受让人后,应当对受让人的缴资能力承担保证义务,以防止转让人通过股权转让来逃避其本来应当承担的缴资义务,因此,如果受让人未按期足额缴纳出资,转让人对受让人未按期缴纳的出资承担补充责任。所谓补充责任,就是指一旦受让人没有按期足额履行缴资义务,公司即可以要求转让人承担剩余部分的缴资义务。转让人在这种情况下并不享有先诉抗辩权,也就是说,公司没有必要先起诉受让人,可以直接要求转让人承担补充缴资责任。

如果股东未按期足额缴纳出资或者作为出资的非货币财产的实际价额显著低于所认缴的出资额,由于此时的股东已经违反出资义务,该股东应当承担缴资义务和违约责任。如果此时股东转让股权,且受让人知道或者应当知道存在上述情形,受让人在出资不足的范围内与该股东承担连带责任。如果受让人不知道或者不应当知道存在上述情形,可以不承担责任。通常情况下,受让人在受让股权的过程中应当对股权进行初步考察,而股东未按期足额缴纳出资的情形是比较容易发现的,股东作为出资的非货币财产的实际价额显著低于所认缴的出资额的情形不太容易发现,因此,通常情况下,受让人应当对股东未按期足额缴纳出资的情形负责,而很有可能对股东作为出资的非货币财产的实际价额显著低于所认缴的出资额的情形不负责任。

【2023年版本、三次审议稿】

第八十九条 有下列情形之一的,对股东会该项决议投反对票的股东可以请求公司按照合理的价格收购其股权:

(一)公司连续五年不向股东分配利润,而公司该五年连续盈利,并且符合本法规定的分配利润条件;

(二)公司合并、分立、转让主要财产;

(三)公司章程规定的营业期限届满或者章程规定的其他解散事由出现,股东会通过决议修改章程使公司存续。

自股东会决议作出之日起六十日内,股东与公司不能达成股权收购协议的,股东可以自股东会决议作出之日起九十日内向人民法院提起诉讼。

公司的控股股东滥用股东权利,严重损害公司或者其他股东利益的,其他股东有权请求公司按照合理的价格收购其股权。

公司因本条第一款、第三款规定的情形收购的本公司股权,应当在六个月内依法转让或者注销。

【2018年版本】

第七十四条 有下列情形之一的,对股东会该项决议投反对票的股东可以请求公司按照合理的价格收购其股权：

（一）公司连续五年不向股东分配利润，而公司该五年连续盈利，并且符合本法规定的分配利润条件的；

（二）公司合并、分立、转让主要财产的；

（三）公司章程规定的营业期限届满或者章程规定的其他解散事由出现，股东会会议通过决议修改章程使公司存续的。

自股东会会议决议通过之日起六十日内，股东与公司不能达成股权收购协议的，股东可以自股东会会议决议通过之日起九十日内向人民法院提起诉讼。

【本条释义】

本条规定了请求公司收购股权制度。

在特定情形下，部分股东由于其反对无效，导致其利益无法得到充分保护，此时，法律赋予该部分股东退出公司的权利。有下列情形之一的，对股东会该项决议投反对票的股东可以请求公司按照合理的价格收购其股权：

（1）公司连续五年不向股东分配利润，而公司该五年连续盈利，并且符合《公司法》规定的分配利润条件。股东投资公司主要目的是取得股息，如果公司长期盈利且符合分配利润的条件却一直不分配利润，实际上就剥夺了股东取得股息的权利，不认同该公司经营理念的股东就有权退出公司。

（2）公司合并、分立、转让主要财产，通常需要公司三分之二以上表决权同意，投反对票的小股东利益有可能无法得到保障，此时，投反对票的股东有权退出公司。

（3）公司章程规定的营业期限届满或者章程规定的其他解散事由出现，股东会通过决议修改章程使公司存续，该项决议通常也需要公司三分之二以上表决权同意，投反对票的小股东利益有可能无法得到保障，此时，投反对票的股东有权退出公司。

需要注意的是，投赞成票和弃权票的股东以及未参与表决的股东均没有权利请求公司收购其股权。投赞成票的股东没有该项权利是因为正是因为其赞成票公司才做出了相应决定并导致部分投反对票的股东退出公司，投赞成票的股东没有退出公司的正当理由，不能搭便车。投弃权票和未参与投票的股东对公司的相关决定漠不关心，或者说公司无论作出什么决定均不影响其利益，在投反对票的股东通过自己的努力取得相关权利后，投弃权票和未参与投票的股东也不允许搭便车。

收购股权涉及收购价格的问题，因此，虽然股东有权要求公司收购股票，但具体收购价格仍然需要双方协商，自股东会决议作出之日起六十日内，如果股东与公司不能达成股权收购协议，此时必须引入人民法院作出裁判，股东可以自股东会决议作出之日起九十日内向人民法院提起诉讼。人民法院介入后，仍然应力推股东和公司协商确定价格，实在无法达成协议，人民法院可以参照公司的净资产、市场上类似股权的价格、近期该公司相关股权的交易价格或者资产评估机构评估的股权价格等来确定收购股权的价格。

除上述情形外，如果公司的控股股东滥用股东权利，严重损害公司或者其他股东利益，其他股东有权请求公司按照合理的价格收购其股权。由于"滥用股东权利""严重损害"都是比较抽象的概念，股东在行使该项权利时往往需要借助人民法院的介入。未来的司法解释也需要对上述概念进行详细界定。

公司依照上述规定的情形收购的本公司股权，应当在六个月内依法转让或者注销。公司可以将该股权转让给现有股东，也可以转让给现有股东以外的人，如果无法转让，就办理注销手续，相当于公司减资。

【典型案例】

中华人民共和国最高人民法院
民 事 判 决 书

〔2020〕最高法民再350号

再审申请人（一审原告、二审上诉人）：深圳市广华创新投资企业（有限合伙）。住所地：广东省深圳市福田区车公庙工业区泰然503栋厂房第七层703房。

执行事务合伙人：深圳市广华集团有限公司（委派代表：郭某翠）。

委托诉讼代理人：李勇，北京市地平线（深圳）律师事务所律师。

被申请人（一审被告、二审被上诉人）：大连财神岛集团有限公司。住所地：辽宁省长海县广鹿乡沙尖村。

法定代表人：李某滨，该公司董事长。

委托诉讼代理人：于永亲，辽宁甘霖律师事务所律师。

被申请人（一审被告、二审被上诉人）：李某滨，男，1963年8月18日出生，汉族，住辽宁省大连市中山区。

委托诉讼代理人：于永亲，辽宁甘霖律师事务所律师。

被申请人（一审被告、二审被上诉人）：于某兰，女，1969年11月24日出生，汉族，住辽宁省大连市中山区。

委托诉讼代理人：于永亲，辽宁甘霖律师事务所律师。

被申请人（一审第三人）：深圳市广华集团有限公司。住所地：广东省深圳市福田区车公庙工业区泰然工业区503栋厂房第7层710房。

法定代表人：邓某云，该公司董事长。

委托诉讼代理人：张露，广东普罗米修律师事务所律师。

被申请人（一审第三人）：刘某明，男，1964年6月22日出生，汉族，住新疆昌吉市。

委托诉讼代理人：张露，广东普罗米修律师事务所律师。

再审申请人深圳市广华创新投资企业（有限合伙）（以下简称广华投资企业）因与被申请人大连财神岛集团有限公司（以下简称财神岛公司）、李某滨、于某兰、深圳市广华集团有限公司（以下简称广华集团）、刘某明请求公司收购股份纠纷一案，不服辽宁省高级人民法院〔2019〕辽民终1198号民事判决，向本院申请再审。本院于2020年9月18日作出〔2020〕最高法民申2696号民事裁定，提审本案。本院依法组成合议庭，公开开庭审理了本案。再审申请人广华投资企业的委托诉讼代理人李勇，被申请人于某兰及被申请人财神岛公司、李某滨、于某兰共同委托的诉讼代理人于永亲，被申请人广华集团、刘某明共同委托的诉讼代理人张露到庭参加诉讼。本案现已审理终结。

广华投资企业申请再审称：（一）原审判决对《公司法》第七十四条的理解与适用存在错误，法律并未禁止公司在该条所列举的三种情形之外收购本公司的股权，原则上也并未禁止有限责任公司收购本公司股权。案涉股权回购并不违反任何禁止性规定，系当事人意思自治的体现，应受到法律的保护。（二）相关司法解释和司法实践承认并支持以股份回购方式解决公司与股东之间的纷争，并不存在所谓"原则禁止有限公司收购本公司股权"。由《最高人民法院关于适用〈中华人民共和国公司法〉若干问题的规定（二）》第五条规定可知，司法实践不排斥公司与股东之间的股权回购。最高人民法院印发的《全国法院民商事审判工作会议纪要》在关于公司纠纷案件的审理之"（一）关于'对赌协议'的效力"中指出，当目标公司在约定期限内未能实现双方预设的目标时，由目标公司按照事先约定的方式回购投资的股权或者向投资方承担现金补偿义务，或者由目标公司的原股东向目标公司承担现金补偿义务，如该协议不存在其他影响合同效力的事由的，应认定有效。广华投资企业于2012年3月30日签订的附条件进行股权回购的《协议书》性质上属于"对赌协议"，依据上述会议精神，应认定为有效。（三）2017年12月15日广华投资企业与财神岛公司之间的《协议书》事实上是前一份股份回购《协议书》的进一步履行，原审判决依据《公司法》第二十条、《担保法》第五条免除李某滨、于某兰的责任错误。财神岛公司大股东及实际控制人李某滨、于某兰自愿承担偿还2 250万元投资款的责任，不应因所谓协议无效而免责。综上，广华投资企业依据《民事诉讼法》第二百条第六项申请再审。

财神岛公司、李某滨、于某兰共同答辩称：（一）广华投资企业系新财神岛公司的股东，理应依据公司章程及法律规定行使股东权利，共同承担公司经营风险，其要求公司收购股权既没有法律依据，也没有合同依据。广华投资企业向财神岛公司增资入股，是为了获取具有长期或然性的股权收益，而非以上市为唯一目的，且最初的增资协议并未对投资退出或退出条件作出任何约定；2012年3月30日新财神岛公司与广华投资企业签订的《协议书》，不是财神岛公司的真实意思表示，作为新财神岛公司回购自身股份的约定亦不是广华投资企业在再审申请书中所述的与股东达成的"对赌协议"，不属于《公司法》规定的公司收购本公司股份的法定情形，也不符合公司章程的规定，若履行必将构成抽逃出资，损害公司、股东及公司债权人利益，该《协议书》因违反《公司法》第二十条的规定而无效。（二）广华投资企业要求李某滨、于某兰承担连带责任，没有法律依据和合同依据，缺乏基本的事实基础。虽然2017年12月15日的四方《协议书》约定甲方（新财神岛公司、李某滨、于某兰）同意在2017年12月31日前向广华投资企业退还投资款，但广华投资企业的投资款不论列为公司注册资金还是资本公积金都属于新财神岛公司的资产，不能抽回也不得转变为公司的债务计算利息而变相抽逃，故该《协议书》亦无效。况且该协议书的内容并不是李某滨、于某兰对新财神岛公司回购自身股权事宜承担连带责任的约定，也不是2012年回购《协议书》的进一步履行和李某滨、于某兰的自愿承担，广华投资企业要求李某滨、于某兰承担连带责任没有依据。综上，原审判决认定事实清楚，判决结果正确，请求依法维持。

广华集团、刘某明共同答辩称，赞同并支持广华投资企业的全部再审申请理由。广华投资企业向财神岛公司注资3 000万元后，2012年3月30日与财神岛公司签订了全额收购广华投资企业所持股权的《协议书》，2017年12月15日广华集团、财神岛公司及其实际控制人李某滨和于某兰、广华投资企业、刘某明四方再次签订了有关退还3 000万元投资款中2 250万元投资款的《协议书》，返还2 250万元投资款的约定并不损害公司和债权人利益；同时，财神岛公司从未对上述两份协议的真实性、有效性、合法性提出异议，也从未提出拒绝履行的意见或者无法履行的理由。

广华投资企业向辽宁省大连市中级人民法院（以下简称一审法院）起诉请求：（一）财神岛公司收购广华投资企业持有的公司全部20%的股份；（二）财神岛公司向广华投资企业支付股权收购款3 000万元及利息200万元（以3 000万元为基数，以年利率10%为标准，自2011年1月1日起暂计算至2018年5月11日止，利息应计至股权收购款全部付清为止）；（三）李某滨、于某兰对财神岛公司应向广华投资企业支付的股权收购款中的本金2 250万元及相对应的利息部分承担连带清偿责任；（四）财神岛公司、李某滨、于某兰负担本案诉讼费用。

一审法院认定事实：2010年10月10日，财神岛公司、李某滨、于某兰和广华投资企业共同签订《深圳市广华创新投资企业（有限合伙）投资大连财神岛集团有限公司协议》。该协议记载：财神岛公司注册资本1 300万元，李某滨认缴700万元，持股比例53.58%，于某兰认缴出资600万元，持股比例46.15%。广华投资企业向财神岛公司投资3 000万元认购新增注册资本。财神岛公司及其董事会同意接受广华投资企业的现金投资成为股东。广华投资企业认购新增注册资本金325万元，成为持有财神岛公司20%股权的股东，财神岛公司注册资本额增至1 625万元。股东李某滨和于某兰认缴出资数额不变，持股比例变更为43%和37%。广华投资企业投资中的2 550万元作为财神岛公司的资本公积金。广华投资企业向财神岛公司提供免费咨询，具体包含符合上市标准的财务管理、税务管理、改进建议等。财神岛公司拟于2013年开始上市材料申报工作，争取于2013年完成上市进程。

2010年12月10日，李某滨（甲方）、于某兰（乙方）和广华投资企业（丙方）共同签订《大连市财神岛集团有限公司增资协议书》（以下简称《增资协议》）。该协议记载：鉴于财神岛公司系合法设立的有限责任公司，注册资产1 300万元，甲、乙两方是财神岛公司股东，甲乙双方同意丙方出资成为新股东。各方同意，甲乙双方以夫妻共有价值900万元房产认购新增注册资本900万元，广华投资企业投入现金3 000万元成为持股20%的股东。调整后股权结构为李某滨认缴出资1 150万元，持股41.82%，于某兰认缴出资1 050万元，持股38.18%，广华投资企业认缴550万元，持股20%。广华投资企业其余投资（款）2 450万元，作为财神岛公司的资本公积金。

2012年3月30日，财神岛公司（甲方）和广华投资企业（乙方）签订《协议书》。该协议记载：鉴于乙方于2011年出资3 000万元参股甲方，双方共同追求的目标是财神岛公司改制上市，甲方具体负责公司的日常运作。甲乙双方补充协议如下：如不能完成上市，则甲乙双方无条件同意，以乙方投资额3 000万元为基数，以2011年1月1日为始点，以年利率10%为标准，由甲方全额收购乙方投资的财神岛公司股权。任何一方违反前述规定，应对由此给对方造成的损失承担全部赔偿责任。

2017年12月15日，财神岛公司（甲方）、广华投资企业（乙方）、广华集团（丙方）、刘某明（丁方）共同签订《协议书》。该协议记载了甲、乙、丙、丁四方就有关甲方退还乙方3 000万元投资款事宜协议如下："一、甲方同意在2017年12月31日前向乙方退还丙方（1 250万元）投资款和丁方（1 000万元）投资款至乙方账户；二、如甲方按时退还前述2 250万元投资款，丙方、丁方同意放弃2 250万元投资款对应的利息；三、作为补偿，甲方同意自2018年开始每年向丙方、丁方提供100万元海参，累计提供7年至2024年；本协议经四方签字确认生效。"

财神岛公司2011年1月20日章程记载，公司注册资本2 750万元，李某滨以现金、实物合计认缴出资1 150万元，持股41.82%；于某兰以现金、实物合计认缴出资1 050万元，持股38.18%；广华投资企业现金认缴出资550万元，持股20%。

2010年11月17日、2010年11月25日、2010年12月9日、2010年12月10日、2011年1月31日、2011年2月10日，广华投资企业向财神岛公司分别支付300万元、500万元、500万元、1 200万元、1 800万元。2011年1月31日，财神岛公司向广华投资企业支付1 300万元。

一审法院认为，根据基本事实和当事人诉辩观点，本案的焦点问题是如何认定财神岛公司收购广华投资企业持有股权的协议效力。对此具体分析如下：公司有效资本是维持公司正常运营、获得持续盈利能力、保障债权人利益的基础。因此，我国采取严格的公司资本维持制度，原则上禁止有限责任公司收购本公司股权，仅针对个别情形作出例外规定。《公司法》第七十四条规定，有限责任公司收购本公司股权的情形严格限于股东投票反对公司连续多年盈利而不分利润、出现解散事由协议存续或法人变更的情形。上述情形中，连续五年盈利且应分配利润和解散事由出现修改章程延续公司经营期限均表明公司资产大于负债，完全能够履行对外债务。同时《公司法》规定，有限责任公司合并、分立以及减少注册资本前均应对公司债权人进行清偿或提供有效担保。由此可见，有限责任公司收购本公司股权减少注册资本均以保障公司债权人清偿利益为前提。如正常经营期间，有限责任公司依约以现金价款收购其股东股权必然导致公司现金量减少，流动性降低，可能出现财务困难情形危及公司的正常运营，进而损害盈利能力。有限责任公司收购本公司股权使公司有效资本减少还可能直接导致公司不能清偿到期债务，且资产不足以清偿全部债务或明显缺乏清偿能力，而超越破产边界，导致公司停止经营。因此，没有法定程序保障前提下，该种可能严重损害清偿能力的交易安排不仅损害公司债权人的合法利益，还可能危害公司的持续经营能力，并给股东之间串通抽逃有效资本留有空间。基于以上理由，案涉各份协议中关于在不能上市时由财神岛公司收购广华投资企业股权的条款，属股东滥用公司法人独立地位和股东有限责任，可能严重损害公司债权人利益，违反了《公司法》第二十条的规定，不能得到法律认可而应归于无效。广华投资企业请求财神岛公司以现金价款收购其持有的股权，不应予以支持。同时，因当事人设立主债务的协议条款无效，则广华投资企业请求李某滨、于某兰承担连带债务同样不予支持。综上，一审法院依照《公司法》第二十条、《合同法》第五十二条、《担保法》第五条之规定，于2018年12月24日作出〔2018〕辽02民初611号民事判决，驳回广华投资企业的诉讼请求。案件受理费301 800元（广华投资企业已预交），由广华投资企业负担。

广华投资企业不服一审判决，向辽宁省高级人民法院（以下简称二审法院）上诉请求：（一）撤销〔2018〕辽02民初611号民事判决；（二）判令财神岛公司收购广华投资企业持有的财神岛公司全部20%的股份；（三）判令财神岛公司向广华投资企业支付投资款3 000万元及利息200万元（以3 000万元为基数，以年利率10%为标准，自2011年1月1日起暂计算至2018年5月11日止，利息应计至投资款全部付清为止）；（四）李某滨、于某兰对财神岛公司应向广华投资企业支付的投资款中的本金2 250万元及其相对应的利息部分承担连带清偿责任；（五）判令财神岛公司、李某滨、于某兰承担本案一、二审诉讼费用。

二审法院对一审法院查明事实予以确认。另查明：财神岛公司2011年1月20日的章程第八章公司的股权转让第十三条规定了有下列情形之一的，对股东会该项决议投反对票的股东可以请求公司按照合理的价格收购其股权：（1）公司连续五年不向股东分配利润，而公司该五年连续盈利，并符合《公司法》规定的分配利润条件的；

(2)公司合并、分立、转让主要财产的;(3)公司章程规定的营业期限届满或者章程规定的其他解散事由出现,股东会会议通过决议修改章程使公司存续的。自股东会会议决议通过之日起六十日内,股东与公司不能达成股权收购协议的,股东可以自股东会会议决议通过之日起九十日内向人民法院提起诉讼。

二审法院认为:关于广华投资企业主张财神岛公司回购广华投资企业持有的财神岛公司股权的问题。财神岛公司章程对于股权回购的情形和程序有明确的约定,广华投资企业主张财神岛公司回购股权不符合章程规定的情形,亦未按章程规定的程序进行。所以,广华投资企业的主张不符合章程规定。根据《公司法》第七十四条规定,有下列情形之一的,对股东会该项决议投反对票的股东可以请求公司按照合理的价格收购其股权:(一)公司连续五年不向股东分配利润,而公司该五年连续盈利,并且符合本法规定的分配利润条件的;(二)公司合并、分立、转让主要财产的;(三)公司章程规定的营业期限届满或者章程规定的其他解散事由出现,股东会会议通过决议修改章程使公司存续的。自股东会会议决议通过之日起六十日内,股东与公司不能达成股权收购协议的,股东可以自股东会会议决议通过之日起九十日内向人民法院提起诉讼。所以,广华投资企业的主张也不符合《公司法》第七十四条规定的情形,即广华投资企业的主张也不符合法律规定。综上,股权回购对公司、其他股东以及公司债权人等都会产生较大影响。所以,股权回购应严格按照约定和法定的情形及程序进行,公司不得随意进行股权回购。广华投资企业的主张既不符合公司章程的规定,也不符合法律规定,故对于广华投资企业的主张不予支持。综上,广华投资企业的上诉请求不能成立,应予驳回;一审判决认定事实清楚,适用法律正确,应予维持。二审法院依照《公司法》第七十四条和《民事诉讼法》第一百七十条第一款第一项规定,于2019年12月23日作出〔2019〕辽民终1198号民事判决,驳回上诉,维持原判。二审案件受理费301 800元,由广华投资企业负担。

本院再审期间,财神岛公司新提交了如下证据:1.《QQ邮箱(截图)》,拟证明广华投资企业始终参与公司的经营管理;2.《请求书》《告知函》《回复函》和〔2020〕辽0224民初256号民事裁定书,拟证明广华投资企业以知情权的方式行使管理权;3.〔2019〕粤0304民初2215号庭审情况截录,拟证明广华投资企业过度行使股东对财神岛公司的管理权;4.《借条》《深圳广华创新投资企业(有限合伙)董事会决议》和《大连财神岛集团有限公司对账单》,拟证明广华投资企业参与公司经营管理;5.《国有建设用地交地确认书》《国有建设用地使用权出让合同补充协议》和〔2020〕辽0224行审9号行政裁定书,拟证明因广华投资企业决策问题导致财神岛公司损失巨大,公司经营管理风险股东应共同承担。经质证,广华投资企业对证据1的真实性、合法性、关联性均不予认可;对证据2、证据3的真实性、合法性认可,不认可关联性;对证据4中的董事会决议真实性、合法性认可,不认可关联性,对借条的真实性、合法性、关联性均不予认可;对证据5的真实性、合法性认可,不认可关联性。广华集团、刘某明的质证意见同广华投资企业。经审查,本院认为上述证据与本案没有关联性,不予采信。

本院再审查明:案涉2017年12月15日四方《协议书》为手写,首部"甲方"处为"大连财神岛集团有限公司、李某滨、于某兰",尾部"甲方"处为"李某滨、于某兰"二人签名和指印。一审法院认定事实中,"2010年11月17日、2010年11月25日、2010年12月9日、2010年12月10日、2011年1月31日、2011年2月10日,广华投资企业向财神岛公司分别支付300万元、500万元、500万元、1 200万元、1 800万元"中的"2011年1月31日"系笔误,应予删除,该日期应为一审法院之后认定的"2011年1月31日,财神岛公司向广华投资企业支付1 300万元"的日期。

本院对一、二审法院查明的其他事实予以确认。

本院再审认为,本案当事人争议焦点问题为:(一)案涉2012年3月30日《协议书》和2017年12月15日《协议书》的效力认定;(二)财神岛公司是否应按约定回购广华投资企业所持的财神岛公司20%股权;(三)李某滨、于某兰应否对2 250万元股权收购款及相应利息承担连带清偿责任。

(一)案涉2012年3月30日《协议书》和2017年12月15日《协议书》的效力认定

案涉2012年3月30日《协议书》系财神岛公司与广华投资企业关于财神岛公司不能完成上市时,财神岛公司全额收购广华投资企业持有的财神岛公司股权事宜的约定。2017年12月15日四方《协议书》系财神岛公司及其股东李某滨、于某兰与广华投资企业、广华集团、刘某明关于退还广华投资企业投资款事宜的约定。财神岛公司、于某兰、李某滨对两份协议的真实性并无异议,虽主张并非其真实意思表示,但并未提供证据证明,其有关主张应不予支持。《公司法》第二十条规定:"公司股东应当遵守法律、行政法规和公司章程,依法行使股东权利,不得滥用股东权利损害公司或者其他股东的利益;不得滥用公司法人独立地位和股东有限责任损害公司债权人的利益。公司股东滥用股东权利给公司或者其他股东造成损失的,应当依法承担赔偿责任。公司股东滥用公司法人独立地位和股东有限责任,逃避债务,严重损害公司债权人利益的,应当对公司债务承担连带责任。"由此可见,前述规定是关于禁止公司股东权利滥用的规定,旨在维护公司内部治理机制的良好运行,调节公司相关利益主体之间的冲突。本案中财神岛公司、李某滨、于某兰虽主张广华投资企业违反《公司法》第二十条规定而滥用股东权利,但并未具体举证证明其主张。退一步而言,即便广华投资企业存在财神岛公司主张的滥用股东权利行为,根据《公司法》第二十条之规定,也仅能得出广华投资企业应为此承担相关责任,而非案涉上述该两份《协议书》协议无效的结论。同时,财神岛公司、李某滨、于某兰亦未举证证明上述该两份《协议书》存在合同法第五十二条规定的合同无效事由。综上,依据本案现有证据,案涉该两份《协议书》应系当事人的真实意思表示,内容并不具有法定无效情形,为合法有效的约定,对财神岛公司、李某滨、于某兰关于案涉该两份《协议书》无效的抗辩主张,本院不予支持。

(二)关于财神岛公司是否应按约定回购广华投资企业所持的财神岛公司20%股权

依照《公司法》第三十五条和第三十七条第一款第七项之规定,有限责任公司注册资本确定后,未经法定程序,不得随意减少或抽回。《公司法》第七十四条第一款规定:"有下列情形之一的,对股东会该项决议投反对票的股东可以请求公司按照合理的价格收购其股权:(一)公司连续五年不向股东分配利润,而公司该五年连续盈利,并且符合本法规定的分配利润条件的;(二)公司合并、分立、转让主要财产的;(三)公司章程规定的营业期限届满或者章程规定的其他解散事由出现,股东会会议通过决议修改章程使公司存续的。"财神岛公司2011年1月20日的章程亦有相同内容的约定。原审法院查明,广华投资企业于2010年12月10日与李某滨、于某兰共同签订《增资协议》,约定广华投资企业投入现金3 000万元成为财神岛公司持股20%的股东;2012年3月30日财神岛公司与广华投资企业签订的《协议书》约定如财神岛公司不能上市,以"投资额3 000万元为基数,以2011年1月1日为始点,以年利率10%为标准",由财神岛公司全额收购广华投资企业所投资的财神岛公司股权。尽管2012年3月30日的《协议书》是双方当事人的真实意思表示,但协议中关于财神岛公司回购股份的约定不属于《公司法》第七十四条和财神岛公司章程所列举的情形,不符合《公司法》关于资本维持的基本原则,广华投资企业请求财神岛公司收购其股权的条件并不具备。原审判决未支持广华投资企业要求财神岛公司按约定价格收购其20%股份的诉讼请求,并无不当。

(三)关于李某滨、于某兰应否对2 250万元股权收购款及相应利息承担连带清偿责任

2017年12月15日四方《协议书》首部"甲方"处为财神岛公司、李某滨、于某兰,尾部"甲方"处有于某兰、李某滨二人签名和指印,案涉各方当事人对于该协议书的真实性均无异议。如前所述,该协议并不具有法定无效事由,应当认定为合法有效的约定,对各方当事人均具有法律约束力。该协议是各方当事人就如何退还广华投资企业3 000万元投资款事宜所达成的,实质是为了解决2012年3月30日《协议书》的履行问题而签订。李某滨、于某兰在该协议书甲方处签字,表明其认可作为独立的民事责任主体,与财神岛公司共同承担其中2 250万元投资款的返还责任,应当认定该四方《协议书》的"甲方"为财神岛公司及其股东李某滨、于某兰,而非仅为财神岛公司。在如前所述的财神岛公司不具备履行股权回购的法定或约定条件而广华投资企业不能要求其收购股权并返还投资款的情况下,李某滨、于某兰作为财神岛公司的股东,在该四方《协议书》上签字,表明其作为财神岛公司股东,同意按照协议约定独立承担

收购广华投资企业持有的财神岛公司股权。在有关协议约定系当事人的真实意思表示且不具有法定无效事由的情况下,广华投资企业有权要求李某滨、于某兰就该四方《协议书》约定的股权回购款中的本金2 250万元及相应利息承担连带清偿责任。一审判决以相关协议无效为由认定李某滨、于某兰不承担责任,二审判决未审理广华投资企业主张李某滨、于某兰承担责任的上诉请求而径行判决驳回上诉、维持原判,适用法律错误,本院予以纠正。当然,根据广华投资企业与李某滨、于某兰于2010年12月10日签订的《增资协议》约定,广华投资企业投入现金3 000万元成为财神岛公司持股20%的股东,故广华投资企业2 250万元投资款对应财神岛公司的股份应为15%,在李某滨、于某兰承担2 250万元投资款返还责任后,广华投资企业应将所持有的财神岛公司15%的股权登记变更至李某滨、于某兰名下。

在李某滨、于某兰应就案涉四方《协议书》约定的股权回购款中的本金2 250万元及相应利息承担连带清偿责任的情况下,利息应当如何计算。案涉四方《协议书》约定:"如甲方(财神岛公司、李某滨、于某兰)按时退还前述2 250万元的投资款,丙方(广华集团)、丁方(刘某明)同意放弃2 250万元投资款相对应的利息。"由此可知,案涉各方当事人约定了逾期利息,现李某滨、于某兰未依约履行,应当依约承担给付利息的违约责任。关于利息的起算时间,因案涉四方《协议书》约定,李某滨、于某兰应于2017年12月31日前返还2 250万元投资款,现未按时返还,则应当自2018年1月1日起承担逾期还款的利息。关于利息的计付标准,广华投资企业主张应按照2012年3月30日《协议书》约定的年利率10%来计算,但李某滨、于某兰的还款责任系依据2017年12月15日四方《协议书》确定,故应按照该协议约定计付利息。然而,该协议仅约定"相对应的利息",对利息的计付标准约定不明,结合广华投资企业的实际利息损失,本院按照中国人民银行同期同类贷款基准利率计算。鉴于自2019年8月20日起,中国人民银行不再公布贷款基准利率,而是授权全国银行间同业拆借中心于每月20日公布贷款市场报价利率,因此,李某滨、于某兰支付广华投资企业的利息应分段计算,即以2 250万元为基数,2019年8月20日之前按照中国人民银行同期同类贷款基准利率计算;之后按照同期全国银行间同业拆借中心公布的贷款市场报价利率计算。

综上,广华投资企业的再审请求部分成立,应予支持。原审判决对部分事实认定不准确,适用法律错误,本院予以纠正。依照《公司法》第三十五条、第七十四条和《民事诉讼法》第二百零七条第一款、第一百七十条第一款第二项之规定,判决如下:

一、撤销辽宁省高级人民法院〔2019〕辽民终1198号民事判决、辽宁省大连市中级人民法院〔2018〕辽02民初611号民事判决;

二、李某滨、于某兰于本判决生效之日起十日内向深圳市广华创新投资企业(有限合伙)共同返还2 250万元股权收购款;

三、李某滨、于某兰于本判决生效之日起十日内向深圳市广华创新投资企业（有限合伙）共同支付股权收购款利息（以2 250万元为基数，自2018年1月1日起至2019年8月19日止，按照中国人民银行同期同类贷款基准利率计算；自2019年8月20日起至本判决确定给付之日止，按照同期全国银行间同业拆借中心公布的贷款市场报价利率计算）；

四、驳回深圳市广华创新投资企业（有限合伙）的其他诉讼请求。

如果未按本判决指定的期间履行给付金钱义务，应当依照《民事诉讼法》第二百五十三条规定，加倍支付迟延履行期间的债务利息。

一审案件受理费301 800元、二审案件受理费301 800元，由李某滨、于某兰负担301 800元，深圳市广华创新投资企业（有限合伙）负担301 800元。

本判决为终审判决。

审 判 长　郐中林
审 判 员　余晓汉
审 判 员　丁俊峰
二〇二〇年十二月二十九日
法官助理　郭敬娜
书 记 员　纪微微

【2023年版本、三次审议稿】

第九十条　自然人股东死亡后，其合法继承人可以继承股东资格；但是，公司章程另有规定的除外。

【2018年版本】

第七十五条　自然人股东死亡后，其合法继承人可以继承股东资格；但是，公司章程另有规定的除外。

【本条释义】

本条规定了股东资格的继承。

股权是人身权与财产权相结合的权利，其中的人身权不适宜继承，财产权适宜继承，因此，自然人股东死亡后，其合法继承人可以继承股东资格。由于有限责任公司具有人合的性质，比较注重股东之间的和谐，因此，公司章程可以规定股东死亡后，其股权不能继承。如果公司章程作出类似规定，还应当继续规定该股权如何处理。可以转让给其他股东，也可以由公司收购。

【相关司法解释规定】

《最高人民法院关于适用〈中华人民共和国公司法〉若干问题的规定（四）》

第十六条 有限责任公司的自然人股东因继承发生变化时，其他股东主张依据公司法第七十一条第三款规定行使优先购买权的，人民法院不予支持，但公司章程另有规定或者全体股东另有约定的除外。

第五章　股份有限公司的设立和组织机构

第一节　设　　立

【2023年版本、三次审议稿】

第九十一条　设立股份有限公司，可以采取发起设立或者募集设立的方式。

发起设立，是指由发起人认购设立公司时应发行的全部股份而设立公司。

募集设立，是指由发起人认购设立公司时应发行股份的一部分，其余股份向特定对象募集或者向社会公开募集而设立公司。

【2018年版本】

第七十七条　股份有限公司的设立，可以采取发起设立或者募集设立的方式。

发起设立，是指由发起人认购公司应发行的全部股份而设立公司。

募集设立，是指由发起人认购公司应发行股份的一部分，其余股份向社会公开募集或者向特定对象募集而设立公司。

【本条释义】

本条规定了股份有限公司的设立方式。

设立股份有限公司，有两种方式可以采取，即发起设立和募集设立。两种方式可以任选一个，但不能选择其他方式设立，如不能选择将两种方式结合起来的方式。

发起设立，是指由发起人认购设立公司时应发行的全部股份而设立公司的方式。

该种方式的优点是设立速度快，股东人数可以控制且互相熟悉，通常不存在公司设立不成功的情形。其缺点是发起人的资金压力较大，股份有限公司的规模不容易做大，其股份将来上市交易的难度较大。

募集设立，是指由发起人认购设立公司时应发行股份的一部分，其余股份向特定对象募集或者向社会公开募集而设立公司的方式。该种方式的优缺点与发起设立的优缺点正好相反，优点是发起人的资金压力较小，可以把公司的规模做得很大，可以发行较多数量的股份。其缺点是股东人数较多且分散，互相不熟悉，且存在因无法募集到足够的资金从而导致公司无法成立的风险。如果是向社会公开募集股份，需要经过相关主管部门的注册，也存在无法通过注册从而无法公开募集股份的风险。募集设立股份有限公司的难度及风险均远大于发起设立股份有限公司。

【2023年版本、三次审议稿】

第九十二条　设立股份有限公司，应当有一人以上二百人以下为发起人，其中应当有半数以上的发起人在中华人民共和国境内有住所。

【2018年版本】

第七十八条　设立股份有限公司，应当有二人以上二百人以下为发起人，其中须有半数以上的发起人在中国境内有住所。

【本条释义】

本条规定了股份有限公司的发起人。

设立股份有限公司，无论是采取发起设立方式还是采取募集设立方式，都应当有一定数量的发起人。发起人数量的要求是一人以上二百人以下，发起人住所的要求是其中应当有半数以上的发起人在中华人民共和国境内有住所。这里所谓住所是指经常和习惯的居住地，可以参照《中华人民共和国个人所得税法》和《企业所得税法》的相关规定来判断。发起人可以是自然人，也可以是法人或者非法人组织。如果发起人属于中国个人所得税的居民纳税人或者属于企业所得税的居民企业，一般情况下可以认定其住所位于中国境内。企业营业执照上的住所如果位于中国境内，一般可认为该企业位于中国境内。需要注意的是，这里所谓的"中华人民共和国境内"不包括香港、澳门和台湾地区。

第五章 股份有限公司的设立和组织机构

【相关法律规定】

《中华人民共和国个人所得税法》（1980年9月10日第五届全国人民代表大会第三次会议通过，根据1993年10月31日第八届全国人民代表大会常务委员会第四次会议《关于修改〈中华人民共和国个人所得税法〉的决定》第一次修正，根据1999年8月30日第九届全国人民代表大会常务委员会第十一次会议《关于修改〈中华人民共和国个人所得税法〉的决定》第二次修正，根据2005年10月27日第十届全国人民代表大会常务委员会第十八次会议《关于修改〈中华人民共和国个人所得税法〉的决定》第三次修正，根据2007年6月29日第十届全国人民代表大会常务委员会第二十八次会议《关于修改〈中华人民共和国个人所得税法〉的决定》第四次修正，根据2007年12月29日第十届全国人民代表大会常务委员会第三十一次会议《关于修改〈中华人民共和国个人所得税法〉的决定》第五次修正，根据2011年6月30日第十一届全国人民代表大会常务委员会第二十一次会议《关于修改〈中华人民共和国个人所得税法〉的决定》第六次修正，根据2018年8月31日第十三届全国人民代表大会常务委员会第五次会议《关于修改〈中华人民共和国个人所得税法〉的决定》第七次修正）

第一条 在中国境内有住所，或者无住所而一个纳税年度内在中国境内居住累计满一百八十三天的个人，为居民个人。居民个人从中国境内和境外取得的所得，依照本法规定缴纳个人所得税。

在中国境内无住所又不居住，或者无住所而一个纳税年度内在中国境内居住累计不满一百八十三天的个人，为非居民个人。非居民个人从中国境内取得的所得，依照本法规定缴纳个人所得税。

纳税年度，自公历一月一日起至十二月三十一日止。

《企业所得税法》

第二条 企业分为居民企业和非居民企业。

本法所称居民企业，是指依法在中国境内成立，或者依照外国（地区）法律成立但实际管理机构在中国境内的企业。

本法所称非居民企业，是指依照外国（地区）法律成立且实际管理机构不在中国境内，但在中国境内设立机构、场所的，或者在中国境内未设立机构、场所，但有来源于中国境内所得的企业。

【相关法规规定】

《中华人民共和国个人所得税法实施条例》（1994年1月28日中华人民共和国国务院令第142号发布，根据2005年12月19日《国务院关于修改〈中华人民共和国个人所得税法实施条例〉的决定》第一次修订，根据 2008 年 2 月 18 日《国务院关于修改〈中华人民共和国个人所得税法实施条例〉的决定》第二次修订，根据 2011 年 7 月 19 日《国务院关于修改〈中华人民共和国个人所得税法实施条例〉的决定》第三次修订，2018 年 12 月 18 日中华人民共和国国务院令第 707 号第四次修订）

第二条　个人所得税法所称在中国境内有住所，是指因户籍、家庭、经济利益关系而在中国境内习惯性居住；所称从中国境内和境外取得的所得，分别是指来源于中国境内的所得和来源于中国境外的所得。

《企业所得税法实施条例》

第三条　企业所得税法第二条所称依法在中国境内成立的企业，包括依照中国法律、行政法规在中国境内成立的企业、事业单位、社会团体以及其他取得收入的组织。

企业所得税法第二条所称依照外国（地区）法律成立的企业，包括依照外国（地区）法律成立的企业和其他取得收入的组织。

第四条　企业所得税法第二条所称实际管理机构，是指对企业的生产经营、人员、账务、财产等实施实质性全面管理和控制的机构。

第五条　企业所得税法第二条第三款所称机构、场所，是指在中国境内从事生产经营活动的机构、场所，包括：

（一）管理机构、营业机构、办事机构；

（二）工厂、农场、开采自然资源的场所；

（三）提供劳务的场所；

（四）从事建筑、安装、装配、修理、勘探等工程作业的场所；

（五）其他从事生产经营活动的机构、场所。

非居民企业委托营业代理人在中国境内从事生产经营活动的，包括委托单位或者个人经常代其签订合同，或者储存、交付货物等，该营业代理人视为非居民企业在中国境内设立的机构、场所。

【2023 年版本、三次审议稿】

第九十三条　股份有限公司发起人承担公司筹办事务。

发起人应当签订发起人协议，明确各自在公司设立过程中的权利和义务。

【2018 年版本】

第七十九条　股份有限公司发起人承担公司筹办事务。

发起人应当签订发起人协议，明确各自在公司设立过程中的权利和义务。

【本条释义】

本条规定了股份有限公司发起人的职责。

股份有限公司的设立需要有人具体筹办，承担公司筹办事务的主体是发起人。如果发起人是一人，则由发起人承担公司全部筹办事务；如果发起人是二人及以上，则由全体发起人分工承担公司筹办事务。

发起人应当签订发起人协议，明确各自在公司设立过程中的权利和义务。发起人协议主要规定的是发起人在公司设立过程中的权利和义务，由于公司设立中以筹办事务为主，因此，协议应当以规定义务为主。发起人协议可以规定各位发起人未来在公司中的权利或者职位，包括未来公司董事、高级管理人员的具体人选等。发起人协议对签字的发起人具有约束力，其中的部分内容也可以成为公司章程中的相关规定。

【相关司法解释规定】

《最高人民法院关于适用〈中华人民共和国公司法〉若干问题的规定（三）》

第一条 为设立公司而签署公司章程、向公司认购出资或者股份并履行公司设立职责的人，应当认定为公司的发起人，包括有限责任公司设立时的股东。

第二条 发起人为设立公司以自己名义对外签订合同，合同相对人请求该发起人承担合同责任的，人民法院应予支持；公司成立后合同相对人请求公司承担合同责任的，人民法院应予支持。

第三条 发起人以设立中公司名义对外签订合同，公司成立后合同相对人请求公司承担合同责任的，人民法院应予支持。

公司成立后有证据证明发起人利用设立中公司的名义为自己的利益与相对人签订合同，公司以此为由主张不承担合同责任的，人民法院应予支持，但相对人为善意的除外。

第四条 公司因故未成立，债权人请求全体或者部分发起人对设立公司行为所产生的费用和债务承担连带清偿责任的，人民法院应予支持。

部分发起人依照前款规定承担责任后，请求其他发起人分担的，人民法院应当判令其他发起人按照约定的责任承担比例分担责任；没有约定责任承担比例的，按照约定的出资比例分担责任；没有约定出资比例的，按照均等份额分担责任。

因部分发起人的过错导致公司未成立，其他发起人主张其承担设立行为所产生的费用和债务的，人民法院应当根据过错情况，确定过错一方的责任范围。

第五条 发起人因履行公司设立职责造成他人损害，公司成立后受害人请求公司承担侵权赔偿责任的，人民法院应予支持；公司未成立，受害人请求全体发起人承担连带赔偿责任的，人民法院应予支持。

公司或者无过错的发起人承担赔偿责任后，可以向有过错的发起人追偿。

【2023年版本、三次审议稿】

第九十四条　设立股份有限公司，应当由发起人共同制订公司章程。

【2018年版本】

第七十六条　设立股份有限公司，应当具备下列条件：
（一）发起人符合法定人数；
（二）有符合公司章程规定的全体发起人认购的股本总额或者募集的实收股本总额；
（三）股份发行、筹办事项符合法律规定；
（四）发起人制订公司章程，采用募集方式设立的经创立大会通过；
（五）有公司名称，建立符合股份有限公司要求的组织机构；
（六）有公司住所。

【本条释义】

本条规定了公司章程的制订主体。

公司章程对全体发起人均有约束力，因此，设立股份有限公司，应当由发起人共同制订公司章程。所谓"共同制订"并非要求全体发起人一起起草公司章程，而是要求公司章程中的所有规定均应经过全体发起人的协商及同意。

【2023年版本】

第九十五条　股份有限公司章程应当载明下列事项：
（一）公司名称和住所；
（二）公司经营范围；
（三）公司设立方式；
（四）公司注册资本、已发行的股份数和设立时发行的股份数，面额股的每股金额；
（五）发行类别股的，每一类别股的股份数及其权利和义务；
（六）发起人的姓名或者名称、认购的股份数、出资方式；
（七）董事会的组成、职权和议事规则；

（八）公司法定代表人的产生、变更办法；

（九）监事会的组成、职权和议事规则；

（十）公司利润分配办法；

（十一）公司的解散事由与清算办法；

（十二）公司的通知和公告办法；

（十三）股东会认为需要规定的其他事项。

【三次审议稿】

第九十五条　股份有限公司章程应当载明下列事项：

（一）公司名称和住所；

（二）公司经营范围；

（三）公司设立方式；

（四）公司股份总数，公司设立时发行的股份数，发行面额股的，每股的金额；

（五）发行类别股的，类别股股东的股份数及其权利和义务；

（六）发起人的姓名或者名称、认购的股份数、出资方式；

（七）董事会的组成、职权和议事规则；

（八）公司法定代表人的产生、变更办法；

（九）监事会的组成、职权和议事规则；

（十）公司利润分配办法；

（十一）公司的解散事由与清算办法；

（十二）公司的通知和公告办法；

（十三）股东会会议认为需要规定的其他事项。

【2018年版本】

第八十一条　股份有限公司章程应当载明下列事项：

（一）公司名称和住所；

（二）公司经营范围；

（三）公司设立方式；

（四）公司股份总数、每股金额和注册资本；

（五）发起人的姓名或者名称、认购的股份数、出资方式和出资时间；

（六）董事会的组成、职权和议事规则；

（七）公司法定代表人；

（八）监事会的组成、职权和议事规则；

（九）公司利润分配办法；

（十）公司的解散事由与清算办法；

（十一）公司的通知和公告办法；

（十二）股东大会会议认为需要规定的其他事项。

【本条释义】

本条规定了股份有限公司章程应当载明的事项。

股份有限公司章程是股份有限公司未来运营的基本依据，因此，应当载明一些重要的事项，具体而言，股份有限公司章程应当载明下列事项：

（1）公司名称和住所。公司名称和住所是区分不同公司的最基本标志，因此，应当在公司章程中详细记载。

（2）公司经营范围。公司经营范围是公司未来所从事的行业和具体经营活动，对公司的盈利能力具有重要影响，是其他股东选择投资公司时需要考虑的重要因素，应当在公司章程中明确规定。

（3）公司设立方式。股份有限公司有发起设立和募集设立两种方式，两种方式具有很大差别，对公司设立的影响以及未来的运作影响较大，应当在公司章程中明确规定。

（4）公司注册资本、已发行的股份数和设立时发行的股份数，面额股的每股金额。股份有限公司与有限责任公司最大的区别就是股份有限公司发行股份，公司已发行的股份数与公司的注册资本关系密切，也是股份有限公司最重要的信息之一，应当在公司章程中明确规定。公司设立时发行的股份数与公司未来的股份总数并不相同，公司设立后还可以增发股份。公司可以发行面额股，也可以发行无面额股，如果发行面额股，应当注明每股的金额。

（5）发行类别股的，每一类别股的股份数及其权利和义务。股份有限公司可以发行类别股，同一类别股的权利义务是相同的，但不同类别股的权利义务是不同的，也就是说，股份有限公司的股份并非同股同权，只有同一类别的股份才是同股同权，不同类别的股份同股不同权。股份有限公司也可以不发行类别股，如果发行，应当注明类别股股东的股份数及其权利和义务。

（6）发起人的姓名或者名称、认购的股份数、出资方式。发起人是股份有限公司设立时最重要的主体，其权利义务与其他股东的权利义务可以有所不同，因此，公司章程应当规定发起人的姓名或者名称、认购的股份数、出资方式。出资方式主要包括货币出资和非货币出资。股东以非货币出资的，应当注明出资的具体财产形式，如不动产、机器设备、股权、债权、专利权、商标权等。

（7）董事会的组成、职权和议事规则。董事会是股份有限公司必须设置的机构，也是公司运作的行政中枢，因此，应当在公司章程中明确规定其组成、职权和议事规则。

与有限责任公司相比,股份有限公司的董事会显得更加重要,大股东如能控制董事会,可以考虑授予董事会更多职权,以减少股东会开会的次数。

(8)公司法定代表人的产生、变更办法。股份有限公司一定要有法定代表人,因此,公司章程应明确规定法定代表人的产生办法和变更办法,也可以规定法定代表人突然去世或者失踪等特殊情形下,临时法定代表人的人选。

(9)监事会的组成、职权和议事规则。监事会也是股份有限公司必须设置的机构,因此,公司章程应当明确规定监事会的组成、职权和议事规则。

(10)公司利润分配办法。取得股息是股东最重要的权利之一,应当在公司章程中明确规定公司利润的分配标准、分配比例和分配规则。如公司利润达到什么标准时必须分配利润,公司在提取法定盈余公积金之后是否提取任意公积金,提取比例是多少,公司利润分配是否按照持股比例,每种类别股获得利润的比例是否相同等。

(11)公司的解散事由与清算办法。公司在什么情况下需要解散是股东关心的重要问题,决定着公司的生死存亡,应当在公司章程中明确规定。公司的清算办法包括清算组的组成、清算组的职责、清算财产的分配规则等,均应在公司章程中明确规定。

(12)公司的通知和公告办法。公司股东会、董事会、监事会的召开都需要通知,公司的重要事项需要公告,通知与公告办法应当在公司章程中明确规定。通知办法包括信件通知、电子邮件通知、电话通知、微信通知以及公告通知等。

(13)股东会认为需要规定的其他事项。除上述法定事项以外,股东会认为需要记载的事项均可以在公司章程中记载,如公司的使命、公司的存续期限、公司对外大额担保的程序、公司为股东担保的程序、公司向股东出借资金的程序等事项。

【2023 年版本、三次审议稿】

第九十六条 股份有限公司的注册资本为在公司登记机关登记的已发行股份的股本总额。在发起人认购的股份缴足前,不得向他人募集股份。

法律、行政法规以及国务院决定对股份有限公司注册资本最低限额另有规定的,从其规定。

【2018 年版本】

第八十条 股份有限公司采取发起设立方式设立的,注册资本为在公司登记机关登记的全体发起人认购的股本总额。在发起人认购的股份缴足前,不得向他人募集股份。

股份有限公司采取募集方式设立的,注册资本为在公司登记机关登记的实收股本总额。

法律、行政法规以及国务院决定对股份有限公司注册资本实缴、注册资本最低限额另有规定的，从其规定。

【本条释义】

本条规定了股份有限公司的注册资本。

股份有限公司的注册资本为在公司登记机关登记的已发行股份的股本总额。股份有限公司的注册资本是已经发行的股份所代表的股本总额，是实收资本，与有限责任公司的认缴资本不同。为确保股份有限公司的实缴资本实际缴付到位，在发起人认购的股份缴足前，不得向他人募集股份。也就是说，如果股份有限公司采取发起设立方式，发起人应当缴足全部股份，不得向他人募集股份，如果采取募集设立方式，发起人也要先缴足所认购的股份，之后才能向他人募集股份。

虽然股份有限公司采取实缴资本制，但对普通的股份有限公司的最低注册资本并没有要求，也就是说，法律允许1元注册成立股份有限公司。法律、行政法规以及国务院决定对股份有限公司注册资本最低限额另有规定的，从其规定。目前，我国对金融机构等特殊行业的股份有限公司的最低注册资本有强制性规定。

【相关法律规定】

《商业银行法》

第十三条 设立全国性商业银行的注册资本最低限额为十亿元人民币。设立城市商业银行的注册资本最低限额为一亿元人民币，设立农村商业银行的注册资本最低限额为五千万元人民币。注册资本应当是实缴资本。

国务院银行业监督管理机构根据审慎监管的要求可以调整注册资本最低限额，但不得少于前款规定的限额。

《保险法》

第六十九条 设立保险公司，其注册资本的最低限额为人民币二亿元。

国务院保险监督管理机构根据保险公司的业务范围、经营规模，可以调整其注册资本的最低限额，但不得低于本条第一款规定的限额。

保险公司的注册资本必须为实缴货币资本。

《证券法》

第一百二十条 经国务院证券监督管理机构核准，取得经营证券业务许可证，证券公司可以经营下列部分或者全部证券业务：

（一）证券经纪；

（二）证券投资咨询；

（三）与证券交易、证券投资活动有关的财务顾问；

（四）证券承销与保荐；

（五）证券融资融券；

（六）证券做市交易；

（七）证券自营；

（八）其他证券业务。

国务院证券监督管理机构应当自受理前款规定事项申请之日起三个月内，依照法定条件和程序进行审查，作出核准或者不予核准的决定，并通知申请人；不予核准的，应当说明理由。

证券公司经营证券资产管理业务的，应当符合《中华人民共和国证券投资基金法》等法律、行政法规的规定。

除证券公司外，任何单位和个人不得从事证券承销、证券保荐、证券经纪和证券融资融券业务。

证券公司从事证券融资融券业务，应当采取措施，严格防范和控制风险，不得违反规定向客户出借资金或者证券。

第一百二十一条 证券公司经营本法第一百二十条第一款第（一）项至第（三）项业务的，注册资本最低限额为人民币五千万元；经营第（四）项至第（八）项业务之一的，注册资本最低限额为人民币一亿元；经营第（四）项至第（八）项业务中两项以上的，注册资本最低限额为人民币五亿元。证券公司的注册资本应当是实缴资本。

国务院证券监督管理机构根据审慎监管原则和各项业务的风险程度，可以调整注册资本最低限额，但不得少于前款规定的限额。

【典型案例】

四川省成都市中级人民法院
民事判决书

〔2017〕川01民终7942号

上诉人（原审原告）：奉某波，男，1968年11月13日出生，汉族，住西藏自治区拉萨市城关区。

委托诉讼代理人：陈琪，四川衡平律师事务所律师。

被上诉人（原审被告）：四川聚创富邦实业股份有限公司，住所地：四川省成都市武侯区人民南路四段57号一层8—10号。

法定代表人：高某清，职务不详。

委托诉讼代理人：赵兴隆，男，1970年1月24日出生，汉族，住四川省南充市顺庆区。

上诉人奉某波因与被上诉人四川聚创富邦实业股份有限公司（以下简称聚创公司）公司增资纠纷一案，不服成都市武侯区人民法院〔2016〕川0107民初2067号民事判决，向本院提起上诉。本院于2017年5月31日受理后，依法组成合议庭进行了审理。本案现已审理终结。

奉某波上诉请求：1.发回重审或改判支持奉某波在一审中提出的全部诉讼请求；2.案件诉讼费由聚创公司承担。主要的事实与理由：一审判决中记载的"2014年11月7日，聚创公司召开股东大会决议，同意增加公司注册资本31 500 000元，并将奉某波作为公司股东，当日对公司章程中公司注册资本进行修正"内容与事实不符。奉某波不具有股东身份，本案不适用《公司法》第三十六条，而应适用该法第九十四条第四款"当事人一方延迟履行债务或有其他违约行为致使不能实现合同目的"。奉某波认为一审法院认定事实不清，适用法律错误，程序违法。

聚创公司辩称，一审法院缺席审判合法。聚创公司原有九位股东，后来有几名退出了，新吸纳了奉某波等人进来，开过多次会议并进行签到，公司出现问题后，公司考虑到股东利益将每个股东10%的资金退还，也是有签字的，目前公司还有30多名股东，都是正式股东。一审判决正确，请求维持。

奉某波向一审法院起诉请求：1.判决聚创公司返还奉某波增资款200 000元及按照银行同期贷款利率支付利息（自股本金打入公司账户之日至实际退还之日止）；2.本案诉讼费由聚创公司承担。

一审法院认定事实：与奉某波在一审中诉称一致。一审另查明，聚创公司于2014年4月24日向奉某波出具收据，载明：聚创公司收到奉某波股本金200 000元，奉某波于当日通过银行转账给聚创公司指定的银行账户。2014年11月7日，聚创公司召开股东大会决议，同意增加公司注册资本31 500 000元，并将奉某波作为公司股东。当日对公司章程中公司注册资本进行修正。2014年12月4日，四川省工商行政管理局对聚创公司提出的申请注册资本（金）变更登记做出准予变更登记通知书。

一审法院认为，聚创公司经一审法院合法传唤无正当理由拒不到庭参加诉讼，视为放弃质证和抗辩的权利。奉某波与聚创公司之间形成的公司增资关系是双方当事人真实意思表示，不违反法律、行政法规的强制性规定，应属合法有效。根据《合同法》第三十五条规定"公司成立后，股东不得抽逃出资"，奉某波、聚创公司之间签有章程修订案，聚创公司也召开股东大会同意增加公司注册资本，同时吸纳奉某波作为新股东，奉某波也向聚创公司交纳了股本金200 000元，双方有增资扩股的真实意思表示。奉某波出资后，虽然聚创公司未对股东注册资本进行变更登记，但奉某波不得要求聚创公司返还已交纳的股本金，奉某波可继续要求聚创公司对股东注册资本进行变更登记。故，奉某波要求聚创公司返还出资款200 000元及按照银行同期贷款利率支付违约金的诉讼请求,不符合法律规定,一审法院不予支持。综上,依据《合同法》第三十五条规定:"公司成立后,股东不得抽逃出资",判决:驳回奉某波的诉讼请求。案件受理费4 300元,诉讼保全费1 520元,共计5 820元,由奉某波负担。

二审中,奉某波对一审法院查明"2014年11月7日,聚创公司召开股东大会决议,同意增加公司注册资本3 150万元,并将奉某波作为公司股东。当日对公司章程中公司注册资本进行修正"的内容有异议,认为上述内容描述不完整,公司章程变更后并没有奉某波的名字。奉某波、聚创公司对一审查明的其他内容没有异议,本院予以确认。

二审审理中,聚创公司提交一份《会议签到表》和一份《意向股东沟通会会议纪要》(以下简称《会议纪要》),拟证明奉某波是聚创公司股东。奉某波质证称:对《会议签到表》和《会议纪要》的真实性、合法性、关联性均有异议,认为上述证据没有奉某波的签名和关于他的任何记录。经审查,本院认为,由于奉某波对《会议签到表》《会议纪要》的真实性、合法性、关联性不予认可,因此《会议签到表》《会议纪要》不能证明奉某波于2014年3月29日参加过聚创公司意向股东沟通会,达不到聚创公司拟证明奉某波系聚创公司股东的证明目的,故对于该项证据本院不予采信。

另查明:1.聚创公司为股份有限公司,设立方式为发起设立,章程记载的股东有9位,股本总额1.06亿元,9位股东均认缴了相应数额,出资方式为货币,出资时间为2019年3月25日。2.聚创公司已向奉某波退还股本金2万元。3.2014年11月7日的《公司章程修正案》并未记载奉建波为聚创公司股东。

本院认为,本案系聚创公司在经营过程中因增资募股而引发的纠纷。聚创公司为股份有限公司,其章程记载的9位股东均认缴了相应的股份数额,其认缴期限为2019年3月25日,聚创公司并无证据证明其股东已经全额缴纳了所认缴的出资,依据《公司法》第八十条第一款"股份有限公司采取发起设立方式设立的,注册资本为在公司登记机关登记的全体发起人认购的股本总额。在发起人认购的股份缴足前,不得向他人募集股份"之规定,聚创公司向奉某波募集股份的行为违反前述法律规定,奉某波向聚创公司所支付的股本金应当由聚创公司予以返还并支付资金利息。扣除聚创公司已向奉某波返还的20 000元,聚创公司还应向奉某波返还180 000元。资金利息从奉某波主张权利之日起(即奉某波提起一审诉讼的时间2016年3月2日)至本判决确定的给付之日止,按中国人民银行公布的同期同类银行贷款基准利率计算。

综上,奉某波的上诉请求及理由成立,本院予以支持。一审判决认定事实清楚,但适用法律错误,本院依法予以纠正。据此,依照《公司法》第八十条第一款及《民事诉讼法》第一百七十条第一款第(二)项之规定,判决如下:

一、撤销成都市武侯区人民法院〔2016〕川0107民初2067号民事判决;

二、四川聚创富邦实业股份有限公司于本判决生效之日起十日内返还180 000元股本金并支付利息给奉某波,利息从2016年3月2日起计算至本判决确定的给付之日止,按中国人民银行公布的同期同类银行贷款基准利率计算。

如果未按本判决指定期间履行给付金钱义务，应当依照《民事诉讼法》第二百五十三条之规定，加倍支付履行期间的债务利息。

一审案件受理费 4 300 元，二审案件受理费 4 300 元，合计 8 600 元，由四川聚创富邦实业股份有限公司负担。

本判决为终审判决。

审判长　张　　琦

审判员　苏　　展

审判员　胡张映雪

二〇一七年九月四日

书记员　张　　玲

四川省高级人民法院
民 事 裁 定 书

〔2018〕川民申 1601 号

再审申请人（一审被告、二审被上诉人）：四川聚创富邦实业股份有限公司，住所地四川省成都市武侯区人民南路四段 57 号一层 8 — 10 号。

法定代表人：高某清，该公司总裁。

委托诉讼代理人：钟莉，四川法佑律师事务所律师。

被申请人（一审原告、二审上诉人）：奉某波，男，1968 年 11 月 13 日出生，汉族，住西藏自治区拉萨市城关区。

委托诉讼代理人：陈琪，四川衡平律师事务所律师。

委托诉讼代理人：裘丰华，四川明炬律师事务所律师。

再审申请人四川聚创富邦实业股份有限公司（以下简称聚创公司）因与被申请人奉某波公司增资纠纷一案，不服四川省成都市中级人民法院〔2017〕川 01 民终 7942 号民事判决，向本院申请再审。本院依法组成合议庭进行了审查，现已审查终结。

聚创公司申请再审称，奉某波与聚创公司之间的增资关系，系双方真实意思表示，聚创公司召开了股东大会同意增加注册资本，奉某波交纳了股本金，四川省工商行政管理局也作出了准予变更登记通知书。奉某波出资后已享受了股东权利，参与了经营管理（包括但不限于出席股东会、领取减持股本金、领取股权证明书等）。增资协议已实际履行，奉某波已成为公司股东，增资关系不存在法定无效情形。《公司法》第八十条第一款属于管理性强制规定，二审法院据此判令聚创公司退还奉某波本金和利息，适用法律错误。聚创公司依据《民事诉讼法》第二百条第六项的规定申请再审。

奉某波提交意见称，二审判决适用法律正确，奉某波投资聚创公司虽然是真实意思，但违反了《公司法》的禁止性规定。请求驳回聚创公司的再审申请。

本院经审查认为，聚创公司系采取发起设立方式设立的股份有限公司，公司章程记载的9位发起人认缴了相应股份数额，认缴期限为2019年3月25日。根据《公司法》第八十条第一款规定，"股份有限公司采取发起设立方式设立的，注册资本为在公司登记机关登记的全体发起人认购的股本总额。在发起人认购的股份缴足前，不得向他人募集股份。"该规定旨在保护其他投资者利益，防止发起人在自己认购的股份尚未缴足之前，以股份有限公司的名义对外募集资金，从而加大他人投资风险。故上述法律规定应当为效力性强制规定。本案中，聚创公司并未举证证明在向奉某波募集股份之前，其9位发起人认购的股份已经缴足。聚创公司收取奉某波缴纳的股本金并向奉某波发放股权证明书的行为，实质是向发起人之外的特定对象发行新股，违反了《公司法》关于股份有限公司的上述强制性规定。另外，四川省工商行政管理局于2014年12月4日作出的准予变更登记通知书，也仅针对聚创公司注册资本的增加事宜，并不涉及股东人数的增加和变化。至于奉某波是否出席股东会、是否领取减持股本金和股权证明书等行为，均不会影响聚创公司向奉某波募集股份行为的效力。因此，二审判决依据《公司法》第八十条第一款规定，认定聚创公司向奉某波募集股份的行为无效，适用法律正确。鉴于双方对投资行为无效均有过错，根据《合同法》第五十八条规定："合同无效或者被撤销后，因该合同取得的财产，应当予以返还；不能返还或者没有必要返还的，应当折价补偿。有过错的一方应当赔偿对方因此所受到的损失，双方都有过错的，应当各自承担相应的责任"，二审判决判令聚创公司退还奉某波剩余股本金的同时，认定聚创公司应当支付的资金利息从奉某波提起一审诉讼时起算，亦无不当。

综上，聚创公司的再审申请不符合《民事诉讼法》第二百条第六项规定的情形。

依照《民事诉讼法》第二百零四条第一款，《最高人民法院关于适用〈中华人民共和国民事诉讼法〉的解释》第三百九十五条第二款规定，裁定如下：

驳回四川聚创富邦实业股份有限公司的再审申请。

审判长　梁咏蜀
审判员　刘丽君
审判员　吉家涛
二〇一八年五月二十四日
书记员　邱　婷

【2023年版本、三次审议稿】

第九十七条 以发起设立方式设立股份有限公司的,发起人应当认足公司章程规定的公司设立时应发行的股份。

以募集设立方式设立股份有限公司的,发起人认购的股份不得少于公司章程规定的公司设立时应发行股份总数的百分之三十五;但是,法律、行政法规另有规定的,从其规定。

【2018年版本】

第八十三条 以发起设立方式设立股份有限公司的,发起人应当书面认足公司章程规定其认购的股份,并按照公司章程规定缴纳出资。以非货币财产出资的,应当依法办理其财产权的转移手续。

发起人不依照前款规定缴纳出资的,应当按照发起人协议承担违约责任。

发起人认足公司章程规定的出资后,应当选举董事会和监事会,由董事会向公司登记机关报送公司章程以及法律、行政法规规定的其他文件,申请设立登记。

第八十四条 以募集设立方式设立股份有限公司的,发起人认购的股份不得少于公司股份总数的百分之三十五;但是,法律、行政法规另有规定的,从其规定。

【本条释义】

本条规定了发起人认购股份的比例。

股份有限公司的设立方式有发起设立和募集设立两种方式。如果当事人以发起设立方式设立股份有限公司,发起人应当认足公司章程规定的公司设立时应发行的股份。也就是说,股份有限公司设立时的资本应当是实缴资本,通常情况下,法律对最低金额并没有强制性要求。发起人为了减轻负担,可以先设定较低的注册资本,股份有限公司成立以后可以再扩股增资。

如果当事人以募集设立方式设立股份有限公司,发起人认购的股份不得少于公司章程规定的公司设立时应发行股份总数的35%,其余的部分可以通过募集的方式来筹集。为减少设立股份有限公司的风险和不确定性,发起人设定的股份有限公司的股份总额不宜过高,发起人认购的比例也可以适当提高,这样顺利募集到剩余股份的概率就会有所提高。如果法律、行政法规对于募集设立股份有限公司出资的方式另有规定,应当遵守该法律法规的规定。规章以及地方性法规不允许对募集设立股份有限公司出资的方式另有规定。

【2023年版本】

第九十八条　发起人应当在公司成立前按照其认购的股份全额缴纳股款。

发起人的出资，适用本法第四十八条、第四十九条第二款关于有限责任公司股东出资的规定。

【三次审议稿】

第九十八条　发起人应当按照其认购的股份足额缴纳股款。

发起人的出资，适用本法第四十八条、第四十九条第二款关于有限责任公司股东出资的规定。

【2018年版本】

第八十二条　发起人的出资方式，适用本法第二十七条的规定。

【本条释义】

本条规定了发起人缴纳股款的责任。

股份有限公司实行实缴资本制，而发起人是否能够足额缴纳股款是落实股份有限公司实缴资本制的基础与第一步，因此，发起人应当在公司成立前按照其认购的股份足额缴纳股款。

发起人的出资，适用《公司法》关于有限责任公司股东出资的规定。在出资的具体方式上，股份有限公司的股东与有限责任公司的股东没有区别。

【2023年版本】

第九十九条　发起人不按照其认购的股份缴纳股款，或者作为出资的非货币财产的实际价额显著低于所认购的股份的，其他发起人与该发起人在出资不足的范围内承担连带责任。

【三次审议稿】

第九十九条　发起人不按照其认购的股份缴纳股款或者作为出资的非货币财产的

实际价额显著低于所认购的股份的,应当按照发起人协议对其他发起人承担违约责任。

【2018年版本】

第八十三条 以发起设立方式设立股份有限公司的,发起人应当书面认足公司章程规定其认购的股份,并按照公司章程规定缴纳出资。以非货币财产出资的,应当依法办理其财产权的转移手续。

发起人不依照前款规定缴纳出资的,应当按照发起人协议承担违约责任。

发起人认足公司章程规定的出资后,应当选举董事会和监事会,由董事会向公司登记机关报送公司章程以及法律、行政法规规定的其他文件,申请设立登记。

【本条释义】

本条规定了发起人出资违约责任。

股份有限公司实行实缴资本制,发起人有义务足额缴纳股款,如果发起人不按照其认购的股份缴纳股款,或者作为出资的非货币财产的实际价额显著低于所认购的股份,其他发起人与该发起人在出资不足的范围内承担连带责任。注意,仅仅是其他发起人对出资不足部分承担连带责任,股份有限公司设立以后新增加的股东对此不承担责任。另外,根据发起人协议,出资不足的发起人还有可能对其他发起人承担违约责任。

【相关法律规定】

《民法典》

第一百七十六条 民事主体依照法律规定或者按照当事人约定,履行民事义务,承担民事责任。

第一百七十七条 二人以上依法承担按份责任,能够确定责任大小的,各自承担相应的责任;难以确定责任大小的,平均承担责任。

第一百七十八条 二人以上依法承担连带责任的,权利人有权请求部分或者全部连带责任人承担责任。

连带责任人的责任份额根据各自责任大小确定;难以确定责任大小的,平均承担责任。实际承担责任超过自己责任份额的连带责任人,有权向其他连带责任人追偿。

连带责任,由法律规定或者当事人约定。

第一百七十九条 承担民事责任的方式主要有:

(一)停止侵害;

(二)排除妨碍;

（三）消除危险；

（四）返还财产；

（五）恢复原状；

（六）修理、重作、更换；

（七）继续履行；

（八）赔偿损失；

（九）支付违约金；

（十）消除影响、恢复名誉；

（十一）赔礼道歉。

法律规定惩罚性赔偿的，依照其规定。

本条规定的承担民事责任的方式，可以单独适用，也可以合并适用。

第一百八十条 因不可抗力不能履行民事义务的，不承担民事责任。法律另有规定的，依照其规定。

不可抗力是不能预见、不能避免且不能克服的客观情况。

第一百八十一条 因正当防卫造成损害的，不承担民事责任。

正当防卫超过必要的限度，造成不应有的损害的，正当防卫人应当承担适当的民事责任。

第一百八十二条 因紧急避险造成损害的，由引起险情发生的人承担民事责任。

危险由自然原因引起的，紧急避险人不承担民事责任，可以给予适当补偿。

紧急避险采取措施不当或者超过必要的限度，造成不应有的损害的，紧急避险人应当承担适当的民事责任。

第一百八十三条 因保护他人民事权益使自己受到损害的，由侵权人承担民事责任，受益人可以给予适当补偿。没有侵权人、侵权人逃逸或者无力承担民事责任，受害人请求补偿的，受益人应当给予适当补偿。

第一百八十四条 因自愿实施紧急救助行为造成受助人损害的，救助人不承担民事责任。

第一百八十五条 侵害英雄烈士等的姓名、肖像、名誉、荣誉，损害社会公共利益的，应当承担民事责任。

第一百八十六条 因当事人一方的违约行为，损害对方人身权益、财产权益的，受损害方有权选择请求其承担违约责任或者侵权责任。

第一百八十七条 民事主体因同一行为应当承担民事责任、行政责任和刑事责任的，承担行政责任或者刑事责任不影响承担民事责任；民事主体的财产不足以支付的，优先用于承担民事责任。

……

第五百七十七条 当事人一方不履行合同义务或者履行合同义务不符合约定的，应当承担继续履行、采取补救措施或者赔偿损失等违约责任。

第五百七十八条 当事人一方明确表示或者以自己的行为表明不履行合同义务的,对方可以在履行期限届满前请求其承担违约责任。

第五百七十九条 当事人一方未支付价款、报酬、租金、利息,或者不履行其他金钱债务的,对方可以请求其支付。

第五百八十条 当事人一方不履行非金钱债务或者履行非金钱债务不符合约定的,对方可以请求履行,但是有下列情形之一的除外:

(一)法律上或者事实上不能履行;

(二)债务的标的不适于强制履行或者履行费用过高;

(三)债权人在合理期限内未请求履行。

有前款规定的除外情形之一,致使不能实现合同目的的,人民法院或者仲裁机构可以根据当事人的请求终止合同权利义务关系,但是不影响违约责任的承担。

第五百八十一条 当事人一方不履行债务或者履行债务不符合约定,根据债务的性质不得强制履行的,对方可以请求其负担由第三人替代履行的费用。

第五百八十二条 履行不符合约定的,应当按照当事人的约定承担违约责任。对违约责任没有约定或者约定不明确,依据本法第五百一十条的规定仍不能确定的,受损害方根据标的的性质以及损失的大小,可以合理选择请求对方承担修理、重作、更换、退货、减少价款或者报酬等违约责任。

第五百八十三条 当事人一方不履行合同义务或者履行合同义务不符合约定的,在履行义务或者采取补救措施后,对方还有其他损失的,应当赔偿损失。

第五百八十四条 当事人一方不履行合同义务或者履行合同义务不符合约定,造成对方损失的,损失赔偿额应当相当于因违约所造成的损失,包括合同履行后可以获得的利益;但是,不得超过违约一方订立合同时预见到或者应当预见到的因违约可能造成的损失。

第五百八十五条 当事人可以约定一方违约时应当根据违约情况向对方支付一定数额的违约金,也可以约定因违约产生的损失赔偿额的计算方法。

约定的违约金低于造成的损失的,人民法院或者仲裁机构可以根据当事人的请求予以增加;约定的违约金过分高于造成的损失的,人民法院或者仲裁机构可以根据当事人的请求予以适当减少。

当事人就迟延履行约定违约金的,违约方支付违约金后,还应当履行债务。

第五百八十六条 当事人可以约定一方向对方给付定金作为债权的担保。定金合同自实际交付定金时成立。

定金的数额由当事人约定;但是,不得超过主合同标的额的百分之二十,超过部分不产生定金的效力。实际交付的定金数额多于或者少于约定数额的,视为变更约定的定金数额。

第五百八十七条 债务人履行债务的,定金应当抵作价款或者收回。给付定金的一方不履行债务或者履行债务不符合约定,致使不能实现合同目的的,无权请求返还定金；收受定金的一方不履行债务或者履行债务不符合约定，致使不能实现合同目的的，应当双倍返还定金。

第五百八十八条　当事人既约定违约金，又约定定金的，一方违约时，对方可以选择适用违约金或者定金条款。

定金不足以弥补一方违约造成的损失的，对方可以请求赔偿超过定金数额的损失。

第五百八十九条　债务人按照约定履行债务，债权人无正当理由拒绝受领的，债务人可以请求债权人赔偿增加的费用。

在债权人受领迟延期间，债务人无须支付利息。

第五百九十条　当事人一方因不可抗力不能履行合同的，根据不可抗力的影响，部分或者全部免除责任，但是法律另有规定的除外。因不可抗力不能履行合同的，应当及时通知对方，以减轻可能给对方造成的损失，并应当在合理期限内提供证明。

当事人迟延履行后发生不可抗力的，不免除其违约责任。

第五百九十一条　当事人一方违约后，对方应当采取适当措施防止损失的扩大；没有采取适当措施致使损失扩大的，不得就扩大的损失请求赔偿。

当事人因防止损失扩大而支出的合理费用，由违约方负担。

第五百九十二条　当事人都违反合同的，应当各自承担相应的责任。

当事人一方违约造成对方损失，对方对损失的发生有过错的，可以减少相应的损失赔偿额。

第五百九十三条　当事人一方因第三人的原因造成违约的，应当依法向对方承担违约责任。当事人一方和第三人之间的纠纷，依照法律规定或者按照约定处理。

第五百九十四条　因国际货物买卖合同和技术进出口合同争议提起诉讼或者申请仲裁的时效期间为四年。

【2023年版本、三次审议稿】

第一百条　发起人向社会公开募集股份，应当公告招股说明书，并制作认股书。认股书应当载明本法第一百五十四条第二款、第三款所列事项，由认股人填写认购的股份数、金额、住所，并签名或者盖章。认股人应当按照所认购股份足额缴纳股款。

【2018年版本】

第八十五条　发起人向社会公开募集股份，必须公告招股说明书，并制作认股书。认股书应当载明本法第八十六条所列事项，由认股人填写认购股数、金额、住所，并签名、盖章。认股人按照所认购股数缴纳股款。

第八十六条　招股说明书应当附有发起人制订的公司章程，并载明下列事项：

（一）发起人认购的股份数；
（二）每股的票面金额和发行价格；
（三）无记名股票的发行总数；
（四）募集资金的用途；
（五）认股人的权利、义务；
（六）本次募股的起止期限及逾期未募足时认股人可以撤回所认股份的说明。

【本条释义】

本条规定了发起人公开募集股份的程序。

募集设立股份有限公司的，可以分为非公开募集股份和公开募集股份。非公开募集股份因仅涉及少数主体的利益，当事人可以通过合同方式约定各自权利义务，从而保护各自的合法权益，不需要法律过多干预。公开募集股份因为涉及不特定多数人的利益，而且涉及公共利益，法律应当进行严格规范。

发起人向社会公开募集股份，应当公告招股说明书，并制作认股书。招股说明书是对拟设立的股份有限公司的全面介绍，中国证监会、上海证券交易所、深圳证券交易所和北京证券交易所对招股说明书的格式与内容都有严格的要求。认股书应当载明《公司法》第一百五十四条第二款、第三款所列事项，由认股人填写认购的股份数、金额、住所，并签名或者盖章。认股人应当按照所认购股数足额缴纳股款。从合同订立方式的角度来看，招股说明书属于要约邀请，认股书属于要约。

【相关法律规定】

《民法典》

第四百六十九条　当事人订立合同，可以采用书面形式、口头形式或者其他形式。

书面形式是合同书、信件、电报、电传、传真等可以有形地表现所载内容的形式。

以电子数据交换、电子邮件等方式能够有形地表现所载内容，并可以随时调取查用的数据电文，视为书面形式。

第四百七十条　合同的内容由当事人约定，一般包括下列条款：
（一）当事人的姓名或者名称和住所；
（二）标的；
（三）数量；
（四）质量；
（五）价款或者报酬；
（六）履行期限、地点和方式；
（七）违约责任；

（八）解决争议的方法。

当事人可以参照各类合同的示范文本订立合同。

第四百七十一条 当事人订立合同，可以采取要约、承诺方式或者其他方式。

第四百七十二条 要约是希望与他人订立合同的意思表示，该意思表示应当符合下列条件：

（一）内容具体确定；

（二）表明经受要约人承诺，要约人即受该意思表示约束。

第四百七十三条 要约邀请是希望他人向自己发出要约的表示。拍卖公告、招标公告、招股说明书、债券募集办法、基金招募说明书、商业广告和宣传、寄送的价目表等为要约邀请。

商业广告和宣传的内容符合要约条件的，构成要约。

第四百七十四条 要约生效的时间适用本法第一百三十七条的规定。

第四百七十五条 要约可以撤回。要约的撤回适用本法第一百四十一条的规定。

第四百七十六条 要约可以撤销，但是有下列情形之一的除外：

（一）要约人以确定承诺期限或者其他形式明示要约不可撤销；

（二）受要约人有理由认为要约是不可撤销的，并已经为履行合同做了合理准备工作。

第四百七十七条 撤销要约的意思表示以对话方式作出的，该意思表示的内容应当在受要约人作出承诺之前为受要约人所知道；撤销要约的意思表示以非对话方式作出的，应当在受要约人作出承诺之前到达受要约人。

第四百七十八条 有下列情形之一的，要约失效：

（一）要约被拒绝；

（二）要约被依法撤销；

（三）承诺期限届满，受要约人未作出承诺；

（四）受要约人对要约的内容作出实质性变更。

第四百七十九条 承诺是受要约人同意要约的意思表示。

第四百八十条 承诺应当以通知的方式作出；但是，根据交易习惯或者要约表明可以通过行为作出承诺的除外。

第四百八十一条 承诺应当在要约确定的期限内到达要约人。

要约没有确定承诺期限的，承诺应当依照下列规定到达：

（一）要约以对话方式作出的，应当即时作出承诺；

（二）要约以非对话方式作出的，承诺应当在合理期限内到达。

第四百八十二条 要约以信件或者电报作出的，承诺期限自信件载明的日期或者电报交发之日开始计算。信件未载明日期的，自投寄该信件的邮戳日期开始计算。要约以电话、传真、电子邮件等快速通讯方式作出的，承诺期限自要约到达受要约人时开始计算。

第四百八十三条 承诺生效时合同成立,但是法律另有规定或者当事人另有约定的除外。

第四百八十四条 以通知方式作出的承诺,生效的时间适用本法第一百三十七条的规定。

承诺不需要通知的,根据交易习惯或者要约的要求作出承诺的行为时生效。

第四百八十五条 承诺可以撤回。承诺的撤回适用本法第一百四十一条的规定。

第四百八十六条 受要约人超过承诺期限发出承诺,或者在承诺期限内发出承诺,按照通常情形不能及时到达要约人的,为新要约;但是,要约人及时通知受要约人该承诺有效的除外。

第四百八十七条 受要约人在承诺期限内发出承诺,按照通常情形能够及时到达要约人,但是因其他原因致使承诺到达要约人时超过承诺期限的,除要约人及时通知受要约人因承诺超过期限不接受该承诺外,该承诺有效。

第四百八十八条 承诺的内容应当与要约的内容一致。受要约人对要约的内容作出实质性变更的,为新要约。有关合同标的、数量、质量、价款或者报酬、履行期限、履行地点和方式、违约责任和解决争议方法等的变更,是对要约内容的实质性变更。

第四百八十九条 承诺对要约的内容作出非实质性变更的,除要约人及时表示反对或者要约表明承诺不得对要约的内容作出任何变更外,该承诺有效,合同的内容以承诺的内容为准。

第四百九十条 当事人采用合同书形式订立合同的,自当事人均签名、盖章或者按指印时合同成立。在签名、盖章或者按指印之前,当事人一方已经履行主要义务,对方接受时,该合同成立。

法律、行政法规规定或者当事人约定合同应当采用书面形式订立,当事人未采用书面形式但是一方已经履行主要义务,对方接受时,该合同成立。

第四百九十一条 当事人采用信件、数据电文等形式订立合同要求签订确认书的,签订确认书时合同成立。

当事人一方通过互联网等信息网络发布的商品或者服务信息符合要约条件的,对方选择该商品或者服务并提交订单成功时合同成立,但是当事人另有约定的除外。

第四百九十二条 承诺生效的地点为合同成立的地点。

采用数据电文形式订立合同的,收件人的主营业地为合同成立的地点;没有主营业地的,其住所地为合同成立的地点。当事人另有约定的,按照其约定。

第四百九十三条 当事人采用合同书形式订立合同的,最后签名、盖章或者按指印的地点为合同成立的地点,但是当事人另有约定的除外。

第四百九十四条 国家根据抢险救灾、疫情防控或者其他需要下达国家订货任务、指令性任务的,有关民事主体之间应当依照有关法律、行政法规规定的权利和义务订立合同。

依照法律、行政法规的规定负有发出要约义务的当事人,应当及时发出合理的要约。

依照法律、行政法规的规定负有作出承诺义务的当事人,不得拒绝对方合理的订立合同要求。

第四百九十五条 当事人约定在将来一定期限内订立合同的认购书、订购书、预订书等,构成预约合同。

当事人一方不履行预约合同约定的订立合同义务的,对方可以请求其承担预约合同的违约责任。

第四百九十六条 格式条款是当事人为了重复使用而预先拟定,并在订立合同时未与对方协商的条款。

采用格式条款订立合同的,提供格式条款的一方应当遵循公平原则确定当事人之间的权利和义务,并采取合理的方式提示对方注意免除或者减轻其责任等与对方有重大利害关系的条款,按照对方的要求,对该条款予以说明。提供格式条款的一方未履行提示或者说明义务,致使对方没有注意或者理解与其有重大利害关系的条款的,对方可以主张该条款不成为合同的内容。

第四百九十七条 有下列情形之一的,该格式条款无效:
(一)具有本法第一编第六章第三节和本法第五百零六条规定的无效情形;
(二)提供格式条款一方不合理地免除或者减轻其责任、加重对方责任、限制对方主要权利;
(三)提供格式条款一方排除对方主要权利。

第四百九十八条 对格式条款的理解发生争议的,应当按照通常理解予以解释。对格式条款有两种以上解释的,应当作出不利于提供格式条款一方的解释。格式条款和非格式条款不一致的,应当采用非格式条款。

第四百九十九条 悬赏人以公开方式声明对完成特定行为的人支付报酬的,完成该行为的人可以请求其支付。

第五百条 当事人在订立合同过程中有下列情形之一,造成对方损失的,应当承担赔偿责任:
(一)假借订立合同,恶意进行磋商;
(二)故意隐瞒与订立合同有关的重要事实或者提供虚假情况;
(三)有其他违背诚信原则的行为。

第五百零一条 当事人在订立合同过程中知悉的商业秘密或者其他应当保密的信息,无论合同是否成立,不得泄露或者不正当地使用;泄露、不正当地使用该商业秘密或者信息,造成对方损失的,应当承担赔偿责任。

【相关规章规定】

《公开发行证券的公司信息披露内容与格式准则第 46 号——北京证券交易所公司招股说明书》(中国证券监督管理委员会公告〔2023〕16 号)

第一章 总　　则

第一条 为了规范北京证券交易所（以下简称北交所）向不特定合格投资者公开发行股票（以下简称公开发行）的信息披露行为，保护投资者的合法权益，根据《中华人民共和国证券法》（以下简称《证券法》）、《中华人民共和国公司法》（以下简称《公司法》）和《北京证券交易所向不特定合格投资者公开发行股票注册管理办法》的规定，制定本准则。

第二条 申请公开发行并在北交所上市的公司（以下简称发行人）应当按本准则编制招股说明书，作为申请公开发行的必备法律文件，并按本准则规定进行披露。

第三条 本准则的规定是对招股说明书信息披露的最低要求。不论本准则是否有明确规定，凡对投资者作出价值判断和投资决策有重大影响的信息，均应当披露。国家有关部门对发行人信息披露另有规定的，发行人还应当遵守其规定并履行信息披露义务。

招股说明书涉及未公开重大信息的，发行人应当按有关规定及时履行信息披露义务。

第四条 发行人在招股说明书中披露预测性信息及其他涉及发行人未来经营和财务状况信息，应当谨慎、合理。

第五条 发行人作为信息披露第一责任人，应当以投资者投资需求为导向编制招股说明书，为投资者作出价值判断和投资决策提供充分且必要的信息，保证相关信息的内容真实、准确、完整。

第六条 发行人应当加强投资者权益保护，在招股说明书中充分披露投资者权益保护的情况，说明在保障投资者尤其是中小投资者依法享有获取公司信息、享有资产收益、参与重大决策和选择管理者等权利方面采取的措施。

第七条 本准则某些具体要求对发行人确实不适用的，发行人可根据实际情况，在不影响披露内容完整性的前提下作适当调整，但应当在申报时作书面说明。

第八条 发行人有充分依据证明本准则要求披露的信息涉及国家秘密、商业秘密及其他因披露可能导致其违反国家有关保密法律法规或严重损害公司利益的，发行人可申请豁免按本准则披露。

第九条 招股说明书的编制应当符合下列一般要求：

（一）信息披露内容应当简明易懂，语言应当浅白平实，便于投资者阅读、理解，应当使用事实描述性语言，尽量采用图表、图片或其他较为直观的方式披露公司及其产品、财务等情况；

（二）应当准确引用与本次发行有关的中介机构的专业意见或报告，引用第三方数据或结论的，应当注明资料来源，确保有权威、客观、独立的依据并符合时效性要求；

（三）引用的数字应当采用阿拉伯数字，有关金额的资料除特别说明之外，应当指人民币金额，并以元、千元、万元或亿元为单位；

（四）发行人可根据有关规定或其他需求，编制招股说明书外文译本，但应当保证中外文文本的一致性,在对中外文本的理解上发生歧义时,以中文文本为准。

第十条 在不影响信息披露的完整性并保证阅读方便的前提下,发行人可采用相互引征的方法,对各相关部分的内容进行适当的技术处理;对于曾在全国中小企业股份转让系统(以下简称全国股转系统)挂牌期间公开披露过的信息,如事实未发生变化,发行人可以采用索引的方式进行披露。

第十一条 信息披露事项涉及重要性水平判断的,发行人应当结合自身业务特点,披露重要性水平的确定标准和依据。

第十二条 发行人下属企业的资产、收入或利润规模对发行人有重大影响的,应当参照本准则的规定披露相关信息。

第十三条 发行人在报送申请文件后,发生应予披露事项的,应当按规定及时履行信息披露义务。

第十四条 发行人应当按照中国证券监督管理委员会(以下简称中国证监会)和北交所的规定披露招股说明书(申报稿)。

发行人应当在招股说明书(申报稿)显要位置作如下声明:"本公司的发行申请尚未经中国证监会注册。本招股说明书申报稿不具有据以发行股票的法律效力,投资者应当以正式公告的招股说明书全文作为投资决定的依据。"

"本次股票发行后拟在北京证券交易所上市,该市场具有较高的投资风险。北京证券交易所主要服务创新型中小企业,上市公司具有经营风险高、业绩不稳定、退市风险高等特点,投资者面临较大的市场风险。投资者应当充分了解北京证券交易所市场的投资风险及本公司所披露的风险因素,并审慎作出投资决定。"

第十五条 发行人应当在符合《证券法》规定的信息披露平台披露招股说明书及其备查文件和中国证监会要求披露的其他文件,供投资者查阅。

发行人可以将招股说明书及其备查文件刊登于其他报刊、网站,但披露内容应当完全一致,且不得早于在符合《证券法》规定的信息披露平台的披露时间。

第十六条 招股意向书除发行数量、发行价格及筹资金额等内容可不确定外,其内容和格式应当与招股说明书一致。

招股意向书应当载明"本招股意向书的所有内容构成招股说明书不可撤销的组成部分,与招股说明书具有同等法律效力。"

第二章 招股说明书

第一节 封面、书脊、扉页、目录、释义

第十七条 招股说明书文本封面应当标有"×××公司招股说明书"字样,并载明发行人名称、证券简称、证券代码和住所,保荐人、主承销商的名称和住所。

第十八条 招股说明书纸质文本书脊应当标有"×××公司招股说明书"字样。

第十九条 招股说明书扉页应当载明下列内容:

（一）发行股票类型；
（二）发行股数；
（三）每股面值；
（四）定价方式；
（五）每股发行价格；
（六）预计发行日期；
（七）发行后总股本，发行境外上市外资股的公司还应当披露在境内上市流通的股份数量和在境外上市流通的股份数量；
（八）保荐人、主承销商；
（九）招股说明书签署日期。

第二十条 发行人应当在招股说明书扉页的显要位置载明：

"中国证监会和北京证券交易所对本次发行所作的任何决定或意见，均不表明其对注册申请文件及所披露信息的真实性、准确性、完整性作出保证，也不表明其对发行人的盈利能力、投资价值或者对投资者的收益作出实质性判断或者保证。任何与之相反的声明均属虚假不实陈述。

根据《证券法》的规定，股票依法发行后，发行人经营与收益的变化，由发行人自行负责；投资者自主判断发行人的投资价值，自主作出投资决策，自行承担股票依法发行后因发行人经营与收益变化或者股票价格变动引致的投资风险。"

第二十一条 发行人应当在招股说明书扉页作出如下声明：

"发行人及全体董事、监事、高级管理人员承诺招股说明书及其他信息披露资料不存在虚假记载、误导性陈述或者重大遗漏，并对其真实性、准确性、完整性承担相应的法律责任。

发行人控股股东、实际控制人承诺招股说明书不存在虚假记载、误导性陈述或者重大遗漏，并对其真实性、准确性、完整性承担相应的法律责任。

公司负责人和主管会计工作的负责人、会计机构负责人保证招股说明书中财务会计资料真实、准确、完整。

发行人及全体董事、监事、高级管理人员、发行人的控股股东、实际控制人以及保荐人、承销商承诺因发行人招股说明书及其他信息披露资料有虚假记载、误导性陈述或者重大遗漏，致使投资者在证券发行和交易中遭受损失的，将依法承担法律责任。

保荐人及证券服务机构承诺因其为发行人本次公开发行股票制作、出具的文件有虚假记载、误导性陈述或者重大遗漏，给投资者造成损失的，将依法承担法律责任。"

第二十二条 发行人应当根据本准则及相关规定，针对实际情况在招股说明书首页作"重大事项提示"，提醒投资者需特别关注的重要事项，并提醒投资者认真阅读招股说明书正文内容。

第二十三条 招股说明书的目录应当标明各章、节的标题及相应的页码，内容编排应当符合通行的惯例。

第二十四条 发行人应当对可能造成投资者理解障碍及有特定含义的术语作出释义。招股说明书的释义应当在目录次页列示。

第二节 概 览

第二十五条 发行人应当声明:"本概览仅对招股说明书作扼要提示。投资者作出投资决策前,应当认真阅读招股说明书全文。"

第二十六条 发行人应当披露本次发行所履行的决策程序。本次发行依照法律法规的规定应当取得其他监管机关审批的,应当披露审批程序的办理情况。

第二十七条 发行人应当披露本次发行的基本情况,主要包括:

(一)发行股票类型;

(二)每股面值;

(三)发行股数、占发行后总股本的比例;

(四)定价方式;

(五)每股发行价格;

(六)发行市盈率、市净率;

(七)预测净利润及发行后每股收益(如有);

(八)发行前和发行后的每股净资产、净资产收益率;

(九)本次发行股票上市流通情况,包括各类投资者持有期的限制或承诺;

(十)发行方式和发行对象;

(十一)战略配售情况(如有);

(十二)预计募集资金总额和净额,发行费用概算(包括保荐费用、承销费用、律师费用、审计费用、评估费用、发行手续费用等);

(十三)承销方式及承销期;

(十四)询价对象范围及其他报价条件(如有);

(十五)优先配售对象及条件(如有)。

第二十八条 发行人应当披露下列机构的名称、法定代表人、住所、联系电话、传真,同时应当披露有关经办人员的姓名:

(一)保荐人、承销商;

(二)律师事务所;

(三)会计师事务所;

(四)资产评估机构(如有);

(五)股票登记机构;

(六)收款银行;

(七)其他与本次发行有关的机构。

第二十九条 发行人应当披露其与本次发行有关的保荐人、承销商、证券服务机构及其负责人、高级管理人员、经办人员之间存在的直接或间接的股权关系或其他利害关系。

第三十条 发行人应当简要披露发行人及其控股股东、实际控制人的情况,概述发行人主营业务的情况。

发行人应当列表披露最近三年及一期的主要会计数据及财务指标,主要包括:资产总额、股东权益合计、归属于母公司所有者的股东权益、资产负债率(母公司)、营业收入、毛利率、净利润、归属于母公司所有者的净利润、归属于母公司所有者的扣除非经常性损益后的净利润、加权平均净资产收益率、扣除非经常性损益后净资产收益率、基本每股收益、稀释每股收益、经营活动产生的现金流量净额、研发投入占营业收入的比例。除特别指出外,上述财务指标应当以合并财务报表的数据为基础进行计算。相关指标的计算应当执行中国证监会的有关规定。

第三十一条 简要披露发行人自身的创新特征,包括但不限于技术创新、模式创新和科技成果转化等情况。

第三十二条 披露发行人选择的具体上市标准及对上市标准的分析说明。

第三十三条 发行人应当简要披露公司治理特殊安排等重要事项。

第三十四条 发行人应当简要披露募集资金用途。

第三节 风险因素

第三十五条 发行人应当遵循重要性原则披露可能直接或间接对发行人及本次发行产生重大不利影响的所有风险因素。

第三十六条 发行人应当针对自身实际情况描述相关风险因素,描述应当充分、准确、具体,并作定量分析,无法进行定量分析的,应当有针对性地作出定性描述,但不得采用普遍适用的模糊表述;有关风险因素对发行人生产经营状况和持续盈利能力有严重不利影响的,应当作"重大事项提示";风险因素中不得包含风险对策、发行人竞争优势及任何可能减轻风险因素的类似表述。

第三十七条 发行人应当结合自身实际情况,披露由于技术、产品、政策、经营模式变化等可能导致的风险,包括但不限于:

(一)经营风险,包括市场或经营前景或行业政策变化,商业周期变化,经营模式失败,依赖单一客户、单一技术、单一原材料等风险;

(二)财务风险,包括现金流状况不佳,资产周转能力差,重大资产减值,重大担保或偿债风险等;

(三)技术风险,包括技术升级迭代、研发失败、技术专利许可或授权不具排他性、技术未能形成产品或实现产业化等风险;

(四)人力资源风险,公司董事、监事、高级管理人员或核心技术(业务)人员存在违反保密、竞业禁止等方面规定的情形,公司人力资源无法匹配公司发展需求,关键岗位人才流失,管理经验不足,公司业务依赖单一人员等风险;

(五)尚未盈利或存在累计未弥补亏损的风险,包括未来一定期间无法盈利或无法进行利润分配的风险，对发行人资金状况、业务拓展、人才引进、团队稳定、研发投入、市场拓展等方面产生不利影响的风险等；

（六）法律风险，包括重大技术、产品纠纷或诉讼风险，土地、资产权属瑕疵，股权纠纷，行政处罚等方面对发行人合法合规性及持续经营的影响；

（七）发行失败风险，包括发行认购不足等风险；

（八）特别表决权股份或类似公司治理特殊安排的风险；

（九）可能严重影响公司持续经营的其他因素。

第四节 发行人基本情况

第三十八条 发行人应当披露其基本信息，主要包括：

（一）注册中、英文名称；

（二）统一社会信用代码；

（三）注册资本；

（四）法定代表人；

（五）成立日期；

（六）住所和邮政编码；

（七）电话、传真号码；

（八）互联网网址；

（九）电子信箱；

（十）负责信息披露和投资者关系的部门、负责人和电话号码。

第三十九条 发行人应当披露在全国股转系统挂牌期间的基本情况，主要包括：

（一）证券简称、证券代码、挂牌日期和目前所属层级；

（二）主办券商及其变动情况；

（三）报告期内年报审计机构及其变动情况；

（四）股票交易方式及其变更情况；

（五）报告期内发行融资情况，包括但不限于发行方式、金额、资金用途等；

（六）报告期内重大资产重组情况，对发行人业务和管理、股权结构及经营业绩的影响；

（七）报告期内控制权变动情况；

（八）报告期内股利分配情况。

第四十条 发行人应当采用图表等形式全面披露持有发行人百分之五以上股份或表决权的主要股东、实际控制人，控股股东、实际控制人所控制的其他企业，发行人的分公司、控股子公司、参股公司以及其他有重要影响的关联方。

第四十一条 发行人应当披露持有发行人百分之五以上股份或表决权的主要股东及发行人实际控制人的基本情况，主要包括：

（一）持有发行人百分之五以上股份或表决权的主要股东及发行人实际控制人为

法人的，应当披露成立时间、注册资本、实收资本、注册地和主要生产经营地、股东构成、主营业务及其与发行人主营业务的关系；为自然人的，应当披露其国籍及拥有境外居留权情况、身份证件类型及号码和其在发行人处担任的职务；作为合伙企业等非法人组织的，应当披露该合伙企业的合伙人构成、出资比例等。

发行人的控股股东及实际控制人为法人的，还应当披露其最近一年及一期末的总资产和净资产、最近一年及一期的净利润，并标明有关财务数据是否经过审计及审计机构名称；

（二）控股股东和实际控制人及持有发行人百分之五以上股份或表决权的主要股东直接或间接持有发行人的股份是否存在涉诉、质押、冻结或其他有争议的情况；

（三）实际控制人应当披露至最终的国有控股主体、集体组织、自然人等；

（四）无控股股东、实际控制人的，应当参照本条对发行人控股股东及实际控制人的要求披露对发行人有重大影响的股东情况。

第四十二条 发行人应当披露有关股本的情况，主要包括：

（一）本次发行前的总股本、本次拟发行的股份及占发行后总股本的比例；

（二）本次发行前的前十名股东持股数量、股份性质及其限售情况。

第四十三条 发行人应当披露本次公开发行申报前已经制定或实施的股权激励及相关安排（如限制性股票、股票期权等），发行人控股股东、实际控制人与其他股东签署的特殊投资约定等可能导致股权结构变化的事项，并说明其对公司经营状况、财务状况、控制权变化等方面的影响。

第四十四条 发行人应当简要披露其控股子公司、有重大影响的参股公司的情况，主要包括成立时间、注册资本、实收资本、注册地和主要生产经营地、股东构成及控制情况、主营业务及其与发行人主营业务的关系、主要产品或服务、最近一年及一期末的总资产和净资产、最近一年及一期的净利润，并标明有关财务数据是否经过审计及审计机构名称。

发行人应当列表简要披露其他参股公司的情况，包括出资金额、持股比例、入股时间、控股方及主营业务情况等。

第四十五条 发行人应当披露董事、监事、高级管理人员的简要情况，主要包括：姓名，国籍及境外居留权，性别，出生年月，学历及专业背景，职称，职业经历（应当包含曾经担任的重要职务及任期、主要负责内容及重大工作成果），现任职务及任期，兼职情况及兼职单位与发行人的关联关系，与其他董事、监事、高级管理人员的亲属关系，薪酬情况（应当包含薪酬组成、确定依据、报告期内薪酬总额占各期发行人利润总额的比重等）。

第四十六条 发行人应当列表披露董事、监事、高级管理人员及其近亲属直接或间接持有发行人股份的情况、持有人姓名，所持股份的涉诉、质押或冻结情况，以及是否履行相关信息披露义务。

发行人应当披露董事、监事、高级管理人员与发行人业务相关的对外投资情况，包括投资金额、持股比例、有关承诺和协议,对于存在利益冲突情形的,应当披露解决情况。

第四十七条 发行人应当充分披露报告期内发行人、控股股东、实际控制人、持股百分之五以上股东以及发行人的董事、监事、高级管理人员等责任主体所作出的重要承诺及承诺的履行情况,以及其他与本次发行相关的承诺事项,如规范或避免同业竞争承诺、减持意向或价格承诺、稳定公司股价预案以及相关约束措施等。

第五节 业务和技术

第四十八条 发行人应当清晰、准确、客观地披露主营业务、主要产品或服务的情况,包括:

(一)主营业务、主要产品或服务的基本情况,主营业务收入的主要构成;

(二)主要经营模式,如盈利模式、采购模式、生产或服务模式、营销及管理模式等,分析采用目前经营模式的原因、影响经营模式的关键因素、经营模式及其影响因素在报告期内的变化情况及未来变化趋势。发行人的业务及其模式具有创新性的,还应当披露其独特性、创新内容及持续创新机制;

(三)设立以来主营业务、主要产品或服务、主要经营模式的演变情况;

(四)发行人应当结合内部组织结构(包括部门、生产车间、子公司、分公司等)披露主要生产或服务流程、方式;

(五)生产经营中涉及的主要环境污染物、主要处理设施及处理能力。

第四十九条 发行人应当结合所处行业基本情况披露其竞争状况,主要包括:

(一)所属行业及确定所属行业的依据;

(二)发行人所处行业的主管部门、监管体制、主要法律法规和政策及对发行人经营发展的影响等;

(三)行业技术水平及技术特点、主要技术门槛和技术壁垒,衡量核心竞争力的关键指标,行业技术的发展趋势,行业特有的经营模式、周期性、区域性或季节性特征等;

(四)发行人产品或服务的市场地位、行业内的主要企业、竞争优势与劣势、行业发展态势、面临的机遇与挑战,以及上述情况在报告期内的变化及未来可预见的变化趋势;

(五)发行人与同行业可比公司在经营情况、市场地位、技术实力、衡量核心竞争力的关键业务数据、指标等方面的比较情况。

第五十条 发行人应当根据重要性原则披露主营业务的具体情况,主要包括:

(一)销售情况和主要客户:报告期内各期主要产品或服务的规模(产能、产量、销量,或服务能力、服务量)、销售收入、产品或服务的主要客户群体、销售价格的总体变动情况;存在多种销售模式的,应当披露各销售模式的规模及占当期销售总额的比重。报告期内各期向前五名客户合计的销售额占各期销售总额的百分比,向单个客户的销售比例超过总额的百分之五十的、前五名客户中存在新增客户的或严重依赖于少数客户的，应当披露其名称或姓名、销售比例，该客户为发行人关联方的，应当披露产品最终实现销售的情况。受同一实际控制人控制的客户，应当合并计算销售额；

（二）采购情况和主要供应商：报告期内采购产品、原材料、能源或接受服务的情况，相关价格变动趋势；报告期内各期向前五名供应商合计的采购额占当期采购总额的百分比，向单个供应商的采购比例超过总额的百分之五十的、前五名供应商中存在新增供应商的或严重依赖于少数供应商的，应当披露其名称或姓名、采购比例。受同一实际控制人控制的供应商，应当合并计算采购额；

（三）董事、监事、高级管理人员、主要关联方在上述客户或供应商中所占的权益；若无，应当明确说明；

（四）报告期内对持续经营有重要影响的合同的基本情况，包括合同当事人、合同标的、合同价款或报酬、履行期限、实际履行情况等；与同一交易主体在一个会计年度内连续发生的相同内容或性质的合同应当累计计算。发行人还应当披露重大影响的判断标准。

第五十一条 发行人应当遵循重要性原则披露与其业务相关的关键资源要素，主要包括：

（一）产品或服务所使用的主要技术、技术来源及所处阶段（如处于基础研究、试生产、小批量生产或大批量生产阶段），说明技术属于原始创新、集成创新或引进消化吸收再创新的情况；披露核心技术与已取得的专利及非专利技术的对应关系，以及在主营业务及产品或服务中的应用，并披露核心技术产品收入占营业收入的比例。产品或服务所使用的主要技术为外购的，应当披露相关协议中的权利义务安排；

（二）取得的业务许可资格或资质情况，主要包括名称、内容、授予机构、有效期限；

（三）拥有的特许经营权的情况，主要包括特许经营权的取得、特许经营权的期限、费用标准，对发行人业务的影响；

（四）对主要业务有重大影响的主要固定资产、无形资产的构成，分析其与所提供产品或服务的内在联系，是否存在瑕疵、纠纷和潜在纠纷，是否对发行人持续经营存在重大不利影响。发行人允许他人使用自己所有的资产，或作为被许可方使用他人资产的，应当披露许可合同的主要内容，主要包括许可人、被许可人、许可使用的具体资产内容、许可方式、许可年限、许可使用费等；

（五）员工情况，包括人数、年龄分布、专业构成、学历结构等。核心技术（业务）人员的姓名、年龄、主要业务经历及职务、现任职务与任期、所取得的专业资质及重要科研成果、获得的奖项、持有发行人的股份情况、对外投资情况及兼职情况，核心技术（业务）人员是否存在侵犯第三方知识产权或商业秘密、违反与第三方的竞业限制约定或保密协议的情况，报告期内核心技术（业务）人员的主要变动情况及对发行人的影响；

（六）正在从事的研发项目、所处阶段及进展情况、相应人员、经费投入、拟达到的目标；结合行业技术发展趋势，披露相关科研项目与行业技术水平的比较；披露报告期内研发投入的构成、占营业收入的比例。与其他单位合作研发的，还应当披露合作协议的主要内容，权利义务划分约定及采取的保密措施等。

第五十二条 发行人在境外进行生产经营的，应当对有关业务活动进行地域性分析。发行人拥有境外资产的，应当详细披露该项资产的规模、所在地、经营管理情况等。

第六节 公司治理

第五十三条 发行人应当披露股东大会、董事会、监事会、独立董事、董事会秘书制度的建立健全及运行情况，说明上述机构和人员履行职责的情况。

第五十四条 发行人存在特别表决权股份或类似安排的，应当披露相关安排的基本情况，包括设置特别表决权安排的股东大会决议、特别表决权安排运行期限、持有人资格、特别表决权股份拥有的表决权数量与普通股份拥有表决权数量的比例安排、持有人所持特别表决权股份能够参与表决的股东大会事项范围、特别表决权股份锁定安排及转让限制等，还应当披露特别表决权安排可能导致的相关风险、对公司治理的影响、相关投资者保护措施，以及保荐人和发行人律师针对上述事项是否合法合规发表的专业意见。

第五十五条 发行人应当结合内部控制的要素简要说明公司内部控制的基本情况，并披露公司管理层对内部控制完整性、合理性及有效性的自我评估意见以及注册会计师对公司内部控制的鉴证意见。注册会计师指出公司内部控制存在缺陷的，发行人应予披露并说明改进措施。

第五十六条 发行人应当披露报告期内存在的违法违规行为及受到的行政处罚情况，并说明对发行人的影响。

第五十七条 发行人应当披露报告期内是否存在资金被控股股东、实际控制人及其控制的其他企业以借款、代偿债务、代垫款项或者其他方式占用的情况，固定资产、无形资产等资产被控股股东、实际控制人及其控制的其他企业转移的情况，或者为控股股东、实际控制人及其控制的其他企业担保的情况。

第五十八条 发行人应当披露是否存在与控股股东、实际控制人及其控制的其他企业从事相同、相似业务的情况，如存在的，应当对不存在对发行人构成重大不利影响的同业竞争作出合理解释，并披露发行人防范利益输送、利益冲突及保持独立性的具体安排。

发行人控股股东、实际控制人作出规范或避免同业竞争承诺的，发行人应当披露承诺的履行情况。

第五十九条 发行人应当根据《公司法》、企业会计准则及中国证监会有关规定进行关联方认定，充分披露关联方、关联关系和关联交易。

发行人应当披露报告期内发生的关联交易是否已履行《公司法》、公司章程规定的决策程序，以及是否履行相关信息披露义务。

发行人应当根据交易的性质和频率，按照经常性和偶发性分类披露关联交易及关联交易对其财务状况和经营成果的影响。

购销商品、提供劳务等经常性关联交易，应当分别披露报告期内关联方名称、交易内容、交易价格的确定方法、交易金额、占当期营业收入或营业成本的比重、占当期同类型交易的比重以及关联交易增减变化的趋势，与交易相关应收应付款项的余额及增减变化的原因，以及上述关联交易是否仍将持续进行。

偶发性关联交易，应当披露关联方名称、交易时间、交易内容、交易金额、交易价格的确定方法、资金结算情况、交易产生的利润及对发行人当期经营成果的影响、交易对公司主营业务的影响。

发行人应当披露报告期内关联方的变化情况。由关联方变为非关联方的，发行人应当比照关联交易的要求持续披露与上述原关联方的后续交易情况，以及相关资产、人员的去向等。

发行人应当披露报告期内所发生的全部关联交易的简要汇总表。

第七节　财务会计信息

第六十条　发行人应当披露报告期内的资产负债表、利润表和现金流量表，以及会计师事务所的审计意见类型。发行人编制合并财务报表的，原则上只需披露合并财务报表，同时说明合并财务报表的编制基础、合并范围及变化情况。但合并财务报表与母公司财务报表存在显著差异的，应当披露母公司财务报表。

第六十一条　发行人应当结合业务活动实质、经营模式、关键审计事项等充分披露对公允反映公司财务状况和经营成果有重大影响的会计政策和会计估计。发行人重大会计政策或会计估计与可比公司存在较大差异的，应当分析重大会计政策或会计估计的差异产生的原因及对公司的影响。

第六十二条　发行人存在多个业务或地区分部的，应当披露分部信息。发行人分析公司财务会计信息时，应当利用分部信息。

第六十三条　发行人应当依据经注册会计师鉴证的非经常性损益明细表，以合并财务报表的数据为基础，披露报告期非经常性损益的具体内容、金额及对当期经营成果的影响，并计算报告期扣除非经常性损益后的净利润金额。

第六十四条　发行人应当列表披露最近三年及一期的主要会计数据及财务指标，主要包括：资产总额、股东权益合计、归属于母公司所有者的股东权益、每股净资产、归属于母公司所有者的每股净资产、资产负债率、营业收入、毛利率、净利润、归属于母公司所有者的净利润、扣除非经常性损益后的净利润、归属于母公司所有者的扣除非经常性损益后的净利润、息税折旧摊销前利润、加权平均净资产收益率、扣除非经常性损益后净资产收益率、基本每股收益、稀释每股收益、经营活动产生的现金流量净额、每股经营活动产生的现金流量净额、研发投入占营业收入的比例、应收账款周转率、存货周转率、流动比率、速动比率。除特别指出外,上述财务指标应当以合并财务报表的数据为基础进行计算。相关指标的计算应当执行中国证监会的有关规定。

第六十五条 发行人认为提供盈利预测报告将有助于投资者对发行人及投资于发行人的股票作出正确判断,且发行人确信能对最近的未来期间的盈利情况作出比较切合实际的预测的,发行人可以披露盈利预测报告。

发行人披露盈利预测报告的,应当声明:"本公司盈利预测报告是管理层在最佳估计假设的基础上编制的,但所依据的各种假设具有不确定性,投资者进行投资决策时应当谨慎使用。"发行人应当提示投资者阅读盈利预测报告及审核报告全文。发行人应当在"重大事项提示"中提醒投资者关注已披露的盈利预测信息。

第八节 管理层讨论与分析

第六十六条 发行人应当主要依据最近三年及一期的合并财务报表分析发行人财务状况、盈利能力及现金流量等情况。分析时不应仅以引述方式重复财务报表的内容,应当选择使用逐年比较、与同行业对比分析等便于理解的形式。选择同行业公司对比分析时,发行人应当披露选择相关公司的原因,分析所选公司与发行人之间的可比性。分析影响因素时不应仅限于财务因素,还应当包括非财务因素,并将财务会计信息与业务经营信息对比印证。

第六十七条 发行人应当结合"业务和技术"中披露的自身业务特点等要素深入分析影响收入、成本、费用和利润的主要因素,以及对发行人具有核心意义或其变动对业绩变动具有较强预示作用的财务或非财务指标;分析报告期内上述因素和指标对财务状况和盈利能力的影响程度,及其对公司未来财务状况和盈利能力可能产生的影响。目前已经存在新的趋势或变化,可能对公司未来财务状况和盈利能力产生重大影响的,发行人应当分析具体的影响。

第六十八条 发行人财务状况分析应当结合最近三年及一期末资产、负债的主要构成,对资产、负债结构变动的主要原因、影响因素及程度进行充分说明,包括但不限于下列内容:

(一)最近三年及一期末应收款项的账面原值、坏账准备、账面价值,结合应收款项的构成、账龄、信用期、主要债务人等,分析说明报告期内应收款项的变动情况及原因、期后回款进度;坏账准备的计提比例是否与实际状况相符、是否与同行业可比公司存在显著差异;最近三年及一期末主要客户和新增主要客户的应收款项金额、占比情况;

(二)最近三年及一期末存货的类别、账面价值、存货跌价准备,结合业务模式、内控制度、存货构成等因素,分析说明报告期内存货余额的变动情况及原因,并对存货跌价准备计提的充分性进行分析;

(三)最近一期末持有金额较大的金融资产、借与他人款项、委托理财等财务性投资的，应当分析其投资目的、对发行人资金安排的影响、投资期限、发行人对投资的监管方案、投资的可回收性及减值准备计提的充足性；

（四）结合报告期内产能、业务量或生产经营情况等因素，说明固定资产结构与变动原因，重要固定资产折旧年限与同行业可比公司相比是否合理；报告期内大额在建工程的具体情况，包括项目名称、预算金额、实际金额及变动情况、利息资本化的情况、资金来源、预计未来转入固定资产的时间与条件、项目建设完成后相关产能情况等；固定资产与在建工程是否存在重大减值因素；

（五）最近三年及一期末无形资产的主要类别与变动原因，无形资产减值测试的方法与结果；报告期内存在研发支出资本化的，应当披露开发阶段资本化及开发支出结转无形资产的具体时点和条件，研发支出资本化对公司损益的影响以及发行人在研发支出资本化方面的内控制度等，并说明具体项目、依据、时间及金额；

（六）最近一期末商誉的形成原因、增减变动情况，商誉减值测试过程与方法；

（七）最近一期末的主要债项，包括银行借款、关联方借款、合同承诺债务、或有负债等主要债项的金额、期限、利率及利息费用等情况。有逾期未偿还债项的，应当说明其金额、利率、用途、未按期偿还的原因、预计还款期等。结合主要债项的构成、比例、用途等，分析说明报告期内债项的变动情况及原因，并说明借款费用资本化情况。发行人应当分析可预见的未来需偿还的负债金额及相应利息金额，并结合发行人的现金流量状况、在银行的资信状况、可利用的融资渠道及授信额度、表内负债、表外融资情况及或有负债等情况，分析发行人的偿债能力和流动性风险。

第六十九条 发行人盈利能力分析应当按照利润表项目对最近三年及一期经营成果变化的原因、影响因素、程度和风险趋势进行充分说明，包括但不限于下列内容：

（一）最近三年及一期营业收入构成情况，并分别按照产品或服务类别及业务、地区分布分类列示；分析营业收入增减变化的情况及原因；披露主要产品或服务的销售价格、销售量的变化情况及原因；营业收入存在季节性波动的，应当分析说明其原因及合理性；

（二）最近三年及一期营业成本的主要构成情况；结合主要原材料和能源的采购数量及采购价格等，披露营业成本增减变化情况及原因；

（三）最近三年及一期的综合毛利率、分产品或服务的毛利率及变动情况；报告期内毛利率发生重大变化的，以数据分析方式说明相关因素对毛利率变动的影响程度；

（四）最近三年及一期销售费用、管理费用、财务费用的构成及变动情况，说明上述费用占同期营业收入的比例，以及与主营业务的匹配情况，并解释异常波动的原因；与同行业可比公司相比如存在显著差异，应当结合业务特点和经营模式分析原因；

（五）最近三年及一期营业利润、利润总额和净利润金额，分析发行人净利润的主要来源及净利润增减变化情况及原因；

（六）最近三年及一期非经常性损益、合并财务报表范围以外的投资收益对公司经营成果有重大影响的，应当分析原因及对公司经营成果及盈利能力稳定性的影响；区分并分析与收益相关或与资产相关政府补助对发行人报告期与未来期间的影响。

第七十条 现金流量的分析一般应当包括下列内容：

（一）最近三年及一期经营活动产生的现金流量、投资活动产生的现金流量、筹资活动产生的现金流量的基本情况和变动原因；

（二）最近三年及一期经营活动产生的现金流量净额为负数或者与净利润存在较大差异的，应当分析披露原因。

第七十一条 资本性支出分析一般应当包括：

（一）最近三年及一期重大资本性支出的情况；如果资本性支出导致发行人固定资产大规模增加或进行跨行业投资的，应当分析资本性支出对发行人主要业务和经营成果的影响；

（二）截至报告期末的重大资本性支出决议以及未来可预见的重大资本性支出计划及资金需求量，如涉及跨行业投资的，应当说明其与发行人业务发展规划的关系。

第七十二条 发行人应当披露最近三年及一期执行的税收政策、缴纳的税种，并按税种分项说明执行的税率。存在税收减、免、返、退或其他税收优惠的，应当按税种分项说明相关法律法规或政策依据、批准或备案认定情况、具体幅度及有效期限。报告期内发行人税收政策存在重大变化或者税收优惠政策对发行人经营成果有重大影响的，发行人应当披露税收政策变化对经营成果的影响情况或者报告期内每期税收优惠占税前利润的比例，并对发行人是否对税收优惠存在严重依赖、未来税收优惠的可持续性等进行分析。

第七十三条 发行人最近三年及一期存在会计政策变更、会计估计变更的，应当披露变更的性质、内容、原因、变更影响数的处理方法及对发行人财务状况、经营成果的影响；发行人最近三年及一期存在会计差错更正的，应当披露前期差错的性质、影响。

第七十四条 发行人存在重大期后事项和其他或有事项的，应当说明其对发行人财务状况、盈利能力及持续经营的影响。

第七十五条 发行人应当披露本次发行完成前滚存利润的分配安排和已履行的决策程序。若发行前的滚存利润归发行前的股东享有，应当披露滚存利润的审计和实际派发情况，同时在招股说明书首页对滚存利润中由发行前股东单独享有的金额以及是否派发完毕作"重大事项提示"。

第九节 募集资金运用

第七十六条 发行人应当结合公司现有主营业务、生产经营规模、财务状况、技术条件、管理能力、发展目标合理确定本次发行募集资金用途和规模。发行人应当披露募集资金的具体用途和使用安排、募集资金管理制度、专户存储安排等情况。

第七十七条 发行人应当根据重要性原则披露募集资金运用情况：

（一）募集资金拟用于项目建设的，应当说明资金需求和资金投入安排，是否符合国家产业政策和法律、行政法规的规定；并披露所涉及审批或备案程序、土地、房产和环保事项等相关情况；

（二）募集资金拟用于购买资产的，应当对标的资产的情况进行说明，并列明收购后对发行人资产质量及持续经营能力的影响、是否构成重大资产重组，如构成，应当说明是否符合重大资产重组的有关规定并披露相关信息；募集资金拟用于向发行人控股股东、实际控制人或其关联方收购资产的，如对被收购资产有效益承诺，应当披露效益无法完成时的补偿责任；

（三）募集资金拟用于补充流动资金的，应当说明主要用途及合理性；

（四）募集资金拟用于偿还银行贷款的，应当列明拟偿还贷款的明细情况及贷款的使用情况；

（五）募集资金拟用于其他用途的，应当明确披露募集资金用途、资金需求的测算过程及募集资金的投入安排。

第七十八条 发行人应当披露报告期内募集资金运用的基本情况。如存在变更募集资金用途的，应当列表披露历次变更情况、披露募集资金的变更金额及占所募集资金净额的比例，并说明变更事项是否已经公司董事会、股东大会审议以及变更后的具体用途。

第十节　其他重要事项

第七十九条 发行人尚未盈利或存在累计未弥补亏损的，应当披露成因、影响及改善措施，包括但不限于：

（一）发行人应当结合行业特点分析该等情形的成因，充分披露尚未盈利或存在累计未弥补亏损对公司现金流、业务拓展、人才吸引、团队稳定性、研发投入、战略性投入、生产经营可持续性等方面的影响；

（二）发行人改善盈利状况的经营策略，未来是否可实现盈利的前瞻性信息及其依据、基础假设等。

披露前瞻性信息的，发行人应当声明："本公司前瞻性信息是建立在推测性假设的数据基础上的预测，具有重大不确定性，投资者进行投资决策时应当谨慎使用。"

第八十条 发行人应当披露当前对外担保的情况，主要包括：

（一）被担保人的名称、注册资本、实收资本、住所、生产经营情况、与发行人的关系以及最近一年及一期末的总资产、净资产和最近一年及一期的净利润，并标明有关财务数据是否经过审计及审计机构名称；

（二）主债务的种类、金额和履行债务的期限；

（三）担保方式：采用保证方式还是抵押、质押方式；采用抵押、质押方式的，应当披露担保物的种类、数量、价值等相关情况；

（四）担保范围；

（五）担保期间；

（六）争议解决安排；

（七）其他对担保人有重大影响的条款；

（八）担保履行情况；

（九）如存在反担保的，应当简要披露相关情况；

（十）该等担保对发行人业务经营与财务状况的影响。

第八十一条 发行人应当披露对财务状况、经营成果、声誉、业务活动、未来前景等可能产生重大影响的诉讼或仲裁事项，以及控股股东或实际控制人、控股子公司，发行人董事、监事、高级管理人员和核心技术（业务）人员作为一方当事人可能对发行人产生影响的刑事诉讼、重大诉讼或仲裁事项，主要包括：

（一）案件受理情况和基本案情；

（二）诉讼或仲裁请求；

（三）判决、裁决结果及执行情况；

（四）诉讼、仲裁案件对发行人的影响。

第八十二条 发行人应当披露控股股东、实际控制人、董事、监事、高级管理人员报告期内是否存在重大违法行为。

第十一节 声明与承诺

第八十三条 发行人全体董事、监事、高级管理人员应当在招股说明书正文的尾页声明：

"本公司全体董事、监事、高级管理人员承诺本招股说明书不存在虚假记载、误导性陈述或者重大遗漏，并对其真实性、准确性、完整性承担相应的法律责任。"

声明应当由发行人全体董事、监事、高级管理人员签名，并由发行人加盖公章。

第八十四条 发行人控股股东、实际控制人应当在招股说明书正文后声明：

"本公司或本人承诺本招股说明书不存在虚假记载、误导性陈述或者重大遗漏，并对其真实性、准确性、完整性承担相应的法律责任。"

声明应当由控股股东、实际控制人签名，加盖公章。

第八十五条 保荐人（主承销商）应当在招股说明书正文后声明：

"本公司已对招股说明书进行了核查，确认不存在虚假记载、误导性陈述或者重大遗漏，并对其真实性、准确性、完整性承担相应的法律责任。"

声明应当由法定代表人、保荐代表人、项目协办人签名，并由保荐人（主承销商）加盖公章。

第八十六条 发行人律师应当在招股说明书正文后声明：

"本所及经办律师已阅读招股说明书,确认招股说明书与本所出具的法律意见书和律师工作报告无矛盾之处。本所及经办律师对发行人在招股说明书中引用的法律意见书和律师工作报告的内容无异议,确认招股说明书不致因上述内容而出现虚假记载、误导性陈述或者重大遗漏,并对其真实性、准确性、完整性承担相应的法律责任。"

声明应当由经办律师及所在律师事务所负责人签名,并由律师事务所加盖公章。

第八十七条 承担审计业务的会计师事务所应当在招股说明书正文后声明:

"本所及签字注册会计师已阅读招股说明书,确认招股说明书与本所出具的审计报告、盈利预测审核报告(如有)、内部控制鉴证报告、发行人前次募集资金使用情况的报告(如有)及经本所鉴证的非经常性损益明细表等无矛盾之处。本所及签字注册会计师对发行人在招股说明书中引用的审计报告、盈利预测审核报告(如有)、内部控制鉴证报告、发行人前次募集资金使用情况的报告(如有)及经本所鉴证的非经常性损益明细表内容无异议,确认招股说明书不致因上述内容而出现虚假记载、误导性陈述或者重大遗漏,并对其真实性、准确性、完整性承担相应的法律责任。"

声明应当由签字注册会计师及所在会计师事务所负责人签名,并由会计师事务所加盖公章。

第八十八条 承担评估业务的资产评估机构应当在招股说明书正文后声明:

"本机构及签字注册资产评估师已阅读招股说明书,确认招股说明书与本机构出具的资产评估报告无矛盾之处。本机构及签字注册资产评估师对发行人在招股说明书中引用的资产评估报告的内容无异议,确认招股说明书不致因上述内容而出现虚假记载、误导性陈述或者重大遗漏,并对其真实性、准确性、完整性承担相应的法律责任。"

声明应当由签字注册资产评估师及所在资产评估机构负责人签名,并由资产评估机构加盖公章。

第八十九条 本准则所要求的有关人员的签名下方应当以印刷体形式注明其姓名。

第十二节 备查文件

第九十条 招股说明书结尾应当列明备查文件,应当包括下列文件:

(一)发行保荐书;

(二)上市保荐书;

(三)法律意见书;

(四)财务报告及审计报告;

(五)资产评估报告(如有);

(六)公司章程(草案);

(七)发行人及其他责任主体作出的与发行人本次发行相关的承诺事项;

（八）盈利预测报告及审核报告（如有）；
（九）内部控制鉴证报告；
（十）经注册会计师鉴证的发行人前次募集资金使用情况报告；
（十一）经注册会计师鉴证的非经常性损益明细表；
（十二）中国证监会同意本次公开发行注册的文件；
（十三）其他与本次发行有关的重要文件。

第三章　附　则

第九十一条　本准则自公布之日起施行。《公开发行证券的公司信息披露内容与格式准则第46号——北京证券交易所公司招股说明书》（证监会公告〔2021〕26号）同时废止。

【2023年版本、三次审议稿】

第一百零一条　向社会公开募集股份的股款缴足后，应当经依法设立的验资机构验资并出具证明。

【2018年版本】

第八十七条　发起人向社会公开募集股份，应当由依法设立的证券公司承销，签订承销协议。

第八十八条　发起人向社会公开募集股份，应当同银行签订代收股款协议。

代收股款的银行应当按照协议代收和保存股款，向缴纳股款的认股人出具收款单据，并负有向有关部门出具收款证明的义务。

第八十九条　发行股份的股款缴足后，必须经依法设立的验资机构验资并出具证明。发起人应当自股款缴足之日起三十日内主持召开公司创立大会。创立大会由发起人、认股人组成。

发行的股份超过招股说明书规定的截止期限尚未募足的，或者发行股份的股款缴足后，发起人在三十日内未召开创立大会的，认股人可以按照所缴股款并加算银行同期存款利息，要求发起人返还。

【本条释义】

本条规定了设立股份有限公司的验资程序。

股份有限公司实行实缴资本制,为确保发起人实际出资以及公开募集的股款足额缴纳,拟设立的股份有限公司向社会公开募集股份的股款缴足后,应当经依法设立的验资机构验资并出具证明。注册会计师承办验证企业资本,出具验资报告的业务。

【相关法律规定】

《中华人民共和国注册会计师法》(1993年10月31日第八届全国人民代表大会常务委员会第四次会议通过,根据2014年8月31日第十二届全国人民代表大会常务委员会第十次会议《关于修改〈中华人民共和国保险法〉等五部法律的决定》修正,以下简称《注册会计师法》)

第二条　注册会计师是依法取得注册会计师证书并接受委托从事审计和会计咨询、会计服务业务的执业人员。

第三条　会计师事务所是依法设立并承办注册会计师业务的机构。

注册会计师执行业务,应当加入会计师事务所。

第十四条　注册会计师承办下列审计业务:

(一)审查企业会计报表,出具审计报告;

(二)验证企业资本,出具验资报告;

(三)办理企业合并、分立、清算事宜中的审计业务,出具有关的报告;

(四)法律、行政法规规定的其他审计业务。

注册会计师依法执行审计业务出具的报告,具有证明效力。

【相关司法解释规定】

《最高人民法院关于金融机构为企业出具不实或者虚假验资报告资金证明如何承担民事责任问题的通知》(法〔2002〕21号)

各省、自治区、直辖市高级人民法院,新疆维吾尔自治区高级人民法院生产建设兵团分院:

近年来,我院陆续发布了一些关于验资单位承担民事责任的司法解释,对各级人民法院正确理解和适用民法通则、注册会计师法,及时审理关于验资单位因不实或者虚假验资承担民事责任的相关案件,起到了积极作用。但是,也有一些法院对有关司法解释的理解存在偏差。为正确执行我院的司法解释,规范金融机构不实或者虚假验资案件的审理和执行,现就有关问题通知如下:

一、出资人未出资或者未足额出资,但金融机构为企业提供不实、虚假的验资报告或者资金证明,相关当事人使用该报告或者证明,与该企业进行经济往来而受到损失的,应当由该企业承担民事责任。对于该企业财产不足以清偿债务的,由出资人在出资不实或者虚假资金额范围内承担责任。

二、对前项所述情况，企业、出资人的财产依法强制执行后仍不能清偿债务的，由金融机构在验资不实部分或者虚假资金证明金额范围内，根据过错大小承担责任，此种民事责任不属于担保责任。

三、未经审理，不得将金融机构追加为被执行人。

四、企业登记时出资人未足额出资但后来补足的，或者债权人索赔所依据的合同无效的，免除验资金融机构的赔偿责任。

五、注册会计师事务所不实或虚假验资民事责任案件的审理和执行中出现类似问题的，参照本通知办理。

《最高人民法院关于适用〈中华人民共和国公司法〉若干问题的规定（三）》

第六条 股份有限公司的认股人未按期缴纳所认股份的股款，经公司发起人催缴后在合理期间内仍未缴纳，公司发起人对该股份另行募集的，人民法院应当认定该募集行为有效。认股人延期缴纳股款给公司造成损失，公司请求该认股人承担赔偿责任的，人民法院应予支持。

【2023年版本、三次审议稿】

第一百零二条 股份有限公司应当制作股东名册并置备于公司。股东名册应当记载下列事项：

（一）股东的姓名或者名称及住所；

（二）各股东所认购的股份种类及股份数；

（三）发行纸面形式的股票的，股票的编号；

（四）各股东取得股份的日期。

【本条释义】

本条规定了股份有限公司的股东名册。

股东名册是股东向公司行使股东权利的基本依据，因此，股份有限公司应当制作股东名册并置备于公司。股东名册应当记载下列事项：

（1）股东的姓名或者名称及住所。对于自然人股东，记载姓名和住所；对于非自然人股东，记载名称和住所。

（2）各股东所认购的股份种类及股份数。如果股份有限公司所有股份的种类都是相同的，可以不区分股份种类，即都是普通股。如果股份有限公司发行了两种以上不同种类的股份，如普通股和优先股，则需要分别记载各股东所认购的股份种类及股份数。同一股东可以同时持有两种不同种类的股份。

（3）发行纸面形式的股票的，股票的编号。如果未发行纸面形式的股票，不需要记载股票的编号。

（4）各股东取得股份的日期。如果同一股东前后两次或者多次取得了股份，则应当分别记载其每次取得股份的日期。

【2023 年版本】

第一百零三条　募集设立股份有限公司的发起人应当自公司设立时应发行股份的股款缴足之日起三十日内召开公司成立大会。发起人应当在成立大会召开十五日前将会议日期通知各认股人或者予以公告。成立大会应当有持有表决权过半数的认股人出席，方可举行。

以发起设立方式设立股份有限公司成立大会的召开和表决程序由公司章程或者发起人协议规定。

【三次审议稿】

第一百零三条　募集设立股份有限公司的发起人应当自公司设立时应发行股份的股款缴足之日起三十日内召开公司成立大会。发起人应当在成立大会召开十五日前将会议日期通知各股东或者予以公告。成立大会应当有持有表决权过半数的股东出席，方可举行。

以发起设立方式设立股份有限公司成立大会的召开和表决程序由公司章程或者发起人协议规定。

【2018 年版本】

第九十条　发起人应当在创立大会召开十五日前将会议日期通知各认股人或者予以公告。创立大会应有代表股份总数过半数的发起人、认股人出席，方可举行。

创立大会行使下列职权：

（一）审议发起人关于公司筹办情况的报告；

（二）通过公司章程；

（三）选举董事会成员；

（四）选举监事会成员；

（五）对公司的设立费用进行审核；

（六）对发起人用于抵作股款的财产的作价进行审核；

（七）发生不可抗力或者经营条件发生重大变化直接影响公司设立的，可以作出不设立公司的决议。

创立大会对前款所列事项作出决议，必须经出席会议的认股人所持表决权过半数通过。

【本条释义】

本条规定了股份有限公司的成立大会。

股份有限公司的设立方式包括发起设立和募集设立。发起设立方式下，全体发起人就是全体创始股东，可以随时召开成立大会。但募集设立方式下，发起人并非全体创始股东，还有通过募集方式成为公司股东的人，因此，必须召开一个由全体创始股东参加的成立大会来通过公司章程以及选举成立公司董事会、监事会等组织机构。

召开公司成立大会的责任人是发起人，因此，募集设立股份有限公司的发起人应当自公司设立时应发行股份的股款缴足之日起三十日内召开公司成立大会。为了方便创始股东安排时间参加成立大会，发起人应当在成立大会召开十五日前将会议日期通知各股东或者予以公告。成立大会与以后召开的股东会一样，均不要求全体股东全部参加，但成立大会毕竟是最重要的一次会议，出席股东的表决权不宜过低，因此，成立大会应当有持有表决权过半数的股东出席，方可举行。

以发起设立方式设立股份有限公司成立大会的召开和表决程序，由于不涉及发起人以外的人，可以作为公司自治的事项，由公司章程或者发起人协议规定。

成立大会是拟成立的股份有限公司的第一次股东会，是股份有限公司成立必须经过的一个环节，因为成立大会也有权力决定不成立股份有限公司。

【典型案例】

福建省周宁县人民法院

民 事 判 决 书

〔2021〕闽 0925 民初 98 号

原告：陈某咪，女，1990 年 7 月 2 日出生，汉族，住福建省福安市。
委托诉讼代理人：黄杰，福建怀行律师事务所律师。
被告：薛某冠，男，1979 年 8 月 3 日出生，汉族，住福建省周宁县。

第三人：陈某曦，男，1982年9月25日出生，汉族，住福建省福安市。

原告陈某咪与被告薛某冠、第三人陈某曦与公司有关的纠纷一案，本院于2021年1月14日立案后，依法适用简易程序，公开开庭进行了审理。原告陈某咪委托诉讼代理人黄杰到庭参加诉讼，被告薛某冠到庭参加诉讼，第三人陈某曦经传票传唤无正当理由拒不到庭参加诉讼。本案现已审理终结。

原告陈某咪向本院提出诉讼请求：1.请求判令被告偿还原告股权转让款4万元；2.请求判令被告支付原告违约金12 000元；3.请求判令被告支付原告因本案损失的律师代理费3 000元。事实与理由：2019年6月18日，原告与被告作为登记股东，共同设立福建曦龙电子科技有限公司，2020年1月8日，原告有意退出公司经营，并与被告签订《退股协议书》一份，约定原告将所享有的福建曦龙电子科技有限公司的全部转让给被告，股权转让金额80 000元，但被告仅支付了40 000元，剩余40 000元至今未支付给原告，超过约定付款期限，已构成违约，约定违约金为本金两倍，起诉调整为30%。综上所述，为维护原告的合法权益，请求贵院依法支持原告的诉讼请求。

被告薛某冠辩称，承认剩余40 000元未付，其也有很好地配合原告，余款应以陈某曦的银行卡号转账给原告，因为疫情原因，陈某曦一直无法返还这笔借款，对于这30%的违约金过高，因为这笔钱本身就不是我公司户头，当时已经有陈述这40 000元以货款的方式支付，签订这个协议的时候其以为是一个形式，愿意支付40 000元的，但是违约金和律师费不愿意支付的。

第三人陈某曦未发表意见。

本院经审理认定事实如下：原告陈某咪原为福建曦龙电子科技有限公司股东，2020年1月8日原告陈某咪与被告薛某冠签订一份《退股协议书》约定：陈某咪因个人原因退出福建曦龙电子科技有限公司股份，薛某冠向陈某咪支付80 000元退股对价。《退股协议书》对于退股价款及付款时间约定：该80 000元分三次打款，第一次偿还40 000元（以第三人陈某曦的货款中扣除，必须在15日内），第二次薛某冠还20 000元（2020年2月29日前），余下20 000元薛某冠必须在2020年3月29日还清，如有违约按本金两倍偿还。《退股协议书》对于付款方式约定：以第三人陈某曦欠货款来偿还退股金额40 000元，现金打至指定的陈振铃相应账户，余下40 000元由薛某冠以现金方式支付。《退股协议书》另对其他事项作出约定。

2020年1月9日薛某冠向陈振铃账户转账20 000元，2020年1月23日薛某冠向陈振铃账户转账20 000元，两笔合计40 000元。

2020年6月5日陈某咪将其在福建曦龙电子科技有限公司的股权转让给了薛某冠及薛某冠指定的缪峰良。

上述事实有《退款协议书》复印件、《企业信用信息公示报告》复印件、中国工商银行转账凭条复印件证据以及原、被告当庭陈述为证，经庭审审核，本院予以确认。第三人陈某曦无正当理由拒不到庭参加诉讼，未进行质证，亦未提供反驳的证据，视为自愿放弃相应诉讼权利，不影响本院对上述证据的认定。

本院认为，依据《最高人民法院关于适用〈中华人民共和国民法典〉时间效力的若干规定》第一条的规定，由于本案为《民法典》施行前的法律事实引起的民事纠纷案件，故应适用当时的法律、司法解释的规定。

本案《退股协议书》系双方真实意思表示，经充分协商后订立，内容清楚、形式完备，依法成立并生效。《退股协议书》关于股权转让的约定有效，薛某冠应当依约向陈某咪支付80 000元的股权转让款，但《退股协议书》中第二条第2点约定的曦龙公司客户陈某曦在15日内向陈某咪支付40 000元作为股权转让对价的条款无效以及第二条第2点中与客户陈某曦付款关联的违约条款亦无效。陈某曦对曦龙公司所欠的货款性质为曦龙公司的应收账款，由陈某曦15日内向陈某咪支付40 000元转让对价的约定实质为以曦龙公司的资产来支付该公司股东之间股权转让的对价，处分了曦龙公司的资产，违反了《公司法》的强制性规定，根据《合同法》第五十二条第（五）项的规定，《退股协议书》第二条第2点关于以陈某曦对曦龙公司欠货款支付陈某咪股权转让款的条款应属无效，《退股协议书》第二条第2点中与该条款关联的违约条款一并无效。同时根据《合同法》第五十六条的规定，合同部分无效的，不影响其他部分效力的，其他部分仍然有效。本案股权转让的合意已成立且有效，2020年1月间薛某冠依约分两笔合计支付部分的股权转让款40 000元，2020年6月5日陈某咪也已将其在福建曦龙电子科技有限公司的全部股权转让给了薛某冠及薛某冠指定的缪峰良。陈某咪已经依约完成了其所负的义务，薛某冠部分履行了合同义务，但薛某冠作为股权受让方仍负有依约向陈某咪支付剩余的40 000元股权转让款的义务。故原告陈某咪要求被告薛某冠支付40 000元转让款的诉请于法有据，本院予以支持。关于原告陈某咪要求被告薛某冠支付违约金12 000元的诉请，合同部分无效后，双方并未对未付的股权转让款的支付方式、支付时间、违约责任等事项重新达成合意，原告该项诉请并无合同依据且审理中原告也未提交证据证明因此产生了损失，故本院对原告要求支付违约金的诉请不予支持。关于原告要求被告薛某冠支付3 000元律师费的诉请并无法律依据，本院不予支持。依照《公司法》第二十条、《民事诉讼法》第六十四条、《最高人民法院关于适用〈中华人民共和国民法典〉时间效力的若干规定》第一条的规定，判决如下：

一、薛某冠于本判决生效之日起十日内向陈某咪支付股权转让款40 000元。

二、驳回陈某咪的其他诉讼请求。

如果未按本判决指定的期间履行给付金钱义务，应当依照《民事诉讼法》第二百五十三条的规定，加倍支付迟延履行期间的债务利息。

案件受理费1 175元，因适用简易程序审结，依法减半收取，实收587.5元由陈某咪负担160.3元，薛某冠负担427.2元。

如不服本判决，可以在判决书送达之日起十五日内，向本院递交上诉状，并按对方当事人的人数提出副本，上诉于宁德市中级人民法院（上诉案件受理费缴纳方法：到本院领取省财政厅印制的诉讼费用缴费通知书，至迟在上诉期满后七日内预交到宁德市中级人民法院，逾期不交按自动撤回上诉处理）。

审判员　　刘少青
二〇二一年三月三十一日
书记员　　黄州洋

附注：义务人在规定的期限内必须履行义务，如未履行义务的，权利人可以向人民法院申请执行，并对案件受理费一并申请强制执行。申请执行的期间为二年，从法律文书规定履行期间的最后一日起计算；法律文书规定分期履行的，从规定的每次履行期间的最后一日起计算；法律文书未规定履行期间的，从法律文书生效之日起计算。申请执行时效的中止、中断，适用法律有关诉讼时效中止、中断的规定。

【2023年版本】

第一百零四条　公司成立大会行使下列职权：

（一）审议发起人关于公司筹办情况的报告；

（二）通过公司章程；

（三）选举董事、监事；

（四）对公司的设立费用进行审核；

（五）对发起人非货币财产出资的作价进行审核；

（六）发生不可抗力或者经营条件发生重大变化直接影响公司设立的，可以作出不设立公司的决议。

成立大会对前款所列事项作出决议，应当经出席会议的认股人所持表决权过半数通过。

【三次审议稿】

第一百零四条　公司成立大会行使下列职权：

（一）审议发起人关于公司筹办情况的报告；

（二）通过公司章程；

（三）选举董事、监事；

（四）对公司的设立费用进行审核；

（五）对发起人用于抵作股款的财产的作价进行审核；

（六）发生不可抗力或者经营条件发生重大变化直接影响公司设立的，可以作出不设立公司的决议。

成立大会对前款所列事项作出决议,应当经出席会议的股东所持表决权过半数通过。

【2018年版本】

第九十条 发起人应当在创立大会召开十五日前将会议日期通知各认股人或者予以公告。创立大会应有代表股份总数过半数的发起人、认股人出席,方可举行。

创立大会行使下列职权:

(一)审议发起人关于公司筹办情况的报告;

(二)通过公司章程;

(三)选举董事会成员;

(四)选举监事会成员;

(五)对公司的设立费用进行审核;

(六)对发起人用于抵作股款的财产的作价进行审核;

(七)发生不可抗力或者经营条件发生重大变化直接影响公司设立的,可以作出不设立公司的决议。

创立大会对前款所列事项作出决议,必须经出席会议的认股人所持表决权过半数通过。

【本条释义】

本条规定了成立大会的职权。

股份有限公司的成立大会广义上属于股东会,但又不同于公司成立以后召开的股东会,其权力要比普通的股东会权力更大,类似于国家的制宪会议。具体而言,公司成立大会行使下列职权:

(1)审议发起人关于公司筹办情况的报告。发起人毕竟只是部分创始股东,发起人筹办公司的成本需要由未来的公司来承担,因此,发起人应当向成立大会作关于公司筹办情况的报告,该报告经成立大会通过后,发起人的筹办行为才能合法转化为未来公司的行为。

(2)通过公司章程。公司章程通过以后,公司才能成立。通过公司章程的权力在成立大会,以后召开的股东会可以修改公司章程。

(3)选举董事、监事。选举董事和监事的权力在股东会,成立大会也是股东会,而且往往是历次股东会里面出席人数最全的股东会,因此,首届董事会和监事会的成员由公司成立大会选举产生,但依法由职工代表出任的监事或者董事除外。

(4)对公司的设立费用进行审核。公司的设立费用应当由公司承担,也就是由全体股东间接承担,因此,对发起人负责的公司设立费用应当经成立大会审核通过后才能转化为公司的费用。

（5）对发起人非货币财产出资的作价进行审核。发起人可以用非货币财产出资，其他募集的股东不能用非货币财产出资。非货币财产出资有可能出现作价过高的问题，因此，对发起人非货币财产出资的作价必须经过成立大会的审核并通过才能作为合法有效的出资与作价。

（6）发生不可抗力或者经营条件发生重大变化直接影响公司设立的，可以作出不设立公司的决议。成立大会也可以作出不成立公司的决议，但根据立法的原意，只有发生不可抗力或者经营条件发生重大变化直接影响公司设立的，才可以作出不成立公司的决议。无正当理由，或者正当理由不属于"不可抗力""经营条件发生重大变化"的，成立大会不能作出不设立公司的决议。不可抗力是不能预见、不能避免且不能克服的客观情况。

成立大会对上述所列事项作出决议，应当经出席会议的认股人所持表决权过半数通过。由于成立大会的最低出席标准是全体认股人所持表决权的过半数，因此，成立大会通过上述事项，理论上的通过标准是全体认股人所持表决权的过四分之一。

【相关法律规定】

《民法典》

第一百八十条　因不可抗力不能履行民事义务的，不承担民事责任。法律另有规定的，依照其规定。

不可抗力是不能预见、不能避免且不能克服的客观情况。

【2023年版本】

第一百零五条　公司设立时应发行的股份未募足，或者发行股份的股款缴足后，发起人在三十日内未召开成立大会的，认股人可以按照所缴股款并加算银行同期存款利息，要求发起人返还。

发起人、认股人缴纳股款或者交付非货币财产出资后，除未按期募足股份、发起人未按期召开成立大会或者成立大会决议不设立公司的情形外，不得抽回其股本。

【三次审议稿】

第一百零五条　公司设立时应发行的股份未募足，或者发行股份的股款缴足后，发起人在三十日内未召开成立大会的，认股人可以按照所缴股款并加算银行同期存款利息，要求发起人返还。

发起人、认股人缴纳股款或者交付抵作股款的出资后，除未按期募足股份、发起人未按期召开成立大会或者成立大会决议不设立公司的情形外，不得抽回其股本。

【2018年版本】

第九十一条 发起人、认股人缴纳股款或者交付抵作股款的出资后，除未按期募足股份、发起人未按期召开创立大会或者创立大会决议不设立公司的情形外，不得抽回其股本。

【本条释义】

本条规定了公司未成立时发起人的责任。

公司设立存在不成功的风险，设立公司失败的原因主要包括：

（1）公司设立时应发行的股份未募足。

（2）发行股份的股款缴足后，发起人在三十日内未召开成立大会。

无论是哪种情况导致公司设立失败，认股人都可以按照所缴股款并加算银行同期存款利息，要求发起人返还。注意，认股人要求返还的是银行同期存款利息，实际上就是认股人的股款存入银行之日到实际退还给认股人之日所产生的利息。发起人既不需要对该笔资金垫付利息，也无权占有该笔资金在银行账户中产生的利息。

为了保障股份有限公司实缴资本制的落实以及维护相关权利人的利益，发起人、认股人缴纳股款或者交付抵作股款的出资后，除未按期募足股份、发起人未按期召开成立大会或者成立大会决议不设立公司的情形外，不得抽回其股本。股份有限公司成立之后，发起人或者认股人可以通过转让股份的方式收回其投资，从而退出公司。

【典型案例】

河南省高级人民法院

民 事 判 决 书

〔2019〕豫民终1147号

上诉人（一审原告）：郑州铁科赛德置业有限公司，住所地河南省郑州市郑东新区寿丰街50号10层1015号。

法定代表人：马某良，该公司执行董事长兼总经理。

委托诉讼代理人：孙会君，北京盈科（天津）律师事务所律师。

委托诉讼代理人：惠翔，北京盈科（天津）律师事务所律师。

被上诉人（一审被告）：周某艳，女，汉族，1968年4月29日出生，住河南省郑州市管城回族区。

委托诉讼代理人：梅杰，河南中亨律师事务所律师。

被上诉人（一审被告）：让某奇，男，汉族，1964年10月28日出生，住河南省郑州市金水区。

委托诉讼代理人：张成，河南泰豫恒律师事务所律师。

委托诉讼代理人：焦红伟，河南康鼎律师事务所律师。

一审第三人：郑州百利房地产开发有限公司，住所地河南省郑州市郑东新区祥盛街3号1号楼15层1516号。

法定代表人：张某勇，该公司执行董事。

上诉人郑州铁科赛得置业有限公司（以下简称铁科公司）因与被上诉人周某艳、让某奇，一审第三人郑州百利房地产开发有限公司（以下简称百利公司）股东出资纠纷一案，不服河南省郑州市中级人民法院（以下简称一审法院）〔2019〕豫01民初1221号民事判决，向本院提起上诉。本院于2019年8月1日立案后依法组成合议庭，公开开庭审理了本案。上诉人铁科公司的委托诉讼代理人孙会君、惠翔，被上诉人周某艳的委托诉讼代理人梅杰、被上诉人让某奇的委托诉讼代理人张成、焦红伟到庭参加诉讼。一审被告百利公司经本院依法传票传唤，无正当理由未到庭参加诉讼。本案现已审理终结。

铁科公司的上诉请求：撤销一审判决并改判支持铁科公司的一审诉讼请求。二审庭审中，铁科公司变更其上诉请求为撤销原审判决，改判周某艳、让某奇返还已抽逃的注册资本并支付相应利息。具体数额为：周某艳返还注册资金990万元及利息5 136 704元（按照中国人民银行同期贷款利率计算，其中100.1万元注册资本的利息自2010年10月25日起暂计算至2019年8月27日为520 605.62元，889.9万元注册资本的利息自2010年11月2日起暂计算至2019年8月27日为4 616 099元）；让某奇返还注册资金600万元及按照中国人民银行同期贷款利率暂计算至2019年8月27日的利息为3 083 673.25元。

事实与理由：一、一审法院已经查明周某艳、让某奇将出资款转入铁科公司账户验资以后又转出的行为属实，且所列法律依据均表明周某艳、让某奇的行为构成抽逃出资，但违背事实和法律作出判决错误。二、一审判决引用最高人民法院〔2014〕民二他字第19号答复认定周某艳、让某奇不构成抽逃出资属于故意歪曲法律。《最高人民法院关于适用〈中华人民共和国公司法〉若干问题的规定（三）》第十二条关于股东抽逃出资的规定中虽然删除了"将出资款项转入公司账户验资后又转出的行为"，不再将该行为作为抽逃出资的典型行为，但是禁止股东抽逃出资仍是资本维持原则的重要内容，即使删除了该项规定，也并不意味着股东对公司负有的出资义务也就消失了。股东在认缴出资以后，仍负有足额缴纳出资并不得抽回的义务。三、一审判决认为周某艳负责增加注册资本金以便铁科公司满足商务金融用地摘牌建设对公司注册资本金的要求，周某艳取回出资的行为并未违反资本维持原则，也未侵害公司、其他股东的利益属于适用法律错误。虽然铁科公司在二审中变更了诉讼请求，对周某艳第三次抽逃出资的部分不再上诉。但是，铁科公司仍认为，周某艳未经法定程序抽回出资属于抽逃出资行为。周某艳在2010年10月25日、2010年11月2日以及让某奇转出注册资本的行为仍构成抽逃出资，应当予以返还并支付利息。

周某艳答辩称：一、本案中，《股权转让及合作协议》是各方充分协商以后签订，铁科公司也在合同上加盖了公章。从该合同第七条可以看出，所谓增资仅是协议各方为了开发案涉房地产项目进行的名义上的增资，铁科公司及各股东对周某艳转出出资的行为均知悉认可，也未损害公司的合法权益。故周某艳抽回出资并非故意违反公司资本确定、维持、不变原则，而是经铁科公司及其股东同意。故，周某艳的转出出资行为不构成抽逃出资。铁科公司在二审中请求的990万元出资本身包含在增资完成后的一亿元之内，前后增资具有连续性，不能割裂来看。铁科公司、百利公司在《股权转让及合作合同》中约定不干涉增资资金的使用，更加证明了其对990万元资金的进出是知晓并同意。从增资完成后持股比例来看，周某艳虽然持有铁科公司6%的股权，但在铁科公司、百利公司与周某艳2017年5月4日签订的《协议书》第四条中已经明确约定，周某艳愿意以0元价格将上述股权全部转让给百利公司，周某艳自该协议签订之日起，自愿退出铁科公司股东会，不再行使股东权利。之所以至今未能将股权过户是因为铁科公司、百利公司的原因导致，周某艳至今没有接到任何要求配合过户的通知。由此可知，周某艳无论就铁科公司注册资金如何进出，并没有直接收取任何股权转让款，百利公司股权转让款也直接投入到铁科公司的实际资本并未出现贬损。二、根据权利义务对等原则，铁科公司的诉讼请求没有事实和法律依据。探究合同各方签订《股权转让及合作合同》的目的可知，其目的主要是完成股权转让，开发案涉房地产项目并按照持股比例分配收益。周某艳在增资以后将部分股权转让给百利公司，并完成了工商变更登记，百利公司也将股权转让款支付投入铁科公司，周某艳没有实际收到股权转让款，铁科公司的实际资本并未出现贬损，其撤回出资并未违反资本维持原则。三、铁科公司与周某艳之间就《股权转让及合作合同》项下房屋的分配事宜，在一审法院作出〔2016〕豫01民初259号民事判决以后进行了和解，并于2017年5月4日签订了《协议书》。该协议已经基本履行完毕，铁科公司在股权转让完毕距今九年以后恶意提起诉讼，明显是为了逃避履行人民法院生效判决所确定的法定义务，涉嫌虚假诉讼。综上，一审判决认定事实清楚，适用法律正确，铁科公司的上诉理由缺乏事实和法律依据，请求二审法院依法驳回上诉，维持原判。

让某奇答辩称：让某奇并未抽逃出资。一、铁科公司是周某艳、让某奇和百利公司基于案涉土地合作开发而注册成立，并基于《股权转让及合作合同》的安排进行了增资及股权转让。铁科公司成立、增资及股权转让的目的是案涉土地的合作开发。《股权转让及合作合同》对注册资本金1 100万元和增加到1亿元资金来源、增资部分款项的支配、增资财务处理及费用承担有明确约定。故周某艳、让某奇转出增资资金没有损害公司利益,依法不构成抽逃出资。二、让某奇、周某艳将对应的12%的出资转出是基于合同的安排,是铁科公司股东一致意见,没有证据证明资金转出行为损害了公司、其他股东以及债权人的利益。综上,一审判决认定事实清楚,适用法律正确,铁科公司的上诉理由缺乏事实和法律依据,请求二审法院依法驳回上诉,维持原判。

百利公司经本院依法传票传唤,无正当理由未到庭参加诉讼,也未提交书面意见。

铁科公司的一审诉讼请求:一、判令周某艳返还铁科公司注册资本金9 290万元及利息46 051 148元(利息自2010年11月30日以9 290万元为基数按同期银行贷款利率暂计至2019年4月15日)。二、判令让某奇返还铁科公司注册资本金600万元及利息2 974 240元(利息自2010年11月30日以600万元为基数按同期银行贷款利率暂计至2019年4月15日)。上述两项请求合计147 925 388元。

一审法院经审理查明:铁科公司为依法成立的有限责任公司,周某艳原系铁科公司的最大股东,持股比例为90%。2010年11月9日,周某艳为甲方、王秀琴为乙方、百利公司为丙方、让某奇为丁方,四方就铁科公司(合同中简称项目公司)的股权转让及合作运营位于郑东新区××西、××北16 991.36平方米(郑政东出〔2010〕045号)商务金融土地的合作事宜签订《股权转让及合作合同》,合同主要内容约定:"……第二条股权转让价格与付款方式1.项目公司增资后周某艳同意分别转让所持项目公司78%和6%的股权给百利公司和让某奇,转让价为相应的出资额即7 800万元和600万元,百利公司和让某奇同意按此价格及金额购买上述股权。2.王秀琴同意将持占项目公司10%的股权共1 000万元出资额,以1 000万元转让给百利公司,百利公司同意按此价格及金额购买上述股权。3.变更后周某艳持有项目公司股权6%,百利公司持有88%,让某奇持有6%。王秀琴不再持有。4.周某艳、王秀琴双方对百利公司的股权转让款均作为周某艳将来对公司的投入资金由受让各方直接投入公司。……第五条经营管理、投资及其他特别约定1.各股东选举董事组成公司董事会,由董事会组织项目公司的正常经营,董事长由公司中股权比例最大的一方担任。项目公司的法人由百利公司指定担任。2.周某艳负责以项目公司名义办理郑东新区××西、××北16 991.36平方米商务金融用地的摘牌及办证手续,直至拿到《国有土地使用权证》为止。周某艳应确保以挂牌起始价11 880万元摘牌,不得超出此价格,如因特殊原因超出此价格,那么超出部分由周某艳承担。3.本合同签订后,2010年11月11日前周某艳、百利公司双方共同在项目公司名下开立银行共管账户,并由百利公司负责预存人民币8 320万元用于郑政东出〔2010〕045号地块的竞买保证金使用。摘牌后2010年12月18日前百利公司将剩余部分出让金3 560万(如有超出,超出部分由周某艳交纳)依次打入东区计划财政局账户;经营或进行房产开发所需的开发建设费用、配套费、策划推广、营销代理费用均由百利公司承担。销售产生的税费、股东分红产生的税费、转移利润产生的税费按照本合同第五条下第5、6、7条约定执行。如百利公司违约,在共管账户上的竞买保证金由周某艳无偿使用二个月后归还百利公司。4.取得土地使用权后由项目公司进行开发建设,建设标准不得低于郑东新区相关部门的验收标准。5.房屋建成后,周某艳和让某奇共享有12%即14 272.74平方米房屋所有权[计算方法:16 991.36×7(容积率)×0.12],剩余全部归百利公司所有,容积率以规划局最终审核确认为准。周某艳和让某奇应分办公用房须集中在同一栋楼的10-20层,地下车位按股权比例分配(使用权),门面房也集中在同一栋楼下按商业总产权面积以股权比例在1-2层分配。周某艳和让某奇共同分得的房产按如下方式分配:二楼门面房和办公用房共计7 000平方米归让某奇享有,剩余7 272.74平方米房产归周某艳所有,车库由周某艳、让某奇双方按股权比例分配。6.各方约定:周某艳、百利公司、让某奇三方应同步销售。周某艳和让某奇在销售其分得的房屋时,由于销售及利益分配产生的税费中,百利公司承担最多不超过500万元,超出500万元的部分,全部由周某艳和让某奇承担。百利公司可对分得的房产物业以项目公司名义自行处置如销售、自留过户等,并承担此部分税费。如遇市场特殊情况,周某艳、百利公司、让某奇三方房屋销售均价在7 000元以下的,就地分房,各自承担税费。7.根据周某艳、王秀琴要求,各方同意公司注册资金由现在的1 100万元增加到1亿元,增资部分金额由周某艳、王秀琴双方解决,百利公司不予出资,且不承担任何责任及债务。在股权转让后,增资部分款项由周某艳、王秀琴双方自行支配,百利公司不予干涉,增资后,周某艳、百利公司、让某奇三方股权比例不变,周某艳占6%,百利公司占88%,让某奇占6%。因1亿元注册资金所产生的应收账款进行财务处理时产生的税金(600万元以内)及周某艳因此项目发生的其他各项费用由周某艳、让某奇承担。8.摘牌不成功,在政府退回资金后五个工作日内退回百利公司账户,其他股东的出资无息收回,其他任何各方无需承担违约责任。……"。

上述《股权转让及合作合同》经各方签字后生效,铁科公司并在该合同上加盖合同专用章。实际履行中,周某艳将其所持铁科公司86.9%的股权转让给百利公司持有,并约定股权转让款作为周某艳对项目公司的投入资金由百利公司等各方直接投入项目公司,由百利公司承担后续全部费用开发建设涉案房产。合同签订后各方均按照合同约定履行了股权变更等义务,百利公司也掌控铁科公司以铁科公司名义进行了房产开发,依照合同约定房屋建成后各方按所持股权比例对建成房屋进行分配,各方对分配的房屋同步销售。

2015年4月23日,铁科公司作出承诺:"本公司位于郑东新区凯利国际中心项目,应公司股东周某艳的要求,将东(A)座四层(面积以房本为准)保留给司晓冠(身份证号),将东(A)座十六层(面积以房本为准)保留给河南鑫立投资管理有限公司。据此,本公司郑重承诺:公司不会对外出售上述房产。特此承诺承诺人郑州铁科赛得置业有限公司2015年4月23日"。

房屋建成后,周某艳按照合同约定销售部分房屋给他人,但因百利公司实际控制的铁科公司不予配合办理销售房屋的产权登记手续。周某艳认为其合法权益受到损害,因此,周某艳曾对百利公司及铁科公司提起民事诉讼,周某艳请求一审法院判令:百利公司及铁科公司按照与周某艳所签合同的约定：（1）将铁科公司开发的位于郑东新区站南路西、站西二路北凯利国际A座第四层2 036.39平方米房产登记至周某艳名下；（2）将凯利国际A座第十六层2 124.36平方米房产登记至周某艳名下；（3）将凯利国际A座第一层517.63平方米、第十七层整层2 124.36平方米及第十八层的470平方米房产登记至周某艳名下；（4）按照周某艳所持股权比例向周某艳移交地下停车位。上述诉请房产及地下停车位参照周边楼盘价格暂估人民币陆仟万元整（6 000万元整）。一审法院于2016年12月12日作出〔2016〕豫01民初259号民事判决：一、铁科公司应于该判决生效之日起三十日内将以下28套登记在其名下的房产协助过户登记至周某艳名下，百利公司应予以配合；该28套房产依次为……；二、驳回周某艳的其他诉讼请求。铁科公司不服，向本院提起上诉，本院于2018年12月12日作出〔2018〕豫民终580号民事判决：驳回铁科公司上诉，维持原判，已经按照2017年5月4日签订的协议履行完毕的不再重复履行。

另查明，铁科公司所称周某艳、让某奇将出资款项转入公司账户验资后又转出的行为属实。

一审法院认为：关于股东出资及禁止抽逃资金问题。《公司法》规定，"公司是企业法人，有独立的法人财产，享有法人财产权。公司以其全部财产对公司的债务承担责任。"作为公司股东，其最重要的义务是对公司的出资，并依照《公司法》第四条的规定，公司股东依法享有资产收益、参与重大决策和选择管理者等权利。股东出资的财产权利在转移给公司之后就转化为公司财产，未经公司同意，擅自取回股东的出资财产即是对公司实施的侵权行为，应对公司债权人承担补充清偿责任。关于禁止抽逃出资的规定，在《公司法》第三十六条和第九十二条分别予以了规定。《公司法》第三十六条规定："公司成立后，股东不得抽逃出资。"第九十二条规定："发起人、认股人缴纳股款或者交付抵作股款的出资后，除未按期募足股份、发起人未按期召开创立大会或者创立大会决议不设立公司的情形外，不得抽回其股本。"《最高人民法院关于适用〈中华人民共和国公司法〉若干问题的规定（三）》（2014修正）第十二条规定："公司成立后，公司、股东或者公司债权人以相关股东的行为符合下列情形之一且损害公司权益为由，请求认定该股东抽逃出资的，人民法院应予支持：（一）制作虚假财务会计报表虚增利润进行分配；（二）通过虚构债权债务关系将其出资转出；（三）利用关联交易将出资转出；（四）其他未经法定程序将出资抽回的行为。"2014年修正的《公司法解释（三）》将"出资款项转入公司账户验资后又转出的行为"不再作为一项明文规定的股东抽逃出资的典型行为，但最高人民法院〔2014〕民二他字第19号答复指出，公司成立后，股东将出资款项转入公司账户验资后，未经法定程序又转出，损害公司权益的，可以依照该规定第十二条第四项的规定，认定该股东抽逃出资。故司法解释将关于抽逃出资典型行为的"将出资款项转入公司账户验资后又转出"的规定删除不构成认定抽逃出资的障碍。在认定股东是否构成抽逃出资时，应看其行为是否违反了公司资本维持原则、破坏了公司法人人格独立、侵害了公司、其他股东及债权人的利益。对于股东而言，遵守公司章程，按其认缴的出资额或所认购的股份金额，依约定期限向公司缴纳股款并不得抽回出资是股东向公司负有的基本义务，其中足额缴纳所认缴的出资及不得抽回出资也是资本维持原则的内在要求。凡是在公司成立后，股东未经法定程序而将其出资抽回并且损害公司权益的，应当认定该股东构成抽逃出资行为。

  铁科公司与周某艳之间纠纷主要产生在《股权转让及合作合同》的签订及履行的背景之下。生效判决已认定，各方于2010年11月9日签订的《股权转让及合作合同》系当事人的真实意思表示，且已实际履行，合法有效。《股权转让及合作合同》主要是就铁科公司的股权转让及合作运营位于郑东新区××西、××北16 991.36平方米（郑政东出〔2010〕045号）商务金融土地的合作事宜签订的。第二条第四项约定"甲、乙双方对丙方的股权转让款均作为甲方将来对公司的投入资金由受让各方直接投入公司"。第五条第二项约定甲方（周某艳）负责以铁科公司的名义对涉案商务金融用地的摘牌及办证手续。由此可以看出涉案《股权转让及合作合同》主要合同目的是完成上述商务金融用地的摘牌、办证、建设，各方为达到合同目的就合作事项进行相应的约定。周某艳负责办理项目金融用地的摘牌及办证手续，同时约定各受让方将股权转让款直接投入公司项目；股权变更后，百利公司作为铁科公司的第一大股东，以铁科公司的名义进行涉案项目的开发、建设等。故股权转让款的投入以及案涉金融用地的摘牌办证均是合作金融用地开发项目的一个重要事项。综合以上分析，《股权转让及合作合同》是各方就16 991.36平方米（郑政东出〔2010〕045号）商务金融土地的摘牌、办证、开发建设的合作进行的意思表示，股权转让并不是合同签订的主要目的。股权变更后，百利公司作为股权受让方，并未将股权转让款支付给周某艳而是用于铁科公司项目开发建设，百利公司作为受益方，一方面获得铁科公司股权，成为铁科公司的第一大股东，另一方面将股权转让款投入铁科公司，以铁科公司名义完成了金融用地的项目建设。周某艳将铁科公司股权转让给百利公司，并约定由百利公司作为受让方将股权转让款直接投入铁科公司，周某艳基于其以股权转让款的投入和完成了金融用地的摘牌和办证事项获得相应房产所有权及销售权。

  本案中，缔约各方经充分协商签订《股权转让及合作合同》，铁科公司也在该合同上加盖公章，铁科公司及各股东对周某艳撤回出资的行为均知悉且认可，该行为经过了公司及其全部股东的决议。从公司资本维持的角度，纵观《股权转让及合作合同》的合同约定，周某艳同意负责增资的目的是完成商务金融用地的摘牌、办证、建设，增资前提是百利公司负责预存人民币8 320万元用于郑政东出〔2010〕045号地块的竞买保证金使用且将剩余部分出让金3 560万（如有超出，超出部分由周某艳交纳）依次打入东区计划财政局账户，同时百利公司尚需承担经营或进行房产开发所需的开发建设费用、配套费、策划推广、营销代理费用等费用；同时约定铁科公司及公司全部股东同意周某艳收回增资款。上述事实表明，本案实质上是周某艳负责增加注册资本金以便铁科公司满足商务金融用地摘牌建设对公司注册资本金的要求。而后，百利公司也将其应当支付的股权转让款作为周某艳对铁科公司的投资直接投入铁科公司。百利公司以地块的竞买保证金现金形式完成了对铁科公司的投资。周某艳将铁科公司股权转让给百利公司，并约定由百利公司作为受让方将股权转让款直接投入铁科公司，铁科公司实际资本并未因退回周某艳出资造成贬损，周某艳取回出资的行为经铁科公司及公司股东同意且并未违反公司资本维持原则，也未侵害公司、其他股东及债权人的利益。同时，民事活动应当遵循公平原则，权利义务应当对等。周某艳未实收股权转让款，周某艳将股权转让款实际投入铁科公司经营，铁科公司再行要求周某艳返还过亿元出资款及利息有违权利义务对等原则。

至于铁科公司所称周某艳在2010年10月25日及2010年11月2日抽逃出资的问题（与《股权转让及合作合同》无关）及让某奇抽逃出资问题。2014年修正的《公司法解释（三）》将"出资款项转入公司账户验资后又转出的行为"不再作为一项明文规定的股东抽逃出资的典型行为；并且对于周某艳、让某奇将出资款项转入公司账户验资后又转出的行为，铁科公司应是明知，但长达近9年时间铁科公司未对此提出异议，且铁科公司无证据证明该行为侵害了公司、其他股东及债权人的利益，故周某艳、让某奇上述行为亦不构成非法抽逃出资。

一审法院判决：驳回铁科公司诉讼请求。案件受理费781 427元，由铁科公司负担。

二审期间，铁科公司向本院提交了让某奇与铁科公司合同纠纷的一审法院〔2018〕豫01民初744号案件判决书、本院〔2019〕豫民终64号民事案件裁定书及庭审笔录、最高人民法院关于受理铁科公司对本院〔2018〕豫民终580号民事判决申请再审的受理通知书，用以证明一审判决驳回其诉讼请求错误。周某艳的质证意见为：对该证据的真实性无异议，但认为上述证据与本案无关。让某奇的质证意见为：对上述证据的真实性无异议，但上述证据形成于本案一审判决之前，不属于新证据，且与本案无关。

2019年9月18日，本院组织铁科公司、周某艳、让某奇、百利公司到庭参加调查。铁科公司的委托诉讼代理人孙会君、惠翔，周某艳及其委托代理人梅杰，让某奇的委托诉讼代理人焦红伟到庭参加调查。百利公司经本院通知，未到庭参加调查。

调查中，周某艳称，其与王秀琴是母女关系，共同成立的铁科公司。周某艳对其成立铁科公司后将上述出资转入铁科公司账户验资后又于当天转出的事实认可。周某艳称成立铁科公司的目的就是为了与百利公司合作开发案涉土地，铁科公司成立及出资、增资均由周某艳委托中介机构代为办理，所使用的资金也是中介机构提供。中介机构以周某艳名义开立银行卡，掌握该银行卡并注入资金，转入铁科公司账户验资以后直接转出，周某艳予以配合，并有百利公司财务人员在场。周某艳另称，其为此支付费用30多万元，缴纳增资税款5万余元。周某艳认为，铁科公司在二审中请求其返还的990万元注册资金与后来铁科公司增资至1亿元是一个整体，均是为了完成与百利公司约定使铁科公司增资已达到符合土地摘牌、开发为目的，不能将整个过程割裂看待。周某艳已与百利公司达成协议，将其目前持有铁科公司6%的股权以0元价格转让给百利公司，因各个股东不能全部到场，还没有转让登记。周某艳认为，基于以上事实及理由，其在2010年10月21日、10月28日转出出资990万元的行为不构成抽逃出资，不应当予以返还。

让某奇称，其600万元出资的资金不是让某奇转出，该600万元出资款转入和转出也是通过中介公司办理，并使用中介公司的资金。让某奇认可周某艳关于注册公司、增加注册资本金、转入及转出注册资本金的陈述。让某奇认为，转出600万元出资的行为不构成抽逃出资，不应当予以补缴。

铁科公司称，股东之间的约定不能损害公司的合法权益，

周某艳、让某奇所陈述的转入出资在验资后又转出即使是与百利公司的约定也损害了铁科公司的财产权。

本院二审经审理查明的事实与一审法院查明的事实一致。

本院认为，自铁科公司设立至《股权转让及合作合同》签订，周某艳有三次出资并转出出资的行为，让某奇有一次出资及转出出资的行为。铁科公司上诉认为周某艳于2010年10月25日转出出资100.1万元、11月2日从铁科公司转出出资889.9万元的行为以及让某奇于2010年11月30日转出出资600万元的行为认为构成抽逃出资，请求人民法院判决二人补缴出资。依据司法解释的规定，股东出资并验资后，又转出出资的行为并不当然构成抽逃出资。周某艳、让某奇上述转出出资的行为是否构成抽逃出资也应当在周某艳、让某奇、百利公司设立铁科公司以及各方签订履行《股权转让及合作合同》中具体分析。

周某艳、让某奇之所以验资后又转出出资，系因其在铁科公司设立及增资过程中使用中介机构资金，转出资金是为了偿还中介机构的借款。周某艳在不到两个月的时间内设立铁科公司并增资至1亿元，其目的就在于与百利公司、让某奇签订《股权转让及合作合同》，取得土地使用权并开发案涉项目。《股权转让及合作协议》体现了合同各方当事人设立铁科公司的真实目的及交易安排，周某艳、让某奇在此期间的出资行为均属于同一交易整体中的行为。根据该合同的约定，周某艳、让某奇在开发案涉项目中的主要义务是设立公司并完成增资使铁科公司符合土地摘牌要求，完成土地开发过程中的办证及相应事项，并将增资部分股权转让给百利公司，由百利公司主导项目开发。周某艳、让某奇因铁科公司设立及增资成为登记股东，是以服务、配合百利公司、铁科公司的项目开发，并从项目开发中获取其提供服务相应回报为目的。在此期间，周某艳、让某奇均使用向中介机构借款的资金出资，完成验资后转出出资，虽然《股权转让及合作协议》仅以股权转让的方式对周某艳第三次出资的资金由其取回偿还借款作出安排，但如果将周某艳于2010年10月25日、11月2日以及让某奇于2010年11月30日的转出出资行为单独认定为抽逃出资行为，即割裂了各方当事人在案涉项目合作中的整体商业安排。其次，周某艳、让某奇转出上述出资至铁科公司提起本案诉讼之时已逾九年，铁科公司、百利公司明知其转出出资的行为而一直未主张

其补缴,能够印证其转出出资已经铁科公司各方股东同意,且案涉项目已经开发完成,亦无证据证明该行为损害了铁科公司及其债权人的利益。故周某艳、让某奇的上述行为不构成抽逃出资,铁科公司的上诉请求不能予以支持,应当判决驳回上诉,维持原判。

综上,铁科公司的上诉请求缺乏事实和法律依据,应予驳回;一审判决认定事实清楚,适用法律正确,应予维持。依照《民事诉讼法》第一百七十条第一款第一项之规定,判决如下:

驳回上诉,维持原判。

二审案件受理费 162 401.89 元,由郑州铁科赛德置业有限公司负担。

本判决为终审判决。

审判长　李智刚
审判员　魏一凡
审判员　孔庆贺
二〇二〇年八月二十三日
书记员　支尚斌(兼)

【2023 年版本、三次审议稿】

第一百零六条　董事会应当授权代表,于公司成立大会结束后三十日内向公司登记机关申请设立登记。

【2018 年版本】

第九十二条　董事会应于创立大会结束后三十日内,向公司登记机关报送下列文件,申请设立登记:

(一)公司登记申请书;
(二)创立大会的会议记录;
(三)公司章程;
(四)验资证明;
(五)法定代表人、董事、监事的任职文件及其身份证明;
(六)发起人的法人资格证明或者自然人身份证明;
(七)公司住所证明。

以募集方式设立股份有限公司公开发行股票的,还应当向公司登记机关报送国务院证券监督管理机构的核准文件。

第五章 股份有限公司的设立和组织机构

【本条释义】

本条规定了董事会办理设立登记的义务。

股份有限公司成立大会选举出董事以后，董事会就可以正常运作了，董事会就成了股东会闭会期间的常设机构，因此，董事会应当授权代表，于公司成立大会结束后三十日内向公司登记机关申请设立登记。由于此时股份有限公司尚未成立，还没有法定代表人，只能由董事会代表公司。需要注意的是，这里是董事会授权代表，而非董事长授权代表。董事会作为一个会议机关，只能以董事会的名义作出决定，董事长无权对外代表公司或者董事会作出决定。

在现实生活和影视剧中，很多人都认为董事长比总经理大，但在实际代表公司方面，总经理可以代表公司签订合同或者作出决定，但董事长并不能代表公司签订合同或者作出决定。实务中，董事长往往是大股东，因此，并非董事长比总经理大，而是大股东比总经理大。如果董事长不是股东，其权力并不比总经理大。

【2023 年版本】

第一百零七条 本法第四十四条、第四十九条第三款、第五十一条、第五十二条、第五十三条的规定，适用于股份有限公司。

【三次审议稿】

第一百零七条 本法第四十九条第三款、第五十条、第五十一条、第五十七条的规定，适用于股份有限公司。

【2018 年版本】

第九十三条 股份有限公司成立后，发起人未按照公司章程的规定缴足出资的，应当补缴；其他发起人承担连带责任。

股份有限公司成立后，发现作为设立公司出资的非货币财产的实际价额显著低于公司章程所定价额的，应当由交付该出资的发起人补足其差额；其他发起人承担连带责任。

第九十四条 股份有限公司的发起人应当承担下列责任：

（一）公司不能成立时，对设立行为所产生的债务和费用负连带责任；

（二）公司不能成立时，对认股人已缴纳的股款，负返还股款并加算银行同期存款利息的连带责任；

（三）在公司设立过程中，由于发起人的过失致使公司利益受到损害的，应当对公司承担赔偿责任。

【本条释义】

本条规定了股份有限公司与有限责任公司的共性规定。

有限责任公司与股份有限公司是公司的两种组织形式，二者虽有诸多区别，但本质上都是公司，二者也有很多共性的制度。由于有限责任公司是更加基础的公司组织形式，股份有限公司的共性规定可以适用有限责任公司的规定。二者的共性制度包括《公司法》以下规定：

（1）第四十四条：有限责任公司设立时的股东为设立公司从事的民事活动，其法律后果由公司承受。公司未成立的，其法律后果由公司设立时的股东承受；设立时的股东为二人以上的，享有连带债权，承担连带债务。设立时的股东为设立公司以自己的名义从事民事活动产生的民事责任，第三人有权选择请求公司或者公司设立时的股东承担。设立时的股东因履行公司设立职责造成他人损害的，公司或者无过错的股东承担赔偿责任后，可以向有过错的股东追偿。

（2）第四十九条第三款：股东未按期足额缴纳出资的，除应当向公司足额缴纳外，还应当对给公司造成的损失承担赔偿责任。

（3）第五十一条：有限责任公司成立后，董事会应当对股东的出资情况进行核查，发现股东未按期足额缴纳公司章程规定的出资的，应当由公司向该股东发出书面催缴书，催缴出资。未及时履行前款规定的义务，给公司造成损失的，负有责任的董事应当承担赔偿责任。

（4）第五十二条：股东未按照公司章程规定的出资日期缴纳出资，公司依照前条第一款规定发出书面催缴书催缴出资的，可以载明缴纳出资的宽限期；宽限期自公司发出催缴书之日起，不得少于六十日。宽限期届满，股东仍未履行出资义务的，公司经董事会决议可以向该股东发出失权通知，通知应当以书面形式发出。自通知发出之日起，该股东丧失其未缴纳出资的股权。依照上述规定丧失的股权应当依法转让，或者相应减少注册资本并注销该股权；六个月内未转让或者注销的，由公司其他股东按照其出资比例足额缴纳相应出资。股东对失权有异议的，应当自接到失权通知之日起三十日内，向人民法院提起诉讼。

（5）第五十三条：公司成立后，股东不得抽逃出资。违反上述规定的，股东应当返还抽逃的出资；给公司造成损失的，负有责任的董事、监事、高级管理人员应当与该股东承担连带赔偿责任。

【2023 年版本】

第一百零八条 有限责任公司变更为股份有限公司时，折合的实收股本总额不得高于公司净资产额。有限责任公司变更为股份有限公司，为增加注册资本公开发行股份时，应当依法办理。

【三次审议稿】

第一百零八条 有限责任公司变更为股份有限公司时，折合的实收股本总额不得高于公司净资产额。有限责任公司变更为股份有限公司，为增加资本公开发行股份时，应当依法办理。

【2018 年版本】

第九十五条 有限责任公司变更为股份有限公司时，折合的实收股本总额不得高于公司净资产额。有限责任公司变更为股份有限公司，为增加资本公开发行股份时，应当依法办理。

【本条释义】

本条规定了有限责任公司变更为股份有限公司时资本的处理。

股份有限公司的股份可以上市交易，有限责任公司没有股份，无法上市交易。为方便公司股份上市交易以及扩大公司规模，有限责任公司可以直接变更为股份有限公司。有限责任公司变更为股份有限公司时，可以将公司的实收资本、资本公积和盈余公积等折合为实收股本，但为防止公司虚假出资以及公司实收资本不实，折合的实收股本总额不得高于公司净资产额。公司的净资产额等于公司的所有者权益，也等于公司资产总额减去负债总额。有限责任公司变更为股份有限公司，为增加注册资本公开发行股份时，应当按照公开发行股份的相关规定办理。

【2023 年版本】

第一百零九条 股份有限公司应当将公司章程、股东名册、股东会会议记录、董事会会议记录、监事会会议记录、财务会计报告、债券持有人名册置备于本公司。

【三次审议稿】

第一百零九条 股份有限公司应当将公司章程、股东名册、股东会会议记录、董事会会议记录、监事会会议记录、财务会计报告置备于本公司。

【2018 年版本】

第九十六条 股份有限公司应当将公司章程、股东名册、公司债券存根、股东大会会议记录、董事会会议记录、监事会会议记录、财务会计报告置备于本公司。

【本条释义】

本条规定了股份有限公司准备资料供股东查阅的义务。

由于股份有限公司的股东数量众多，为方便股东随时了解公司经营状况，股份有限公司应当将公司章程、股东名册、股东会会议记录、董事会会议记录、监事会会议记录、财务会计报告、债券持有人名册置备于本公司。股份有限公司自成立以来的所有上述资料，如历年历次董事会会议记录、历年财务会计报告，包括公司章程的每次变动文本都应当置备于公司。

【2023 年版本】

第一百一十条 股东有权查阅、复制公司章程、股东名册、股东会会议记录、董事会会议决议、监事会会议决议、财务会计报告，对公司的经营提出建议或者质询。

连续一百八十日以上单独或者合计持有公司百分之三以上股份的股东要求查阅公司的会计账簿、会计凭证的，适用本法第五十七条第二款、第三款、第四款的规定。公司章程对持股比例有较低规定的，从其规定。

股东要求查阅、复制公司全资子公司相关材料的，适用前两款的规定。

上市公司股东查阅、复制相关材料的，应当遵守《中华人民共和国证券法》等法律、行政法规的规定。

【三次审议稿】

第一百一十条 股东有权查阅、复制公司章程、股东名册、股东会会议记录、董事会会议决议、监事会会议决议、财务会计报告，对公司的经营提出建议或者质询。

连续一百八十日以上单独或者合计持有公司百分之三以上股份的股东查阅公司的会计账簿、会计凭证的，适用本法第五十六条第二款、第三款、第四款的规定。

公司章程对前款规定的持股比例有较低规定的，从其规定。

【2018年版本】

第九十七条 股东有权查阅公司章程、股东名册、公司债券存根、股东大会会议记录、董事会会议决议、监事会会议决议、财务会计报告，对公司的经营提出建议或者质询。

【本条释义】

本条规定了股份有限公司股东的查阅权、复制权、建议权和质询权。

股东是公司权益的最终所有者，因此，股东有权查阅、复制公司章程、股东名册、股东会会议记录、董事会会议决议、监事会会议决议、财务会计报告，对公司的经营提出建议或者质询。

为防止持股特别少的股东利用其查阅权和复制权获取公司的商业秘密，对于公司的会计账簿和会计凭证，只有具备一定条件的股东才能查阅。连续一百八十日以上单独或者合计持有公司3%以上股份的股东要求查阅公司的会计账簿、会计凭证的，适用《公司法》第五十七条第二款、第三款、第四款的规定。

（1）第五十七条第二款规定，股东可以要求查阅公司会计账簿、会计凭证。股东要求查阅公司会计账簿、会计凭证的，应当向公司提出书面请求，说明目的。公司有合理根据认为股东查阅会计账簿、会计凭证有不正当目的，可能损害公司合法利益的，可以拒绝提供查阅，并应当自股东提出书面请求之日起十五日内书面答复股东并说明理由。公司拒绝提供查阅的，股东可以向人民法院提起诉讼。

（2）第五十七条第三款规定，股东查阅前款规定的材料，可以委托会计师事务所、律师事务所等中介机构进行。

（3）第五十七条第四款规定，股东及其委托的会计师事务所、律师事务所等中介机构查阅、复制有关材料，应当遵守有关保护国家秘密、商业秘密、个人隐私、个人信息等法律、行政法规的规定。

公司章程可以对上述持股比例作出较低的规定，如持股1%以上的股东就有查阅公司的会计账簿、会计凭证的权利。公司章程不能作出更高比例的规定，例如不能规定持股5%以上的股东才有上述权利，或者规定连续持股183天以上的股东才有上述权利。

第二节 股 东 会

【2023年版本、三次审议稿】

第一百一十一条 股份有限公司股东会由全体股东组成。股东会是公司的权力机构，依照本法行使职权。

【2018年版本】

第九十八条 股份有限公司股东大会由全体股东组成。股东大会是公司的权力机构，依照本法行使职权。

【本条释义】

本条规定了股份有限公司股东会的组成及地位。

股份有限公司股东会由全体股东组成。无论持股数量多少，所有股东均可以参加股东会。即使是仅仅持有1股的股东，也有权参加股东会。

股东会是公司的权力机构，也是公司中权力最大的机构，公司最重要的事项都应当由股东会决定或者由股东会授权其他机构决定。股东会依照《公司法》行使职权。

【2023年版本、三次审议稿】

第一百一十二条 本法第五十九条第一款、第二款关于有限责任公司股东会职权的规定，适用于股份有限公司股东会。

本法第六十条关于只有一个股东的有限责任公司不设股东会的规定，适用于只有一个股东的股份有限公司。

【2018年版本】

第九十九条 本法第三十七条第一款关于有限责任公司股东会职权的规定，适用于股份有限公司股东大会。

第五章　股份有限公司的设立和组织机构

【本条释义】

本条规定了股份有限公司股东会的职权。

《公司法》第五十九条第一款、第二款关于有限责任公司股东会职权的规定，适用于股份有限公司股东会，具体而言，股份有限公司的股东会行使下列职权：

（1）选举和更换董事、监事，决定有关董事、监事的报酬事项。

（2）审议批准董事会的报告。

（3）审议批准监事会的报告。

（4）审议批准公司的利润分配方案和弥补亏损方案。

（5）对公司增加或者减少注册资本作出决议。

（6）对发行公司债券作出决议。

（7）对公司合并、分立、解散、清算或者变更公司形式作出决议。

（8）修改公司章程。

（9）公司章程规定的其他职权。

股份有限公司的股东会可以授权董事会对发行公司债券作出决议。

《公司法》第六十条关于只有一个股东的有限责任公司不设股东会的规定，适用于只有一个股东的股份有限公司。具体而言，只有一个股东的股份责任公司不设股东会。股东作出上述所列事项的决定时，应当采用书面形式，并由股东签名或者盖章后置备于公司。

【2023年版本、三次审议稿】

第一百一十三条　股东会应当每年召开一次年会。有下列情形之一的，应当在两个月内召开临时股东会会议：

（一）董事人数不足本法规定人数或者公司章程所定人数的三分之二时；

（二）公司未弥补的亏损达股本总额三分之一时；

（三）单独或者合计持有公司百分之十以上股份的股东请求时；

（四）董事会认为必要时；

（五）监事会提议召开时；

（六）公司章程规定的其他情形。

【2018年版本】

第一百条　股东大会应当每年召开一次年会。有下列情形之一的，应当在两个月内召开临时股东大会：

（一）董事人数不足本法规定人数或者公司章程所定人数的三分之二时；

（二）公司未弥补的亏损达实收股本总额三分之一时；

（三）单独或者合计持有公司百分之十以上股份的股东请求时；

（四）董事会认为必要时；

（五）监事会提议召开时；

（六）公司章程规定的其他情形。

【本条释义】

本条规定了股东会会议的召开次数。

为确保股东的权利得以实现，股东会应当每年召开一次年会。这样可以确保公司股东每年均有一次对公司的经营成果、财务状况、人事变动等进行审议和调整。有下列情形之一的，应当在两个月内召开临时股东会会议：

（1）董事人数不足《公司法》规定人数或者公司章程所定人数的三分之二时。股份有限公司董事会最低人数为5人，如果董事会只剩4人，则无法召开董事会，无法正常行使职权。如果公司章程规定董事人数为9人，目前董事只剩6人，达到了三分之二的要求，可以暂时不召开临时股东会会议，但如果只剩5人，虽然达到了《公司法》规定的最低人数，但已经不足公司章程所定人数的三分之二，仍应当召开临时股东会会议。

（2）公司未弥补的亏损达股本总额三分之一时。公司亏损可以用公司的盈利来弥补，如果公司没有盈利或者盈利已经弥补完，此时未弥补的亏损已经等于或者大于股本总额的三分之一，就应当召开临时股东会会议。

（3）单独或者合计持有公司10%以上股份的股东请求时。持股10%以上的单一或者多数股东如果有重要提案需要股东会会议讨论和决议，可以随时请求召开临时股东会会议。需要注意的是，这里的持股10%并不要求持股的时间，也就是说，刚刚取得公司10%股份的股东就有权召开临时股东会会议并有可能在该会议上更换董事、监事。

（4）董事会认为必要时。董事会是股东会会议闭会期间的常设领导机构，如其认为有重要提案需要经过股东会会议决议，可以随时召开临时股东会会议。由于股东会会议就是董事会召集的，因此，董事会不需要请求其他主体召开临时股东会会议，它自己认为有必要召开时就可以召开。

（5）监事会提议召开时。监事会是公司的常设监督机构，如其认为有重要提案需要经过股东会会议决议，可以随时提议召开临时股东会会议。

（6）公司章程规定的其他情形。例如，公司章程可以规定公司为股东提供大额担保时、公司发行大额债券时、公司股票上市时、公司章程需要修改时等重要事项应当召开临时股东会会议。公司章程也可以规定公司党委、工会等主体可以提议召开临时股东会会议。

【2023 年版本】

第一百一十四条　股东会会议由董事会召集，董事长主持；董事长不能履行职务或者不履行职务的，由副董事长主持；副董事长不能履行职务或者不履行职务的，由过半数的董事共同推举一名董事主持。

董事会不能履行或者不履行召集股东会会议职责的，监事会应当及时召集和主持；监事会不召集和主持的，连续九十日以上单独或者合计持有公司百分之十以上股份的股东可以自行召集和主持。

单独或者合计持有公司百分之十以上股份的股东请求召开临时股东会会议的，董事会、监事会应当在收到请求之日起十日内作出是否召开临时股东会会议的决定，并书面答复股东。

【三次审议稿】

第一百一十四条　股东会会议由董事会召集，董事长主持；董事长不能履行职务或者不履行职务的，由副董事长主持；副董事长不能履行职务或者不履行职务的，由过半数的董事共同推举一名董事主持。

董事会不能履行或者不履行召集股东会会议职责的，监事会应当及时召集和主持；监事会不召集和主持的，连续九十日以上单独或者合计持有公司百分之十以上股份的股东可以自行召集和主持。

【2018 年版本】

第一百零一条　股东大会会议由董事会召集，董事长主持；董事长不能履行职务或者不履行职务的，由副董事长主持；副董事长不能履行职务或者不履行职务的，由半数以上董事共同推举一名董事主持。

董事会不能履行或者不履行召集股东大会会议职责的，监事会应当及时召集和主持；监事会不召集和主持的，连续九十日以上单独或者合计持有公司百分之十以上股份的股东可以自行召集和主持。

【本条释义】

本条规定了股份有限公司股东会会议的召集与主持。

股份有限公司股东会的召集和主持与有限责任公司股东会的召集和主持是相同的。股份有限公司股东会会议由董事会召集，由董事长主持。如果董事长不能履行职务或者不履行职务，则由副董事长主持。如果未设置副董事长、副董事长不能履行职务或者不履行职务，则由过半数的董事共同推举一名董事主持。如果任何一名董事均无法获得半数以上董事的支持就会导致董事会无法召集和主持股东会会议的僵局，此时需要启动监事会。

如果董事会不能履行或者不履行召集股东会会议职责，监事会应当及时召集，监事会主席负责主持股东会会议。如果监事会不召集和主持股东会会议，连续90日以上单独或者合计持有公司10%以上（含10%）股份的股东可以自行召集和主持。持股10%以上的股东行使该项权利需要董事会和监事会均失灵，否则，其无权自行召集和主持股东会会议，另外还需要其连续90日以上持有10%以上的股份。如果多位股东联合满足上述条件，该多位股东应当推举一位股东主持股东会会议。

单独或者合计持有公司10%以上股份的股东请求召开临时股东会会议的，董事会、监事会应当在收到请求之日起10日内进行判断是否符合法定条件并作出是否召开临时股东会会议的决定，并书面答复股东。股东如果不服，可以依法向人民法院提起诉讼。

【2023年版本】

第一百一十五条 召开股东会会议，应当将会议召开的时间、地点和审议的事项于会议召开二十日前通知各股东；临时股东会会议应当于会议召开十五日前通知各股东。

单独或者合计持有公司百分之一以上股份的股东，可以在股东会会议召开十日前提出临时提案并书面提交董事会。临时提案应当有明确议题和具体决议事项。董事会应当在收到提案后二日内通知其他股东，并将该临时提案提交股东会审议；但临时提案违反法律、行政法规或者公司章程的规定，或者不属于股东会职权范围的除外。公司不得提高提出临时提案股东的持股比例。

公开发行股份的公司，应当以公告方式作出前两款规定的通知。

股东会不得对通知中未列明的事项作出决议。

【三次审议稿】

第一百一十五条 召开股东会会议，应当将会议召开的时间、地点和审议的事项于会议召开二十日前通知各股东；临时股东会会议应当于会议召开十五日前通知各股东。

单独或者合计持有公司百分之一以上股份的股东，可以在股东会召开十日前提出临时提案并书面提交董事会。临时提案应当有明确议题和具体决议事项。董事会应当在收到提案后二日内通知其他股东，并将该临时提案提交股东会审议；但临时提案违反法律、行政法规或者公司章程的规定，或者不属于股东会职权范围的除外。选举、解任董事、监事以及本法第一百一十六条第三款规定的事项，不得以临时提案提出。

公司不得提高提出临时提案股东的持股比例。

公开发行股份的公司,应当以公告方式作出前两款规定的通知。

股东会不得对通知中未列明的事项作出决议。

【2018年版本】

第一百零二条 召开股东大会会议,应当将会议召开的时间、地点和审议的事项于会议召开二十日前通知各股东;临时股东大会应当于会议召开十五日前通知各股东;发行无记名股票的,应当于会议召开三十日前公告会议召开的时间、地点和审议事项。

单独或者合计持有公司百分之三以上股份的股东,可以在股东大会召开十日前提出临时提案并书面提交董事会;董事会应当在收到提案后二日内通知其他股东,并将该临时提案提交股东大会审议。临时提案的内容应当属于股东大会职权范围,并有明确议题和具体决议事项。

股东大会不得对前两款通知中未列明的事项作出决议。

无记名股票持有人出席股东大会会议的,应当于会议召开五日前至股东大会闭会时将股票交存于公司。

【本条释义】

本条规定了股东会会议召开的程序及议事规则。

为了方便股东准备参加股东会会议的时间安排以及提前调研相关情况,召开股东会会议,应当将会议召开的时间、地点和审议的事项于会议召开20日前通知各股东;临时股东会会议应当于会议召开15日前通知各股东。上述通知时间的要求是法律的强制性规定,公司不能通过公司章程或者股东会会议决议予以缩短,但可以延长。

为了给股东留出足够思考及调研的时间,股东会会议的提案均要提前一段时间提出,不允许搞突然袭击。单独或者合计持有公司1%以上(含1%)股份的股东,可以在股东会会议召开10日前提出临时提案并书面提交董事会。临时提案可以是一项,也可以是多项。但每一项提案上面均应有股东签名,签名股东持有的股份要达到公司全部股份的1%以上。

临时提案应当有明确议题和具体决议事项。董事会应当在收到提案后2日内通知其他股东,并将该临时提案提交股东会审议;但临时提案违反法律、行政法规或者公司章程的规定,或者不属于股东会职权范围的除外。董事会有权对临时提案进行审查,如其认为违反法律、行政法规或者公司章程的规定,或者不属于股东会职权范围,可以不将临时提案提交股东会审议。提出临时提案的股东如对董事会的判断有异议,可以向人民法院提起诉讼。

为确保股东提出临时提案的权利,公司不得以公司章程或者股东会会议决议的方式提高提出临时提案股东的持股比例,但允许适当降低提出临时提案的持股比例。

公开发行股份的公司,由于股东人数众多而且随时处于变动之中,因此,应当以公告方式于股东会会议召开20日前或者临时股东会会议召开15日前通知各股东。为防止提案刺客,避免少数股东搞突然袭击,股东会不得对通知中未列明的事项作出决议。

【典型案例】

浙江省绍兴市中级人民法院
民事判决书

〔2021〕浙06民终3045号

上诉人(原审被告):创新医疗管理股份有限公司,住所地诸暨市山下湖镇郑家湖村。

法定代表人:陈某军,该公司董事长。

委托诉讼代理人:娄奇铭,浙江永大(绍兴)律师事务所律师。

委托诉讼代理人:沈薛阳,浙江学通律师事务所律师。

被上诉人(原审原告):浙江富浙资本管理有限公司,住所地杭州市上城区元帅庙后88-2号620室-1。

法定代表人:吴某斌,该公司董事长兼总经理。

委托诉讼代理人:何利锋,国浩律师(杭州)事务所律师。

委托诉讼代理人:李威,国浩律师(杭州)事务所律师。

上诉人创新医疗管理股份有限公司(以下简称创新公司)因与被上诉人浙江富浙资本管理有限公司(以下简称富浙公司)公司决议纠纷一案,不服浙江省诸暨市人民法院〔2021〕浙0681民初335号民事判决,向本院提起上诉。本院于2021年8月3日立案后,依法组成合议庭,经阅卷及询问当事人,不开庭进行了审理。上诉人创新公司的委托诉讼代理人娄奇铭、沈薛阳,被上诉人富浙公司的委托诉讼代理人何利锋、李威到庭参加诉讼。本案现已审理终结。

创新公司上诉请求:撤销一审判决,改判驳回富浙公司的诉讼请求或将本案发回重审。事实与理由:一、一审判决对于富浙公司提交临时提案的时间认定有误。1.富浙公司2020年11月12日通过电子邮件发送的材料因创新公司无法通过纸质文件核实真实性,不能视为有效的送达。2.富浙公司2020年11月13日送达纸质材料时没有电话联系、没有预约,也未另行邮寄,故其2020年11月13日的送达实际也未成功。

一审判决认为从录像资料看，富浙公司的送达受到了不明身份人员的阻挠，该说法没有事实根据。3.富浙公司直至15日收到创新公司邮件提醒后，才于次日傍晚将材料送来，送达的时间已经超出了创新公司章程规定的期限，创新公司据此将该提案不予提交临时股东大会审议并无不当。二、富浙公司及案外人从菊林、浙江浙商汇悦财务管理有限公司——汇悦医疗精选2号私募投资基金（以下简称汇悦医疗基金）提交的提案资料未提交授权委托书、表明股东身份的有效证件、提案人关于提案符合《上市公司股东大会规则》（以下简称股东大会规则）第十三条规定的声明以及提案人保证所提供持股证明文件和授权委托书真实性的声明等文件，不符合《深圳证券交易所上市公司业务办理指南第8号——股东大会》（以下简称8号指南）第二条"股东大会的提案"第一项的规定。创新公司的董事会作为临时股东大会的召集人，有权对临时提案的合规合法性进行审核，并对不合规合法的提案做出不予提交股东大会审议的决议。三、一审判决程序违法。富浙公司并未主张撤销案涉董事会决议，一审判决超越了富浙公司的第一项诉讼请求，实质上剥夺了当事人的辩论权利，是对创新公司程序权利的严重侵犯。即使富浙公司同意对案涉董事会决议进行撤销，也应当变更诉讼请求，且其撤销主张也超过了我国《公司法》规定的60日期限。四、创新公司召开的2020年第一次临时股东大会从召集程序上来说并无违反法律及公司章程的情形，并不符合股东大会决议撤销的情形。且临时提案未经表决并未对案涉股东大会决议产生实质性影响。1.从创新公司章程的内容来看，临时提案的相关内容并未规定在《股东大会的召集》这一章节中，可见股东临时提案并不属于召集程序的一部分，也就不存在召集程序违反法律规定的情形。2.富浙公司参加2020年第一次临时股东大会相关事项表决的行为表明其认可该次会议在程序上的合法性。3.创新公司2020年第一次临时股东大会已经选出了独立董事与非独立董事，其获得的同意股数均占创新公司有效表决权股份总数的50%以上。故无论是否追加案涉临时提案中的董事人选，对于当选董事的表决并不会产生任何实质性影响。4.案涉董事会决议和案涉股东大会决议是创新公司两个独立机构召开会议作出的独立决议，即使一审法院认为案涉董事会决议应当撤销，也不能据此认为案涉股东大会决议也因此而撤销。

富浙公司辩称，一、富浙公司在法定期限内通过电子邮件、现场送达两种方式向创新公司提交了临时提案，符合《公司法》的规定。1.根据《公司法》第一百零二条第二款、创新公司章程第五十三条第二款关于临时提案的规定，股东仅需在股东大会召开10日前提出临时提案并书面提交召集人，但并没有规定"书面"的具体形式，没有要求股东必须提交纸质书面材料。根据各地实践以及我国《公司法》第十一条、《民法典》第四百六十九条规定，电子邮件为书面形式的一种。富浙公司于2020年11月12日向创新公司董事会办公室、创新公司证券事务代表季仕才通过电子邮件发送临时提案，即满足了书面提交临时提案的规定。2.创新公司主张的2020年7月以来双方每次联系都是先电子邮件再纸质文件，创新公司收到纸质文件核对真实性以后才算送达完成，这一主张与客观事实不符。在历史沟通中，创新公司都是认可电子邮件及所附材料的真实性,没有所谓需要纸质文件进行核对的惯例。3.富浙公司于2020年11月13日通过现场送达方式向创新公司提交了临时提案,其间受到身份不明人员阻挠,中国证监会浙江监管局(以下简称浙江证监局)也曾调查并认定富浙公司已于2020年11月13日将临时提案的纸质材料送至创新公司董事会办公室联系地址,还据此对创新公司、陈某军采取了行政监管措施。浙江证监局查明的事实与一审认定的事实相互印证,足以还原真相。二、《公司法》第一百零二条第二款仅要求"临时提案的内容应当属于股东大会职权范围,并有明确议题和具体决议事项",8号指南对临时提案合法性的要求与《公司法》第一百零二条一致,富浙公司提交的提案完全符合上述规定。富浙公司是以自己的名义提出的临时提案,且单独的持股比例已达3%以上,不存在接受其他股东委托、需要其他股东出具授权委托书的问题。在提出临时提案时,富浙公司已经将券商出具的资产证明作为附件一并提交给创新公司董事会,足以证明三个股东的股东身份。富浙公司、从菊林还是创新公司十大流通股股东之一,创新公司完全知悉该等情况,且持股证明文件也有第三方券商的盖章确认,具备真实性。三、创新公司第五届董事会2020年第三次临时会议决议违反《公司法》第一百零二条第二款及公司章程,属于召集程序、表决方式违反法律的情形,依法应予撤销。对于法律行为效力的评价,是人民法院司法审查权的内容之一,如果当事人未在诉讼请求中提出与效力有关的主张,人民法院可以主动审查。富浙公司在起诉时针对案涉董事会决议的效力已经提出诉请,一审判决撤销案涉董事会决议,没有超出富浙公司的诉讼请求。且在一审开庭过程中,富浙公司也认可对案涉董事会决议提起撤销,不存在一审判决超越诉讼请求的问题。此外,案涉董事会决议作出时间是2020年11月18日,一审立案时间是2021年1月5日,未超出《公司法》第二十二条第二款规定的60日期限,一审判决撤销案涉董事会决议并无不当。四、创新公司未将临时提案通知其他股东、提交临时股东大会审议,属于召集程序违法,案涉股东大会未采用累积投票制的方式选举董事、监事,严重违反《公司法》第一百零五条,属于表决方式违法,再次,案涉股东大会决议是在案涉董事会决议的基础上作出,在董事会决议应予撤销的情况下,以该次董事会决议为基础召开的股东大会所作出的决议当然也丧失了合法的基础,两者之间效力无法分割,案涉股东大会决议亦应当撤销。最后,本次争议的根源,就是富浙公司与陈某军等作为创新公司的股东对创新公司下一届董事会、监事会人选存在不同意见。若富浙公司推选的候选人获得的赞成票多于陈某军等人,则陈某军等就不可能当选为第六届董事会董事。故新的董事会人选当然会影响案涉股东大会的选举结果。综上,富浙公司等股东在法定期限内提交了合法有效的临时提案,但创新公司董事会剥夺股东权利、认定该提案为无效提案并拒绝提交股东大会审议,严重违法,一审判决撤销案涉董事会决议、案涉股东大会决议,具有充分的事实和法律依据,依法应予维持。

富浙公司于2021年1月5日向一审法院起诉请求:一、判令确认创新公司第五届董事会2020年第三次临时会议决议无效;二、判令撤销创新公司2020年第一次临时股东大会对《关于董事会换届选举暨选举公司第六届董事会非独立董事的议案》《关于董事会换届选举暨选举公司第六届董事会独立董事的议案》《关于监事会换届选举暨选举公司第六届监事会股东监事的议案》的决议。

一审法院认定事实：富浙公司是创新公司的股东，目前持有创新公司1 828.52万股，占比4.02%。2020年10月30日，富浙公司（当时持有创新公司3.25%股份）与冯美娟（持有创新公司6.86%股份）、汇悦医疗基金（持有创新公司1.07%股份）作为合计持有创新公司10%以上股份的股东，向创新公司第五届董事会提请召开2020年第一次临时股东大会并进行董事会和监事会的换届选举。2020年11月10日，创新公司发布《第五届董事会2020年第二次临时会议决议公告》，主要内容为：审议通过《关于董事会换届选举暨提名公司第六届董事会非独立董事的议案》，同意提名陈某军、马建建、陈素琴、阮光寅、王松涛、何永吉为第六届董事会非独立董事候选人；审议通过《关于董事会换届选举暨提名公司第六届董事会独立董事的议案》，同意提名余景选、姚航平、陈珞珈为第六届董事会独立董事候选人；审议通过《关于提议召开2020年第一次临时股东大会的议案》。同日，创新公司发布《关于召开2020年第一次临时股东大会的通知》，决定于2020年11月25日召开2020年第一次临时股东大会，会议拟表决三项议案，分别为：《关于董事会换届选举暨公司第六届董事会非独立董事的议案》《关于董事会换届选举暨公司第六届董事会独立董事的议案》《关于监事会换届选举暨选举公司第六届监事会股东监事的议案》。2020年11月12日，富浙公司（当时持有创新公司4.02%股份）与从菊林（持有创新公司2.22%股份）、汇悦医疗基金（持有创新公司1.07%股份）作为合计持有创新公司3%以上股份的股东，通过电子邮件向创新公司临时股东大会的召集人（第五届董事会）书面发送了临时提案，提请增加临时股东大会的临时提案（以下简称案涉临时提案）：（1）提名游向东、张焱、沈梦怡、窦宏伟、周宏、王雷为第六届董事会非独立董事候选人；（2）提名俞乐平、何美云为第六届董事会独立董事候选人；（3）提名华晔宇、李楠为第六届监事会股东监事候选人。2020年11月13日，富浙公司将上述临时提案的纸质材料送至《关于召开2020年第一次临时股东大会的通知》中所写的股东大会召集人创新公司董事会办公室联系地址（位于浙江省诸暨市山下湖珍珠工业园区）。2020年11月18日，创新公司发布《关于收到股东临时提案的公告》《第五届董事会2020年第三次临时会议决议公告》，披露收到上述提案纸质材料的时间为2020年11月16日，第五届董事会以其收到上述临时提案纸质材料的时间（2020年11月16日），距离2020年第一次临时股东大会召开日期2020年11月25日不足10日为由，认定该临时议案为无效议案，并决定不将该临时议案提交2020年第一次临时股东大会审议（以下简称案涉董事会决议）。创新公司在2020年11月25日召开了2020年第一次临时股东大会，会议并未增加富浙公司等提出的临时议案，审议了《关于董事会换届选举暨选举公司第六届董事会非独立董事的议案》《关于董事会换届选举暨选举公司第六届董事会独立董事的议案》《关于监事会换届选举暨选举公司第六届监事会股东监事的议案》（以下合称案涉股东大会决议），陈某军、阮光寅、王松涛、何永吉当选为第六届董事会非独立董事，余景选、陈珞珈当选为第六届董事会独立董事，公司此次监事会换届不成功，原监事会继续履职。另，浙江证监局曾向创新公司下达《监管问询函》《谈话通知书》，并于 2020 年 11 月 25 日向创新公司下发《关于对创新医疗管理股份有限公司及陈某军采取出具警示函措施的决定》（〔2020〕97 号），认定创新公司 2020 年 11 月 18 日《关于收到股东临时提案的公告》中披露收到富浙公司等提案书面材料的时间为 2020 年 11 月 16 日与事实不符，并确认富浙公司将临时提案纸质材料送至创新公司的时间为 2020 年 11 月 13 日。

一审法院审理认为，股东的合法权益受法律保护。本案的主要争议焦点在于富浙公司材料的送达时间。富浙公司于 2020 年 11 月 12 日向季仕才、陈某军的电子邮箱发送了材料，上述人员及邮箱地址均系创新公司公开的董事会秘书、证券事务代表身份及联系方式，且依据创新公司、富浙公司的陈述及证据显示，双方曾多次通过邮件沟通确认事项，应当认为富浙公司通过邮件提出临时议案是可行有效的。创新公司主张的双方一贯以先电子后邮寄的方式提交材料来否定电子送达的有效性显然不能成立。《公司法》第一百零二条第二款规定"单独或者合计持有公司 3% 以上股份的股东，可以在股东大会召开十日前提出临时提案并书面提交董事会；董事会应当在收到提案后二日内通知其他股东，并将该临时提案提交股东大会审议。临时提案的内容应当属于股东大会职权范围，并有明确议题和具体决议事项"，可见只要符合条件的股东在限定时间内提交了临时议案，董事会即应当将该临时提案提交股东大会审议，对临时议案的要求仅是内容应当属于股东大会职权范围，并有明确议题和具体决议事项，不得设置其余障碍。至于创新公司提到的上市公司股东大会规则等，也仅是对该条内容进行强调，对于临时提案的要求集中在其内容上，而非形式，创新公司以缺乏纸质材料、缺乏授权委托书为由不予提交显然不符合法律规定，擅自为股东行使权利增加障碍。富浙公司本身已经是持股 3% 以上的股东，其是否拥有其余股东的授权不影响其向创新公司提起临时议案的权利，而富浙公司提出的议案内容显然系股东大会职权范围，也未违反法律法规和公司章程的规定。另则，富浙公司于 2020 年 11 月 13 日，将纸质材料送至创新公司披露的董事会办公室办公地址，从录像资料可见，其送达受到身份不明人员阻挠进入且声称该地址系千足珍珠。作为创新公司对外公开的董事会办公室地址，创新公司以珍珠大会为由阻却富浙公司显然不合理。浙江证监局以此认为创新公司 2020 年 11 月 18 日《关于收到股东临时提案的公告》中披露收到富浙公司等提案书面材料的时间为 2020 年 11 月 16 日与事实不符，并确认富浙公司将临时提案纸质材料送至创新公司的时间为 2020 年 11 月 13 日符合庭审查明的事实。据此，应当认定富浙公司于 2020 年 11 月 12 日、2020 年 11 月 13 日，通过电子邮件、现场送达等方式已经向创新公司送达了有效的临时议案，创新公司董事会应当在收到提案后二日内通知其他股东，并将该临时提案提交股东大会审议。本案的另一争议焦点，是董事会决议是否无效。无效是一种较为严厉的法律评价，往往因某种行为等违反了法律法规的强制性规定，导致其自始无效，不会因为当事人事后的追认或其余补正行为即具有效力。因此，在评价时应当注意涉及的法律法规是否对其有效力性的评价。从《公司法》第一百零二条第二款的内容来看，并不具有效力评价的性质。从"内容"和"程序"来分析，股东会或者股东大会、董事会会议的通知、提案和议程的确定、投票、计票等事项均应当属于"召集程序"和"表决事项"，故当创新公司的董事会决议违反了法律规定，未将富浙公司等的临时提案列为股东大会表决事项时，违反了提案确定的法定程序，富浙公司有权在法定期限内提出撤销。同理，创新公司未依法将富浙公司提出的临时提案确定为股东大会的决议事项，侵犯了富浙公司作为股东的合法权益，属于程序违法，且该临时议案内容系董事、监事提名，与案涉临时股东大会审议内容密切相关，富浙公司有权在法定期限内请求撤销经违法程序作出的相关决议。富浙公司在审理中亦认可对案涉董事会决议提起撤销，该院予以确认。富浙公司向创新公司提请召开临时股东大会、提请罢免公司第六届董事会全体董事等系其行使自身股东权利，也表达了对案涉决议的不认可，不能认为系富浙公司对案涉决议的事后追认，也不影响富浙公司请求法院撤销的权利。综上，依照《公司法》第二十二条、第一百零二条之规定，判决：一、撤销创新公司第五届董事会2020年第三次临时会议决议；二、撤销创新公司2020年第一次临时股东大会对《关于董事会换届选举暨选举公司第六届董事会非独立董事的议案》《关于董事会换届选举暨选举公司第六届董事会独立董事的议案》《关于监事会换届选举暨选举公司第六届监事会股东监事的议案》的决议。

二审期间，创新公司向本院提交以下提交证据：

证据1：《创新医疗管理股份有限公司关于收到股东召开临时股东大会提议的公告》公告编号2021-020、《创新医疗管理股份有限公司关于收到股东召开临时股东大会提议的公告》公告编号2021-030、《创新医疗管理股份有限公司关于收到股东临时提案的公告》公告编号2021-033，证明在召开创新公司2020年第一次临时股东大会之后，富浙公司向创新公司董事会、监事会发出召开临时股东大会的提议并提出临时提案，要求罢免创新公司第六届董事会，也就意味着富浙公司承认2020年第一次临时股东大会决议确定的第六届董事会。

证据2：《创新医疗管理股份有限公司章程》〔2020〕，证明股东临时提案程序相关内容并不在《股东大会的召集》这一章节中，可见股东临时提案程序并不属于召集程序的一部分，也就不存在召集程序违反法律规定的情形。

富浙公司认为，证据1不属于新证据，且不能因为富浙公司提议罢免董事会就推论其对2020年第一次临时股东大会决议确定的董事会已予以认可，证据2不属于新证据，一审中已作为证据提交。

本院认为，证据1形成于一审期间，在二审中提交已超过举证期限，且富浙公司提请召开临时股东大会以推翻2020年第一次临时股东大会决议事项，不能推论出富浙公司对2020年第一次临时股东大会决议予以了事后追认，故该证据不作为二审中的新证据采纳。证据2形成于本案起诉前，在二审中提交已超过举证期限，且有关内容与一审中提交的章程（2018年版）基本一致，仅凭公司章程的体系就认定提案审查不属于召集程序的范畴，依据不足，故该证据不作为二审中的新证据采纳。

经审理，本院对一审判决查明的事实予以确认。

本院认为，本案二审中的争议焦点在于以下方面：一、创新公司拒绝将案涉临时提案提交股东大会审议是否不当；二、如果不当，则相应董事会决议、股东大会决议效力如何认定；三、一审审理程序是否违法的问题。

关于第一个争议焦点。创新公司董事会拒绝将案涉提案提交股东大会审议，理由之一是富浙公司送达提案逾期。经查，富浙公司于2020年11月12日以电子邮件形式向季仕才、陈某军电子邮箱发送了临时提案的相关材料，上述人员及邮箱地址系创新公司公开的董事会秘书、证券事务代表及联系方式。此外，根据双方的陈述及证据显示，双方曾多次通过邮件沟通确认相关事项。本院认为，我国合同法第十一条规定，书面形式是指合同书、信件和数据电文（包括电报、电传、传真、电子数据交换和电子邮件）等可以有形地表现所载内容的形式。《公司法》第一百零二条第二款，创新公司章程都没有就"书面提交"的具体形式作出要求。电子邮件作为书面形式的一种，已在商业交往中被广泛运用，加之双方的历史沟通习惯，应当认为富浙公司通过邮件提出临时议案是可行有效的。创新公司主张双方一贯以先电子后邮寄的方式来提交材料以否定电子送达的有效性缺乏依据。

2020年11月13日，富浙公司将纸质材料送至创新公司披露的董事会办公室办公地址。作为创新公司对外公开的董事会办公室地址，创新公司有义务为该地址能正常接收股东临时提案创造条件，并应确保公司的工作人员能在接收临时提案的时间内正常履职，但富浙公司在工作时间到达上述地址递交临时提案，却被以珍珠大会召开为由拒绝进入，应当认为富浙公司已在临时提案提交的法定期限内到达创新公司的控制范围内递交纸质材料以供创新公司核实，对于创新公司未在2020年11月13日收到纸质材料等客观结果的出现，与创新公司未为股东递交临时提案材料创造积极条件有关，且创新公司的行为客观上导致富浙公司行使股东提案权受到阻碍，对此创新公司应承担不利后果。浙江证监局《关于对创新医疗管理股份有限公司及陈某军采取出具警示函措施的决定》亦确认富浙公司将临时提案纸质材料送至创新公司的时间为2020年11月13日。据此，本院认定富浙公司于2020年11月12日、2020年11月13日，通过电子邮件、现场送达等方式已经向创新公司有效送达了临时提案。

《公司法》第一百零二条规定了股东提出临时议案的法定要求，一是提出临时议案的股东必须符合一定的条件，即单独或者合计持有公司3%以上股份；二是临时议案的提出必须在股东大会召开十日前并应向董事会提交；三是临时提案的内容应当属于股东大会职权范围，并有明确议题和具体决议事项。股东大会规则及公司章程则在此基础上增加了"符合法律、行政法规和公司章程的有关规定"这一要求。富浙公司临时提案的内容是提名董事会、监事会候选人，属于股东大会职权范围，没有明确议题和具体决议事项，也未违反法律、行政法规和公司章程的有关规定。

创新公司同时主张，富浙公司提交的材料缺少授权委托书、表明股东身份的有效证件、提案人保证所提供持股证明文件和授权委托书真实性的声明等文件。经查，富浙公司等提出提案，对这些股东身份创新公司也无异议，且双方就此事项有过沟通，之前也是通过相同的电子邮件的方式进行交流，有关文件的真实性足以认定；进一步而言，即使创新公司认为富浙公司的临时提案因文件缺失而有瑕疵，应在收悉的第一时间内与富浙公司等就未提交材料的补交事项进行积极沟通，而不是径自以此为由拒绝将案涉临时提案列入临时股东大会议程。

8号指南第二条"股东大会的提案"第二项规定，"召集人认定临时提案不符合股东大会规则第十三条规定，进而认定股东大会不得对该临时提案进行表决并作出决议的，应当在收到提案后二日内公告相关股东临时提案的内容，以及做出前述决定的详细依据及合法合规性，同时聘请律师事务所对相关理由及其合法合规性出具法律意见并公告"。可见，8号指南第二条"股东大会的提案"第二项对股东大会召集人审查提案的标准和依据已经作出了规定，即为股东大会规则第十三条规定。从体系解释的角度看，对于8号指南第二条"股东大会的提案"第一项中所规定的有关材料的缺失，不应作为股东大会召集人认定不将临时提案交予股东大会审核的理由。如前所述，富浙公司提交的临时提案已符合股东大会规则第十三条规定要求，故创新公司以富浙公司提交的材料存在缺失为由来阻却富浙公司股东提案权的行使显然不当。

关于第二个焦点问题。《公司法》第二十二条第一款、第二款规定，公司股东会或者股东大会、董事会的决议内容违反法律、行政法规的无效。股东会或者股东大会、董事会的会议召集程序、表决方式违反法律、行政法规或者公司章程，或者决议内容违反公司章程的，股东可以自决议作出之日起六十日内，请求人民法院撤销。本案中，案涉董事会决议违反公司章程有关提案审查的规定，且本案起诉时亦未超过60日的期限限制，一审判决将其撤销并无不当。

鉴于公司董事会与股东大会为独立的组织机构，原则上董事会决议的效力瑕疵并不必然导致股东大会决议效力瑕疵。但应当指出的是，就董事会拒绝将股东提案列入股东大会的情形而言，如果股东大会已决议的提案与被拒绝列入的提案密切相关时，由于股东大会的通知、提案和议程的确定存在程序瑕疵，该项已决议的提案存在被撤销的可能。

本案中，案涉临时提案系对董事及监事的选任，其与案涉股东大会决议是针对同一事项提出的不同议案，两者存在互斥关系，故案涉股东大会决议与被拒绝列入的案涉临时提案密切相关。另则，8号指南第二条"股东大会的提案"第七项第三款亦规定，股东大会对同一事项提出不同提案的（即互斥提案，例如董事会先就年度利润分配提出方案——提案A，单独或者合计持有公司3%以上股份的股东又提出另外的年度利润分配方案——提案B），提案A与提案B应按照提出的时间顺序排列表决顺序；股东或者其代理人不得对提案A与提案B同时投同意票；股东大会通知中应当特别提示：提案A与提案B互斥，股东或其代理人对提案A与提案B同时投同意票的，对提案 A 与提案 B 的投票均不视为有效投票。由此可见，案涉董事会决议拒绝将案涉临时提案列入股东大会议程的行为，不仅会对股东大会的通知、提案和议程的确定产生影响，同时还将影响投票、计票等表决方式。故案涉股东大会决议符合《公司法》第二十二条第二款规定的股东会或者股东大会、董事会的会议召集程序、表决方式违反法律、行政法规或者公司章程的情形，应予撤销。对于创新公司提出的"无论是否追加案涉临时提案提及的新的董事人选，对于当选董事的表决并不会产生任何实质性影响"的这一主张，如前所述，鉴于两项提案内容的密切相关性以及互斥提案表决程序的特殊要求，本院对其不予支持。对于富浙公司提出的创新公司具体表决过程中存在未使用累积投票制的问题，鉴于对本案处理已无实质性影响，故不再审查认定。

关于第三个焦点问题。《最高人民法院关于民事诉讼证据的若干规定》第五十三条规定，诉讼过程中，当事人主张的法律关系性质或者民事行为效力与人民法院根据案件事实作出的认定不一致的，人民法院应当将法律关系性质或者民事行为效力作为焦点问题进行审理。但法律关系性质对裁判理由及结果没有影响，或者有关问题已经当事人充分辩论的除外。存在前款情形，当事人根据法庭审理情况变更诉讼请求的，人民法院应当准许并可以根据案件的具体情况重新指定举证期限。同时，对法律行为效力的认定，属于人民法院依职权应当审查的范畴，并不局限于当事人的诉讼请求。本案中，富浙公司在起诉时针对案涉董事会决议的效力已经提出诉请，双方就其效力问题也进行了充分辩论，一审法院根据案件的具体情况作出判决并无不当。

综上所述，创新公司的上诉请求不能成立，应予驳回；一审判决可予维持，依照《民事诉讼法》第一百七十条第一款第一项规定，判决如下：

驳回上诉，维持原判。

二审案件受理费 80 元，由创新医疗管理股份有限公司负担。

本判决为终审判决。

审判长　柳雪松
审判员　彭丽莉
审判员　王某斌
二〇二一年十月二十九日
书记员　冯　莹

【2023 年版本、三次审议稿】

第一百一十六条　股东出席股东会会议，所持每一股份有一表决权，类别股股东除外。公司持有的本公司股份没有表决权。

股东会作出决议，应当经出席会议的股东所持表决权过半数通过。

股东会作出修改公司章程、增加或者减少注册资本的决议，以及公司合并、分立、解散或者变更公司形式的决议，应当经出席会议的股东所持表决权的三分之二以上通过。

【2018年版本】

第一百零三条 股东出席股东大会会议，所持每一股份有一表决权。但是，公司持有的本公司股份没有表决权。

股东大会作出决议，必须经出席会议的股东所持表决权过半数通过。但是，股东大会作出修改公司章程、增加或者减少注册资本的决议，以及公司合并、分立、解散或者变更公司形式的决议，必须经出席会议的股东所持表决权的三分之二以上通过。

第一百零四条 本法和公司章程规定公司转让、受让重大资产或者对外提供担保等事项必须经股东大会作出决议的，董事会应当及时召集股东大会会议，由股东大会就上述事项进行表决。

【本条释义】

本条规定了股东会会议的表决规则。

股东持有股份有限公司的股份，因此，可以按照股东所持股份数来计算表决权。股东出席股东会会议，所持每一股份有一表决权，类别股股东除外。类别股股东不属于普通股股东，其表决权有可能作出特别规定。如公司章程可以规定优先股股东对普通事项没有表决权，对特别事项拥有表决权，其表决权也可能只有普通股表决权的二分之一。公司章程也可以规定某种类别股的表决权为普通股表决权的十分之一。

在特定情况下，公司也可能持有本公司的股份，但公司持有的本公司股份没有表决权。因为在这种情况下，无法确定持有股份的最终股东是谁。公司持有的本公司股份不计入股东会会议出席股东所持的表决权，在计算表决比例时，也不计入出席会议全部表决权的基数。

股东会作出决议，应当经出席会议的股东所持表决权过半数通过。股东会会议表决是否通过，仅仅看投赞成票的表决权是否超过出席会议股东所持表决权的半数，与公司全部表决权无关。只要公司依法通知了全体股东，无论有多少股东出席股东会会议，该股东会会议的召开均是合法的。如果出席会议的股东所持表决权仅为公司全部表决权的10%，则在该次会议上，投赞成票的表决权只需要超过全部表决权的5%即可以获得通过。

对于重要的事项，通过的比例需要达到三分之二。股东会作出修改公司章程、增加或者减少注册资本的决议，以及公司合并、分立、解散或者变更公司形式的决议，应当经出席会议的股东所持表决权的三分之二以上通过。需要注意的是，过半数通过时，需要超过 50%，即大于 50%，如达到 50.01%，三分之二以上通过时，等于三分之二即可。这是因为赞成票和反对票可能都等于 50%，此时不能认为通过决议。而赞成票和反对票的比例不可能都等于三分之二。因此，50% 时需要超过，而三分之二时可以等于。公司章程或者股东会决议可以对作出修改公司章程、增加或者减少注册资本的决议，以及公司合并、分立、解散或者变更公司形式的决议规定更高比例的通过标准，如四分之三以上通过，但不能规定更低的通过标准。

【2023 年版本、三次审议稿】

第一百一十七条 股东会选举董事、监事，可以按照公司章程的规定或者股东会的决议，实行累积投票制。

本法所称累积投票制，是指股东会选举董事或者监事时，每一股份拥有与应选董事或者监事人数相同的表决权，股东拥有的表决权可以集中使用。

【2018 年版本】

第一百零五条 股东大会选举董事、监事，可以依照公司章程的规定或者股东大会的决议，实行累积投票制。

本法所称累积投票制，是指股东大会选举董事或者监事时，每一股份拥有与应选董事或者监事人数相同的表决权，股东拥有的表决权可以集中使用。

【本条释义】

本条规定了累积投票制。

为了使得小股东在董事会、监事会中有自己的代言人，股东会选举董事、监事，可以按照公司章程的规定或者股东会的决议，实行累积投票制。需要注意的是，只有股东会选举董事和监事可以采取累积投票制，其他事项不允许实行累积投票制。不是所有的股份有限公司都可以采取累积投票制，只有公司章程有规定或者股东会就此作出了决议才能实行累积投票制。

所谓累积投票制，是指股东会选举董事或者监事时，每一股份拥有与应选董事或者监事人数相同的表决权，股东拥有的表决权可以集中使用。例如，甲股份有限公司只有张三和李四两位股东，张三持有 70% 的股份，李四持有 30% 的股份，甲公司董事会设置五位董事。如果五位董事一个一个地选举，则毫无疑问，五位董事都是张三的代言人。如果实行累积投票制，可以简化认为张三持有 7 股，李四持有 3 股。由于董事选举需要选出 5 位董事，张三表决权总数为 35 票，李四表决权总数为 15 票。如果采取无记名投票,张三为了获得最多的董事席位,其最佳策略是对每位董事候选人均投7票,李四只需要在其中一位董事候选人身上投8票及以上就能确保该候选人当选董事,从而在董事会中至少能争取一个董事席位。这就是累积投票制带给李四的惊喜。

再例如,乙股份有限公司召开股东会会议,补选3位董事,王五持有乙公司100万股股份,则在该次董事选举中,王五共有300万股表决权,其投票策略可以有以下几种:(1)300万票、0票、0票;(2)100万票、100万票、100万票;(3)200万票、60万票、40万票;(4)其他任何形式的组合,只要总数不超过300万票即可。

【相关法规规定】

《国务院办公厅关于上市公司独立董事制度改革的意见》(国办发〔2023〕9号)

(四)改善独立董事选任制度。优化提名机制,支持上市公司董事会、监事会、符合条件的股东提名独立董事,鼓励投资者保护机构等主体依法通过公开征集股东权利的方式提名独立董事。建立提名回避机制,上市公司提名人不得提名与其存在利害关系的人员或者有其他可能影响独立履职情形的关系密切人员作为独立董事候选人。董事会提名委员会应当对候选人的任职资格进行审查,上市公司在股东大会选举前应当公开提名人、被提名人和候选人资格审查情况。上市公司股东大会选举独立董事推行累积投票制,鼓励通过差额选举方式实施累积投票制,推动中小投资者积极行使股东权利。建立独立董事独立性定期测试机制,通过独立董事自查、上市公司评估、信息公开披露等方式,确保独立董事持续独立履职,不受上市公司及其主要股东、实际控制人影响。对不符合独立性要求的独立董事,上市公司应当立即停止其履行职责,按照法定程序解聘。

《国务院办公厅关于进一步加强资本市场中小投资者合法权益保护工作的意见》(国办发〔2013〕110号)

四、健全中小投资者投票机制

完善中小投资者投票等机制。引导上市公司股东大会全面采用网络投票方式。积极推行累积投票制选举董事、监事。上市公司不得对征集投票权提出最低持股比例限制。完善上市公司股东大会投票表决第三方见证制度。研究完善中小投资者提出罢免公司董事提案的制度。自律组织应当健全独立董事备案和履职评价制度。

《国务院批转证监会关于提高上市公司质量意见的通知》(国发〔2005〕34号)

(十八)强化上市公司监管。有关部门要完善相关法律法规体系,抓紧制订上市公司监管条例,积极推进相关法律的修改,为广大投资者维护自身权益和上市公司规范运作提供法律保障。要进一步加强上市公司监管制度建设,建立累积投票制度和征集投票权制度,完善股东大会网络投票制度、独立董事制度及信息披露相关规则,规范上市公司运作。要落实和完善监管责任制,不断改进监管方式和监管手段,完善上市公司风险监控体系。进一步健全证券监督管理机构与公安、司法部门的协作机制，及时将涉嫌犯罪人员移送公安、司法机关，严肃查处违法犯罪行为，增强上市公司监管的威慑力，提高监管的有效性和权威性，切实维护市场和社会稳定。

【相关规章规定】

《上市公司独立董事管理办法》（中国证券监督管理委员会令2023年第220号）

第十二条 上市公司股东大会选举两名以上独立董事的，应当实行累积投票制。鼓励上市公司实行差额选举，具体实施细则由公司章程规定。

中小股东表决情况应当单独计票并披露。

【其他规范性文件的规定】

《上海证券交易所上市公司自律监管指引第1号——规范运作（2023年8月修订）》（上证发〔2023〕129号）

2.1.14 董事、监事的选举应当充分反映中小股东的意见。股东大会在董事、监事的选举中应当积极推行累积投票制度。

涉及下列情形的，股东大会在董事、监事的选举中应当采用累积投票制：

（一）上市公司选举2名以上独立董事的；

（二）上市公司单一股东及其一致行动人拥有权益的股份比例在30%以上。

股东大会以累积投票方式选举董事的，独立董事和非独立董事的表决应当分别进行，并根据应选董事、监事人数，按照获得的选举票数由多到少的顺序确定当选董事、监事。

不采取累积投票方式选举董事、监事的，每位董事、监事候选人应当以单项提案提出。

采用累积投票制的公司应当在公司章程里规定实施细则，本所鼓励上市公司通过差额选举的方式选举独立董事。

2.1.15 出席股东大会的股东，对于采用累积投票制的议案，每持有一股即拥有与每个议案组下应选董事或者监事人数相同的选举票数。股东拥有的选举票数，可以集中投给一名候选人，也可以投给数名候选人。

股东应当以每个议案组的选举票数为限进行投票。股东所投选举票数超过其拥有的选举票数的，或者在差额选举中投票超过应选人数的，其对该项议案所投的选举票视为无效投票。

持有多个股东账户的股东，可以通过其任一股东账户参加网络投票，其所拥有的选举票数，按照其全部股东账户下的相同类别股份总数为基准计算。

2.1.16 除采用累积投票制以外，股东大会对所有提案应当逐项表决。股东或者其代理人在股东大会上不得对互斥提案同时投同意票。

公司股东或者其委托代理人在股东大会上投票的，应当对提交表决的议案明确发表同意、反对或者弃权意见。股票名义持有人根据相关规则规定，应当按照所征集的实际持有人对同一议案的不同投票意见行使表决权的除外。

同一表决权通过现场、本所网络投票平台或者其他方式重复进行表决的，以第一次投票结果为准。

【典型案例】

福建省三明市中级人民法院
民事判决书

〔2023〕闽04民终557号

上诉人（原审原告）：永安智胜投资股份有限公司，住所地福建省永安市巴溪大道1369号1幢182号，统一社会信用代码91350400665091867N。

法定代表人：蔡某茂，系该公司董事长。

委托诉讼代理人：刘朝兴，永安市丰韬法律服务所法律工作者。

委托诉讼代理人：林海洋，永安市丰韬法律服务所法律工作者。

被上诉人（原审被告）：智胜化工股份有限公司，住所地福建省永安市坂尾90号，统一社会信用代码91350400727934314R。

法定代表人：林某生，系该公司董事长。

委托诉讼代理人：傅明霞，北京盈科（上海）律师事务所执业律师。

委托诉讼代理人：林长洋，福建策问律师事务所执业律师。

上诉人永安智胜投资股份有限公司（下简称智胜投资公司）因与被上诉人智胜化工股份有限公司（下简称智胜化工公司）公司决议撤销纠纷一案，不服福建省永安市人民法院〔2022〕闽0481民初3342号民事判决，向本院提起上诉。本院于2023年3月2日立案后，依法组成合议庭，通过阅卷、调查和询问方式不开庭进行了审理。上诉人智胜投资公司的委托诉讼代理人刘朝兴，被上诉人智胜化工公司的委托诉讼代理人傅明霞、林长洋到庭接受本院调查询问。本案现已审理终结。

智胜投资公司上诉请求：1.依法撤销福建省永安市人民法院作出的〔2022〕闽0481民初3342号民事判决，依法将本案发回重审或改判支持其一审诉讼请求；2.本案一、二审诉讼费由智胜化工公司承担。事实与理由：一审判决认定事实不清，严重错误。一审判决认为"对智胜投资公司要求依据2019年6月10日召开的智胜化工公司2018年度股东大会作出的决议及依据该决议修改后的公司章程第 22 条明确规定：选举董事、监事的表决方式，实行累积投票制。因该次大会决议及依据该决议修改后的公司章程智胜化工公司并不认可，且智胜投资公司也未提交相应的证据证明该次决议及依据该决议修改后的公司章程的合法有效性，故对智胜投资公司的上述主张本院不予采信。"并据此理由驳回其一审诉讼请求，属于认定事实不清，判决不当。理由：首先，一审判决认为"对智胜投资公司要求依据 2019 年 6 月 10 日召开的智胜化工公司 2018 年度股东大会作出的决议及依据该决议修改后的公司章程智胜化工公司并不认可"并据此作出一审判决驳回其诉请的理由，没有事实根据和法律依据。智胜化工公司于 2019 年 6 月 10 日召开了公司的 2018 年度股东大会，并通过股东大会决议及依据该决议修改了公司章程的事实，其在一审举证的证据《智胜化工股份有限公司 2018 年度股东大会决议》《智胜化工股份有限公司章程》及智胜化工公司在本案一审举证的证据民事判决书〔2020〕闽 0481 民初 2977 号，〔2021〕闽 04 民终 882 号在案为凭。根据我国《公司法》第九十八条及智胜化工公司《章程》的规定，股东大会是公司的权力机构。因此，智胜化工公司在 2019 年 6 月 10 日已实际召开了其公司 2018 年度股东大会，并以 97.82% 股东表决权，表决通过了股东大会决议及依据该决议修改了公司章程的情况下，智胜化工公司在本案中，没有任何理由和法律依据可对股东大会决议及依据该决议修改的公司章程不予认可。而一审判决对此竟以所谓"智胜化工公司 2018 年度股东大会作出的决议及依据该决议修改后的公司章程智胜化工公司并不认可"为由，判决并否认了智胜化工公司于 2019 年 6 月 10 日，作出的 2018 年度股东大会决议及依据该决议修改后的公司章程效力，显然，一审判决：公司可以对经 97.82% 股东表决权表决通过的股东大会决议及依据该决议修改的公司章程效力不予认可。如对此错误，不予纠正，势必造成公司依法高度自治的原则与次序被重创。在智胜化工公司 2018 年股东大会决议及依据该协议修改后的章程，未被人民法院或其他有权机构撤销或认定无效、不成立的情形下，一审判决仅以智胜化工公司"对智胜投资公司要求依据 2019 年 6 月 10 日召开的智胜化工公司 2018 年度股东大会作出的决议及依据该决议修改后的公司章程智胜化工公司并不认可"并据此作出一审判决，没有任何事实根据和法律依据。其次，一审判决还认为"且智胜投资公司也未提交相应的证据证明该次决议及依据该决议修改后的公司章程的合法有效性，故对智胜投资公司的上述主张，本院不予采信。"并据此作出一审判决驳回其诉请的理由，没有任何事实根据和法律依据。根据《公司法》第二十二条第二款规定：股东会或者股东大会、董事会的会议召集程序、表决方式违反法律、行政法规或者公司章程，或者决议内容违反公司章程的，股东可以自决议作出之日起六十日内，请求人民法院撤销。本案中，其在一审举证的智胜化工公司于 2019 年 6 月 10 日召开的智胜化工公司 2018 年度股东大会作出的决议及依据该决议修改后的公司章程，在法定期限内，并未被任何股东提起诉讼而撤销。因此，智胜化工公司的 2018 年度股东大会决议及依据该决议修改后的公司《章程》，已于 2019 年 6 月 10 日发生法律效力。故该股东大会决议及依据该决议修改后的公司《章程》，依法无需通过一审判决所认为的所谓证据证明"该次决议及依据该决议修改后的公司章程的合法有效性"况且，一审判决并未释明或依据何项法律规定、适用何项法条，应对公司股东大会通过的股东大会决议及依据该决议修改后的公司章程的合法有效性，提供证据证明的强制性规定。因此，一审判决以所谓"且智胜投资公司也未提交相应的证据证明该次决议及依据该决议修改后的公司章程的合法有效性，故对智胜投资公司的上述主张，本院不予采信。"并据此作出一审判决驳回其诉请的理由，没有任何事实根据和法律依据。再次，智胜化工公司《2018年度股东大会决议》及依据该决议修改后的公司《章程》，虽尚未到市场监督机关进行备案，但依法并不影响到股东大会决议及章程的效力；一审判决对《2018年度股东大会决议》及依据该决议修改后的公司《章程》的效力不予认定，严重错误。本案的《2018年度股东大会决议》及依据该决议修改后的公司《章程》，虽尚未到市场监督机关进行备案，但是参照最高人民法院的指导案例〔案号：〔2014〕民提字第00054号《审判监督民事判决书》〕的指导意见，经法定程序修改的章程，自股东达成修改章程的合意后即发生法律效力，工商登记并非章程的生效要件，这与公司设立时制定的初始章程，应报经工商部门登记备案才能生效有所不同。本案中，智胜化工公司股东已于2019年6月10日即按法定程序召开了公司2018年度股东大会，并通过了相应的股东大会决议及依据该决议修改了公司原《章程》，修订后的智胜化工公司章程合法有效，因此应于2019年6月10日开始生效。一审以所谓"智胜投资公司要求依据2019年6月10日召开的智胜化工公司2018年度股东大会作出的决议及依据该决议修改后的公司章程智胜化工公司并不认可且智胜投资公司也未提交相应的证据证明该次决议及依据该决议修改后的公司章程的合法有效性，故对智胜投资公司的上诉主张，本院不予采信。"为由，作出驳回其一审诉请的判决不当。综上，一审判决认定事实不清，判决错误，请求依法支持其上诉请求。

智胜化工公司辩称，原审法院认定事实清楚，法律适用正确，请求二审法院依法驳回智胜投资公司的上诉请求，维持原判，理由：其并未于2019年6月10日召开智胜化工公司2018年度股东大会，智胜投资公司所称的该次股东大会作出的会议决议以及修改的公司章程在三明市市场监督管理局并未备案登记，智胜投资公司所称的2019年6月10日修改的智胜化工公司章程事实上并不存在，也不具有合法性和有效性，该份公司章程对智胜化工公司以及智胜化工公司的其他股东均不发生法律效力。因此，智胜化工公司依据2011年6月8日在市场监督机关登记备案的公司章程修正案的规定召开本案所涉2022第一次临时股东大会以及作出股东大会会议决议合法合章有效，智胜投资公司的上诉请求没有事实和法律依据，依法应当予以驳回。首先，根据《公司法》以及公司章程规定，公司股东提议召开股东大会的，需按照法定程序召开，并通知公司全体股东，保障公司全体股东依法依章地行使股东权利。公司股东与公司之间在法律上属于独立的法律主体，公司具有独立的民事行为能力，公司并非代表股东的个人意志。但根据智胜投资公司向原审提交的《智胜化工股份有限公司2018年度股东大会决议》《智胜化工股份有限公司章程》（2019年6月10日修改）可知，该股东大会由公司董事会召集，由公司董事长蔡某茂主持会议，而根据永安市人民法院作出的〔2020〕闽0481民初2977号生效判决中查明认定的事实可知，在2017年8月25日之后至2020年5月19日之前，在市场监督管理部门公示登记的智胜化工公司董事长一直为王清忠，且在前述股东决议作出之后至2020年5月19日，王清忠仍多次以智胜化工公司董事长、法定代表人的身份委托代理人在福建永安、三明、新疆等地法院参加诉讼。因此可知，蔡某茂自始至终并不具备智胜化工公司董事长的身份，据此，蔡某茂作为智胜化工公司假董事长，也无权召开和主持前述所谓的股东大会，智胜投资公司提出的2019年6月10日召开的股东大会从召集召开主体就是错误的，自始就不成立。同时，前述股东大会会议以及公司章程上也并非由全体股东签字、盖章，智胜化工公司也并未在股东大会会议决议以及公司章程上加盖公章，该份公司章程也从未在市场监督管理部门登记备案，且公司章程上也仅有蔡某茂一人签字，而如前所述蔡某茂在智胜化工公司不具有任何身份，系假董事长，故智胜投资公司提出的2019年6月10日修改的智胜化工公司章程不具有公示效力，对智胜化工公司以及智胜化工公司其他股东均不具有法律效力。因此，智胜投资公司依据不具有法律效力的公司章程规定，认为应当以累积投票制选举公司董事、监事的主张没有法律依据，智胜化工公司依据2011年6月8日在市场监督管理部门登记备案的公司章程修正案的规定，以直接投票制选举公司董事、监事符合法律和公司章程规定，据此作出的《2022年第一次临时股东大会决议》合法有效，原审法院事实认定清楚，法律适用正确，智胜投资公司的上诉请求依法应当予以驳回。其次，根据谁主张谁举证的原则，智胜投资公司作为原审原告，提出智胜化工公司应当适用从未在市场监督部门登记备案的公司章程，智胜投资公司应当举证证明智胜化工公司于2019年6月10日实际召开过股东大会且该次股东大会合法有效，但无论是在永安法院作出的〔2020〕闽0481民初2977号生效判决的案件中，还是在本案原审〔2022〕闽0481民初3342号案件审理过程中，智胜投资公司并未提供相关证据予以证明前述事实。同时如前所述，该次股东大会的召集人是假董事长蔡某茂，出席的董事也并非市场监督部门登记备案的董事，公司的其他股东也好，智胜化工公司也好，对该次会议的召开以及作出的该份决议既没有出席也不知情，更不认可，对本身就不存在的事情无需撤销，该份决议系智胜投资公司与其一致行动人高能财富公司单方制作的文件。智胜投资公司在上诉状中称"一审判决并未释明或说明依据何项法律规定、适用何项法条应对公司股东大会通过的股东大会决议及依据该决议修改后的公司章程的合法有效性，提供证据证明的强制性规定。"人民法院作为司法机关，并非智胜投资公司的私人法律顾问，没有指导智胜投资公司办案的义务，智胜投资公司作为原审原告应当遵照谁主张谁举证的基本原则和法律规定，并且智胜投资公司已委托专业的律师，应当在法律和章程规定的情况下主张权利，尊重客观事实，而不是一再地恶意提起诉讼，浪费司法资源。再次，智胜投资公司提出的〔2014〕民提字第00054号案件，该案案由为股东资格确认纠纷，该案基本事实、诉讼请求与本案并不相符，该案主张其具有股东资格的当事人，虽未在公司章程上签字，但该当事人实际以股东身份多次参与公司经营，实际行使股东权利，且在该案中，法院也认为公司章程具有合同的某些属性，故该法院依据查明的多项事实和证据，认为公司章程对该当事人产生效力。但如前所述，智胜投资公司并未提供相关证据证明该次股东大会召开过且程序合法合规，其并不认可该次股东大会和公司章程，且根据现有材料，智胜化工公司内部也从未适用过该份公司章程，蔡某茂也从未在智胜化工公司担任过董事长职务更未参与过经营，其已提供充分的证据证明智胜化工公司从未于2019年6月10日作出股东大会决议并据此修改公司章程、改选公司董事、监事，智胜投资公司的主张没有事实和法律依据。最后，根据智胜化工公司在原审中提交的证据四《智胜化工股份有限公司2022年第一次临时股东大会决议决议》，其中议案二为《关于董事会部分董事改选采用直接投票制的议案》，该议案有5名出席会议的股东投票赞成，仅有智胜投资公司投反对票，该议案经投票表决通过，因此，智胜化工公司再次形成以直接投票制改选公司董事的决议，故本案中智胜化工公司以直接投票制改选公司董事符合法律和公司章程规定。综上，智胜投资公司所提出的智胜化工公司于2019年6月10日召开股东大会并作出会议决议以及修改公司章程的主张，没有事实和法律依据，该次股东大会从未召开，据此作出的会议决议和公司章程自始不成立，且公司章程没有在公司备案也没有在市场监督部门备案登记，智胜化工公司也并未在该公司章程上加盖公章，该公司章程不具有任何法律效力，智胜化工公司依据登记备案的公司章程规定以及法律规定作出的《2022年第一次临时股东大会决议》合法有效，原审法院认定事实清楚，适用法律正确，请求法院依法应当驳回智胜投资公司的上诉请求。

智胜投资公司向一审法院起诉请求：1.依法撤销智胜化工公司于2022年7月25日作出的《2022年第一次临时股东大会决议》；2.本案诉讼费由智胜化工公司承担。

一审法院认定事实：

2022年7月25日，由智胜化工公司董事会负责召集召开的智胜化工公司2022年第一次临时股东大会，在智胜化工公司三楼会议室召开。应参加会议股东7名，实际参加会议股东6名，参会股东所持股份44 400万股，占公司总股本的98.67%。参加会议股东有：上海弘钛网络科技企业（有限合伙）、永安智胜投资股份有限公司、薛偕发、郑培基、余乃钱、罗铸强。股东严莹未到会。该次临时股东大会共审议了十一项议案，并通过如下决议：一、审议未通过《关于增加智胜化工股份有限公司资本金的议案（一）》；二、审议通过《关于董事会部分董事改选采用直接投票制的议案》；三、审议通过《关于改选公司部分董事的议案（三）》；四、审议未通过《关于修改公司章程的议案（四）》；五、审议未通过《关于聘请审计机构对2019年1月1日至2022年6月30日期间智胜化工股份有限公司财务状况的议案（五）》；六、审议未通过《关于聘请评估机构评估截至2022年6月30日公司资产状况的议案（六）》；七、审议未通过《关于改选智胜化工股份有限公司董事会的议案》；八、审议未通过《关于改选智胜化工股份有限公司监事会的议案（八）》；九、审议未通过《关于智胜化工股份有限公司进行增资扩股的议案（九）》；十、审议未通过《关于修改公司章程的议案（十）》；十一、审议未通过《关于向公司各股东提交公司2019年1月1日起至2022年6月30日止的公司各年度〈董事会工作报告〉、〈财务工作报告〉的议案（十一）》。

智胜化工公司在公司登记机关备案的2007年10月25日的公司《章程》第七十八条第二款规定："股东大会就选举董事、监事进行表决时，根据本章程的规定或者股东大会的决议，可以实行累计投票制。"

一审法院认为，根据《公司法》第二十二条第二款规定：股东会或者股东大会、董事会的会议召集程序，表决方式违反法律、行政法规或者公司章程，或者决议内容违反公司章程的，股东可以自决议作出之日起六十日内，请求人民法院撤销。《公司法》第一百零五条第一款规定：股东大会选举董事、监事，可以依照公司章程的规定或者股东大会的决议，实行累积投票制。2007年10月25日双方认可的《智胜化工股份有限公司章程》第七十八条规定了股东大会就选举董事、监事的表决方式可以实行累积投票制。从以上法条及公司章程的规定，可以理解：一是选举董事、监事进行表决根据公司章程的规定或是股东大会的决议；二是可以实行而非必须实行。就本案而言，智胜化工公司召开的2022年第一次临时股东大会中就有一项议案是关于董事会部分董事改选采用直接投票制的议案，并经股东表决通过，该会议的召集程序及表决的方式也没有违反上述法律及公司章程的相关规定，属合法有效。综上，智胜投资公司主张认为智胜化工公司于2022年7月25日作出的《2022年第一次临时股东大会决议》对公司董事会、监事会选举的表决方式，不仅违法，且违反智胜化工公司《章程》的规定，依法应予撤销智胜化工公司于2022年7月25日作出的《2022年第一次临时股东大会决议》的诉请没有事实和法律依据，不予支持。对智胜投资公司要求依据2019年6月10日召开的智胜化工公司2018年度股东大会作出的决议及依据该决议修改后的公司章程第二十二条明确规定：选举董事、监事的表决方式实行累计投票制。因该次大会决议及依据该决议修改后的公司章程智胜化工公司并不认可，且智胜投资公司也未提交相应的证据证明该次决议及依据该决议修改后的公司章程的合法有效性，故对智胜投资公司的上述主张，不予采信。对智胜化工公司辩称该公司于2022年7月25日作出的临时股东大会对公司董事采取直接投票制的选举表决方式并不违反法律、行政法规以及公司章程规定，要求驳回智胜投资公司的诉讼请求的辩述主张，有事实和法律依据，理由充分，予以支持。

综上所述，一审法院依照《公司法》第二十二条第二款、第一百零五条第一款，《最高人民法院关于适用〈中华人民共和国公司法〉若干问题的规定（四）》第二条、第三条第一款、第四条，《民事诉讼法》第六十四条第一款的规定，判决：驳回智胜投资公司的诉讼请求。案件受理费100元，由智胜投资公司负担。

二审中，当事人未提交新证据。

智胜投资公司认为一审认定的事实遗漏认定：2019年6月10日召开的智胜化工公司2018年度股东大会作出的决议及依据该决议修改后的公司章程。智胜投资公司、智胜化工公司对一审认定的事实没有异议，本院予以确认。

本院认为，案涉智胜化工公司召开的2022年第一次临时股东大会中的议案是关于董事会部分董事改选采用直接投票制的议案，并经股东表决通过，该会议的召集程序及表决的方式，没有违反法律及公司章程的相关规定，属合法有效。智胜投资公司提出的2019年6月10日召开的股东大会会议以及公司章程上并非由全体股东签字，智胜化工公司也并未在股东大会会议决议以及公司章程上加盖公章，该份公司章程也从未在市场监督管理部门登记备案，且智胜投资公司也未提交相应的证据证明该次决议及依据该决议修改后的公司章程的合法有效性，2019年6月10日修改的智胜化工公司章程不具有公示效力，对智胜化工公司以及智胜化工公司其他股东均不具有法律效力。故智胜投资公司主张智胜化工公司于2022年7月25日作出的《2022年第一次临时股东大会决议》对公司董事会、监事会选举的表决方式，是违法，且违反智胜化工公司《章程》的规定，应予撤销的诉讼主张没有法律依据，本院不予支持。智胜投资公司上诉称公司于2022年7月25日作出的临时股东大会对公司董事采取直接投票制的选举表决方式违反法律、行政法规以及公司章程规定，应予以撤销的上诉意见，不予支持。

综上所述，智胜投资公司上诉请求不能成立，应予驳回。一审判决认定事实清楚，适用法律正确，应予以维持。依照《民事诉讼法》第一百七十七条第一款第一项规定，判决如下：

驳回上诉，维持原判。

二审案件受理费100元，由永安智胜投资股份有限公司负担。

本判决为终审判决。

审判长　廖　春
审判员　彭贵良
审判员　程哲明
二〇二三年五月二十二日
书记员　王晓婷

【2023年版本】

第一百一十八条　股东委托代理人出席股东会会议的，应当明确代理人代理的事项、权限和期限；代理人应当向公司提交股东授权委托书，并在授权范围内行使表决权。

【三次审议稿】

第一百一十八条　股东可以委托代理人出席股东会会议，代理人应当向公司提交股东授权委托书，委托书应当明确代理人代理的事项、权限和期限，并在授权范围内行使表决权。

【2018年版本】

第一百零六条　股东可以委托代理人出席股东大会会议，代理人应当向公司提交股东授权委托书，并在授权范围内行使表决权。

【本条释义】

本条规定了股东委托代理人出席股东会会议的制度。

股东权利不属于必须本人亲自行使、不允许代理的权利，因此，股东可以委托代理人出席股东会会议，股东委托时应当明确代理人代理的事项、权限和期限，代理人应当向公司提交股东授权委托书，并在授权范围内行使表决权。代理人可以是具有完全民事行为能力的任何人，既可以是公司股东，也可以不是公司股东。由于股东会会议是董事会召集的，通常情况下，授权委托书应当提交给董事会秘书。

【相关法律规定】

《民法典》

第一百六十五条　委托代理授权采用书面形式的，授权委托书应当载明代理人的姓名或者名称、代理事项、权限和期限，并由被代理人签名或者盖章。

第一百六十六条　数人为同一代理事项的代理人的，应当共同行使代理权，但是当事人另有约定的除外。

第一百六十七条　代理人知道或者应当知道代理事项违法仍然实施代理行为，或者被代理人知道或者应当知道代理人的代理行为违法未作反对表示的，被代理人和代理人应当承担连带责任。

第一百六十八条　代理人不得以被代理人的名义与自己实施民事法律行为，但是被代理人同意或者追认的除外。

代理人不得以被代理人的名义与自己同时代理的其他人实施民事法律行为，但是被代理的双方同意或者追认的除外。

第一百六十九条 代理人需要转委托第三人代理的,应当取得被代理人的同意或者追认。

转委托代理经被代理人同意或者追认的,被代理人可以就代理事务直接指示转委托的第三人,代理人仅就第三人的选任以及对第三人的指示承担责任。

转委托代理未经被代理人同意或者追认的,代理人应当对转委托的第三人的行为承担责任;但是,在紧急情况下代理人为了维护被代理人的利益需要转委托第三人代理的除外。

第一百七十条 执行法人或者非法人组织工作任务的人员,就其职权范围内的事项,以法人或者非法人组织的名义实施的民事法律行为,对法人或者非法人组织发生效力。

法人或者非法人组织对执行其工作任务的人员职权范围的限制,不得对抗善意相对人。

第一百七十一条 行为人没有代理权、超越代理权或者代理权终止后,仍然实施代理行为,未经被代理人追认的,对被代理人不发生效力。

相对人可以催告被代理人自收到通知之日起三十日内予以追认。被代理人未作表示的,视为拒绝追认。行为人实施的行为被追认前,善意相对人有撤销的权利。撤销应当以通知的方式作出。

行为人实施的行为未被追认的,善意相对人有权请求行为人履行债务或者就其受到的损害请求行为人赔偿。但是,赔偿的范围不得超过被代理人追认时相对人所能获得的利益。

相对人知道或者应当知道行为人无权代理的,相对人和行为人按照各自的过错承担责任。

第一百七十二条 行为人没有代理权、超越代理权或者代理权终止后,仍然实施代理行为,相对人有理由相信行为人有代理权的,代理行为有效。

第一百七十三条 有下列情形之一的,委托代理终止:

(一)代理期限届满或者代理事务完成;

(二)被代理人取消委托或者代理人辞去委托;

(三)代理人丧失民事行为能力;

(四)代理人或者被代理人死亡;

(五)作为代理人或者被代理人的法人、非法人组织终止。

第一百七十四条 被代理人死亡后,有下列情形之一的,委托代理人实施的代理行为有效:

(一)代理人不知道且不应当知道被代理人死亡;

(二)被代理人的继承人予以承认;

(三)授权中明确代理权在代理事务完成时终止;

（四）被代理人死亡前已经实施，为了被代理人的继承人的利益继续代理。

作为被代理人的法人、非法人组织终止的，参照适用前款规定。

【2023 年版本、三次审议稿】

第一百一十九条　股东会应当对所议事项的决定作成会议记录，主持人、出席会议的董事应当在会议记录上签名。会议记录应当与出席股东的签名册及代理出席的委托书一并保存。

【2018 年版本】

第一百零七条　股东大会应当对所议事项的决定作成会议记录，主持人、出席会议的董事应当在会议记录上签名。会议记录应当与出席股东的签名册及代理出席的委托书一并保存。

【本条释义】

本条规定了股东会会议记录。

为了事后对股东会召集及决议程序是否合法进行监督，股东会应当对所议事项的决定作成会议记录，股东会会议记录应当详细记载会议通知的时间、方式，会议召开的时间、地点、主持人、计票人，出席会议的股东人数及其持股比例，代理股东出席的人员情况，列席会议的董事、监事、高级管理人员，会议议程，每项议程的表决情况等。主持人、出席会议的董事应当在会议记录上签名。会议记录应当与出席股东的签名册及代理出席的委托书一并保存。

第三节　董事会、经理

【2023 年版本】

第一百二十条　股份有限公司设董事会，本法第一百二十八条另有规定的除外。

本法第六十七条、第六十八条第一款、第七十条、第七十一条的规定，适用于股份有限公司。

【三次审议稿】

第一百二十条　股份有限公司设董事会，本法第一百二十六条另有规定的除外。

本法第六十七条、第六十八条第一款、第七十条、第七十一条的规定，适用于股份有限公司。

【2018 年版本】

第一百零八条　股份有限公司设董事会，其成员为五人至十九人。

董事会成员中可以有公司职工代表。董事会中的职工代表由公司职工通过职工代表大会、职工大会或者其他形式民主选举产生。

本法第四十五条关于有限责任公司董事任期的规定，适用于股份有限公司董事。

本法第四十六条关于有限责任公司董事会职权的规定，适用于股份有限公司董事会。

【本条释义】

本条规定了股份有限公司董事会的设置。

除规模较小或者股东人数较少的股份有限公司外，股份有限公司必须设置董事会，作为股东会下设的常设执行机构，与公司经理一起负责公司日常行政管理事项。

股份有限公司董事会的职权与有限责任公司董事会的职权相同，具体而言，股份有限公司董事会行使下列职权：

（1）召集股东会会议，并向股东会报告工作。

（2）执行股东会的决议。

（3）制订公司的利润分配方案和弥补亏损方案。

（4）制订公司增加或者减少注册资本以及发行公司债券的方案。

（5）制订公司合并、分立、解散或者变更公司形式的方案。

（6）决定公司内部管理机构的设置。

（7）决定聘任或者解聘公司经理及其报酬事项，并根据经理的提名决定聘任或者解聘公司副经理、财务负责人及其报酬事项。

（8）制定公司的基本管理制度。

（9）公司章程规定或者股东会授予的其他职权。公司章程对董事会权力的限制不得对抗善意相对人。

股份有限公司董事会成员为三人以上，其成员中可以有公司职工代表。职工人数三百人以上的股份有限公司，除依法设监事会并有公司职工代表的外，其董事会成员中应当有公司职工代表。董事会中的职工代表由公司职工通过职工代表大会、职工大会或者其他形式民主选举产生。

股份有限公司董事任期由公司章程规定，但每届任期不得超过三年。董事任期届满，连选可以连任。董事任期届满未及时改选，或者董事在任期内辞任导致董事会成员低于法定人数的，在改选出的董事就任前，原董事仍应当依照法律、行政法规和公司章程的规定，履行董事职务。董事辞任的，应当以书面形式通知公司，公司收到通知之日辞任生效，但存在上述规定情形的，董事应当继续履行职务。担任法定代表人的董事辞任的，视为同时辞去法定代表人。法定代表人辞任的，公司应当在法定代表人辞任之日起三十日内确定新的法定代表人。

股份有限公司股东会可以决议解任董事，决议作出之日解任生效。无正当理由，在任期届满前解任董事的，该董事可以要求公司予以赔偿。

【2023年版本】

第一百二十一条　股份有限公司可以按照公司章程的规定在董事会中设置由董事组成的审计委员会，行使本法规定的监事会的职权，不设监事会或者监事。

审计委员会成员为三名以上，过半数成员不得在公司担任除董事以外的其他职务，且不得与公司存在任何可能影响其独立客观判断的关系。公司董事会成员中的职工代表可以成为审计委员会成员。

审计委员会作出决议，应当经审计委员会成员的过半数通过。

审计委员会决议的表决，应当一人一票。

审计委员会的议事方式和表决程序，除本法有规定的外，由公司章程规定。

公司可以按照公司章程的规定在董事会中设置其他委员会。

【三次审议稿】

第一百二十一条　股份有限公司可以按照公司章程的规定在董事会中设置由董事

组成的审计委员会，行使本法规定的监事会的职权，不设监事会或者监事。

审计委员会成员为三名以上，过半数成员不得在公司担任除董事以外的其他职务，且不得与公司存在任何可能影响其独立客观判断的关系。

公司可以按照公司章程的规定在董事会中设置其他委员会。

【本条释义】

本条规定了审计委员会代替监事会的制度。

由于实务中监事会的监督作用并不明显，因此，股份有限公司可以按照公司章程的规定在董事会中设置由董事组成的审计委员会，行使《公司法》规定的监事会的职权，不设监事会或者监事。需要注意的是，如果公司用董事会审计委员会取代监事会，则应当由公司章程对此作出明确规定。董事会审计委员会应全部由董事组成，其他人员不允许参加。审计委员会中的董事可以是内部董事，也可以是外部董事，还可以是独立董事或者由职工代表出任的董事。因此，公司董事会成员中的职工代表可以成为审计委员会成员。

审计委员会成员为三名以上，可以为三名，也可以是五名。过半数成员不得在公司担任除董事以外的其他职务，且不得与公司存在任何可能影响其独立客观判断的关系。实务中，一般设置三名审计委员会成员，其中两名由独立董事担任。独立董事就满足"不得在公司担任除董事以外的其他职务，且不得与公司存在任何可能影响其独立客观判断的关系"。

审计委员会作出决议，应当经审计委员会成员的过半数通过。需要注意的是，无论出席会议的审计委员会成员是几人，最终的同意票数应当达到全体成员的过半数，而不能仅仅达到出席会议的成员的过半数。审计委员会决议的表决，应当一人一票。所有审计委员会的成员，其表决权是相同的。审计委员会的其他议事方式和表决程序，由公司章程规定。

公司可以按照公司章程的规定在董事会中设置其他委员会。实务中，股份有限公司董事会通常还设置提名委员会、薪酬委员会、考核委员会、战略发展委员会等。

【2023年版本】

第一百二十二条 董事会设董事长一人，可以设副董事长。董事长和副董事长由董事会以全体董事的过半数选举产生。

董事长召集和主持董事会会议，检查董事会决议的实施情况。副董事长协助董事长工作，董事长不能履行职务或者不履行职务的，由副董事长履行职务；副董事长不能履行职务或者不履行职务的，由过半数的董事共同推举一名董事履行职务。

【三次审议稿】

第一百二十二条　董事会设董事长一人，可以设副董事长。

董事长和副董事长由董事会以全体董事的过半数选举产生。

董事长召集和主持董事会会议，检查董事会决议的实施情况。副董事长协助董事长工作，董事长不能履行职务或者不履行职务的，由副董事长履行职务；副董事长不能履行职务或者不履行职务的，由过半数的董事共同推举一名董事履行职务。

【2018年版本】

第一百零九条　董事会设董事长一人，可以设副董事长。董事长和副董事长由董事会以全体董事的过半数选举产生。

董事长召集和主持董事会会议，检查董事会决议的实施情况。副董事长协助董事长工作，董事长不能履行职务或者不履行职务的，由副董事长履行职务；副董事长不能履行职务或者不履行职务的，由半数以上董事共同推举一名董事履行职务。

【本条释义】

本条规定了董事会内部的设置及其会议召集和主持程序。

董事会设董事长一人，可以设副董事长，也可以不设副董事长。实务中，为防止意外事件的发生，通常情况下都设置副董事长。如果由董事担任经理，通常情况下，副董事长由经理担任，也可以说由副董事长兼任经理。

董事长和副董事长由董事会以全体董事的过半数选举产生。董事长和副董事长应当分别表决，选举时，每位董事拥有一票表决权。董事长和副董事长候选人也拥有一票表决权，可以选举自己。董事长和副董事长的选举可以没有候选人直接海选，也可以先酝酿和推举候选人，再对董事长候选人和副董事长候选人分别投票表决。实务中，如果董事中有股东，则推选持股比例最大的董事担任董事长，以方便董事会的工作能够得到股东会的支持。

董事长召集和主持董事会会议，检查董事会决议的实施情况。董事长通常情况下与其他董事的权利义务是相同的，但在股份有限公司董事会中，董事长还具有检查董事会决议实施情况的职权和职责。副董事长协助董事长工作，董事长不能履行职务或者不履行职务的，由副董事长履行职务。这里所谓"不能履行职务"是指因客观原因导致其无法履行职务，如身体健康原因、不可抗力、意外死亡、失踪等。所谓"不履行职务"是指主观原因导致其不愿意履行职务或者怠于履行职务。无论出于什么原因，只要董事长无法履行职务,均由副董事长履行董事长职务。如果副董事长也不能履行职务或者不履行职务,则由过半数的董事共同推举一名董事履行职务。

【2023年版本、三次审议稿】

第一百二十三条　董事会每年度至少召开两次会议,每次会议应当于会议召开十日前通知全体董事和监事。

代表十分之一以上表决权的股东、三分之一以上董事或者监事会,可以提议召开临时董事会会议。董事长应当自接到提议后十日内,召集和主持董事会会议。

董事会召开临时会议,可以另定召集董事会的通知方式和通知时限。

【2018年版本】

第一百一十条　董事会每年度至少召开两次会议,每次会议应当于会议召开十日前通知全体董事和监事。

代表十分之一以上表决权的股东、三分之一以上董事或者监事会,可以提议召开董事会临时会议。董事长应当自接到提议后十日内,召集和主持董事会会议。

董事会召开临时会议,可以另定召集董事会的通知方式和通知时限。

【本条释义】

本条规定了董事会召开的次数及临时会议的召开。

为了保证董事会能够正常履行职责,董事会每年度至少召开两次会议,每次会议应当于会议召开10日前通知全体董事和监事。由于监事有权列席董事会会议,因此,每次董事会会议均应同时通知全体监事。实务中,董事会通常每个季度都召开一次会议,便于董事和监事掌握公司每个季度的经营动态并依法准备股东会会议的议程。

为了对一些重要紧急事项作出回应,部分主体有权提议召开临时股东会会议,这些主体包括:

(1)代表十分之一以上表决权的股东。

(2)三分之一以上董事。

(3)监事会或者不设监事会的监事。

召开临时股东会会议的提议应当向董事会秘书或者董事长提出。该提议应当有具体提案供临时董事会会议审议和表决。董事长应当自接到提议后10日内,召集和主持董事会会议。董事长接到提议后应当立即通知全体董事和监事10日后召开临时董事会会议。

董事会召开临时会议,可以另定召集董事会的通知方式和通知时限。如可以提前5

日通知全体董事和监事召开临时董事会会议。通知方式可以采取电子邮件、电话、短信、微信等。

【典型案例】

山东省青岛市中级人民法院
民事判决书

〔2021〕鲁02民终1507号

上诉人（原审原告）：纪某军，男，1972年11月24日出生，汉族，住山东省青岛市李沧区。

被上诉人（原审被告）：青岛宠贝龙宠物用品股份有限公司，住所地：山东省莱西市南京路南端与西贤都西交汇处，统一社会信用代码：91370200MA3N099U0D。

法定代表人：位某康，董事长。

上诉人纪某军因与被上诉人青岛宠贝龙宠物用品股份有限公司（以下简称"宠贝龙公司"）请求变更公司登记纠纷一案，不服山东省莱西市人民法院〔2020〕鲁0285民初6186号民事判决，向本院提起上诉。本院于2021年1月20日立案后，依法组成合议庭进行了审理。本案现已审理终结。

纪某军上诉请求：1.依法撤销青岛市莱西市人民法院作出的〔2020〕鲁0285民初6186号民事判决书，发回重审或依法改判；2.依法判令一审、二审诉讼费用由被上诉人承担。事实与理由：一、一审法院认定"上诉人召开临时董事会的提议未于2018年8月24日向位某康送达"，属认定事实错误。依照《公司章程》第111条的规定："代表十分之一以上表决权的股东、三分之一以上董事或者监事会，可以提议召开董事会临时会议，董事长应当自接到提议后10日内，召集和主持董事会会议。"上诉人持有被上诉人公司47.5%的股权，当然有权利提议召开公司董事会临时会议。故上诉人于2018年8月24日在"宠贝龙董事会"微信群中发送"关于召开宠贝龙公司董事会临时会议的提议"。根据一审时上诉人提交的微信截图证据，上诉人于2018年8月24日在"宠贝龙董事会"微信群中发送"关于召开宠贝龙公司董事会临时会议的提议"后，位某康（微信备注名称：零食位）于2018年8月24日16:58在该微信群中回复"我刚刚咨询了律师、股东会、董事会必须提前15日通知""所以纪总提议召开的董事会要在股东会开完后召开，也就是9月8日以后"。位某康的回复内容足以证明其已经收到并查看了该"关于召开宠贝龙公司董事会临时会议的提议"，其已知悉上诉人提议召开董事会临时会议的事情。一审法院所认定的"上诉人未提交位某康确认收到消息的证据""该提议未于当日向位某康送达",罔顾证据及事实,明显属于事实认定错误。二、一审法院认定"上诉人无权代行董事长职权召集董事于9月6日举行临时董事会会议",明显认定事实错误。依据《公司章程》第111条的规定:"董事长应当自接到提议后10日内,召集和主持董事会会议。"依据《公司章程》第109条的规定:"董事长不能履行职务或者不履行职务的,由董事长指定董事履行职务;董事长指定的董事不能履行职务或者不履行职务的,由半数以上董事共同推举一名董事履行职务。"在上诉人所发的"关于召开宠贝龙公司董事会临时会议的提议"中也明确表示"请位某康先生自收到本提议后10日内亲自或由您指定的董事召集和主持董事会会议"。上诉人于2018年8月24日发出"关于召开宠贝龙公司董事会临时会议的提议"后10内,位某康未召集和主持董事会会议,也未指定其他董事召集和主持董事会会议。为保证公司正常运转和维护各股东的权益,2018年9月4日,由过半董事潘晓云、韩卫宾、上诉人作出《关于推举董事召集和主持董事会的决定》,共同推举上诉人召集和主持董事会临时会议。上诉人于同日向各董事发送了《关于召开青岛宠贝龙宠物用品股份有限公司董事会临时会议的通知》,定于2018年9月6日召开公司董事会临时会议。上诉人经过推举履行"召集和主持公司董事会"的职权,程序完全符合《公司法》及《公司章程》的规定,其仅为"召集和主持公司董事会临时会议",并非履行董事长职权。一审法院认定上诉人无权代行董事长职权召集董事举行临时董事会会议,明显认定事实错误。三、一审法院认定"潘晓云委托王小勇代为签字,不符合《公司章程》,对其签字效力不予认可",明显属于认定事实错误、适用法律错误。1.虽然《公司章程》第一百一十七条规定:"董事会会议,应由董事本人出席;董事因故不能出席,可以书面委托其他董事代为出席",但该规定仅表述为"可以"委托"其他董事",并未禁止委托"非董事"代为出席董事会。同时,《公司法》也没有相关禁止性规定。一审法院据此否认王小勇作为代理人签字的效力,属法律适用错误。2.公司董事并非法律专业人员,并不精通《公司法》,无法区分"可以委托其他董事出席"和"委托代理人出席"的具体区别。即便是公司的法定代表人位某康,在与上诉人的多起民事诉讼案件中均未对王小勇代表潘晓云签字的问题提出异议。在本案一审庭审中,上诉人也未对潘晓云委托王小勇出席董事会并签字的事提出任何异议,一审法院径行否认了该签字的效力,违反了最基本的公司自治的原则。另外,王小勇本就是公司之前的董事,其对被上诉人公司运营管理情况十分清楚。王小勇与潘晓云又为夫妻关系,其表决完全代表了潘晓云的真实意思表示,该表决对于决议未产生实质性的影响,符合《最高人民法院关于适用〈中华人民共和国公司法〉若干问题的规定(四)》所述的"会议召集程序或者表决方式仅有轻微瑕疵,且对决议未产生实质影响的"的情形,故潘晓云委托王小勇代为签字应属有效。法院否认该签字的效力,属事实认定错误、法律适用错误。

宠贝龙公司辩称:申请召开董事会的文件没有送达给位某康,位某康不清楚。上诉人所说的董事会,不符合公司章程规定的会议程序,章程中明确规定董事长不履行职务的,必须由半数以上董事选举一名董事召开董事会,没有选举的过程。上诉人所主张的董事会（其实是一个碰头会）召开时，董事潘晓云的委托代理人并非公司董事，不符合公司章程规定。所以董事会决议无效。

纪某军向一审法院起诉请求：1.确认2018年9月6日公司董事会决议的效力；2.判令宠贝龙公司配合纪某军办理工商的法定代表人变更登记。

一审法院认定事实：宠贝龙公司于2018年4月18日登记成立，公司类型为股份有限公司，注册资本50万元。位某康、纪某军、单一恒作为公司股东共同制定《公司章程》，章程载明"第一百条　公司设董事会，对股东大会负责。第一百零一条　董事会由5名董事组成，设董事长1人。第一百零七条　董事会设董事长1人，董事长由董事会以全体董事的过半数选举产生。第一百零八条　董事长行使下列职权：（一）主持股东大会和召集、主持董事会会议；（二）督促、检查董事会决议的执行；（三）董事会授予的其他职权。第一百零九条、董事长不能履行职务或者不履行职务的，由董事长指定的董事履行职务；董事长指定的董事不能履行职务或者不履行职务的，由半数以上董事共同推举一名董事履行职务。第一百一十条　董事会每年至少召开两次会议，由董事长召集，于会议召开10日以前书面通知全体董事和监事。第一百一十一条　代表十分之一以上表决权的股东、三分之一以上董事或者监事会，可以提议召开董事会临时会议。董事长应当自接到提议后10日内，召集和主持董事会会议。第一百一十二条　董事会召开董事会临时会议应于会议召开2日前以书面、传真或邮件形式通知全体董事和监事。第一百一十四条　董事会会议应由过半数的董事出席方可举行，董事会作出决议，必须经全体董事的过半数通过。董事会决议的表决，实行一人一票。第一百一十六条　董事会决议表决方式为：记名投票或举手表决，每名董事有一票表决权。第一百一十七条　董事会会议，应由董事本人出席；董事因故不能出席，可以书面委托其他董事代为出席，委托书中应载明代理人的姓名、代理事项、授权范围和有效期限，并由委托人签名或盖章。代为出席会议的董事应当在授权范围内行使董事的权利。董事未出席董事会会议，亦未委托代表出席的，视为放弃在该会议上的投票权"。

期间，公司董事会成员董事长位某康、董事兼总经理纪某军、董事单一恒、董事韩卫宾、董事潘晓云5人组成"宠贝龙董事会"微信群。纪某军于2018年8月24日通过微信群发布消息："我提议大家开个董事会，坐下来谈问题"，并发送图片一张，图片内容为"关于召开宠贝龙公司董事会临时会议的提议，2018年8月24日，青岛龙宠物用品股份有限公司董事长位某康：根据《公司法》第一百一十条，《公司章程》第一百一十一条之规定，本人纪某军持有宠贝龙公司47.50%的股权，有权依法提议召开股东会临时会议，为保障公司业务良好发展，现本股东要求您于接到本提议后十日内，亲自或由您指定的董事召集和主持董事会会议，会议时间不迟于2018年9月3日。会议议题：一、关于审议2018年9月8日召开临时股东大会提议；二、关于审议董事会成员职务任免；三、关于审议公司高级管理人员聘免。请位某康先生自收到本提议后10日内亲自或由您指定的董事召集和主持董事会会议，会议时间不迟于2018年9月3日。否则，将由公司半数以上董事共同推举一名董事召集和主持董事会会议。提议人纪某军,时间:2018年8月24日"。但位某康并未在该微信群内回复该消息。2018年9月4日,潘晓云、韩卫宾、纪某军三人签署《关于推举董事召集和主持董事会的决定》,载明"2018年8月24日,股东纪某军向董事长位某康先生提议召开董事会临时会议,董事长位某康在接到提议后10日内未召集和主持董事会会议,也未指定其他董事召集和主持董事会会议。为保障公司正常运转,经过董事潘晓云、韩卫宾、纪某军商议,根据《公司法》及《公司章程》规定,兹决定共同推举董事纪某军召集和主持董事会临时会议"。当日,纪某军通过微信发送"关于召开宠贝龙公司董事会临时会议的通知",载明"宠贝龙公司全体董事、监事:2018年8月24日,股东纪某军向董事长位某康先生提议召开董事会临时会议,董事长位某康在接到提议后10日内未召集和主持董事会会议,也未指定其他董事召集和主持董事会会议。因此,董事潘晓云、韩卫宾、纪某军共同推举由董事纪某军召集和主持董事会临时会议。经董事纪某军召集,兹定于2018年9月6日召开董事会临时会议。现将有关内容通知如下:(一)会议日期和地点:2018年9月6日14:00青岛市李沧区振华路167号民联凯旋酒店。(二)会议期限:2018年9月6日14—16时。(三)事由及议题:1.关于审议2018年9月8日召开临时股东大会提议;2.关于审议更换并选举公司董事长的议案;3.关于审议聘任王雪月担任财务负责人的提议。(四)发出通知日期:2018年9月4日8:00、联系人:纪某军、电话131×××××××× 宠贝龙公司、召集人:纪某军2018年9月4日"。潘晓云于2018年9月5日向王小勇出具《授权委托书》,载明"代理事项:委托人委托受托人代理参加2018年9月6日宠贝龙公司董事会临时会议。授权范围:代为参加董事会会议、代为发言、代为表决、代为签署文件、代为签收材料等。有效期:2018年9月5日—2018年9月30日,委托人:潘晓云、2018年9月5日"。2018年9月6日,纪某军、韩卫宾与王小勇在青岛市李沧区××路××号××楼××室内举行临时董事会,会议形成了《宠贝龙公司董事会决议》,内容为"本次会议应到董事5名,实到董事3名(其中1人委托代表出席),符合《公司法》和《公司章程》等有关规定。公司监事和高级管理人员候选人也列席了本次会议。经审议,本次会议到会全体董事以举手表决方式审议事项,并形成了以下决议:一、审议未通过《2018年9月8日召开临时股东大会提议》董事会决议不同意于2018年9月8日召开临时股东大会。具体表决情况:3人反对。无弃权票和同意票,同意票不足全体董事半数。二、审议通过《更换并选举董事长的议案》董事会决议罢免位某康董事长职务,董事会重新选举纪某军担任公司董事长一职,董事长是公司法定代表人。具体表决情况:3人同意,超过全体董事半数。无弃权票和反对票。三、审议通过聘任王雪月为公司财务负责人。具体表决情况:3人同意,超过全体董事半数。无弃权票和反对票。"但至今,宠贝龙公司一直未变更登记董事长为纪某军,现纪某军诉至一审法院要求确认2018年9月6日公司董事会决议的效力,要求判令宠贝龙公司配合纪某军办理工商的法定代表人变更登记。另查明,2018年9月10日,宠贝龙公司以证照返还纠纷为由将纪某军诉至青岛李沧区法院,该院作出〔2018〕鲁0213民初4044号民事判决,判决"纪某军返还宠贝龙公司的公司营业执照正副本、公司公章、法人章、合同章"，后纪某军上诉，青岛中院维持。2018年9月26日，纪某军以公司解散纠纷为由将宠贝龙公司诉至一审法院，一审法院作出〔2018〕鲁0285民初6246号民事判决，判决"驳回纪某军的诉讼请求"，后纪某军上诉，青岛中院维持。2018年9月26日，纪某军以公司决议撤销纠纷为由将宠贝龙公司诉至一审法院，位某康、单一恒为本案第三人，一审法院作出〔2018〕鲁0285民初6247号民事判决书，判决"撤销宠贝龙公司于2018年9月5日形成的临时股东大会会议决议"。还查明，2018年9月28日，纪某军以宠贝龙公司名义将青岛市工商行政管理局诉至青岛市南区法院，要求确认青岛市工商行政管理局不依照公司章程依法变更纪某军为法定代表人的行政不作为行为违法，该院作出〔2018〕鲁0202行初216号行政裁定书驳回起诉。2019年7月25日，宠贝龙公司以专利权权属纠纷为由立〔2019〕鲁02知民初144号和〔2019〕鲁02知民初145号案，将纪某军诉至青岛市中级人民法院，该院作出分别判决"确认名称为'宠物食品包装盒'、专利号为ZL201830446371.1的外观设计专利为宠贝龙公司所有。确认名称为'宠物食品包装盒'、专利号为ZL201830240776.x的外观设计专利为青岛宠贝龙宠物用品股份有限公司所有。"后纪某军上诉，省高院维持。2020年7月2日，宠贝龙公司以财产损害赔偿纠纷为由立〔2020〕鲁0213民初3243号案，将纪某军诉至青岛李沧区法院，该案尚在审理期间。

一审法院认为，根据双方当事人陈述和举证质证情况，案涉临时董事会决议主要内容为免除位某康董事长、选举纪某军为董事长及法定代表人，案件的争议焦点为案涉临时董事会决议的合法性。审理过程中，一审法院发现宠贝龙公司和纪某军之间存在大量诉讼纠纷，从维护公司正常运行和股东合法权益的角度，一审法院依法审慎处理并组织调解，但未协商一致。章程作为企业的宪章，对全体发起人、董事、监事、高级管理人员及企业本身具有约束力。对于纪某军于2018年8月24日向位某康提议召开临时董事会，其虽在"宠贝龙董事会"微信群发布消息，但未提交位某康确认收到消息的证据，位某康亦对此不予认可，一审法院认为纪某军未举证证明已向位某康发出临时董事会召集提议，视为该提议未于当日向位某康送达。故位某康虽在2018年9月3日前未召集和主持董事会会议，也未指定其他董事召集和主持董事会会议，纪某军也无权于9月4日代行董事长职权召集董事于9月6日举行临时董事会议，该行为已不属于《最高人民法院关于适用〈中华人民共和国公司法〉若干问题的规定（四）》第四条所述的"会议召集程序或者表决方式仅有轻微瑕疵，且对决议未产生实质影响"，已经涉及未经法定程序即代行董事长权利，因此一审法院认为其召集部分董事于9月6日所作出的决议当然无效。另外，2018年9月6日所作出的《宠贝龙公司董事会决议》是由王小勇代替潘晓云签字的，因王小勇并非董事，不符合《公司章程》第一百一十七条"董事会会议，应由董事本人出席；董事因故不能出席，可以书面委托其他董事代为出席"的规定，潘晓云委托王小勇代为签字的行为，不符合《公司章程》要求，该签字效力一审法院不予认可。综上，一审法院不予确认2018年9月6日宠贝龙公司临时董事会决议的效力，纪某军的诉讼请求无事实和法律依据，一审法院不予支持。依照《公司法》第二十二条规定，判决：驳回纪某军的诉讼请求。案件受理费50元，由纪某军负担。

二审审理期间，当事人未提交新证据。

一审法院查明的事实属实，本院予以确认。

本院认为，第一，《公司章程》第一百零九条的规定："董事长不能履行职务或者不履行职务的，由董事长指定董事履行职务；董事长指定的董事不能履行职务或者不履行职务的，由半数以上董事共同推举一名董事履行职务。"《公司章程》第一百一十一条规定："代表十分之一以上表决权的股东、三分之一以上董事或者监事会，可以提议召开董事会临时会议，董事长应当自接到提议后10日内，召集和主持董事会会议。"纪某军主张于2018年8月24日通过在"宠贝龙董事会"微信群发布消息的方式向位某康提议召开临时董事会，但未提交位某康在微信群内并确认收到消息的证据，故位某康虽在2018年9月3日前未召集和主持董事会会议，也未指定其他董事召集和主持董事会会议，一审法院认定纪某军无权于9月4日代行董事长职权召集董事于9月6日举行临时董事会议并无不当。第二，《公司章程》第一百一十七条规定："董事会会议，应由董事本人出席；董事因故不能出席，可以书面委托其他董事代为出席。"2018年9月6日所作出的《宠贝龙公司董事会决议》中，王小勇代替潘晓云签字，王小勇并非董事。潘晓云委托王小勇代为签字的行为，不符合《公司章程》要求，该签字效力一审法院不予认可并无不当。故上诉人的诉讼请求无事实及法律依据，一审驳回上诉人的诉讼请求并无不当，本院予以维持。

综上所述，上诉人纪某军的上诉请求不成立，本院不予支持。原审法院判决认定事实清楚，适用法律正确，应予维持。依照《民事诉讼法》第一百七十条第一款第一项规定，判决如下：

驳回上诉，维持原判。

二审案件受理费100元，由上诉人纪某军承担。

本判决为终审判决。

审　判　长　　王　　琳
审　判　员　　朱见晓
审　判　员　　刘歆鑫
二〇二一年三月十一日
法官助理　　费晓宇
书　记　员　　张雨薇
书　记　员　　姚　莉

【2023年版本、三次审议稿】

第一百二十四条　董事会会议应当有过半数的董事出席方可举行。董事会作出决议，应当经全体董事的过半数通过。

董事会决议的表决，应当一人一票。

董事会应当对所议事项的决定作成会议记录，出席会议的董事应当在会议记录上签名。

【2018年版本】

第一百一十一条　董事会会议应有过半数的董事出席方可举行。董事会作出决议，必须经全体董事的过半数通过。

董事会决议的表决，实行一人一票。

【本条释义】

本条规定了董事会会议的议事规则。

董事会会议应当有过半数的董事出席方可举行。这里所谓出席包括现场出席，也包括线上出席，即通过电话、电视或者网络会议等形式出席会议；既包括亲自出席，也包括委托其他董事代为出席。如果董事会成员为9人，应当有5人出席才能举行董事会会议。董事会作出决议，无论出席会议的董事人数是多少，均应当经全体董事的过半数通过。如果董事会成员为9人，只有5人出席董事会会议，可以举行董事会会议，但相关决议必须5人一致同意才能达到全体董事的过半数，才能在董事会会议上通过该项决议。

董事会决议的表决，应当一人一票。该项表决规则不能通过董事会会议、股东会会议或者公司章程予以修改。董事长和副董事长与其他董事在表决时拥有的表决票是相同的。

董事会应当对所议事项的决定作成会议记录，出席会议的董事应当在会议记录上签名。董事会会议记录应当详细记载董事会通知的日期、召开的日期和地点、出席董事的姓名及出席方式、列席会议的监事姓名、会议主持人和计票人、会议议程、各位董事的发言内容、各项议程的表决情况和董事会会议的决议。

【2023年版本、三次审议稿】

第一百二十五条　董事会会议，应当由董事本人出席；董事因故不能出席，可以书面委托其他董事代为出席，委托书应当载明授权范围。

董事应当对董事会的决议承担责任。董事会的决议违反法律、行政法规或者公司章程、股东会决议，给公司造成严重损失的，参与决议的董事对公司负赔偿责任；经证明在表决时曾表明异议并记载于会议记录的，该董事可以免除责任。

【2018 年版本】

第一百一十二条　董事会会议，应由董事本人出席；董事因故不能出席，可以书面委托其他董事代为出席，委托书中应载明授权范围。

董事会应当对会议所议事项的决定作成会议记录，出席会议的董事应当在会议记录上签名。

董事应当对董事会的决议承担责任。董事会的决议违反法律、行政法规或者公司章程、股东大会决议，致使公司遭受严重损失的，参与决议的董事对公司负赔偿责任。但经证明在表决时曾表明异议并记载于会议记录的，该董事可以免除责任。

【本条释义】

本条规定了董事出席会议及责任承担的规则。

出席董事会会议是董事履行职责最主要的方式，因此，董事会会议，应当由董事本人出席；董事因故不能出席，可以书面委托其他董事代为出席，委托书应当载明授权范围。需要注意的是，委托其他董事代为出席董事会会议，必须采取书面形式，该书面委托书应当交付董事会秘书保管。董事只能委托其他出席会议的董事代为出席会议，不能委托董事以外的其他人代为出席，例如，不能委托列席会议的监事代为出席董事会会议。同一位董事可以接受一位或者多位董事的委托，代为出席董事会会议。委托出席董事会会议的也计入出席人数之中。例如，董事会共9名董事，3名董事现场出席，2名董事委托出席会议的董事代为出席，应当视为5名董事出席会议，超过了全体董事人数的一半，可以举行董事会会议。如果某位董事多次拒绝出席董事会会议，也就是拒绝履行董事职责，股东会可以考虑更换董事。

董事会的决议实际上就是每一位董事的决定，因此，董事应当对董事会的决议承担责任。董事会的决议如果最终被认定违反法律、行政法规或者公司章程、股东会决议，并且给公司造成严重损失，参与决议的董事应当对公司负赔偿责任。考虑到有的董事可能投反对票，因此，如果经证明在表决时曾表明异议并记载于会议记录，该董事可以免除责任。因此，在董事会会议记录上，对于投反对票的董事或者发言时提出异议的董事要作出明确记载。投反对票的董事或者发言时提出异议的董事在董事会会议记录上签名时，也应特别注意其反对票或者异议发言是否记载于董事会会议记录纸上，如果没有，应当要求董事会秘书补充后再签名。

【典型案例】

浙江省杭州市中级人民法院

民事判决书

〔2020〕浙01民终1597号

上诉人（原审被告）：浙江日日新农业发展股份有限公司，住所地浙江省杭州市余杭区南苑街道美亚大厦2403室。

法定代表人：朱某鹤，董事长。

委托诉讼代理人：江伟，江苏丰典律师事务所律师。

被上诉人（原审原告）：杭州余杭日日新股权投资管理合伙企业（有限合伙），住所地浙江省杭州市余杭区良渚街道良博路249号4号楼北楼2-45。

执行事务合伙人：杭州日日新实业有限公司。

被上诉人（原审原告）：俞某良，男，1970年7月20日出生，汉族，住浙江省杭州市余杭区。

二被上诉人共同委托诉讼代理人：朱舒阳，浙江奇沁律师事务所律师。

原审第三人：朱某鹤，男，1963年11月25日出生，汉族，住北京市朝阳区。

委托诉讼代理人：郝冰冰，江苏苏尊容大律师事务所律师。

委托诉讼代理人：史萍萍，江苏苏尊容大律师事务所实习律师。

原审第三人：柴某权，男，1962年11月10日出生，汉族，住浙江省杭州市下城区。

原审第三人：张某明，男，1962年7月4日出生，汉族，住浙江省杭州市余杭区。

上诉人浙江日日新农业发展股份有限公司（以下简称日日新公司）因与被上诉人杭州余杭日日新股权投资管理合伙企业（有限合伙）（以下简称日日新合伙企业）、俞某良，原审第三人朱某鹤、柴某权、张某明公司决议纠纷一案，不服杭州市余杭区人民法院〔2019〕浙0110民初14743号民事判决，向本院提起上诉。本院于2020年3月6日受理后，依法组成合议庭进行了审理。本案现已审理终结。

日日新公司上诉请求：1.请求撤销原审判决，并依法改判或发回重审；2.本案一审、二审的诉讼费由日日新合伙企业、俞某良承担。事实和理由：一、一审判决认定事实错误。2018年4月18日至2018年4月20日期间，日日新公司实际召开了股东会和董事会。根据公司章程，股东大会由董事会召集，日日新合伙企业、俞某良既然对于参加股东会的事实予以认可，却否认董事会召开程序的合法性是矛盾的。事实上两个会议是同时通知召集召开，两个会议的召开地点都在美亚大厦。日日新合伙企业、俞某良称没有参加董事会会议、不知道董事会的召开是不符合事实的。虽然日日新合伙企业、俞某良因对决议持不同意见，未对决议内容签字，但实际上在2018年4月19日会议期间，日日新合伙企业、俞某良实际履行了董事会决议的决定，移交了日日新公司的印章，这些事实均能证明董事会是经过合法程序召开的。一审法院判决认为日日新公司未按《公司法》和公司章程召开董事会是错误的。

二、一审判决适用法律错误。一审法院认为本案董事会决议未经全体董事一致同意，故2018年4月20日作出《日日新公司董事会决议》不成立的认定是错误的。根据公司章程第十九条"董事会会议应有过半数的董事出席方可举行，董事会作出决议，必须经全体董事的过半数通过"之约定，本案董事会决议经合法程序召开，并经五位到会董事会成员其中的三位表决同意，其效力合法有效，也符合《公司法》第一百一十一条的规定，体现了少数服从多数的原则，不存在《最高人民法院关于适用〈中华人民共和国公司法〉若干问题的规定（四）》第五条所规定的不成立的情形。日日新合伙企业、俞某良消极对待该次董事会会议，拒绝在相关文件上签字签章并不能成为法院认定董事会决议不成立的理由。

日日新合伙企业、俞某良辩称，原审法院判决认定事实清楚，适用法律正确。虽然由朱某鹤、柴某权和俞某良形成了日日新公司2018年第一次股东会会议摘要，但是不能证明在此期间已经召开了董事会，日日新公司并没有证据证明该次董事会的召集程序、会议的表决以及会议的实际召开。根据《最高人民法院关于适用〈中华人民共和国公司法〉若干问题的规定（四）》的规定，在会议没有召开的情况下，如果作出了董事会决议，应当经由全体董事一致签字予以确认。但是案涉的董事会决议，仅有3名董事签字。根据上述司法解释的规定，应当认定董事会决议不成立，原审法院适用法律正确。请求二审法院驳回上诉，维持原判。

原审第三人朱某鹤述称，认可日日新公司的观点。日日新合伙企业和俞某良已经实际履行董事会决议了，现在主张董事会决议没有成立是违背常理的。不能将公司所有内部事务交由法院处理，否则违背公司法解释四的精神，本案中并不存在损害任何股东、董事权利的情形，董事会决议应当是成立的。特别强调一点，就是在这个会议之后，日日新合伙企业和俞某良已经移交了公章，相关证据能够予以证实。

原审第三人柴某权、张某明未作陈述。

日日新合伙企业和俞某良向一审法院起诉请求：1.确认2018年4月20日《日日新公司董事会决议》不成立；2.案件受理费由日日新公司承担。

一审法院认定事实：日日新公司成立于2016年12月15日，为股份有限公司，公司住所地位于杭州市余杭区南苑街道美亚大厦2403室，2016年12月8日公司章程载明："……第十一条 公司由3个发起人组成。发起人一，明申公司，法定代表人朱某鹤，法定地址：无锡市滨湖区××村，以货币方式认缴出资3 000万元，占注册资本的60%，将在2021年12月31日前一次性足额缴纳。发起人二，日日新合伙企业，执行事务合伙人杭州日日新实业有限公司（委派代表：章国英），法定地址：杭州余杭区××街道××路××号××号楼××楼××，以货币方式认缴出资2 000万元，占注册资本的20%，将在2021年12月31日前一次性足额缴纳。发起人三，俞某良，家庭住址：杭州市余杭区××街道××幢××单元××室，以货币方式认缴出资2 000万元，占注册资本的20%，将在2021年12月31日前一次性足额缴纳。……第十五条　公司设董事会，其成员为五人，其中非职工代表五人，由股东大会选举产生，股东大会选举董事，实行累积投票制。董事会设董事长一人，副董事长一人，由董事会以全体董事的过半数选举产生，任期不得超过董事任期，但连选可以连任。第十六条　董事会对股东大会负责，依法行使《公司法》第四十六条规定的第1至第10项职权，还有职权为：……11.选举和更换董事长、副董事长；12.对公司为公司股东或者实际控制人提供担保作出决议；13.对公司转让、受让重大资产作出决议；14.对公司向其他企业投资或者为除本条第11项以外的人提供担保作出决议；15.对公司聘用、解聘承办公司审计业务的会计师事务所作出决议；16.根据经理的提名决定聘任或者解聘公司总监及其报酬事项。第十七条　董事每届任期三年，董事任期届满，连选可以连任。董事任期届满未及时改选，或者董事在任期内辞职导致董事会成员低于法定人数的，在改选出的董事就任前，原董事仍应当依照法律、行政法规和公司章程的规定，履行董事职务。第十八条　董事会的议事方式：董事会以召开董事会会议的方式议事，董事会会议，应由董事本人出席；董事因故不能出席，可以书面委托其他董事代为出席，委托书中应载明授权范围，非董事经理、监事列席董事会会议，但无表决资格。董事会会议分为定期会议和临时会议两种：1.定期会议。定期会议一年召开二次，时间分别为每年三月、九月召开。2.临时会议。代表十分之一以上表决权的股东，三分之一以上的董事或者监事会，可以提议召开临时会议，董事长应当自接到提议后十日内召集和主持董事会会议。第十九条　董事会的表决程序。1.会议主持董事长召集和主持董事会会议，检查董事会决议的实施情况。副董事长协助董事长工作，董事长不能履行职务或者不履行职务的，由副董事长履行职务；副董事长不能履行职务或者不履行职务的，由半数以上董事共同推举一名董事履行职务。2.会议表决董事会议应有过半数的董事出席方可举行。董事会作出决议，必须经全体董事的过半数通过。董事会决议的表决，实行一人一票。3.会议记录董事会应当对会议所议事项的决定作成会议记录，出席会议董事应当在会议记录上签名。董事应当对董事会的决议承担责任。董事会的决议违反法律、行政法规或者公司章程、股东大会决议，致使公司遭受严重损失的，参与决议的董事对公司负赔偿责任。但经证明在表决时曾表明异议并记载于会议记录的，该董事可以免除责任。第二十条　公司设经理，由董事会决定聘任或者解聘，董事会可以决定由董事会成员兼任经理，经理对董事会负责，依法行使《公司法》第四十九条规定的职权。第二十一条　公司不得直接或者通过子公司向董事、监事、高级管理人员提供借款。公司应当定期向股东披露董事、监事、高级管理人员从公司获得报酬的情况。……第二十八条　公司的法定代表人由董事长担任。此外，公司章程还就其他事项作出约定。"

2016年12月8日,日日新公司召开股东大会,作出《股东大会决议——关于选举公司董事、监事的决定》,载明:"根据《公司法》及本公司章程的有关规定,本公司于2016年12月8日召开了公司股东大会,会议由代表100%表决权的股东参加,经代表100%表决权的股东通过,作出如下决议:1.选举朱某鹤、俞某良、张某明、柴某权、俞云为公司本届董事;2.选举章国英、张瑛为公司本届监事。"

2018年4月19日,俞云等将日日新公司公章、财务章、法人章交接给张瑛。

2018年4月20日,朱某鹤、柴某权、俞某良签字形成一份《日日新公司2018年第一次股东会会议摘要》,载明:"2018年4月20日,日日新公司第一次股东会于杭州市余杭区美亚大厦召开,出席会议的股东代表是:朱某鹤、柴某权(代表明申公司)、章国英(代表日日新合伙企业)、俞某良。会议由朱某鹤主持,俞云为记录人,各方股东代表就明申公司与日日新合伙企业、俞某良三方合作框架协议履行中的相关事宜进行商讨,并就下列事项达成一致:一、对原明申公司的苗木数量按时段进行复查,2017年4月前的由明申公司负责复查,并提交相应的报告;2017年4月至2017年10月期间的由日日新公司的经营团队负责,并提供相应的报告。二、苗木数量复查应尽快完成。完成后股东各方应尽快进行讨论全面履行框架协议。协商解决苗木资产折价调整和浙江可道实业有限公司股权转让事宜。三、股东建议:鉴于框架协议履行中存在的问题和公司运营的实际需要,股东日日新合伙企业、俞某良提出如下建议:1.如继续合作:原框架协议中确定的可道资产减少美亚大厦24楼仍归原股东所有;裙楼1、2楼商铺4 221平方米纳入重组资产。(也可以以各方接受的其他方式调整重组资产。)2.如不能继续合作:建议股东各方在公平、务实的基础上,尽快思考善后处理。鉴于本次合作前期遇到的问题,股东各方应当考虑框架协议无法履行的解决方案。"

2018年4月20日,董事朱某鹤、柴某权、张某明签字形成一份《日日新公司董事会决议》,载明:"2018年4月18日,日日新公司召开董事会,就公司有关事项进行讨论。根据二〇一六年十一月二十三日公司重组协议,公司股东日日新合伙企业、俞某良,至今尚没有执行有关条款,有鉴于此,董事会决定:1.同意加强公司的财务管理,在原有财务管理制度不变的基础上,董事长签字后才能生效。2.同意加强公司的印章管理,在原有印章管理制度不变的基础上,董事长签字后才能生效。3.日日新公司及下属子公司(无锡日日新公司、梧州日日新公司)公章及各类印章,移交由股东明申公司派专人保管。4.要求日日新合伙企业、俞某良二股东在近期内履行公司重组协议,将美亚大厦的产权过户到本公司名下。"

一审法院认为,《最高人民法院关于适用〈中华人民共和国公司法〉若干问题的规定(四)》第五条规定:"股东会或者股东大会、董事会决议存在下列情形之一,当事人主张决议不成立的,人民法院应当予以支持:……(二)会议未对决议事项进行表决的……",案涉2018年4月20日《日日新公司董事会决议》是否经召开董事会开会形成,系本案争议焦点。对此,日日新公司、朱某鹤认为董事会决议经过半数董事即朱某鹤、柴某权、张某明签字即生效,但日日新公司并未按《公司法》以及日日新公司章程约定的方式召开董事会,日日新公司、朱某鹤也未提供相应的证据证明上述董事会决议的形成过程，且该董事会决议并未经全体董事一致同意并签章，故该院对日日新合伙企业、俞某良主张2018年4月20日《日日新公司董事会决议》不成立予以支持。综上，日日新合伙企业、俞某良诉讼请求，理由正当，该院予以支持；日日新公司、朱某鹤的意见，理由不成立，该院不予采信。据此，依照《公司法》第一百一十条、第一百一十一条、第一百一十二条，《最高人民法院关于适用〈中华人民共和国公司法〉若干问题的规定（四）》第五条，《民事诉讼法》第六十四条第一款以及《最高人民法院关于适用〈中华人民共和国民事诉讼法〉的解释》第九十条之规定，判决：确认日日新公司于2018年4月20日作出的《日日新公司董事会决议》不成立。案件受理费80元，由日日新公司负担。

二审中，当事人没有提交新证据。

本院经审理认定的事实与原审法院认定的事实一致。

本院认为，本案的争议焦点为日日新公司2018年4月20日作出的董事会决议是否成立。根据日日新公司章程约定的董事会表决程序，董事会由董事长召集，董事会应当对会议所议事项的决定作成会议记录，出席会议董事应当在会议记录上签名。但是，日日新公司仅提交了董事会决议，未能提交会议记录。落款为2018年4月20日的《日日新公司董事会决议》载明："2018年4月18日，浙江日日新农业发展股份有限公司召开股东会，就公司有关事项进行讨论……"，而日日新公司和朱某鹤在一审中均答辩称："2018年4月20日下午，日日新公司召开董事会，形成董事会决议，并由董事朱某鹤、柴某权、张某明签字，俞某良、俞云因对决议内容持不同意见未签字"，其陈述的开会时间和董事会决议记载的时间相矛盾。据此，现有证据不足以证明日日新公司召开了董事会。另外，日日新公司的董事会决议未经全体股东签名，亦不符合董事会决议不成立的除外情形。综上，根据《最高人民法院关于适用〈中华人民共和国公司法〉若干问题的规定（四）》第五条第一项之规定，日日新合伙企业和俞某良主张本案董事会决议不成立，依据充分。日日新公司的上诉请求依据不足，本院依法不予支持。原审判决认定事实清楚，适用法律正确。依照《民事诉讼法》第一百七十条第一款第一项之规定，判决如下：

驳回上诉，维持原判。

二审案件受理费80元，由浙江日日新农业发展股份有限公司负担。

本判决为终审判决。

审判长　朱晓阳
审判员　祖　辉
审判员　舒　宁
二〇二〇年九月八日
书记员　周治平

【2023 年版本】

第一百二十六条　股份有限公司设经理，由董事会决定聘任或者解聘。

经理对董事会负责，根据公司章程的规定或者董事会的授权行使职权。经理列席董事会会议。

【三次审议稿】

第一百二十七条　股份有限公司设经理，由董事会决定聘任或者解聘。

经理对董事会负责，根据公司章程的规定或者董事会的授权行使职权。经理列席董事会会议。

【2018 年版本】

第一百一十三条　股份有限公司设经理，由董事会决定聘任或者解聘。

本法第四十九条关于有限责任公司经理职权的规定，适用于股份有限公司经理。

【本条释义】

本条规定了股份有限公司经理的设置。

董事会虽然是股东会的执行机构，具有执行权力，但其毕竟是一个会议机构，并非个人，在行使行政管理权限方面效率较低。因此，股份有限公司应当设经理，在董事会领导下行使日常行政管理事项的决策权，经理由董事会决定聘任或者解聘。

经理对董事会负责，受董事会领导，根据公司章程的规定或者董事会的授权行使职权。经理职权的来源有两个：公司章程的规定以及董事会的授权。也就是说，凡是公司章程上规定的经理职权以及董事会书面授予的职权，经理都可以行使。经理列席董事会会议，方便其了解董事会决议的背景以及随时接受董事的询问。如果经理不同时担任董事，其在董事会会议上没有表决权，如果其同时担任董事，则在董事会会议上拥有表决权。

【2023 年版本】

第一百二十七条　公司董事会可以决定由董事会成员兼任经理。

【三次审议稿】

第一百二十八条 公司董事会可以决定由董事会成员兼任经理。

【2018 年版本】

第一百一十四条 公司董事会可以决定由董事会成员兼任经理。

【本条释义】

本条规定了董事可以兼任经理的制度。

为了加强董事会对经理的领导,公司董事会可以决定由董事会成员兼任经理。实务中常见的兼职方式包括由董事长兼任公司经理,或者由副董事长兼任公司经理。当然,理论上也允许由普通董事兼任公司经理。

【2023 年版本】

第一百二十八条 规模较小或者股东人数较少的股份有限公司,可以不设董事会,设一名董事,行使本法规定的董事会的职权。该董事可以兼任公司经理。

【三次审议稿】

第一百二十六条 规模较小或者股东人数较少的股份有限公司,可以不设董事会,设一名董事,行使本法规定的董事会的职权。

【本条释义】

本条规定了执行董事的设置。

股份有限公司规模有大有小,为减轻小规模股份有限公司组织架构的运作成本,规模较小或者股东人数较少的股份有限公司,可以不设董事会,设一名董事,行使《公司法》规定的董事会的职权。当然,所有股份有限公司均可以设置董事会,无论规模大小,也不考虑股东人数多少,即使是一个股东的股份有限公司也可以设置董事会。股份有限公司是否设置董事会,原则上属于公司自治范围,由公司全体股东自主决定。如果不设置董事会,此时,担任执行董事的往往是公司的大股东。该董事可以兼任公司经理,这样，执行董事可以拥有更大的行政管理权。

【2023年版本、三次审议稿】

第一百二十九条　公司应当定期向股东披露董事、监事、高级管理人员从公司获得报酬的情况。

【2018年版本】

第一百一十六条　公司应当定期向股东披露董事、监事、高级管理人员从公司获得报酬的情况。

【本条释义】

本条规定了公司定期披露薪酬的义务。

为了方便股东监督公司董事、监事和高级管理人员的薪酬情况，公司应当定期向股东披露董事、监事、高级管理人员从公司获得报酬的情况。实务中，公司每年应当向股东披露一次该年度董事、监事、高级管理人员从公司获得报酬的情况。这里的报酬包括薪酬，也包括补贴、津贴等其他货币或者非货币财产。

第四节 监事会

【2023 年版本】

第一百三十条　股份有限公司设监事会，本法第一百二十一条第一款、第一百三十三条另有规定的除外。

监事会成员为三人以上。监事会成员应当包括股东代表和适当比例的公司职工代表，其中职工代表的比例不得低于三分之一，具体比例由公司章程规定。监事会中的职工代表由公司职工通过职工代表大会、职工大会或者其他形式民主选举产生。

监事会设主席一人，可以设副主席。监事会主席和副主席由全体监事过半数选举产生。监事会主席召集和主持监事会会议；监事会主席不能履行职务或者不履行职务的，由监事会副主席召集和主持监事会会议；监事会副主席不能履行职务或者不履行职务的，由过半数的监事共同推举一名监事召集和主持监事会会议。

董事、高级管理人员不得兼任监事。

本法第七十七条关于有限责任公司监事任期的规定，适用于股份有限公司监事。

【三次审议稿】

第一百三十条　股份有限公司设监事会，本法第一百二十一条、第一百三十三条另有规定的除外。

监事会成员为三人以上。监事会成员应当包括股东代表和适当比例的公司职工代表，其中职工代表的比例不得低于三分之一，具体比例由公司章程规定。监事会中的职工代表由公司职工通过职工代表大会、职工大会或者其他形式民主选举产生。

监事会设主席一人，可以设副主席。监事会主席和副主席由全体监事过半数选举产生。监事会主席召集和主持监事会会议；监事会主席不能履行职务或者不履行职务的，由监事会副主席召集和主持监事会会议；监事会副主席不能履行职务或者不履行职务的，由过半数的监事共同推举一名监事召集和主持监事会会议。

董事、高级管理人员不得兼任监事。

本法第七十七条关于有限责任公司监事任期的规定，适用于股份有限公司监事。

【2018 年版本】

第一百一十七条　股份有限公司设监事会，其成员不得少于三人。

第五章 股份有限公司的设立和组织机构

监事会应当包括股东代表和适当比例的公司职工代表，其中职工代表的比例不得低于三分之一，具体比例由公司章程规定。监事会中的职工代表由公司职工通过职工代表大会、职工大会或者其他形式民主选举产生。

监事会设主席一人，可以设副主席。监事会主席和副主席由全体监事过半数选举产生。监事会主席召集和主持监事会会议；监事会主席不能履行职务或者不履行职务的，由监事会副主席召集和主持监事会会议；监事会副主席不能履行职务或者不履行职务的，由半数以上监事共同推举一名监事召集和主持监事会会议。

董事、高级管理人员不得兼任监事。

本法第五十二条关于有限责任公司监事任期的规定，适用于股份有限公司监事。

【本条释义】

本条规定了股份有限公司监事会的设置。

除法律另有规定外，即用一名监事代替监事会或者用董事会审计委员会代替监事会以外，股份有限公司应当设监事会，作为股东会下设的监督机构。

监事会成员为 3 人以上，通常设置为奇数，如 3 人、5 人等。监事会成员应当包括股东代表和适当比例的公司职工代表，其中职工代表的比例不得低于三分之一，具体比例由公司章程规定。公司章程规定的比例通常为三分之一。为了使得职工代表的人数和所占比例最低，实务中，监事会一般为 3 人，其中 1 人为职工代表。监事会中的职工代表由公司职工通过职工代表大会、职工大会或者其他形式民主选举产生。其他形式的民主选举包括由工会代表选举、由党委组织选举等。

监事会设主席一人，可以设副主席，也可以不设副主席。由 3 人组成的监事会一般不设副主席。监事会主席和副主席由全体监事过半数选举产生。监事会主席召集和主持监事会会议。如果监事会主席不能履行职务或者不履行职务，由监事会副主席召集和主持监事会会议。如果未设监事会副主席、监事会副主席不能履行职务或者不履行职务，由过半数的监事共同推举一名监事召集和主持监事会会议。

董事、高级管理人员不得兼任监事。工会主席、党委书记、党委副书记、团委书记等可以担任监事。

监事的任期每届为三年。监事任期届满，连选可以连任。监事任期届满未及时改选，或者监事在任期内辞任导致监事会成员低于法定人数的，在改选出的监事就任前，原监事仍应当依照法律、行政法规和公司章程的规定，履行监事职务。

【2023 年版本、三次审议稿】

第一百三十一条 本法第七十八条至第八十条的规定，适用于股份有限公司监事会。

监事会行使职权所必需的费用，由公司承担。

【2018 年版本】

第一百一十八条　本法第五十三条、第五十四条关于有限责任公司监事会职权的规定，适用于股份有限公司监事会。

监事会行使职权所必需的费用，由公司承担。

【本条释义】

本条规定了股份有限公司监事会与有限责任公司监事会的相同制度。

股份有限公司监事会行使下列职权：

（1）检查公司财务。

（2）对董事、高级管理人员执行职务的行为进行监督，对违反法律、行政法规、公司章程或者股东会决议的董事、高级管理人员提出解任的建议。

（3）当董事、高级管理人员的行为损害公司的利益时，要求董事、高级管理人员予以纠正。

（4）提议召开临时股东会会议，在董事会不履行《公司法》规定的召集和主持股东会会议职责时召集和主持股东会会议。

（5）向股东会会议提出提案。

（6）依照《公司法》的规定，对董事、高级管理人员提起诉讼。

（7）公司章程规定的其他职权。

监事可以列席董事会会议，并对董事会决议事项提出质询或者建议。监事会发现公司经营情况异常，可以进行调查；必要时，可以聘请会计师事务所等协助其工作，费用由公司承担。

监事会可以要求董事、高级管理人员提交执行职务的报告。董事、高级管理人员应当如实向监事会提供有关情况和资料，不得妨碍监事会或者监事行使职权。

监事会行使职权所必需的费用，由公司承担。监事会行使职权主要靠开会，因此，会议费是必需的费用。监事会有时还需要进行调查，相关调查费也是必需的费用。

【2023 年版本、三次审议稿】

第一百三十二条　监事会每六个月至少召开一次会议。监事可以提议召开临时监事会会议。

监事会的议事方式和表决程序，除本法有规定的外，由公司章程规定。

监事会决议应当经全体监事的过半数通过。

监事会决议的表决，应当一人一票。

监事会应当对所议事项的决定作成会议记录，出席会议的监事应当在会议记录上签名。

【2018年版本】

第一百一十九条 监事会每六个月至少召开一次会议。监事可以提议召开临时监事会会议。

监事会的议事方式和表决程序，除本法有规定的外，由公司章程规定。

监事会决议应当经半数以上监事通过。

监事会应当对所议事项的决定作成会议记录，出席会议的监事应当在会议记录上签名。

【本条释义】

本条规定了监事会会议的召开次数及其议事规则。

监事会开会的次数通常与董事会一致，为防止监事会怠于履行职责，法律要求监事会每六个月至少召开一次会议。这一要求比董事会的每年召开两次会议的要求还要严格，因为监事会不仅每年要召开两次会议，而且要上半年一次，下半年一次，不能将两次会议集中在上半年或者下半年。任何一位监事均可以提议召开临时监事会会议。

监事会的议事方式和表决程序，属于公司自治范围内的事情，除《公司法》有规定的外，由公司章程规定。通常情况下，监事会会议也应当由半数以上的监事出席才能举行。

监事会决议应当经全体监事的过半数通过。如果监事会有3人，则至少要2人同意才能通过决议。监事会决议的表决，应当一人一票。监事会主席与其他监事的表决权是相同的。

监事会应当对所议事项的决定作成会议记录，出席会议的监事应当在会议记录上签名。监事会会议记录应当记载会议通知的时间、会议召开的时间和地点、出席会议的监事姓名及其出席方式、会议议程、每项议程的表决情况及监事的发言、会议决议等。

【2023年版本、三次审议稿】

第一百三十三条 规模较小或者股东人数较少的股份有限公司，可以不设监事会，设一名监事，行使本法规定的监事会的职权。

【本条释义】

本条规定了监事的设立。

为减轻小规模企业的机构设置及运转的成本，规模较小或者股东人数较少的股份有限公司，可以不设监事会，设一名监事，行使《公司法》规定的监事会的职权。实务中，该名监事一般由股东出任。关于"规模较小或者股东人数较少"的标准，并无明确强制性规定，原则上，非上市的股份有限公司，只要全体股东同意，在公司章程中明确规定，均可以仅仅设置一名监事，不设监事会。

第五节　上市公司组织机构的特别规定

【2023年版本、三次审议稿】

第一百三十四条　本法所称上市公司，是指其股票在证券交易所上市交易的股份有限公司。

【2018年版本】

第一百二十条　本法所称上市公司，是指其股票在证券交易所上市交易的股份有限公司。

【本条释义】

本条规定了上市公司的定义。

《公司法》所称上市公司，是指其股票在证券交易所上市交易的股份有限公司。目前我国共有三个证券交易所：上海证券交易所、深圳证券交易所和北京证券交易所。

上海证券交易所（Shanghai Stock Exchange，简称"上交所"）成立于1990年11月26日，同年12月19日开业，受中国证监会监督和管理，是为证券集中交易提供场所和设施、组织和监督证券交易、实行自律管理的会员制法人。截至2020年年末，沪市上市公司家数达1 800家，总市值45.5万亿元；2020年全年股票累计成交金额84.0万亿元，日均成交3 456亿元，股票市场筹资总额9 152亿元；债券市场挂牌20 378只，托管量13.2万亿元，现货成交11.5万亿元；基金市场上市只数达373只，累计成交10.8万亿元；衍生品市场全年累计成交7 167亿元。沪市投资者开户数量已达27 550万户。2018年12月，经中国证监会批准，新修订的《上海证券交易所公司债券上市规则》及《上海证券交易所非公开发行公司债券挂牌转让规则》正式发布实施。2022年10月21日，经中国证监会批准，上交所主板标的股票数量由现有的800只扩大到1 000只。

深圳证券交易所（Shenzhen Stock Exchange，缩写SZSE，简称"深交所"）成立于1990年12月1日，是经国务院批准设立的全国性证券交易场所，是为证券集中交易提供场所和设施，组织和监督证券交易，实行自律管理的法人，由中国证券监督管理委员会监督管理。深交所履行市场组织、市场监管和市场服务等职责。截至2021年8月31日，深交所共有上市公司2 492家，总市值约37万亿元；挂牌债券（含资产支持证券）9 067 只，挂牌面值 2.8 万亿元；挂牌基金 502 只，资产规模 2 844 亿元；沪深 300ETF 期权累计成交 1.3 亿张，成交面值 6.3 万亿元。2020 年，深市股票成交金额 122.8 万亿元，股票融资额 5 638 亿元，固收产品融资额 1.9 万亿元。据世界证券交易所联合会（WFE）2020 年 12 月 31 日统计，深市成交金额、融资金额、股票市价总值分别位列世界第三、第四和第七位。2022 年 10 月 24 日起，经中国证监会批准，深交所进一步扩大融资融券标的股票范围。

北京证券交易所（简称"北交所"），于 2021 年 9 月 3 日注册成立，是经国务院批准设立的中国第一家公司制证券交易所，受中国证监会监督管理。经营范围为依法为证券集中交易提供场所和设施、组织和监督证券交易以及证券市场管理服务等业务。2021 年 9 月 10 日，北京证券交易所官方网站上线试运行。11 月 15 日，北京证券交易所在北京市西城区金融街金阳大厦正式开市；11 月 19 日，发售的 8 只北交所主题基金全部售罄，完成了"开市首秀"。2022 年 11 月 21 日，北交所首个指数——北证 50 成份指数正式发布实时行情。2023 年 2 月 13 日，北京证券交易所融资融券交易业务正式上线。2023 年 2 月 20 日，北京证券交易所正式启动股票做市交易业务。自 12 月 1 日起，北交所正式启动公司债券（含企业债券）发行备案、簿记建档等发行承销业务。

在香港证券交易所以及其他海外证券交易所上市交易的股份有限公司也是上市公司，但并不是中国上市公司，因此，不属于《公司法》所称的上市公司。有些股份有限公司，既在境内上市，也在境外上市，该股份有限公司属于《公司法》所称的上市公司，但仅仅其境内上市业务及其运作受我国《公司法》约束，境外上市业务及其运作受境外相关法律约束。

【2023 年版本、三次审议稿】

第一百三十五条 上市公司在一年内购买、出售重大资产或者向他人提供担保的金额超过公司资产总额百分之三十的，应当由股东会作出决议，并经出席会议的股东所持表决权的三分之二以上通过。

【2018 年版本】

第一百二十一条 上市公司在一年内购买、出售重大资产或者担保金额超过公司资产总额百分之三十的，应当由股东大会作出决议，并经出席会议的股东所持表决权的三分之二以上通过。

【本条释义】

本条规定了上市公司重大资产交易的决议程序。

上市公司的重大资产交易由于涉及股东的切身利益，相关交易应当由股东会亲自决议，具体而言，上市公司在一年内购买、出售重大资产或者向他人提供担保的金额超过公司资产总额30%的，应当由股东会作出决议，并经出席会议的股东所持表决权的三分之二以上通过。上述交易是指一年内的多次交易的合计金额，如果一次购买重大资产就超过公司资产总额的30%，应当由股东会作出决议。如果第一次购买重大资产为公司资产总额的10%，第二次购买重大资产也为公司资产总额的10%，这两次购买均不需要经过股东会的特别决议，但第三次再购买重大资产如果超过公司资产总额的10%，就应当经过股东会的特别决议。

公司章程或者股东会会议可以对需要经过股东会会议特别决议的重大资产交易的标准进行降低，但不能提高标准。例如，可以规定相关交易超过公司资产总额20%的就应当经过股东会会议特别决议，但不能规定相关交易超过公司资产总额35%的才需要经过股东会会议特别决议。

【2023年版本】

第一百三十六条　上市公司设独立董事，具体管理办法由国务院证券监督管理机构规定。

上市公司的公司章程除载明本法第九十五条规定的事项外，还应当依照法律、行政法规的规定载明董事会专门委员会的组成、职权以及董事、监事、高级管理人员薪酬考核机制等事项。

【三次审议稿】

第一百三十六条　上市公司设独立董事，具体管理办法由国务院证券监督管理机构规定。

【2018年版本】

第一百二十二条　上市公司设独立董事，具体办法由国务院规定。

【本条释义】

本条规定了上市公司独立董事制度。

独立董事是指不在上市公司担任除董事外的其他职务，并与其所受聘的上市公司及其主要股东、实际控制人不存在直接或者间接利害关系，或者其他可能影响其进行独立客观判断关系的董事。上市公司独立董事制度是中国特色现代企业制度的重要组成部分，是资本市场基础制度的重要内容。独立董事制度作为上市公司治理结构的重要一环，在促进公司规范运作、保护中小投资者合法权益、推动资本市场健康稳定发展等方面发挥了积极作用。

为确保上市公司独立董事制度落实到位，上市公司的公司章程应当依照法律、行政法规的规定载明董事会专门委员会的组成、职权以及董事、监事、高级管理人员薪酬考核机制等事项。上市公司的公司章程的规定应当与法律、行政法规的规定保持一致，允许其自由规定的事项可以自由规定。

【相关法规规定】

《国务院办公厅关于上市公司独立董事制度改革的意见》（国办发〔2023〕9号）

上市公司独立董事制度是中国特色现代企业制度的重要组成部分，是资本市场基础制度的重要内容。独立董事制度作为上市公司治理结构的重要一环，在促进公司规范运作、保护中小投资者合法权益、推动资本市场健康稳定发展等方面发挥了积极作用。但随着全面深化资本市场改革向纵深推进，独立董事定位不清晰、责权利不对等、监督手段不够、履职保障不足等制度性问题亟待解决，已不能满足资本市场高质量发展的内在要求。为进一步优化上市公司独立董事制度，提升独立董事履职能力，充分发挥独立董事作用，经党中央、国务院同意，现提出以下意见。

一、总体要求

（一）指导思想。坚持以习近平新时代中国特色社会主义思想为指导，深入贯彻党的二十大精神，坚持以人民为中心的发展思想，完整、准确、全面贯彻新发展理念，加强资本市场基础制度建设，系统完善符合中国特色现代企业制度要求的上市公司独立董事制度，大力提高上市公司质量，为加快建设规范、透明、开放、有活力、有韧性的资本市场提供有力支撑。

（二）基本原则。坚持基本定位，将独立董事制度作为上市公司治理重要制度安排，更加有效发挥独立董事的决策、监督、咨询作用。坚持立足国情，体现中国特色和资本市场发展阶段特征，构建符合我国国情的上市公司独立董事制度体系。坚持系统观念，平衡好企业各治理主体的关系，把握好制度供给和市场培育的协同，做好立法、执法、司法各环节衔接，增强改革的系统性、整体性、协同性。坚持问题导向，着力补短板强弱项，从独立董事的地位、作用、选择、管理、监督等方面作出制度性规范，切实解决制约独立董事发挥作用的突出问题，强化独立董事监督效能，确保独立董事发挥应有作用。

（三）主要目标。通过改革，加快形成更加科学的上市公司独立董事制度体系，推动独立董事权责更加匹配、职能更加优化、监督更加有力、选任管理更加科学，更好发挥上市公司独立董事制度在完善中国特色现代企业制度、健全企业监督体系、推动资本市场健康稳定发展方面的重要作用。

二、主要任务

（一）明确独立董事职责定位。完善制度供给，明确独立董事在上市公司治理中的法定地位和职责界限。独立董事作为上市公司董事会成员，对上市公司及全体股东负有忠实义务、勤勉义务，在董事会中发挥参与决策、监督制衡、专业咨询作用，推动更好实现董事会定战略、作决策、防风险的功能。更加充分发挥独立董事的监督作用，根据独立董事独立性、专业性特点，明确独立董事应当特别关注公司与其控股股东、实际控制人、董事、高级管理人员之间的潜在重大利益冲突事项，重点对关联交易、财务会计报告、董事及高级管理人员任免、薪酬等关键领域进行监督，促使董事会决策符合公司整体利益，尤其是保护中小股东合法权益。压实独立董事监督职责，对独立董事审议潜在重大利益冲突事项设置严格的履职要求。推动修改公司法，完善独立董事相关规定。

（二）优化独立董事履职方式。鼓励上市公司优化董事会组成结构，上市公司董事会中独立董事应当占三分之一以上，国有控股上市公司董事会中外部董事（含独立董事）应当占多数。加大监督力度，搭建独立董事有效履职平台，前移监督关口。上市公司董事会应当设立审计委员会，成员全部由非执行董事组成，其中独立董事占多数。审计委员会承担审核公司财务信息及其披露、监督及评估内外部审计工作和公司内部控制等职责。财务会计报告及其披露等重大事项应当由审计委员会事前认可后，再提交董事会审议。在上市公司董事会中逐步推行建立独立董事占多数的提名委员会、薪酬与考核委员会，负责审核董事及高级管理人员的任免、薪酬等事项并向董事会提出建议。建立全部由独立董事参加的专门会议机制，关联交易等潜在重大利益冲突事项在提交董事会审议前，应当由独立董事专门会议进行事前认可。完善独立董事参与董事会专门委员会和专门会议的信息披露要求，提升独立董事履职的透明度。完善独立董事特别职权，推动独立董事合理行使独立聘请中介机构、征集股东权利等职权，更好履行监督职责。健全独立董事与中小投资者之间的沟通交流机制。

（三）强化独立董事任职管理。独立董事应当具备履行职责所必需的专业知识、工作经验和良好的个人品德，符合独立性要求，与上市公司及其主要股东、实际控制人存在亲属、持股、任职、重大业务往来等利害关系（以下简称利害关系）的人员不得担任独立董事。建立独立董事资格认定制度，明确独立董事资格的申请、审查、公开等要求，审慎判断上市公司拟聘任的独立董事是否符合要求，证券监督管理机构要加强对资格认定工作的组织和监督。国有资产监督管理机构要加强对国有控股上市公司独立董事选聘管理的监督。拓展优秀独立董事来源，适应市场化发展需要，探索建立独立董事信息库，鼓励具有丰富的行业经验、企业经营管理经验和财务会计、金融、法律等业务专长，在所从事的领域内有较高声誉的人士担任独立董事。制定独立董事职业道德规范，倡导独立董事塑造正直诚信、公正独立、积极履职的良好职业形象。

提升独立董事培训针对性，明确最低时间要求，增强独立董事合规意识。

（四）改善独立董事选任制度。优化提名机制，支持上市公司董事会、监事会、符合条件的股东提名独立董事，鼓励投资者保护机构等主体依法通过公开征集股东权利的方式提名独立董事。建立提名回避机制，上市公司提名人不得提名与其存在利害关系的人员或者有其他可能影响独立履职情形的关系密切人员作为独立董事候选人。董事会提名委员会应当对候选人的任职资格进行审查，上市公司在股东大会选举前应当公开提名人、被提名人和候选人资格审查情况。上市公司股东大会选举独立董事推行累积投票制，鼓励通过差额选举方式实施累积投票制，推动中小投资者积极行使股东权利。建立独立董事独立性定期测试机制，通过独立董事自查、上市公司评估、信息公开披露等方式，确保独立董事持续独立履职，不受上市公司及其主要股东、实际控制人影响。对不符合独立性要求的独立董事，上市公司应当立即停止其履行职责，按照法定程序解聘。

（五）加强独立董事履职保障。健全上市公司独立董事履职保障机制，上市公司应当从组织、人员、资源、信息、经费等方面为独立董事履职提供必要条件，确保独立董事依法充分履职。鼓励上市公司推动独立董事提前参与重大复杂项目研究论证等环节，推动独立董事履职与公司内部决策流程有效融合。落实上市公司及相关主体的独立董事履职保障责任，丰富证券监督管理机构监管手段，强化对上市公司及相关主体不配合、阻挠独立董事履职的监督管理。畅通独立董事与证券监督管理机构、证券交易所的沟通渠道，健全独立董事履职受限救济机制。鼓励上市公司为独立董事投保董事责任保险，支持保险公司开展符合上市公司需求的相关责任保险业务，降低独立董事正常履职的风险。

（六）严格独立董事履职情况监督管理。压紧压实独立董事履职责任，进一步规范独立董事日常履职行为，明确最低工作时间，提出制作工作记录、定期述职等要求，确定独立董事合理兼职的上市公司家数，强化独立董事履职投入。证券监督管理机构、证券交易所通过现场检查、非现场监管、自律管理等方式，加大对独立董事履职的监管力度，督促独立董事勤勉尽责。发挥自律组织作用，持续优化自我管理和服务，加强独立董事职业规范和履职支撑。完善独立董事履职评价制度，研究建立覆盖科学决策、监督问效、建言献策等方面的评价标准，国有资产监督管理机构加强对国有控股上市公司独立董事履职情况的跟踪指导。建立独立董事声誉激励约束机制，将履职情况纳入资本市场诚信档案，推动实现正向激励与反面警示并重，增强独立董事职业认同感和荣誉感。

（七）健全独立董事责任约束机制。坚持"零容忍"打击证券违法违规行为，加大对独立董事不履职不尽责的责任追究力度，独立董事不勤勉履行法定职责、损害公司或者股东合法权益的，依法严肃追责。按照责权利匹配的原则，兼顾独立董事的董事地位和外部身份特点，明确独立董事与非独立董事承担共同而有区别的法律责任，在董事对公司董事会决议、信息披露负有法定责任的基础上，推动针对性设置独立董事的行政责任、民事责任认定标准，体现过罚相当、精准追责。结合独立董事的主观过错、在决策过程中所起的作用、了解信息的途径、为核验信息采取的措施等情况综合判断，合理认定独立董事承担民事赔偿责任的形式、比例和金额，实现法律效果和社会效果的有机统一。推动修改相关法律法规，构建完善的独立董事责任体系。

（八）完善协同高效的内外部监督体系。建立健全与独立董事监督相协调的内部监督体系，形成各类监督全面覆盖、各有侧重、有机互动的上市公司内部监督机制，全面提升公司治理水平。推动加快建立健全依法从严打击证券违法犯罪活动的执法司法体制机制，有效发挥证券服务机构、社会舆论等监督作用，形成对上市公司及其控股股东、实际控制人等主体的强大监督合力。健全具有中国特色的国有企业监督机制，推动加强纪检监察监督、巡视监督、国有资产监管、审计监督、财会监督、社会监督等统筹衔接，进一步提高国有控股上市公司监督整体效能。

三、组织实施

（一）加强党的领导。坚持党对上市公司独立董事制度改革工作的全面领导，确保正确政治方向。各相关地区、部门和单位要切实把思想和行动统一到党中央、国务院决策部署上来，高度重视和支持上市公司独立董事制度改革工作，明确职责分工和落实措施，确保各项任务落到实处。各相关地区、部门和单位要加强统筹协调衔接，形成工作合力，提升改革整体效果。国有控股上市公司要落实"两个一以贯之"要求，充分发挥党委（党组）把方向、管大局、保落实的领导作用，支持董事会和独立董事依法行使职权。

（二）完善制度供给。各相关地区、部门和单位要根据自身职责，完善上市公司独立董事制度体系，推动修改公司法等法律，明确独立董事的设置、责任等基础性法律规定。制定上市公司监督管理条例，落实独立董事的职责定位、选任管理、履职方式、履职保障、行政监管等制度措施。完善证券监督管理机构、证券交易所等配套规则，细化上市公司独立董事制度各环节具体要求，构建科学合理、互相衔接的规则体系，充分发挥法治的引领、规范、保障作用。国有资产监督管理机构加强对国有控股上市公司的监督管理，指导国有控股股东依法履行好职责，推动上市公司独立董事更好发挥作用。财政部门和金融监督管理部门统筹完善金融机构独立董事相关规则。国有文化企业国资监管部门统筹落实坚持正确导向相关要求，推动国有文化企业坚持把社会效益放在首位、实现社会效益和经济效益相统一，加强对国有文化上市公司独立董事的履职管理。各相关地区、部门和单位要加强协作，做好上市公司独立董事制度与国有控股上市公司、金融类上市公司等主体公司治理相关规定的衔接。

（三）加大宣传力度。各相关地区、部门和单位要做好宣传工作，多渠道、多平台加强对上市公司独立董事制度改革重要意义的宣传，增进认知认同、凝聚各方共识，营造良好的改革环境和崇法守信的市场环境。

【相关规章规定】

《上市公司独立董事管理办法》（中国证券监督管理委员会令2023年第220号）

第一章 总 则

第一条 为规范独立董事行为，充分发挥独立董事在上市公司治理中的作用，促进提高上市公司质量，依据《中华人民共和国公司法》《中华人民共和国证券法》《国务院办公厅关于上市公司独立董事制度改革的意见》等规定，制定本办法。

第二条 独立董事是指不在上市公司担任除董事外的其他职务，并与其所受聘的上市公司及其主要股东、实际控制人不存在直接或者间接利害关系，或者其他可能影响其进行独立客观判断关系的董事。

独立董事应当独立履行职责，不受上市公司及其主要股东、实际控制人等单位或者个人的影响。

第三条 独立董事对上市公司及全体股东负有忠实与勤勉义务，应当按照法律、行政法规、中国证券监督管理委员会（以下简称中国证监会）规定、证券交易所业务规则和公司章程的规定，认真履行职责，在董事会中发挥参与决策、监督制衡、专业咨询作用，维护上市公司整体利益，保护中小股东合法权益。

第四条 上市公司应当建立独立董事制度。独立董事制度应当符合法律、行政法规、中国证监会规定和证券交易所业务规则的规定，有利于上市公司的持续规范发展，不得损害上市公司利益。上市公司应当为独立董事依法履职提供必要保障。

第五条 上市公司独立董事占董事会成员的比例不得低于三分之一，且至少包括一名会计专业人士。

上市公司应当在董事会中设置审计委员会。审计委员会成员应当为不在上市公司担任高级管理人员的董事，其中独立董事应当过半数，并由独立董事中会计专业人士担任召集人。

上市公司可以根据需要在董事会中设置提名、薪酬与考核、战略等专门委员会。提名委员会、薪酬与考核委员会中独立董事应当过半数并担任召集人。

第二章 任职资格与任免

第六条 独立董事必须保持独立性。下列人员不得担任独立董事：

（一）在上市公司或者其附属企业任职的人员及其配偶、父母、子女、主要社会关系；

（二）直接或者间接持有上市公司已发行股份百分之一以上或者是上市公司前十名股东中的自然人股东及其配偶、父母、子女；

（三）在直接或者间接持有上市公司已发行股份百分之五以上的股东或者在上市

公司前五名股东任职的人员及其配偶、父母、子女；

（四）在上市公司控股股东、实际控制人的附属企业任职的人员及其配偶、父母、子女；

（五）与上市公司及其控股股东、实际控制人或者其各自的附属企业有重大业务往来的人员，或者在有重大业务往来的单位及其控股股东、实际控制人任职的人员；

（六）为上市公司及其控股股东、实际控制人或者其各自附属企业提供财务、法律、咨询、保荐等服务的人员，包括但不限于提供服务的中介机构的项目组全体人员、各级复核人员、在报告上签字的人员、合伙人、董事、高级管理人员及主要负责人；

（七）最近十二个月内曾经具有第一项至第六项所列举情形的人员；

（八）法律、行政法规、中国证监会规定、证券交易所业务规则和公司章程规定的不具备独立性的其他人员。

前款第四项至第六项中的上市公司控股股东、实际控制人的附属企业，不包括与上市公司受同一国有资产管理机构控制且按照相关规定未与上市公司构成关联关系的企业。

独立董事应当每年对独立性情况进行自查，并将自查情况提交董事会。董事会应当每年对在任独立董事独立性情况进行评估并出具专项意见，与年度报告同时披露。

第七条 担任独立董事应当符合下列条件：

（一）根据法律、行政法规和其他有关规定，具备担任上市公司董事的资格；

（二）符合本办法第六条规定的独立性要求；

（三）具备上市公司运作的基本知识，熟悉相关法律法规和规则；

（四）具有五年以上履行独立董事职责所必需的法律、会计或者经济等工作经验；

（五）具有良好的个人品德，不存在重大失信等不良记录；

（六）法律、行政法规、中国证监会规定、证券交易所业务规则和公司章程规定的其他条件。

第八条 独立董事原则上最多在三家境内上市公司担任独立董事，并应当确保有足够的时间和精力有效地履行独立董事的职责。

第九条 上市公司董事会、监事会、单独或者合计持有上市公司已发行股份百分之一以上的股东可以提出独立董事候选人，并经股东大会选举决定。

依法设立的投资者保护机构可以公开请求股东委托其代为行使提名独立董事的权利。

第一款规定的提名人不得提名与其存在利害关系的人员或者有其他可能影响独立履职情形的关系密切人员作为独立董事候选人。

第十条 独立董事的提名人在提名前应当征得被提名人的同意。提名人应当充分了解被提名人职业、学历、职称、详细的工作经历、全部兼职、有无重大失信等不良记录等情况，并对其符合独立性和担任独立董事的其他条件发表意见。被提名人应当就其符合独立性和担任独立董事的其他条件作出公开声明。

第十一条 上市公司在董事会中设置提名委员会的,提名委员会应当对被提名人任职资格进行审查,并形成明确的审查意见。

上市公司应当在选举独立董事的股东大会召开前,按照本办法第十条以及前款的规定披露相关内容,并将所有独立董事候选人的有关材料报送证券交易所,相关报送材料应当真实、准确、完整。

证券交易所依照规定对独立董事候选人的有关材料进行审查,审慎判断独立董事候选人是否符合任职资格并有权提出异议。证券交易所提出异议的,上市公司不得提交股东大会选举。

第十二条 上市公司股东大会选举两名以上独立董事的,应当实行累积投票制。鼓励上市公司实行差额选举,具体实施细则由公司章程规定。

中小股东表决情况应当单独计票并披露。

第十三条 独立董事每届任期与上市公司其他董事任期相同,任期届满,可以连选连任,但是连续任职不得超过六年。

第十四条 独立董事任期届满前,上市公司可以依照法定程序解除其职务。提前解除独立董事职务的,上市公司应当及时披露具体理由和依据。独立董事有异议的,上市公司应当及时予以披露。

独立董事不符合本办法第七条第一项或者第二项规定的,应当立即停止履职并辞去职务。未提出辞职的,董事会知悉或者应当知悉该事实发生后应当立即按规定解除其职务。

独立董事因触及前款规定情形提出辞职或者被解除职务导致董事会或者其专门委员会中独立董事所占的比例不符合本办法或者公司章程的规定,或者独立董事中欠缺会计专业人士的,上市公司应当自前述事实发生之日起六十日内完成补选。

第十五条 独立董事在任期届满前可以提出辞职。独立董事辞职应当向董事会提交书面辞职报告,对任何与其辞职有关或者其认为有必要引起上市公司股东和债权人注意的情况进行说明。上市公司应当对独立董事辞职的原因及关注事项予以披露。

独立董事辞职将导致董事会或者其专门委员会中独立董事所占的比例不符合本办法或者公司章程的规定,或者独立董事中欠缺会计专业人士的,拟辞职的独立董事应当继续履行职责至新任独立董事产生之日。上市公司应当自独立董事提出辞职之日起六十日内完成补选。

第十六条 中国上市公司协会负责上市公司独立董事信息库建设和管理工作。上市公司可以从独立董事信息库选聘独立董事。

第三章 职责与履职方式

第十七条 独立董事履行下列职责:

(一)参与董事会决策并对所议事项发表明确意见;

(二)对本办法第二十三条、第二十六条、第二十七条和第二十八条所列上市公司与其控股股东、实际控制人、董事、高级管理人员之间的潜在重大利益冲突事项进行监督，促使董事会决策符合上市公司整体利益，保护中小股东合法权益；

（三）对上市公司经营发展提供专业、客观的建议，促进提升董事会决策水平；

（四）法律、行政法规、中国证监会规定和公司章程规定的其他职责。

第十八条 独立董事行使下列特别职权：

（一）独立聘请中介机构，对上市公司具体事项进行审计、咨询或者核查；

（二）向董事会提议召开临时股东大会；

（三）提议召开董事会会议；

（四）依法公开向股东征集股东权利；

（五）对可能损害上市公司或者中小股东权益的事项发表独立意见；

（六）法律、行政法规、中国证监会规定和公司章程规定的其他职权。

独立董事行使前款第一项至第三项所列职权的，应当经全体独立董事过半数同意。

独立董事行使第一款所列职权的，上市公司应当及时披露。上述职权不能正常行使的，上市公司应当披露具体情况和理由。

第十九条 董事会会议召开前，独立董事可以与董事会秘书进行沟通，就拟审议事项进行询问、要求补充材料、提出意见建议等。董事会及相关人员应当对独立董事提出的问题、要求和意见认真研究，及时向独立董事反馈议案修改等落实情况。

第二十条 独立董事应当亲自出席董事会会议。因故不能亲自出席会议的，独立董事应当事先审阅会议材料，形成明确的意见，并书面委托其他独立董事代为出席。

独立董事连续两次未能亲自出席董事会会议，也不委托其他独立董事代为出席的，董事会应当在该事实发生之日起三十日内提议召开股东大会解除该独立董事职务。

第二十一条 独立董事对董事会议案投反对票或者弃权票的，应当说明具体理由及依据、议案所涉事项的合法合规性、可能存在的风险以及对上市公司和中小股东权益的影响等。上市公司在披露董事会决议时，应当同时披露独立董事的异议意见，并在董事会决议和会议记录中载明。

第二十二条 独立董事应当持续关注本办法第二十三条、第二十六条、第二十七条和第二十八条所列事项相关的董事会决议执行情况，发现存在违反法律、行政法规、中国证监会规定、证券交易所业务规则和公司章程规定，或者违反股东大会和董事会决议等情形的，应当及时向董事会报告，并可以要求上市公司作出书面说明。涉及披露事项的，上市公司应当及时披露。

上市公司未按前款规定作出说明或者及时披露的，独立董事可以向中国证监会和证券交易所报告。

第二十三条 下列事项应当经上市公司全体独立董事过半数同意后，提交董事会审议：

（一）应当披露的关联交易；

（二）上市公司及相关方变更或者豁免承诺的方案；

（三）被收购上市公司董事会针对收购所作出的决策及采取的措施；

（四）法律、行政法规、中国证监会规定和公司章程规定的其他事项。

第二十四条 上市公司应当定期或者不定期召开全部由独立董事参加的会议（以下简称独立董事专门会议）。本办法第十八条第一款第一项至第三项、第二十三条所列事项，应当经独立董事专门会议审议。

独立董事专门会议可以根据需要研究讨论上市公司其他事项。

独立董事专门会议应当由过半数独立董事共同推举一名独立董事召集和主持；召集人不履职或者不能履职时，两名及以上独立董事可以自行召集并推举一名代表主持。

上市公司应当为独立董事专门会议的召开提供便利和支持。

第二十五条 独立董事在上市公司董事会专门委员会中应当依照法律、行政法规、中国证监会规定、证券交易所业务规则和公司章程履行职责。独立董事应当亲自出席专门委员会会议，因故不能亲自出席会议的，应当事先审阅会议材料，形成明确的意见，并书面委托其他独立董事代为出席。独立董事履职中关注到专门委员会职责范围内的上市公司重大事项，可以依照程序及时提请专门委员会进行讨论和审议。

上市公司应当按照本办法规定在公司章程中对专门委员会的组成、职责等作出规定，并制定专门委员会工作规程，明确专门委员会的人员构成、任期、职责范围、议事规则、档案保存等相关事项。国务院有关主管部门对专门委员会的召集人另有规定的，从其规定。

第二十六条 上市公司董事会审计委员会负责审核公司财务信息及其披露、监督及评估内外部审计工作和内部控制，下列事项应当经审计委员会全体成员过半数同意后，提交董事会审议：

（一）披露财务会计报告及定期报告中的财务信息、内部控制评价报告；

（二）聘用或者解聘承办上市公司审计业务的会计师事务所；

（三）聘任或者解聘上市公司财务负责人；

（四）因会计准则变更以外的原因作出会计政策、会计估计变更或者重大会计差错更正；

（五）法律、行政法规、中国证监会规定和公司章程规定的其他事项。

审计委员会每季度至少召开一次会议，两名及以上成员提议，或者召集人认为有必要时，可以召开临时会议。审计委员会会议须有三分之二以上成员出席方可举行。

第二十七条 上市公司董事会提名委员会负责拟定董事、高级管理人员的选择标准和程序，对董事、高级管理人员人选及其任职资格进行遴选、审核，并就下列事项向董事会提出建议：

（一）提名或者任免董事；

（二）聘任或者解聘高级管理人员；

（三）法律、行政法规、中国证监会规定和公司章程规定的其他事项。

董事会对提名委员会的建议未采纳或者未完全采纳的，应当在董事会决议中记载提名委员会的意见及未采纳的具体理由,并进行披露。

第二十八条 上市公司董事会薪酬与考核委员会负责制定董事、高级管理人员的考核标准并进行考核,制定、审查董事、高级管理人员的薪酬政策与方案,并就下列事项向董事会提出建议:

(一)董事、高级管理人员的薪酬;

(二)制定或者变更股权激励计划、员工持股计划,激励对象获授权益、行使权益条件成就;

(三)董事、高级管理人员在拟分拆所属子公司安排持股计划;

(四)法律、行政法规、中国证监会规定和公司章程规定的其他事项。

董事会对薪酬与考核委员会的建议未采纳或者未完全采纳的,应当在董事会决议中记载薪酬与考核委员会的意见及未采纳的具体理由,并进行披露。

第二十九条 上市公司未在董事会中设置提名委员会、薪酬与考核委员会的,由独立董事专门会议按照本办法第十一条对被提名人任职资格进行审查,并就本办法第二十七条第一款、第二十八条第一款所列事项向董事会提出建议。

第三十条 独立董事每年在上市公司的现场工作时间应当不少于十五日。

除按规定出席股东大会、董事会及其专门委员会、独立董事专门会议外,独立董事可以通过定期获取上市公司运营情况等资料、听取管理层汇报、与内部审计机构负责人和承办上市公司审计业务的会计师事务所等中介机构沟通、实地考察、与中小股东沟通等多种方式履行职责。

第三十一条 上市公司董事会及其专门委员会、独立董事专门会议应当按规定制作会议记录,独立董事的意见应当在会议记录中载明。独立董事应当对会议记录签字确认。

独立董事应当制作工作记录,详细记录履行职责的情况。独立董事履行职责过程中获取的资料、相关会议记录、与上市公司及中介机构工作人员的通讯记录等,构成工作记录的组成部分。对于工作记录中的重要内容,独立董事可以要求董事会秘书等相关人员签字确认,上市公司及相关人员应当予以配合。

独立董事工作记录及上市公司向独立董事提供的资料,应当至少保存十年。

第三十二条 上市公司应当健全独立董事与中小股东的沟通机制,独立董事可以就投资者提出的问题及时向上市公司核实。

第三十三条 独立董事应当向上市公司年度股东大会提交年度述职报告,对其履行职责的情况进行说明。年度述职报告应当包括下列内容:

(一)出席董事会次数、方式及投票情况,出席股东大会次数;

(二)参与董事会专门委员会、独立董事专门会议工作情况;

(三)对本办法第二十三条、第二十六条、第二十七条、第二十八条所列事项进行审议和行使本办法第十八条第一款所列独立董事特别职权的情况;

(四)与内部审计机构及承办上市公司审计业务的会计师事务所就公司财务、业务状况进行沟通的重大事项、方式及结果等情况；

（五）与中小股东的沟通交流情况；

（六）在上市公司现场工作的时间、内容等情况；

（七）履行职责的其他情况。

独立董事年度述职报告最迟应当在上市公司发出年度股东大会通知时披露。

第三十四条 独立董事应当持续加强证券法律法规及规则的学习，不断提高履职能力。中国证监会、证券交易所、中国上市公司协会可以提供相关培训服务。

第四章 履职保障

第三十五条 上市公司应当为独立董事履行职责提供必要的工作条件和人员支持，指定董事会办公室、董事会秘书等专门部门和专门人员协助独立董事履行职责。

董事会秘书应当确保独立董事与其他董事、高级管理人员及其他相关人员之间的信息畅通，确保独立董事履行职责时能够获得足够的资源和必要的专业意见。

第三十六条 上市公司应当保障独立董事享有与其他董事同等的知情权。为保证独立董事有效行使职权，上市公司应当向独立董事定期通报公司运营情况，提供资料，组织或者配合独立董事开展实地考察等工作。

上市公司可以在董事会审议重大复杂事项前，组织独立董事参与研究论证等环节，充分听取独立董事意见，并及时向独立董事反馈意见采纳情况。

第三十七条 上市公司应当及时向独立董事发出董事会会议通知，不迟于法律、行政法规、中国证监会规定或者公司章程规定的董事会会议通知期限提供相关会议资料，并为独立董事提供有效沟通渠道；董事会专门委员会召开会议的，上市公司原则上应当不迟于专门委员会会议召开前三日提供相关资料和信息。上市公司应当保存上述会议资料至少十年。

两名及以上独立董事认为会议材料不完整、论证不充分或者提供不及时的，可以书面向董事会提出延期召开会议或者延期审议该事项，董事会应当予以采纳。

董事会及专门委员会会议以现场召开为原则。在保证全体参会董事能够充分沟通并表达意见的前提下，必要时可以依照程序采用视频、电话或者其他方式召开。

第三十八条 独立董事行使职权的，上市公司董事、高级管理人员等相关人员应当予以配合，不得拒绝、阻碍或者隐瞒相关信息，不得干预其独立行使职权。

独立董事依法行使职权遭遇阻碍的，可以向董事会说明情况，要求董事、高级管理人员等相关人员予以配合，并将受到阻碍的具体情形和解决状况记入工作记录；仍不能消除阻碍的，可以向中国证监会和证券交易所报告。

独立董事履职事项涉及应披露信息的，上市公司应当及时办理披露事宜；上市公司不予披露的，独立董事可以直接申请披露，或者向中国证监会和证券交易所报告。

中国证监会和证券交易所应当畅通独立董事沟通渠道。

第三十九条 上市公司应当承担独立董事聘请专业机构及行使其他职权时所需的费用。

第四十条 上市公司可以建立独立董事责任保险制度，降低独立董事正常履行职责可能引致的风险。

第四十一条 上市公司应当给予独立董事与其承担的职责相适应的津贴。津贴的标准应当由董事会制订方案，股东大会审议通过，并在上市公司年度报告中进行披露。

除上述津贴外，独立董事不得从上市公司及其主要股东、实际控制人或者有利害关系的单位和人员取得其他利益。

第五章 监督管理与法律责任

第四十二条 中国证监会依法对上市公司独立董事及相关主体在证券市场的活动进行监督管理。

证券交易所、中国上市公司协会依照法律、行政法规和本办法制定相关自律规则，对上市公司独立董事进行自律管理。

有关自律组织可以对上市公司独立董事履职情况进行评估，促进其不断提高履职效果。

第四十三条 中国证监会、证券交易所可以要求上市公司、独立董事及其他相关主体对独立董事有关事项作出解释、说明或者提供相关资料。上市公司、独立董事及相关主体应当及时回复，并配合中国证监会的检查、调查。

第四十四条 上市公司、独立董事及相关主体违反本办法规定的，中国证监会可以采取责令改正、监管谈话、出具警示函、责令公开说明、责令定期报告等监管措施。依法应当给予行政处罚的，中国证监会依照有关规定进行处罚。

第四十五条 对独立董事在上市公司中的履职尽责情况及其行政责任，可以结合独立董事履行职责与相关违法违规行为之间的关联程度，兼顾其董事地位和外部身份特点，综合下列方面进行认定：

（一）在信息形成和相关决策过程中所起的作用；

（二）相关事项信息来源和内容、了解信息的途径；

（三）知情程度及知情后的态度；

（四）对相关异常情况的注意程度，为核验信息采取的措施；

（五）参加相关董事会及其专门委员会、独立董事专门会议的情况；

（六）专业背景或者行业背景；

（七）其他与相关违法违规行为关联的方面。

第四十六条 独立董事能够证明其已履行基本职责，且存在下列情形之一的，可以认定其没有主观过错，依照《中华人民共和国行政处罚法》不予行政处罚：

（一）在审议或者签署信息披露文件前，对不属于自身专业领域的相关具体问题，借助会计、法律等专门职业的帮助仍然未能发现问题的；

（二）对违法违规事项提出具体异议，明确记载于董事会、董事会专门委员会或者独立董事专门会议的会议记录中，并在董事会会议中投反对票或者弃权票的；

（三）上市公司或者相关方有意隐瞒，且没有迹象表明独立董事知悉或者能够发现违法违规线索的；

（四）因上市公司拒绝、阻碍独立董事履行职责，导致其无法对相关信息披露文件是否真实、准确、完整作出判断，并及时向中国证监会和证券交易所书面报告的；

（五）能够证明勤勉尽责的其他情形。

在违法违规行为揭露日或者更正日之前，独立董事发现违法违规行为后及时向上市公司提出异议并监督整改，且向中国证监会和证券交易所书面报告的，可以不予行政处罚。

独立董事提供证据证明其在履职期间能够按照法律、行政法规、部门规章、规范性文件以及公司章程的规定履行职责的，或者在违法违规行为被揭露后及时督促上市公司整改且效果较为明显的，中国证监会可以结合违法违规行为事实和性质、独立董事日常履职情况等综合判断其行政责任。

第六章 附 则

第四十七条 本办法下列用语的含义：

（一）主要股东，是指持有上市公司百分之五以上股份，或者持有股份不足百分之五但对上市公司有重大影响的股东；

（二）中小股东，是指单独或者合计持有上市公司股份未达到百分之五，且不担任上市公司董事、监事和高级管理人员的股东；

（三）附属企业，是指受相关主体直接或者间接控制的企业；

（四）主要社会关系，是指兄弟姐妹、兄弟姐妹的配偶、配偶的父母、配偶的兄弟姐妹、子女的配偶、子女配偶的父母等；

（五）违法违规行为揭露日，是指违法违规行为在具有全国性影响的报刊、电台、电视台或者监管部门网站、交易场所网站、主要门户网站、行业知名的自媒体等媒体上，首次被公开揭露并为证券市场知悉之日；

（六）违法违规行为更正日，是指信息披露义务人在证券交易场所网站或者符合中国证监会规定条件的媒体上自行更正之日。

第四十八条 本办法自2023年9月4日起施行。2022年1月5日发布的《上市公司独立董事规则》（证监会公告〔2022〕14号）同时废止。

自本办法施行之日起的一年为过渡期。过渡期内，上市公司董事会及专门委员会的设置、独立董事专门会议机制、独立董事的独立性、任职条件、任职期限及兼职家数等事项与本办法不一致的，应当逐步调整至符合本办法规定。

《上市公司股权激励管理办法》《上市公司收购管理办法》《上市公司重大资产重组管理办法》等本办法施行前中国证监会发布的规章与本办法的规定不一致的，适用本办法。

【2023 年版本】

第一百三十七条　上市公司在董事会中设置审计委员会的，董事会对下列事项作出决议前应当经审计委员会全体成员过半数通过：
（一）聘用、解聘承办公司审计业务的会计师事务所；
（二）聘任、解聘财务负责人；
（三）披露财务会计报告；
（四）国务院证券监督管理机构规定的其他事项。

【三次审议稿】

第一百三十七条　上市公司在董事会中设置审计委员会的，董事会对下列事项作出决议前应当经审计委员会全体成员过半数通过：
（一）聘用、解聘承办公司审计业务的会计师事务所；
（二）任免财务负责人；
（三）披露财务会计报告；
（四）国务院证券监督管理机构规定的其他事项。

【本条释义】

本条规定了董事会审计委员会的职权。

董事会审计委员会作为专业委员会应当对公司财务、审计等相关事项进行事先审查，因此，上市公司在董事会中设置审计委员会的，董事会对下列事项作出决议前应当经审计委员会全体成员过半数通过：

（1）聘用、解聘承办公司审计业务的会计师事务所。会计师事务所的选任对确保公司财务信息的真实、准确和完整具有重要意义，聘用、解聘承办公司审计业务的会计师事务所是上市公司的重大事项，应当发挥审计委员会的作用。

（2）任免财务负责人。财务负责人是确保公司财务信息真实、准确和完整的重要岗位，也是董事会审计委员会直接领导下的负责人，因此，任免财务负责人应当首先经过审计委员会的同意。

（3）披露财务会计报告。上市公司需要定期披露财务会计报告，包括年报、半年报和季报。公司的董事、高级管理人员应当对财务会计报告的真实性、准确性和完整性负责，因此，在披露财务会计报告之前，应当经过审计委员会的审议。

（4）国务院证券监督管理机构规定的其他事项。国务院证券监督管理机构以及公司章程、股东会会议均可以在以上事项的基础上增加需要经过审计委员会预先审议通过的事项，如公司的年度预算、公司年度审计计划、公司年度审计报告等。

【2023年版本、三次审议稿】

第一百三十八条　上市公司设董事会秘书，负责公司股东会和董事会会议的筹备、文件保管以及公司股东资料的管理，办理信息披露事务等事宜。

【2018年版本】

第一百二十三条　上市公司设董事会秘书，负责公司股东大会和董事会会议的筹备、文件保管以及公司股东资料的管理，办理信息披露事务等事宜。

【本条释义】

本条规定了董事会秘书的设置。

上市公司董事会的事务较多，而且需要了解董事会运作的基本规则，必须有专人负责，上市公司应当设董事会秘书，负责公司股东会和董事会会议的筹备、文件保管以及公司股东资料的管理，办理信息披露事务等事宜。董事会秘书属于公司高级管理人员，为便于其开展工作，一般由董事会中的非独立董事担任董事会秘书。

【相关法规规定】

《证券公司监督管理条例》

第二十一条　证券公司设董事会秘书，负责股东会和董事会会议的筹备、文件的保管以及股东资料的管理，按照规定或者根据国务院证券监督管理机构、股东等有关单位或者个人的要求，依法提供有关资料，办理信息报送或者信息披露事项。董事会秘书为证券公司高级管理人员。

《国务院办公厅关于进一步加强资本市场中小投资者合法权益保护工作的意见》（国办发〔2013〕110号）

三、保障中小投资者知情权

增强信息披露的针对性。有关主体应当真实、准确、完整、及时地披露对投资决策有重大影响的信息，披露内容做到简明易懂，充分揭示风险，方便中小投资者查阅。健全内部信息披露制度和流程，强化董事会秘书等相关人员职责。制定自愿性和简明化的信息披露规则。

【2023 年版本】

第一百三十九条　上市公司董事与董事会会议决议事项所涉及的企业或者个人有关联关系的，该董事应当及时向董事会书面报告。有关联关系的董事不得对该项决议行使表决权，也不得代理其他董事行使表决权。该董事会会议由过半数的无关联关系董事出席即可举行，董事会会议所作决议须经无关联关系董事过半数通过。出席董事会会议的无关联关系董事人数不足三人的，应当将该事项提交上市公司股东会审议。

【三次审议稿】

第一百三十九条　上市公司董事与董事会会议决议事项所涉及的企业或者个人有关联关系的，该董事应当及时向董事会书面报告。有关联关系的董事不得对该项决议行使表决权，也不得代理其他董事行使表决权。该董事会会议由过半数的无关联关系董事出席即可举行，董事会会议所作决议须经无关联关系董事过半数通过。出席董事会的无关联关系董事人数不足三人的，应当将该事项提交上市公司股东会审议。

【2018 年版本】

第一百二十四条　上市公司董事与董事会会议决议事项所涉及的企业有关联关系的，不得对该项决议行使表决权，也不得代理其他董事行使表决权。该董事会会议由过半数的无关联关系董事出席即可举行，董事会会议所作决议须经无关联关系董事过半数通过。出席董事会的无关联关系董事人数不足三人的，应将该事项提交上市公司股东大会审议。

【本条释义】

本条规定了关联董事的回避义务。

如果董事与上市公司拟决议的事项有关联关系，为提高董事会决策的中立性，该董事应当回避。因此，上市公司董事与董事会会议决议事项所涉及的企业或者个人有关联关系的，该董事应当及时向董事会书面报告。相关报告可以提交给董事会秘书或者董事长。报告中应详细说明本人与相关企业或者个人之间具有什么关联关系，例如近亲属关系、投资关系、合作关系、债权债务关系、诉讼纠纷等。

有关联关系的董事不得对该项决议行使表决权，也不得代理其他董事行使表决权。有关联关系的董事原则上也不得出席该次董事会会议。该董事会会议由过半数的无关联关系董事出席即可举行，董事会会议所作决议须经无关联关系董事过半数通过。例如，董事会成员为9人，其中2人与董事会会议决议事项有关联关系，该名董事不出席会议，无关联关系董事为7人。该次董事会会议应当至少有4人出席才可以举行，最终同意该事项的票数至少为4票，该事项才能通过。

出席董事会会议的无关联关系董事人数不足3人的，应当将该事项提交上市公司股东会审议。如果出席董事会会议的无关联关系董事人数正好为3人（例如董事会成员为5人，其中2人有关联关系），董事会会议可以正常决议相关事项，无需提交上市公司股东会审议。

【2023年版本】

第一百四十条　上市公司应当依法披露股东、实际控制人的信息，相关信息应当真实、准确、完整。

禁止违反法律、行政法规的规定代持上市公司股票。

【三次审议稿】

第一百四十条　上市公司应当依法披露股东、实际控制人的信息，相关信息应当真实、准确、完整。

禁止违反法律、行政法规的规定，代持上市公司股票。

【本条释义】

本条规定了上市公司披露股东和实际控制人信息的义务。

为防止上市公司的实际控制人和大股东操纵上市公司损害小股东利益，上市公司应当依法披露股东、实际控制人的信息，相关信息应当真实、准确、完整。所谓"实际控制人"是指对上市公司的决策拥有最终控制权的人，其可能并非名义上的股东，其可能是一个人，也可能是多个人的联合，可能是一个自然人，也可能是一家公司。实际控制人操控上市公司的表现：一是控制了多个大股东，在股东会会议的表决上拥有绝对控制权，二是控制了董事会中的多数席位，在董事会表决时拥有绝对控制权。

禁止违反法律、行政法规的规定，代持上市公司股票。目前，我国法律对上市公司股票代持并未一概禁止，只有当法律、行政法规禁止隐名股东持有上市公司股票，隐名股东找名义股东代持上市公司股票才是违法无效的。如果法律、行政法规并未禁止隐名股东持有上市公司股票，隐名股东找名义股东代持上市公司股票本身并不违法。

【2023 年版本、三次审议稿】

第一百四十一条 上市公司控股子公司不得取得该上市公司的股份。

上市公司控股子公司因公司合并、质权行使等原因持有上市公司股份的，不得行使所持股份对应的表决权，并应当及时处分相关上市公司股份。

【本条释义】

本条规定了子公司不得取得母公司的股份。

为防止子公司与母公司混合控股，导致上市公司股权不清以及避免上市公司自己间接持有自己的股份，上市公司控股子公司不得取得该上市公司的股份。上市公司之间互相持股并不违法，只要不是上市公司的控股子公司，均可以持有上市公司的股份。例如，甲上市公司持有乙公司 10% 的股份，并未达到控股的程度，此时，乙公司可以取得甲上市公司的股份。甲上市公司持有丙公司 60% 的股份，已经达到控股的程度，此时，丙公司不得取得甲上市公司的股份。

如果上市公司控股子公司因公司合并、质权行使等原因持有上市公司股份，该子公司不得行使所持股份对应的表决权，并应当及时处分相关上市公司股份。通常情况下，应当在 3 个月内处分相关上市公司的股份，处分的方式主要是对外转让。

第六章 股份有限公司的股份发行和转让

第一节 股份发行

【2023年版本、三次审议稿】

第一百四十二条 公司的资本划分为股份。公司的全部股份,根据公司章程的规定择一采用面额股或者无面额股。采用面额股的,每一股的金额相等。

公司可以根据公司章程的规定将已发行的面额股全部转换为无面额股或者将无面额股全部转换为面额股。

采用无面额股的,应当将发行股份所得股款的二分之一以上计入注册资本。

【2018年版本】

第一百二十五条 股份有限公司的资本划分为股份,每一股的金额相等。
公司的股份采取股票的形式。股票是公司签发的证明股东所持股份的凭证。

第一百二十七条 股票发行价格可以按票面金额,也可以超过票面金额,但不得低于票面金额。

【本条释义】

本条规定了股份有限公司的资本与股份。

股份有限公司的最重要特征就是将公司的资本划分为股份。公司的全部股份,根据公司章程的规定择一采用面额股或者无面额股。面额股就是在股票上标明每一股的面值,通常就是该股份所对应的净资产额。通常情况下,每股面额为人民币1元。当然，法律也不禁止发行面额非1元的股票，如每股2元或者10元。采用面额股的，每一股的金额相等。也就是说，不允许发行有的面额为1元，有的面额为2元的面额股，所有股票的金额必须相等，如果是1元，所有股票都是1元，如果是2元，所有股票都是2元。无面额股就是不标明每股的面值，只是将公司的全部资本划分为若干股份，这种划分实际上也就代表了每股的面额，只是未在股票上标明其面额而已。股份是否标明面额本身并没有实际意义，因此，建议股份有限公司发行无面额股。

公司可以根据公司章程的规定将已发行的面额股全部转换为无面额股或者将无面额股全部转换为面额股。由于股份的面额并没有实际意义，因此，股份有限公司可以将两种类型的股票随意转换。建议股份有限公司将之前发行的面额股全部转换为无面额股。

采用无面额股的，应当将发行股份所得股款的二分之一以上计入注册资本和实收资本，剩余部分计入资本公积。这部分资本公积可以随时转换为注册资本和实收资本，公司股东不必为此缴纳所得税。如果采用面额股，一般情况下是将面额股对应金额计入注册资本和实收资本，超过面额的部分计入资本公积。

【典型案例】

湖南省高级人民法院
民 事 判 决 书

〔2019〕湘民终55号

上诉人（原审原告）：石某婕，女，1963年1月18日出生，土家族，住湖南省永顺县。
委托诉讼代理人：杨东兵，湖南民生律师事务所律师。
上诉人（原审原告）：王某滢，女，1994年8月6日出生，土家族，住湖南省吉首市。
委托诉讼代理人：林祝军，女，系王某滢母亲。
委托诉讼代理人：杨东兵，湖南民生律师事务所律师。
被上诉人（原审被告）：董某杰，男，1978年3月9日出生，汉族，住湖南省长沙市雨花区。
委托诉讼代理人：李胜，广东君言（长沙）律师事务所律师。
委托诉讼代理人：申若然，广东君言（长沙）律师事务所律师。
原审原告：陈某静，女，1988年1月4日出生，土家族，住湖南省永顺县。
原审第三人：王某英，女，1961年10月7日出生，土家族，住湖南省永顺县。

上诉人石某婕、王某滢因与被上诉人董某杰以及原审原告陈某静，原审第三人王某英案外人执行异议之诉纠纷一案，不服湖南省湘西土家族苗族自治州中级人民法院〔2018〕湘31民初35号民事判决，向本院提起上诉。本院于2019年1月23日立案后，依法组成合议庭进行了审理。本案现已审理终结。

石某婕、王某滢上诉请求：1.撤销原判，改判支持上诉人的一审全部诉讼请求；2.由被上诉人董某杰承担本案全部诉讼费用。事实与理由：一、一审判决认定事实错误。1.永顺县信用联社改制，给王某英分配了50万股原始股指标。因王某英无钱购买，上诉人及陈某静与王某英联系后实际出资57.75万元以王某英名义购买了35万股原始股，并与王某英签订了股权代持的《协议书》。因此，上诉人及陈某静属于实际出资人、隐名股东，王某英系名义股东。双方之间系股权代持关系，而非债权债务关系。一审判决认定双方之间形成了债权债务关系错误。2.上诉人与王某英签订的《协议书》合法有效，且上诉人提供了充分的证据证明登记在王某英名下的35万股股份实际上属于上诉人及陈某静所有，故上诉人及陈某静依法享有涉案35万股股份的所有权。一审判决认定上诉人不享有涉案股份的所有权错误。二、一审判决适用法律错误。《公司法》第三十二条第三款的规定仅适用于有限责任公司，不能适用于股份有限公司。且该规定的目的是保护第三人基于股权工商登记的外观而产生交易信赖，与登记股东发生股权转让、股权质押等处分行为及由此产生的利益，从而维护交易安全。因董某杰系基于借贷关系取得对王某英的债权，并非基于上述行为与王某英发生法律关系的第三人，其并没有基于工商登记产生交易信赖，故董某杰亦不是基于信赖权利外观而需要保护的善意第三人。董某杰的债权不能对抗上诉人及陈某静的所有权。一审判决适用该规定错误。三、上诉人要求停止执行的诉请应予支持。法律规定执行异议之诉的目的是在于通过诉讼对执行中存在争议的权利归属进行实质性审查，从而确定权利的实际享有者。当权利实际享有者与被执行人不一致时，即可实现对强制执行的有效对抗，确保对权利的不恰当处分在权力被处分之前得到纠正。本案中，因上诉人及陈某静系涉案35万股股份的实际权利人，当然享有湖南永顺商业银行股份有限公司的投资权益。而董某杰作为王某英的债权人申请强制执行王某英名下湖南永顺商业银行股份有限公司的股权，必然侵犯上诉人及陈某静的投资权益。且上诉人未办理变更登记的原因是永顺县信用联社改制不规范，工商部门监管不到位造成，上诉人没有任何过错，故本案理应停止对该股权的执行。

董某杰辩称：1.公司股权的确认外部系以工商登记为准，内部系以记载股东名册或公司签发的出资证明书为准，上诉人两者均不具备。上诉人与王某英签订的股权代持协议既没有得到公司的认可，也未在工商机关办理变更登记，故双方形成的仅是债权债务关系；2.上诉人与王某英签订的股权代持协议书违反了《商业银行法》以及《商业银行股份管理办法》有关不得以非自有资金出资入股以及不得委托他人持股的规定，属于无效合同。综上，请求驳回上诉，维持原判。

王某英述称：1.上诉人是涉案股份的实际出资人；2.董某杰的主张的债权系虚假

债权。综上，请求依法公正判决。

石某婕、王某滢、陈某静一审诉讼请求：1. 确认石某婕、王某滢、陈某静与王某英签订的《协议书》合法有效，并确认王某英名下湖南省永顺县农村商业银行35万股原始股份实际所有权归石某婕、王某滢、陈某静；2. 停止执行王某英名下湖南省永顺县农村商业银行35万股股份及分红；3. 诉讼费由董某杰承担。

一审法院认定事实：王某英系湖南省永顺县农村商业银行的股东，2014年湖南省永顺县农村商业银行进行改制，王某英分配有原始股。同年11月28日，王某英分别与石某婕、王某滢、陈某静签订协议书，约定将湖南省永顺县农村商业银行分配给王某英的原始股由石某婕、王某滢、陈某静分别出资购买，每股为1.65元，其中石某婕出资16.5万元，王某滢出资24.75万元，陈某静出资16.5万元。协议还约定了所有收益归实际出资人所有，王某英无权对股票进行处置；如果因王某英的原因导致上述股票被迫转让，股价低于当时市场价的损失，王某英无条件赔偿给出资人；根据公司规定股权可以转让后，出资人要求转让股权时，王某英必须积极协助办理变更手续，并不能收取任何费用；王某英应在信用社设立原始股股份分红及收益专门账户，由三名出资人管理该账户。协议签订当日，石某婕、王某滢、陈某静支付了认购款，由王某英将该笔原始股金57.75万元转账给了信用社。并将股权证书和分红存折交付给出资人石某婕保管。石某婕、王某滢、陈某静于2015年、2016年分别领取了所购买股份的分红。

2014年10月15日，董某杰向一审法院提起民事诉讼，要求王某英及张家界肉联畜牧屠宰食品开发有限责任公司（以下简称肉联公司）连带偿还借款448万元及利息84万元。诉讼中依王某英申请依法追加了章程为第三人参加诉讼。2015年4月10日，一审法院作出〔2014〕州民三初字第18号民事判决，判令：一、王某英、肉联公司连带偿还董某杰203.9万元本金及利息（利息以203.9万元本金按人民银行同类贷款利率的四倍从2014年2月25日计算至2014年9月15日止）；二、王某英、肉联公司连带偿还董某杰197.4744万元及利息（利息以197.4744万元本金按人民银行同类贷款利率的四倍从2014年3月7日计算至2014年9月15日止）；三、上述一、二项所计算的利息，如多于50万元，则在抵扣50万元后，多余部分由王某英、肉联公司在70万元的限额以内清偿；如少于50万元，则从余还款部分作为本金在清偿时抵扣；四、驳回董某杰的其他诉讼请求。王某英不服提起上诉，本院于2015年9月29日作出〔2015〕湘高法民一终字第251号民事判决，驳回上诉，维持原判。

2015年11月16日，董某杰向一审法院申请强制执行，一审法院先后作出〔2015〕州法执字第63-1至5号执行裁定书，查封了肉联公司的部分地产，划拨了王某英的存款67900元，冻结并拟拍卖王某英在农商行的股份。石某婕、王某滢、陈某静以案外人身份于2018年7月11日对一审法院冻结和拍卖王某英持有的35万元原始股提出执行异议。2018年7月27日，一审法院作出〔2018〕湘31执异11号执行裁定，驳回石某婕、王某滢、陈某静的异议请求。石某婕、王某滢、陈某静遂提起执行异议之诉。

一审法院认为，本案争议焦点为石某婕、王某滢、陈某静就执行标的是否享有足以排除强制执行的民事权益。本案中，董某杰申请执行的标的是王某英在湖南省永顺县农村商业银行持有的原始股份。石某婕、王某滢、陈某静虽然出资购买了王某英持有的股份，由于未在股东名册和登记机关进行变更登记，石某婕、王某滢、陈某静没有取得湖南省永顺县农村商业银行股东的身份，并不是湖南省永顺县农村商业银行的股东。因此，石某婕、王某滢、陈某静与王某英只是形成债权关系，并未享有王某英持有股份的所有权，在对外关系上不具有股东的法律地位，其与王某英的约定不能对抗协议之外的债权人。故石某婕、王某滢、陈某静就执行标的未享有足以排除强制执行的民事权益。依照《公司法》第三十二条第三款、《最高人民法院关于适用〈中华人民共和国民事诉讼法〉的解释》第三百一十二条第一款第二项规定，判决：驳回石某婕、王某滢、陈某静的诉讼请求。案件受理费6 550元，由石某婕、王某滢、陈某静共同承担。

二审中，石某婕、王某滢向本院提交了一份湖南永顺商业银行股份有限公司工商登记信息资料。拟证明除石某婕、王某滢、陈某静登记在王某英名下的股份被强制执行外，其余登记在王某英名下的股份并没有被强制执行，一审法院系选择性执法。

董某杰对该证据的真实性不予认可。

王某英对该证据的真实性、合法性、关联性均无异议。

本院经审查认为，该证据与本案争议的内容不具有关联性，且不能达到石某婕、王某滢的证明目的，对该证据不予采信。

王某英向本院提交了报案材料、控告信、立案决定书、受案回执以及吉首市公安局出具的证明。拟证明董某杰的执行案件系虚假诉讼。

董某杰发表质证意见称，对立案决定书、受案回执以及证明的真实性无异议，但对合法性、关联性有异议。该立案决定书涉及的案件以及章程被网上追逃与本案均无关联，且董某杰目前正向公安机关及检察机关提出申诉，要求撤销案件。对报案材料、控告信的真实性、合法性、关联性均有异议。报案材料、控告信的内容不是客观事实，系王某英为逃避债务恶意上访所出具。

石某婕、王某滢对上述证据的真实性、合法性、关联性均无异议。

本院经审查认为，董某杰对王某英的债权已由生效判决确认，上述证据不能达到王某英的证明目的，不予采信。

本院二审审理查明的事实与一审查明的相同。

本院认为，本案二审争议的焦点问题是石某婕、王某滢就涉案股份是否享有足以排除强制执行的民事权益，能否阻止董某杰对涉案股份的强制执行。

《公司法》第一百二十五条第二款规定："公司的股份采取股票的形式。股票是公司签发的证明股东所持股份的凭证。"《最高人民法院关于人民法院办理执行异议和复议案件若干问题的规定》第二十五条规定："对案外人的异议，人民法院应当按照下列标准判断其是否系权利人……（四）股权按照工商行政管理机关的登记和企业信用信息公示系统公示的信息判断。"由此可见，商事外观主义原则是判断股份权属的基本原则。本案中，涉案股份登记在王某英名下，基于商事外观主义原则，应认定王某英系涉案股份的权利人。当王某英不能清偿到期债务时，其债权人有权依据记载的股份归属向人民法院申请对该股份强制执行。在诉讼过程中，石某婕、王某滢提交了《协议书》以及付款凭证等证据用以证明涉案股份由其实际出资购买，其是涉案股份的实际权利人。对此，虽然涉案《协议书》并无《合同法》第五十二条规定的无效情形，且本案相关证据亦能够证实涉案股份实际由石某婕、王某滢等人出资购买，但该《协议书》仅在石某婕、王某滢与王某英之间产生效力，对外并不产生设权效力，亦不产生对抗记名股票和湖南永顺商业银行股份有限公司股东名册的效力。石某婕、王某滢作为隐名股东，并不具备公示股东的法律地位。在没有证据表明董某杰知道或应当知道涉案股份系由石某婕、王某滢实际出资购买的情况下，石某婕、王某滢无权以其与登记股东王某英之间的约定来对抗外部债权人对王某英主张的正当权利。石某婕、王某滢明知以王某英的名义购买涉案股份存在风险而仍然为之，其行为亦存在过错，应由其自行承担因此造成的风险。基于此，石某婕、王某滢并非涉案股份的登记权利人，其就涉案股份不享有足以排除强制执行的民事权益。石某婕、王某滢提出应停止对涉案股权强制执行的上诉理由不能成立，不予支持。石某婕、王某滢可依据《协议书》另行向王某英主张权利。此外，《公司法》第三十二条第三款只能适用有限责任公司，而本案讼争股份系股份有限责任公司，故一审判决援引该法条判决不当，应予纠正。

综上，一审判决认定事实清楚，虽然适用法律存在瑕疵，但判决结果正确，故石某婕、王某滢的上诉请求不予支持。根据《公司法》第一百二十五条第二款，《民事诉讼法》第一百七十条第一款第一项，《最高人民法院关于适用〈中华人民共和国民事诉讼法〉的解释》第三百三十四条规定，判决如下：

驳回上诉，维持原判。

二审案件受理费6 550元，由石某婕、王某滢负担。

本判决为终审判决。

审　判　长　贾小弟
审　判　员　李　娟
审　判　员　朱湘归
二〇一九年四月十二日
法官助理　吴奕桓
书　记　员　曾美惠

【2023年版本、三次审议稿】

第一百四十三条 股份的发行，实行公平、公正的原则，同类别的每一股份应当具有同等权利。

同次发行的同类别股份，每股的发行条件和价格应当相同；认购人所认购的股份，每股应当支付相同价额。

【2018年版本】

第一百二十六条 股份的发行，实行公平、公正的原则，同种类的每一股份应当具有同等权利。

同次发行的同种类股票，每股的发行条件和价格应当相同；任何单位或者个人所认购的股份，每股应当支付相同价额。

【本条释义】

本条规定了股份发行的原则。

股份的发行，实行公平、公正的原则，同类别的每一股份应当具有同等权利。也就是说，不同类别的股份其权利不必同等，股份有限公司可以发行不同类别的股份。同股同权，不同股不同权符合公平、公正的原则。

同股同权也要求同次发行的同类别股份，每股的发行条件和价格应当相同；认购人所认购的股份，每股应当支付相同价额。股份有限公司可以同时发行不同类别的股份，不同类别的股份其发行条件和价格可以不相同，认股人根据其所认购的股份，分别支付其对应的价额。

【2023年版本、三次审议稿】

第一百四十四条 公司可以按照公司章程的规定发行下列与普通股权利不同的类别股：

（一）优先或者劣后分配利润或者剩余财产的股份；

（二）每一股的表决权数多于或者少于普通股的股份；

（三）转让须经公司同意等转让受限的股份；

（四）国务院规定的其他类别股。

公开发行股份的公司不得发行前款第二项、第三项规定的类别股；公开发行前已发行的除外。

公司发行本条第一款第二项规定的类别股的，对于监事或者审计委员会成员的选举和更换，类别股与普通股每一股的表决权数相同。

【2018年版本】

第一百三十一条 国务院可以对公司发行本法规定以外的其他种类的股份，另行作出规定。

【本条释义】

本条规定了股份有限公司可以发行的类别股。

股份有限公司可以发行普通股，也可以发行与普通股不同的其他股份，该股份被称为类别股。具体而言，公司可以按照公司章程的规定发行下列与普通股权利不同的类别股：

（1）优先或者劣后分配利润或者剩余财产的股份。优先分配利润或者剩余财产的股份就是通常所称的优先股，优先股通常在表决权方面受到限制。劣后分配利润或者剩余财产的股份通常要在表决权方面有优势。

（2）每一股的表决权数多于或者少于普通股的股份。公司通过这种方式可以确保创始股东在股东会上享有控制权。

（3）转让须经公司同意等转让受限的股份。该类股份既可以设定为转让须经公司同意，也可以设定为转让须经股东会会议三分之二以上同意，或者须经董事会同意。

（4）国务院规定的其他类别股。在国务院未有明确规定的情况下，股份有限公司只能发行上述三类类别股。

通常情况下，上述三种类别股也已经足够股份有限公司选用了。上述三种类别股可以综合在一起设计其特点，例如，甲类别股的特点是优先分配利润或者剩余财产，但其表决权少于普通股且其转让须经公司同意；乙类别股的特点是劣后分配利润或者剩余财产，但其表决权多于普通股，其转让须经公司董事会同意。

考虑目前证券交易所的交易规则，公开发行股份的公司不得发行前述第二项、第三项规定的类别股；公开发行前已发行的除外。公开发行股份的公司只能发行优先或者劣后分配利润或者剩余财产的股份。

为防止表决权数多于或者少于普通股的类别股利用其表决权来控制公司的监督机构，公司发行上述第二项规定的类别股的，对于监事或者审计委员会成员的选举和更换，类别股与普通股每一股的表决权数相同。

【2023年版本】

第一百四十五条 发行类别股的公司,应当在公司章程中载明以下事项:
(一)类别股分配利润或者剩余财产的顺序;
(二)类别股的表决权数;
(三)类别股的转让限制;
(四)保护中小股东权益的措施;
(五)股东会认为需要规定的其他事项。

【三次审议稿】

第一百四十五条 发行类别股的公司,应当在公司章程中载明以下事项:
(一)类别股分配利润或者剩余财产的顺序;
(二)类别股的表决权数;
(三)类别股的转让限制;
(四)保护中小股东权益的措施;
(五)股东会会议认为需要规定的其他事项。

【本条释义】

本条规定了发行类别股时公司章程的记载事项。

由于类别股在利润分配、表决权行使、股份转让等方面具有不同于普通股的特点,应当提醒全体股东特别注意,因此,发行类别股的公司,应当在公司章程中载明以下事项:

(1)类别股分配利润或者剩余财产的顺序。类别股可以在分配利润或者剩余财产方面优先于普通股,也可以劣后于普通股,还可以等同于普通股。该类别的类别股也可以与其他类别股相比较,如某股份有限公司利润分配的顺序为甲类别股优先于普通股,普通股优先于乙类别股,乙类别股优先于丙类别股。

(2)类别股的表决权数。类别股的表决权数可以多于普通股,也可以少于普通股,还可以等于普通股。不同类别股的表决权也可以互不相同。例如某股份有限公司1普通股拥有1表决权,1甲类别股拥有0.1表决权,1乙类别股拥有1表决权,1丙类别股拥有5表决权。

(3)类别股的转让限制。类别股的转让可以有限制,也可以没有限制。限制的主要方式是经过公司、董事会同意，或者持股满一定期限。

（4）保护中小股东权益的措施。这里既包括保护持有普通股的中小股东权益，也包括保护持有类别股的中小股东权益，还包括保护同时持有普通股和类别股的中小股东权益。

（5）股东会会议认为需要规定的其他事项。例如类别股在特定事项上是否拥有表决权或者特别表决权。

【2023年版本】

第一百四十六条　发行类别股的公司，有本法第一百一十六条第三款规定的事项等可能影响类别股股东权利的，除应当依照第一百一十六条第三款的规定经股东会决议外，还应当经出席类别股股东会议的股东所持表决权的三分之二以上通过。

公司章程可以对需经类别股股东会议决议的其他事项作出规定。

【三次审议稿】

第一百四十六条　发行类别股的公司，有本法第一百一十六条第三款规定的事项等可能损害类别股股东权利的，除应当依照第一百一十六条第三款的规定经股东会决议外，还应当经出席类别股股东会的股东所持表决权的三分之二以上通过。

公司章程可以对需经类别股股东会决议的其他事项作出规定。

【本条释义】

本条规定了对类别股股东权益的特别保护。

《公司法》第一百一十六条第三款规定：股东会作出修改公司章程、增加或者减少注册资本的决议，以及公司合并、分立、解散或者变更公司形式的决议，应当经出席会议的股东所持表决权的三分之二以上通过。

发行类别股的公司，由于类别股的表决权可能受到限制，因此，类别股股东在股东会作出修改公司章程、增加或者减少注册资本的决议，以及公司合并、分立、解散或者变更公司形式的决议时，其权利有可能受到损害，此时，除应当经出席会议的股东所持表决权的三分之二以上通过外，还应当经出席类别股股东会的股东所持表决权的三分之二以上通过。如果无法经过两个三分之二以上通过，股东大会不能通过该项提案。

公司章程可以对需经类别股股东会决议的其他事项作出规定,例如,增发某种类别股可以要求经过该类别股股东会特别决议。

【2023年版本、三次审议稿】

第一百四十七条 公司的股份采取股票的形式。股票是公司签发的证明股东所持股份的凭证。

公司发行的股票,应当为记名股票。

【2018年版本】

第一百二十九条 公司发行的股票,可以为记名股票,也可以为无记名股票。

公司向发起人、法人发行的股票,应当为记名股票,并应当记载该发起人、法人的名称或者姓名,不得另立户名或者以代表人姓名记名。

第一百三十条 公司发行记名股票的,应当置备股东名册,记载下列事项:

(一)股东的姓名或者名称及住所;

(二)各股东所持股份数;

(三)各股东所持股票的编号;

(四)各股东取得股份的日期。

发行无记名股票的,公司应当记载其股票数量、编号及发行日期。

【本条释义】

本条规定了股票。

股份和股票的关系一直是很多人困惑的问题,公司的股份采取股票的形式。股票是公司签发的证明股东所持股份的凭证。由此可见,股份是内容,股票是形式。股票代表的是股份,股份的表现形式是股票。二者是一个事物的两个方面。

公司发行的股票,应当为记名股票。所谓记名股票,就是在股票上要记载股东的姓名或者名称。不记名股票无法挂失,安全性较差,因此,公司不允许发行不记名股票。

【2023年版本、三次审议稿】

第一百四十八条 面额股股票的发行价格可以按票面金额,也可以超过票面金额,但不得低于票面金额。

【2018 年版本】

第一百三十五条 公司发行新股,可以根据公司经营情况和财务状况,确定其作价方案。

【本条释义】

本条规定了面额股股票的发行价格。

股票可以是面额股,也可以是无面额股。如果是面额股,该股票的发行价格可以按票面金额,也可以超过票面金额,但不得低于票面金额。这一规定是为了保证公司的资本是实收资本,而非名义资本。需要注意的是,股票的发行价格并不等于股票上市以后的交易价格,后者受市场供求关系影响,可以低于票面金额。

【2023 年版本、三次审议稿】

第一百四十九条 股票采用纸面形式或者国务院证券监督管理机构规定的其他形式。
股票采用纸面形式的,应当载明下列主要事项:
(一)公司名称;
(二)公司成立日期或者股票发行的时间;
(三)股票种类、票面金额及代表的股份数,发行无面额股的,股票代表的股份数。
股票采用纸面形式的,还应当载明股票的编号,由法定代表人签名,公司盖章。
发起人股票采用纸面形式的,应当标明发起人股票字样。

【2018 年版本】

第一百二十八条 股票采用纸面形式或者国务院证券监督管理机构规定的其他形式。
股票应当载明下列主要事项:
(一)公司名称;
(二)公司成立日期;
(三)股票种类、票面金额及代表的股份数;
(四)股票的编号。
股票由法定代表人签名,公司盖章。
发起人的股票,应当标明发起人股票字样。

【本条释义】

本条规定了股票的形式及其记载事项。

股票采用纸面形式或者国务院证券监督管理机构规定的其他形式，如电子数据形式。

如果股票采取电子数据形式，无需记载相关事项，按国务院证券监督管理机构的规定采取相关技术手段来记载和识别。如果股票采用纸面形式，应当载明下列主要事项：

（1）公司名称。应当使用公司的标准全称，不允许使用简称。

（2）公司成立日期或者股票发行的时间。如果公司成立之日就发行了股票，可以只记载公司成立日期，如果公司成立之后间隔一段时间才发行股票，应记载股票发行的时间。

（3）股票种类、票面金额及代表的股份数，发行无面额股的，股票代表的股份数。股票种类主要取决于其代表的股份的种类，如普通股、甲类别股、乙类别股等。一只股票可以代表一股份，也可以代表多股份。

为防止股票被伪造，股票采用纸面形式的，还应当载明股票的编号，由法定代表人签名，公司盖章。如果发起人股票采用纸面形式，应当标明发起人股票字样，由此将发起人股票与其他人的股票相区分。

【2023 年版本、三次审议稿】

第一百五十条　股份有限公司成立后，即向股东正式交付股票。公司成立前不得向股东交付股票。

【2018 年版本】

第一百三十二条　股份有限公司成立后，即向股东正式交付股票。公司成立前不得向股东交付股票。

【本条释义】

本条规定了股票的交付。

股票是股东所持股份的证明，因此，股份有限公司成立后，即向股东正式交付股票。公司成立前不得向股东交付股票。公司成立前有可能因各种原因导致公司无法成立，而且在公司成立前，即使股东拥有了股票，也无法行使股东权利，因此，不允许提前交付股票。

【典型案例】

辽宁省沈阳经济技术开发区人民法院
民 事 判 决 书

〔2019〕辽 0191 民初 3999 号

原告：耿某藻，男，汉族，1947 年 8 月 15 日出生，住南京市鼓楼区。
委托诉讼代理人：陈会欣，系北京市求实律师事务所律师。
委托诉讼代理人：徐敏，系北京市求实律师事务所律师。
被告：沈阳爱威科技发展股份有限公司，住所地沈阳经济技术开发区。
法定代表人：单某松，系该公司董事长。
委托诉讼代理人：魏强，系辽宁大辽律师事务所律师。
第三人：单某仪，男，1952 年 4 月 5 日出生，汉族，住沈阳市大东区。
委托诉讼代理人：魏强，系辽宁大辽律师事务所律师。

原告耿某藻与被告沈阳爱威科技发展股份有限公司股东资格确认纠纷一案，本院立案受理后，依法适用普通程序，公开开庭进行了审理。原告委托诉讼代理人徐敏，被告和第三人共同委托诉讼代理人魏强及第三人单某仪均到庭参加了诉讼，本案现已审理终结。

原告向本院提出诉讼请求：1. 请求确认原告持有被告 0.385% 股权（出资额为 3 万元）；2. 判令被告及第三人协助原告办理原告持有被告 0.385% 股权的工商登记；3. 诉讼费由被告承担。事实和理由：2000 年底，被告实际控制人、大股东、原法定代表人单某仪称被告即将上市，多次请求战友姚尧及亲戚朋友共同投资发展被告公司，原告基于对姚尧的信任，出资 3 万元加入被告公司，并作为股东参与了被告初期销售经营工作，被告于 2001 年 4 月 26 日向原告出具了持有 3 万股的《股份证》正本，确认原告入股日期为 2001 年 1 月 8 日，经原告多次要求，被告拖延办理股权工商登记，为维护合法权益，原告诉至法院。

被告及第三人均辩称，1. 被告不认同原告第一项诉讼请求，被告公司性质为股份有限公司，若原告能同时提供股权证及出资收据则被告认可原告认购的股份；2. 原告提出的工商登记请求于法无据，不应支持也没有实现可能，原告依据的公司法司法解释规定只适用于有限责任公司，不适用于股份有限公司，股份有限公司仅登记发起人信息，原告作为一般持股股东不是必然出现在公司工商登记中，工商登记部门也没有相关登记业务；3. 原告若能同时出具股权证及出资收据，被告认可原告认购的 3 万元股份，可以协助原告在辽宁股票交易中心办理持股登记。

当事人围绕诉讼请求依法提交了证据，本院组织当事人进行了证据交换和质证。对当事人无异议的证据，本院予以确认并在卷佐证。

根据当事人陈述和经审查确认的证据，本院认定事实如下：

2001年4月26日，被告向原告出具《股权证》记载："股东姓名：耿某藻，持有股数：叁万股。"原告称其于2000年12月以现金形式向沈阳爱威鼠害防治工程有限公司出资，收据已丢失。

被告工商登记信息记载：沈阳爱威鼠害综合防制工程有限公司于1998年10月13日成立，注册资本为780万元。2001年2月20日，沈阳爱威鼠害综合防制工程有限公司名称变更为沈阳爱威科技发展股份有限公司，注册资本变更为110.6万元。

以上事实有股权证、企业机读档案登记资料及变更情况查询卡、庭审笔录在卷为凭。

本院认为，股份有限公司成立后，即向股东正式交付股票。公司成立前不得向股东交付股票。

关于原告主张确认原告持有被告0.385%股权（出资额为3万元）的诉讼请求，原告陈述0.385%股权比例依据为3万元÷出资时沈阳爱威鼠害综合防制工程有限公司注册资本780万元。被告公司2001年2月20日由沈阳爱威鼠害综合防制工程有限公司变更为沈阳爱威科技发展股份有限公司，2001年4月26日，被告即向原告出具叁万股记名《股权证》。原告出资3万元显然系"预购"股份有限公司股份，并非针对沈阳爱威鼠害综合防制工程有限公司已有注册资本780万元，被告变更企业性质为股份有限公司后亦向原告出具了《股权证》。故确认原告持有被告3万股。

关于原告主张被告及第三人协助原告办理持有被告0.385%股权的工商登记的诉讼请求，经向被告登记机关沈阳市市场监督管理局核实，工商机关针对股份有限公司确无该项诉请变更业务，故对该项诉请，本院不予支持。

综上所述，依照《公司法》第一百三十二条之规定，判决如下：

确认原告耿某藻持有被告沈阳爱威科技发展股份有限公司3万股，被告沈阳爱威科技发展股份有限公司于本判决生效后十日内协助原告耿某藻到辽宁股权交易中心登记股权。

案件受理费550元，由被告沈阳爱威科技发展股份有限公司负担。

如不服本判决，可在判决书送达之日起十五日内向本院递交上诉状，并按对方当事人的人数提供副本，上诉于辽宁省沈阳市中级人民法院。

审 判 长　王　英
人民陪审员　滕巧杰
人民陪审员　董巧玉
二〇二〇年十月二十九日
书 记 员　管晓彤

【2023年版本、三次审议稿】

第一百五十一条 公司发行新股，股东会应当对下列事项作出决议：
（一）新股种类及数额；
（二）新股发行价格；
（三）新股发行的起止日期；
（四）向原有股东发行新股的种类及数额；
（五）发行无面额股的，新股发行所得股款计入注册资本的金额。

公司发行新股，可以根据公司经营情况和财务状况，确定其作价方案。

【2018年版本】

第一百三十三条 公司发行新股，股东大会应当对下列事项作出决议：
（一）新股种类及数额；
（二）新股发行价格；
（三）新股发行的起止日期；
（四）向原有股东发行新股的种类及数额。

【本条释义】

本条规定了股东会有关新股发行的决议事项。

公司发行新股，涉及股东的基本利益，因此，股东会应当对下列事项作出决议：

（1）新股种类及数额。新股可以是普通股，也可以是类别股。新股数额根据公司需要拟定，没有数额的限制。

（2）新股发行价格。新股发行价格原则上根据市场供求关系来确定，如果是面额股，发行价格不能低于股票上的面额。

（3）新股发行的起止日期。新股发行的期间不宜过短，也不宜过长，原则上不跨年，通常为8至14个自然日。

（4）向原有股东发行新股的种类及数额。公司发行新股，既可以面向新股东，也可以面向原有股东，还可以同时面向新股东和原有股东。专门针对原有股东发行的新股，应当由股东会就种类及数额作出决议。

（5）发行无面额股的，新股发行所得股款计入注册资本的金额。如果是面额股，通常将面额对应的股款计入注册资本，但对于无面额股，则应当由股东会决议具体多少比例的股款计入注册资本，剩余股款应计入资本公积。

公司发行新股，可以根据公司经营情况和财务状况，确定其作价方案。新股的作价方案是一个比较复杂的问题，如果是上市公司，可以根据公司现有股票的价格来拟定新股的作价方案。如果是非上市公司，可以根据公司现有股票所对应的净资产额以及公司未来的盈利能力来拟定新股的作价方案。

【2023 年版本】

第一百五十二条　公司章程或者股东会可以授权董事会在三年内决定发行不超过已发行股份百分之五十的股份。但以非货币财产作价出资的应当经股东会决议。

董事会依照前款规定决定发行股份导致公司注册资本、已发行股份数发生变化的，对公司章程该项记载事项的修改不需再由股东会表决。

【三次审议稿】

第一百五十二条　公司章程或者股东会可以授权董事会在三年内决定发行不超过已发行股份百分之五十的股份。但以非现金支付方式支付股款的应当经股东会决议。

【本条释义】

本条规定了授权董事会发行股份的制度。

有些公司发行股份是经常性事项，如果均由股东会决议，会大大增加召开股东会的次数，为此，公司章程或者股东会可以授权董事会在三年内决定发行不超过已发行股份 50% 的股份。不仅股东会可以通过决议的方式授权董事会，公司章程也可以直接授权董事会。授权期限最长为三年，董事会决定发行的股份不能超过公司已发行股份的 50%。如果公司发行的股份有普通股和类别股，董事会决定发行的普通股不能超过公司已发行普通股的 50%，董事会决定发行的类别股也不能超过公司已发行类别股的 50%。

董事会决定发行的股份必须以现金支付方式支付股款，如果以非现金支付方式支付股款，由于涉及非货币财产的价值评估，这种股份发行应当经股东会决议。

董事会依照上述规定决定发行股份，通常会导致公司注册资本、已发行股份数发生变化，由于这是股东会授权董事会的必然后果，因此，对公司章程该项记载事项的修改不需再由股东会表决。

【2023 年版本、三次审议稿】

第一百五十三条　公司章程或者股东会授权董事会决定发行新股的，董事会决议应当经全体董事三分之二以上通过。

【本条释义】

本条规定了董事会发行股份决议的通过标准。

如果公司章程或者股东会授权董事会决定发行新股，由于发行股份是比较重要的事项，该项董事会决议应当经全体董事三分之二以上通过。普通事项只需要经过全体董事过半数即可以通过。

【2023年版本、三次审议稿】

第一百五十四条　公司向社会公开募集股份，应当经国务院证券监督管理机构注册，公告招股说明书。

招股说明书应当附有公司章程，并载明下列事项：

（一）发行的股份总数；
（二）面额股的票面金额和发行价格或者无面额股的发行价格；
（三）募集资金的用途；
（四）认股人的权利和义务；
（五）股份种类及其权利和义务；
（六）本次募股的起止日期及逾期未募足时认股人可以撤回所认股份的说明。

公司设立时发行股份的，还应当载明发起人认购的股份数。

【2018年版本】

第一百三十四条　公司经国务院证券监督管理机构核准公开发行新股时，必须公告新股招股说明书和财务会计报告，并制作认股书。

本法第八十七条、第八十八条的规定适用于公司公开发行新股。

【本条释义】

本条规定了公告招股说明书记载的事项。

我国实行股票发行注册制，因此，公司向社会公开募集股份，应当经国务院证券监督管理机构注册，公告招股说明书。

从合同签订方式的角度来看，招股说明书相当于要约邀请，因此，招股说明书应当附有公司章程，并载明下列事项：

（1）发行的股份总数。发行的股份总数涉及该次发行的规模，也会影响发行结束后，公司的股份总数，对投资者判断当前发行价格以及公司未来股价的走势都有重要影响。

（2）面额股的票面金额和发行价格或者无面额股的发行价格。股份有限公司公开募集的股份可以是面额股，也可以是无面额股。如果是面额股，应当说明票面金额，通常为1元，还应当说明发行价格。如果是无面额股，只需要说明发行价格。

（3）募集资金的用途。募集资金的用途直接决定了该笔资金是否能盈利，公司的股份是否能增值，属于应当告知投资者的重要事项。

（4）认股人的权利和义务。认股人在认股期间享有一定的权利，如认购权，认购不成功时请求退还股款及其银行利息的权利，也承担一定义务，如预先缴纳股款。认股人一旦认购成功就成为公司股东，享有公司股东的权利和义务。

（5）股份种类及其权利和义务。由于公司可以发行不同种类的股份，招股说明书必须清楚说明本次发行的是什么种类的股份，拥有该股份享有哪些权利、承担哪些义务。

（6）本次募股的起止日期及逾期未募足时认股人可以撤回所认股份的说明。募股的起止日期意味着投资者可以认购的期间，应当明确说明。公开募集股份有可能无法募足并导致本次公开募集股份失败，认股人可以撤回所认股份。如果公开募足了相应股份，认股人不允许撤回所认股份。

公司设立时发行股份的，还应当载明发起人认购的股份数。发起人认购的股份数直接表明了发起人对公司发展前景的判断，对于投资者具有参考价值。

【相关规范性文件的规定】

《国务院关于股票发行注册制改革有关工作情况的报告——2020年10月15日在第十三届全国人民代表大会常务委员会第二十二次会议上》

受国务院委托，现将股票发行注册制改革有关工作情况报告如下，请审议。

以习近平同志为核心的党中央高度重视资本市场改革发展。党的十八届三中全会明确提出，推进股票发行注册制改革。全国人大常委会及时解决注册制改革的法律授权问题，修订证券法，为注册制改革提供了法律保障。国务院对注册制改革作出具体部署，明确实施注册制的范围和步骤。证监会会同有关方面，以习近平新时代中国特色社会主义思想为指导，认真贯彻习近平总书记关于资本市场的一系列重要批示指示精神，按照党中央、国务院决策部署，坚持稳中求进工作总基调，坚持"建制度、不干预、零容忍"的方针，坚持"敬畏市场、敬畏法治、敬畏专业、敬畏风险，形成合力"的监管理念，全力以赴推进注册制改革试点。总的看，注册制改革已经取得突破性进展，主要制度安排经受了市场的初步检验，市场运行总体平稳，开局良好。

一、注册制改革试点情况和主要成效

2018年11月5日，习近平总书记在首届中国国际进口博览会开幕式上宣布设立科创板并试点注册制的重大决策,标志着注册制改革进入启动实施的阶段,在我国资本市场发展史上具有里程碑意义。经过8个多月的努力,2019年7月22日首批科创板公司上市交易。此后,党中央、国务院决定推进创业板改革并试点注册制,2020年8月24日正式落地。两年来,证监会坚持市场化、法治化的改革方向,把握好尊重注册制基本内涵、借鉴国际最佳实践、体现中国特色和发展阶段3个原则,推动形成了从科创板到创业板、再到全市场的"三步走"注册制改革布局,一揽子推进板块改革、基础制度改革和证监会自身改革,开启了全面深化资本市场改革的新局面。

(一)探索形成符合我国国情的注册制框架。注册制是比核准制更加市场化的股票发行制度。从国际上看,成熟市场普遍实行注册制,但没有统一的模式。基本内涵是处理好政府与市场的关系,真正把选择权交给市场,最大限度减少不必要的行政干预。证监会从实际出发,初步建立了"一个核心、两个环节、三项市场化安排"的注册制架构。

"一个核心"就是以信息披露为核心,要求发行人充分披露投资者作出价值判断和投资决策所必需的信息,确保信息披露真实、准确、完整。将核准制下发行条件中可以由投资者判断的事项转化为信息披露要求,完善以招股说明书内容与格式准则为主体的信息披露规则体系,提高信息披露的针对性、有效性和可读性。推动市场各参与主体归位尽责,明确发行人是信息披露第一责任人,中介机构对发行人的信息披露资料承担核查验证和专业把关责任,投资者根据披露的信息审慎作出投资决策,自主判断投资价值。

"两个环节"就是将审核注册分为交易所审核和证监会注册两个环节,各有侧重,相互衔接。交易所审核主要通过向发行人提出问题、发行人回答问题的方式来进行,督促发行人"讲清楚"、中介机构"核清楚",使投资者"看清楚",就企业是否符合发行上市条件和信息披露要求向证监会报送审核意见。证监会在注册环节对交易所审核质量及发行条件、信息披露的重要方面进行把关并监督。同时,综合运用多要素校验、现场督导、现场检查、监管执法等多种方式,落实信息披露责任,提高信息披露质量。目前,已开展现场督导32次、现场检查5次,对22家信息披露违规的发行人及中介机构、46名相关责任人员采取了监管措施。对信息披露存在严重问题的3家企业,或不予注册,或由发行人主动撤回注册申请。

"三项市场化安排":一是设立多元包容的发行上市条件。综合考虑预计市值、收入、净利润、研发投入、现金流等因素设置多套上市标准,不要求企业在上市前必须盈利,允许特殊股权结构企业、红筹企业上市。目前,已有14家未盈利企业、1家特殊股权结构企业、2家红筹企业在科创板上市。二是建立市场化的新股发行承销机制。对新股发行价格、规模等不设任何行政性限制,以机构投资者为主体进行询价、定价、配售,真正实现由市场供求决定价格。科创板发行市盈率中位数为48倍,创业板注册制首批企业发行市盈率中位数为38倍,基本符合市场预期。三是构建公开透明可预期的审核注册机制。在交易所成立上市委,实行合议制。审核注册全程在线,电子化留痕,标准、程序、内容、过程、结果公开,各环节都有明确的时限要求,审核注册效率明显提高，企业从受理申请到完成注册平均用时5个多月。

证监会党委高度重视防范审核注册过程中的廉政风险。驻证监会纪检监察组向交易所派出工作组开展驻点监督，突出重点，加大监督力度。压实交易所党委主体责任，交易所纪委向上市审核中心派驻现场监督小组进行嵌入式监督，切实加强对重点环节、关键人员的监督，严防利益输送等违法违纪行为。

（二）打造支持科技创新的特色板块。创新能力不足仍是我国经济的软肋。党中央审时度势，决定设立科创板并试点注册制，在增量板块探索建立支持关键核心技术创新的制度安排，促进科技与资本深度融合，引领经济发展向创新驱动转型。在定位上，科创板突出"硬科技"特色，主要服务符合国家战略、突破关键核心技术、市场认可度高的科技创新企业，重点支持新一代信息技术、高端装备、新材料、新能源、节能环保以及生物医药等高新技术产业和战略性新兴产业。根据这个定位，结合科创企业的特点，设立了"50万元资产＋2年投资经验"的投资者门槛，制定了科创属性评价指引，明确符合科创板定位和科创属性要求的企业在科创板上市。从已上市公司情况看，科创板公司研发投入与营业收入之比、研发人员占公司人员总数之比、平均发明专利数量等均高于其他市场板块。一批处于"卡脖子"技术攻关领域的"硬科技"企业、具有关键核心技术的标杆企业在科创板上市或已进入审核阶段，产业聚集和品牌效应逐步显现。

创业板改革后，适应发展更多依靠创新、创造、创意的大趋势，定位于主要服务成长型创新创业企业，支持传统产业与新技术、新产业、新业态、新模式深度融合。创业板作为存量板块，充分借鉴了科创板的经验，并在一些制度上做了差异化设计和过渡安排。在投资者适当性要求方面，对新开户投资者设立"10万元资产＋2年投资经验"的门槛，已开户投资者签署新的风险揭示书后，可以继续交易创业板股票。为突出板块特色，对申报企业实行负面清单管理。从创业板改革后新申报企业看，多数企业在细分行业处于领先地位，具备较好成长预期。

科创板、创业板总体上处于同一市场层次。我们在两个板块的制度设计上保持总体平衡，坚持错位发展，突出各自特色，推动形成各有侧重、相互补充的适度竞争格局。两个板块改革落地以来，上市资源充足，流动性明显超过其他板块，资本市场服务科技创新和实体经济的能力大幅提升。截至9月15日，科创板上市公司已达173家，IPO合计融资2 607亿元，占同期A股IPO融资金额的51%，总市值达到2.8万亿元；创业板通过注册制发行上市公司已有24家，IPO合计融资224亿元。

（三）改革完善基础制度。证监会以注册制改革为龙头，统筹推进交易、退市、再融资和并购重组等关键制度创新，改进各领域各环节的监管，着力提升上市公司质量，夯实市场平稳健康发展的基础。在交易制度方面，科创板、创业板新股上市前5个交易日不设涨跌幅限制，此后日涨跌幅限制为20%。新股上市首日即可纳入融资融券标的，改进转融通机制，促进多空平衡。引入盘中临时停牌、有效价格申报范围等机制，发挥平滑市场波动的作用。从实际运行情况看，前5个交易日价格博弈比较充分，二级市场定价效率显著提升。

在退市制度方面，针对长期以来存在的退市难、退市慢等问题，科创板、创业板优化了退市标准，以组合财务类指标取代单一连续亏损退市指标，增加市值持续低于规定标准的交易类退市指标。简化退市程序，取消暂停上市、恢复上市环节，触及退市条件的直接终止上市，提高了退市效率。

在上市公司持续监管方面，科创板、创业板再融资实施注册制，建立小额快速融资制度。并购重组由交易所审核，涉及发行股票的，实行注册制，放开创业板重组上市限制。允许上市公司分拆子公司在科创板、创业板上市。针对创新创业企业的特点，实行更加灵活的股权激励机制，大幅放宽激励对象、规模和价格的限制。

在压实中介机构责任方面，细化中介机构执业要求，建立执业质量评价机制，将保荐人资格与新股发行信息披露质量挂钩管理，适当延长保荐机构持续督导期。试行保荐机构"跟投"制度，加强保荐业务内部控制机制建设，强化廉洁从业要求。丰富监管措施类型，扩大人员问责范围，加大处罚力度。

（四）加快证监会职能转变。实施注册制，客观上要求政府"退一步"，减少管制，还权于市场，同时又要"进一步"，加强监管，维护市场秩序。证监会按照"放管服"改革要求，坚持刀刃向内、简政放权，只要是市场约束比较有效的领域就坚决放权。去年以来，取消和调整14项行政许可，取消26%的备案事项，全面清理"口袋政策"和"隐形门槛"。本着简明易懂、方便使用的原则，分两批废止18件规范性文件，"打包"修改13件规章、29件规范性文件，上市公司监管问答从44项减少至18项。聚焦市场反映集中的问题，开展为期3个月的作风问题专项整治活动。

证监会坚持以"零容忍"的态度严厉打击财务造假、欺诈发行等证券违法活动。2019年以来，启动财务造假、欺诈发行等信息披露违法案件调查176件，作出行政处罚决定99件、市场禁入决定15件，向公安机关移送涉嫌犯罪案件及线索33起，从严从重查处了一批大要案。坚持一案双查，严肃追究中介机构违法责任，累计启动调查中介机构违法案件29件。完善监管架构，理顺监管权责，组建科技监管局，促进科技与业务深度融合，从体制机制上加强事中事后监管。坚持管少才能管好，聚焦重点业务、重点机构、重要风险点，实施分类监管，提升监管效能。

（五）完善法治保障。资本市场的市场属性极强，规范要求极高，实施注册制必须加强法治。在全国人大及有关方面的大力支持下，资本市场法治建设取得重大突破，实现了立法决策与改革决策相衔接、相统一。2015年12月，十二届全国人大常委会第十八次会议通过了授权国务院在实施股票发行注册制改革中调整适用证券法有关规定的决定，为在证券法完成修订之前推进注册制改革提供了法律依据。2018年2月，十二届全国人大常委会第三十三次会议决定将上述授权延期两年。在设立科创板并试点注册制落地后，全国人大常委会加快证券法修订进程，于2019年12月完成修订，2020年3月1日起施行，与授权决定无缝衔接。新证券法确立证券发行注册制度，引入证券集体诉讼制度，大幅提高违法违规成本，为全面实施注册制提供了坚实保障。同时，刑法修订也在加快，对欺诈发行、信息披露造假、中介机构提供虚假证明文件等3类犯罪的刑罚力度将大幅提高。最高人民法院围绕科创板、创业板改革分别出台专门的司法保障意见，对相关案件实施集中管辖；发布证券纠纷代表人诉讼司法解释，解决了具有中国特色的证券集体诉讼司法实践操作问题。最高人民检察院、公安部、司法部在法治建设方面也给予了大力支持。

在试点注册制过程中，各有关方面密切沟通，加强协同，形成了改革合力。人民银行、银保监会、外汇局在保持流动性合理充裕、推动中长期资金入市、便利跨境投融资等方面给予了大力支持，营造了良好的货币金融环境。发展改革委、科技部、工业和信息化部、财政部、商务部、税务总局等部委积极推动解决失信联合惩戒、科创属性评价、红筹企业政策、税收等方面的问题。中宣部、中央网信办在新闻宣传和舆论引导方面做了大量工作，为试点注册制营造了良好的舆论环境。上海、广东及深圳等地方党委、政府也从多方面提供了支持和帮助。

经过两年来的努力，试点注册制从增量市场向存量市场不断深入，各领域各环节改革有序展开，我国资本市场正在发生深刻的结构性变化。一是推动了要素资源向科技创新领域集聚，畅通了科技、资本和实体经济的高水平循环，促进了经济高质量发展。以集成电路行业为例，科创板推出后，已有 24 家相关企业上市，IPO 融资 850 亿元，累计完成研发投入 122 亿元。2020 年上半年，相关企业在遭遇新冠肺炎疫情冲击的情况下逆势快速发展，营业收入同比增长 21%，比上市前 3 年平均增速提高 8.2 个百分点。二是压实了发行人、中介机构的责任，信息披露质量初步得到市场验证。试点注册制以来，上市后发现信息披露违规的公司明显减少。三是促进了上市公司优胜劣汰，市场生态明显改善。2019 年以来，强制退市公司合计达 24 家，是之前 6 年总和的两倍。价值投资、长期投资理念日渐深入人心，投资行为渐趋理性，资本市场的顽疾逐步得到解决。四是凝聚了改革共识，提升了市场参与各方的获得感。证监会加强顶层设计，制定《全面深化资本市场改革总体方案》，明确了 12 个方面的改革任务，正在有序实施。五是激发了市场活力，促进了市场平稳健康发展。2019 年以来，面临多重不利因素影响，A 股市场保持了总体稳定，韧性增强。重点领域风险趋于收敛。

二、注册制改革面临的挑战

我们清醒地认识到，目前注册制改革只是有了好的开端，制度安排尚未经历完整市场周期和监管闭环的检验，有些制度还需要不断磨合和优化，各种新情况新问题可能逐步显现。还要看到，解决资本市场长期积累的深层次矛盾需要综合施策，久久为功，不可能一蹴而就。

主要挑战：一是形成有效的市场约束需要一个渐进的过程。我国资本市场发展仍不充分，"卖方市场"特征明显，再加上长期投资者发育不足，中介机构的定价和风控能力还比较薄弱。一系列更加市场化的制度安排需要各市场参与者逐步调适，短期内市场主体之间的充分博弈和相互制衡很难到位。二是有效保护投资者合法权益仍面临不少难题。目前，对欺诈发行、信息披露造假、中介机构提供虚假证明文件等违法犯罪刑罚力度偏轻，上市公司控股股东、实际控制人"掏空"上市公司、损害中小股东权益的行为在公司法层面缺乏有效制约。新证券法规定的证券民事赔偿制度真正落地还有许多工作要做。三是市场环境面临较大不确定性。当前，新冠肺炎疫情仍在全球蔓延，世界经济持续低迷，地缘政治和贸易冲突加剧，产业链供应链面临重构，国际金融市场脆弱性上升，国内经济金融形势仍然复杂严峻，给我国资本市场稳定带来压力。

因此，在我国这样一个新兴市场实施注册制，不能过于理想化，也不能急于求成。我们将保持改革定力，坚持底线思维，充分估计并有效防范改革可能面临的各种风险，积极稳妥地把注册制改革落实到位。

三、下一步改革考虑和建议

注册制改革关乎资本市场发展全局，意义重大。经过科创板、创业板两个板块的试点，全市场推行注册制的条件逐步具备。证监会将认真贯彻党中央、国务院决策部署，在国务院金融委的统一指挥协调下，深入总结试点经验，及时研究新情况、解决新问题，选择适当时机全面推进注册制改革，着力提升资本市场功能，努力打造一个规范、透明、开放、有活力、有韧性的资本市场。

（一）不断完善科创板、创业板注册制试点安排。重点是完善信息披露制度，促进信息披露更加简明清晰、通俗易懂，进一步压实发行人和中介机构责任，增强审核问询的专业性。优化发行审核与注册的衔接机制。促进科创板、创业板协调发展。

（二）稳步推进主板（中小板）、新三板注册制改革。充分考虑主板（中小板）特点，设计好注册制实施方案。按照注册制的要求，改进新三板公开发行及转让制度。开展新三板精选层挂牌公司向科创板、创业板转板上市试点。

（三）系统推进基础制度改革。总的考虑是，坚持整体设计、突出重点、问题导向，补齐制度短板，推进关键制度创新，增强制度的稳定性、平衡性、协同性，加快建立更加成熟更加定型的资本市场基础制度体系。

（四）加强上市公司持续监管。证监会将切实把好市场入口和出口两道关，优化增量，调整存量，促进上市公司优胜劣汰。完善公司治理规则体系，盯住控股股东、实际控制人等"关键少数"，督促上市公司规范运作。聚焦问题公司、高风险公司，加快市场出清。动员各方面力量，推动提高上市公司质量。

（五）加快证监会自身改革。注册制改革是涉及监管理念、监管体制、监管方式的一场深刻变革。证监会将摒弃行政审批思维，切实减少对各类市场主体的微观管理，加强对重大问题的前瞻性研究和政策设计，加强对交易所和派出机构的指导、协调和监督，加大监管资源整合力度，提高整体监管效能。同时，深化"放管服"改革，推行权责清单制度，加强科技监管能力建设，培养"忠、专、实"的监管队伍。

（六）建立健全严厉打击资本市场违法犯罪的制度机制。推动成立跨部委协调小组，加强行政执法、民事追偿和刑事惩戒之间的衔接和协同，形成打击合力。启动证券集体诉讼，抓好个案，发挥示范威慑作用。完善证券投资者赔偿机制。加强对典型案件的宣传，以案说法，向市场传递"零容忍"的信号，取信于市场。

委员长、各位副委员长、秘书长、各位委员，衷心感谢全国人大常委会长期以来对资本市场改革发展的关心支持。证监会将更加紧密地团结在以习近平同志为核心的党中央周围，在全国人大及全国人大常委会的监督支持下，认真落实这次会议的审议意见，提高政治站位，主动担当作为，扎实推进注册制改革各项工作，不断巩固资本市场总体向好的发展态势，为新时代中国经济高质量发展大局贡献力量。

【2023年版本、三次审议稿】

第一百五十五条 公司向社会公开募集股份，应当由依法设立的证券公司承销，签订承销协议。

【2018年版本】

第八十七条 发起人向社会公开募集股份，应当由依法设立的证券公司承销，签订承销协议。

【本条释义】

本条规定了公开募集股份的承销。

考虑到公开募集股份的专业性比较强，为提高公司公开募集股份的成功率，公司向社会公开募集股份，应当由依法设立的证券公司承销，签订承销协议。证券公司具有承销证券的业务范围，也具有相关的专业知识和能力。

证券承销业务可以采取代销或者包销两种方式。证券代销是指证券公司代发行人发售证券，在承销期结束时，将未售出的证券全部退还给发行人的承销方式。证券包销是指证券公司将发行人的证券按照协议全部购入或者在承销期结束时将售后剩余证券全部自行购入的承销方式。

【相关法律规定】

《证券法》

第二十六条 发行人向不特定对象发行的证券，法律、行政法规规定应当由证券公司承销的，发行人应当同证券公司签订承销协议。证券承销业务采取代销或者包销方式。

证券代销是指证券公司代发行人发售证券，在承销期结束时，将未售出的证券全部退还给发行人的承销方式。

证券包销是指证券公司将发行人的证券按照协议全部购入或者在承销期结束时将售后剩余证券全部自行购入的承销方式。

第二十七条 公开发行证券的发行人有权依法自主选择承销的证券公司。

第二十八条 证券公司承销证券，应当同发行人签订代销或者包销协议，载明下列事项：

（一）当事人的名称、住所及法定代表人姓名；

（二）代销、包销证券的种类、数量、金额及发行价格；

（三）代销、包销的期限及起止日期；

（四）代销、包销的付款方式及日期；

（五）代销、包销的费用和结算办法；

（六）违约责任；

（七）国务院证券监督管理机构规定的其他事项。

第二十九条 证券公司承销证券，应当对公开发行募集文件的真实性、准确性、完整性进行核查。发现有虚假记载、误导性陈述或者重大遗漏的，不得进行销售活动；已经销售的，必须立即停止销售活动，并采取纠正措施。

证券公司承销证券，不得有下列行为：

（一）进行虚假的或者误导投资者的广告宣传或者其他宣传推介活动；

（二）以不正当竞争手段招揽承销业务；

（三）其他违反证券承销业务规定的行为。

证券公司有前款所列行为，给其他证券承销机构或者投资者造成损失的，应当依法承担赔偿责任。

第三十条 向不特定对象发行证券聘请承销团承销的，承销团应当由主承销和参与承销的证券公司组成。

第三十一条 证券的代销、包销期限最长不得超过九十日。

证券公司在代销、包销期内，对所代销、包销的证券应当保证先行出售给认购人，证券公司不得为本公司预留所代销的证券和预先购入并留存所包销的证券。

第三十二条 股票发行采取溢价发行的，其发行价格由发行人与承销的证券公司协商确定。

第三十三条 股票发行采用代销方式，代销期限届满，向投资者出售的股票数量未达到拟公开发行股票数量百分之七十的，为发行失败。发行人应当按照发行价并加算银行同期存款利息返还股票认购人。

第三十四条 公开发行股票，代销、包销期限届满，发行人应当在规定的期限内将股票发行情况报国务院证券监督管理机构备案。

【相关法规规定】

《证券公司监督管理条例》

第二条 证券公司应当遵守法律、行政法规和国务院证券监督管理机构的规定，审慎经营，履行对客户的诚信义务。

第三条 证券公司的股东和实际控制人不得滥用权利,占用证券公司或者客户的资产,损害证券公司或者客户的合法权益。

第四条 国家鼓励证券公司在有效控制风险的前提下,依法开展经营方式创新、业务或者产品创新、组织创新和激励约束机制创新。

国务院证券监督管理机构、国务院有关部门应当采取有效措施,促进证券公司的创新活动规范、有序进行。

第五条 证券公司按照国家规定,可以发行、交易、销售证券类金融产品。

第二十九条 证券公司从事证券资产管理业务、融资融券业务,销售证券类金融产品,应当按照规定程序,了解客户的身份、财产与收入状况、证券投资经验和风险偏好,并以书面和电子方式予以记载、保存。证券公司应当根据所了解的客户情况推荐适当的产品或者服务。具体规则由中国证券业协会制定。

【典型案例】

河南省郑州高新技术产业开发区人民法院
民 事 判 决 书

〔2018〕豫 0191 民初 15791 号

原告汪某飞,女,1968 年 12 月 31 日出生,汉族,住浙江省宁波市鄞州区。

委托代理人唐赛光,浙江浙甬律师事务所律师。

被告张某洲,男,1963 年 9 月 25 日出生,汉族,住河南省郑州市金水区。

原告汪某飞与被告张某洲民间借贷纠纷一案,本院于 2018 年 8 月 29 日受理后,依法适用简易程序,公开开庭进行了审理。原告委托代理人唐赛光到庭参加诉讼,被告经本院依法传唤,无正当理由拒不到庭。本案现已审理终结。

原告向本院提出诉讼请求:请求判令被告支付股份回购款 452 400 元并支付自 2018 年 7 月 2 日起至实际付清之日按银行同期贷款利率 4.35% 计算的利息。事实和理由:2016 年 7 月 1 日,原、被告与河南省厚泽药业有限公司(原名称为河南省新华药业有限公司,以下简称厚泽公司)签订合同,约定原告认购厚泽公司定向增发股份 15 万股,每股 2.6 元,认购金额为 39 万元,股权锁定 2 年。2 年后厚泽公司未能成功上市,原告可以要求被告根据原告持有原认购金额的 116% 回购股份。现厚泽公司未能成功上市,被告同意回购,未支付回购款。

被告未答辩。

本院经审理认定事实如下:2016 年 7 月 1 日,原、被告与河南省新华药业有限公司签订增资扩股协议书，约定该公司定向募集发行股份，原告认购 15 万股，每股 2.6 元，认购金额为 39 万元；原告支付全部认购款后，公司应根据原告要求开具收据，同时出具企业签发备案的股权证为未来股权依据；股权锁定 2 年；2 年后公司未能成功上市，原告有权要求被告根据原告持有原认购金额的 116% 回购股份。当日，原告向河南省新华药业有限公司转账支付 39 万元。

河南省新华药业有限公司于 2000 年 7 月 18 日成立，2017 年 12 月 22 日变更名称为厚泽公司，被告为该公司股东，原告未记载于工商登记的股东名册。

2018 年 7 月 16 日，浙江浙甬律师事务所向被告发出律师函，要求被告向原告支付股份回购款 452 400 元并办理相关手续。2018 年 7 月 27 日，厚泽公司回复称公司正在研究将尽快予以妥善解决。

以上事实，有原告提交的增资扩股协议书、转账凭证、律师函、说明函，本院下载的厚泽公司企业信用信息公示报告及庭审笔录为证。

本院认为，厚泽公司系有限责任公司而非股份有限公司。根据《公司法》的规定，股份有限公司可以募集股份，但是发起人向社会公开募集股份，应当由依法设立的证券公司承销，签订承销协议。如果股份有限公司进行股权私募，应当遵守《中华人民共和国证券投资基金法》的规定。厚泽公司作为有限责任公司不经过股份制改造是无法达到《首次公开发行股票并在创业板上市管理办法》规定的条件的。厚泽公司以定向增发股份为名，诱使原告投资所谓股份，也没有为原告办理股权变更登记，双方实为民间借贷关系。各方约定的向厚泽公司增资 39 万元实为向其出借款项，股权锁定期两年为借款期限，被告按照 39 万元的 116% 进行回购实为借款年利率 8%。原告履行了 39 万元的出借义务，被告承诺承担债务，应当按照约定履行付款义务。被告未能在约定期限内履行义务，应当承担违约责任。原告请求被告支付本金 452 400 元，为两年的借款本息，证据充分，本院予以支持。原告请求被告支付自 2018 年 7 月 2 日起的利息，应当以 39 万元为本金计算，本院已经支持两年的利息部分不应再计算利息。被告经本院依法传唤，无正当理由拒不到庭，视为对其诉讼权利的放弃。

依照《合同法》第一百零七条、第二百零六条、第二百零七条，《民事诉讼法》第一百四十四条之规定，判决如下：

一、被告张某洲支付原告汪某飞本金 390 000 元及 2018 年 7 月 1 日前的利息 62 400 元，于本判决生效后十日内付清。

二、被告张某洲支付原告汪某飞自 2018 年 7 月 2 日起至本判决确定的还款之日止的利息（以本金 390 000 元，按银行同期贷款利率 4.35% 计算），于本判决生效后十日内付清。

如果未按本判决指定的期间履行给付金钱义务，应当依照《民事诉讼法》第二百五十三条之规定，加倍支付迟延履行期间的债务利息。

案件受理费 8 086 元，减半收取 4 043 元，由被告张某洲负担。

如不服本判决，可在判决书送达之日起十五日内，向本院递交上诉状一式十份，上诉于河南省郑州市中级人民法院，并于上诉之日起七日内向河南省郑州市中级人民法院交纳上诉费，并将缴费凭证交本院查验，逾期视为放弃上诉。

审判员　高晓明
二〇一八年十一月十四日
书记员　王晶晶

【2023 年版本、三次审议稿】

第一百五十六条　公司向社会公开募集股份，应当同银行签订代收股款协议。

代收股款的银行应当按照协议代收和保存股款，向缴纳股款的认股人出具收款单据，并负有向有关部门出具收款证明的义务。

公司发行股份募足股款后，应予公告。

【2018 年版本】

第八十八条　发起人向社会公开募集股份，应当同银行签订代收股款协议。

代收股款的银行应当按照协议代收和保存股款，向缴纳股款的认股人出具收款单据，并负有向有关部门出具收款证明的义务。

第一百三十六条　公司发行新股募足股款后，必须向公司登记机关办理变更登记，并公告。

【本条释义】

本条规定了公开募集股份中银行代收股款的制度。

公司向社会公开募集股份，涉及股款的代收和保存问题，只有银行具有代收股款和保存股款的资格，因此，公司应当同银行签订代收股款协议。

代收股款的银行应当按照协议代收和保存股款，其对外主要履行两项义务：第一，向缴纳股款的认股人出具收款单据；第二，向有关部门出具收款证明。

公司发行股份募足股款后，应予公告。该项告知义务一方面是让全体认股人知晓公司募集股份的最终结果，另一方面也是让公司原有股东了解公司募集股份的进展。

第六章　股份有限公司的股份发行和转让

第二节　股份转让

【2023 年版本】

第一百五十七条　股份有限公司的股东持有的股份可以向其他股东转让，也可以向股东以外的人转让；公司章程对股份转让有限制的，其转让按照公司章程的规定进行。

【三次审议稿】

第一百五十七条　股份有限公司的股东持有的股份可以向其他股东转让，也可以向股东以外的人转让；公司章程规定转让受限的股份，其转让按照公司章程的规定。

【2018 年版本】

第一百三十七条　股东持有的股份可以依法转让。

【本条释义】

本条规定了股份转让的原则

股份有限公司的股份原则上可以自由转让，其他股东也不享有优先购买权。股份有限公司的股东持有的股份可以向其他股东转让，也可以向股东以外的人转让；公司章程规定转让受限的股份，其转让按照公司章程的规定。原则上，公司章程不对普通股的转让设置限制条件，但可以对类别股的转让设置限制条件。

【2023 年版本、三次审议稿】

第一百五十八条　股东转让其股份，应当在依法设立的证券交易场所进行或者按照国务院规定的其他方式进行。

【2018 年版本】

第一百三十八条　股东转让其股份，应当在依法设立的证券交易场所进行或者按

535

照国务院规定的其他方式进行。

【本条释义】

本条规定了股份转让的方式。

股份有限公司的股东转让其股份，应当在依法设立的证券交易场所进行或者按照国务院规定的其他方式进行。目前，上市公司的股份转让必须在依法设立的三家证券交易所进行，非上市公司的股份转让可以在全国中小企业股份转让系统（新三板）进行，也可以由转让人和受让人私下协商转让。

【2023年版本】

第一百五十九条　股票的转让，由股东以背书方式或者法律、行政法规规定的其他方式进行；转让后由公司将受让人的姓名或者名称及住所记载于股东名册。

股东会会议召开前二十日内或者公司决定分配股利的基准日前五日内，不得变更股东名册。法律、行政法规或者国务院证券监督管理机构对上市公司股东名册变更另有规定的，从其规定。

【三次审议稿】

第一百五十九条　股票的转让，由股东以背书方式或者法律、行政法规规定的其他方式进行；转让后由公司将受让人的姓名或者名称及住所记载于股东名册。

股东会召开前二十日内或者公司决定分配股利的基准日前五日内，不得变更股东名册。法律、行政法规或者国务院证券监督管理机构对上市公司股东名册变更另有规定的，从其规定。

【2018年版本】

第一百三十九条　记名股票，由股东以背书方式或者法律、行政法规规定的其他方式转让；转让后由公司将受让人的姓名或者名称及住所记载于股东名册。

股东大会召开前二十日内或者公司决定分配股利的基准日前五日内，不得进行前款规定的股东名册的变更登记。但是，法律对上市公司股东名册变更登记另有规定的，从其规定。

第一百四十条　无记名股票的转让，由股东将该股票交付给受让人后即发生转让的效力。

第六章 股份有限公司的股份发行和转让

【本条释义】

本条规定了股票转让的方式。

股票属于有价证券，背书是基本的转让方式，当然也可以按照法律、行政法规规定的其他方式进行。所谓背书就是由股票持有人在股票背面写上受让人的姓名或者名称，并签名或者盖章，之后将股票交付受让人。股票转让后由公司将受让人的姓名或者名称及住所记载于股东名册。

为保持股东会召开期间以及利润分配期间股东的稳定，股东会会议召开前20日内或者公司决定分配股利的基准日前5日内，不得变更股东名册。如果此期间转让股票，由于无法变更股东名册，新股东无法行使股东权利。因此，不建议股东在该期间转让股票和受让股票。如果法律、行政法规或者国务院证券监督管理机构对上市公司股东名册变更另有规定，可以例外。

【典型案例】

江苏省高级人民法院
执 行 裁 定 书

〔2020〕苏执监13号

申诉人（利害关系人）：江苏睢宁农村商业银行股份有限公司，住所地江苏省睢宁县。

法定代表人：赵某才，该公司董事长。

委托诉讼代理人：李美柯，江苏法德东恒律师事务所律师。

申请执行人：中国邮政储蓄银行股份有限公司徐州市分行，住所地江苏省徐州市。

负责人：周某国，该分行行长。

被执行人：徐州观音制袋有限公司，住所地江苏省睢宁县。

法定代表人：高某平，该公司经理。

被执行人：高某平，男，汉族，1970年9月17日生，住江苏省睢宁县。

被执行人：李某菊，女，汉族，1971年10月13日生，住江苏省睢宁县。

被执行人：高某冉，女，汉族，1992年1月9日生，住江苏省睢宁县。

申诉人江苏睢宁农村商业银行股份有限公司（以下简称睢宁农商行）因中国邮政储蓄银行股份有限公司徐州市分行（以下简称邮储徐州分行）与徐州观音制袋有限

公司（以下简称观音制袋公司）、高某平、李某菊、高某冉金融借款合同纠纷一案，不服江苏省徐州市中级人民法院（以下简称徐州中院）〔2019〕苏03执复14号执行裁定、徐州市云龙区人民法院（以下简称云龙法院）〔2018〕苏0303执异172号执行裁定以及〔2017〕苏0303执2017号执行通知书，向本院申请监督。本院依法立案后组成合议庭进行审查，现已审查终结。

本院经审查查明，邮储徐州分行诉观音制袋公司、高某平、李某菊、高某冉金融借款合同纠纷一案，云龙法院于2017年5月12日作出〔2017〕苏0303民初2076号民事调解书，主要内容为：一、截至2017年5月11日，观音制袋公司、高某平、李某菊、高某冉共欠邮储徐州分行借款本金、利息、罚息合计5 023 695.42元，观音制袋公司于2017年6月11日前向邮储徐州分行偿还借款本金100万元，律师费125 000元；于2017年12月20日前偿还借款本金200万元；于2018年3月20日前偿还借款本金100万元；于2018年6月20日前将剩余借款本金100万元、利息、罚息（具体以银行电脑数据为准）一次性付清。二、如观音制袋公司未按上述约定履行任意一期还款义务，邮储徐州分行有权申请执行全部所欠款项（扣除已支付部分），另行支付律师费5万元。三、高某平、李某菊、高某冉对上述债务承担连带清偿责任。案件受理费48 025元，减半收取24 013元，保全费5 000元，合计29 013元，由观音制袋公司、高某平、李某菊、高某冉共同负担，并于2017年6月11日前付清。

上述调解书生效并进入执行程序后，云龙法院依法拍卖了被执行人观音制袋公司名下在睢宁农商行的400万股股权。2018年7月30日，云龙法院作出〔2017〕苏0303执2017号执行裁定：被执行人观音制袋公司名下在睢宁农商行的400万股股权的所有权归买受人杨静所有，买受人杨静可持本裁定书到登记机构办理相关产权过户登记手续。该院于同日作出〔2017〕苏0303执2017号协助执行通知，要求睢宁农商行协助将被执行人观音制袋公司名下在睢宁农商行的400万股权的所有权过户至买受人杨静名下。

睢宁农商行提出异议称，被执行人观音制袋公司在睢宁农商行的股东名册上登记的股份仅为100万股，且该100万股已全部质押。被执行人持有的股份应以睢宁农商行股东名册记载为准，不以公司登记机关登记为准，公司登记机关的登记是错误登记，与客观事实不符。如强制将400万股股权过户给买受人，实际上是将不属于被执行人的股份过户给买受人，必然侵犯其他股东的利益。因此，睢宁农商行只能将被执行人的100万股股权过户给买受人，〔2017〕苏0303执2017号协助执行通知要求协助过户400万股股权，超出了睢宁农商行的协助范围。请求撤销〔2017〕苏0303执2017号协助执行通知书。

云龙法院经审查后认为，根据《民事诉讼法》第二百五十一条规定，在执行中，需要办理有关财产权证照转移手续的，人民法院可以向有关单位发出协助执行通知书，

第六章　股份有限公司的股份发行和转让

有关单位必须办理。本案中，经司法拍卖，买受人杨静拍得被执行人观音制袋公司名下在睢宁农商行的400万股权，需要睢宁农商行协助办理股权过户登记手续，法院向睢宁农商行发出协助执行通知书，符合法律规定，睢宁农商行必须办理。

对于睢宁农商行提出的观音制袋公司实际股权只有100万股，公司登记机关的登记是错误登记的问题。根据《公司法》的规定，股份有限公司应向公司登记机关报送公司章程、验资证明等文件申请设立登记，公司章程应当载明发起人的姓名或者名称、认购的股份数、出资方式和出资时间等事项。因此，公司登记机关是依据公司报送的文件登记的发起人认购的股份数，如果公司登记机关登记错误，睢宁农商行完全可以申请更正，然自睢宁农商行成立至今，依然没有更正。对于睢宁农商行提出的如强制协助执行必然侵犯其他股东的利益，也就是说其他股东对观音制袋公司名下的300万股股权享有实体权利，然"实际权利人"并未提出执行异议，睢宁农商行不是300万股权的"实际权利人"，无权提出实体权利异议。因此，睢宁农商行的异议不成立，裁定驳回睢宁农商行的异议申请。

睢宁农商行不服上述裁定向徐州中院复议称，请求撤销〔2018〕苏0303执异172号执行裁定书和〔2017〕苏0303执2017号协助执行通知书。事实与理由：一、依照《公司法》第一百三十条第一款、第一百三十九条第一款规定，股份有限公司的记名股票以公司股东名册记载为准，并不以公司登记机关登记为准。观音制袋公司持有的股份系睢宁农商行向发起人法人发行的记名股票。根据银监会备案登记的股东名册的记载，观音制袋公司持有的股份仅为100万股，并非工商登记机关登记的400万股。因此，应按照股东名册的记载认定观音制袋公司的股权份额。二、观音制袋公司被拍卖的股权实际只有100万股，且已经全部被质押，原审法院未对执行标的进行真实性审核，简单粗暴、无中生有地要求协助过户400万股权，没有事实根据。观音制袋公司在复议申请人设立时认购的股份为100万股，验资报告中记载的实际出资也为100万股。在睢宁农商行设立以来，该股权未发生过变化。该100万股股权在被冻结之前已经在公司登记机关登记为全部质押状态，说明观音制袋公司的股权仅为100万股。三、观音制袋公司的股权不存在代持的情形，本案适用外观主义原则没有事实和法律依据。本案没有证据证明涉案股权上存在股权代持协议，也没有其他权利人或利害关系人提出过异议，因而本案并不存在股权代持的事实。原审裁定存在严重的法律认知错误，把不特定的"其他股东"混同为特定的"实际权利人"。本案中300万股权系数额记载的错误，不属于权属登记的错误，数额记载错误影响不特定的所有其他股东，只有权属登记错误才影响具体的"实际权利人"。四、协助执行通知要求协助执行的事项超出协助范围且违反法律规定，客观无法协助执行。本案中，睢宁农商行系作为利害关系人提出执行行为异议。协助执行通知要求复议申请人协助的事项是观音制袋公司股权的过户。根据《公司法》的规定，股份公司的股权转让后由公司将受让人的姓名或者名称及住所记载于股东名册。因此，复议申请人只能根据股东名册的记载将观音制袋的100万股权过户给买受人。协助执行通知要求复议申请人协助过户400万股，超出了睢宁农商行的协助范围。因为这实际上是将不属于观音制袋公司的股权过户给买受人，必然会侵犯其他股东的合法权益。另外，根据公司登记管理条例及相关规定，股份有限公司股权的转让不属于公司登记机关办理的登记事项，人民法院不能要求公司登记机关强制转让股份公司的股权。因此，协助执行通知也不能强制要求睢宁农商行到登记机关将400万股权转让登记到买受人名下。

徐州中院认为，本案中，复议申请人睢宁农商行系以利害关系人的身份依照《民事诉讼法》第二百二十五条的规定对执行行为提出执行异议，而非对执行标的提出异议。因此，本案应对原审法院执行行为的合法性进行审查。根据商法公示主义和外观主义原则，公司的工商登记对社会具有公示公信效力，善意第三人有权信赖登记机关的登记信息，法院以工商登记表现的权利外观判断涉案股权为被执行人观音制袋公司所有并采取查封措施，并无不当。睢宁农商行主张应依据其股东名册的记载确定股权数额没有事实和法律依据，其提交的股东名册等系其内部文件，其公示性弱于工商登记，在与工商登记不一致时，应当优先依据工商登记形成的权利表象进行判断。因此，原审法院依据工商登记认定被执行人持有睢宁农商行400万股的股权，并对该股权采取评估、拍卖措施，要求复议申请人协助办理股权过户登记手续，符合法律规定，并无不妥。综上，复议申请人睢宁农商行的复议请求不能成立，该院不予支持。依照《民事诉讼法》第二百二十五条、《最高人民法院关于人民法院办理执行异议和复议案件若干问题的规定》第二十三条第一款第（一）项之规定，裁定如下：一、驳回复议申请人睢宁农商行的复议申请；二、维持云龙法院〔2018〕苏0303执异172号执行裁定。

睢宁农商行公司向本院申诉称：一、云龙法院在拍卖程序中未履行财产现状查明义务。观音制袋公司仅享有100万股权，因历史原因，该行设立时的《公司法》规定股份有限公司发起人限制为2人以上200人以下，徐州市工商行政管理局只允许最多登记200个发起人，因此该行只得登记部分发起人并将30 000万元股本随机分摊到该部分发起人头上。该股权登记为过去的事实情况，并非股权财产现状。云龙法院对股权财产现状的查明，应查询公司股东名册加以确认，该院仅根据工商信息判断股权财产现状，未履行尽职查明义务，相应的拍卖行为亦属违法。二、300万股权客观上并不存在，而非他人代持，因此买受人无法取得相应股权。三、协助执行的前提是协助执行人对协助执行事项具有履行能力，本案中争议份额的股权不存在，无论在工商登记的具体流程办理上，还是权利的归属变更上，申诉人均无法完成协助执行事项。

第六章 股份有限公司的股份发行和转让

本院另查明,睢宁农商行成立于2012年12月,在该行发起人协议书所附的《具有法人资格的境内非金融机构发起人签名册》中记载,观音制袋公司作为发起人认购股份100万,持股比例0.33%。2012年11月15日,中天银会计师事务所有限责任公司作出中天银苏验字〔2012〕018号验资报告,所附法人发起人名册中亦载明观音制袋公司认缴注册资本100万元,占注册资本总额0.33%。经江苏银监局农村中小金融机构股东管理系统及非金融机构企业法人股东信息查询,观音制袋公司在睢宁农商行的持股也均登记为100万股,且该查询系统未显示股权变动信息。另据睢宁农商行提交的法人股东名册显示,观音制袋公司于2017年、2018年在该行的入股金额均为100万股,股权状态显示为反质押、冻结。

以上事实,有睢宁农商行发起人协议、中天银苏验字〔2012〕018号验资报告、江苏银监局农村中小金融机构股东管理系统查询信息表等证据予以证明。

本院认为,《公司法》第一百三十条规定,公司发行记名股票的,应当置备股东名册,记载下列事项:(一)股东的姓名或者名称及住所;(二)各股东所持股份数;(三)各股东所持股票的编号;(四)各股东取得股份的日期。发行无记名股票的,公司应当记载其股票数量、编号及发行日期。第一百三十九条规定,记名股票,由股东以背书方式或者法律、行政法规规定的其他方式转让;转让后由公司将受让人的姓名或者名称及住所记载于股东名册。由此可知,与有限责任公司以工商登记作为股权公示方式不同,股份有限公司发行记名股票的,以记载于股东名册作为其权利设立和公示方式。人民法院在执行股份有限公司的记名股票时,应依法调查股份有限公司的股东名册、公司章程、验资报告等证据资料,依据上述资料中载明的登记信息认定股东持股情况。本案中,虽然因历史原因导致工商登记信息中观音制袋公司在睢宁农商行持股400万股,但申诉人睢宁农商行提交的证据资料能够证明观音制袋公司在该行的实际持股仅为100万股。云龙法院仅根据工商登记信息认定观音制袋公司在睢宁农商行持股400万股,并要求睢宁农商行将超出其股东名册登记范围的300万股权协助过户至买受人名下,没有事实和法律依据,该协助执行通知书依法应予撤销。本案执行异议、复议裁定中未全面审查观音制袋公司在睢宁农商行的真实持股情况,仅根据商法公示主义和外观主义原则,认为股份有限公司的股东名册公示性弱于工商登记,执行法院有权按照工商登记的股权数额采取执行措施,亦没有事实和法律依据,依法应予以撤销。

综上,申诉人睢宁农商行的申诉请求成立。参照《民事诉讼法》第二百零四条,依据《最高人民法院关于人民法院执行工作若干问题的规定(试行)》129条的规定,裁定如下:

一、撤销江苏省徐州市中级人民法院〔2019〕苏03执复14号执行裁定;

二、撤销徐州市云龙区人民法院〔2018〕苏 0303 执异 172 号执行裁定；

三、撤销徐州市云龙区人民法院〔2017〕苏 0303 执 2017 号协助执行通知书。

审判长　唐志容
审判员　李　晶
审判员　赵建华
二〇二〇年六月十六日
书记员　杨　浩

【2023 年版本、三次审议稿】

第一百六十条　公司公开发行股份前已发行的股份，自公司股票在证券交易所上市交易之日起一年内不得转让。法律、行政法规或者国务院证券监督管理机构对上市公司的股东、实际控制人转让其所持有的本公司股份另有规定的，从其规定。

公司董事、监事、高级管理人员应当向公司申报所持有的本公司的股份及其变动情况，在就任时确定的任职期间每年转让的股份不得超过其所持有本公司股份总数的百分之二十五；所持本公司股份自公司股票上市交易之日起一年内不得转让。上述人员离职后半年内，不得转让其所持有的本公司股份。公司章程可以对公司董事、监事、高级管理人员转让其所持有的本公司股份作出其他限制性规定。

股份在法律、行政法规规定的限制转让期限内出质的，质权人不得在限制转让期限内行使质权。

【2018 年版本】

第一百四十一条　发起人持有的本公司股份，自公司成立之日起一年内不得转让。公司公开发行股份前已发行的股份，自公司股票在证券交易所上市交易之日起一年内不得转让。

公司董事、监事、高级管理人员应当向公司申报所持有的本公司的股份及其变动情况，在任职期间每年转让的股份不得超过其所持有本公司股份总数的百分之二十五；所持本公司股份自公司股票上市交易之日起一年内不得转让。上述人员离职后半年内，不得转让其所持有的本公司股份。公司章程可以对公司董事、监事、高级管理人员转让其所持有的本公司股份作出其他限制性规定。

【本条释义】

本条规定了上市公司股份限制转让的制度。

为维持股价的稳定，防止股东董事、监事、高级管理人员利用信息优势谋取不当利益，法律对上市公司股份转让进行了限制。公司公开发行股份前已发行的股份，自公司股票在证券交易所上市交易之日起1年内不得转让。法律、行政法规或者国务院证券监督管理机构对上市公司的股东、实际控制人转让其所持有的本公司股份另有规定的，从其规定。这一规定主要是为了公司股价的稳定，防止公司一上市，股价就有巨大的波动。同时也为了实现新旧股东在信息上的公平。公司上市之后，新股东可以自由交易股份，原股东在1年内不得交易股份，这样就可以给新股东更多的时间了解公司，增加新股东对公司的信心。

公司董事、监事、高级管理人员应当向公司申报所持有的本公司的股份及其变动情况，每次变动都应当申报，拒绝申报或者申报不实都是违法行为，都有可能受到证券交易所或者中国证监会的处罚。实务中，公司董事、监事、高级管理人员通常向董事会秘书进行申报。

公司董事、监事、高级管理人员在就任时确定的任职期间每年转让的股份不得超过其所持有本公司股份总数的25%；所持本公司股份自公司股票上市交易之日起1年内不得转让。这里需要注意的是，上述人员在"就任时确定的任职期间"都应遵守上述规定，如果上述人员在"就任时确定的任职期间"未届满时就辞职了或者被解聘了，仍应当在"就任时确定的任职期间"遵守上述规定，否则仍然是违法行为。

公司董事、监事、高级管理人员离职后半年内，不得转让其所持有的本公司股份。上述人员无论是届满正常离职，还是主动辞职或者被解聘，离职后半年内均不得转让其所持有的本公司股份。上述人员离职半年以后可以转让股份，但如果其是提前离职，仍有可能要遵守在"就任时确定的任职期间"每年转让的股份不得超过其所持有本公司股份总数的25%的限制。

公司章程可以对公司董事、监事、高级管理人员转让其所持有的本公司股份作出其他限制性规定。该项限定只能提高对上述人员股份转让的限制，不能降低法律规定的转让限制。例如，公司章程可以规定上述人员离职1年内不得转让其所持有的本公司股份。

股票在法律、行政法规规定的限制转让期限内可以出质，但质权人也应当遵守该项禁止转让的规定，因此，质权人不得在限制转让期限内行使质权。建议质权人在接受限售股质押时应考虑到法律、行政法规以及公司章程对该股份转让的限制性规定。

【典型案例】

北京市第一中级人民法院
民事判决书

〔2022〕京01民终1004号

上诉人（原审被告）：袁某兰，女，1978年10月22日出生，住江西省宜春市。

上诉人（原审被告）：袁某平，男，1975年7月19日出生，住北京市朝阳区。

二上诉人共同委托诉讼代理人：管敏，国浩律师（天津）事务所。

被上诉人（原审原告）：李某英，女，1973年10月23日出生，住北京市海淀区。

上诉人袁某平、袁某兰因与被上诉人李某英股权转让纠纷一案，不服北京市海淀区人民法院〔2021〕京0108民初17926号民事判决，向本院提起上诉。本院于2022年1月19日立案后，依法组成合议庭进行了审理。本案现已审理终结。

袁某平、袁某兰上诉请求：1.撤销一审判决书第一项、第二项，并查清事实，驳回李某英的全部诉讼请求，或依法改判，或发回重审；2.判令本案一审、二审诉讼费全部由李某英承担。事实和理由：一审判决基本事实认定不清，适用法律错误。一、案涉《股份转让协议》及《股权转让协议之补充协议》（以下简称《补充协议》）系袁某平、袁某兰在受到李某英欺诈的情况下违背真实意愿签订的，依法应予撤销。〔2020〕京0108民初46496号判决书可以体现北京精准沟通传媒科技股份有限公司（以下简称精准股份公司）在本案股份转让时存在大金额的虚假业绩。李某英作为精准股份公司的法务负责人，同时起草审核了该系列虚假业务的合同文本并参与商务谈判工作，明知公司业绩存在重大虚假问题，且整个虚假情况自2016年持续至2019年，严重影响了袁某平、袁某兰对本次股权转让的标的公司股份价值情况的认知。根据《全国法院民商事审判工作会议纪要》（法〔2019〕254号）第四十二条规定，袁某平、袁某兰在一审中虽未提起反诉，但人民法院不能仅以此为由不予支持。袁某平、袁某兰提出的对方构成欺诈的可撤销事由亦未超过法定期间。二、退一步讲，即使支付违约金，一审判决判定按照日万分之五的标准计算违约金也过高，应当予以酌减。李某英未提供证据证明其实际损失，约定的违约金也过高。本案是股权转让纠纷，即使按照以本身对合法利息收益为目的的民间借贷违约金的法定上限，一审判决也已经超出。根据《最高人民法院关于审理民间借贷案件适用法律若干问题的规定》第二十八条，LPR年利率3.85%的四倍是15.4%，一审判决按照日万分之五计算的年利率是18%，已超过4倍上限。违约金标准应当调减至按全国银行间同业拆借中心公布的贷款市场报价利率标准计算。

李某英辩称，一审认定事实清楚，适用法律准确，袁某平、袁某兰的上诉理由不能成立，请求驳回上诉，维持原判。一、案涉《股份转让协议》及《补充协议》均是合法有效的，不存在能够导致合同无效的情形。1.案涉《股份转让协议》及《补充协议》的签署及工商登记均在李某英离职半年之后才完成，转让股权的行为不违反《公司法》的规定。首先，本案中，案涉《股份转让协议》及《补充协议》的签署日期均是2018年11月5日，但是这一日期是应袁某平的要求倒签的。从何成海与袁某平以及袁某兰的微信聊天记录，可以确定《股份转让协议》及《补充协议》的实际签署时间是2019年8月31日。具体签署过程是何成海先与袁某平沟通协议内容，待袁某平确定协议内容后，何成海又根据袁某平的介绍联系上袁某兰，亲自去找袁某兰在《股份转让协议》及《补充协议》上签字。精准股份公司于2019年8月29日召开股东会，一致同意通过公司新章程。在精准股份公司2019年9月12日向工商登记机关提交的备案章程中记载袁某兰已经成为精准股份公司的股东，持有精准股份公司201.6万股股份，持股比例为9%，袁某兰从李某英处受让的股份在精准股份公司股东名册上已登记在其名下。案涉协议的签署、股东会以及工商登记备案，均发生在李某英从精准股份公司辞职（2018年10月31日）的半年之后（即2019年4月30日之后）。并且，精准股份公司的全体股东已经知悉李某英的股权转让行为并一致同意了案涉股权的转让。因此，李某英转让股权的行为不违反《公司法》的规定。2.李某英作为精准股份公司的小股东，仅持有精准股份公司1%的股份，案涉《股份转让协议》及《补充协议》的签署，不可能损害精准股份公司或者其债权人的利益，均是合法有效的。二、案涉《股份转让协议》及《补充协议》均是当事人之间的真实意思表示，不存在任何欺诈情形。1.袁某平对精准股份公司的情况十分清楚，不存在李某英欺诈的可能性。袁某平于2014年9月至2019年8月期间在兴业证券股份有限公司工作，任质量控制部总经理，而精准股份公司从2016年就已经开始接受兴业证券股份有限公司提供的上市辅导。袁某平作为兴业证券股份有限公司的高管，不但促成了两个公司的业务合作，更是对精准股份公司的基本情况以及是否符合上市条件充分知晓。只是基于袁某平当时的身份比较敏感，在袁某平的要求之下，才由李某英与袁某兰（袁某平之妹）签署了案涉《股份转让协议》，并同时与袁某平、袁某兰签署了《补充协议》，由袁某平提供担保。《股份转让协议》及《补充协议》并没有特别要求李某英提供有关精准股份公司财务情况、经营情况以及IPO进程。李某英在缔约时不存在故意告知虚假情况或者隐瞒真实情况的行为。在案涉合同履行过程中，袁某平也从未向李某英提出过任何异议或者要求了解精准股份公司情况的请求（此时李某英已经离职），这也说明袁某平一直有了解精准股份公司真实情况的渠道。2.袁某兰持有精准股份公司的股份已经转让给第三人，在转让之前袁某兰从未向李某英提出过撤销请求，说明袁某兰在本案中以欺诈、隐瞒为由提出撤销案涉合同的理由纯属无中生有。袁某兰将其持有的精准股份公司201.6万股股份转让给新余朴照信息技术中心（有限合伙）。3.袁某平、袁某兰提交的〔2020〕京0108民初46496号民事判决书不能证明李某英存在欺诈或者隐瞒真实情况的行为。《股份转让协议》及《补充协议》中确定的价格是袁某平、袁某兰在自行了解精准股份公司情况的基础上向李某英提出的要约价格，双方在协议中没有明确双方确定该转让价格的具体依据以及是否涉及调整的问题。李某英2018年10月从精准股份公司离职后，就对精准股份公司的情况不再掌握，也无法给出袁某平、袁某兰有关精准股份公司的信息。李某英作为精准股份公司的董事会秘书兼法务人员，并不参与具体业务，李某英只负责审核合同，从未参与过具体的业务工作或者商务谈判工作。从合同审核的角度，李某英无法判断〔2020〕京0108民初46496号民事判决书中提到的交易安排是虚假交易。李某英关于《股份转让协议》及《补充协议》的合同义务已经全部履行完毕。

李某英向一审法院起诉请求：1.判令袁某兰向李某英支付股权转让款180万元；2.判令袁某兰向李某英支付违约金（以180万元为基数，按照日万分之五的标准计算，自2021年1月1日起计至实际支付之日止）；3.判令袁某平就第1、2项诉讼请求中袁某兰的付款义务承担连带保证责任；4.判令袁某平、袁某兰承担本案诉讼费。

一审法院认定事实：2018年11月5日，李某英（甲方）与袁某兰（乙方）签订《股权转让协议》，约定甲方将其持有的精准股份公司22.4万股股份（占精准股份公司股份总额的1%）以每股8.93元转让给乙方，乙方应当于本合同生效当日向甲方支付200万元转让款；自本协议生效之日起，对本协议约定转让的股份，甲方不再享有股东权利和承担股东义务，乙方按所持股份行使所对应的股东权利并承担相应的义务。

同日，李某英（甲方）与袁某兰（乙方）、袁某平（丙方）签订《补充协议》，载明根据甲乙双方于2018年11月5日所签署的《股权转让协议》，各方达成一致协议如下：乙方应于《股权转让协议》签订一周内向甲方支付20万元，乙方应于2020年12月31日之前向甲方支付股权剩余转让款180万元；如果截止在2020年12月31日之前乙方未能向甲方支付原合同约定的价款，则自2021年1月1日起，乙方应当按照本协议的约定承担迟延付款的违约责任。陈述和保证：（1）本协议各方均是具有完全民事权利能力和民事行为能力的法律主体；（2）其已获得所有必要的权力、权利、授权和批准以签订本协议，并自生效之日起将拥有所有必要的权力、权利、授权和批准以完全履行其在本协议项下的所有义务；（3）本协议的签订和对本协议项下的各方义务的履行，将不与有关其成立的文件、营业执照、规章制度或章程，或对其有管辖力的任何法律、条例、法规或任何政府部门的授权或批准，或其为协议一方的或其应遵守的任何合同或协议相抵触或构成违约或违反；（4）不存在有关本协议标的或可能影响其签订或执行本协议能力的任何未决诉讼、仲裁或法律的、行政的或其他诉讼程序或政府调查程序，或者就其最大限度所知，不存在发生上述事件的风险。（5）自本协议生效之日起，股权转让款的支付方式以本协议为准执行，不再按照原《股权转让协议》及附件《确认函》约定的支付方式执行。违约：乙方应按照约定的时间进行款项的支付，如不能按期支付则承担日千分之三的违约金。丙方对乙方在本协议项下的付款义务承担不可撤销的连带保证责任。乙方未能按照本协议向甲方付款时，甲方有权要求丙方承担乙方支付股权转让款以及违约金的责任。丙方的保证责任自本合同生效之日起至主合同项下债务履行期限届满之日后两年止。

2019年9月12日，袁某兰向李某英转账支付20万元。

经查，精准股份公司成立于2009年12月18日，注册资本于2020年6月1日由2 240万元变更为2 250万元。精准股份公司工商档案中有2019年9月12日备案的公司章程，载明李某英为发起人股东（持股1%），此次备案时公司股东包括袁某兰，持有股份数额201.6万元（持股9%），李某英不再持股。精准股份公司工商档案中另有2020年4月15日备案的公司章程，载明袁某兰不再持股。一审庭审中，袁某兰认可李某英向其转让的涉案股权已经履行了转让变更手续。

袁某平、袁某兰向一审法庭提交的《通知函》载明为精准股份公司于2021年2月8日出具，内容为精准股份公司作为李某英向袁某平转让1%股权的标的公司，现获知李某英所持有的股权尚未向原出让方陈晓琼女士支付股权转让款，标的股权存有争议和法律风险，建议袁某兰向李某英暂缓支付股权转让款。袁某平、袁某兰据此主张李某英未向其披露涉案《股权转让协议》《补充协议》存在的法律风险。一审庭审中，各方当事人确认《股权转让协议》《补充协议》签订时，涉案转让的精准股份公司1%股权登记于李某英名下。

袁某平、袁某兰另向一审法庭提交《北京精准沟通传媒科技股份有限公司关于IPO进程及后续事项汇报》文档打印件（无落款或签章），称该文档是兴业证券股份有限公司工作人员于2018年10月通过邮件发给精准股份公司的。袁某平、袁某兰据此主张李某英于签订涉案协议时，未向其披露实质影响精准股份公司上市的重大问题。李某英对该证据不予认可，一审法院对该证据亦不予采信。

另查，李某英起诉本案后，陈晓琼另于一审法院起诉李某英，诉称其与李某英于2015年8月24日签订《股权转让协议》，约定其向李某英转让精准股份公司1%股权并已办理工商变更手续，但李某英未向其支付股权转让款，故要求解除《股权转让协议》并要求李某英返还股权。后陈晓琼变更诉讼请求，要求李某英支付股权转让款150万元及迟延付款利息。

另，袁某平与袁某兰为兄妹关系；袁某平自2014年9月至2019年8月26日期间于兴业证券股份有限公司工作，任质量控制部总经理。李某英称，袁某平亦曾任平安证券投委会委员。

一审法院认为，根据各方当事人的诉辩意见，本案的争议焦点为，涉案《股权转让协议》《补充协议》是否为签约当事人的真实意思表示，是否为可撤销合同。袁某平、袁某兰虽主张李某英于签订涉案《股权转让协议》《补充协议》过程中存在欺诈行为，但其并未提交充分证据证明李某英明知影响袁某平、袁某兰作出是否缔约决定的因素而未向其披露，或李某英向其告知了何种虚假情况，导致其违背真实意愿签订了涉案协议。《股权转让协议》《补充协议》签订时，涉案转让的股权登记于李某英名下，陈晓琼系于李某英起诉本案后，方起诉李某英主张权利。况且，李某英、袁某平、袁某兰于同日签订涉案《股权转让协议》《补充协议》，袁某平作为金融行业的工作人员，应具备相应专业知识，袁某兰又系袁某平之妹，在此情况下，袁某平、袁某兰所称其仅出于对李某英个人的信任即签订了涉案协议应与实际情况不符。同时，袁某兰将其从李某英处受让的股份，又已变更过户给他人，从侧面也反映出袁某兰对李某英向其转让的股权不持异议。故一审法院对袁某平、袁某兰有关涉案《股权转让协议》《补充协议》为可撤销合同的抗辩意见不予采纳。涉案《股权转让协议》《补充协议》为签约当事人的真实意思表示，未违反法律、法规的强制性规定，合法有效，各方应依约履行。袁某兰应于2020年12月31日前向李某英支付剩余股权转让款180万元，现其逾期未付，则应向李某英支付违约金。李某英减少主张协议约定违约金的计算比例至日万分之五，一审法院对此不持异议。《补充协议》约定袁某平对袁某兰支付股权转让款及违约金的义务承担连带保证责任，李某英起诉未过保证期间，袁某平应与袁某兰共同承担付款义务。

综上所述，依照《最高人民法院关于适用〈中华人民共和国民法典〉时间效力的若干规定》第二条、《合同法》第八条、第五十四条、第一百零七条、第一百一十四条、《担保法》第十八条、第三十一条、《民事诉讼法》（2017年修正）第六十四条第一款之规定，判决：1.判决生效之日起10日内，袁某兰向李某英支付股权转让款180万元及违约金（以180万元为基数，按照日万分之五的标准计算，自2021年1月1日起计至实际支付之日止）；2.判决生效之日起10日内，袁某平就上述第一项袁某兰的付款义务承担连带责任，袁某平承担责任后，有权向袁某兰追偿。

本院二审期间，当事人围绕上诉请求依法提交了证据。袁某平、袁某兰提交〔2020〕京0108民初46496号判决书，判决显示精准股份公司自2017年至2019年期间存在多笔大额虚增公司业绩的交易行为。经质证，李某英对该证据真实性、合法性认可，关联性不认可，认为双方签订协议约定的价格是袁某平、袁某兰提出的，协议中也没有约定转让价格确定依据是什么，判决书对价格没有影响，协议中没有约定李某英需要向袁某平、袁某兰承担披露义务，李某英在履行协议中也没有向袁某平、袁某兰提供任何资料，不存在欺诈，该判决对双方协议的履行不构成影响，李某英不参与公司业务，对判决中提到的交易等不知情，不存在故意隐瞒真实情况的情形。

李某英提交以下证据：1.何成海与袁某平的微信聊天记录，证明《股份转让协议》以及《补充协议》的内容是经过袁某平修改确认后才签署的；李某英与袁某平实际签署《股份转让协议》以及《补充协议》的时间是2019年8月31日。2.何成海与袁某平、袁某兰之间的微信聊天记录，证明何成海是通过袁某平介绍才认识的袁某兰；袁某兰实际签署《股份转让协议》以及《补充协议》的时间是2019年9月2日。3.精准股份公司审计业务负责人发送的邮件，证明袁某平作为当时负责精准股份公司IPO业务的券商领导，收到过关于精准股份公司的审计文件，从该文件袁某平完全能够知晓精准股份公司的经营情况、财务情况以及满足IPO的情况，根本不存在其在上诉状中主张的李某英故意隐瞒公司情况的欺诈情形。4. 李某英诉袁某平股权转让纠纷一案的庭审笔录，证明袁某平作为兴业证券股份有限公司的高管，对精准股份公司基本情况以及是否符合上市条件充分知晓，也正是在此情形下袁某平才作出愿意受让李某英股份的意思表示，只是基于袁某平当时的身份比较敏感，在袁某平的要求之下，才由李某英与袁某兰（袁某平之妹）签署了案涉《股份转让协议》。5. 李某英社保缴费记录，证明李某英从2018年11月起已经实际离开精准股份公司，未再参与公司任何事务。6. "精准股份公司IPO工作组"微信群的微信聊天记录，证明袁某平有充分的渠道了解精准股份公司的情况；袁某平对精准股份公司的情况及工作进展情况都十分清楚。7. 何成海与袁某平之间的微信聊天记录。8. 李晓东与杨光的微信聊天记录。9. 李晓东与杨光签署后又解除的《股份转让协议》。10. 李晓东与袁某平签署的《股份转让协议》及《补充协议》，证明案涉股权的转让价格是袁某平向李某英提出的，并不是李某英向袁某平提出的；袁某平确定的股权转让价格与杨光计划回购的股份价格是一样的；袁某平之所以确定每股8.92元的转让价格一是基于杨光给出的股份回购价格，二是基于其对公司实际情况的了解。11. 李晓东与杨光的谈话录音，证明袁某平作为专业的证券从业人士，不但充分了解精准股份公司的情况，而且，对于收购李某英股份后可能遇到的风险也早就有了充分的认识，也采取了充分的保障措施，即与精准股份公司的实际控制人杨光签署股份回购协议，通过这些操作，足以保证袁某平、袁某兰在整个交易过程中不会出现利益受损的情形。12. 李晓东、何成海及李某英与袁某平之间就催要股权转让款的微信记录，证明袁某平就支付股权转让款一事，提出需要与杨光商量，印证了杨光承认其与袁某平之间有股份回购约定的事实。

袁某平、袁某兰对李某英提交的证据发表以下质证意见：对证据1的真实性认可，证明目的不认可；对证据2的真实性认可，证明目的不认可；对证据3真实性认可，证明目的不认可，袁某平是应何成海邀请向精准股份公司介绍IPO的券商，其本人并未参与项目，该邮件是抄送袁某平，并不处理该等事项，更重要的是，李某英故意隐瞒的虚增公司业绩的情况也并未邮件体现；对证据4的庭审笔录真实性认可，证明目的不认可，袁某平未参与该项目，袁某平、袁某兰也不知晓李某英故意隐瞒的虚增公司业绩情况；对证据5的真实性认可，证明目的不认可；对证据6认可微信截图与原始记录一致，但对完整性有异议，证明目的不认可，袁某平对精准股份公司的IPO工作仅是介绍人，基于此何成海将其拉进群，但其并未参与实际事务，从该聊天记录也可以看出，袁某平从未在该群中发言；对证据7认可微信截图与原始记录一致，但对完整性有异议，证明目的不认可，该证据中的《股权转让协议》也不是案涉协议，从签约主体到条款内容均不一致，根据一审判决书事实认定内容和一审庭审笔录，双方均确认本案股权转让价格是以精准股份公司2亿元估值的标准确定的，李某英在二审庭前谈话中也对一审事实认定部分予以认可；对证据8、9形式真实性认可，但认为与本案无关，证明目的不认可；对证据10的真实性认可，证明目的不认可；对证据11形式真实性认可，但认为与本案无关，证明目的不认可；对证据12认可微信截图与原始记录一致，但对完整性有异议，证明目的不认可，杨光与袁某平之间是否存在股权回购，也与本案双方当事人之间的法律关系无关。

　　本院经审理查明，因李某英对袁某平、袁某兰提交证据的真实性不持异议，本院予以确认，但该证据系精准股份公司与案外人之间的争议，依据该判决不能认定李某英有欺诈行为，亦不能证明与案涉合同价格有实质关联，故本院对该证据的证明力不予确认。袁某平、袁某兰对李某英提交证据1~7的真实性认可，故本院对上述证据的真实性予以确认；虽袁某平、袁某兰对证据1、2的证明目的不认可，但上述证据能够证明双方协商签约的过程，故本院对上述证据的证明力予以确认；证据3、4系精准股份公司在IPO过程中形成的文件及袁某平工作任职情况，与本案股权转让交易没有直接联系，本院对上述证据的关联性不予确认；证据5能够证明精准股份公司为李某英缴纳社会保险的时间截至2018年10月，本院对该证据的证明力予以确认；证据6无法直接证明袁某平参与精准股份公司IPO工作，故本院对该证据的证明力不予确认；证据7能够证明协议双方的协商过程，虽袁某平对完整性有异议，但未提举相反证据证明，故本院对该证据的证明力予以确认；证据8、9均系李晓东与杨光之间的交易关系，因涉及案外人，故本院对上述证据的关联性暂不予确认；因袁某平、袁某兰对证据10的真实性认可，本院对该证据的真实性予以确认，该证据能够证明李晓东与袁某平、袁某兰之间的协议关系；证据11系李晓东与杨光之间的谈话录音，因涉及案外人，故本院对上述证据的关联性暂不予确认；因袁某平、袁某兰对证据12的真实性认可，本院对该证据的真实性予以确认，虽袁某平对完整性有异议，但未提举相反证据证明，故本院对该证据的证明力予以确认。

　　根据当事人陈述和经审查确认的证据，本院补充认定如下事实：二审诉讼中，李某英主张其曾任精准股份公司董事会秘书兼法务人员，并不参与具体业务，2018年10月离职。

　　二审诉讼中，双方均认可案涉《股份转让协议》《补充协议》于2019年8月31日由李某英与袁某平签字，9月1日或者2日由袁某兰补签字。

　　本院对一审查明的相关事实予以确认。

　　本院认为，《公司法》第一百四十一条规定："发起人持有的本公司股份，自公司成立之日起一年内不得转让。公司公开发行股份前已发行的股份，自公司股票在证券交易所上市交易之日起一年内不得转让。公司董事、监事、高级管理人员应当向公司申报所持有的本公司的股份及其变动情况，在任职期间每年转让的股份不得超过其所持有本公司股份总数的百分之二十五；所持本公司股份自公司股票上市交易之日起一年内不得转让。上述人员离职后半年内，不得转让其所持有的本公司股份。公司章程可以对公司董事、监事、高级管理人员转让其所持有的本公司股份作出其他限制性规定。"

《公司法》对股份公司的董事、监事、高级管理人员在任职期间以及离职后转让其持有公司股份的数额及期限的规定，其目的在于防范上述人员在履行经营管理职责中可能利用职务便利掌握的优势信息、优势地位等，进行内幕交易、谋取不当利益，损害公司中小股东、公司或公司外部第三人的利益，并通过转让股份逃避可能承担的法律责任。本案中，李某英自认其任精准股份公司董事会秘书兼法务人员，故李某英在任职期间以及离职后半年内转让精准股份公司股份应受到一定的限制。现李某英主张其于2018年10月离职后就不再担任公司董事会秘书和法务人员，袁某平、袁某兰对此不予认可，但未能提交证据证明李某英在2018年10月之后仍继续履行公司董事会秘书和法务人员职责的事实，故本院对袁某平、袁某兰的主张不予采信，本院认定李某英自2018年10月之后即不再履行公司董事会秘书和法务人员的职责。现双方均认可案涉《股份转让协议》《补充协议》实际签订日期为2019年8月31日和9月1日（或2日），不在法律规定的禁售期之内，故案涉《股份转让协议》《补充协议》并未违反国家法律法规的强制性规定，应属有效。袁某平、袁某兰关于案涉《股份转让协议》及《补充协议》及股份转让变更登记因违反法律强制性规定应被判定无效的上诉理由，证据不足，本院不予采信。

袁某平、袁某兰关于案涉《股份转让协议》及《补充协议》系袁某平、袁某兰在受到李某英欺诈的情况下违背真实意愿签订的，依法应予撤销的上诉理由，本院认为，袁某平、袁某兰对于数百万标的的股权转让行为，应秉持必要的谨慎，两人主张在未进行调查的情况下即签署上述协议，应对其行为后果承担责任。且袁某平、袁某兰并未提交充分证据证明李某英明知影响袁某平、袁某兰作出是否缔约决定的因素而未向其披露，或李某英向其告知了何种虚假情况，导致其违背真实意愿签订了涉案协议，应承担举证不能之法律责任。故一审法院关于"对袁某平、袁某兰有关涉案《股权转让协议》《补充协议》为可撤销合同的抗辩意见不予采纳。涉案《股权转让协议》《补充协议》为签约当事人的真实意思表示，未违反法律、法规的强制性规定，合法有效，各方应依约履行"的认定，有事实及法律依据，本院对此不再予以赘述，且袁某平、袁某兰对案涉《股份转让协议》及《补充协议》并未提起撤销之诉，故本院对其上诉理由不予采信。

当事人提举的其他证据材料或发表的其他意见不影响本院依据查明的事实依法进行裁判，本院不予一一评述。

综上所述，袁某平、袁某兰的上诉请求不能成立，应予驳回；一审判决认定事实清楚，适用法律正确，应予维持。依照《民事诉讼法》（2021年修正）第一百七十七条第一款第一项规定，判决如下：

驳回上诉，维持原判。

二审案件受理费 42 000 元，由袁某兰负担 21 000 元（已交纳），由袁某平负担 21 000 元（已交纳）。

本判决为终审判决。

审 判 长　李　利

审 判 员　陈　实

审 判 员　刘某海云

二〇二二年七月二十六日

法官助理　李晓桐

书 记 员　李连漪

【2023 年版本】

第一百六十一条　有下列情形之一的，对股东会该项决议投反对票的股东可以请求公司按照合理的价格收购其股份，公开发行股份的公司除外：

（一）公司连续五年不向股东分配利润，而公司该五年连续盈利，并且符合本法规定的分配利润条件；

（二）公司转让主要财产；

（三）公司章程规定的营业期限届满或者章程规定的其他解散事由出现，股东会通过决议修改章程使公司存续。

自股东会决议作出之日起六十日内，股东与公司不能达成股份收购协议的，股东可以自股东会决议作出之日起九十日内向人民法院提起诉讼。

公司因本条第一款规定的情形收购的本公司股份，应当在六个月内依法转让或者注销。

【三次审议稿】

第一百六十一条　有下列情形之一的，对股东会该项决议投反对票的股东可以请求公司按照合理的价格收购其股份，公开发行股份的公司除外：

（一）公司连续五年不向股东分配利润，而公司该五年连续盈利，并且符合本法规定的分配利润条件；

（二）公司转让主要财产；

（三）公司章程规定的营业期限届满或者章程规定的其他解散事由出现，股东会通过决议修改章程使公司存续。

自股东会决议作出之日起六十日内，股东与公司不能达成股份收购协议的，股东可以自股东会决议作出之日起九十日内向人民法院提起诉讼。

公司依照本条第一款规定收购的本公司股份，应当在六个月内依法转让或者注销。

【本条释义】

本条规定了股东请求公司收购股份的制度。

股份有限公司也是股东的联合体，当股东不认同公司的经营理念且该理念已经损害了股东个人利益时，法律应当允许该股东离开公司。对于公开发行股份的公司而言，股东可以通过公开市场转让股份，用脚投票，从而离开公司，但非公开发行股份的公司，其股份很难对外转让，此时，法律允许相关股东请求公司收购其股份。具体而言，有下列情形之一的，对股东会该项决议投反对票的股东可以请求公司按照合理的价格收购其股份，公开发行股份的公司除外：

（1）公司连续五年不向股东分配利润，而公司该五年连续盈利，并且符合《公司法》规定的分配利润条件。该项条件与有限责任公司类似，公司股东以取得股息为最终目的，一旦公司在分配利润方面与股东意见不合，且无法通过股份转让的方式退出，股东就有权请求公司收购股份，从而退出公司。

（2）公司转让主要财产。公司财产是公司经营与盈利的基础，一旦公司转让主要财产就意味着公司经营方向可能发生变化，公司利润可能出现波动，与公司意见不合的股东有权请求公司收购股份，从而退出公司。

（3）公司章程规定的营业期限届满或者章程规定的其他解散事由出现，股东会通过决议修改章程使公司存续。公司营业期限届满或者解散事由出现，公司理应解散，这是原股东达成的一致协议，如果要更改这一协议，原则上应当经全体股东同意，不同意的股东有权请求公司收购股份，从而退出公司。

股份收购的价格需要由公司与相关股东自行协商，如果自股东会决议作出之日起60日内，股东与公司不能达成股份收购协议，股东可以自股东会决议作出之日起90日内向人民法院提起诉讼。

由于公司不允许长期持有本公司的股份，因此，公司依照上述规定收购的本公司股份，应当在6个月内依法转让或者注销。

【2023 年版本】

第一百六十二条 公司不得收购本公司股份。但是，有下列情形之一的除外：

（一）减少公司注册资本；

（二）与持有本公司股份的其他公司合并；

（三）将股份用于员工持股计划或者股权激励；

（四）股东因对股东会作出的公司合并、分立决议持异议，要求公司收购其股份；

（五）将股份用于转换公司发行的可转换为股票的公司债券；

（六）上市公司为维护公司价值及股东权益所必需。

公司因前款第一项、第二项规定的情形收购本公司股份的，应当经股东会决议；公司因前款第三项、第五项、第六项规定的情形收购本公司股份的，可以按照公司章程或者股东会的授权，经三分之二以上董事出席的董事会会议决议。

公司依照本条第一款规定收购本公司股份后，属于第一项情形的，应当自收购之日起十日内注销；属于第二项、第四项情形的，应当在六个月内转让或者注销；属于第三项、第五项、第六项情形的，公司合计持有的本公司股份数不得超过本公司已发行股份总数的百分之十，并应当在三年内转让或者注销。

上市公司收购本公司股份的，应当依照《中华人民共和国证券法》的规定履行信息披露义务。上市公司因本条第一款第三项、第五项、第六项规定的情形收购本公司股份的，应当通过公开的集中交易方式进行。

公司不得接受本公司的股份作为质权的标的。

【三次审议稿】

第一百六十二条 公司不得收购本公司股份。但是，有下列情形之一的除外：

（一）减少公司注册资本；

（二）与持有本公司股份的其他公司合并；

（三）将股份用于员工持股计划或者股权激励；

（四）股东因对股东会作出的公司合并、分立决议持异议，要求公司收购其股份；

（五）将股份用于转换上市公司发行的可转换为股票的公司债券；

（六）上市公司为维护公司价值及股东权益所必需。

公司因前款第一项、第二项规定的情形收购本公司股份的，应当经股东会决议；公司因前款第三项、第五项、第六项规定的情形收购本公司股份的，可以按照公司章程或者股东会的授权，经三分之二以上董事出席的董事会会议决议。

公司依照本条第一款规定收购本公司股份后，属于第一项情形的，应当自收购之日起十日内注销；属于第二项、第四项情形的，应当在六个月内转让或者注销；属于第三项、第五项、第六项情形的，公司合计持有的本公司股份数不得超过本公司已发行股份总数的百分之十，并应当在三年内转让或者注销。

上市公司收购本公司股份的，应当依照《中华人民共和国证券法》的规定履行信息披露义务。上市公司因本条第一款第三项、第五项、第六项规定的情形收购本公司股份的，应当通过公开的集中交易方式进行。

公司不得接受本公司的股票作为质权的标的。

【2018年版本】

第一百四十二条 公司不得收购本公司股份。但是，有下列情形之一的除外：

（一）减少公司注册资本；

（二）与持有本公司股份的其他公司合并；

（三）将股份用于员工持股计划或者股权激励；

（四）股东因对股东大会作出的公司合并、分立决议持异议，要求公司收购其股份；

（五）将股份用于转换上市公司发行的可转换为股票的公司债券；

（六）上市公司为维护公司价值及股东权益所必需。

公司因前款第（一）项、第（二）项规定的情形收购本公司股份的，应当经股东大会决议；公司因前款第（三）项、第（五）项、第（六）项规定的情形收购本公司股份的，可以依照公司章程的规定或者股东大会的授权，经三分之二以上董事出席的董事会会议决议。

公司依照本条第一款规定收购本公司股份后，属于第（一）项情形的，应当自收购之日起十日内注销；属于第（二）项、第（四）项情形的，应当在六个月内转让或者注销；属于第（三）项、第（五）项、第（六）项情形的，公司合计持有的本公司股份数不得超过本公司已发行股份总额的百分之十，并应当在三年内转让或者注销。

上市公司收购本公司股份的，应当依照《中华人民共和国证券法》的规定履行信息披露义务。上市公司因本条第一款第（三）项、第（五）项、第（六）项规定的情形收购本公司股份的，应当通过公开的集中交易方式进行。

公司不得接受本公司的股票作为质押权的标的。

【本条释义】

本条规定了公司收购本公司股份的制度。

公司原则上不得收购本公司股份，因为自己持有自己的股份实际上夸大了公司股份的总数，容易误导社会公众，在行使表决权时也会遇到困难。但在特定情形下，法律允许公司在一定期间短暂收购并持有本公司的股份。具体而言，有下列情形之一的，公司可以收购本公司股份：

（1）减少公司注册资本。由于公司注册资本与股份数是对应的，减少公司注册资本必然要注销部分股份，但股份都在股东手里，为了确定谁愿意将自己的股份注销，公司可以在公开市场上收购自己公司的股份，然后将收购的股份注销，并相应减少该部分股份所对应的注册资本。

（2）与持有本公司股份的其他公司合并。上市公司以及非上市公司之间允许互相持股，如果公司与持有本公司股份的其他公司合并，合并之后，公司必然就持有了本公司的股份，该股份可以在短期内持有。

（3）将股份用于员工持股计划或者股权激励。公司如果实行员工持股计划或者股权激励，就必须持有一部分股份，该股份可以通过增发股份的方式来获得，也可以通过到公开市场上收购本公司的部分股份来获得。

（4）股东因对股东会作出的公司合并、分立决议持异议，要求公司收购其股份。公司在特定情形下有义务收购异议股东的股份，此时公司也需要收购本公司的股份。

（5）将股份用于转换上市公司发行的可转换为股票的公司债券。上市公司可以发行可转换为股票的公司债券，该类债券在满足一定条件时可以转换为公司股票，此时就需要一定的股份来转换。公司既可以通过增发股份的方式来获取用于转换的股份，也可以通过收购本公司股份的方式来获取用于转换的股份。

（6）上市公司为维护公司价值及股东权益所必需。上市公司股票的价格事关公司价值及股东权益，有时为了防止公司股票价格异常波动，上市公司也可以收购本公司部分股份，减少市场上流通股份的数量，维持市场供求关系的平衡。

公司因减少公司注册资本以及与持有本公司股份的其他公司合并而收购本公司股份的，由于是重大事项，应当经股东会决议，不允许授权董事会决定。公司因将股份用于员工持股计划或者股权激励、将股份用于转换上市公司发行的可转换为股票的公司债券、上市公司为维护公司价值及股东权益所必需而收购本公司股份的，可以按照公司章程或者股东会的授权，经三分之二以上董事出席的董事会会议决议。注意，这里强调的是董事出席的比例为三分之二，不是董事会作出决议的比例，董事会作出决议的比例仍然是过半数，如果公司章程或者股东会未对董事会会议的表决比例作出特别规定的话。

公司依照上述规定收购本公司股份后，属于"减少公司注册资本"情形的，应当自收购之日起10日内注销。该种情形需要尽快完成注销手续，尽快办理工商变更登记，10日的期限足够完成上述程序。该种情形收购的股票，只能注销，不允许转让给他人。

属于"与持有本公司股份的其他公司合并""股东因对股东会作出的公司合并、分立决议持异议，要求公司收购其股份"情形的，应当在6个月内转让或者注销。该种情形取得的股票，可以注销，也可以转让。如果注销，需要办理工商变更登记，减少注册资本。如果转让则不需要办理该手续。6个月的期限足够可以完成公司合并的程序以及收购异议股东股份的程序。

属于"将股份用于员工持股计划或者股权激励""将股份用于转换上市公司发行的可转换为股票的公司债券""上市公司为维护公司价值及股东权益所必需"情形的，公司合计持有的本公司股份数不得超过本公司已发行股份总数的10%，并应当在3年内转让或者注销。上述三种情形比较复杂，所需要花费的时间比较长，常见的完成时间也需要1年以上，为此，法律要求总数不能超过本公司已发行股份总数的10%，持有时间不能超过3年，满3年必须转让或者注销。

上市公司收购本公司股份的，应当依照《证券法》的规定履行信息披露义务。上市公司因"将股份用于员工持股计划或者股权激励""将股份用于转换上市公司发行的可转换为股票的公司债券""上市公司为维护公司价值及股东权益所必需"情形收购本公司股份的，应当通过公开的集中交易方式进行。

公司不得接受本公司的股票作为质权的标的。一方面是因为公司原则上不得持有本公司股票，一旦公司接受本公司的股票作为质权的标的，将来如果行权就有可能要持有本公司股票，违反法律规定的原则。另一方面是因为公司股票的价值是靠公司经营状况担保的，如果公司接受本公司的股票作为质权的标的，相当于自己给自己担保，违反了担保的基本原则。

【相关法律规定】

《证券法》

第七十八条 发行人及法律、行政法规和国务院证券监督管理机构规定的其他信息披露义务人，应当及时依法履行信息披露义务。

信息披露义务人披露的信息，应当真实、准确、完整，简明清晰，通俗易懂，不得有虚假记载、误导性陈述或者重大遗漏。

证券同时在境内境外公开发行、交易的，其信息披露义务人在境外披露的信息，应当在境内同时披露。

第七十九条 上市公司、公司债券上市交易的公司、股票在国务院批准的其他全国性证券交易场所交易的公司，应当按照国务院证券监督管理机构和证券交易场所规定的内容和格式编制定期报告，并按照以下规定报送和公告：

（一）在每一会计年度结束之日起四个月内，报送并公告年度报告，其中的年度财务会计报告应当经符合本法规定的会计师事务所审计；

（二）在每一会计年度的上半年结束之日起二个月内，报送并公告中期报告。

第八十条 发生可能对上市公司、股票在国务院批准的其他全国性证券交易场所交易的公司的股票交易价格产生较大影响的重大事件，投资者尚未得知时，公司应当立即将有关该重大事件的情况向国务院证券监督管理机构和证券交易场所报送临时报告，并予公告，说明事件的起因、目前的状态和可能产生的法律后果。

前款所称重大事件包括：

（一）公司的经营方针和经营范围的重大变化；

（二）公司的重大投资行为，公司在一年内购买、出售重大资产超过公司资产总

额百分之三十,或者公司营业用主要资产的抵押、质押、出售或者报废一次超过该资产的百分之三十;

(三)公司订立重要合同、提供重大担保或者从事关联交易,可能对公司的资产、负债、权益和经营成果产生重要影响;

(四)公司发生重大债务和未能清偿到期重大债务的违约情况;

(五)公司发生重大亏损或者重大损失;

(六)公司生产经营的外部条件发生的重大变化;

(七)公司的董事、三分之一以上监事或者经理发生变动,董事长或者经理无法履行职责;

(八)持有公司百分之五以上股份的股东或者实际控制人持有股份或者控制公司的情况发生较大变化,公司的实际控制人及其控制的其他企业从事与公司相同或者相似业务的情况发生较大变化;

(九)公司分配股利、增资的计划,公司股权结构的重要变化,公司减资、合并、分立、解散及申请破产的决定,或者依法进入破产程序、被责令关闭;

(十)涉及公司的重大诉讼、仲裁,股东大会、董事会决议被依法撤销或者宣告无效;

(十一)公司涉嫌犯罪被依法立案调查,公司的控股股东、实际控制人、董事、监事、高级管理人员涉嫌犯罪被依法采取强制措施;

(十二)国务院证券监督管理机构规定的其他事项。

公司的控股股东或者实际控制人对重大事件的发生、进展产生较大影响的,应当及时将其知悉的有关情况书面告知公司,并配合公司履行信息披露义务。

第八十一条 发生可能对上市交易公司债券的交易价格产生较大影响的重大事件,投资者尚未得知时,公司应当立即将有关该重大事件的情况向国务院证券监督管理机构和证券交易场所报送临时报告,并予公告,说明事件的起因、目前的状态和可能产生的法律后果。

前款所称重大事件包括:

(一)公司股权结构或者生产经营状况发生重大变化;

(二)公司债券信用评级发生变化;

(三)公司重大资产抵押、质押、出售、转让、报废;

(四)公司发生未能清偿到期债务的情况;

(六)公司放弃债权或者财产超过上年末净资产的百分之十;

(七)公司发生超过上年末净资产百分之十的重大损失;

(八)公司分配股利,作出减资、合并、分立、解散及申请破产的决定,或者依法进入破产程序、被责令关闭;

(九)涉及公司的重大诉讼、仲裁;

（十）公司涉嫌犯罪被依法立案调查，公司的控股股东、实际控制人、董事、监事、高级管理人员涉嫌犯罪被依法采取强制措施；

（十一）国务院证券监督管理机构规定的其他事项。

第八十二条 发行人的董事、高级管理人员应当对证券发行文件和定期报告签署书面确认意见。

发行人的监事会应当对董事会编制的证券发行文件和定期报告进行审核并提出书面审核意见。监事应当签署书面确认意见。

发行人的董事、监事和高级管理人员应当保证发行人及时、公平地披露信息，所披露的信息真实、准确、完整。

董事、监事和高级管理人员无法保证证券发行文件和定期报告内容的真实性、准确性、完整性或者有异议的，应当在书面确认意见中发表意见并陈述理由，发行人应当披露。发行人不予披露的，董事、监事和高级管理人员可以直接申请披露。

第八十三条 信息披露义务人披露的信息应当同时向所有投资者披露，不得提前向任何单位和个人泄露。但是，法律、行政法规另有规定的除外。

任何单位和个人不得非法要求信息披露义务人提供依法需要披露但尚未披露的信息。任何单位和个人提前获知的前述信息，在依法披露前应当保密。

第八十四条 除依法需要披露的信息之外，信息披露义务人可以自愿披露与投资者作出价值判断和投资决策有关的信息，但不得与依法披露的信息相冲突，不得误导投资者。

发行人及其控股股东、实际控制人、董事、监事、高级管理人员等作出公开承诺的，应当披露。不履行承诺给投资者造成损失的，应当依法承担赔偿责任。

第八十五条 信息披露义务人未按照规定披露信息，或者公告的证券发行文件、定期报告、临时报告及其他信息披露资料存在虚假记载、误导性陈述或者重大遗漏，致使投资者在证券交易中遭受损失的，信息披露义务人应当承担赔偿责任；发行人的控股股东、实际控制人、董事、监事、高级管理人员和其他直接责任人员以及保荐人、承销的证券公司及其直接责任人员，应当与发行人承担连带赔偿责任，但是能够证明自己没有过错的除外。

第八十六条 依法披露的信息，应当在证券交易场所的网站和符合国务院证券监督管理机构规定条件的媒体发布，同时将其置备于公司住所、证券交易场所，供社会公众查阅。

第八十七条 国务院证券监督管理机构对信息披露义务人的信息披露行为进行监督管理。

证券交易场所应当对其组织交易的证券的信息披露义务人的信息披露行为进行监督，督促其依法及时、准确地披露信息。

【典型案例】

中华人民共和国最高人民法院
民 事 判 决 书

〔2020〕最高法民终 575 号

上诉人（一审被告）：上海银润传媒广告有限公司，住所地上海市普陀区宜昌路 555 号地下室 B 区-21 室。

法定代表人：陈某荣，该公司董事长。

委托诉讼代理人：章大卫，上海瀛泰律师事务所律师。

委托诉讼代理人：段晨澜，上海瀛泰律师事务所律师。

上诉人（一审被告）：陈某荣，男，1962 年 2 月 16 日生，汉族，住上海市长宁区。

委托诉讼代理人：章大卫，上海瀛泰律师事务所律师。

委托诉讼代理人：段晨澜，上海瀛泰律师事务所律师。

被上诉人（一审原告）：浙江**数元启投资合伙企业（有限合伙），住所地浙江省杭州市余杭区仓前街道景兴路 999 号 6 幢。

执行事务合伙人：浙江××数文化传媒产业投资管理有限公司（委派代表郭某涛）。

委托诉讼代理人：丁兴，浙江天册律师事务所律师。

委托诉讼代理人：陆之悦，浙江天册律师事务所律师。

上诉人上海银润传媒广告有限公司（以下简称银润公司）、陈某荣因与被上诉人浙江**数元启投资合伙企业（有限合伙）（以下简称华数元启公司）股权转让纠纷一案，不服浙江省高级人民法院〔2019〕浙民初 39 号民事判决，向本院提起上诉。本院立案后，依法组成合议庭，开庭进行了审理。银润公司、陈某荣的委托诉讼代理人章大卫、段晨澜，华数元启公司的委托诉讼代理人丁兴到庭参加诉讼。本案现已审理终结。

银润公司、陈某荣上诉请求：1. 撤销〔2019〕浙民初 39 号民事判决，将本案发回重审或依法改判驳回华数元启公司的诉讼请求。2. 诉讼费由华数元启公司承担。事实和理由：一、一审判决认定事实不清，银润公司、陈某荣不应承担回购责任。1. 华数元启公司以银润公司、陈某荣迟延交付审计报告触发回购条款为由要求回购，无事实依据。华数元启公司在发函要求回购后，又与银润公司、陈某荣多次磋商，最终达成重新共同委托具备证券资质的上海立信会计师事务所进行审计的一致意见。银润公司、陈某荣认为华数元启公司的上述行为已经表明其已认可银润公司、陈某荣迟延提交审计报告，所以不应以迟延提交审计报告为由提出回购申请。2.华数元启公司对银润公司合作期间业绩未达标应承担相应责任。华数元启公司怠于履行股东义务，多次不参加董事会，导致银润公司的很多决策无法进一步实施，进而导致银润公司无法完成对赌计划的业绩要求。银润公司与华数元启公司间另有其他合作合同，但华数元启公司拖延履行合同义务。华数元启公司作为股东，对对赌计划失败负有责任。3.华数元启公司并未按时、足额支付投资款，使得银润公司现金流短缺，诸多项目无法及时付款，进而影响商业规划。华数元启公司的违约行为系案涉对赌计划失败的根本因素。二、即使认定银润公司、陈某荣应当承担回购责任，一审对回购金额及起算时间认定也有错误。1.银润公司、陈某荣收到华数元启公司要求回购的函件后，一直在与华数元启公司沟通协商指定会计师事务所重新审计的事宜，同时双方就回购的具体方式进行协商，但直至华数元启公司提起本案诉讼，双方仍未达成一致意见。银润公司、陈某荣认为应当从其收到原审法院寄送的起诉材料之日起开始计算十八个月回购期限，违约金的起算点亦应当顺延。2.年回购利率8%约定过高，有悖市场公平。回购条款的本质是对投资方权益的弥补而非获利。签署回购条款并不能改变华数元启公司投资行为的性质，即投资的风险性仍然要自担。在确定回购金额时应当考虑华数元启公司投资行为的实质，兼顾市场公平，不应认定回购金额为324 193 534元，应当酌情降低。3.一审判决按照年化16%计算违约金过高，应当予以调整。迟延履行违约金的根本目的是补偿守约方，惩罚违约方，但违约金的约定应当符合公平原则。原审判决认定以324 193 534元为基数计算违约金有违公平，因为324 193 534元中已经包括了回购利率8%计算出来的利息，在324 193 534元基础上按照年16%的标准计算违约金实质上属于计算复利，加重了银润公司、陈某荣的回购责任。银润公司、陈某荣认为违约金的计算基数应以实际投资本金人民币2.5亿元来计算，并且应调低违约金标准。三、银润公司、陈某荣不应当承担回购责任，所以不应当赔偿律师费、案件受理费、诉讼保全责任保险金等因主张回购而支出的费用。即使判决，也应考虑华数元启公司的行为因素，对赔偿费用的金额予以调低。

华数元启公司辩称，一审判决认定事实清楚，适用法律正确，请求驳回上诉，维持原判。理由为：1.合同约定的回购条件已经触发，华数元启公司不存在任何违约行为。延迟交付审计报告是各方约定的回购触发条件，华数元启未作出任何豁免的意思表示。华数元启公司通过书面形式要求银润公司、陈某荣履行回购义务的意思表示十分明确，不存在豁免其回购义务的情况。2.华数元启公司不存在任何违约行为，在投资款支付过程中无任何逾期，对增资款的认缴完全符合合同约定。银润公司同意剩余出资款及股权转让价款相应顺延至2016年6月30日支付，华数元启公司分别为6月12日、6月13日和7月1日支付案涉款项，且支付最后一笔股权转让款比约定晚一天的原因是陈某荣迟至6月30日才向华数元启公司提交完税凭证。银润公司、陈某荣在各方往来函件中对于华数元启公司支付股权转让款的时间、金额从未以任何方式提出异议和违约主张。3. 一审判决对回购金额、起算时间的认定符合合同约定，且已酌情调整。华数元启公司于 2017 年 7 月 11 日向银润公司、陈某荣发出回购通知，自 2019 年 1 月 12 日已超出十八个月，故应从 2019 年 1 月 12 日开始计算违约金。一审法院结合股权回购款中已计算了 8% 的年利率，酌定将 2019 年 1 月 12 日之后的违约金调整为 16%，并无不当。4. 一审判决适用法律正确，对当事人实体权利义务的处理符合合同约定和法律规定。陈某荣在案件审理期间实施了转移资产逃避债务的行为。华数元启公司作为一家国有资金出资并主导管理的私募股权投资基金，陈某荣恶意转移财产的行为将导致国有资产损失和债权人利益无法实现。

华数元启公司向一审法院起诉请求：1. 银润公司、陈某荣共同向华数元启公司支付股权回购款 324 193 534 元，并按年利率 20% 的标准承担至实际付款日止的违约金；2. 银润公司、陈某荣承担华数元启公司为实现债权支出的律师费 80 万元，财产保全担保费 129 800 元，合计 929 800 元（以上二项合计 325 123 334 元）；3. 诉讼费用由银润公司、陈某荣承担。

一审法院认定事实：2014 年 7 月，华数传媒网络有限公司（以下简称华数传媒）与银润公司签订《战略合作框架协议》，约定双方长期合作并达成如下意向性内容：资本层面华数传媒投入不超过 2.5 亿元资金参与银润公司增资扩股。业务合作方面华数传媒依托自身优势为银润公司宣传推广提供支持和优惠。同时注明，该协议为合作框架协议，双方合作的具体内容及方式以项目合作协议为准。

2015 年 2 月，华数元启公司与银润公司、陈某荣、李瑛、北京尚心华滋投资中心（有限合伙）及上海钜润资产管理有限公司签订《股权转让和增资协议》一份。该协议第 2.3 条约定：陈某荣在重组后向华数元启公司转让其所持有的银润公司 39.23 万元注册资本对应的股权（占本次交易后银润公司 4.44% 股权），华数元启公司同意以 6 000 万元受让；第 2.4 条约定：银润公司重组后接受华数元启公司投资，再增加注册资本 124.22 万元，华数元启公司以货币资金 19 000 万元认购银润公司重组后新增加的注册资本 124.22 万元，占增资完成后公司总股本的 14.06%；第 3.3.1 条约定，在协议生效、银润公司、本次交易前全体股东、陈某荣向华数元启公司出具增资交割通知之日（先决条件完成日）起 10 个工作日或各方同意的其他期限内，华数元启公司将增资款 1.9 亿元汇至银润公司指定的银行账户。第 3.3.2 条约定，在先决条件完成日起，在银润公司办理完毕股权过户手续后 5 个工作日或各方同意的其他期限内，华数元启公司将股权转让款扣除税款后汇至陈某荣指定的银行账户。第 12.1 条约定，如各方中任何一方构成违约，守约方有权要求违约方支付 500 万元违约金，且若此违约金尚不足以弥补守约方因此遭受的损失，违约方仍应就守约方因该违约行为遭受的所有损失、责任、费用、开支（包括为追究违约方责任而支出的调查费、律师费等），进行全面赔偿。第 14.3 条约定，因本协议产生的争议任何一方均有权向华数元启公司所在地人民法院提起诉讼。

2015 年 2 月，各方又签订《补充协议》，该协议第 2.1 条约定：银润公司、本次交易前全体股东、陈某荣向华数元启公司确认并保证,银润公司合并会计报表中于2015、2016、2017会计年度实现的归属母公司所有者的净利润应分别不少于5 500万元、9 500万元、15 000万元;第2.2条约定:银润公司、本次交易前全体股东、陈某荣认可和确认:华数元启公司同意按《股权转让和增资协议》第二条约定的增资扩股价格认购公司新增注册资本并受让原股东所持股权,系基于公司、《股权转让和增资协议》、陈某荣在本补充协议2.1条所作出的利润预测与保证;第3.3条约定:"实际净利润"是指华数元启公司和银润公司共同指定并由银润公司聘请的具有证券从业资格的会计师事务所根据中国会计准则等会计制度对银润公司进行审计后确认的银润公司合并会计报表中归属公司全体股东的净利润。银润公司应在每一会计年度结束后4个月内,提供上述《审计报告》。第4.1条约定:如果银润公司2015年和2016年的合计实际净利润低于2015年和2016年合计目标净利润的50%的,银润公司必须回购华数元启公司届时所持有的公司全部股权,回购利率为8%/年。若银润公司最迟于2017年6月30日仍未能提供相关审计报告且未获得华数元启公司的事先许可延期或豁免,即视为本条所约定的回购条款触发。第4.2条约定:触发上述4.1条约定回购条件时,华数元启公司应在收到银润公司提供的书面审计报告之日(若公司逾期提供审计报告的,则为第4.1条约定触发之日)起60日内以书面形式确认是否行使回购权。第4.3条约定:华数元启公司要求行使回购权的,银润公司应在华数元启公司书面确认回购要求后的十八个月内一次性或分期回购华数元启公司所持有的公司股权(以付清回购款为标准),逾期未回购的,则应按年利率20%(即每日万分之五点五)的标准另行支付违约金。第4.5条约定:无论银润公司因何种原因不能按期足额回购华数元启公司所持有的公司股权的,陈某荣有义务按4.1条约定的价格回购华数元启公司届时所持有的银润公司全部股权,并迟在不晚于华数元启公司作出书面确认回购要求后的十八个月内付清全部回购价款,逾期未付清回购价款的,则应按年利率20%(即每日万分之五点五)的标准另行支付违约金。

2015年4月,各方签订《补充协议一》,其中1.2条、1.4条中约定,华数元启公司不晚于2015年6月30日将款项支付给银润公司及陈某荣。

华数元启公司于2015年3月24日、4月23日分别向银润公司支付增资款8 000万元、11 000万元,合计1.9亿元;于2015年6月12日、6月16日及7月1日分别向陈某荣支付股权转让款1 000万元、3 800万元、1 200万元,合计6 000万元。

2017年5月17日,华数元启公司向银润公司、陈某荣发函,表示根据银润公司委托上海汇强会计师事务所审计的2015年、2016年审计报告,该两年实际完成的净利润数据低于业绩承诺指标,且完成率不足50%,符合触发《补充协议》回购条款的条件,故要求:1.合同约定需由华数元启公司和银润公司共同制定具有证券从业资格的会计师事务所进行审计后确定实际净利润,现审计报告中所用会计师事务所不符合合同约定,要求尽快共同委托具有证券从业资格的会计师事务所进行审计后确定实际净利润;2.要求银润公司提供增资款适用情况专项说明;3.银润公司、陈某荣是否同意启动回购条款。银润公司回函,明确银润公司的利润情况切实如上所述,银润公司对未能如约完成2015年、2016年财务计划深表歉意,并解释了原因。同时建议引进新一轮战略投资人,目前银润公司已经与潜在的新投资人接洽,希望引入新投资人落实后,再安排审计报告。

华数元启公司于2017年6月21日向银润公司、陈某荣出具《关于尽快指定并聘请具有证券从业资格的会计师事务所进行审计的催告函》,要求银润公司、陈某荣于2017年6月30日前提供相关符合条件的审计报告。银润公司、陈某荣于2017年6月29日出具《复函》,表示其在2017年5月25日给华数元启公司的报告中曾经介绍了银润公司2015年、2016年的财务数据,并表示希望等新投资方案基本确定过后根据财务调整规划来处理银润公司账务之后再进行正式审计,由于未收到华数元启公司的答复,新投资方沟通工作也在一直进行中,所以有关审计工作尚未进行。其2017年6月28日才收到催告函,客观上无法在限定时间内提供审计报告。华数元启公司于2017年7月11日向银润公司、陈某荣发出《关于要求履行回购条款的通知》,以书面形式要求银润公司、陈某荣依照《补充协议》的约定,回购华数元启公司所持有的银润公司全部股权。

2018年11月23日,银润公司、陈某荣出具《回复函》,告知其多方面努力,切实解决回购事宜,但尚需时日,故再次与华数元启公司协商解决方案。2018年12月24日,银润公司、陈某荣出具《关于回购事宜的建议方案》,提及2018年12月14日起已配合华数元启公司进行审计,并商谈回购方式,表示若华数元启公司在年底完成回购,回购款应为本金2.5亿元加累计投资利润8 400万元,银润公司现阶段很难筹集回购款项,并提出愿意将相关项目一定比例支付的方式作为华数元启公司前期投资利润,希望华数元启公司能够持有目前股权。若华数元启公司不考虑上述方案,陈某荣可以考虑同其他股东一起以无偿转股或者其他方式,将银润公司的实际控制权交给华数元启公司作为替代,并为银润公司提供三年的服务等。

另查明,银润公司单方委托不具有证券从业资格的上海汇强会计师事务所出具银润公司2015年度和2016年度审计报告,显示2015年实际完成净利润28 783 240.46元,2016年实际完成净利润28 289 336.33元。后银润公司与华数元启公司共同选定具有证券从业资格的立信会计师事务所出具银润公司2014—2016年度审计报告、2017年度审计报告。

自2017年7月11日《关于要求履行回购条款的通知》之日起计算十八个月至2019年1月10日止,华数元启公司共计支付的2.5亿元款项,按年利率8%计算投资收益为74 193 534元,加上2.5亿元本金,共计324 193 534元。

还查明,华数元启公司为本案诉讼支付律师费80万元,支付诉讼保全责任保险金129 800元。

一审法院认为,本案的争议焦点为:1.银润公司、陈某荣在本案中是否存在违约行为;2.华数元启公司是否有权要求银润公司、陈某荣回购相应股权;3.华数元启公司是否有权要求银润公司、陈某荣支付律师费用、诉讼保全保险费等相应费用。

关于争议焦点一,根据《股权转让和增资协议》及《补充协议》的约定,银润公司、陈某荣保证银润公司合并会计报表中2015、2016、2017会计年度实现净利润分别不少于5 500万元、9 500万元、15 000万元,该实际净利润指华数元启公司和银润公司共同指定并由银润公司聘请的具有证券从业资格的会计师事务所根据中国会计准则等会计制度对银润公司进行审计后确认的银润公司合并会计报表中归属公司全体股东的净利润。银润公司应在每一会计年度结束后4个月内,提供审计报告。如果银润公司2015年和2016年的合计实际净利润低于2015年和2016年合计目标净利润的50%的,银润公司必须回购华数元启公司届时所持有的公司全部股权,回购利率为8%/年。若银润公司最迟于2017年6月30日仍未能提供相关审计报告且未获得华数元启公司的事先许可延期或豁免,即视为本条所约定的回购条款触发。现银润公司在2017年6月30日前无法提供符合合同约定的具有证券从业资格的会计师事务所出具的审计报告,构成违约事项,能够触发回购条款。在双方的往来函件中,银润公司、陈某荣对其未按期提供审计报告的事实并不否认,且认可根据其单独委托的会计师事务所出具的2015年、2016年审计报告,银润公司的利润亦不符合合同约定。2018年11月23日,银润公司、陈某荣出具的《回复函》中认可回购事宜,并商谈相应解决方案。综上,银润公司、陈某荣对其存在违约情形,触发回购条款并不持异议。

银润公司、陈某荣抗辩称华数元启公司违约在先,其晚于合同约定的时间支付股权转让款及增资款。但根据《股权转让和增资协议》第3.3.1条约定,在协议生效、银润公司、本次交易前全体股东、陈某荣向华数元启公司出具增资交割通知之日(先决条件完成日)起10个工作日或各方同意的其他期限内,华数元启公司将增资款1.9亿元汇至银润公司指定的银行账户。第3.3.2条约定,在先决条件完成日起,在银润公司办理完毕股权过户手续后5个工作日或各方同意的其他期限内,华数元启公司将股权转让款扣除税款后汇至陈某荣指定的银行账户。即华数元启公司支付股权转让款及增资款可在各方同意的其他期限内完成。《补充协议一》1.2条、1.4条中约定,华数元启公司不晚于2015年6月30日将款项支付给银润公司及陈某荣。现华数元启公司于2015年3月24日、4月23日向银润公司交付足额增资款,于2015年6月12日、6月16日及7月1日向陈某荣支付足额股权转让款。除2015年7月1日的1 200万元延迟一天外,其余均在各方约定的范围之内,且并无证据证明协议各方对该支付时间提出异议,故应认定该支付方式及时间并不违反案涉协议约定,银润公司、陈某荣抗辩称华数元启公司违约在先,缺乏事实依据,难以支持。

银润公司、陈某荣还抗辩称华数元启公司的母公司华数传媒与银润公司签订《战略合作框架协议》,约定华数传媒依托自身优势为银润公司宣传推广提供支持和优惠,但华数传媒未履行上述约定,存在违约。《战略合作框架协议》明确该协议仅为合作框架协议,双方合作的具体内容及方式以项目合作协议为准,故银润公司、陈某荣该项抗辩,缺乏依据难以支持。

关于争议焦点二，案涉《股权转让和增资协议》及《补充协议》系各方真实意思表示，不存在法定无效事由，应认定上述协议效力。如上所述，银润公司存在违约情形，触发回购条款。但根据《公司法》第一百四十二条的规定，公司不得收购本公司股份。但是，有下列情形之一的除外：（一）减少公司注册资本；（二）与持有本公司股份的其他公司合并；（三）将股份奖励给本公司职工；（四）股东因对股东大会作出的公司合并、分立决议持异议，要求公司收购其股份的。公司因前款第（一）项至第（三）项的原因收购本公司股份的，应当经股东大会决议。经审查，银润公司并未完成法定减资程序，故对于华数元启公司要求银润公司支付股权回购款的诉讼请求，不符合法律规定，难以支持。《股权转让和增资协议》第4.5条约定：无论银润公司因何种原因不能按期足额回购华数元启公司所持有的公司股权的，陈某荣有义务按4.1条约定的价格回购华数元启公司届时所持有的银润公司全部股权，并最迟在不晚于华数元启公司作出书面确认回购要求后的十八个月内付清全部回购价款，逾期未付清回购价款的，则应按年利率20%（即每日万分之五点五）的标准另行支付违约金。故陈某荣应依约承担回购华数元启公司持有的银润公司股权的义务。

根据《补充协议》第4.1条约定，回购利率为8%/年，按此计算陈某荣应支付的股权回购款为324 193 534元。根据《补充协议》第4.3条约定：华数元启公司要求行使回购权的，银润公司应在华数元启公司书面确认回购要求后的十八个月内一次性或分期回购华数元启公司所持有的公司股权（以付清回购款为标准），逾期未回购的，则应按年利率20%（即每日万分之五点五）的标准另行支付违约金。华数元启公司于2017年7月11日向银润公司、陈某荣发出《关于要求履行回购条款的通知》，以书面形式通知要求银润公司、陈某荣回购股权，自2019年1月12日已超出十八个月，故应从2019年1月12日开始计算违约金。陈某荣主张违约金过高，请求法院予以调整。一审法院针对股权回购款中已计算了8%的年利率，并综合各方履约情况及合同性质，酌定调整为自2019年1月12日开始，以年利率16%支付违约金。

关于争议焦点三，《股权转让和增资协议》第12.1条约定，如各方中任何一方构成违约，守约方有权要求违约方支付500万元违约金，且若此违约金尚不足以弥补守约方因此遭受的损失，违约方仍应就守约方因该违约行为遭受的所有损失、责任、费用、开支（包括为追究违约方责任而支出的调查费、律师费等），进行全面赔偿。华数元启公司为本案诉讼支付律师费80万元，支付诉讼保全责任保险金129 800元，均属于因违约行为遭受的损失，故有权要求银润公司、陈某荣赔偿相应损失。

综上，华数元启公司的部分诉讼请求具有事实和法律依据，法院予以支持。依照《公司法》第一百四十二条，《合同法》第六十条、第一百零七条，《民事诉讼法》第一百三十四条、第一百四十二条、第一百五十二条之规定，判决：一、陈某荣于本判决生效后十日内向华数元启公司支付股权回购款324 193 534元及违约金（按年利率16%自2019年1月12日计算起至实际支付回购款之日止），用于受让华数元启公司持有的银润公司14.06%的股权；二、银润公司、陈某荣于本判决生效后十日内向华数元启公司支付律师费80万元,诉讼保全责任保险金129 800元,合计929 800元;三、驳回华数元启公司的其他诉讼请求。如果未按本判决指定的履行期间履行给付金钱义务,应当依照《民事诉讼法》第二百五十三条规定,加倍支付迟延履行期间的债务利息。案件受理费1 667 417元,诉讼保全申请费5 000元,由陈某荣负担1 672 417元,银润公司就其中的4 732元与陈某荣承担共同给付责任。

双方当事人在二审中均未提交新的证据。本院对一审法院查明的事实予以确认。

本院认为,本案的争议焦点为:1.本案回购条款是否触发,触发的原因及时间如何认定;2.一审判决认定的回购金额及违约金的核算是否适当;3.银润公司、陈某荣是否应承担华数元启公司因为回购而产生的费用。

关于回购条款是否触发及触发的原因及时间认定问题。案涉《补充协议》4.1条款约定"若银润公司最迟于2017年6月30日仍未能提供相关审计报告且未获得华数元启公司的事先许可延期或豁免,即视为本条所约定的回购条款触发"。银润公司、陈某荣未于2017年6月30日前向华数元启公司提供具有证券从业资格的会计师事务所出具的资产审计报告,其上诉主张当事人间经过商议共同委托立信会计师事务所进行审计的行为表示华数元启公司同意银润公司、陈某荣延期或豁免交付《审计报告》,但其未能提供充分证据证明华数元启公司明确做出了同意延期或豁免的意思表示,共同委托审计的行为也不足以证明华数元启公司放弃回购。华数元启公司于2017年7月11日向银润公司、陈某荣发出《关于要求履行回购条款的通知》。2018年11月23日,银润公司、陈某荣出具的《回复函》中明确"解决回购事宜尚需时日"。2018年12月24日,银润公司、陈某荣出具的《关于回购事宜的建议方案》亦载明"已配合华数元启公司进行审计,并商谈回购方式"。上述事实表明双方当事人已经以书面函的形式确认了回购条款触发的事实,一审法院认定案涉协议的回购条款已经触发,并以华数元启公司发出《关于要求履行回购条款的通知》作为触发日,并无不当。

关于一审判决认定的回购金额及违约金的核算是否适当问题。案涉《补充协议》4.1条约定,"如果银润公司2015年和2016年的合计实际净利润低于2015年和2016年合计目标净利润的50%的,银润公司必须回购华数元启公司届时所持有的公司全部股权,回购利率为8%/年"。银润公司、陈某荣出具在《关于回购事宜的建议方案》中表示,"……若华数元启公司在年底完成回购,回购款应为本金2.5亿元加累计投资利润8 400万元……"在银润公司、陈某荣未能提供证据证明银润公司2015年、2016年合计净利润高于2015年和2016年合计目标净利润的50%的情况下,一审法院按照上述合同约定计算回购款总计324 193 534元,并无不当。银润公司、陈某荣上诉主张华数元启公司晚于合同约定的时间支付股权转让款及增资款,违约在先,但除2015年7月1日1 200万元款项华数元启公司延迟支付一天外,剩余2.38亿元认购款、增资款华数元启公司均在合同约定的时间内支付。银润公司、陈某荣在公司往来函件中从未对1 200万元延迟一天支付提出异议,亦未提交证据证明1 200万元的延期支付对银润公司运行造成不良后果,其主张华数元启公司未按时、足额支付投资款的违约行为导致案涉对赌计划失败，不能成立。银润公司、陈某荣主张华数元启公司未履行股东义务，没有对公司运营产生帮助，对对赌计划未完成负有责任，但对此未提供证据证明，本院不予支持。案涉《补充协议》约定陈某荣有义务回购华数元启公司所持有的银润公司全部股权，并最迟在不晚于华数元启公司作出书面确认回购要求后的十八个月内付清全部回购价款，逾期未付清回购价款的，则应按年利率20%（即每日万分之五点五）的标准另行支付违约金。一审法院基于各方履约情况及合同性质，将违约金酌定调整为自2019年1月12日开始，以年利率16%支付，并无不当。

关于银润公司、陈某荣是否应承担华数元启公司因为回购而产生的费用问题。案涉《股权转让和增资协议》12.1条约定，如当事人各方中任何一方构成违约，守约方有权要求违约方支付500万元违约金，且若此违约金尚不足以弥补守约方因此遭受的损失，违约方仍应就守约方因该违约行为遭受的所有损失、责任、费用、开支（包括为追究违约方责任而支出的调查费、律师费等），进行全面赔偿。案涉律师费、诉讼保全责任保险金确系因本案诉讼实际发生的费用，银润公司、陈某荣应当按照协议约定进行赔偿。银润公司、陈某荣主张上述费用过高应当予以调整，但未能提供相应证据予以证明，本院不予支持。

综上所述，上诉人银润公司、陈某荣的上诉请求不能成立，应予驳回；一审判决认定事实清楚，适用法律正确，应予维持。依照《民事诉讼法》第一百七十条第一款第一项规定，判决如下：

驳回上诉，维持原判。

二审案件受理费1 667 417元，由上海银润传媒广告有限公司、陈某荣负担。

本判决为终审判决。

审　判　长　　贾清林
审　判　员　　杨　春
审　判　员　　王成慧
二〇二〇年七月十六日
法官助理　　周　昊
书　记　员　　向　往

【2023年版本】

第一百六十三条　公司不得为他人取得本公司或者其母公司的股份提供赠与、借款、担保以及其他财务资助，公司实施员工持股计划的除外。

为公司利益，经股东会决议，或者董事会按照公司章程或者股东会的授权作出决议，公司可以为他人取得本公司或者其母公司的股份提供财务资助，但财务资助的累计总额不得超过已发行股本总额的百分之十。董事会作出决议应当经全体董事的三分之二以上通过。

违反前两款规定，给公司造成损失的，负有责任的董事、监事、高级管理人员应当承担赔偿责任。

【三次审议稿】

第一百六十三条 公司及其子公司不得为他人取得本公司的股份提供赠与、借款、担保以及其他财务资助，公司实施员工持股计划的除外。

为公司利益，经股东会决议，或者董事会按照公司章程或者股东会的授权作出决议，公司可以为他人取得本公司或者其母公司的股份提供财务资助，但财务资助的累计总额不得超过已发行股本总额的百分之十。董事会作出决议应当经全体董事的三分之二以上通过。

违反前两款规定为他人取得本公司股份提供财务资助，给公司造成损失的，负有责任的董事、监事、高级管理人员应当承担赔偿责任。

【本条释义】

本条规定了公司为他人取得股份提供财务资助。

为防止利益输送以及防止公司以他人名义间接持有本公司股份，原则上，公司不得为他人取得本公司或者其母公司的股份提供赠与、借款、担保以及其他财务资助，公司实施员工持股计划的除外。需要注意的是，这里禁止的是公司本身及其母公司，并未禁止公司的其他关联公司，如公司的子公司。例如，甲公司持有乙公司70%的股份，乙公司持有丙公司70%的股份，丁公司准备购买乙公司的股份，对此，乙公司和丙公司均不能提供相关财务资助，但甲公司可以提供相关财务资助。

既然公司为自身利益可以收购本公司的股份，当然可以为他人取得本公司股份提供财务资助。为公司利益，经股东会决议，或者董事会按照公司章程或者股东会的授权作出决议，公司可以为他人取得本公司或者其母公司的股份提供财务资助，但财务资助的累计总额不得超过已发行股本总额的10%。董事会作出决议应当经全体董事的三分之二以上通过。实务中，原则上只要经过股东会决议，或者经董事会按照公司章程或者股东会的授权作出决议，即可认为是为公司利益。

违反上述规定为他人取得本公司股份提供财务资助，给公司造成损失的，负有责任的董事、监事、高级管理人员应当承担赔偿责任。所谓给公司造成损失主要是指公司向其提供的财务资助无法足额收回。负有责任的董事、监事、高级管理人员主要包括在董事会决议中投反对票的董事，列席董事会但未提出异议的监事，具体执行财务资助的高级管理人员。

【2023 年版本、三次审议稿】

第一百六十四条　股票被盗、遗失或者灭失，股东可以依照《民事诉讼法》规定的公示催告程序，请求人民法院宣告该股票失效。人民法院宣告该股票失效后，股东可以向公司申请补发股票。

【2018 年版本】

第一百四十三条　记名股票被盗、遗失或者灭失，股东可以依照《中华人民共和国民事诉讼法》规定的公示催告程序，请求人民法院宣告该股票失效。人民法院宣告该股票失效后，股东可以向公司申请补发股票。

【本条释义】

本条规定了股票被盗、遗失或者灭失后的补救手段。

股票属于有价证券，丢失后可以按照公示催告程序进行补救。股票被盗、遗失或者灭失，股东可以依照《民事诉讼法》规定的公示催告程序，请求人民法院宣告该股票失效。人民法院宣告该股票失效后，股东可以向公司申请补发股票。

由于股东行使股东权利的依据是股东名册，因此，股票丢失后并不影响股东行使其股东权利，但如果转让股份，需要背书转让股票，此时，股东没有股票则没有办法转让股份。对于电子数据形式的股票而言，其本身不存在被盗、遗失或者灭失的问题，因此也不需要通过公示催告程序来补救。

【相关法律规定】

《民事诉讼法》（1991 年 4 月 9 日第七届全国人民代表大会第四次会议通过，根据 2007 年 10 月 28 日第十届全国人民代表大会常务委员会第三十次会议《关于修改〈中华人民共和国民事诉讼法〉的决定》第一次修正，根据 2012 年 8 月 31 日第十一届全国人民代表大会常务委员会第二十八次会议《关于修改〈中华人民共和国民事诉讼法〉的决定》第二次修正，根据 2017 年 6 月 27 日第十二届全国人民代表大会常务委员会第二十八次会议《关于修改〈中华人民共和国民事诉讼法〉和〈中华人民共和国行政诉讼法〉的决定》第三次修正，根据 2021 年 12 月 24 日第十三届全国人民代表大会常务委员会第三十二次会议《关于修改〈中华人民共和国民事诉讼法〉的决定》第四次修正，根据 2023 年 9 月 1 日第十四届全国人民代表大会常务委员会第五次会议《关于修改〈中华人民共和国民事诉讼法〉的决定》第五次修正）

第六章 股份有限公司的股份发行和转让

第二百二十九条 按照规定可以背书转让的票据持有人,因票据被盗、遗失或者灭失,可以向票据支付地的基层人民法院申请公示催告。依照法律规定可以申请公示催告的其他事项,适用本章规定。

申请人应当向人民法院递交申请书,写明票面金额、发票人、持票人、背书人等票据主要内容和申请的理由、事实。

第二百三十条 人民法院决定受理申请,应当同时通知支付人停止支付,并在三日内发出公告,催促利害关系人申报权利。公示催告的期间,由人民法院根据情况决定,但不得少于六十日。

第二百三十一条 支付人收到人民法院停止支付的通知,应当停止支付,至公示催告程序终结。

公示催告期间,转让票据权利的行为无效。

第二百三十二条 利害关系人应当在公示催告期间向人民法院申报。

人民法院收到利害关系人的申报后,应当裁定终结公示催告程序,并通知申请人和支付人。

申请人或者申报人可以向人民法院起诉。

第二百三十三条 没有人申报的,人民法院应当根据申请人的申请,作出判决,宣告票据无效。判决应当公告,并通知支付人。自判决公告之日起,申请人有权向支付人请求支付。

第二百三十四条 利害关系人因正当理由不能在判决前向人民法院申报的,自知道或者应当知道判决公告之日起一年内,可以向作出判决的人民法院起诉。

【典型案例】

湖南省长沙市天心区人民法院

民 事 判 决 书

〔2022〕湘 0103 民催 1 号

申请人:李某军,女,1969 年 10 月 15 日出生,汉族,住长沙市雨花区。

申请人李某军申请公示催告一案,本院于 2022 年 5 月 12 日立案后,依法于 2022 年 5 月 18 日发出公告,催促利害关系人在六十日内申报权利。现公示催告期间已满,无人向本院提出申报。

依照《公司法》第一百四十三条、《民事诉讼法》第二百二十九条、《最高人民法院关于适用〈中华人民共和国民事诉讼法〉的解释》第四百五十二条之规定,判决如下:

宣告长沙农村商业银行股份有限公司签发的股金证号为××的股权证书无效（股东：李某军，股金份额：1 502 820 股）。

申请费 100 元，由申请人李某军负担。

审　判　长　陈　某

审　判　员　向　利

审　判　员　匡迪琪

二〇二二年七月十九日

法官助理　杨　微

书　记　员　李　搴

附相关法律条文：

《公司法》

第一百四十三条　记名股票被盗、遗失或者灭失，股东可以依照《中华人民共和国民事诉讼法》规定的公示催告程序，请求人民法院宣告该股票失效。人民法院宣告该股票失效后，股东可以向公司申请补发股票。

《民事诉讼法》

第二百二十九条　没有人申报的，人民法院应当根据申请人的申请，作出判决，宣告票据无效。判决应当公告，并通知支付人。自判决公告之日起，申请人有权向支付人请求支付。

《最高人民法院关于适用〈中华人民共和国民事诉讼法〉的解释》

第四百五十二条　在申报权利的期间无人申报权利，或者申报被驳回的，申请人应当自公示催告期间届满之日起一个月内申请作出判决。逾期不申请判决的，终结公示催告程序。

裁定终结公示催告程序的，应当通知申请人和支付人。

【2023 年版本、三次审议稿】

第一百六十五条　上市公司的股票，依照有关法律、行政法规及证券交易所交易规则上市交易。

【2018 年版本】

第一百四十四条　上市公司的股票，依照有关法律、行政法规及证券交易所交易规则上市交易。

【本条释义】

本条规定了上市公司股票上市交易的规则。

上市公司的股票，依照有关法律、行政法规及证券交易所交易规则上市交易。其中主要的法律是《证券法》。

【相关法律规定】

《证券法》

第三十五条　证券交易当事人依法买卖的证券，必须是依法发行并交付的证券。

非依法发行的证券，不得买卖。

第三十六条　依法发行的证券，《中华人民共和国公司法》和其他法律对其转让期限有限制性规定的，在限定的期限内不得转让。

上市公司持有百分之五以上股份的股东、实际控制人、董事、监事、高级管理人员，以及其他持有发行人首次公开发行前发行的股份或者上市公司向特定对象发行的股份的股东，转让其持有的本公司股份的，不得违反法律、行政法规和国务院证券监督管理机构关于持有期限、卖出时间、卖出数量、卖出方式、信息披露等规定，并应当遵守证券交易所的业务规则。

第三十七条　公开发行的证券，应当在依法设立的证券交易所上市交易或者在国务院批准的其他全国性证券交易场所交易。

非公开发行的证券，可以在证券交易所、国务院批准的其他全国性证券交易场所、按照国务院规定设立的区域性股权市场转让。

第三十八条　证券在证券交易所上市交易，应当采用公开的集中交易方式或者国务院证券监督管理机构批准的其他方式。

第三十九条　证券交易当事人买卖的证券可以采用纸面形式或者国务院证券监督管理机构规定的其他形式。

第四十条　证券交易场所、证券公司和证券登记结算机构的从业人员，证券监督管理机构的工作人员以及法律、行政法规规定禁止参与股票交易的其他人员，在任期或者法定限期内，不得直接或者以化名、借他人名义持有、买卖股票或者其他具有股权性质的证券，也不得收受他人赠送的股票或者其他具有股权性质的证券。

任何人在成为前款所列人员时，其原已持有的股票或者其他具有股权性质的证券，必须依法转让。

实施股权激励计划或者员工持股计划的证券公司的从业人员，可以按照国务院证券监督管理机构的规定持有、卖出本公司股票或者其他具有股权性质的证券。

第四十一条　证券交易场所、证券公司、证券登记结算机构、证券服务机构及其工作人员应当依法为投资者的信息保密，不得非法买卖、提供或者公开投资者的信息。

证券交易场所、证券公司、证券登记结算机构、证券服务机构及其工作人员不得泄露所知悉的商业秘密。

第四十二条　为证券发行出具审计报告或者法律意见书等文件的证券服务机构和人员，在该证券承销期内和期满后六个月内，不得买卖该证券。

除前款规定外，为发行人及其控股股东、实际控制人，或者收购人、重大资产交易方出具审计报告或者法律意见书等文件的证券服务机构和人员，自接受委托之日起至上述文件公开后五日内，不得买卖该证券。实际开展上述有关工作之日早于接受委托之日的，自实际开展上述有关工作之日起至上述文件公开后五日内，不得买卖该证券。

第四十三条　证券交易的收费必须合理，并公开收费项目、收费标准和管理办法。

第四十四条　上市公司、股票在国务院批准的其他全国性证券交易场所交易的公司持有百分之五以上股份的股东、董事、监事、高级管理人员，将其持有的该公司的股票或者其他具有股权性质的证券在买入后六个月内卖出，或者在卖出后六个月内又买入，由此所得收益归该公司所有，公司董事会应当收回其所得收益。但是，证券公司因购入包销售后剩余股票而持有百分之五以上股份，以及有国务院证券监督管理机构规定的其他情形的除外。

前款所称董事、监事、高级管理人员、自然人股东持有的股票或者其他具有股权性质的证券，包括其配偶、父母、子女持有的及利用他人账户持有的股票或者其他具有股权性质的证券。

公司董事会不按照第一款规定执行的，股东有权要求董事会在三十日内执行。公司董事会未在上述期限内执行的，股东有权为了公司的利益以自己的名义直接向人民法院提起诉讼。

公司董事会不按照第一款的规定执行的，负有责任的董事依法承担连带责任。

第四十五条　通过计算机程序自动生成或者下达交易指令进行程序化交易的，应当符合国务院证券监督管理机构的规定，并向证券交易所报告，不得影响证券交易所系统安全或者正常交易秩序。

【2023年版本、三次审议稿】

第一百六十六条　上市公司应当依照法律、行政法规的规定披露相关信息。

【2018年版本】

第一百四十五条　上市公司必须依照法律、行政法规的规定，公开其财务状况、经营情况及重大诉讼，在每会计年度内半年公布一次财务会计报告。

【本条释义】

本条规定了上市公司信息披露的义务。

上市公司应当依照法律、行政法规的规定披露相关信息。其中最主要的法律是《证券法》。

【相关法律规定】

《证券法》

第七十八条 发行人及法律、行政法规和国务院证券监督管理机构规定的其他信息披露义务人，应当及时依法履行信息披露义务。

信息披露义务人披露的信息，应当真实、准确、完整，简明清晰，通俗易懂，不得有虚假记载、误导性陈述或者重大遗漏。

证券同时在境内境外公开发行、交易的，其信息披露义务人在境外披露的信息，应当在境内同时披露。

第七十九条 上市公司、公司债券上市交易的公司、股票在国务院批准的其他全国性证券交易场所交易的公司，应当按照国务院证券监督管理机构和证券交易场所规定的内容和格式编制定期报告，并按照以下规定报送和公告：

（一）在每一会计年度结束之日起四个月内，报送并公告年度报告，其中的年度财务会计报告应当经符合本法规定的会计师事务所审计；

（二）在每一会计年度的上半年结束之日起二个月内，报送并公告中期报告。

第八十条 发生可能对上市公司、股票在国务院批准的其他全国性证券交易场所交易的公司的股票交易价格产生较大影响的重大事件，投资者尚未得知时，公司应当立即将有关该重大事件的情况向国务院证券监督管理机构和证券交易场所报送临时报告，并予公告，说明事件的起因、目前的状态和可能产生的法律后果。

前款所称重大事件包括：

（一）公司的经营方针和经营范围的重大变化；

（二）公司的重大投资行为，公司在一年内购买、出售重大资产超过公司资产总额百分之三十，或者公司营业用主要资产的抵押、质押、出售或者报废一次超过该资产的百分之三十；

（三）公司订立重要合同、提供重大担保或者从事关联交易，可能对公司的资产、负债、权益和经营成果产生重要影响；

（四）公司发生重大债务和未能清偿到期重大债务的违约情况；

（五）公司发生重大亏损或者重大损失；

（六）公司生产经营的外部条件发生的重大变化；

（七）公司的董事、三分之一以上监事或者经理发生变动，董事长或者经理无法履行职责；

（八）持有公司百分之五以上股份的股东或者实际控制人持有股份或者控制公司的情况发生较大变化，公司的实际控制人及其控制的其他企业从事与公司相同或者相似业务的情况发生较大变化；

（九）公司分配股利、增资的计划，公司股权结构的重要变化，公司减资、合并、分立、解散及申请破产的决定，或者依法进入破产程序、被责令关闭；

（十）涉及公司的重大诉讼、仲裁，股东大会、董事会决议被依法撤销或者宣告无效；

（十一）公司涉嫌犯罪被依法立案调查，公司的控股股东、实际控制人、董事、监事、高级管理人员涉嫌犯罪被依法采取强制措施；

（十二）国务院证券监督管理机构规定的其他事项。

公司的控股股东或者实际控制人对重大事件的发生、进展产生较大影响的，应当及时将其知悉的有关情况书面告知公司，并配合公司履行信息披露义务。

第八十一条 发生可能对上市交易公司债券的交易价格产生较大影响的重大事件，投资者尚未得知时，公司应当立即将有关该重大事件的情况向国务院证券监督管理机构和证券交易场所报送临时报告，并予公告，说明事件的起因、目前的状态和可能产生的法律后果。

前款所称重大事件包括：

（一）公司股权结构或者生产经营状况发生重大变化；

（二）公司债券信用评级发生变化；

（三）公司重大资产抵押、质押、出售、转让、报废；

（四）公司发生未能清偿到期债务的情况；

（五）公司新增借款或者对外提供担保超过上年末净资产的百分之二十；

（六）公司放弃债权或者财产超过上年末净资产的百分之十；

（七）公司发生超过上年末净资产百分之十的重大损失；

（八）公司分配股利，作出减资、合并、分立、解散及申请破产的决定，或者依法进入破产程序、被责令关闭；

（九）涉及公司的重大诉讼、仲裁；

（十）公司涉嫌犯罪被依法立案调查，公司的控股股东、实际控制人、董事、监事、高级管理人员涉嫌犯罪被依法采取强制措施；

（十一）国务院证券监督管理机构规定的其他事项。

第八十二条 发行人的董事、高级管理人员应当对证券发行文件和定期报告签署书面确认意见。

发行人的监事会应当对董事会编制的证券发行文件和定期报告进行审核并提出书

面审核意见。监事应当签署书面确认意见。

发行人的董事、监事和高级管理人员应当保证发行人及时、公平地披露信息，所披露的信息真实、准确、完整。

董事、监事和高级管理人员无法保证证券发行文件和定期报告内容的真实性、准确性、完整性或者有异议的，应当在书面确认意见中发表意见并陈述理由，发行人应当披露。发行人不予披露的，董事、监事和高级管理人员可以直接申请披露。

第八十三条　信息披露义务人披露的信息应当同时向所有投资者披露，不得提前向任何单位和个人泄露。但是，法律、行政法规另有规定的除外。

任何单位和个人不得非法要求信息披露义务人提供依法需要披露但尚未披露的信息。任何单位和个人提前获知的前述信息，在依法披露前应当保密。

第八十四条　除依法需要披露的信息之外，信息披露义务人可以自愿披露与投资者作出价值判断和投资决策有关的信息，但不得与依法披露的信息相冲突，不得误导投资者。

发行人及其控股股东、实际控制人、董事、监事、高级管理人员等作出公开承诺的，应当披露。不履行承诺给投资者造成损失的，应当依法承担赔偿责任。

第八十五条　信息披露义务人未按照规定披露信息，或者公告的证券发行文件、定期报告、临时报告及其他信息披露资料存在虚假记载、误导性陈述或者重大遗漏，致使投资者在证券交易中遭受损失的，信息披露义务人应当承担赔偿责任；发行人的控股股东、实际控制人、董事、监事、高级管理人员和其他直接责任人员以及保荐人、承销的证券公司及其直接责任人员，应当与发行人承担连带赔偿责任，但是能够证明自己没有过错的除外。

第八十六条　依法披露的信息，应当在证券交易场所的网站和符合国务院证券监督管理机构规定条件的媒体发布，同时将其置备于公司住所、证券交易场所，供社会公众查阅。

第八十七条　国务院证券监督管理机构对信息披露义务人的信息披露行为进行监督管理。

证券交易场所应当对其组织交易的证券的信息披露义务人的信息披露行为进行监督，督促其依法及时、准确地披露信息。

【2023 年版本、三次审议稿】

第一百六十七条　自然人股东死亡后，其合法继承人可以继承股东资格；但是，股份转让受限的股份有限公司的章程另有规定的除外。

【本条释义】

本条规定了股东资格的继承。

通常情况下,自然人股东死亡后,其合法继承人可以继承股东资格;但是,股份转让受限的股份有限公司的章程另有规定的除外。如果公司章程对股东资格的继承另有规定,则应当按照公司章程的规定处理。当然,合法继承人的基本财产权应当得到保障。如果公司章程不允许其合法继承人继承股东资格,应当将该股份所对应的财产利益交付合法继承人。如公司章程可以规定,特定股份经董事会同意后才能由其合法继承人继承股东资格,如果董事会不同意,则由公司以合理价格收购该股份,之后转让或者注销。

第七章 国家出资公司组织机构的特别规定

【2023年版本、三次审议稿】

第一百六十八条 国家出资公司的组织机构，适用本章规定；本章没有规定的，适用本法其他规定。

本法所称国家出资公司，是指国家出资的国有独资公司、国有资本控股公司，包括国家出资的有限责任公司、股份有限公司。

【2018年版本】

第六十四条 国有独资公司的设立和组织机构，适用本节规定；本节没有规定的，适用本章第一节、第二节的规定。

本法所称国有独资公司，是指国家单独出资、由国务院或者地方人民政府授权本级人民政府国有资产监督管理机构履行出资人职责的有限责任公司。

【本条释义】

本条规定了国家出资公司的法律适用。

国家出资公司，是指国家出资的国有独资公司、国有资本控股公司，包括国家出资的有限责任公司、股份有限公司。国家出资企业的组织机构与其他公司的组织机构在大多数情况下是类似的，因此，原则上适用《公司法》的一般规定，如果《公司法》有特别规定，应当适用该特别规定。

需要注意的是，国家出资企业还需要遵守《企业国有资产法》的相关规定。

【相关法律规定】

《企业国有资产法》

第一条 为了维护国家基本经济制度，巩固和发展国有经济，加强对国有资产的保护，发挥国有经济在国民经济中的主导作用，促进社会主义市场经济发展，制定本法。

第二条 本法所称企业国有资产（以下称国有资产），是指国家对企业各种形式的出资所形成的权益。

第三条 国有资产属于国家所有即全民所有。国务院代表国家行使国有资产所有权。

第四条 国务院和地方人民政府依照法律、行政法规的规定，分别代表国家对国家出资企业履行出资人职责，享有出资人权益。

国务院确定的关系国民经济命脉和国家安全的大型国家出资企业，重要基础设施和重要自然资源等领域的国家出资企业，由国务院代表国家履行出资人职责。其他的国家出资企业，由地方人民政府代表国家履行出资人职责。

第五条 本法所称国家出资企业，是指国家出资的国有独资企业、国有独资公司，以及国有资本控股公司、国有资本参股公司。

第六条 国务院和地方人民政府应当按照政企分开、社会公共管理职能与国有资产出资人职能分开、不干预企业依法自主经营的原则，依法履行出资人职责。

第七条 国家采取措施，推动国有资本向关系国民经济命脉和国家安全的重要行业和关键领域集中，优化国有经济布局和结构，推进国有企业的改革和发展，提高国有经济的整体素质，增强国有经济的控制力、影响力。

第八条 国家建立健全与社会主义市场经济发展要求相适应的国有资产管理与监督体制，建立健全国有资产保值增值考核和责任追究制度，落实国有资产保值增值责任。

第九条 国家建立健全国有资产基础管理制度。具体办法按照国务院的规定制定。

第十条 国有资产受法律保护，任何单位和个人不得侵害。

【2023年版本、三次审议稿】

第一百六十九条 国家出资公司，由国务院或者地方人民政府分别代表国家依法履行出资人职责，享有出资人权益。国务院或者地方人民政府可以授权国有资产监督管理机构或者其他部门、机构代表本级人民政府对国家出资公司履行出资人职责。

代表本级人民政府履行出资人职责的机构、部门，以下统称为履行出资人职责的机构。

【本条释义】

本条规定了国家出资企业履行出资人职责的主体。

国家出资公司，理应由国家担任股东，但国家是一个集合体，只能由国务院或者地方人民政府分别代表国家依法履行出资人职责，享有出资人权益。国务院或者地方人民政府可以授权国有资产监督管理机构或者其他部门、机构代表本级人民政府对国家出资公司履行出资人职责。代表本级人民政府履行出资人职责的机构、部门，以下统称为履行出资人职责的机构。

目前，县级以上各级人民政府均依法成立了国有资产监督管理机构，依法代表本级人民政府对国家出资公司履行出资人职责。国务院或者地方人民政府也可以授权其他部门、机构，如财政部门等对国家出资公司履行出资人职责。

例如，经国务院批准，中国邮政集团公司于2019年12月正式改制为中国邮政集团有限公司。中国邮政集团有限公司是依照《公司法》组建的国有独资公司，公司不设股东会，由财政部依据国家法律、行政法规等规定代表国务院履行出资人职责，公司设立党组、董事会、经理层。公司依法经营各项邮政业务，承担邮政普遍服务义务，受政府委托提供邮政特殊服务，对竞争性邮政业务实行商业化运营。

再例如，中国国家铁路集团有限公司是经国务院批准、依据《公司法》设立、由中央管理的国有独资公司。经国务院批准，公司为国家授权投资机构和国家控股公司。公司注册资本为17 395亿元，由财政部代表国务院履行出资人职责。

【相关法律规定】

《企业国有资产法》

第十一条　国务院国有资产监督管理机构和地方人民政府按照国务院的规定设立的国有资产监督管理机构，根据本级人民政府的授权，代表本级人民政府对国家出资企业履行出资人职责。

国务院和地方人民政府根据需要，可以授权其他部门、机构代表本级人民政府对国家出资企业履行出资人职责。

代表本级人民政府履行出资人职责的机构、部门，以下统称履行出资人职责的机构。

第十三条　履行出资人职责的机构委派的股东代表参加国有资本控股公司、国有资本参股公司召开的股东会会议、股东大会会议，应当按照委派机构的指示提出提案、发表意见、行使表决权，并将其履行职责的情况和结果及时报告委派机构。

第十四条　履行出资人职责的机构应当依照法律、行政法规以及企业章程履行出资人职责，保障出资人权益，防止国有资产损失。

履行出资人职责的机构应当维护企业作为市场主体依法享有的权利，除依法履行出资人职责外，不得干预企业经营活动。

第十五条　履行出资人职责的机构对本级人民政府负责，向本级人民政府报告履行出资人职责的情况，接受本级人民政府的监督和考核，对国有资产的保值增值负责。

履行出资人职责的机构应当按照国家有关规定，定期向本级人民政府报告有关国有资产总量、结构、变动、收益等汇总分析的情况。

【2023年版本、三次审议稿】

第一百七十条　国家出资公司中中国共产党的组织，按照中国共产党章程的规定发挥领导作用，研究讨论公司重大经营管理事项，支持公司的组织机构依法行使职权。

【本条释义】

本条规定了国家出资公司中中国共产党组织的定位。

国家出资公司中中国共产党的组织，按照中国共产党章程的规定发挥领导作用，研究讨论公司重大经营管理事项，支持公司的组织机构依法行使职权。需要注意的是，国家出资公司中的党组织不能取代股东会、董事会等机构的决策，应当在相关机构依法决策、依法行使职权时发挥领导作用。

【相关规范性文件的规定】

《中国共产党章程》

第三十条　企业、农村、机关、学校、医院、科研院所、街道社区、社会组织、人民解放军连队和其他基层单位，凡是有正式党员三人以上的，都应当成立党的基层组织。

党的基层组织，根据工作需要和党员人数，经上级党组织批准，分别设立党的基层委员会、总支部委员会、支部委员会。基层委员会由党员大会或代表大会选举产生，总支部委员会和支部委员会由党员大会选举产生，提出委员候选人要广泛征求党员和群众的意见。

第三十一条　党的基层委员会、总支部委员会、支部委员会每届任期三年至五年。基层委员会、总支部委员会、支部委员会的书记、副书记选举产生后，应报上级党组织批准。

第三十二条 党的基层组织是党在社会基层组织中的战斗堡垒,是党的全部工作和战斗力的基础。它的基本任务是:

(一)宣传和执行党的路线、方针、政策,宣传和执行党中央、上级组织和本组织的决议,充分发挥党员的先锋模范作用,积极创先争优,团结、组织党内外的干部和群众,努力完成本单位所担负的任务。

(二)组织党员认真学习马克思列宁主义、毛泽东思想、邓小平理论、"三个代表"重要思想、科学发展观、习近平新时代中国特色社会主义思想,推进"两学一做"学习教育、党史学习教育常态化制度化,学习党的路线、方针、政策和决议,学习党的基本知识,学习科学、文化、法律和业务知识。

(三)对党员进行教育、管理、监督和服务,提高党员素质,坚定理想信念,增强党性,严格党的组织生活,开展批评和自我批评,维护和执行党的纪律,监督党员切实履行义务,保障党员的权利不受侵犯。加强和改进流动党员管理。

(四)密切联系群众,经常了解群众对党员、党的工作的批评和意见,维护群众的正当权利和利益,做好群众的思想政治工作。

(五)充分发挥党员和群众的积极性创造性,发现、培养和推荐他们中间的优秀人才,鼓励和支持他们在改革开放和社会主义现代化建设中贡献自己的聪明才智。

(六)对要求入党的积极分子进行教育和培养,做好经常性的发展党员工作,重视在生产、工作第一线和青年中发展党员。

(七)监督党员干部和其他任何工作人员严格遵守国家法律法规,严格遵守国家的财政经济法规和人事制度,不得侵占国家、集体和群众的利益。

(八)教育党员和群众自觉抵制不良倾向,坚决同各种违纪违法行为作斗争。

第三十三条 街道、乡、镇党的基层委员会和村、社区党组织,统一领导本地区基层各类组织和各项工作,加强基层社会治理,支持和保证行政组织、经济组织和群众性自治组织充分行使职权。

国有企业党委(党组)发挥领导作用,把方向、管大局、保落实,依照规定讨论和决定企业重大事项。国有企业和集体企业中党的基层组织,围绕企业生产经营开展工作。保证监督党和国家的方针、政策在本企业的贯彻执行;支持股东会、董事会、监事会和经理(厂长)依法行使职权;全心全意依靠职工群众,支持职工代表大会开展工作;参与企业重大问题的决策;加强党组织的自身建设,领导思想政治工作、精神文明建设、统一战线工作和工会、共青团、妇女组织等群团组织。

非公有制经济组织中党的基层组织,贯彻党的方针政策,引导和监督企业遵守国家的法律法规,领导工会、共青团等群团组织,团结凝聚职工群众,维护各方的合法权益,促进企业健康发展。

社会组织中党的基层组织,宣传和执行党的路线、方针、政策,领导工会、共青团等群团组织，教育管理党员，引领服务群众，推动事业发展。

实行行政领导人负责制的事业单位中党的基层组织，发挥战斗堡垒作用。实行党委领导下的行政领导人负责制的事业单位中党的基层组织，对重大问题进行讨论和作出决定，同时保证行政领导人充分行使自己的职权。

各级党和国家机关中党的基层组织，协助行政负责人完成任务，改进工作，对包括行政负责人在内的每个党员进行教育、管理、监督，不领导本单位的业务工作。

第三十四条　党支部是党的基础组织，担负直接教育党员、管理党员、监督党员和组织群众、宣传群众、凝聚群众、服务群众的职责。

【2023年版本、三次审议稿】

第一百七十一条　国有独资公司章程由履行出资人职责的机构制定。

【2018年版本】

第六十五条　国有独资公司章程由国有资产监督管理机构制定，或者由董事会制订报国有资产监督管理机构批准。

【本条释义】

本条规定了国有独资公司章程的制定主体。

公司章程应当由股东制定，国有独资公司的股东权利由履行出资人职责的机构代行，因此，国有独资公司的章程由履行出资人职责的机构制定。

【相关法律规定】

《企业国有资产法》

第十二条　履行出资人职责的机构代表本级人民政府对国家出资企业依法享有资产收益、参与重大决策和选择管理者等出资人权利。

履行出资人职责的机构依照法律、行政法规的规定，制定或者参与制定国家出资企业的章程。

履行出资人职责的机构对法律、行政法规和本级人民政府规定须经本级人民政府批准的履行出资人职责的重大事项，应当报请本级人民政府批准。

第七章　国家出资公司组织机构的特别规定

【2023 年版本】

第一百七十二条　国有独资公司不设股东会，由履行出资人职责的机构行使股东会职权。履行出资人职责的机构可以授权公司董事会行使股东会的部分职权，但公司章程的制定和修改，公司的合并、分立、解散、申请破产，增加或者减少注册资本，分配利润，应当由履行出资人职责的机构决定。

【三次审议稿】

第一百七十二条　国有独资公司不设股东会，由履行出资人职责的机构行使股东会职权。履行出资人职责的机构可以授权公司董事会行使股东会的部分职权，决定公司的重大事项，但公司章程的制定和修改，公司的合并、分立、解散、申请破产，增加或者减少注册资本，分配利润，应当由履行出资人职责的机构决定。

【2018 年版本】

第六十六条　国有独资公司不设股东会，由国有资产监督管理机构行使股东会职权。国有资产监督管理机构可以授权公司董事会行使股东会的部分职权，决定公司的重大事项，但公司的合并、分立、解散、增加或者减少注册资本和发行公司债券，必须由国有资产监督管理机构决定；其中，重要的国有独资公司合并、分立、解散、申请破产的，应当由国有资产监督管理机构审核后，报本级人民政府批准。

前款所称重要的国有独资公司，按照国务院的规定确定。

【本条释义】

本条规定了国有独资公司股东会职权的行使。

国有独资公司只有一个股东，就是国家，因此，国有独资公司与一人有限责任公司一样，不设股东会，由履行出资人职责的机构行使股东会职权。

考虑到履行出资人职责的机构管理的国有独资公司数量较多，难以行使股东会的所有职权，因此，履行出资人职责的机构可以授权公司董事会行使股东会的部分职权，但一些重要事项，不允许授权公司董事会行使，必须由履行出资人职责的机构亲自决定，这些事项包括：公司章程的制定和修改，公司的合并、分立、解散、申请破产，增加或者减少注册资本，分配利润。当然，这些事项的具体实施方案和建议应当由公司董事会草拟并向股东会提出。

【相关法律规定】

《企业国有资产法》

第三十条 国家出资企业合并、分立、改制、上市,增加或者减少注册资本,发行债券,进行重大投资,为他人提供大额担保,转让重大财产,进行大额捐赠,分配利润,以及解散、申请破产等重大事项,应当遵守法律、行政法规以及企业章程的规定,不得损害出资人和债权人的权益。

第三十一条 国有独资企业、国有独资公司合并、分立,增加或者减少注册资本,发行债券,分配利润,以及解散、申请破产,由履行出资人职责的机构决定。

第三十二条 国有独资企业、国有独资公司有本法第三十条所列事项的,除依照本法第三十一条和有关法律、行政法规以及企业章程的规定,由履行出资人职责的机构决定的以外,国有独资企业由企业负责人集体讨论决定,国有独资公司由董事会决定。

第三十三条 国有资本控股公司、国有资本参股公司有本法第三十条所列事项的,依照法律、行政法规以及公司章程的规定,由公司股东会、股东大会或者董事会决定。由股东会、股东大会决定的,履行出资人职责的机构委派的股东代表应当依照本法第十三条的规定行使权利。

第三十四条 重要的国有独资企业、国有独资公司、国有资本控股公司的合并、分立、解散、申请破产以及法律、行政法规和本级人民政府规定应当由履行出资人职责的机构报经本级人民政府批准的重大事项,履行出资人职责的机构在作出决定或者向其委派参加国有资本控股公司股东会会议、股东大会会议的股东代表作出指示前,应当报请本级人民政府批准。

本法所称的重要的国有独资企业、国有独资公司和国有资本控股公司,按照国务院的规定确定。

第三十五条 国家出资企业发行债券、投资等事项,有关法律、行政法规规定应当报经人民政府或者人民政府有关部门、机构批准、核准或者备案的,依照其规定。

第三十六条 国家出资企业投资应当符合国家产业政策,并按照国家规定进行可行性研究;与他人交易应当公平、有偿,取得合理对价。

第三十七条 国家出资企业的合并、分立、改制、解散、申请破产等重大事项,应当听取企业工会的意见,并通过职工代表大会或者其他形式听取职工的意见和建议。

【2023年版本、三次审议稿】

第一百七十三条 国有独资公司的董事会依照本法规定行使职权。

国有独资公司的董事会成员中,应当过半数为外部董事,并应当有公司职工代表。

董事会成员由履行出资人职责的机构委派；但是，董事会成员中的职工代表由公司职工代表大会选举产生。

董事会设董事长一人，可以设副董事长。董事长、副董事长由履行出资人职责的机构从董事会成员中指定。

【2018 年版本】

第六十七条 国有独资公司设董事会，依照本法第四十六条、第六十六条的规定行使职权。董事每届任期不得超过三年。董事会成员中应当有公司职工代表。

董事会成员由国有资产监督管理机构委派；但是，董事会成员中的职工代表由公司职工代表大会选举产生。

董事会设董事长一人，可以设副董事长。董事长、副董事长由国有资产监督管理机构从董事会成员中指定。

【本条释义】

本条规定了国有独资公司董事会的组成。

国有独资公司的董事会在职权上与其他公司的董事会并无区别，因此，国有独资公司的董事会也是依照《公司法》规定行使职权。实务中，履行出资人职责的机构往往赋予国有独资公司的董事会行使股东会的大部分职权，因此，国有独资公司的董事会实际行使的职权往往要大于其他公司，特别是上市公司的董事会。

为加强对国有独资公司的治理，防止内部人控制，损害国家利益，国有独资公司的董事会成员中，应当过半数为外部董事，并应当有公司职工代表。根据董事是否在国有独资公司任职，可以分为内部董事和外部董事。除担任董事外，还在国有独资公司担任高级管理人员的是内部董事，仅仅担任董事，不在国有独资公司任职的是外部董事。国有独资公司的董事会成员中，过半数为外部董事就可以防止内部人控制董事会，进而防止内部董事损害公司利益。国有独资公司的董事会成员中必须有职工代表，以体现国有独资公司的民主管理特色。职工董事属于内部董事，在计算外部董事所占比例时，职工董事计入董事总数，但不计入外部董事数量。

国有独资公司因为不设股东会，也没有除履行出资人职责的机构以外的其他股东，因此，董事会成员由履行出资人职责的机构委派；但是，董事会成员中的职工代表由公司职工代表大会选举产生。董事会成员中的职工代表只有一种产生方式，即由公司职工代表大会选举产生，不允许通过其他民主方式产生。只要不是公司高级管理人员，均可以视为公司职工。

董事会设董事长一人，可以设副董事长。董事长、副董事长由履行出资人职责的机构从董事会成员中指定。董事长、副董事长的产生方式并非由董事会选举，而是由履行出资人职责的机构直接指定。

【相关法律规定】

《企业国有资产法》

第二十二条 履行出资人职责的机构依照法律、行政法规以及企业章程的规定,任免或者建议任免国家出资企业的下列人员:

(一)任免国有独资企业的经理、副经理、财务负责人和其他高级管理人员;

(二)任免国有独资公司的董事长、副董事长、董事、监事会主席和监事;

(三)向国有资本控股公司、国有资本参股公司的股东会、股东大会提出董事、监事人选。

国家出资企业中应当由职工代表出任的董事、监事,依照有关法律、行政法规的规定由职工民主选举产生。

第二十三条 履行出资人职责的机构任命或者建议任命的董事、监事、高级管理人员,应当具备下列条件:

(一)有良好的品行;

(二)有符合职位要求的专业知识和工作能力;

(三)有能够正常履行职责的身体条件;

(四)法律、行政法规规定的其他条件。

董事、监事、高级管理人员在任职期间出现不符合前款规定情形或者出现《中华人民共和国公司法》规定的不得担任公司董事、监事、高级管理人员情形的,履行出资人职责的机构应当依法予以免职或者提出免职建议。

第二十四条 履行出资人职责的机构对拟任命或者建议任命的董事、监事、高级管理人员的人选,应当按照规定的条件和程序进行考察。考察合格的,按照规定的权限和程序任命或者建议任命。

第二十七条 国家建立国家出资企业管理者经营业绩考核制度。履行出资人职责的机构应当对其任命的企业管理者进行年度和任期考核,并依据考核结果决定对企业管理者的奖惩。

履行出资人职责的机构应当按照国家有关规定,确定其任命的国家出资企业管理者的薪酬标准。

第二十八条 国有独资企业、国有独资公司和国有资本控股公司的主要负责人,应当接受依法进行的任期经济责任审计。

第二十九条 本法第二十二条第一款第一项、第二项规定的企业管理者,国务院和地方人民政府规定由本级人民政府任免的,依照其规定。履行出资人职责的机构依照本章规定对上述企业管理者进行考核、奖惩并确定其薪酬标准。

【2023 年版本、三次审议稿】

第一百七十四条　国有独资公司的经理由董事会聘任或者解聘。

经履行出资人职责的机构同意，董事会成员可以兼任经理。

【2018 年版本】

第六十八条　国有独资公司设经理，由董事会聘任或者解聘。经理依照本法第四十九条规定行使职权。

经国有资产监督管理机构同意，董事会成员可以兼任经理。

【本条释义】

本条规定了国有独资公司的经理。

国有独资公司的经理由董事会聘任或者解聘。这一点与其他公司经理的设置方式是相同的。

为防止权力过分集中，董事会成员如要兼任经理，须经履行出资人职责的机构同意。其他公司的董事如果要兼任经理，只需经董事会同意即可，不需要经股东会同意。

职工代表董事原则上不能兼任经理，因为其一旦担任经理的职务，就很难再属于职工代表出任的董事了。外部董事一般也不宜兼任经理，否则，其身份要变更为内部董事。

【相关法律规定】

《企业国有资产法》

第二十五条　未经履行出资人职责的机构同意，国有独资企业、国有独资公司的董事、高级管理人员不得在其他企业兼职。未经股东会、股东大会同意，国有资本控股公司、国有资本参股公司的董事、高级管理人员不得在经营同类业务的其他企业兼职。

未经履行出资人职责的机构同意，国有独资公司的董事长不得兼任经理。未经股东会、股东大会同意，国有资本控股公司的董事长不得兼任经理。

董事、高级管理人员不得兼任监事。

【2023年版本、三次审议稿】

第一百七十五条　国有独资公司的董事、高级管理人员，未经履行出资人职责的机构同意，不得在其他有限责任公司、股份有限公司或者其他经济组织兼职。

【2018年版本】

第六十九条　国有独资公司的董事长、副董事长、董事、高级管理人员，未经国有资产监督管理机构同意，不得在其他有限责任公司、股份有限公司或者其他经济组织兼职。

【本条释义】

本条规定了国有独资公司的董事、高级管理人员在外兼职的限制。

为保证董事、高级管理人员一心一意为国有独资公司服务，避免其向外转移公司资产或者利益，国有独资公司的董事、高级管理人员，原则上不得在其他有限责任公司、股份有限公司或者其他经济组织兼职，如果因为工作需要必须在其他有限责任公司、股份有限公司或者其他经济组织兼职，应当经履行出资人职责的机构同意。

【相关法律规定】

《企业国有资产法》

第二十五条　未经履行出资人职责的机构同意，国有独资企业、国有独资公司的董事、高级管理人员不得在其他企业兼职。未经股东会、股东大会同意，国有资本控股公司、国有资本参股公司的董事、高级管理人员不得在经营同类业务的其他企业兼职。

未经履行出资人职责的机构同意，国有独资公司的董事长不得兼任经理。未经股东会、股东大会同意，国有资本控股公司的董事长不得兼任经理。

董事、高级管理人员不得兼任监事。

第二十六条　国家出资企业的董事、监事、高级管理人员，应当遵守法律、行政法规以及企业章程，对企业负有忠实义务和勤勉义务，不得利用职权收受贿赂或者取得其他非法收入和不当利益，不得侵占、挪用企业资产，不得超越职权或者违反程序决定企业重大事项，不得有其他侵害国有资产出资人权益的行为。

【典型案例】

河南省漯河市郾城区人民法院
民事判决书

〔2019〕豫1103民初6067号

原告：漯河市佳和汽车运输有限公司，住所地：漯河市龙江路中段豫南口岸院内，统一社会信用代码：914111100688166489H。

法定代表人：张某彬，该公司总经理。

委托诉讼代理人：孙利江，河南沣玺律师事务所律师。

被告：河南志捷专用汽车有限公司，住所地：漯河市郾城区淞江工业园，统一社会信用代码：914111000533641310。

法定代表人：李某安，该公司总经理。

委托诉讼代理人：徐旸、陈向欢（实习），河南信博律师事务所律师。

原告漯河市佳和汽车运输有限公司（以下简称佳和汽运公司）与被告河南志捷专用汽车有限公司（以下简称志捷汽车公司）合同纠纷一案，本院于2019年9月15日作出〔2019〕豫1103民初3339号民事判决书，志捷汽车公司不服提起上诉，漯河市中级人民法院于2019年10月28日作出〔2019〕豫11民终2301号民事裁定书，撤销原判，发回重审。本院依法另行组成合议庭，适用普通程序公开开庭进行了审理。原告佳和汽运公司的委托诉讼代理人孙利江，被告志捷汽车公司的委托诉讼代理人陈向欢到庭参加了诉讼。本案现已审理终结。

原告佳和汽运公司向本院提出诉讼请求：1. 解除原告与被告之间的合作经营合同关系。2. 被告赔偿原告各类经济损失252 312元。3. 被告承担本案全部诉讼费。事实与理由：2015年底，原被告经过多次接触洽谈，就车辆生产、销售、运输等相关业务达成一致意见，于2015年11月签订了书面《合作经营协议》。协议约定："双方的合作事项包括：1. 被告生产和销售产品的售后服务；2. 被告代理和承揽产品的售后服务；3. 各种车辆的融资租赁和分期付款业务；4. 车辆挂靠运营业务；5. 被告生产、销售所有物资和产品的运输业务；6. 被告生产产品的涂装业务等交由原告提供承揽服务等。合作经营期限自2015年12月至2025年12月止。双方享有合作业务利润分配的权利。"协议签订后，原告根据约定，筹措资金，租赁场地，购置维修专用设备和汽车配件，并安排人员进驻被告单位提供产品涂装服务等。2016年8月，被告因自身经营原因，在双方协议正常履行期间，擅自提出解除合作关系并终止协议履行。原告认为，协议签订后，原告投入大量资金、设备等，但被告无正当理由单方终止协议，已属违约，应承担违约责任，赔偿原告损失。

被告志捷汽车公司辩称：1.双方合作合同已经解除，被告企业已于2016年2月份前停产，在2016年9月，被告向原告发出解除合同告知函，对方未依法提出异议，应视为原合作协议已经解除。2.原告要求赔偿20多万元的损失，缺乏足够的事实和法律依据。原告公司是2009年设立，并不是专为履行本合作项目而设立。原告主张投入的20多万元，不能证实专门为履行本合作合同而投入的。更不能证实是因本合同终止后造成的实际损失。3.本合作合同实际履行期限仅有3个多月，原告投入有限，其损失有待查证，原告未证明有实际的生产或者产品，更不能证明有实际的营业额。4.本合同无法继续履行原因在于政府企业改制的不可抗力，且原告对于合同的签订履行存在一定过错，即便存在损失，也不应全部被告承担。综上，请求法院查明事实，依法裁决。志捷汽车公司法定代表人李某安多次出任佳和汽运公司的负责人，并在涉案合同签订时为佳和汽运公司大股东，占股百分之76%，另一个股东陈平占股24%，涉案合同实际为合同双方相关人员串通所签订，既损害了志捷汽车公司的利益，也损害了国家利益。补充意见详见证据目录。

当事人围绕诉讼请求依法提交了证据，本院组织当事人进行了证据交换和质证，本院认定事实如下：

原告佳和汽运公司成立于2009年4月22日，负责人为陈平，之后原告的负责人多次进行变更，其中2009年7月31日至2010年12月17日、2012年8月9日至2012年8月29日的负责人为李某安。2017年9月12日，原告的投资人由李某安（占股76%）、陈平（占股24%）变更为李某安、丁志诚。

被告志捷汽车公司于2015年4月15日核准设立，系有限责任公司（国有独资），李某安为法定代表人。

2015年11月1日，原告佳和汽运公司（甲方）与被告志捷汽车公司（乙方）签订《合作经营协议》一份，该协议的主要内容有："一、合作经营业务范围：1.乙方生产和销售产品的售后服务；2.乙方代理和承揽产品的售后服务；3.各种车辆的融资租赁和分期付款业务；4.车辆挂靠运营业务；5.乙方生产、销售所有物资和产品的运输业务；6.乙方生产产品的涂装业务。……五、合作经营期限：自2015年12月至2025年12月止。……七、本协议自双方签字之日起即行生效，具有法律效力；本协议生效后，任何一方不得单方停止履行职责，不得单方面违约。否则，违约方应向守约方赔偿经营损失（赔偿标准按守约方在合作经营期间在协议合作事项范围内总投资额的五倍以上计算）。"原告、被告工作人员在该协议书上签名并加盖公章。协议签订后，双方即开始合作经营。

2016年1月28日，漯河市人民政府国有资产监督管理委员会作出《关于对河南志捷专用汽车有限公司和漯河市博华铸造机械有限公司改制的请示》（漯国资〔2016〕6号），拟对以上两家公司进行改制，改制方式为将两家公司现有土地、房产及其设备等存量资产捆绑转让，引进战略投资者，盘活存量资产。2016年2月15日，漯河市国资委下发《关于成立河南志捷专用汽车有限公司、漯河市博华铸造机械有限公司改制工作领导小组的通知》（漯国资党〔2016〕5号），决定成立工作领导小组对上述二公司进行改制。

2016年9月26日，被告志捷汽车公司向原告发送告知函，告知原告因被告公司企业改制，合作维修场地不再续租，不能继续合作经营。原告收到告知函后，向被告发送加盖其公章的《关于要求志捷汽车公司承担提前终止〈合作经营协议〉法律责任的通知》，要求被告承担违约责任并赔偿原告的各项损失。庭审中，原告提供上有被告志捷汽车公司代表张自宇、田丰、郑太山和原告佳和汽运公司代表吴全厅签名的《佳和汽运公司与志捷汽车公司合作经营期间的投资情况》《汽车园配件库配件盘点清单》《汽车园维修设备及工具盘点清单》，欲证明涉案合作协议终止履行后，经双方清算，共同在《佳和汽运公司与志捷汽车公司合作经营期间的投资情况》《汽车园配件库配件盘点清单》签字，确认在合作经营中原告投资总额为252 312元。此外，原告佳和汽运公司提交吴全厅的证人证言，吴全厅称其合作经营协议签订时原告负责人为王子路，其根据王子路的授权与郑太山、田丰对原告公司的资产进行盘点并在盘点清单上签名，同时吴全厅称合作经营协议签订后原告佳和汽运公司对被告志捷汽车公司生产的挂车进行喷漆并提供售后服务，因相关的发票和维修清单在被告志捷汽车公司处，其不清楚具体的工作量，但是被告志捷汽车公司还拖欠其36 265元未结算。被告志捷汽车公司认可郑太山、田丰、张自宇为其公司工作人员，但辩称该三人签订盘点清单时没有被告志捷汽车公司的授权。

对于原告的诉称和主张，被告志捷汽车公司辩称其公司为国有独资企业，涉案合同签订时李某安为其法定代表人，同时也为原告佳和汽运公司的控股股东，该协议的签订违反国家强制性法律规定，系无效合同。同时，该协议基于政府改革的不可抗力而解除，原告主张的各项损失及违约责任没有事实依据和法律依据，即便是有，原告对于涉案协议的签订和履行也存在过错，应承担相应的责任。

本院认为，《公司法》第六十九条规定："国有独资公司的董事长、副董事长、董事、高级管理人员，未经国有资产监督管理机构同意，不得在其他有限责任公司、股份有限公司或者其他经济组织兼职。"被告志捷汽车公司为国有独资企业，法定代表人为李某安，根据上述法律规定，李某安未经国有资产监督管理机构同意，不得在原告佳和汽运公司兼职。然而，涉案合作经营协议签订前，李某安曾两次为原告佳和汽运公司的负责人，涉案合作经营协议签订时，李某安虽然不是原告佳和汽运公司的负责人，但为原告佳和汽运公司的控股股东，占股76%。李某安作为国有独资企业公司高管与自己控制的企业进行交易，关联交易的倾向性十分明显。根据《合同法》第五十二条规定："有下列情形之一的，合同无效：（一）一方以欺诈、胁迫的手段订立合同，损害国家、集体或者第三人利益；（二）恶意串通，损害国家、集体或者第三人利益；

（三）以合法形式掩盖非法目的；（四）损害社会公共利益；（五）违反法律、行政法规的强制性规定。"涉案合作经营协议的签订，违反了法律、行政法规的强制性规定，系无效协议。

《合同法》第五十八条规定："合同无效或者被撤销后，因该合同取得的财产，应当予以返还；不能返还或者没有必要返还的，应当折价补偿。有过错的一方应当赔偿对方因此所受到的损失，双方都有过错的，应当各自承担相应的责任。"该法第一百一十七条规定："因不可抗力不能履行合同的，根据不可抗力的影响，部分或者全部免除责任，但是法律另有规定的除外。当事人迟延履行后发生不可抗力的，不能免除责任。本法所称不可抗力，是指不能预见、不能避免并不能克服的客观情况。"据此，原告佳和汽运公司以经双方工作人员盘点并签字的《投资盘点清单》为依据，向被告志捷汽车公司主张各项经济损失，该投资盘点清单仅是原告的投资情况，并非被告基于涉案合作经营协议取得的财产，也不是其因被告的单方解除协议而遭受的损失，被告没有返还该款项的正当理由。对于合作经营协议的无效性后果，原、被告双方均有过错，应各自承担相应的责任。此外，被告志捷汽车公司基于政府改制的不可抗力，在涉案合作经营协议未被确认为无效协议的情况下，向原告发送告知函解除合作经营协议，该行为不应成为其承担赔偿责任的依据。故原告佳和汽运公司主张被告志捷汽车公司赔偿其各项经济损失的诉讼请求，没有事实和法律依据，本院不予支持。

本案经本院审判委员会讨论决定，依据《公司法》第六十九条，《合同法》第五十二条、第五十八条、第九十四条、第一百一十七条之规定，判决如下：

驳回原告漯河市佳和汽车运输有限公司的诉讼请求。

本案案件受理费5 080元，由原告漯河市佳和汽车运输有限公司承担。

如不服本判决，可在判决书送达之日起十五日内向本院递交上诉状，并按对方当事人的人数提出副本，上诉于河南省漯河市中级人民法院。

审判长　　王国胜

审判员　　许凤梅

审判员　　陈质彬

二〇二〇年三月二十日

书记员　　谢鹤馨

【2023年版本、三次审议稿】

第一百七十六条 国有独资公司在董事会中设置由董事组成的审计委员会行使本法规定的监事会职权的，不设监事会或者监事。

第七章 国家出资公司组织机构的特别规定

【2018年版本】

第七十条 国有独资公司监事会成员不得少于五人,其中职工代表的比例不得低于三分之一,具体比例由公司章程规定。

监事会成员由国有资产监督管理机构委派;但是,监事会成员中的职工代表由公司职工代表大会选举产生。监事会主席由国有资产监督管理机构从监事会成员中指定。

监事会行使本法第五十三条第(一)项至第(三)项规定的职权和国务院规定的其他职权。

【本条释义】

本条规定了国有独资公司可以用审计委员会代替监事会。

国有独资公司与其他公司一样,可以在董事会中设置由董事组成的审计委员会行使《公司法》规定的监事会职权,如果设置了该审计委员会,则可以不设监事会或者监事。

国有独资公司在用董事会审计委员会代替监事会或者监事时,应当在公司章程中对此有明确规定,或者经过履行出资人职责的机构同意。

【2023年版本、三次审议稿】

第一百七十七条 国家出资公司应当依法建立健全内部监督管理和风险控制制度,加强内部合规管理。

【本条释义】

本条规定了国家出资公司的合规管理。

国家出资公司由于肩负着国有资产保值增值的重任,应当依法建立健全内部监督管理和风险控制制度,加强内部合规管理。合规管理,是指企业以有效防控合规风险为目的,以提升依法合规经营管理水平为导向,以企业经营管理行为和员工履职行为为对象,开展的包括建立合规制度、完善运行机制、培育合规文化、强化监督问责等有组织、有计划的管理活动。

目前,国务院国有资产监督管理委员会已经出台了《中央企业合规管理办法》,所有国家出资公司均可以按照该办法的规定加强公司合规管理。

【相关规章规定】

《中央企业合规管理办法》（国务院国有资产监督管理委员会令 2022 年第 42 号）

第一章 总　　则

第一条 为深入贯彻习近平法治思想，落实全面依法治国战略部署，深化法治央企建设，推动中央企业加强合规管理，切实防控风险，有力保障深化改革与高质量发展，根据《中华人民共和国公司法》《中华人民共和国企业国有资产法》等有关法律法规，制定本办法。

第二条 本办法适用于国务院国有资产监督管理委员会（以下简称国资委）根据国务院授权履行出资人职责的中央企业。

第三条 本办法所称合规，是指企业经营管理行为和员工履职行为符合国家法律法规、监管规定、行业准则和国际条约、规则，以及公司章程、相关规章制度等要求。

本办法所称合规风险，是指企业及其员工在经营管理过程中因违规行为引发法律责任、造成经济或者声誉损失以及其他负面影响的可能性。

本办法所称合规管理，是指企业以有效防控合规风险为目的，以提升依法合规经营管理水平为导向，以企业经营管理行为和员工履职行为为对象，开展的包括建立合规制度、完善运行机制、培育合规文化、强化监督问责等有组织、有计划的管理活动。

第四条 国资委负责指导、监督中央企业合规管理工作，对合规管理体系建设情况及其有效性进行考核评价，依据相关规定对违规行为开展责任追究。

第五条 中央企业合规管理工作应当遵循以下原则：

（一）坚持党的领导。充分发挥企业党委（党组）领导作用，落实全面依法治国战略部署有关要求，把党的领导贯穿合规管理全过程。

（二）坚持全面覆盖。将合规要求嵌入经营管理各领域各环节，贯穿决策、执行、监督全过程，落实到各部门、各单位和全体员工，实现多方联动、上下贯通。

（三）坚持权责清晰。按照"管业务必须管合规"要求，明确业务及职能部门、合规管理部门和监督部门职责，严格落实员工合规责任，对违规行为严肃问责。

（四）坚持务实高效。建立健全符合企业实际的合规管理体系，突出对重点领域、关键环节和重要人员的管理，充分利用大数据等信息化手段，切实提高管理效能。

第六条 中央企业应当在机构、人员、经费、技术等方面为合规管理工作提供必要条件，保障相关工作有序开展。

第二章　组织和职责

第七条 中央企业党委（党组）发挥把方向、管大局、促落实的领导作用，推动合规要求在本企业得到严格遵循和落实，不断提升依法合规经营管理水平。

中央企业应当严格遵守党内法规制度，企业党建工作机构在党委（党组）领导下，按照有关规定履行相应职责，推动相关党内法规制度有效贯彻落实。

第八条 中央企业董事会发挥定战略、作决策、防风险作用，主要履行以下职责：

（一）审议批准合规管理基本制度、体系建设方案和年度报告等。

（二）研究决定合规管理重大事项。

（三）推动完善合规管理体系并对其有效性进行评价。

（四）决定合规管理部门设置及职责。

第九条 中央企业经理层发挥谋经营、抓落实、强管理作用，主要履行以下职责：

（一）拟订合规管理体系建设方案，经董事会批准后组织实施。

（二）拟订合规管理基本制度，批准年度计划等，组织制定合规管理具体制度。

（三）组织应对重大合规风险事件。

（四）指导监督各部门和所属单位合规管理工作。

第十条 中央企业主要负责人作为推进法治建设第一责任人，应当切实履行依法合规经营管理重要组织者、推动者和实践者的职责，积极推进合规管理各项工作。

第十一条 中央企业设立合规委员会，可以与法治建设领导机构等合署办公，统筹协调合规管理工作，定期召开会议，研究解决重点难点问题。

第十二条 中央企业应当结合实际设立首席合规官，不新增领导岗位和职数，由总法律顾问兼任，对企业主要负责人负责，领导合规管理部门组织开展相关工作，指导所属单位加强合规管理。

第十三条 中央企业业务及职能部门承担合规管理主体责任，主要履行以下职责：

（一）建立健全本部门业务合规管理制度和流程，开展合规风险识别评估，编制风险清单和应对预案。

（二）定期梳理重点岗位合规风险，将合规要求纳入岗位职责。

（三）负责本部门经营管理行为的合规审查。

（四）及时报告合规风险，组织或者配合开展应对处置。

（五）组织或者配合开展违规问题调查和整改。

中央企业应当在业务及职能部门设置合规管理员，由业务骨干担任，接受合规管理部门业务指导和培训。

第十四条 中央企业合规管理部门牵头负责本企业合规管理工作，主要履行以下职责：

（一）组织起草合规管理基本制度、具体制度、年度计划和工作报告等。

（二）负责规章制度、经济合同、重大决策合规审查。

（三）组织开展合规风险识别、预警和应对处置，根据董事会授权开展合规管理体系有效性评价。

（四）受理职责范围内的违规举报，提出分类处置意见，组织或者参与对违规行为的调查。

（五）组织或者协助业务及职能部门开展合规培训，受理合规咨询，推进合规管理信息化建设。

中央企业应当配备与经营规模、业务范围、风险水平相适应的专职合规管理人员，加强业务培训，提升专业化水平。

第十五条 中央企业纪检监察机构和审计、巡视巡察、监督追责等部门依据有关规定，在职权范围内对合规要求落实情况进行监督，对违规行为进行调查，按照规定开展责任追究。

第三章 制度建设

第十六条 中央企业应当建立健全合规管理制度，根据适用范围、效力层级等，构建分级分类的合规管理制度体系。

第十七条 中央企业应当制定合规管理基本制度，明确总体目标、机构职责、运行机制、考核评价、监督问责等内容。

第十八条 中央企业应当针对反垄断、反商业贿赂、生态环保、安全生产、劳动用工、税务管理、数据保护等重点领域，以及合规风险较高的业务，制定合规管理具体制度或者专项指南。

中央企业应当针对涉外业务重要领域，根据所在国家（地区）法律法规等，结合实际制定专项合规管理制度。

第十九条 中央企业应当根据法律法规、监管政策等变化情况，及时对规章制度进行修订完善，对执行落实情况进行检查。

第四章 运行机制

第二十条 中央企业应当建立合规风险识别评估预警机制，全面梳理经营管理活动中的合规风险，建立并定期更新合规风险数据库，对风险发生的可能性、影响程度、潜在后果等进行分析，对典型性、普遍性或者可能产生严重后果的风险及时预警。

第二十一条 中央企业应当将合规审查作为必经程序嵌入经营管理流程，重大决策事项的合规审查意见应当由首席合规官签字，对决策事项的合规性提出明确意见。业务及职能部门、合规管理部门依据职责权限完善审查标准、流程、重点等，定期对审查情况开展后评估。

第二十二条 中央企业发生合规风险，相关业务及职能部门应当及时采取应对措施，并按照规定向合规管理部门报告。

中央企业因违规行为引发重大法律纠纷案件、重大行政处罚、刑事案件，或者被国际组织制裁等重大合规风险事件，造成或者可能造成企业重大资产损失或者严重不良影响的，应当由首席合规官牵头，合规管理部门统筹协调，相关部门协同配合，及时采取措施妥善应对。

中央企业发生重大合规风险事件，应当按照相关规定及时向国资委报告。

第二十三条　中央企业应当建立违规问题整改机制，通过健全规章制度、优化业务流程等，堵塞管理漏洞，提升依法合规经营管理水平。

第二十四条　中央企业应当设立违规举报平台，公布举报电话、邮箱或者信箱，相关部门按照职责权限受理违规举报，并就举报问题进行调查和处理，对造成资产损失或者严重不良后果的，移交责任追究部门；对涉嫌违纪违法的，按照规定移交纪检监察等相关部门或者机构。

中央企业应当对举报人的身份和举报事项严格保密，对举报属实的举报人可以给予适当奖励。任何单位和个人不得以任何形式对举报人进行打击报复。

第二十五条　中央企业应当完善违规行为追责问责机制，明确责任范围，细化问责标准，针对问题和线索及时开展调查，按照有关规定严肃追究违规人员责任。

中央企业应当建立所属单位经营管理和员工履职违规行为记录制度，将违规行为性质、发生次数、危害程度等作为考核评价、职级评定等工作的重要依据。

第二十六条　中央企业应当结合实际建立健全合规管理与法务管理、内部控制、风险管理等协同运作机制，加强统筹协调，避免交叉重复，提高管理效能。

第二十七条　中央企业应当定期开展合规管理体系有效性评价，针对重点业务合规管理情况适时开展专项评价，强化评价结果运用。

第二十八条　中央企业应当将合规管理作为法治建设重要内容，纳入对所属单位的考核评价。

第五章　合 规 文 化

第二十九条　中央企业应当将合规管理纳入党委（党组）法治专题学习，推动企业领导人员强化合规意识，带头依法依规开展经营管理活动。

第三十条　中央企业应当建立常态化合规培训机制，制定年度培训计划，将合规管理作为管理人员、重点岗位人员和新入职人员培训必修内容。

第三十一条　中央企业应当加强合规宣传教育，及时发布合规手册，组织签订合规承诺，强化全员守法诚信、合规经营意识。

第三十二条　中央企业应当引导全体员工自觉践行合规理念，遵守合规要求，接受合规培训，对自身行为合规性负责，培育具有企业特色的合规文化。

第六章　信息化建设

第三十三条　中央企业应当加强合规管理信息化建设，结合实际将合规制度、典型案例、合规培训、违规行为记录等纳入信息系统。

第三十四条　中央企业应当定期梳理业务流程，查找合规风险点，运用信息化手段将合规要求和防控措施嵌入流程，针对关键节点加强合规审查，强化过程管控。

第三十五条　中央企业应当加强合规管理信息系统与财务、投资、采购等其他信息系统的互联互通，实现数据共用共享。

第三十六条　中央企业应当利用大数据等技术,加强对重点领域、关键节点的实时动态监测,实现合规风险即时预警、快速处置。

第七章　监督问责

第三十七条　中央企业违反本办法规定,因合规管理不到位引发违规行为的,国资委可以约谈相关企业并责成整改;造成损失或者不良影响的,国资委根据相关规定开展责任追究。

第三十八条　中央企业应当对在履职过程中因故意或者重大过失应当发现而未发现违规问题,或者发现违规问题存在失职渎职行为,给企业造成损失或者不良影响的单位和人员开展责任追究。

第八章　附　　则

第三十九条　中央企业应当根据本办法,结合实际制定完善合规管理制度,推动所属单位建立健全合规管理体系。

第四十条　地方国有资产监督管理机构参照本办法,指导所出资企业加强合规管理工作。

第四十一条　本办法由国资委负责解释。

第四十二条　本办法自2022年10月1日起施行。

第八章　公司董事、监事、高级管理人员的资格和义务

【2023 年版本、三次审议稿】

第一百七十八条　有下列情形之一的，不得担任公司的董事、监事、高级管理人员：

（一）无民事行为能力或者限制民事行为能力；

（二）因贪污、贿赂、侵占财产、挪用财产或者破坏社会主义市场经济秩序，被判处刑罚，或者因犯罪被剥夺政治权利，执行期满未逾五年，被宣告缓刑的，自缓刑考验期满之日起未逾二年；

（三）担任破产清算的公司、企业的董事或者厂长、经理，对该公司、企业的破产负有个人责任的，自该公司、企业破产清算完结之日起未逾三年；

（四）担任因违法被吊销营业执照、责令关闭的公司、企业的法定代表人，并负有个人责任的，自该公司、企业被吊销营业执照、责令关闭之日起未逾三年；

（五）个人因所负数额较大债务到期未清偿被人民法院列为失信被执行人。

违反前款规定选举、委派董事、监事或者聘任高级管理人员的，该选举、委派或者聘任无效。

董事、监事、高级管理人员在任职期间出现本条第一款所列情形的，公司应当解除其职务。

【2018 年版本】

第一百四十六条　有下列情形之一的，不得担任公司的董事、监事、高级管理人员：

（一）无民事行为能力或者限制民事行为能力；

（二）因贪污、贿赂、侵占财产、挪用财产或者破坏社会主义市场经济秩序，被

判处刑罚，执行期满未逾五年，或者因犯罪被剥夺政治权利，执行期满未逾五年；

（三）担任破产清算的公司、企业的董事或者厂长、经理，对该公司、企业的破产负有个人责任的，自该公司、企业破产清算完结之日起未逾三年；

（四）担任因违法被吊销营业执照、责令关闭的公司、企业的法定代表人，并负有个人责任的，自该公司、企业被吊销营业执照之日起未逾三年；

（五）个人所负数额较大的债务到期未清偿。

公司违反前款规定选举、委派董事、监事或者聘任高级管理人员的，该选举、委派或者聘任无效。

董事、监事、高级管理人员在任职期间出现本条第一款所列情形的，公司应当解除其职务。

【本条释义】

本条规定了禁止担任公司的董事、监事、高级管理人员的情形。

公司的董事、监事和高级管理人员决定着公司的发展方向，决定着公司能否依法经营，能否为社会创造价值，因此，有特殊"前科"的人员不应当担任公司的董事、监事和高级管理人员。具体而言，有下列情形之一的，不得担任公司的董事、监事、高级管理人员：

（1）无民事行为能力或者限制民事行为能力。公司的董事、监事和高级管理人员需要积极作为才能履行其基本职责，公司管理事务属于比较复杂的事务，无民事行为能力或者限制民事行为能力人显然不适合担任公司的董事、监事和高级管理人员。当然，无民事行为能力或者限制民事行为能力人并不影响其担任股东。

（2）因贪污、贿赂、侵占财产、挪用财产或者破坏社会主义市场经济秩序，被判处刑罚，或者因犯罪被剥夺政治权利，执行期满未逾五年，被宣告缓刑的，自缓刑考验期满之日起未逾二年。这里需要注意的是，因贪污、贿赂、侵占财产、挪用财产或者破坏社会主义市场经济秩序犯罪，被判处刑罚，执行期满未逾五年的禁止担任公司的董事、监事和高级管理人员。因其他犯罪被判处刑罚的，没有该项任职禁止。如因酒驾被判处刑罚，仍可以继续担任公司的董事、监事和高级管理人员。因犯罪被剥夺政治权利，执行期满未逾五年的，禁止担任公司的董事、监事和高级管理人员。这里没有犯罪种类的限制，无论什么类型的犯罪，只要被剥夺政治权利，均受该项任职限制。上述犯罪如果被宣告缓刑，说明情节比较轻，主观恶性比较小，自缓刑考验期满之日起超过二年就可以担任公司的董事、监事和高级管理人员。

（3）担任破产清算的公司、企业的董事或者厂长、经理，对该公司、企业的破产负有个人责任的，自该公司、企业破产清算完结之日起未逾三年。这里要注意两个条件：一是担任破产清算的公司、企业的董事或者厂长、经理，担任监事以及其他职务的不受该项任职限制,如担任副厂长、副经理、财务负责人等;二是要对公司、企业的破产负有个人责任,如何判断一个人对公司、企业的破产负有个人责任,目前还没有明确的规定。

(4)担任因违法被吊销营业执照、责令关闭的公司、企业的法定代表人,并负有个人责任的,自该公司、企业被吊销营业执照、责令关闭之日起未逾三年。这里要注意两个条件:一是担任因违法被吊销营业执照、责令关闭的公司、企业的法定代表人,担任其他职务的不受该项任职限制,如不担任法定代表人的董事、监事、高级管理人员等;二是对该公司、企业因违法被吊销营业执照、责令关闭负有个人责任。

(5)个人因所负数额较大债务到期未清偿被人民法院列为失信被执行人。当事人一旦清偿了相关债务即可以担任公司的董事、监事和高级管理人员。

违反上述规定选举、委派董事、监事或者聘任高级管理人员的,该选举、委派或者聘任无效。相关主体应当另行选举、委派董事、监事或者聘任高级管理人员。

董事、监事、高级管理人员在任职期间出现上述所列情形的,公司应当解除其职务,必要时,应当及时选举新的人员担任被解除的职务。

其他法律、行政法规对特殊公司的董事、监事和高级管理人员的任职资格有其他特殊规定的,应当遵守其相应的规定。

【相关法律规定】

《**商业银行法**》

第二十七条 有下列情形之一的,不得担任商业银行的董事、高级管理人员:

(一)因犯有贪污、贿赂、侵占财产、挪用财产罪或者破坏社会经济秩序罪,被判处刑罚,或者因犯罪被剥夺政治权利的;

(二)担任因经营不善破产清算的公司、企业的董事或者厂长、经理,并对该公司、企业的破产负有个人责任的;

(三)担任因违法被吊销营业执照的公司、企业的法定代表人,并负有个人责任的;

(四)个人所负数额较大的债务到期未清偿的。

《**保险法**》

第八十二条 有《中华人民共和国公司法》第一百四十六条规定的情形或者下列情形之一的,不得担任保险公司的董事、监事、高级管理人员:

(一)因违法行为或者违纪行为被金融监督管理机构取消任职资格的金融机构的董事、监事、高级管理人员,自被取消任职资格之日起未逾五年的;

(二)因违法行为或者违纪行为被吊销执业资格的律师、注册会计师或者资产评估机构、验证机构等机构的专业人员,自被吊销执业资格之日起未逾五年的。

《证券法》

第一百二十四条 证券公司的董事、监事、高级管理人员，应当正直诚实、品行良好，熟悉证券法律、行政法规，具有履行职责所需的经营管理能力。证券公司任免董事、监事、高级管理人员，应当报国务院证券监督管理机构备案。

有《中华人民共和国公司法》第一百四十六条规定的情形或者下列情形之一的，不得担任证券公司的董事、监事、高级管理人员：

（一）因违法行为或者违纪行为被解除职务的证券交易场所、证券登记结算机构的负责人或者证券公司的董事、监事、高级管理人员，自被解除职务之日起未逾五年；

（二）因违法行为或者违纪行为被吊销执业证书或者被取消资格的律师、注册会计师或者其他证券服务机构的专业人员，自被吊销执业证书或者被取消资格之日起未逾五年。

【典型案例】

湖北省荆州市中级人民法院
民 事 判 决 书

〔2023〕鄂10民终1478号

上诉人（原审被告）：荆州市恒福兴达房地产开发有限公司，住所地为监利市红城乡赵夏村四组银湖城北13号。

法定代表人：林某龙，公司执行董事。

委托诉讼代理人：李谦，男，该公司员工，1987年5月8日出生，汉族，住武汉市洪山区。

被上诉人（原审原告）：林某龙，男，1988年5月25日出生，汉族，住广东省佛山市三水区。

委托诉讼代理人：邓健洋，广东盈隆（佛山）律师事务所律师。

委托诉讼代理人：刘旭熙，广东盈隆（佛山）律师事务所实习律师。

上诉人荆州市恒福兴达房地产开发有限公司（以下简称恒福公司）因与被上诉人林某龙请求变更公司登记纠纷一案，不服湖北省监利市人民法院〔2023〕鄂1023民初1671号民事判决，向本院提起上诉。本院于2023年5月26日立案后，依法组成合议庭审理了本案，现已审理终结。

恒福公司上诉请求：1.依法撤销〔2023〕鄂1023民初1671号判决书，驳回林某龙的全部诉讼请求；2.本案一审、二审全部诉讼费用由林某龙承担。事实与理由：林某龙自2016年6月27日起在荆州恒福公司担任执行董事一职，并担任荆州恒福公司的法定代表人。同时，林某龙还是荆州恒福公司的两个股东——佛山市三水恒福星际酒店有限公司及佛山市恒福兴达投资集团有限公司的实际控制人兼法定代表人。2019年12月起，佛山恒福星际酒店、佛山市恒福公司及荆州恒福公司的执行董事、法定代表人和实际控制人林某龙因涉案被采取刑事强制措施，上述三家公司的经营情况发生了根本性重大变更，公司经营陷入僵局，无法形成有效决策。2022年12月，林某龙服刑完毕，向湖北省监利市人民法院起诉，要求荆州恒福公司协助涤除其法定代表人、执行董事的登记事项，并要求荆州恒福公司承担本案诉讼费。2023年5月4日，湖北省监利市人民法院经审理作出〔2023〕鄂1023民初1671号判决荆州恒福公司协助林某龙办理涤除其在荆州恒福公司的法定代表人及执行董事的登记事项。一审判决事实认定、法律适用错误，依法应予以改判。关于法定代表人登记涤除变更公司登记是公司内部事务，林某龙可以通过公司内部途径救济，一审判决认定事实有误。《公司法》第二十五条规定："有限责任公司章程应当载明下列事项……（七）公司法定代表人；（八）股东会会议认为需要规定的其他事项。"第三十条规定："公司变更法定代表人的，应当自变更决议或者决定作出之日起30日内申请变更登记。"第四十三条规定："股东会的议事方式和表决程序，除本法有规定的外，由公司章程规定。股东会会议作出修改公司章程、增加或者减少注册资本的决议，以及公司合并、分立、解散或者变更公司形式的决议，必须经代表三分之二以上表决权的股东通过。"本案中，林某龙自荆州恒福公司自成立之日起，至今仍是荆州恒福公司的执行董事，具备担任荆州恒福公司法定代表人的条件，在荆州恒福公司完成下一任法定代表人的选任前，其继续担任公司的法定代表人并无不妥。其次，根据以上规定，公司法定代表人的变更涉及公司章程的变更，须依据公司章程并经公司内部决议程序进行确定，林某龙完全可以通过公司的内部人事制度申请退出或变更其职位，在穷尽公司的内部救济途径前，司法机关不宜直接对荆州恒福公司的内部决策和人事选任进行干预。最后，荆州恒福公司的经营仍在存续，其作为商事主体在对外从事商事活动的过程中，外部社会主体与荆州恒福公司发生民事法律关系的信赖基础也是工商登记载明的信息，如在荆州恒福公司未完成下一任法定代表人选任的前提下，司法机关直接判决涤除林某龙作为法定代表人的登记事项，将使得一家尚在营业的企业出现工商登记异常的情形，此举将严重损害一系列正在或正待与荆州恒福公司发生商业来往的社会主体的信赖利益，严重破坏正常的市场交易秩序。因此，在林某龙尚未穷尽公司内部救济途径的情况下，一审判决认定林某龙已经没有救济途径、只能通过司法途径救济有误，依法应予调整。即使要涤除或者变更法人代表的公司登记，也应在选举新一任法定代表人后进行，一审判决未考虑本案特殊情况，判决有误。《公司法》第十三条规定："公司法定代表人依照公司章程的规定，由董事长、执行董事或者经理担任，并依法登记。公司法定代表人变更，应当办理变更登记。"《公司登记管理条例》第二十七条规定："公司申请变更登记，应当向公司登记机关提交下列文件：（一）公司法定代表人签署的变更登记申请书；（二）依照《公司法》作出的变更决议或者决定；（三）国家工商行政管理总局规定要求提交的其他文件。公司变更登记事项涉及修改公司章程的，应当提交由公司法定代表人签署的修改后的公司章程或者公司章程修正案。变更登记事项依照法律、行政法规或者国务院决定规定在登记前须经批准的，还应当向公司登记机关提交有关批准文件。"退一步讲，即使要涤除或者变更林某龙作为法人代表的公司登记，也应在选举新一任法定代表人后进行，届时再持公司有权机关决议等材料前往工商登记部门办理变更登记。目前，荆州恒福公司及其两股东佛山恒福星际酒店、佛山市恒福公司的股权均处于政府托管阶段，相关的人事、财务情况尚未梳理完毕，公司日常运营秩序尚未恢复，暂不具有召开股东会议就变更法定代表人进行决议的现实条件，现阶段荆州恒福公司的权力机关暂时无法完成下一任法定代表人的选任程序。正是因为本案存在上述特殊情况，如一审判决还判决涤除林某龙法定代表人的工商登记，荆州恒福公司的法定代表人将在公司存续期间因其内部纠纷发生缺位，势必然引发市场秩序混乱、危害交易安全。一审判决在未充分考虑本案特殊性的情况下，判决荆州恒福公司需在三十日内完成相关的工商登记变更手续，明显缺乏实施条件和诉后执行的可能性，一审判决有误，依法应予以撤销。关于执行董事登记涤除法律规定《公司法》第四十五条规定："董事任期由公司章程规定，但每届任期不得超过三年。董事任期届满，连选可以连任；董事任期届满未及时改选，或者董事在任期内辞职导致董事会成员低于法定人数的，在改选出的董事就任前，原董事仍应当依照法律、行政法规和公司章程的规定，履行董事职务。"公司章程约定《公司章程》第四十条约定："公司设执行董事一人，对公司股东会负责，由股东会选举产生。"第四十一条第二款约定："执行董事任期届满未及时改选，或者执行董事任期届内辞职的，在改选出的执行董事就任前，原执行董事仍应当依照法律、行政法规和公司章程的规定，履行执行董事职务。"一审判决不应判决涤除执行董事登记依据上述规定及章程约定，在完成下一任执行董事的改选前，原执行董事仍需对公司负忠实勤勉义务，故还需要继续履行执行董事职务。本案中，荆州恒福公司并未完成新任执行董事的改选，一审判决径行涤除林某龙的执行董事登记，不但严重干预了荆州恒福公司的自主经营决策，还不具备现实执行的可能性，依法应予以改判。综上，一审判决认定事实、法律适用错误，且未考虑本案存在的客观情况，不具有现实执行的可能性。请贵院依法查明事实，支持上诉人的全部请求，维护上诉人合法权益。

林某龙答辩称：1.关于答辩人的诉请是否属于人民法院受案范围的问题。根据国家企业信用信息公示系统显示，截至2023年7月1日，答辩人仍被登记为荆州恒福公司的法定代表人及执行董事。自2019年12月17日起，答辩人因洗钱罪被刑事拘留，不再参与公司经营管理，对公司并无掌控力。在现有情况下，答辩人已无法根据章程确定的自治途径就更换法定代表人及执行董事作出决议，如果人民法院不受理原告的起诉，则答辩人因此所承受的法律风险将持续存在且无任何救济途径，故答辩人对被告荆州恒福公司到工商登记部门办理涤除公司法定代表人及执行董事登记的事项有诉的利益，本案属于人民法院民事案件的受理范围；2.法院应该如何处理的问题。根据《中华人民共和国市场主体登记管理条例》第十二条第二款及《公司法》第一百四十六条第二款规定，答辩人因洗钱罪被判处刑罚，现执行期满未逾5年，已不符合继续担任荆州恒福公司法定代表人及执行董事的法定条件，且答辩人亦不愿继续担任公司的法定代表人及执行董事，公司怠于办理工商变更登记手续，仍由答辩人承担作为公司法定代表人及执行董事的相应责任，将会出现由并不具有任何可担责的答辩人来承担公司自身过错责任，这一不合理现象，这样既不公平，也缺乏事实和法律依据。因此，法院应当支持答辩人的一审诉讼请求，即判令被告荆州恒福公司到有关登记机关办理涤除答辩人为其法定代表人、执行董事的登记事项。一审法院事实认定清楚，适用法律正确，二审法院应当维持原判。

林某龙向一审法院起诉请求：1.判令被告到登记机关办理涤除以原告林某龙作为被告法定代表人、执行董事的登记事项；2.本案全部的诉讼费由被告承担。

一审法院认定事实：2016年6月27日，被告荆州恒福公司成立时登记的法定代表人为原告林某龙。2019年10月10日，荆州恒福公司变更有关登记事项时，登记的法定代表人和执行董事是林某龙。2019年12月17日，林某龙因涉嫌犯罪被羁押。2022年8月11日，广东省佛山市中级人民法院作出终审裁定，确认林某龙犯洗钱罪，判处有期徒刑三年（刑期自2019年12月17日起至2022年12月16日止）。一审法院认为：本案为请求变更公司登记纠纷。《公司法》第十三条规定："公司法定代表人依照公司章程的规定，由董事长、执行董事或者经理担任，并依法登记。公司法定代表人变更，应当办理变更登记。"《公司法》第四十三条第二款规定："股东会议作出修改公司章程、增加或者减少注册资本的决议，以及公司合并、分立、解散或者变更公司形式的决议，必须经代表三分之二以上表决权的股东通过。"由上可见，公司变更登记系公司内部自治范围。但被告怠于变更法定代表人、执行董事，原告已无其他救济途径，原告因法定代表人、执行董事身份的存在，势必对其工作、生活带来影响。为维护社会主义经济秩序，维护当事人的合法权益，赋予原告司法救济途径并无不当。根据《公司法》第一百四十六条第一款第（二）项、第三款和《中华人民共和国市场主体登记管理条例》第十二条第（二）项的规定，因贪污、贿赂、侵占财产、挪用财产或者破坏社会主义市场经济秩序被判处刑罚，执行期满未逾五年，或者因犯罪被剥夺政治权利，执行期满未逾五年，不得担任公司、非公司企业法人的法定代表人，不得担任公司的董事、监事、高级管理人员；董事、监事、高级管理人员在任职期间出现上述情形的，公司应当解除其职务。原告在担任被告法定代表人、执行董事期间，因涉嫌犯破坏社会主义市场经济秩序罪中的洗钱罪，刑满释放未逾五年。故原告继续担任被告法定代表人不符合法律规定，被告应依法解除原告的执行董事职务。综上所述，原告林某龙的诉讼请求，一审法院予以支持。一审法院依照《公司法》第十三条、第一百四十六条、《中华人民共和国市场主体登记管理条例》第十二条、《民事诉讼法》

第六十七条、第一百四十五条的规定,判决如下:由被告荆州市恒福兴达房地产开发有限公司于本判决生效起三十日内到有关登记机关办理涤除原告林某龙为其法定代表人、执行董事的登记事项。案件受理费100元,减半收取计50元,由被告荆州市恒福兴达房地产开发有限公司负担。

二审期间,当事人均没有提交新证据。

二审查明的事实与一审认定的一致,本院予以确认。

本院认为,结合上诉人的上诉理由,本案二审的争议焦点为:在股东会决议选出新任法定代表人、执行董事前被上诉人直接起诉要求涤除其法定代表人、执行董事的公司登记是否符合法律规定。

本院认为,《公司法》第一百四十六条第一款第二项规定有下列情形之一的,不得担任公司的董事、监事、高级管理人员:因贪污、贿赂、侵占财产、挪用财产或者破坏社会主义市场经济秩序,被判处刑罚,执行期满未逾五年,或者因犯罪被剥夺政治权利,执行期满未逾五年。该项规定是法律的强制性规定,董事、监事、高级管理人员管理、监督的是公司财产的运营,应当有较高的诚信度,对于采取非法手段牟取私利的人,应当限制他们担任公司董事、监事、高级管理人员,并且在发现有关人员担任职务期间不符合任职资格的,公司应撤销其职务,重新选任。2022年8月11日,广东省佛山市中级人民法院作出终审裁定,确认被上诉人犯洗钱罪,判处有期徒刑三年,从该裁定作出之日起即可确认被上诉人不具备担任上诉人的法定代表人、执行董事的资格,上诉人应当重新选任法定代表人、执行董事。直至2023年3月24日,一审法院立案受理涉案纠纷,在长达半年多的时间内上诉人怠于主动履行自己的责任。现在客观上被上诉人已失去对上诉人的控制,却仍然要承担作为上诉人的法定代表人、执行董事可能带来的各种风险,上诉人不主动按照法律规定履行自己的职责,被上诉人可以直接向人民法院起诉要求上诉人涤除其法定代表人、执行董事的公司登记事项。上诉人的上诉请求没有事实及法律依据,本院依法不予支持。

综上,一审判决认定事实清楚,适用法律正确,应予维持。依照《民事诉讼法》第一百七十七条第一款第一项之规定,判决如下:

驳回上诉,维持原判。

二审案件受理费100元,由荆州市恒福兴达房地产开发有限公司负担。

本判决为终审判决。

审判长　杨　燕

审判员　盛　千

审判员　周　湛

二〇二三年六月二十六日

书记员　黄正蓉

【2023年版本、三次审议稿】

第一百七十九条　董事、监事、高级管理人员应当遵守法律、行政法规和公司章程。

【2018年版本】

第一百四十七条　董事、监事、高级管理人员应当遵守法律、行政法规和公司章程，对公司负有忠实义务和勤勉义务。

董事、监事、高级管理人员不得利用职权收受贿赂或者其他非法收入，不得侵占公司的财产。

【本条释义】

本条规定了董事、监事、高级管理人员守法合规的义务。

法律、行政法规对其适用范围内的任何主体都具有约束力，因此，董事、监事、高级管理人员也应当遵守法律、行政法规。公司章程是公司内部管理的重要规范性文件，对公司全体人员具有约束力，因此，董事、监事、高级管理人员也应当遵守。

公司经营是否合法合规，主要取决于公司的董事、监事、高级管理人员是否守法合规，因此，这里专门强调公司的监事、高级管理人员应当遵守法律、行政法规和公司章程具有特殊的意义。

【典型案例】

中华人民共和国最高人民法院

行 政 裁 定 书

〔2019〕最高法行申12736号

再审申请人（一审原告、二审上诉人）杨某胜，男，1960年1月29日出生，汉族，住江苏省南京市鼓楼区。

委托诉讼代理人邓菲，江苏三法（江北新区）律师事务所律师。

委托诉讼代理人朱昊，江苏三法律师事务所律师。

被申请人（一审被告、二审被上诉人）中国证券监督管理委员会，住所地北京市西城区金融大街19号。

法定代表人易会满，该委员会主席。

再审申请人杨某胜因诉中国证券监督管理委员会（以下简称证监会）证券行政处罚及行政复议一案，不服北京市高级人民法院〔2019〕京行终747号行政判决，向本院申请再审。本院依法组成合议庭对本案进行了审查，现已审查终结。

2018年2月5日，证监会作出《行政处罚决定书》（〔2018〕9号，以下简称被诉处罚决定），查明：一、沈机集团昆明机床股份有限公司（以下简称昆明机床）2013年至2015年通过跨期确认收入、虚计收入和虚增合同价格三种方式虚增收入483 080 163.99元。二、昆明机床2013年至2015年通过少计提辞退福利和高管薪酬的方式虚增利润29 608 616.03元。三、昆明机床2013年至2015年年度报告中披露的存货数据存在虚假记载。证监会认为，昆明机床的行为违反了《证券法》第六十三条、第六十八条的规定，构成了《证券法》第一百九十三条第一款所述违法行为。杨某胜为昆明机床时任董事，在2013年、2014年、2015年年度报告上签字，应当保证上市公司所披露的信息真实、准确、完整，但未按照勤勉尽责要求，对相关信息披露事项履行确认、审核职责，应对昆明机床信息披露违法行为承担一定责任，属于其他直接责任人员。证监会根据当事人违法行为的事实、性质、情节与社会危害程度，依据《证券法》第一百九十三条第一款之规定，决定：对昆明机床责令改正，给予警告，并处以60万元罚款；对杨某胜给予警告，并处以3万元罚款。杨某胜不服被诉处罚决定中对其作出的处罚决定，向证监会申请行政复议。证监会于2018年5月28日作出《行政复议决定书》（〔2018〕63号，以下简称被诉复议决定），依据《中华人民共和国行政复议法》第二十八条第一款第一项之规定，维持了被诉处罚决定中对杨某胜作出的处罚决定。杨某胜不服被诉处罚决定及被诉复议决定，起诉至北京市第一中级人民法院，请求撤销被诉处罚决定中针对其作出的处罚决定，一并撤销被诉复议决定。

北京市第一中级人民法院一审查明：2017年3月22日，证监会向昆明机床作出调查通知书，对昆明机床信息披露违法行为立案调查。同年5月23日证监会对杨某胜进行询问。同年8月2日，证监会向杨某胜作出调查通知书。同年11月2日，证监会作出行政处罚及市场禁入事先告知书，并于同年11月14日向杨某胜送达。同年11月24日，证监会作出听证通知书，并于同年11月28日向杨某胜送达。同年12月21日，证监会举行听证会。杨某胜出席听证会并作出如下申辩意见：1.自己既未参与涉案违法行为，也不知情，且已勤勉尽责。2.证监会对违法事实认定不清，不利于对责任人的认定。3.杨某胜在对审计机构提出严格要求并进行质询后才签字，注册会计师在执行规范标准框架内也无法识破揭示的公司系统性做假超出独立董事的能力范围。4.获悉财务舞弊后即向公司提出辞职请求并要求公司公告其辞职理由，同时向云南证监局相关同志实名举报，属于《信息披露违法行为行政责任认定规则》第二十一条第三项的情形。针对杨某胜的陈述申辩意见，证监会认为：1.上市公司董事、监事、高级管理人员对上市公司信息披露的真实、准确、完整负有保证义务,应当忠实、勤勉地履行职责,独立作出判断。本案中,杨某胜提出的未参与涉案财务造假事项,不知情,相信专业机构的意见和报告、配合调查等申辩意见不是法定免责事由,也不足以构成免责事由,且本案在确定处罚幅度时已考虑上述因素。2. 本案事实认定清楚,证据充分,对责任人员的认定和划分于法有据,杨某胜提出事实认定不清的申辩理由不成立,也未提出相关证据印证。杨某胜对审计机构进行质询,要求昆明机床改进成本核算方式等履职情况,证监会已在处罚时予以了考虑。杨某胜自2013年连续三年任昆明机床独立董事并担任审计委员会主任委员,其较长的任期、专业的背景与审计委员会主任委员的职务为其发现涉案违法事实提供了极大的便利条件,本应尽到更高的注意义务,却未能采取更加积极有效的措施履行职责,预防、发现和阻止信息披露违法行为的发生,未达到勤勉尽责的要求,应对昆明机床信息披露违法行为承担一定责任。杨某胜在获悉昆明机床存在财务舞弊问题后即辞职并向监管机构报告的情况属实,但其报告行为并非在昆明机床信息披露违法行为发生后及时作出,证监会认定的是昆明机床2013年年报、2014年年报和2015年年报信息披露违法,而杨某胜向监管机构报告的行为距最后一次信息披露违法发生也已一年之久,不符合及时性要求,不构成《信息披露违法行为行政责任认定规则》第二十一条第三项规定的情形。但其在昆明机床信息披露违法行为被发现前向监管机构报告的行为,可作为从轻情节予以考虑,对其适当减少罚款金额。2018年2月5日,证监会作出被诉处罚决定,并于同年2月7日委托证监会江苏监管局向杨某胜送达。杨某胜于同年3月8日签收被诉处罚决定,其后向证监会申请行政复议。证监会于同年3月12日收到杨某胜的行政复议申请,于同年5月11日作出行政复议延期审理通知书,并于当日向杨某胜邮寄送达。同年5月28日,证监会作出被诉复议决定,并于同年5月31日向杨某胜邮寄送达。杨某胜于同年6月2日签收后,于同年6月12日向一审法院提起行政诉讼。另,对被诉处罚决定及被诉复议决定查明的违法事实,经审查亦予确认。

北京市第一中级人民法院一审认为,《证券法》第一百九十三条第一款规定,"发行人、上市公司或者其他信息披露义务人未按照规定披露信息,或者所披露的信息有虚假记载、误导性陈述或者重大遗漏的,责令改正,给予警告,并处以三十万元以上六十万元以下的罚款。对直接负责的主管人员和其他直接责任人员给予警告,并处以三万元以上三十万元以下的罚款"。本案的主要争议在于杨某胜是否应当作为昆明机床信息披露违法行为的"其他直接责任人员"承担相应的法律责任。

一、关于被诉处罚决定及被诉复议决定认定事实是否清楚

证监会向昆明机床调取了相关交易资料,昆明机床亦认可财务造假的相关事实,被诉处罚决定及被诉复议决定具有事实依据。而且,尽管处罚机关对当事人存在违法事实承担证明责任,但不能要求处罚机关对消极事实也承担证明责任。在涉及财务造假的案件中,如果有初步证据证明当事人存在财务造假行为,则应当由当事人提供证据证明其财务数据具有真实的交易基础,而不是由处罚机关来证明没有真实的交易基

础。在昆明机床对证监会认定违法事实的相关证据均予确认，本案并无相反证据足以推翻，杨某胜所提质疑又无明确事实根据且证监会亦予合理说明的情况下，对杨某胜主张被诉处罚决定认定违法事实不清的相关理由，一审法院均不予支持。

二、关于杨某胜是否应当承担相应的法律责任

1.《公司法》第一百四十七条第一款规定，"董事、监事、高级管理人员应当遵守法律、行政法规和公司章程，对公司负有忠实义务和勤勉义务"。勤勉尽责是董事免责的一个抗辩理由。当上市公司发生违法行为时，作为公司的决策层成员，董事即应当为自己签字的公司行为承担法律责任，除非董事能够提出自己已经勤勉尽责的抗辩事由。董事勤勉尽责不能停留于履行一般职责，而是要在审慎、全面调查的基础上，对公司的重要事项进行确认。董事的勤勉义务是一种过程性义务和积极的注意义务，不以其履责行为必然防范违法行为的发生为要件，也不以其明知违法行为为要件。如果独立董事同时兼任审计委员会主任委员，则其勤勉义务更为明确。2002年《上市公司治理准则》第五十四条规定，"审计委员会的主要职责是：（1）提议聘请或更换外部审计机构；（2）监督公司的内部审计制度及其实施；（3）负责内部审计与外部审计之间的沟通；（4）审核公司的财务信息及其披露；（5）审查公司的内控制度"。可见，监督公司的内部审计制度及其实施，审核公司的财务信息及披露，审查公司的内控制度，均是审计委员会的核心职责。杨某胜作为公司审计委员会主任委员，负有审核公司财务信息及披露、审查公司内控制度的法定职责。因此，判定杨某胜是否应当承担相应的法律责任，不需要讨论其客观上能否防范违法行为的发生，而是应当分析在昆明机床违法行为实施的整个过程中，杨某胜作为独立董事及审计委员会主任委员是否勤勉地履行了自己应当履行的职责。

2.不可否认，杨某胜确实在推动昆明机床完善相关财务制度方面作出了一定的努力。比如自上任之初即提出"要解决财务和业务不对接的问题"（昆明机床《第七届董事会审计委员会2013年第二次会议记录》第3页），也曾多次提出要完善公司财务管理，要求公司解决成本核算上的问题（见昆明机床《第八届董事会审计委员会2015年第一次会议记录》第1页、《第八届董事会审计委员会2016年第二次会议记录》第1页）。但是，昆明机床在成本核算方面的漏洞是一般具有会计常识的人员也能够发现的问题，杨某胜在担任审计委员会主任委员期间，对此问题除了在会议上口头提出意见之外，并没有证据证明其采取了积极措施监督公司完善成本核算以及内控制度，特别是在审计机构就公司财务提出重大质疑时还予以消极处理。杨某胜作为审计委员会主任委员，虽然履行了一般职责，但并未做到勤勉尽责。

3.2013年初，杨某胜甫任审计委员会主任委员，审计机构即提出"公司的成本计算以及内控存在问题"（昆明机床《第七届董事会审计委员会2013年第二次会议记录》第1页）。杨某胜作为会计领域的专家，在诉讼中也认可自其担任昆明机床审计委员会主任委员开始，就已经发现公司在成本核算及内控方面存在相当严重的漏洞。但基于2013年、2014年的审计委员会会议记录可以看出，除了在会议上针对公司的财务问

第八章 公司董事、监事、高级管理人员的资格和义务

题提出一些常规意见之外,杨某胜及审计委员会并未针对公司成本核算以及内控问题采取有实质意义的监督措施。不仅如此,杨某胜及审计委员会在2015年3月会议中(昆明机床《第八届董事会审计委员会2015年第二次会议记录》),对于审计师明确提出的财务问题不仅没有积极予以核实并采取措施,反而明显予以消极处理。在该次会议中,审计师提出"递延所得税资产要有5年的盈利计划来支持,来决定是否需要转回",而在公司2012年、2013年、2014年连续三年经营亏损的情况下,"……支持能够实现盈利预测的审计证据不够充足"。针对上述问题,杨某胜提出"如果预算是考核预算,就不要再纠结是否可靠,因为无法预测预算是否可靠"。审计委员会委员陈富生也认为,"预算是一个框架,企业已经做了预算给审计师提供了依据,至于每个数精确到100%是不可能的,不能去推敲营业收入是否合理,有预算就是一个根据"。在审计师认为仅凭公司承诺并不充分的情况下,杨某胜提出"现在的时点要回答预算真正的可实现性是不可能的。……如果公司管理层出具承诺,毕马威审计师没有道理不确认公司2015年的预测,并不调转所得税资产"。审计委员会委员刘某海洁则提出,"管理层的承诺和努力是最有效的。如果管理层的承诺都无法支持,其余材料的效力更不可靠"。作为审计委员会主任委员,对于审计师所提异议,杨某胜只是泛泛表示"是否预算以外的东西可以支持?""在目前的背景下,达成一个共识,公司要提供什么资料才能支持递延所得税资产的可回收性的解决?"基于一般的会计常识,未来年度的盈利预测是确认递延所得税资产的重要基础之一,如果盈利预测没有可靠的依据,确认递延所得税资产就无法满足会计信息可靠性的要求。虽然在讨论过程中杨某胜也有"公司目前提供的预算数据没有给审计师提供足够可靠性支持""公司的成本核算确实需要提高,……今年必须解决成本问题,把制度、流程建立起来"等表述,但这些表述恰恰表明杨某胜其实知道盈利预测的依据并不充分,而杨某胜未能坚守自己的专业判断,最终站在公司管理层的立场对相关问题予以消极处理。到2016年3月份,杨某胜本人已经注意到公司的财务数据异常"引起了监管机构的重点关注",并承认"会计核算上面存在一定的问题"(昆明机床《第八届董事会审计委员会2016年第二次会议记录》第1页),但杨某胜及审计委员会仍然没有采取有实质意义的监督措施。在2016年3月的董事会会议中,杨某胜称"在2016年年报正式报出之前,公司的成本核算一定要达到永续盘存制基本要求。若达不到这个要求,我作为独立董事将拒绝签字",可见杨某胜至少对于公司成本核算及内控问题的严重性是清楚的。尽管措辞激烈,杨某胜仍然对2015年年度报告投了赞成票。应当指出,董事履行勤勉义务是要对公司的投资者负责,对资本市场负责。昆明机床的成本核算及内控问题是杨某胜自2013年任职独立董事开始就明知的事实,而至2016年时除了在相关会议上口头提出意见之外,杨某胜不仅没有采取有实质性意义的监督措施,反而还继续在相关决议上签字,杨某胜的上述行为显然达不到勤勉尽责的要求。杨某胜作为审计委员会主任委员未能做到勤勉尽责,已堪认定,至于完善公司的成本核算以及内控制度能否当然防范公司违法行为的发生,不影响杨某胜应当为其失职承担相应的法律责任。杨某胜以无法防范、

并不知情等理由主张免责，并不足采。

4. 关于杨某胜认为昆明机床在成本核算及内控方面的漏洞是历史形成的，以及公司的财务造假行为是内外串通舞弊的业务全链条造假行为，非杨某胜所能防范等主张。勤勉义务是一种积极义务，判断董事是否尽到勤勉义务，不以董事个人的履职行为能否从结果上避免违法行为的发生为要件，而是取决于董事个人是否尽到了自己应尽的职责。虽然上市公司内部治理混乱确实会对董事正常履行职责产生阻碍，但这不能构成董事在信息的真实性、准确性和完整性难以确认的情况下就在相关公司文件上予以签字认可的正当理由。

5. 关于杨某胜主张自己只是作为具有会计背景的独立董事，无法基于会计账册发现公司违法行为的问题。审计报告只是董事履职的基础技术性材料，董事的勤勉尽责不是对财务审计报告再行复核，审计委员会的职责也是监督审计机构，并非直接对审计报告的真实性和准确性承担法律责任。反之，审计报告也不能成为董事减轻或者免除勤勉义务的依据。另外，杨某胜是基于其担任独立董事和审计委员会主任委员而承担相应的勤勉责任，会计专业背景只是杨某胜担任审计委员会主任委员所必需的专业能力要求，而不是其承担法律责任的依据。至于监管机构是否发现公司的违法行为，则更不能成为董事未勤勉尽责的借口，对杨某胜的相关主张不予支持。

6. 杨某胜向证监会举报相关违法行为，不仅距最后一次信息披露违法行为发生已一年之久，而且是在审计机构已经发现违法行为的情况下提出的举报，该举报行为不足以构成法定应当免于处罚的事由，至于证监会主张已作为从轻情节予以考量，一审法院不持异议。证监会在听取杨某胜的陈述申辩之后，最终按照法定最低幅度给予杨某胜行政处罚，并无不当之处。

三、关于被诉处罚决定及被诉复议决定的程序是否合法

经审查，被诉处罚决定及被诉复议决定的作出程序并无违法之处。杨某胜有关证监会调查人员少于2人之主张，并无事实根据。证监会先就昆明机床的违法行为对杨某胜进行询问，其后再基于案件情况对杨某胜个人展开调查并无违法之处，杨某胜有关证监会先询问后调查构成程序违法的主张缺乏法律依据。杨某胜称证监会未对杨某胜提出的事实、理由和证据进行复核，未充分调查，以及证监会在复议程序中未依法审核杨某胜提交的证据材料等主张，均缺乏事实根据，而且上述事项亦应属于行政行为事实认定是否清楚、证据是否充分的问题，并不属于行政行为的程序合法性问题。

综上，被诉处罚决定及被诉复议决定认定事实清楚、适用法律正确、作出程序合法，对杨某胜的处罚幅度亦无明显不当。杨某胜的诉讼理由经审查均不能成立，对杨某胜的诉讼请求不予支持。依照《中华人民共和国行政诉讼法》第六十九条、第七十九条之规定，判决驳回杨某胜的诉讼请求。

杨某胜不服，提起上诉。

北京市高级人民法院经审理查明的事实与一审判决认定的事实一致。

北京市高级人民法院二审认为，本案争议的焦点主要在于以下几个方面：一是昆

明机床在2013年度、2014年度、2015年度的信息披露行为中是否存在违法披露的情况，证监会在被诉处罚决定中对昆明机床存在信息披露违法行为的事实认定是否成立。二是杨某胜是否尽到了独立董事应尽的勤勉尽责义务，是否应对昆明机床存在的信息披露违法行为承担责任、受到行政处罚，证监会对杨某胜应就昆明机床信息披露违法行为承担责任并予以处罚及处罚幅度的认定是否定性正确，处罚适当。三是杨某胜所提的被诉处罚决定及被诉复议决定存在程序违法的上诉理由是否成立。

对于第一个焦点问题：证监会认为昆明机床存在信息披露违法行为的主要理由在于，昆明机床在2013至2015年年度报告中存在存货数据虚假记载、虚增收入、虚增利润的问题。对于上述三方面问题的查证工作，证监会系在对昆明机床2013—2016年真实采购、生产、销售情况进行梳理，由审计机构监盘、证监会工作人员跟踪调查的情况下制作的拆机表为基础依据，在拆机表的基础上发现认定昆明机床存在存货数据虚假记载、虚增收入的事实；亦是通过查证昆明机床未按照公司董事会决议计提全部高管薪酬、对昆明机床提供的《2013—2015年内退福利计提的情况说明》核实确认的情况下，认定昆明机床存在虚增利润的事实。且对于上述调查程序的展开、相关违法事实的发现，相关违法证据的固定工作，证监会均在其提供的第一组证据的1、2、3、4中予以了开示和证明。通过证监会进行的上述调查工作及提供的有效证据可以认定昆明机床存在被诉处罚决定认定的信息披露违法行为。杨某胜上诉认为证监会对于上述事实在定性、定量方面均有错误。但在杨某胜向一审法院提供的全部四组证据中，其第一组证据用于证明其对被诉处罚决定提出了行政复议申请，第二组证据用于证明其不可能发现昆明机床业务造假引发的舞弊行为，第三组证据用于证明其尽到了勤勉义务，第四组证据用于证明其符合不予处罚的情况，即杨某胜并未提供其认为证监会认定事实有误的反证来支持其主张。在证监会提供的证据能够形成较为完整、充分的证据链条对昆明机床存在信息披露违法行为这一基础待证事实予以证明，杨某胜并未提供反证推翻证监会认定的违法事实的情况下，对证监会认定的昆明机床存在2013—2015年度信息披露行为违法的事实予以确认。对杨某胜所提的被诉处罚决定认定事实有误的上诉理由不予采纳。

《证券法》第一百九十三条第一款规定，发行人、上市公司或者其他信息披露义务人未按照规定披露信息，或者所披露的信息有虚假记载、误导性陈述或者重大遗漏的，责令改正，给予警告，并处以三十万元以上六十万元以下的罚款。对直接负责的主管人员和其他直接责任人员给予警告，并处以三万元以上三十万元以下的罚款。由于昆明机床存在前述信息披露违法行为，证券监管机关应依照上述法律的规定，对昆明机床信息披露行为直接负责的主管人员和其他直接责任人员给予警告和处罚。《证券法》第六十八条第三款规定，上市公司董事、监事、高级管理人员应当保证上市公司所披露的信息真实、准确、完整。杨某胜作为昆明机床的独立董事及审计委员会主任委员，其应对昆明机床披露信息的真实、准确、完整负责，因此其在《证券法》第一百九十三条第一款罚则规定的信息披露其他直接责任人员主体范围之内。在昆明机床存在信息披露违法行为的情况下，证监会有权将杨某胜作为上市公司信息披露的其他直接责任人员对其展开调查，并作出是否应对杨某胜予以处罚，处以何种幅度处罚的判断。这也是本案所涉及的第二个焦点问题，该问题需要探讨的核心问题在于杨某胜是否尽到了其作为独立董事应尽的勤勉尽责义务，能否以其已尽到勤勉尽责义务为由要求监管机关对其不予处罚。

对于上市公司董事勤勉义务的内涵及董事在上市公司信息披露行为中是否达到勤勉义务判断标准的现行规定，主要存在于下述法律、规范性文件之中：《公司法》第一百四十七条第一款规定，董事、监事、高级管理人员应当遵守法律、行政法规和公司章程，对公司负有忠实义务和勤勉义务。该法第一百一十二条第二款规定，董事会应当对会议所议事项的决定作成会议记录，出席会议的董事应当在会议记录上签名。董事应当对董事会的决议承担责任。《上市公司信息披露管理办法》第五十八条第一款规定，上市公司董事、监事、高级管理人员应当对公司信息披露的真实性、准确性、完整性、及时性、公平性负责，但有充分证据表明其已经履行勤勉尽责义务的除外。《信息披露违法行为行政责任认定规则》将信息披露违法行为责任人员参与信息披露违法行为的直接间接程度、主要次要作用、知情程度态度、职务职责及履责情况，专业背景等因素作为判断相关责任人员承担责任大小、可否不予处罚或从轻减轻处罚的考量要素进行了规定，其中第二十一条第一项规定，当事人对认定的信息披露违法事项提出具体异议记载于董事会、监事会、公司办公会会议记录等，并在上述会议中投反对票的，第三项规定对公司信息披露违法行为不负有主要责任的人员在公司信息披露违法行为发生后及时向公司和证券交易所、证券监管机构报告的，均可以作为认定不予行政处罚的考虑情形。第二十条第二项规定，在信息披露违法行为被发现前，及时主动要求公司采取纠正措施或者向证券监管机构报告的，可认定为从轻或者减轻处罚的情形。

本案中，杨某胜上诉认为其作为独立董事已尽到勤勉尽责义务，不应对其处罚的主要理由在于其在上任独立董事之时就对昆明机床的公司财务问题多次提出异议并多次在相关会议上要求昆明机床予以整改，其亦在得知昆明机床财务造假的第一时间即向证券监管部门报告并立即公开辞职，其虽然具有会计专业背景，但并不能将公司财务造假披露行为违法这一违法结果的必然发生或不可防范作为对其处罚的原因。杨某胜的该上诉理由能否成立，应结合上述法律及规范性文件的规定予以判断。从本案查明的案情可以看出，诚然，杨某胜确实多次在董事会审计委员会会议及董事会会议中对公司财务方面存在的问题提出过建议、异议，甚至发表过达不到相关要求其将拒绝签字的意见，但从历次董事会会议及相关会议的结果看，杨某胜对会议记录进行了签字，亦没有投出反对票。由此可以得出，上述情形并不能作为认定杨某胜完全尽到勤勉尽责的依据，亦无法达到可对其不予处罚的条件要求。杨某胜上诉还认为其及时向监管机关进行了报告，可作为对其不予处罚的依据，但杨某胜向有关机关报告之时已距昆明机床最后一次信息披露违法行为发生一年之久，考虑到杨某胜在任职昆明机床

第八章 公司董事、监事、高级管理人员的资格和义务

董事期间已发现昆明机床公司财务存在诸多问题的情况，杨某胜以其及时报告为由要求对其不予处罚的上诉理由，亦不成立。从上述分析可以认定，杨某胜作为独立董事，其在履职期间并未完全尽到勤勉义务，其应对昆明机床的信息披露违法行为承担相应责任，应对其进行处罚。但考虑到杨某胜存在信息披露违法行为发生前及时主动要求公司采取纠正措施的情况，应认定为存在可对其从轻或者减轻处罚的情节，可对其从轻或者减轻处罚。本案中，证监会对杨某胜处以的罚款金额为3万元，已为《证券法》第一百九十三条第一款规定的对其他直接责任人员予以处罚的最低限，证监会亦在庭审中表示证监会对杨某胜处以最低档处罚正是考虑到了杨某胜存在上述从轻减轻处罚的情节，由此可以认定，证监会对杨某胜处以3万元的处罚幅度是适当的，并没有超出其行政裁量权的范围，不构成行政处罚权的滥用。因此，杨某胜关于其已尽到勤勉尽责义务不应对其处罚的第二点上诉理由不成立，对该上诉理由不予采纳。

杨某胜上诉认为证监会在作出被诉处罚决定及被诉复议决定的过程中存在未经集体讨论决定的程序违法问题。《中华人民共和国行政处罚法》第三十八条规定，调查终结，行政机关负责人应当对调查结果进行审查，根据不同情况，分别作出决定。对情节复杂或者重大违法行为给予较重的行政处罚，行政机关的负责人应当集体讨论决定。《中华人民共和国行政复议法》第二十八条规定，行政复议机关负责法制工作的机构应当对被申请人作出的具体行政行为进行审查，提出意见，经行政复议机关的负责人同意或者集体讨论通过后，作出行政复议决定。本案中，证监会称其考虑到杨某胜承担法律责任的大小和处罚的幅度，未将对杨某胜的处罚作为情节复杂和重大违法案件予以处理，未由行政机关的负责人集体讨论决定，对证监会的上述理由予以认可，杨某胜的上诉理由没有充分的事实与法律依据，对其该上诉理由，亦不予采纳。

综上，杨某胜的上诉理由均不成立，对其上诉理由均不予采纳，对其上诉请求不予支持。一审判决认定事实及适用法律均无不当之处，予以维持。据此，依照《中华人民共和国行政诉讼法》第八十九条第一款第一项之规定，判决驳回上诉，维持一审判决。

杨某胜向本院申请再审称：一、证监会提供的证据不能证明被诉处罚决定所认定的昆明机床信息披露虚假属实。二、即便如证监会在被诉处罚决定中所认定的昆明机床存在信息披露虚假，再审申请人也不是信息披露违法行为的其他直接责任人员。三、再审申请人已尽勤勉尽责义务，且在知悉违法行为后第一时间举报，依法不应予以处罚。1.再审申请人履行了独立董事的常规性之职责，在知悉并确认昆明机床可能存在造假的当天即向云南省证监局实名举报，提出辞职申请并要求昆明机床立即公布；再审申请人在公司审计委员会、董事会会议中每次均针对昆明机床可能存在的每个问题提出具体要求，并在审计机构出具的审计报告基础上作出独立判断，对审计机构提出了更严格的要求，重点对昆明机床成本核算提出改进要求，并一直敦促企业限期解决问题；再审申请人作为独立董事，不实际参与昆明机床日常经营活动，成本核算问题也与昆

明机床信息披露违法行为无因果关系,昆明机床的财务造假行为是再审申请人无法知悉和发现的,再审申请人不存在任何过错。2.再审申请人作为独立董事是在审计机构出具的审计报告基础上作独立判断,并不是取代审计机构从事具体审计工作;昆明机床审计报告的出具者均为国内外知名的审计机构,在再审申请人指出昆明机床审计报告反映的问题后,审计师均给予了符合法律及会计准则的回复;证监会主张再审申请人在发现昆明机床成本核算问题没有当期整改到位的情况下即应立刻辞职的观点严重违背建立独立董事制度的初衷。3.在昆明机床相关会议中发现公司财务存在问题本是再审申请人作为会计专业独立董事积极履职的重要体现,一、二审判决却将上述积极履职行为视为再审申请人已发现并指出问题,进而以再审申请人没有拒绝在相关会议记录上签字来认定再审申请人未完全尽到勤勉尽责,不仅未能正确理清再审申请人在相关会议中所质疑的成本核算等财务问题与证监会认定的昆明机床违法行为之间无因果关系这一事实,更是错将不予处罚考虑情形作为是否勤勉尽责的认定要件。四、被诉处罚决定及复议决定程序违法。综上,请求撤销一、二审判决;撤销被诉处罚决定中针对再审申请人作出的处罚决定以及被诉复议决定;本案全部诉讼费用由被申请人承担。

本院认为,《公司法》第一百四十七条第一款规定,董事、监事、高级管理人员应当遵守法律、行政法规和公司章程,对公司负有忠实义务和勤勉义务。第一百一十二条中规定,董事会应当对会议所议事项的决定作成会议记录,出席会议的董事应当在会议记录上签名。董事应当对董事会的决议承担责任。2014年修正的《证券法》第六十八条规定,上市公司董事、高级管理人员应当对公司定期报告签署书面确认意见。上市公司董事、监事、高级管理人员应当保证上市公司所披露的信息真实、准确、完整。第一百九十三条第一款规定,发行人、上市公司或者其他信息披露义务人未按照规定披露信息,或者所披露的信息有虚假记载、误导性陈述或者重大遗漏的,责令改正,给予警告,并处以三十万元以上六十万元以下的罚款。对直接负责的主管人员和其他直接责任人员给予警告,并处以三万元以上三十万元以下的罚款。《上市公司信息披露管理办法》第五十八条第一款规定,上市公司董事、监事、高级管理人员应当对公司信息披露的真实性、准确性、完整性、及时性、公平性负责,但有充分证据表明其已经履行勤勉尽责义务的除外。《信息披露违法行为行政责任认定规则》第十五条规定,发生信息披露违法行为的,依照法律、行政法规、规章规定,对负有保证信息披露真实、准确、完整、及时和公平义务的董事、监事、高级管理人员,应当视情形认定其为直接负责的主管人员或者其他直接责任人员承担行政责任,但其能够证明已尽忠实、勤勉义务,没有过错的除外。本案中,证监会提交了多份证据证明昆明机床2013年至2015年年度报告中存在存货数据虚假记载、虚增收入、虚增利润等问题,原审法院经审查,对证监会认定的昆明机床存在信息披露违法行为的事实予以确认,并无不当。再审申请人在再审申请中主张"证监会提供的证据不能证明被诉

第八章 公司董事、监事、高级管理人员的资格和义务

处罚决定所认定的昆明机床信息披露虚假属实",亦未能提供有效证据予以反证。故对其该项再审理由,本院不予支持。

在昆明机床存在信息披露违法行为的前提下,根据前述规定,再审申请人能否证明其对该信息披露行为已尽勤勉义务,是其是否应当作为"其他直接责任人员"承担行政责任、受到行政处罚的关键,也是本案再审审查的重点。对此,本院认为,再审申请人自担任昆明机床独立董事、审计委员会主任委员以来,围绕昆明机床的财务信息及其披露事宜与外部审计机构开展了一定的工作,也多次在董事会审计委员会会议及董事会会议中对公司财务方面存在的问题提出过异议、建议,存在积极履职的行为。但是,综合在案证据来看,尚不足以证明再审申请人对案涉信息披露行为已尽勤勉义务:

一、再审申请人未穷尽其应当采取的合理措施主动调查、获取履行相关职责所需要的信息。《中国注册会计师审计准则第1101号——注册会计师的总体目标和审计工作的基本要求》第二十条规定,注册会计师应当按照审计准则的规定,对财务报表整体是否不存在由于舞弊或错误导致的重大错报获取合理保证。由于外部审计固有的局限,这里的合理保证仅是一种较高水平的保证。再审申请人作为上市公司董事,根据2014年修正的《证券法》第六十八条第三款的规定,对上市公司披露的年度报告数据真实性所承担的保证责任显然应高于外部审计机构。两种保证责任高低的差异,要求再审申请人在审核年度报告时,不应止步于同外部审计机构围绕审计工作和审计结论进行沟通,而应更进一步,在审慎、充分调查的基础上,结合专业判断,对相关事项进行确认。具体来说,根据2002年施行的《上市公司治理准则》第五十四条的规定,再审申请人除履行董事的一般义务外,还应通过领导董事会审计委员会工作,监督公司的内部审计制度及其实施,负责内部审计与外部审计之间的沟通,并审查公司的内控制度。根据《上海证券交易所上市公司董事会审计委员会运作指引》第十五条的规定,再审申请人还应当领导董事会审计委员会督促公司内部审计计划的实施,审阅内部审计工作报告,评估内部审计工作的结果,督促重大问题的整改。诚如再审申请人在再审申请中所言,"独立董事并不是取代审计机构从事具体审计工作",但另一方面,审计机构也不能替代独立董事的工作,质言之,独立董事不应仅停留于监督审核外部审计机构的工作过程,并仅主要依据外部审计机构的工作结论作出判断,而应当采取合理措施主动开展必要的调查工作并获取决策所需要的信息。然而本案中,在案证据不足以证明再审申请人依职权领导审计委员会综合运用内部审计等手段,针对企业财务管理方面存在的"危险信号"进行检查、预防和应对,不足以证明其为内、外部审计机构就可能造成的重大错报风险进行充分沟通创造便利,也不足以证明其在与外部审计机构沟通审计计划和重要事项时,就外部审计机构重点关注相关错报风险提出要求、创造条件。作为案涉企业的独立董事、审计委员会主任委员,再审申请人难言无责。

二、再审申请人根据已获取的有限信息即做出决策,有失审慎。《上市公司定期

报告工作备忘录第五号——独立董事年度报告期间工作指引》第九条第一款规定，独立董事应当关注年度报告董事会审议事项的决策程序，并对需要提交董事会审议的事项做出审慎周全的判断和决策。所谓审慎周全，意指在穷尽其应当采取的合理措施主动调查、获取决策所需信息的基础上，运用专业判断，慎重做出商业决策。再审申请人作为会计专业人员，应当知晓昆明机床舞弊风险的存在，但并无证据显示其采取了必要的调查措施，尤其未能依职责采取内部审计等手段恰当应对管理层舞弊风险。在未获取充分、适当的决策依据的前提下，其仅主要基于同外部审计机构的沟通即形成内心确信，并最终在虚假披露的年度报告上签字，确属不够审慎。

三、再审申请人未采取实质性措施应对已发现的重大事项。根据《上海证券交易所上市公司董事会审计委员会运作指引》第十七条第四项的规定，审计委员会应当评估内部控制评价和审计的结果，督促内控缺陷的整改。综合在案证据可知，昆明机床作为生产型企业，其与存货有关的内部控制缺陷长期存在，突出表现为盘存制度落后、财务部门与业务部门缺乏沟通等。这些内部控制缺陷交互作用，可能会对昆明机床财务数据的真实、准确、完整产生重大影响。有效的内部控制能够为财务报告及相关信息的真实、准确、完整提供合理保证，而长期存在的内部控制缺陷是滋生财务舞弊的温床。但再审申请人仅在有关会议上就建立永续盘存制以规范成本核算方法等方面提出口头要求，尽管措辞日渐激烈，但非实质措施。根据《上市公司独立董事履职指引》第十五条第一款第六项、第十九条、第三十七条，以及《上海证券交易所上市公司董事会审计委员会运作指引》第二十条等规定，再审申请人作为独立董事、审计委员会主任委员，有权单独或联合其他独立董事、审计委员会委员聘请外部中介机构对公司具体事项进行咨询、对公司的相关情况进行核查、提供专业意见，也有权要求公司相关人员定期通报情况、配合进行与履职相关的调查。但在案证据不足以证明再审申请人面对昆明机床成本核算等内控缺陷长期存在的局面，采取或试图采取上述任一措施。仅停留在口头层面的"督促"，难以称得上采取了实质性举措。

综上，根据现有证据，再审申请人未穷尽其应当采取的合理措施主动调查、获取决策所需要的信息，并在此基础上做出审慎决策，且未能就已发现的重大事项予以实质性应对，原审法院据此认定再审申请人未尽到勤勉尽责义务，并无不当。同时，被申请人考虑到再审申请人任职期间亦有积极履职行为，且存在信息披露违法行为被发现前主动向证券监管机构报告等从轻情节，对再审申请人处以3万元的罚款处罚，亦无不当。

至于被诉处罚决定和复议决定作出的程序是否合法，经原审法院审查，被诉处罚决定和复议决定作出的程序符合法律规定，本院对此予以确认。

综上，再审申请人杨某胜提供的申请材料及提出的再审理由，不足以否定原审生效判决，其再审申请不符合《中华人民共和国行政诉讼法》第九十一条规定的情形。依照《最高人民法院关于适用〈中华人民共和国行政诉讼法〉的解释》第一百一十六条第二款之规定，裁定如下：

驳回再审申请人杨某胜的再审申请。

审 判 长　　王晓滨
审 判 员　　阎　巍
审 判 员　　仝　蕾
二〇二〇年五月二十八日
法官助理　　骆芳菲
书 记 员　　余艺苑

【2023 年版本】

第一百八十条　董事、监事、高级管理人员对公司负有忠实义务，应当采取措施避免自身利益与公司利益冲突，不得利用职权牟取不正当利益。

董事、监事、高级管理人员对公司负有勤勉义务，执行职务应当为公司的最大利益尽到管理者通常应有的合理注意。

公司的控股股东、实际控制人不担任公司董事但实际执行公司事务的，适用前两款规定。

【三次审议稿】

第一百八十条　董事、监事、高级管理人员对公司负有忠实义务，应当采取措施避免自身利益与公司利益冲突，不得利用职权谋取不正当利益。

董事、监事、高级管理人员对公司负有勤勉义务，执行职务应当为公司的最大利益尽到管理者通常应有的合理注意。

公司的控股股东、实际控制人不担任公司董事但实际执行公司事务的，适用前两款规定。

【2018 年版本】

第一百四十七条　董事、监事、高级管理人员应当遵守法律、行政法规和公司章程，对公司负有忠实义务和勤勉义务。

董事、监事、高级管理人员不得利用职权收受贿赂或者其他非法收入，不得侵占公司的财产。

【本条释义】

本条规定了董事、监事、高级管理人员的忠实和勤勉义务。

董事、监事、高级管理人员对公司负有忠实义务,忠实强调的是不背叛,不从事与公司利益相冲突的行为,事事维护公司的利益,不以权谋私。为此,董事、监事、高级管理人员应当采取措施避免自身利益与公司利益冲突,不得利用职权谋取不正当利益。

董事、监事、高级管理人员对公司负有勤勉义务,勤勉强调的是勤奋尽职,自我勉励,尽最大努力完成本职工作。为此,董事、监事、高级管理人员执行职务应当为公司的最大利益尽到管理者通常应有的合理注意。

公司的控股股东、实际控制人不担任公司董事但实际执行公司事务的,与公司董事、监事、高级管理人员一样,对公司负有忠实与勤勉的义务。需要注意的是,这里强调的是公司的控股股东和实际控制人,如果是公司的普通股东在公司担任一般职务或者执行公司事务,则其按照劳动合同或者其他约定完成其本职工作即可,不要求对公司尽忠实与勤勉的义务。

【典型案例】

最高法院十大公司纠纷典型案例

李某严、深圳市华佗在线网络有限公司损害公司利益责任纠纷再审

案例索引

案号:〔2021〕最高法民申1686号

审理法院:最高人民法院

案件来源:中国裁判文书网

裁判要旨

公司法关于董事对公司所负的忠实义务、竞业禁止义务应不限于董事所任职的公司自身,还应包括公司的全资子公司、控股公司等,如此方能保障公司及其他股东的合法权益,真正实现公司法设置忠实义务、竞业禁止义务的立法本意。

入选理由

我国《公司法》第一百四十七条、第一百四十八条系董事对公司履行的忠实义务及竞业禁止义务的基础法律依据,董事对自身任职的公司履行忠实义务及竞业禁止义务系董事的法定义务。本案的争议焦点在于李某严作为美谷佳公司的董事,是否需要对美谷佳公司的全资子公司、控股公司承担忠实义务及竞业禁止义务。一般而言,基

于公司的法人主体资格,母子公司互相独立,母公司的董事直接对子公司负忠实义务及竞业禁止义务并不符合我国《公司法》第一百四十七条、第一百四十八条的规定。本案典型意义在于,对于董事应履行的忠实义务及竞业禁止义务的认定并未流于法律的规定,而是扩大解释了董事履行该义务的范围。我们认为现行《公司法》对于董事义务的约定较为简略,董事的义务往往流于形式,通过本案所树立的裁判认定观点,有利于董事审慎行事,合规履责,是司法审判实践对规范公司治理的一次生动尝试。

广东省高级人民法院
民事判决书

〔2019〕粤民终1027号

上诉人(一审原告):深圳市华佗在线网络有限公司。住所地:广东省深圳市南山区。

法定代表人:赵某先,该公司董事长。

上诉人(一审原告):深圳市美谷佳科技有限公司。住所地:广东省深圳市南山区。

法定代表人:杨某军,该公司董事长。

共同委托诉讼代理人:李涛,广东华商律师事务所律师。

上诉人(一审被告):李某严,女,汉族,住广东省深圳市南山区。

委托诉讼代理人:邬文辉,北京大成(深圳)律师事务所律师。

委托诉讼代理人:廖昕怡,北京大成(深圳)律师事务所实习律师。

被上诉人(一审被告):广东省第二人民医院。住所地:广东省广州市海珠区。

法定代表人:田某章,该医院院长。

委托诉讼代理人:邬文辉,北京大成(深圳)律师事务所律师。

委托诉讼代理人:廖昕怡,北京大成(深圳)律师事务所实习律师。

上诉人深圳市华佗在线网络有限公司(以下简称华佗在线公司)、深圳市美谷佳科技有限公司(以下简称美谷佳公司)与上诉人李某严、被上诉人广东省第二人民医院(以下简称省二医)损害公司利益责任纠纷一案,上诉人华佗在线公司、美谷佳公司、李某严不服深圳市中级人民法院〔2017〕粤03民初2038号民事判决,向本院提起上诉。本院于2019年4月29日立案受理后,依法组成合议庭进行审理。上诉人华佗在线公司、美谷佳公司的共同委托诉讼代理人李涛,上诉人李某严和被上诉人省二医的共同委托诉讼代理人邬文辉、廖昕怡到庭参加诉讼。本案现已审理终结。

美谷佳公司、华佗在线公司上诉请求:改判李某严赔偿华佗在线公司1.2亿元,改判省二医对李某严的债务承担连带赔偿责任。事实和理由：（一）一审认定华佗在线公司损失事实不清。一审认定李某严违反股东、董事、高管的忠实勤勉义务和滥用股东权利正确，但本案不属于谋取公司商业机会，而是侵占公司财产。根据公司法理论和司法实践，董事、高管谋取公司商业机会或董事竞业行为的判断标准有三个要件：一是要有经营行为，且对公司的利益形成潜在威胁和风险；二是经营同类业务，一般根据公司经营范围确定；三是自营或为他人经营与所任职公司同类的经营行为，利益归自己。李某严实施侵权行为终了之日，即深圳友德医科技有限公司（以下简称友德医公司）20%股权被转让给宜华地产股份有限公司（以下简称宜华地产）之日2014年11月28日，并没有经营同类业务的网络医院，而是在友德医公司与省二医于2014年11月12日签订《友德医网络医院合作协议》前，把本属于华佗在线公司与省二医合作的网络医院以出售友德医公司股权的形式卖给宜华地产，这是侵占公司财产的行为。李某严通过出售友德医公司20%的股权获利1.2亿元，美谷佳公司和华佗在线公司遭受了实实在在的财产损失。在李某严出售友德医公司股份时，意味着美谷佳公司、华佗在线公司已损失6亿元，一审酌定华佗在线公司损失仅为2 916万元缺乏依据。李某严通过深圳市谷糠科技有限公司（以下简称谷糠公司）获益人民币6 000万元，同时又获得友德医公司6 000万元的增资，李某严是友德医公司实际控制人，持股友德医公司85%的股份，该两项收入均应认定为李某严个人或其公司所有。此外，牧新民等投资者对美谷佳公司的投入共计4 000多万元，包括美谷佳公司1 000万元的注册资本金，2012年牧新民等投资者为购买美谷佳公司股权向李某严另支付了2 200万元软件著作权使用费，以及另外一笔880万元。（二）一审未认定省二医的侵权事实有误。1.2013年11月开始，省二医与华佗在线公司科研人员就共建互联网医院一起搞研发，时间长达一年。2014年1月10日，李某严代表华佗在线公司与省二医签订《合作框架协议》，2014年2月10日，华佗在线公司与省二医签订《补充（修订）协议》。2014年10月25日，华佗在线公司与省二医合作共建的网络医院正式领证上线，成为全国首家网络医院，省二医在多家媒体上确认合作方是华佗在线公司。但为了配合李某严将友德医公司股份出售给宜华地产，省二医不顾与华佗在线公司签订的合作协议，将与华佗在线公司合作的项目说成是友德医公司的项目，使宜华地产的律师顺利完成尽职调查报告。2014年9月23日，省二医倒签《通知函》，2014年11月20日与友德医公司签订《友德医网络医院合作协议》，从法律上企图做实华佗在线公司网络医院变成友德医公司的项目。2014年12月26日，省二医无偿接受李某严赠与的友德医公司10%的股份。省二医以违约形式实施侵权行为，根据合同法第一百二十二条的规定，华佗在线公司既可以追究其违约责任，又可以追究其侵权责任，华佗在线公司现主张追究省二医的共同侵权责任。2.省二医存在违约行为，2014年1月10日省二医与华佗在线公司签订的《合作框架协议》和2014年2月10日的《补充（修订）协议》，经过一年的履行，于2014年10月25日，经广东省卫生和计划生育委员会（以下简称广东省卫计委）批准，全国首家网络医院正式在省二医领证上线。在本案诉讼提起后，李某严、省二医提供了2014年9月23日《通知函》以及2014年9月25日《通知函回复》，华佗在线公司和美谷佳公司从未见过这两份证据，一审也否定了《通知函》和《通知函回复》的真实性、关联性、合法性，因此可以确认省二医对华佗在线公司存在违约行为。宜华地产的《对外投资公告》称友德医公司拥有领证上线的网络医院，合作方是省二医，因此可以确认《宜华地产对外投资公告》的信息来源于宜华地产律师的项目尽职调查报告，该报告又来源于省二医的确认，即省二医确认与其合作共建网络医院的合作方是友德医公司，而非华佗在线公司。综上，省二医与李某严恶意串通的目的是无偿获得友德医公司10%的股份，是为了将华佗在线公司与省二医合作的网络医院项目据为己有。

李某严上诉请求：撤销一审判决第一项。事实和理由：（一）本案系同业禁止索赔之诉，一审混淆华佗在线公司和美谷佳公司独立的商事主体地位，根据《公司法》第一百四十八条第一款第五项规定，未经股东会或者股东大会同意，董事、高级管理人员不得利用职务便利为自己或者他人谋取属于公司的商业机会，自营或者为他人经营与所任职公司同类的业务。《公司法》对同业禁止索赔之诉的民事责任主体作出严格限定，仅限于公司董事和高管。本案争议的商业机会，自始与美谷佳公司无关。尽管华佗在线公司认为本案争议的商业机会属其所有，但李某严并非该公司的董事或高管，对该公司不负忠实义务，不可能成为篡夺其商业机会的民事责任主体。李某严也从来不是华佗在线公司的股东，对华佗在线公司不负有股东义务，一审却以李某严滥用股东权利为由，依照《公司法》第二十条第二款判决李某严对华佗在线公司进行赔偿，适用法律错误。（二）一审根据华佗在线公司和友德医公司分别与省二医签署的合作协议中均出现"互联网医院"的表述，就认为该两个项目属于同类业务，认定事实错误。尽管华佗在线公司和省二医的协议中出现了"互联网医院"的表述，事实上，近年来由于"互联网+"概念勃兴，打着"网络医院"或"互联网医院"旗号的商家在各地大量涌现，但各家的业务模式却大异其趣，大多停留在远程问诊层面，真正通过网络面向患者从事远程诊疗的，至今只有友德医公司与省二医合作的网络医院一家。可见，由于"网络医院"或"互联网医院"至今没有统一的内涵及外延，一审仅从两份协议中关于"互联网医院"的相近表述，推定二者属于同类业务，太过武断。一审根据友德医公司与华佗在线公司的项目技术团队相同，推论出项目高度重合的"可能性较高"。但李某严在《情况说明》中已陈述，不存在相关项目系同一核心技术团队开发维护的说法，一审认定华佗在线公司与友德医公司的网络医院项目"应系"同一团队开发维护，属主观臆断。况且，即便是同一技术团队，在不同时期或不同工作单位，所从事的技术研发项目必然根据各时期或各单位的技术、资金条件以及项目要求各有不同。一审认为同一核心技术团队在较短时间内开发维护的项目，高度重合的可能性较高，缺乏客观依据。一审时李某严提供了美谷佳公司网站的电子证据固化报告，以证明美谷佳公司的产品仅系医院内部、卫生行政管理部门的信息化管理系统，并没有实际开展过从事远程诊疗的网络医院业务。这一事实，从华佗在线公司及美谷佳公司提交的《广发证券股份有限公司关于深圳市美谷佳科技有限公司尽职调查报告》中也能得到印证。美谷佳公司与友德医公司的产品完全不同，美谷佳公司将医院信息化系统卖给医院，解决医院的信息化问题，友德医公司则是通过第三方视频软件给病人看病，不出卖软件产品，仅通过其控制的医药公司、医院、药店、深圳赢医通科技有限公司（以下简称赢医通公司）收取诊疗费用和药品费用。美谷佳公司与友德医公司分属不同行业。前者卖软件，专做软件服务，友德医公司则是给病人看病、卖药，从事医疗服务。（三）一审以"酌定"方式判令李某严向华佗在线公司支付天价赔偿金，显失公平。一审尽管确认宜华地产向友德医公司的增资并非李某严的实际收入，而后却以李某严对上述增资款项"实际享有权益"为由，以"酌定"方式判令李某严向华佗在线公司支付赔偿金2916万元，缺乏根据。根据《公司法》第一百六十六条第三款关于公司盈余分配的规定，公司的收入在"弥补亏损和提取公积金后所余税后利润，有限责任公司依照本法第三十四条的规定分配"，公司的增资收入或转让资产收入虽均与股东权益（盈余分配权）相关，但并不意味着股东对公司的每一项收入均享有股东权益。假如友德医公司收到宜华地产增资款项后入不敷出，最终无法向股东分配盈余利润，则此笔增资对于友德医公司股东而言，不会使股东实际享有权益。此外，一审"酌定"李某严应赔偿的金额时，所考量的友德医公司运营成本、网络医院项目发展前景等因素，从在案证据中均无从得知，一审臆测的金额，显然缺乏依据。综上，一审认定事实和适用法律均存在错误，恳请二审予以改判，驳回华佗在线公司的诉讼请求。

华佗在线公司和美谷佳公司对李某严上诉请求提出的答辩意见与其上诉理由相同。华佗在线公司另提出，李某严将华佗在线公司与省二医的合作项目据为己有之后，美谷佳公司与华佗在线公司就没有任何存在价值。美谷佳公司股东牧新民、邝伟忠、吴之刚等通过签署2009年3月2日《计算机软件著作权转让合同》的方式以2200万元购买了美谷佳公司22项软件著作权，李某严一旦离开公司带走核心员工，上述所购买的软件李某严是可以带走并使用的，只是在法律上不能公开。美谷佳公司和华佗在线公司唯一的资产就是网络医院项目，被李某严盗卖后，美谷佳公司与华佗在线公司就没有了任何资产，美谷佳公司和股东的唯一希望就是通过对李某严和省二医的诉讼挽回损失。

李某严对华佗在线公司和美谷佳公司的上诉请求提出的答辩意见与其上诉理由相同。

华佗在线公司和美谷佳公司向一审法院起诉请求：1.判令李某严因其侵权行为赔偿华佗在线公司1.2亿元；2.判令省二医对李某严的上述第一项债务承担连带赔偿责任。

一审法院认定事实：美谷佳公司设立于2008年11月21日，股东为深圳盛凯投资有限公司（持股51%）和深圳市谷仓网络科技有限公司（以下简称谷仓公司，持股49%）。2010年3月17日，美谷佳公司股东变更为李某严（持股51%）和谷仓公司（持股49%）。2010年7月7日，美谷佳公司股东变更为香港谷仓网络科技有限公司（持股100%）。2011年12月15日，美谷佳公司股东变更为李某严（持股36.25%）及其他18名自然人（共持股63.75%）。此后美谷佳公司股东历经多次变更，李某严一直为该公司股东，在一审法庭辩论终结前持股14.5%。2015年4月28日前，李某严担任美谷佳公司法定代表人、董事长、总经理职务。

华佗在线公司设立于2013年6月3日，股东为张卓（持股90%）和张家斌（持股10%）。美谷佳公司分别与张卓、张家斌签订了《股权代持协议书》，约定美谷佳公司委托张卓、张家斌作为自己对华佗在线公司持有的90%和10%的股份的名义持有人，美谷佳公司作为上述投资的实际出资者，对华佗在线公司享有实际的股东权利并有权获得相应的投资收益。2015年6月17日，华佗在线公司股东变更为美谷佳公司（持股100%）。

广东友德医健康管理有限公司（以下简称友德医健康管理公司）设立于2006年4月12日，股东为省二医（持股100%），设立时名称为广东赤岗宾馆有限公司。2014年12月2日，该公司名称变更为广东友德医健康管理有限公司。

友德医公司设立于2014年8月7日，股东为黄宏亮（持股10%）和吴茂清（持股90%）。2014年11月11日，友德医公司股东变更为李晓婧（持股85%）和周祖斌（持股15%）。2014年11月21日，友德医公司股东变更为李晓婧（持股68.888 9%）、周祖斌（持股11.111 1%）、董应心（持股2.222 2%）、杜建国（持股6.666 7%）和谷糠公司（持股11.111 1%）。2014年12月10日，友德医公司股东变更为李晓婧（持股68.888 9%）、董应心（持股2.222 2%）、杜建国（持股6.666 7%）、谷糠公司（持股11.111 1%）和友德医健康管理公司（持股11.111 1%）。2014年12月17日，友德医公司股东变更为李晓婧（持股62%）、董应心（持股2%）、杜建国（持股6%）、谷糠公司（持股10%）、宜华地产（持股10%）、友德医健康管理公司（持股10%）。2015年2月28日，友德医公司股东变更为李晓婧（持股62%）、董应心（持股2%）、杜建国（持股6%）、宜华地产（持股20%）、友德医健康管理公司（持股10%）。

谷糠公司设立于2013年10月17日，股东为李萍（持股62%）和李爱华（持股38%）。2015年5月18日，谷糠公司股东变更为周祖斌（持股100%），法定代表人亦变更为周祖斌。

2014年1月10日，省二医和华佗在线公司签订《合作框架协议》，约定双方合作共建广东省医学影像阅片中心平台、检验分析中心平台和互联网医院、应急无线医疗项目；协议自双方签字盖章之日起生效，有效期为十年。协议约定省二医承担"负责阅片中心、健康教育、双向转诊平台、互联网医院和应急无线医疗的业务运营的相应责任"等义务。协议还约定华佗在线公司在项目实施中投资巨大，如果在合作期限内，省二医终止协议，需赔偿华佗在线公司的项目建设损失。2014年2月10日，省二医和华佗在线公司签订《补充（修订）协议》，对合作项目的收益和利益分配进行约定。2014年8月10日，华佗在线公司首次发表"华佗网络医院平台软件（简称：华佗网络

V1.0)",后于2015年9月11日取得该软件的著作权登记。

李某严和省二医提交了省二医盖章的落款日期为2014年9月23日的《通知函》和美谷佳公司盖章的落款日期为2014年9月25日的《通知函回复》。《通知函》载明"我院(即省二医)曾向华佗在线公司项目主管协商提出中止框架协议意见,华佗在线公司表示理解……我院决定中止与华佗在线公司所有合作项目,特此函告"。《通知函回复》载明"同意省二医通知函中提出的终止合作意见"。

2014年10月25日,广东省卫计委向省二医发出粤卫办函〔2014〕445号复函,同意省二医建立广东省应急医疗网络中心和网络医院。2014年10月27日,《南方日报》发布题为《广东省网络医院正式上线》的新闻报道,主要内容为:"25日,广东省网络医院经过1个多月试运行,在广东省第二人民医院正式上线启用。这是全国首家获得卫生计生部门许可的网络医院,患者在社区医疗中心或者连锁药店等网络就诊点即可通过视频向在线专家求医问诊……下一步省二医将进一步加快网络就诊点的建设推进工作。"2014年10月27日至2014年11月14日,《家庭医生在线》《贵阳网》《网易新闻》《网易科技》等媒体也对涉案网络医院项目进行了报道。

2014年11月20日,友德医公司与省二医签订《友德医网络医院合作协议》,约定双方视对方为广东省内唯一的合作方,双方共同合作组建"友德医"网络医院,并对用户提供网上诊疗、双向转诊等医疗服务。协议还约定,省二医将广东省卫计委出具的粤卫办函〔2014〕445号文件同意省二医建立广东省应急医疗网络中心和网络医院的批文授权给友德医公司唯一使用;省二医独家授权省二医下属持股主体负责"广东省应急医疗网络中心和网络医院"项目,省二医所指定下属持股主体以粤卫办函〔2014〕445号资质投资友德医公司,独家授权友德医公司合作共建网络医院项目。

2014年12月4日,宜华地产发布《对外投资公告》(2014-81号),载明"2014年12月1日,宜华地产第六届董事会第十次会议审议通过《关于同意投资深圳友德医科技有限公司并签署相关协议的议案》,公司董事会同意公司以6 000万元向友德医公司增资,取得友德医公司10%的股权,再以6 000万元受让友德医公司股东谷糠公司持有友德医公司10%的股权,原股东放弃受让股权的优先购买权。本次交易额合计1.2亿元,本次交易完成后,公司共计获得友德医公司20%的股权……2014年10月,友德医公司与省二医合作的广东省网络医院在省二医正式上线启用,是全国首家获得卫生计生部门许可的网络医院……截至10月31日,友德医公司总资产5 618 536.44元,净资产4 918 536.44元,净利润-81 463.56元……本次交易的定价依据:网络医院是未来医疗服务行业发展的大趋势,未来市场空间巨大,公司看好网络医院的发展前景。友德医公司的网络医院平台,为省二医网络医院实施的唯一平台,是全国首家获得卫生计生部门网络医院;与省二医合作的广东省网络医院目前已在省二医正式上线启用,同时省二医承诺未来各项相关网络医院的权利永久且唯一地授权给友德医公司行使。"

2015年5月28日,友德医公司首次发表"友德医网络医院平台V1.0",并于2015年8月3日取得该软件的著作权登记。

第八章　公司董事、监事、高级管理人员的资格和义务

2015年9月10日，深天地公司发布《关于筹划重大资产重组的停牌进展公告》（2015-051号），载明"本次公司拟筹划收购李晓婧、宜华地产、友德医健康管理公司、杜建国和董应心持有的友德医公司100%的股权，拟聘请新时代证券股份有限公司为本次重大资产重组的财务顾问。"

2016年1月10日，就深天地公司收购友德医公司股权事项，李某严、周智、张进生、李佑四人分别出具了内容一致的《承诺书》，载明"2014年10月30日，友德医公司召开股东会并作出决议，同意吴茂清将其持有友德医公司85%的股权转让给李晓婧，将其持有的友德医公司5%的股权转让给周祖斌，同意黄宏亮将其持有友德医公司10%的股权转让给周祖斌。李晓婧代李某严持有友德医公司72.25%的股权、代李佑持有友德医公司4.25%的股权、代周智持有友德医4.25%公司的股权、代张进生持有友德医公司4.25%的股权，周祖斌代李某严持有友德医公司12.75%的股权、代李佑持有友德医公司0.75%的股权、代周智持有友德医公司0.75%的股权、代张进生持有友德医公司0.75%的股权……2014年11月12日，友德医公司召开股东会并作出决议，同意李晓婧将其持有友德医公司2.222 2%的股权以1元的价格转让给董应心，将其持有友德医公司6.666 7%的股权以1元的价格转让给杜建国，将其持有友德医公司11.111 1%的股权以1元的价格转让给谷糠公司；同意周祖斌将其持有的友德医公司3.888 9%的股权以1元的价格转让给李晓婧……2014年11月26日，友德医公司召开股东会并作出决议，同意周祖斌将其持有友德医公司11.111 1%的股权以1元的价格转让给广东赤岗宾馆有限公司（即友德医健康管理公司）……"同日，周祖斌和李晓婧出具《承诺书》，亦载明了李某严等四人出具的《承诺书》中提及的股权代持和转让事宜。

另，李某严、周智、张进生、李佑与周祖斌签订有《股权代持协议书》，约定李某严、周智、张进生、李佑自愿委托周祖斌作为自己的友德医公司75万元出资（该出资占友德医公司注册资本的15%，其中李某严占该代持股份85%比例，周智、张进生、李佑分别占该代持股份5%比例）的名义持有人，并代为行使相关股东权利。李某严、周智、张进生、李佑与李晓婧签订有《股权代持协议书》，约定李某严、周智、张进生、李佑自愿委托周祖斌作为自己的友德医公司385万元出资（该出资占友德医公司注册资本的85%，其中李某严占该代持股份85%比例，周智、张进生、李佑分别占该代持股份5%比例）的名义持有人，并代为行使相关股东权利。

2016年1月10日，李某严出具《情况说明》，其上载明"本人李某严，系友德医公司、赢医通公司的实际控制人，现作出如下说明：……关于'友德医公司股东存在股权代持情况'的情况说明，本人委托李爱华等人代持上述股权的主要原因是本人当时身份证信息错误，为避免日后在工商管理部门等部门更换身份证信息的复杂程序，特委托李爱华等人暂时代持其上述股权……本人承诺在深天地公司召开董事会审议其发行股份及支付现金购买友德医公司和赢医通公司股权的相关议案前，将股权进行还原……美谷佳及华佗在线公司的创始人团队即本人及其他团队成员一直从事医疗机构信息化产品的开发与经营，因对资本市场规则不够熟悉，因此找到现美谷佳公司股东

牧新民、邝伟忠和吴之刚，帮助美谷佳公司到美国上市。如果上市成功，牧新民、邝伟忠和吴之刚可获得一定比例的美谷佳股权。2010年7月7日，美谷佳公司成为香港公司谷仓科技合资子公司，美谷佳公司股权从国内迁移到香港和维京群岛做BVI架构，美谷佳公司股权被牧新民、邝伟忠和吴之刚转到他们指定人名下。2011年，牧新民、邝伟忠和吴之刚等人认为在中国上市更有利于公司的发展，美谷佳公司改为在中国上市。因此，公司股权从香港转回中国境内，股权转回时，美谷佳公司及华佗在线公司的创始人团队本人及团队其他成员的股权降低到40%以下，除本人、张进生、李佑、周智、黄廷梅五人所持股权外，剩余股权均由牧新民、邝伟忠和吴之刚三人控制，本人及管理层丧失了对美谷佳公司的控制权，在公司经营层面受制于牧新民、邝伟忠和吴之刚等人。牧新民、邝伟忠和吴之刚等人掌握美谷佳公司控制权后，通过增资等方式将本人及其他团队成员的股权不断稀释。2014年11月，本人向美谷佳公司提出辞职申请，2015年4月28日，本人不再担任美谷佳公司一切职务。"

一审法院认为，本案系损害公司利益责任纠纷。华佗在线公司、美谷佳公司诉称美谷佳公司股东李某严在担任美谷佳公司法定代表人、董事长、总经理期间，滥用股东权利，利用关联关系和职务便利，谋取属于华佗在线公司的商业机会，违反对美谷佳公司、华佗在线公司的忠实和勤勉义务，损害公司利益。李某严则主张，即使其存在华佗在线公司和美谷佳公司所称的损害公司利益的行为，其损害的也仅是华佗在线公司的利益，其系美谷佳公司的股东、法定代表人、董事长、总经理，并非华佗在线公司股东，也未在华佗在线公司任职，故其行为未违反《公司法》第二十条第二款、第一百四十八条的规定。一审法院认为，虽然美谷佳公司、华佗在线公司均系法人，互为独立民事主体，但在华佗在线公司、美谷佳公司所称的李某严损害公司利益行为发生期间，美谷佳公司委托案外人张家斌、张卓代持华佗在线公司100%股权，华佗在线公司实际系美谷佳公司全资子公司，故李某严如有不当谋取华佗在线公司商业机会、损害华佗在线公司利益等行为，也必然对美谷佳公司的利益造成损害，李某严作为美谷佳公司股东、法定代表人、董事长、总经理，其行为已违反对公司的忠实勤勉义务，美谷佳公司有权依法向李某严主张权利，而李某严则须以向华佗在线公司赔偿的方式弥补美谷佳公司因华佗在线公司利益直接受损而受到的股东损失。

关于李某严是否存在谋取属于华佗在线公司商业机会、损害华佗在线公司利益的行为。华佗在线公司与省二医分别于2014年1月10日、2014年2月10日签订《合作框架协议》及其《补充（修订）协议》，合作开展"广东省医学影像阅片中心平台、检验分析中心平台和互联网医院、应急无线医疗建设项目"，华佗在线公司于2014年8月10日开发完成并首次发表"华佗网络医院平台软件（简称：华佗网络医院V1.0）"，广东省卫计委于2014年10月25日复函同意省二医建立广东省应急医疗网络中心和网络医院。2014年10月27日至2014年11月14日，《南方日报》《家庭医生在线》《网易新闻》等多家媒体对华佗在线公司与省二医合作开展的"网络医院"

等项目进行报道,由此可见,华佗在线公司与省二医的合作在当时已经取得了阶段性成果。

友德医公司成立于2014年8月,2014年11月11日,友德医公司的股东变更为李晓婧和周祖斌,持股比例分别为85%和15%,根据李某严、李晓婧、周祖斌等人出具的《承诺书》及《股权代持协议书》等证据,李晓婧、周祖斌分别代李某严持有友德医公司72.25%和12.75%的股权,故李某严共计实际持有友德医公司85%的股权,系该公司的大股东和实际控制人。2014年11月20日,友德医公司与省二医签订《友德医网络医院合作协议》,约定"双方均视对方为广东省内唯一合作方""共同合作组建友德医网络医院,并对用户提供网上诊疗、双向诊疗等医疗服务",故省二医已转而与友德医公司合作并终止与华佗在线公司合作。2014年12月4日,宜华地产向友德医公司增资6 000万元,取得友德医公司10%股权,并以6 000万元的价格从谷糠公司处购友德医公司10%的股权。宜华地产作为上市公司,发布公告称"2014年10月,友德医公司与省二医合作的广东省网络医院在省二医正式上线启用,是全国首家获得卫生计生部门许可的网络医院……截止至10月31日,友德医公司总资产5 618 536.44元,净资产4 918 536.44元,净利润—81 463.56元。本次交易的定价依据:网络医院是未来医疗服务行业发展的大趋势,未来市场空间巨大,公司看好网络医院的发展前景……"以上事实再结合李某严出具的《情况说明》中关于"美谷佳公司及华佗在线公司的创始人团队即本人及其他团队成员一直从事医疗机构信息化产品的开发及经营"以及李某严作为技术方代表与资本方在经营美谷佳公司、华佗在线公司过程中出现的矛盾等内容,足以证明李某严作为美谷佳公司股东,在担任美谷佳公司法定代表人、董事长、总经理及技术团队主要负责人期间,另行实际控制与华佗在线公司具有同类业务的友德医公司,将华佗在线公司与省二医合作创建的网络医院等项目据为友德医公司所有,谋取本属于华佗在线公司的商业机会,取得宜华地产巨额投资,其行为损害了华佗在线公司的利益进而损害了美谷佳公司的利益,须向华佗在线公司赔偿。

李某严辩称,省二医曾于2014年9月23日向华佗在线公司出具《通知函》,载明"我院曾向华佗在线公司项目主管协商提出中止框架协议意见,华佗在线公司表示理解……我院决定中止与华佗在线公司所有合作项目……"美谷佳公司于2014年9月25日回函,代表华佗在线公司同意终止双方合作,因此,友德医公司在华佗在线公司与省二医已终止合作后的2014年11月20日,方与省二医签订《友德医网络医院合作协议》,并未谋取属于华佗在线公司的商业机会。一审法院对李某严的该答辩意见不予采纳并评述如下:第一,华佗在线公司、美谷佳公司否认其收到或出具上述函件,在李某严、省二医并未提交包括签收单、送达邮单等在内的相关证据的情况下,无法证明省二医实际曾向华佗在线公司出具上述函件。第二,美谷佳公司与华佗在线公司互为独立民事主体,在华佗在线公司不予确认的情况下,美谷佳公司代表华佗在线公司出具上述回函并不当然具有法律效力。第三,华佗在线公司与省二医签订的《合作框架协议》约定"合同有效期十年……华佗在线公司在项目实施中投资巨大,如果合作期限内省二医终止协议，应赔偿华佗在线公司的项目建设损失……"等内容，且如上文所述，华佗在线公司与省二医的合作在当时已经取得了阶段性成果，但在省二医出具上述《通知函》终止合作后，美谷佳公司、华佗在线公司既未提出异议或协商方案，也未依照上述合同约定向省二医主张权利，反而在短短两天后回函同意终止合作，明显不合常理。第四，如果省二医、美谷佳公司出具上述函件属实，也能够证明时任美谷佳公司法定代表人、董事长、总经理的李某严，未能积极履行职责，违反对公司的忠实和勤勉义务，导致美谷佳公司的全资子公司华佗在线公司轻易丧失与省二医的商业机会，再结合由李某严实际控制的友德医公司随后即与省二医就网络医院等项目继续合作的事实，可以认定李某严为其实际控制的友德医公司谋取本属华佗在线公司商业机会的事实存在具有高度可能性，依照《最高人民法院关于适用〈中华人民共和国民事诉讼法〉的解释》第一百零八条第一款的规定，应当认定该事实存在。第五，宜华地产以增资和购买股权的方式获得友德医公司20%股权，并发布公告称"2014年10月，友德医公司与省二医合作的广东省网络医院正式上线启用……本次交易的定价依据：网络医院是未来医疗服务行业发展的大趋势……"但是，由于友德医公司与省二医直至2014年11月才签署合作协议，友德医公司直至2015年5月才开发完成"友德医网络医院平台V1.0"软件系统，且如省二医和李某严所述，华佗在线公司与省二医直至2014年9月25日才终止合作，故上述影响宜华地产作出巨额投资决定的"2014年10月正式上线启用的网络医院"，必然是华佗在线公司与省二医合作开展的"网络医院"项目。从友德医公司因此获利的情况看，也能够认定李某严为自己控制的友德医公司谋取本属华佗在线公司商业机会和利益的事实。

李某严还辩称，华佗在线公司与省二医合作开展的"网络医院"项目，是医院内部、卫生行政管理部门的信息化管理服务，不同于友德医公司与省二医合作开展的提供网上远程诊疗服务的"网络医院"项目，两者不属于同类业务，故友德医公司与省二医的合作并未损害华佗在线公司的商业机会。一审法院对李某严的该答辩意见不予采纳并评述如下：第一，华佗在线公司与省二医签订合作协议，约定开展"广东省医学影像阅片中心平台、检验分析中心平台和互联网医院、应急无线医疗建设项目"，且省二医须负责"阅片中心、健康教育、双向转诊平台、互联网医院和应急无线医疗的业务运营的相应责任"，而友德医公司与省二医签订的合作协议，约定开展"共同合作组建友德医网络医院，并对用户提供网上诊疗、双向诊疗等医疗服务"，二者内容相近，且并非如李某严所述华佗在线公司与省二医合作开展的网络医院项目仅是医院内部、卫生行政管理部门的信息化管理服务。第二，如上文所述，友德医公司实际以华佗在线公司与省二医合作开展的网络医院项目取得的宜华地产巨额投资，损害了华佗在线公司的利益。第三，结合李某严在《情况说明》中关于技术团队的说法，华佗在线公司与友德医公司关于网络医院的相关项目应系同一核心技术团队开发维护，在较短时间内，二者高度重合的可能性较高，故在李某严未提交充分的证据证明友德医公司与华佗在线公司的"网络医院"的业务范畴并不相同的情况下，李某严的上述答辩意见缺乏事实依据。第四，华佗在线医院已于2014年8月10日开发完成并首次发表"华佗网络医院平台软件（简称：华佗网络医院V1.0）"，而友德医公司于2015年5月才开发完成"友德医网络医院平台V1.0"软件系统，故在友德医公司于2014年11月与省二医签订合作协议前后，并无证据证明友德医公司与华佗在线公司的网络医院不属于同类业务。

关于李某严应就华佗在线公司的损失承担的赔偿责任问题。由于华佗在线公司在本案中的损失标的系商业机会，而公司商业机会多体现为预期利益，其价值受未来市场环境、公司管理水平、政策因素等条件的影响较大，无法在现在的情况下就其价值作出相对准确的认定，但华佗在线公司的损失确实存在，故一审法院参照《公司法》第一百四十八条第二款的规定，将李某严因此获得的收入归华佗在线公司所有进而弥补华佗在线公司的损失。李某严系友德医公司的实际控制人，在宜华地产于2014年12月前后向友德医公司增资6 000万元时，李晓婧代李某严持有友德医公司62%的股权，故李某严就宜华地产的增资行为享有相应的股东权益。宜华地产还以6 000万元的价格向谷糠公司购买其持有的友德医公司的10%股权，考虑到周祖斌于2015年5月成为谷糠公司唯一股东和法定代表人、周祖斌代李某严持有友德医公司股权且谷糠公司以1元的价格获得李晓婧代李某严持有的友德医公司股权等事实，再结合李某严系友德医公司实际控制人以及为友德医公司谋取本属华佗在线公司商业机会等事实，能够认定李某严就谷糠公司获得的6 000万元款项实际享有权益。但是，上述权益并不能直接等同于李某严的实际收入，华佗在线公司、美谷佳公司主张李某严应当赔偿1.2亿元的主张缺乏事实和法律依据。以李某严获取的上述权益为基础，综合考虑宜华地产的定价依据、友德医公司和谷糠公司的运营成本、网络医院项目的发展前景等因素，酌定李某严须向华佗在线公司支付赔偿金2 916万元。

关于省二医是否须承担连带责任的问题。华佗在线公司、美谷佳公司主张省二医须就李某严的上述赔偿义务承担连带责任系因二者存在共同侵权行为。虽然由省二医100%持股的广东友德医公司在友德医公司与省二医签订合作协议后持有友德医公司11.111 1%股权，但华佗在线公司、美谷佳公司并未提交其他较为充分的证据，该情形不足以证明在李某严不当谋取华佗在线公司网络医院商业机会的过程中，省二医与李某严存在共同故意，故华佗在线公司、美谷佳公司关于省二医应当承担连带责任的主张缺乏事实和法律依据，一审法院不予支持。

综上所述，一审法院依照《公司法》第二十条第二款、第一百四十八条的规定，判决：（一）李某严于一审判决生效之日起十日内向华佗在线公司支付赔偿金2 916万元；（二）驳回华佗在线公司、美谷佳公司的其他诉讼请求。一审案件受理费641 800元，由华佗在线公司、美谷佳公司负担485 843元，由李某严负担155 957元；财产保全申请费5 000元，由李某严负担。

一审认定的事实，有相应的证据证实，当事人均未提出异议，本院予以确认。

根据当事人一审提交的证据和陈述，二审期间，本院另查明如下事实：

2013年3月18日的美谷佳公司章程记载，其注册资本为人民币1 000万元，股东为李某严等14位自然人，其中李某严出资362.5万元，股权比例为36.25%，各股东出资均在公司注册登记前足额缴付。

2015年4月24日的美谷佳公司章程修正案记载，其注册资本变更为1 250万元，股东为李某严等14位自然人和深圳龙泽日盛投资管理有限公司（以下简称日盛投资公司），1 000万元注册资本已于公司注册登记前足额缴付，新增250万元注册资本由新增股东日盛投资公司以对公司享有的债权转股权的形式缴付。

2016年1月10日，李某严出具《情况说明》，称其是友德医公司、赢医通公司的实际控制人，范维礼是李某严同母异父的姐姐的配偶，李爱华是范维礼女儿，熊殿安是李爱华的配偶，因此，李某严选择该三人为其代持友德医公司和赢医通公司的股权。

华佗在线公司一审中提交了一份谷仓公司和美谷佳公司于2009年3月2日签署的《计算机软件著作权转让合同》复印件，约定美谷佳公司向谷仓公司购买22项著作权，包括院务办公系统、住院收费系统等，价格为2 200万元，李某严作为谷仓公司法定代表人，冯军作为美谷佳公司法定代表人签署该份合同。华佗在线公司在二审中称该份合同可证明美谷佳公司的实际股东及资本方牧新民等人为美谷佳公司出资2 200万元购买了谷仓公司22项著作权。华佗在线公司在一审中另提交了谷仓公司于2012年5月30日出具的两份委托付款指令，以及谷仓公司于2012年6月30日出具的收到著作权转让款的《收款确认》和《收据》。李某严不认可该份《计算机著作权转让合同》的真实性和关联性，但认可谷仓公司出具的委托付款指令和收款确认事实。因该《计算机著作权转让合同》和《收款确认》《收据》的内容均不能证明牧新民等人为购买美谷佳公司股权向李某严或美谷佳公司支付款项的事实，对华佗在线公司主张的待证事实，本院不予采信。

本院认为，本案为损害公司利益责任纠纷。根据当事人二审期间的诉辩意见，本案争议焦点为李某严是否对美谷佳公司和华佗在线公司负有忠实义务、竞业禁止义务，李某严是否违反其对美谷佳公司和华佗在线公司所负忠实义务、竞业禁止义务，如何认定李某严对美谷佳公司和华佗在线公司的赔偿责任，以及省二医对李某严的赔偿责任是否应当承担连带赔偿责任。

一、关于李某严是否对美谷佳公司和华佗在线公司负有忠实义务和竞业禁止义务的问题

2015年4月28日之前，李某严担任美谷佳公司的董事长和总经理，美谷佳公司是华佗在线公司事实上的全资股东。另据李某严陈述，其属美谷佳公司和华佗在线公司的创始人团队，其带领的团队一直从事医疗机构信息化产品的开发与经营。《公司法》第一百四十七条规定，"董事、监事、高级管理人员应当遵守法律、行政法规和公司章程，对公司负有忠实义务和勤勉义务"，第一百四十八条第一款对董监高的忠实义务进行了列举式规定，其中第五项规定，"未经股东会或者股东大会同意，董事、高级管理人员不得利用职务便利为自己或者他人谋取属于公司的商业机会，自营或者为

他人经营与所任职公司同类的业务",第一百四十八条第二款规定了董监高违反忠实义务的赔偿责任,"董事、高级管理人员违反前款规定所得的收入应当归公司所有"。董监高的忠实义务要求其应将公司利益置于个人利益之上,不得为实现个人利益而利用公司资源损害公司利益,董监高对公司负有的竞业禁止义务是忠实义务的内涵之一。李某严为美谷佳公司的董事和总经理,依据《公司法》的规定,对美谷佳公司负有法定的忠实义务和竞业禁止义务。

关于李某严作为母公司美谷佳公司的董事和高管,是否对子公司华佗在线公司负有忠实义务的问题。美谷佳公司是华佗在线公司的全资股东,子公司华佗在线公司的利益和母公司美谷佳公司的利益具有显见的一致性,因此,李某严对母公司所负忠实义务和竞业禁止义务应自然延伸至子公司华佗在线公司,方能实现《公司法》为母公司董监高设置忠实义务的立法目的,才能实现对母公司美谷佳公司及其股东合法权益的保护。李某严上诉称其并非子公司华佗在线公司的股东和董事、高管,对华佗在线公司不负忠实义务,本院不予采信。李某严另上诉称子公司华佗在线公司的商业机会与母公司美谷佳公司无涉,同样不具现实合理性,本院也不予采信。

二、关于李某严是否违反其对美谷佳公司和华佗在线公司所负忠实义务和竞业禁止义务的问题

美谷佳公司和华佗在线公司称李某严实际控制的友德医公司将华佗在线公司和省二医合作的网络医院项目据为己有。李某严辩称友德医公司和省二医合作的网络医院业务不同于华佗在线公司和省二医合作的业务范围,故不属非法获取华佗在线公司的商业机会。对此,本院认为,2014年1月10日华佗在线公司和省二医签署的《合作框架协议》约定合作内容包括"广东省医学影像阅片中心平台、检验分析中心平台和互联网医院、应急无线医疗建设项目",2014年2月10日双方签署的《补充(修订)协议》对双方收益分配方式作出进一步约定。2014年10月25日,广东省卫计委复函同意省二医建立广东省应急医疗网络中心和网络医院。2014年10月27日至2014年11月14日,多家媒体对华佗在线公司与省二医合作开展的"网络医院"项目进行报道。据此,无论华佗在线公司是否已经实际运营网络医院,其通过和省二医签署《合作框架协议》,早在2014年1月就已经获得了和省二医合作网络医院项目的商业机会。

2014年11月20日,友德医公司与省二医签订《友德医网络医院合作协议》,约定"共同合作组建友德医网络医院,并对用户提供网上诊疗、双向诊疗等医疗服务",省二医转而与友德医公司合作网络医院项目并终止与华佗在线公司就网络医院项目的合作。2014年12月4日,宜华地产向友德医公司增资6 000万元以取得友德医公司10%股权,以6 000万元的价格从谷糠公司处购得友德医公司10%股权时,宜华地产发布公告称"2014年10月,友德医公司与省二医合作的广东省网络医院在省二医正式上线启用,是全国首家获得卫生计生部门许可的网络医院。网络医院是未来医疗服务行业发展的大趋势,未来市场空间巨大,公司看好网络医院的发展前景",即友德医公司确实获得了原本由华佗在线公司与省二医合作的网络医院项目机会,并借此获得了宜华地产

为代表的资本市场的青睐。在宜华地产入资友德医公司前,友德医公司由李某严实际控制85%的股权,李某严系友德医公司的实际控制人和控股股东。从李某严出具的《情况说明》中关于其代表的美谷佳公司技术方、创始人团队,和牧新民等资本方在经营美谷佳公司、华佗在线公司过程中出现矛盾等陈述,可以证明李某严作为美谷佳公司股东,在担任美谷佳公司董事长、总经理及技术团队主要负责人期间,在未向美谷佳公司股东会披露的情况下,另行操控友德医公司,将华佗在线公司与省二医合作的网络医院项目交由友德医公司经营,非法获取了本属华佗在线公司的商业机会,确实损害了华佗在线公司及其母公司美谷佳公司的利益。根据《公司法》第一百四十八条的规定,李某严应当向华佗在线公司进行赔偿。

李某严辩称,华佗在线公司从未实际运营针对患者的网络医院项目,华佗在线公司开展的是医院内部医疗信息系统,故友德医公司和省二医开展的网络医院项目与华佗在线公司的经营业务无涉。该项抗辩理由与华佗在线公司、省二医签署的《合作框架协议》约定的合作内容显然相悖,本院不予采信。李某严另提交了2014年9月23日省二医出具的《通知函》,拟证明省二院主动终止与华佗在线公司的合作,拟证明网络医院项目机会在2014年9月已不再属于华佗在线公司。对此,本院认为,即使省二医单方终止与华佗在线公司的合作属实,但李某严未能证明华佗在线公司或美谷佳公司股东会或董事会同意省二医单方提出的终止合作意向。从美谷佳公司和华佗在线公司提起本案诉讼的行为来看,其和省二医并未就解除双方之间的《合作框架协议》达成一致意见,故本院无法认定华佗在线公司在2014年9月已经丧失和省二医合作网络医院项目之商业机会的事实。

三、关于如何认定李某严对华佗在线公司的赔偿责任问题

《公司法》第一百四十八条第二款规定了董监高违反忠实义务和竞业禁止义务的赔偿责任,"董事、高级管理人员违反前款规定所得的收入应当归公司所有",第一百四十九条规定,"董事、监事、高级管理人员执行公司职务时违反法律、行政法规或者公司章程的规定,给公司造成损失的,应当承担赔偿责任"。根据《公司法》的规定,董监高违反忠实义务和竞业禁止义务时,应判令董监高因此获得的收入归公司所有,以弥补公司的实际损失。李某严将其任职高管的美谷佳公司子公司的业务交由其实际控制的友德医公司经营,违反了其对美谷佳公司所负忠实义务和竞业禁止义务。基于本案交易的特殊性,本院将从李某严的个人收入和美谷佳公司及其股东的实际损失两个角度,综合认定李某严的赔偿责任。

友德医公司获得原属华佗在线公司的网络医院项目后,当事人未举证友德医公司运营网络医院项目的盈利情况,但友德医公司的公司价值确实得到了资本市场的高度认可,具体体现为宜华地产向友德医公司增资6 000万元(对应友德医公司10%的股权),宜华地产另向谷糠公司支付6 000万元购买其持有的友德医公司10%的股权。即在与宜华地产的交易中,友德医公司20%的股权价值被评定为1.2亿元。华佗在线公司和美谷佳公司认为宜华地产支付的该1.2亿元应认定为李某严个人收入,进而主张

李某严向华佗在线公司赔付1.2亿元，本院对此不予认同，理由如下：（一）友德医公司作为持续经营的公司，其从股东宜华地产处获得6 000万元增资款确实可以增加其实际控制人和控股股东李某严个人的持股权益。但基于法人财产独立性的考虑，友德医公司获得的6 000万元增资款不能认定为李某严个人收入。（二）关于谷糠公司从宜华地产处获得的6 000万元股权转让款是否可以认定为李某严个人收入的问题。对此，本院认为，从谷糠公司和李某严的关系来说，谷糠公司获得的友德医公司股权系从李晓婧代李某严持有的友德医公司股权无偿受让而来，谷糠公司原持股比例38%的股东李爱华和现100%全资股东周祖斌均与李某严存在股份代持关系，李爱华也是李某严的外甥女，故本院有理由相信李某严和谷糠公司存在紧密的利益关系。但鉴于本案案情，即使引入评估机构或从财务角度查询该笔6 000万元款项的使用情况，也不能准确反映李某严在该笔款项中的个人收入。综上，由于涉案交易的特殊性，无法查证友德医公司非法获得原本属于华佗在线公司的网络医院项目后，李某严个人在宜华地产收购友德医公司20%股权的交易中所获得的具体收入。

本院另试图从美谷佳公司现任股东的实际损失角度来确定李某严的赔偿责任。华佗在线公司和省二医签署《合作框架协议》时美谷佳公司的注册资本为1 000万元（包括李某严及其关联人的出资），除对美谷佳公司注册资本的出资，美谷佳公司未能证明李某严及其关联人之外其他股东投入美谷佳公司的其他财产金额。因此，除了出资金额，本院无法认定美谷佳公司各股东对美谷佳公司或华佗在线公司另有其他投入。

在李某严个人收入无法查明、华佗在线公司有实际损失的情况下，一审综合考虑宜华地产的定价依据、友德医公司和谷糠公司的运营成本、网络医院项目的发展前景等因素，酌定李某严须向华佗在线公司的赔偿金额，本院认为一审的处理思路并无不妥。本院另考虑李某严及其技术团队和牧新民等资本团队对网络医院项目的投入、贡献情况，认可民间资本对科技创新的支持，更认可科技创新的社会价值。据此，本院认为一审酌令李某严向华佗在线公司赔偿2 916万元，应当能够补偿华佗在线公司和美谷佳公司及其背后的牧新民等投资人的实际损失及合理期待利益。华佗在线公司和美谷佳公司上诉请求判令李某严向华佗在线公司赔偿1.2亿元，缺乏事实依据，本院不予支持。

四、关于省二医对李某严的赔偿责任是否应当承担连带赔偿责任的问题

华佗在线公司上诉称省二医和李某严构成共同侵权，诉请省二医就李某严的赔偿责任承担连带责任。但华佗在线公司提交的证据不足以证明省二医存在和李某严抢夺华佗在线公司网络医院商业机会的共同故意，华佗在线公司诉请省二医和李某严承担共同侵权责任缺乏事实依据和法律依据，本院不予支持。如华佗在线公司认为省二医终止《合作框架协议》构成违约，可另循法律途径解决。

综上所述，华佗在线公司、美谷佳公司和李某严的上诉请求均不能成立，应予驳回；一审判决认定事实清楚，适用法律正确，应予维持。依照《民事诉讼法》第

一百七十条第一款第一项的规定，判决如下：

驳回上诉，维持原判。

深圳市美谷佳科技有限公司和深圳市华佗在线网络有限公司上诉部分的二审案件受理费 496 000 元，由深圳市美谷佳科技有限公司和深圳市华佗在线网络有限公司负担。李某严上诉部分的二审案件受理费 187 600 元，由李某严负担。各方当事人已分别向本院预交相应金额的二审案件受理费，本院不作清退。

本判决为终审判决。

审判长　严加武
审判员　肖　薇
审判员　王　晶
二〇二〇年十二月十日
书记员　简晓莹

中华人民共和国最高人民法院
民事裁定书

〔2021〕最高法民申 1686 号

再审申请人（一审被告、二审上诉人）：李某严，女，1976 年 1 月 13 日出生，汉族，住海南省儋州市宝岛新村东区。

委托诉讼代理人：邬文辉，北京大成（深圳）律师事务所律师。

委托诉讼代理人：李佳琪，北京大成（深圳）律师事务所律师。

被申请人（一审原告、二审上诉人）：深圳市华佗在线网络有限公司。住所地：广东省深圳市南山区粤海街道高新南十道深圳湾科技生态园 6 栋 415。

法定代表人：赵某先，该公司董事长。

被申请人（一审原告、二审上诉人）：深圳市美谷佳科技有限公司。住所地：广东省深圳市南山区粤海街道高新南十道深圳湾科技生态园 6 栋 415。

法定代表人：杨某军，该公司董事长。

二审被上诉人（一审被告）：广东省第二人民医院。住所地：广东省广州市海珠区新港中路 466 号大院。

法定代表人：田某章，该医院院长。

再审申请人李某严因与被申请人深圳市华佗在线网络有限公司（以下简称华佗在

线公司)、深圳市美谷佳科技有限公司(以下简称美谷佳公司)及二审被上诉人广东省第二人民医院(以下简称省二医)损害公司利益责任纠纷一案,不服广东省高级人民法院〔2019〕粤民终1027号民事判决,向本院申请再审。本院依法组成合议庭进行了审查,现已审查终结。

李某严申请再审称:原判决符合《民事诉讼法》第二百条第二项、第六项规定的情形,请求再审。理由:(一)原判决擅自扩大《公司法》关于损害公司利益责任纠纷案件赔偿义务主体范围,李某严并非华佗在线公司董事或高管,对该公司不负有竞业禁止义务。1.基于违反竞业禁止义务而导致的索赔权诉讼,《公司法》对民事责任主体作出了明确具体的严格限制。2.原审判决李某严承担责任,混淆了公司法人各自治理结构下的严格责任区分。3.原审判决母公司的股东或实际控制人对子公司承担竞业禁止义务,缺乏法律依据。4.原判决关于《公司法》中董事、监事或高管忠实义务的扩张解释,有违立法原意。5.即便使用《公司法》禁止股东权利滥用原则判令李某严承担责任,也仅适用赔偿规则,而不能适用归入权规则。(二)原判决行使自由裁量权属错误。1.本案不符合法定自由裁量权的行使条件,原审以酌定方式判令李某严支付2916万元赔偿金,明显不当。2.原判决未在裁判文书中公开赔偿金计算依据并论证其正当性及合理性,不符合最高人民法院《关于在审判执行工作中切实规范自由裁量权行使保障法律统一适用的指导意见》第八条关于"行使自由裁量权……要充分保障当事人的知情权,并根据当事人的要求,向当事人释明行使自由裁量权的依据、考量因素等事项"的规定。(三)本案二审审理中,人民法院已经受理华佗在线公司的破产申请,依据《中华人民共和国企业破产法》第二十条的规定,本案二审程序应当中止,待管理人接管财产后,诉讼活动继续进行。

华佗在线公司、美谷佳公司未提交书面意见。

本院经审查认为,(一)关于李某严是否违反了对美谷佳公司、华佗在线公司所负忠实义务和竞业禁止义务的问题。首先,李某严对美谷佳公司负有忠实义务和竞业禁止义务。原审查明,2015年4月28日之前,李某严担任美谷佳公司的法定代表人、董事长和总经理。根据《公司法》第一百四十七条、第一百四十八条、第一百四十九条的规定,李某严在作为美谷佳公司的董事、总经理期间对美谷佳公司负有法定的忠实义务和竞业禁止义务,不得篡夺美谷佳公司的商业机会。其次,李某严对华佗在线公司亦负有忠实义务和竞业禁止义务。《公司法》关于董事对公司所负的忠实义务、竞业禁止义务应不限于董事所任职的公司自身,还应包括公司的全资子公司、控股公司等,如此方能保障公司及其他股东的合法权益,真正实现《公司法》设置忠实义务、竞业禁止义务的立法本意。本案中,美谷佳公司是华佗在线公司的全资股东,双方利益具有显见的一致性,李某严对美谷佳公司所负的忠实义务和竞业禁止义务应自然延伸至美谷佳公司的子公司华佗在线公司。第三,李某严实施了损害华佗在线公司利益的行为。本案中,华佗在线公司于2014年1月已经获得和省二医合作网络医院项目的商业机会,省二医系在与深圳友德医科技有限公司(以下简称友德医公司)于2014年

11月20日签订《友德医网络医院合作协议》后，转而与友德医公司合作网络医院项目并终止与华佗在线公司就网络医院项目的合作。根据李某严出具的《情况说明》中关于其代表的美谷佳公司技术方、创始人团队和牧新民等资本方在经营美谷佳公司、华佗在线公司过程中出现矛盾等陈述，可以证明李某严在担任美谷佳公司董事长、总经理及技术团队主要负责人期间，未经美谷佳公司股东会同意，另行操控友德医公司将华佗在线公司与省二医合作的网络医院项目交由友德医公司经营，非法获取了本属华佗在线公司的商业机会，损害了华佗在线公司及其母公司美谷佳公司的利益。据此，原判决认定李某严违反了对美谷佳公司和华佗在线公司所负忠实义务和竞业禁止义务，并无不当。

（二）关于李某严对华佗在线公司损失承担的赔偿责任问题。本案中，李某严将其任职高管的美谷佳公司全资子公司华佗在线公司的业务交由其实际控制的友德医公司经营，谋取了属于华佗在线公司的商业机会，损害了华佗在线公司的利益，违反了对华佗在线公司所负忠实义务和竞业禁止义务。根据《公司法》第一百四十八条第二款、第一百四十九条的规定，李某严由此获得的收入归华佗在线公司所有，以弥补华佗在线公司的实际损失。但在华佗在线公司损失标的系商业机会难以准确认定数额且李某严的个人获益和美谷佳公司及其股东的实际损失亦无法认定的情况下，原判决综合考虑友德医等公司的运营成本、网络医院项目的发展前景和技术团队、资本团队对网络医院项目的投入、贡献情况，酌定李某严向华佗在线公司赔偿2 916万元以弥补华佗在线公司和美谷佳公司及其背后投资人的实际损失及合理期待利益，亦无不当。

（三）关于原审程序是否应当中止的问题。本案中，李某严主张华佗在线公司在原审诉讼中，已向人民法院提出破产申请，本案应当中止审理。但根据李某严提交的华佗在线公司申请破产程序的相关材料显示，华佗在线公司已通过分期支付清偿安排自行协商等方式，分别与债权人达成债务清偿的安排且已实际支付和解协议约定的债权清偿款项，企业破产的原因已不存在，破产程序已终结。

综上，李某严的再审申请不符合《民事诉讼法》第二百条第二项、第六项规定的情形。本院依照《民事诉讼法》第二百零四条第一款、《最高人民法院关于适用〈中华人民共和国民事诉讼法〉的解释》第三百九十五条第二款之规定，裁定如下：

驳回李某严的再审申请。

审　判　长　孙祥壮
审　判　员　冯文生
审　判　员　刘少阳
二〇二一年四月十五日
法官助理　雷　辉
书　记　员　崔佳宁

第八章 公司董事、监事、高级管理人员的资格和义务

【2023 年版本】

第一百八十一条 董事、监事、高级管理人员不得有下列行为：
（一）侵占公司财产、挪用公司资金；
（二）将公司资金以其个人名义或者以其他个人名义开立账户存储；
（三）利用职权贿赂或者收受其他非法收入；
（四）接受他人与公司交易的佣金归为己有；
（五）擅自披露公司秘密；
（六）违反对公司忠实义务的其他行为。

【三次审议稿】

第一百八十二条 董事、监事、高级管理人员不得有下列行为：
（一）侵占公司财产、挪用公司资金；
（二）将公司资金以其个人名义或者以其他个人名义开立账户存储；
（三）利用职权贿赂或者收受其他非法收入；
（四）接受他人与公司交易的佣金归为己有；
（五）擅自披露公司秘密；
（六）违反对公司忠实义务的其他行为。

【2018 年版本】

第一百四十八条 董事、高级管理人员不得有下列行为：
（一）挪用公司资金；
（二）将公司资金以其个人名义或者以其他个人名义开立账户存储；
（三）违反公司章程的规定，未经股东会、股东大会或者董事会同意，将公司资金借贷给他人或者以公司财产为他人提供担保；
（四）违反公司章程的规定或者未经股东会、股东大会同意，与本公司订立合同或者进行交易；
（五）未经股东会或者股东大会同意，利用职务便利为自己或者他人谋取属于公司的商业机会，自营或者为他人经营与所任职公司同类的业务；
（六）接受他人与公司交易的佣金归为己有；
（七）擅自披露公司秘密；
（八）违反对公司忠实义务的其他行为。
董事、高级管理人员违反前款规定所得的收入应当归公司所有。

【本条释义】

本条规定了董事、监事、高级管理人员的禁止行为。

董事、监事、高级管理人员对公司负有忠实的义务，因此，董事、监事、高级管理人员不得有下列对公司不忠实的行为：

（1）侵占公司财产、挪用公司资金。实务中，部分董事、监事、高级管理人员通过报销发票的方式侵占公司财产应当引起股东和公司的重视。

（2）将公司资金以其个人名义或者以其他个人名义开立账户存储。实务中，部分公司董事会决定将公司资金以某个个人的名义开立账户存储，虽然该行为是董事会的集体行为，但仍不免除其违法性，公司董事会集体也有可能违反忠实义务，设立小金库，侵占公司财产，损害公司利益。当然，设立小金库的行为也有可能是公款私存，偷逃国家税款，该行为仍然是违法行为。

（3）利用职权贿赂或者收受其他非法收入。行贿受贿均是违法行为，均违反了忠实义务。收受其他非法收入，如利用公司为他人虚开发票，接受他人的开票费。

（4）接受他人与公司交易的佣金归为己有。他人与公司达成交易，董事、监事、高级管理人员不应取得佣金，因为这是他们的分内之事，公司已经向他们支付了工资以及其他报酬，他们不应再额外取得佣金。如他人需要支付佣金，该佣金也应归公司所有。

（5）擅自披露公司秘密。公司秘密属于公司所有，往往涉及公司的重要利益，未经公司允许，任何人不得泄露，董事、监事、高级管理人员有更多机会接触公司秘密，更应有保守公司秘密的觉悟与义务，擅自披露公司秘密是典型的对公司不忠实的行为。

（6）违反对公司忠实义务的其他行为。如利用职权安插亲朋好友到公司任职并给予较高薪水，发现侵犯公司利益的行为不及时制止等。

【典型案例】

黑龙江省高级人民法院

民事判决书

〔2021〕黑民终77号

上诉人（原审原告）：哈尔滨麻雀装饰工程设计有限公司，住所地哈尔滨市。

法定代表人：赵某鸣，该公司执行董事。

第八章 公司董事、监事、高级管理人员的资格和义务

委托诉讼代理人：于欢欢，黑龙江磊源律师事务所律师。

委托诉讼代理人：贾兴华，黑龙江鼎铎律师事务所律师。

被上诉人（原审被告）：汪某帅。

委托诉讼代理人：徐明昌，黑龙江衡奥律师事务所律师。

委托诉讼代理人：彭湃，黑龙江衡奥律师事务所律师。

上诉人哈尔滨麻雀装饰工程设计有限公司（以下简称麻雀公司）因与被上诉人汪某帅损害公司利益责任纠纷一案，不服哈尔滨市中级人民法院（以下简称哈中院）〔2019〕黑01民初1712号民事判决，向本院提起上诉。本院于2021年1月6日立案后，依法组成合议庭，开庭进行了审理。上诉人麻雀公司的委托诉讼代理人于欢欢、贾兴华，被上诉人汪某帅的委托诉讼代理人徐明昌、彭湃到庭参加诉讼。本案现已审理终结。

麻雀公司上诉请求：1.撤销一审判决，依法发回重审；2.一、二审诉讼费用由汪某帅承担。事实与理由：第一，麻雀公司一直经营，公司未注销，且2015年1月至今，汪某帅一直担任麻雀公司总经理并行使总经理职权，故一审法院认定汪某帅在2015年1月至2019年期间不是麻雀公司总经理，而是以股东身份在麻雀公司内部文件上签字属认定事实不清。汪某帅与麻雀公司自2016年5月23日开始发生诉讼，但汪某帅与麻雀公司的劳动关系一直存续到2019年，期间麻雀公司一直为汪某帅缴纳社会保险，且《用人单位解除（终止）劳动合同信息备用表》调取自劳动部门，并非麻雀公司单方形成。麻雀公司一审中举示了相关证据证明汪某帅在业务绩效分配单等材料上的签名不是其以股东身份签名，而是以总经理身份签名，汪某帅在2015年后一直在行使总经理职权，如股东不在公司担任行政职务，便没有资格在公司内部文件上签名。同时，证人崔某出庭证实其是常务副总，不是总经理，崔某还称其2016年上半年奖金分红业绩指标是汪某帅和赵某鸣批准，进一步证实汪某帅是麻雀公司总经理。第二，黑龙江一秒凤凰装饰工程设计有限公司（以下简称一秒装饰公司）、黑龙江省凤凰阳光装饰工程有限公司（以下简称凤凰装饰公司）、哈尔滨大树装饰工程设计有限公司（以下简称大树公司）分别成立于2015年1月、8月、10月，是汪某帅直接持有股份的同业公司；哈尔滨鸣雀装饰工程有限公司（以下简称鸣雀公司）和黑龙江美之雀装饰工程有限公司（以下简称美雀公司）分别成立于2015年9月和2016年9月，是汪某帅通过他人代持股份成立的同业公司，即汪某帅在担任麻雀公司总经理期间直接或间接持有上述五家公司股份，违反忠实义务，损害麻雀公司利益。另，一审法院未认定汪某帅在凤凰装饰公司持股错误。第三，一审法院未支持麻雀公司关于调取证据及损失鉴定的申请属程序违法。麻雀公司未超过举证期限提出上述申请，且属麻雀公司因客观原因无法调取的证据。关于调取证据的申请，可以查明汪某帅与相关公司之间的资金走向，以证明汪某帅持股公司的分红情况以及汪某帅通过他人代持股份的分红情况，进一步确认汪某帅违反同业禁止义务给麻雀公司造成的损失，此证据与本案有重大关联，一审法院未予调取违反法律规定。关于损失鉴定的申请，因认定麻雀公司损失的

相关证据数量庞大，不便提交。即使提交，汪某帅及一审法院也会以损失数额是麻雀公司单方制作为由而不予认定，故麻雀公司向一审法院申请对损失进行鉴定，一审法院认定此证据与案件无关属程序违法。

汪某帅辩称，一审判决认定事实清楚，适用法律正确，应予维持。第一，汪某帅不是麻雀公司的高级管理人员。麻雀公司提交的劳动合同等载明麻雀公司与汪某帅的合作截止到2014年12月31日，2015年1月1日起双方未续签劳动合同、《聘用合同》，2015年至2016年崔某担任麻雀公司负责人行使总经理职权，2016年至2017年王某担任麻雀公司负责人行使总经理职权，且麻雀公司与汪某帅自2015年持续诉讼，麻雀公司主张汪某帅持续管理该公司至2019年不合常理。同时，麻雀公司截至一审庭审结束也未提交《总公司签字权限授权书》原件，故麻雀公司主张汪某帅签字系行使管理权无依据。第二，汪某帅不存在利用职务之便侵占麻雀公司商业机会的行为。因汪某帅与赵某鸣、冯某某在麻雀公司的管理和经营理念上产生严重分歧，故2015年1月1日起汪某帅事实上就不再履行总经理职责，汪某帅与麻雀公司之间仅为股东关系。2015年7月之后汪某帅设立的凤凰装饰公司、鸣雀公司、大树公司，因其不再担任麻雀公司高管，故不构成竞业禁止。2015年1月14日，汪某帅成立的吉林省智慧之光企业服务公司的经营范围与麻雀公司的经营范围不同，不存在关联关系、不存在竞业关系。

麻雀公司向一审法院起诉请求：1.判令汪某帅赔偿麻雀公司84 665 354.96元，其中汪某帅违反竞业禁止义务所得收益3 000万元归麻雀公司所有，汪某帅赔偿麻雀公司各项损失54 665 354.96元；2.判令汪某帅承担本案包括但不限于受理费、保全费、保险公司担保费等所有与本案相关的各项诉讼费用。一审庭审中，麻雀公司增加诉讼请求，请求数额变更为89 138 485.45元（即第二项客户损失中第三项贷款方面，由7 545 122.10元变更为9 074 570.49元，第六项供货商费用，由6 752 206.37元变更为9 695 888.47元，共计增加诉讼请求4 473 130.49元）。

一审法院认定事实：2006年1月1日，麻雀公司与汪某帅签订《聘用合同》，约定：麻雀公司根据工作任务需要聘用汪某帅为常务副总经理，执行董事会经营方针，对公司的经营业绩负责；合同有效期自2006年1月1日至2010年12月31日，合同期满聘用自然终止，合同期满前一个月，经双方协商同意可以续订聘用合同；合同期满后，任何一方认为不再续订聘用合同的，应该在合同期满前一个月书面通知对方；除月工资外，汪某帅享有2006年度的利润分成，分成为本年度汪某帅管理业务范围内纯利润的30%（含材料返点、设计费等，支付时间为每年元月5—8日，一次性支付）。公司在2006年后推行新的技术体系，双方重新友好协商利润分配标准；聘用合同期满或双方约定的合同终止条件出现时，聘用合同自行终止。合同落款处加盖麻雀公司公章，汪某帅签名，麻雀公司代表赵某鸣于2006年4月11日签名。

2012年，麻雀公司股东冯某某代表公司与汪某帅签订《麻雀聘用合同》，约定：麻雀公司聘请汪某帅担任公司总经理，在董事会领导下负责公司日常管理、经营、市场开拓、售后服务；聘用期限为2012年1月1日起至2014年12月31日止，聘用协议期满前一个月，经双方协商同意可以续签聘用合同，任何一方不再续签，应在合同期满前三个月通知对方；汪某帅受聘后，对董事会负责，享有法律、公司章程和董事会赋予的职权和履行同等义务；汪某帅承担忠实义务，应当遵守公司保密制度，不擅自披露或者指使他人披露公司的商业秘密和技术秘密，不得利用其关联关系和关联交易损害公司利益，不得利用内幕信息为自己或他人谋取利益，违反忠实义务所得收入应当归公司所有，给公司造成损失的应当承担赔偿责任。合同落款处由冯某某、汪某帅签名。

2012年1月15日，麻雀公司与汪某帅签订《关于汪某帅的薪酬和入股方案》，约定：本方案对汪某帅的薪酬和入股事宜做出规划，具体事项由双方进一步协商确定。本方案为意向性协议，双方协议后需就有关问题签署具体的合同方能实施。"麻雀"商标由山河公司持有，授权麻雀公司在规定范围内使用，该商标只能在家庭室内装修业务范围内使用。汪某帅入股后应遵守《公司法》规定及竞业禁止协议的约定与《公司章程》。协议约定四种方案，双方协议一致实施方案四，具体为：麻雀公司股东冯某某、赵某鸣赠与汪某帅占公司股本总额30%的股份，股份赠与合同另行签署。2012年1月1日—2014年12月31日，汪某帅年收入为麻雀公司年利润的50%（包括工资、奖金及股东分红，公司年利润为本年度已结算项目扣除相关费用后的盈利）。麻雀公司与汪某帅的原聘用合同终止，另行签署聘用合同。2014年12月31日前山河软件无法实际应用的，冯某某、赵某鸣再赠与汪某帅占公司股本总额19%的股份，汪某帅实际占有公司股本总额的49%。2014年12月31日前山河软件完成测试并开始实施应用的，汪某帅需全面配合软件测试与应用，并配合公司完成资产重组，分拆物料、工程部门，成立独立的物料、工程公司。方案落款处由冯某某、赵某鸣、汪某帅签名，加盖麻雀公司公章。

赵某鸣、冯某某与汪某帅签订《赠与合同》，约定：赵某鸣、冯某某是夫妻关系，系麻雀公司股东，各占股份50%，赵某鸣将其名下10%股份、冯某某将其名下20%股份赠与汪某帅。股权变更以汪某帅增资入股方式办理，变更登记后，《公司章程》及股东名册中登记在汪某帅名下的股份即视为本次赠与股份，而非汪某帅实际出资所获得的股份。汪某帅承认原《公司章程》和股东之间的合同，保证按原章程和合同的规定承担股东权利、义务和责任。股权赠与完成后，汪某帅即成为公司股东，按其股权比例分担风险及亏损，分红比例另行约定。合同自双方签字之日起生效。合同落款处由赵某鸣与汪某帅签名。

麻雀公司的《公司章程》中第九章第二十条规定，执行董事为公司法定代表人；第七章第十六条规定，公司经理由执行董事决定聘任或解聘。

麻雀公司于另案〔2016〕黑01民初370号案件中提交麻雀公司2015年1月2日至2016年12月30日期间为退单客户退款的制式请款单14份。该制式请款单左下角为"总经理"签名处，上述14份请款单显示在"总经理"处签名的均非汪某帅。

2015年1月30日，一秒装饰公司成立，注册资金100万元，法定代表人刘某，持股情况为汪某帅45%、刘某55%。2019年1月2日，持股情况变更为何某某45%、刘某55%，该公司经营范围为室内外装饰工程、园林绿化、环境艺术设计、装饰设计培训等。

2015年9月11日，鸣雀公司成立，注册资本500万元，法定代表人白某某，持股情况为何某某28%、曹某24%、白某某24%、陈某某24%，该公司经营范围为室内外装饰工程设计及施工、批发兼零售建筑材料等、房屋租赁。

2015年10月16日，大树公司成立，注册资本500万元，法定代表人吴某某，汪某帅持股20%兼任公司管理人员。2017年10月27日后，汪某帅不再持股，亦不再担任管理人员，该公司经营范围为室内外装饰装修、装修及装饰产品经销、商品展览、房屋租赁。

2016年9月1日，美雀公司成立，注册资本500万元（2017年10月26日变更为505万元），法定代表人崔某，持股情况为崔某55%、张某某21%、张某24%，该公司经营范围为室内外装饰设计与施工、经销装饰材料。

2016年5月23日，麻雀公司以汪某帅侵害公司名誉权和违反竞业禁止义务，分别向哈尔滨市南岗区人民法院起诉，哈尔滨市南岗区人民法院均立案受理。后麻雀公司申请撤诉，哈尔滨市南岗区人民法院分别作出〔2016〕黑0103民初5867号、〔2016〕黑0103民初5868号民事裁定书，准许麻雀公司撤回起诉。

一审法院认为，本案争议的焦点问题：一、麻雀公司的诉请是否超过诉讼时效期间；二、汪某帅是否存在麻雀公司主张的违反公司高级管理人员忠实义务和竞业禁止义务，造成麻雀公司损失；三、麻雀公司所主张的损失数额是否成立。

关于问题一。《民法总则》第一百八十八条规定："向人民法院请求保护民事权利的诉讼时效期间为三年。法律另有规定的，依照其规定。诉讼时效期间自权利人知道或者应当知道权利受到损害以及义务人之日起计算。法律另有规定的，依照其规定。但是自权利受到损害之日起超过二十年的，人民法院不予保护；有特殊情况的，人民法院可以根据权利人的申请决定延长。"本案中，汪某帅称麻雀公司曾于2016年以汪某帅侵害名誉权和违反竞业禁止义务分别起诉，上述两起案件与本案诉请事实重复，自该两起案件撤诉至麻雀公司提起本案诉讼，已经超过三年。但本案麻雀公司主张汪某帅的离职时间为2019年，其起诉理由是汪某帅任职麻雀公司总经理期间存在违反忠实义务和竞业禁止义务的行为，起诉要求汪某帅赔偿损失。麻雀公司于2019年10月25日提起本案诉讼，距离其主张的汪某帅离职时间并未超过上述法律规定的三年诉讼时效期间。此外，麻雀公司主张，汪某帅损害公司利益的行为持续发生，直至本案开庭，麻雀公司仍在为汪某帅未依法履职的行为向客户进行赔偿维修、向供货商支付材料款等，即损失持续发生，因此未超过诉讼时效期间。综合上述理由，汪某帅此节抗辩理由不成立。

关于问题二。本案系麻雀公司与汪某帅之间损害公司利益责任纠纷，麻雀公司提出诉讼的主要依据是《公司法》第一百四十七条、第一百四十八条关于公司高级管理人员不得违反忠实勤勉义务的相关规定。认定公司高级管理人员违反忠实义务损害公司利益主要有以下构成要件：一、该人员系公司高级管理人员；二、该人员存在利用职务便利谋取公司商业机会的行为；三、公司存在损失；四、公司的损失与高级管理人员利用职务便利谋取公司商业机会的行为之间存在因果关系。

汪某帅是否存在违反上述规定利用职务便利谋取公司商业机会的行为，首先应当确认汪某帅是否属于麻雀公司的高级管理人员。麻雀公司主张2014年12月31日与汪某帅聘任合同到期后，汪某帅仍在该公司任职总经理并行使相关职权，而汪某帅抗辩称其与麻雀公司签订的合同载明的截止时间为2014年12月31日，此后双方未再签订劳动合同或其他任职协议，故自2015年起汪某帅不再担任麻雀公司总经理，亦未行使相关职权。对此，麻雀公司提供的其与汪某帅签订的合同明确载明双方合作截止时间为2014年12月31日，虽然麻雀公司提供证人证言拟证明在该期间之后双方已签订了书面劳动合同，但并未举示相关证据证明；且根据双方之间发生的多起另案诉讼可知，麻雀公司与汪某帅自2015年至今发生多起诉讼，麻雀公司也于2015年6月开始不再正常经营，麻雀公司主张汪某帅2015年后仍在该公司任职总经理不符合常理；虽然麻雀公司提供该公司工商登记变更信息表拟证明汪某帅在该公司任职时间至2019年结束，但因公司工商信息变更登记为公司单方管理形成，在没有书面聘任合同的佐证下，不能单独证明公司高级管理人员的实际任职情况。另外，麻雀公司《公司章程》明确规定该公司总经理需要由公司执行董事任命，本案中麻雀公司并未提供在2015年之后执行董事任命汪某帅为公司总经理的有效决议文件。同时，即使汪某帅在公司业务表绩效分配单等材料上存在签名行为，但考虑到汪某帅在2015年之后仍为麻雀公司股东，因此该签名行为并不必然表明汪某帅仍为麻雀公司的总经理或其签名行为是在行使总经理职权。综合上述理由，麻雀公司举示的证据不足以证明2015年之后汪某帅仍为麻雀公司的高级管理人员，即汪某帅并非符合上述法律规定的忠实义务责任主体。

关于汪某帅是否存在利用职务便利谋取麻雀公司商业机会的行为。麻雀公司提交的一系列证据，拟证明汪某帅成立了非法人组织九维家居，参与设立大树公司等从事装修业务的多个同业公司，并由本人或通过其他人代为持股，实际控制上述公司并谋取麻雀公司商业机会。因麻雀公司提交的证据仅能证明汪某帅在部分公司持有股份，并不能证明汪某帅系在任职麻雀公司总经理期间设立同业公司并实际控制上述公司，且以同业公司侵害麻雀公司商业机会的行为，因此麻雀公司此项主张亦不成立。

关于问题三，麻雀公司是否存在损失、损失数额以及损失是否与汪某帅存在关联。（一）麻雀公司主张汪某帅违反同业禁止义务，同类企业获利3 000万元。首先，麻雀公司并未证明汪某帅在麻雀公司任职期间违反忠实义务、从事同业业务；其次，麻雀公司自认该3 000万元系其自行估值，并无证据佐证，且也不属于麻雀公司的实际损失，即麻雀公司无证据证明二者之间存在因果关系。因此，对麻雀公司该3 000万元的主张不予支持。（二）关于麻雀公司主张的其他损失共计59 138 485.45元。上述款项包括：客户损失、贷款及利息损失、品牌注销损失、人员工资、经营利润损失、供货商费用及2016年9月应急费用。首先，麻雀公司未证明在此部分支出发生时汪某帅仍在公司任职总经理，或在其任职期间存在违背勤勉义务之行为；其次，1.麻雀公司主张的客户退单损失1 208 787.55元（4 029 291.83×30%）、客户赔偿款279 252.17元、维修赔偿款576 558.88元及应收的中期款和尾款1 569 802.78元（5 232 675.92×30%），此部分损失麻雀公司仅举示了其自行制作的损失汇总表，并未提供相关的客户合同及与合同相对应的向客户退款及赔偿的转款凭证，且30%的标准也是其自行确定并无相应依据；2.麻雀公司主张的品牌注销损失200万元及2015—2016年经营利润损失2 000万元，一审庭审中麻雀公司自认均为其自行估算，并非实际损失；3.2016年9月至2017年人员工资（不含售后中心）13 045 114.98元和同期售后中心人员工资、奖金1 548 630.13元、供应商费用9 695 888.47元及2016年9月应急费用139 880元，该部分款项应属公司经营正常支出，且人员工资仅有麻雀公司自行制作的工资表，供应商费用和应急费用也是麻雀公司单方制作支出明细，均无实际支付的相关凭证佐证；4.贷款4 224 000元及贷款利息4 850 570.49元，根据麻雀公司举示的借款合同，该部分借款合同的贷款人均是赵某鸣个人，不能证明与麻雀公司相关。综上，麻雀公司关于各类损失的主张无事实依据，对于此部分诉请不予支持。判决：驳回麻雀公司的诉讼请求。案件受理费487 492.43元、保全费5 000元，由麻雀公司负担。

本院二审期间，麻雀公司向本院提交了以下三份证据：

证据一，2015年1月4日麻雀公司任命汪某帅为总经理的任命文件。意在证明：汪某帅离职前一直是麻雀公司高管人员。

证据二，麻雀公司2016年度纳税申报表、2015年至2016年记账凭证。意在证明：麻雀公司自2015年6月后一直经营。

证据三，汪某帅于2014年6月10日以总经理身份签字的《工作任务协调单》。意在证明：该协调单制式、类别、签署方式与一审中麻雀公司提交的在汪某帅离职前签署的协调单一致，即汪某帅离职前一直在行使总经理职权。

汪某帅的质证意见：对麻雀公司举示证据一的真实性、合法性、关联性均有异议，聘任总经理是双方法律行为，一审期间麻雀公司未提交该证据，一审庭审时麻雀公司亦否认2014年12月31日后双方签订过其他《聘用合同》或者书面合同，且该证据不属于二审新证据，执行董事依据《公司章程》做出该决定，应在工商档案中留存，但该文件未在麻雀公司的工商档案中留存。对麻雀公司举示证据二的真实性、合法性、关联性均有异议，2016年纳税申报表是麻雀公司自行申报，未经有关机关确认，在未提供相应原始凭证前提下，无法认定该纳税申报表的真实性；2015—2016年记账凭证中部分内容是麻雀公司自行形成，在核准、经办、审核、过账、出纳处内容均是空白，不符合财务凭证制作的基本要求，且麻雀公司的经营行为都是通过体外循环形成，故该记账凭证中关于工程领料单等内容的记载不客观、不真实，人员支出部分也与一审中麻雀公司的自述不符，其中不包括麻雀公司自认的于2015年之后担任麻雀公司总经理崔某的相关公司登记。对麻雀公司举示证据三的真实性、合法性、关联性均有异议，该证据不属于二审新证据，且无法确认该证据上的签字是否是汪某帅本人所签，该份证据的内容涉及麻雀公司资产采购，需由股东确认，即使该签字是汪某帅所签，也是汪某帅以股东身份对麻雀公司购进资产的同意，且该任务协调单还有"赵总已签字"字样，不能证明汪某帅行使总经理职权。

本院的认证意见：对于麻雀公司举示的证据一、证据二是否采信，将在本院认为部分予以一并论述。对于麻雀公司举示的证据三，虽然汪某帅对该证据有异议，但未提供证据证实该证据不真实，故本院对该证据的真实性予以确认。

汪某帅未向本院提交证据。

本院二审查明，2012年7月18日，麻雀公司的《公司章程》规定："由执行董事决定聘任或者解聘经理，经理对执行董事负责，行使下列职权：（一）主持公司的生产经营管理工作，组织实施执行董事决议；（二）组织实施公司年度经营计划和投资方案；（三）拟订公司内部管理机构设置方案；（四）拟订公司的基本管理制度；（五）制定公司的具体规章；（六）提请聘任或者解聘公司副经理、财务负责人；（七）决定聘任或者解聘除应由执行董事决定聘任或者解聘以外的负责管理人员；（八）执行董事授予的其他职权。"

本院同时查明，聘用期限为2012年1月1日起至2014年12月31日止的《聘用合同》中，麻雀公司聘请汪某帅担任该公司总经理，汪某帅的职权为："受聘为公司的总经理后，对公司董事会负责，享有国家有关法律、本公司章程和本公司董事会赋予的职权和履行同等义务。1.主持公司的生产经营管理工作，组织实施董事会的各项决议，并向董事会报告工作；2.拟订年度发展规划，年度经营计划和投资方案，报董事会批准；3.组织实施董事会决议、公司年度计划和投资方案；4.遵守法律法规和财务会计制度，根据实际需要，拟订公司内部管理机构设置方案，组织编制公司的各项具体规章和基本管理制度；5.提请董事会聘任或者解聘公司副总经理、财务负责人和其他应由总经理提名的中层以上管理人员；6.聘任或者解聘除应由董事会聘任或者解聘以外的工作人员；7.拟定公司职工的工资、奖惩及其他福利待遇的分配方案，经董事会审核后执行；8.受董事长委托代表公司签署各类经济合同；9.遵照财务制度和审批规程，根据公司批准的年度、季度、月度资金收支计划和费用支出计划，审批公司各项资金收支和费用支出；10.主持和召集总经理办公会等工作会议；11.公司章程或董事会授予的其他职权。"

本院再查明，2015年1月30日，一秒装饰公司成立，成立时该公司住所地位于哈尔滨市道里区交口汇智广场商服，该房产系赵某鸣与汪某帅共同所有。《汇智广场运营中心房租调账说明》中记载"2015年汇智广场运营中心房租175万元，一秒设计2015年房屋租金69万元，合计244万元，其中赵总及汪总各占50%，现申请冲抵赵总及汪总个人借款"，赵某鸣在落款处签字，签字日期为2016年2月27日。

本院另查明，麻雀公司未设立董事会。

除此，本院查明的其他事实与一审法院认定的前述事实一致。

本院认为，本案系麻雀公司以汪某帅违反《公司法》第一百四十八条第一款第五项、第八项规定而提起的诉讼,即麻雀公司认为汪某帅在2015年至2019年期间作为该公司总经理,存在作为高级管理人员违反竞业禁止义务和忠实义务的行为,汪某帅应对该公司的损失承担相应责任,故本案争议焦点为:一是汪某帅在2015年至2019年期间是否系麻雀公司的总经理;二是如汪某帅在此期间系麻雀公司的总经理,则其是否存在违反竞业禁止义务和忠实义务的行为以及如何承担相应责任。

关于汪某帅在2015年至2019年期间是否系麻雀公司总经理问题。麻雀公司主张在2015年至2019年期间,汪某帅是该公司的总经理并行使总经理职权,但汪某帅抗辩自2014年12月31日后,双方未再签订《聘用合同》,汪某帅已不是麻雀公司总经理,即该问题实质系汪某帅是否具备麻雀公司诉请其承担相应责任的主体资格问题。就本案而言,虽然麻雀公司在二审中举示了2015年1月4日麻雀公司任命汪某帅为该公司总经理的任命文件,但麻雀公司在一审中未举示该任命文件,亦未在市场监督管理部门登记备案,又系麻雀公司单方形成,且聘用汪某帅担任麻雀公司总经理的《聘用合同》中约定"合同期满前一个月,经双方协商同意可以续订聘用合同",双方均认可2014年12月31日后双方未再签订《聘用合同》,故在双方未按约定续签《聘用合同》的前提下,该任命文件尚不足以证明自2015年起麻雀公司有继续聘用汪某帅担任该公司总经理及汪某帅愿意继续担任该公司总经理的一致意思表示,在此情况下,则需查明汪某帅自2015年起是否实际行使了总经理职权。麻雀公司举示了在2015年1月至7月期间,汪某帅签批的多份工作任务协调单、各分店总经理的薪资、员工异动审批表、员工工作交接表和《2015年1—6月麻雀各总经理绩效奖励通知》等证据,以证明汪某帅行使了总经理职权,根据麻雀公司《公司章程》中关于经理职权的规定,上述证据可以证明汪某帅在2015年1—7月期间事实上行使了总经理职权,即在此期间汪某帅具备麻雀公司高级管理人员的身份。2015年8月以后,麻雀公司主张汪某帅仍然担任该公司总经理的主要证据为《用人单位解除(终止)劳动合同信息备案册》,但该备案册中未载明汪某帅的职工类别、岗位工种,故即便汪某帅与麻雀公司存在劳动关系,亦不能证明汪某帅担任该公司总经理;2015年8月至10月汪某帅签批的总经办考勤统计表,但考勤表中并没有汪某帅的出勤记录,亦未体现汪某帅的职务;汪某帅签字的《麻雀装饰2016年上半年各中心老总、市场、蝴蝶总监绩效》及《麻雀公司2016上半年业绩达成兑现》两个文件,但该两个文件指向的系同一事件,即关于麻雀公司2016年上半年业绩分配问题,而汪某帅时任麻雀公司股东,汪某帅抗辩其系以股东身份签字。此外,麻雀公司还主张2015年起,汪某帅擅自指定崔某为该公司常务副总经理,并授权崔某全权处理该公司业务和人员管理,本院二审询问时,麻雀公司称未采取相应措施加以制止,且麻雀公司提交的2016年5月25日《离职申请单》中崔某系以总经理身份签字。结合上述相关事实,在麻雀公司主张该公司一直持续经营的情况下,如汪某帅实际行使总经理职权还应有其他诸如履行生产经营管理等职责形成的证据,即麻雀公司提交的证据尚未形成完整证据链条,不足以证实2015年8月之后汪某帅仍然担任该公司总经理并行使总经理职权,且2016年5月起双方开始发生诉讼,麻雀公司主张在此之后汪某帅仍然担任该公司总经理亦不符合常理。综上，本院对麻雀公司主张2015年1月至7月期间汪某帅行使该公司总经理职权的主张予以支持，对2015年8月之后汪某帅仍然行使该公司总经理职权的主张不予支持。

关于汪某帅是否存在违反竞业禁止义务和忠实义务的行为以及如何承担相应责任问题。麻雀公司主张2015年1月，汪某帅成立一秒装饰公司，故汪某帅存在违反竞业禁止义务和忠实义务的行为。但该公司的住所地位于汪某帅与赵某鸣共有的道里区交口汇智广场商服，该地址与麻雀公司的现住所地一致，本院二审询问时，麻雀公司称该公司于2014年开始在该住所地办公，并承认一秒装饰公司于2015年1月搬入上述地址，且《汇智广场运营中心房租调账说明》记载的内容可以表明赵某鸣作为麻雀公司的法定代表人和股东，对于一秒装饰公司的成立知情，麻雀公司对于一秒装饰公司的成立未表示反对。综合上述案件事实，汪某帅主张麻雀公司的法定代表人赵某鸣对成立一秒装饰公司知情并同意，并非汪某帅擅自成立该公司的主张更具有可信度，故汪某帅担任一秒装饰公司股东的行为并未违反高级管理人员的竞业禁止义务和忠实义务，麻雀公司关于汪某帅成立一秒装饰公司应对该公司承担责任的主张不成立。因汪某帅在2015年8月之后未行使麻雀公司总经理职权，而麻雀公司主张汪某帅担任股东或者代持股份的其他公司均成立在此时间节点之后，故本院对麻雀公司关于汪某帅成立其他公司或者代持其他公司股份违反高级管理人员的竞业禁止义务和忠实义务及应承担相应责任的主张均不予支持。

另，关于一审法院未依据麻雀公司的申请调取证据及鉴定损失是否属于违反法定程序问题。当事人申请人民法院调取证据的前提是当事人提供了初步证据证明其主张，但由于客观原因无法进一步提供相应证据。一审中，麻雀公司申请调取相关证据的目的为证明汪某帅违反了高级管理人员竞业禁止义务和忠实义务、申请鉴定的目的为证明汪某帅违反竞业禁止义务和忠实义务对该公司造成的损失，但在一审法院认定汪某帅并非麻雀公司高级管理人员的前提下，调取相关证据和进行损失鉴定均无必要，故一审法院未予调取相关证据及未予鉴定并无不当。本院开庭后，麻雀公司亦向本院提交了调取相关证据及进行损失鉴定的申请，根据《最高人民法院关于民事诉讼证据的若干规定》第二十条规定，申请法院调取证据应在举证期间届满前提出，但麻雀公司申请调取证据已经超过举证期限，且如前所述，2015年1月至7月期间汪某帅不存在高级管理人员违反竞业禁止义务和忠实义务的行为，2015年8月之后汪某帅未行使麻雀公司总经理职权，故调取相关证据和进行损失鉴定均与本案无关联，本院对麻雀公司的上述申请不予准许。

综上所述，麻雀公司的上诉请求不能成立，应予驳回；一审法院虽认定部分事实不清，但裁判结果正确，本院予以维持。依照《民事诉讼法》第一百七十条第一款第一项、《最高人民法院关于适用〈中华人民共和国民事诉讼法〉的解释》第三百三十四条规定，判决如下：

驳回上诉，维持原判。

二审案件受理费 487 492.43 元,由哈尔滨麻雀装饰工程设计有限公司负担。本判决为终审判决。

审　判　长　　周纹婷
审　判　员　　马　莎
审　判　员　　樊　琦
二〇二一年五月二十日
法官助理　　曾智雯
书　记　员　　金　鑫

中华人民共和国最高人民法院
民 事 裁 定 书

〔2021〕最高法民申 6043 号

再审申请人(一审原告、二审上诉人):哈尔滨麻雀装饰工程设计有限公司,住所地黑龙江省哈尔滨市道里区群力第四大道与金江路交口广场栋商服 1 层 05 号。

法定代表人:赵某鸣,该公司执行董事。

委托诉讼代理人:于欢欢,黑龙江学府律师事务所律师。

委托诉讼代理人:贾兴华,黑龙江鼎铎律师事务所律师。

被申请人(一审被告、二审被上诉人):汪某帅,男,1973 年 12 月 6 日出生,满族,住黑龙江省哈尔滨市南岗区。

委托诉讼代理人:徐明昌,黑龙江衡奥律师事务所律师。

委托诉讼代理人:彭湃,黑龙江衡奥律师事务所律师。

再审申请人哈尔滨麻雀装饰工程设计有限公司(以下简称麻雀公司)因与被申请人汪某帅损害公司利益责任纠纷一案,不服黑龙江省高级人民法院〔2021〕黑民终 77 号民事判决,向本院申请再审。本院依法组成合议庭对本案进行了审查,现已审查终结。

麻雀公司依据《民事诉讼法》第二百条第一项、第二项的规定申请再审。主要事实和理由:(一)麻雀公司提交的工资发放凭证、绩效文件、微信聊天记录等新证据足以推翻原审判决认定的事实。汪某帅一直领取总经理工资,同时对绩效类文件签字。崔凤波作为副总经理只是代表汪某帅进行签字,汪某帅 2015 年 8 月以来仍是麻雀公司总经理。(二)原审判决认定的基本事实缺乏证据证明。1. 原审法院以麻雀公司提交的任命文件系单方制作且未备案、合同亦未约定为由，认定该任命文件尚不足以证明麻雀公司主张错误。任命文件是否备案不影响其合法性及有效性；执行董事决定书必定是单方形成，其形成特点不能作为不予采信的依据。2.二审法院认定2015年8月以后汪某帅非公司总经理系错误认定。公司人员绩效分配事项均由汪某帅以总经理身份签字确认，新证据和原审中提交的汪某帅签字文件证据能形成完整的体系。双方发生诉讼后，赵某鸣、冯雪冬未解聘汪某帅，汪某帅亦未离职，实际上汪某帅已全面管理控制麻雀公司财务及人员。3.二审法院认定汪某帅没有履行生产经营管理职责，现有证据不足以证明汪某帅是总经理系认定错误。崔凤波担任公司副总经理，是汪某帅于2015年私自任命的，麻雀公司未制止是因为总经理没有更换，并不在意由谁担任副总经理。4.二审法院认定麻雀公司对于黑龙江一秒凤凰装饰工程设计有限公司（以下简称一秒装饰公司）成立知情且未予反对，故汪某帅的行为不构成违反竞业禁止和忠实义务系错误认定。汪某帅成立一秒装饰公司，因麻雀公司股东会未出具同意决议而违反了《公司法》的规定。即使麻雀公司知情，也不能视为麻雀公司股东会出具了同意的决议。

汪某帅提交意见称：（一）麻雀公司举示的新证据不能推翻原审判决。从形式上看，"新证据"是麻雀公司实际控制的证据材料，但未在原审中举示；从内容上看，"新证据"均为2015年8月前形成的证据材料，不能推翻二审判决认定的事实。（二）麻雀公司在原审中提交公司执行董事对汪某帅的《任命文件》，拟证明汪某帅在2015年至2019年一直担任麻雀公司总经理，二审法院对该主张不予采信是正确的。（三）一秒装饰公司的住所地为汪某帅与赵某鸣共有房屋，赵某鸣作为麻雀公司股东将自己的房屋出租给一秒装饰公司使用，该行为足以说明其对一秒装饰公司成立的事实知晓且同意。

本院经审查认为，本案再审审查的主要问题为：是否能够认定汪某帅存在麻雀公司主张的违反忠实义务和竞业禁止义务的行为。

《公司法》第一百四十八条规定："董事、高级管理人员不得有下列行为：……（五）未经股东会或者股东大会同意，利用职务便利为自己或者他人谋取属于公司的商业机会，自营或者为他人经营与所任职公司同类的业务。"本案认定汪某帅是否违反忠实义务和竞业禁止义务，应先确认汪某帅担任麻雀公司高级管理人员的时间。根据麻雀公司与汪某帅签订的《麻雀聘用合同》，汪某帅的聘用期限为2012年1月1日起至2014年12月31日止。合同约定的聘用期满后，双方未再续签聘用合同。二审法院根据2015年1月至7月汪某帅曾签批多份不同工作文件的证据情况，认定汪某帅在2015年1月至7月实际行使总经理职权，符合客观实际，应予支持。但是，根据麻雀公司在原审和申请再审中提供的现有证据，尚不足以认定汪某帅在2015年8月以后仍实际行使总经理职权。麻雀公司提交的绩效文件、汪某帅与案外人的微信聊天记录等所称的新证据，在原审庭审结束前已客观存在，亦不属于因客观原因无法取得或在规定期限内不能提供的证据。2012年1月至2015年7月汪某帅在担任麻雀公司总经理或实际行使总经理职权期间，对麻雀公司依法负有忠实义务和法定竞业禁止义务。

麻雀公司依据《公司法》第一百四十八条的规定主张汪某帅违反忠实义务和竞业禁止义务，依法负有举证证明其诉讼主张的证明责任。麻雀公司诉称汪某帅成立一秒装饰公司违反了忠实义务和竞业禁止义务。根据原审法院查明的事实，对汪某帅投资成立一秒装饰公司，麻雀公司及其执行董事和股东赵某鸣均知情且未表示反对。因当时麻雀公司的另两名股东为汪某帅和赵某鸣的配偶冯雪冬，故麻雀公司关于麻雀公司知情不能视为股东会同意的申请再审主张，缺乏依据。二审法院以麻雀公司及赵某鸣知晓一秒装饰公司成立为由认定汪某帅担任一秒装饰公司股东的行为未违反忠实义务和竞业禁止义务，有证据支持，并无不当。

综上，麻雀公司的再审申请不符合《民事诉讼法》第二百条第一项、第二项规定的情形。本院依照《民事诉讼法》第二百零四条第一款和《最高人民法院关于适用〈中华人民共和国民事诉讼法〉的解释》第三百九十五条第二款的规定，裁定如下：

驳回哈尔滨麻雀装饰工程设计有限公司的再审申请。

审 判 长　麻锦亮

审 判 员　季伟明

审 判 员　孙勇进

二〇二一年十一月二十三日

法官助理　王　昊

书 记 员　王晓婷

【2023 年版本】

第一百八十二条　董事、监事、高级管理人员，直接或者间接与本公司订立合同或者进行交易，应当就与订立合同或者进行交易有关的事项向董事会或者股东会报告，并按照公司章程的规定经董事会或者股东会决议通过。

董事、监事、高级管理人员的近亲属，董事、监事、高级管理人员或者其近亲属直接或者间接控制的企业，以及与董事、监事、高级管理人员有其他关联关系的关联人，与公司订立合同或者进行交易，适用前款规定。

【三次审议稿】

第一百八十三条　董事、监事、高级管理人员，直接或者间接与本公司订立合同或者进行交易，应当就与订立合同或者进行交易有关的事项向董事会或者股东会报告，并按照公司章程的规定经董事会或者股东会决议。

董事、监事、高级管理人员的近亲属，董事、监事、高级管理人员或者其近亲属直接或者间接控制的企业，以及与董事、监事、高级管理人员有其他关联关系的关联人，与公司订立合同或者进行交易，适用前款规定。

【本条释义】

本条规定了董事、监事、高级管理人员关联交易报告的义务。

公司的董事、监事、高级管理人员与公司从事关联交易容易出现利益转移的问题，必须由董事会或者股东会对此专门进行决议。因此，董事、监事、高级管理人员，直接或者间接与本公司订立合同或者进行交易，应当就与订立合同或者进行交易有关的事项向董事会或者股东会报告，并按照公司章程的规定经董事会或者股东会决议通过。具体是经董事会决议还是经股东会决议要看公司章程的规定，为效率考虑，建议由董事会决议。当然，也可以规定金额较大的交易或者涉及董事长、副董事长的交易提交股东会决议。

董事、监事、高级管理人员的近亲属，董事、监事、高级管理人员或者其近亲属直接或者间接控制的企业，以及与董事、监事、高级管理人员有其他关联关系的关联人，与公司订立合同或者进行交易，应当就与订立合同或者进行交易有关的事项向董事会或者股东会报告，并按照公司章程的规定经董事会或者股东会决议。近亲属包括配偶、父母、子女、兄弟姐妹、祖父母、外祖父母、孙子女和外孙子女等。直接控制一般是指直接持股超过50%，间接控制一般是指根据持股比例相乘，其结果间接持股超过50%。例如，甲公司持有乙公司80%的股权，乙公司持有丙公司60%的股权，则甲公司间接持有丙公司48%的股权。甲公司直接控制了乙公司，乙公司直接控制了丙公司，但甲公司对丙公司尚未达到间接控制的程度。

【相关法律规定】

《民法典》
第一千零四十五条 亲属包括配偶、血亲和姻亲。
配偶、父母、子女、兄弟姐妹、祖父母、外祖父母、孙子女、外孙子女为近亲属。
配偶、父母、子女和其他共同生活的近亲属为家庭成员。

【2023年版本】

第一百八十三条 董事、监事、高级管理人员，不得利用职务便利为自己或者他人谋取属于公司的商业机会。但是，有下列情形之一的除外：

（一）向董事会或者股东会报告，并按照公司章程的规定经董事会或者股东会决议通过；

（二）根据法律、行政法规或者公司章程的规定，公司不能利用该商业机会。

【三次审议稿】

第一百八十四条　董事、监事、高级管理人员，不得利用职务便利为自己或者他人谋取属于公司的商业机会。但是，有下列情形之一的除外：

（一）向董事会或者股东会报告，并经董事会或者股东会决议通过；

（二）根据法律、行政法规或者公司章程的规定，公司不能利用该商业机会。

【本条释义】

本条规定了董事、监事、高级管理人员禁止利用公司商业机会的义务。

公司的董事、监事、高级管理人员对公司负有忠实义务，因此，董事、监事、高级管理人员，不得利用职务便利为自己或者他人谋取属于公司的商业机会。但是，商业机会并不等于现实的利益，如果满足一定条件，商业机会也是可以为董事、监事、高级管理人员利用的。具体而言，有下列情形之一的除外：

（1）向董事会或者股东会报告，并按照公司章程的规定经董事会或者股东会决议通过。具体向哪个机构报告，可以由公司章程规定，如果公司章程没有规定，则向董事会或者股东会报告都是可以的。

（2）根据法律、行政法规或者公司章程的规定，公司不能利用该商业机会。这一条件的判断主体并没有明确规定，也就是说，谁有权利作出公司不能利用该商业机会的判断并没有明确规定。因此，实务中，除相关法律、行政法规或者公司章程的规定异常明确之外，董事、监事、高级管理人员最好还是向董事会报告一下，经董事会作出决议，再利用所任职公司的商业机会比较稳妥；否则，一旦自己判断失误，则可能要向公司承担责任。

【2023年版本】

第一百八十四条　董事、监事、高级管理人员未向董事会或者股东会报告，并按照公司章程的规定经董事会或者股东会决议通过，不得自营或者为他人经营与其任职公司同类的业务。

第八章 公司董事、监事、高级管理人员的资格和义务

【三次审议稿】

第一百八十五条 董事、监事、高级管理人员未向董事会或者股东会报告，并经董事会或者股东会决议，不得自营或者为他人经营与其任职公司同类的业务。

【本条释义】

本条规定了董事、监事、高级管理人员禁止从事与公司了竞争业务的义务。

公司董事、监事、高级管理人员对公司负有忠实义务，原则上不允许从事与公司相竞争的业务，因此，如果董事、监事、高级管理人员要自营或者为他人经营与其任职公司同类的业务，必须首先按照公司章程的规定向董事会或者股东会报告，并经董事会或者股东会决议，否则，其行为将违反对公司的忠实义务。公司章程可以规定，该项事项应当由董事会决议还是由股东会决议，如果没有规定，则当事人既可以向董事会报告，也可以向股东会报告。

【2023年版本】

第一百八十五条 董事会对本法第一百八十二条至第一百八十四条规定的事项决议时，关联董事不得参与表决，其表决权不计入表决权总数。出席董事会会议的无关联关系董事人数不足三人的，应当将该事项提交股东会审议。

【三次审议稿】

第一百八十六条 董事会对本法第一百八十三条至第一百八十五条规定的事项决议时，关联董事不得参与表决，其表决权不计入表决权总数。出席董事会的无关联关系董事人数不足三人的，应当将该事项提交股东会审议。

【本条释义】

本条规定了董事会对相关人员忠实义务表决的规则。

董事会在对《公司法》第一百八十三条至第一百八十五条规定的事项进行决议时，为确保公平、公正，关联董事不得参与表决，其表决权不计入表决权总数。例如，董事会共9人，其中2人与表决事项有关联关系，则该2人不计入董事会该次表决的总数。董事会有表决权的董事为7人，有4人出席董事会会议即有效，表决时，有4人投赞

成票即达到了董事会全体人数的过半数。

出席董事会会议的无关联关系董事人数不足3人的,应当将该事项提交股东会审议。该项规定为法定强制性规定,不允许通过公司章程或者股东会决议予以变更。当然,公司章程或者股东会决议可以提高人数的标准,例如,可以规定:出席董事会的无关联关系董事人数不足5人的,应当将该事项提交股东会审议。

【2023年版本】

第一百八十六条　董事、监事、高级管理人员违反本法第一百八十一条至第一百八十四条规定所得的收入应当归公司所有。

【三次审议稿】

第一百八十七条　董事、监事、高级管理人员违反本法第一百八十二条至第一百八十五条规定所得的收入应当归公司所有。

【2018年版本】

第一百四十八条　董事、高级管理人员不得有下列行为:
（一）挪用公司资金;
（二）将公司资金以其个人名义或者以其他个人名义开立账户存储;
（三）违反公司章程的规定,未经股东会、股东大会或者董事会同意,将公司资金借贷给他人或者以公司财产为他人提供担保;
（四）违反公司章程的规定或者未经股东会、股东大会同意,与本公司订立合同或者进行交易;
（五）未经股东会或者股东大会同意,利用职务便利为自己或者他人谋取属于公司的商业机会,自营或者为他人经营与所任职公司同类的业务;
（六）接受他人与公司交易的佣金归为己有;
（七）擅自披露公司秘密;
（八）违反对公司忠实义务的其他行为。
董事、高级管理人员违反前款规定所得的收入应当归公司所有。

【本条释义】

本条规定了董事、监事、高级管理人员违反忠实义务的收入归公司。

董事、监事、高级管理人员对公司负有忠实义务,如果上述人员违反对公司的忠

第八章 公司董事、监事、高级管理人员的资格和义务

实义务，其法律责任如何承担存在不同观点。由于上述人员违反忠实义务给公司造成的损失很难计算，可以通过上述人员的收入来估算公司的损失。因此，董事、监事、高级管理人员违反《公司法》第一百八十一条至第一百八十四条规定所得的收入应当归公司所有。这里所谓收入是指其扣除合理成本费用以及税款后的收入，也就是净收益。公司取得该笔收入后应当并入公司收入总额，依法缴纳企业所得税，可以不用缴纳增值税及其附加。

【相关法律规定】

《企业所得税法》

第五条 企业每一纳税年度的收入总额，减除不征税收入、免税收入、各项扣除以及允许弥补的以前年度亏损后的余额，为应纳税所得额。

第六条 企业以货币形式和非货币形式从各种来源取得的收入，为收入总额。包括：

（一）销售货物收入；

（二）提供劳务收入；

（三）转让财产收入；

（四）股息、红利等权益性投资收益；

（五）利息收入；

（六）租金收入；

（七）特许权使用费收入；

（八）接受捐赠收入；

（九）其他收入。

【2023年版本】

第一百八十七条 股东会要求董事、监事、高级管理人员列席会议的，董事、监事、高级管理人员应当列席并接受股东的质询。

【三次审议稿】

第一百八十一条 股东会要求董事、监事、高级管理人员列席会议的，董事、监事、高级管理人员应当列席并接受股东的质询。

【2018年版本】

第一百五十条 股东会或者股东大会要求董事、监事、高级管理人员列席会议的，

董事、监事、高级管理人员应当列席并接受股东的质询。

董事、高级管理人员应当如实向监事会或者不设监事会的有限责任公司的监事提供有关情况和资料，不得妨碍监事会或者监事行使职权。

【本条释义】

本条规定了董事、监事、高级管理人员列席股东会的制度。

为了提高股东会会议的效率，也为了方便股东详细了解公司的经营状况，股东会有权要求董事、监事、高级管理人员列席股东会会议。因此，实务中，每次股东会会议应当同时通知董事、监事、高级管理人员，原则上，上述人员应当列席每次股东会会议（通常每年也就一次到两次会议），以方便股东随时向上述人员了解情况。董事、监事、高级管理人员应当列席股东会会议并接受股东的质询，对股东的询问应详细回答，不应有所隐瞒。

【2023年版本、三次审议稿】

第一百八十八条 董事、监事、高级管理人员执行职务违反法律、行政法规或者公司章程的规定，给公司造成损失的，应当承担赔偿责任。

【2018年版本】

第一百四十九条 董事、监事、高级管理人员执行公司职务时违反法律、行政法规或者公司章程的规定，给公司造成损失的，应当承担赔偿责任。

【本条释义】

本条规定了董事、监事、高级管理人员对公司的赔偿义务。

董事、监事、高级管理人员对公司负有忠实、勤勉的义务，应当严格按照相关法律、行政法规或者公司章程的规定执行职务，其执行职务时如果违反法律、行政法规或者公司章程的规定，给公司造成损失，应当承担赔偿责任。

需要注意的是，董事、监事、高级管理人员只有违反法律、行政法规或者公司章程的规定，才有可能承担赔偿责任，如果仅仅违反地方性法规、规章以及其他规范性文件的规定且并未违反法律、行政法规或者公司章程的规定，其行为虽然可能给公司造成损失，但不应承担赔偿责任。

例如，公司高级管理人员驾驶公司车辆闯红灯，导致被罚款200元，由于闯红灯属于违反法律的行为,该 200 元罚款的损失应当由该公司高级管理人员承担。如果公司高级管理人员驾驶公司车辆在北京违反尾号限行的规定,导致被罚款 100 元,由于北京尾号限行的依据是北京市的地方政府规章(《北京市人民政府关于实施工作日高峰时段区域限行交通管理措施的通告》),并非法律、行政法规,如果公司章程对此类行为没有规定,则不能要求该高级管理人员向公司赔偿 100 元。

【典型案例】

中华人民共和国最高人民法院

民 事 裁 定 书

〔2020〕最高法民申 1084 号

再审申请人(一审起诉人、二审上诉人):柯某才,男,1963 年 7 月 10 日出生,汉族,住广东省茂名市茂南区。

委托诉讼代理人:姚忠平,广东合盛律师事务所律师。

委托诉讼代理人:贺璐,广东合盛律师事务所律师。

再审申请人柯某才因起诉柯国新、邓德成、茂名市富达实业发展公司(以下简称富达公司)、茂名市伟恒地产有限公司(以下简称伟恒公司)、茂名市宁凯房地产开发有限公司(以下简称宁凯公司)、茂名市国家税务局(以下简称茂名国税局)、陈明、茂名市汇鑫房地产开发有限公司(以下简称汇鑫公司)、茂名市茂南第二建筑工程有限责任公司(以下简称二建公司)、茂名市博汇投资有限公司(以下简称博汇公司)、广东省茂名市质量技术监督局(以下简称茂名质监局)损害公司利益责任纠纷一案,不服广东省高级人民法院〔2019〕粤民终 127 号民事裁定,向本院申请再审。本院依法组成合议庭进行了审查,现已审查终结。

柯某才申请再审称,广东省茂名市中级人民法院(以下简称茂名中院)于 2008 年 11 月 10 日作出《关于华粤企业集团公司与富达公司、二建公司土地转让款纠纷一案的执行情况报告》,以及广东省茂名市公安局茂南分局作出的《关于柯国庆、柯国新等人涉嫌职务侵占二建公司财产案件的情况报告》,可以证明《关于债权债务履行协议书》是虚假协议。茂名中院根据该协议作出(1997)茂中法审执字第 31-9 号以物抵债裁定,致使二建公司利益受到损害。柯某才作为二建公司的股东,为公司的利益依照《公司法》第一百四十九条、《中华人民共和国侵权责任法》第八条的规定提起本案诉讼,请求柯国新等责任主体返还案涉土地使用权及赔偿相应损失,符合法律规定,原审裁定不予受理柯某才的起诉,存在错误。依据《民事诉讼法》第二百条第一项、第二项、第六项的规定申请再审,请求撤销一、二审裁定,判令:1.柯国新、邓德成、富达公司连带向二建公司返还登记在二建公司名下的国有土地使用权;2.柯国新、邓德成、富达公司、伟恒公司连带向二建公司返还登记在伟恒公司名下的国有土地使用权;3.柯国新、邓德成、富达公司、伟恒公司、宁凯公司连带向二建公司返还登记在宁凯公司名下的国有土地使用权;4.柯国新、邓德成、富达公司、伟恒公司、茂名国税局连带向二建公司返还登记在茂名国税局名下的国有土地使用权;5.柯国新、邓德成、富达公司、伟恒公司、陈明连带向二建公司返还登记在陈明名下的国有土地使用权;6.柯国新、邓德成、富达公司、伟恒公司、汇鑫公司连带向二建公司返还登记在汇鑫公司名下的国有土地使用权;7.柯国新、邓德成、富达公司、伟恒公司连带向二建公司赔偿已转让给博汇公司的国有土地使用权的损失8 500万元;8.柯国新、邓德成、富达公司、伟恒公司连带向二建公司赔偿已转让给茂名质监局的国有土地使用权的损失350万元。

本院经审查认为,根据《公司法》第一百四十九条规定,董事、监事、高级管理人员执行公司职务时违反法律、行政法规或者公司章程的规定,给公司造成损失的,应当承担赔偿责任。同时,《公司法》第一百五十一条第一款、第二款规定,公司怠于行使权利时,具备法定资格的公司股东有权为了公司利益以自己的名义直接向人民法院提起诉讼。本案中,根据柯某才的起诉请求及依据的事实和理由,其系请求依照人民法院生效执行裁定取得案涉财产的当事人与二建公司原管理人员和其他人员共同返还案涉财产,该请求实质是直接否定人民法院生效民事执行裁定的效力,并要求实现执行回转的法律效果,并非要求二建公司原管理人员承担赔偿责任。即柯某才的诉求不符合《公司法》第一百四十九条的规定,原审裁定对柯某才的起诉不予受理,结果并无错误。柯某才在再审中提交的《关于华粤企业集团公司与富达公司、二建公司土地转让款纠纷一案的执行情况报告》《关于柯国庆、柯国新等人涉嫌职务侵占二建公司财产案件的情况报告》并不能证明原审裁定结果错误。因此,本院对柯某才申请再审的理由均不予支持。

综上,柯某才的再审申请不符合《民事诉讼法》第二百条规定的情形。本院依照《民事诉讼法》第二百零四条第一款、《最高人民法院关于适用〈中华人民共和国民事诉讼法〉的解释》第三百九十五条第二款规定,裁定如下:

驳回柯某才的再审申请。

审 判 长　江显和
审 判 员　黄西武
审 判 员　肖　芳
二〇二〇年十月二十九日
法官助理　华　雷
书 记 员　赖建英

第八章 公司董事、监事、高级管理人员的资格和义务

【2023年版本】

第一百八十九条 董事、高级管理人员有前条规定的情形的，有限责任公司的股东、股份有限公司连续一百八十日以上单独或者合计持有公司百分之一以上股份的股东，可以书面请求监事会向人民法院提起诉讼；监事有前条规定的情形的，前述股东可以书面请求董事会向人民法院提起诉讼。

监事会或者董事会收到前款规定的股东书面请求后拒绝提起诉讼，或者自收到请求之日起三十日内未提起诉讼，或者情况紧急、不立即提起诉讼将会使公司利益受到难以弥补的损害的，前款规定的股东有权为公司利益以自己的名义直接向人民法院提起诉讼。

他人侵犯公司合法权益，给公司造成损失的，本条第一款规定的股东可以依照前两款的规定向人民法院提起诉讼。

公司全资子公司的董事、监事、高级管理人员有前条规定情形，或者他人侵犯公司全资子公司合法权益造成损失的，有限责任公司的股东、股份有限公司连续一百八十日以上单独或者合计持有公司百分之一以上股份的股东，可以依照前三款规定书面请求全资子公司的监事会、董事会向人民法院提起诉讼或者以自己的名义直接向人民法院提起诉讼。

【三次审议稿】

第一百八十九条 董事、高级管理人员有前条规定的情形的，有限责任公司的股东、股份有限公司连续一百八十日以上单独或者合计持有公司百分之一以上股份的股东，可以书面请求监事会向人民法院提起诉讼；监事有前条规定的情形的，前述股东可以书面请求董事会向人民法院提起诉讼。

监事会或者董事会收到前款规定的股东书面请求后拒绝提起诉讼，或者自收到请求之日起三十日内未提起诉讼，或者情况紧急、不立即提起诉讼将会使公司利益受到难以弥补的损害的，前款规定的股东有权为公司利益以自己的名义直接向人民法院提起诉讼。

他人侵犯公司合法权益，给公司造成损失的，本条第一款规定的股东可以依照前两款的规定向人民法院提起诉讼。

本条第一款、第二款所称的董事会、董事、高级管理人员、监事会、监事，包括全资子公司的董事会、董事、高级管理人员、监事会、监事。

【2018年版本】

第一百五十一条 董事、高级管理人员有本法第一百四十九条规定的情形的，有

限责任公司的股东、股份有限公司连续一百八十日以上单独或者合计持有公司百分之一以上股份的股东，可以书面请求监事会或者不设监事会的有限责任公司的监事向人民法院提起诉讼；监事有本法第一百四十九条规定的情形的，前述股东可以书面请求董事会或者不设董事会的有限责任公司的执行董事向人民法院提起诉讼。

监事会、不设监事会的有限责任公司的监事，或者董事会、执行董事收到前款规定的股东书面请求后拒绝提起诉讼，或者自收到请求之日起三十日内未提起诉讼，或者情况紧急、不立即提起诉讼将会使公司利益受到难以弥补的损害的，前款规定的股东有权为了公司的利益以自己的名义直接向人民法院提起诉讼。

他人侵犯公司合法权益，给公司造成损失的，本条第一款规定的股东可以依照前两款的规定向人民法院提起诉讼。

【本条释义】

本条规定了追究董事、高级管理人员和监事责任的方式。

董事、监事、高级管理人员执行职务违反法律、行政法规或者公司章程的规定，给公司造成损失的，应当承担赔偿责任。由于上述人员位居公司管理层，如果没有相应的制度保障，恐怕很难追究其赔偿责任。如果董事、高级管理人员有上述情形，有限责任公司的股东、股份有限公司连续 180 日以上单独或者合计持有公司 1% 以上股份的股东，可以书面请求监事会向人民法院提起诉讼；如果监事有上述情形，前述股东可以书面请求董事会向人民法院提起诉讼。由于董事、监事、高级管理人员是向公司承担赔偿责任，因此，首先应当由公司的代表机关代表公司主张权利。如果是董事、高级管理人员有上述情形，应当由监事会代表公司提起诉讼，如果是监事有上述情形，应当由董事会代表公司提起诉讼。

特殊情况下，股东也可以代表公司提起诉讼，即如果监事会或者董事会收到上述股东书面请求后拒绝提起诉讼，或者自收到请求之日起 30 日内未提起诉讼，或者情况紧急、不立即提起诉讼将会使公司利益受到难以弥补的损害，上述股东有权为公司利益以自己的名义直接向人民法院提起诉讼。需要注意两点，一是股东是以自己的名义提起诉讼，并非代表公司提起诉讼，二是，虽然股东是以自己的名义直接向人民法院提起诉讼，但董事、监事、高级管理人员仍然是向公司承担赔偿责任，而非向提起诉讼的股东承担赔偿责任。

他人侵犯公司合法权益，给公司造成损失的，有限责任公司的股东、股份有限公司连续 180 日以上单独或者合计持有公司 1% 以上股份的股东，可以书面请求董事会或者监事会向人民法院提起诉讼；如果监事会或者董事会收到上述股东书面请求后拒绝提起诉讼，或者自收到请求之日起 30 日内未提起诉讼，或者情况紧急、不立即提起诉讼将会使公司利益受到难以弥补的损害，上述股东有权为公司利益以自己的名义直接向人民法院提起诉讼。

公司全资子公司的董事、监事、高级管理人员有上述规定情形，或者他人侵犯公司全资子公司合法权益造成损失的，有限责任公司的股东、股份有限公司连续180日以上单独或者合计持有公司1%以上股份的股东，可以依照上述规定书面请求全资子公司的监事会、董事会向人民法院提起诉讼或者以自己的名义直接向人民法院提起诉讼。

【相关司法解释规定】

《最高人民法院关于适用〈中华人民共和国公司法〉若干问题的规定（一）》

第四条 公司法第一百五十一条规定的180日以上连续持股期间，应为股东向人民法院提起诉讼时，已期满的持股时间；规定的合计持有公司百分之一以上股份，是指两个以上股东持股份额的合计。

第二十三条 清算组成员从事清算事务时，违反法律、行政法规或者公司章程给公司或者债权人造成损失，公司或者债权人主张其承担赔偿责任的，人民法院应依法予以支持。

有限责任公司的股东、股份有限公司连续一百八十日以上单独或者合计持有公司百分之一以上股份的股东，依据公司法第一百五十一条第三款的规定，以清算组成员有前款所述行为为由向人民法院提起诉讼的，人民法院应予受理。

公司已经清算完毕注销，上述股东参照公司法第一百五十一条第三款的规定，直接以清算组成员为被告、其他股东为第三人向人民法院提起诉讼的，人民法院应予受理。

第二十四条 解散公司诉讼案件和公司清算案件由公司住所地人民法院管辖。公司住所地是指公司主要办事机构所在地。公司办事机构所在地不明确的，由其注册地人民法院管辖。

基层人民法院管辖县、县级市或者区的公司登记机关核准登记公司的解散诉讼案件和公司清算案件；中级人民法院管辖地区、地级市以上的公司登记机关核准登记公司的解散诉讼案件和公司清算案件。

《最高人民法院关于适用〈中华人民共和国公司法〉若干问题的规定（四）》

第二十三条 监事会或者不设监事会的有限责任公司的监事依据公司法第一百五十一条第一款规定对董事、高级管理人员提起诉讼的，应当列公司为原告，依法由监事会主席或者不设监事会的有限责任公司的监事代表公司进行诉讼。

董事会或者不设董事会的有限责任公司的执行董事依据公司法第一百五十一条第一款规定对监事提起诉讼的，或者依据公司法第一百五十一条第三款规定对他人提起诉讼的，应当列公司为原告，依法由董事长或者执行董事代表公司进行诉讼。

第二十四条 符合公司法第一百五十一条第一款规定条件的股东，依据公司法第一百五十一条第二款、第三款规定，直接对董事、监事、高级管理人员或者他人提起诉讼的，应当列公司为第三人参加诉讼。

一审法庭辩论终结前，符合公司法第一百五十一条第一款规定条件的其他股东，以相同的诉讼请求申请参加诉讼的，应当列为共同原告。

第二十五条 股东依据公司法第一百五十一条第二款、第三款规定直接提起诉讼的案件，胜诉利益归属于公司。股东请求被告直接向其承担民事责任的，人民法院不予支持。

第二十六条 股东依据公司法第一百五十一条第二款、第三款规定直接提起诉讼的案件，其诉讼请求部分或者全部得到人民法院支持的，公司应当承担股东因参加诉讼支付的合理费用。

《最高人民法院关于适用〈中华人民共和国公司法〉若干问题的规定（五）》

第一条 关联交易损害公司利益，原告公司依据民法典第八十四条、公司法第二十一条规定请求控股股东、实际控制人、董事、监事、高级管理人员赔偿所造成的损失，被告仅以该交易已经履行了信息披露、经股东会或者股东大会同意等法律、行政法规或者公司章程规定的程序为由抗辩的，人民法院不予支持。

公司没有提起诉讼的，符合公司法第一百五十一条第一款规定条件的股东，可以依据公司法第一百五十一条第二款、第三款规定向人民法院提起诉讼。

第二条 关联交易合同存在无效、可撤销或者对公司不发生效力的情形，公司没有起诉合同相对方的，符合公司法第一百五十一条第一款规定条件的股东，可以依据公司法第一百五十一条第二款、第三款规定向人民法院提起诉讼。

【典型案例】

中华人民共和国最高人民法院
民 事 裁 定 书

〔2021〕最高法民终589号

上诉人（原审原告）：刘某友，男，1953年3月23日出生，汉族，住中华人民共和国福建省福州市鼓楼区。

委托诉讼代理人：王涛，北京天驰君泰（南京）律师事务所律师。

委托诉讼代理人：冯盼盼，北京天驰君泰（南京）律师事务所律师。

被上诉人（原审被告）：卢某峰（Lu Jacky），男，1961年5月15日出生，美利坚合众国国籍，住中华人民共和国福建省福州市鼓楼区。

第八章　公司董事、监事、高级管理人员的资格和义务

委托诉讼代理人：洪军，江苏法岭律师事务所律师。

被上诉人（原审被告）：林某松，男，1956年9月29日出生，汉族，住中华人民共和国福建省长乐市。

委托诉讼代理人：洪军，江苏法岭律师事务所律师。

被上诉人（原审被告）：陈某举（Chensi Ju），男，1971年8月5日出生，美利坚合众国国籍，住中华人民共和国江苏省盐城市亭湖区。

委托诉讼代理人：洪军，江苏法岭律师事务所律师。

原审第三人：江苏天华置业有限公司。住所地：中华人民共和国江苏省盐城市人民中路56号瑞华大厦三楼。

法定代表人：王某香，该公司执行董事。

委托诉讼代理人：潘江业，山东星拓律师事务所律师。

上诉人刘某友因与被上诉人卢某峰、林某松、陈某举及原审第三人江苏天华置业有限公司（以下简称天华公司）损害公司利益责任纠纷一案，不服江苏省高级人民法院2020年8月20日作出的〔2017〕苏民初56号民事裁定，向本院提起上诉。本院于2021年4月2日立案后，依法组成合议庭审理了本案。上诉人刘某友的委托诉讼代理人王涛、冯盼盼，被上诉人卢某峰、林某松、陈某举的共同委托诉讼代理人洪军，原审第三人天华公司的委托诉讼代理人潘江业到庭参加诉讼。本案现已审理终结。

刘某友向一审法院起诉请求判令卢某峰、林某松、陈某举共同返还天华公司10 066.225 6万元。江苏省盐城市中级人民法院〔2017〕苏09刑初9号刑事判决书（以下简称盐城中院刑事判决书）查明：卢某峰、林某松、陈某举等人虚开发票8张，票面金额共计9 404.585 6万元，并据此将9 304.585 6万元转出天华公司账户支付给第三方虚假开票公司。在刑事侦查过程中，司法鉴定审计机构还发现卢某峰、林某松、陈某举等人通过收入不入账的方式，少做收入461.64万元，另支付给名为"游泳"的个人300万元。卢某峰等人滥用股东权利，利用职务之便，通过虚开发票、收入不入账等方式导致天华公司损失共计人民币10 066.225 6万元，其行为严重损害了公司利益。由于天华公司实际被卢某峰控制，天华公司未能及时追偿相关损失，且卢某峰刑满释放后，其作为美籍华人，极有可能随时出境。为此，刘某友必须立即起诉，否则可能会给天华公司利益造成难以弥补的损失。

一审法院认定事实：2006年9月13日，盐城市天华置业有限公司（以下简称盐城天华公司）成立，股东为卢天福和阮卫滨。注册资本5 000万元，其中卢天福出资4 500万元，出资比例为90%，阮卫滨出资500万元，出资比例为10%。卢天福为盐城天华公司的法定代表人、执行董事兼总经理，阮卫滨为公司监事。

2008年12月26日，盐城天华公司股东卢天福和阮卫滨与卢天福的侄子卢某峰签订授权委托书，委托卢某峰作为卢天福和阮卫滨的全权代理人，代为办理盐城天华公司与中国建设银行股份有限公司盐城城北支行"华府景城"项目贷款及其他相关业务的

一切手续，代为全权处理盐城天华公司的一切事务，代为在上述文件、文本上签字。同日，江苏省盐城市亭湖区公证处出具委托书公证书，证明卢天福和阮卫滨在公证员王某，在授权委托书上签名、捺指印。

2009年3月12日，盐城天华公司召开股东会并形成股东会决议，同意将盐城天华公司的名称变更为天华公司并通过章程修正案。

2009年3月17日，盐城天华公司经江苏省盐城市工商行政管理局准予，公司名称变更为天华公司。天华公司的注册资本和股东没有变更。

2013年3月28日，天华公司股东阮卫滨作为出让方与受让方林金佃签订股权转让协议。协议约定：阮卫滨将其持有的天华公司的500万元股权以人民币500万元的价格转让给林金佃。林金佃于2013年3月28日前将股权转让款以现金方式一次性直接交付给阮卫滨。自本协议生效之日起，阮卫滨不再享有股权转让部分对应的股东权利，不再履行股权转让部分对应的股东义务，林金佃开始享有股权转让部分对应的股东权利并履行股权转让部分对应的股东义务。同日，天华公司召开股东会并形成股东会决议，通过公司章程修正案，同意阮卫滨将其持有的500万元股权以人民币500万元转让给新股东林金佃。同日，天华公司向江苏省盐城工商行政管理局申请股东变更登记并于当日获准。天华公司变更后的股东为卢天福和林金佃。

2013年5月9日，天华公司股东卢天福在福建省长乐市因病死亡。卢天福的配偶王某香因要求继承卢天福的遗产，向中华人民共和国福建省福州市长乐公证处（以下简称长乐公证处）申请办理继承权公证。2018年6月21日，长乐公证处作出〔2018〕闽榕长证内字第3887号公证书记载：因卢扬科、卢扬进、卢淑锦、卢三妹均表示自愿放弃对卢天福遗产的继承，兹证明卢天福的遗产由其配偶王某香一人继承。

2017年1月3日，江苏省盐城市人民检察院以盐检诉刑诉〔2016〕49号起诉书指控天华公司、卢某峰、林某松、陈某举等人虚开发票罪。江苏省盐城市中级人民法院于2017年10月27日作出〔2017〕苏09刑初9号刑事判决书，该份刑事判决书载明天华公司股东会记录及决议证实公司股东的股份中，卢某峰占58%，刘某友占20.33%，林某松、黄纪旺合为21.67%。江苏省盐城市中级人民法院最终判决天华公司、卢某峰、林某松、陈某举等犯虚开发票罪。

2018年4月16日，刘某友向天华公司寄送关于要求召开天华公司股东会临时会议并审议事项的函。2018年5月6日，天华公司致函刘某友称，根据天华公司章程等记载，刘某友并非天华公司的股东，其以天华公司股东的名义致函天华公司提议召开临时股东会、提出会议议题以及确定会议地点等均无法律依据。刘某友于2018年5月8日收到该致函。

2018年5月2日，王某香向天华公司和卢某峰出具股东声明，要求天华公司及时将卢天福名下全部股权变更登记至王某香名下。任何公司管理人员不得以公司股东名义召开股东会，未经其本人亲自签署，公司不得在任何所谓股东会决议或股东会会议记录加盖公司印章。王某香将依法召集股东会选举新一届执行董事、监事并由执行董事重新聘任公司副经理、财务负责人等公司管理人员。同日，天华公司盖章，卢某峰签字确认收到该份声明。

2018年5月8日，山东聚享昌律师事务所的潘江业律师受王某香委托，向卢某峰、林某松、陈某举等发送了关于天华公司股东资格继承、重新选举执行董事及监事、敦促管理层加强股东和公司权益保护等事宜的律师函。

2018年6月25日，天华公司召开股东会并形成股东会决议，由王某香继承卢天福在天华公司的4500万元股权，通过公司章程修正案，免去卢天福公司执行董事、法定代表人、经理职务，重新选举王某香为天华公司的法定代表人、执行董事，并根据公司章程规定兼任经理，选举阮卫滨继续担任天华公司监事。同日，天华公司向江苏省盐城市工商行政管理局申请变更天华公司的股东和法定代表人。

2018年7月16日，江苏省盐城市工商行政管理局准予天华公司的法定代表人由卢天福变更为王某香，股东由卢天福和林金佃变更为王某香和林金佃。

2019年9月6日，刘某友以天华公司为被告，王某香、林金佃、卢某峰、林某松、黄纪旺为第三人向盐城市中级人民法院提起诉讼，请求确认刘某友为天华公司股东，并将其持有的20.33%的股权登记至其名下。目前，该案正在审理中。

一审法院认为：本案的争议焦点为刘某友是否有权提起股东代表诉讼。依据《公司法》第一百五十一条的规定，有限责任公司的股东或者股份有限公司连续一百八十日以上单独或者合计持有公司百分之一以上股份的股东有权依法提起股东代表诉讼。本案中，刘某友不是天华公司的股东，其无权提起股东代表诉讼，应依法驳回刘某友的起诉。理由如下：1.天华公司的工商档案和公司章程从未记载刘某友为天华公司股东。2006年9月13日，天华公司成立时的股东是卢天福和阮卫滨。2013年3月28日，天华公司的股东变更为卢天福和林金佃。2018年7月16日，天华公司的股东变更为王某香和林金佃。从天华公司的工商档案和公司章程可以看出，刘某友不是天华公司登记在册的股东。虽然刘某友提供了其与卢天福的合伙经营协议、天华公司发出的追加增资通知以及股东会决议等证据证明其有成为天华公司股东出资公司的意向并且参加天华公司的实际经营管理，但是其并没有在天华公司的工商登记中进行登记，也没有在天华公司的章程中予以确认。2.天华公司登记在册的股东王某香已经对刘某友的股东身份提出异议。2018年5月2日，王某香向天华公司和卢某峰出具股东声明，要求任何公司管理人员不得以公司股东名义召开股东会，未经其本人亲自签署，公司不得在任何所谓股东会决议或股东会会议记录加盖公司印章。该份股东声明表明王某香不认可刘某友等人的股东身份，并且对非公司股东召开、形成的股东会决议的效力不予认可。3.盐城中院刑事判决书不能作为认定刘某友为天华公司股东的依据。本案中，刘某友提交刑事判决书，主张其为天华公司的股东并持有20.33%的股权。该院认为，该刑事判决认定刘某友等人为天华公司股东的主要依据为刑事侦查过程中的一份书证即卢某峰、刘某友、林金佃、黄纪旺等人于2014年8月5—6日形成的股东会记录及决议。该份股东会决议中确认了卢某峰、刘某友、林金佃、黄纪旺持有天华公司相应比例的股份，但是天华公司登记在册的股东王某香（卢天福）和林金佃均未参与该刑事案件的调查，也未明确认可刘某友等人为天华公司的股东及持有相应的股份，且现股东王某香已经对该事实提出异议。现有证据足以推翻该份刑事判决书认定刘某友系天华公司股东的事实，故该院依据现有证据认定刘某友目前尚不是天华公司股东。刘某友关于其是天华公司股东的主张，没有事实和法律依据，一审法院不予支持。4.刘某友已经另案提起股东资格确认诉讼，其股东资格的问题目前尚无定论，本案亦无法直接认定。2019年9月6日，刘某友在本案开庭之后已另案向江苏省盐城市中级人民法院提起诉讼，请求确认其为天华公司股东，并将其持有的20.33%的股权登记至其名下。目前，该案尚未开庭审理。本案中，由于天华公司登记在册的股东王某香和林金佃并不是本案当事人，且刘某友已经另案诉讼，对刘某友的股东资格无法在本案中进行直接认定。如刘某友被另案确认为天华公司股东，从其被确认股东资格之日起，可以行使提起股东代表诉讼的权利，本案亦不需要等待另案判决而中止审理。

综上，一审法院认为刘某友无法证明其现为天华公司的股东，提起本案股东代表诉讼不符合《公司法》第一百五十一条的规定，因此刘某友不是本案的适格原告，依法应当驳回其起诉。依照《公司法》第一百五十一条、《民事诉讼法》第一百一十九条第一项、第一百五十四条第一款第三项、《最高人民法院关于适用〈中华人民共和国民事诉讼法〉的解释》第二百零八条第三款的规定，裁定如下：驳回刘某友的起诉。

刘某友不服一审裁定，向本院提出上诉，要求撤销一审裁定，指令原审法院继续审理，且在刘某友股东资格确认纠纷案件结束前中止审理本案。事实和理由：（一）一审裁定遗漏了刘某友出资的关键事实。刘某友2007年1月至2008年11月期间，分13笔向天华公司出资2 915万元，其中有12笔由天华公司出具财务收据并盖章确认。天华公司也出具《证明》确认收到刘某友出资2 800万元。（二）一审裁定遗漏天华公司、卢天福等人与刘某友之间关于股东出资合意的事实。2007年1月17日刘某友与卢天福订立《合伙经营协议》写明：天华公司总投资1.2亿元，用于"华府景城"房地产项目开发，其中刘某友出资5 000万元；后天华公司通知要求刘某友作为股东在原出资比例上增资7%。上述证据形成于原股东卢天福去世之前。（三）对于盐城中院刑事判决书所认定的事实，一审法院在始终拒绝调取该刑事诉讼案件证据的情况下，直接予以"推翻"，违背了《最高人民法院关于民事诉讼证据的若干规定》第十条第一款第六项"已为人民法院发生法律效力的裁判所确认的事实"可以直接作为证明相关事实证据的规定，违反诉讼程序，明显适用法律错误。（四）天华公司目前的登记股东王某香出具的股东声明在本案中不具备证据效力，但是一审裁定却作为认定事实的依据，完全违反民事诉讼证据规则，所得出的结论也是错误的。（五）一审裁定在明知刘某友另案提起股东资格诉讼，但是在本案中对刘某友股东身份的认定前后矛盾。根据《民事诉讼法》第一百五十条的规定，本案必须以另一案的审理结果为依据，而另一案尚未审结的，应当中止诉讼，等待生效判决确认刘某友是否有股东资格后才能继续审理。综上，刘某友认为一审法院在认定事实、适用法律、对证据的审查程序以及实质性结论均存在严重错误，请求二审法院依法予以纠正。

被上诉人卢某峰、林某松、陈某举辩称：一审裁定认定事实清楚。依据《公司法》规定，刘某友既不是工商登记的股东，也不是有协议约定的隐名股东，仅仅是天华公司"华府景城"项目的投资人。盐城中院刑事判决书仅认定卢某峰等人构成虚开发票罪，并没有认定刘某友、卢某峰等人是公司股东。《公司法》定股东没有一人参加2014年8月6日所谓股东会。该股东会决议是在公安机关要求下形成的，不能以此作为认定公司股东身份的证据。从刘某友另案提起的股东资格确认纠纷的诉讼来看，其明知自身股东身份不确定，故在本案中刘某友无权以股东身份提起损害公司利益责任纠纷诉讼。一审裁定驳回刘某友起诉正确，请求二审法院予以维持。

原审第三人天华公司述称：（一）刘某友、卢某峰、林某松、案外人黄纪旺在天华公司的公司章程、股东名册和工商登记中从未记载为股东，也无任何股权出资验资缴纳记录。天华公司现股东为王某香和林金佃。（二）刘某友受南非太阳神公司委派担任过天华公司总经理，负责跟进"华府景城"项目。刘某友并不因受该委派而成为天华公司股东。虽然刘某友为"华府景城"项目提供了部分建设资金，该行为为借款性质，并非股权出资行为。（三）天华公司原股东卢天福与刘某友从未有过股东出资合意，从未与刘某友、卢某峰等人签订过任何隐名投资协议或者股权转让协议，也从未与刘某友签订过《合伙经营协议》，该协议中"卢天福"的名字并非卢天福本人亲笔签名。卢天福仅授权卢某峰对公司进行经营管理，可以向银行等金融机构以及企业、个人进行借款融资，从未授权或者允许任何人对天华公司进行股权出资。（四）江苏省公安厅非法利用刑事手段强迫天华公司的项目合作方、借款方以及公司管理人员等非公司股东非法召开股东会，2014年8月6日形成的《股东会决议》并非《公司法》意义上的股东会决议，对天华公司和王某香不具有法律约束力，公司法定股东无须请求法院撤销或确认其无效。盐城中院刑事判决书不具有认定刘某友系天华公司股东的证明效力。（五）依据《公司法》第一百五十一条规定，从未有公司股东书面请求公司监事就刘某友的主张向法院提起诉讼，本案刘某友无论是否是公司股东，其均无权提起股东代表诉讼。本案也无法对刘某友的股东身份予以认定，一审裁定驳回刘某友起诉并无不当。

一审法院查明的事实，有相关证据予以佐证，各方当事人均未提出异议，亦未提交新的证据，本院对一审查明的事实予以确认。

本院认为，本案是损害公司利益责任纠纷案件。根据本案当事人的上诉请求及答辩意见，本案二审争议焦点为刘某友是否是本案的适格原告。按照《公司法》第一百五十一条规定，董事、高级管理人员有本法第一百四十九条规定的情形的，有限责任公司的股东、股份有限公司连续一百八十日以上单独或者合计持有公司百分之一以上股份的股东，可以书面请求监事会或者不设监事会的有限责任公司的监事向人民法院提起诉讼。监事会、不设监事会的有限责任公司的监事，或者董事会、执行董事收到前款规定的股东书面请求后拒绝提起诉讼，或者自收到请求之日起三十日内未提起诉讼，或者情况紧急、不立即提起诉讼将会使公司利益受到难以弥补的损害的，前款规定的股东有权为了公司的利益以自己的名义直接向人民法院提起诉讼。有限责任公司的股东认为情况紧急，有权依法提起股东代表诉讼。在本案中，天华公司的工商登记档案和公司章程记载的股东为卢天福和阮卫滨，后变更为卢天福和林金佃，又变更为王某香和林金佃。刘某友并未提供证据证明其是天华公司工商登记或公司章程记载的股东。

在一审期间，刘某友于2019年9月6日以天华公司为被告另案向江苏省盐城市中级人民法院提起诉讼，请求确认其为天华公司股东，并将其持有的20.33%的股权登记至其名下。在该案尚未审结，并无生效判决确定刘某友股东资格的情况下，一审法院认为刘某友不是本案的适格原告，不符合《民事诉讼法》第一百一十九条第一项规定的起诉条件，驳回其起诉的结果并无不当。如刘某友被另案确认为天华公司股东，从其被确认具有股东资格之日起，仍然可以行使提起股东代表诉讼的权利。本案不属于《民事诉讼法》第一百五十条第一款第五项规定的"本案必须以另一案的审理结果为依据，而另一案尚未审结的"情形，不需要等待另案判决而中止审理，刘某友要求撤销一审裁定，指令原审法院继续审理，且在刘某友股东资格确认纠纷案件结束前中止审理本案的上诉理由不能成立，本院不予支持。但本案损害公司利益责任纠纷与另案股东资格确认纠纷系不同法律关系，当事人亦不同，在刘某友已经另案诉讼且其股东资格问题尚无定论的情况下，本案一审裁定认定刘某友无权提起诉讼的理由表述存在矛盾，应予纠正。

综上，刘某友的上诉请求不能成立，应予驳回。依照《民事诉讼法》第一百七十条第一款第一项、《民事诉讼法》第一百七十一条的规定，裁定如下：

驳回上诉，维持原裁定。

本裁定为终审裁定。

审判长　奚向阳
审判员　杨兴业
审判员　龙　飞
二〇二一年七月十九日
书记员　叶晨阳

第八章 公司董事、监事、高级管理人员的资格和义务

中华人民共和国最高人民法院
民事判决书

〔2021〕最高法民终 656 号

上诉人（一审被告）：高某信，男，1947年2月28日出生，汉族，住陕西省榆林市神木市。

委托诉讼代理人：吴迪，陕西德伦律师事务所律师。

委托诉讼代理人：刘鹏，陕西德伦律师事务所律师。

上诉人（一审被告）：高某华，男，1970年10月1日出生，汉族，住陕西省榆林市神木市。

委托诉讼代理人：吴迪，陕西德伦律师事务所律师。

委托诉讼代理人：刘鹏，陕西德伦律师事务所律师。

被上诉人（一审原告）：陕西腾龙煤电集团有限责任公司。住所地：陕西省榆林市神木市西沟办事处三道河村。

法定代表人：刘某波，该公司总经理。

委托诉讼代理人：王浩，陕西海瑞律师事务所律师。

委托诉讼代理人：贾涛，陕西言锋律师事务所律师。

原审第三人：神木市宾馆有限公司。住所地：陕西省榆林市神木市神木镇驼峰路北。

法定代表人：高某信。

委托诉讼代理人：李怀亮，陕西永嘉信律师事务所律师。

委托诉讼代理人：王菲，陕西永嘉信律师事务所律师。

上诉人高某信、高某华因与被上诉人陕西腾龙煤电集团有限责任公司（以下简称腾龙煤电公司）及原审第三人神木市宾馆有限公司（以下简称宾馆公司）损害公司利益责任纠纷一案，不服陕西省高级人民法院〔2018〕陕民初71号民事判决，向本院提起上诉。本院于2021年4月15日立案后，依法组成合议庭，开庭进行了审理。上诉人高某信、高某华及共同委托诉讼代理人吴迪、刘鹏，被上诉人腾龙煤电公司法定代表人刘某波及委托诉讼代理人王浩、贾涛，原审第三人宾馆公司委托诉讼代理人李怀亮、王菲到庭参加诉讼。本案现已审理终结。

高某信、高某华公司上诉请求：依法撤销〔2018〕陕民初71号民事判决，改判驳回腾龙煤电公司的诉讼请求，或将该案发回重审。事实与理由：（一）一审法院认定事实不清。1.一审法院关于高某信和高某华构成关联交易的认定错误。高某华并不是宾馆公司的股东，高某华对宾馆公司股东会的决策没有任何影响力。2.高某信、高某

华并未侵犯宾馆公司的利益,高某信虽系宾馆公司的大股东兼执行董事,且案涉《神木县宾馆承包协议》(以下简称《承包协议》)的相对方高某华系其子,但在签订《承包协议》时经腾龙煤电公司同意,在《承包协议》履行期间及神木宾馆收回自营后,高某信并未违反公司章程及法律法规的规定及怠于履行职责,侵犯宾馆公司的权益,更未给宾馆公司造成损害。3.案涉《承包协议》已于2015年1月8日解除。4.一审法院对宾馆公司是否受损及损失数额认定错误。第一,宾馆公司并未因高某华的承包事宜受损。第二,一审法院认定宾馆公司的实际损失为5550万元显然不合理。(二)一审判决适用法律错误。1.腾龙煤电公司的一审诉讼请求第一项和第二项相矛盾,违反一个案件一个案由一个法律关系的审判原则。2.一审法院判令高某信与高某华共同承担赔偿责任适用法律错误。3.本案系股东代表之诉,没有法律规定小股东可以代表公司诉合同相对方,要求解除合同、承担赔偿责任。4.一审法院超越腾龙煤电公司诉讼请求审理,明显错误。腾龙煤电公司的第二项诉请为支付使用期间的折旧费,并非主张承包费,一审法院按照合同约定的承包费进行审理,超出了腾龙煤电公司的诉请范围,明显错误。(三)一审程序违法。腾龙煤电公司起诉至一审判决历时30个月,超过了一审普通案件的审理期限,属于程序违法。综上,高某信、高某华请求撤销一审判决,依法改判。

腾龙煤电公司辩称:(一)《承包协议》属于关联交易,且高某信、高某华实施了侵害公司利益、转移公司财产的行为。1.在主体方面,高某信、高某华为父子关系,且根据工商档案显示高某信为宾馆公司的控股股东、实际控制人、执行董事,持有宾馆公司63.2%的股份,根据宾馆公司章程的规定执行董事可以决定(审定)公司的经营计划和投资机会,对公司的决策有重大影响能力;高某华为宾馆公司的"隐名股东",同时也是《承包协议》的相对方,双方签订《承包协议》未经股东会同意。高某信、高某华的行为已构成关联交易。2.在客观方面,宾馆公司利益被高某华转移,公司至今未收到任何承包费,存在客观的损失。(二)合同解除的时间应以一审判决确定的时间为准,并非高某信、高某华主张的2015年1月8日。(三)以承包费作为损失基础,高某信、高某华承担连带责任具有合理性。1.本案是股东代表诉讼,诉求是宾馆公司遭受损失的费用,高某华、高某信利用合同条款实施侵害行为,给公司利益带来的损害表现为承包费损失,故一审法院以公司遭受的承包费损失为以5550万元为限确定具有合理性。2.公司利益受损系基于高某信、高某华的关联交易行为而导致,故该二人应视为共同侵权,共同侵权人应对损害后果承担连带责任。3.高某信、高某华利用关联交易行为转移公司利益,损害了公司和小股东的合法权益,应承担相应的连带责任。(四)一审诉讼程序正确,高某信、高某华恶意诉讼、重复诉讼拖延审理期限。1.高某信、高某华重复起诉,本案存在中止审理的事由。2.高某信、高某华在一审时提出了管辖权异议。3.一审法院已签发调查令,对神木宾馆的经营活动从税收、水电等方面进行了全面调查。另,在此期间发生了新冠疫情,故本案不存在违反程序规定的情形。综上,腾龙煤电公司请求驳回高某信、高某华的上诉请求,维持原判。

宾馆公司称：（一）高某信未利用其与高某华系父子关系的客观情况，损害神木宾馆利益。首先，案涉《承包协议》签订时的纸质文本，由腾龙煤电公司原法定代表人刘维平（刘平泽）提供。双方当事人曾就案涉协议进行了反复磋商，在此基础上，经刘维平签字认可，神木宾馆方与高某华签订了《承包协议》。其次，《承包协议》履行过程中，没有召开过合法、合规的股东会，实际上早就陷入了僵局。这种情况下，宾馆由高某华承包经营时，高某信无法处理宾馆承包经营遇到的问题，更无法与小股东腾龙煤电公司合力处理问题。（二）高某华于2015年就要求解除《承包协议》的意思表示是真实的。（三）腾龙煤电公司诉请高某信、高某华共同向神木宾馆支付承包经营费损失及利息，实质上是基于自身利益的考量。综上，宾馆公司请求驳回高某信、高某华的上诉请求。

腾龙煤电公司向一审法院起诉请求：1.解除宾馆公司与高某华签订的《承包协议》，返还宾馆；2.判令高某华向宾馆公司支付占有使用期间的折旧费8 630万元；3.判令高某信对第二项请求承担连带责任；4.判令高某信、高某华承担本案诉讼费用。

一审法院认定事实：（一）关于宾馆公司治理结构。宾馆公司于2007年改制为有限责任公司，注册资本1亿元人民币，自然人股东高某信认缴出资6 320万元，持股63.2%，法人股东腾龙煤电公司认缴出资3 680万元，持股36.8%，公司法定代表人为执行董事高某信，监事为刘平泽，总经理为乔治涛。公司章程第八条规定：股东会由全体股东组成，是公司权力机构，行使下列职权：1.决定公司经营方针和投资计划；2.审议批准执行董事的报告；……4.审议批准监事报告；5.审议批准公司年度财务预算方案、决算方案；6.审议批准公司的利润分配方案和弥补亏损方案。第十四条规定：公司不设董事会，只设执行董事一人，由股东会选举产生。第十五条规定：执行董事行使下列职权：1.负责召集股东会，并向股东会报告工作；2.执行股东会决议；3.审定公司经营计划和投资方案；4.制定公司年度财务预算方案、决算方案；5.制定公司利润分配方案和弥补亏损方案。第十六条规定：公司设经理，由执行董事决定聘任或解聘。经理对执行董事负责，行使下列职权：1.主持公司生产经营工作，组织实施股东会决议；2.组织实施公司年度计划和投资方案；3.拟定公司内部管理机构设置方案；……6.提请聘任或者解聘公司副经理、财务负责人。第十七条公司不设监事会，只设监事一人，由股东选举产生。第十九条执行董事为公司法定代表人，由股东大会选举产生。

（二）关于《承包协议》签订履行情况。2012年12月30日，宾馆公司作为甲方与高某华作为乙方签订了《承包协议》，协议载明："宾馆公司现在基本具备经营条件，现甲方有意将神木宾馆进行发包，乙方有意承包该宾馆。现经甲乙双方协商，自愿达成如下协议：一、承包标的：甲方将宾馆公司（神木宾馆现有全部资产）承包给乙方经营。承包范围：神木宾馆主楼、立体停车库、职工宿舍楼、锅炉房、宾馆商住楼第三层职工宿舍、院内整体广场及附属设施、设备。神木宾馆资产详见《资产登记表》。二、标的物移交时间：2013年1月1日甲方给乙方移交神木宾馆，神木宾馆手续待甲方办理完毕后于 2014 年 3 月 30 日前给乙方交付，如甲方不能按时给乙方移交神木宾馆所有手续，承包期限向后顺延，直至手续完毕之日起，开始计算承包期限。三、承包期限：承包期限十一年：从 2013 年 1 月 1 日起至 2023 年 12 月 31 日止（第一年不支付承包费）。四、承包费用及支付时间：1. 第一年承包费免交，从 2013 年 1 月 1 日至 2013 年 12 月 31 日；2. 第二年承包费：陆佰万元，于 2014 年 3 月 30 日前一次性交付甲方；3. 第三年承包费：壹仟贰佰万元，于 2015 年 3 月 30 日前一次性交付甲方；4. 第四年承包费：人民币壹仟伍佰万元，于 2016 年 3 月 30 日前一次性交付甲方；5. 第五年承包费：人民币壹仟伍佰万元，于 2017 年 3 月 30 日前一次性交付甲方；6. 第六年承包费：人民币壹仟伍佰万元，于 2018 年 3 月 30 日前一次性交付甲方；7. 第七年承包费：人民币壹仟伍佰万元，于 2019 年 3 月 30 日前一次性交付甲方；8. 第八年承包费：人民币壹仟伍佰万元，于 2020 年 3 月 30 日前一次性交付甲方；9. 第九年承包费：人民币壹仟伍佰万元，于 2021 年 3 月 30 日前一次性交付甲方；10. 第十年承包费：人民币壹仟伍佰万元，于 2022 年 3 月 30 日前一次性交付甲方；11. 第十一年承包费：人民币壹仟伍佰万元，于 2023 年 3 月 30 日前一次性交付甲方。……六、神木宾馆承建时的其他事项：……4. 甲方负责办理宾馆的各种手续，待宾馆经营手续全部办理齐全后，符合经营条件，验收合格开始计算承包租赁时间。……九、违约责任：1. 甲方必须按照合同约定的时间提交标的物，如不能按时交付标的物，甲方向乙方交付当年总额的 20% 的违约责任。2. 乙方在承包期间如不能按时向甲方交付承包费，乙方向甲方交费当年承包费 20% 的违约责任，逾期 6 个月不交，《承包协议》自然解除。"协议落款处有宾馆公司印章、法定代表人高某信签字，高某华签字，股东腾龙煤电公司法定代表人刘平泽、腾龙煤电公司指派的宾馆公司总经理乔治涛作为在场人签字。高某信与高某华系父子关系。

2013 年 1 月，宾馆公司将神木宾馆交由高某华承包经营，但无正规移交手续。神木宾馆自 2013 年起正常缴纳水电费、开具正规经营发票，已经开始运营。高某华未向宾馆公司缴纳过承包费。

2013 年 3 月 5 日，腾龙煤电公司向宾馆公司提交股东会议提案要求将神木宾馆承包后资产如何折旧及税费承担问题、承包权范围的划分及资产移交问题提交股东会讨论，形成决议后与承包方商定补充协议。

2013 年 7 月 18 日，腾龙煤电公司向宾馆公司提交临时股东会会议提案，要求将《承包协议》重新提交股东会研究审核，进一步完善相关内容；将神木宾馆承包后资产如何折旧及税费承担问题、承包权范围的划分及资产移交问题列入股东会议题。

（三）关于《承包协议》解除情况。高某华于 2015 年 1 月 8 日向宾馆公司发出题名为《关于解除〈神木县宾馆承包协议〉并要求返还垫付款赔偿损失的通知书》的函件，要求解除《承包协议》，返还垫付款，赔偿损失。2017 年 7 月 1 日，高某华再次向宾馆公司发出题名为"要求解除《神木县宾馆承包协议》"的函，该函称：我于 2015 年 1 月 8 日向贵方送达《关于解除〈神木县宾馆承包协议〉并要求返还垫付款赔偿损失的通知书》，贵方一直未予理睬。之后，贵方建设期间的债权人又多次以不同方式向我主张权利，且有多项纠纷涉诉法院，宾馆公司一直无法经营。故再次致函贵方，要求解除《承包协议》。高某信于2017年10月19日接受榆林中院谈话时陈述神木宾馆现由高某华承包经营，刘振军负责管理。刘振军在当日的谈话中也确认上述内容。高某信提交的证据"刘振军《劳动合同书》（2019年度）"载明用人单位神木宾馆的法定代表人是高某华。高某华在本次庭审中主张，协议已经于2015年1月8日解除，神木宾馆已于2015年1月8日移交给宾馆公司，没有交接手续。宾馆公司认可高某华的主张。神木宾馆目前正常经营。

2018年4月30日，腾龙煤电公司发函要求宾馆公司监事刘平泽依据《公司法》的规定起诉解除协议并由高某华返还宾馆支付占有使用费中的折旧费。刘平泽于当日签收。

一审法院审理过程中，高某华以宾馆公司为被告诉至神木市人民法院请求确认《承包协议》已经解除，该院作出〔2019〕陕0881民初1360号民事判决确认《承包协议》已经解除，当事人未上诉。后该院启动审判监督程序撤销上述判决，驳回了高某华起诉。

一审法院认为，关于《承包协议》的效力。《承包协议》系宾馆公司的大股东、法定代表人高某信代表公司与高某华签订，各方当事人虽未举证证明在签订协议前，宾馆公司就该承包事宜召开过股东会议，但宾馆公司的小股东腾龙煤电公司的法定代表人也即宾馆公司的监事刘维平（刘平泽）亦在《承包协议》上署名，腾龙煤电公司委派的宾馆公司总经理乔治涛也在场并署名，故可以认定该协议的签署经过了公司全体股东的同意，且在本案庭审中，腾龙煤电公司对《承包协议》的效力也加以认可。故案涉《承包协议》系协议双方的真实意思表示，未违反法律法规的强制性规定，当事人亦未就该协议是否存在恶意串通损害他人利益的情形加以主张并举证，一审法院认定，《承包协议》有效，对协议双方具有约束力，发包人宾馆公司及承包人高某华均应按照诚实信用原则，全面履行该协议。

关于《承包协议》是否已经解除。高某华主张其已经于2015年1月8日、2017年7月1日两次致函宾馆公司要求解除《承包协议》，宾馆公司在庭审中也认可协议已经解除，但鉴于宾馆公司实际由高某信控制，高某信与高某华系父子关系的事实，一审法院曾在庭前会议中释明要求对合同是否已经解除进一步举证，高某华并未提供其他证据印证协议已经解除。且经查，在2017年10月19日接受法院询问时，高某信及宾馆公司现任经理刘振军均陈述，神木宾馆仍由高某华承包经营，在2019年宾馆公司与刘振军签署的劳动合同用人单位栏"神木宾馆"法定代表人处记载的仍是高某华。综合以上证据，一审法院认定《承包协议》并未因高某华两次向宾馆公司发送解除函而解除，神木宾馆仍由高某华实际经营。

关于是否构成关联交易。宾馆公司的大股东、法定代表人高某信与承包人高某华系父子。腾龙煤电公司曾在2013年7月份的宾馆公司临时股东会提案中称高某华系宾馆公司的"隐形股东"，并要求高某华列席股东会议，宾馆公司复函中未否认高某华身份，且表明高某华同意列席股东会议。可见高某华对宾馆公司的权力机关公司股东会的决策亦是有相当影响力的。综上,一审法院认定,宾馆公司法定代表人高某信与宾馆承包人高某华之间的父子关系可能导致宾馆公司利益的移转,构成《公司法》第二百一十六条规定的关联关系,案涉《承包协议》属于关联交易合同。

关于关联交易是否侵害宾馆公司利益。神木宾馆于2013年交由高某华承包经营。结合腾龙煤电公司提交的神木宾馆经营照片、经营发票以及神木县自来水有限公司提供的用水记录等证据,一审法院酌情认定神木宾馆自2014年已经经营正常,至于承包经营是否获利则属于正常的商业风险,本案并不涉及。《承包协议》约定,承包费起算以宾馆手续齐备为成就条件,为此,该协议约定了长达一年零三个月的手续办理期限并免交一年承包费。高某信作为公司执行董事,负责公司的行政事务,应当恪尽忠实和勤勉义务,积极如期办理宾馆各项手续,使公司早日依约获取发包宾馆的对价,但其怠于履行职责,一直未予办理。高某信虽辩解系因腾龙煤电公司不配合无法出具股东会决议而没有办理相关手续,但其并未提供充分的证据证明,也与其于2020年未经腾龙煤电公司配合即能够完善相关手续的事实相矛盾。高某华作为宾馆承包人,在宾馆已经向其交付,且实际正常营业的情况下,以宾馆手续未齐备,承包费交纳条件未成就为由,一直未向宾馆公司支付任何费用;高某信也一直未履行作为宾馆公司法定代表人的职责对高某华催收,或通过诉讼及其他途径对《承包协议》进行清理,导致了宾馆公司的主要资产神木宾馆在长达七八年的时间里,一直被高某华无偿使用的结果。综上,一审法院认定,高某信和高某华的行为,构成了在关联交易合同的履行过程中,故意使相关合同条件不成就,从而使承包方无偿占有使用宾馆,致使发包方宾馆公司履行了主要义务却无从获得对价的利益受损情形。

关于宾馆公司损失数额。2014年宾馆正常经营后,承包人高某华即应按照协议约定向宾馆公司交纳承包费。但高某华和高某信利用关联关系,故意使协议约定的支付承包费条件不成就,参照《合同法》第四十五条第二款之规定,一审法院酌情认定,《承包协议》约定的支付承包费条件从2014年1月1日宾馆正常经营时已经成就,高某华应从2014年开始交纳承包费。腾龙煤电公司也认为,《承包协议》合法有效,协议若能如约正常履行宾馆公司不致遭受损失。综合上述情况,一审法院认定,宾馆公司与高某华之间的关联交易,导致宾馆公司的损失为2014年以来高某华按照《承包协议》的约定应当向宾馆公司交纳的承包费及其利息。腾龙煤电公司请求按照宾馆折旧费来计算宾馆公司的损失,没有事实依据,一审法院不予采纳,其相应鉴定评估申请,一审法院不予准许。结合腾龙煤电公司诉请损失的起止日期,一审法院认定,宾馆公司的损失为合同约定的2014年承包费600万元、2015年承包费1 200万元、2016年承包费1 500万元、2017年承包费1 500万元、2018年半年承包费750万元,及其相应利息。

关于《承包协议》是否应当解除,具体分两点论述:其一,腾龙煤电公司能否以股东身份请求解除宾馆公司与高某华签订的《承包协议》。《公司法》第一百五十一条第三款规定:"他人侵犯公司合法权益,给公司造成损失的"符合条件的股东可以向人民法院提起诉讼。《最高人民法院关于适用〈中华人民共和国公司法〉若干问题的规定（五）》第二条规定"关联交易合同存在无效或可撤销情形"，符合条件的股东可以依据《公司法》第一百五十一条第三款规定向人民法院起诉合同相对方。可见，《公司法》规定的"他人侵犯公司合法权益"并不限于典型的侵权行为，他人通过签订或履行合同侵害公司利益的，亦可作为侵害公司合法权益的行为。且合同履行过程中因违约方的重大过错而严重违约可以行使解除权的情形与因欺诈、胁迫、乘人之危等导致合同效力瑕疵可撤销的情形，无论是在过错方的主观方面还是在使合同相对方所处的不利状态以及撤销和解除的最终结果都是使合同效力归于消灭等方面，都是相似的，按照相同情况相同处理的法理，既然股东可以就可撤销合同提起股东代表诉讼，也应当允许股东对因违约方的严重违约行为而提起解除合同的股东代表诉讼。其二，《承包协议》是否应当解除。《承包协议》约定的高某华作为承包方的主要义务是交纳承包费，但高某华承包经营神木宾馆七八年之久，一直未交纳承包费，构成根本违约，且违约状态仍在持续之中。依据合同法第九十四条第四项之规定，腾龙煤电公司诉请解除宾馆公司与高某华之间的《承包协议》并返还宾馆，一审法院予以支持。

综上所述，腾龙煤电公司的部分诉讼请求成立，一审法院予以支持。一审法院依照《公司法》第二十一条、第一百四十九条、第一百五十一条，《最高人民法院关于适用〈中华人民共和国公司法〉若干问题的规定（五）》第二条，合同法第九十四条第四项之规定，判决：（一）宾馆公司与高某华签订的《承包协议》于本判决生效之日起解除，高某华于协议解除之日起六十日内将神木宾馆交回宾馆公司；（二）高某华、高某信于本判决生效之日起十五日内向宾馆公司支付承包费损失5 550万元及利息［其中600万元从2014年3月30日起算、1 200万元从2015年3月30日起算、1 500万元从2016年3月30日起算、1 500万元从2017年3月30日起算、750万元从2018年3月30日起算利息，2019年8月20日之前按照同期银行贷款利率计算，之后按照贷款市场报价利率（LPR）计算，至实际给付之日止］；（三）驳回腾龙煤电公司的其他诉讼请求。如果未按本判决指定期间履行给付金钱义务，应当按照《民事诉讼法》第二百五十三条之规定，加倍支付迟延履行期间的债务利息。

本院二审期间，各方当事人均未提交新证据。本院对一审查明的事实予以确认。

本院认为，本案争议的焦点问题为：（一）案涉宾馆的承包是否构成关联交易，该交易是否侵害了宾馆公司的利益；（二）腾龙煤电公司能否以股东身份提起本案诉讼；（三）一审法院对于宾馆公司损失数额的认定是否有误，是否存在超出诉讼请求进行判决的情形；（四）一审法院判决高某华、高某信共同承担支付承包费损失及利息的责任是否有误；（五）一审法院是否存在程序违法的情形。

（一）案涉宾馆的承包是否构成关联交易，该交易是否侵害了宾馆公司的利益

案涉《承包协议》系高某华与高某信利用关联关系签订的关联交易合同。依据《公司法》第二百一十六条第四项的规定："关联关系，是指公司控股股东、实际控制人、董事、监事、高级管理人员与其直接或者间接控制的企业之间的关系，以及可

能导致公司利益转移的其他关系。"高某华系高某信之子,高某信系宾馆公司的控股股东,基于高某信、高某华之间存在亲属关系,宾馆公司与高某华签订的《承包协议》系高某信利用关联关系为高某华提供的交易机会。结合一审法院查明的事实,腾龙煤电公司曾在2013年7月份的宾馆公司临时股东会提案中称高某华系宾馆公司的"隐形股东",并要求高某华列席股东会议,宾馆公司复函中未否认高某华身份,且表明高某华同意列席股东会议,因此高某华对于宾馆公司股东会的决策亦存在一定的影响力。综上,一审法院认定案涉宾馆的承包构成关联交易并无不当。

神木宾馆于2013年交由高某华承包经营,2014年该宾馆已经开始正常经营。《承包协议》约定:"手续完毕之日起,开始计算承包期限。"该条款中手续完毕之日的确定存在被高某信、高某华双方操纵的可能,高某信作为宾馆公司的执行董事、控股股东有义务督促相关手续的办理,但在较长一段时间,高某华并未就促成《承包协议》中起算承包期限的条件做出努力,使得高某华支付承包费的条件迟迟不能成就。腾龙煤电公司作为宾馆公司的股东,出于维护自己权益,没有理由阻碍手续的办理,并且高某华、高某信亦没有证据证明腾龙煤电公司做出影响手续办理的行为。既然神木宾馆已经实际投入经营,《承包协议》关于宾馆承包的目的已经达到,高某华应依据合同约定向宾馆公司支付承包费。高某华一直未就承包神木宾馆支付承包费,损害了宾馆公司对于其资产的合法收益。一审法院认定案涉交易侵害了宾馆公司利益并无不当。

(二)腾龙煤电公司能否以股东身份提起本案诉讼

《公司法》第一百五十一条第一款、第二款规定:"董事、高级管理人员有本法第一百四十九条规定的情形的,有限责任公司的股东、股份有限公司连续一百八十日以上单独或者合计持有公司百分之一以上股份的股东,可以书面请求监事会或者不设监事会的有限责任公司的监事向人民法院提起诉讼;监事有本法第一百四十九条规定的情形的,前述股东可以书面请求董事会或者不设董事会的有限责任公司的执行董事向人民法院提起诉讼。监事会、不设监事会的有限责任公司的监事,或者董事会、执行董事收到前款规定的股东书面请求后拒绝提起诉讼,或者自收到请求之日起三十日内未提起诉讼,或者情况紧急、不立即提起诉讼将会使公司利益受到难以弥补的损害的,前款规定的股东有权为了公司的利益以自己的名义直接向人民法院提起诉讼。"根据一审法院查明的事实,宾馆公司的自然人股东高某信认缴出资6 320万元,持股63.2%,系宾馆公司的控股股东;腾龙煤电公司认缴出资3 680万元,持股36.8%,大于1%,持有超过180天,符合《公司法》规定的提出股东代表诉讼的股东主体资格的条件。且腾龙煤电公司于2018年4月30日曾向宾馆公司监事刘平泽出具《关于要求公司监事刘平泽诉讼解除神木县宾馆公司与高某华签订的〈神木县宾馆承包协议〉的函》,刘平泽于2018年4月30日签收。刘平泽在签收后未依照该函请求向人民法院提起诉讼,在此情形之下,腾龙煤电公司提起股东代表诉讼,符合《公司法》第一百五十一条有关前置程序的规定,故腾龙煤电公司能够以股东身份提起本案诉讼。

（三）一审法院对于宾馆公司损失数额的认定是否有误，是否存在超出诉讼请求进行判决的情形

首先，腾龙煤电公司起诉的第二项诉讼请求为：判令高某华向宾馆公司支付占有使用期间的折旧费8 630万元。对于该项诉讼请求，其在2020年6月23日向一审法院提交的材料说明中明确该诉讼请求系基于《承包协议》的合同关系向高某信、高某华主张的承包费，折旧费系计算承包费的一种方式。因此，腾龙煤电公司起诉请求支付折旧费用的目的在于请求高某华、高某信赔偿因案涉关联交易给宾馆公司造成的损失，折旧费系该损失的计算方式。鉴于神木宾馆的折旧费应属于高某华承包经营期间的合理支出，不能用来计算宾馆公司损失，而真正的损失应为高某华未支付的承包费，故一审法院以合同约定的高某华应当支付的承包费作为计算宾馆公司损失的依据并无不当，并不存在超出诉讼请求进行判决的情形。其次，虽然《承包协议》约定承包费起算以宾馆手续齐备为成就条件，但高某华和高某信利用关联关系，故意使协议约定的支付承包费条件不成就，因案涉宾馆于2014年开始正常经营，故一审法院酌情认定高某华应从2014年1月1日开始交纳承包费并无不当。最后，根据高某华和宾馆公司均认可的事实，2017年7月1日，高某华再次向宾馆公司发出名为"要求解除《神木县宾馆承包协议》"的函。该函称，高某华于2015年1月8日向宾馆公司送达《关于解除〈神木县宾馆承包协议〉并要求返还垫付款赔偿损失的通知书》，宾馆公司一直对于该函件未予理睬。故2015年1月8日，宾馆公司并未就解除合同与高某华达成一致，不符合协议解除合同的条件。一审法院未认定《承包协议》于2015年1月8日解除并无不当。高某华、高某信主张宾馆公司已于2015年将案涉宾馆收回，不应计算该日期之后的承包费缺乏事实依据。另高某华、高某信主张按照合同约定计算承包费显失公平，但未提交证据予以证明，对其该项主张不予支持。

（四）一审法院判决高某华、高某信共同承担支付承包费损失及利息的责任是否有误

《公司法》第二十一条规定："公司的控股股东、实际控制人、董事、监事、高级管理人员不得利用其关联关系损害公司利益。违反前款规定，给公司造成损失的，应当承担赔偿责任。"第一百五十一条第三款规定："他人侵犯公司合法权益，给公司造成损失的，本条第一款规定的股东可以依照前两款的规定向人民法院提起诉讼。"本案中，高某信作为公司控股股东，与其子高某华之间进行关联交易给宾馆公司造成了损失，一审法院据此判决高某华、高某信就其侵权行为共同承担支付承包费及利息的责任并无明显不当。

（五）一审法院是否存在程序违法的情形

高某华、高某信主张本案存在超期审理的情形，经审查一审卷宗材料，一审法院在审理本案过程中办理了延长审限的报批手续，本案系在获准延长的审限内结案，故一审法院不存在程序违法的情形。

综上，高某信、高某华的上诉请求不能成立，应予驳回；一审判决认定事实清楚，

适用法律正确,应予维持。本院依照《民事诉讼法》第一百七十条第一款第一项规定,判决如下:

驳回上诉,维持原判。

二审案件受理费 473 300 元,由高某信、高某华负担。

本判决为终审判决。

审判长　何　波
审判员　徐　霖
审判员　张　梅
二〇二一年十月二十九日
法官助理　张义敏
书 记 员　余亚平

【2023 年版本、三次审议稿】

第一百九十条　董事、高级管理人员违反法律、行政法规或者公司章程的规定,损害股东利益的,股东可以向人民法院提起诉讼。

【2018 年版本】

第一百五十二条　董事、高级管理人员违反法律、行政法规或者公司章程的规定,损害股东利益的,股东可以向人民法院提起诉讼。

【本条释义】

本条规定了股东直接起诉董事、高级管理人员的制度。

股东权利的行使需要公司董事和高级管理人员的配合与尊重,如果公司董事、高级管理人员违反法律、行政法规或者公司章程的规定,损害股东利益,股东可以向人民法院提起诉讼。股东可以请求公司董事和高级管理人员直接向股东本人承担损害赔偿责任。股东应当举证证明董事、高级管理人员违反了法律、行政法规或者公司章程的规定。

【2023 年版本、三次审议稿】

第一百九十一条　董事、高级管理人员执行职务,给他人造成损害的,公司应当承担赔偿责任；董事、高级管理人员存在故意或者重大过失的，也应当承担赔偿责任。

【本条释义】

本条规定了董事、高级管理人员职务行为造成他人损失的赔偿责任。

如果董事、高级管理人员执行职务的行为给他人造成损害，由于董事、高级管理人员的职务行为代表的是公司，因此，公司应当承担赔偿责任。如果董事、高级管理人员无过错或者因轻微过失而导致上述行为，根据正常执行职务行为免责的原理，该风险应当由公司承担。如果董事、高级管理人员存在故意或者重大过失，应当向他人或者公司承担赔偿责任。遭受损害的他人以及公司有义务举证证明董事、高级管理人员在执行职务时存在故意或者重大过失。

【2023年版本、三次审议稿】

第一百九十二条 公司的控股股东、实际控制人指示董事、高级管理人员从事损害公司或者股东利益的行为的，与该董事、高级管理人员承担连带责任。

【本条释义】

本条规定了公司的控股股东、实际控制人的连带责任。

董事、高级管理人员有时仅仅是执行公司控股股东或者实际控制人的指示，其本身虽有责任，但其背后的指示者责任更。因此，如果公司的控股股东、实际控制人指示董事、高级管理人员从事损害公司或者股东利益的行为，应当与该董事、高级管理人员承担连带责任。遭受损害的公司或者股东有义务证明控股股东、实际控制人对董事、高级管理人员发出了不适当的指示，董事、高级管理人员根据该指示执行职务，并由此导致损害了公司或者股东的利益。

【2023年版本、三次审议稿】

第一百九十三条 公司可以在董事任职期间为董事因执行公司职务承担的赔偿责任投保责任保险。

公司为董事投保责任保险或者续保后，董事会应当向股东会报告责任保险的投保金额、承保范围及保险费率等内容。

【本条释义】

本条规定了董事责任险。

由于董事执行职务的行为可能要承担赔偿责任,而该责任可能远远超过董事从公司领取的薪酬,董事也有可能无力承担高额的赔偿,因此,为减轻董事的风险和责任,公司可以在董事任职期间为董事因执行公司职务承担的赔偿责任投保责任保险。只要在保额限度内,董事因执行公司职务不需要亲自承担赔偿责任,所有赔偿责任都由保险公司来承担。无论董事在执行公司职务时是否有故意或者重大过失,上述赔偿责任都由保险公司承担。该项投保决定可以由公司股东会决议,也可以由董事会决议,由公司章程具体规定,如果公司章程未作规定,股东会或者董事会均有权作出该项决议。

公司为董事投保责任保险或者续保后,董事会应当向股东会报告责任保险的投保金额、承保范围及保险费率等内容。无论为董事投保的决定是董事会作出的还是股东会作出的,董事会都有义务向股东会报告上述内容,以方便全体股东了解公司为董事投保的责任险的内容。

第九章　公司债券

【2023年版本、三次审议稿】

第一百九十四条　本法所称公司债券，是指公司发行的约定按期还本付息的有价证券。

公司债券可以公开发行，也可以非公开发行。

公司债券的发行和交易应当符合《中华人民共和国证券法》等法律、行政法规的规定。

【2018年版本】

第一百五十三条　本法所称公司债券，是指公司依照法定程序发行、约定在一定期限还本付息的有价证券。

公司发行公司债券应当符合《中华人民共和国证券法》规定的发行条件。

【本条释义】

本条规定了公司债券。

公司债券，是指公司发行的约定按期还本付息的有价证券。债券是一种标准化的借款合同，可以在公开市场上交易，属于金融商品。公司债券可以公开发行，也可以非公开发行。公开发行和非公开发行的区别是是否向不特定对象发行以及发行对象的数量。如果公开打广告，向社会不特定对象发行，或者发行数量达到一定标准，即构成公开发行。公开发行由于涉及不特定社会公众的利益，受到的约束更多。

公司债券的发行和交易应当符合《证券法》等法律、行政法规的规定。

【相关法律规定】

《证券法》

第二条 在中华人民共和国境内，股票、公司债券、存托凭证和国务院依法认定的其他证券的发行和交易，适用本法；本法未规定的，适用《中华人民共和国公司法》和其他法律、行政法规的规定。

政府债券、证券投资基金份额的上市交易，适用本法；其他法律、行政法规另有规定的，适用其规定。

资产支持证券、资产管理产品发行、交易的管理办法，由国务院依照本法的原则规定。

在中华人民共和国境外的证券发行和交易活动，扰乱中华人民共和国境内市场秩序，损害境内投资者合法权益的，依照本法有关规定处理并追究法律责任。

第九条 公开发行证券，必须符合法律、行政法规规定的条件，并依法报经国务院证券监督管理机构或者国务院授权的部门注册。未经依法注册，任何单位和个人不得公开发行证券。证券发行注册制的具体范围、实施步骤，由国务院规定。

有下列情形之一的，为公开发行：

（一）向不特定对象发行证券；

（二）向特定对象发行证券累计超过二百人，但依法实施员工持股计划的员工人数不计算在内；

（三）法律、行政法规规定的其他发行行为。

非公开发行证券，不得采用广告、公开劝诱和变相公开方式。

第十五条 公开发行公司债券，应当符合下列条件：

（一）具备健全且运行良好的组织机构；

（二）最近三年平均可分配利润足以支付公司债券一年的利息；

（三）国务院规定的其他条件。

公开发行公司债券筹集的资金，必须按照公司债券募集办法所列资金用途使用；改变资金用途，必须经债券持有人会议作出决议。公开发行公司债券筹集的资金，不得用于弥补亏损和非生产性支出。

上市公司发行可转换为股票的公司债券，除应当符合第一款规定的条件外，还应当遵守本法第十二条第二款的规定。但是，按照公司债券募集办法，上市公司通过收购本公司股份的方式进行公司债券转换的除外。

第十六条 申请公开发行公司债券，应当向国务院授权的部门或者国务院证券监督管理机构报送下列文件：

（一）公司营业执照；

（二）公司章程；

（三）公司债券募集办法；

（四）国务院授权的部门或者国务院证券监督管理机构规定的其他文件。

依照本法规定聘请保荐人的，还应当报送保荐人出具的发行保荐书。

第十七条 有下列情形之一的，不得再次公开发行公司债券：

（一）对已公开发行的公司债券或者其他债务有违约或者延迟支付本息的事实，仍处于继续状态；

（二）违反本法规定，改变公开发行公司债券所募资金的用途。

【2023 年版本】

第一百九十五条 公开发行公司债券，应当经国务院证券监督管理机构注册，公告公司债券募集办法。

公司债券募集办法应当载明下列主要事项：

（一）公司名称；

（二）债券募集资金的用途；

（三）债券总额和债券的票面金额；

（四）债券利率的确定方式；

（五）还本付息的期限和方式；

（六）债券担保情况；

（七）债券的发行价格、发行的起止日期；

（八）公司净资产额；

（九）已发行的尚未到期的公司债券总额；

（十）公司债券的承销机构。

【三次审议稿】

第一百九十五条 公开发行公司债券的申请经国务院证券监督管理机构注册后，应当公告公司债券募集办法。

公司债券募集办法应当载明下列主要事项：

（一）公司名称；

（二）债券募集资金的用途；

（三）债券总额和债券的票面金额；

（四）债券利率的确定方式；

（五）还本付息的期限和方式；

（六）债券担保情况；

（七）债券的发行价格、发行的起止日期；

（八）公司净资产额；

（九）已发行的尚未到期的公司债券总额；

（十）公司债券的承销机构。

【2018 年版本】

第一百五十四条 发行公司债券的申请经国务院授权的部门核准后，应当公告公司债券募集办法。

公司债券募集办法中应当载明下列主要事项：

（一）公司名称；

（二）债券募集资金的用途；

（三）债券总额和债券的票面金额；

（四）债券利率的确定方式；

（五）还本付息的期限和方式；

（六）债券担保情况；

（七）债券的发行价格、发行的起止日期；

（八）公司净资产额；

（九）已发行的尚未到期的公司债券总额；

（十）公司债券的承销机构。

【本条释义】

本条规定了公司债券募集办法。

公开发行公司债券与公开发行公司股票都采取注册制，公开发行公司债券，应当经国务院证券监督管理机构注册，公告公司债券募集办法。

公司债券募集办法应当载明需要公司债权人知晓的基本信息，具体而言，包括下列主要事项：

（1）公司名称。公司是债务人，债券募集办法必须表明债务人的身份。

（2）债券募集资金的用途。资金用途在一定程度上决定了资金的风险与收益，也是需要事先告知债权人的重要事项。

（3）债券总额和债券的票面金额。债券总额意味着本次债务发行的总额，通过这一指标可以计算出公司的资产负债率，这也是判断融资风险的重要指标。

（4）债券利率的确定方式。利率是决定债权人是否购买债券的最重要的因素之一，因此必须在债券募集办法中明确记载利率是多少，也可以记载利率的确定方式。

（5）还本付息的期限和方式。还本付息是债务人的主要义务，也是债权人的主要权利。还本付息的期限也就是借款的期限,这也是债务人最关心的问题之一。还本付息的方法有等额本息还款、等额本金还款、一次还本付息、每期付息到期一次还本4种方式。

(6)债券担保情况。发行债券一定要有担保,否则发行难度比较大。债券担保情况涉及债权人的债权到期能否实现,是债权人最关心的问题之一。担保的方式主要有抵押、质押和保证。公司债券采取保证的方式比较便利。

(7)债券的发行价格、发行的起止日期。债券并非一定按照票面金额发行,如果按票面金额发行,债券利率就是债权人的实际收益。如果超过票面金额发行,则债权人的实际收益将低于债券利率。如果低于票面金额发行,则债权人的实际收益将高于债券利率。

(8)公司净资产额。公司净资产是偿还公司债券的主要资金保证,因此,公司净资产额也是债权人最关心的指标之一。

(9)已发行的尚未到期的公司债券总额。公司本次发行的债券并不一定就是公司对外发行债券的总额,可能还有尚未到期的之前发行的公司债券,通过该指标,债权人才能准确计算出公司的资产负债率。公司已发行的已经到期且已经偿还的公司债券,由于不影响本次债券发行债权人的权利,因此,不需要在公司债券募集办法中载明。

(10)公司债券的承销机构。公司债券的承销机构主要涉及债权人如何购买公司债券,也应当在公司债券募集办法中载明。

【相关法律规定】

《民法典》

第十三章 保证合同

第一节 一般规定

第六百八十一条 保证合同是为保障债权的实现,保证人和债权人约定,当债务人不履行到期债务或者发生当事人约定的情形时,保证人履行债务或者承担责任的合同。

第六百八十二条 保证合同是主债权债务合同的从合同。主债权债务合同无效的,保证合同无效,但是法律另有规定的除外。

保证合同被确认无效后,债务人、保证人、债权人有过错的,应当根据其过错各自承担相应的民事责任。

第六百八十三条 机关法人不得为保证人,但是经国务院批准为使用外国政府或者国际经济组织贷款进行转贷的除外。

以公益为目的的非营利法人、非法人组织不得为保证人。

第六百八十四条 保证合同的内容一般包括被保证的主债权的种类、数额,债务人履行债务的期限,保证的方式、范围和期间等条款。

第六百八十五条 保证合同可以是单独订立的书面合同,也可以是主债权债务合同中的保证条款。

第三人单方以书面形式向债权人作出保证,债权人接收且未提出异议的,保证合同成立。

第六百八十六条 保证的方式包括一般保证和连带责任保证。

当事人在保证合同中对保证方式没有约定或者约定不明确的,按照一般保证承担保证责任。

第六百八十七条 当事人在保证合同中约定,债务人不能履行债务时,由保证人承担保证责任的,为一般保证。

一般保证的保证人在主合同纠纷未经审判或者仲裁,并就债务人财产依法强制执行仍不能履行债务前,有权拒绝向债权人承担保证责任,但是有下列情形之一的除外:

(一)债务人下落不明,且无财产可供执行;

(二)人民法院已经受理债务人破产案件;

(三)债权人有证据证明债务人的财产不足以履行全部债务或者丧失履行债务能力;

(四)保证人书面表示放弃本款规定的权利。

第六百八十八条 当事人在保证合同中约定保证人和债务人对债务承担连带责任的,为连带责任保证。

连带责任保证的债务人不履行到期债务或者发生当事人约定的情形时,债权人可以请求债务人履行债务,也可以请求保证人在其保证范围内承担保证责任。

第六百八十九条 保证人可以要求债务人提供反担保。

第六百九十条 保证人与债权人可以协商订立最高额保证的合同,约定在最高债权额限度内就一定期间连续发生的债权提供保证。

最高额保证除适用本章规定外,参照适用本法第二编最高额抵押权的有关规定。

第二节 保证责任

第六百九十一条 保证的范围包括主债权及其利息、违约金、损害赔偿金和实现债权的费用。当事人另有约定的,按照其约定。

第六百九十二条 保证期间是确定保证人承担保证责任的期间,不发生中止、中断和延长。

债权人与保证人可以约定保证期间,但是约定的保证期间早于主债务履行期限或者与主债务履行期限同时届满的,视为没有约定;没有约定或者约定不明确的,保证期间为主债务履行期限届满之日起六个月。

债权人与债务人对主债务履行期限没有约定或者约定不明确的,保证期间自债权人请求债务人履行债务的宽限期届满之日起计算。

第六百九十三条 一般保证的债权人未在保证期间对债务人提起诉讼或者申请仲裁的，保证人不再承担保证责任。

连带责任保证的债权人未在保证期间请求保证人承担保证责任的，保证人不再承担保证责任。

第六百九十四条 一般保证的债权人在保证期间届满前对债务人提起诉讼或者申请仲裁的，从保证人拒绝承担保证责任的权利消灭之日起，开始计算保证债务的诉讼时效。

连带责任保证的债权人在保证期间届满前请求保证人承担保证责任的，从债权人请求保证人承担保证责任之日起，开始计算保证债务的诉讼时效。

第六百九十五条 债权人和债务人未经保证人书面同意，协商变更主债权债务合同内容，减轻债务的，保证人仍对变更后的债务承担保证责任；加重债务的，保证人对加重的部分不承担保证责任。

债权人和债务人变更主债权债务合同的履行期限，未经保证人书面同意的，保证期间不受影响。

第六百九十六条 债权人转让全部或者部分债权，未通知保证人的，该转让对保证人不发生效力。

保证人与债权人约定禁止债权转让，债权人未经保证人书面同意转让债权的，保证人对受让人不再承担保证责任。

第六百九十七条 债权人未经保证人书面同意，允许债务人转移全部或者部分债务，保证人对未经其同意转移的债务不再承担保证责任，但是债权人和保证人另有约定的除外。

第三人加入债务的，保证人的保证责任不受影响。

第六百九十八条 一般保证的保证人在主债务履行期限届满后，向债权人提供债务人可供执行财产的真实情况，债权人放弃或者怠于行使权利致使该财产不能被执行的，保证人在其提供可供执行财产的价值范围内不再承担保证责任。

第六百九十九条 同一债务有两个以上保证人的，保证人应当按照保证合同约定的保证份额，承担保证责任；没有约定保证份额的，债权人可以请求任何一个保证人在其保证范围内承担保证责任。

第七百条 保证人承担保证责任后，除当事人另有约定外，有权在其承担保证责任的范围内向债务人追偿，享有债权人对债务人的权利，但是不得损害债权人的利益。

第七百零一条 保证人可以主张债务人对债权人的抗辩。债务人放弃抗辩的，保证人仍有权向债权人主张抗辩。

第七百零二条 债务人对债权人享有抵销权或者撤销权的，保证人可以在相应范围内拒绝承担保证责任。

【2023年版本】

第一百九十六条　公司以纸面形式发行公司债券的，应当在债券上载明公司名称、债券票面金额、利率、偿还期限等事项，并由法定代表人签名，公司盖章。

【三次审议稿】

第一百九十六条　公司以实物券方式发行公司债券的，应当在债券上载明公司名称、债券票面金额、利率、偿还期限等事项，并由法定代表人签名，公司盖章。

【2018年版本】

第一百五十五条　公司以实物券方式发行公司债券的，必须在债券上载明公司名称、债券票面金额、利率、偿还期限等事项，并由法定代表人签名，公司盖章。

【本条释义】

本条规定了纸面形式债券的记载事项。

公司债券可以采取无纸化的电子方式，也可以采取纸面形式。如果公司以纸面形式发行公司债券，应当在债券上载明公司名称、债券票面金额、利率、偿还期限等事项，这些事项也是债权人最关心的核心事项。公司债券上应当由法定代表人签名，公司盖章。纸面形式的债券由于制作成本较高，通常非公开发行公司债券时才采取纸面债券的方式。

【2023年版本、三次审议稿】

第一百九十七条　公司债券应当为记名债券。

【2018年版本】

第一百五十六条　公司债券，可以为记名债券，也可以为无记名债券。

【本条释义】

本条规定了公司债券必须为记名债券。

为降低债券流通的风险，公司债券应当为记名债券，不允许发行无记名债券。

【2023年版本、三次审议稿】

第一百九十八条　公司发行公司债券应当置备公司债券持有人名册。

发行公司债券的，应当在公司债券持有人名册上载明下列事项：

（一）债券持有人的姓名或者名称及住所；

（二）债券持有人取得债券的日期及债券的编号；

（三）债券总额，债券的票面金额、利率、还本付息的期限和方式；

（四）债券的发行日期。

【2018年版本】

第一百五十七条　公司发行公司债券应当置备公司债券存根簿。

发行记名公司债券的，应当在公司债券存根簿上载明下列事项：

（一）债券持有人的姓名或者名称及住所；

（二）债券持有人取得债券的日期及债券的编号；

（三）债券总额，债券的票面金额、利率、还本付息的期限和方式；

（四）债券的发行日期。

发行无记名公司债券的，应当在公司债券存根簿上载明债券总额、利率、偿还期限和方式、发行日期及债券的编号。

【本条释义】

本条规定了公司债券持有人名册记载的事项。

由于公司债券全部为记名债券，为了便于公司掌握公司债券的基本情况，防止伪造公司债券，公司发行公司债券应当置备公司债券持有人名册。

发行公司债券的，应当在公司债券持有人名册上载明最主要的事实，具体包括下列事项：

（1）债券持有人的姓名或者名称及住所。对于自然人持有人，应记载姓名及住所；对于公司持有人，应记载名称及住所。

（2）债券持有人取得债券的日期及债券的编号。为确保债券的唯一性，每一张公司债券都应有一个唯一的编号。

（3）债券总额，债券的票面金额、利率、还本付息的期限和方式。这些信息是同一批次债券的共同信息，由于不同批次的债券相关信息并不相同，因此，应当在公司债券持有人名册上载明这些事项。

（4）债券的发行日期。债券的发行日期是区分不同批次债券的重要标志，因此应当记载在公司债券持有人名册上。

【2023年版本、三次审议稿】

第一百九十九条 公司债券的登记结算机构应当建立债券登记、存管、付息、兑付等相关制度。

【2018年版本】

第一百五十八条 记名公司债券的登记结算机构应当建立债券登记、存管、付息、兑付等相关制度。

【本条释义】

本条规定了公司债券登记结算机构建立相关制度的义务。

无纸质电子化的公司债券通常在登记结算机构登记和存管，为防范金融风险，公司债券的登记结算机构应当建立债券登记、存管、付息、兑付等相关制度。目前我国的公司债券的登记结算机构为中国证券登记结算有限责任公司。

【2023年版本、三次审议稿】

第二百条 公司债券可以转让，转让价格由转让人与受让人约定。
公司债券的转让应当符合法律、行政法规的规定。

【2018年版本】

第一百五十九条 公司债券可以转让，转让价格由转让人与受让人约定。
公司债券在证券交易所上市交易的，按照证券交易所的交易规则转让。

【本条释义】

本条规定了公司债券的转让。

公司债券作为有价证券可以依法流转，公司债券可以转让，转让价格由转让人与受让人约定。公司债券的转让价格主要由票面金额、债券利率、公司还债能力等决定。

公司债券的转让应当符合法律、行政法规的规定。通常情况下法律法规并不对公司债券的转让规定条件，但在特殊情况下，也可能限制公司债券的转让。

【2023年版本、三次审议稿】

第二百零一条 公司债券由债券持有人以背书方式或者法律、行政法规规定的其他方式转让；转让后由公司将受让人的姓名或者名称及住所记载于公司债券持有人名册。

【2018年版本】

第一百六十条 记名公司债券，由债券持有人以背书方式或者法律、行政法规规定的其他方式转让；转让后由公司将受让人的姓名或者名称及住所记载于公司债券存根簿。

无记名公司债券的转让，由债券持有人将该债券交付给受让人后即发生转让的效力。

【本条释义】

本条规定了公司债券转让的方式。

采取实物券形式的公司债券，其转让方式与票据、公司股票的转让方式相同，即背书转让，也就是由债券持有人在公司债券的背面记载被背书人（受让人）的姓名或者名称，并签名或者盖章，最后再交付公司债券。

采取无纸化电子形式的公司债券，按照法律、行政法规规定的其他方式转让。通过公司债券的登记结算机构可以顺利实现公司债券的转让。为了让公司及时掌握债权人信息，公司债券转让后由公司将受让人的姓名或者名称及住所记载于公司债券持有人名册。

【2023年版本、三次审议稿】

第二百零二条 股份有限公司经股东会决议，或者经公司章程、股东会授权由董事会决议，可以发行可转换为股票的公司债券，并规定具体的转换办法。上市公司发行可转换为股票的公司债券，应当经国务院证券监督管理机构注册。

发行可转换为股票的公司债券，应当在债券上标明可转换公司债券字样，并在公司债券持有人名册上载明可转换公司债券的数额。

【2018年版本】

第一百六十一条 上市公司经股东大会决议可以发行可转换为股票的公司债券，并在公司债券募集办法中规定具体的转换办法。上市公司发行可转换为股票的公司债券，应当报国务院证券监督管理机构核准。

发行可转换为股票的公司债券，应当在债券上标明可转换公司债券字样，并在公司债券存根簿上载明可转换公司债券的数额。

【本条释义】

本条规定了可转换为股票的公司债券。

可转换为股票的公司债券本身为债券，但在满足一定条件时可以转换为股票，因此，只有股份有限公司可以发行可转换为股票的公司债券。股份有限公司经股东会决议，或者经公司章程、股东会授权由董事会决议，可以发行可转换为股票的公司债券，并规定具体的转换办法。对于上市公司而言，如果要发行可转换为股票的公司债券，相当于公开发行股票了，因此，应当经国务院证券监督管理机构注册。

为了与普通公司债券相区别，发行可转换为股票的公司债券，应当在债券上标明可转换公司债券字样，并在公司债券持有人名册上载明可转换公司债券的数额。

【2023年版本、三次审议稿】

第二百零三条 发行可转换为股票的公司债券的，公司应当按照其转换办法向债券持有人换发股票，但债券持有人对转换股票或者不转换股票有选择权。法律、行政法规另有规定的除外。

【2018年版本】

第一百六十二条 发行可转换为股票的公司债券的，公司应当按照其转换办法向债券持有人换发股票，但债券持有人对转换股票或者不转换股票有选择权。

【本条释义】

本条规定了向债券持有人换发股票的规定。

发行可转换为股票的公司债券的，公司应当按照其转换办法向债券持有人换发股票，但债券持有人对转换股票或者不转换股票有选择权。该选择权不允许通过协议或者其他方式予以取消。如果法律、行政法规另有规定，则应遵守该例外规定。

【2023年版本】

第二百零四条 公开发行公司债券的，应当为同期债券持有人设立债券持有人会议，并在债券募集办法中对债券持有人会议的召集程序、会议规则和其他重要事项作出规定。债券持有人会议可以对与债券持有人有利害关系的事项作出决议。

除公司债券募集办法另有约定外，债券持有人会议决议对同期全体债券持有人发生效力。

【三次审议稿】

第二百零四条 公开发行公司债券的，应当为同期债券持有人设立债券持有人会议，债券持有人会议可以对与债券持有人有利害关系的事项作出决议。

债券持有人会议决议应当经出席债券持有人会议且有表决权的持有人所持表决权的过半数通过。

除公司债券募集办法另有约定的，债券持有人会议决议对同期全体债券持有人发生效力。

【本条释义】

本条规定了债券持有人会议。

由于公司债券的持有人数量众多，公司不可能与每一位持有人分别协商相关事项，公司债券持有人必须有一个代表机构。因此，公开发行公司债券的，应当为同期债券持有人设立债券持有人会议，债券持有人会议可以对与债券持有人有利害关系的事项作出决议。需要注意的是，每一期发行的债券都应当设立一个债券持有人会议，每一个债券持有人会议仅能对其所代表的该期债券持有人的相关事项作出决议，不能对其他期债券持有人的相关事项作出决议。

公开发行公司债券的，应当在债券募集办法中对债券持有人会议的召集程序、会议规则和其他重要事项作出规定。通常情况下，债券持有人会议决议应当经出席债券持有人会议且有表决权的持有人所持表决权的过半数通过。债券持有人会议对出席会议的人数及其所代表的债券比例并没有明确要求，只要依法召开了债券持有人会议，即使只有一位持有人参会，其所作出的决议也是债券持有人会议的有效决议。因此，债券持有人如果要维护自身合法权益，应当积极参与债券持有人会议并参与表决。

由于债券持有人会议是全体债券持有人的代表机构，因此，债券持有人会议决议对同期全体债券持有人发生效力。如果公司债券募集办法对债券持有人会议决议的效力另有约定的，则按该约定执行。

【2023年版本】

第二百零五条 公开发行公司债券的，发行人应当为债券持有人聘请债券受托管理人，由其为债券持有人办理受领清偿、债权保全、与债券相关的诉讼以及参与债务人破产程序等事项。

【三次审议稿】

第二百零五条 公开发行公司债券的，发行人应当为债券持有人聘请债券受托管理人，委托其为债券持有人办理受领清偿、债权保全、与债券相关的诉讼以及参与债务人破产程序等事项。

【本条释义】

本条规定了债券受托管理人。

由于债券持有人会议是非常设机构，而且一个会议机构也难以开展日常管理等具体工作，因此，公开发行公司债券的，发行人应当为债券持有人聘请债券受托管理人，委托其为债券持有人办理受领清偿、债权保全、与债券相关的诉讼以及参与债务人破产程序等事项。债券受托管理人虽然是发行人聘请的，但其身份是债券持有人的受托人，应当为债券持有人的利益而尽忠实和勤勉义务。

关于债券受托管理人的管理费用承担问题，法律对此没有作出明确规定。从法律解释的角度来看，既然"发行人应当为债券持有人聘请债券受托管理人"，债券受托管理人的管理费用应当由发行人承担，这是发行人发行公司债券应当负担的成本。

【2023年版本、三次审议稿】

第二百零六条 债券受托管理人应当勤勉尽责，公正履行受托管理职责，不得损害债券持有人利益。

受托管理人与债券持有人存在利益冲突可能损害债券持有人利益的，债券持有人会议可以决议变更债券受托管理人。

债券受托管理人违反法律、行政法规或者债券持有人会议决议，损害债券持有人利益的，应当承担赔偿责任。

【本条释义】

本条规定了债券受托管理人的义务。

债券受托管理人虽然是发行人聘任的，但其作为债券持有人的受托人，应当对债券持有人勤勉尽责，公正履行受托管理职责，不得损害债券持有人利益。

选择债券受托管理人的权力并非完全在发行人，如果受托管理人与债券持有人存在利益冲突可能损害债券持有人利益的，债券持有人会议可以决议变更债券受托管理人。

债券受托管理人在履行受托管理职责时，应当严格遵守法律、行政法规以及债券持有人会议决议，如果违反法律、行政法规或者债券持有人会议决议，损害债券持有人利益，应当承担赔偿责任。

2023年10月20日，《中国证券业协会关于发布公司债券承销、尽职调查和受托管理相关自律规则的通知》（中证协发〔2023〕203号）提出，为落实党中央、国务院关于机构改革的决策部署，稳妥做好企业债券发行审核职责划转相关工作，进一步规范公司债券（含企业债券）承销、尽职调查和受托管理相关业务，促进提升执业质量。在中国证监会指导下，协会组织修订并更名公司债券6项自律规则——《公司债券承销业务规则》《公司债券主承销商尽职调查指引》《公司债券主承销商和受托管理人工作底稿目录细则》《公司债券受托管理人执业行为准则》《公开发行公司债券受托管理协议必备条款》《公司债券受托管理人处置公司债券违约风险指引》。修订后的规则已经协会第七届理事会第十九次会议表决通过，并经中国证监会备案，自2023年10月20日起施行。

第十章　公司财务、会计

【2023 年版本、三次审议稿】

第二百零七条　公司应当依照法律、行政法规和国务院财政部门的规定建立本公司的财务、会计制度。

【2018 年版本】

第一百六十三条　公司应当依照法律、行政法规和国务院财政部门的规定建立本公司的财务、会计制度。

【本条释义】

本条规定了公司建立财务会计制度的义务。

公司应当依照法律、行政法规和国务院财政部门的规定建立本公司的财务、会计制度。目前，适用于公司的财务会计制度主要有《会计法》《企业财务会计报告条例》《会计基础工作规范》《企业会计准则》《小企业会计准则》《代理记账管理办法》《会计档案管理办法》等。

【相关法律规定】

《中华人民共和国会计法》（1985 年 1 月 21 日第六届全国人民代表大会常务委员会第九次会议通过，根据 1993 年 12 月 29 日第八届全国人民代表大会常务委员会第五次会议《关于修改〈中华人民共和国会计法〉的决定》第一次修正，1999 年 10 月 31 日第九届全国人民代表大会常务委员会第十二次会议修订，根据 2017 年 11 月 4 日第十二届全国人民代表大会常务委员会第三十次会议《关于修改〈中华人民共和国会计法〉等十一部法律

的决定》第二次修正，以下简称《会计法》）

第一条　为了规范会计行为，保证会计资料真实、完整，加强经济管理和财务管理，提高经济效益，维护社会主义市场经济秩序，制定本法。

第二条　国家机关、社会团体、公司、企业、事业单位和其他组织（以下统称单位）必须依照本法办理会计事务。

第三条　各单位必须依法设置会计账簿，并保证其真实、完整。

第四条　单位负责人对本单位的会计工作和会计资料的真实性、完整性负责。

第五条　会计机构、会计人员依照本法规定进行会计核算，实行会计监督。

任何单位或者个人不得以任何方式授意、指使、强令会计机构、会计人员伪造、变造会计凭证、会计账簿和其他会计资料，提供虚假财务会计报告。

任何单位或者个人不得对依法履行职责、抵制违反本法规定行为的会计人员实行打击报复。

第九条　各单位必须根据实际发生的经济业务事项进行会计核算，填制会计凭证，登记会计账簿，编制财务会计报告。

任何单位不得以虚假的经济业务事项或者资料进行会计核算。

第十条　下列经济业务事项，应当办理会计手续，进行会计核算：

（一）款项和有价证券的收付；

（二）财物的收发、增减和使用；

（三）债权债务的发生和结算；

（四）资本、基金的增减；

（五）收入、支出、费用、成本的计算；

（六）财务成果的计算和处理；

（七）需要办理会计手续、进行会计核算的其他事项。

【2023 年版本、三次审议稿】

第二百零八条　公司应当在每一会计年度终了时编制财务会计报告，并依法经会计师事务所审计。

财务会计报告应当依照法律、行政法规和国务院财政部门的规定制作。

【2018 年版本】

第一百六十四条　公司应当在每一会计年度终了时编制财务会计报告，并依法经会计师事务所审计。

财务会计报告应当依照法律、行政法规和国务院财政部门的规定制作。

【本条释义】

本条规定了公司编制财务会计报告的义务。

公司应当在每一会计年度终了时编制财务会计报告,并依法经会计师事务所审计。目前我国会计年度为公历年度,即1月1日至12月31日。公司通常应当在2个月内编制完成财务会计报告,在4个月内完成会计师事务所的审计。

财务会计报告应当依照法律、行政法规和国务院财政部门的规定制作。相关法律、行政法规和国务院财政部门的规定对财务会计报告的制作格式、内容等有详细要求。

【相关法律规定】

《会计法》

第十一条 会计年度自公历1月1日起至12月31日止。

第十三条 会计凭证、会计账簿、财务会计报告和其他会计资料,必须符合国家统一的会计制度的规定。

使用电子计算机进行会计核算的,其软件及其生成的会计凭证、会计账簿、财务会计报告和其他会计资料,也必须符合国家统一的会计制度的规定。

任何单位和个人不得伪造、变造会计凭证、会计账簿及其他会计资料,不得提供虚假的财务会计报告。

第二十条 财务会计报告应当根据经过审核的会计账簿记录和有关资料编制,并符合本法和国家统一的会计制度关于财务会计报告的编制要求、提供对象和提供期限的规定;其他法律、行政法规另有规定的,从其规定。

财务会计报告由会计报表、会计报表附注和财务情况说明书组成。向不同的会计资料使用者提供的财务会计报告,其编制依据应当一致。有关法律、行政法规规定会计报表、会计报表附注和财务情况说明书须经注册会计师审计的,注册会计师及其所在的会计师事务所出具的审计报告应当随同财务会计报告一并提供。

第二十一条 财务会计报告应当由单位负责人和主管会计工作的负责人、会计机构负责人(会计主管人员)签名并盖章;设置总会计师的单位,还须由总会计师签名并盖章。

单位负责人应当保证财务会计报告真实、完整。

【相关行政法规的规定】

《企业财务会计报告条例》（国务院令 2000 年第 287 号）

第一章 总 则

第一条 为了规范企业财务会计报告，保证财务会计报告的真实、完整，根据《中华人民共和国会计法》，制定本条例。

第二条 企业（包括公司，下同）编制和对外提供财务会计报告，应当遵守本条例。

本条例所称财务会计报告，是指企业对外提供的反映企业某一特定日期财务状况和某一会计期间经营成果、现金流量的文件。

第三条 企业不得编制和对外提供虚假的或者隐瞒重要事实的财务会计报告。

企业负责人对本企业财务会计报告的真实性、完整性负责。

第四条 任何组织或者个人不得授意、指使、强令企业编制和对外提供虚假的或者隐瞒重要事实的财务会计报告。

第五条 注册会计师、会计师事务所审计企业财务会计报告，应当依照有关法律、行政法规以及注册会计师执业规则的规定进行，并对所出具的审计报告负责。

第二章 财务会计报告的构成

第六条 财务会计报告分为年度、半年度、季度和月度财务会计报告。

第七条 年度、半年度财务会计报告应当包括：

（一）会计报表；

（二）会计报表附注；

（三）财务情况说明书。

会计报表应当包括资产负债表、利润表、现金流量表及相关附表。

第八条 季度、月度财务会计报告通常仅指会计报表，会计报表至少应当包括资产负债表和利润表。国家统一的会计制度规定季度、月度财务会计报告需要编制会计报表附注的，从其规定。

第九条 资产负债表是反映企业在某一特定日期财务状况的报表。资产负债表应当按照资产、负债和所有者权益（或者股东权益，下同）分类分项列示。其中，资产、负债和所有者权益的定义及列示应当遵循下列规定：

（一）资产，是指过去的交易、事项形成并由企业拥有或者控制的资源，该资源预期会给企业带来经济利益。在资产负债表上，资产应当按照其流动性分类分项列示，包括流动资产、长期投资、固定资产、无形资产及其他资产。银行、保险公司和非银行金融机构的各项资产有特殊性的，按照其性质分类分项列示。

（二）负债，是指过去的交易、事项形成的现时义务，履行该义务预期会导致经济利益流出企业。在资产负债表上,负债应当按照其流动性分类分项列示,包括流动负债、长期负债等。银行、保险公司和非银行金融机构的各项负债有特殊性的,按照其性质分类分项列示。

(三)所有者权益,是指所有者在企业资产中享有的经济利益,其金额为资产减去负债后的余额。在资产负债表上,所有者权益应当按照实收资本(或者股本)、资本公积、盈余公积、未分配利润等项目分项列示。

第十条 利润表是反映企业在一定会计期间经营成果的报表。利润表应当按照各项收入、费用以及构成利润的各个项目分类分项列示。其中,收入、费用和利润的定义及列示应当遵循下列规定:

(一)收入,是指企业在销售商品、提供劳务及让渡资产使用权等日常活动中所形成的经济利益的总流入。收入不包括为第三方或者客户代收的款项。在利润表上,收入应当按照其重要性分项列示。

(二)费用,是指企业为销售商品、提供劳务等日常活动所发生的经济利益的流出。在利润表上,费用应当按照其性质分项列示。

(三)利润,是指企业在一定会计期间的经营成果。在利润表上,利润应当按照营业利润、利润总额和净利润等利润的构成分类分项列示。

第十一条 现金流量表是反映企业一定会计期间现金和现金等价物(以下简称现金)流入和流出的报表。现金流量表应当按照经营活动、投资活动和筹资活动的现金流量分类分项列示。其中,经营活动、投资活动和筹资活动的定义及列示应当遵循下列规定:

(一)经营活动,是指企业投资活动和筹资活动以外的所有交易和事项。在现金流量表上,经营活动的现金流量应当按照其经营活动的现金流入和流出的性质分项列示;银行、保险公司和非银行金融机构的经营活动按照其经营活动特点分项列示。

(二)投资活动,是指企业长期资产的购建和不包括在现金等价物范围内的投资及其处置活动。在现金流量表上,投资活动的现金流量应当按照其投资活动的现金流入和流出的性质分项列示。

(三)筹资活动,是指导致企业资本及债务规模和构成发生变化的活动。在现金流量表上,筹资活动的现金流量应当按照其筹资活动的现金流入和流出的性质分项列示。

第十二条 相关附表是反映企业财务状况、经营成果和现金流量的补充报表,主要包括利润分配表以及国家统一的会计制度规定的其他附表。

利润分配表是反映企业一定会计期间对实现净利润以及以前年度未分配利润的分配或者亏损弥补的报表。利润分配表应当按照利润分配各个项目分类分项列示。

第十三条 年度、半年度会计报表至少应当反映两个年度或者相关两个期间的比较数据。

第十四条 会计报表附注是为便于会计报表使用者理解会计报表的内容而对会计

报表的编制基础、编制依据、编制原则和方法及主要项目等所作的解释。会计报表附注至少应当包括下列内容：

（一）不符合基本会计假设的说明；

（二）重要会计政策和会计估计及其变更情况、变更原因及其对财务状况和经营成果的影响；

（三）或有事项和资产负债表日后事项的说明；

（四）关联方关系及其交易的说明；

（五）重要资产转让及其出售情况；

（六）企业合并、分立；

（七）重大投资、融资活动；

（八）会计报表中重要项目的明细资料；

（九）有助于理解和分析会计报表需要说明的其他事项。

第十五条 财务情况说明书至少应当对下列情况作出说明：

（一）企业生产经营的基本情况；

（二）利润实现和分配情况；

（三）资金增减和周转情况；

（四）对企业财务状况、经营成果和现金流量有重大影响的其他事项。

第三章 财务会计报告的编制

第十六条 企业应当于年度终了编报年度财务会计报告。国家统一的会计制度规定企业应当编报半年度、季度和月度财务会计报告的，从其规定。

第十七条 企业编制财务会计报告，应当根据真实的交易、事项以及完整、准确的账簿记录等资料，并按照国家统一的会计制度规定的编制基础、编制依据、编制原则和方法。

企业不得违反本条例和国家统一的会计制度规定，随意改变财务会计报告的编制基础、编制依据、编制原则和方法。

任何组织或者个人不得授意、指使、强令企业违反本条例和国家统一的会计制度规定，改变财务会计报告的编制基础、编制依据、编制原则和方法。

第十八条 企业应当依照本条例和国家统一的会计制度规定，对会计报表中各项会计要素进行合理的确认和计量，不得随意改变会计要素的确认和计量标准。

第十九条 企业应当依照有关法律、行政法规和本条例规定的结账日进行结账，不得提前或者延迟。年度结账日为公历年度每年的12月31日；半年度、季度、月度结账日分别为公历年度每半年、每季、每月的最后一天。

第二十条 企业在编制年度财务会计报告前，应当按照下列规定，全面清查资产、核实债务：

（一）结算款项，包括应收款项、应付款项、应交税金等是否存在，与债务、债权单位的相应债务、债权金额是否一致；

（二）原材料、在产品、自制半成品、库存商品等各项存货的实存数量与账面数量是否一致，是否有报废损失和积压物资等；

（三）各项投资是否存在，投资收益是否按照国家统一的会计制度规定进行确认和计量；

（四）房屋建筑物、机器设备、运输工具等各项固定资产的实存数量与账面数量是否一致；

（五）在建工程的实际发生额与账面记录是否一致；

（六）需要清查、核实的其他内容。

企业通过前款规定的清查、核实，查明财产物资的实存数量与账面数量是否一致、各项结算款项的拖欠情况及其原因、材料物资的实际储备情况、各项投资是否达到预期目的、固定资产的使用情况及其完好程度等。企业清查、核实后，应当将清查、核实的结果及其处理办法向企业的董事会或者相应机构报告，并根据国家统一的会计制度的规定进行相应的会计处理。

企业应当在年度中间根据具体情况，对各项财产物资和结算款项进行重点抽查、轮流清查或者定期清查。

第二十一条　企业在编制财务会计报告前，除应当全面清查资产、核实债务外，还应当完成下列工作：

（一）核对各会计账簿记录与会计凭证的内容、金额等是否一致，记账方向是否相符；

（二）依照本条例规定的结账日进行结账，结出有关会计账簿的余额和发生额，并核对各会计账簿之间的余额；

（三）检查相关的会计核算是否按照国家统一的会计制度的规定进行；

（四）对于国家统一的会计制度没有规定统一核算方法的交易、事项，检查其是否按照会计核算的一般原则进行确认和计量以及相关账务处理是否合理；

（五）检查是否存在因会计差错、会计政策变更等原因需要调整前期或者本期相关项目。

在前款规定工作中发现问题的，应当按照国家统一的会计制度的规定进行处理。

第二十二条　企业编制年度和半年度财务会计报告时，对经查实后的资产、负债有变动的，应当按照资产、负债的确认和计量标准进行确认和计量，并按照国家统一的会计制度的规定进行相应的会计处理。

第二十三条　企业应当按照国家统一的会计制度规定的会计报表格式和内容，根据登记完整、核对无误的会计账簿记录和其他有关资料编制会计报表，做到内容完整、数字真实、计算准确，不得漏报或者任意取舍。

第二十四条　会计报表之间、会计报表各项目之间，凡有对应关系的数字，应当相互一致；会计报表中本期与上期的有关数字应当相互衔接。

第二十五条　会计报表附注和财务情况说明书应当按照本条例和国家统一的会计制度的规定，对会计报表中需要说明的事项作出真实、完整、清楚的说明。

第二十六条　企业发生合并、分立情形的,应当按照国家统一的会计制度的规定编制相应的财务会计报告。

第二十七条　企业终止营业的,应当在终止营业时按照编制年度财务会计报告的要求全面清查资产、核实债务、进行结账,并编制财务会计报告;在清算期间,应当按照国家统一的会计制度的规定编制清算期间的财务会计报告。

第二十八条　按照国家统一的会计制度的规定,需要编制合并会计报表的企业集团,母公司除编制其个别会计报表外,还应当编制企业集团的合并会计报表。

企业集团合并会计报表,是指反映企业集团整体财务状况、经营成果和现金流量的会计报表。

【2023 年版本】

第二百零九条　有限责任公司应当按照公司章程规定的期限将财务会计报告送交各股东。

股份有限公司的财务会计报告应当在召开股东会年会的二十日前置备于本公司,供股东查阅;公开发行股份的股份有限公司应当公告其财务会计报告。

【三次审议稿】

第二百零九条　有限责任公司应当按照公司章程规定的期限将财务会计报告送交各股东。

股份有限公司的财务会计报告应当在召开股东会年会的二十日前置备于本公司,供股东查阅;公开发行股票的股份有限公司应当公告其财务会计报告。

【2018 年版本】

第一百六十五条　有限责任公司应当依照公司章程规定的期限将财务会计报告送交各股东。

股份有限公司的财务会计报告应当在召开股东大会年会的二十日前置备于本公司,供股东查阅;公开发行股票的股份有限公司必须公告其财务会计报告。

【本条释义】

本条规定了财务会计报告的提供。

有限责任公司的股东数量较少,因此,应当按照公司章程规定的期限将财务会计报告送交各股东。送交的方式由公司章程具体规定，可以快递纸质报告，也可以通过邮箱等发送电子报告。

股份有限公司的股东人数较多，不方便向每位股东发送，但其财务会计报告应当在召开股东会年会的 20 日前置备于本公司，供股东查阅。公司章程在规定股东会年会召开日期时应注意与财务会计报告的编制期限相协调，避免较早召开股东会年会时来不及编制财务会计报告。股东会年会通常在 5 月份及以后召开。

公开发行股票的股份有限公司，其股东数量更多，而且大部分中小股东并不参加股东会年会，难以实际查阅公司财务会计报告，因此，应当公告其财务会计报告。对于公开发行股票的股份有限公司而言，其本身属于公众公司，不仅其股东可以查看其财务会计报告，社会公众（可以视为潜在的股东）均可以查看其财务会计报告。

【相关行政法规的规定】

《企业财务会计报告条例》（国务院令 2000 年第 287 号）

第四章 财务会计报告的对外提供

第二十九条 对外提供的财务会计报告反映的会计信息应当真实、完整。

第三十条 企业应当依照法律、行政法规和国家统一的会计制度有关财务会计报告提供期限的规定，及时对外提供财务会计报告。

第三十一条 企业对外提供的财务会计报告应当依次编定页数，加具封面，装订成册，加盖公章。封面上应当注明：企业名称、企业统一代码、组织形式、地址、报表所属年度或者月份、报出日期，并由企业负责人和主管会计工作的负责人、会计机构负责人（会计主管人员）签名并盖章；设置总会计师的企业，还应当由总会计师签名并盖章。

第三十二条 企业应当依照企业章程的规定，向投资者提供财务会计报告。

国务院派出监事会的国有重点大型企业、国有重点金融机构和省、自治区、直辖市人民政府派出监事会的国有企业，应当依法定期向监事会提供财务会计报告。

第三十三条 有关部门或者机构依照法律、行政法规或者国务院的规定，要求企业提供部分或者全部财务会计报告及其有关数据的，应当向企业出示依据，并不得要求企业改变财务会计报告有关数据的会计口径。

第三十四条 非依照法律、行政法规或者国务院的规定，任何组织或者个人不得要求企业提供部分或者全部财务会计报告及其有关数据。

违反本条例规定，要求企业提供部分或者全部财务会计报告及其有关数据的，企业有权拒绝。

第三十五条 国有企业、国有控股的或者占主导地位的企业，应当至少每年一次

向本企业的职工代表大会公布财务会计报告,并重点说明下列事项:

(一)反映与职工利益密切相关的信息,包括:管理费用的构成情况,企业管理人员工资、福利和职工工资、福利费用的发放、使用和结余情况,公益金的提取及使用情况,利润分配的情况以及其他与职工利益相关的信息;

(二)内部审计发现的问题及纠正情况;

(三)注册会计师审计的情况;

(四)国家审计机关发现的问题及纠正情况;

(五)重大的投资、融资和资产处置决策及其原因的说明;

(六)需要说明的其他重要事项。

第三十六条 企业依照本条例规定向有关各方提供的财务会计报告,其编制基础、编制依据、编制原则和方法应当一致,不得提供编制基础、编制依据、编制原则和方法不同的财务会计报告。

第三十七条 财务会计报告须经注册会计师审计的,企业应当将注册会计师及其会计师事务所出具的审计报告随同财务会计报告一并对外提供。

第三十八条 接受企业财务会计报告的组织或者个人,在企业财务会计报告未正式对外披露前,应当对其内容保密。

第五章 法律责任

第三十九条 违反本条例规定,有下列行为之一的,由县级以上人民政府财政部门责令限期改正,对企业可以处3 000元以上5万元以下的罚款;对直接负责的主管人员和其他直接责任人员,可以处2 000元以上2万元以下的罚款;属于国家工作人员的,并依法给予行政处分或者纪律处分:

(一)随意改变会计要素的确认和计量标准的;

(二)随意改变财务会计报告的编制基础、编制依据、编制原则和方法的;

(三)提前或者延迟结账日结账的;

(四)在编制年度财务会计报告前,未按照本条例规定全面清查资产、核实债务的;

(五)拒绝财政部门和其他有关部门对财务会计报告依法进行的监督检查,或者不如实提供有关情况的。

会计人员有前款所列行为之一,情节严重的,由县级以上人民政府财政部门吊销会计从业资格证书。

第四十条 企业编制、对外提供虚假的或者隐瞒重要事实的财务会计报告,构成犯罪的,依法追究刑事责任。

有前款行为,尚不构成犯罪的,由县级以上人民政府财政部门予以通报,对企业可以处5 000元以上10万元以下的罚款;对直接负责的主管人员和其他直接责任人员,可以处3 000元以上5万元以下的罚款;属于国家工作人员的,并依法给予撤职直至开除的行政处分或者纪律处分;对其中的会计人员,情节严重的,并由县级以上人民政府财政部门吊销会计从业资格证书。

第四十一条 授意、指使、强令会计机构、会计人员及其他人员编制、对外提供虚假的或者隐瞒重要事实的财务会计报告,或者隐匿、故意销毁依法应当保存的财务会计报告,构成犯罪的,依法追究刑事责任;尚不构成犯罪的,可以处5 000元以上5万元以下的罚款;属于国家工作人员的,并依法给予降级、撤职、开除的行政处分或者纪律处分。

第四十二条 违反本条例的规定,要求企业向其提供部分或者全部财务会计报告及其有关数据的,由县级以上人民政府责令改正。

第四十三条 违反本条例规定,同时违反其他法律、行政法规规定的,由有关部门在各自的职权范围内依法给予处罚。

【2023年版本、三次审议稿】

第二百一十条 公司分配当年税后利润时,应当提取利润的百分之十列入公司法定公积金。公司法定公积金累计额为公司注册资本的百分之五十以上的,可以不再提取。

公司的法定公积金不足以弥补以前年度亏损的,在依照前款规定提取法定公积金之前,应当先用当年利润弥补亏损。

公司从税后利润中提取法定公积金后,经股东会决议,还可以从税后利润中提取任意公积金。

公司弥补亏损和提取公积金后所余税后利润,有限责任公司按照股东实缴的出资比例分配利润,全体股东约定不按照出资比例分配利润的除外;股份有限公司按照股东所持有的股份比例分配利润,公司章程另有规定的除外。

公司持有的本公司股份不得分配利润。

【2018年版本】

第一百六十六条 公司分配当年税后利润时,应当提取利润的百分之十列入公司法定公积金。公司法定公积金累计额为公司注册资本的百分之五十以上的,可以不再提取。

公司的法定公积金不足以弥补以前年度亏损的,在依照前款规定提取法定公积金之前,应当先用当年利润弥补亏损。

公司从税后利润中提取法定公积金后,经股东会或者股东大会决议,还可以从税后利润中提取任意公积金。

公司弥补亏损和提取公积金后所余税后利润,有限责任公司依照本法第三十四条的规定分配；股份有限公司按照股东持有的股份比例分配，但股份有限公司章程规定不按持股比例分配的除外。

股东会、股东大会或者董事会违反前款规定，在公司弥补亏损和提取法定公积金之前向股东分配利润的，股东必须将违反规定分配的利润退还公司。

公司持有的本公司股份不得分配利润。

【本条释义】

本条规定了公司利润分配的方法。

公司利润首先要用来缴纳企业所得税，税后利润一方面要分配给股东，另一方面也要照顾公司自身的积累与发展，因此，公司分配当年税后利润时，应当提取利润的10%列入公司法定公积金。公司法定公积金累计额为公司注册资本的50%以上的，可以不再提取。

例如，甲公司2023年度的利润总额为1 000万元，缴纳企业所得税250万元（1 000×25%），税后利润为750万元。假设甲公司是第一次分配股息，则应当首先提取75万元（750×10%）列入甲公司法定公积金，剩余的675万元可以分配给股东。

再例如，乙公司2023年度的利润总额为1 000万元，缴纳企业所得税250万元（1 000×25%），税后利润为750万元。乙公司注册资本为3 000万元，乙公司以前年度累计提取法定公积金1 500万元，则乙公司2023年度的税后利润750万元可以全部分配给股东，不需要提取法定公积金。

公司的法定公积金不足以弥补以前年度亏损的，在依照规定提取法定公积金之前，应当先用当年利润弥补亏损。例如，甲公司2022年度累计亏损1 000万元，法定公积金总额为700万元，甲公司首先要用法定公积金弥补以前年度亏损700万元。2023年度甲公司的利润总额为400万元，缴纳企业所得税100万元（400×25%），税后利润300万元，甲公司首先要用该300万元利润弥补以前年度的亏损300万元，弥补之后，没有利润，甲公司2023年度不能分配股息，也不需要提取法定公积金。假设甲公司2023年度的利润总额为1 000万元，缴纳企业所得税250万元，税后利润为750万元，则首先用300万元去弥补以前年度的亏损，剩余450万元可以按照规定分配股息，即首先提取45万元（450×10%）列入法定公积金，剩余405万元可以向股东分配。

公司从税后利润中提取法定公积金后，经股东会决议，还可以从税后利润中提取任意公积金。任意公积金的提取比例没有限制，也就是说，股东会可以决议将全部税后利润在提取法定公积金之后，全部提取任意公积金。为确保中小股东利益，股东会在没有充足理由时不宜将全部利润提取公积金，通常情况下，将税后利润的30%分配给股东比较合适。

公司弥补亏损和提取公积金后所余税后利润，有限责任公司按照股东实缴的出资比例分配利润，全体股东约定不按照出资比例分配利润的除外；股份有限公司按照股东所持有的股份比例分配利润，公司章程另有规定的除外。原则上，公司股息均按出资比例或者持股比例来分配，但如果全体股东另有规定或者公司章程另有规定，也可以不按照出资比例或者持股比例分配股息。例如，部分股东拥有较大比例的表决权，其他股东拥有较大比例的分配权。当然，拥有较大比例表决权的股东也可以拥有较大比例分配权。例如，张某持有甲公司1%的股权，但在分配股息时，可以获得90%的股息，只要全体股东有约定（适用于有限责任公司）或者公司章程有规定（适用于股份有限公司）即可。

公司持有的本公司股份既没有表决权，也不得分配利润。对于这一规则，不能由全体股东作出例外约定或者由公司章程作出例外规定。

【相关司法解释规定】

《最高人民法院关于适用〈中华人民共和国公司法〉若干问题的规定（四）》

第十三条　股东请求公司分配利润案件，应当列公司为被告。

一审法庭辩论终结前，其他股东基于同一分配方案请求分配利润并申请参加诉讼的，应当列为共同原告。

第十四条　股东提交载明具体分配方案的股东会或者股东大会的有效决议，请求公司分配利润，公司拒绝分配利润且其关于无法执行决议的抗辩理由不成立的，人民法院应当判决公司按照决议载明的具体分配方案向股东分配利润。

第十五条　股东未提交载明具体分配方案的股东会或者股东大会决议，请求公司分配利润的，人民法院应当驳回其诉讼请求，但违反法律规定滥用股东权利导致公司不分配利润，给其他股东造成损失的除外。

【典型案例】

中华人民共和国最高人民法院

民 事 判 决 书

〔2016〕最高法民终528号

上诉人（一审被告）：庆阳市太一热力有限公司，住所地甘肃省庆阳市西峰区世纪大道中段。

法定代表人：李某军，该公司执行董事。

委托诉讼代理人：李某平，该公司总经理。

第十章 公司财务、会计

委托诉讼代理人：戴睿，北京市东元律师事务所律师。

上诉人（一审被告）：李某军，男，汉族，1963年1月2日出生，住甘肃省庆阳市西峰区世纪新村宁馨苑1单元3楼东户。

委托诉讼代理人：李某平，庆阳市太一热力有限公司总经理。

委托诉讼代理人：戴睿，北京市东元律师事务所律师。

被上诉人（一审原告）：甘肃居立门业有限责任公司，住所地甘肃省庆阳市庆城县驿马镇。

法定代表人：张某龙，该公司董事长。

委托诉讼代理人：白寓天，该公司法律顾问。

委托诉讼代理人：吕民国，甘肃陇凤律师事务所律师。

上诉人庆阳市太一热力有限公司（以下简称太一热力公司）、李某军因与被上诉人甘肃居立门业有限责任公司（以下简称居立门业公司）公司盈余分配纠纷一案，不服甘肃省高级人民法院〔2013〕甘民二初字第8号民事判决，向本院提起上诉。本院依法组成合议庭公开开庭进行了审理。太一热力公司的法定代表人李某军、委托诉讼代理人李某平、戴睿，李某军及其委托诉讼代理人李某平、戴睿，居立门业公司的委托诉讼代理人白寓天、吕民国到庭参加诉讼。本案现已审理终结。

太一热力公司、李某军上诉请求：撤销一审判决，驳回居立门业公司诉讼请求，诉讼费用全部由居立门业公司承担。

事实与理由：一、在居立门业公司没有书面诉请的情况下，一审判决太一热力公司按中国人民银行同期贷款利率向居立门业公司支付利息，超出了诉请范围。且归属于居立门业公司的盈余在没有从公司财产中区分开来之前，仍为太一热力公司的财产，对股东之间的盈余分配判决承担利息没有事实及法律依据。二、一审判决不仅对是否应向居立门业公司分配盈余的认定错误，而且对盈余数额的认定也错误。尤其是对应由国家收取的"接口费"，错误认定为属于太一热力公司的盈利。此外，一审的《庆阳市太一热力有限公司经营期间利润分配纠纷司法审计鉴证报告》（以下简称《审计报告》）存在诸多错误：（一）《审计报告》采用了未经法庭质证的证据材料作为鉴定依据。（二）《审计报告》中的盈余调整不符合客观事实。1.《审计报告》第3项"审计调整事项说明"中第5小项"调整不属于公司发生的成本款项共三笔，金额2 299 974.56元，其中不属于公司发生的锅炉款及费用1 674 974.96元"有误；2.《审计报告》第3项"审计调整事项说明"中第6小项"调整属于列账依据不足的成本费用6笔，金额511 787.18元"有误；3.《审计报告》第3项"审计调整事项说明"中第8小项"调整政府收购行为结束后列支不属于公司发生的管理费用共4笔，金额1 483 876.00元"有误；4.《审计报告》第3项"审计调整事项说明"中第9小项"调整不应列支的税金2笔，金额2 167 099.00元"有误；5.《审计报告》中"重大事项说明"第1项"工程施工账面数为35 488 291.09元，审计调整为34 446 241.21元"有误；6.《审计报告》中"重大事项说明"第2项"股东甘肃居立门业有限责任公司提供资料，太一热力公司在经营期间为世纪新村花园小区、太一地中海、贡园小区1#—16#楼三个小区应收取接口费账面无反映"有误，所谓的接口费并不存在，不应该认定为盈利。三、一审判决明显剥夺了法定的股东会权利，其判决结果与适用的法律规定相矛盾。（一）没有股东会决议，就不能进行盈余分配。（二）没有进行盈余分配，并不代表侵害股东权益。既然盈余分配权利属于股东会，那么股东就无权直接以诉讼方式请求人民法院干预股东会的权利并代行股东会的职责。在股东会作出决议前，居立门业请求进行盈余分配的诉求没有法律依据。四、一审判决李某军承担连带责任错误。（一）太一热力公司不认为李某军损害了居立门业公司的股东权益。李某军仅为太一热力公司的法定代表人，而非太一热力公司的股东。是否分配盈余，只能由股东会决定，在股东会没有决定盈余分配前，不存在损害股东权利的理由和事实。（二）本案为公司盈余分配之诉，而非侵权之诉，一审适用《公司法》第二十一条、第一百五十二条规定判令李某军承担连带责任不当，该条款与股东盈余分配没有直接关系。（三）一审认定李某军侵权适用的法律和太一热力公司章程错误，且甘肃兴盛建筑安装公司（以下简称兴盛建安公司）是否长期占用资金，与损害公司股东利益之间没有必然的联系。五、在股东会未决定分配盈余前，居立门业公司有诸多自救行为，但无权以此提起诉讼。

居立门业公司辩称，太一热力公司、李某军的上诉理由不能成立，请求驳回上诉、维持原判。

事实和理由：一、李某军长期占用太一热力公司盈余资金，进行个人营利，在民事责任上应当承担利息。二、关于李某军拖欠入网"接口费"1 038万余元的问题。（一）所涉三个小区均系李某军开办的兴盛建安公司和庆阳太一房地产有限责任公司（以下简称太一房地产公司）开发建设、销售运营的房地产项目。（二）太一热力公司为所涉三个小区铺设供热管道、建了换热站、安装换热机房设备并供应暖气。（三）太一热力公司2006年已与市政府约定许可太一热力公司收取入网"接口费"，收费标准为45元每平方米，向各采暖小区开发商收取入网"接口费"有合法依据。（四）民营企业建供热项目依靠收取入网"接口费"来收回投资是当时各地的通行做法。（五）太一热力公司向其他用户单位都收取了入网"接口费"，唯独李某军自己公司开发的三个项目拖欠"接口费"未交。（六）2009年9月太一热力公司供热项目被收购时的政府会议纪要和回购合同明确清楚地说明，李某军自己公司所开发的三个小区拖欠的入网"接口费"属于太一热力公司的应收款。三、一审判决对太一热力公司盈余数额的认定是相对客观和公正的，居立门业公司是可以接受的。四、《审计报告》对"工程施工"造价未发表鉴定意见，一审判决根据《审计报告》对"工程施工"造价汇总的数字34 446 241.21元予以认定，比实际工程施工造价高出737万余元。五、一审判决太一热力公司向居立门业公司进行盈余分配有法律和事实依据。（一）居立门业公司作为股东依法享有太一热力公司盈余分配的权利，其根据是《公司法》第四条、第三十四条、第一百六十六条第四款的规定，以及太一热力公司章程第十四条、第十五条、第二十七条第四款的规定。（二）根据本案客观事实，判决盈余分配是正确的。1.自2006年6月太一热力公司登记成立至2013年1月本案诉讼前，太一热力公司无法对股利分配方案形成股东会决议；2.司法审计结论太一热力公司存在可供分配的利润5 116万余元，但长期不向股东分配；3.李某军于2010年7月将政府支付的收购款私自转为己用，背着另一股东将公司32.7亩土地变更登记在自己的房地产公司名下，说明李某军企图独吞公司全部盈余。4.在本案诉讼过程中太一热力公司两股东之间又因32.7亩土地分割、公司股东出资、公司解散发生诉讼。太一热力公司、李某军以股东会未形成决议为由，不进行盈余分配是恶意的。5.太一热力公司盈余土地已通过行政诉讼分配完毕，既然盈余土地能通过诉讼途径来分配解决，那么盈余现金也应可以。（三）居立门业公司通过诉讼解决公司盈余分配问题，实现自己的资产收益权利，符合太一热力公司的规定。（四）太一热力公司、李某军称在股东会未决定分配盈余前居立门业公司有诸多的法律救助行为，不适合本案的客观情况，均属不能实现保护自身权益的情形。六、一审判决李某军对太一热力公司给付居立门业公司的盈余分配款及利息承担赔偿责任是正确的。

居立门业公司一审诉讼请求：一、判令太一热力公司对盈余的7 000余万元现金和盈余的32.7亩土地（从政府受让取得时的地价款为330万元）按照《公司法》第三十五条和太一热力公司章程第二十七条之规定向居立门业公司进行分配；二、判令李某军对居立门业公司的第一项诉讼请求承担连带责任。

一审法院认定事实：太一热力公司由李某军和张某龙二人于2006年3月设立，公司注册资本1 000万元，李某军以货币212万元、实物438万元总计出资650万元，占注册资本65%；张某龙出资350万元，占注册资本35%。2006年6月，太一热力公司经庆阳市工商行政管理局登记注册成立，经营范围为热能供给、管道安装维修。

2007年4月，张某龙与居立门业公司签订股权转让协议，将其在太一热力公司的350万元股权转让给居立门业公司。2007年5月，李某军与甘肃太一工贸有限公司（以下简称太一工贸公司）、居立门业公司签订股权转让协议，将其在太一热力公司的股权600万元转让给太一工贸公司，50万元转让给居立门业公司。同年5月，太一热力公司修改公司章程，将公司股东变更为太一工贸公司和居立门业公司，太一工贸公司持股比例60%，居立门业公司持股比例40%，并在工商行政管理部门进行变更登记。

2006年10月，太一热力公司受让取得甘肃省庆阳市西峰区南二环一路与长庆路交汇口西南角46 200.4m^2市政设施建设用地。

2009年9月29日，庆阳市人民政府召开市长办公会决定对太一热力公司进行整体收购，并形成第23期会议纪要。会议纪要主要内容有：1.收购内容包括资产和土地两大项。资产包括7 791.33m^2的新建办公楼、锅炉房、换热站等房屋建筑；2台40吨的供热锅炉、1台10吨的供热锅炉，高、低压配电系统和电气自控系统各1套，以及与之相配套的设施设备；226万元的备用供热管材和相关工程物资；已完成铺设的20.44公里的供热管道；在建的12个换热站和供热管线。土地按热源厂现有占地36.6亩收购，平行分割。2.收购价款除政府已拨付的支持资金和截至2009年8月15日太一热力公司已收取的城市供热配套费（共计3 234.72万元）外，政府再支付7 000万元；3. 换热站、供热管线等在建工程，包括内配设施，由太一热力公司负责建成，具备供热条件；所有工程的善后工作由太一热力公司负责，并按程序做好竣工验收；项目建设的所有遗留问题，包括项目建设的各种规费、税费、工程建设费等，一律由太一热力公司负责，不留尾巴；4. 对现有的69.3亩热源厂建设用地（不含代征城市道路用地7.14亩），36.6亩用于热源厂的建设和发展，32.7亩留太一热力公司开发，市政府允许对留太一热力公司开发的土地性质依法依规转换。

2009年10月6日，庆阳市西峰区人民政府（甲方）与太一热力公司（乙方）签订《庆阳市西峰区新区集中供热站工程回购合同》约定，按照庆阳市人民政府2009年第23期会议纪要制定该合同，回购太一热力公司资产，经甘肃华信会计师事务所评估价款为9 126.48万元，递减政府拨付的补助资金和已交付乙方的城市供热配套费，共计3 234.72万元。甲方再支付乙方收购价款7 000万元。合同还约定，甲方已于2009年10月前向乙方支付1 000万元，其余6 000万元于2009年采暖期结束前一次性付清。

2010年7月10日，庆阳市经济发展投资有限公司向太一热力公司支付资产转让余款57 616 003.25元。

一审法院另查明：2010年6月17日，庆阳市国土资源局（出让人）与太一热力公司（受让人）签订了《国有土地使用权出让合同变更协议》约定，出让人于2006年10月14日出让给受让人位于西峰区南二环一路与长庆路交汇口西南角46 200.4m^{2}市政设施用地，受让人申请、出让人同意将21 661.96m^{2}土地用途变更为商业、住宅用地，变更后土地使用权出让年限为商业40年、住宅70年，从2006年9月28日起算，土地使用权出让金金额为909 700元。同日，庆阳市人民政府就前述21 661.96m^{2}土地向太一房地产公司颁发了庆市国用〔2010〕第4106号《国有土地使用证》。

2012年10月24日，甘肃省天水市中级人民法院就居立门业公司诉庆阳市人民政府、第三人太一房地产公司土地管理行政登记一案作出〔2012〕天行初字第04号行政判决书：撤销庆阳市人民政府于2010年6月17日向第三人太一房地产公司颁发的庆市国用〔2010〕第4106号《国有土地使用证》。该案二审期间，各方当事人达成和解协议并履行完毕。2013年7月26日，甘肃省高级人民法院裁定准予庆阳市人民政府、太一房地产公司撤回上诉。

再查明：太一工贸公司2013年1月诉太一热力公司、第三人居立门业公司解散纠纷一案，太一工贸公司2013年1月诉居立门业公司、第三人太一热力公司与居立门业公司反诉太一工贸公司、第三人太一热力公司股东出资纠纷一案，甘肃省庆阳市中级人民法院在重审中于2014年12月15日分别裁定准许太一工贸公司撤回起诉。

本案审理期间，经居立门业公司申请，一审法院于2013年5月委托甘肃茂源会计师事务有限公司对太一热力公司的盈余状况进行了审计。2015年2月9日，甘肃茂源会计师事务有限公司出具甘茂会审字〔2015〕52号《审计报告》，结论为：截至2014年10月31日，太一热力公司资产总额93 635 362.38元，其中货币资金2 984 981.97元、应收账款33 900 000元、其他应收款21 657 860.38元、固定资产646 278.82元、工程施工34 446 241.21元；负债总额4 856 924.26元；所有者权益88 778 438.12元，其中实收资本12 805 025.04元、未分配利润75 973 413.08元；清算收益112 067 641.39元，清算支出36 094 228.31元，清算净收益75 973 413.08元。

《审计报告》"重大事项说明"有以下几项内容：1.截至2013年8月31日"工程施工"账面数35 488 291.09元，审计调整后34 446 241.21元。由于记入工程施工成本的附件大部分为白条、收据等，无法认定其真实性，所以工程施工34 446 241.21元暂时未转清算损益；2.居立门业公司提供资料，太一热力公司在经营期间为世纪新村花园小区、太一地中海、贡园小区1－16#楼铺设、接通供热管道，并安装了换热站，应收取接口费1 038.21万元，账面无反映；3.公司资产明细账列支的其中一台锅炉金额1 674 974.96元，为无股东签字的白条入账，已做审计调整。经了解该锅炉为李某军2005年购入，确实在收购中移交政府，根据甘肃正宇资产评估事务有限公司2009年9月5日出具的评估报告，该锅炉评估净值743 580元，不应作为公司收益参与股东分配；4.公司账面反映实收资本14 980 000元，审计调整后12 805 025.04元，大部分为现金记入或关联单位转账，并非投资款，并与公司章程、两次验资报告相互矛盾，本次审计对实收资本的真实性无法确认。该《审计报告》另外说明：本次审核暂按审计调整后利润总额29 546 551.95元计提企业所得税7 386 637.99元。因清算结果未确定，尚未对清算期间的清算所得计提所得税，以当地税务机关对清算所得期间所得的税款清算数为准。

该《审计报告》载明，太一热力公司应收账款33 900 000元，系2010年9月8日转入兴盛建安公司，于2013年7月30日收回1 000 000元，清算数33 900 000元；其他应收款21 694 383.08元中，兴盛建安公司12 988 795.65元。

居立门业公司对《审计报告》的质证意见为：1.世纪新村花园小区、太一地中海城、贡园小区1#－16#楼三个小区共计应缴接口费1 038万元未作应收账款反映；2.知立置业、市国税局、黄官寨东队三小区的供热"接口费"实际缴款金额与账目反映金额相差115万余元，应核查落实；3.两个采暖季应收采暖费9 044 821.88元，账目中只显示6 665 983.50元，相差2 378 838.38元，应当在应收账款中反映；4.第二个采暖季炉渣收入应有20万元，财务账目未显示，应核查落实；5.单独开具四张煤运费、虚开煤运费发票、虚增主营业务成本792 728.66元问题，应核查落实；6.2012—2013年清算费3.6万元应由李某军自行承担；7.太一热力公司银行贷款1 000万元由李某军自己公司长期占用，利息2 319 118.75元由太一热力公司支付，应增列2 319 118.75元应收账款；8.在财务资料虚假、数据出入巨大的情况下，对工程施工费未作审计鉴证，应汇总相对真实的数字；9.应对太一热力公司现金账目和账户进行全面盘点，核查净盈余的现金去向；10.审计报告依据未列入《供热项目回购合同》和《资产移交清单》。

太一热力公司对《审计报告》的质证意见为：1.《审计报告》第3项"不属于公司发生的锅炉款及费用1 674 974.96元"，根据甘肃正宇资产评估事务有限公司出具的《庆阳市太一热力公司房地产及设备评估报告》，收购后的上述资产已经成为政府资产，不应调减固定资产1 674 974.96元；2.《审计报告》第3项"调整属于列账依据不足的成本费用6笔，金额511 787.18元"应予以认定；3.《审计报告》第3项"调整政府收购行为结束后列支不属于公司发生的管理费用共4笔，金额1 483 876元"，属于太一热力公司的管理费用；4.《审计报告》第3项"调整不应列支的税金2笔，金额2 167 099元"，除兴盛建安公司应承担的税金部分外，剩余税金1 242 501.40元应由太一热力公司承担；5.《审计报告中》"重大事项说明"第1项"工程施工账面数为35 488 291.09元，审计调整为34 446 241.21元，因为附件部分为白条、收据，审核组无法认定其真实性，34 446 241.21元没有给出最终审计意见，在损益部分未作为成本在最终的利润部分予以抵扣"。该项工程已经得到政府的现场评估和收购，政府收购过程中的评估报告为第三方甘肃正宇资产评估事务有限公司，完全可以依据评估报告予以认定并在最终的审计利润中予以扣除；6.《审计报告》中"重大事项说明"第2项太一热力公司经营期间应收世纪新村花园小区、太一地中海、贡园小区1#－16#楼三个小区应收接口费账面无反映问题。政府在收购热力公司时，资产评估总值1.02亿元，实际支付6 761万元，差额3 000多万元就是以太一热力公司收取的暖气"接口费"予以抵扣。三处暖气"接口费"如果当时付给太一热力公司，也会在政府拨款中扣除。根据庆阳市发改委文件，三处暖气"接口费"被政府取缔收缴，与太一热力公司没有任何关系。贡园小区建设单位为庆阳市人民政府，不属于太一热力公司开发项目。

一审法院认为：《公司法》第四条规定，公司股东依法享有资产收益、参与重大决策和选择管理者等权利。第三十四条规定，股东按照实缴的出资比例分取红利；公司新增资本时，股东有权优先按照实缴的出资比例认缴出资。但是，全体股东约定不按照出资比例分取红利或者不按照出资比例优先认缴出资的除外。第一百六十六条第四款规定，公司弥补亏损和提取公积金后所余税后利润，有限责任公司依照本法第三十四条的规定分配；股份有限公司按照股东持有的股份比例分配，但股份有限公司章程规定不按持股比例分配的除外。

太一热力公司章程第十四条规定，公司股东会由全体股东组成，股东会是公司的权力机构；第十五条规定，公司股东会行使下列职权：……7.审议批准公司的利润分配方案和弥补亏损方案；第二十七条第四款规定，公司从当年税后利润中弥补上一年度亏损、提取公积金和公益金后所余利润，按照股东的出资比例分配。

太一热力公司章程及工商登记资料记载，该公司注册资本1 000万元。居立门业公司2007年受让张某龙持有35%、李某军持有5%太一热力公司股份后，认缴公司出资额400万元，持有公司40%股份，成为太一热力公司股东。根据《公司法》规定及太一热力公司章程，居立门业公司享有按照其在太一热力公司的出资比例分取红利的权利。太一热力公司应当依法向股东居立门业公司分配利润。

关于太一热力公司应当分配的利润数额。依据2009年庆阳市人民政府市长办公会第23期会议纪要、庆阳市西峰区人民政府与太一热力公司签订的《庆阳市西峰区新区集中供热站工程回购合同》，太一热力公司的资产，除32.7亩土地庆阳市政府允许该公司开发，土地性质依法依规转换之外，公司其他全部资产被庆阳市人民政府整体收购，已经办理移交手续。太一热力公司被庆阳市人民政府收购后未开展经营活动、未进行财务清算，太一热力公司认可公司存在盈余，但不能提供具体盈余数额。本案诉讼中太一热力公司及其股东太一工贸公司、居立门业公司之间又因32.7亩土地分割、公司股东出资、公司解散发生诉讼，公司股东未能召开股东会，无法就公司盈余分配形成决议，太一热力公司的经营盈余数额成为需要专业机构鉴定的事项。经居立门业公司申请，一审法院委托的甘肃茂源会计师事务有限公司出具了甘茂会审字〔2015〕52号《审计报告》，结论为：截至2014年10月31日，太一热力公司清算净收益75 973 413.08元。

根据该《审计报告》所附说明、太一热力公司和居立门业公司对《审计报告》的质证意见，《审计报告》中太一热力公司清算净收益75 973 413.08元，未核减"工程施工34 446 241.21元"，未计入"接口费"1 038.21万元，审计调整不应作为公司收益参与分配一台锅炉评估净值743 580元。工程施工费用太一热力公司、居立门业公司对金额存在争议，但均认为应从《审计报告》审定的净收益总额中扣除，故应按《审计报告》审计数额34 446 241.21元扣减；居立门业公司主张的"接口费"1 038.21万元，太一热力公司否认收取此项费用，《审计报告》认为审核账面无反映。该费用有政府确定的收费标准，应计入太一热力公司净收益；白条入账的一台锅炉已经移交收购方庆阳市政府，应依《审计报告》意见按评估净值743 580元从审计净收益总额中扣减。居立门业公司、太一热力公司提出其他应调增、调减的项目，《审计报告》均已表述处理，应以《审计报告》意见为准。故太一热力公司截至2014年10月31日可分配利润为51 165 691.87元（75 973 413.08 − 34 446 241.21 + 10 382 100 − 743 580）。

关于太一热力公司应向居立门业公司分配利润的比例。《公司法》第三十七条第一款规定，公司股东会行使审议批准公司的利润分配方案和弥补亏损方案的职权，即公司股利分配属于公司股东大会决策事项。根据本案事实，居立门业公司2007年受让取得股权成为太一热力公司股东，2009年太一热力公司全部资产被庆阳市人民政府整体收购，至本案诉讼前，太一热力公司两股东未形成任何公司股利分配方案或者作出决定。太一热力公司存在可供分配的利润，但长期不向股东分配，严重损害股东合法权益。根据《公司法》第三十四条、第一百六十六条第四款的规定，太一热力公司章程约定，应当按照股东的出资比例向股东分配红利。太一热力公司章程约定、工商登记记载居立门业公司的出资比例为40%，故太一热力公司应向居立门业公司分配的盈余数额为20 466 276.4元（51 165 691.87×40%）。

太一热力公司长期占用居立门业公司应分配利润，应当按中国人民银行同期贷款利率支付资金占用期间的利息。根据查明的事实，2010年7月10日，太一热力公司收到庆阳市经济发展投资有限公司支付的资产转让余款57 616 003.25元，故太一热力公司应从2010年7月11日起对应分配居立门业公司的利润支付利息。

居立门业公司要求李某军承担连带责任的诉讼请求。居立门业公司起诉认为,李某军利用其太一热力公司法定代表人身份和控制地位,滥用职权,不但拒绝利润分配,而且在项目管理运营中,将政府给予的部分补贴资金和部分入网"接口费"收入挪为己用、对自己房地产项目应交的近1 000万元"接口费"拖欠不交、将政府支付的收购现金转为已用、背着居立门业公司将太一热力公司盈余的32.7亩土地变更登记在自己的房地产公司名下,不断严重损害公司和股东利益,应当对太一热力公司向居立门业公司分配的利润承担连带清偿责任。

《公司法》第二十一条规定,公司的控股股东、实际控制人、董事、监事、高级管理人员不得利用其关联关系损害公司利益。违反前款规定,给公司造成损失的,应当承担赔偿责任;第一百五十二条规定,董事、高级管理人员违反法律、行政法规或者公司章程的规定,损害股东利益的,股东可以向人民法院提起诉讼。

李某军系太一热力公司执行董事、法定代表人,在庆阳市人民政府整体收购太一热力公司全部资产后,违反《公司法》及太一热力公司章程规定,未经公司股东会决策同意,将资产转让所得款项中5 600万余元转入兴盛建安公司,由该公司长期占用,形成太一热力公司账面巨额应收款项,严重损害公司股东利益,给公司造成损失,应当对太一热力公司支付居立门业公司的盈余分配款承担赔偿责任。居立门业公司要求李某军承担赔偿责任的诉讼请求成立,应予支持。

综上,一审法院依照《公司法》第四条、第二十一条、第三十四条、第三十七条第一款、第一百六十六条第四款的规定,判决:一、太一热力公司于判决生效后10日内支付居立门业公司盈余分配款20 466 276.4元;二、太一热力公司按中国人民银行同期贷款利率向居立门业公司支付20 466 276.4元自2010年7月11日起至实际付清之日的利息;三、如太一热力公司到期不能履行上述一、二项给付,由李某军承担赔偿责任。一审案件受理费408 300元,鉴定费500 000元,由太一热力公司、李某军负担。

二审中,双方当事人均提交了新证据。本院组织双方当事人进行了证据交换和质证。太一热力公司、李某军提交了《国家计委、财政部关于全面整顿住房建设收费取消部分收费项目的通知》(计价格〔2001〕585号)、2007年2月7日庆阳市人民政府第3号令、《甘肃省庆阳地区行署物价处、财政处、建设处转发省物价局、财政厅、建设厅关于印发甘肃省城市基础设施配套收费管理暂行办法》、庆阳市发改委〔2005〕331号文件、编号622801200639建设用地规划许可证、庆阳市规划管理局建设工程规划许可证、建设工程许可证、国用〔2007〕第3169号国有土地使用权证、庆阳市人民政府有关情况说明等政府文件,用以证明不存在应收而未收案涉三个小区入网"接口费"问题。居立门业公司质证认为上述证据与本案没有关联性。本院认为,案涉三个小区是否存在应收未收入网"接口费",不属于本案审理范围,故在本案中对上述证据不予采信。

居立门业公司提交兴盛建安公司、太一房地产公司、庆阳市太一小额贷款有限责任公司、庆阳太一股权投资基金管理中心等工商登记档案材料4份,用以证明前述四公司系李某军开办的关联公司。太一热力公司、李某军对上述工商登记档案材料的真实性认可，本院予以采信。

本院经审理，对一审法院查明的事实予以确认。

本院认为，根据双方当事人的上诉请求和答辩意见，本案争议焦点是：一、太一热力公司是否应向居立门业公司进行盈余分配；二、如何确定居立门业公司应分得的盈余数额；三、太一热力公司是否应向居立门业公司支付盈余分配款的利息；四、李某军是否应对太一热力公司的盈余分配给付不能承担赔偿责任。根据本案审理查明的事实和相关法律规定，分析评判如下：

一、关于太一热力公司是否应向居立门业公司进行盈余分配的问题

太一热力公司、李某军上诉主张，因没有股东会决议故不应进行公司盈余分配。居立门业公司答辩认为，太一热力公司有巨额盈余，法定代表人恶意不召开股东会、转移公司资产，严重损害居立门业公司的股东利益，法院应强制判令进行盈余分配。本院认为，公司在经营中存在可分配的税后利润时，有的股东希望将盈余留作公司经营以期待获取更多收益，有的股东则希望及时分配利润实现投资利益，一般而言，即使股东会或股东大会未形成盈余分配的决议，对希望分配利润股东的利益不会发生根本损害，因此，原则上这种冲突的解决属于公司自治范畴，是否进行公司盈余分配及分配多少，应当由股东会作出公司盈余分配的具体方案。但是，当部分股东变相分配利润、隐瞒或转移公司利润时，则会损害其他股东的实体利益，已非公司自治所能解决，此时若司法不加以适度干预则不能制止权利滥用，亦有违司法正义。虽目前有股权回购、公司解散、代位诉讼等法定救济路径，但不同的救济路径对股东的权利保护有实质区别，故需司法解释对股东的盈余分配请求权进一步予以明确。为此，《最高人民法院关于适用〈中华人民共和国公司法〉若干问题的规定（四）》第十五条规定，"股东未提交载明具体分配方案的股东会或者股东大会决议，请求公司分配利润的，人民法院应当驳回其诉讼请求，但违反法律规定滥用股东权利导致公司不分配利润，给其他股东造成损失的除外。"在本案中，首先，太一热力公司的全部资产被整体收购后没有其他经营活动，一审法院委托司法审计的结论显示，太一热力公司清算净收益为 75 973 413.08 元，即使扣除双方有争议的款项，太一热力公司也有巨额的可分配利润，具备公司进行盈余分配的前提条件；其次，李某军同为太一热力公司及其控股股东太一工贸公司法定代表人，未经公司另一股东居立门业公司同意，没有合理事由将 5 600 万余元公司资产转让款转入兴盛建安公司账户，转移公司利润，给居立门业公司造成损失，属于太一工贸公司滥用股东权利，符合《最高人民法院关于适用〈中华人民共和国公司法〉若干问题的规定（四）》第十五条但书条款规定应进行强制盈余分配的实质要件。第三，前述司法解释规定的股东盈余分配的救济权利，并未规定需以采取股权回购、公司解散、代位诉讼等其他救济措施为前置程序，居立门业公司对不同的救济路径有自由选择的权利。因此，一审判决关于太一热力公司应当进行盈余分配的认定有事实和法律依据，太一热力公司、李某军关于没有股东会决议不应进行公司盈余分配的上诉主张不能成立。

二、关于如何确定居立门业公司分得的盈余数额问题

太一热力公司、李某军上诉主张,《审计报告》采用了未经质证的证据材料作为审计依据且存在6项具体错误。居立门业公司答辩认为,一审判决对太一热力公司盈余数额的认定相对客观公正。本院认为,在未对盈余分配方案形成股东会或股东大会决议情况下司法介入盈余分配纠纷,系因控制公司的股东滥用权利损害其他股东利益,在确定盈余分配数额时,要严格公司举证责任以保护弱势小股东的利益,但还要注意优先保护公司外部关系中债权人、债务人等的利益。本案中,首先,一审卷宗材料显示,一审法院组织双方对公司账目进行了核查和询问,对《审计报告》的异议,一审庭审中也进行了调查和双方当事人的质证辩论。太一热力公司、李某军虽上诉主张审计材料存在未质证问题,但并未明确指出哪些材料未经质证,故本院对该上诉理由不予支持。其次,对于太一热力公司能否收取诉争的1 038.21万元入网"接口费",双方当事人各执一词,因该款项涉及案外人的实体权益,应当依法另寻救济路径解决,而不应在本案公司盈余分配纠纷中作出认定和处理,故该款项不应在本案中纳入太一热力公司的可分配利润,一审判决未予扣减不当,本院予以纠正。第三,太一热力公司、李某军上诉主张的《审计报告》其他5项具体问题,均属事实问题,其在二审中并未提交充分证据证明一审判决的相关认定有误,故本院不予调整。因此,居立门业公司应分得的盈余数额,以一审判决认定的太一热力公司截至2014年10月31日可分配利润51 165 691.8元为基数,扣减存在争议的入网"接口费"1 038.21万元,再按居立门业公司40%的股权比例计算,即为16 313 436.72元。

三、关于太一热力公司是否应向居立门业公司支付盈余分配款利息的问题

太一热力公司、李某军上诉主张,公司盈余分配的款项不应计算利息;居立门业公司答辩认为,李某军挪用公司收入放贷年利,需对居立门业公司应分得的盈余款给付利息。本院认为,公司经营利润款产生的利息属于公司收入的一部分,在未进行盈余分配前相关款项均归属于公司;在公司盈余分配前产生的利息应当计入本次盈余分配款项范围,如本次盈余分配存在遗漏,仍属公司盈余分配后的资产。公司股东会或股东大会作出盈余分配决议时,在公司与股东之间即形成债权债务关系,若未按照决议及时给付则应计付利息,而司法干预的强制盈余分配则不然,在盈余分配判决未生效之前,公司不负有法定给付义务,故不应计付利息。本案中,首先,居立门业公司通过诉讼应分得的盈余款项系根据本案司法审计的净利润数额确定,此前太一热力公司对居立门业公司不负有法定给付义务,若《审计报告》未将公司资产转让款此前产生的利息计入净利润,则计入本次盈余分配后的公司资产,而不存在太一热力公司占用居立门业公司资金及应给付利息的问题。其次,李某军挪用太一热力公司款项到关联公司放贷年利,系太一热力公司与关联公司之间如何给付利息的问题,居立门业公司据此向太一热力公司主张分配盈余款利息,不能成立。第三,居立门业公司一审诉讼请求中并未明确要求太一热力公司给付本判决生效之后的盈余分配款利息。因此,一审判决判令太一热力公司给付自2010年7月11日起至实际付清之日的利息,既缺乏事

实和法律依据,也超出当事人的诉讼请求,本院予以纠正。

四、关于李某军是否应对太一热力公司的盈余分配给付不能承担赔偿责任的问题

李某军上诉主张其没有损害公司利益,一审判令其承担连带责任没有法律依据。居立门业公司答辩认为,李某军滥用法定代表人权利损害居立门业公司股东利益,应承担赔偿责任。本院认为,《公司法》第二十条第二款规定"公司股东滥用股东权利给公司或者其他股东造成损失的,应当依法承担赔偿责任",第二十一条规定"公司的控股股东、实际控制人、董事、监事、高级管理人员不得利用其关联关系损害公司利益。违反前款规定,给公司造成损失的,应当承担赔偿责任",第一百四十九条规定"董事、监事、高级管理人员执行公司职务时违反法律、行政法规或者公司章程的规定,给公司造成损失的,应当承担赔偿责任",第一百五十二条规定"董事、高级管理人员违反法律、行政法规或者公司章程的规定,损害股东利益的,股东可以向人民法院提起诉讼"。盈余分配是用公司的利润进行给付,公司本身是给付义务的主体,若公司的应分配资金因被部分股东变相分配利润、隐瞒或转移公司利润而不足以支付时,不仅直接损害了公司的利益,也损害到其他股东的利益,利益受损的股东可直接依据《公司法》第二十条第二款的规定向滥用股东权利的公司股东主张赔偿责任,或依据《公司法》第二十一条的规定向利用其关联关系损害公司利益的控股股东、实际控制人、董事、监事、高级管理人员主张赔偿责任,或依据《公司法》第一百四十九条的规定向违反法律、行政法规或者公司章程的规定给公司造成损失的董事、监事、高级管理人员主张赔偿责任。本案中,首先,李某军既是太一热力公司法定代表人,又是兴盛建安公司法定代表人,其利用关联关系将太一热力公司5 600万余元资产转让款转入关联公司,若李某军不能将相关资金及利息及时返还太一热力公司,则李某军应当按照《公司法》第二十一条、第一百四十九的规定对该损失向公司承担赔偿责任。其次,居立门业公司应得的盈余分配先是用太一热力公司的盈余资金进行给付,在给付不能时,则李某军转移太一热力公司财产的行为损及该公司股东居立门业公司利益,居立门业公司可要求李某军在太一热力公司给付不能的范围内承担赔偿责任。第三,《公司法》第一百五十二条规定的股东诉讼系指其直接利益受到损害的情形,本案中李某军利用关联关系转移公司资金直接损害的是公司利益,应对公司就不能收回的资金承担赔偿责任,并非因直接损害居立门业公司的股东利益而对其承担赔偿责任,一审判决对该条规定法律适用不当,本院予以纠正。因此,一审判决判令太一热力公司到期不能履行本案盈余分配款的给付义务则由李某军承担赔偿责任并无不当,李某军不承担责任的上诉主张,本院不予支持。

综上,太一热力公司、李某军的上诉请求部分成立。本院依照《民事诉讼法》第一百七十条第一款第二项之规定,判决如下:

一、撤销甘肃省高级人民法院〔2013〕甘民二初字第8号民事判决;

二、庆阳市太一热力有限公司于本判决生效后10日内给付甘肃居立门业有限责任公司盈余分配款16 313 436.72元;

三、庆阳市太一热力有限公司到期不能履行上述给付义务，由李某军承担赔偿责任；

四、驳回甘肃居立门业有限责任公司的其他诉讼请求。

一审案件受理费 408 300 元，由甘肃居立门业有限责任公司负担 170 466 元，庆阳市太一热力有限公司、李某军负担 237 834 元；鉴定费 500 000 元，由庆阳市太一热力有限公司、李某军负担。二审案件受理费 408 300 元，由甘肃居立门业有限责任公司负担 170 466 元，庆阳市太一热力有限公司、李某军负担 237 834 元。

本判决为终审判决。

审　判　长　黄　年
代理审判员　张　颖
代理审判员　郑　勇
二〇一七年十二月二十八日
书　记　员　乌宁于琪

【2023 年版本】

第二百一十一条　公司违反本法规定向股东分配利润的，股东应当将违反规定分配的利润退还公司；给公司造成损失的，股东及负有责任的董事、监事、高级管理人员应当承担赔偿责任。

【三次审议稿】

第二百一十一条　公司违反本法规定在弥补亏损和提取法定公积金之前向股东分配利润的，股东应当将违反规定分配的利润退还公司；给公司造成损失的，股东及负有责任的董事、监事、高级管理人员应当承担赔偿责任。

【本条释义】

本条规定了违法分配利润的法律后果。

实务中，经常有公司不按照法律规定弥补亏损、提取法定公积金，而是将利润全部分配给股东，为此，如果公司违反《公司法》规定向股东分配利润，股东应当将违反规定分配的利润退还公司；给公司造成损失的，股东及负有责任的董事、监事、高级管理人员应当承担赔偿责任。给公司造成的损失主要是利息损失，如果公司因违法分配利润而缺少资金并从银行贷款，公司违法多分配的利润所对应的银行贷款利息就是公司因此遭受的损失。

股东及负有责任的董事、监事、高级管理人员应根据其过错程度承担赔偿责任。部分小股东可能并没有任何过错，大股东在取得利润的同时，小股东也顺带取得了股息。此时，小股东应当承担退还利润以及该笔利润在小股东手中产生的银行存款利息。董事、监事、高级管理人员有可能不是股东，他们不承担退还利润的责任，但如果在该事件过程中存在故意或者重大过失，应当承担一定的赔偿责任。

【2023年版本】

第二百一十二条　股东会作出分配利润的决议的，董事会应当在股东会决议作出之日起六个月内进行分配。

【三次审议稿】

第二百一十二条　股东会作出分配利润的决议的，董事会应当在股东会决议作出之日起六个月内进行分配；公司章程或者股东会决议另有规定的除外。

【本条释义】

本条规定了董事会执行利润分配的期限。

股东会作出分配利润的决议后，为防止公司迟迟不向股东分红，从而侵犯中小股东的利益，董事会应当在股东会决议作出之日起6个月内进行分配。如果公司章程或者股东会决议另有规定，由于这是包括中小股东在内的全体股东同意的结果，可以超过6个月。

实务中，有些公司虽然账面上有利润，但这些利润往往是以应收账款、应收票据的形式体现，并非现金，无法向股东分配利润，此时，股东会在作出利润分配的决议后，可以规定在上述款项收回公司后再进行利润分配。

【相关司法解释规定】

《最高人民法院关于适用〈中华人民共和国公司法〉若干问题的规定（五）》

第四条　分配利润的股东会或者股东大会决议作出后，公司应当在决议载明的时间内完成利润分配。决议没有载明时间的，以公司章程规定的为准。决议、章程中均未规定时间或者时间超过一年的，公司应当自决议作出之日起一年内完成利润分配。

决议中载明的利润分配完成时间超过公司章程规定时间的，股东可以依据民法典第八十五条、公司法第二十二条第二款规定请求人民法院撤销决议中关于该时间的规定。

【2023 年版本、三次审议稿】

第二百一十三条　公司以超过股票票面金额的发行价格发行股份所得的溢价款、发行无面额股所得股款未计入注册资本的金额以及国务院财政部门规定列入资本公积金的其他项目，应当列为公司资本公积金。

【2018 年版本】

第一百六十七条　股份有限公司以超过股票票面金额的发行价格发行股份所得的溢价款以及国务院财政部门规定列入资本公积金的其他收入，应当列为公司资本公积金。

【本条释义】

本条规定了溢价发行股票的资金处理。

公司以超过股票票面金额的发行价格发行股份所得的溢价款属于全体股东的出资，理应列入注册资本，但为追求不同批次股东之间的利益平衡，只有票面金额才能计入注册资本，其余部分应当列为公司资本公积金，由全体股东享有。将来资本公积金可以随时转为公司的注册资本，全体股东不需要缴纳所得税。

公司发行无面额股所得股款未计入注册资本的金额也属于全体股东的出资，理应列入注册资本，但为追求不同批次股东之间的利益平衡，公司可以决定仅仅将部分金额计入注册资本，其余部分应当列为公司资本公积金，由全体股东享有。将来资本公积金可以随时转为公司的注册资本，全体股东不需要缴纳所得税。

国务院财政部门有权直接规定公司的部分资金列入资本公积金，如国家对国有企业的资金注入和补贴等，如果有明确规定，公司应当将其列为公司资本公积金。例如，财政部印发的《矿产资源保护项目补助经费管理暂行办法》（财基字〔1997〕146号，目前已废止）第七条曾规定："补助经费的财务会计处理、决算编报执行现行企业财务会计制度的有关规定。项目完成后，对补助经费中属于按规定准予核销的部分，须报经财政部批准后予以核销；其余部分作为国家投资，列入资本公积金。"

【2023 年版本】

第二百一十四条 公司的公积金用于弥补公司的亏损、扩大公司生产经营或者转为增加公司注册资本。

公积金弥补公司亏损，应当先使用任意公积金和法定公积金；仍不能弥补的，可以按照规定使用资本公积金。

法定公积金转为增加注册资本时，所留存的该项公积金不得少于转增前公司注册资本的百分之二十五。

【三次审议稿】

第二百一十四条 公司的公积金用于弥补公司的亏损、扩大公司生产经营或者转为增加公司资本。

公积金弥补公司亏损，应当先使用任意公积金和法定公积金；仍不能弥补的，可以按照规定使用资本公积金。

法定公积金转为资本时，所留存的该项公积金不得少于转增前公司注册资本的百分之二十五。

【2018 年版本】

第一百六十八条 公司的公积金用于弥补公司的亏损、扩大公司生产经营或者转为增加公司资本。但是，资本公积金不得用于弥补公司的亏损。

法定公积金转为资本时，所留存的该项公积金不得少于转增前公司注册资本的百分之二十五。

【本条释义】

本条规定了公司公积金的使用范围。

公司的公积金主要来源于股东出资和公司利润，是公司对外承担责任最重要的资金，只能用于弥补公司的亏损、扩大公司生产经营或者转为增加公司注册资本，不允许分配给股东（公司解散时除外）。

公积金弥补公司亏损，应当先使用任意公积金和法定公积金；仍不能弥补的，可以按照规定使用资本公积金。公司的盈余公积金中有根据《公司法》规定每次分配利润提取 10% 而形成的法定盈余公积金，也有公司任意提取的任意盈余公积金。弥补公司亏损的顺序为任意盈余公积金、法定盈余公积金、资本公积金。

法定公积金转为注册资本时,所留存的该项公积金不得少于转增前公司注册资本的25%。例如,甲公司注册资本为2 000万元,法定盈余公积金总额为1 000万元,甲公司计划将其中部分资金转增为注册资本,根据法律规定,甲公司至少要留下500万元(2 000×25%)法定盈余公积金,最多可以将其中的500万元转增为注册资本。

需要注意的是,使用法定盈余公积金转增注册资本时,公司股东不需要缴纳企业所得税,但个人股东需要缴纳20%的个人所得税。另外需要注意的是,公司使用资本公积金转增注册资本时,没有金额与比例的限制,可以将全部资本公积金转增为注册资本。

【典型案例】

北京市高级人民法院
民事判决书

〔2019〕京民终1633号

上诉人(原审原告):鹰潭金蝉君汇投资有限合伙企业,主要经营场所江西省鹰潭高新技术产业开发区。

执行事务合伙人:鹰潭金蝉汇成投资管理有限公司(委派代表:袁某龙)。

委托诉讼代理人:李子尧,北京京师(天津)律师事务所律师。

被上诉人(原审被告):张某娟,女,1964年7月26日出生,汉族,住北京市西城区。

委托诉讼代理人:田晶,北京慧策律师事务所律师。

委托诉讼代理人:范亚光,北京市两高律师事务所律师。

上诉人鹰潭金蝉君汇投资有限合伙企业(以下简称金蝉君汇合伙企业)因与被上诉人张某娟执行异议之诉一案,不服北京市第二中级人民法院(以下简称二中院)〔2019〕京02民初113号民事判决(以下简称113号民事判决),向本院提起上诉。本院于2019年12月5日立案后,依法组成合议庭进行了审理。本案现已审理终结。

金蝉君汇合伙企业上诉请求:一、请求人民法院撤销113号民事判决,改判追加张某娟为〔2009〕二中执字第00344号执行案件的被执行人,在未依法出资的范围内(3 400万元)对未来建设集团有限公司(以下简称未来公司)债务[〔2008〕二中民初字第1806号民事调解书确定的债务]承担连带责任。二、诉讼费由被上诉人张某娟承担。

事实和理由:金蝉君汇合伙企业与张某娟执行异议之诉一案,经二中院一审作出

113号民事判决，金蝉君汇合伙企业认为原审判决事实认定不清，举证责任分配错误，应当依法予以改判。金蝉君汇合伙企业主张张某娟系以公司财产出资，未依法履行出资义务，构成虚假出资。故本案之核心在于用于出资的财产是否属于张某娟所有。原审判决对该问题未做明确说明，认定事实不清。

一、原审法院未就出资财产进行仔细审查。原审法院认为"结合本院查阅的北京富明工贸有限公司工商档案及房屋登记信息，均不能明显反映出张某娟出资不实的具体情况"，该认定错误。结合工商档案及房屋登记信息，能够认定出资房屋系1998年由南半壁店村委会卖给未来公司的，公司系房地产所有权人，该财产不是股东张某娟个人财产。根据张某娟提供的评估报告，张某娟出资的实物为办公楼和厂房。评估报告中《北京富明工贸有限公司房屋建筑物评估说明》载明，本交被评估房屋有1栋，建筑面积3 665平方米。实物价值3 400万元系由两部分构成：房屋价值6 480 595元、地价27 519 405元，合计3 400万元。根据法庭调查的房屋档案，有一份收件号为顺集字第00429号的《北京市房屋所有权登记申请书》及相关附件。该申请表载明建筑物3 664.5平方米，与评估报告中记载房地产3 665平方米（四舍五入后）一致，应属同一物。该申请书均载明，收件日期1998年1月13日；产权来源：新建；现所有权登记人：北京富明工贸有限公司；所有权证分别为顺集字第00389号；发证日期为1998年1月13日。其中附件包括：1.《建设工程规划许可证》一份，载明建设单位为"半壁店村京丽美服装厂"；2.顺义县计划委员会《固定资产投资任务书》一份，载明同意李桥镇农工商联合总公司新建李桥镇京丽美时装有限公司项目，建筑面积3 664平方米；3.顺义县计划委员会《关于将京丽美时装有限公司更名为北京富明工贸有限公司的立项批复》，载明同意李桥镇农工商联合总公司将南半壁店京丽美时装有限公司更名为北京富明工贸有限公司；4.1994年《房屋转让合同》一份，载明南半壁店村将其所属南半壁店服装厂所有的土地及房产转让给北京富明工贸有限公司。根据上述文件可得知，该3 665平方米的房地产由京丽美时装有限公司建设，系该公司所有的财产，该公司属于南半壁店村下属企业，后村委会将京丽美时装有限公司及其所有的房地产卖给北京富明工贸有限公司，北京富明工贸有限公司自1998年1月13日取得该房地产所有权。在此之后，该房地产一直在北京富明工贸有限公司（后更名为未来公司）名下，从未属于张某娟个人所有。故张某娟1998年增资系用公司财产进行增资，构成虚假出资。

二、原审法院对评估报告及专家意见认定有误。原审法院认为，"仅根据《资产评估报告》中载明的'评估对象为北京富明工贸有限公司的固定资产'一节，并不能得出增资财产非张某娟所有的结论。经当庭询问金蝉君汇合伙企业提供的专家证人，其亦表示本案涉及的是变更登记，验资时点上财产应当已经到了公司名下，只是财产转移过程应在附件中反映。因此金蝉君汇合伙企业以此主张张某娟没有实际出资，缺乏事实依据,本院对此不予采纳"。该认定有以下错误:(一)原审法院对《资产评估报告》断章取义。《资产评估报告》第一条:评估对象为北京富明工贸有限公司的固定资产;第四条:"资产权益"经审核贵公司拥有被评估资产的所有权。上述两条已非常明确地说明,被评估的财产所有权系公司所有。原审法院忽略《资产评估报告》第四条"资产权益:经审核贵公司拥有被评估资产的所有权"之说明,断章取义。(二)原审法院对专家证人意见理解有误。原审法院上述意见将验资过程和评估过程混淆,将会计师的验资意见套用在评估报告中。正常增资程序中,应当先由评估师对资产进行评估出具评估报告,评估完成后,将所有权转移给公司,后由会计师进行验证出具验资报告。陈述该意见专家证人系注册会计师,主要负责对验资事宜发表意见;其所称验资时点资产应当已在公司名下是指,会计师验资时,资产应当已经完成过户;但在评估前及评估过程中,资产不可能转移到公司名下,因为实物未经评估,无法确定其价值,无法确定增资金额。

三、原审法院举证责任分配有误。原审法院认为"金蝉君汇合伙企业主张张某娟未实际履行出资义务,在没有其他证据佐证的情况下,仅凭提供的专家证人及推测,不足以推翻工商档案记载的张某娟已实际出资的事实,亦不符合《公司法》第二十条规定的'提供对股东履行出资义务产生合理怀疑的证据'的要求,故应当承担不利后果"。金蝉君汇合伙企业认为该认定不当。根据前述两点,已经有确切证据足以证明张某娟出资的财产系公司财产,已经远远超出了合理怀疑程度。张某娟在具备更强举证能力的情况下,未提出任何证据加以反驳,原审法院认定金蝉君汇合伙企业"仅凭专家证人及推测",未达到合理怀疑程度,令人费解。综上所述,原审法院未就出资财产进行仔细审查,事实认定不清。本案中,张某娟用公司财产进行出资,事实清楚,证据确凿,已经超出合理怀疑程度,请求二审法院依法改判。

张某娟辩称:张某娟出资的房产是股东个人资产,金蝉君汇合伙企业上诉与事实不符,请求二审法院驳回上诉,维持原判。

金蝉君汇合伙企业向一审法院起诉请求:请求追加张某娟为〔2009〕二中执字第00344号执行案件的被执行人,在未依法出资(3 400万元)的范围内对未来公司债务(〔2008〕二中民初字第1806号民事调解书确定的债务)承担连带责任。

一审法院认定事实:北京农村商业银行股份有限公司杨镇支行(以下简称农商银行杨镇支行)与未来公司借款合同纠纷一案,一审法院于2008年7月28日作出〔2008〕二中民初字第01806号民事调解书。因未来公司未履行该调解书确定的义务,农商银行杨镇支行于2009年1月18日向一审法院申请执行,一审法院于2009年2月2日立案,后作出〔2009〕二中执字第344号民事裁定书执行。2009年12月16日,一审法院作出〔2009〕二中执字第344-1号执行裁定书,裁定终结本次执行程序,并确定了农商银行杨镇支行尚未受偿的债权金额。

2014年4月23日,中国信达资产管理股份有限公司天津市分公司(以下简称信达天津分公司)向一审法院申请变更其为农商银行杨镇支行与未来公司借款合同纠纷一案的申请执行人,一审法院于2014年5月26日作出〔2014〕二中执异字第00482号执行裁定,将该案申请执行人由农商银行杨镇支行变更为信达天津分公司。后金蝉君汇合伙企业向一审法院申请变更其为该案的申请执行人,一审法院于2018年4月23日作出〔2018〕京02执异211号执行裁定书,将该案申请执行人由信达天津分公司变更为金蝉君汇合伙企业。在一审法院执行过程中,金蝉君汇合伙企业向一审法院提出追加未来公司原始股东张某娟为被执行人,一审法院于2019年2月18日作出〔2019〕京02执异240号执行裁定书,驳回金蝉君汇合伙企业要求追加张某娟为被执行人的请求。现金蝉君汇合伙企业向一审法院提起执行异议之诉。

经查,北京富明实业有限公司成立于1994年,注册资金为200万元,张某娟和过毅各实缴出资100万元。后该公司先后变更名称为北京富明工贸有限公司、北京富明房地产开发有限公司,2001年变更为现名称未来公司。1998年8月31日,张某娟、过毅作出股东会决议,将公司注册资本由200万元增资至7 000万元,增加的6 800万元分别由股东张某娟以实物出资3 400万元,过毅以实物出资3 400万元。针对此次实物出资,北京明鉴会计师事务所向张某娟出具《资产评估报告》,载明:资产评估总值3 400万元,其中:房屋建筑物6 480 595元、在建工程27 519 405元。同时,北京明鉴会计师事务所还出具了《变更登记验资报告书》《变更登记验资说明》《北京富明工贸有限公司房屋建筑物评估说明》《评估明细表》等材料,对评估事项作出了详细说明。2001年,未来公司改制过程中,张某娟的出资方式由实物出资变更为货币出资。2007年8月6日,张某娟将全部股权转让给过毅和过仕林,退出公司,此时过毅的出资额为6 950万元,过仕林的出资额为50万元。2008年1月15日,过毅将全部股权转让给过仕林和王飞,退出公司,此时过仕林的出资额为6 300万元,王飞的出资额为700万元。

一审法院认为,《最高人民法院关于民事执行中变更、追加当事人若干问题的规定》第三十二条规定:"被申请人或申请人对执行法院依据本规定第十四条第二款、第十七条至第二十一条规定作出的变更、追加裁定或驳回申请裁定不服的,可以自裁定书送达之日起十五日内,向执行法院提起执行异议之诉。"一审法院于2019年2月18日作出〔2019〕京02执异240号执行裁定书,裁定驳回金蝉君汇合伙企业追加张某娟为〔2009〕二中执字第00344号执行案件被执行人的请求,金蝉君汇合伙企业于2019年2月21日提起本案执行异议之诉,其起诉具有法律依据。

根据法律规定,作为被执行人的企业法人,财产不足以清偿生效法律文书确定的债务,其股东未依法履行出资义务即转让股权,申请执行人申请变更、追加该原股东为被执行人,在未出资的范围内依法承担责任的,人民法院应予支持。故本案的争议焦点在于未来公司原始股东张某娟在1998年增资中是否已经履行出资义务。

根据审理查明的事实，1998年张某娟以房屋建筑物作价6 480 595元、在建工程作价27 519 405元出资，共计以实物作价出资3 400万元。虽然工商档案中缺少张某娟此次增资的《资产评估报告》，但根据庭审中张某娟提交的《资产评估报告》的复印件及工商档案中的其他材料，可以认定该增资事实已经过有资质的会计师事务所验资及工商行政管理部门审核依法确认。虽然双方在庭审中提及的四套房产在工商档案中未显示具体的坐落地址，但结合一审法院查阅的北京富明工贸有限公司工商档案及房屋登记信息，均不能明显反映出张某娟出资不实的具体情况。现金蝉君汇合伙企业主张张某娟未实际履行出资义务，在没有其他证据佐证的情况下，其仅凭提供的专家证人证言及推测，不足以推翻工商档案记载的张某娟已实际出资的事实，亦不符合《公司法》第二十条规定的"提供对股东履行出资义务产生合理怀疑证据"的要求，故金蝉君汇合伙企业应当承担相应的不利后果。

金蝉君汇合伙企业主张，张某娟用于增资的财产系北京富明工贸有限公司所有的固定资产，而非张某娟所有的财产。一审法院认为，仅根据《资产评估报告》中载明的"评估对象为北京富明工贸有限公司的固定资产"一节，并不能得出增资财产非张某娟所有财产的结论。经当庭询问金蝉君汇合伙企业提供的专家证人，其亦表示本案涉及的是变更登记，验资时点上财产应当已到了公司名下，只是财产转移过程应在附件中反映。因此，金蝉君汇合伙企业以此主张张某娟没有实际出资，缺乏事实依据，一审法院对此不予采纳。判决：驳回金蝉君汇合伙企业的诉讼请求。

二审中，当事人没有提交新证据。

本院经审理查明的事实与一审法院审理查明的事实一致。

本院认为，本案二审期间的争议焦点是张某娟在1998年增资中是否履行了出资义务。金蝉君汇合伙企业上诉称，结合工商档案和房屋登记信息能够认定张某娟出资的房屋系案外人所有，不是张某娟的个人财产。本院认为，首先，案涉资产评估报告系未来公司工商档案中的文件，已经得到相关会计师事务所和工商行政管理机关审核确认。其次，资产评估报告中确认是对张某娟增加投入到未来公司的固定资产进行评估，张某娟拥有被评估资产的所有权。虽然资产评估报告中关于评估对象、资产权益的表述有歧义，但并不能推翻该资产评估报告是对张某娟拥有资产所作评估的结论。第三，金蝉君汇合伙企业申请一审法院调取的房屋所有权登记申请书所附建设工程规划许可证附件，并不能和资产评估报告项下的房产一一对应。上述证据并不能达到金蝉君汇合伙企业的证明目的，金蝉君汇合伙企业提交的证据不足以证明其主张，应当承担不利的后果。

综上，金蝉君汇合伙企业的上诉请求不能成立，应予驳回。依照《民事诉讼法》第一百七十条第一款第（一）项之规定，判决如下：

驳回上诉，维持原判。

二审案件受理费70元,由鹰潭金蝉君汇投资有限合伙企业负担(已交纳)。本判决为终审判决。

审　判　长　　容　红
审　判　员　　魏　欣
审　判　员　　夏林林
二〇二〇年九月十六日
法官助理　　龚亚东
书　记　员　　岳　琳
书　记　员　　辛　硕

中华人民共和国最高人民法院
民事裁定书

〔2021〕最高法民申2246号

再审申请人(一审原告、二审上诉人):鹰潭金蝉君汇投资有限合伙企业,主要经营场所江西省鹰潭高新技术产业开发区38号路。

执行事务合伙人:鹰潭金蝉汇成投资管理有限公司(委派代表袁某龙)。

委托诉讼代理人:李子尧,北京京师(天津)律师事务所律师。

被申请人(一审被告、被上诉人):张某娟,女,汉族,1964年7月26日出生,住北京市西城区。

委托诉讼代理人:田晶,北京慧策律师事务所律师。

委托诉讼代理人:范亚光,北京市两高律师事务所律师。

再审申请人鹰潭金蝉君汇投资有限合伙企业(以下简称金蝉君汇合伙企业)因与被申请人张某娟执行异议之诉一案,不服北京市高级人民法院作出的〔2019〕京民终1633号民事判决,向本院申请再审。本院受理后依法组成合议庭进行了审查。本案现已审查终结。

金蝉君汇合伙企业申请再审称:一、在本案二审审结后,北京市市区两级市场监督管理局对金蝉君汇合伙企举报未来建设集团有限公司虚假出资问题作出的行政决定书中,载明了张某娟案涉用于增资的实物财产登记于公司名下,该新证据足以推翻原审判决。但北京市市场监督管理局的行政复议决定书关于最终增资是否合法的结论不合理。如果是公司资产转增资本,应当由股东会对资产报告进行确认,并通过股东会决议的形式对转增资本的事项进行表决，然后履行相关的变更手续。本案中，在未来建设集团有限公司的档案中，并没有相关记载，无法认定为公司资产转增资本。二、原审法院主要依据验资报告中的《资产评估报告》和法院调取的房屋档案这两份证据认为出资财产系张某娟个人所有，其实该两份证据无法证明出资财产系股东个人财产，相反能够证明出资财产系公司财产，原审法院认定的基本事实缺乏证据证明。1.关于验资报告。首先，验资报告中《资产评估报告》第一条明确载明，评估对象：北京富明工贸有限公司（以下简称富明工贸公司，现为未来建设集团有限公司）的固定资产。其次，根据《国家国有资产管理局关于转发〈资产评估操作规范意见（试行）〉的通知》第一百二十二条规定，"资产评估报告书应当提供的附件包括：……5.附件五：房屋建筑物、土地使用权及其他重要资产的产权证明文件，包括房屋所有权证和土地使用权证，或规划图、开工证明、征地许可证等能表明产权归属的文件……"该《资产评估报告》形式存在严重瑕疵，并没有附加相关财产权属证明文件，无法证明财产系张某娟个人所有。综上，《资产评估报告》无法证明出资财产系张某娟个人财产。2.关于法院调取的房屋档案。首先，在张某娟案中，法院调取的房屋所有权登记申请书中，根本就没有所谓的"建设规划许可证附件"，只有一《建筑施工许可证》等附件。其次，该证据系一审期间法院依法调取，也就是说法院在调取时就认定该房产即为出资房产。根据该档案及其附件可知，收件号为顺集字第00429号的房产（所有权证号顺集字第0×××）系原半壁店村京丽美服装厂的房产，后转让给富明工贸公司。故该出资财产自始至终都不是张某娟的个人财产，而是富明工贸公司直接购买所得。再次，《民法典》第二百一十六条规定，不动产登记簿是物权归属和内容的根据。判断房屋的真实情况，应当按照不动产登记簿及房屋所有权证判断，而不是按照规划许可证、建筑施工许可证等确定。该份房屋所有权登记申请书中记载的主要内容与验资报告中的房产高度吻合，比如面积、用途、结构、坐落等，足以认定二者系同一物。从证明高度而言，认定二者系同一物显然更符合高度盖然性标准。而且在一审过程中，张某娟亦认可用于出资的房屋是服装厂，也认可法院调取的房屋档案就是用于出资的房屋。三、原判决应当适用《公司法》第二十条、《最高人民法院关于适用〈中华人民共和国公司法〉若干问题的规定（三）》第二十条、《公司注册资本登记管理暂行规定》（1995年）第八条规定而未适用，构成适用法律错误。综上，金蝉君汇合伙企业依据《民事诉讼法》第二百条第一项、第二项、第六项之规定申请再审。

张某娟提交答辩意见称：二审判决认定事实和适用法律均正确，富明工贸公司的资产和股东资产没有混同，股东张某娟以个人财产真实出资并经过资产评估公司和工商行政管理机关的审核确认，故不符合《最高人民法院关于民事执行中变更、追加当事人若干问题的规定》第十七条的规定，不应追加张某娟为被执行人，请求驳回金蝉君汇合伙企业的再审申请。

本院认为，本案再审审查的焦点是原审判决认定张某娟在富明工贸公司1998年增资中履行了出资义务是否正确的问题。

《公司法》第一百六十八条规定，"公司的公积金用于弥补公司的亏损、扩大公司生产经营或者转为增加公司资本。但是，资本公积金不得用于弥补公司的亏损。法定公积金转为资本时，所留存的该项公积金不得少于转增前公司注册资本的百分之二十五。"第一百七十八条规定，"有限责任公司增加注册资本时，股东认缴新增资本的出资，依照本法设立有限责任公司缴纳出资的有关规定执行。股份有限公司为增加注册资本发行新股时，股东认购新股，依照本法设立股份有限公司缴纳股款的有关规定执行。"据此，公司增加注册资本金有两种方式：一是股东追加投资，另一种是用资本公积金转增资本。金蝉君汇合伙企业申请再审主张《资产评估报告》和法院调取的房屋所有权登记申请书这两份证据无法证明出资财产系股东个人财产，相反能够证明出资财产系公司财产，原判决认定的基本事实缺乏证据证明。对此，本院认为，首先，张某娟在1998年增资的事实是经有资质的会计师事务所验资及工商行政管理部门审核依法确认，《资产评估报告》是审核张某娟增资时的文件。《资产评估报告》虽载明评估对象为富明工贸公司的固定资产，但金蝉君汇合伙企业提供的专家证人亦在一审庭审中表明本案涉及的是变更登记，验资时点上财产应当已到了公司名下，只是财产转移过程应在附件中反映。且《资产评估报告》开头即载明是对张某娟作为注册资本增加投入到富明工贸公司的固定资产进行评估。《资产评估报告》虽没有附加相关财产权属证明文件，但可以看出，是对张某娟投入到公司的财产进行了评估。其次，法院调取的房屋所有权登记申请书中记载的主要内容虽与验资报告中的房产高度吻合，但并不完全一致，不能据此认定验资房产系富明工贸公司房产。综上，《资产评估报告》和法院调取的房屋档案无法证明出资财产是公司财产。因富明工贸公司已将《资产评估报告》中增加注册资本金的资产作为公司责任财产用以清偿公司债务，故无论案涉增资的方式是以股东个人还是公司的资产增资，都系公司增资义务的完成。原审法院认定张某娟已经完成增资义务并无不当，在此基础上适用的法律亦无不当。

此外，金蝉君汇合伙企业提交的新证据系用于证明增资的实物财产登记在公司名下，不是张某娟的财产，亦即张某娟未实际增资。其证明目的与原审提交的《资产评估报告》等证据证明目的相同，且北京市市场监督管理局维持了北京市西城区市场监督管理局认定富明工贸公司及其股东张某娟不存在虚假出资的情形并据此作出的不予立案答复书。因此，该新证据无法达到其证明目的，本院不予认定。

综上，金蝉君汇合伙企业的再审申请不符合《民事诉讼法》第二百条第一项、第二项、第六项规定的情形。本院依照《民事诉讼法》第二百零四条第一款、《最高人民法院关于适用〈中华人民共和国民事诉讼法〉的解释》第三百九十五条第二款之规定，裁定如下：

驳回鹰潭金蝉君汇投资有限合伙企业的再审申请。

审 判 长 刘崇理
审 判 员 黄 年
审 判 员 丁俊峰
二〇二一年六月七日
法官助理 李 洁
书 记 员 李 婧

【2023年版本、三次审议稿】

第二百一十五条 公司聘用、解聘承办公司审计业务的会计师事务所，按照公司章程的规定，由股东会、董事会或者监事会决定。

公司股东会、董事会或者监事会就解聘会计师事务所进行表决时，应当允许会计师事务所陈述意见。

【2018年版本】

第一百六十九条 公司聘用、解聘承办公司审计业务的会计师事务所，依照公司章程的规定，由股东会、股东大会或者董事会决定。

公司股东会、股东大会或者董事会就解聘会计师事务所进行表决时，应当允许会计师事务所陈述意见。

【本条释义】

本条规定了公司聘用、解聘承办公司审计业务的会计师事务所的程序。

会计师事务所的选任在一定程度上决定了公司财务会计报告的质量，因此，公司聘用、解聘承办公司审计业务的会计师事务所，按照公司章程的规定，由股东会、董事会或者监事会决定。股东会、董事会或者监事会都有权决定聘用、解聘会计师事务所，关键看公司章程是如何规定的，如果公司章程规定由董事会决定聘用、解聘会计师事务所，则股东会和监事会均无权聘用、解聘会计师事务所。

公司股东会、董事会或者监事会就解聘会计师事务所进行表决时，应当允许会计师事务所陈述意见。当然，这仅仅是会计师事务所的程序性权利，是否解聘，仍然由公司股东会、董事会或者监事会表决确定。

第十章 公司财务、会计

【2023年版本、三次审议稿】

第二百一十六条 公司应当向聘用的会计师事务所提供真实、完整的会计凭证、会计账簿、财务会计报告及其他会计资料,不得拒绝、隐匿、谎报。

【2018年版本】

第一百七十条 公司应当向聘用的会计师事务所提供真实、完整的会计凭证、会计账簿、财务会计报告及其他会计资料,不得拒绝、隐匿、谎报。

【本条释义】

本条规定了公司提供真实、完整会计资料的义务。

为保证会计师事务所依法履行审计职责,公司应当向聘用的会计师事务所提供真实、完整的会计凭证、会计账簿、财务会计报告及其他会计资料,不得拒绝、隐匿、谎报。

【相关法律规定】

《注册会计师法》

第十七条 注册会计师执行业务,可以根据需要查阅委托人的有关会计资料和文件,查看委托人的业务现场和设施,要求委托人提供其他必要的协助。

第十八条 注册会计师与委托人有利害关系的,应当回避;委托人有权要求其回避。

第十九条 注册会计师对在执行业务中知悉的商业秘密,负有保密义务。

第二十条 注册会计师执行审计业务,遇有下列情形之一的,应当拒绝出具有关报告:

(一)委托人示意其作不实或者不当证明的;

(二)委托人故意不提供有关会计资料和文件的;

(三)因委托人有其他不合理要求,致使注册会计师出具的报告不能对财务会计的重要事项作出正确表述的。

第二十一条 注册会计师执行审计业务,必须按照执业准则、规则确定的工作程序出具报告。

注册会计师执行审计业务出具报告时,不得有下列行为:

(一)明知委托人对重要事项的财务会计处理与国家有关规定相抵触,而不予指明;

（二）明知委托人的财务会计处理会直接损害报告使用人或者其他利害关系人的利益，而予以隐瞒或者作不实的报告；

（三）明知委托人的财务会计处理会导致报告使用人或者其他利害关系人产生重大误解，而不予指明；

（四）明知委托人的会计报表的重要事项有其他不实的内容，而不予指明。

对委托人有前款所列行为，注册会计师按照执业准则、规则应当知道的，适用前款规定。

第二十二条　注册会计师不得有下列行为：

（一）在执行审计业务期间，在法律、行政法规规定不得买卖被审计单位的股票、债券或者不得购买被审计单位或者个人的其他财产的期限内，买卖被审计单位的股票、债券或者购买被审计单位或者个人所拥有的其他财产；

（二）索取、收受委托合同约定以外的酬金或者其他财物，或者利用执行业务之便，谋取其他不正当的利益；

（三）接受委托催收债款；

（四）允许他人以本人名义执行业务；

（五）同时在两个或者两个以上的会计师事务所执行业务；

（六）对其能力进行广告宣传以招揽业务；

（七）违反法律、行政法规的其他行为。

【2023 年版本】

第二百一十七条　公司除法定的会计账簿外，不得另立会计账簿。

对公司资金，不得以任何个人名义开立账户存储。

【三次审议稿】

第二百一十七条　公司除法定的会计账簿外，不得另立会计账簿。

对公司资产，不得以任何个人名义开立账户存储。

【2018 年版本】

第一百七十一条　公司除法定的会计账簿外，不得另立会计账簿。

对公司资产，不得以任何个人名义开立账户存储。

第十章　公司财务、会计

【本条释义】

本条规定了公司不得另立会计账簿以及设立小金库的义务。

公司除法定的会计账簿外，不得另立会计账簿。公司设立两套账不仅有可能侵害公司中小股东的利益，还有可能侵犯国家的税收利益，因此是被严厉禁止的违法行为。

对公司资金，不得以任何个人名义开立账户存储。公司可以依法在多个银行开设实名银行账户，但不得已以任何个人名义开立账户存储公司的资金。设立小金库的行为同样可能侵犯中小股东的利益，甚至可以导致管理层侵犯全体股东的利益，也有可能侵犯国家的税收利益，也是被严厉禁止的违法行为。

【相关法律规定】

《会计法》

第四十二条　违反本法规定，有下列行为之一的，由县级以上人民政府财政部门责令限期改正，可以对单位并处三千元以上五万元以下的罚款；对其直接负责的主管人员和其他直接责任人员，可以处二千元以上二万元以下的罚款；属于国家工作人员的，还应当由其所在单位或者有关单位依法给予行政处分：

（一）不依法设置会计账簿的；

（二）私设会计账簿的；

（三）未按照规定填制、取得原始凭证或者填制、取得的原始凭证不符合规定的；

（四）以未经审核的会计凭证为依据登记会计账簿或者登记会计账簿不符合规定的；

（五）随意变更会计处理方法的；

（六）向不同的会计资料使用者提供的财务会计报告编制依据不一致的；

（七）未按照规定使用会计记录文字或者记账本位币的；

（八）未按照规定保管会计资料，致使会计资料毁损、灭失的；

（九）未按照规定建立并实施单位内部会计监督制度或者拒绝依法实施的监督或者不如实提供有关会计资料及有关情况的；

（十）任用会计人员不符合本法规定的。

有前款所列行为之一，构成犯罪的，依法追究刑事责任。

会计人员有第一款所列行为之一，情节严重的，五年内不得从事会计工作。

有关法律对第一款所列行为的处罚另有规定的，依照有关法律的规定办理

第四十三条　伪造、变造会计凭证、会计账簿，编制虚假财务会计报告，构成犯罪的，依法追究刑事责任。

有前款行为，尚不构成犯罪的，由县级以上人民政府财政部门予以通报，可以对单位并处五千元以上十万元以下的罚款；对其直接负责的主管人员和其他直接责任人员，可以处三千元以上五万元以下的罚款；属于国家工作人员的，还应当由其所在单位或者有关单位依法给予撤职直至开除的行政处分；其中的会计人员，五年内不得从事会计工作。

第四十四条　隐匿或者故意销毁依法应当保存的会计凭证、会计账簿、财务会计报告，构成犯罪的，依法追究刑事责任。

有前款行为，尚不构成犯罪的，由县级以上人民政府财政部门予以通报，可以对单位并处五千元以上十万元以下的罚款；对其直接负责的主管人员和其他直接责任人员，可以处三千元以上五万元以下的罚款；属于国家工作人员的，还应当由其所在单位或者有关单位依法给予撤职直至开除的行政处分；其中的会计人员，五年内不得从事会计工作。

第四十五条　授意、指使、强令会计机构、会计人员及其他人员伪造、变造会计凭证、会计账簿，编制虚假财务会计报告或者隐匿、故意销毁依法应当保存的会计凭证、会计账簿、财务会计报告，构成犯罪的，依法追究刑事责任；尚不构成犯罪的，可以处五千元以上五万元以下的罚款；属于国家工作人员的，还应当由其所在单位或者有关单位依法给予降级、撤职、开除的行政处分。

第四十六条　单位负责人对依法履行职责、抵制违反本法规定行为的会计人员以降级、撤职、调离工作岗位、解聘或者开除等方式实行打击报复，构成犯罪的，依法追究刑事责任；尚不构成犯罪的，由其所在单位或者有关单位依法给予行政处分。对受打击报复的会计人员，应当恢复其名誉和原有职务、级别。

第四十七条　财政部门及有关行政部门的工作人员在实施监督管理中滥用职权、玩忽职守、徇私舞弊或者泄露国家秘密、商业秘密，构成犯罪的，依法追究刑事责任；尚不构成犯罪的，依法给予行政处分。

第四十八条　违反本法第三十条规定，将检举人姓名和检举材料转给被检举单位和被检举人个人的，由所在单位或者有关单位依法给予行政处分。

第四十九条　违反本法规定，同时违反其他法律规定的，由有关部门在各自职权范围内依法进行处罚。

【典型案例】

福建省龙岩市中级人民法院
民事判决书

〔2019〕闽08民终1465号

上诉人（原审被告）：吴某丹，男，1969年9月14日出生，汉族，住福建省长汀县。

委托诉讼代理人：戴求忠，福建古进律师事务所律师。

委托诉讼代理人：吴春华，福建古进律师事务所律师。

上诉人（原审被告）：苏某秀，女，1968年10月1日出生，汉族，住福建省长汀县。

委托诉讼代理人：曹品华，福建古进律师事务所律师。

被上诉人（原审原告）：赖某闽，男，1961年9月9日出生，汉族，住福建省长汀县。

委托诉讼代理人：陈秋发，福建坤朗律师事务所律师。

委托诉讼代理人：陈钦，福建坤朗律师事务所律师。

原审被告：曹某栋，男，1965年4月24日出生，汉族，住福建省长汀县。

委托诉讼代理人：饶如清，长汀县大同法律服务所法律服务工作者。

原审被告：丁某火，男，1986年1月8日出生，汉族，住福建省长汀县。

委托诉讼代理人：范健梅，福建汀龙律师事务所律师。

委托诉讼代理人：张文海，福建汀龙律师事务所律师。

原审被告：赖某悦，男，1964年10月15日出生，汉族，住福建省长汀县。

原审被告：赖某铭，男，1979年10月14日生，汉族，住福建省长汀县。

原审第三人：福建省嘉和投资咨询有限公司，住所地福建省长汀县腾飞一路6号电信大厦第十一层1105、1106、1108号，统一社会信用代码913508215729745640。

法定代表人：吴某丹，董事长。

上诉人吴某丹、苏某秀因与被上诉人赖某闽，原审被告曹某栋、丁某火、赖某悦、赖某铭，原审第三人福建省嘉和投资咨询有限公司（以下简称嘉和公司）股东损害公司债权人利益责任纠纷一案，不服长汀县人民法院〔2017〕闽0821民初1987号民事判决，向本院提起上诉。本院于2019年10月17日受理后，依法组成合议庭，公开开庭进行了审理。上诉人吴某丹的委托诉讼代理人戴求忠、吴春华，上诉人苏某秀及其委托诉讼代理人曹品华，被上诉人赖某闽的委托诉讼代理人陈秋发、陈钦，原审被告曹某栋的委托诉讼代理人饶如清，原审被告丁某火的委托诉讼代理人范健梅，原审被告赖某悦到庭参加诉讼。原审被告赖某铭、原审第三人嘉和公司经本院合法传唤未到庭参加诉讼。本案现已审理终结。

吴某丹上诉请求：撤销原审判决，发回重审或者依法改判，驳回被上诉人对上诉人提出的诉讼请求。事实和理由：

一、本案不适用法人人格否定制度。原审认为"嘉和公司在已设立了公司基本账户的情况下，令赖某闽将所借款项打入股东曹某栋个人账户，且未将该款项转让公司账户，用于公司，违反了《中华人民共和国公司法》有关……规定，造成个人与公司财务会乱、财产混同，转移了公司财产……"而适用公司法人人格否定制度，判令股东对公司债务承担连带责任，属于适用法律错误。适用法人人格否定制度的法律依据是《公司法》第二十条第三款"公司股东滥用公司法人独立地位和股东有限责任，逃避债务，严重损害公司债权人利益的，应当对公司债务承担连带责任"的规定，而非《公司法》第一百七十一条对于公司财务、会计制度的规定。在股东损害债权人利益纠纷中，股东承担连带责任需符合三个基本要件：一、股东滥用股东权利或者滥用公司独立法人人格；二、造成债权人利益严重受损；三、二者之间具有因果关系。而在最高人民法院在《关于严格规定公司人格否定制度适用条件的建议及答复》中强调，法人人格独立是《公司法》的基本原则，人格否认是公司制度的例外，要从严掌握法人人格否认制度的适用条件，避免因滥用该制度而动摇法人人格独立原则的基石，只有股东与公司存在财产混同、业务混同、人事混同、住所混同情形的，才可以认定股东与公司人格混同。在日常的公司经营过程中，因使用公司账户存在诸多手续，都存在用公司股东或财务、出纳个人名义开设个人账户用于公司日常使用，仅仅是为了方便公司的经营，该措施违反的是财务规章制度，并不会必然导致财产的损失，也不能以此轻易地认定公司与个人财产混同。同时，被上诉人在明知款项汇入总经理曹某栋个人账户的情况下，但仍与公司进行交易的情形，足以证明被上诉人也认可公司使用个人账户的情形，并不是使用个人账户就必然可以认定公司和股东的人格和财产发生了混同，导致公司法人人格形骸化，并损害了作为债权人的利益。因此，本案不适用法人人格否定制度。原审第三人现还属于经营中的法人，应当以其财产对债务承担责任，而不应当由股东承担连带责任。

上诉人只是原审第三人名义上的法定代表人，但并未实际参与公司的经营管理。上诉人虽出资设立原审第三人公司，但上诉人仅是小股东。因福建省嘉和融资担保有限公司及福建省嘉和资产管理有限公司的法定代表人系上诉人，因此，原审第三人公司也选上诉人为名义上的法定代表人。实际上，原审第三人公司的实际管理者是原审被告曹某栋及苏某秀，苏某秀是由其丈夫曹兰煌在公司管理。原审中，原审被告赖铮递交的证据中"福建省嘉和投资咨询有限公司公司登记内档"中的资料，所有"吴某丹"的签名均不是本人所签，特别是2017年7月20日公司召开股东大会，在股东会决议中虽然注明"本次会议由董事长吴某丹召集并主持"但实际上，对于该次会议，上诉人毫不知情，甚至在曹某栋、赖某铭、丁某火以原审第三人股东的名义对上诉人提起诉讼时，上诉人还不知晓公司已经更换了监理。而从被上诉人赖某闽的借条是曹某栋以原审第三人公司的名义出具，款项是汇入曹某栋的账户，也进一步证明曹某栋才是原审第三人的实际管理人，而上诉人仅仅是名义上的法定代表人，从未实际参与公司的经营管理。股东损害公司债权人利益责任纠纷，应当追究的是滥用了公司人格的股东，即公司的实际管理人。而上诉人并未参与公司的实际管理，更加不存在滥用公司法人人格而逃避债务的情形。

上诉人对于曹某栋以第三人公司名义借款并不知晓，也不知晓其向赖某闽借款的情况。

综上，原审判决认定事实不清、适用法律错误。为此，上诉人请求发回重审或者依法改判，判决驳回被上诉人对上诉人的诉讼请求。

苏某秀上诉请求：撤销原判第一项，改判驳回赖某闽对苏某秀的诉讼请求，一、二审诉讼费用由赖某闽承担。事实和理由：

一、一审查明的证据不足以否定嘉和公司的独立法人资格。《公司法》第三条规定："公司是企业法人，有独立的法人财产，享有法人财产权。公司以其全部财产对公司的债务承担责任。有限责任公司的股东以其认缴的出资额为限对公司承担责任；股份有限公司的股东以其认购的股份为限对公司承担责任。"这是我国公司法人人格独立原则。在公司人格独立制度和公司人格否定制度的关系上，前者始终属于本位的主导性规则，后者仅为适用于特定场合和特定事由的例外性规定而已。在审判实践中要坚持标准，依法实施，慎重权衡，审慎使用，防止滥用。不完全符合适用条件的，不能使用法人人格否定制度。否则，不仅将导致整个公司法人制度处于不稳定状态，而且违背立法创立公司法人人格否定制度的本来意义，从而严重减损公司人格独立制度的价值，影响社会经济的稳定和发展。上诉人作为股东一直以实际行动支持公司的正常经营，每一年的《营业执照》年检合格，直到2017年7月24日通过年检，应该公示的企业信用信息等已经公示，依然表明嘉和公司是具备独立法人人格的正常公司。赖某闽作为债权人起诉后的长汀县人民法院〔2015〕汀民初字第2302号《民事判决书》，也确认了福建省嘉和投资咨询有限公司是具备独立法人人格的正常公司。

二、一审查明的证据不足以证明嘉和公司资不抵债。被上诉人赖某闽于2017年9月11日向长汀县人民法院提交的《请求执行福建省嘉和投资咨询有限公司股份的报告》，就已经确认"福建省嘉和投资咨询有限公司投资250万元持有福建客家物流园开发有限公司百分之一的股份，现在市场价值已经超过300多万元"，与赖某闽需要执行的55万元相比，明显表明嘉和公司的财产足以偿还公司到期债务。此外，嘉和公司还有债权370万元可供执行。可以说，嘉和公司只是陷入了三角债的制约之中，暂时没有现金偿还原告的借款，不能认为受制于三角债困扰的嘉和公司就可以否定公司的独立法人人格。

三、没有事实证据也没有法律依据证明上诉人苏某秀属于滥用公司法人资格和股东有限责任的股东。更没有证据证明上诉人苏某秀应该对嘉和公司应当返还被上诉人的本息承担连带责任。1. 苏某秀作为具名股东，投资款项已经全部到位，并且没有抽逃资金的行为。2011年4月20日，苏某秀已经将250万元投资款投入到福建省嘉和投资咨询有限公司在长汀县农村信用合作联社开立的基本账户。这有当时的《进账单》《银行询证函》足以证实。2. 嘉和公司登记的苏某秀持股50%不是实际情况，实际情况是苏某秀只占公司27%的股份，其中隐名股东谢家勇（身份证号码：3526221966××××××××）占公司10%、隐名股东林浩（身份证号码：3526221977××××××××）占公司15%。事实上，上诉人并没有代替隐名股东谢家勇和林浩行使股东权益。证据如下：（1）2011年4月19日的股东会决议，有林浩和谢家勇两人的签名；（2）2011年4月20日的董事会决议，有林浩和谢家勇两人的签名；（3）2012年1月5日公司的分红，有林浩和谢家勇两人的股份体现；（4）2015年2月2日的会议纪要，有林浩和谢家勇两人的签名。3. 股东苏某秀从未参与公司的经营管理，在公司的管理过程中，从未出现她的签名。如上可知，股东苏某秀没有滥用公司法人资格和股东有限责任的行为。正如一审法院在本案《民事判决书》第10页第4行到第8行的说理一样，股东苏某秀虽系公司副董事长，但赖某闽未提供证据证明苏某秀在嘉和公司经营管理中起到了什么不好的作用，苏某秀就不应该对嘉和公司应当返还被上诉人的本息承担连带责任。上诉人认为，承担连带责任的股东，应当仅为滥用公司法人独立地位和股东有限责任的股东，而不应当包括公司的其他股东。也就是说，谁破坏了公司法人的独立地位并侵占了公司的财产，谁就应当向公司的债权人承担连带责任。而其他股东也是受害者，故不但不应当承担连带责任，甚至应当享有要求侵害股东赔偿的权利。何况被上诉人赖某闽还必须举证证明股东苏某秀有滥用公司法人人格的行为而且该种行为与造成的损失之间有直接的因果关系。本案中被上诉人并没有承担必要的举证责任。

四、被上诉人赖某闽的起诉和一审法院的判决，违反了一事不再理的诉讼原则。赖某闽要求借款人嘉和公司归还借款，已经得到了长汀县人民法院〔2015〕汀民初字第2302号《民事判决书》所作判决的确认，并且已经进入了执行阶段。此次时隔两年对同一事实再次诉讼，实在是无视诉讼原则浪费诉讼资源的做法，违反了一事不再理的诉讼原则，法院不应支持。

五、赖某闽借款给嘉和公司时却存款到曹某栋名义的账户，足以证明赖某闽有错在先，应当自行承担自己过错造成的后果。不该要求无辜的苏某秀承担责任。

综上所述，一审法院判决上诉人苏某秀对嘉和公司应当返还被上诉人的本息承担连带责任，是错误的判决。请求上级法院撤销一审该项判决，改判驳回赖某闽对苏某秀的诉请，一二审诉讼费用由赖某闽承担。

被上诉人赖某闽对吴某丹及苏某秀的上诉共同辩称：

一、上诉人有滥用公司法人独立地位和股东有限责任的行为。在第三人嘉和公司已设立公司基本账户的情况下，被答辩人等人又以股东曹某栋个人名义开立账户存储公司资金，且在向答辩人借款时，指令答辩人将出借资金转入曹某栋个人账户，其行为违反了《公司法》第一百七十二条关于"公司除法定的会计账簿外，不得另立会计账簿。对公司资产，不得以任何个人名义开立账户存储。"的规定。原审中，被答辩人及其他案件当事人均未举证证明嘉和公司是否将答辩人出借的款项转入公司账户，用于公司经营。且在原审法院两次通知情况下，第三人及被答辩人拒不提交公司账册。如此种种，均表明被答辩人滥用公司法人独立地位和股东有限责任的行为，且该行为造成个人与公司财务混乱、财产混同，转移了公司财产，使公司可用于履行债务的财产减少。

二、上诉人等人滥用公司法人独立地位和股东有限责任，逃避债务，已严重损害被上诉人的利益。

答辩人对第三人嘉和公司拥有的55万元债权，经长汀县人民法院作出〔2015〕汀民初字第2302号民事判决书，而答辩人向法院申请强制执行过程中，长汀县人民法院作出〔2015〕汀执字第2455号执行裁定书，认为在执行过程中未发现被执行人有可供执行的财产，终结了执行程序。足以说明第三人不存在可供执行的财产，致使答辩人债权无法实现，损害了答辩人的利益。被答辩人在原审提供的会议纪要或借条等材料，虽有公司对外享有的债权或投资股权的描述，但结合答辩人等公司债权人在经过强制执行后，仍未获得清偿的情况，说明第三人确实无可供执行的财产，被答辩人有关第三人有可供执行的财产，不应追究股东责任的辩解无事实和法律依据，应不予支持。

三、上诉人作为公司股东，应对其滥用公司法人地位和股东有限责任的行为承担相应的法律责任。

被答辩人吴某丹系第三人公司的董事长、法定代表人，持股10%，被答辩人曹某栋系嘉和公司的总经理，持股20%，被答辩人苏某秀系嘉和公司的副董事长，持股50%。三人在公司经营过程中，不仅积极参与公司经营，且其在公司的职务、地位及持股比例，要求其对公司的经营合规性履行监督管理职能。三人在明知使用曹某栋个人账户作为公司运营账户，将导致个人与公司财产产生混同，公司人格形骸化的情形下，仍滥用公司法人独立地位和股东有限责任，逃避债务，应当对公司债务承担连带责任。

原审被告丁某火述称：一审判决认定答辩人丁某火不应对嘉和公司所负赖某闽的债务承担连带责任，认定事实清楚，适用法律正确，应予以维持。

一、答辩人已足额履行出资义务。答辩人丁某火仅持有嘉和公司10%的股权，认缴出资为人民币50万元，2011年4月20日福建省嘉和投资咨询有限公司成立时，答辩人丁某火即将认缴出资人民币50万元足额缴存到公司账户。因此，答辩人履行了出资义务，且出资到位，不存在未出资或出资不足的情形。

二、答辩人未参与公司的经营管理。答辩人丁某火从未参与过公司的日常经营与管理，对公司的经营活动从不知晓，没有滥用公司法人独立地位和股东有限责任的行为。

三、答辩人未作出过损害债权人利益的行为，无须对公司债务承担连带责任。答辩人是公司的小股东，没有担任公司的要职，也未参与公司的经营管理，对公司的经营管理从不知晓。只是被挂名的副董事长，不应承担公司对赖某闽还款的连带责任。从2015年2月2日的公司会议纪要，可看出答辩人没有借用、侵占公司的资金，没有涉及公司的债权债务，所以在《纪要》中，答辩人丁某火没有清偿债务的责任，也没有享受债权的权利。所以，这些债权债务的产生与答辩人丁某火没有关联，丁某火没有滥用公司法人独立地位和股东有限责任的行为，无须对公司的债务承担连带责任。

综上所述，一审判决认定答辩人丁某火没有作出导致公司人格混同、损害债权人利益的行为，认定事实清楚。一审判决认定丁某火不应对嘉和公司所负赖某闽的债务承担连带责任适用法律正确，应予以维持。

原审被告曹某栋述称：一、本案诉讼中股东苏某秀、曹某栋已经向法院提出解散公司的诉讼，法院也已判决解散第三人公司，且苏某秀已经向法院提起公司清算申请，在公司清算结果尚未出来之前，公司是否资不抵债的情况尚未明确。

二、关于公司使用曹某栋的个人账户问题。曹某栋银行卡是由公司财务保管使用，曹某栋对银行卡不具有支配和处分的权利。

原审被告赖某悦述称：一审判决认定赖某悦不应对嘉和公司所负赖某闽的债务承担连带责任，认定事实清楚，适用法律正确，应予以维持。

赖某闽向一审法院提出诉讼请求：1.判令吴某丹、苏某秀、曹某栋、丁某火、赖某悦、赖某铭对嘉和公司应返还赖某闽借款55万元及自2014年6月18日始至款清日止按月利率2%计算的利息承担连带清偿责任。2.本案诉讼费由吴某丹、苏某秀、曹某栋、丁某火、赖某悦、赖某铭承担。

一审法院认定事实：嘉和公司于2011年4月22日在长汀县市场监督管理局登记注册，注册资本500万元人民币；法定代表人为吴某丹（董事长），副董事长为苏某秀、丁某火，公司总经理为曹某栋，均为任期三年；公司经营范围为投资理财信息咨询服务。股东为吴某丹（出资50万元），苏某秀（出资250万元），曹某栋（出资100万元，），丁某火（出资50万元），赖某悦（出资50万元），赖铮系被赖某悦冒名的股东（2017年7月20日赖某悦将其所持股权转让给赖某铭所有）。公司成立后，所有股东均有实际出资。2013年9月18日，赖某闽借给嘉和公司55万元，由公司出具收据，赖某闽根据公司要求将借款55万元打入总经理曹某栋个人账户。2015年8月14日，长汀县人民法院作出〔2015〕汀民初字第2302号民事判决书，判决嘉和公司应返还赖某闽借款55万元及自2014年6月18日始至款清日止按月利率2%计算的利息。该判决生效后，赖某闽依法向长汀县人民法院申请执行。2016年3月10日，长汀县人民法院作出〔2015〕汀执字第2455号执行裁定书，认为在执行过程中未发现被执行人有可供执行的财产，案件暂不具备继续执行的条件，裁定赖某闽所请求的执行事项在此次执行程序终结。

本案争议的主要焦点为：一、公司是否有可供执行的财产；二、赖某闽将借给

第十章 公司财务、会计

公司的款项打入曹某栋个人账户,是否属明知公司股东滥用权利,公司股东是否还应对公司债务承担连带责任;三、公司股东是否有滥用公司法人独立地位和股东有限责任;四、没有实施滥用权利行为的股东是否要承担连带责任。

对上述争议的焦点作如下分析认定:一、关于公司是否有可供执行的财产问题。会议纪要虽载明,公司拥有客家物流园的股份,但从目前的证据看,嘉和公司并不是客家物流园的股东,不足以证明公司拥有客家物流园价值三百万元的财产,曹某栋提供的借条等也不足以证明嘉和公司有可供执行的财产。二、关于赖某闽将借给公司的款项打入曹某栋个人账户,是否属明知公司股东滥用权利问题。嘉和公司在已设立了公司基本账户的情况下,又以股东曹某栋个人名义开立账户存储公司资金,赖某闽虽应公司要求将借给公司的款项打入曹某栋个人账户,但并不能因此认定赖某闽属明知公司股东滥用公司独立地位和股东有限责任,因为在主观上赖某闽并不知晓公司最终会把款项用于何处。三、关于公司股东是否有滥用公司独立地位和股东有限责任问题。首先,嘉和公司在已设立了公司基本账户的情况下,又以股东曹某栋个人名义开立账户存储公司资金,且令赖某闽将借给公司的款项打入曹某栋个人账户;其次,嘉和公司是否将该款项转入公司账户,用于公司经营,应由嘉和公司承担举证责任,而嘉和公司并未举证证明有将该款项转入公司账户,用于公司经营;第三、一审法院于2017年10月24日及11月13日先后两次通知嘉和公司、董事长吴某丹、公司总经理曹某栋,限期提交公司账册,却未提交。综上,就赖某闽所借的55万元而言,应属公司股东滥用公司法人独立地位和股东有限责任行为。四、关于没有实施滥用权利的股东是否要承担连带责任问题。因公司法人人格否认,并非追究公司所有股东的责任,所以只有滥用了公司法人人格的股东才是责任主体。

一审法院认为,公司法人人格否认制度主要适用于股东滥用公司法人独立地位和股东有限责任,逃避债务的行为。公司股东应当遵守法律、行政法规和公司章程规定,依法行使股东权利,不得滥用公司法人独立地位和股东有限责任损害公司债权人利益。嘉和公司在已设立了公司基本账户的情况下,令赖某闽将所借款项打入股东曹某栋个人账户,且未将该款项转入公司账户,用于公司经营,违反了《公司法》有关"公司除法定的会计账簿外,不得另立会计账簿。对公司资产,不得以任何个人名义开立账户存储。"的规定。造成个人与公司财务混乱、财产混同,转移了公司财产,使公司可用于履行债务的财产减少,且公司已无可供执行的财产,严重损害公司债权人赖某闽的利益。股东吴某丹是董事长、曹某栋是总经理应当对公司所负赖某闽的债务承担连带责任;股东苏某秀系公司副董事长,又是占股50%的股东,也应当对公司所负赖某闽的债务承担连带责任;股东丁某火虽系公司副董事长,有权参与公司的经营管理,但赖某闽未提供证据证明丁某火有积极参与公司的经营管理,股东赖某悦未在公司中担任副董事长以上职务,且赖某闽未提供证据证明赖某悦有积极参与公司的经营管理,《会议纪要》虽有丁某火、赖铮的名字,但该《会议纪要》不能直接证明债权确实存在，也无法证明其中的债权转让已通知到债务人、债权转让已经实现，现有证据不足以证明丁某火、赖某悦对赖某闽所借的55万元有滥用公司法人独立地位和股东有限责任逃避债务的行为，所以丁某火、赖某悦、赖某铭不应对公司所负赖某闽的债务承担连带责任。

综上所述，赖某闽要求判令吴某丹、苏某秀、曹某栋对嘉和公司应返还赖某闽借款55万元及自2014年6月18日始至款清日止按月利率2%计算的利息承担连带责任的诉讼请求，予以支持；但其对丁某火、赖某悦、赖某铭的诉讼请求，不予支持。吴某丹、赖某铭、嘉和公司经传票传唤无正当理由拒不到庭参加诉讼，依法缺席审理和判决。依照《公司法》第三条第一款、第二十条第三款及《民事诉讼法》第六十四条第一款、第一百四十四条规定，判决：一、吴某丹、苏某秀、曹某栋对〔2015〕汀民初字第2302号民事判决书所确定的福建省嘉和投资咨询有限公司应返还赖某闽借款55万元及自2014年6月18日始至款清日止按月利率2%计算的利息承担连带责任，限于判决生效后10日内履行完毕；二、驳回赖某闽的其他诉讼请求。如果未按本判决指定的期间履行给付金钱义务，应当依照《民事诉讼法》第二百五十三条之规定，加倍支付迟延履行期间的债务利息。案件受理费13 480元，减半收取6 740元，由吴某丹、苏某秀、曹某栋共同负担。

二审诉讼中，各方当事人对一审法院认定的事实均无异议，本院二审予以确认。

上诉人苏某秀提交新的证据：民事起诉状、应诉通知书、传票、民事判决书、法律文书生效证明、公司强制清算申请书、受理案件通知书、诉讼收费专用票据各一份，共同证明嘉和公司是否有可供法院执行的资产，尚待公司解散诉讼结果及公司清算结果，才能够认定。

上诉人吴某丹及各原审被告表示对证据的三性均没有异议。

被上诉人赖某闽质证认为：真实性没有异议，但与本案无关。

本院认为，上诉人苏某秀提供的证据与本案不具关联性，不予认定。

本案的争议焦点为：上诉人吴某丹、苏某秀是否应对福建省嘉和投资咨询有限公司偿还被上诉人赖某闽的债务承担连带责任？

本院认为，在第三人嘉和公司已设立公司基本账户的情况下，嘉和公司又以股东曹某栋个人名义开立账户存储公司资金，且在向被上诉人借款时，将资金转入曹某栋个人账户，其行为违反了《公司法》第一百七十二条关于"公司除法定的会计账簿外，不得另立会计账簿。对公司资产，不得以任何个人名义开立账户存储。"的规定。一审诉讼中，一审法院根据赖某闽的申请两次通知嘉和公司及其法定代表人吴某丹提交嘉和公司账册，但吴某丹及嘉和公司均拒不提交。本案二审中，曹某栋辩称其银行卡是由公司财务保管使用，用于公司经营，曹某栋对银行卡不具有支配和处分的权利。但经本院要求曹某栋提交其用于公司经营的银行卡及交易明细，其亦未向本院提交，同时未就嘉和公司向被上诉人借款为何汇入其个人账户作出合理解释，也未对该笔款项的去向作出说明。根据最高人民法院《关于适用〈中华人民共和国民事诉讼法〉的解释》第一百一十二条的规定，书证在对方当事人控制之下的，承担举证证明责任的当事人可以在举证期限届满前书面申请人民法院责令对方当事人提交。申请理由成立的，人民法院应当责令对方当事人提交，因提交书证所产生的费用，由申请人负担。对方当事人无正当理由拒不提交的，人民法院可以认定申请人所主张的书证内容为真实。故本院认定被上诉人主张的嘉和公司存在股东个人财产与公司财产混同的事实成立。两上诉人上诉称，嘉和公司尚有客家物流园股份及其他财产可供执行，没有损害被上诉人的利益，但公司是否有足够的财产可供执行与公司财产与股东财产是否混同属不同的概念，况且一审法院对被上诉人的执行申请已以无财产执行为由终结执行，两上诉人以此抗辩不承担责任的理由不成立。上诉人吴某丹认为对公司经营情况不了解，其也实际未参与管理，上诉人苏某秀称从未参与公司经营管理。但吴某丹系嘉和公司的董事长兼法定代表人，对外可代表公司，而上诉人苏某秀持有嘉和公司50%的股份，为公司控股股东。两上诉人完全有可能也有义务对嘉和公司是独立法人、拥有独立财产，能够独立承担民事责任承担举证责任，但其在一二审中均未能提供相应的证据，其上诉辩解，本院不予支持。上诉人苏某秀另主张被上诉人赖某闽的起诉违反了一事不再理的诉讼原则。但赖某闽要求借款人嘉和公司归还借款与要求股东承担连带责任属不同的请求，主张的对象也不一致，该上诉理由也不成立。

综上所述，上诉人吴某丹及苏某秀提出的上诉理由不足，应予驳回。一审判决认定事实清楚，适用法律正确，应予维持。原审被告赖某铭、原审第三人嘉和公司经本院合法传唤，未到庭参加诉讼，依法缺席审理和判决。依照《民事诉讼法》第一百四十四条、第一百七十条第一款第（一）项规定，判决如下：

驳回上诉，维持原判。

二审案件受理费13 480元，由吴某丹及苏某秀各负担6 740元。

本判决为终审判决。

本案生效后，负有履行义务的当事人须依法按期履行判决，逾期未履行的，应向执行法院报告财产状况，并不得有高消费及非生活和工作必需的消费行为。本条款即为执行通知，违反本条规定的，本案申请执行后，人民法院可依法对相关当事人采取列入失信名单、罚款、拘留等措施，构成犯罪的，依法追究刑事责任。

审 判 长　郑国柱
审 判 员　张文池
审 判 员　郭胜华
二〇一九年十二月二十二日
法官助理　吴金燕
书 记 员　杜岳烨

福建省高级人民法院
民 事 裁 定 书

〔2020〕闽民申 2901 号

再审申请人（一审被告、二审上诉人）：吴某丹，男，汉族，1969 年 9 月 14 日出生，住福建省长汀县。

再审申请人（一审被告、二审上诉人）：苏某秀，女，1968 年 10 月 1 日出生，汉族，住福建省长汀县。

委托诉讼代理人：曹品华，福建古进律师事务所律师。

被申请人（一审原告、二审被上诉人）：赖某闽，男，1961 年 9 月 9 日出生，汉族，住福建省长汀县。

委托诉讼代理人：陈秋发，福建坤朗律师事务所律师。

委托诉讼代理人：陈钦，福建坤朗律师事务所律师。

一审被告：曹某栋，男，汉族，1965 年 4 月 24 日出生，住福建省长汀县。

一审被告：丁某火，男，汉族，1986 年 1 月 8 日出生，住福建省长汀县。

一审被告：赖某悦，男，汉族，1964 年 10 月 15 日出生，住福建省长汀县。

一审被告：赖某铭，男，汉族，1979 年 10 月 14 日生，住福建省长汀县。

一审第三人：福建省嘉和投资咨询有限公司，住所地福建省长汀县腾飞一路 6 号电信大厦第十一层 1105、1106、1108 号。

法定代表人：吴某丹，董事长。

再审申请人吴某丹、苏某秀因与被申请人赖某闽、一审被告曹某栋、丁某火、赖某悦、赖某铭、一审第三人福建省嘉和投资咨询有限公司（以下简称嘉和公司）股东损害公司债权人利益责任纠纷一案，不服福建省龙岩市中级人民法院〔2019〕闽 08 民终 1465 号民事判决，向本院申请再审。本院依法组成合议庭对本案进行了审查，现已审查终结。

吴某丹申请再审称：一、二审期间，福建省长汀县人民法院受理了嘉和公司强制清算一案，即嘉和公司正式进入强制清算程序。根据《最高人民法院关于适用〈中华人民共和国企业破产法〉若干问题的规定（二）》第二十一条第一款第三项的规定，破产申请受理前，破产申请受理时案件尚未审结，债权人以债务人的股东与债务人法人人格严重混同为由，主张债务人的股东直接向其偿还债权人对其所负债务的，人民法院应当中止审理。苏某秀向二审法院提交了《强制清算申请书》《受理案件通知书》，二审明知嘉和公司已进入破产清算程序的情况下，继续审理本案，程序违法。二、本案不适用法人人格否定制度。原审认为"嘉和公司在已设立了公司基本账户的情况下，令赖某闽将所借款项打入股东曹某栋个人账户，且未将该款项转让公司账户，用于公司，违反了《公司法》有关……规定，造成个人与公司财务会乱、财产混同，转移了公司财产……"而适用公司法人人格否定制度，判令股东对公司债务承担连带责任，属于适用法律错误。适用法人人格否定制度的法律依据是《公司法》第二十条第三款"公司股东滥用公司法人独立地位和股东有限责任，逃避债务，严重损害公司债权人利益的，应当对公司债务承担连带责任"的规定，而非《公司法》第一百七十一条对于公司财务、会计制度的规定。在股东损害债权人利益纠纷中，股东承担连带责任需符合三个基本要件：1. 股东滥用股东权利或者滥用公司独立法人人格；2. 造成债权人利益严重受损；3. 二者之间具有因果关系。而在最高人民法院在《关于严格规定公司人格否定制度适用条件的建议及答复》中强调，法人人格独立是《公司法》的基本原则，人格否认是公司制度的例外，要从严掌握法人人格否认制度的适用条件，避免因滥用该制度而动摇法人人格独立原则的基石，只有股东与公司存在财产混同、业务混同、人事混同、住所混同情形的，才可以认定股东与公司人格混同。在日常的公司经营过程中，因使用公司账户存在诸多手续，都存在用公司股东或财务、出纳个人名义开设个人账户用于公司日常使用，仅仅是为了方便公司的经营，该措施违反的是财务规章制度，并不会必然导致财产的损失，也不能以此轻易地认定公司与个人财产混同。同时，赖某闽在明知款项汇入总经理曹某栋个人账户的情况下，但仍与公司进行交易的情形，足以证明被上诉人也认可公司使用个人账户的情形，并不是使用个人账户就必然可以认定公司和股东的人格和财产发生了混同，导致公司法人人格形骸化，并损害了作为债权人的利益。因此，本案不适用法人人格否定制度。嘉和公司现还属于经营中的法人，应当以其财产对债务承担责任，而不应当由股东承担连带责任。三、原审遗漏认定了吴某丹成为法定代表人并非系其本人意愿申请产生，而系他人借用吴某丹名义产生，所有签字亦并非其本人签字。原审提交的证据中"福建省嘉和投资咨询有限公司公司登记内档"中的资料，所有"吴某丹"的签名均不是本人所签，特别是2017年7月20日公司召开股东大会，在股东会决议中虽然注明"本次会议由董事长吴某丹召集并主持"但实际上，对于该次会议，吴某丹毫不知情，甚至在曹某栋、赖某铭、丁某火以嘉和公司股东的名义对赖某闽提起诉讼时，吴某丹还不知晓公司已经更换了监理，且在该案中曹某栋、赖某铭也认可上述材料中吴某丹的签名非本人所签，且未有证据证明吴某丹委托曹兰煌所签。嘉和公司的实际曹某栋及苏某秀，苏某秀是由其丈夫曹兰煌在公司管理。而吴某丹仅仅是名义上的法定代表人，从未实际参与公司的经营管理。股东损害公司债权人利益责任纠纷，应当追究的是滥用了公司人格的股东，即公司的实际管理人。而吴某丹并未参与公司的实际管理，更加不存在滥用公司法人人格而逃避债务的情形。依据《民事诉讼法》第二百条的规定，请求依法再审本案。

苏某秀申请再审称：一、苏某秀对赖某闽所诉55万元借款毫不知情，其并不是滥用嘉和公司法人资格和股东有限责任的股东。1.苏某秀作为具名股东，投资款项已经全部到位，并且没有抽逃资金的行为。2011年4月20日，苏某秀已经将250万元投资款投入到福建省嘉和投资咨询有限公司在长汀县农村信用合作联社开立的基本账户。这有当时的《进账单》《银行询证函》足以证实。2.嘉和公司登记的苏某秀持股50%不是实际情况，实际情况是苏某秀只占公司27%的股份，其中隐名股东谢家勇（身份证号码：352622196605××××）占公司10%、隐名股东林浩（身份证号码：352622197710×××）占公司15%。事实上，上诉人并没有代替隐名股东谢家勇和林浩行使股东权益。证据如下：（1）2011年4月19日的股东会决议，有林浩和谢家勇两人的签名；（2）2011年4月20日的董事会决议，有林浩和谢家勇两人的签名；（3）2012年1月5日公司的分红，有林浩和谢家勇两人的股份体现；（4）2015年2月2日的会议纪要，有林浩和谢家勇两人的签名。3、股东苏某秀从未参与公司的经营管理，在公司的管理过程中，从未出现她的签名。承担连带责任的股东，应当仅为滥用公司法人独立地位和股东有限责任的股东，而不应当包括公司的其他股东。也就是说，谁破坏了公司法人的独立地位并侵占了公司的财产，谁就应当向公司的债权人承担连带责任。而其他股东也是受害者，故不但不应当承担连带责任，甚至也应当享有要求侵害股东赔偿的权利。何况赖某闽还必须举证证明股东苏某秀有滥用公司法人人格的行为而且该种行为与造成的损失之间有直接的因果关系。本案中赖某闽并没有承担必要的举证责任。二、本案不适用法人人格否定制度。在股东损害债权人利益纠纷中，股东承担连带责任需符合三个基本要件：1.股东滥用股东权利或者滥用公司独立法人人格；2.造成债权人利益严重受损；3.二者之间具有因果关系。而在最高人民法院在《关于严格规定公司人格否定制度适用条件的建议及答复》中强调，法人人格独立是《公司法》的基本原则，人格否认是公司制度的例外，要从严掌握法人人格否认制度的适用条件，避免因滥用该制度而动摇法人人格独立原则的基石，只有股东与公司存在财产混同、业务混同、人事混同、住所混同情形的，才可以认定股东与公司人格混同。在日常的公司经营过程中，因使用公司账户存在诸多手续，都存在用公司股东或财务、出纳个人名义开设个人账户用于公司日常使用，仅仅是为了方便公司的经营，该措施违反的是财务规章制度，并不会必然导致财产的损失，也不能以此轻易地认定公司与个人财产混同。同时，赖某闽在明知款项汇入总经理曹某栋个人账户的情况下，但仍与公司进行交易的情形，足以证明被上诉人也认可公司使用个人账户的情形，并不是使用个人账户就必然可以认定公司和股东的人格和财产发生了混同，导致公司法人人格形骸化，并损害了作为债权人的利益。因此，本案不适用法人人格否定制度。嘉和公司现还属于经营中的法人，应当以其财产对债务承担责任，而不应当由股东承担连带责任。三、嘉和公司的债权和财产足以清偿赖某闽诉请的55万元借款本息，无须苏某秀承担责任。赖某闽于2017年9月11日向长汀县人民法院提交的《请求执行福建省嘉和投资咨询有限公司股份的报告》，就已经确认"福建省嘉和投资咨询有限公司投资250万元持有福建客家物流园开发有限公司百分之一的股份，现在市场价值已经超过300多万元"，与赖某闽需要执行的55万元相比，明显表明嘉和公司的财产足以偿还公司到期债务。此外，嘉和公司还有债权370万元可供执行。而且，法院已从曹某栋账户执行了100余万元款项，足以偿还本案借款本息。四、嘉和公司已进入强制清算程序，在法院将嘉和公司的债权债务清理清楚之前，赖某闽要求嘉和公司股东为公司债务承担连带责任，为时过早。依据《民事诉讼法》第二百条的规定，请求依法再审本案。

本院认为，本案系股东损害公司债权人利益责任纠纷，《公司法》第二十条规定了公司股东滥用公司独立地位和股东有限责任，逃避债务，严重损害公司债权人利益的，股东应承担的法律后果。该条规定，公司股东应当遵守法律、行政法规和公司章程，依法行使股东权利，不得滥用股东权利损害公司或者其他股东的利益；不得滥用公司法人独立地位和股东有限责任损害公司债权人的利益；公司股东滥用股东权利给公司或者其他股东造成损失的，应当依法承担赔偿责任；公司股东滥用公司法人独立地位和股东有限责任，逃避债务，严重损害公司债权人利益的，应当对公司债务承担连带责任。赖某闽主张嘉和公司股东损害其债权，并要求嘉和公司股东对嘉和公司所负的55万元借款本息债务承担连带清偿责任，赖某闽应对其诉讼主张负有举证证明责任。根据原审查明的事实，嘉和公司成立后，所有股东均有实际出资。吴某丹、苏某秀等以出资为限对嘉和公司承担责任，在一般情况下其作为股东并不直接承担嘉和公司对外债务的还款责任，嘉和公司对外债务应由嘉和公司以其独立的公司财产偿还。原审法院应根据赖某闽的举证情况，对吴某丹、苏某秀等股东是否存在滥用公司法人独立地位和股东有限责任的行为，以及该行为与赖某闽主张的55万元借款本息的债权未受清偿是否存在因果关系等进行审查，认定吴某丹、苏某秀等股东是否应对嘉和公司债务承担连带责任。《公司法》第一百七十一条"公司除法定的会计账簿外，不得另立会计账簿。对公司资产，不得以任何个人名义开立账户存储"的规定，仅是《公司法》对公司财务与会计制度的一般规定。原审据此认定嘉和公司股东滥用公司法人独立地位和股东有限责任，逃避债务，应承担连带责任，属适用法律错误。综上，吴某丹、苏某秀的再审申请符合《民事诉讼法》第二百条第六项规定的情形。

依照《民事诉讼法》第二百零四条、第二百零六条、《最高人民法院关于适用〈中华人民共和国民事诉讼法〉的解释》第三百九十五条第一款规定，裁定如下：

一、指令福建省龙岩市中级人民法院再审本案。

二、再审期间，中止原判决的执行。

审 判 长　林　源
审 判 员　蔡毅明
审 判 员　林文勋
二〇二〇年十月十四日
法官助理　揭元源
书 记 员　张秋梅

第十一章 公司合并、分立、增资、减资

【2023年版本、三次审议稿】

第二百一十八条 公司合并可以采取吸收合并或者新设合并。

一个公司吸收其他公司为吸收合并，被吸收的公司解散。两个以上公司合并设立一个新的公司为新设合并，合并各方解散。

【2018年版本】

第一百七十二条 公司合并可以采取吸收合并或者新设合并。

一个公司吸收其他公司为吸收合并，被吸收的公司解散。两个以上公司合并设立一个新的公司为新设合并，合并各方解散。

【本条释义】

本条规定了公司合并的方式。

公司合并可以采取两种方式：吸收合并或者新设合并。无论采取哪种方式，公司合并时至少要有一个公司解散。

吸收合并是一个公司吸收其他公司，被吸收的公司解散。例如，甲公司和乙公司采取吸收合并的方式合并，合并之后，乙公司解散，甲公司存续，乙公司全部资产、负债和人员并入甲公司。

新设合并是两个以上公司合并设立一个新的公司，合并各方解散。例如，甲公司和乙公司采取新设合并的方式合并，合并之后，甲公司和乙公司均解散，新设丙公司来承接甲公司和乙公司的全部资产、负债和人员。

【相关规章规定】

《财政部 国家税务总局关于企业重组业务企业所得税处理若干问题的通知》（财税〔2009〕59号）

一、本通知所称企业重组，是指企业在日常经营活动以外发生的法律结构或经济结构重大改变的交易，包括企业法律形式改变、债务重组、股权收购、资产收购、合并、分立等。

（五）合并，是指一家或多家企业（以下称为被合并企业）将其全部资产和负债转让给另一家现存或新设企业（以下称为合并企业），被合并企业股东换取合并企业的股权或非股权支付，实现两个或两个以上企业的依法合并。

……

四、企业重组，除符合本通知规定适用特殊性税务处理规定的外，按以下规定进行税务处理：

（四）企业合并，当事各方应按下列规定处理：

1. 合并企业应按公允价值确定接受被合并企业各项资产和负债的计税基础。
2. 被合并企业及其股东都应按清算进行所得税处理。
3. 被合并企业的亏损不得在合并企业结转弥补。

五、企业重组同时符合下列条件的，适用特殊性税务处理规定：

（一）具有合理的商业目的，且不以减少、免除或者推迟缴纳税款为主要目的。

（二）被收购、合并或分立部分的资产或股权比例符合本通知规定的比例。

（三）企业重组后的连续12个月内不改变重组资产原来的实质性经营活动。

（四）重组交易对价中涉及股权支付金额符合本通知规定比例。

（五）企业重组中取得股权支付的原主要股东，在重组后连续12个月内，不得转让所取得的股权。

六、企业重组符合本通知第五条规定条件的，交易各方对其交易中的股权支付部分，可以按以下规定进行特殊性税务处理：

（四）企业合并，企业股东在该企业合并发生时取得的股权支付金额不低于其交易支付总额的85%，以及同一控制下且不需要支付对价的企业合并，可以选择按以下规定处理：

1. 合并企业接受被合并企业资产和负债的计税基础，以被合并企业的原有计税基础确定。
2. 被合并企业合并前的相关所得税事项由合并企业承继。
3. 可由合并企业弥补的被合并企业亏损的限额＝被合并企业净资产公允价值×截至合并业务发生当年年末国家发行的最长期限的国债利率。
4. 被合并企业股东取得合并企业股权的计税基础，以其原持有的被合并企业股权的计税基础确定。

第十一章 公司合并、分立、增资、减资

【2023年版本、三次审议稿】

第二百一十九条　公司与其持股百分之九十以上的公司合并，被合并的公司不需经股东会决议，但应当通知其他股东，其他股东有权请求公司按照合理的价格收购其股权或者股份。

公司合并支付的价款不超过本公司净资产百分之十的，可以不经股东会决议；但是，公司章程另有规定的除外。

公司依照前两款规定合并不经股东会决议的，应当经董事会决议。

【本条释义】

本条规定了公司合并的决策程序。

公司合并是公司经营中的大事，原则上需要经过公司股东会的特别决议。如果公司与其持股90%以上的公司合并，由于股东会决议也是持股90%以上的公司说了算，此时没有必要再经过股东会的特别决议。因此，被合并的公司不需经股东会决议，但应当通知其他股东，为了确保其他股东的利益不受侵犯，法律允许其他股东退出公司，即其他股东有权请求公司按照合理的价格收购其股权或者股份。公司依照上述规定合并不经股东会决议的，应当经董事会决议。

如果一个很大的公司吸收合并一个很小的公司，对于合并公司而言，并不属于重大的企业重组，可以由董事会决议。由此，公司合并支付的价款不超过本公司净资产10%的，可以不经股东会决议；但是，公司合并毕竟也是重要的事项，如果公司章程规定必须经股东会决议，则应当遵守公司章程的规定。公司依照上述规定合并不经股东会决议的，应当经董事会决议。

【2023年版本】

第二百二十条　公司合并，应当由合并各方签订合并协议，并编制资产负债表及财产清单。公司应当自作出合并决议之日起十日内通知债权人，并于三十日内在报纸上或者国家企业信用信息公示系统公告。债权人自接到通知之日起三十日内，未接到通知的自公告之日起四十五日内，可以要求公司清偿债务或者提供相应的担保。

【三次审议稿】

第二百二十条　公司合并，应当由合并各方签订合并协议，并编制资产负债表及财产清单。公司应当自作出合并决议之日起十日内通知债权人，并于三十日内在报纸

上或者统一的企业信息公示系统公告。债权人自接到通知之日起三十日内，未接到通知的自公告之日起四十五日内，可以要求公司清偿债务或者提供相应的担保。

【2018年版本】

第一百七十三条　公司合并，应当由合并各方签订合并协议，并编制资产负债表及财产清单。公司应当自作出合并决议之日起十日内通知债权人，并于三十日内在报纸上公告。债权人自接到通知书之日起三十日内，未接到通知书的自公告之日起四十五日内，可以要求公司清偿债务或者提供相应的担保。

【本条释义】

本条规定了公司合并中对债权人的保护。

公司合并是公司的重大事项，因此，应当由合并各方签订书面合并协议。公司合并主要是公司资产与负债的合并，因此，应当编制资产负债表及财产清单。

公司合并有可能是优质公司收购了资不抵债的公司，有可能损害优质公司债权人的利益，因此，公司应当自作出合并决议之日起10日内通知债权人，并于30日内在报纸上或者国家企业信用信息公示系统公告。公司应当按照所掌握的债权人的信息通知债权人，通知的具体方式可以是信件、邮件，也可以是电话、短信、微信等，尽量采取可以举证的通知方式。如果没有债权人的信息或者通过常规方式无法联系债权人，依法公告视为通知。需要注意的是，通知债权人与公告需要同时进行。

债权人自接到通知之日起30日内，未接到通知的自公告之日起45日内，可以要求公司清偿债务或者提供相应的担保。债权人一旦接到通知，就只有30日的时间来要求公司清偿债务或者提供相应的担保。只有未接到通知的债权人才能按照自公告之日起45日内的期限执行。

【典型案例】

河南省洛阳市中级人民法院

民 事 判 决 书

〔2020〕豫03民终7684号

上诉人（原审被告）：中洋联合集团股份有限公司，住所地河南省洛阳市西工区

第十一章 公司合并、分立、增资、减资

九都路58号春蕾大厦14层1403号。

法定代表人：王某武，该公司经理。

委托诉讼代理人：金力军，河南南云律师事务所律师。

被上诉人（原审原告）：李某川，男，1966年8月10日出生，汉族，住河南省嵩县。

委托诉讼代理人：刘银谦，男，嵩县城关镇韩村村民委员会推荐。

原审被告：河南洛阳毛庄绿园实业有限公司，住所地河南省嵩县金城路世纪大厦十一楼。

法定代表人：宁某周，该公司总经理。

原审被告：郑州毛庄绿园实业有限公司，住所地河南省郑州市惠济区毛庄。

法定代表人：陈某云。

原审被告：河南鹏升实业集团有限公司，住所地河南省郑州市惠济区清华园路。

法定代表人：张某鹏。

上诉人中洋联合集团股份有限公司（以下简称中洋公司）与被上诉人李某川及原审被告河南洛阳毛庄绿园实业有限公司（以下简称洛阳绿园公司）、郑州毛庄绿园实业有限公司（以下简称郑州绿园公司）、河南鹏升实业集团有限公司（以下简称鹏升公司）建设工程施工合同纠纷一案，不服河南省嵩县人民法院〔2019〕豫0325民初808号民事判决，向本院提起上诉。本院受理后，依法组成合议庭，公开开庭进行了审理。上诉人中洋公司的委托诉讼代理人金力军，被上诉人李某川及其委托诉讼代理人刘银谦到庭参加诉讼。原审被告洛阳绿园公司、郑州绿园公司、鹏升公司经依法公告，无正当理由未到庭，本院依法缺席审理。本案现已审理终结。

中洋公司上诉请求：1.撤销一审判决，依法改判驳回李某川对中洋公司的诉讼请求；2.一、二审诉讼费用由李某川承担。事实与理由：一、《温室大棚施工合同》及《工程结算证明》履行主体系李某川和洛阳绿园公司，本案工程款的支付义务主体应为洛阳绿园公司，与中洋公司无关，中洋公司作为被告，主体不适格。二、一审法院对中洋公司与郑州绿园公司之间的《协议书》性质认定错误、适用法律错误。郑州绿园公司将本案涉及的上蛮峪农业基地及其所有资产全部转让给中洋公司是买卖行为。中洋公司在确认李某川与洛阳绿园公司就欠付工程款达成折抵协议后与郑州绿园公司签订的《协议书》，且该协议中约定了之前的一切债务以及因在建设中产生的一切费用与中洋公司无关，这一点李某川知晓。中洋公司与郑州绿园公司之间关于价款的支付方式由双方自由协商决定，并未违反法律法规的相关规定。另外印章暂由中洋公司保管、员工的安置也仅是为了便利中洋公司对案涉绿园项目的接管，是双方履行协议规定义务的表现。中洋公司在接收转让后，独资成立了洛阳中洋牧业发展有限公司专门经营该农业项目。中洋公司和郑州绿园公司都是独立的法人，并未合并成一个公司。因此一审法院将中洋公司与郑州绿园公司之间的行为认定为公司合并是错误的。

李某川辩称，一、中洋公司与郑州绿园公司的协议书约定为转让协议，但根据本案证据足以证明中洋公司吸收合并洛阳绿园公司。洛阳绿园公司的公章、财务章、合

同等印章移交归中洋公司统一保管，中洋公司根据经营需要对原洛阳绿园公司人员重新竞聘。中洋公司不能提供其购买洛阳毛庄绿园项目的收据和实际转款凭证。洛阳绿园公司在建项目及完工项目全部由中洋公司接管，涉案项目工程温室大棚已经由中洋公司种植蔬菜使用。原土地流转协议主体已经变更为中洋公司与德亭镇上蛮峪村民委员会。土地使用权归中洋公司。中洋公司一审答辩称其承接了上蛮峪农业项目后，独资成立了子公司洛阳中洋农牧业发展有限公司负责该项目运营，否认其与郑州绿园公司合伙关系。但是其注册登记资本实质上就是洛阳毛庄绿园项目。洛阳绿园公司已经没有实际经营实体。中洋公司不仅接受了洛阳绿园项目，同时也接收了旧县农贸市场项目。因此可以证明洛阳绿园公司已经没有相应的权利，已经由中洋公司吸收合并。中洋公司吸收合并洛阳绿园公司后应当对原公司债务承担清偿责任。洛阳绿园公司工程款证明中关于以物抵债的约定没有履行，中洋公司已经接收旧县村的农产品市场，因此具有清偿该工程款的义务。

洛阳绿园公司、郑州绿园公司、鹏升公司未到庭参加诉讼，亦未提交书面陈述意见。

李某川向一审法院起诉请求：1. 中洋公司、洛阳绿园公司、郑州绿园公司、鹏升公司支付李某川工程款1 887 159元及利息（按照中国人民银行同期同类贷款利率自2016年3月7日计算至实际支付之日）；2. 本案诉讼费由中洋公司、洛阳绿园公司、郑州绿园公司、鹏升公司承担。

一审法院认定事实：2013年6月10日，郑州绿园公司与嵩县德亭镇上蛮峪村村民委员会签订《土地流转经营协议书》，郑州绿园公司承包嵩县德亭镇上蛮峪村村民委员会位于变电站以南、蛮峪河××、××以东、××以西的土地，面积共计约伍佰陆拾柒亩，以双方实际测量为准，期限叁拾年（自2013年6月10日至2043年6月10日）。2014年10月29日，李某川与洛阳绿园公司签订《温室大棚施工合同》，李某川以包工包料的形式承揽洛阳绿园公司的温室大棚地基及主体全部工程，施工面积约16 675平方米，工程单价为11.5万元/栋，建筑工程量为10栋。合同签订后李某川依约施工，洛阳绿园公司后对工程进行了验收，并于2016年3月7日给李某川出具《工程结算欠款证明》，载明：截至今日结算共欠工程款壹佰捌拾捌万柒仟壹佰伍拾玖元整（1 887 159元）未付。此欠款经公司和李某川协商用公司在旧县镇旧县村建设的农产品综合市场门面房1-2楼抵欠款，门面房面积价格另行签订合同书。现该门面房并未建成，也未交付李某川。2016年5月13日，郑州绿园公司作为甲方与作为乙方的中洋公司签订《协议书》，主要约定：1. 甲方在德亭镇所承建的绿园项目全部转让给乙方，转让款分两部分：第一部分为人民币500万元，协议签订之日起十日内支付；第二部分绿园项目转让给乙方后，在经营中所产生的纯利润，其中提取49%也作为绿园项目的转让款。绿园项目在经营、生产过程中，甲方有对绿园项目的生产、经营管理权、监督权和重大事项决策表决权；2. 甲乙双方均是独立法人，签订本协议前甲方的原有债务包括建设绿园项目中所产生的债务等均由甲方独自承担，与绿园项目及乙方无关。绿园项目的生产、经营是否需要成立新公司，将根据发展需要甲、乙双方协商确定。

在未成立新公司之前，绿园项目的对外销售仍暂以绿园实业名义开展，但绿园项目包括以上583亩土地的承包权、使用权均归属乙方；3.本协议生效即时，绿园实业的公章、财务章、合同等印章全暂移交乙方统一保管。该印章在移交前若因管理等原因或其他原因出现瑕疵、问题及产生后果的，均由甲方独自负责承担，移交后若产生任何问题均由乙方负责承担。原甲方人员将根据绿园项目经营需要重新竞聘，对不愿继续留任或未被聘用的人员，由甲方负责安置、清退。合同签订后，郑州绿园公司已按约定将德亭镇的绿园项目移交给中洋公司。另查明：农产品综合市场门面房所在土地系嵩县旧县镇旧县村村民委员会所有，原租赁给洛阳绿园公司，洛阳绿园公司在此地块开发建设农产品综合市场。该综合市场用地是否经过有关部门审批，没有证据证实。目前该综合市场框架结构已完成，整个工程处于停工状态，近两年土地租金由中洋公司缴纳。还查明：洛阳绿园公司的股东为董学军、宁某周、豆照兰；郑州绿园公司的股东为张某鹏、陈某云、徐天明，其中张某鹏持股90%；鹏升公司的股东为张某鹏、张伟，其中张某鹏持股95%。

  一审法院认为，当事人在债务已届清偿期后约定以物抵债，其本质为代物清偿。代物清偿是指债权人受领他种给付以代原定给付而使合同关系消灭的法律行为，属于实践性行为，只有实际履行后原债务才发生清偿的效果，未实际履行，原债务并未消灭。本案中，洛阳绿园公司给李某川出具的《工程结算欠款证明》，实际上系双方达成的以物抵债协议，该以物抵债协议并未实际履行，故李某川与洛阳绿园公司的建设工程施工合同之债仍未消灭。李某川与洛阳绿园公司签订的《温室大棚施工合同》，不违反国家法律的强制性规定，应为有效。故对李某川主张洛阳绿园公司支付工程款1 887 159元的诉讼请求，一审法院予以支持。李某川主张按照中国人民银行同期同类贷款利率计算支付2016年3月7日至实际支付之日的利息的诉讼请求，符合《最高人民法院关于审理建设工程施工合同纠纷案件适用法律问题的解释》第十七条的规定，一审法院予以支持。但"中国人民银行同期同类贷款利率"现已修改为"全国银行间同业拆借中心公布的贷款市场报价利率"，故应按该利率执行。郑州绿园公司实质控制洛阳绿园公司的生产经营、财产处分，应为关联公司，故郑州绿园公司应对洛阳绿园公司的债务承担连带清偿责任。虽然鹏升公司与郑州绿园公司的控股股东均为张某鹏，但李某川无证据证明该两个公司之间人员、业务、财务存在混同，故对李某川主张鹏升公司承担责任的诉讼请求，一审法院不予支持。至于中洋公司应否承担责任的问题，郑州绿园公司与中洋公司签订的《协议书》虽然约定为转让合同，但从价款的支付方式、印章的管理、员工的安置以及洛阳绿园公司所建农产品综合市场的土地租金交付情况来看，郑州绿园公司与中洋公司的行为符合公司合并的法律特征。根据《公司法》第一百七十四条"公司合并时，合并各方的债权、债务，应当由合并后存续的公司或者新设的公司承继"的规定，中洋公司应当对郑州绿园公司的债务承担连带清偿责任。综上，依照《合同法》第八条、第四十四条、第六十条、第一百零七条，《公司法》第一百七十四条，《最高人民法院关于审理建设工程施工合同纠纷案件适用法律问题的解释》第十七条、第十八条和《民事诉讼法》第一百四十四条，参照《公司法》第二十条第三款规定，判决：一、洛阳绿园公司于本判决书生效后十五日内支付李某川工程款 1 887 159 元及利息（按照全国银行间同业拆借中心公布的贷款市场报价利率自 2016 年 3 月 7 日计算至实际支付之日）；二、郑州绿园公司对上述款项承担连带清偿责任；三、中洋公司对上述款项承担连带清偿责任；四、驳回李某川的其他诉讼请求。如果未按本判决指定的期间履行给付金钱义务，应当依照《民事诉讼法》第二百五十三条规定，加倍支付迟延履行期间的债务利息。案件受理费 27 278 元、公告费 820 元，共计 28 098 元，由洛阳绿园公司、郑州绿园公司、中洋公司负担。

本院二审期间，双方当事人围绕上诉请求依法提交了证据，本院组织当事人进行了举证及质证。经二审审理查明的事实与一审法院认定事实基本一致。

本院认为，关于中洋公司是否应当承担付款责任问题。《公司法》第一百七十三条规定：公司合并，应当由合并各方签订合并协议，并编制资产负债表及财产清单。公司应当自作出合并决议之日起十日内通知债权人，并于三十日内在报纸上公告。债权人自接到通知书之日起三十日内，未接到通知书的自公告之日起四十五日内，可以要求公司清偿债务或者提供相应的担保。郑州绿园公司与中洋公司均系独立法人，双方签订的协议为资产转让合同，不能证明双方之间存在公司合并的合意，亦未查明双方之间存在合并的行为，且郑州绿园公司、中洋公司仍正常存续，一审法院认定郑州绿园公司与中洋公司合并继而判决中洋公司对郑州绿园公司的债务承担连带付款责任，属法律适用错误，本院予以纠正。

综上，中洋公司的上诉请求成立，应予支持；一审判决认定事实不清且适用法律错误，本院予以纠正。依照《公司法》第一百七十三条，《民事诉讼法》第一百四十四条、第一百七十条第一款第二项的规定，判决如下：

一、维持河南省嵩县人民法院〔2019〕豫 0325 民初 808 号民事判决第二项。

二、撤销河南省嵩县人民法院〔2019〕豫 0325 民初 808 号民事判决第三、第四项。

三、变更河南省嵩县人民法院〔2019〕豫 0325 民初 808 号民事判决第一项为：河南洛阳毛庄绿园实业有限公司于本判决生效之日起十日内支付李某川工程款 1 887 159 元及利息（以 1 887 159 元为基数，自 2016 年 3 月 7 日起至 2019 年 8 月 19 日按中国人民银行同期贷款利率计算；自 2019 年 8 月 20 日起至履行完毕之日止按同期全国银行间同业拆借中心公布的贷款市场报价利率计算）；

四、驳回李某川的其他诉讼请求。

如未按本判决确定的期间履行给付金钱义务，应当依照《民事诉讼法》第二百五十三条之规定加倍支付迟延履行期间的债务利息。

一审案件受理费 27 278 元，公告费 820 元，共计 28 098 元，由河南洛阳毛庄绿园实业有限公司、郑州毛庄绿园实业有限公司负担。二审案件受理费 21 784 元，由河南洛阳毛庄绿园实业有限公司、郑州毛庄绿园实业有限公司负担。

本判决为终审判决。

审判长　王春峰
审判员　姬秋萍
审判员　董　鹏
二〇二〇年十二月十六日
书记员　麻琳娜

河南省高级人民法院
民事裁定书

〔2021〕豫民申 5400 号

再审申请人（一审原告、二审被上诉人）：李某川，男，1966年8月10日出生，汉族，住河南省嵩县。

被申请人（一审被告、二审上诉人）：中洋联合集团股份有限公司，住所地：河南省洛阳市西工区九都路58号春蕾大厦14层1403号。

法定代表人：王某武，该公司董事长。

委托诉讼代理人：金力军，河南南云律师事务所律师。

一审被告：河南洛阳毛庄绿园实业有限公司，住所地：河南省嵩县金城路世纪大厦十一楼。

法定代表人：宁某周，该公司总经理。

一审被告：郑州毛庄绿园实业有限公司，住所地：河南省郑州市惠济区毛庄。

法定代表人：陈某云。

一审被告：河南鹏升实业集团有限公司，住所地：河南省郑州市惠济区清华园路。

法定代表人：张某鹏。

再审申请人李某川因与被申请人中洋联合集团股份有限公司（以下简称中洋公司）及一审被告河南洛阳毛庄绿园实业有限公司（以下简称洛阳绿园公司）、郑州毛庄绿园实业有限公司（以下简称郑州绿园公司）、河南鹏升实业集团有限公司建设工程施工合同纠纷一案，不服河南省洛阳市中级人民法院〔2020〕豫03民终7684号民事判决，向本院申请再审。本院依法组成合议庭进行了审查，现已审查终结。

李某川申请再审称，生效判决中洋公司对郑州绿园公司的债务不承担连带清偿责任错误。首先，提交嵩县旧县镇旧县村民委员会证明、嵩县旧县镇旧县村民委员会记账凭证、送达手续作为新证据，证明中洋公司不仅接受了洛阳绿园公司在嵩县德亭镇上蛮峪大棚项目，而且接收了洛阳绿园公司在嵩县工程。虽然郑州绿园公司、洛阳绿园公司工商登记存续，但实际上经营主体已经不存在，公司登记地址人去楼空。其次，生效判决机械运用《公司法》公司合并特征，撤销中洋公司对郑州绿园公司的债务承担连带清偿责任的一审判决系适用法律错误。虽然《公司法》规定，公司合并的各方应当签订合并协议，对内维护股东利益，召开股东会进行决议，对外维护债权人的利益，履行通知债权人的法定义务，并重新办理工商登记。但在实际生活中，其并不真正地规范运作，这样才能故意逃避债务。本案中洋公司与郑州绿园公司签订合同后，郑州绿园公司将洛阳绿园公司的印章、洛阳绿园公司的财务章、合同章等全部移交给中洋公司保管。再次，中洋公司并未提交其购买郑州绿园公司项目的证据，不能提交协议中称先行付款 500 万元的转款凭证、收据等。最后，根据保护债权人利益的原则，判决中洋公司承担连带责任符合法律精神。《最高人民法院关于审理与企业改制相关的民事纠纷案件若干问题的规定》（法释〔2003〕1号）确立的债务随资产转移原则为保护债权人提供了新的依据。第七条规定："企业以其优质财产与他人组建新公司，而将债务留在原企业，债权人以新设公司与原企业作为共同被告提起诉讼主张债权的，新设公司应当在接收的财产范围内与原企业共同承担连带责任"，若案涉财产转让构成了企业财产与债务的分离，债务人优质资产被转移，必将降低财产责任能力，损害债权人权益，故资产受让人应在所接收的财产范围内与债务人承担责任。依据《民事诉讼法》第二百条第一项、第二项、第六项规定，请求对本案依法再审。

中洋公司提交意见称，（一）洛阳绿园公司与李某川已就涉案工程款支付的问题达成协议，洛阳绿园公司以门面房抵工程款，该约定合法有效，且抵账的门面房为李某川承建，双方在签订抵账协议时对门面房的现状是明知的，双方的抵账协议应为现状抵顶，李某川实际占有门面房，无权另行主张工程款。（二）中洋公司与郑州绿园公司的协议为转让协议，双方约定的第一笔转让款 500 万元已经支付。双方在协议中明确约定了建设绿园项目产生的债务由郑州绿园公司承担，中洋公司不承担郑州绿园公司以前的债务。郑州绿园公司与中洋公司为两个独立的经营主体，不存在公司合并，有工商登记为证。李某川的再审申请无事实与法律依据，应依法予以驳回。

本院经审查认为，关于中洋公司是否应当承担付款连带责任的问题。《公司法》第一百七十三条规定："公司合并，应当由合并各方签订合并协议，并编制资产负债表及财产清单。公司应当自作出合并决议之日起十日内通知债权人，并于三十日内在报纸上公告。债权人自接到通知书之日起三十日内，未接到通知书的自公告之日起四十五日内，可以要求公司清偿债务或者提供相应的担保"。即公司合并是指两个或两个以上的公司依照《公司法》规定的条件和程序，通过订立合并协议，共同组成一个新公司的法律行为。公司合并的程序通常为董事会制订合并方案、签订公司合并协议、编制资产负债表和财产清单、合并决议的形成、向债权人通知和公告、向工商登记机关办理合并登记。2016年5月13日，郑州绿园公司与中洋公司签订《协议书》，协议主要约定内容为：郑州绿园公司在德亭镇所承建的绿园项目，全部转让给中洋公司，转让款分两部分：第一部分为人民币 500 万元，协议签订之日起十日内支付；第二部分绿园项目转让给中洋公司后，在经营中所产生的纯利润，其中提取 49% 也作为绿园项目的转让款；郑州绿园公司、中洋公司均为独立法人，签订本协议前郑州绿园公司的原有债务包括建设绿园项目中所产生的债务等均由郑州绿园公司独自承担，与绿园项目及中洋公司无关等。从以上协议内容可见，郑州绿园公司与中洋公司签订的协议为资产转让合同。对第一笔转让款 500 万元，中洋公司提交了支付收款收据予以证明；对第二部分转让款，为郑州绿园公司对中洋公司的债权。郑州绿园公司与中洋公司之间不存在公司合并的合意，亦不存在公司合并的行为，郑州绿园公司、中洋公司工商登记状况经查仍正常存续。李某川向一审法院起诉主张中洋公司承担责任的依据，其起诉状陈述为中洋公司与郑州绿园公司为合伙关系。一审判决以公司合并为依据判令中洋公司承担连带清偿责任适用法律错误，生效判决认定郑州绿园公司与中洋公司不存在公司合并认定事实、适用法律并无不当。李某川申请再审提交的嵩县旧县镇旧县村民委员会证明、记账凭证、送达手续均不足以推翻生效判决。

综上，李某川的再审申请不符合《民事诉讼法》第二百条第一项、第二项、第六项规定的情形。依照《民事诉讼法》第二百零四条第一款，《最高人民法院关于适用〈中华人民共和国民事诉讼法〉的解释》第三百九十五条第二款规定，裁定如下：

驳回李某川的再审申请。

审 判 长　戚寒箫
审 判 员　陈红云
审 判 员　张　琳
二〇二一年八月三日
法官助理　丁飞虎
书 记 员　边　辑

【2023 年版本、三次审议稿】

第二百二十一条　公司合并时，合并各方的债权、债务，应当由合并后存续的公司或者新设的公司承继。

【2018 年版本】

第一百七十四条　公司合并时，合并各方的债权、债务，应当由合并后存续的公司或者新设的公司承继。

【本条释义】

本条规定了公司合并债权债务的处理。

公司合并时，合并各方并不清算，因此，合并各方的债权、债务，应当由合并后存续的公司或者新设的公司承继。公司合并时，双方的资产和负债仅仅是简单合为一个主体所有，并未在实质上增减双方的资产和负债，因此，并未对原债权人和债务人产生实质性影响，由合并后的公司承继是合理的。

【2023 年版本】

第二百二十二条　公司分立，其财产作相应的分割。

公司分立，应当编制资产负债表及财产清单。公司应当自作出分立决议之日起十日内通知债权人，并于三十日内在报纸上或者国家企业信用信息公示系统公告。

【三次审议稿】

第二百二十二条　公司分立，其财产作相应的分割。

公司分立，应当编制资产负债表及财产清单。公司应当自作出分立决议之日起十日内通知债权人，并于三十日内在报纸上或者统一的企业信息公示系统公告。

【2018 年版本】

第一百七十五条　公司分立，其财产作相应的分割。

公司分立，应当编制资产负债表及财产清单。公司应当自作出分立决议之日起十日内通知债权人，并于三十日内在报纸上公告。

【本条释义】

本条规定了公司分立。

公司分立，就是一个公司分立为两个或者多个公司，原公司可以存续，也可以解散。公司分立时，原公司的财产作相应的分割，分别进入分立后新成立的公司以及存续的公司。

公司分立，实质是对公司的资产和负债进行相应的分割，因此，应当编制资产负债表及财产清单。公司本来就需要定期编制资产负债表，如很多中大型公司每月均编制一份资产负债表。为公司分立需要，应当在股东会或者相关机构确立的分立日重新编制一份资产负债表,以供分立时分割财产使用。

公司分立需要对相关债权债务进行分割,也有可能损害债权人的利益,因此,公司应当自作出分立决议之日起 10 日内通知债权人,并于 30 日内在报纸上或者国家企业信用信息公示系统公告。公司分立的通知程序与公司合并的通知程序是相同的,均只需要通知债权人,不需要通知债务人,因为并不影响债务人的利益。

【典型案例】

贵州省高级人民法院
民 事 判 决 书

〔2016〕黔民终 74 号

上诉人(原审被告)姚某金,男,1962 年 6 月 20 日出生,住贵州省贵阳市观山湖区。委托代理人陆建民,贵州贵达律师事务所律师。特别授权代理。

上诉人(原审被告)姚某宜,男,1965 年 6 月 2 日出生,住贵州省贵阳市观山湖区。委托代理人陆建民,贵州贵达律师事务所律师。特别授权代理。

被上诉人(原审原告)贵州捷利达贸易有限责任公司,住所地:贵州省贵阳市南明区解放路 224 号 B 座 14 号。

法定代表人申某捷,该公司董事长。

委托代理人陈某昌,男,1947 年 12 月 15 日出生,住贵州省贵阳市云岩区,系该公司法律顾问。

原审被告贵州中杭投资有限公司,住所地:贵州省贵阳市观山湖区金阳南路碧海花园金翠湾 8 幢。

法定代表人姚某金,该公司董事长。

委托代理人陆建民,贵州贵达律师事务所律师。特别授权代理。

贵州捷利达贸易有限责任公司(以下简称捷利达公司)与被告贵州中杭投资有限公司(以下简称中杭公司)、姚某金、姚某宜股权转让纠纷一案,姚某金、姚某宜不服贵州省贵阳市中级人民法院〔2015〕筑民二(商)初字第 389 号民事判决,向本院提出上诉。本院受理后,依法组成合议庭进行了审理,本案现已审理终结。

原审法院经审理查明:2010 年 12 月 30 日,原告捷利达公司的法定代表人申某捷、案外人申三清、张莲芬与被告姚某宜、姚某金签订《贵州捷利达贸易有限责任公司增资扩股协议》《增资扩股补充协议》,约定原告捷利达公司增资扩股,注册资本由 1 000 万元增加至 3 333.33 万元。被告姚某宜出资 1 666.66 万元占股 50%,被告姚某金出资 666.66 万元占股 20%,被告姚某宜、姚某金的股东权益仅限于原告捷利达公司在盘县淤泥乡有益煤矿、盘县鸡场坪乡捷达煤矿、盘县英武乡捷吉煤矿各 40% 股份比例的资产权益和经营收益。2011年1月6日、7日，被告姚某宜、姚某金按照合同约定支付了2 333.32万元的股权转让款成为原告捷利达公司占股70%的股东。嗣后，案外人贵州华能焦化制气股份有限公司、贵阳煤气气源厂、贵州华能佳源煤业有限公司、贵州天健能源投资有限公司与原告捷利达公司签订《盘县英武乡捷吉煤矿、盘县有益煤矿、盘县捷达煤矿增资协议》，约定成立贵州华能佳源煤业有限公司作为三煤矿的建设单位，股东构成为案外人贵州华能焦化制气股份有限公司占股30.1%、贵州天健能源投资有限公司占股29.9%、被告姚某金占股28%、原告捷利达公司的法人申某捷占股12%。由于贵州华能佳源煤业有限公司只接受法人股东，2013年4月22日原告捷利达公司的法定代表人申某捷、案外人申三清、张莲芬与被告姚某宜、姚某金签订《贵州捷利达贸易有限责任公司公司分立协议》，约定依据《盘县英武乡捷吉煤矿、盘县有益煤款、盘县捷达煤款增资协议》，原告捷利达公司进行存续式公司分立，原告捷利达公司保留主体资格占三煤矿12%的股份，被告中杭公司成立占三煤矿28%的股份。被告中杭公司在取得三煤矿28%采矿权股份的前提条件下（盘县三煤矿采矿权转到贵州华能佳源煤业有限公司名下，同时被告中杭公司取得28%矿权后），被告姚某宜、姚某金将持有原告捷利达公司70%的股份以零元转让给申某捷同时退出原告捷利达公司。2013年8月29日《贵州华能佳源煤业有限公司章程》记载，该公司股东构成为：贵州华能焦化制气股份有限公司占股30.1%、贵州天健能源投资有限公司占股29.9%、被告中杭公司占股28%、原告捷利达公司占股12%。原告捷利达公司认为被告不履行《贵州捷利达贸易有限责任公司公司分立协议》约定的合同义务构成违约，遂起诉至本院诉请如前。

另查明，盘县英武乡捷吉煤矿、盘县滑石乡有益煤矿、盘县鸡场坪乡捷达煤矿的投资建设单位是贵州华能佳源煤业有限公司，该公司已于2013年6月9日取得盘县英武乡捷吉煤矿采矿许可证。贵州省国土资源厅于2014年12月20日向贵州华能佳源煤业有限公司出具通知领取盘县有益煤矿采矿许可证。

另查明，被告中杭公司成立于2013年4月2日，股东为被告姚某宜、姚某金。原告捷利达公司的营业期限为2005年1月27日至2015年1月1日。

原告捷利达公司诉称：2010年12月30日，原告捷利达公司增资扩股，被告姚某宜、姚某金投资23 333 300元入股原告捷利达公司，成为原告捷利达公司股东，占原告捷利达公司增资后注册资本的70%，但其股东权益仅限于原告捷利达公司在盘县淤泥乡××煤矿、××县鸡场××乡××煤矿、××县××乡××煤矿（下××三煤矿）各40%股份比例的资产权益和经营收益。原告捷利达公司在其他企业或经济实体的资产权益和经营收入，被告姚某宜、姚某金均不享有。之后，盘县三煤矿增资组建贵州华能佳源煤业有限公司（下称"佳源公司"）。2013年4月23日，原告捷利达公司与贵州华能焦化制气股份有限公司（下称"焦化公司"）、贵阳煤气气源厂、佳源公司、贵州天健能源投资有限公司（下称"天健公司"）签署的《盘县淤泥乡有益煤矿、盘县鸡场坪乡捷达煤矿、盘县英武乡捷吉煤矿增资协议》第2条2.1.4约定："丁方（即原告捷利达公司）需在本协议签署后，立即进行公司分立改制"。

第十一章 公司合并、分立、增资、减资

原告、被告据此约定,签订《贵州捷利达贸易有限责任公司分立协议》(下称"协议")。《协议》约定:(1)公司以存续方式分立,捷利达存续,派(新)生"贵州中杭投资有限公司";(2)股权分割:甲方(即原告)在盘县三煤矿各40%采矿权股份所涉资产权益、经营收益,其中的12%采矿权股份所涉资产权益、经营收益归甲方(原告)所有,28%采矿权股份所涉资产权益、经营收益归乙方(被告)所有;(3)分立程序:甲方(原告)股东会作出并签署公司分立决议;签署公司章程修正案决议;(4)编制资产负债表及财产清单;(5)甲、乙方以股权转让而分立,在乙方取得盘县三煤矿各28%采矿权股份所涉资产权益、经营收益条件下(盘县三煤矿采矿权转到佳源公司名下,同时乙方取得28%矿权后),被告姚某宜、姚某金(甲方股东)将所持甲方各50%、20%股份以零价格转让给申某捷(甲方股东),被告姚某宜、姚某金退出甲方,另行成立乙方(即被告中杭公司);(6)甲、乙方及时申请工商股权、股东变更登记。该协议签订后,原告履行了协议约定的全部义务,将原告分割给被告在盘县三煤矿各28%采矿权股份转移到佳源公司名下,被告并取得佳源公司28%采矿权股份。而被告成为佳源公司股东后,却不履行协议约定的签署股东会关于公司分立的决议、修正公司章程的决议、编制资产负债表和财产清单等文件;也不履行协议约定的股权转让转移等相关手续。原告几经催告,被告总是借故推诿,一拖再拖,至今仍未履行协议约定的签署公司分立的相关文件,办理股权转让转移等相关手续,致使原告不能就公司分立事项向工商部门进行股权转移、股东变更登记;进而致使原告公司经营期限届满(2015年1月1日)后不能进行延长经营期限等变更登记,原告公司不能进行年检,导致公司主体资格合法性丧失,原告捷利达公司不能合法正常经营,造成公司不可弥补的经营,遂起诉至法院请求:一、判令二、三被告依约履行签署捷利达公司分立的股东会决议、捷利达公司章程修正案决议等文件,并办理股权转让转移等相关手续;二、判令三被告连带支付违约金20 000 000元给原告;三、本案诉讼费及律师代理费由被告承担。

被告中杭公司、姚某金、姚某宜答辩称:1.原告及法定代表人在增资扩股协议之后,多次违约。2.被告入股以来,投资大笔资金,但是原告公司财务情况混乱。3.增资协议和分立协议不仅对双方,还包括第三人的权利义务的约定。我们都没有权利要求第三人对我们双方配合,这是不可成就的。4.20 000 000元违约金的要求,是不合法律规定的。原告没有证据证明其损失情况。5.要求三被告履行原告的分立协议,但分立程序上有问题,分立协议履行不具备条件:股东没有享有股东权利,认可经济权利限于三煤矿,但是其他的股东权利应该及于整个公司;分立程序上,分立协议的第三款不成就,没有资产负债表和财产清单;公司经营期限已于2015年1月1日到期,根据法律规定必须进行清算,但是还没有清算。6.对方没有开出发票,没有付款证明,缺乏要求被告赔偿律师费的证明。

原审法院认为:本案争议的焦点为:第一、原告捷利达公司是否有权要求被告姚某宜、姚某金配合完成股权转让手续;第二、被告中杭公司、姚某宜、姚某金是否构成违约。首先,原告捷利达公司及其股东申某捷、申三清、张莲芬与被告中杭公司及

其股东姚某宜、姚某金于2013年4月22日签订的《贵州捷利达贸易有限责任公司公司分立协议》系各方当事人真实意思表示，内容不违反法律、行政法规禁止性规定，依法成立并生效。该协议约定，原告捷利达公司通过存续分立的方式派生分立被告中杭公司，原告捷利达公司将其享有的盘县英武乡捷吉煤矿、盘县滑石乡有益煤矿、盘县鸡场坪乡捷达煤矿各40%采矿权股份中28%转让给被告中杭公司。当三煤矿采矿权转到案外人贵州华能佳源煤业有限公司名下，同时被告中杭公司取得28%矿权后，被告姚某宜、姚某金将持有原告捷利达公司70%的股权以零元转让给申某捷。根据《贵阳市人民政府关于商请将贵阳煤气气源厂原料煤供应基地所涉及煤矿的采矿权申请人变更为贵州华能佳源煤业有限公司的函》（筑府函〔2012〕72号）、《贵州省国土资源厅关于盘县英武乡捷吉煤矿等三个采矿权办理采矿许可证有关事宜的复函》（国土资函〔2011〕473号）、《贵州省国土资源厅关于领取盘县有益煤矿（新立）采矿许可证的通知》（黔国土资矿证字〔2014〕1066号）、采矿许可证可知，案外人贵州华能佳源煤业有限公司现为三煤矿的建设单位，已经作为采矿权人取得了盘县英武乡捷吉煤矿采矿许可证，并有权领取盘县有益煤矿采矿许可证，双方均认可盘县鸡场坪乡捷达煤矿由案外人贵州华能佳源煤业有限公司办理申请采矿权手续。2013年8月29日《贵州华能佳源煤业有限公司公司章程》显示，被告中杭公司为占股28%的股东。结合上述事实，可以认定《贵州捷利达贸易有限责任公司公司分立协议》约定的采矿权并不是指采矿许可证而是指采矿权申请权，案外人贵州华能佳源煤业有限公司具有三煤矿采矿权申请权且已经取得其中一个煤矿的采矿许可证，且被告中杭公司亦成为案外人贵州华能佳源煤业有限公司的股东，原告捷利达公司已经完成了《贵州捷利达贸易有限责任公司公司分立协议》将"盘县三煤矿采矿权转到贵州华能佳源煤业有限公司名下，同时被告中杭公司取得28%矿权"的约定，有权要求被告姚某宜、姚某金履行零元转让股权的约定。其次，原告捷利达公司认为被告中杭公司、姚某宜、姚某金没有履行《贵州捷利达贸易有限责任公司公司分立协议》的约定属于违约，应当按照协议约定支付2 000万元违约金。根据《公司法》第一百七十六条"公司分立，其财产作相应的分割。公司分立，应当编制资产负债表及财产清单。公司应当自作出分立决议之日起十日内通知债权人，并于三十日内在报纸上公告。"之规定，公司分立的需要编制资产负债表及财产清单。虽然《贵州捷利达贸易有限责任公司增资扩股协议》《增资扩股补充协议》约定被告姚某宜、姚某金作为原告捷利达公司占股70%股东的限于三煤矿的资产权益及经营收益，但是《贵州捷利达贸易有限责任公司章程》并没有就公司分立程序作出特别约定。在工商行政管理部门作出最终认定之前，公司分立应当编制资产负债表及财产清单，原告捷利达公司抗辩称无需编制资产权益及经营收益没有法律依据，不能得出被告姚某宜、姚某金违约的结论。原告捷利达公司关于律师费的诉讼请求亦不成立。被告姚某宜、姚某金有义务配合原告捷利达公司完善公司分立手续。判决：姚某宜、姚某金于判决生效之日起10日内按照《捷利达公司公司分立协议》的约定履行签署捷利达公司分立的股东会决议、公司章程修正案决议等文件，并办理股权转让转移等相关手续；驳回捷利达公司其余诉讼请求。案件受理费141 800元，由捷利达公司负担70 900元，由姚某宜、姚某金共同负担70 900元。

姚某金、姚某宜不服原审判决，提出上诉称：一、请求撤销贵州省贵阳市中级人民法院〔2015〕筑民二（商）初字第389号民事判决第一项，改判被上诉人捷利达公司在二审判决生效后按照《捷利达公司公司分立协议》的约定履行其应承担的下列义务：（一）二审判决后10日内履行财产分割义务，编制资产负债表及财产清单，返还上诉人在被上诉人公司的全部投资款项；（二）完成盘县三煤矿之一的盘县鸡场坪乡捷达煤矿采矿权转到贵州华源佳源煤业有限公司名下。代被上诉人完成以上两条义务后，上诉人姚某金、姚某宜在10日内按约定履行签署捷利达公司公司分立的股东会决议，公司章程修正案决议等文件，并办理股权转移相关手续。二、原审、二审诉讼费由被上诉人承担。事实与理由：一、原审法院部分事实认定不清。原审法院你对公司分立协议的效力的认定是正确的，但在法庭审理时没有查清被上诉人是否进行了财产分割。根据上诉人的计算，被上诉人目前仍应返还的上诉人与盘县三煤矿相关的财产仍达843.32万元。二、原审法院错误认定被上诉人捷利达公司已经完成了《捷利达公司公司分立协议》将"盘县三煤矿采矿权转到贵州华能佳源煤业有限公司名下，同时原审被告中杭公司取得28%矿权"的约定，从而得出判决要求上诉人履行相关义务的结论。事实上，盘县鸡场坪乡捷达煤矿仍未办理采矿权转移手续。

捷利达公司答辩称：一、原审判决第一项认定事实清楚，适用法律正确，审理程序合法，应依法予以维持。二、第二项认定事实错误，适用法律不当，依法应予撤销，改判被答辩人依约支付违约金和承担本案一、二审诉讼费和律师代理费。三、上诉人要求捷利达公司履行"财产分割义务"没有事实依据。四、上诉人尚欠捷利达公司3 400万元款项。

二审另查明：盘县英武乡捷吉煤矿、盘县滑石乡有益煤矿、盘县鸡场坪乡捷达煤矿从2004年开始，由捷利达公司与贵阳煤气气源厂（后改制为贵州华能焦化制气股份有限公司）进行合伙联营，建设煤矿并作为申请人申报采矿权。其中，盘县英武乡捷吉煤矿于2010年经工商登记为合伙企业，捷利达公司占40%的合伙份额。盘县滑石乡有益煤矿、盘县鸡场坪乡捷达煤矿至今还未成立。为了筹措建设煤矿的资金，捷利达公司引入了姚某金、姚某宜作为股东投资入股，姚某金、姚某宜成为捷利达公司的股东。2008年，贵州华能焦化制气股份有限公司与捷利达公司又组建了贵州华能佳源煤业有限公司具体负责投资建设三个煤矿项目相关业务，为了达到政策的要求和筹措建设煤矿的资金，贵州华能佳源煤业有限公司进行了一系列股权重组。由于该公司不接受自然人股东，姚某金、姚某宜遂成立中杭公司，由中杭公司在贵州华能佳源煤业有限公司中持股。2013年，贵州华能佳源煤业有限公司同意贵州天健能源投资有限公司、中杭公司成为公司股东。中杭公司受让捷利达公司28%的股份从而成为贵州华能佳源煤业有限公司的股东。

贵州华能佳源煤业有限公司于2013年5月最终获得行政主管部门批准，成为盘县英武乡捷吉煤矿、盘县滑石乡有益煤矿、盘县鸡场坪乡捷达煤矿的采矿权申请主体。2013年6月9日，贵州华能佳源煤业有限公司已经作为采矿权人取得了盘县英武乡捷吉煤矿采矿许可证，2014年12月20日，贵州省国土资源厅出具《关于领取盘县有益煤矿（新立）采矿许可证的通知》（黔国土资矿证字〔2014〕1066号），告知贵州华能佳源煤业有限公司有权领取盘县有益煤矿采矿许可证。截至本案二审审理过程中，贵州华能佳源煤业有限公司还未获得盘县鸡场坪乡捷达煤矿采矿权。

本院认为：《公司法》第一百七十五条规定："公司分立，其财产作相应的分割。公司分立，应当编制资产负债表及财产清单。公司应当自作出分立决议之日起十日内通知债权人，并于三十日内在报纸上公告。"本案中，虽然《捷利达公司公司分立协议》的内容中有公司分立的约定，但根据该协议的实际履行情况，协议签订时，中杭公司已经成立，捷利达公司与中杭公司之间的关系不符合《公司法》第一百七十五条的规定，不是存续公司和分立公司的关系。另外，召开股东会并作出相关决议，制定章程，属于公司自治范畴事项。因此，《捷利达公司公司分立协议》中约定的召开股东会，做出同意分立的决议和两公司分立后分别制定各自的公司章程，财产做相应的分割并编制资产负债表及财产清单的内容，不具有法律上的效力，事实上也不具有履行的可能性。故原审法院判决姚某宜、姚某金于判决生效之日起10日内按照《捷利达公司公司分立协议》的约定履行签署捷利达公司分立的股东会决议、公司章程修正案决议等文件，适用法律错误，本院依法予以纠正。

《公司法》第三条规定"公司是企业法人，有独立的法人财产，享有法人财产权。公司以其全部财产对公司的债务承担责任。有限责任公司的股东以其认缴的出资额为限对公司承担责任；股份有限公司的股东以其认购的股份为限对公司承担责任"，第一百八十六条规定"……公司财产在分别支付清算费用、职工的工资、社会保险费用和法定补偿金，缴纳所欠税款，清偿公司债务后的剩余财产，有限责任公司按照股东的出资比例分配，股份有限公司按照股东持有的股份比例分配……公司财产在未依照前款规定清偿前，不得分配给股东"，根据上述规定，公司成立后，公司对股东投入的资产或公司购入的资产享有所有权，股东对投入的资产享有股权，股东要收回投入的资产，可以转让股权，或通过解散公司，对公司资产进行清算后，按照自己的出资额或股权比例分配公司的剩余财产来实现。《公司法》第一百七十五条规定的财产分割，是指公司分立成不同的公司后，就公司的财产在不同的公司之间进行分割，而不是指股东对公司的财产进行分割。股东要对公司的财产进行分割，如前所述，只能按照《公司法》第一百八十六条的规定，对公司进行清算后进行。本案中，上诉人姚某宜、姚某金提出捷利达公司要履行财产分割义务，返还上诉人在被上诉人捷利达公司投资款843.32万元，这是作为股东的上诉人与作为公司的被上诉人之间的，对公司财产进行的分割，这一理由并不符合上述《公司法》的规定，也不符合《捷利达公司公司分立协议》中的约定，本院对此不予支持。

对于上诉人提出的盘县鸡场坪乡捷达煤矿仍未办理采矿权转移手续，被上诉人没有完成《捷利达公司公司分立协议》约定的义务的上诉理由。本院认为，盘县英武乡捷吉煤矿、盘县滑石乡有益煤矿、盘县鸡场坪乡捷达煤矿从2003年开始，由捷利达公司与案外人贵阳煤气气源厂建设并申报采矿权，属于新建煤矿。后贵州华能佳源煤业有限公司成为三煤矿投资建设主体并向政府行政主管部门申请成为采矿权申报主体，并最终于2013年获得批准。从这些事实来看，在《捷利达公司公司分立协议》签订之时，盘县英武乡捷吉煤矿、盘县滑石乡有益煤矿、盘县鸡场坪乡捷达煤矿并没有获得采矿权，而是贵州华能佳源煤业有限公司取代捷利达公司和贵州华能焦化制气股份有限公司成为采矿权申报主体。因此，《捷利达公司公司分立协议》中三煤矿采矿权转到贵州华能佳源煤业有限公司的约定，指的是采矿权申报权利转到贵州华能佳源煤业有限公司，而贵州华能佳源煤业有限公司已经获得了采矿权申报权利，并实际办理完毕两个煤矿的采矿权。因此，《捷利达公司公司分立协议》中约定的姚某宜、姚某金将所持有的捷利达公司70%的股份无偿转让给申某捷义务履行条件已经成就。对于上诉人提出的盘县鸡场坪乡捷达煤矿仍未办理采矿权转移手续，被上诉人没有完成《捷利达公司公司分立协议》约定的义务的上诉理由不予支持。

综上，《捷利达公司公司分立协议》中捷利达公司和中杭公司分立的约定不具有法律效力和实际履行的可能性，姚某宜、姚某金将所持有的捷利达公司70%的股份无偿转让给申某捷义务履行条件已经成就，依照《民事诉讼法》第一百七十条第（二）项之规定，判决如下：

一、撤销贵州省贵阳市中级人民法院〔2015〕筑民二（商）初字第389号民事判决第一项；

二、姚某金、姚某宜在本判决生效后三十日内将其持有的贵州捷利达贸易有限责任公司70%的股份转让给该公司股东申某捷（包括办理工商登记等相应的股权变更手续）；

三、驳回捷利达贸易有限责任公司的其余诉讼请求。

如果未按本判决指定的期间履行给付金钱义务，应当依照《民事诉讼法》第二百五十三条之规定，加倍支付迟延履行期间的债务利息。

原审案件受理费按原审判决执行。二审案件受理费70 900元，由姚某宜、姚某金共同负担。

本判决为终审判决。

审　判　长　　段建桦
代理审判员　　赵传毅
代理审判员　　陈　松
二〇一六年六月××日
书　记　员　　尹业俊

【2023年版本、三次审议稿】

第二百二十三条　公司分立前的债务由分立后的公司承担连带责任。但是，公司在分立前与债权人就债务清偿达成的书面协议另有约定的除外。

【2018年版本】

第一百七十六条 公司分立前的债务由分立后的公司承担连带责任。但是,公司在分立前与债权人就债务清偿达成的书面协议另有约定的除外。

【本条释义】

本条规定了公司分立债务的承担。

公司分立实质上是对资产和负债的分割,本质上并未减弱全体公司的偿债能力,因此,公司分立前的债务由分立后的公司承担连带责任。但是,如果公司在分立前与债权人就债务清偿达成的书面协议另有约定,由于这是当事人意思自治的结果,债务承担本身是私法问题,法律理应尊重,因此,应当按照该约定来承担或者偿还债务。

【典型案例】

中华人民共和国最高人民法院
民 事 裁 定 书

〔2019〕最高法民申3600号

再审申请人(一审被告、二审被上诉人):海拉尔农垦(集团)有限责任公司,住所地内蒙古自治区呼伦贝尔市海拉尔区加格达奇路(海农场局办公楼)。

法定代表人:胡某民,该公司董事长。

委托诉讼代理人:孟宪生,北京宏健仁和律师事务所律师。

委托诉讼代理人:杨默,北京宏健仁和律师事务所律师。

被申请人(一审原告、二审上诉人):中冶京诚工程技术有限公司,住所地北京市北京经济技术开发区建安街7号。

法定代表人:韩某瑞,该公司董事长。

委托诉讼代理人:张治国,北京以安律师事务所律师。

一审被告、二审上诉人:呼伦贝尔特伦牧业有限公司,住所地内蒙古自治区陈巴尔虎旗巴镇二居(苇砖)。

法定代表人:成某飞,该公司董事长。

第十一章 公司合并、分立、增资、减资

一审被告、二审上诉人：呼伦贝尔天原牧业科技有限公司，住所地内蒙古自治区陈巴尔虎旗巴镇七居巴尔虎喜园小区3号楼3662号。

法定代表人：成某飞，该公司董事长。

一审被告、二审上诉人：华联可溯商业管理（北京）有限公司，住所地北京市朝阳区万红路5号6幢2层201室/202室（C201/C202）。

法定代表人：张某洋，该公司董事长。

再审申请人海拉尔农垦（集团）有限责任公司（简称海农集团公司）因与被申请人中冶京诚工程技术有限公司（简称中冶公司），一审被告、二审上诉人呼伦贝尔特伦牧业有限公司（简称特伦公司）、呼伦贝尔天原牧业科技有限公司（简称天原公司）、华联可溯商业管理（北京）有限公司（简称华联公司）建设工程施工合同纠纷一案，不服内蒙古自治区高级人民法院〔2019〕内民终3号民事判决，向本院申请再审。本院依法组成合议庭进行了审查，现已审查终结。

海农集团公司申请再审称：本案符合《民事诉讼法》第二百条第二项、第六项之规定，应予再审。主要事实和理由是：（一）二审法院判决海农集团公司承担连带责任，系适用法律错误。《担保法》第十七条规定，当事人在保证合同中约定，债务人不能履行债务时，由保证人承担保证责任的，为一般保证。案涉担保书明确约定在特伦公司不能按照合同约定支付剩余工程款时，海农集团公司承担支付义务。二审判决确认了担保书的有效性。依据上述法律规定，海农集团公司应当对案涉债务承担一般保证责任，不应承担连带保证责任。（二）中冶公司将一般保证人海农集团公司作为共同被告不符合法定条件，本案应驳回其对海农集团公司的起诉。中冶公司虽对主合同债务人提起诉讼，但该合同纠纷未经审理，更没有进入执行阶段，其就在诉讼中将海农集团公司作为共同被告予以起诉，不符合《担保法》第十七条第二款"一般保证的保证人在主合同纠纷未经审判或者仲裁，并就债务人财产依法强制执行仍不能履行债务前，对债权人可以拒绝承担保证责任。"的规定。（三）二审法院给海农集团公司强加"证明义务"违反法律规定。《担保法》第十七条第二款规定的先诉抗辩权是担保人的法定权利，不需要担保人另行约定先诉抗辩权。二审法院以担保书"没有约定先诉抗辩权"为由，判决海农集团公司承担连带责任，是随意增加海农集团公司证明责任。（四）本案海农集团公司应不承担担保责任。《担保法》第二十四条规定："债权人与债务人协议变更主合同的，应当取得保证人书面同意，未经保证人书面同意的，保证人不再承担保证责任。"本案中冶公司因与主合同相对方变更了主合同的内容且未经海农集团公司同意，海农集团公司不再承担保证责任。《公司法》虽然规定分立后的公司对分立前的公司债务承担连带责任，但并没有法律、法规规定该责任可以及于担保人，二审法院不应判令海农集团公司对特伦公司、天原公司债务承担连带保证责任。（五）二审判决没有对天原公司、特伦公司、华联公司的上诉理由进行审理的表述，也没有在判决主文中对天原公司、特伦公司、华联公司的上诉请求给予

回应，存在严重的程序错误。

中冶公司提交意见称：（一）二审法院依据《担保法》第十九条认定海农集团公司承担连带保证责任，适用法律正确。根据最高人民法院公报案例裁判观点，保证合同中"不能"字样与"按期""按约"等字眼结合在一起使用的，不能理解为一般保证中关于确实无力偿还借款的客观能力的约定，仅是表明到期不能偿还即产生保证责任，这种表述应认定为连带保证责任。本案两份《担保书》约定海农集团公司承担保证责任的前提条件并非特伦公司基于偿债能力原因不能履行债务，而是特伦公司不能按照合同约定履行给付工程价款义务。因此，海农集团公司的保证方式应认定为连带责任保证。（二）中冶公司将海农集团公司作为共同被告提起诉讼符合法定起诉条件。（三）二审法院根据案件事实以及《担保书》对权利义务的具体约定进行认定和说理，得出《担保书》未明确约定保证形式的结论，再依法认定海农集团公司的保证形式为连带责任保证。海农集团公司将二审法院的说理理解为举证责任分配，系理解有误。（四）《结算及付款协议》未变更主债务人，亦未加重保证责任，故不存在免除或减轻保证责任的情形，海农集团公司以主债务人及担保内容变更为由申请再审，不应支持。（五）二审判决程序合法，不存在剥夺当事人辩论权利的情形，也未遗漏当事人诉讼请求。综上，请求驳回海农集团公司的再审申请。

本院经审查认为：《公司法》第一百七十六条规定："公司分立前的债务由分立后的公司承担连带责任。但是，公司在分立前与债权人就债务清偿达成的书面协议另有约定的除外。"案涉建设工程施工合同系特伦公司与中冶公司订立。2017年1月19日，特伦公司存续分立为特伦公司与天原公司，约定案涉合同的权责由天原公司承担，但该约定未经中冶公司同意。因此，二审法院依据上述法律规定，认定特伦公司与天原公司应当就案涉工程款债务对中冶公司承担连带责任，并无不当。

《担保法》第十七条第一款规定："当事人在保证合同中约定，债务人不能履行债务时，由保证人承担保证责任的，为一般保证。"本案海农集团公司出具的两份《担保书》均约定，在特伦公司不能按照案涉建设工程施工合同约定支付工程款时，海农集团公司承担支付义务。该约定与上述法律规定的情形并不相符。二审法院以该《担保书》约定在特伦公司"不能按合同约定"支付工程款时，海农集团公司承担支付义务，以及未明确约定海农集团公司的保证形式，亦未明确约定海农集团公司享有先诉抗辩权为由，认定海农集团公司的保证形式为连带保证，并在主债务人未按合同约定支付工程款的情况下，判令海农集团公司对案涉债务承担连带保证责任，并无不妥。海农集团公司关于《担保书》约定的系一般保证，其对案涉债务不应承担连带保证责任的主张缺乏事实和法律依据。

天原公司与华联公司、中冶公司签订的《呼伦贝尔特伦牧业有限公司哈达图牧场7 000头奶牛场泌牛牛舍项目施工总承包合同结算付款协议》约定，案涉工程欠付工程

第十一章 公司合并、分立、增资、减资

款由华联公司支付给天原公司后,再由天原公司支付给中冶公司,并未约定天原公司将工程款支付义务转移给华联公司,且该协议并未加重天原公司、特伦公司的还款责任。二审法院依据《最高人民法院关于适用〈中华人民共和国担保法〉若干问题的解释》第三十条第一款"保证期间,债权人与债务人对主合同数量、价款、币种、利率等内容作了变动,未经保证人同意的,如果减轻债务人的债务的,保证人仍应当对变更后的合同承担保证责任;如果加重债务人的债务的,保证人对加重的部分不承担保证责任。"的规定,对海农集团公司提出的因中冶公司与主合同相对方变更了主合同的内容且未经海农集团公司同意,其不应再承担保证责任的主张未予支持,亦无不妥。

天原公司、特伦公司、华联公司上诉提出的工程款认定问题、违约金过高、应予调整问题,二审法院均将其归纳为二审的争议焦点,在判决中进行了说理,并认定一审法院判决的违约金过高,予以了改判。海农集团公司关于二审判决没有对天原公司、特伦公司、华联公司的上诉理由进行审理的表述,也没有在判决主文中对天原公司、特伦公司、华联公司的上诉请求给予回应,存在程序错误的主张,与事实不符。

综上,海农集团公司的再审申请不符合《民事诉讼法》第二百条第二项、第六项规定的情形。依照《民事诉讼法》第二百零四条第一款,《最高人民法院关于适用〈中华人民共和国民事诉讼法〉的解释》第三百九十五条第二款规定,裁定如下:

驳回海拉尔农垦(集团)有限责任公司的再审申请。

审判长　汪　军
审判员　万　挺
审判员　潘　杰
二〇一九年八月二十九日
法官助理　王永明

【2023 年版本】

第二百二十四条 公司减少注册资本,应当编制资产负债表及财产清单。

公司应当自股东会作出减少注册资本决议之日起十日内通知债权人,并于三十日内在报纸上或者国家企业信用信息公示系统公告。债权人自接到通知之日起三十日内,未接到通知的自公告之日起四十五日内,有权要求公司清偿债务或者提供相应的担保。

公司减少注册资本,应当按照股东出资或者持有股份的比例相应减少出资额或者股份,法律另有规定、有限责任公司全体股东另有约定或者股份有限公司章程另有规定的除外。

【三次审议稿】

第二百二十四条 公司减少注册资本，应当编制资产负债表及财产清单。

公司应当自股东会作出减少注册资本决议之日起十日内通知债权人，并于三十日内在报纸上或者统一的企业信息公示系统公告。债权人自接到通知之日起三十日内，未接到通知的自公告之日起四十五日内，有权要求公司清偿债务或者提供相应的担保。

公司减少注册资本，应当按照股东出资或者持有股份的比例相应减少出资额或者股份，本法或者其他法律另有规定的除外。

【2018 年版本】

第一百七十七条 公司需要减少注册资本时，必须编制资产负债表及财产清单。

公司应当自作出减少注册资本决议之日起十日内通知债权人，并于三十日内在报纸上公告。债权人自接到通知书之日起三十日内，未接到通知书的自公告之日起四十五日内，有权要求公司清偿债务或者提供相应的担保。

【本条释义】

本条规定了公司减资的程序。

公司减少注册资本，首先应当清楚自己有多少资产和负债，因此，应当编制资产负债表及财产清单。其中的资产负债表可以利用公司定期编制的最近一期的资产负债表。财产清单需要专门编制，因为公司通常不会定期编制财产清单。

公司减少注册资本一定会影响债权人的利益，因此，公司应当自股东会作出减少注册资本决议之日起10日内通知债权人，并于30日内在报纸上或者国家企业信用信息公示系统公告。这一通知的要求与公司合并、公司分立时的通知要求是一致的。债权人自接到通知之日起30日内，未接到通知的自公告之日起45日内，有权要求公司清偿债务或者提供相应的担保。公司债权人要求公司清偿债务或者提供相应担保的期限与公司合并中债权人要求公司清偿债务或者提供相应担保的期限是一致的。

公司减少注册资本，原则上应当按照股东出资或者持有股份的比例相应减少出资额或者股份，不允许只减少部分股东的出资或者股份比例，其他股东不变，因为这就变成部分股东变相退股了，也不允许按照不同的比例减少股东的出资或者持股比例，也就是说公司减资只能是全体股东按照出资或者持股比例等比例地减少。当然，如果法律另有规定、有限责任公司全体股东另有约定或者股份有限公司章程另有规定的，可以除外。

第十一章 公司合并、分立、增资、减资

【典型案例】

最高法院十大公司纠纷典型案例

上海博达数据通信有限公司诉梅斯信息科技（苏州）有限公司、杨某、陈某等买卖合同纠纷案

案例索引

案　号：〔2020〕沪民再28号

审理法院：上海市高级人民法院

案件来源：上海高院2021年第三批参考性案例第124号

裁判要旨

1. 公司减资依法应当通知债权人。债权人范围不仅包括公司股东会作出减资决议时已确定的债权人，还包括公司减资决议后工商登记变更之前产生的债权债务关系中的债权人。至于债权尚未到期或者债权数额尚未明确，均不影响债权人的身份认定。

2. 减资通知方式分为书面通知和公告通知。对已知的、明确的债权人，公司必须以书面方式通知；只有对无法找到或者无法通知到的债权人，才可采取公告方式通知。

3. 公司怠于履行上述通知义务的，有过错的股东应在实际减资范围内对公司不能清偿部分承担补充赔偿责任。

入选理由

公司减资主要涉及股东权利与债权人保护之间的冲突问题，如何在两者之间作出有效平衡，是值得认真思考和研究的问题。现行《公司法》对于公司减资的规定仅见于第一百七十七条的程序性规定，实践中对于瑕疵减资的处理一般是比照《公司法解释三》第十三条瑕疵出资的规定进行处理，由减资股东在实际减资范围内对公司不能清偿部分承担补充赔偿责任，其他股东对减资股东的责任承担连带赔偿责任。司法实践对于股东减资责任趋紧，无论是债权尚未到期或是债权数额尚未明确，均不影响债权人身份的认定，公司对之均负有通知义务。虽然《公司法》第一百七十七条仅笼统地规定"决议之日起十日内通知债权人，并于三十日内在报纸上公告"，但实践中的要求基本都是书面通知，且不能以公告方式替代书面通知，否则将构成瑕疵减资。本案更为特殊的一点是，公司减资决议作出后至工商登记变更之前产生的债权债务关系中的债权人亦明确为通知对象，也就是说，哪怕是在减资决议作出之后形成的债务，只要减资工商登记变更尚未完成，均属于减资程序中必须通知的债权人。本案的典型意义在于明确了公司减资过程中股东的严格责任，体现了司法实践对于公司减资程序中债权人的倾斜性保护。

上海市高级人民法院
民事裁定书

〔2019〕沪民申 1003 号

再审申请人（一审原告、二审上诉人）：上海博达数据通信有限公司，住所地中国（上海）自由贸易试验区。

法定代表人：陈某群，该公司董事长。

委托诉讼代理人：苏万东，上海市震旦律师事务所律师。

被申请人（一审被告、二审被上诉人）：杨某林，男，1982年4月1日出生，汉族，住广东省深圳市。

委托诉讼代理人：肖桂荣，上海申浩律师事务所律师。

委托诉讼代理人：赵世文，上海申浩律师事务所律师。

被申请人（一审被告、二审被上诉人）：陈某兰，女，1956年10月19日出生，汉族，住江苏省。

委托诉讼代理人：肖桂荣，上海申浩律师事务所律师。

委托诉讼代理人：赵世文，上海申浩律师事务所律师。

一审被告：梅斯信息科技（苏州）有限公司，住所地江苏省苏州工业园区。

法定代表人：陈某兰，该公司执行董事兼总经理。

委托诉讼代理人：肖桂荣，上海申浩律师事务所律师。

委托诉讼代理人：赵世文，上海申浩律师事务所律师。

再审申请人上海博达数据通信有限公司因与被申请人杨某林、陈某兰及一审被告梅斯信息科技（苏州）有限公司买卖合同纠纷一案，不服上海市第一中级人民法院〔2018〕沪01民终11345号民事判决，向本院申请再审。本院依法组成合议庭进行了审查，现已审查终结。

本院认为，博达公司的再审申请符合《民事诉讼法》第二百条第六项规定的情形。依照《民事诉讼法》第二百零四条、第二百零六条、《最高人民法院关于适用〈中华人民共和国民事诉讼法〉的解释》第三百九十五条第一款之规定，裁定如下：

一、本案由本院提审；

二、再审期间，中止原判决的执行。

审判长　徐　川
审判员　夏　青
审判员　范　倩
二〇二〇年六月二十四日
书记员　丁振宇

附：相关法律条文

一、《民事诉讼法》

第二百零四条 人民法院应当自收到再审申请书之日起三个月内审查，符合本法规定的，裁定再审；不符合本法规定的，裁定驳回申请。有特殊情况需要延长的，由本院院长批准。

因当事人申请裁定再审的案件由中级人民法院以上的人民法院审理，但当事人依照本法第一百九十九条的规定选择向基层人民法院申请再审的除外。最高人民法院、高级人民法院裁定再审的案件，由本院再审或者交其他人民法院再审，也可以交原审人民法院再审。

第二百零六条 按照审判监督程序决定再审的案件，裁定中止原判决、裁定、调解书的执行，但追索赡养费、扶养费、抚育费、抚恤金、医疗费用、劳动报酬等案件，可以不中止执行。

二、《最高人民法院关于适用〈中华人民共和国民事诉讼法〉的解释》

第三百九十五条 当事人主张的再审事由成立，且符合民事诉讼法和本解释规定的申请再审条件的，人民法院应当裁定再审。

……

上海市高级人民法院
民事判决书

〔2020〕沪民再 28 号

再审申请人（一审原告、二审上诉人）：上海博达数据通信有限公司，住所地中国（上海）自由贸易试验区。

法定代表人：陈某群，该公司董事长。

委托诉讼代理人：苏万东，上海市震旦律师事务所律师。

被申请人（一审被告、二审被上诉人）：杨某林，男，1982年4月1日出生，汉族，住广东省深圳市。

委托诉讼代理人：肖桂荣，上海申浩律师事务所律师。

委托诉讼代理人：赵世文，上海申浩律师事务所律师。

被申请人（一审被告、二审被上诉人）：陈某兰，女，1956年10月19日出生，汉族，住江苏省。

委托诉讼代理人：肖桂荣，上海申浩律师事务所律师。

委托诉讼代理人：赵世文，上海申浩律师事务所律师。

一审被告：梅斯信息科技（苏州）有限公司，住所地江苏省苏州工业园区。

法定代表人：陈某兰，该公司执行董事兼总经理。

委托诉讼代理人：肖桂荣，上海申浩律师事务所律师。

委托诉讼代理人：赵世文，上海申浩律师事务所律师。

再审申请人上海博达数据通信有限公司（以下简称博达公司）因与被申请人杨某林、陈某兰及一审被告梅斯信息科技（苏州）有限公司（以下简称梅斯公司）买卖合同纠纷一案，不服上海市第一中级人民法院于2018年11月8日作出〔2018〕沪01民终11345号民事判决，向本院申请再审。本院于2020年6月24日作出〔2019〕沪民申1003号民事裁定，提审本案。本院依法组成合议庭，开庭审理了本案。再审申请人博达公司的委托诉讼代理人苏万东，被申请人杨某林、陈某兰以及一审被告梅斯公司的共同委托诉讼代理人赵世文到庭参加诉讼。本案现已审理终结。

博达公司申请再审称，一、梅斯公司于2014年7月设立，2015年9月15日公司股东会作出减资决议，至2016年8月完成工商变更登记。梅斯公司与博达公司的交易发生在2015年10月8日、2015年11月11日、2016年1月5日，当时梅斯公司的注册资本是人民币2 000万元（以下币种均为人民币），梅斯公司的减资行为对博达公司的交易安全构成了实质威胁。梅斯公司在双方交易过程中办理减资，博达公司是已知债权人，如果梅斯公司通知博达公司减资1 000万元，博达公司所要求的付款条件就会完全不同。对《公司法》第一百七十七条的解释应符合立法的原意。二、梅斯公司股东杨某林、陈某兰通过工商登记部门向不特定的债权人出具书面文件，对梅斯公司减资后的债务提供担保。在梅斯公司未清偿债务的情况下，博达公司有权依据《公司债务担保情况的说明》，要求杨某林、陈某兰对梅斯公司的债务承担清偿责任。博达公司再审请求：撤销一审判决第三项，改判杨某林、陈某兰对梅斯公司债务在1 000万元限额内承担补充赔偿责任或者连带清偿责任。

杨某林、陈某兰辩称，一、2015年9月15日梅斯公司股东会作出减资决议，该日为减资的基准日。在减资基准日，博达公司对梅斯公司没有债权。且案涉三份合同均约定，梅斯公司在货物送达后4个月付款，故博达公司与梅斯公司在减资过程中发生交易，但未必形成债权。二、梅斯公司的减资是合法的、正当的，不存在对博达公司的侵害。博达公司与梅斯公司发生交易，是基于对梅斯公司资产的信赖，不应片面基于营业执照所载注册资金的信赖。三、《公司债务担保情况的说明》是梅斯公司股东于2015年12月1日根据公司登记管理条例的要求出具，当时博达公司的债权没有确定。即便博达公司有债权，也未在法定期间内向梅斯公司主张。请求维持二审判决。

一审被告梅斯公司同意杨某林、陈某兰的抗辩意见。

博达公司向一审法院起诉请求：1.梅斯公司立即支付货款507 094元；2.梅斯公司支付逾期付款违约金（以507 094元为本金，自2016年8月1日起至判决生效日止，按中国人民银行同期贷款利率的4倍计算）；3.杨某林对梅斯公司的债务在1 000万元

第十一章 公司合并、分立、增资、减资

限额内承担连带清偿责任;4.陈某兰对梅斯公司的债务在1 000万元限额内承担连带清偿责任。

一审法院认定事实:2015年10月8日,博达公司与梅斯公司签订供货合同一份,约定,梅斯公司向博达公司购买S228POE-B的产品17台,货款合计25 160元,预付10%,货到后4个月内付清。梅斯公司应当在收货3日内进行验收,如3日内未提出书面异议,视为验收合格。梅斯公司延付货款,应每逾期1天按货款总额的2‰支付给博达公司违约金。10月14日,梅斯公司向博达公司支付了预付款2 516元。

2015年11月11日,双方又签订买卖合同一份,约定梅斯公司向博达公司购买总价261 900元的产品,合同签订后梅斯公司预付10%,余款货到后4个月内付清。合同其他条款约定与10月8日的合同相同。11月16日,梅斯公司向博达公司支付预付款26 190元。

2016年1月5日,双方再次签订买卖合同,约定梅斯公司向博达公司购买总价为523 800元的产品,合同其他条款约定与11月11日的合同相同。

上述合同签订后,自2015年10月11日至2016年2月博达公司通过快递向梅斯公司指定的泉州儿童医院、南昌三三四医院、南通肿瘤医院等地点送达了货物。

2017年3月,梅斯公司向博达公司出具款项说明以及还款计划说明一份,载明,梅斯公司向博达公司采购设备,所欠设备款明确部分如下:WAP2100-T22,数量887台,单价420元,合计:372 540元;S2226P0E,数量58台,单价1 480元,合计:85 840元;S2228P0E,数量8台,单价1 480元,合计:11 840元;S2108P0E,数量12台,单价750元,合计:9 000元;共计479 220元,已经支付28 706元,欠款450 514元。明确部分的回款计划如下:6月还款6.862万元;7月、8月15日各还款15万元、9月还款8.189 4万元,总计45.051 4万元。

2017年9月,梅斯公司又向博达公司出具《聊城部分款项说明》,载明:针对聊城妇幼保健医院与聊城肿瘤医院两个项目(此部分款系不包含在需方于2017年3月16日已盖章确认的金额为450 514元的欠款说明中),需方于2015年12月至2016年3月期间向供方采购设备如下:WAP2100-T22,数量110台,单价420元,合计:46 200元;S2226P0E,数量6台,单价1 480元,合计:8 880元;S2228P0E,数量2台,单价750元,合计:1 500元。共计56 580元,需方承诺在不影响供方二次销售的情况下退回如上设备或按原合同/协议的约定向供方支付货款,本承诺函自2017年8月18日生效(即需方到聊城确定设备后)。

一审法院另查明,梅斯公司原注册资本2 000万元,公司股东为杨某林出资1 950万元、陈某兰出资50万。2015年9月15日,杨某林、陈某兰两股东作出股东会决议,同意公司注册资本从2 000万元减少到1 000万元,杨某林出资金额由1 950万元减少到950万元。2015年10月16日,梅斯公司在苏州日报上对上述减资事宜进行了公告,载明,债权人可自本公告之日起45日内要求公司清偿债务或者提供担保。2016年1月21日,梅斯公司向苏州工业园区市场监督管理局申请注册资本变更登记申请。2016年

8月，苏州工业园区市场监督管理局核发了新的营业执照。

一审法院认为，关于梅斯公司拖欠博达公司货款的数额。博达公司证据可以证明博达公司向梅斯公司提供了535 800元货物，梅斯公司支付了28 706元货款。梅斯公司未有证据证明，曾退回过聊城妇幼保健医院及肿瘤医院两个项目合计56 580元的货物，应向博达公司支付上述货款。梅斯公司未按合同约定在到货4个月内支付货款，应按合同约定支付违约金。博达公司将违约金支付标准降至中国人民银行同期贷款利率的4倍，符合法律规定，一审法院予以准许。

《公司法》规定，公司应当自作出减少注册资本决议之日起十日内通知债权人。梅斯公司作出减资决议日为2015年9月15日。而博达公司与梅斯公司最早的合同签订日为同年10月8日，显然梅斯公司作出减资决议之日，博达公司既非梅斯公司合同相对方，更非梅斯公司债权人，梅斯公司就减资事宜，并不对博达公司负有通知义务。故博达公司就减资事由要求梅斯公司的股东承担补充责任，一审法院不予支持。

据此，依据《合同法》第八条、第一百零七条，《公司法》第一百七十七条之规定，一审法院遂判决：一、梅斯公司应于判决生效之日起十日内支付博达公司货款507 094元；二、梅斯公司应于判决生效之日起十日内支付博达公司违约金（以507 094元为基数，自2016年8月1日起至判决生效之日止，按中国人民银行同期贷款利率4倍计算）；三、驳回博达公司的其他诉请。一审案件受理费10 126元，减半收取5 063元，财产保全费3 788元，合计8 851元，由梅斯公司负担。

博达公司不服一审判决，上诉请求：撤销一审判决主文第三项，改判杨某林、陈某兰对梅斯公司的债务在1 000万元限额内承担补充赔偿责任。二审法院对一审法院查明的事实予以确认。二审法院认为，关于梅斯公司的股东杨某林、陈某兰是否应在减资范围内对梅斯公司的债务承担补充赔偿责任。根据《公司法》的规定，公司应当自作出减少注册资本决议之日起十日内通知债权人，并于三十日内在报纸上公告。本案中，梅斯公司于2015年9月15日作出减资决议，此时梅斯公司尚未与博达公司签订合同，双方之间尚未形成债权债务关系，梅斯公司并无通知博达公司的义务。至于博达公司提出的减资行为系从决议之日持续到营业执照颁发之日起故梅斯公司在该期间均有通知义务的主张，并无相应法律依据，二审法院对该主张不予采纳。鉴于梅斯公司并未违反法定的通知义务，博达公司要求梅斯公司的股东在减资范围内承担补充赔偿责任的诉讼请求，二审法院不予支持。综上，博达公司的上诉请求不能成立，应予驳回。依照《民事诉讼法》第一百七十条第一款第一项、第一百七十五条之规定，二审法院判决：驳回上诉，维持原判。二审案件受理费10 126元，由博达公司负担。

围绕当事人的再审请求，本院对有争议的证据和事实认定如下：

再审中，博达公司提交第一组证据，梅斯公司的工商登记信息资料，用于证明梅斯公司存在违法减资行为；第二组证据，博达公司内部评审资料电脑截屏（2015年9月10日），梅斯公司给博达公司的营业执照（2014年11月17日颁发），用于证明梅斯公司在交易中使用的是注册资金为2 000万元的营业执照。杨某林、陈某兰、梅斯公司

第十一章　公司合并、分立、增资、减资

对第一组证据的真实性予以确认，对第二组证据的真实性、关联性均不认可。上述第一组证据的真实性本院予以采纳，第二组证据的来源和真实性无法确认，本院不予采纳。

杨某林、陈某兰、梅斯公司提供国家企业信用信息公示系统中梅斯公司2014年、2015年、2016年的年度报告，用于证明梅斯公司股东的实际出资。博达公司对公示系统中信息的真实性没有异议，但表示未见实缴出资的进账单，对梅斯公司股东是否实际出资不清楚。本院对该证据真实性予以采纳。

本院对原审法院查明的事实予以确认。

本院另查明，为办理梅斯公司减资变更登记，2015年12月1日杨某林、陈某兰向工商管理部门出具《公司债务担保情况的说明》一份，承诺"本公司于2015年9月15日经股东会决议，将公司注册资本从2 000万元减至1 000万元，公司已于减资决议作出之日起10日内通知了全体债权人，并于2015年10月16日在苏州日报上发布了减资公告。至2015年12月1日，公司已对债务提供担保，所有债务由减资后全体股东担保。"

梅斯公司2014年7月设立，至2014年12月31日实缴出资达348.9万元，至2015年12月31日实缴出资达500万元，至2016年12月31日实缴出资达1 000万元。

2018年5月15日，杨某林与杨恩富签订股权转让协议，杨某林持有梅斯公司股权950万元（占注册资本95%），以零价格转让给杨恩富，对应权利义务一并转让。

本院再审认为，本案再审争议焦点在于：一、博达公司是否是梅斯公司的债权人？梅斯公司是否负有通知博达公司的义务？二、如梅斯公司未就减资事宜通知博达公司，梅斯公司股东是否应承担责任？未减资的股东和减资股东是否应担连带责任？三、根据《公司债务担保情况的说明》，杨某林、陈某兰是否应在梅斯公司1 000万元减资范围内，对梅斯公司的债务承担连带清偿责任？

关于第一个争议焦点，博达公司称，梅斯公司的减资不是某个时间点，而是整个过程，自2015年9月15日股东会作出减资决议起至2016年8月8日工商行政管理部门核发新的营业执照止。梅斯公司以2015年9月15日区分减资前和减资后，违背立法宗旨。博达公司与梅斯公司签订买卖合同时间分别为2015年10月8日、2015年11月11日、2016年1月5日，三份合同均约定，货到后4个月付清货款。根据合同约定，梅斯公司应当在2016年7月底前付清全部货款。梅斯公司的减资发生在与博达公司的交易期间，博达公司是梅斯公司减资过程中的已知债权人，梅斯公司负有通知博达公司的义务。杨某林、陈某兰、梅斯公司则称，梅斯公司减资程序符合《公司法》的规定。公司在减资期间对尚在形成但未最终确定的债权人不负有通知义务。

本院认为，首先，博达公司与梅斯公司之间的买卖合同分别于2015年10月8日、2015年11月11日、2016年1月5日签订，合同是债务发生的原因，故上述买卖合同签订之日，即博达公司与梅斯公司的债权债务关系发生之时。博达公司享有要求梅斯公司支付货款的请求权，是梅斯公司的债权人。至于债权尚未到期或者债权数额尚未明确，均不影响博达公司作为债权人的身份。其次，博达公司的债权发生在梅斯公司

股东会的减资决议后，工商登记变更前。梅斯公司应否就其减资通知博达公司，《公司法》对此并无明文规定。本院认为，减资是公司内部的重大行为，但同时也会影响到外部债权人的利益。《公司法》规定，公司应当自作出减少注册资本决议之日起十日内通知债权人，旨在保护债权人的信赖利益和知情权，以便债权人选择要求清偿或者提供债的担保。因此，认定公司对自股东会的减资决议后至变更登记前产生的债权人均负有通知义务，更符合《公司法》的立法目的。第三，根据《公司法》的规定，对已知的、明确的债权人，公司必须以书面方式通知，对无法找到或通知到的债权人，则可通过报纸公告。本案中，博达公司是明确的债权人，梅斯公司不得以公告方式替代，而应以书面方式通知。

关于第二个争议焦点，博达公司称，梅斯公司负有向博达公司直接通知的义务，以便债权人选择要求梅斯公司清偿债务或者提供相应担保。梅斯公司未履行通知义务，存在违法减资行为，损害了债权人的合法权益，故梅斯公司股东应在减资限额内对公司债权人承担补充赔偿责任。杨某林、陈某兰、梅斯公司则称，梅斯公司减资系形式减资，旨在使公司注册资本与净资产接近，不存在通过减资恶意损害债权人利益或者逃避股东有限责任的情形。即使梅斯公司存在瑕疵减资的情况，未减资股东陈某兰也不应对减资股东杨某林的责任承担连带清偿责任。

本院认为，首先，梅斯公司2014年7月设立时，股东认缴注册资本2 000万元，至2015年12月31日梅斯公司实缴资本为500万元。梅斯公司减少的是股东认缴的尚未实缴的注册资本。且梅斯公司在庭审中表示其无法提供相关的资产负债表。故杨某林等辩称梅斯公司系形式减资，没有任何事实依据，本院不予采信。其次，梅斯公司未履行法定通知义务，直接通知博达公司。尽管《公司法》规定公司减资时的通知义务人是公司，但公司减资系股东会决议的结果，是否减资以及如何减资完全取决于股东的意志。杨某林、陈某兰在通知债权人一事上亦未尽到合理的注意义务。梅斯公司的瑕疵减资，减少了债权人得以信赖的担保财产，降低了公司的对外偿债能力，对博达公司的债权造成实际的侵害。杨某林、陈某兰作为梅斯公司的股东作出减资决议客观上降低了梅斯公司的偿债能力，产生了和股东抽逃出资一致的法律后果，应对梅斯公司不能清偿的部分在减资范围内承担补充赔偿责任。第三，梅斯公司股东陈某兰虽未减资，但股东会决议由杨某林、陈某兰共同作出。陈某兰同意杨某林的减资，导致公司无法以自身财产清偿债务的后果，陈某兰应与减资股东杨某林在减资范围内承担连带责任。

关于第三个争议焦点，博达公司称，梅斯公司股东出具《公司债务担保情况的说明》，承诺对公司减资后的债务提供担保，理应予以履行。杨某林、陈某兰、梅斯公司则辩称，《公司债务担保情况的说明》不是股东对减资后公司所有的债务提供担保，是股东于2015年12月1日基于公司登记管理条例的要求出具的说明，当时博达公司的债权还没有确定。

本院认为，杨某林、陈某兰出具的《公司债务担保情况的说明》承诺公司债务由

第十一章 公司合并、分立、增资、减资

减资后全体股东担保,故杨某林、陈某兰应在梅斯公司1000万元减资范围内,对梅斯公司的债务承担连带清偿责任。

综上,博达公司的再审请求成立。原审法院认定事实清楚,但适用法律不当,本院依法予以改判。因梅斯公司瑕疵减资,侵害了债权人博达公司的利益。梅斯公司股东杨某林、陈某兰应在减资范围内对公司债务不能清偿部分承担补充赔偿责任。同时,因梅斯公司股东承诺对公司减资后的债务提供担保,杨某林、陈某兰应在减资范围内对梅斯公司的债务承担连带清偿责任。鉴于博达公司的原审诉讼请求系要求两股东承担连带清偿责任,且较之补充赔偿责任,连带清偿责任显然更重,完全能涵盖补充赔偿责任之范围。故本院最终判令杨某林、陈某兰在减资范围内对梅斯公司的债务向博达公司承担连带清偿责任。依照《公司法》第一百七十七条、《担保法》(1995年)第十八条、《民事诉讼法》第二百零七条第一款、第一百七十条第一款第二项之规定,判决如下:

一、撤销上海市第一中级人民法院〔2018〕沪01民终11345号民事判决;

二、维持上海市浦东新区人民法院〔2017〕沪0115民初65504号民事判决第一项;

三、撤销上海市浦东新区人民法院〔2017〕沪0115民初65504号民事判决第三项;

四、变更上海市浦东新区人民法院〔2017〕沪0115民初65504号民事判决第二项为一审被告梅斯信息科技(苏州)有限公司应于本判决生效之日起十日内支付再审申请人上海博达数据通信有限公司违约金(以人民币507 094元为基数,自2016年8月1日起至2019年8月19日之前按同期中国人民银行公布的贷款基准利率的4倍计付;2019年8月20日之后按同期全国银行间同业拆借中心公布的贷款市场报价利率的4倍计付);

五、被申请人杨某林、陈某兰在人民币1 000万元范围内,对一审被告梅斯信息科技(苏州)有限公司的上述付款义务向再审申请人上海博达数据通信有限公司承担连带清偿责任。

如果未按本判决指定的期间给付金钱义务,应当依照《民事诉讼法》第二百五十三条规定,加倍支付迟延履行期间的债务利息。

一审案件受理费人民币10 126元,减半收取人民币5 063元,财产保全费人民币3 788元,二审案件受理费人民币10 126元,合计人民币18 977元,由一审被告梅斯信息科技(苏州)有限公司、被申请人杨某林、被申请人陈某兰共同负担。

本判决为终审判决。

审判长 徐 川
审判员 夏 青
审判员 范 倩
二〇二一年二月一日
书记员 丁振宇

附：相关法律条文

一、《公司法》

第一百七十七条 公司需要减少注册资本时，必须编制资产负债表及财产清单。

公司应当自作出减少注册资本决议之日起十日内通知债权人，并于三十日内在报纸上公告。债权人自接到通知书之日起三十日内，未接到通知书的自公告之日起四十五日内，有权要求公司清偿债务或者提供相应的担保。

二、《担保法》（1995年）

第十八条 当事人在保证合同中约定保证人与债务人对债务承担连带责任的，为连带责任保证。

连带责任保证的债务人在主合同规定的债务履行期届满没有履行债务的，债权人可以要求债务人履行债务，也可以要求保证人在其保证范围内承担保证责任。

三、《民事诉讼法》

第一百七十条 第二审人民法院对上诉案件，经过审理，按照下列情形，分别处理：

……

（二）原判决、裁定认定事实错误或者适用法律错误的，以判决、裁定方式依法改判、撤销或变更；

……

第二百零七条 人民法院按照审判监督程序再审的案件，发生法律效力的判决、裁定是由第一审法院作出的，按照第一审程序审理，所作的判决、裁定，当事人可以上诉；发生法律效力的判决、裁定是由第二审法院作出的，按照第二审程序审理，所作的判决、裁定，是发生法律效力的判决、裁定；上级人民法院按照审判监督程序提审的，按照第二审程序审理，所作的判决、裁定是发生法律效力的判决、裁定。

……

广西壮族自治区高级人民法院
民事裁定书

〔2022〕桂民申710号

再审申请人（一审被告、二审上诉人、执行案外人）：路某宁，男，1961年8月13日出生，汉族，住广西南宁市青秀区。

被申请人（一审原告、二审被上诉人、申请执行人）：广州市文捷科教咨询服务有限公司。住所地：广东省广州市白云区新市镇加禾路地质大院嘉华街14号501。

法定代表人：李某颂，该公司总经理。

二审上诉人（一审被告、执行案外人）：徐某山，男，1958年11月20日出生，汉族，住广西南宁市青秀区。

一审被告（执行案外人）：张某禧，男，1965年8月17日出生，住广西博白县。

一审第三人（被执行人）：广西天高影视传媒有限公司。住所地：广西南宁市高新区和德村岭。

法定代表人：张某禧，该公司执行董事兼经理。

再审申请人路某宁因与被申请人广州市文捷科教咨询服务有限公司（以下简称文捷公司）、二审上诉人徐某山、一审被告张某禧、一审第三人广西天高影视传媒有限公司（以下简称天高公司）执行异议之诉一案，不服南宁市中级人民法院〔2020〕桂01民终15951号民事判决，向本院申请再审。本院依法组成合议庭进行了审查，现已审查终结。

路某宁申请再审称：（一）一、二审判决程序违法。1.万古、农维日在一、二审诉讼中违规代理，损害申请人的合法权益，应依法对本案立案再审。（二）一、二审判决遗漏查明事实及查明事实错误，导致错误判决。1.根据文捷公司与天高公司之间的《关于甲方违约退赔的协议》"三、甲方已有资产、文化产品成果为履行保证的一部分。甲方确保该资产及成果的真实性并属己所有。产品成果出售（转让）收入首先用于退还乙方定金。其资产在履行期间不许转让、处理。履行期间资产由甲方管理、经营，并承担相应费用及责任""七、甲方履行保证的资产及文化产品成果见附表"可以证明天高公司有资产对文捷公司的债权进行担保，并得到文捷公司同意。南宁市西乡塘人民法院在〔2015〕西执字第1340-3号裁定执行中，文捷公司对法院拍卖前对《阳光少年》动画片及《关爱青春之青苹果》电视系列片的拍卖保留价为312万元是认可和同意的，说明天高公司提供的担保资产价值足以抵偿所欠文捷公司的债务。一、二审判决认定天高公司减资"导致文捷公司无法提前要求其清偿债务或对此提供担保"，有明显过错，没有事实依据。2.天高公司减资后注册资金为200万元，加上提供的担保资产价值312万元，足以抵偿所欠文捷公司的债务。3.天高公司减资前，路某宁、徐某山各享有公司的50%股权。徐某山得到150万减资款后将25%股权转让给路某宁，如果路某宁、徐某山应该对天高公司的债务承担连带责任，也应该是各承担50%连带责任，而不应是路某宁承担75%、徐某山承担25%连带责任。4.公司减资告知债权人的形式有两种，即直接给债权人书面通知或在报纸上公告，路某宁、徐某山及其公司选择公告告知，符合《公司法》规定，减资没有违反法定程序，不属抽逃资金行为。综上，一、二审判决存在程序违法、查明和认定事实错误、遗漏查明事实等，而且适用法律错误，导致判决错误，应予撤销。据此请求：1.撤销南宁市邕宁区人民法院〔2020〕桂0109民初1918号民事判决及南宁市中级人民法院〔2020〕桂01民终15951号民事判决，对本案依法立案进行再审，驳回文捷公司的诉讼请求。2.本案诉讼费用由文捷公司承担。

文捷公司提交意见称：一、二审法院认定事实清楚，适用法律正确，实体判决正确。路某宁的申请再审理由不成立，应当予以驳回。

本院经审查认为，首先，根据《公司法》第一百七十七条："公司需要减少注册资本时，必须编制资产负债表及财产清单。公司应当自作出减少注册资本决议之日起十日内通知债权人，并于三十日内在报纸上公告。债权人自接到通知书之日起三十日内，未接到通知书的自告知之日起四十五日内，有权要求公司清偿债务或者提供相应的担保"的规定，本案中，天高公司与文捷公司于 2005 年 11 月 30 日签订合作意向书，2006 年 4 月 2 日双方就该意向书涉及的 135 万元退赔问题签订《关于甲方违约退赔的协议》，双方之间的债权债务关系在天高公司减资之前已经形成。虽然天高公司在《南宁广播电视报》上发布了减资公告，但并未就减资事项直接通知文捷公司，该通知方式不符合减资法定程序。

其次，南宁市西乡塘区人民法院在〔2015〕西执字第 1340 号案件执行中，作出〔2015〕西执字第 1340-3 号执行裁定，裁定拍卖天高公司制作的《阳光少年》动画片及《关爱青春之青苹果》电视系列片，但并未能处置变现，且经法院调查，未发现天高公司有可供执行的财产。路某宁主张天高公司已对公司减资提供担保资产，理由不成立，本院不予采信。

再次，路某宁、徐某山作为天高公司的股东，在天高公司未按法定程序通知已知债权人、未对其债务进行清偿或者提供担保的情况下进行减资，减少了公司的责任财产，严重影响了公司的偿债能力，其行为结果与股东未履行或未全面履行出资义务及抽逃出资产生的法律后果并无不同。依照《最高人民法院关于适用〈中华人民共和国公司法〉若干问题的规定（三）》第十三条第二款"公司债权人请求未履行或未全面履行出资义务的股东在未出资本息范围内对公司债务不能清偿的部分承担补充赔偿责任的，人民法院应予支持"、第十四条第二款"公司债权人请求抽逃出资的股东在抽逃出资本息范围内对公司债务不能清偿的部分承担补充赔偿责任……人民法院应予支持"的规定，路某宁、徐某山依法应在减资范围内对文捷公司不能清偿的债务承担补充赔偿责任。南宁市西乡塘区人民法院裁定追加路某宁、徐某山为〔2015〕西执字第 1340 号执行案件的被执行人，有事实和法律依据。同时，由于文捷公司在本案提出的路某宁、徐某山分别在减资 150 万元、50 万元的范围内，对南宁市中级人民法院〔2014〕南市民一终字第 1262 号民事判决确定的债务，即 130 万元工程定金及相应利息的总额分别按 75%、25% 向文捷公司承担连带责任的诉讼请求，并未超出路某宁、徐某山依法应当承担的民事责任范围，属文捷公司对自身享有民事权利的处分，原审法院支持其诉请，符合法律规定，并无不当。

最后，路某宁提出本案存在违规代理，应当予以再审，但并未能提供本案具有依据《民事诉讼法》第二百零七条的规定，应当启动再审程序情形的充分证据，故对其该项主张不予支持。

综上所述，路某宁的再审申请不符合《民事诉讼法》第二百零七条规定的再审情形。依照《民事诉讼法》第二百一十一条第一款,《最高人民法院关于适用〈中华人民共和国民事诉讼法〉的解释》第三百九十三条第二款的规定,裁定如下:

驳回路某宁的再审申请。

审 判 长　张英伦
审 判 员　韦志勇
审 判 员　曾亦桦
二〇二二年四月十八日
法官助理　梁舒寒
书 记 员　李璐君

【2023年版本】

第二百二十五条　公司依照本法第二百一十四条第二款的规定弥补亏损后,仍有亏损的,可以减少注册资本弥补亏损。减少注册资本弥补亏损的,公司不得向股东分配,也不得免除股东缴纳出资或者股款的义务。

依照前款规定减少注册资本的,不适用前条第二款的规定,但应当自股东会作出减少注册资本决议之日起三十日内在报纸上或者国家企业信用信息公示系统公告。

公司依照前两款的规定减少注册资本后,在法定公积金和任意公积金累计额达到公司注册资本百分之五十前,不得分配利润。

【三次审议稿】

第二百二十五条　公司依照本法第二百一十四条第二款的规定弥补亏损后,仍有亏损的,可以减少注册资本弥补亏损,但不得向股东分配,也不得免除股东缴纳出资或者股款的义务。

按照前款规定减少注册资本的,不适用前条第二款的规定,但应当在报纸上或者统一的企业信息公示系统公告。

公司按照前两款的规定减少注册资本后,在法定公积金累计额达到公司注册资本百分之五十前,不得分配利润。

【本条释义】

本条规定了亏损情况下的减资程序。

公司经营产生亏损后,可以首先使用盈余公积金中的任意公积金弥补亏损,弥补后如还有亏损，再使用盈余公积金中的法定公积金弥补亏损，弥补后如还有亏损，再使用资本公积金弥补亏损，弥补后如仍有亏损，可以减少注册资本弥补亏损。如果公司减少注册资本弥补亏损，不得向股东分配，也不得免除股东缴纳出资或者股款的义务。

例如，甲公司经营中产生亏损 1 000 万元，目前公司盈余公积金中的任意公积金为 0，法定公积金为 200 万元，资本公积金为 300 万元。甲公司将全部公积金弥补亏损后还有 500 万元的亏损。目前甲公司的注册资本为 3 000 万元，实收资本为 2 000 万元，未缴资本为 1 000 万元。甲公司可以将注册资本减少 500 万元以弥补亏损，减少以后，甲公司的注册资本变为 2 500 万元，实收资本变为 1 500 万元，未缴资本仍然为 1 000 万元，这个未缴资本是不能用来弥补亏损的。

公司为弥补亏损而减少注册资本的，由于并未实质性减少公司对外承担责任的资产总额，并未损害债权人的利益，因此，不需要通知债权人，但应当自股东会作出减少注册资本决议之日起 30 日内在报纸上或者国家企业信用信息公示系统公告。债权人也不能因此要求公司清偿债务或者提供相应的担保。

公司为弥补亏损而减少注册资本后，为进一步提高公司抗风险的能力，在法定公积金累计额达到公司注册资本 50% 前，不得分配利润。注意，这里的注册资本是指减少注册资本以后的注册资本。这里的法定公积金指的是从公司税后利润中提取的利润 10% 的部分，不包括任意公积金和资本公积金。

【2023 年版本、三次审议稿】

第二百二十六条　违反本法规定减少注册资本的，股东应当退还其收到的资金，减免股东出资的应当恢复原状；给公司造成损失的，股东及负有责任的董事、监事、高级管理人员应当承担赔偿责任。

【本条释义】

本条规定了违反减资的法律责任。

如果公司违反《公司法》规定减少注册资本，从公司收到资金的股东应当退还其收到的资金，未从公司收到资金的股东不承担退还的责任。

如果公司违反《公司法》规定减少注册资本，减免股东出资的应当恢复原状，未被减免出资的股东以及出资已经完成的股东不承担恢复原状的责任。

如果公司违反《公司法》规定减少注册资本，且给公司造成损失，股东及负有责任的董事、监事、高级管理人员应当承担赔偿责任。公司的通常损失是利息损失，特殊情况下可能导致公司经营损失，如损失了订单或者因资金不足导致违约需要承担违约责任等。承担责任的股东包括从公司收到资金的股东、被减免出资的股东以及股东会表决时投赞成票的股东。负有责任的董事、监事、高级管理人员是指具体操作公司减资程序的高级管理人员、董事会作出决议时投赞成票的董事、列席董事会但未提出异议的监事等。

【2023年版本】

第二百二十七条　有限责任公司增加注册资本时，股东在同等条件下有权优先按照实缴的出资比例认缴出资。但是，全体股东约定不按照出资比例优先认缴出资的除外。

股份有限公司为增加注册资本发行新股时，股东不享有优先认购权，公司章程另有规定或者股东会决议决定股东享有优先认购权的除外。

【三次审议稿】

第二百二十七条　有限责任公司增加资本时，股东在同等条件下有权优先按照实缴的出资比例认缴出资。但是，全体股东约定不按照出资比例优先认缴出资的除外。

股份有限公司为增加资本发行新股时，股东不享有优先认购权，公司章程另有规定或者股东会决议赋予股东优先认购权的除外。

【2018年版本】

第一百七十八条　有限责任公司增加注册资本时，股东认缴新增资本的出资，依照本法设立有限责任公司缴纳出资的有关规定执行。

股份有限公司为增加注册资本发行新股时，股东认购新股，依照本法设立股份有限公司缴纳股款的有关规定执行。

【本条释义】

本条规定了公司增资的规则。

有限责任公司的股东通常按照出资比例行使股东权利，因此，有限责任公司增加注册资本时，股东在同等条件下有权优先按照实缴的出资比例认缴出资。但是，全体股东约定不按照出资比例优先认缴出资的除外。需要注意的是，这种约定是全体股东都必须同意的，不能仅仅通过公司章程规定，或者通过股东会普通决议或者三分之二以上的特别决议，必须是全体股东一致同意的约定，因为这一约定影响到全体股东的基本权利。

股份有限公司由于有大量的公众公司和上市公司，为增加注册资本发行新股时，股东不享有优先认购权，原股东与未来新股东的认购权是相同的。公司章程另有规定或者股东会决议赋予股东优先认购权的除外。

【2023年版本、三次审议稿】

第二百二十八条　有限责任公司增加注册资本时，股东认缴新增资本的出资，依照本法设立有限责任公司缴纳出资的有关规定执行。

股份有限公司为增加注册资本发行新股时，股东认购新股，依照本法设立股份有限公司缴纳股款的有关规定执行。

【2018年版本】

第一百七十九条　公司合并或者分立，登记事项发生变更的，应当依法向公司登记机关办理变更登记；公司解散的，应当依法办理公司注销登记；设立新公司的，应当依法办理公司设立登记。

公司增加或者减少注册资本，应当依法向公司登记机关办理变更登记。

【本条释义】

本条规定了公司增资的出资程序。

有限责任公司增加注册资本时，股东认缴新增资本的出资与公司成立时股东认缴出资实质上是相同的，因此，依照《公司法》设立有限责任公司缴纳出资的有关规定执行。

股份有限公司为增加注册资本发行新股时，股东认购新股与股份有限公司成立时原始股东认购股份在实质上是相同的，因此，依照《公司法》设立股份有限公司缴纳股款的有关规定执行。

第十二章　公司解散和清算

【2023 年版本】

第二百二十九条　公司因下列原因解散：
（一）公司章程规定的营业期限届满或者公司章程规定的其他解散事由出现；
（二）股东会决议解散；
（三）因公司合并或者分立需要解散；
（四）依法被吊销营业执照、责令关闭或者被撤销；
（五）人民法院依照本法第二百三十一条的规定予以解散。
　　公司出现前款规定的解散事由，应当在十日内将解散事由通过国家企业信用信息公示系统予以公示。

【三次审议稿】

第二百二十九条　公司因下列原因解散：
（一）公司章程规定的营业期限届满或者公司章程规定的其他解散事由出现；
（二）股东会决议解散；
（三）因公司合并或者分立需要解散；
（四）依法被吊销营业执照、责令关闭或者被撤销；
（五）人民法院依照本法第二百三十一条的规定予以解散。
　　公司出现前款规定的解散事由，应当在十日内将解散事由通过统一的企业信息公示系统予以公示。

【2018 年版本】

第一百八十条　公司因下列原因解散：

（一）公司章程规定的营业期限届满或者公司章程规定的其他解散事由出现；

（二）股东会或者股东大会决议解散；

（三）因公司合并或者分立需要解散；

（四）依法被吊销营业执照、责令关闭或者被撤销；

（五）人民法院依照本法第一百八十二条的规定予以解散。

【本条释义】

本条规定了公司解散的原因。

公司解散是公司终止的主要形式，公司解散的原因很多，具体来说，包括下列原因：

（1）公司章程规定的营业期限届满或者公司章程规定的其他解散事由出现。公司章程是公司组织与经营的基础性规范，其中可以规定公司的营业期限，也可以规定其他解散事由，比如某某创始股东有权解散公司或者公司亏损超过注册资本80%以上时公司解散。公司章程的规定只要不违法、不违反公序良俗，都应认为有效。

（2）股东会决议解散。股东会是公司的最高权力机构，其有权根据市场环境和公司经营状况随时决定解散公司。

（3）因公司合并或者分立需要解散。公司合并时至少有一个公司要解散，当然这只是形式上的解散，被合并公司的资产、负债和人员均转入合并公司，被合并公司解散后，在合并公司中获得了新生。公司分立，被分立的公司可以解散，也可以不解散。如果解散，被分立公司的全部资产、负债和人员分别转入新设立的若干个公司，这种解散也是形式上的解散，被分立公司在若干家新成立的公司中获得了新生。

（4）依法被吊销营业执照、责令关闭或者被撤销。公司若有违法行为或者继续存在不具有现实意义，依法可以被吊销营业执照、责令关闭或者被撤销。公司在这种情况下的解散是一种被迫解散，即已经没有继续存在的合法性基础了，必须解散。

（5）公司经营管理发生严重困难，继续存续会使股东利益受到重大损失，通过其他途径不能解决的，持有公司10%以上表决权的股东，可以请求人民法院解散公司，人民法院如果判决解散公司，则公司必须解散。

公司出现上述各种解散事由后，应当向全体股东、所有债权人以及社会公众告知其已经解散的事实，因此，应当在10日内将解散事由通过国家企业信用信息公示系统予以公示。

【2023年版本、三次审议稿】

第二百三十条 公司有前条第一款第一项、第二项情形，且尚未向股东分配财产的，可以通过修改公司章程或者经股东会决议而存续。

依照前款规定修改公司章程或者经股东会决议，有限责任公司须经持有三分之二以上表决权的股东通过，股份有限公司须经出席股东会会议的股东所持表决权的三分之二以上通过。

【2018年版本】

第一百八十一条　公司有本法第一百八十条第（一）项情形的，可以通过修改公司章程而存续。

依照前款规定修改公司章程，有限责任公司须经持有三分之二以上表决权的股东通过，股份有限公司须经出席股东大会会议的股东所持表决权的三分之二以上通过。

【本条释义】

本条规定了公司出现解散事由后存续的情形。

公司解散有可能导致股东损失、债权人损失和职工损失，因此，如果有可能，应当尽量避免解散公司。

如果公司章程规定的营业期限届满或者公司章程规定的其他解散事由出现，但公司尚未向股东分配财产，股东会可以通过修改公司章程的方式让公司存续。

如果股东会决议解散公司，但公司尚未向股东分配财产，公司可以再次召开股东会重新作出决议，让公司存续。

依照上述规定修改公司章程或者经股东会决议，有限责任公司须经持有三分之二以上表决权的股东通过，股份有限公司须经出席股东会会议的股东所持表决权的三分之二以上通过。

【2023年版本、三次审议稿】

第二百三十一条　公司经营管理发生严重困难，继续存续会使股东利益受到重大损失，通过其他途径不能解决的，持有公司百分之十以上表决权的股东，可以请求人民法院解散公司。

【2018年版本】

第一百八十二条　公司经营管理发生严重困难，继续存续会使股东利益受到重大损失，通过其他途径不能解决的，持有公司全部股东表决权百分之十以上的股东，可以请求人民法院解散公司。

【本条释义】

本条规定了公司经营困难被人民法院解散的情形。

如果公司经营管理发生严重困难，继续存续会使股东利益受到重大损失，通过其他途径不能解决，公司的中小股东可能没有其他办法让公司解散，此时，持有公司10%以上表决权的股东，可以请求人民法院解散公司。

需要注意的是，只有持有公司10%以上表决权的股东才有该项权利，持股比例少于这一标准的股东没有该项权利。人民法院在审理中，应当尽可能避免公司解散，公司经营管理发生严重困难时，能用其他方法协调和解决的，尽量不要直接解散公司。

【相关司法解释规定】

《最高人民法院关于适用〈中华人民共和国公司法〉若干问题的规定（二）》（2008年5月5日最高人民法院审判委员会第1447次会议通过，根据2014年2月17日最高人民法院审判委员会第1607次会议《关于修改关于适用〈中华人民共和国公司法〉若干问题的规定的决定》第一次修正，根据2020年12月23日最高人民法院审判委员会第1823次会议通过的《最高人民法院关于修改〈最高人民法院关于破产企业国有划拨土地使用权应否列入破产财产等问题的批复〉等二十九件商事类司法解释的决定》第二次修正，下同）

第一条 单独或者合计持有公司全部股东表决权百分之十以上的股东，以下列事由之一提起解散公司诉讼，并符合公司法第一百八十二条规定的，人民法院应予受理：

（一）公司持续两年以上无法召开股东会或者股东大会，公司经营管理发生严重困难的；

（二）股东表决时无法达到法定或者公司章程规定的比例，持续两年以上不能做出有效的股东会或者股东大会决议，公司经营管理发生严重困难的；

（三）公司董事长期冲突，且无法通过股东会或者股东大会解决，公司经营管理发生严重困难的；

（四）经营管理发生其他严重困难，公司继续存续会使股东利益受到重大损失的情形。

股东以知情权、利润分配请求权等权益受到损害，或者公司亏损、财产不足以偿还全部债务，以及公司被吊销企业法人营业执照未进行清算等为由，提起解散公司诉讼的，人民法院不予受理。

第二条 股东提起解散公司诉讼，同时又申请人民法院对公司进行清算的，人民法院对其提出的清算申请不予受理。人民法院可以告知原告，在人民法院判决解散公司后，依据民法典第七十条、公司法第一百八十三条和本规定第七条的规定，自行组织清算或者另行申请人民法院对公司进行清算。

第三条 股东提起解散公司诉讼时，向人民法院申请财产保全或者证据保全的，在股东提供担保且不影响公司正常经营的情形下，人民法院可予以保全。

第四条 股东提起解散公司诉讼应当以公司为被告。

原告以其他股东为被告一并提起诉讼的，人民法院应当告知原告将其他股东变更为第三人；原告坚持不予变更的，人民法院应当驳回原告对其他股东的起诉。

原告提起解散公司诉讼应当告知其他股东，或者由人民法院通知其参加诉讼。其他股东或者有关利害关系人申请以共同原告或者第三人身份参加诉讼的，人民法院应予准许。

第五条 人民法院审理解散公司诉讼案件，应当注重调解。当事人协商同意由公司或者股东收购股份，或者以减资等方式使公司存续，且不违反法律、行政法规强制性规定的，人民法院应予支持。当事人不能协商一致使公司存续的，人民法院应当及时判决。

经人民法院调解公司收购原告股份的，公司应当自调解书生效之日起六个月内将股份转让或者注销。股份转让或者注销之前，原告不得以公司收购其股份为由对抗公司债权人。

第六条 人民法院关于解散公司诉讼作出的判决，对公司全体股东具有法律约束力。

人民法院判决驳回解散公司诉讼请求后，提起该诉讼的股东或者其他股东又以同一事实和理由提起解散公司诉讼的，人民法院不予受理。

《最高人民法院关于适用〈中华人民共和国公司法〉若干问题的规定（五）》

第五条 人民法院审理涉及有限责任公司股东重大分歧案件时，应当注重调解。当事人协商一致以下列方式解决分歧，且不违反法律、行政法规的强制性规定的，人民法院应予支持：

（一）公司回购部分股东股份；

（二）其他股东受让部分股东股份；

（三）他人受让部分股东股份；

（四）公司减资；

（五）公司分立；

（六）其他能够解决分歧，恢复公司正常经营，避免公司解散的方式。

【典型案例定】

中华人民共和国最高人民法院
民事判决书

〔2017〕最高法民再 373 号

再审申请人（一审被告、二审上诉人）：广西大地华城房地产开发有限公司。
法定代表人：韦某书，该公司董事长。
委托诉讼代理人：骆某华，该公司工作人员。
委托诉讼代理人：黄权威，广西南国雄鹰律师事务所律师。
被申请人（一审原告、二审被上诉人）：刘某海。
委托诉讼代理人：肖敏，广西鼎峰律师事务所律师。
委托诉讼代理人：李经强，广西鼎峰律师事务所律师。
一审第三人：韦某书。
一审第三人：温某生。
一审第三人：李某东。
上述三位一审第三人的共同诉讼委托代理人：黄权威，广西南国雄鹰律师事务所律师。
一审第三人：黄某良。

再审申请人广西大地华城房地产开发有限公司（以下简称华城公司）因与被申请人刘某海及一审第三人韦某书、温某生、李某东、黄某良公司解散纠纷一案，不服广西壮族自治区高级人民法院〔2016〕桂民终233号民事判决，向本院申请再审。本院于2017年8月23日作出〔2017〕最高法民申3261号民事裁定，提审本案。本院依法组成合议庭，开庭审理了本案。再审申请人华城公司委托诉讼代理人骆某华、黄权威，被申请人刘某海及其委托诉讼代理人肖敏、李经强，一审第三人韦某书、温某生、李某东的共同委托诉讼代理人黄权威到庭参加了诉讼。黄某良经本院依法传唤未到庭参加诉讼。本案现已审理终结。

华城公司申请再审称，原审判决认定事实和适用法律均存在错误。（一）公司经营期限届满是否解散，依法应属于公司的自治范围，不属于法院受案范围。依据《公司法》第一百八十条第五项以及《最高人民法院关于适用〈中华人民共和国公司法〉若干问题的规定（二）》第一条的规定，只有"公司经营管理发生严重困难，继续存续会使股东利益受到重大损失，通过其他途径不能解决的"，人民法院才可依据股东的请求解散公司。本案中，即使华城公司"经营期限届满"，也不能成为法院判决解散公司的法定事由。刘某海提起诉讼主张华城公司营业期限届满、账目未公开、股东要求分红未果等，依据上述司法解释的规定，均不属于人民法院的受理范围。（二）原审判决以已废止的公司章程为依据，得出必须"在经营期限届满前形成延长经营期限的股东会决议"的结论错误。2001年公司章程于2001年9月5日由原股东韩国贵、张锋签署，早已废止。在第2次、第3次股东变更后，新股东均通过了新的公司章程。华城公司于2017年3月3日从广西壮族自治区南宁市工商行政管理局查档获知，通过工商登记部门进行公司章程修正案备案的有4次：2003年6月30日修正、2004年2月25日修正、2005年1月22日修正和2006年3月5日修正。这4次修正案的修正内容均与2001年公司章程的内容不符，但与2006年公司章程相符，证明华城公司每次变更股东，新股东都制定了新的公司章程。虽然均未在工商部门备案，但不影响新公司章程的法律效力。2006年公司章程并未规定在公司营业期限届满六个月前要形成一致决议决定是否延长经营期限，而《公司法》第一百八十一条规定公司营业期限届满后，可以通过修改公司章程使公司存续。因此，2017年3月23日，华城公司召开股东临时会议，通过了新的公司章程，将公司营业期限定为长期，并在广西壮族自治区南宁市工商行政管理局备案。华城公司目前是依法长期经营，不存在营业期限届满的情形。依据《民事诉讼法》第一百九十九条、第二百条第六项之规定，请求本院依法撤销广西壮族自治区南宁市中级人民法院〔2015〕南市民二初字第3号民事判决、广西壮族自治区高级人民法院〔2016〕桂民终233号民事判决；驳回刘某海的起诉；一审、二审诉讼费用由刘某海承担。

　　刘某海辩称，（一）刘某海诉请解散公司，既引用了《公司法》第一百八十条第一款所规定的公司解散的法定情形，也列举了《公司法》第一百八十二条规定的公司经营管理发生严重困难的事由，符合公司解散诉讼的立案条件。虽然原审判决在阐述裁判理由时，只提及公司经营期限届满此一法定解散理由及相应法条，有所欠缺，但判决结果正确。（二）华城公司以营业期限已经延长为由主张应继续存续，理由不充分。华城公司在二审判决生效后，才于2017年3月23日炮制了一份程序不合法、内容无效的股东会决议，并利用南宁市工商行政管理局不知道华城公司已被判决解散的事实取得备案，其完全是为了申请再审而制造证据。（三）华城公司经营管理已经发生严重困难。至二审判决作出前，华城公司已持续7年多未召开股东会，亦未形成有效的股东会决议。刘某海多次书面请求召开股东会议，华城公司均未予回复，公司股东会机制已经失灵。董事长韦某书长期不召开董事会，刘某海身为董事的权利无法有效行使。公司不设监事会，仅设监事一名，但任命不是公司股东的李承霖担任监事。监事的任期每届三年，期满后公司也未对不尽职的监事进行改选。公司监督机构实际已无法发挥监督作用。（四）华城公司继续存续会使刘某海利益受到重大损失。刘某海虽为持有华城公司18.67%股份的股东及董事，但不能通过行使表决权参与公司决策，亦不能有效行使监督权，其投资设立公司的目的无法实现，合法权益遭到损害。此外，华城公司是专业房地产开发公司，开发完成华城项目后，处于歇业状态。公司财务管理混乱，导致财务报表虚假，长年以亏损挂账，严重损害公司和股东的利益。实际控制股东韦某书等对2007年7月股东会决议以分红款抵扣认购的商铺款的事实予以隐瞒，仅对刘某海提起诉讼要求返还借款及给付购房款，进行差别化对待，致使股东矛盾进一步激化。刘某海发现实际控制股东韦某书、股东李某东、温某生、监事李承霖以及其他财务人员涉嫌职务侵占进行实名举报，但因被控告人阻挠，案件至今没有进展。（五）华城公司僵局通过其他途径无法解决。刘某海试图通过转让股权或要求公司回购股权方式进行救济未果，只能通过司法途径请求法院解散公司。原审法院均组织双方当事人进行调解，但无法达成协议。综上，华城公司经营期限已于2012年3月7日届满，公司经营管理发生严重困难，继续存续会使刘某海的股东利益受到重大损害，通过其他途径已不能解决，符合司法解散的条件。请求本院依法驳回华城公司的再审请求。

一审第三人韦某书、温某生、李某东的陈述意见与华城公司的意见一致。

刘某海向广西壮族自治区南宁市中级人民法院（以下简称一审法院）起诉请求：1.判令解散华城公司；2.本案诉讼费用由华城公司承担。

一审法院认定事实：华城公司于2002年3月7日成立。原股东为韩国贵、张锋。该公司章程第四十六条约定，公司经营期限为10年，自营业执照签发之日起计算。第四十七条第（一）项约定，公司有下列情形之一的，可以解散：（一）公司章程规定的经营期限届满或者公司章程规定解散的其他事由出现时。第四十八条约定，公司各股东一致同意延长经营期限时，应由股东会在经营期限届满前六个月作出决议，向公司登记机关申请变更登记。因股权变更，华城公司股东会于2006年3月5日作出章程修正案，修改股东姓名及出资比例为温某生出资517.64万元，占注册资本17.97%；韦某书出资639.41万元，占注册资本22.2%；黄某良出资611.06万元，占注册资本21.21%；刘某海出资537.48万元，占注册资本18.67%；李某东出资574.41万元，占注册资本19.95%。2007年6月3日，华城公司就股东股份分红事宜召开股东会并作出股东会决议。刘某海对该股东会决议提出反对意见，认为该决议确定的分红方案无依据，应按照工商登记的持股比例进行分配。2009年1月17日，华城公司就工程款债务问题召开股东会，刘某海未参加该次股东会议。该会议决议各股东分别再向公司出资共计22万元，其中刘某海应出资4万元。2009年7月26日，华城公司召开临时股东会，会议决议内容为：一、由各股东委派财务人员或亲属一人或本人参加审核公司财务、项目部收支情况。审核后各股东不得再就财务问题纠缠。审核自2009年8月1日开始，时间为10天。股东未派人参加，其他股东的审核结果有效。二、审核后，涉及税金、房产办证等税费的支出。在公司款项不足部分，由各股东按股份比例现金出资，在公司办公室或财务通知后五日内支付。逾期由此产生的一切法律责任由未履行义务的股东承担。刘某海参加此次股东会且未有异议。

2012年3月9日，华城公司以刘某海未返还借款为由向广西壮族自治区南宁市青秀区人民法院起诉，要求刘某海返还借款 2 847 819 元。广西壮族自治区南宁市青秀区人民法院作出〔2012〕青民二初字 299 号民事判决，判令刘某海向华城公司返还借款 2 847 819 元。刘某海不服提出上诉，一审法院作出〔2013〕南市民二终字第 122 号民事判决，驳回上诉，维持原判。刘某海不服，向广西壮族自治区南宁市人民检察院申请监督。广西壮族自治区南宁市人民检察院提请广西壮族自治区人民检察院对该案进行抗诉。2014 年 6 月 20 日，广西壮族自治区人民检察院作出桂检民监〔2014〕100 号不支持监督申请决定，认定刘某海的申请不符合监督条件。

2012 年，刘某海以华城公司未返还借款为由向广西壮族自治区南宁市青秀区人民法院起诉，要求华城公司返还借款 227 万元及利息。广西壮族自治区南宁市青秀区人民法院作出〔2012〕青民二初字第 452 号民事判决，驳回刘某海的全部诉讼请求。刘某海不服提起上诉，一审法院作出〔2013〕南市民二终字第 103 号民事判决，驳回上诉，维持原判。

2014 年 8 月 8 日，11 月 26 日，刘某海以书面方式向华城公司分别就公司盈利分配方案及精简人员配置事项提议召开临时股东会。该两份书面提议通过邮政快递送达华城公司。

另查明：华城公司 2007 年至 2011 年年检报告书中记载的经营状况分别为：2007 年全年净利润－1 214 753 959 元；2008 年全年净利润－9 990 434.31 元；2009 年全年净利润 27 737 996.74 元；2010 年全年净利润－2 157 199.04 元；2011 年全年净利润－1 417 156.85 元。

再查明：华城公司目前使用的有效营业执照上载明的营业期限为长期。庭审过程中，因各方当事人对华城公司经营期限是否届满问题存在争议，一审法院指定华城公司于庭后三个工作日内提供该公司办理延长经营期限工商变更登记手续的证据。华城公司未能在指定举证期限内提供上述证据。2015 年 10 月 30 日，刘某海就华城公司成立后所有公司变更工商登记事项向一审法院提出调查取证申请。一审法院依法向广西壮族自治区工商行政管理局及南宁市工商行政管理局调取 2002 年至 2007 年间华城公司变更事项工商登记档案，未发现华城公司向工商行政部门申请变更该公司经营期限。

一审法院判决：解散华城公司。

华城公司不服一审判决，上诉请求：1. 撤销一审判决，依法驳回刘某海的诉讼请求。2. 本案上诉费用由刘某海承担。

二审法院确认一审法院认定的事实。

二审法院认为，根据《公司法》第一百八十条"公司因下列原因解散：（一）公司章程规定的营业期限届满或者公司章程规定的其他解散事由出现；（二）股东会或者股东大会决议解散；（三）因公司合并或者分立需要解散；（四）依法被吊销营业执照、责令关闭或者被撤销；（五）人民法院依照本法第一百八十二条的规定予以解散"的规定，华城公司成立于 2002 年 3 月 7 日。公司章程载明的经营期限为 10 年，至 2012 年华城公司的经营期限已经届满，没有证据证明华城公司在经营期限届满前形成延长经营期限的股东会决议。虽华城公司目前使用的营业执照上经营期限记载为长期,但不足以证明华城公司已依法延长公司经营期限。华城公司依法应当予以解散。

二审法院判决:驳回上诉,维持原判。

本院再审期间,华城公司为证明其主张,向本院提交了以下证据:证据1,关于召开股东会议的提议;证据2,召开股东临时会议的通知;证据3,华城公司股东会决议;证据4,华城公司章程;证据5,备案通知书。上述证据以证明华城公司已召开股东临时会议通过新的公司章程,确定公司营业期限为长期,并进行了工商备案登记;证据6,2001年9月5日通过的华城公司章程;证据7,2006年3月5日通过的华城公司章程;证据8,2003年6月30日华城公司章程修正案;证据9,2004年2月25日华城公司章程修正案;证据10,2005年1月22日华城公司章程修正案;证据11,2006年3月5日华城公司章程修正案。上述证据以证明2001年9月5日通过的华城公司章程已被废止。刘某海对上述证据的质证意见为:认可证据1、2、3、4、5的真实性、合法性,但对其证明目的不予认可。上述证据反映了华城公司于2017年3月召开股东会延长经营期限以及修订公司章程,均是在二审判决生效之后进行,且股东会议通知程序违法。因此,股东会决议和修订的公司章程均为无效。对证据6、8、9、10、11的真实性无异议,但对其证明目的有异议。该几份证据只能证明2001年9月5日公司章程规定的经营期限为10年,且需在公司经营期限届满前六个月召开全体股东会议一致同意方可延长期限,不能体现公司章程已经股东会决议延长经营期限。对证据7的真实性、合法性、证明目的有异议。不存在2006年3月5日召开全体股东会议通过公司章程,该章程修正案中黄某良的签名与本案开庭通知书的送达回证上的黄某良的签名不一致。一审第三人韦某书、温某生、李某东同意华城公司的意见。

刘某海为证明其主张,向本院提交了以下证据:证据1,华城公司企业信用信息公示报告,以证明华城公司是专业房地产开发公司,经营范围为房地产开发与经营,华城公司处于歇业状态;证据2,华城公司开发资质查询结果,以证明华城公司目前无开发资质,处于歇业状态;证据3,华城公司开发项目的建设工程规划许可查询结果,以证明华城公司只开发了大地华城一个项目;证据4,大地华城开发项目的预售许可情况查询情况,以证明大地华城项目是2005年批准预售的项目,现早已建设销售完毕。华城公司对上述证据的质证意见为:认可上述证据的真实性,但对其合法性、关联性、证明目的均不予认可,无法证明华城公司未经营已歇业。一审第三人韦某书、温某生、李某东的质证意见与华城公司的意见一致。

围绕当事人的再审请求,本院对有争议的证据和事实认定如下:对华城公司提交的除证据7以外的证据,因刘某海认可其真实性,本院对其真实性予以确定,对是否能达到其证明目的,本院在认定部分予以评述。对证据7,因刘某海不认可其真实性,且与本案无关联性,本院不予采信。对刘某海提交的证据,因华城公司认可其真实性,本院对其真实性予以确认,但对其是否能达到其证明目的,本院结合其他事实在认定部分予以评述。

本院再审查明的事实与一、二审法院查明的事实基本一致。

另查明：2017年3月23日，华城公司召开股东临时会议，通过了新的公司章程，将公司营业期限定为长期，并在广西壮族自治区南宁市工商行政管理局备案。

本院再审认为，综合华城公司的再审请求、刘某海的答辩意见以及韦某书、温某生、李某东的陈述意见，并结合相关证据和事实，本案的争议焦点为：华城公司是否符合法定解散条件应予解散。

《公司法》第一百八十二条规定："公司经营管理发生严重困难，继续存续会使股东利益受到重大损失，通过其他途径不能解决的，持有公司全部股东表决权百分之十以上的股东，可以请求人民法院解散公司。"《最高人民法院关于适用〈中华人民共和国公司法〉若干问题的规定（二）》第一条规定："单独或者合计持有公司全部股东表决权百分之十以上的股东，以下列事由之一提起解散公司诉讼，并符合《公司法》第一百八十二条规定的，人民法院应予受理：（一）公司持续两年以上无法召开股东会或者股东大会，公司经营管理发生严重困难的；（二）股东表决时无法达到法定或者公司章程规定的比例，持续两年以上不能做出有效的股东会或者股东大会决议，公司经营管理发生严重困难的；（三）公司董事长期冲突，且无法通过股东会或者股东大会解决，公司经营管理发生严重困难的；（四）经营管理发生其他严重困难，公司继续存续会使股东利益受到重大损失的情形。股东以知情权、利润分配请求权等权益受到损害，或者公司亏损、财产不足以偿还全部债务，以及公司被吊销企业法人营业执照未进行清算等为由，提起解散公司诉讼的，人民法院不予受理。"公司解散属于公司的生死存亡问题，关涉公司股东、债权人及员工等多方利益主体，关涉市场经济秩序的稳定和安宁。因此，人民法院对公司解散应慎重处理，应综合考虑公司的设立目的能否实现、公司运行障碍能否消除等因素。只有公司经营管理出现严重困难，严重损害股东利益，且穷尽其他途径不能解决的，才能判决解散公司。

就本案而言，首先，华城公司尚不存在公司经营管理发生严重困难的情形。判断"公司经营管理是否发生严重困难"，应从公司组织机构的运行状态进行综合分析，如股东会、董事会以及监事会等公司权力机构和管理机构是否无法正常运行，是否对公司事项无法作出有效决议，公司的一切事务是否处于瘫痪状态等。本案中，虽然华城公司自2009年召开股东会后未再召开股东会，也未召开董事会，但是根据合计持股60.12%的股东（温某生17.97%、韦某书22.2%、李某东19.95%）明确表示不同意解散公司的事实可知，即便持股18.67%的股东刘某海不参加股东会，华城公司仍可以召开股东会并形成有效决议。这一推断也被华城公司2017年3月23日召开临时股东会并制定有效公司章程的事实所印证。刘某海称其与黄某良的股权合计已经超过华城公司股份总额的三分之一，但刘某海并无证据证明黄某良同意解散公司。至诉讼时，黄某良虽未出庭并陈述意见，但其已经签收本案相关法律文书，无法认定其是否反对股东会作出的决议。未召开股东会并不等于无法召开股东会，更不等于股东会议机制失灵，刘某海提出公司机制失灵的理由不成立。刘某海主张其股东权利无法行使，授资设立公司的目的无法实现。本院认为，公司的法人性质及多数决的权力行使模式决定公司经营管理和发展方向必然不能遵循所有投资人的意志，会议制度的存在为所有参与者提供表达意见的机会，但是最终的结果仍应由多数决作出，除非有例外约定。刘某海作为持股比例较低的股东，在会议机制仍能运转的前提下，若认为其意见不被采纳进而损害自己的利益，可采取退出公司等方式维护自己的权益，据此主张公司应当解散的理由不成立。刘某海主张华城公司目前处于歇业状态，但其提交的证据不能予以证明。《企业信用信息公示报告》中显示华城公司的登记状态是存续，《开发资质查询结果》《建设工程规划许可查询结果》《预售许可情况查询结果》也不能证明华城公司处于歇业状态。刘某海还主张华城公司是房地产开发公司，仅开发大地华城公司一个项目，该项目已经建设销售完毕，华城公司无存续必要。但在再审庭审中对于法院"公司现在经营情况怎样"的询问，华城公司回应称"部分公司车位未销售完毕，现在正在正常经营。主要原来的项目未销售完毕，现在无新的项目开发"，对此刘某海并未提出充分的证据予以反驳。因此，华城公司并未陷入公司经营管理失灵无法正常运转的局面，公司经营管理并未发生严重困难。

其次，华城公司继续存续并不会使股东利益受到重大损失。前已述及，华城公司并不存在经营管理发生严重困难情形，在此前提下，公司继续存续是否会使"股东利益受到重大损失"应结合股东利益的救济方式进行综合分析。如果有其他途径对股东的利益予以救济，则不宜通过解散公司的方式进行。刘某海主要因要求华城公司分红未果以及公司财务不公开等事项而与华城公司及其他股东产生矛盾，属于股东分红请求权、知情权纠纷。依照《公司法》的规定，股东认为上述权利受到侵害的，可以诉请要求分配利润或提供账册查询，性质上不属于公司解散诉讼的受理事由。刘某海主张华城公司仅对其提起返还借款诉讼属于差别对待，一审法院作出〔2013〕南市民二终字第122号民事判决，支持华城公司的诉讼请求，令刘某海返还借款。华城公司主张债权的行为属于合法行为，刘某海主张差别对待，严重损害其利益的理由不成立。刘某海主张华城公司财务状况异常混乱，存在内外账、会计账和出纳账常年不符、款项支付不明、财务凭证不齐等问题，但其提供的证据不足以认定该事实。刘某海主张华城公司经营亏损，继续经营会严重损害股东利益。根据《公司法》第一百八十二条和《最高人民法院关于适用〈中华人民共和国公司法〉若干问题的规定（二）》第一条的规定，公司经营亏损不属于法定解散事由，本院不予支持。在刘某海尚未采取其他法律措施维护自己权利的情况下，就本案现有证据而言，尚不足以证实华城公司继续存续会使股东利益受到重大损失。

从本案诉讼来看，刘某海与其他股东之间的矛盾的确难以调和，但股东之间的矛盾并非解散公司的法定事由，股东纠纷可采取内部解决方式（如知情权、分红请求权、股权退出机制）来解决。公司解散对于公司而言，是最严厉、最具破坏性的结果，若非万不得已，就不宜选择解散公司的办法来解决股东之间的矛盾，以维护社会关系的稳定，保障债权人的利益。华城公司各股东之间应本着诚信原则和公平原则，化干戈为玉帛，求同存异，妥善处理好股东之间的矛盾。

此外，关于华城公司营业期限是否届满问题。现有营业执照上显示营业期限为长期，在再审庭审中，华城公司举证证明在2007年公司营业执照上显示的营业期限已为长期，虽然现并无证据证明2007年前股东会已经形成延长公司营业期限的决议，但刘某海通过受让华城公司的股权在2007年前成为股东，在本案诉讼前对华城公司营业期限登记为长期从未提出异议。因此，原审认定公司营业期限已经届满并不符合华城公司营业执照上登记事项。

综上所述，华城公司不符合公司法定解散条件，不应予以解散，华城公司的再审请求成立。原审判决认定事实基本清楚，但适用法律错误，本院予以纠正。因解散公司诉讼系非财产案件，原审法院按照财产标的额计收案件受理费不当，本院亦依法予以纠正。依照《民事诉讼法》第二百零七条第一款、第一百七十条第一款第二项、《最高人民法院关于适用〈中华人民共和国民事诉讼法〉的解释》第四百零七条第二款、《公司法》第一百八十二条、《最高人民法院关于适用〈中华人民共和国公司法〉若干问题的规定（二）》第一条之规定，判决如下：

一、撤销广西壮族自治区高级人民法院〔2016〕桂民终233号民事判决；

二、撤销广西壮族自治区南宁市中级人民法院〔2015〕南市民二初字第3号民事判决；

三、驳回刘某海的全部诉讼请求。

一审案件受理费100元，财产保全费5 000元，合计5 100元，由刘某海负担；二审案件受理费100元，由刘某海负担。

审　判　长　　钱小红
审　判　员　　奚向阳
审　判　员　　陈宏宇
二〇一七年十二月二十八日
法官助理　　王智锋
书　记　员　　陈文波

【2023年版本、三次审议稿】

第二百三十二条　公司因本法第二百二十九条第一款第一项、第二项、第四项、第五项规定而解散的，应当清算。董事为公司清算义务人，应当在解散事由出现之日起十五日内组成清算组进行清算。

清算组由董事组成，但是公司章程另有规定或者股东会决议另选他人的除外。

清算义务人未及时履行清算义务，给公司或者债权人造成损失的，应当承担赔偿责任。

【2018年版本】

第一百八十三条　公司因本法第一百八十条第（一）项、第（二）项、第（四）项、第（五）项规定而解散的，应当在解散事由出现之日起十五日内成立清算组，开始清算。有限责任公司的清算组由股东组成，股份有限公司的清算组由董事或者股东大会确定的人员组成。逾期不成立清算组进行清算的，债权人可以申请人民法院指定有关人员组成清算组进行清算。人民法院应当受理该申请，并及时组织清算组进行清算。

【本条释义】

本条规定了公司的清算义务人。

如果公司因下列原因解散，公司应当清算：公司章程规定的营业期限届满或者公司章程规定的其他解散事由出现、股东会决议解散、依法被吊销营业执照、责令关闭或者被撤销、人民法院依照《公司法》第二百三十一条的规定予以解散。也就是说，只有当公司因公司合并或者分立需要解散不需要清算以外，公司因其他原因解散时都需要清算。

公司清算需要有具体的清算义务人履行相关职责，董事为公司清算义务人，应当在解散事由出现之日起15日内组成清算组进行清算。注意，只有董事才是公司清算义务人，非董事的股东、监事、高级管理人员均不是清算义务人。这里的董事包括内部董事、外部董事、由职工出任的董事以及独立董事等。

清算组由董事组成，但清算本身毕竟是公司内部的事情，因此，公司章程或者股东会决议可以规定或者决定由董事以外的其他人员组成清算组。例如，可以规定由监事、高级管理人员等组成清算组。

清算义务人应当及时进行公司清算，如果未及时履行清算义务，给公司或者债权人造成损失的，应当承担赔偿责任。未及时履行清算义务，公司的财产有可能霉烂、变质、毁损或者被盗窃、遗失，这些都可能给公司或者债权人造成损失。

【相关司法解释规定】

《最高人民法院关于适用〈中华人民共和国公司法〉若干问题的规定（二）》

第七条　公司应当依照民法典第七十条、公司法第一百八十三条的规定，在解散事由出现之日起十五日内成立清算组，开始自行清算。

有下列情形之一,债权人、公司股东、董事或其他利害关系人申请人民法院指定清算组进行清算的,人民法院应予受理:

(一)公司解散逾期不成立清算组进行清算的;

(二)虽然成立清算组但故意拖延清算的;

(三)违法清算可能严重损害债权人或者股东利益的。

第八条 人民法院受理公司清算案件,应当及时指定有关人员组成清算组。

清算组成员可以从下列人员或者机构中产生:

(一)公司股东、董事、监事、高级管理人员;

(二)依法设立的律师事务所、会计师事务所、破产清算事务所等社会中介机构;

(三)依法设立的律师事务所、会计师事务所、破产清算事务所等社会中介机构中具备相关专业知识并取得执业资格的人员。

第九条 人民法院指定的清算组成员有下列情形之一的,人民法院可以根据债权人、公司股东、董事或其他利害关系人的申请,或者依职权更换清算组成员:

(一)有违反法律或者行政法规的行为;

(二)丧失执业能力或者民事行为能力的;

(三)有严重损害公司或者债权人利益的行为。

第十条 公司依法清算结束并办理注销登记前,有关公司的民事诉讼,应当以公司的名义进行。

公司成立清算组的,由清算组负责人代表公司参加诉讼;尚未成立清算组的,由原法定代表人代表公司参加诉讼。

【典型案例】

中华人民共和国最高人民法院
民事裁定书

〔2022〕最高法民申 129 号

再审申请人(一审申请人、二审上诉人):北京交广传媒有限公司。住所地:北京市朝阳区建国门外大街甲 14 号 3 层 301 内 302 室。

法定代表人:姜某庆,该公司董事长。

委托诉讼代理人:曾运,北京康普律师事务所律师。

委托诉讼代理人:吴立宏,北京康普律师事务所律师。

被申请人（一审被申请人、二审被上诉人）：北京首信涌阳科技有限公司。住所地：北京市朝阳区将台路5号30号楼418室。

法定代表人：张某诚。

再审申请人北京交广传媒有限公司（以下简称交广公司）因与被申请人北京首信涌阳科技有限公司（以下简称涌阳公司）申请公司清算一案，不服北京市高级人民法院〔2021〕京民终717号民事裁定，向本院申请再审。本院依法组成合议庭进行了审查，现已审查终结。

交广公司申请再审称：（一）公司作为债务人如果同时符合强制清算条件和破产清算条件，应当根据其是否存在主观恶意区别处理。对故意侵犯法人独立人格、利用公司控制权损害公司和债权人权益以及恶意逃债等不法行为的债务人，应当首先适用强制清算程序处理，不能直接适用破产清算程序处理。（二）张某诚作为涌阳公司大股东、实际控制人和法定代表人，故意伪造签名更换涌阳公司法定代表人，并骗取工商变更登记逃避执行、转移资产。可见，涌阳公司作为债务人存在恶意逃债的行为，适用强制清算程序方能更好保护债权人合法权益。请求依法再审撤销原审裁定，指定清算组对涌阳公司进行强制清算。

本院经审查认为，《公司法》第一百八十三条规定，公司因依法被吊销营业执照而解散的，应当在解散事由出现之日起十五日内成立清算组，开始清算。逾期不成立清算组进行清算的，债权人可以申请人民法院指定有关人员组成清算组进行清算。《最高人民法院关于适用〈中华人民共和国企业破产法〉若干问题的规定（一）》第四条第三项规定，债务人账面资产虽大于负债，但经人民法院强制执行，无法清偿债务的，人民法院应当认定其明显缺乏清偿能力。

本案中，涌阳公司于2019年5月20日被北京市朝阳区市场监督管理局吊销营业执照，未在法定期间内成立清算组进行清算。交广公司对涌阳公司享有的到期债权，经人民法院强制执行无法清偿，故应认定涌阳公司因明显缺乏清偿能力而符合破产清算的条件。根据《全国法院民商事审判工作会议纪要》的相关意见，债务人同时符合破产清算条件和强制清算条件的，应当及时适用破产清算程序实现对债权人利益的公平保护。债权人对符合破产清算条件的债务人提起公司强制清算申请，经人民法院释明，债权人仍然坚持申请对债务人强制清算的，人民法院应当裁定不予受理。在涌阳公司同时符合强制清算和破产清算条件的情况下，交广公司经释明仍坚持申请对涌阳公司强制清算，原审法院裁定对其申请不予受理，并无不当。交广公司关于涌阳公司恶意逃债而应适用强制清算程序的主张，缺乏法律依据。

综上，交广公司的再审申请不符合《民事诉讼法》第二百零七条的规定。依照《民事诉讼法》第二百一十一条第一款，《最高人民法院关于适用〈中华人民共和国民事诉讼法〉的解释》第三百九十三条第二款规定，裁定如下：

驳回北京交广传媒有限公司的再审申请。

审判长　曹　　刚
审判员　宁　　晟
审判员　张杨民
二〇二二年十一月六日
书记员　赵　　敏

【2023年版本、三次审议稿】

第二百三十三条 公司依照前条第一款的规定应当清算，逾期不成立清算组进行清算或者成立清算组后不清算的，利害关系人可以申请人民法院指定有关人员组成清算组进行清算。人民法院应当受理该申请，并及时组织清算组进行清算。

公司因本法第二百二十九条第一款第四项的规定而解散的，作出吊销营业执照、责令关闭或者撤销决定的部门或者公司登记机关，可以申请人民法院指定有关人员组成清算组进行清算。

【本条释义】

本条规定了人民法院组织清算组的情形。

如果公司依法应当清算，但公司逾期不成立清算组进行清算或者成立清算组后不清算，延迟清算有可能损害股东、债权人等相关主体的利益，因此，股东、债权人等利害关系人可以申请人民法院指定有关人员组成清算组进行清算。人民法院应当受理该申请，并及时组织清算组进行清算。人民法院组织的清算组可以包括公司董事，也可以不包括公司董事，可以包括提起诉讼的利害关系人，也可以包括注册会计师、律师等专业人员。

如果公司依法被吊销营业执照、责令关闭或者被撤销，此时也需要解散并清算，但公司有可能拒绝清算或者无力清算，此时，作出吊销营业执照、责令关闭或者撤销决定的部门或者公司登记机关，可以申请人民法院指定有关人员组成清算组进行清算。人民法院可以组织公司股东、董事、高级管理人员、相关部门或者公司登记机关、社会中介机构的人员组成清算组。

【2023年版本、三次审议稿】

第二百三十四条 清算组在清算期间行使下列职权：

（一）清理公司财产，分别编制资产负债表和财产清单；

（二）通知、公告债权人；

（三）处理与清算有关的公司未了结的业务；

（四）清缴所欠税款以及清算过程中产生的税款；

（五）清理债权、债务；

（六）分配公司清偿债务后的剩余财产；

（七）代表公司参与民事诉讼活动。

【2018年版本】

第一百八十四条 清算组在清算期间行使下列职权：

（一）清理公司财产，分别编制资产负债表和财产清单；

（二）通知、公告债权人；

（三）处理与清算有关的公司未了结的业务；

（四）清缴所欠税款以及清算过程中产生的税款；

（五）清理债权、债务；

（六）处理公司清偿债务后的剩余财产；

（七）代表公司参与民事诉讼活动。

【本条释义】

本条规定了清算组的职权。

清算组在清算期间全权代表公司从事清算工作，具体而言，行使下列职权：

（1）清理公司财产，分别编制资产负债表和财产清单。公司清算的基础工作之一就是清理公司财产，为便于统计和财产分配，应当编制资产负债表和财产清单。如果清算组成员没有人会编制资产负债表和财产清单，可以聘请会计师等专业人员予以协助。

（2）通知、公告债权人。公司清理需要偿还债务，因此，需要让公司的全体债权人知道公司开始清算，及时与公司联系债务清偿事宜。通知与公告要同时进行，以免遗漏公司债权人。

（3）处理与清算有关的公司未了结的业务。公司一旦进入清算环节，原则上不允许开展新的生产经营活动，但对于一些未了结的业务，清算组可以决定继续履行合同或者解除合同，终止相关业务。

（4）清缴所欠税款以及清算过程中产生的税款。税款属于公法债权，也应当予以清缴。

（5）清理债权、债务。对于公司债权，应当收回，如果尚未到期，可以打折收回或者转让给他人。对于公司债务，无论是否到期，一律予以清偿。

（6）分配公司清偿债务后的剩余财产。公司剩余财产属于股东的权益，应当按照出资比例或者持股比例或者按照公司章程规定的方法分配给股东。

（7）代表公司参与民事诉讼活动。如果在清理期间，公司产生了诉讼，成为原告或者被告，由清算组代表公司参与诉讼。

【典型案例】

中华人民共和国最高人民法院
复 议 决 定 书

〔2019〕最高法司惩复5号

复议申请人：黄某贤，男，1989年10月29日出生，汉族，住江西省萍乡市上栗县。
复议申请人：钟某微，女，1988年5月29日出生，汉族，住江西省萍乡市安源区。
复议申请人黄某贤、钟某微不服天津市高级人民法院（以下简称天津高院）于2018年12月29日作出的〔2018〕津司惩1号决定，向本院申请复议。

黄某贤、钟某微提出，（一）天津高院认为黄某贤、钟某微在二审期间申请公司注销行为违反民事诉讼诚实信用原则属适用法律错误。1.民事诉讼法、《公司法》等并未限制、禁止有限责任公司主体在诉讼期间进行变更、注销事宜，对自然人股东年龄亦未作出限制规定。黄某贤、钟某微将二人所持股份转让刘大妹、变更公司形式乃股东对自身权利的处分以及公司发展经营过程中所作阶段性调整，并且办理了工商变更登记手续，履行了企业公示义务。2.《公司法》并未规定在公司清算中清算组负有告知法院的义务；而对债权人的告知义务，是指确定性的债权人。由于本案诉讼过程中当事人之间的债权债务关系尚未明确、尚未终审判决认定侵权之债成立和金额，故被上诉人不是《公司法》清算程序中的"债权人"，清算组无通知义务。（二）天津高院适用《民事诉讼法》第一百一十一条第一款第一项予以处罚系适用法律错误。公司注销是依据《公司法》等进行的独立程序，如果注销损害了其他人的权利，需要由相对人另行启动诉讼程序。本案在无相对人对注销提出异议之诉的情况下，法院径行作出罚款决定，有违程序。特别是黄某贤、钟某微系案外人，并非诉讼参与人。（三）公司注销对天津高院二审程序没有实质性影响，没有妨碍诉讼程序的进行和损害其他当事人的权利。

经天津高院查明，天津高院在审理〔2018〕津民终85号上诉人天津哥牛电气有限公司（以下简称天津哥牛公司）与被上诉人慈溪市公牛电器有限公司（以下简称慈溪公牛公司）、公牛集团股份有限公司（以下简称公牛集团公司）侵害商标权、不正当竞争纠纷一案中，查明该案一审判决于2017年8月10日作出之后，天津哥牛公司原发起人股东黄某贤、钟某微于2017年8月25日将各自股权全部转让给时年90岁高龄的刘大妹。2017年9月14日天津哥牛公司提出公司变更登记申请，将原法定代表人钟某微变更为刘大妹，公司类型由原来的有限责任公司变更为1人有限责任公司（自然人独资），股东亦由黄某贤、钟某微变更为刘大妹。2018年3月8日，天津哥牛公司作出股东决定：1.决定公司注销；2.成立清算组，成员为刘大妹、黄某贤，刘大妹为清算组负责人。天津哥牛公司清算报告载明"公司自2014年7月3日成立至2018年3月8日，实现利润4万元人民币，负债2万元"，货币资金、来往账款、存货、固定资产均为零元，清算结果载明"清算组已通知债权人，并对所欠债务进行清理，不存在拖欠职工工资及保险情况，债权债务已清理完毕，未了事宜由全体股东负责。"2018年4月26日，天津市东丽区市场和质量监督管理局作出（东丽）登记内销字〔2018〕第00016154号《准予注销登记通知书》，决定准予天津哥牛公司注销登记。

另查，该案一审判决即天津市第二中级人民法院（以下简称天津二中院）〔2017〕津02民初65号民事判决主文为：一、被告天津哥牛电气有限公司于本判决生效之日起立即停止生产、销售侵害原告公牛集团有限公司第942664号、第7204104号注册商标专用权商品的行为；二、被告天津哥牛电气有限公司于本判决生效之日起立即停止生产、销售标有"天津公牛电气有限公司"字样的产品，收回并销毁已经在市场上流通的带有"天津公牛电气有限公司"字样的产品包装袋和宣传单；三、被告天津哥牛电气有限公司于本判决生效之日起十日内赔偿原告慈溪市公牛电器有限公司、公牛集团有限公司经济损失及为制止侵权支出的合理费用共计300 000元；四、被告天津哥牛电气有限公司于本判决生效之日起十日内在《重庆日报》《成都日报》纸质媒体及官网上刊登声明，消除影响（声明内容须经本院审核，逾期不履行，本院将依原告慈溪市公牛电器有限公司、公牛集团有限公司的申请公布判决书主要内容，费用由被告天津哥牛电气有限公司负担）。

本院经审查认为：

首先，《公司法》第一百八十四条规定："清算组在清算期间行使下列职权：……（二）通知、公告债权人。"第一百八十五条第一款规定："清算组应当自成立之日起十日内通知债权人，并于六十日内在报纸上公告。"根据天津二中院〔2017〕津02民初65号民事判决主文，天津哥牛公司依法承担一系列的侵权责任，其中包括赔偿慈溪公牛公司、公牛集团公司经济损失及为制止侵权支出的合理费用共计30万元，该判项确立了受害人慈溪公牛公司、公牛集团公司以债权人的地位享受请求侵权人救济损害的权利，属于依法律规定而发生的损害赔偿之债。上述一审判决作出后，天津哥牛公司一方面向天津高院提起上诉，另一方面启动了公司股权转让、公司解散、清算、办理注销登记的程序。虽然一审判决因天津哥牛公司上诉尚未发生法律效力，但黄某贤、钟某微二人作为天津哥牛公司原发起人、股东，对判决内容特别是天津哥牛公司的法律责任是知悉的。二人在直接参与、操作天津哥牛公司清算过程中，明知该公司承担赔偿责任的可能性较大，二审程序正在进行之中，但未将清算事项如实告知审理法院和其他当事人，亦未将本案的债务承担问题在清算程序中考虑，该行为具有帮助公司逃避债务的故意。

其次，《最高人民法院关于适用〈中华人民共和国民事诉讼法〉的解释》第六十四条规定："企业法人解散的，依法清算并注销前，以该企业法人为当事人；未依法清算即被注销的，以该企业法人的股东、发起人或者出资人为当事人。"由于在二审审理期间天津哥牛公司被登记注销，天津高院基于上述事实在〔2018〕津民终85号民事裁定中认为应变更黄某贤、钟某微为被告参加诉讼，该当事人的变更是黄某贤、钟某微违法行为导致的，客观上增加了诉讼程序的环节，造成了妨碍案件审理的结果。

再次，《民事诉讼法》第一百一十一条第一款第一项规定："诉讼参与人或者其他人有下列行为之一的，人民法院可以根据情节轻重予以罚款、拘留；构成犯罪的，依法追究刑事责任：（一）伪造、毁灭重要证据，妨碍人民法院审理案件的。该规定并未将强制措施的对象限于诉讼参与人。"天津高院基于黄某贤、钟某微在二审期间虚构"债权债务已清理完毕"的清算结果、恶意办理公司注销、妨碍审理程序的行为，作出对二人分别罚款5万元的决定，符合法律规定。

综上，黄某贤、钟某微的复议理由不能成立。本院依照《民事诉讼法》第一百一十六条规定，决定如下：

驳回黄某贤、钟某微的复议申请，维持原决定。

本决定一经作出即生效。

二〇一九年七月五日

【2023年版本】

第二百三十五条 清算组应当自成立之日起十日内通知债权人，并于六十日内在报纸上或者国家企业信用信息公示系统公告。债权人应当自接到通知之日起三十日内，未接到通知的自公告之日起四十五日内，向清算组申报其债权。

债权人申报债权，应当说明债权的有关事项，并提供证明材料。清算组应当对债权进行登记。

在申报债权期间，清算组不得对债权人进行清偿。

【三次审议稿】

第二百三十五条 清算组应当自成立之日起十日内通知债权人,并于六十日内在报纸上或者统一的企业信息公示系统公告。

债权人应当自接到通知之日起三十日内,未接到通知的自公告之日起四十五日内,向清算组申报其债权。

债权人申报债权,应当说明债权的有关事项,并提供证明材料。清算组应当对债权进行登记。

在申报债权期间,清算组不得对债权人进行清偿。

【2018 年版本】

第一百八十五条 清算组应当自成立之日起十日内通知债权人,并于六十日内在报纸上公告。债权人应当自接到通知书之日起三十日内,未接到通知书的自公告之日起四十五日内,向清算组申报其债权。

债权人申报债权,应当说明债权的有关事项,并提供证明材料。清算组应当对债权进行登记。

在申报债权期间,清算组不得对债权人进行清偿。

【本条释义】

本条规定了清算组对公司债务的处理程序。

清算组的核心任务是清理债权债务,因此,清算组应当自成立之日起 10 日内通知债权人,并于 60 日内在报纸上或者国家企业信用信息公示系统公告。通知和公告的程序应当同时进行,以确保公司所有债权人均知晓公司已经进入清算程序。

为了便于清算组统计债权和偿还债务,债权人应当自接到通知之日起 30 日内,未接到通知的自公告之日起 45 日内,向清算组申报其债权。未申报债权的,将无法获得清算组统一组织的清偿,其债权有可能劣后其他债权得到清偿,也可能最终难以得到清偿,因此,债权人应当重视债权申报工作,及时进行债权申报。债权申报不分先后,只要分别在 30 日内和 45 日内申报,均是有效的债权申报。

债权人有义务证明自己债权的存在,因此,债权人申报债权,应当说明债权的有关事项,并提供证明材料。清算组应当对债权进行登记。清算组应当对债权的证明材料进行初步审核,对明显不具有证明力的材料应当予以排除,对无法证明其拥有债权的,不应予以登记。

公司清算需要对全体债权人公平清偿,万一公司资不抵债,还要走破产清算程序,因此,在申报债权期间,清算组不得对债权人进行清偿。如果进行了清偿,该清偿无效。

【相关司法解释规定】

《最高人民法院关于适用〈中华人民共和国公司法〉若干问题的规定（二）》

第十一条　公司清算时，清算组应当按照公司法第一百八十五条的规定，将公司解散清算事宜书面通知全体已知债权人，并根据公司规模和营业地域范围在全国或者公司注册登记地省级有影响的报纸上进行公告。

清算组未按照前款规定履行通知和公告义务，导致债权人未及时申报债权而未获清偿，债权人主张清算组成员对因此造成的损失承担赔偿责任的，人民法院应依法予以支持。

第十二条　公司清算时，债权人对清算组核定的债权有异议的，可以要求清算组重新核定。清算组不予重新核定，或者债权人对重新核定的债权仍有异议，债权人以公司为被告向人民法院提起诉讼请求确认的，人民法院应予受理。

第十三条　债权人在规定的期限内未申报债权，在公司清算程序终结前补充申报的，清算组应予登记。

公司清算程序终结，是指清算报告经股东会、股东大会或者人民法院确认完毕。

第十四条　债权人补充申报的债权，可以在公司尚未分配财产中依法清偿。公司尚未分配财产不能全额清偿，债权人主张股东以其在剩余财产分配中已经取得的财产予以清偿的，人民法院应予支持；但债权人因重大过错未在规定期限内申报债权的除外。

债权人或者清算组，以公司尚未分配财产和股东在剩余财产分配中已经取得的财产，不能全额清偿补充申报的债权为由，向人民法院提出破产清算申请的，人民法院不予受理。

【典型案例】

江苏省高级人民法院
民　事　裁　定　书

〔2016〕苏民申6416号

再审申请人（一审被告、二审上诉人）：东台新雅盛制衣有限公司，住所地江苏省东台市东蹲路红光小学东侧。

诉讼代表人：诸葛某林，该公司清算组组长。

被申请人（一审原告、二审被上诉人）：丁某立，男。

委托诉讼代理人：杨小青，江苏东亭律师事务所律师。

委托诉讼代理人：费翔，江苏东亭律师事务所律师。

再审申请人东台新雅盛制衣有限公司（以下简称新雅盛公司）因与被申请人丁某立民间借贷纠纷一案，不服江苏省盐城市中级人民法院〔2015〕盐民终字第3789号民事判决，向本院申请再审。本院依法组成合议庭对本案进行了审查，现已审查终结。

新雅盛公司申请再审称，1.新雅盛公司应当由其清算组负责人代表公司参加诉讼。新雅盛公司是由东台市雅盛服饰有限公司与日商依田要范共同出资并依法设立。2015年4月28日，东台市商务局以东商务资字〔2015〕16号批复"原则同意新雅盛公司解散企业进行清算"，新雅盛公司成立了清算组，由诸葛某林担任组长。新雅盛公司目前未注销登记。根据《公司法》第一百八十四条的规定，清算组在清算期间代表公司参与民事诉讼活动。一审法院认为"公司成立清算组及开展相关工作与审理无涉"；二审法院认为"新雅盛公司至今未办理注销登记，即使清算组是依法成立的，也应当以公司的名义进行民事活动，诸葛某林作为清算组成员亦参加了本案诉讼，故一审程序并不违反法律规定。"一审、二审法院上述认定违反了法律规定，实质上否定了公司清算组负责人代表公司参加诉讼的法定地位。2.根据《公司法》第一百八十五条的规定，在申报债权期间，清算组不得对债权人进行清偿。新雅盛公司处于清算状态，一审、二审判决新雅盛公司向被申请人丁某立偿还借款本息，违反了公司法的禁止性规定，且必将损害其他相关权益人的合法权益。综上，请求撤销一、二审判决，依法再审。

被申请人丁某立提交意见称，1.关于清算组在民事诉讼活动中的地位问题。《公司法》及其司法解释规定清算组、清算组负责人代表公司参与民事诉讼，并不是代替，新雅盛公司要求由清算组参加诉讼并承担清偿责任没有法律依据。2.丁某立并未收到所谓清算组的通知，自然无从向清算组申请申报债权。丁某立的债权在清算组未登记的情况下只能通过诉讼的方式向新雅盛公司主张权利。3.新雅盛公司成立的清算组程序不具有合法性。根据新雅盛公司的章程规定，清算组成立应该由公司董事人员参加及组织，丁某立作为公司董事对清算组的成立既不知情也未参与，故新雅盛公司清算组成立并不合法。综上，请求驳回新雅盛公司的再审申请。

本案审查过程中，再审申请人新雅盛公司提交证据：1.〔2013〕东法商清（预）字第0001号民事裁定书。2.〔2014〕盐法商清（预）终字0001号民事裁定书。两份裁定书证明新雅盛公司与丁某立之间就公司是否应强制清算经人民法院依法裁定。3.〔2013〕东法商清（预）0020号民事裁定书。该裁定书结果为受理丁某立申请对东台市新雅盛服饰有限公司强制清算申请。4.新雅盛公司的股东依田要范委任状。5.江苏省东台市公证处公证书，证明委任状是依田要范本人写的。6.2011年2月17日新雅盛公司董事会决议复印件，内容为对新雅盛公司进行清算、歇业。7.江苏省东台市商务局的批复。8.夏小秋作为依田要范的特别授权代理人转委托的授权委托书。

9.东台市雅盛服饰有限公司清算管理人给新雅盛清算组的函,内容是指派雅盛清算组成员徐元林参加新雅盛公司清算组。10.股东会决议书,证明清算组的组成人员以及夏小秋和丁某立均不作为清算组成员参与新雅盛清算组的决议。11.丁某立向人民法院起诉要求追索劳动报酬和代垫费用近50万元的诉状和传票复印件。12.江苏省高级人民法院〔2012〕苏商申字194号民事裁定书复印件,证明新雅盛公司中外合资企业的合法性。被申请人丁某立质证认为,对证据1、2、3的真实性、合法性无异议,但与本案无关联性。对证据4、5的真实性不认可。3.证据6董事会决议是复印件,对真实性不予认可。对证据7真实性认可,但批复内容是要求依法进行清算。证据8真实性无法确认,不认可。对证据9真实性认可。对证据10真实性不认可,新雅盛公司之前成立的清算组不符合法律规定,所以才需要更改清算组成员。对证据11、12的真实性、合法性无异议,但与本案没有关联性。

本院经审查认为,根据《公司法》第一百八十五条的规定,清算组应当自成立之日起十日内通知债权人,并于六十日内在报纸上公告。债权人应当自接到通知书之日起三十日内,未接到通知书的自公告之日起四十五日内,向清算组申报其债权。债权人申报债权,应当说明债权的有关事项,并提供证明材料。清算组应当对债权进行登记。在申报债权期间,清算组不得对债权人进行清偿。本案一、二审判决新雅盛公司偿还丁某立相应的借款本金与利息,并未违反上述法律规定,不属于清算组对债权人在申报债权期间进行清偿的情形。

再审申请中,新雅盛公司对于本案判决新雅盛公司偿还丁某立借款本金与利息并未提出异议,而主要是认为一审、二审判决否定了公司清算组负责人代表公司参加诉讼活动的法定地位,违反了法律规定。对此,本院认为,根据《公司法》第一百八十四条第七项的规定,清算组在清算期间代表公司参与民事诉讼活动。《最高人民法院关于适用〈中华人民共和国公司法〉若干问题的规定(二)》第十条规定:"公司依法清算结束并办理注销登记前,有关公司的民事诉讼,应当以公司的名义进行。公司成立清算组的,由清算组负责人代表公司参加诉讼;尚未成立清算组的,由原法定代表人代表公司参加诉讼"。本案中,新雅盛公司尚未注销,故一、二审法院将新雅盛公司列为本案当事人并无不当。但新雅盛公司已经成立清算组,依法应当由清算组负责人代表公司参加诉讼,故一、二审法院在诉讼参与人部分列明"法定代表人夏小秋",且夏小秋作为公司代表参与诉讼,将清算组负责人诸葛某林以委托诉讼代理人身份列明确属不当。但一、二审审理中,新雅盛公司清算组组长诸葛某林实际上代表新雅盛公司参与了诉讼,故一、二审法院将诉讼参与人部分列明方法欠妥,尚不足以引起本案再审。新雅盛公司清算组成立合法与否,应依据《公司法》相关规定依法认定,本案诉讼参与人部分如何列明并不足以产生对新雅盛公司清算组成立合法与否认定的法律效果。

综上,新雅盛公司的再审申请不符合《民事诉讼法》第二百条规定的情形。依照《民事诉讼法》第二百零四条第一款、《最高人民法院关于适用〈中华人民共和国民事诉讼法〉的解释》第三百九十五条第二款之规定，裁定如下：

驳回东台新雅盛制衣有限公司的再审申请。

审　判　长　　施建红
审　判　员　　潘　宾
代理审判员　　丁晓苏
二〇一七年四月七日
书　记　员　　汪亚玲

【2023 年版本】

第二百三十六条 清算组在清理公司财产、编制资产负债表和财产清单后，应当制订清算方案，并报股东会或者人民法院确认。

公司财产在分别支付清算费用、职工的工资、社会保险费用和法定补偿金，缴纳所欠税款，清偿公司债务后的剩余财产，有限责任公司按照股东的出资比例分配，股份有限公司按照股东持有的股份比例分配。

清算期间，公司存续，但不得开展与清算无关的经营活动。公司财产在未依照前款规定清偿前，不得分配给股东。

【三次审议稿】

第二百三十六条 清算组在清理公司财产、编制资产负债表和财产清单后，应当制订清算方案，并报股东会或者人民法院确认。

公司财产在分别支付清算费用、职工的工资、社会保险费用和法定补偿金，缴纳所欠税款，清偿公司债务后的剩余财产，有限责任公司按照股东的出资比例分配，股份有限公司按照股东持有的股份比例分配。

清算期间，公司存续，但不得开展与清算无关的经营活动。

公司财产在未依照前款规定清偿前，不得分配给股东。

【2018 年版本】

第一百八十六条 清算组在清理公司财产、编制资产负债表和财产清单后，应当制定清算方案，并报股东会、股东大会或者人民法院确认。

公司财产在分别支付清算费用、职工的工资、社会保险费用和法定补偿金，缴纳所欠税款，清偿公司债务后的剩余财产，有限责任公司按照股东的出资比例分配，股份有限公司按照股东持有的股份比例分配。

清算期间，公司存续，但不得开展与清算无关的经营活动。公司财产在未依照前款规定清偿前，不得分配给股东。

【本条释义】

本条规定了清算方案及其执行。

清算组在前期基础工作是清理公司财产、编制资产负债表和财产清单，完成上述任务后，就应当制订清算方案，清算方案中应详细规定用哪些财产偿还债务，剩余财产如何分配给股东。由于公司财产分配属于股东权利，因此，清算组应将清算方案报股东会确认，如果清算组是由人民法院组织的，清算方案应当报人民法院确认。

公司财产对外支付的顺序分别为：
（1）清算费用。
（2）职工的工资、社会保险费用和法定补偿金。
（3）缴纳所欠税款。
（4）清偿公司债务。

不支付清算费用，没有清算组的辛勤工作，就无法完成清算工作，职工、税务机关和债权人都拿不到钱，因此，清算费用最优先。税收债权体现公共利益，因此，应当优先于公司普通债务。职工的工资、社保及补偿金等涉及基本人权保障，应当优先于税款。

上述费用支付后的剩余财产，有限责任公司按照股东的实缴出资比例分配，股份有限公司按照股东持有的股份比例分配。

清算期间，公司存续，但不得开展与清算无关的经营活动。可以开展与清算有关的经营活动，如继续履行之前已经签订但尚未履行完毕的相关合同，但如果是长期合作合同，也应在适当的时候终止合同。

公司财产在未依照上述规定清偿前，不得分配给股东。也就是说，股东排在公司债权人之后，在全部债权人未获得足额清偿之前，公司股东不能从公司取回财产或者获得其他分配。

【相关司法解释规定】

《最高人民法院关于适用〈中华人民共和国公司法〉若干问题的规定（二）》

第十五条 公司自行清算的，清算方案应当报股东会或者股东大会决议确认；人民法院组织清算的，清算方案应当报人民法院确认。未经确认的清算方案，清算组不得执行。

执行未经确认的清算方案给公司或者债权人造成损失,公司、股东、董事、公司其他利害关系人或者债权人主张清算组成员承担赔偿责任的,人民法院应依法予以支持。

第十六条 人民法院组织清算的,清算组应当自成立之日起六个月内清算完毕。

因特殊情况无法在六个月内完成清算的,清算组应当向人民法院申请延长。

【典型案例】

上海市第二中级人民法院
民事判决书

〔2020〕沪02民终2739号

上诉人(原审原告):施某军,男,1957年6月11日出生,汉族,住浙江省慈溪市。

委托诉讼代理人:孙哲科,浙江万豪律师事务所律师。

上诉人(原审第三人):黄某雁,男,1981年9月30日出生,汉族,住上海市浦东新区。

委托诉讼代理人:庄慧娴,上海华尊律师事务所律师。

被上诉人(原审被告):上海桢泽资产管理有限公司,住所地上海市黄浦区。

法定代表人:严某芬,执行董事。

上诉人黄某雁、施某军因与被上诉人上海桢泽资产管理有限公司(以下简称"桢泽公司")请求变更公司登记纠纷一案,不服上海市黄浦区人民法院〔2019〕沪0101民初19167号民事判决,向本院提起上诉。本院于2020年4月1日立案后,依法组成合议庭进行了审理。本案现已审理终结。

施某军上诉请求:依法撤销一审民事判决,改判支持施某军一审诉讼请求。事实和理由:1.一审法院认定事实不清。施某军与黄某雁签订的《股权转让协议》内容并不违反法律、行政法规的强制规定,也不存在合同无效或可撤销情形,应为合法有效。一审法院仅以施某军不了解桢泽公司情况、不清楚公司解散含义及尚未实际支付股权转让款的情况下起诉要求变更股东登记,便认为不符合常理,系主观臆断。《公司法》及相关规定并无禁止公司解散后不能转让股权,一审判决严重混淆了合同履行能力和合同效力问题。施某军与黄某雁之间不存在恶意串通行为,更未损害桢泽公司的利益,一审法院认为黄某雁作为职业律师而签订涉案股权转让协议,即存在与施某军恶意串通逃避清算和出资义务,有失偏颇。2.一审法院举证责任分配不公,适用法律错误。桢泽公司主张施某军与黄某雁恶意串通而协议无效,按举证规则对此负有举证责任,而一审法院并未作出客观认定,反而径直推定施某军与黄某雁恶意串通系明显错误。桢泽公司法定代表人与黄某雁之间本因内部矛盾已致公司陷入僵局,黄某雁作出退让而转让股权以缓解矛盾,应属正当方式。故一审判决认定股权转让行为无效系适用法律错误。综上,请求二审法院支持其上诉请求。

黄某雁辩称:同意施某军上诉请求。

桢泽公司辩称:一审法院认定事实清楚,适用法律正确,应予维持。理由如下:1.一审法院在查明了桢泽公司成立到解散综合情况,并分析了桢泽公司各个案件的案情和判决,确认本案民事法律行为无效正确。2.施某军、黄某雁的上诉事实和理由均系捏造,明显不符合常理。桢泽公司已在2018年8月经法院判决解散,双方在解散案件中均表示无股权转让的意向和对象,理应按《公司法》规定进行清算。公司进入清算阶段,不能转让股权,但黄某雁还是单方面制作股东会议决议,恶意串通自己亲戚施某军转让股份。施某军是农民,没有经营能力和经济能力来受让本公司股权。所以黄某雁存在恶意诉讼逃避清算出资义务的故意。3.任何民事纠纷均应以事实为依据,以法律为准绳作出判决,黄某雁系法律工作者,应该更加清楚明白,但其不按《公司法》规定,在公司解散后转让股权,想利用法律空白达到不可告人之目的,因此一审法院未支持施某军诉讼请求完全正确。综上,请求二审法院维持原判。

黄某雁上诉请求:依法撤销一审民事判决,改判支持施某军一审诉讼请求。事实和理由:1.一审法院认为黄某雁将股权转让给施某军损害桢泽公司合法权益系事实认定错误。股权转让时,黄某雁已将桢泽公司的相关经营情况告知施某军,施某军对受让股权后的风险是明知的,且在庭审中多次表示受让股权后愿意缴纳出资款。同时,根据《公司法》及相关司法解释的规定,出资股东转让股权并不会导致出资义务消失,黄某雁通过股权转让不可能实现逃避出资义务的目的。因此,一审法院以施某军是否具有缴纳出资款的能力作为判断股权转让目的的依据,从而推定黄某雁转让股权损害桢泽公司权益错误。同时,黄某雁因史兢桢(桢泽公司法定代表人严某芬之女)有婚外情而离婚,因此桢泽公司股东之间已信任全无,矛盾不断。一审法院认定股权转让协议无效,反而导致桢泽公司股东之间的矛盾无法解决,公司僵局无法打破,更有可能损害桢泽公司的合法权益。2.桢泽公司虽已被宣告解散,但公司主体身份并未消失,股东有权继续行使股东权利,包括股权转让的权利。因此,黄某雁在桢泽公司解散后转让股权的行为并未违反法律规定。

施某军辩称:同意黄某雁上诉请求。

桢泽公司辩称:意见同前述针对施某军上诉的答辩意见。补充一点,黄某雁指责史兢桢有婚外情系诬陷,在离婚判决书上已明确无证据证明。本案系恶意诉讼,应予驳回。

施某军向一审法院起诉请求:1.请求确认施某军与黄某雁于2018年10月15日签

订的《股权转让协议》合法有效；2.判令桢泽公司依法为施某军办理股东变更登记手续，并为施某军办理监事变更备案手续；3.本案诉讼费由桢泽公司承担。一审审理中，施某军申请撤回第1项诉讼请求。

一审法院认定事实：黄某雁与案外人史兢桢原系夫妻，现已离婚。桢泽公司法定代表人严某芬为史兢桢母亲。黄某雁在其与史兢桢夫妻关系存续期间，与严某芬于2015年8月21日共同设立桢泽公司，企业类型为有限责任公司（自然人投资或控股），注册资本100万元。桢泽公司章程记载，股东为黄某雁与严某芬，出资额均为50万元，各持50%股份，出资方式均为现金，出资时间均为2020年8月1日前。黄某雁于2018年7月诉至一审法院要求解散桢泽公司，一审法院于2018年8月15日以〔2018〕沪0101民初13917号民事判决书判决解散桢泽公司。上述判决生效后，黄某雁及严某芬至今没有对桢泽公司进行清算，也未向桢泽公司缴纳出资作为清算财产。近年来，黄某雁、严某芬、桢泽公司、史兢桢及史兢桢的父亲史伟刚之间存在多起纠纷及诉讼案件。

2018年9月14日，黄某雁将《股权转让通知书》《关于召开股东会会议的通知》通过挂号信方式寄送严某芬。《股权转让通知书》记载内容如下：严某芬：本人拟将持有的桢泽公司50%股权，以50万元的价格转让给施某军，请自收到本通知书之日起三十日内给予答复，在同等条件下，你有优先购买权。你不同意转让的，需以50万元的价格购买本人拟转让的股权，逾期未予答复的视为同意本次股权转让。黄某雁在股东处签名，落款日期为2018年9月14日。

2018年9月20日，严某芬通过手机短信回复黄某雁：关于召开股东会议通知及股权转让通知书，今刚收悉。现答复如下：一、你起诉解散公司法院已于8月15日判决，故再召开股东会已无任何意义。二、目前公司已进入清算阶段，你必须承担股东法律责任，不能转让股份。

2018年10月15日，黄某雁作为出让方（甲方），施某军作为受让方（乙方），签订《股权转让协议》，约定，桢泽公司注册资本100万元，甲方认缴出资50万元，占50%。根据相关法律法规规定，经本协议各方友好协商，达成条款如下：第一条（股权转让标的和转让价格）一、甲方将所持有标的公司50%股权作价50万元转让给乙方。二、附属于股权的其他权利随股权的转让而转让。第二条（承诺和保证）甲方保证本合同第一条转让给乙方的股权为甲方合法拥有，甲方拥有完全、有效的处分权。甲方保证其所转让的股权没有设置任何质押或其他担保权，不受任何第三人的追索。第三条（违约责任）一方未能履行义务的，视为违约，守约方可要求违约方支付1万元作为违约金。第四条（解决争议的方法）本协议受中华人民共和国相关法律的羁束并适用其解释，凡因本协议引起的或与本协议有关的任何争议，双方应友好协商解决。协商不成，应直接向乙方所在地人民法院起诉。第五条（其他）一、本协议一式三份，协议各方各执一份，标的公司执一份，以备办理有关手续时使用。二、本协议各方签字后生效。

2018年10月18日,黄某雁将《股东会决议》《协助办理股东变更登记通知书》及空白的《公司登记(备案)申请书》通过挂号信方式寄送严某芬。《协助办理股东变更登记通知书》记载:严某芬:本人已将持有的桢泽公司50%股权转让给施某军。本次股权转让,本人已于2018年9月14日通过挂号信的方式向你寄送股权转让通知书,要求你自收到本通知书之日起三十日内给予答复,在同等条件下,你有优先购买权。现已超过三十日,但是你并未给予答复。根据《公司法》第七十一条规定,逾期未予答复的视为同意本次股权转让。现本次股权转让已经生效,请你作为公司的法定代表人配合公司完成股东变更的工商变更登记,工商登记是否变更并不影响本次股权转让的效力。若因你不配合办理工商变更登记,导致新股东及本人利益受损的,本人将依法向你追究全部的法律责任以及全部损失(包括但不限于律师费、诉讼费、保全费、公证费、调查取证费等),请知悉!黄某雁在股东处签名,落款日期为2018年10月17日。

本案审理过程中,施某军自述,黄某雁是其远房亲戚,本人农民,无地,原是棉花厂员工,无公司经营经验,本人现退休,退休工资1500元/月,另做小生意,有月收入万余元;妻子是清洁工,月收入约2000元;施某军有一套拆迁安置房(建筑面积135.76平方米)登记在儿子和儿媳名下,另有拆迁补偿款100万元交由儿子保管。投资公司的目的是挣钱,对桢泽公司情况不了解,签订《股权转让协议》时黄某雁未告诉公司已经解散的情况,施某军本人不清楚公司解散是什么意思。受让股权的目的是因为黄某雁和桢泽公司另一个股东有矛盾,黄某雁想退出,施某军应黄某雁要求签订《股权转让协议》。《股权转让协议》签订后,没有向黄某雁支付过股权转让款,如果黄某雁要求支付,施某军愿意支付股权转让款。施某军愿意在受让股权后,向桢泽公司缴纳原股东认缴而尚未实际缴纳的出资款。施某军家人知晓施某军以50万元受让黄某雁持有的桢泽公司50%股权事宜。为证明其陈述内容,施某军提供由其妻子陈华娣、儿子陈松迪、儿媳杨蓉蓉签名的《情况说明》及浙〔2017〕慈溪市不动产权第×××××××号《中华人民共和国不动产权证书》各1份。桢泽公司对上述二份证据真实性认可,但认为上述房屋登记在案外人名下,不能证明施某军具有履行能力。

一审另查明,黄某雁现为上海华尊律师事务所律师。

一审法院认为:根据《公司法》的相关规定,人民法院依法判令公司解散的,公司应当在解散事由出现之日起十五日内成立清算组,开始清算。有限责任公司的清算组由股东组成,逾期不成立清算组进行清算的,债权人可以申请人民法院指定有关人员组成清算组进行清算。同时公司法司法解释又规定,公司解散时,股东尚未缴纳的出资均应作为清算财产。股东尚未缴纳的出资,包括到期应缴未缴的出资,以及依法分期缴纳尚未届满缴纳期限的出资。根据桢泽公司已经工商备案的公司章程,黄某雁及严某芬出资额均为50万元,各持50%股份,出资时间为2020年8月1日前。一审法院于2018年8月15日已判决解散桢泽公司。作为桢泽公司的清算义务人，黄某雁和严某芬应当在十五日内成立清算组开始清算，并且向桢泽公司缴纳认缴的出资款作为桢泽公司清算财产。而从现有证据看，桢泽公司经一审法院判决解散后，该公司股东黄某雁和严某芬并未对桢泽公司进行清算，也未缴纳出资款。施某军在不了解桢泽公司情况、不清楚公司解散含义的情况下，应黄某雁要求签订《股权转让协议》，约定以50万元受让已经解散的桢泽公司50%股权，且《股权转让协议》未约定股权转让款付款时间，施某军也未实际支付股权转让款，在该协议尚未实际履行的情况下，施某军即起诉要求变更股权登记，明显不符合常理。施某军虽承诺受让股权后愿意缴纳出资款，但其提供的现有证据尚不足以证明其有能力向桢泽公司缴纳50万元的出资款，应承担相应不利后果。黄某雁作为职业律师，要求远房亲戚签订明显不符合常理的《股权转让协议》，具有与施某军恶意串通，逃避清算和缴纳出资款义务，损害桢泽公司合法权益的故意，故上述民事法律行为应认定为无效。施某军要求桢泽公司依法为施某军办理股东变更登记手续，并为施某军办理监事变更备案手续的诉请，缺乏事实依据，一审法院不予支持。据此，依照《民法总则》第一百五十四条、《公司法》第一百八十三条、《最高人民法院关于适用〈中华人民共和国公司法〉若干问题的规定（二）》第二十二条第一款、《民事诉讼法》第六十四条第一款、《最高人民法院关于适用的解释》第九十条之规定，判决：驳回施某军诉讼请求。一审案件受理费80元，由施某军负担。

本院二审期间，上诉人黄某雁围绕上诉请求提交了以下新证据：1.上海全丰机电有限公司工商登记信息，旨在证明桢泽公司法定代表人严某芬并非如其所称只是挂名股东和法人，对公司经营毫不知情。2.微信聊天记录及案外人陈文婧Facebook内容，旨在证明黄某雁因史兢桢有婚外情而离婚，因此桢泽公司股东之间已无信任基础再共同经营公司。3.报警记录及相关图片、〔2017〕沪0106民初20391号民事判决书、委托书、恐吓信等，旨在证明黄某雁与严某芬及其家人的矛盾已无法调和，不利于桢泽公司问题的解决，因此黄某雁才转让公司股权。对此，桢泽公司发表质证意见称：1.对工商登记真实性认可，关联性、证明内容不予认可。2.对微信聊天记录等真实性、关联性、证明内容均不予认可。3.对报警记录、判决书真实性认可，但关联性、证明内容不认可。对委托书真实性、关联性、证明内容均不认可，对信件真实性、关联性认可，恰恰证明黄某雁有恶意诉讼的情况。其他证据都与本案无关。上诉人施某军对上述证据均无异议。根据上述举证、质证情况，本院认证如下：黄某雁于二审中提供的上述证据均非形成于一审判决之后，一审中并不存在举证障碍。且本案系请求变更公司登记纠纷，黄某雁提交的上述证据材料与本案关联性不足，本院不作为新证据采纳。

本院对一审查明的事实予以确认。

本院认为：根据桢泽公司工商备案的公司章程记载，黄某雁及严某芬出资额均为50万元，各持50%股份，出资时间为2020年8月1日前。因黄某雁提起解散桢泽公司的诉讼，2018年8月15日，经一审法院判决，桢泽公司解散。根据《公司法》的相关规定，人民法院依法判令公司解散的，公司应当在解散事由出现之日起十五日内成立清算组，开始清算。有限责任公司的清算组由股东组成，逾期不成立清算组进行清算的，债权人可以申请人民法院指定有关人员组成清算组进行清算。同时公司法司法解释又规定，公司解散时，股东尚未缴纳的出资均应作为清算财产。股东尚未缴纳的出资，包括到期应缴未缴的出资，以及依法分期缴纳尚未届满缴纳期限的出资。因此，黄某雁和严某芬应当在桢泽公司判决解散后十五日内成立清算组开始清算，并且向桢泽公司缴纳认缴的出资款作为桢泽公司清算财产，并且公司进入清算后，公司虽存续，但不得开展与清算无关的经营活动。然而，桢泽公司被判决解散后，黄某雁作为清算义务人不仅未成立清算组进行清算、未履行缴纳尚未届满缴纳期限的50万元出资义务，相反将其所持有的桢泽公司股权进行了转让。众所周知，股权系基于股东资格而享有的、从公司获得经济利益并参与公司经营管理权的权利，从一审审理中，施某军"投资公司的目的是挣钱"的自述也进一步得出施某军受让股权的目的系为参与公司经营并获得经济利益。现桢泽公司已被法院判决解散，已无法开展与公司清算无关的经营活动，即无法正常经营进而获取盈利，因此施某军与黄某雁签订的案涉《股权转让协议》并非施某军"投资公司挣钱"的真实意思表示，其实质是帮助黄某雁逃避清算和缴纳出资款义务，系以虚假的意思表示实施的民事法律行为，依法应为无效。另，案涉《股权转让协议》未约定股权转让款付款时间，施某军也未实际支付股权转让款，施某军虽承诺受让股权后愿意缴纳出资款，但其提供的现有证据并不能证明其有能力向桢泽公司缴纳50万元的出资款，因此，一审法院结合上述情况认为施某军在该协议尚未实际履行的情况下即起诉要求变更股权登记明显不符合常理并无不当，本院予以认同。据此，施某军、黄某雁上诉要求桢泽公司依法为施某军办理股东变更登记手续，并为施某军办理监事变更备案手续，缺乏必要的事实和法律依据，本院不予支持。

综上所述，施某军、黄某雁的上诉请求均不能成立，应予驳回；一审判决结果正确，应予维持。依照《民法总则》第一百四十六条第一款、《民事诉讼法》第一百七十条第一款第一项规定，判决如下：

驳回上诉，维持原判。

二审案件受理费80元，由上诉人黄某雁负担40元、施某军负担40元。

本判决为终审判决。

审判长　李非易
审判员　沈　俊
审判员　岳　菁
二〇二〇年五月二十八日
书记员　张婷婷

附：相关法律条文

《民法总则》

第一百四十六条　行为人与相对人以虚假的意思表示实施的民事法律行为无效。

……

《民事诉讼法》

第一百七十条　第二审人民法院对上诉案件，经过审理，按照下列情形，分别处理：

（一）原判决、裁定认定事实清楚，适用法律正确的，以判决、裁定方式驳回上诉，维持原判决、裁定；

……

上海市高级人民法院
民 事 裁 定 书

〔2020〕沪民申 1296 号

再审申请人（一审第三人、二审上诉人）：黄某雁，男，1981 年 9 月 30 日出生，汉族，住上海市浦东新区龙汇路×××弄×××号×××室。

委托诉讼代理人：庄慧娴，上海华尊律师事务所律师。

委托诉讼代理人：方雨晴，上海华尊律师事务所实习律师。

再审申请人（一审原告、二审上诉人）：施某军，男，1957 年 6 月 11 日出生，汉族，住浙江省慈溪市浒山街道鸣北小区 14 号楼 204 室。

委托诉讼代理人：孙哲科，浙江万豪律师事务所律师。

被申请人（一审被告、二审被上诉人）：上海桢泽资产管理有限公司，住所地上海市黄浦区延安东路×××号第 18 层 1851 室。

法定代表人：严某芬，该公司执行董事。

再审申请人黄某雁因与被申请人上海桢泽资产管理有限公司（以下简称桢泽公司）、一审原告、二审上诉人施某军请求变更公司登记纠纷一案，不服上海市第二中级人民法院〔2020〕沪 02 民终 2739 号民事判决，向本院申请再审。本院依法组成合议庭进行了审查，现已审查终结。

黄某雁申请再审称，1. 黄某雁与施某军之间的《股权转让协议》是双方真实意思表示，不违反法律规定，不存在帮助黄某雁逃避清算义务和缴纳出资款义务的情形，二审法院认定双方股权转让行为属于以虚假意思表示实施的民事法律行为无效，系事实认定错误。因黄某雁与严某芬及其家人之间存在众多不可调和的矛盾，黄某雁为减少矛盾才将股权转让给施某军。施某军是完全民事行为能力人，对受让股权的风险明知，且庭审中也多次表示愿意缴纳出资款。在桢泽公司清算前，不能必然认为已无任何资产，桢泽公司相关业务收入均被史兢桢（严某芬之女）占有，通过清算程序可以收回，与施某军所述"投资公司的目的是挣钱"并不冲突。且法律并未禁止未履行出资义务的股东转让股权，股权转让也不能实现逃避出资义务的目的。黄某雁将股权转让给施某军有利于打破公司僵局，有利于保护桢泽公司合法权益。2. 黄某雁与施某军所签《股权转让合同》已经生效，施某军通过受让股权成为桢泽公司的新股东，桢泽公司应当将股东姓名向登记机关登记，这是施某军的权利，也是桢泽公司的义务。二审法院认定施某军要求桢泽公司协助办理工商变更登记缺乏必要的事实和法律依据，属认定事实错误，损害了施某军的合法权益。综上，黄某雁请求本院依照《民事诉讼法》第二百条第二项之规定，对本案提起再审。

施某军申请再审称，1. 施某军与黄某雁签订的《股权转让协议》内容不违反法律、行政法规的强制性规定，也不存在法定的合同无效或可撤销情形，应当有效，二审法院认为《股权转让协议》因虚假意思表示而无效，认定事实不清。首先，施某军签订协议时明知桢泽公司已经陷入僵局，但不知道已经被法院判决解散，也不知道公司解散后不能正常经营；第二，公司被法院判决解散与投资公司能否盈利不能等同，桢泽公司被判决解散不意味着没有投资价值；第三，因黄某雁与严某芬矛盾加深，施某军愿意打破僵局、受让股权，系真实意思表示。2. 原审法院混淆了合同履行能力和合同效力问题，施某军家庭所获拆迁款使得施某军具有履约能力，即使不能完全履行合同，也不影响合同本身的效力。3. 施某军与黄某雁之间不存在恶意串通行为，也未损害桢泽公司利益，股权转让并不导致出现逃避出资义务的后果。4. 一审法院举证责任分配错误，适用法律错误，二审法院未予纠正。应由桢泽公司证明施某军与黄某雁恶意串通，且原审未严格按照合同法及相关规定来认定股权转让合同的效力，无论施某军与黄某雁约定以何种方式支付股权转让款，均不损害桢泽公司利益。综上，施某军请求本院依照《民事诉讼法》第二百条第二项、第六项之规定，对本案提起再审。

桢泽公司提交意见称，1. 严某芬早在2018年9月20日即短信回复黄某雁明确不同意股权转让，且股东出资均未到位，进入清算阶段的公司再进行股权转让没有意义。〔2018〕沪0101民初13917号公司解散纠纷案件庭审中，黄某雁、严某芬均称没有股权转让的意向和对象。桢泽公司解散后，严某芬多次与黄某雁沟通自行清算事宜未果，已于2018年9月17日向黄浦区人民法院提出强制清算申请。2. 施某军是一个农民，在不了解桢泽公司解散的情况下，起诉要求变更登记不符常理。本案是黄某雁恶意串通施某军，利用律师专业优势提起的恶意诉讼，且黄某雁滥用诉权先后起诉桢泽公司、严某芬、史兢桢、史伟刚等各类案件数十起，严重损害桢泽公司利益和严某芬合法权益。综上，桢泽公司认为原审判决认定事实清楚，适用法律正确，请求本院驳回黄某雁的再审申请。

本院经审查认为，根据《公司法》有关规定，清算期间，公司存续，但不得开展与清算无关的经营活动。本案中，桢泽公司已于2018年8月15日被法院司法判决解散，黄某雁、严某芬作为股东，理应于15日内组成清算组对公司进行清算，应缴未缴的出资也应当作为公司清算资产，黄某雁、严某芬均应缴足相应出资。事实上黄某雁不仅未履行其缴纳出资义务及法定清算义务，反而于2018年9月14日通知严某芬股权转让相关事宜，并于2018年10月15日与其远房亲戚施某军签订《股权转让协议》，违反其作为股东和清算义务人的法定义务。由于施某军进入桢泽公司后唯一事宜即是对桢泽公司进行清算，而其从未参与公司实际经营，且与严某芬之间缺乏人合性，该清算事务势必无法进行，这与施某军是否明确知晓法律的相关规定无关，黄某雁所称为减少矛盾、破解僵局才将股权转让给施某军的理由亦不能成立。本院认同原审法院关于施某军与黄某雁签订《股权转让协议》的实质是帮助黄某雁逃避清算和缴纳出资款义务的认定，该虚假意思表示实施的民事法律行为应当无效，原审法院关于举证责任分配以及法律适用方面均无不当。综上，黄某雁、施某军的再审申请不符合《民事诉讼法》第二百条第二项、第六项之规定，本院不予支持。

依照《民事诉讼法》第二百零四条第一款，《最高人民法院关于适用〈中华人民共和国民事诉讼法〉的解释》第三百九十五条第二款之规定，裁定如下：

驳回黄某雁、施某军的再审申请。

审　判　长　曹克睿
审　判　员　贺　幸
审　判　员　陆　烨
二〇二〇年九月九日
法官助理　吴　拓
书　记　员　吴　拓

··

【2023年版本、三次审议稿】

第二百三十七条　清算组在清理公司财产、编制资产负债表和财产清单后，发现公司财产不足清偿债务的，应当依法向人民法院申请破产清算。

人民法院受理破产申请后，清算组应当将清算事务移交给人民法院指定的破产管理人。

第十二章 公司解散和清算

【2018年版本】

第一百八十七条 清算组在清理公司财产、编制资产负债表和财产清单后,发现公司财产不足清偿债务的,应当依法向人民法院申请宣告破产。

公司经人民法院裁定宣告破产后,清算组应当将清算事务移交给人民法院。

【本条释义】

本条规定了申请破产清算的情形。

清算组在清理公司财产、编制资产负债表和财产清单后,如果发现公司财产不足清偿债务,此时就出现了破产情形,应当依法向人民法院申请破产清算,按照破产法的相关规定公平向全体债权人清偿债务,未获得清偿的债务不再清偿。

人民法院受理破产申请后,应当由破产管理人履行相关职责,因此,清算组应当将清算事务移交给人民法院指定的破产管理人。

【相关法律规定】

《中华人民共和国企业破产法》(2006年8月27日第十届全国人民代表大会常务委员会第二十三次会议通过,以下简称《企业破产法》)

第二条 企业法人不能清偿到期债务,并且资产不足以清偿全部债务或者明显缺乏清偿能力的,依照本法规定清理债务。

企业法人有前款规定情形,或者有明显丧失清偿能力可能的,可以依照本法规定进行重整。

第八条 向人民法院提出破产申请,应当提交破产申请书和有关证据。

破产申请书应当载明下列事项:

(一)申请人、被申请人的基本情况;

(二)申请目的;

(三)申请的事实和理由;

(四)人民法院认为应当载明的其他事项。

债务人提出申请的,还应当向人民法院提交财产状况说明、债务清册、债权清册、有关财务会计报告、职工安置预案以及职工工资的支付和社会保险费用的缴纳情况。

第二十二条 管理人由人民法院指定。

债权人会议认为管理人不能依法、公正执行职务或者有其他不能胜任职务情形的,可以申请人民法院予以更换。

指定管理人和确定管理人报酬的办法,由最高人民法院规定。

第二十三条 管理人依照本法规定执行职务，向人民法院报告工作，并接受债权人会议和债权人委员会的监督。

管理人应当列席债权人会议，向债权人会议报告职务执行情况，并回答询问。

第一百一十三条 破产财产在优先清偿破产费用和共益债务后，依照下列顺序清偿：

（一）破产人所欠职工的工资和医疗、伤残补助、抚恤费用，所欠的应当划入职工个人账户的基本养老保险、基本医疗保险费用，以及法律、行政法规规定应当支付给职工的补偿金；

（二）破产人欠缴的除前项规定以外的社会保险费用和破产人所欠税款；

（三）普通破产债权。

破产财产不足以清偿同一顺序的清偿要求的，按照比例分配。

破产企业的董事、监事和高级管理人员的工资按照该企业职工的平均工资计算。

第一百二十条 破产人无财产可供分配的，管理人应当请求人民法院裁定终结破产程序。

管理人在最后分配完结后，应当及时向人民法院提交破产财产分配报告，并提请人民法院裁定终结破产程序。

人民法院应当自收到管理人终结破产程序的请求之日起十五日内作出是否终结破产程序的裁定。裁定终结的，应当予以公告。

【相关司法解释规定】

《最高人民法院关于适用〈中华人民共和国公司法〉若干问题的规定（二）》

第十七条 人民法院指定的清算组在清理公司财产、编制资产负债表和财产清单时，发现公司财产不足清偿债务的，可以与债权人协商制作有关债务清偿方案。

债务清偿方案经全体债权人确认且不损害其他利害关系人利益的，人民法院可依清算组的申请裁定予以认可。清算组依据该清偿方案清偿债务后，应当向人民法院申请裁定终结清算程序。

债权人对债务清偿方案不予确认或者人民法院不予认可的，清算组应当依法向人民法院申请宣告破产。

第二十二条 公司解散时，股东尚未缴纳的出资均应作为清算财产。股东尚未缴纳的出资，包括到期应缴未缴的出资，以及依照公司法第二十六条和第八十条的规定分期缴纳尚未届满缴纳期限的出资。

公司财产不足以清偿债务时，债权人主张未缴出资股东，以及公司设立时的其他股东或者发起人在未缴出资范围内对公司债务承担连带清偿责任的，人民法院应依法予以支持。

【典型案例】

山东省高级人民法院
民 事 判 决 书

〔2014〕鲁商终字第346号

上诉人（原审被告）：林某洋。

上诉人（原审被告）：林某华。

林某洋、林某华共同委托代理人：成晓明，山东乾元律师事务所律师。

被上诉人（原审原告）：烟台银行股份有限公司。住所地：烟台市芝罘区海港路25号。

法定代表人：叶某君，董事长。

委托代理人：杨文卿，山东同济律师事务所律师。

上诉人林某洋、林某华因与被上诉人烟台银行股份有限公司（以下简称烟台银行）清算责任纠纷一案，不服山东省烟台市中级人民法院〔2013〕烟商初字第155号民事判决，向本院提起上诉。本院受理后，依法组成合议庭，于2014年11月14日公开开庭进行了审理。林某洋、林某华的共同委托代理人成晓明，烟台银行的委托代理人杨文卿到庭参加诉讼。本案现已审理终结。

烟台银行一审诉称：烟台银行与烟台市康宇鞋业制造有限公司（以下简称康宇公司）、担保人烟台永恩家居装饰工程有限公司（以下简称永恩公司）借款合同纠纷案，经烟台市中级人民法院受理并分别以〔2004〕烟民二初字第325号、〔2006〕烟民二初字第198号判决康宇公司偿还借款本息，永恩公司承担连带清偿责任。两判决生效后，烟台银行申请法院强制执行。期间，经法院裁定两公司抵顶了部分物资。截至2013年8月31日，两公司尚欠烟台银行判决书中确认的本息、案件受理费、迟延履行期间的债务利息共计30 615 183.14元。执行过程中，烟台银行调查获悉林某洋、林某华作为康宇公司、永恩公司的股东，两人系夫妻关系。在两公司成立、运营及相应的工商登记中不仅存在违反法律的情形且存在滥用股东权利损害公司利益及滥用公司法人独立地位和股东有限责任损害公司债权人利益的行为。特别是2011年11月起，未经依法清算，以虚假的清算报告骗取公司登记机关于2012年7月5日办理了康宇公司和永恩公司的法人注销登记。林某洋、林某华应对康宇公司、永恩公司的债务承担连带清偿责任。请求法院判令林某洋、林某华连带清偿康宇公司、永恩公司所欠烟台银行债务30 615 183.14元（计算至2013年8月31日），自2013年9月1日起以15 241 994.59元为计算基数继续计算利息，诉讼费由林某洋、林某华共同负担。

林某洋、林某华一审共同辩称：一、烟台银行的起诉已超过诉讼时效。烟台银行与康宇公司、永恩公司的借款合同纠纷法院已作出〔2005〕烟执字第125号民事裁定，认定两被执行人无财产可供执行，裁定终结执行程序。此时，烟台银行即应知道康宇公司、永恩公司已不具备清偿能力。烟台银行作为债权人若要求股东承担赔偿责任应在两年内提起诉讼。烟台银行于2013年9月起诉已超过诉讼时效。二、烟台银行的起诉没有事实依据。林某洋、林某华作为康宇公司、永恩公司的股东，在公司成立、运营、办理相应工商登记过程中没有违反法律、行政法规的情形，不存在滥用股东权利损害公司和其他股东利益的行为，没有滥用公司法人独立的地位和股东有限责任，损害公司债权人利益的行为。在涉案公司的注销登记中，依法履行了公告、清算等法定义务。注销登记符合法律规定。涉案公司长期停止经营，有关财产已经全部抵偿烟台银行和债权人的债务。在涉案公司注销中林某洋、林某华未获得任何财产权益，没有造成任何损害后果。涉案公司的有关证照、财务账目及凭证齐全。林某洋、林某华不应对康宇公司、永恩公司的债务承担连带清偿责任。请求法院依法驳回烟台银行的诉讼请求。

原审法院查明：烟台银行与康宇公司（债务人）、永恩公司（保证人）借款合同纠纷案，原审法院于2004年10月25日作出〔2004〕烟民二初字第325号民事判决，判令康宇公司偿还烟台银行借款本金6 000 000元及利息660 910.48万元（计算至2004年8月20日）；自2004年8月21日至判决生效之日仍按中国人民银行同期贷款利率计算利息；永恩公司承担连带清偿责任；案件受理费20 520元，由康宇公司和永恩公司共同负担。2006年11月20日，针对烟台银行与康宇公司（债务人）、永恩公司（保证人）借款合同纠纷案，原审法院又作出〔2006〕烟民二初字第198号民事判决，判令康宇公司偿还烟台银行借款本金8 000 000元及利息1 889 147.06万元，永恩公司承担连带清偿责任；案件受理费29 728元，由康宇公司和永恩公司共同负担。

〔2004〕烟民二初字第325号民事判决生效后烟台银行申请强制执行。2006年，原审法院分别作出〔2005〕烟执字第124-2号、第124-4号民事裁定：将康宇公司所有的皮鞋、腰带等物品作价1 431 788.8万元，永恩公司所有的装饰材料、办公家具等物品作价224 000元，抵偿给烟台银行以抵顶所欠烟台银行相应数额的债务。因康宇公司和永恩公司暂无财产可供执行，烟台银行也不能提供其可供执行财产的线索或证据，烟台银行向原审法院申请发放债权凭证。原审法院于2006年5月19日作出〔2005〕烟执字第124-5号民事裁定，终结了执行程序；上述民事裁定同时载明：债权凭证为烟台银行的权利凭证，若发现两被执行人有可供执行的财产或线索时，可随时持凭证申请再次执行。

〔2006〕烟民二初字第198号民事判决生效后烟台银行亦申请强制执行。因康宇公司和永恩公司无财产可供执行，经烟台银行申请，原审法院于2007年10月18日作出〔2007〕烟执字第148号民事裁定，终结了执行程序。

另查明，林某洋和林某华系夫妻关系，均系康宇公司和永恩公司股东。康宇公司成立于1996年9月24日，注册资本6 600 000元，法定代表人系林某洋。永恩公司成立于1999年12月24日，注册资本10 000 000元，法定代表人系林某华。2011年11月15日，康宇公司和永恩公司均召开股东会，形成如下决议："一、公司经营不善，无业务往来，申请注销营业执照；二、公司成立清算组进行清算，清算组成员由林某洋和林某华组成"。同年11月24日，康宇公司和永恩公司均向公司登记机关申请了公司清算组备案。同年11月28日，康宇公司和永恩公司清算组均在《人民日报》上刊登公告，通知债权人申报债权。2012年1月12日，康宇公司清算组形成的注销清算报告中载明："三、企业的资产、负债及所有者权益（净资产）的情况：资产12 800元；负债7 500元；所有者权益5 300元。五、债权债务的清算情况：债权已清收完毕；债务清偿完毕。六、企业剩余财产分配、遗留问题和法律责任的承担情况：企业剩余财产按股东出资比例分配，无遗留问题。七、会计凭证、账册等会计资料的保存情况：保存完好。"林某洋和林某华在清算报告中签字。同日，康宇公司召开股东会对注销清算报告进行审查并形成全体股东一致通过清算报告的股东会决议。2012年1月16日，永恩公司清算组形成注销清算报告中载明："三、企业的资产、负债及所有者权益（净资产）的情况：资产128 000元；负债125 000元；所有者权益3 000元。五、债权债务的清算情况：债权已清收完毕；债务清偿完毕。六、企业剩余财产分配、遗留问题和法律责任的承担情况：企业剩余财产按股东出资比例分配，无遗留问题。七、会计凭证、账册等会计资料的保存情况：保存完好。"林某洋和林某华在清算报告中签字。同日，永恩公司召开股东会对注销清算报告进行审查并形成全体股东一致通过清算报告的股东会决议。2012年7月5日，公司登记机关对康宇公司和永恩公司均作出准予注销登记通知书。

原审法院还查明，康宇公司和永恩公司的清算组没有向烟台银行送达申报债权的书面通知。康宇公司和永恩公司清算时并没有委托有关部门对两公司的资产进行审计。审理过程中，林某洋、林某华也未向原审法院提交康宇公司和永恩公司清算时的财产情况及处理债权债务的有关证据材料。

审理过程中，林某洋、林某华对烟台银行提交的欠款计算明细表载明的计算方法和数额均没有异议。截至2013年8月31日，康宇公司、永恩公司共欠烟台银行本金15 432 721.54元，利息15 377 654.27元，合计30 810 375.81元。烟台银行只主张本金15 241 994.59元，利息15 373 188.55元，本息合计30 615 183.14元。

上述事实，有烟台银行提交的民事判决书、民事裁定书、欠款计算明细表、康宇公司和永恩公司工商登记档案及开庭笔录、调查笔录等予以证实。

原审法院认为：双方当事人争执的焦点问题是林某洋、林某华是否应对康宇公司、永恩公司所负烟台银行的债务承担赔偿责任；烟台银行的起诉是否超过诉讼时效。

一、关于林某洋、林某华是否应对康宇公司、永恩公司所负烟台银行的债务承担赔偿责任问题。林某洋、林某华应当就康宇公司、永恩公司所负烟台银行的债务承担赔偿责任。理由为：其一，烟台银行对康宇公司和永恩公司享有的债权，业经生效民事判决确认，烟台银行系已知债权人。根据《公司法》第一百八十三条、第一百八十四条、第一百八十五条规定，有限责任公司经股东会决议解散的，应由股东组成清算组进行清算。清算组应当进行清理公司财产、编制资产负债表和财产清单、将公司解散清算事宜书面通知全体已知债权人、并在报纸上进行公告等清算工作，在依法清算完毕后公司才能申请办理注销登记。本案中，康宇公司和永恩公司成立清算组后，两公司的清算组均没有向已知债权烟台银行履行通知义务，致使烟台银行无法申报债权而未获清偿。根据《最高人民法院关于适用〈中华人民共和国公司法〉若干问题的规定（二）》第十一条："清算组未履行通知和公告义务，导致债权人未及时申报债权而未获清偿，债权人主张清算组成员对因此造成的损失承担赔偿责任的，人民法院应依法予以支持"之规定，作为康宇公司和永恩公司清算组成员的林某洋、林某华林，应对烟台银行的损失承担赔偿责任。其二、林某洋、林某华在明知负有烟台银行债务未清偿完毕的情况下，未将尚欠烟台银行的借款本息列入清算报告，且向公司登记机关出具了负债仅为"7 500元和125 000元""债务已清偿完毕"的虚假《注销清算报告》。根据《最高人民法院关于适用〈中华人民共和国公司法〉若干问题的规定（二）》第十九条："有限责任公司的股东在公司解散后，恶意处置公司财产给债权人造成损失，或者未经依法清算，以虚假的清算报告骗取公司登记机关办理法人注销登记，债权人主张其对公司债务承担相应赔偿责任的，人民法院应依法予以支持"之规定，林某洋、林某华以虚假的清算报告骗取了公司登记机关办理了注销登记，烟台银行主张林某洋、林某华承担赔偿责任，应予支持。

二、关于烟台银行的起诉是否超过诉讼时效问题。康宇公司和永恩公司在清算过程中未向烟台银行发出债权申报通知，烟台银行对两公司的清算情况并不知晓。康宇公司和永恩公司均于2012年7月5日在工商部门注销，故本案诉讼时效的起算点应从康宇公司和永恩公司被准予注销登记之日即2012年7月5日起计算。烟台银行于2013年10月提起本案诉讼，未超过诉讼时效。

综上，林某洋、林某华作为康宇公司和永恩公司的清算组成员和公司股东，在公司清算过程中，未履行忠实和勤勉义务，在明知负有烟台银行债务未清偿完毕的情况下，未书面通知烟台银行申报债权，并且以虚假的清算报告骗取了公司登记机关办理了注销登记，这种行为严重损害了债权人烟台银行的利益，给烟台银行造成损失，对此依照《公司法》第一百八十九条第三款："清算组成员因故意或者重大过失给公司或者债权人造成损失的，应当承担赔偿责任"之规定，林某洋、林某华应当就康宇公司和永恩公司所负烟台银行的债务承担赔偿责任。烟台银行的起诉没有超过诉讼时效，其诉讼请求于法有据，应当予以支持。林某洋、林某华的抗辩理由没有法律和事实根据，故不予支持。依照《公司法》第一百八十三条、第一百八十四条、第一百八十五条、第一百八十九条第一款、第三款、《最高人民法院关于适用〈中华人民共和国公司法〉若干问题的规定（二）》第十一条、第十九条之规定，原审法院判决：林某洋、林某华于本判决生效后十日内赔偿烟台银行本金15 241 994.59元及利息15 373 188.55元［利息计算至2013年8月31日，自2013年9月1日至本判决生效之日以本金 15 241 994.59 元为基数按原审法院〔2004〕烟民二初字第 325 号及〔2006〕烟民二初字第 198 号民事判决继续计算利息〕。如果未按本判决指定的期间履行给付金钱义务，应当依照《民事诉讼法》第二百五十三条之规定，加倍支付迟延履行期间的债务利息。案件受理费 194 876 元、保全费 5 000 元，由林某洋、林某华共同负担。

林某洋、林某华不服原审判决上诉称：一、原审判决确认事实和判决结果超出了烟台银行的诉讼主张。烟台银行在诉状中仅主张林某洋、林某华以虚假的清算报告骗取公司登记机关给予办理注销公司登记这一个理由，但是原审判决主动增加了林某洋、林某华未履行公告和通知义务这一理由，显然超出了烟台银行的诉讼主张。二、原审判决林某洋、林某华对烟台银行未获清偿的全部债权承担连带赔偿责任没有事实依据和法律依据。本案事实不属于公司主要账册、财产、重要文件等灭失无法进行清算，公司股东应当承担连带清偿责任的情形。《最高人民法院关于适用〈中华人民共和国公司法〉若干问题的规定（二）》第十九条："有限责任公司的股东在公司解散后，恶意处置公司财产给债权人造成损失，或者未经依法清算，以虚假的清算报告骗取公司登记机关办理法人注销登记，债权人主张其对公司债务承担相应赔偿责任的，人民法院应依法予以支持"。依据上述规定，清算组成员承担责任的前提是存在损害后果和因果关系，本案中，烟台银行没有提交证据证明上诉人的清算行为给烟台银行造成损失的证据。康宇公司、永恩公司经营不善，于 2003 年后再无任何经营活动，两公司财产已经评估拍卖，并在流拍后抵顶给债权人。上诉人根据 2003 年度的审计报告和法院的执行结果作出清算报告，非依虚假的清算报告骗取公司注销登记。烟台银行的债权不能全部实现，是因为公司经营不善，无履行能力，不是上诉人的清算行为导致。上诉人在办理清算过程中，没有处分两个公司的资产、权利，没有获得任何公司资产。请求二审判决改判上诉人不承担责任。

烟台银行答辩称：一、上诉人作为康宇公司和永恩公司的股东和清算组成员，没有向烟台银行送达申报债权的通知书，没有委托有资格的机构进行审计，没有公司清算时财产情况及债权债务的处理证据等。其提交给登记机关的股东会决议、公告、清算报告仅是形式上应付登记机关，鉴于两上诉人是夫妻关系，其制造虚假清算报告及股东会决议骗取了公司的注销登记，使烟台银行的债权无法继续执行，债权不能得到清偿，根据《最高人民法院关于适用〈中华人民共和国公司法〉若干问题的规定（二）》的规定，上诉人应当对公司债务承担清偿责任。二、因涉案公司被注销，烟台银行的债权不能恢复执行，失去了执行主体，因此，烟台银行的损失是未执行部分的债权金额。上诉人在清算中同时存在《公司法》第一百八十九条、《最高人民法院关于适用〈中华人民共和国公司法〉若干问题的规定（二）》第十一条、第十九条、第二十条规定的情形：1.清算组成员因故意或重大过失给公司或债权人造成损失，2.清算组未按规定履行通知和公告义务，导致债权人未及时申报债权而获清偿，3.有限公司未经依法清算，以虚假的清算报告骗取公司登记机关办理法人注销登记，4.公司未经清算即办理注销登记，导致公司无法进行清算。综上，上诉人应当对公司债务承担清偿责任，原审判决应当予以维持。

本院经审理查明的事实与原审法院查明的事实一致。

另查明，在本案二审庭审中，林某洋、林某华表示随时可以提交康宇公司、永恩公司的财务账册，烟台银行表示不必查看该财务账册。

本院认为：本案争议的焦点问题是，林某洋、林某华是否应对康宇公司、永恩公司所负烟台银行的债务承担赔偿责任以及赔偿范围如何确认。《公司法》第一百八十九条第三款规定："清算组成员因故意或者重大过失给公司或者债权人造成损失的，应当承担赔偿责任"；《最高人民法院关于适用〈中华人民共和国公司法〉若干问题的规定（二）》第十一条规定："清算组未履行通知和公告义务，导致债权人未及时申报债权而未获清偿，债权人主张清算组成员对因此造成的损失承担赔偿责任的，人民法院应依法予以支持"；第十九条规定："有限责任公司的股东在公司解散后，恶意处置公司财产给债权人造成损失，或者未经依法清算，以虚假的清算报告骗取公司登记机关办理法人注销登记，债权人主张其对公司债务承担相应赔偿责任的，人民法院应依法予以支持"。林某洋、林某华作为清算组成员，在清算、注销康宇公司和永恩公司过程中，没有通知已知债权人烟台银行申报债权，并且没有将康宇公司和永恩公司所欠烟台银行的贷款列入清算报告，根据上述规定，林某洋、林某华存在没有通知已知债权人和以虚假的清算报告骗取公司登记机关办理康宇公司和永恩公司注销登记行为，应当对康宇公司和永恩公司的债务承担相应赔偿责任。关于赔偿范围问题，林某洋、林某华以虚假的清算报告，使资不抵债、不符合注销条件的康宇公司和永恩公司注销登记，使债权人可以随时要求康宇公司和永恩公司清偿债务的权利落空。因此，林某洋、林某华应当对康宇公司和永恩公司的全部债务承担清偿责任。

综上所述，林某洋、林某华的上诉理由不能成立，本院不予支持，原审判决认定事实清楚，适用法律正确，本院予以维持。根据《中华人民共和国公司法》第一百八十九条、《最高人民法院关于适用〈中华人民共和国公司法〉若干问题的规定（二）》第十一条、第十九条，《民事诉讼法》第一百七十条第一款（一）项之规定，判决如下：

驳回上诉，维持原判。

二审案件受理费 194 876 元，由林某洋、林某华负担。

本判决为终审判决。

审判长　王庆林
审判员　马　红
审判员　安景黎
二〇一四年十二月五日
书记员　彭　震

中华人民共和国最高人民法院
民事裁定书

〔2015〕民申字第 916 号

再审申请人（一审被告、二审上诉人）：林某洋，男，1964年6月29日出生，汉族，住山东省烟台市莱山区。

委托代理人：陈雯雯，北京市隆安律师事务所律师。

委托代理人：苏敏，北京市隆安律师事务所律师。

再审申请人（一审被告、二审上诉人）：林某华，女，1968年10月12日出生，汉族，住山东省烟台市莱山区。

委托代理人：陈雯雯，北京市隆安律师事务所律师。

委托代理人：苏敏，北京市隆安律师事务所律师。

被申请人（一审原告、二审被上诉人）：烟台银行股份有限公司。住所地：山东省烟台市芝罘区海港路25号。

法定代表人：叶某君，董事长。

再审申请人林某洋、林某华因与被申请人烟台银行股份有限公司（以下简称烟台银行）清算责任纠纷一案，不服山东省高级人民法院〔2014〕鲁商终字第346号民事判决，向本院申请再审。本院受理后，依法组成合议庭进行了审查。本案现已审查终结。

林某洋、林某华申请再审称：一、原审判决认定事实错误。原审判决以申请人作为股东未依法清算烟台市康宇鞋业制造有限公司（以下简称康宇公司）、烟台永恩家居装饰工程有限公司（以下简称永恩公司）为由，在并未查明该清算行为造成债权人烟台银行多少实际损失的情况下，仅依据烟台银行主张的债权数额来确定赔偿范围，系认定事实错误。根据相关法律和司法解释的规定，申请人承担责任的前提是清算活动与烟台银行的损害后果之间存在因果关系，即清算活动导致了烟台银行未获清偿的后果。即便申请人的清算活动被认定为未履行通知和公告义务，或未经依法清算，以虚假的清算报告骗取公司登记机关办理法人注销登记，申请人清算赔偿责任的范围仅限于因申请人不当清算而造成的债权人损失。原审业已查明，康宇公司和永恩公司所欠烟台银行的借款本息，经人民法院强制执行后，认定该两公司已无财产可供执行，并裁定终结执行程序。由此可见，烟台银行的债权不能实现的根本原因是康宇公司和永恩公司没有履行债务的能力，并非是由于申请人的清算活动所致。而且，申请人在办理该两公司注销登记的过程中既未处分两公司的任何财产、权利，也未获得任何财产权益，事实上并没有给被申请人造成任何实际损失。因此，申请人的清算的活动并不是导致债权人的全部债权未获清偿的原因，被申请人并未因申请人的清算活动有任何实际损失，申请人不应当对被申请人的全部债权承担侵权损害的赔偿责任。二、原审判决适用法律确有错误。申请人作为公司股东、清算组成员，所实施的清算活动依法并不构成应对公司债务承担连带清偿责任的行为。《最高人民法院关于适用〈中华人民共和国公司法〉若干问题的规定（二）》（下称《公司法》司法解释二）第十八条第二款规定："有限责任公司的股东、股份有限公司的董事和控股股东因怠于履行义务，导致公司主要财产、账册、重要文件等灭失，无法进行清算，债权人主张其对公司债务承担连带清偿责任的，人民法院应依法予以支持"。本案中，申请人随时可以提交两公司的财务账册，不存在前述第十八条第二款规定的情形，因此申请人不应承担连带清偿责任。申请人所实施的以虚假的清算报告骗取公司登记机关办理注销登记，以及未履行公告和通知义务等行为，根据《公司法》及相关司法解释的规定，所应承担的责任是对因此造成的损失"承担赔偿责任"或"承担相应赔偿责任"，而不是对全部债务承担连带清偿责任。在康宇公司、永恩公司早已无财产可供执行，实际失去履行能力的情况下，判令申请人对该两公司原本已不能清偿的全部债务承担连带责任，显然不符合有限责任公司法人人格独立的原则和侵权法基本原则，并导致出现被申请人获得不当利益的情况。综上，依据《民事诉讼法》第二百条第二项、第六项之规定，请求依法再审本案，撤销原审判决，驳回烟台银行的诉讼请求。

本院经审查认为，《公司法》所规定的公司解散清算程序，是指在公司非因破产原因解散后，按照《公司法》规定的程序所进行的清算活动。适用该解散清算程序的前提是公司的财产能够清偿全部债务，当公司财产不能足额清偿债务或者明显缺乏清偿能力时，依法应当进行破产清算。《公司法》第一百八十七条第一款规定："清算组在清理公司财产、编制资产负债表和财产清单后，发现公司财产不足清偿债务的，应当依法向人民法院申请宣告破产"。《企业破产法》第七条第三款规定："企业法人已解散但未清算或者未清算完毕，资产不足以清偿债务的，依法负有清算责任的人应当向人民法院申请破产清算"。据此，本案中，申请人林某洋和林某华夫妻作为康宇公司、永恩公司的仅有两名股东，分别担任两公司的法定代表人，在自行清算的过程中，在明知该两公司的资产不足以清偿案涉烟台银行债权的情况下，既未通知烟台银行申报债权，亦未依法向人民法院申请进行破产清算，反而以虚假的清算报告骗取公司登记机关办理了注销登记，其行为损害了债权人烟台银行的利益，依法应当认定为故意侵权行为。关于申请人林某洋、林某华应当承担的责任范围问题，一方面，《公司法》第一百八十九条第三款规定："清算组成员因故意或者重大过失给公司或者债权人造成损失的，应当承担赔偿责任"。申请人的违法清算行为的直接后果，就是导致债权人烟台银行因债务清偿主体消灭而无法主张债权。故原审判决将申请人的违法清算行为给烟台银行所造成的损失认定为债权本息的全部，并无不当，本院予以维持。

另一方面，在债务人企业资不抵债的情况下，通过依法进行破产清算的制度设计，在保证债权人就公司全部财产公平受偿的同时，也为债务人企业提供了破产免责的救济。该破产免责的法律后果在合法免除债务人企业不能清偿的部分债务的同时，也隔断了股东对公司债务的责任，使得股东受到有限责任原则的保护。本案中，申请人林某洋、林某华自行实施的违法清算行为，系对法人独立地位和股东有限责任的滥用，既不能产生债务人康宇公司和永恩公司免于清偿部分债务的法律后果，同时，作为股东的林某洋、林某华也不再受到股东有限责任原则的保护。《公司法》第二十条第三款规定："公司股东滥用公司法人独立地位和股东有限责任，逃避债务，严重损害公司债权人利益的，应当对公司债务承担连带责任"。据此，申请人林某洋、林某华亦应当对康宇公司和永恩公司的全部债务承担责任。

综上，申请人林某洋、林某华的再审申请不符合《民事诉讼法》第二百条第二项、第六项规定的情形。本院依照《民事诉讼法》第二百零四条第一款之规定，裁定如下：驳回林某洋、林某华的再审申请。

审　判　长　　杨永清
代理审判员　　周伦军
代理审判员　　郑　勇
二〇一五年六月三十日
书　记　员　　郝晋琪

【2023年版本、三次审议稿】

第二百三十八条　清算组成员履行清算职责，负有忠实义务和勤勉义务。

清算组成员怠于履行清算职责，给公司造成损失的，应当承担赔偿责任；因故意或者重大过失给债权人造成损失的，应当承担赔偿责任。

【2018年版本】

第一百八十九条　清算组成员应当忠于职守，依法履行清算义务。

清算组成员不得利用职权收受贿赂或者其他非法收入，不得侵占公司财产。

清算组成员因故意或者重大过失给公司或者债权人造成损失的，应当承担赔偿责任。

【本条释义】

本条规定了清算组的义务及其赔偿责任。

清算组成员在清算期间，类似公司的董事、监事和高级管理人员，因此，其履行清算职责期间，对公司负有忠实义务和勤勉义务。

如果清算组成员怠于履行清算职责，给公司造成损失，应当承担赔偿责任。怠于履行清算职责主要是客观表现，主观上可能出于故意，也可能出于过失，但无论哪种情况，只要给公司造成损失，都要承担赔偿责任。例如，导致公司的债权超过诉讼时效，从而无法胜诉，导致公司部分鲜活产品腐烂变质等。上述赔偿责任原则上应当由清算组全体成员共同承担，如果部分成员能证明自己积极履行了职责，给公司造成损失是因为部分清算组成员不履行职责，可以由未尽责的清算组成员承担赔偿责任。

如果清算组成员因故意或者重大过失给债权人造成损失，应当承担赔偿责任。需要注意的是，清算组成员对债权人造成损失承担责任的前提条件是清算组成员主观上有故意或者重大过失，如果仅仅具有轻微过失，不能要求其承担责任。由于公司的资产往往大于其对外所负债务，因此，清算组的行为给公司造成损失，不一定会给债权人造成损失。通常情况下，因清算组的行为导致公司损失，并进而导致公司无法足额清偿债务或者公司无法清除特定债务，才会导致债权人的损失。

【相关司法解释规定】

《最高人民法院关于适用〈中华人民共和国公司法〉若干问题的规定（二）》

第十八条 有限责任公司的股东、股份有限公司的董事和控股股东未在法定期限内成立清算组开始清算，导致公司财产贬值、流失、毁损或者灭失，债权人主张其在造成损失范围内对公司债务承担赔偿责任的，人民法院应依法予以支持。

有限责任公司的股东、股份有限公司的董事和控股股东因怠于履行义务，导致公司主要财产、账册、重要文件等灭失，无法进行清算，债权人主张其对公司债务承担连带清偿责任的，人民法院应依法予以支持。

上述情形系实际控制人原因造成，债权人主张实际控制人对公司债务承担相应民事责任的，人民法院应依法予以支持。

第十九条 有限责任公司的股东、股份有限公司的董事和控股股东，以及公司的实际控制人在公司解散后，恶意处置公司财产给债权人造成损失，或者未经依法清算，以虚假的清算报告骗取公司登记机关办理法人注销登记，债权人主张其对公司债务承担相应赔偿责任的，人民法院应依法予以支持。

【典型案例】

福建省高级人民法院
民 事 裁 定 书

〔2020〕闽民申 3379 号

再审申请人（一审原告、二审被上诉人）：陈某群，女，1975年12月25日出生，汉族，住福建省莆田市秀屿区。

委托诉讼代理人：施纯朴，福建泉佳律师事务所律师。委托诉讼代理人：吴克表，福建泉佳律师事务所律师。

被申请人（一审被告、二审上诉人）：吴某香，女，1975年9月25日出生，汉族，住福建省泉州市丰泽区。

委托诉讼代理人：黄宏阳，北京盈科（泉州）律师事务所律师。

委托诉讼代理人：张玲月，北京盈科（泉州）律师事务所律师。

原审被告：赵某岗，男，1979年4月20日出生，汉族，住河北省石家庄市行唐县。

原审被告：牛某梅，女，1975年4月2日出生，汉族，住吉林省通化市东昌区。

再审申请人陈某群因与被申请人吴某香及原审被告赵某岗、牛某梅清算责任纠纷一案，不服福建省泉州市中级人民法院〔2019〕闽05民终2123号民事判决，向本院申请再审。本院依法组成合议庭进行了审查，现已审查终结。

陈某群申请再审称，1. 二审判决适用法律错误。吴某香系泉州探秘者户外用品有限公司（以下简称泉州探秘者公司）的清算组成员。根据《中华人民共和国公司登记管理条例》第四十一条"公司解散，依法应当清算的，清算组应当自成立之日起10日内将清算组成员、清算组负责人名单向公司登记机关备案"的规定，赵某岗、吴某香作为清算组成员经公司登记机关备案，故泉州探秘者公司的清算组是合法的，公司登记机关并不反对吴某香作为公司清算组成员。根据《公司法》第一百八十五条的规定，赵某岗、吴某香组成清算组负有的职责如下："（一）清理公司财产，分别编制资产负债表和财产清单；（二）通知、公告债权人；（三）处理与清算有关的公司未了结的业务；（四）清缴所欠税款以及清算过程中产生的税款；（五）清理债权、债务；（六）处理公司清偿债务后的剩余财产；（七）代表公司参与民事诉讼活动。"然而清算组成员吴某香、赵某岗清算时未通知陈某群。泉州探秘者公司清算组向公司登记机关报告泉州探秘者公司无已知债权人，无需履行通知义务，并对公司剩余财产进行分配处置。根据《公司法》第一百八十九条的规定："清算组成员因故意或者重大过失给公司或者债权人造成损失的，应当承担赔偿责任"和《最高人民法院关于适用〈中华人民共和国公司法〉若干问题的规定（二）》第十一条"公司清算时，清算组应当按照《公司法》第一百八十五条的规定，将公司解散清算事宜书面通知全体已知债权人，并根据公司规模和营业地域范围在全国或者公司注册登记地省级有影响的报纸上进行公告。清算组未按照前款规定履行通知和公告义务，导致债权人未及时申报债权而未获清偿，债权人王张清算组成员对因此造成的损失承担赔偿责任的，人民法院应依法予以支持"及第二十三条"清算组成员从事清算事务时，违反法律、行政法规或者公司章程给公司或者债权人造成损失，公司或者债权人主张其承担赔偿责任的，人民法院应依法予以支持"的规定，陈某群诉求吴某香、赵某岗承担侵权赔偿责任符合上述法律规定。虽然《公司法》第一百八十三条规定有限责任公司的清算组由股东组成，但是该规定并没有排除非股东作为清算组成员，也没有规定违反该规定组成的清算组不合法。2016年10月17日，吴某香在泉州探秘者公司的《清算报告》上署名，即使其因不是公司股东不具有清算组成员的资格，但其主观上明知自己具有清算组成员身份，客观上实施了泉州探秘者公司清算事务行为，对造成陈某群损失也应当承担侵权赔偿责任。2. 二审判决认定吴某香系受赵某岗委托办理公司清算、注销事宜的，基于委托关系对外处理泉州探秘者公司清算事宜，该事实认定错误。2016年6月14日和2016年10月17日，泉州探秘者公司作为申请人分别向晋江市市场监督管理局出具《指定代表或者共同委托代理人授权委托书》二份，委托吴某香办理：该公司备案／注销；同意核对登记材料中的复印件并签署核对意见；同意修改企业自备文件的错误；同意修改有关表格的填写错误；同意领取营业执照和有关文书。可见吴某香是受泉州探秘者公司委托而不是受赵某岗个人委托，这两份文件中未有委托办理清算的事项，二审法院据此认定吴某香系受赵某岗委托办理公司清算、注销事宜，系认定事实错误。综上，吴某香依照《民事诉讼法》第二百条第二项、第六项的规定，请求再审本案。

本院经审查认为，本案的争议焦点为吴某香作为有限责任公司的非股东清算组成员，是否应承担未通知已知债权人的赔偿责任。

泉州探秘者公司因经营不善，其唯一的股东赵某岗决定解散公司，并决定由其与吴某香组成清算组对公司进行清算。泉州探秘者公司于2016年6月23日对清算组成员赵某岗、吴某香向公司登记机关进行了备案，于2016年6月25日在《海峡都市报》上刊登泉州探秘者公司的清算公告。赵某岗、吴某香于2016年10月17日出具了公司清算报告并向晋江市市场监督管理局备案，后办理了该公司的注销登记。上述材料中均明确载明吴某香系泉州探秘者公司清算组成员，吴某香亦在清算报告上作为清算组成员签名，故可以认定吴某香系泉州探秘者公司的清算组成员。《公司法》第一百八十三条规定："有限责任公司的清算组由股东组成。"由《公司法》的该规定并不能得出股东之外的人不能成为公司的清算组成员，也不能得出非公司股东的人员担任公司清算组成员，其无须承担因未履行法定义务而应承担的赔偿责任，故二审法院据此判决吴某香无须承担清算组成员的赔偿责任不当，应予纠正。

综上，陈某群的再审申请符合《民事诉讼法》第二百条第二项、第六项规定的情形。

依照《民事诉讼法》第二百零四条、第二百零六条，《最高人民法院关于适用〈中华人民共和国民事诉讼法〉的解释》第三百九十五条第一款的规定，裁定如下：

一、指令福建省泉州市中级人民法院再审本案；

二、再审期间，中止原判决的执行。

审 判 长　高　晓
审 判 员　念保源
代理审判员　许舒可
二〇二〇年十一月二十五日
法官助理　杨秀琼
书 记 员　刘真真

【2023年版本、三次审议稿】

第二百三十九条　公司清算结束后，清算组应当制作清算报告，报股东会或者人民法院确认，并报送公司登记机关，申请注销公司登记。

【2018年版本】

第一百八十八条　公司清算结束后，清算组应当制作清算报告，报股东会、股东大会或者人民法院确认，并报送公司登记机关，申请注销公司登记，公告公司终止。

【本条释义】

本条规定了清算结束后的程序。

公司清算结束后，清算组应当制作清算报告，清算报告应当详细记载清算组清理公司资产、债权债务的基本情况，清偿债务的情况，剩余资产的分配情况等。清算报告报股东会确认，如果清算组是由人民法院组织的，报人民法院确认。确认之后，清算组应当将清算报告报送公司登记机关，携带公司登记机关要求的其他资料，申请注销公司登记。

【相关司法解释规定】

《最高人民法院关于适用〈中华人民共和国公司法〉若干问题的规定（二）》

第二十条 公司解散应当在依法清算完毕后，申请办理注销登记。公司未经清算即办理注销登记，导致公司无法进行清算，债权人主张有限责任公司的股东、股份有限公司的董事和控股股东，以及公司的实际控制人对公司债务承担清偿责任的，人民法院应依法予以支持。

公司未经依法清算即办理注销登记，股东或者第三人在公司登记机关办理注销登记时承诺对公司债务承担责任，债权人主张其对公司债务承担相应民事责任的，人民法院应依法予以支持。

第二十一条 按照本规定第十八条和第二十条第一款的规定应当承担责任的有限责任公司的股东、股份有限公司的董事和控股股东，以及公司的实际控制人为二人以上的，其中一人或者数人依法承担民事责任后，主张其他人员按照过错大小分担责任的，人民法院应依法予以支持。

【2023年版本】

第二百四十条 公司在存续期间未产生债务，或者已清偿全部债务的，经全体股东承诺，可以按照规定通过简易程序注销公司登记。

通过简易程序注销公司登记，应当通过国家企业信用信息公示系统予以公告，公告期限不少于二十日。公告期限届满后，未有异议的，公司可以在二十日内向公司登记机关申请注销公司登记。

公司通过简易程序注销公司登记，股东对本条第一款规定的内容承诺不实的，应当对注销登记前的债务承担连带责任。

【三次审议稿】

第二百四十条 公司在存续期间未产生债务，或者已清偿全部债务的，经全体股东承诺，可以通过简易程序注销公司登记。

通过简易程序注销公司登记，应当通过统一的企业信息公示系统予以公告，公告期限不少于二十日。公告期限届满后，未有异议的，公司可以在二十日内向公司登记机关申请注销公司登记。

公司通过简易程序注销公司登记，股东对本条第一款规定的内容承诺不实的，应当对注销登记前的债务承担连带责任。

【本条释义】

本条规定了简易程序注销公司登记。

公司注销程序如果过于复杂，容易阻碍老公司的注销和新公司的产生，因此，如果公司在存续期间未产生债务，或者已清偿全部债务，就没有必要进行公司清算，因为清算的主要任务就是清理债权债务。经全体股东承诺，可以按照规定通过简易程序注销公司登记。需要注意的是，这里需要经过全体股东承诺，而非公司承诺或者股东会、董事会承诺，需要每一位股东亲自承诺。

为防止公司隐瞒债务，让社会公众知晓公司即将被注销，通过简易程序注销公司登记，应当通过国家企业信用信息公示系统予以公告，公告期限不少于20日。如果公司尚有债务没有清偿，债权人可以向公司以及公司登记机关提出异议。

公告期限届满后，如果没有人提出异议，公司可以在20日内向公司登记机关申请注销公司登记。

公司通过简易程序注销公司登记，如果股东对"公司在存续期间未产生债务，或者已清偿全部债务"的承诺不实，应当对注销登记前的债务承担连带责任。所谓连带责任，就是指每一个股东都有义务对公司注销登记前的所有债务承担足额清偿的责任，不考虑股东当初出资比例以及持股比例等。因此，股东在签署该承诺时应当谨慎。

【2023年版本】

第二百四十一条　公司被吊销营业执照、责令关闭或者被撤销，满三年未向公司登记机关申请注销公司登记的，公司登记机关可以通过国家企业信用信息公示系统予以公告，公告期限不少于六十日。公告期限届满后，未有异议的，公司登记机关可以注销公司登记。

依照前款规定注销公司登记的，原公司股东、清算义务人的责任不受影响。

【三次审议稿】

第二百四十一条　公司被吊销营业执照、责令关闭或者被撤销，满三年未清算完毕的，公司登记机关可以通过统一的企业信息公示系统予以公告，公告期限不少于六十日。公告期限届满后，未有异议的，公司登记机关可以注销公司登记。

依照前款规定注销公司登记的，原公司股东、清算义务人的责任不受影响。

【本条释义】

本条规定了公司登记机关主动注销公司登记的情形。

公司被吊销营业执照、责令关闭或者被撤销的情形下，公司有可能拒绝进行清算，相关机关可以申请人民法院组织清算，也有可能不申请，由此可能导致公司长期处于一种待清算的状态。如果公司满3年仍未向公司登记机关申请注销公司登记，公司登记机关可以通过国家企业信用信息公示系统予以公告，公告期限不少于60日。公告期限届满后，如果公司、股东、债权人等相关主体没有提出异议，公司登记机关可以注销公司登记。公司被注销之后，其民事主体资格终止，不能再以公司名义从事任何法律行为。

依照上述规定注销公司登记的，原公司股东、清算义务人的责任不受影响。也就是说，原公司股东仍应对公司的债务承担连带责任，清算义务人（即原公司董事）因怠于履行清算义务，如果给公司和债权人造成损失，也应承担赔偿责任。

【2023年版本、三次审议稿】

第二百四十二条　公司被依法宣告破产的，依照有关企业破产的法律实施破产清算。

【2018年版本】

第一百九十条　公司被依法宣告破产的，依照有关企业破产的法律实施破产清算。

【本条释义】

本条规定了公司被宣告破产的处理。

公司被依法宣告破产的，依照有关企业破产的法律实施破产清算。破产清算与普通清算最大的区别在于普通清算可以足额清偿全部债务，而破产清算只能按比例非足额清偿全部债务。正因为无法足额清偿，破产清算特别强调清偿债务公平合理，因此，应当在人民法院的主持下进行，而普通清算因为可以足额清偿全部债务，通常情况下，由公司自己组织清算即可。

【相关法律规定】

《企业破产法》

第十章　破　产　清　算

第一节　破　产　宣　告

第一百零七条　人民法院依照本法规定宣告债务人破产的，应当自裁定作出之日起五日内送达债务人和管理人，自裁定作出之日起十日内通知已知债权人，并予以公告。

债务人被宣告破产后，债务人称为破产人，债务人财产称为破产财产，人民法院受理破产申请时对债务人享有的债权称为破产债权。

第一百零八条 破产宣告前，有下列情形之一的，人民法院应当裁定终结破产程序，并予以公告：

（一）第三人为债务人提供足额担保或者为债务人清偿全部到期债务的；

（二）债务人已清偿全部到期债务的。

第一百零九条 对破产人的特定财产享有担保权的权利人，对该特定财产享有优先受偿的权利。

第一百一十条 享有本法第一百零九条规定权利的债权人行使优先受偿权利未能完全受偿的，其未受偿的债权作为普通债权；放弃优先受偿权利的，其债权作为普通债权。

第二节 变价和分配

第一百一十一条 管理人应当及时拟订破产财产变价方案，提交债权人会议讨论。

管理人应当按照债权人会议通过的或者人民法院依照本法第六十五条第一款规定裁定的破产财产变价方案，适时变价出售破产财产。

第一百一十二条 变价出售破产财产应当通过拍卖进行。但是，债权人会议另有决议的除外。

破产企业可以全部或者部分变价出售。企业变价出售时，可以将其中的无形资产和其他财产单独变价出售。

按照国家规定不能拍卖或者限制转让的财产，应当按照国家规定的方式处理。

第一百一十三条 破产财产在优先清偿破产费用和共益债务后，依照下列顺序清偿：

（一）破产人所欠职工的工资和医疗、伤残补助、抚恤费用，所欠的应当划入职工个人账户的基本养老保险、基本医疗保险费用，以及法律、行政法规规定应当支付给职工的补偿金；

（二）破产人欠缴的除前项规定以外的社会保险费用和破产人所欠税款；

（三）普通破产债权。

破产财产不足以清偿同一顺序的清偿要求的，按照比例分配。

破产企业的董事、监事和高级管理人员的工资按照该企业职工的平均工资计算。

第一百一十四条 破产财产的分配应当以货币分配方式进行。但是，债权人会议另有决议的除外。

第一百一十五条 管理人应当及时拟订破产财产分配方案，提交债权人会议讨论。

破产财产分配方案应当载明下列事项：

（一）参加破产财产分配的债权人名称或者姓名、住所；

（二）参加破产财产分配的债权额；

（三）可供分配的破产财产数额；

（四）破产财产分配的顺序、比例及数额；

（五）实施破产财产分配的方法。

债权人会议通过破产财产分配方案后，由管理人将该方案提请人民法院裁定认可。

第一百一十六条 破产财产分配方案经人民法院裁定认可后，由管理人执行。

管理人按照破产财产分配方案实施多次分配的，应当公告本次分配的财产额和债权额。管理人实施最后分配的，应当在公告中指明，并载明本法第一百一十七条第二款规定的事项。

第一百一十七条 对于附生效条件或者解除条件的债权，管理人应当将其分配额提存。

管理人依照前款规定提存的分配额，在最后分配公告日，生效条件未成就或者解除条件成就的，应当分配给其他债权人；在最后分配公告日，生效条件成就或者解除条件未成就的，应当交付给债权人。

第一百一十八条 债权人未受领的破产财产分配额，管理人应当提存。债权人自最后分配公告之日起满二个月仍不领取的，视为放弃受领分配的权利，管理人或者人民法院应当将提存的分配额分配给其他债权人。

第一百一十九条 破产财产分配时，对于诉讼或者仲裁未决的债权，管理人应当将其分配额提存。自破产程序终结之日起满二年仍不能受领分配的，人民法院应当将提存的分配额分配给其他债权人。

第三节 破产程序的终结

第一百二十条 破产人无财产可供分配的，管理人应当请求人民法院裁定终结破产程序。

管理人在最后分配完结后，应当及时向人民法院提交破产财产分配报告，并提请人民法院裁定终结破产程序。

人民法院应当自收到管理人终结破产程序的请求之日起十五日内作出是否终结破产程序的裁定。裁定终结的，应当予以公告。

第一百二十一条 管理人应当自破产程序终结之日起十日内，持人民法院终结破产程序的裁定，向破产人的原登记机关办理注销登记。

第一百二十二条 管理人于办理注销登记完毕的次日终止执行职务。但是，存在诉讼或者仲裁未决情况的除外。

第一百二十三条 自破产程序依照本法第四十三条第四款或者第一百二十条的规定终结之日起二年内，有下列情形之一的，债权人可以请求人民法院按照破产财产分配方案进行追加分配：

（一）发现有依照本法第三十一条、第三十二条、第三十三条、第三十六条规定应当追回的财产的；

（二）发现破产人有应当供分配的其他财产的。

有前款规定情形，但财产数量不足以支付分配费用的，不再进行追加分配，由人民法院将其上交国库。

第一百二十四条 破产人的保证人和其他连带债务人，在破产程序终结后，对债权人依照破产清算程序未受清偿的债权，依法继续承担清偿责任。

第十三章 外国公司的分支机构

【2023年版本、三次审议稿】

第二百四十三条 本法所称外国公司,是指依照外国法律在中华人民共和国境外设立的公司。

【2018年版本】

第一百九十一条 本法所称外国公司是指依照外国法律在中国境外设立的公司。

第二百一十七条 外商投资的有限责任公司和股份有限公司适用本法;有关外商投资的法律另有规定的,适用其规定。

【本条释义】

本条规定了外国公司的定义。

外国公司,是指依照外国法律在中华人民共和国境外设立的公司。公司的国籍是由其依照的法律以及颁发营业执照的机关所在国家来确定的,由中国公司登记机关颁发营业执照的公司都是中国公司,由其他国家公司登记机关颁发营业执照的公司是外国公司。公司国籍与股东的国籍无关,例如,中国人在美国注册的公司属于美国公司,也就是中国的外国公司。

【2023年版本、三次审议稿】

第二百四十四条 外国公司在中华人民共和国境内设立分支机构,应当向中国主管机关提出申请,并提交其公司章程、所属国的公司登记证书等有关文件,经批准后,向公司登记机关依法办理登记，领取营业执照。

外国公司分支机构的审批办法由国务院另行规定。

【2018年版本】

第一百九十二条 外国公司在中国境内设立分支机构，必须向中国主管机关提出申请，并提交其公司章程、所属国的公司登记证书等有关文件，经批准后，向公司登记机关依法办理登记，领取营业执照。

外国公司分支机构的审批办法由国务院另行规定。

【本条释义】

本条规定了外国公司在中国设立分支机构的程序。

中国允许外国公司在中国境内经营，也就是允许在中国境内设立分支机构。为加强对外国公司的监督管理，外国公司在中国境内设立分支机构的，应当向中国主管机关提出申请，并提交其公司章程、所属国的公司登记证书等有关文件，经批准后，向公司登记机关依法办理登记，领取营业执照。

外国公司在中国境内设立分支机构，应当经过两个部门的同意，一是"主管机关"，如商务部门，二是"公司登记机关"。这里的"公司登记机关"与中国公司设立时的"公司登记机关"是同一机关，均是市场监督管理机关。

【典型案例】

广州市海珠区人民法院
民 事 判 决 书

〔2014〕穗海法民二初字第1924号

原告徐某勤，住所地湖北省大冶市。

委托代理人张威进，广东以泰律师事务所律师。

被告胡某基，住所地广东省深圳市罗湖区。

委托代理人唐海红，广东博浩律师事务所律师。

原告徐某勤诉被告胡某基承揽合同纠纷一案，本院受理后，依法组成合议庭，公开开庭进行了审理。原告徐某勤及其委托代理人张威进，被告胡某基的委托代理人唐海红均到庭了参加诉讼。本案现已审理终结。

原告徐某勤诉称，2012年被告以宁波摩纳时尚国贸有限公司的名义开设了MMT服装国贸广州办事处，并以宁波摩纳时尚国贸有限公司的名义与包括原告在内的十三间在广州市海珠区晓湾南路附近的服装厂进行贸易，后经派出所调查，被告在广州开设的办事处与宁波摩纳时尚国贸有限公司没有关系。从2012年7月至2014年5月，被告共计拖欠原告货款153 484元，其中已经出货的101 340元，未出货的52 144元。现起诉要求，被告向原告支付货款153 484元及自起诉之日起至实际清还之日止按中国人民银行同期最高贷款利率计算的利息，本案诉讼费由被告负担。

被告胡某基辩称，胡某基本人并不是真正的欠款人，原告应当向MMT公司追偿货款。胡某基是澳大利亚MMTClothingPty.Ltd广州办事处的工作人员。经了解原告主张的尚欠货款情况不属实。

经审理查明，澳大利亚MMTClothingPty.Ltd委托被告在国内加工服装。被告将部分服装加工业务委托给原告。2013年12月31日，被告向原告下单加工款号M-12191的服装，单价32元/件，2014年3月12日原告交付了该批货物，数量为945件。

2013年12月31日，被告向原告下单加工款号是M-12116V的服装，单价是24.5元/件，原告于2014年3月23日交付了该批货物，数量是856件。

2013年12月31日，被告向原告下单加工款号是M-12116的服装，单价是24.5元/件，原告于2014年3月23日交付了该批货物，数量是176件。被告主张出货172件，并应扣减费用1 650元。

2014年1月14日，被告向原告下单加工款号是M-12065G的服装，单价是28元/件，原告于2014年3月26日交付了该批货物，数量是932件。被告主张已取消了该款服装的订单。

2014年1月14日，被告向原告下单加工款号是M-12036的服装，单价是22元/件，原告于2014年3月26日交付了该批货物，数量是585件。

2014年2月18日，被告向原告下单加工款号是M-12214的服装，单价是18元/件，原告于2014年4月9日交付了该批货物，数量是324件。之后，应被告要求原告将该批货物从海运码头拉回，至今仍存放在原告仓库。

2014年3月12日，被告向原告下单加工款号是M-12167的服装1 200件，单价是15元/件。原告主张自己加工完成了1 260件。2014年3月28日，被告向原告下单加工款号是M-12167S的服装1 200件，单价是18元/件。原告主张自己加工完成了1 248件。2014年3月14日，被告向原告下单加工款号是M-12143的服装372件，单价是28元/件。原告主张自己加工完成了385件。M-12167、M-12167S以及M-12143款服装原告加工完成后，被告一直没有收取货物。

另查，被告委托原告加工服装的订单上均注明"控制在下单的总数量和单色数量的±5%以内"等。根据原告提交的被告制作的统计表记载，M-12116款服装订单数量是172件，入仓数量是176件；M-12036款和M-12065G款服装的入仓日期均为2014

年3月26日。

原告于2014年8月14日向本院提起本案诉讼,要求被告支付涉案九款服装的加工费用。

本院认为,《公司法》第一百九十二条规定,"外国公司在中国境内设立分支机构,必须向中国主管机关提出申请,并提交其公司章程、所属国的公司登记证书等有关文件,经批准后,向公司登记机关依法办理登记,领取营业执照。"本案中,被告辩称其是MMTClothingPty.Ltd广州办事处的工作人员,而MMTClothingPty.Ltd是外国公司,根据法律规定,外国公司在中国境内设立分支机构的,必须依法提出申请,经批准后领取营业执照,现在,被告并无其所谓的MMTClothingPty.Ltd广州办事处依法设立的证明,因此,相关的法律责任依法应由行为人即被告本人承担。

关于原告诉请被告支付的九款服装加工费用。被告对原告加工的M-12191、M-12116V、M-12036三款服装的费用没有异议,本院予以确认,该部分加工费为64 082元。关于M-12116款服装,原、被告对交付的数量发生争议,原告主张的176件与被告制作的统计表记载的交付数量相符,本院予以采信。被告主张该款服装需要扣减费用1 650元,没有证据证明,本院不予支持。故M-12116款服装被告应支付加工费4 312元。关于M-12065G款服装,根据被告制作的统计表,原告已经交付货物,被告主张取消了该笔订单未收货,证据不足,本院不予采信,被告应向原告支付该款服装的加工费26 096元。关于M-12214款服装,原告已经向被告交付了货物,之后应被告要求将货物拉回仓库,被告仍有义务向原告支付该款服装的加工费5 832元。关于原告已经加工完成、被告未收货的M-12167、M-12167S以及M-12143三款服装,由于未完成交易的责任在被告,因此,原告要求被告支付该三款服装的加工费用,合法有据,本院予以支持。关于该三款服装的数量,原告主张完成的加工数量均未超过订单约定的总量控制范围,本院予以支持,因此,被告应向原告支付该三款服装的加工费52 144元。合计被告应向原告支付加工费152 466元。本案系因被告逾期支付加工费用引起的纠纷,原告诉请从起诉之日即2014年8月14日起计算逾期付款的利息损失,符合法律规定,本院予以支持,利息计算标准按中国人民银行同期同类贷款基准利率。综上所述,依照《合同法》第一百零七条、第一百零九条以及第二百六十三条之规定,判决如下:

一、被告胡某基在本判决生效之日起10日内向原告徐某勤支付加工费用152 466元,并从2014年8月14日起至实际付清之日止按照中国人民银行规定的同期同类贷款基准利率计付逾期付款的利息给原告;

二、驳回原告徐某勤的其他诉讼请求。

如果未按本判决指定的期间履行给付金钱义务,应当依照《民事诉讼法》第二百五十三条之规定,加倍支付迟延履行期间的债务利息。

本案受理费3 370元,由原告徐某勤负担22元,被告胡某基负担3 348元。

如不服本判决,可在判决书送达之日起15日内,向本院递交上诉状,并按对方当事人的人数提出副本，上诉于广州市中级人民法院。

当事人上诉的，应在递交上诉状次日起 7 日内向广州市中级人民法院预交上诉案件受理费。逾期不交的，按自动撤回上诉处理。

审　判　长　　许丽群
人民陪审员　　陈月容
人民陪审员　　钟克山
二〇一五年二月九日
书　记　员　　吴　铭　陈　璐

【2023 年版本、三次审议稿】

第二百四十五条 外国公司在中华人民共和国境内设立分支机构，应当在中华人民共和国境内指定负责该分支机构的代表人或者代理人，并向该分支机构拨付与其所从事的经营活动相适应的资金。

对外国公司分支机构的经营资金需要规定最低限额的，由国务院另行规定。

【2018 年版本】

第一百九十三条 外国公司在中国境内设立分支机构，必须在中国境内指定负责该分支机构的代表人或者代理人，并向该分支机构拨付与其所从事的经营活动相适应的资金。

对外国公司分支机构的经营资金需要规定最低限额的，由国务院另行规定。

【本条释义】

本条规定了外国公司在华代表人及经营资金。

外国公司在中华人民共和国境内设立分支机构，该分支机构应当有一个与中国公司法定代表人类似的一个负责人，因此，应当在中华人民共和国境内指定负责该分支机构的代表人或者代理人。外国公司分支机构运营也需要一定资金，因此，外国公司应当向该分支机构拨付与其所从事的经营活动相适应的资金。该资金不叫注册资本，通常也没有具体金额的要求，但国务院可以对特定行业的外国公司分支机构的经营资金规定最低限额，如果有该项规定，外国公司应当向分支机构拨付不低于该最低限额的经营资金。

第十三章　外国公司的分支机构

【2023 年版本、三次审议稿】

第二百四十六条　外国公司的分支机构应当在其名称中标明该外国公司的国籍及责任形式。

外国公司的分支机构应当在本机构中置备该外国公司章程。

【2018 年版本】

第一百九十四条　外国公司的分支机构应当在其名称中标明该外国公司的国籍及责任形式。

外国公司的分支机构应当在本机构中置备该外国公司章程。

【本条释义】

本条规定了外国公司分支机构的名称与章程。

为便于社会公众特别是与外国公司分支机构打交道的个人与组织了解分支机构所属外国公司的性质，外国公司的分支机构应当在其名称中标明该外国公司的国籍及责任形式。

为了便于社会公众特别是与外国公司分支机构开展合作的单位与个人充分了解该外国公司的组织状况，外国公司的分支机构应当在本机构中置备该外国公司章程。外国公司章程应当使用其本国语言并翻译成中文。也就是说，应当置备两个语言版本的公司章程。

【2023 年版本、三次审议稿】

第二百四十七条　外国公司在中华人民共和国境内设立的分支机构不具有中国法人资格。

外国公司对其分支机构在中华人民共和国境内进行经营活动承担民事责任。

【2018 年版本】

第一百九十五条　外国公司在中国境内设立的分支机构不具有中国法人资格。

外国公司对其分支机构在中国境内进行经营活动承担民事责任。

【本条释义】

本条规定了外国公司分支机构的性质及其责任承担。

外国公司在中华人民共和国境内设立的分支机构不具有中国法人资格，其性质类似中国公司的分公司。

外国公司对其分支机构在中华人民共和国境内进行经营活动承担民事责任。实务操作中，可以先由外国公司的分支机构使用其经营资金承担民事责任，不足以承担的部分，由外国公司继续承担。

【典型案例】

中华人民共和国

北京市第三中级人民法院

民 事 判 决 书

〔2019〕京03民终11649号

上诉人（原审原告）：申某强，男，1971年6月2日出生，住北京市海淀区。

委托诉讼代理人：李伟，北京市中盛律师事务所律师。

被上诉人（原审被告）：中国国际技术智力合作有限公司，住所地北京市朝阳区光华路7号汉威大厦。

法定代表人：王某旭，董事长。

委托诉讼代理人：刘正赫，北京安杰律师事务所律师。

被上诉人（原审被告）：以色列迈高安全系统有限公司（MAGAL Security Systems Ltd），住所地以色列叶胡德工业区70号信箱（17AltalefSt，Yaud5610001，IsraelP.O.Box70）。

法定代表人：DORONKERBEL。

委托诉讼代理人：陈奇新，北京观韬中茂（上海）律师事务所律师。

被上诉人（原审被告）：以色列迈高安全系统有限公司北京代表处，住所地北京市朝阳区太阳宫中路12号楼14层1402内1707。

首席代表：葛某妍。

委托诉讼代理人：陈奇新，北京观韬中茂（上海）律师事务所律师。

第十三章 外国公司的分支机构

上诉人申某强因与被上诉人中国国际技术智力合作有限公司（以下简称中智公司）、以色列迈高安全系统有限公司（以下简称迈高公司）、以色列迈高安全系统有限公司北京代表处（以下简称迈高北京代表处）劳动争议一案，不服北京市朝阳区人民法院〔2018〕京0105民初5672号民事判决，向本院提起上诉。本院立案后，依法组成合议庭进行了审理。本案现已审理终结。

申某强上诉请求：1.撤销北京市朝阳区人民法院〔2018〕京0105民初5672号民事判决第四项。2.判令中智公司、迈高公司、迈高北京代表处连带支付解除劳动合同经济补偿金人民币532 454元并支付额外经济补偿金266 227元。3.判令中智公司、迈高公司、迈高北京代表处连带加付赔偿金计人民币532 454元。4.判令迈高公司就2017年4月报销费用计人民币12 043.5元和申某强代付迈高北京代表处2017年一季度所得税人民币27 809.93元承担支付责任。5.由中智公司、迈高公司、迈高北京代表处承担诉讼费用。事实和理由：第一、迈高公司应该就迈高北京代表处的相关民事经济法律责任承担支付责任。根据《公司法》第一百九十三条、第一百九十五条的相关规定，外国公司对其分支机构在中国境内进行经营活动承担民事责任。根据《外国企业常驻代表机构登记管理条例》第二条规定，代表处应当属于非营利性活动的办事机构，不具备法人资格。根据上述法律规定，迈高北京代表处没有承担民事责任的经济能力，其民事经济责任应当由迈高公司承担。迈高公司签署了劳动合同终止协议，应当承担约定赔付义务。2017年4月25日的协商终止协议是迈高公司的财务总监签署的。二、中智公司依法应承担连带支付责任。根据《劳动合同法》第九十三条的规定，用工单位给被派遣劳动者造成损害的，劳务派遣单位应当与用工单位承担连带赔偿责任。据此中智公司应当就经济补偿及赔偿承担连带支付责任。三、中智公司、迈高公司、迈高北京代表处应支付额外的经济补偿金。《违反和解除劳动合同的经济补偿办法》第十条的规定，相关责任人应当支付额外经济补偿金。四、中智公司、迈高公司、迈高北京代表处应当加付经济赔偿金。依照《劳动合同法》第八十五条的规定，申某强向法院提交了已依法先经劳动行政部门处理的相关证据，法院应当依法判令加付赔偿金。

中智公司辩称，同意一审判决，不同意申某强的上诉请求及理由。根据案件查明的基本事实，申某强的诉讼请求没有事实和法律依据。因申某强与用工单位迈高北京代表处协商一致解除了聘用关系，协议明确约定由迈高北京代表处向员工支付经济补偿金，该协议为三方协商一致的最终解决方案，已结清所有债权债务，无任何未了事宜，员工无权向中智公司主张相应款项。关于费用报销与中智公司无关，个人所得税事项不属于法院受理劳动争议案件的范围，且与中智公司无关。补充意见，关于中智公司的连带责任问题，按照《劳动合同法》的规定只有在用工单位和劳务派遣单位违反《劳动合同法》的相关规定情况下，劳务派遣单位才就用工单位的违法情形承担连带责任，在本案中，迈高公司和员工之间争议事项是协商解除劳动合同协议中的相关款项支付事宜，该事宜并非法定经济补偿，也并非用工单位违反《劳动合同法》关于劳务派遣的相关规定,因此,中智公司不应对此承担连带赔偿责任。

迈高公司、迈高北京代表处辩称,不同意一审判决,但是没有提起诉讼。迈高公司、迈高北京代表处不同意申某强的全部上诉请求。双方虽然在之前签订过协商解除协议,但是迈高公司认为该份协议因为没有送达申某强,所以没有成立和生效,不能作为申某强向迈高公司请求支付相应经济补偿的依据。同时,即便该份协议有效,那么以迈高公司并非协议中间的任何一方主体,因为合同是具有相对性的,既然,申某强认为合同是有效的,那就只能依照合同的约定向合同的相对方主张相应的权利;既然迈高公司不是合同的一方,申某强自然没有权利向其主张相应的经济补偿。申某强所称的相关的规定只是涉及后续执行期间的问题,在实体法上,迈高公司及迈高北京代表处认为如果判决,也只能依照协议约定判决迈高北京代表处按照协议约定支付相应的经济补偿。同时,虽然迈高北京代表处不进行营利性活动,但是并不代表迈高北京代表处没有财产不能支付相应的款项,这和迈高北京代表处是否进行营利性活动没有必然的逻辑关系。所以,迈高公司非合同的相对方不需要承担任何责任,同时,双方所谓的协商解除协议,也没有成立和生效,申某强的相关的请求没有法律和事实依据。请求二审法院驳回申某强的上诉请求。

申某强向一审法院提出诉讼请求:1.判决中智公司、迈高公司、迈高北京代表处共同支付申某强解除劳动合同经济补偿金532 454元及额外经济补偿金266 227元;2.判决迈高公司、迈高北京代表处支付申某强2017年4月报销费用12 043.5元;3.判决迈高公司、迈高北京代表处支付申某强代付2017年一季度所得税27 809.93元;4.判决中智公司、迈高公司、迈高北京代表处支付申某强加付赔偿金532 454元。

一审法院认定事实:

1.中智公司原名称为中国国际技术智力合作公司,2017年12月6日变更为现名称。

2.申某强与中智公司于2011年6月1日签订劳动合同,约定中智公司将申某强派遣至迈高北京代表处任首席代表。

3.申某强主张2017年4月30日与迈高公司、中智公司签订了终止协议,约定劳动关系终止,迈高公司支付申某强经济补偿金。申某强提交了终止协议的中文文本和英文文本,中文文本显示签订方分别为中智公司(A方)、迈高公司(B方)、申某强(C方),条文称中智公司和申某强于2017年4月30日终止劳动合同,迈高公司支付申某强经济补偿金532 454元及2017年5月5日前或当日提交发票而被证实的任何关于2017年4月的报销款项,协议为三方的最终解决方案,解决了所有应付费用,中文文本中并无任何一方签字或盖章;英文文本落款的"PartyA"处无签字或盖章,"PartyB"处有一外文签字,"PartyC"处有申某强签字。申某强称当时中文文本和英文文本其均签字,但其签字后中智公司尚未签字,故将中文文本交给了中智公司,其仅留存了无签字的文稿。另,申某强称英文文本中"PartyB"处签字的人员为迈高公司为了签署协议而委派的人员。迈高公司及迈高北京代表处对申某强提交的协议不予认可,对申某强所称的签字人身份亦表示不确认。中智公司确认签署过协议,亦提交了协议书的中文文本和英文文本,中文文本显示签订方分别为中智公司(甲方)、迈高北京代表处(乙方)、申某强(丙方),内容约定三方协商,确认中智公司和申某强的劳动关系于2017年4月30日协商解除,同时确认申某强通过中智公司派遣至迈高北京代表处的时间为2011年6月1日,协议书第二条约定"乙方向丙方支付下述费用:经济补偿金……共计税前人民币532 454元。丙方需要在2017年5月5日前提交所有2017年4月份的出差报销。上述款项将由乙方于各方签署本协议之日起30个工作日内(含当日)汇至丙方工资账户",协议书第四条约定"本协议为甲乙丙三方协商一致的最终解决方案,三方已结清所有债权债务关系,无任何未了事宜。三方均应严格遵守协议内容,并对本协议的全部内容予以保密,丙方不得再就相关事宜向甲方或乙方提出任何请求。丙方对本协议的各项条款表示完全接受,无任何异议",协议书落款分别有中智公司盖章、迈高北京代表处盖章、申某强签字;英文文本亦显示有前述三方盖章、签字。中智公司称协议书一式三份,中智公司加盖公章后留存了一份,将另两份均交给了迈高北京代表处。申某强认可协议书的真实性。迈高北京代表处认可协议书的真实性,但认为该协议未交给过申某强,没有完成对申某强的送达,不应发生法律效力。中智公司另提交了解除聘用关系通知书,显示系迈高北京代表处发给中智公司,内容称迈高北京代表处因"协商一致解除"而将申某强退回中智公司,并确定补偿方案为经济补偿金532 454元,落款时间为2017年4月27日。

4. 迈高北京代表处主张申某强存在违反规章制度的行为,并提交了解除通知,其中称于2017年5月25日与申某强解除用工关系。申某强称其于2017年5月底、6月初时收到了该解除通知。

5. 申某强主张迈高公司和迈高北京代表处应按照协议约定支付报销款项,并提交了电子邮件,内容显示为费用清单及相关票据,总额为12 043.5元,申某强称票据原件已经交给了迈高北京代表处的财务人员,自己仅留存了扫描件。迈高公司及迈高北京代表处对电子邮件不予认可,但认可其中显示的邮箱后缀名为申某强在职期间使用的邮箱系统。

6. 申某强主张曾为迈高北京代表处垫付了2017年一季度的所得税,并提交了电子缴税付款凭证,其中显示迈高北京代表处实缴2017年1月1日至2017年3月31日税款27 809.93元;申某强另提交了电子邮件,显示2017年4月20日有邮件内容为"附件中是2017年1—3月迈高北京代表处的季度所得税申报单及银行回单,金额为27 809.93元,已由申总全额垫付。4月办公室报销中会申请这笔费用",申某强称该邮件由接任申某强的首席代表葛某妍发出。迈高北京代表处称与相关人员核实后其表示不清楚此事,迈高北京代表处不认可申某强的此项主张。

7. 申某强曾就本案诉争事项申请劳动仲裁,北京市朝阳区劳动人事争议仲裁委员会作出京朝劳人仲不字〔2017〕第01467号不予受理通知书,决定不予受理。

一审法院认为，申某强主张依据所签订的终止协议而应获得相应补偿，但申某强所提交的协议文本中未有全部协议主体的签章，已有签字亦难以确定其签署人员身份，法院难以采信申某强所提交的协议内容。中智公司提交的协议中文文本和英文文本均有完备的协议主体签章，法院采信中智公司提交的协议中的内容。协议书经各方当事主体签章后即应发生法律效力，迈高北京代表处所称协议未交由申某强而不发生效力的意见不符合法律规定，法院不予采纳。协议书签订后，申某强、中智公司、迈高北京代表处已就三方之间的劳动关系、用工关系及相关权利义务作出了约定，迈高北京代表处此后再向申某强发出的解除聘用关系通知书缺乏相应的法律关系基础，不能发生法律效力，故法院对迈高北京代表处主张的因申某强违反规章制度而解除用工关系的意见不予采纳。

协议书中约定申某强与中智公司的劳动关系解除，并由迈高北京代表处向申某强支付相应的解除劳动合同的经济补偿金，故迈高北京代表处应按照协议约定向申某强支付解除劳动合同的经济补偿金 532 454 元。申某强主张的额外经济补偿金和加付赔偿金不符合法律规定，法院不予支持。

协议书中亦约定了迈高北京代表处应支付申某强报销款项，申某强提交的电子邮件亦显示了申某强已经申报了报销款项，迈高北京代表处的现任首席代表描述了申某强垫付迈高北京代表处 2017 年一季度所得税的情况，而迈高北京代表处虽不认可申某强的相关主张，但未能提供有力证据予以反驳，故法院采信申某强主张的报销费用及垫付费用，迈高北京代表处应支付申某强 2017 年 4 月报销费 12 043.5 元及垫付的 2017 年一季度税款 27 809.93 元。

综上所述，依照《最高人民法院关于审理劳动争议案件适用法律若干问题的解释（三）》第十条之规定，判决：一、以色列迈高安全系统有限公司北京代表处于判决生效之日起七日内支付申某强解除劳动合同经济补偿金 532 454 元；二、以色列迈高安全系统有限公司北京代表处于判决生效之日起七日内支付申某强 2017 年 4 月报销费用 12 043.5 元；三、以色列迈高安全系统有限公司北京代表处于判决生效之日起七日内支付申某强垫付的 2017 年一季度税款 27 809.93 元；四、驳回申某强的其他诉讼请求。如果未按判决指定的期间履行给付金钱义务的，应当依照《民事诉讼法》第二百五十三条之规定，加倍支付迟延履行期间的债务利息。

二审期间，各方当事人均未提交新的证据。

本院对一审法院查明的事实予以确认。

本院认为，根据各方当事人在本案上诉中的诉辩意见，归纳各方当事人的争议焦点主要为以下几方面：

一、迈高公司是否应当就迈高北京代表处的相关民事责任承担给付义务。

申某强上诉提出，依照我国《公司法》的有关规定，外国公司对其分支机构在中国境内进行经营活动承担民事责任；迈高北京代表处应当属于非营利性活动的办事机构，没有承担民事责任的经济能力，其民事经济责任应当由迈高公司承担；且迈高公司签署了劳动合同终止协议，应当承担约定赔付义务。对此本院认为，根据一审法院查明的事实，迈高北京代表处属于迈高公司在中国境内设立的从事与其业务有关的非营利性活动的办事机构，并非公司法概念上的从事经营活动的分支机构，亦不得进行经营性活动；其虽不具备独立的公司法人资格，但进行了相应工商登记，具备独立的用工主体资格。本案中，与申某强、中智公司签订终止协议的系迈高北京代表处，并非迈高公司，申某强虽主张与迈高公司签署过协议，应当承担责任，但并未提交充分证据证明其主张成立，故依照协议的约定和相关法律规定，一审法院判决由迈高北京代表处支付协议约定的解除劳动合同补偿金及报销费用、垫付税款，并无不当。申某强主张迈高北京代表处因用工产生的相应民事责任应当由迈高公司承担，于法无据，本院不予支持。

二、中智公司依法是否应承担连带支付责任。申某强上诉提出根据《劳动合同法》第九十三条的规定，用工单位给被派遣劳动者造成损害的，劳务派遣单位应当与用工单位承担连带赔偿责任，故中智公司应当就经济补偿及赔偿承担连带支付责任。对此本院认为，根据一审法院查明事实，申某强系与用工单位迈高北京代表处、劳务派遣单位中智公司协商一致解除的劳动关系，并在协议中确认了经济补偿及赔偿的主体为迈高北京代表处，并明确该协议为中智公司、迈高北京代表处、申某强三方协商一致的最终解决方案，依照《最高人民法院关于审理劳动争议案件适用法律若干问题的解释（三）》第十条之规定，在申某强未提交充分证据推翻该解除劳动合同关系的协议效力的情况下，应当认定该协议合法有效。现申某强要求中智公司作为劳务派遣单位承担连带赔偿责任，明显违反该协议的约定，故其该项上诉主张缺乏事实和法律依据，本院不予支持。

三、中智公司、迈高公司、迈高北京代表处是否应当支付额外的经济补偿金和加付经济赔偿金。申某强上诉提出依照《违反和解除劳动合同的经济补偿办法》第十条的规定和《劳动合同法》第八十五条之规定，中智公司、迈高公司、迈高北京代表处应当支付额外的经济补偿金和加付经济赔偿金。对此本院认为，申某强主张的额外经济补偿金不符合法律规定，本院不予支持。对于申某强主张的加付经济补偿金，是否支付及支付比例不属法院管辖的范围，而相关劳动行政部门亦并未对中智公司做出责令加付赔偿金的处理认定，故申某强的该项上诉主张，亦缺乏事实和法律依据，本院不予支持。

综上所述，申某强的上诉请求不能成立，应予驳回；一审判决认定事实清楚，适用法律正确，应予维持。依照《民事诉讼法》第一百七十条第一款第一项规定，判决如下：

驳回上诉，维持原判。

二审案件受理费10元，由申某强负担（已交纳）。

本判决为终审判决。

审　判　长　　刘　茵
审　判　员　　张丽新
审　判　员　　田　璐
二〇一九年九月十六日
法官助理　　　沈　力
书　记　员　　张晓华
书　记　员　　陈昭希

【2023年版本、三次审议稿】

第二百四十八条　经批准设立的外国公司分支机构，在中华人民共和国境内从事业务活动，应当遵守中国的法律，不得损害中国的社会公共利益，其合法权益受中国法律保护。

【2018年版本】

第一百九十六条　经批准设立的外国公司分支机构，在中国境内从事业务活动，必须遵守中国的法律，不得损害中国的社会公共利益，其合法权益受中国法律保护。

【本条释义】

本条规定了外国公司分支机构遵守中国法律及受法律保护的义务。

我国法律的效力范围包括位于中国境内的一切自然人与组织机构，因此，经批准设立的外国公司分支机构，在中华人民共和国境内从事业务活动，应当遵守中国的法律，不得损害中国的社会公共利益；外国公司的分支机构在中国享受国民待遇，其合法权益受中国法律保护。外国公司的分支机构同样应当遵守外国公司所在国的法律。

【2023年版本、三次审议稿】

第二百四十九条　外国公司撤销其在中华人民共和国境内的分支机构时，应当依法清偿债务，依照本法有关公司清算程序的规定进行清算。未清偿债务之前，不得将

第十三章 外国公司的分支机构

其分支机构的财产转移至中华人民共和国境外。

【2018 年版本】

第一百九十七条 外国公司撤销其在中国境内的分支机构时，必须依法清偿债务，依照本法有关公司清算程序的规定进行清算。未清偿债务之前，不得将其分支机构的财产移至中国境外。

【本条释义】

本条规定了外国公司分支机构的撤销。

外国公司撤销其在中华人民共和国境内的分支机构时，与中国公司解散的程序是类似的，也应当进行类似清算的程序，即应当依法清偿债务，依照《公司法》有关公司清算程序的规定进行清算。外国公司分支机构清算结束也应当到公司登记机关办理公司注销登记。

为防止外国公司逃避在中国应当承担的责任，外国公司未清偿债务之前，不得将其分支机构的财产转移至中华人民共和国境外。

第十四章 法 律 责 任

【2023 年版本】

第二百五十条　违反本法规定，虚报注册资本、提交虚假材料或者采取其他欺诈手段隐瞒重要事实取得公司登记的，由公司登记机关责令改正，对虚报注册资本的公司，处以虚报注册资本金额百分之五以上百分之十五以下的罚款；对提交虚假材料或者采取其他欺诈手段隐瞒重要事实的公司，处以五万元以上二百万元以下的罚款；情节严重的，吊销营业执照；对直接负责的主管人员和其他直接责任人员处以三万元以上三十万元以下的罚款。

【三次审议稿】

第二百五十条　违反本法规定，虚报注册资本、提交虚假材料或者采取其他欺诈手段隐瞒重要事实取得公司登记的，由公司登记机关责令改正，对虚报注册资本的公司，处以虚报注册资本金额百分之五以上百分之十五以下的罚款；对提交虚假材料或者采取其他欺诈手段隐瞒重要事实的公司，处以五万元以上二十万元以下的罚款；情节严重的，处以二十万元以上一百万元以下的罚款，吊销营业执照；对直接负责的主管人员和其他直接责任人员处以一万元以上五万元以下的罚款。

【2018 年版本】

第一百九十八条　违反本法规定，虚报注册资本、提交虚假材料或者采取其他欺诈手段隐瞒重要事实取得公司登记的，由公司登记机关责令改正，对虚报注册资本的公司，处以虚报注册资本金额百分之五以上百分之十五以下的罚款；对提交虚假材料或者采取其他欺诈手段隐瞒重要事实的公司，处以五万元以上五十万元以下的罚款；情节严重的，撤销公司登记或者吊销营业执照。

【本条释义】

本条规定了虚假注册的法律责任。

违反《公司法》规定，虚报注册资本、提交虚假材料或者采取其他欺诈手段隐瞒重要事实取得公司登记的，由公司登记机关责令改正，对虚报注册资本的公司，处以虚报注册资本金额 5% 以上 15% 以下的罚款。对罚款的上限和下限没有具体金额的限定，也就是有可能处罚几元钱，也有可能处罚过亿元。

对提交虚假材料或者采取其他欺诈手段隐瞒重要事实的公司，处以 5 万元以上 200 万元以下的罚款。只要材料虚假或者以欺诈手段隐瞒了重要事实，最低处罚金额为 5 万元。例如，公司提交虚假股东会会议记录，变更公司章程，最低处罚金额为 5 万元。

上述违法行为，如果情节严重，吊销营业执照。情节严重主要是指其行为造成了比较严重的后果，如导致债权人巨额损失，或者国家税款重大损失等。

只要有上述违法行为，无论情节轻重，均对直接负责的主管人员和其他直接责任人员处以 3 万元以上 30 万元以下的罚款。直接负责的主管人员主要是指主要领导，有可能是公司法定代表人，也有可能是公司董事或者高级管理人员。直接责任人员主要是指直接办事人员，直接造假人员。

【典型案例】

湖北省高级人民法院
行政判决书

〔2016〕鄂行终 932 号

上诉人（一审原告）宣某军，男，1958 年 4 月 3 日出生，汉族，住浙江省宁波市江东区。

委托诉讼代理人张应波，湖北诚明律师事务所律师。

被上诉人（一审被告）孝感市人民政府（下称孝感市政府）。住所地：湖北省孝感市乾坤大道 123 号。

法定代表人滕刚，市长。

委托诉讼代理人岳章桥，孝感市人民政府法制办公室副主任。

委托诉讼代理人王辉，孝感市人民政府法制办公室工作人员。

原审第三人应城市工商行政管理局（下称应城市工商局）。住所地：湖北省应城市蒲阳大道52号。

　　法定代表人陈玉林，局长。

　　委托诉讼代理人吴平华，该局工作人员。

　　委托诉讼代理人何军，湖北横空律师事务所律师。

　　原审第三人应城市久通工贸有限公司（下称久通公司）。住所地：湖北省应城市城中汉宜大道。

　　法定代表人贺某国，总经理。

　　委托诉讼代理人罗梦婕，湖北立丰律师事务所律师。

　　上诉人宣某军因诉孝感市政府工商行政复议一案，不服湖北省孝感市中级人民法院〔2015〕鄂孝感中行初字第00023号行政判决，向本院提起上诉。本院依法组成合议庭，经过阅卷、调查和询问，当事人没有提出新的事实、证据或者理由，合议庭认为不需要开庭审理。本案现已审理终结。

　　一审判决认定，2014年1月16日，应城市工商局作出应工商处字〔2014〕9号行政处罚决定，认定久通公司在办理变更登记过程中，提交的登记材料中宣某军的签名系他人代签，构成了《中华人民共和国公司登记管理条例》规定的"提交虚假材料或者采取其他欺诈手段隐瞒重要事实，取得公司登记"行为，对久通公司作出责令改正、罚款50 000元的行政处罚。宣某军对应工商处字〔2014〕9号行政处罚决定不服，向孝感市政府申请行政复议，请求将责令改正变更为撤销久通公司的所有变更登记。2014年5月13日，孝感市政府作出孝政复〔2014〕23-3号行政复议决定，认为应城市工商局作出行政处罚认定事实不清，内容不当，遂作出"撤销被申请人作出的应工商处字〔2014〕9号《行政处罚决定书》，责令被申请人对应城市久通工贸有限公司的违法行为重新作出撤销该公司提供虚假材料取得的公司变更登记的行政处罚决定。"久通公司不服孝政复〔2014〕23-3号行政复议决定，向孝感市中级人民法院提起行政诉讼。期间，贺某国诉宣某军、久通公司等股权转让纠纷民事诉讼在应城市人民法院立案受理。由于上述行政案件的审判须以该民事案件的审理结果为依据，故对该案中止诉讼。2015年3月20日，应城市人民法院对该股权转让纠纷作出一审判决，确认贺某国与宣某军之间股权转让法律关系成立并已实际履行、宣某军不享有久通公司股权。宣某军不服该民事判决提起上诉，二审法院作出驳回上诉，维持原判的终审判决。2015年9月30日，孝感市政府作出孝政复〔2015〕43号行政复议决定，认为根据发生法律效力的民事判决，该机关2014年5月13日作出的孝政复〔2014〕23-3号行政复议决定所依据的基本事实已发生改变。遂决定：将孝政复〔2014〕23-3号《行政复议决定书》的决定部分"撤销被申请人作出的工商处字〔2014〕9号《行政处罚决定书》，责令将被申请人对应城市久通工贸有限公司的违法行为重新作出撤销该公司提供虚假材料取得的公司变更登记的行政处罚决定"变更为"撤销被申请人作出的应工商处字〔2014〕9号《行政处罚决定书》。"随后，久通公司以孝感市政府已变更行政行为为由，向本院申请撤回对孝感市政府的起诉，本院予以准许。宣某军对孝感市政府作出的孝政府〔2015〕43号行政复议决定不服向本院提起行政诉讼。

另查明，宣某军与贺某国以及第三人久通公司等股权转让纠纷案，宣某军不服孝感市中级人民法院〔2015〕鄂孝感中民二终字第00116号民事判决，向湖北省高级人民法院申请再审。2015年12月25日，湖北省高级人民法院作出〔2015〕鄂民申字第02153号民事裁定，裁定驳回宣某军的再审申请。

一审判决认为，行政复议机关认为自己作出的复议决定错误，有权自行改变。本案的争议焦点为：1.孝感市政府作出的孝政复〔2014〕23-3号行政复议决定是否错误；2.孝感市政府改变孝政复〔2014〕23-3号行政复议决定暨孝政复〔2015〕43号行政复议决定是否合法。

关于第一个问题。孝政复〔2014〕23-3号行政复议决定认定了两个基本事实，一是久通公司多次伪造股东会决议和股权转让协议中宣某军的签名，提供虚假材料取得公司变更登记，严重侵犯了宣某军合法股东权益，属于情节严重。二是宣某军的股权已全部转让没有事实和法律依据。因此，对此"情节严重"的行为，应城市工商局仅仅作出责令改正和罚款的行政处罚决定不符合法律法规的规定，而应当撤销公司变更登记。此后，根据生效的人民法院判决确认宣某军的股权已经转让并实际履行，且宣某军不享有久通公司的股权，显然上述行政复议决定认定的事实已经不能成立。同时，根据最高人民法院《关于审理公司登记行政案件若干问题的座谈会纪要》第一条的规定，因申请人隐瞒有关情况或者提供虚假材料，如果导致登记结果错误的，根据具体情况可以判决撤销登记行为、确认登记行为违法或者判决登记机关履行更正职责；如果登记结果正确的，或者公司法定代表人、股东等以申请材料不是其本人签字或者盖章为由，请求撤销登记行为、确认登记行为违法，但原告此前已明知该情况却未提出异议，并在此基础上从事过相关管理和经营活动的，人民法院对原告的诉讼请求一般不予支持，应当判决驳回其诉讼请求。由此可见，孝感市政府作出的孝政复〔2014〕23-3号行政复议决定所依据的事实已经不复存在，进而其复议决定存在错误。

关于第二个问题。首先，本案被诉孝政复〔2015〕43号行政复议决定不是一个单独存在的独立的行政复议行为，而是针对前一个复议行为即孝政复〔2014〕23-3号行政复议决定作出的改变行为，因此，审查被诉孝政复〔2015〕43号行政复议决定的合法性，必须以孝政复〔2014〕23-3号行政复议决定为基础。其次，人民法院的生效判决是基于国家审判权和司法权威作出的，具有羁束力、确定力、执行力等效力，任何公民、法人或者其他组织都应该遵守并尊重。如前所述，孝感市政府基于人民法院生效判决认定的事实和结论，对之前存在错误的复议行为作出纠正，无论从法律规定上还是法理上来说，并无不妥。综上，孝感市政府孝政复〔2015〕43号行政复议决定合法。宣某军的诉讼理由均不成立，对其诉讼请求依法不予支持。依照《中华人民共和国行政诉讼法》第六十九条的规定，判决驳回宣某军的诉讼请求。案件受理费50元，由宣某军负担。

宣某军上诉称，一审法院由审判长宣布驳回回避申请，违反法定程序；久通公司代理人身份不适格；孝感市政府孝政复〔2015〕43号行政复议决定和一审判决认定事实和适用法律错误。请求撤销一审判决，发回重审，或者依法改判。

孝感市政府答辩称，一审判决认定事实清楚，适用法律正确。请求驳回上诉，维持原判。

本院经审理查明的事实与一审判决认定的事实一致，本院予以确认。

本院认为，根据《中华人民共和国行政复议法》及其实施条例的规定，结合行政复议法的立法宗旨和目的，行政复议机关认为自己作出的复议决定错误，有权予以纠正。本案中，由于生效的人民法院判决确认宣某军的股权已经转让并实际履行，宣某军不享有久通公司的股权，故孝感市政府之前作出的孝政复〔2014〕23-3号行政复议决定所依据的事实不能成立。孝感市政府据此作出孝政复〔2015〕43号行政复议决定，是对之前作出的错误的行政复议决定的纠正，该行政复议决定认定事实清楚，适用法律正确。一审判决驳回宣某军要求撤销该行政复议决定的诉讼请求，适用法律正确。宣某军上诉提出，一审法院由审判长宣布驳回回避申请，违反法定程序。根据我国行政诉讼法的规定，审判人员的回避，由院长决定。本案的回避决定系由院长决定。其上诉提出由审判长宣布驳回回避申请违反法定程序，没有法律依据。对其他上诉理由均未提供相关证据，也与本案事实不符。宣某军的上诉理由均不能成立，其上诉请求本院不予支持。依照《中华人民共和国行政诉讼法》第八十九条第一款第一项规定，判决如下：

驳回上诉，维持原判。

二审案件受理费50元，由上诉人宣某军负担。

本判决为终审判决。

审判长　张辅伦
审判员　徐　飞
审判员　谢　明
二〇一六年十二月二十八日
书记员　雷　禹

第十四章 法律责任

中华人民共和国最高人民法院
行 政 裁 定 书

〔2017〕最高法行申4074号

再审申请人（一审原告、二审上诉人）宣某军，男，1958年4月3日出生，汉族，住浙江省宁波市江东区。

委托代理人张应波，湖北诚明律师事务所律师。

委托代理人张伟，湖北诚明律师事务所律师。

再审被申请人（一审被告、二审被上诉人）孝感市人民政府，住所地湖北省孝感市乾坤大道123号。

法定代表人吴海涛，该市人民政府市长。

一审第三人应城市工商行政管理局，住所地湖北省应城市蒲阳大道52号。

法定代表人陈玉林，该局局长。

一审第三人应城市久通工贸有限公司，住所地湖北省应城市城中汉宜大道。

法定代表人贺某国，该公司总经理。

再审申请人宣某军因诉孝感市人民政府（以下简称孝感市政府）工商行政复议一案，不服湖北省高级人民法院〔2016〕鄂行终932号行政判决，向本院申请再审。本院依法组成由审判员李广宇、审判员阎巍、审判员刘慧卓参加的合议庭，对本案进行了审查，现已审查终结。

湖北省孝感市中级人民法院一审查明：2014年1月16日，应城市工商行政管理局（以下简称应城市工商局）作出应工商处字〔2014〕9号行政处罚决定，认定应城市久通工贸有限公司（以下简称久通公司）在办理变更登记过程中，提交的登记材料中宣某军的签名系他人代签，构成了《中华人民共和国公司登记管理条例》规定的"提交虚假材料或者采取其他欺诈手段隐瞒重要事实，取得公司登记"行为，对久通公司作出责令改正、罚款50 000元的行政处罚。宣某军对应工商处字〔2014〕9号行政处罚决定不服，向孝感市政府申请行政复议，请求将责令改正变更为撤销久通公司的所有变更登记。2014年5月13日，孝感市政府作出孝政复〔2014〕23-3号行政复议决定（以下简称23-3号复议决定），认为应城市工商局作出行政处罚认定事实不清，内容不当，遂作出"撤销被申请人作出的应工商处字〔2014〕9号《行政处罚决定书》，责令被申请人对久通公司的违法行为重新作出撤销该公司提供虚假材料取得的公司变更登记的行政处罚决定"。久通公司不服23-3号复议决定，向孝感市中级人民法院提起行政诉讼。期间，贺某国诉宣某军、久通公司等股权转让纠纷民事诉讼在应城市人民法院立案受理。由于上述行政案件的审判须以该民事案件的审理结果为依据，故对该案中止诉讼。2015年3月20日，应城市人民法院对该股权转让纠纷作出一审判决，确认贺某国与宣某军之间股权转让法律关系成立并已实际履行、宣某军不享有久通公司股权。宣某军不服该民事判决提起上诉，二审法院作出驳回上诉，维持原判的终审判决。2015年9月30日，孝感市政府作出孝政复〔2015〕43号行政复议决定（以下简称43号复议决定），认为根据发生法律效力的民事判决，该机关2014年5月13日作出的23-3号复议决定所依据的基本事实已发生改变，遂决定：将23-3号复议决定的决定部分"撤销被申请人作出的应工商处字〔2014〕9号《行政处罚决定书》，责令被申请人对久通公司的违法行为重新作出撤销该公司提供虚假材料取得的公司变更登记的行政处罚决定"变更为"撤销被申请人作出的应工商处字〔2014〕9号《行政处罚决定书》"。随后，久通公司以孝感市政府已变更行政行为为由，向该院申请撤回对孝感市政府的起诉，该院予以准许。宣某军对孝感市政府作出的43号复议决定不服向该院提起行政诉讼，请求：1.撤销孝感市政府43号复议决定；2.维持孝感市政府23-3号复议决定；3.判令孝感市政府承担本案诉讼费用。

湖北省孝感市中级人民法院另查明，宣某军与贺某国以及久通公司等股权转让纠纷案，宣某军不服孝感市中级人民法院〔2015〕鄂孝感中民二终字第00116号民事判决，向湖北省高级人民法院申请再审。2015年12月25日，湖北省高级人民法院作出〔2015〕鄂民申字第02153号民事裁定，裁定驳回宣某军的再审申请。

湖北省孝感市中级人民法院一审认为：行政复议机关认为自己作出的复议决定错误，有权自行改变。本案的争议焦点为：1.孝感市政府作出的23-3号复议决定是否错误；2.孝感市政府改变23-3号复议决定暨43号复议决定是否合法。关于第一个问题。23-3号复议决定认定了两个基本事实，一是久通公司多次伪造股东会决议和股权转让协议中宣某军的签名，提供虚假材料取得公司变更登记，严重侵犯了宣某军合法股东权益，属于情节严重。二是宣某军的股权已全部转让没有事实和法律依据。因此，对此"情节严重"的行为，应城市工商局仅仅作出责令改正和罚款的行政处罚决定不符合法律法规的规定，而应当撤销公司变更登记。此后，根据生效的人民法院判决确认宣某军的股权已经转让并实际履行，且宣某军不享有久通公司的股权，显然上述行政复议决定认定的事实已经不能成立。同时，根据最高人民法院《关于审理公司登记行政案件若干问题的座谈会纪要》第一条的规定，因申请人隐瞒有关情况或者提供虚假材料，如果导致登记结果错误的，根据具体情况可以判决撤销登记行为、确认登记行为违法或者判决登记机关履行更正职责；如果登记结果正确的，或者公司法定代表人、股东等以申请材料不是其本人签字或者盖章为由，请求撤销登记行为、确认登记行为违法，但原告此前已明知该情况却未提出异议，并在此基础上从事过相关管理和经营活动的，人民法院对原告的诉讼请求一般不予支持，应当判决驳回其诉讼请求。由此可见，孝感市政府作出的23-3号复议决定所依据的事实已经不复存在，进而其复议决定存在错误。关于第二个问题。首先，本案被诉43号复议决定不是一个单独存在的独立的行政复议行为，而是针对前一个复议行为即23-3号复议决定作出的改变行为，因此，审查被诉43号复议决定的合法性，必须以23-3号复议决定为基础。其次，人民法院的生效判决是基于国家审判权和司法权威作出的，具有羁束力、确定力、执行力等效力，任何公民、法人或者其他组织都应该遵守并尊重。如前所述，孝感市政府基于人民法院生效判决认定的事实和结论，对之前存在错误的复议行为作出纠正，无论从法律规定上还是法理上来说，并无不妥。综上，孝感市政府43号复议决定合法。宣某军的诉讼理由均不成立，对其诉讼请求依法不予支持。依照《中华人民共和国行政诉讼法》第六十九条的规定，作出〔2015〕鄂孝感中行初字第00023号行政判决，驳回宣某军的诉讼请求。

宣某军不服，提起上诉。

湖北省高级人民法院二审认为：根据《中华人民共和国行政复议法》及其实施条例的规定，结合行政复议法的立法宗旨和目的，行政复议机关认为自己作出的复议决定错误，有权予以纠正。本案中，由于生效的人民法院判决确认宣某军的股权已经转让并实际履行，宣某军不享有久通公司的股权，故孝感市政府之前作出的23-3号复议决定所依据的事实不能成立。孝感市政府据此作出43号复议决定，是对之前作出的错误的行政复议决定的纠正，该行政复议决定认定事实清楚，适用法律正确。一审判决驳回宣某军要求撤销该行政复议决定的诉讼请求，适用法律正确。宣某军上诉提出，一审法院由审判长宣布驳回回避申请，违反法定程序。根据我国行政诉讼法的规定，审判人员的回避，由院长决定。本案的回避决定系由院长决定。其上诉提出由审判长宣布驳回回避申请违反法定程序，没有法律依据。对其他上诉理由均未提供相关证据，也与本案事实不符。宣某军的上诉理由均不能成立，其上诉请求不予支持。据此作出〔2016〕鄂行终932号行政判决，驳回上诉，维持原判。

宣某军向本院申请再审称：1.一审和二审判决遗漏诉讼请求，未对再审申请人要求撤销久通公司所有变更登记的复议请求作出处理，也未对应工商处字〔2014〕9号《行政处罚决定书》撤销后如何处理作出回应。2.一审和二审判决认定事实不清，对久通公司多次提供虚假材料进行变更登记这一基本事实没有认定；43号复议决定认定事实不清、适用法律错误。3.一审和二审判决适用法律错误。久通公司在工商变更登记中提交了虚假材料，应城市工商局依据虚假材料所进行的变更登记依法应当撤销。孝感市中级人民法院〔2015〕鄂孝感中民二终字第00116号民事判决存在重大的事实不清、法律适用错误问题，不能作为认定应城市工商局变更登记行为合法的依据，且该民事判决认为股东登记材料真实性问题应由行政机关认定，行政判决又依据民事判决认定行政违法事实不存在，属自相矛盾。一审判决适用最高人民法院《关于审理公司登记行政案件若干问题的座谈会纪要》第一条规定驳回诉讼请求系适用错误。4.一审程序违法，二审未予纠正。一审审判人员依法应当回避但未回避，久通公司代理人身份不适格。综上，请求撤销〔2016〕鄂行终932号行政判决并发回重审。

本院认为：《公司法》第一百九十八条规定："违反本法规定，虚报注册资本、提交虚假材料或者采取其他欺诈手段隐瞒重要事实取得公司登记的，由公司登记机关责令改正，对虚报注册资本的公司，处以虚报注册资本金额百分之五以上百分之十五以下的罚款；对提交虚假材料或者采取其他欺诈手段隐瞒重要事实的公司，处以五万元以上五十万元以下的罚款；情节严重的，撤销公司登记或者吊销营业执照。"《中华人民共和国公司登记管理条例》第六十五条规定："提交虚假材料或者采取其他欺诈手段隐瞒重要事实，取得公司登记的，由公司登记机关责令改正，处以5万元以上50万元以下的罚款；情节严重的，撤销公司登记或者吊销营业执照。"根据上述规定，只有提交虚假材料取得公司登记，情节严重的，才会导致"撤销公司登记或者吊销营业执照"的法律后果。就本案而言，生效的民事判决已确认贺某国与宣某军之间的股权转让法律关系成立并已实际履行，宣某军不享有久通公司股权。因此，虽然久通公司申请变更登记提交的材料中涉及宣某军的签名非其本人所签，但作为公司登记行为之基础的民事行为已被确认有效。亦即，登记的权利状况与实际的权利状况具有一致性，申请人提交虚假材料办理变更登记并未导致登记错误。基于此，孝感市政府认为其此前作出的23-3号复议决定所依据的基本事实已发生改变，不需要再行责令应城市工商局对久通公司重新作出撤销该公司提供虚假材料取得的公司变更登记的行政处罚决定，故以43号复议决定对23-3号复议决定予以纠正，一审和二审法院予以认可，本院对此不持异议。但从本案呈现事实来看，久通公司确实存在多次提交虚假材料办理公司变更登记的情形，已构成对公司登记行政管理秩序的扰乱，孝感市政府作出的43号复议决定亦未否定23-3号复议决定中认定的久通公司存在的上述违法行为。在此情况下，孝感市政府作出43号复议决定撤销原处罚决定，并未责令应城市工商局对久通公司的上述违法行为重新作出与其违法情节相应的处理决定，存在瑕疵。因应城市工商局仍可根据案件具体情况依职权决定是否需要对久通公司的违法行为重新作出处理，故本院对此无纠正的必要。至于再审申请人提出的"一审和二审判决遗漏诉讼请求；一审程序违法，二审未予纠正"等再审理由，与事实不符，本院不予支持。

综上，再审申请人宣某军的再审申请不符合《中华人民共和国行政诉讼法》第九十一条规定的情形，依照《中华人民共和国行政诉讼法》第一百零一条、《民事诉讼法》第二百零四条第一款之规定，裁定如下：

驳回再审申请人宣某军的再审申请。

审 判 长　李广宇
审 判 员　阎　巍
审 判 员　刘慧卓
二〇一七年九月二十九日
法官助理　骆芳菲
书 记 员　张　兰

第十四章 法律责任

【2023年版本】

第二百五十一条 公司未依照本法第四十条规定公示有关信息或者不如实公示有关信息的，由公司登记机关责令改正，可以处以一万元以上五万元以下的罚款。情节严重的，处以五万元以上二十万元以下的罚款；对直接负责的主管人员和其他直接责任人员处以一万元以上十万元以下的罚款。

【本条释义】

本条规定了未依法公示信息的法律责任。

依法公示信息既是公司对股东、债权人以及潜在投资者应尽的义务，也有利于社会加强对公司经营状况的监督，如果公司未依照《公司法》第四十条规定公示有关信息或者不如实公示有关信息，由公司登记机关责令改正，可以处以1万元以上5万元以下的罚款。如果企业能够及时改正且未造成严重后果，可以不予罚款。如果情节严重，处以5万元以上20万元以下的罚款；对直接负责的主管人员和其他直接责任人员处以1万元以上10万元以下的罚款。

【2023年版本】

第二百五十二条 公司的发起人、股东虚假出资，未交付或者未按期交付作为出资的货币或者非货币财产的，由公司登记机关责令改正，可以处以五万元以上二十万元以下的罚款；情节严重的，处以虚假出资或者未出资金额百分之五以上百分之十五以下的罚款；对直接负责的主管人员和其他直接责任人员处以一万元以上十万元以下的罚款。

【三次审议稿】

第二百五十一条 公司的发起人、股东虚假出资，未交付或者未按期交付作为出资的货币或者非货币财产的，由公司登记机关责令改正，处以虚假出资金额百分之五以上百分之十五以下的罚款。

【2018年版本】

第一百九十九条 公司的发起人、股东虚假出资，未交付或者未按期交付作为出资的货币或者非货币财产的，由公司登记机关责令改正，处以虚假出资金额百分之五以上百分之十五以下的罚款。

【本条释义】

本条规定了虚假出资的法律责任。

公司的发起人、股东最基本的义务就是按期足额缴付出资，如果虚假出资，未交付或者未按期交付作为出资的货币或者非货币财产的，由公司登记机关责令改正，可以处以5万元以上20万元以下的罚款，如果公司能够及时改正且未造成严重后果，可以不予罚款。

如果情节严重，处以虚假出资或者未出资金额5%以上15%以下的罚款。所谓"虚假出资或者未出资金额"是指应出而未出的金额或者出资不实或者迟延出资的金额。对直接负责的主管人员和其他直接责任人员处以1万元以上10万元以下的罚款。

【典型案例】

西安市雁塔区人民法院

民 事 判 决 书

〔2022〕陕 0113 民初 1466 号

原告：张某军，男，1975年10月4日出生，汉族，住新疆阿克苏市。
委托诉讼代理人：张昆，上海创永律师事务所律师。
委托诉讼代理人：王鑫，上海三甲律师事务所律师。
被告：西安恒意城市景观设计工程有限公司，住所地：西安市高新区。
法定代表人：傅某微，系该公司总经理。
委托诉讼代理人：潘燕，陕西君勤律师事务所律师。
委托诉讼代理人：许亚飞，陕西君勤律师事务所实习律师。
原告张某军诉被告西安恒意城市景观设计工程有限公司股东知情权纠纷一案。本院立案后，依法适用简易程序公开开庭进行了审理。原告张某军及其委托诉讼代理人张昆、王鑫，被告西安恒意城市景观设计工程有限公司的委托诉讼代理人潘燕、许亚飞到庭参加了诉讼。本案现已审理终结。

原告张某军向本院提出诉讼请求：1.判令被告提供自2010年6月13日成立至今的公司章程及其修正案，历次股东会会议记录、股东会决议，历次董事会（或执行董事决议或决定，历次监事会（或执行董事）决议或决定，历年财务会计报告［含会计报表（资产负债表、利润表、现金流量表及相关附表）、会计报表附注和财务情况说明书］供原告张某军查阅、复制；2. 判令被告提供自2010年6月13日成立至今的完整会计账簿（含总账、明细账、往来账、现金日记账、银行对账单、交易明细、现金流水记录和其他辅助性账簿）、会计凭证（含记账凭证、原始凭证及作为原始凭证附件入账备查的有关资料、银行流水记录、合同、发票），亦可委托并携带一至两名具有执业律师或注册会计执业资质的专业人员予以必要辅助；3. 判令被告提供自2010年6月13日成立以来的财务会计报告、会计账簿和会计凭证供原告张某军委托的审计师进行审计。

事实和理由：原告系被告公司的股东，持有被告25%的股权。2021年以来，被告多次要求原告追加投资，但不同意向股东公开财务以便摸清家底的合理诉求，且被告违反公司章程第33条关于公司向其他企业投资必须经代表二分之一以上表决权的股东通过的规定，在未召开股东会未经股东会决议的情况下，于2021年7月7日独资设立了陕西格维奥光电科技有限公司（以下简称"格维奥公司"），认缴格维奥公司3 000万元注册资本。2021年6月12日，被告召开股东会会议，被告各股东均同意委托第三方进行审计或司法审计，遗憾的是，该决议内容未得到执行。为了解公司经营状况，评估所持有的公司股权的实际价值，以便更好地行使股东权利，原告在前期多次沟通未果后，于2021年7月26日通过上海三甲律师事务所王鑫律师、卜艳律师向被告发送《关于要求行使股东知情权的律师函》，就知情权相关事宜与被告进行沟通。然被告对股东会会议决议、执行董事决定未予回应且拒绝原告查阅原始凭证。故而原告再次以《关于〈律师函回复及催告〉之函复》回函被告，就原告主张的摘抄摘录及原始凭证查阅事宜向被告提供了案例依据，然被告再次回函拒绝。为降低摩擦、增进共识原告及其律师于2021年9月11日至被告办公场所同被告实际控制人吕伟锋（被告法定代表人傅某微之配偶）等进行当面沟通，吕伟锋同意提供真实的财务账目并进行财务审计，同意由双方各自携其律师、会计师另约时间查账。然原告于2021年9月16日向被告发函沟通查账的具体时间时，被告于2021年9月29日回函以尚需等待其他股东反馈意见，查阅材料涉及商业秘密为由就查账时间无限期拖延，本质上拒绝了原告的合理诉求违反了9.11会议的约定。原告认为股东知情权是指股东享有了解和掌握公司经营管理等重要信息的权利，系股东基于股东资格而享有的一项固有权能。《公司法》第三十三条、公司法解释（四）第十条以及公司章程等法律文件对于股东行使知情权的范围、方式等均作出了规定。关于被告回函提及不能查阅会计账簿和会计凭证的问题，原告认为，公司会计账等包括总账、明细账、往来账、现金日记账、银行日记账、银行对账单、交易明细和其他辅助性账簿及银行流水记录，会计凭证包括记账凭证、相关原始凭证及作为原始凭证附件入账备查的有关资料及银行流水凭证。虽然《公司法》没有明确规定股东可以查阅会计凭证，但会计凭证是编制会计账簿的基础，仅靠会计账簿还不能详尽地反映公司经营信息和财务信息，且会计账簿是以会计凭证为依据，由具有专门格式又相互联系的账页组成，用以连续、系统、全面地记录和反映各项业务的账簿。何况本案中被告存在财务不规范的情况不排除会计账簿与会计凭证不符或会计账簿造假的可能，因此应当允许其延伸查阅作为记账凭证的原始凭证，从而使股东全面了解公司经营管理状况，同时股东内部查阅公司会计账簿、会计凭证，反而能够更好地监督公司合法经营，保障公司健康持续发展，保障公司股东的合法权益。法律赋予股东可以查阅财务会计报告、也应准许股东查阅会计凭证和会计账簿。尤其是在公司财务不规范的情况下，因为法律保障的知情权，一定是保障股东要知道真实的情况，如果不准许查阅原始凭证，则股东的知情权无法真正得到保障。

被告西安恒意城市景观设计工程有限公司辩称，一、原告未履行出资义务，经催告仍不履行，在其没有补齐出资之前，原告知情权的行使应予以限制，故应驳回原告诉请。原告作为被告的发起设立人进行了注册登记，但并未按照章程和法律规定实缴出资。2010年5月28日被告设立时原告需要实缴纳出资125万元，2012年2月6日被告增资时，注册资本变更到3 000万元，原告需实际缴纳625万元，两次共计应当实际缴纳出资750万元。原告至今未缴纳任何出资。参考《江苏省高级人民法院关于审理使用公司法案件若干问题的意见（试行）》第70条之规定：未出资的股东行使知情权的，不予支持。根据股东权利义务之间的对等性，被告认为原告未履行实缴出资义务，在其没有补齐出资之前，原告知情权的行使应予以限制。二、原告主张查阅公司会计账簿目的不当，有可能损害公司利益。首先，在起诉书事实与理由部分作出虚假陈述称："2021年以来，被告多次要求追加投资，但不同意向股东公开财务以便摸清家底的合理诉求，且被告违反公司章程第三十二条关于公司向其他企业投资必须经代表二分之一以上表决权的股东通过的规定，在未召开股东会未经股东会决议的情况下，于2021年7月7日独资设立了陕西格维奥光电科技有限公司（以下简称格维奥公司）认缴格维奥公司300万元注册资本。"对于该部分陈述与事实不符。2021年3月20日，被告召开股东会讨论有关公司未来发展事宜，原告及吕伟锋、郭育军参加该次会议，并同意设立新公司，后原告没有在股东会议纪要上签字，吕伟锋、郭育军在股东会决议上签字。此次表决超过代表二分之一以上表决权的股东通过，后被告设立新公司进行投资。该次股东会议合法、有效。原告因其未在股东会决议上签字而否定该次股东会决议的真实性、有效性并作出虚假陈述。原告作为股东，已实际参与公司的运营管理及股东会决议，却向法庭作出虚假陈述，在被告要求履行出资义务时拒绝履行，干扰公司正常生产经营，主张行使股东知情权某某会计账簿等资料目的不正当，违反诚实信用原则，根据《公司法》规定：股东在查阅公司会计账簿时，应当以正当目的为限制，亦应当遵循诚实信用原则，合理地行使查阅权。现原告为了行使股东知情权而虚构事实，被告有合理理由相信原告查阅公司计账簿等资料的目的不正当，如果允许其查阅，有可能会损害公司利益，被告可以拒绝其进行查阅。其次，原告在被告处任职期间担任总经理职务，于2015年到2018年期间，具体负责被告与绿地集团的四个合同项目时，因绿地集团不能向被告支付项目广告发布费，被告与绿地集团达成合意，同意将绿地下属西安常盛置业有限公司（绿地城）项目DK2-15-10105号房屋出售给被告，抵扣广告发布费之外，购房款不足部分由被告补齐，具体经手人是原告。被告为购买前述房屋，先后多次由被告及被告指定吕伟锋向绿地集团公司转账300余万元购买前述房屋。经被告核对有关前述房屋的文件资料时发现，原告仅向被告提交相关票据复印件2 303 573元，原告在经手处理该房屋事宜后，私自隐匿相关购房合同、协议及购房票据原件，至今未交还给被告，同时长期占有使用前述房屋，给被告造成的经济损失巨大。经被告多次向原告催要相关房产手续后，原告仍拒绝交还给公司。再次，2020年4月，原告因个人过错主动要求离职，在离职后至今仍长时间占有使用被告名下陕A*****凯迪拉克越野车一辆，价值50余万元。依据《公司法》第三十三条规定：股东可以要求查阅公司会计账簿。股东要求查阅公司账簿的，应当向公司提出书面请求，说明目的。公司有合理根据认为股东查阅会计账簿有不正当目的，可能损害公司合法利益的，可以拒绝提供查阅。被告足以证明原告行使知情权存在明显的不正当目的，其严重度已达到公司法解释（四）第八条第（四）款规定限制股东行使股东知情权的情形。三、关于法律规定的股东知情权的查阅范围，原告要求查阅、复制现金流量表及相关附表、会计报表附注和财务情况说明书等没有法律依据，应驳回原告的诉讼请求。根据《公司法》第三十三条规定："股东有权某某、复制公司章程、股东会会议记录、董事会会议决议、监事会会议决议和财务会计报告"。本案中，原告要求查阅、复制现金流量表及相关附表、会计报表附注和财务情况说明书等文件，已超出法律规定范围的文件，依法应当予以驳回。四、原告要求查阅会计账簿（含总账、明细账、往来账、现金日记账、银行对账单交号明细、现金流水记录和其他辅助性账簿）、会计凭证（含记账凭证、原始凭证以及作为原始凭证附件入账备查的有关资料、银行流水记录、合同、发票）。根据《中华人民共和国会计法》第十三条第一款规定："会计凭证、会计账簿、财务会计报告和其他会计资料，必须符合国家统一的会计制度的规定。"第十四条第一款规定："会计凭证包括原始凭证和记账凭证。"根据前述法律规定，会计凭证（含记账凭证、原始凭证以及作为原始凭证附件入账备查的有关资料、银行流水记录、合同、发票）不属于法律规定的股东知情权范畴。股东知情权和公司利益的保护需要平衡，故不应当随意超越法律的规定扩张解释股东知情权的范畴。《公司法》仅将股东可查阅财会资料的范围限定为财务会计报告与会计账簿，没有涉及原始凭证，原告要求查阅被告会计凭证的请求，依法不应予以支持。被告认为，依据《公司法》明确规定，被告仅需提供财务会计报告与会计账簿供原告查阅，在我国法律已经明确规定股东知情权范围的情况原告从个人目的出发，要求查阅、复制、摘抄的文件远远超出法律规定可查阅、复制的文件范围。对其违法请求不应得到人民法院的支持，应当依法驳回其该项诉讼请求。五、原告要求提供财务会计报告、会计账簿、会计凭证供原告审计没有法律依据，超出法律规定的股东知情权范围，依法应当驳回其诉讼请求。综上所述，原告没有履行出资义务，在其持续性损害公司合法权益的情形下，向法庭作出虚假陈述，有违诚实信用，其以查账为名，多次扰乱公司正常的生产经营。原告行使股东知情权的目的不正当，依法应当限制，其行使股东知情权。在其没有补齐出资，归还公司房屋、购房合同、协议、原始票据、车辆及手续前，被告基于维护公司自主经营权的目的，需要对股东行使知情权进行限制。对原告要求查阅、复制超过法律规定之外的文件资料，不属于法院审理股东知情权案件的受案范围，不应被支持。

经审理查明，2010年6月13日西安恒意城市景观设计工程有限公司成立。该公司企业信用信息公示报告载明：公司类型为有限责任公司，法定代表人为傅某微，注册资本3 000万元，登记状态为开业；股东包括张某军、吕依晨、吕迈、郭育军、傅某微五人，张某军担任监事，傅某微担任执行董事兼总经理；傅某微实缴出资额1 500万元，实缴出资时间2012年2月6日，实缴出资方式为货币。吕依晨实缴出资额187.5万元，实缴出资时间2017年7月21日，实缴出资方式为货币。吕迈实缴出资额375万元，实缴出资时间2017年7月21日，实缴出资方式为货币。郭育军实缴出资额187.5万元，实缴出资时间2017年7月21日，实缴出资方式为货币。张某军实缴出资额750万元，实缴出资时间2012年2月6日，实缴出资方式为货币。

上述事实，有庭审笔录、企业信用信息公示报告等在卷为凭，经庭审质证及本院审查，可以认定。

本院认为，原告系被告公司股东，其占用公司财物的行为应属被告公司内部事务，双方应协商解决，协议不成，被告应另案诉讼，予以解决，该纠纷不属于本案审查范围。《公司法》第一百九十八条规定："违反本法规定，虚报注册资本、提交虚假材料或者采取其他欺诈手段隐瞒重要事实取得公司登记的，由公司登记机关责令改正，对虚报注册资本的公司，处以虚报注册资本金额百分之五以上百分之十五以下的罚款；对提交虚假材料或者采取其他欺诈手段隐瞒重要事实的公司，处以五万元以上五十万元以下的罚款；情节严重的，撤销公司登记或者吊销营业执照"。第一百九十九条规定："公司的发起人、股东虚假出资，未交付或者未按期交付作为出资的货币或者非货币财产的，由公司登记机关责令改正，处以虚假出资金额百分之五以上百分之十五以下的罚款。"被告公司现有工商登记信息载明张某军于2012年2月6日以货币方式实缴出资750万元。如被告认为原告履行股东出资义务，构成虚假出资的，依法应报有关工商行政管理机关审查处理。故被告以原告占用被告公司车辆、占用被告公司债务人抵偿给公司的房屋、未履行股东出资义务，损害被告公司利益为由，拒绝原告行使股东知情权的抗辩理由，在现有证据下，不能成立，本院对此不予采信。

《公司法》第三十三条规定："股东有权某某、复制公司章程、股东会会议记录、董事会会议决议、监事会会议决议和财务会计报告。股东可以要求查阅公司会计账簿。"第九十七条规定："股东有权某某公司章程、股东名册、公司债券存根、股东大会会议记录、董事会会议决议、监事会会议决议、财务会计报告，对公司的经营提出建议或者质询。"故根据法律规定，原告有权某某、复制被告公司章程、股东会会议记录、董事会会议决议、监事会会议决议、财务会计报告、会计账簿、股东名册、公司债券存根。会计凭证系制作会计账簿的依据,原告查阅公司会计凭证的诉请,系行使股东知情权的必要内容,应准许原告查阅被告公司的会计凭证,因公司会计凭证可能涉及商业秘密,原告仅可查阅,无权复制。故对原告诉请查阅、复制被告公司上述文件资料以外的诉请,不予支持。《公司法》第一百六十四条规定:"公司应当在每一会计年度终了时编制财务会计报告,并依法经会计师事务所审计。财务会计报告应当依照法律、行政法规和国务院财政部门的规定制作。"第二百零一条规定:"公司违反本法规定,在法定的会计账簿以外另立会计账簿的,由县级以上人民政府财政部门责令改正,处以五万元以上五十万元以下的罚款。"第二百零二条规定:"公司在依法向有关主管部门提供的财务会计报告等材料上作虚假记载或者隐瞒重要事实的,由有关主管部门对直接负责的主管人员和其他直接责任人员处以三万元以上三十万元以下的罚款。"如原告在查阅、复制上述公司文件资料后认为,被告公司存在违反公司财务制度另立会计账簿、提供的财务会计报告等材料存在虚假记载或者隐瞒重要事实的,依法应报有关财政行政主管机关审查处理。

综上所述,依照《公司法》第三十三条、第九十七条、《最高人民法院关于适用〈中华人民共和国公司法〉若干问题的规定(四)》第七条、第八条之规定,判决如下:

一、被告西安恒意城市景观设计工程有限公司于本判决生效之日起三十日内在其经营场所,提供自2010年6月13日(公司成立之日)起至实际提供之日止的公司章程、股东会会议记录、董事会会议决议、监事会会议决议、财务会计报告、会计账簿、股东名册、公司债券存根,供原告张某军查阅及复制;并提供自2010年6月13日(公司成立之日)起至实际提供之日止的会计凭证,供原告张某军查阅。以上查阅、复制的时间总计不超过三十个工作日。

二、原告张某军有权委托具有执业律师或注册会计师执业资质的专业人员各一人,辅助原告查阅上述公司资料。

三、驳回原告张某军的其他诉讼请求。

案件受理费100元,减半收取计50元,由被告西安恒意城市景观设计工程有限公司负担。

如不服本判决,可在判决书送达之日起十五日内,向本院递交上诉状,并按照对方当事人人数提出副本,上诉于西安市中级人民法院。

审判员　张　伟

二〇二二年四月二十七日

书记员　田　雪

【2023年版本】

第二百五十三条 公司的发起人、股东在公司成立后,抽逃其出资的,由公司登记机关责令改正,处以所抽逃出资金额百分之五以上百分之十五以下的罚款;对直接负责的主管人员和其他直接责任人员处以三万元以上三十万元以下的罚款。

【三次审议稿】

第二百五十二条 公司的发起人、股东在公司成立后,抽逃其出资的,由公司登记机关责令改正,处以所抽逃出资金额百分之五以上百分之十五以下的罚款;对直接负责的主管人员和其他直接责任人员处以三万元以上三十万元以下的罚款。

【2018年版本】

第二百条 公司的发起人、股东在公司成立后,抽逃其出资的,由公司登记机关责令改正,处以所抽逃出资金额百分之五以上百分之十五以下的罚款。

【本条释义】

本条规定了抽逃出资的法律责任。

出资是公司的发起人、股东最基本的义务,出资之后,相关财产属于公司所有,任何人不允许侵占,也不允许抽逃。

如果公司的发起人、股东在公司成立后,抽逃其出资,也就是使用各种非法手段或者表面合法的手段,实质上将出资到公司的财产抽回,使得公司无法利用该财产。如果有抽逃出资的违法行为,由公司登记机关责令改正,处以所抽逃出资金额5%以上15%以下的罚款;对直接负责的主管人员和其他直接责任人员处以3万元以上30万元以下的罚款。

发起人或者股东能够抽逃出资一定有公司董事、高级管理人员的协助,起到协助作用的董事、高级管理人员就是直接负责的主管人员,具体办事人员以及具体伪造相关交易的人员就是直接责任人员。

【2023年版本】

第二百五十四条 有下列行为之一的,由县级以上人民政府财政部门依照《中华人民共和国会计法》等法律、行政法规的规定处罚:

（一）在法定的会计账簿以外另立会计账簿；
（二）提供存在虚假记载或者隐瞒重要事实的财务会计报告。

【三次审议稿】

第二百五十三条 有下列行为之一的，由县级以上人民政府财政部门按照《中华人民共和国会计法》等法律、行政法规的规定处罚：
（一）在法定的会计账簿以外另立会计账簿；
（二）提供存在虚假记载或者隐瞒重要事实的财务会计报告。

【2018年版本】

第二百零一条 公司违反本法规定，在法定的会计账簿以外另立会计账簿的，由县级以上人民政府财政部门责令改正，处以五万元以上五十万元以下的罚款。

第二百零二条 公司在依法向有关主管部门提供的财务会计报告等材料上作虚假记载或者隐瞒重要事实的，由有关主管部门对直接负责的主管人员和其他直接责任人员处以三万元以上三十万元以下的罚款。

第二百零三条 公司不依照本法规定提取法定公积金的，由县级以上人民政府财政部门责令如数补足应当提取的金额，可以对公司处以二十万元以下的罚款。

【本条释义】

本条规定了公司会计违法行为的法律责任。

有下列行为之一的，由县级以上人民政府财政部门依照《会计法》等法律、行政法规的规定处罚：

（1）在法定的会计账簿以外另立会计账簿。建立两套或者多套账簿是典型的严重会计违法行为，其损害的可能是股东的利益，也可能是债权人的利益，还可能是国家税收利益，对该行为应当根据会计法的规定追究法律责任。

（2）提供存在虚假记载或者隐瞒重要事实的财务会计报告。财务造假是严重危害公司、股东、债权人、国家税收利益的会计违法行为，对该行为，应当根据会计法的规定追究法律责任。

【相关法律规定】

《会计法》

第四十二条 违反本法规定，有下列行为之一的，由县级以上人民政府财政部门责令限期改正，可以对单位并处三千元以上五万元以下的罚款；对其直接负责的主管人员和其他直接责任人员，可以处二千元以上二万元以下的罚款；属于国家工作人员的，还应当由其所在单位或者有关单位依法给予行政处分：

（一）不依法设置会计账簿的；

（二）私设会计账簿的；

（三）未按照规定填制、取得原始凭证或者填制、取得的原始凭证不符合规定的；

（四）以未经审核的会计凭证为依据登记会计账簿或者登记会计账簿不符合规定的；

（五）随意变更会计处理方法的；

（六）向不同的会计资料使用者提供的财务会计报告编制依据不一致的；

（七）未按照规定使用会计记录文字或者记账本位币的；

（八）未按照规定保管会计资料，致使会计资料毁损、灭失的；

（九）未按照规定建立并实施单位内部会计监督制度或者拒绝依法实施的监督或者不如实提供有关会计资料及有关情况的；

（十）任用会计人员不符合本法规定的。

有前款所列行为之一，构成犯罪的，依法追究刑事责任。

会计人员有第一款所列行为之一，情节严重的，五年内不得从事会计工作。

有关法律对第一款所列行为的处罚另有规定的，依照有关法律的规定办理。

第四十三条 伪造、变造会计凭证、会计账簿，编制虚假财务会计报告，构成犯罪的，依法追究刑事责任。

有前款行为，尚不构成犯罪的，由县级以上人民政府财政部门予以通报，可以对单位并处五千元以上十万元以下的罚款；对其直接负责的主管人员和其他直接责任人员，可以处三千元以上五万元以下的罚款；属于国家工作人员的，还应当由其所在单位或者有关单位依法给予撤职直至开除的行政处分；其中的会计人员，五年内不得从事会计工作。

【2023年版本】

第二百五十五条 公司在合并、分立、减少注册资本或者进行清算时，不依照本法规定通知或者公告债权人的，由公司登记机关责令改正，对公司处以一万元以上十万元以下的罚款。

【三次审议稿】

第二百五十四条 公司在合并、分立、减少注册资本或者进行清算时，不依照本法规定通知或者公告债权人的，由公司登记机关责令改正，对公司处以一万元以上十万元以下的罚款。

【2018 年版本】

　　第二百零四条　公司在合并、分立、减少注册资本或者进行清算时，不依照本法规定通知或者公告债权人的，由公司登记机关责令改正，对公司处以一万元以上十万元以下的罚款。

　　公司在进行清算时，隐匿财产，对资产负债表或者财产清单作虚假记载或者在未清偿债务前分配公司财产的，由公司登记机关责令改正，对公司处以隐匿财产或者未清偿债务前分配公司财产金额百分之五以上百分之十以下的罚款；对直接负责的主管人员和其他直接责任人员处以一万元以上十万元以下的罚款。

【本条释义】

　　本条规定了公司不依法通知或公告债权人的法律责任。

　　公司在合并、分立、减少注册资本或者进行清算时，应当依法告知债权人，应当依法通知债权人与发布公告，如果公司不依照《公司法》规定通知或者公告债权人的，由公司登记机关责令改正，对公司处以 1 万元以上 10 万元以下的罚款。该项违法行为也有直接负责的主管人员和其他直接责任人员，但直接负责的主管人员和其他直接责任人员并不承担法律责任，仅仅由公司承担责任。

【2023 年版本】

　　第二百五十六条　公司在进行清算时，隐匿财产，对资产负债表或者财产清单作虚假记载，或者在未清偿债务前分配公司财产的，由公司登记机关责令改正，对公司处以隐匿财产或者未清偿债务前分配公司财产金额百分之五以上百分之十以下的罚款；对直接负责的主管人员和其他直接责任人员处以一万元以上十万元以下的罚款。

【三次审议稿】

　　第二百五十五条　公司在进行清算时，隐匿财产，对资产负债表或者财产清单作虚假记载，或者在未清偿债务前分配公司财产的，由公司登记机关责令改正，对公司处以隐匿财产或者未清偿债务前分配公司财产金额百分之五以上百分之十以下的罚款；对直接负责的主管人员和其他直接责任人员处以一万元以上十万元以下的罚款。

【2018 年版本】

第二百零四条 公司在合并、分立、减少注册资本或者进行清算时，不依照本法规定通知或者公告债权人的，由公司登记机关责令改正，对公司处以一万元以上十万元以下的罚款。

公司在进行清算时，隐匿财产，对资产负债表或者财产清单作虚假记载或者在未清偿债务前分配公司财产的，由公司登记机关责令改正，对公司处以隐匿财产或者未清偿债务前分配公司财产金额百分之五以上百分之十以下的罚款；对直接负责的主管人员和其他直接责任人员处以一万元以上十万元以下的罚款。

第二百零五条 公司在清算期间开展与清算无关的经营活动的，由公司登记机关予以警告，没收违法所得。

第二百零六条 清算组不依照本法规定向公司登记机关报送清算报告，或者报送清算报告隐瞒重要事实或者有重大遗漏的，由公司登记机关责令改正。

清算组成员利用职权徇私舞弊、谋取非法收入或者侵占公司财产的，由公司登记机关责令退还公司财产，没收违法所得，并可以处以违法所得一倍以上五倍以下的罚款。

【本条释义】

本条规定了公司清算的法律责任。

公司在进行清算时，应当依法对资产进行核实，依法足额清偿债务，不能隐匿财产，不能对资产负债表或者财产清单作虚假记载，更不能在未清偿债务前分配公司财产。公司如果有上述违法行为，应当由公司登记机关责令改正，对公司处以隐匿财产或者未清偿债务前分配公司财产金额 5% 以上 10% 以下的罚款；对直接负责的主管人员和其他直接责任人员处以 1 万元以上 10 万元以下的罚款。

对公司的罚款与对直接负责的主管人员和其他直接责任人员的罚款需要同时进行，如果因此给债权人造成损失，公司及其股东、直接负责的主管人员和其他直接责任人员均能应承担赔偿责任。

【典型案例】

鞍山市铁西区人民法院

民 事 判 决 书

〔2022〕辽 0303 民初 347 号

原告：蔡某亮，男，汉族，1982 年 3 月 7 日出生，住鞍山市千山区。

委托代理人：李士安，辽宁宇声律师事务所律师。

被告：符某苓，女，汉族，1979年12月23日出生，住鞍山市千山区。

委托代理人：王某喜，男，汉族，1974年1月2日出生，住鞍山市铁西区。

被告：大连欧普曼斯科技有限公司，住所地辽宁省大连市庄河市兰店乡兰店村（乡政府301室）。

法定代表人：孙某也。

原告蔡某亮诉被告符某苓、大连欧普曼斯科技有限公司劳动争议一案，本院受理后，依法由审判员王臻独任审理，于2022年2月22日公开开庭进行了审理。原告及委托代理人、被告符某苓及委托代理人到庭参加了诉讼，被告大连欧普曼斯科技有限公司经本院依法传唤，未到庭参加诉讼，本案现已审理终结。

原告诉称：1.要求二被告连带赔偿医疗费6 108.5元、伙食补助费16 500元、交通费3 300元、住院护理费11 278.6元；陪护床租金740元、病历复印费61元。并按工伤保险待遇标准连带支付停工留薪期工资44 200元，一次性伤残补助金24 183元，解除劳动关系一次性工伤医疗补助金47 964元，解除劳动合同一次性伤残就业补助金32 889.6元。以上总计人民币187 224.7元。2.本案的受理费等由二被告全部承担。事实与理由：原告系鞍山佰亿再生资源回收利用有限公司职工，于2019年6月初到该公司处工作，与公司形成事实上的劳动关系。2019年7月18日上午8时，原告在鞍山佰亿公司院内按照公司领导要求拆卸除尘炉螺丝，突然被设备外喷的火焰烧伤，同时衣物被引燃，烧伤原告额头、面、颈等部位。原告当即被送往中国医科大学附属第一医院鞍山医院住院治疗。经诊断为全身烧伤26%，三度5%，深二度7%，浅二度14%。住院期间佰亿公司支付了部分医疗费，原告经治疗于2019年12月30日出院。本起事故经鞍山市千山区人力资源和社会保障局于2020年12月7日认定原告系因工受伤。2021年9月12日经鞍山市劳动能力鉴定委员会认定原告丧失劳动能力10级。现原告在伤残确定后找鞍山佰亿再生资源回收利用有限公司索要应得的工伤待遇时，却意外发现鞍山佰亿再生资源回收利,用有限公司已于2021年6月被其出资人符某苓和大连欧普曼斯公司恶意注销。原告认为，鉴于鞍山佰亿再生资源回收利用有限公司已被注销，此其出资人符某苓和大连欧普曼斯公司应承担工伤给付责任，据此原告诉向贵院提起诉讼，请求判令二被告支付工伤待遇等损失合计人民币187 224.7元。

被告符某苓辩称：原用人单位并非恶意注销，因政策原因导致原单位无法继续经营，对于原告受伤，答辩人同意赔偿，对于在法律规定范围内的项目，答辩人同意赔偿，其他不同意。

被告大连欧普曼斯科技有限公司未做答辩。

经审理查明：原告原系鞍山佰亿再生资源回收利用有限公司职工，二被告系鞍山佰亿再生资源回收利用有限公司股东。2019年7月18日，原告在鞍山佰亿再生资源回收利用有限公司工作过程中被烧伤，受伤后，原告被送至中国医科大学附属第一医院鞍山医院住院治疗，期间住院165天。重症护理二天，一级护理6天，二级护理7天，其他为三级护理。2019年12月30日原告出院，总计支付住院医药费50 638.10元。医院出具休工诊断至2020年12月31日。

另查，2020年12月7日，经千山区人力资源和社会保障局认定，原告为工伤，2021年9月12日，经鞍山市劳动能力鉴定委员会鉴定，原告未丧失劳动能力等级拾级。2021年6月30日，经二被告申请，鞍山佰亿再生资源回收利用有限公司核准注销，申请注销时，而被告承诺已经清偿全部债务，如果违法失信，由全体投资人承担相应的法律后果和责任。

另查，原告受伤前工资为每月3 000元。

另查，原告住院期间，鞍山佰亿再生资源回收利用有限公司出资护理90天，原告自己垫付住院医药费6 000元，鞍山佰亿再生资源回收利用有限公司支付受伤后工资9 000元。

上述事实，原告提供的证据有：鞍山佰亿再生资源回收利用有限公司工商档案、工伤认定通知书、劳动能力等级鉴定书、住院病志、门诊病志、医药费收据、休工诊断。以上证据，经庭审质证及本院审查，所证事实足资认定，本院予以采信。二被告没有提供证据。

本院认为，公司在进行清算时，隐匿财产，对资产负债表或者财产清单作虚假记载或者在未清偿债务前分配公司财产的，由公司登记机关责令改正，公司违反本法规定，应当承担民事赔偿责任和缴纳罚款、罚金的，其财产不足以支付时，先承担民事赔偿责任。二被告作为鞍山佰亿再生资源回收利用有限公司股东，在鞍山佰亿再生资源回收利用有限公司清算后，应当对鞍山佰亿再生资源回收利用有限公司存续期间的债务承担赔偿责任，鞍山佰亿再生资源回收利用有限公司作为原告的用人单位，对于原告的工伤承担赔偿责任，故二被告应当对原告承担赔偿责任。

关于原告工伤赔偿事项一节，原告住院自己垫付6 000元，门诊医药费470.4元，住院退还361.9元，原告总计支付6 108.5元。

关于原告请求伙食补助费16 500元一节，日伙食补助费，按照统筹地区上年度社会日平均工资的10%计算，最高不超过上年度省城镇居民日人均消费支出额的40%，最低不少于15元。鞍山地区该标准为每日19元。故原告的伙食补助费应当为3 135元。

关于交通费3 300元一节，原告主张的住院期间交通费不属于工伤保险赔偿范围，本院不予支持。

关于原告主张住院护理费11 278.6元一节，生活不能自理的工伤职工在停工留薪期需要护理的，由所在单位负责。原告住院期间重症护理二天，一级护理6天，二级护理7天，其他为三级护理，其中重症护理由医院护理无需另派人员护理，一级护理需要二人护理，二级护理需要一人护理，三级护理无需人员护理，原告住院期间，用人单位已经出资护理90天，超出需要护理的天数，故对于原告助战的护理费，本院不予支持。

关于原告主张陪护床租金740元一节，该费用不是工伤保险赔偿范围，本院不予支持。

关于病历复印费61元，该费用是原告维权支出，本院予以支持。

关于停工留薪期工资44 200元一节，职工因工作遭受事故伤害或者患职业病需要暂停工作接受工伤医疗的，在停工留薪期内，原工资福利待遇不变，由所在单位按月支付。停工留薪期一般不超过12个月。伤情严重或者情况特殊，经设区的市级劳动能力鉴定委员会确认，可以适当延长，但延长不得超过12个月。原告未提供需要延长的停工留薪期的鉴定，故停工留薪期为12个月，原告工资每月3 000元，12个月为36 000元，扣除已经支付的9 000元，为27 000元，对于原告请求的合理部分本院予以支持。

关于一次性伤残补助金24 183元，解除劳动关系一次性工伤医疗补助金47 964元，解除劳动合同一次性伤残就业补助金32 889.6元一节，原告丧失劳动能力等级拾级，一次性伤残补助金，标准为十级伤残为7个月的本人工资，一次性工伤医疗补助金，以统筹地区上年度职工月平均工资为计发基数。十级为7个月；一次性伤残就业补助金，以工伤职工受伤前12个月本人平均工资与解除或者终止劳动关系前12个月本人平均工资相比较，采取就高不就低的原则确定本人月平均工资计发基数。十级为8个月。本人工资，是指工伤职工因工作遭受事故伤害或者患职业病前12个月平均月缴费工资。本人工资高于统筹地区职工平均工资300%的，按照统筹地区职工平均工资的300%计算；本人工资低于统筹地区职工平均工资60%的，按照统筹地区职工平均工资的60%计算。2020年辽宁全口径平均工资为68 508元，月工资5 709元，故应当按照3 425.4元计算原告本人工资，原告的一次性伤残补助金23 977.8元，一次性工伤医疗补助金39 963元，一次性伤残就业补助金27 403.2元，对于原告请求的合理部分本院予以支持。

综上，依据《工伤保险条例》第三十条、第三十三条、第三十七条、第六十二条、第六十四条的规定判决如下：

一、被告符某苓、大连欧普曼斯科技有限公司于本判决生效之日起10日内支付原告蔡某亮工伤待遇医药费6 108.5元、伙食补助费3 135元、停工留薪期工资27 000元，一次性伤残补助金23 977.8元，一次性工伤医疗补助金39 963元，一次性伤残就业补助金27 403.2元，以上总计127 587.5元；

二、被告符某苓、大连欧普曼斯科技有限公司于本判决生效之日起10日内支付原告蔡某亮复印费61元；

三、驳回原告蔡某亮其他诉讼请求。

如未按判决书指定的期限履行给付金钱义务，应当依照《民事诉讼法》第二百五十三条之规定，加倍支付迟延履行期间的债务利息。

案件受理费10元（原告已预交），由原告承担。

如不服本判决，可在判决书送达之日起十五日内，向本院递交上诉状并按对方当事人的人数提出副本，上诉于辽宁省鞍山市中级人民法院。

审判员　王　臻
二〇二二年二月二十二日
书记员　马　艳

【2023 年版本】

第二百五十七条　承担资产评估、验资或者验证的机构提供虚假材料或者提供有重大遗漏的报告的，由有关部门依照《中华人民共和国资产评估法》《中华人民共和国注册会计师法》等法律、行政法规的规定处罚。

承担资产评估、验资或者验证的机构因其出具的评估结果、验资或者验证证明不实，给公司债权人造成损失的，除能够证明自己没有过错的外，在其评估或者证明不实的金额范围内承担赔偿责任。

【三次审议稿】

第二百五十六条　承担资产评估、验资或者验证的机构提供虚假材料或者提供有重大遗漏的报告的，由有关机关按照《中华人民共和国资产评估法》《中华人民共和国注册会计师法》等法律、行政法规的规定处罚。

承担资产评估、验资或者验证的机构因其出具的评估结果、验资或者验证证明不实，给公司债权人造成损失的，除能够证明自己没有过错的外，在其评估或者证明不实的金额范围内承担赔偿责任。

【2018 年版本】

第二百零七条　承担资产评估、验资或者验证的机构提供虚假材料的，由公司登记机关没收违法所得，处以违法所得一倍以上五倍以下的罚款，并可以由有关主管部门依法责令该机构停业、吊销直接责任人员的资格证书，吊销营业执照。

承担资产评估、验资或者验证的机构因过失提供有重大遗漏的报告的，由公司登记机关责令改正，情节较重的，处以所得收入一倍以上五倍以下的罚款，并可以由有关主管部门依法责令该机构停业、吊销直接责任人员的资格证书，吊销营业执照。

承担资产评估、验资或者验证的机构因其出具的评估结果、验资或者验证证明不实，给公司债权人造成损失的，除能够证明自己没有过错的外，在其评估或者证明不实的金额范围内承担赔偿责任。

第十四章 法律责任

【本条释义】

本条规定了验资机构的法律责任。

公司登记机关对公司的登记需要依赖承担验资职责的机构的相关资料，因此，如果承担资产评估、验资或者验证的机构提供虚假材料或者提供有重大遗漏的报告的，由有关机关依照《资产评估法》《注册会计师法》等法律、行政法规的规定处罚。公司登记机关由于不是主管机关，因此，不能直接对承担资产评估、验资或者验证的机构进行处罚。

承担资产评估、验资或者验证的机构因其出具的评估结果、验资或者验证证明不实，有可能给公司债权人造成损失，此时，承担资产评估、验资或者验证的机构需要承担过错推定责任，即除能够证明自己没有过错的外，在其评估或者证明不实的金额范围内承担赔偿责任。例如，股东实际出资财产的价值为 100 万元，资产评估机构评估为 150 万元，如果该资产评估机构无法证明自己没有过错，则应当在 50 万元范围内向债权人承担责任，如果债权人的损失为 10 万元，资产评估机构承担 10 万元的责任，如果债权人的损失为 60 万元，资产评估机构承担 50 万元的责任。

【相关法律规定】

《资产评估法》

第七章 法律责任

第四十四条 评估专业人员违反本法规定，有下列情形之一的，由有关评估行政管理部门予以警告，可以责令停止从业六个月以上一年以下；有违法所得的，没收违法所得；情节严重的，责令停止从业一年以上五年以下；构成犯罪的，依法追究刑事责任：

（一）私自接受委托从事业务、收取费用的；

（二）同时在两个以上评估机构从事业务的；

（三）采用欺骗、利诱、胁迫，或者贬损、诋毁其他评估专业人员等不正当手段招揽业务的；

（四）允许他人以本人名义从事业务，或者冒用他人名义从事业务的；

（五）签署本人未承办业务的评估报告或者有重大遗漏的评估报告的；

（六）索要、收受或者变相索要、收受合同约定以外的酬金、财物，或者谋取其他不正当利益的。

第四十五条 评估专业人员违反本法规定，签署虚假评估报告的，由有关评估行政管理部门责令停止从业两年以上五年以下；有违法所得的，没收违法所得；情节严重的，责令停止从业五年以上十年以下；构成犯罪的，依法追究刑事责任，终身不得从事评估业务。

第四十六条 违反本法规定，未经工商登记以评估机构名义从事评估业务的，由工商行政管理部门责令停止违法活动；有违法所得的，没收违法所得，并处违法所得一倍以上五倍以下罚款。

第四十七条 评估机构违反本法规定，有下列情形之一的，由有关评估行政管理部门予以警告，可以责令停业一个月以上六个月以下；有违法所得的，没收违法所得，并处违法所得一倍以上五倍以下罚款；情节严重的，由工商行政管理部门吊销营业执照；构成犯罪的，依法追究刑事责任：

（一）利用开展业务之便，谋取不正当利益的；

（二）允许其他机构以本机构名义开展业务，或者冒用其他机构名义开展业务的；

（三）以恶性压价、支付回扣、虚假宣传，或者贬损、诋毁其他评估机构等不正当手段招揽业务的；

（四）受理与自身有利害关系的业务的；

（五）分别接受利益冲突双方的委托，对同一评估对象进行评估的；

（六）出具有重大遗漏的评估报告的；

（七）未按本法规定的期限保存评估档案的；

（八）聘用或者指定不符合本法规定的人员从事评估业务的；

（九）对本机构的评估专业人员疏于管理，造成不良后果的。

评估机构未按本法规定备案或者不符合本法第十五条规定的条件的，由有关评估行政管理部门责令改正；拒不改正的，责令停业，可以并处一万元以上五万元以下罚款。

第四十八条 评估机构违反本法规定，出具虚假评估报告的，由有关评估行政管理部门责令停业六个月以上一年以下；有违法所得的，没收违法所得，并处违法所得一倍以上五倍以下罚款；情节严重的，由工商行政管理部门吊销营业执照；构成犯罪的，依法追究刑事责任。

第四十九条 评估机构、评估专业人员在一年内累计三次因违反本法规定受到责令停业、责令停止从业以外处罚的，有关评估行政管理部门可以责令其停业或者停止从业一年以上五年以下。

第五十条 评估专业人员违反本法规定，给委托人或者其他相关当事人造成损失的，由其所在的评估机构依法承担赔偿责任。评估机构履行赔偿责任后，可以向有故意或者重大过失行为的评估专业人员追偿。

第五十一条 违反本法规定，应当委托评估机构进行法定评估而未委托的，由有关部门责令改正；拒不改正的，处十万元以上五十万元以下罚款；情节严重的，对直接负责的主管人员和其他直接责任人员依法给予处分；造成损失的，依法承担赔偿责任；构成犯罪的，依法追究刑事责任。

第五十二条 违反本法规定，委托人在法定评估中有下列情形之一的，由有关评估行政管理部门会同有关部门责令改正；拒不改正的，处十万元以上五十万元以下罚款；有违法所得的，没收违法所得；情节严重的，对直接负责的主管人员和其他直接责任人员依法给予处分；造成损失的，依法承担赔偿责任；构成犯罪的，依法追究刑事责任：

（一）未依法选择评估机构的；

（二）索要、收受或者变相索要、收受回扣的；

（三）串通、唆使评估机构或者评估师出具虚假评估报告的；

（四）不如实向评估机构提供权属证明、财务会计信息和其他资料的；

（五）未按照法律规定和评估报告载明的使用范围使用评估报告的。

前款规定以外的委托人违反本法规定，给他人造成损失的，依法承担赔偿责任。

第五十三条 评估行业协会违反本法规定的，由有关评估行政管理部门给予警告，责令改正；拒不改正的，可以通报登记管理机关，由其依法给予处罚。

第五十四条 有关行政管理部门、评估行业协会工作人员违反本法规定，滥用职权、玩忽职守或者徇私舞弊的，依法给予处分；构成犯罪的，依法追究刑事责任。

《注册会计师法》

第六章 法律责任

第三十九条 会计师事务所违反本法第二十条、第二十一条规定的，由省级以上人民政府财政部门给予警告，没收违法所得，可以并处违法所得一倍以上五倍以下的罚款；情节严重的，并可以由省级以上人民政府财政部门暂停其经营业务或者予以撤销。

注册会计师违反本法第二十条、第二十一条规定的，由省级以上人民政府财政部门给予警告；情节严重的，可以由省级以上人民政府财政部门暂停其执行业务或者吊销注册会计师证书。

会计师事务所、注册会计师违反本法第二十条、第二十一条的规定，故意出具虚假的审计报告、验资报告，构成犯罪的，依法追究刑事责任。

第四十条 对未经批准承办本法第十四条规定的注册会计师业务的单位，由省级以上人民政府财政部门责令其停止违法活动，没收违法所得，可以并处违法所得一倍以上五倍以下的罚款。

第四十一条 当事人对行政处罚决定不服的，可以在接到处罚通知之日起十五日内向作出处罚决定的机关的上一级机关申请复议；当事人也可以在接到处罚决定通知之日起十五日内直接向人民法院起诉。

复议机关应当在接到复议申请之日起六十日内作出复议决定。当事人对复议决定不服的，可以在接到复议决定之日起十五日内向人民法院起诉。复议机关逾期不作出复议决定的，当事人可以在复议期满之日起十五日内向人民法院起诉。

当事人逾期不申请复议,也不向人民法院起诉,又不履行处罚决定的,作出处罚决定的机关可以申请人民法院强制执行。

第四十二条 会计师事务所违反本法规定,给委托人、其他利害关系人造成损失的,应当依法承担赔偿责任。

【典型案例】

山东省高级人民法院
民 事 判 决 书

〔2022〕鲁民终 593 号

上诉人(原审被告):山东黄河河务局滨州黄河河务局,住所地山东省滨州市滨城区黄河七路 331 号。

法定代表人:孙明英,局长。

委托诉讼代理人:韩军,山东齐鲁律师事务所律师。

委托诉讼代理人:徐贵一,山东齐鲁律师事务所律师。

上诉人(原审被告):山东东慧会计师事务所有限公司,住所地山东省滨州市滨城区黄河五路 492 号环宝嘉苑 3 号楼 407。

法定代表人:陈某莉,总经理。

委托诉讼代理人:孟某东,男,该公司监事。

被上诉人(原审原告):滨州黄河建筑安装工程处,住所地山东省滨州市滨城区渤海五路 683 号。

法定代表人:田某臣,主任。

诉讼代表人:滨州黄河建筑安装工程处管理人。

委托诉讼代理人:王爱华,山东志城律师事务所律师。

委托诉讼代理人:王珊,山东志城律师事务所律师。

上诉人山东黄河河务局滨州黄河河务局(以下简称滨州黄河河务局)、山东东慧会计师事务所有限公司(以下简称东慧事务所)因与被上诉人滨州黄河建筑安装工程处(以下简称黄河建安工程处)追收未缴出资纠纷一案,不服山东省滨州市中级人民法院〔2021〕鲁 16 民初 53 号民事判决,向本院提起上诉。本院于 2022 年 4 月 13 日立案后,依法组成合议庭进行了审理。本案现已审理终结。

滨州黄河河务局、东慧事务所共同上诉请求:1.撤销一审判决书,改判驳回黄河建安工程处的诉讼请求;2.本案一审、二审的诉讼费用由黄河建安工程处承担。事实和理由：一、一审判决认定事实不清。1.案涉吸泥船和挖泥船作为特殊动产，其权属变动自交付时发生法律效力，此处的交付是船只交付，与船舶登记没有关联。2.案涉船只所有权自交付时已经转移至黄河建安工程处名下，对应的1666万元出资义务已经履行完毕。二、一审判决适用法律错误。案涉船只是山东黄河河务局制造、在黄河河道施工用的机械设备，无需进行船舶所有权登记，船舶管理责任由其所有权人即黄河建安工程处承担。三、滨州黄河河务局已履行完毕出资义务，东慧事务所出具的验资报告不存在验资不实的情形，且东慧事务所在验资过程中没有过错，不应在1666万元内向黄河建安工程处承担赔偿责任。

黄河建安工程处辩称，一、一审判决认定事实清楚，证据充分判决正确。滨州黄河河务局、东慧事务所对涉案三条船是特殊动产无异议，而特殊动产与一般动产的区别就特殊在这种动产需要在港航局或者港务局等船舶登记部门进行产权登记，但涉案的三条船特殊动产未在所有权转移后变更登记。管理人接管后，经调查，黄河建安工程处全部出资均为滨州市黄河河务局实物出资。但经管理人2020年11月25日与企业留守人员、评估机构进行固定资产盘点，在黄河建安工程处的固定资产中未发现验资报告中记载的一条吸泥船和两条挖泥船的实物及存在迹象。根据《企业破产法》第三十五条规定，经管理人函告出资人滨州黄河河务局未予回复。2021年4月7日，黄河建安工程处第二次债权人会议表决通过"以诉讼方式追缴出资"，管理人提起本案诉讼符合法律规定。一审判决对涉案三条船只的来源及登记情况以及所有权未转移情况调查得十分清楚，证据充分，判决正确。二、一审判决适用法律正确，判决结果正确。上诉人的上诉理由无法律和政策支持。三、一审判决东慧事务所在本案中承担赔偿责任正确。2003年3月19日，山东东慧会计师事务所出具鲁东会师综字〔2003〕41号验资报告，载明滨州黄河河务局用一条吸泥船和两条挖泥船实物出资，评估价值共计为1666万元。但经管理人调查，山东黄河河务局滨州黄河河务局对答辩人公司的1666万元的实物出资尚未履行出资义务。山东东慧会计师事务所在滨州市黄河河务局实物出资未到位的情况下出具出资到位的验资报告，验资不实。由于东慧事务所验资报告不真实，给公司债权人造成了重大损失。

黄河建安工程处向一审法院起诉请求：1.判令滨州黄河河务局补缴出资1666万元，并承担自2003年3月19日至2020年10月20日，按照中国银行公布的同期存款利率即年利率2.79%计算的利息8182000元；2.判令东慧事务所对上述款项的给付义务承担连带责任；3.本案全部诉讼费用由滨州黄河河务局、东慧事务所承担。

一审法院认定事实：黄河建安工程处于2003年4月15日登记设立，为全民所有制企业，出资人为滨州黄河河务局，成立时注册资金2300万元，均为实物出资。东慧事务所对滨州黄河河务局设立登记的注册资金实收情况进行审验，并于2003年3月19日出具编号为鲁东会师综字〔2003〕41号验资报告，报告载明"经我们审验，截至2003年3月19日止，贵单位已收到滨州市黄河河务局缴纳的实物出资注册资金合计人民币2300万元整。"庭审中，各方当事人均认可涉案三条船舶未办理产权登记。

2020年10月20日，山东省滨州市中级人民法院作出〔2020〕鲁16破申27号民事裁定，裁定受理申请人山东恒泰工程集团有限公司对黄河建安工程处的破产清算申请。并于2020年10月27日作出〔2020〕鲁16破29号决定书，指定山东国曜律师事务所担任黄河建安处管理人。管理人接管黄河建安处后，聘请山东黄河有限责任会计师事务所进行核查，山东黄河有限责任会计师事务所出具《关于山东黄河河务局滨州黄河河务局对滨州黄河建筑安装工程处实物出资的审计说明》一份，载明："滨州黄河建筑安装工程处未获取验资报告所附设备清查评估明细表中载明的评估价值共计为1 666万元的一条吸泥船和两条挖泥船"。黄河建安工程处第二次债权人会议通过"是否通过诉讼方式追缴出资"的决议。

一审法院认为，本案争议焦点为：1.滨州黄河河务局是否存在出资不到位的情形。2.东慧事务所是否存在虚假验资的行为，应承担什么样的责任。

关于焦点1，《中华人民共和国船舶登记条例》第五条规定，船舶所有权的取得、转让和消灭，应当向船舶登记机关登记；未经登记的，不得对抗第三人。2002年12月，山东黄河工程局第三建筑安装工程处整建制划归滨州黄河河务局管理，滨州黄河河务局将其更名为黄河建安工程处，滨州黄河河务局作为黄河建安工程处的上级单位和实际出资人，应当对涉案船舶的交付、过户、使用和去处负有监管责任。经当庭询问，涉案船舶并未经过产权登记，按照上述规定，虽然黄河建安工程处在进行资产评估时确认案涉船只的存在，但未经登记的产权不能视为交付，滨州黄河河务局未提交证据证明涉案船舶过户登记至黄河建安工程处名下，其应当承担出资不到位的责任。

关于焦点2，《公司法》第二百零七条第三款规定："承担资产评估、验资或者验证的机构因其出具的评估结果、验资或者验证证明不实，给公司债权人造成损失的，除能够证明自己没有过错的外，在其评估或者证明不实的金额范围内承担赔偿责任。"东慧事务所未能举证证实其在验资过程中对滨州黄河河务局向黄河建安工程处交付的涉案船舶已过户登记至黄河建安工程处名下，其出具的鲁东会师综字〔2003〕41号验资报告载明滨州黄河河务局涉案船舶出资到位属验资不实，按照上述规定，东慧事务所应当在证明不实的1 666万元金额范围内承担赔偿责任。东慧事务所主张本案债权超过诉讼时效，依照《最高人民法院关于适用〈中华人民共和国破产法〉若干问题的规定（二）》第二十条第一款规定，"管理人代表债务人提起诉讼，主张出资人向债务人依法缴付未履行的出资或者返还抽逃的出资本息，出资人以认缴出资尚未届至、公司章程规定的缴纳期限或者违反出资义务已经超过诉讼时效为由抗辩的，人民法院不予支持。"故东慧事务所的上述抗辩不能成立，一审法院不予支持。

综上所述，黄河建安工程处的诉讼请求能够成立，依照《中华人民共和国破产法》第三十五条，《公司法》第二百零七条第三款，《最高人民法院关于适用〈中华人民共和国破产法〉若干问题的规定（二）》第二十条第一款之规定，一审法院判决：一、黄河建安工程处于判决生效之日起十日内缴纳出资1 666万元，并支付利息（以1 666万元为基数，自2003年3月19日至2019年8月19日，按照中国银行公布的同期存款利率计算的利息；自2019年8月20日起至2020年10月20日，按照中国人民银行授权全国银行间同业拆借中心公布的贷款市场报价利率标准计算）；二、东慧事务所在1 666万元范围内向黄河建安工程处承担赔偿责任。案件受理费121 760元，由滨州黄河河务局负担。

本院二审期间，当事人围绕上诉请求依法提交了证据。本院组织当事人进行了证据交换和质证。

滨州黄河河务局提交《关于山东黄河河道内船只使用情况的说明》《山东河务局关于解决制造吸泥船投资和落实田副总理指示建造吸泥船情况的报告》及吸泥船照片9张，拟证明案涉挖泥船及吸泥船性质上属于机械设备，本来就无法登记，其权属变动适用交付主义。黄河建安工程处对《关于山东黄河河道内船只使用情况的说明》及吸泥船照片9张真实性有异议，对《山东河务局关于解决制造吸泥船投资和落实田副总理指示建造吸泥船情况的报告》真实性无法确认，但对该证据关联性有异议。本院认为，滨州黄河河务局提交的上述证据并未有涉案船舶性质等内容，也不能证明涉案船舶不需要进行产权登记，且其主张的交付事实也与《关于山东黄河河务局滨州黄河河务局对滨州黄河建筑安装工程处实物出资的审计说明》中载明的内容相左，故该组证据不能证明其主张，本院不予采纳。

滨州黄河河务局提交的其他证据系一审期间已提交的证据，一审法院亦组织各方当事人进行质证，故本院不再重复认证。

本院对一审查明的事实予以确认。

本院认为，本案争议焦点为滨州黄河河务局是否存在出资不到位的情况以及东慧事务所是否存在虚假验资的行为。

首先，滨州黄河河务局上诉主张其已经实际交付了涉案船舶。根据《关于山东黄河河务局滨州黄河河务局对滨州黄河建筑安装工程处实物出资的审计说明》载明的内容，山东黄河有限责任会计师事务所通过查阅全部会计账簿与记账凭证、盘点设备、询问职工、查询登记信息等方式，均未发现涉案船只的相关财务信息、原始单据、存在迹象或登记记录，受访职工也均表示不知情，故其根据黄河建安工程处营业收入与涉案船舶占总实物投资比重等相关信息，认定黄河建安工程处不存在对涉案船舶的需求，也未从滨州黄河河务局处获取涉案船舶。滨州黄河河务局在本案审理期间未能提交涉案船舶实际交接给黄河建安工程处的相关证据，鲁东会师综字〔2003〕41号验资报告中也没有涉案船舶已实际交付给黄河建安工程处的相关手续或凭证，故滨州黄河河务局不能证明其该项上诉主张，本院不予支持。

其次，根据《公司法》第二百零七条第三款规定，资产评估机构因出具验资报告不实给公司债权人带来损失的，除能证明自己没有过错外，应在不实的金额范围内承担赔偿责任。本案中，东慧事务所在鲁东会师综字〔2003〕41号验资报告中载明滨州黄河河务局已缴纳实物出资，但根据本案已查明滨州黄河河务局存在出资不到位情形，东慧事务所亦未能在本案审理中提交证据证明自己不存在过错，故东慧事务所出具的意见不符合客观事实，且不具有免责情形。一审法院判决东慧事务所在滨州黄河河务局出资不实的金额范围内承担赔偿责任并无不当。

综上所述，滨州黄河河务局、东慧事务所的上诉请求不能成立，应予驳回；一审判决认定事实清楚，适用法律正确，应予维持。依照《民事诉讼法》第一百七十七条第一款第一项规定，判决如下：

驳回上诉，维持原判。

二审案件受理费 121 760 元，由上诉人山东黄河河务局滨州黄河河务局、山东东慧会计师事务所有限公司共同负担。

本判决为终审判决。

审　判　长　郑元文
审　判　员　尹哲璇
审　判　员　左玉勇
二〇二二年七月八日
法官助理　王子杰
书　记　员　石　磊

【2023 年版本】

第二百五十八条　公司登记机关违反法律、行政法规规定未履行职责或者履行职责不当的，对负有责任的领导人员和直接责任人员依法给予政务处分。

【三次审议稿】

第二百五十七条　公司登记机关对不符合本法规定条件的登记申请予以登记，或者对符合本法规定条件的登记申请不予登记的，对直接负责的主管人员和其他直接责任人员，依法给予处分。

【2018 年版本】

第二百零八条　公司登记机关对不符合本法规定条件的登记申请予以登记，或者对符合本法规定条件的登记申请不予登记的，对直接负责的主管人员和其他直接责任人员，依法给予行政处分。

第十四章　法律责任

【本条释义】

本条规定了公司登记机关的法律责任。

公司登记机关应当认真履行公司登记职责，如果违反法律、行政法规规定未履行职责或者履行职责不当，都是违法行为。应当对负有责任的领导人员和直接责任人员依法给予政务处分。

对直接负责的主管人员和其他直接责任人员进行政务处分的主要法律依据是《中华人民共和国公务员法》。公司登记机关直接负责的主管人员和其他直接责任人员如果有受贿等其他违法行为，还应当依照受贿处罚的相关法律规定追究其法律责任。

【相关法律规定】

《中华人民共和国公务员法》（2005年4月27日第十届全国人民代表大会常务委员会第十五次会议通过，根据2017年9月1日第十二届全国人民代表大会常务委员会第二十九次会议《关于修改〈中华人民共和国法官法〉等八部法律的决定》修正，2018年12月29日第十三届全国人民代表大会常务委员会第七次会议修订）

第十七章　法 律 责 任

第一百零六条　对有下列违反本法规定情形的，由县级以上领导机关或者公务员主管部门按照管理权限，区别不同情况，分别予以责令纠正或者宣布无效；对负有责任的领导人员和直接责任人员，根据情节轻重，给予批评教育、责令检查、诫勉、组织调整、处分；构成犯罪的，依法追究刑事责任：

（一）不按照编制限额、职数或者任职资格条件进行公务员录用、调任、转任、聘任和晋升的；

（二）不按照规定条件进行公务员奖惩、回避和办理退休的；

（三）不按照规定程序进行公务员录用、调任、转任、聘任、晋升以及考核、奖惩的；

（四）违反国家规定，更改公务员工资、福利、保险待遇标准的；

（五）在录用、公开遴选等工作中发生泄露试题、违反考场纪律以及其他严重影响公开、公正行为的；

（六）不按照规定受理和处理公务员申诉、控告的；

（七）违反本法规定的其他情形的。

第一百零七条　公务员辞去公职或者退休的，原系领导成员、县处级以上领导职务的公务员在离职三年内，其他公务员在离职两年内，不得到与原工作业务直接相关的企业或者其他营利性组织任职，不得从事与原工作业务直接相关的营利性活动。

公务员辞去公职或者退休后有违反前款规定行为的，由其原所在机关的同级公务员主管部门责令限期改正；逾期不改正的，由县级以上市场监管部门没收该人员从业期间的违法所得，责令接收单位将该人员予以清退，并根据情节轻重，对接收单位处以被处罚人员违法所得一倍以上五倍以下的罚款。

第一百零八条　公务员主管部门的工作人员，违反本法规定，滥用职权、玩忽职守、徇私舞弊，构成犯罪的，依法追究刑事责任；尚不构成犯罪的，给予处分或者由监察机关依法给予政务处分。

第一百零九条　在公务员录用、聘任等工作中，有隐瞒真实信息、弄虚作假、考试作弊、扰乱考试秩序等行为的，由公务员主管部门根据情节作出考试成绩无效、取消资格、限制报考等处理；情节严重的，依法追究法律责任。

第一百一十条　机关因错误的人事处理对公务员造成名誉损害的，应当赔礼道歉、恢复名誉、消除影响；造成经济损失的，应当依法给予赔偿。

【2023年版本、三次审议稿】

第二百五十九条　未依法登记为有限责任公司或者股份有限公司，而冒用有限责任公司或者股份有限公司名义的，或者未依法登记为有限责任公司或者股份有限公司的分公司，而冒用有限责任公司或者股份有限公司的分公司名义的，由公司登记机关责令改正或者予以取缔，可以并处十万元以下的罚款。

【2018年版本】

第二百一十条　未依法登记为有限责任公司或者股份有限公司，而冒用有限责任公司或者股份有限公司名义的，或者未依法登记为有限责任公司或者股份有限公司的分公司，而冒用有限责任公司或者股份有限公司的分公司名义的，由公司登记机关责令改正或者予以取缔，可以并处十万元以下的罚款。

【本条释义】

本条规定了冒用公司名义经营的法律责任。

只有经过公司登记机关依法登记的企业才能对外称为有限责任公司或者股份有限公司，否则，就涉嫌欺骗社会公众。因此，如果未依法登记为有限责任公司或者股份有限公司，而冒用有限责任公司或者股份有限公司名义，包括登记为有限责任公司的冒用股份有限公司的名义，或者登记为股份有限公司的冒用有限责任公司的名义，或者未依法登记为有限责任公司或者股份有限公司的分公司,而冒用有限责任公司或者股份有限公司的分公司名义的,由公司登记机关责令改正或者予以取缔,可以并处10万元以下的罚款。

如果是因为过失而导致将企业的名称或者性质表达错误,没有造成实际危害后果,公司登记机关责令改正即可,不予以取缔,也可以不予以罚款。如果长期冒用有限责任公司、股份有限公司、有限责任公司分公司或者股份有限公司分公司的名义开展经营活动,公司登记机关应当予以取缔,凡是予以取缔的,通常应当进行适当的罚款。对于首次轻微违法行为,应当注意《中华人民共和国行政处罚法》首违不罚的相关规定。

【相关法律规定】

《中华人民共和国行政处罚法》(1996年3月17日第八届全国人民代表大会第四次会议通过,根据2009年8月27日第十一届全国人民代表大会常务委员会第十次会议《关于修改部分法律的决定》第一次修正,根据2017年9月1日第十二届全国人民代表大会常务委员会第二十九次会议《关于修改〈中华人民共和国法官法〉等八部法律的决定》第二次修正,2021年1月22日第十三届全国人民代表大会常务委员会第二十五次会议修订)

第二条 行政处罚是指行政机关依法对违反行政管理秩序的公民、法人或者其他组织,以减损权益或者增加义务的方式予以惩戒的行为。

第四条 公民、法人或者其他组织违反行政管理秩序的行为,应当给予行政处罚的,依照本法由法律、法规、规章规定,并由行政机关依照本法规定的程序实施。

第五条 行政处罚遵循公正、公开的原则。

设定和实施行政处罚必须以事实为依据,与违法行为的事实、性质、情节以及社会危害程度相当。

对违法行为给予行政处罚的规定必须公布;未经公布的,不得作为行政处罚的依据。

第六条 实施行政处罚,纠正违法行为,应当坚持处罚与教育相结合,教育公民、法人或者其他组织自觉守法。

第七条 公民、法人或者其他组织对行政机关所给予的行政处罚,享有陈述权、申辩权;对行政处罚不服的,有权依法申请行政复议或者提起行政诉讼。

公民、法人或者其他组织因行政机关违法给予行政处罚受到损害的,有权依法提出赔偿要求。

第九条 行政处罚的种类:

(一)警告、通报批评;

(二)罚款、没收违法所得、没收非法财物;

（三）暂扣许可证件、降低资质等级、吊销许可证件；

（四）限制开展生产经营活动、责令停产停业、责令关闭、限制从业；

（五）行政拘留；

（六）法律、行政法规规定的其他行政处罚。

第二十七条　违法行为涉嫌犯罪的，行政机关应当及时将案件移送司法机关，依法追究刑事责任。对依法不需要追究刑事责任或者免予刑事处罚，但应当给予行政处罚的，司法机关应当及时将案件移送有关行政机关。

行政处罚实施机关与司法机关之间应当加强协调配合，建立健全案件移送制度，加强证据材料移交、接收衔接，完善案件处理信息通报机制。

第二十八条　行政机关实施行政处罚时，应当责令当事人改正或者限期改正违法行为。

当事人有违法所得，除依法应当退赔的外，应当予以没收。违法所得是指实施违法行为所取得的款项。法律、行政法规、部门规章对违法所得的计算另有规定的，从其规定。

第二十九条　对当事人的同一个违法行为，不得给予两次以上罚款的行政处罚。同一个违法行为违反多个法律规范应当给予罚款处罚的，按照罚款数额高的规定处罚。

第三十二条　当事人有下列情形之一，应当从轻或者减轻行政处罚：

（一）主动消除或者减轻违法行为危害后果的；

（二）受他人胁迫或者诱骗实施违法行为的；

（三）主动供述行政机关尚未掌握的违法行为的；

（四）配合行政机关查处违法行为有立功表现的；

（五）法律、法规、规章规定其他应当从轻或者减轻行政处罚的。

第三十三条　违法行为轻微并及时改正，没有造成危害后果的，不予行政处罚。初次违法且危害后果轻微并及时改正的，可以不予行政处罚。

当事人有证据足以证明没有主观过错的，不予行政处罚。法律、行政法规另有规定的，从其规定。

对当事人的违法行为依法不予行政处罚的，行政机关应当对当事人进行教育。

第三十四条　行政机关可以依法制定行政处罚裁量基准，规范行使行政处罚裁量权。行政处罚裁量基准应当向社会公布。

【2023 年版本】

第二百六十条　公司成立后无正当理由超过六个月未开业的，或者开业后自行停业连续六个月以上的，公司登记机关可以吊销营业执照，但公司依法办理歇业的除外。

公司登记事项发生变更时，未依照本法规定办理有关变更登记的，由公司登记机关责令限期登记；逾期不登记的，处以一万元以上十万元以下的罚款。

【三次审议稿】

第二百六十条　公司成立后无正当理由超过六个月未开业的，或者开业后自行停业连续六个月以上的，可以由公司登记机关吊销营业执照，但公司依法办理歇业的除外。

公司登记事项发生变更时，未依照本法规定办理有关变更登记的，由公司登记机关责令限期登记；逾期不登记的，处以一万元以上十万元以下的罚款。

【2018 年版本】

第二百一十一条　公司成立后无正当理由超过六个月未开业的，或者开业后自行停业连续六个月以上的，可以由公司登记机关吊销营业执照。

公司登记事项发生变更时，未依照本法规定办理有关变更登记的，由公司登记机关责令限期登记；逾期不登记的，处以一万元以上十万元以下的罚款。

【本条释义】

本条规定了公司违法歇业及不依法办理登记的法律责任。

公司成立后应当正常开业，如果无正当理由超过 6 个月未开业的，或者开业后自行停业连续 6 个月以上的，应当依法办理歇业，如果未办理歇业，由于公司已经名存实亡，公司登记机关可以吊销其营业执照。在认定公司未开业和停业时，应当结合公司客观状况以及负责人的主观状态综合认定，公司因市场冷清而未发生交易并不等于未开业或者停业，原则上只要有人愿意与公司交易且在合理期间内公司有人员与其联系交易事项就应当算企业处于开业状态，如果公司已经关闭经营场所，遣散所有员工，无法办理具体业务，应当认为公司未开业或者停业。

公司登记事项均是需要社会公众或者政府机关知晓的事项，因此，如果公司登记事项发生变更，公司应当及时依照《公司法》规定办理有关变更登记，如果未依法办理，由公司登记机关责令限期登记，如果在限期内完成了变更登记，不再予以处罚。如果逾期不登记，由公司登记机关处以 1 万元以上 10 万元以下的罚款。

【2023 年版本、三次审议稿】

第二百六十一条　外国公司违反本法规定，擅自在中华人民共和国境内设立分支机构的，由公司登记机关责令改正或者关闭，可以并处五万元以上二十万元以下的罚款。

【2018年版本】

第二百一十二条 外国公司违反本法规定，擅自在中国境内设立分支机构的，由公司登记机关责令改正或者关闭，可以并处五万元以上二十万元以下的罚款。

【本条释义】

本条规定了外国公司违法设立分支机构的法律责任。

外国公司在中国境内设立分支机构需要遵守中国法律并依法办理登记，如果外国公司违反《公司法》规定，擅自在中华人民共和国境内设立分支机构，由公司登记机关责令改正或者关闭，原则上能改正的改正，即补办登记手续，不能改正的予以关闭。无论是责令改正还是予以关闭，只要情节较重，均可以并处5万元以上20万元以下的罚款，如果情节较轻，没有造成不良后果，也可以不予罚款。

【2023年版本、三次审议稿】

第二百六十二条 利用公司名义从事危害国家安全、社会公共利益的严重违法行为的，吊销营业执照。

【2018年版本】

第二百一十三条 利用公司名义从事危害国家安全、社会公共利益的严重违法行为的，吊销营业执照。

【本条释义】

本条规定了公司从事严重违法行为的法律责任。

股东只能利用公司从事有利于社会的生产经营活动，如果利用公司名义从事危害国家安全、社会公共利益的严重违法行为，公司登记机关应当直接吊销该公司的营业执照。

根据《刑法》的规定，危害国家安全罪主要包括背叛国家罪，分裂国家罪，煽动分裂国家罪，武装叛乱、暴乱罪，颠覆国家政权罪，煽动颠覆国家政权罪，资助危害国家安全犯罪活动罪，投敌叛变罪，叛逃罪，间谍罪，为境外窃取、刺探、收买、非法提供国家秘密、情报罪，资敌罪等。

危害公共安全罪主要包括放火罪，决水罪，爆炸罪，投放危险物质罪，以危险方法危害公共安全罪，失火罪，过失决水罪，过失爆炸罪，过失投放危险物质罪，过失以危险方法危害公共安全罪，破坏交通工具罪，破坏交通设施罪，破坏电力设备罪，破坏易燃易爆设备罪，组织、领导、参加恐怖组织罪，帮助恐怖活动罪，准备实施恐怖活动罪，宣扬恐怖主义、极端主义、煽动实施恐怖活动罪，利用极端主义破坏法律实施罪，强制穿戴宣扬恐怖主义、极端主义服饰、标志罪，非法持有宣扬恐怖主义、极端主义物品罪，劫持航空器罪，劫持船只、汽车罪，暴力危及飞行安全罪，破坏广播电视设施、公用电信设施罪，过失损坏广播电视设施、公用电信设施罪，非法制造、买卖、运输、邮寄、储存枪支、弹药、爆炸物罪，非法制造、买卖、运输、储存危险物质罪，违规制造、销售枪支罪，盗窃、抢夺枪支、弹药、爆炸物、危险物质罪，盗窃、抢夺枪支、弹药、爆炸物、危险物质罪，非法持有、私藏枪支、弹药罪，非法出租、出借枪支罪，丢失枪支不报罪，非法携带枪支、弹药、管制刀具、危险物品危及公共安全罪，重大飞行事故罪，铁路运营安全事故罪，交通肇事罪，危险驾驶罪，妨害安全驾驶罪，重大责任事故罪，危险作业罪，重大劳动安全事故罪，大型群众性活动重大安全事故罪，危险物品肇事罪，工程重大安全事故罪，教育设施重大安全事故罪，消防责任事故罪，不报、谎报安全事故罪等。

【相关法律规定】

《刑法》

第二编　分　则

第一章　危害国家安全罪

第一百零二条　【背叛国家罪】勾结外国，危害中华人民共和国的主权、领土完整和安全的，处无期徒刑或者十年以上有期徒刑。

与境外机构、组织、个人相勾结，犯前款罪的，依照前款的规定处罚。

第一百零三条　【分裂国家罪】组织、策划、实施分裂国家、破坏国家统一的，对首要分子或者罪行重大的，处无期徒刑或者十年以上有期徒刑；对积极参加的，处三年以上十年以下有期徒刑；对其他参加的，处三年以下有期徒刑、拘役、管制或者剥夺政治权利。

【煽动分裂国家罪】煽动分裂国家、破坏国家统一的，处五年以下有期徒刑、拘役、管制或者剥夺政治权利；首要分子或者罪行重大的，处五年以上有期徒刑。

第一百零四条　【武装叛乱、暴乱罪】组织、策划、实施武装叛乱或者武装暴乱的，对首要分子或者罪行重大的，处无期徒刑或者十年以上有期徒刑；对积极参加的，处三年以上十年以下有期徒刑；对其他参加的，处三年以下有期徒刑、拘役、管制或者剥夺政治权利。

策动、胁迫、勾引、收买国家机关工作人员、武装部队人员、人民警察、民兵进行武装叛乱或者武装暴乱的，依照前款的规定从重处罚。

第一百零五条 【颠覆国家政权罪】组织、策划、实施颠覆国家政权、推翻社会主义制度的，对首要分子或者罪行重大的，处无期徒刑或者十年以上有期徒刑；对积极参加的，处三年以上十年以下有期徒刑；对其他参加的，处三年以下有期徒刑、拘役、管制或者剥夺政治权利。

【煽动颠覆国家政权罪】以造谣、诽谤或者其他方式煽动颠覆国家政权、推翻社会主义制度的，处五年以下有期徒刑、拘役、管制或者剥夺政治权利；首要分子或者罪行重大的，处五年以上有期徒刑。

第一百零六条 【与境外勾结的处罚规定】与境外机构、组织、个人相勾结，实施本章第一百零三条、第一百零四条、第一百零五条规定之罪的，依照各该条的规定从重处罚。

第一百零七条 【资助危害国家安全犯罪活动罪】境内外机构、组织或者个人资助实施本章第一百零二条、第一百零三条、第一百零四条、第一百零五条规定之罪的，对直接责任人员，处五年以下有期徒刑、拘役、管制或者剥夺政治权利；情节严重的，处五年以上有期徒刑。

第一百零八条 【投敌叛变罪】投敌叛变的，处三年以上十年以下有期徒刑；情节严重或者带领武装部队人员、人民警察、民兵投敌叛变的，处十年以上有期徒刑或者无期徒刑。

第一百零九条 【叛逃罪】国家机关工作人员在履行公务期间，擅离岗位，叛逃境外或者在境外叛逃的，处五年以下有期徒刑、拘役、管制或者剥夺政治权利；情节严重的，处五年以上十年以下有期徒刑。

掌握国家秘密的国家工作人员叛逃境外或者在境外叛逃的，依照前款的规定从重处罚。

第一百一十条 【间谍罪】有下列间谍行为之一，危害国家安全的，处十年以上有期徒刑或者无期徒刑；情节较轻的，处三年以上十年以下有期徒刑：

（一）参加间谍组织或者接受间谍组织及其代理人的任务的；

（二）为敌人指示轰击目标的。

第一百一十一条 【为境外窃取、刺探、收买、非法提供国家秘密、情报罪】为境外的机构、组织、人员窃取、刺探、收买、非法提供国家秘密或者情报的，处五年以上十年以下有期徒刑；情节特别严重的，处十年以上有期徒刑或者无期徒刑；情节较轻的，处五年以下有期徒刑、拘役、管制或者剥夺政治权利。

第一百一十二条 【资敌罪】战时供给敌人武器装备、军用物资资敌的，处十年以上有期徒刑或者无期徒刑；情节较轻的，处三年以上十年以下有期徒刑。

第一百一十三条 【危害国家安全罪适用死刑、没收财产的规定】本章上述危害国家安全罪行中，除第一百零三条第二款、第一百零五条、第一百零七条、第一百零九条外，对国家和人民危害特别严重、情节特别恶劣的，可以判处死刑。

犯本章之罪的，可以并处没收财产。

第二章　危害公共安全罪

第一百一十四条 【放火罪】【决水罪】【爆炸罪】【投放危险物质罪】【以危险方法危害公共安全罪】放火、决水、爆炸以及投放毒害性、放射性、传染病病原体等物质或者以其他危险方法危害公共安全，尚未造成严重后果的，处三年以上十年以下有期徒刑。

第一百一十五条 【放火罪】【决水罪】【爆炸罪】【投放危险物质罪】【以危险方法危害公共安全罪】放火、决水、爆炸以及投放毒害性、放射性、传染病病原体等物质或者以其他危险方法致人重伤、死亡或者使公私财产遭受重大损失的，处十年以上有期徒刑、无期徒刑或者死刑。

【失火罪】【过失决水罪】【过失爆炸罪】【过失投放危险物质罪】【过失以危险方法危害公共安全罪】过失犯前款罪的，处三年以上七年以下有期徒刑；情节较轻的，处三年以下有期徒刑或者拘役。

第一百一十六条 【破坏交通工具罪】破坏火车、汽车、电车、船只、航空器，足以使火车、汽车、电车、船只、航空器发生倾覆、毁坏危险，尚未造成严重后果的，处三年以上十年以下有期徒刑。

第一百一十七条 【破坏交通设施罪】破坏轨道、桥梁、隧道、公路、机场、航道、灯塔、标志或者进行其他破坏活动，足以使火车、汽车、电车、船只、航空器发生倾覆、毁坏危险，尚未造成严重后果的，处三年以上十年以下有期徒刑。

第一百一十八条 【破坏电力设备罪】【破坏易燃易爆设备罪】破坏电力、燃气或者其他易燃易爆设备，危害公共安全，尚未造成严重后果的，处三年以上十年以下有期徒刑。

第一百一十九条 【破坏交通工具罪】【破坏交通设施罪】【破坏电力设备罪】【破坏易燃易爆设备罪】破坏交通工具、交通设施、电力设备、燃气设备、易燃易爆设备，造成严重后果的，处十年以上有期徒刑、无期徒刑或者死刑。

【过失损坏交通工具罪】【过失损坏交通设施罪】【过失损坏电力设备罪】【过失损坏易燃易爆设备罪】过失犯前款罪的，处三年以上七年以下有期徒刑；情节较轻的，处三年以下有期徒刑或者拘役。

第一百二十条 【组织、领导、参加恐怖组织罪】组织、领导恐怖活动组织的，处十年以上有期徒刑或者无期徒刑，并处没收财产；积极参加的，处三年以上十年以下有期徒刑，并处罚金；其他参加的，处三年以下有期徒刑、拘役、管制或者剥夺政治权利,可以并处罚金。

犯前款罪并实施杀人、爆炸、绑架等犯罪的,依照数罪并罚的规定处罚。

第一百二十条之一 【帮助恐怖活动罪】资助恐怖活动组织、实施恐怖活动的个人的,或者资助恐怖活动培训的,处五年以下有期徒刑、拘役、管制或者剥夺政治权利,并处罚金;情节严重的,处五年以上有期徒刑,并处罚金或者没收财产。

为恐怖活动组织、实施恐怖活动或者恐怖活动培训招募、运送人员的,依照前款的规定处罚。

单位犯前两款罪的,对单位判处罚金,并对其直接负责的主管人员和其他直接责任人员,依照第一款的规定处罚。

第一百二十条之二 【准备实施恐怖活动罪】有下列情形之一的,处五年以下有期徒刑、拘役、管制或者剥夺政治权利,并处罚金;情节严重的,处五年以上有期徒刑,并处罚金或者没收财产:

(一)为实施恐怖活动准备凶器、危险物品或者其他工具的;

(二)组织恐怖活动培训或者积极参加恐怖活动培训的;

(三)为实施恐怖活动与境外恐怖活动组织或者人员联络的;

(四)为实施恐怖活动进行策划或者其他准备的。

有前款行为,同时构成其他犯罪的,依照处罚较重的规定定罪处罚。

第一百二十条之三 【宣扬恐怖主义、极端主义、煽动实施恐怖活动罪】以制作、散发宣扬恐怖主义、极端主义的图书、音频视频资料或者其他物品,或者通过讲授、发布信息等方式宣扬恐怖主义、极端主义的,或者煽动实施恐怖活动的,处五年以下有期徒刑、拘役、管制或者剥夺政治权利,并处罚金;情节严重的,处五年以上有期徒刑,并处罚金或者没收财产。

第一百二十条之四 【利用极端主义破坏法律实施罪】利用极端主义煽动、胁迫群众破坏国家法律确立的婚姻、司法、教育、社会管理等制度实施的,处三年以下有期徒刑、拘役或者管制,并处罚金;情节严重的,处三年以上七年以下有期徒刑,并处罚金;情节特别严重的,处七年以上有期徒刑,并处罚金或者没收财产。

第一百二十条之五 【强制穿戴宣扬恐怖主义、极端主义服饰、标志罪】以暴力、胁迫等方式强制他人在公共场所穿着、佩戴宣扬恐怖主义、极端主义服饰、标志的,处三年以下有期徒刑、拘役或者管制,并处罚金。

第一百二十条之六 【非法持有宣扬恐怖主义、极端主义物品罪】明知是宣扬恐怖主义、极端主义的图书、音频视频资料或者其他物品而非法持有,情节严重的,处三年以下有期徒刑、拘役或者管制,并处或者单处罚金。

第一百二十一条 【劫持航空器罪】以暴力、胁迫或者其他方法劫持航空器的,处十年以上有期徒刑或者无期徒刑;致人重伤、死亡或者使航空器遭受严重破坏的,处死刑。

第一百二十二条 【劫持船只、汽车罪】以暴力、胁迫或者其他方法劫持船只、汽车的，处五年以上十年以下有期徒刑；造成严重后果的，处十年以上有期徒刑或者无期徒刑。

第一百二十三条 【暴力危及飞行安全罪】对飞行中的航空器上的人员使用暴力，危及飞行安全，尚未造成严重后果的，处五年以下有期徒刑或者拘役；造成严重后果的，处五年以上有期徒刑。

第一百二十四条 【破坏广播电视设施、公用电信设施罪】破坏广播电视设施、公用电信设施，危害公共安全的，处三年以上七年以下有期徒刑；造成严重后果的，处七年以上有期徒刑。

【过失损坏广播电视设施、公用电信设施罪】过失犯前款罪的，处三年以上七年以下有期徒刑；情节较轻的，处三年以下有期徒刑或者拘役。

第一百二十五条 【非法制造、买卖、运输、邮寄、储存枪支、弹药、爆炸物罪】非法制造、买卖、运输、邮寄、储存枪支、弹药、爆炸物的，处三年以上十年以下有期徒刑；情节严重的，处十年以上有期徒刑、无期徒刑或者死刑。

【非法制造、买卖、运输、储存危险物质罪】非法制造、买卖、运输、储存毒害性、放射性、传染病病原体等物质，危害公共安全的，依照前款的规定处罚。

单位犯前两款罪的，对单位判处罚金，并对其直接负责的主管人员和其他直接责任人员，依照第一款的规定处罚。

第一百二十六条 【违规制造、销售枪支罪】依法被指定、确定的枪支制造企业、销售企业，违反枪支管理规定，有下列行为之一的，对单位判处罚金，并对其直接负责的主管人员和其他直接责任人员，处五年以下有期徒刑；情节严重的，处五年以上十年以下有期徒刑；情节特别严重的，处十年以上有期徒刑或者无期徒刑：

（一）以非法销售为目的，超过限额或者不按照规定的品种制造、配售枪支的；

（二）以非法销售为目的，制造无号、重号、假号的枪支的；

（三）非法销售枪支或者在境内销售为出口制造的枪支的。

第一百二十七条 【盗窃、抢夺枪支、弹药、爆炸物、危险物质罪】盗窃、抢夺枪支、弹药、爆炸物的，或者盗窃、抢夺毒害性、放射性、传染病病原体等物质，危害公共安全的，处三年以上十年以下有期徒刑；情节严重的，处十年以上有期徒刑、无期徒刑或者死刑。

【抢劫枪支、弹药、爆炸物、危险物质罪】【盗窃、抢夺枪支、弹药、爆炸物、危险物质罪】抢劫枪支、弹药、爆炸物的，或者抢劫毒害性、放射性、传染病病原体等物质，危害公共安全的，或者盗窃、抢夺国家机关、军警人员、民兵的枪支、弹药、爆炸物的，处十年以上有期徒刑、无期徒刑或者死刑。

第一百二十八条 【非法持有、私藏枪支、弹药罪】违反枪支管理规定，非法持有、私藏枪支、弹药的，处三年以下有期徒刑、拘役或者管制；情节严重的，处三年以上七年以下有期徒刑。

【非法出租、出借枪支罪】依法配备公务用枪的人员，非法出租、出借枪支的，依照前款的规定处罚。

【非法出租、出借枪支罪】依法配置枪支的人员，非法出租、出借枪支，造成严重后果的，依照第一款的规定处罚。

单位犯第二款、第三款罪的，对单位判处罚金，并对其直接负责的主管人员和其他直接责任人员，依照第一款的规定处罚。

第一百二十九条　【丢失枪支不报罪】依法配备公务用枪的人员，丢失枪支不及时报告，造成严重后果的，处三年以下有期徒刑或者拘役。

第一百三十条　【非法携带枪支、弹药、管制刀具、危险物品危及公共安全罪】非法携带枪支、弹药、管制刀具或者爆炸性、易燃性、放射性、毒害性、腐蚀性物品，进入公共场所或者公共交通工具，危及公共安全，情节严重的，处三年以下有期徒刑、拘役或者管制。

第一百三十一条　【重大飞行事故罪】航空人员违反规章制度，致使发生重大飞行事故，造成严重后果的，处三年以下有期徒刑或者拘役；造成飞机坠毁或者人员死亡的，处三年以上七年以下有期徒刑。

第一百三十二条　【铁路运营安全事故罪】铁路职工违反规章制度，致使发生铁路运营安全事故，造成严重后果的，处三年以下有期徒刑或者拘役；造成特别严重后果的，处三年以上七年以下有期徒刑。

第一百三十三条　【交通肇事罪】违反交通运输管理法规，因而发生重大事故，致人重伤、死亡或者使公私财产遭受重大损失的，处三年以下有期徒刑或者拘役；交通运输肇事后逃逸或者有其他特别恶劣情节的，处三年以上七年以下有期徒刑；因逃逸致人死亡的，处七年以上有期徒刑。

第一百三十三条之一　【危险驾驶罪】在道路上驾驶机动车，有下列情形之一的，处拘役，并处罚金：

（一）追逐竞驶，情节恶劣的；

（二）醉酒驾驶机动车的；

（三）从事校车业务或者旅客运输，严重超过额定乘员载客，或者严重超过规定时速行驶的；

（四）违反危险化学品安全管理规定运输危险化学品，危及公共安全的。

机动车所有人、管理人对前款第三项、第四项行为负有直接责任的，依照前款的规定处罚。

有前两款行为，同时构成其他犯罪的，依照处罚较重的规定定罪处罚。

第一百三十三条之二　【妨害安全驾驶罪】对行驶中的公共交通工具的驾驶人员使用暴力或者抢控驾驶操纵装置，干扰公共交通工具正常行驶，危及公共安全的，处一年以下有期徒刑、拘役或者管制，并处或者单处罚金。

前款规定的驾驶人员在行驶的公共交通工具上擅离职守，与他人互殴或者殴打他人，危及公共安全的，依照前款的规定处罚。

有前两款行为，同时构成其他犯罪的，依照处罚较重的规定定罪处罚。

第一百三十四条　【重大责任事故罪】在生产、作业中违反有关安全管理的规定，因而发生重大伤亡事故或者造成其他严重后果的，处三年以下有期徒刑或者拘役；情节特别恶劣的，处三年以上七年以下有期徒刑。

【强令、组织他人违章冒险作业罪】强令他人违章冒险作业，或者明知存在重大事故隐患而不排除，仍冒险组织作业，因而发生重大伤亡事故或者造成其他严重后果的，处五年以下有期徒刑或者拘役；情节特别恶劣的，处五年以上有期徒刑。

第一百三十四条之一　【危险作业罪】在生产、作业中违反有关安全管理的规定，有下列情形之一，具有发生重大伤亡事故或者其他严重后果的现实危险的，处一年以下有期徒刑、拘役或者管制：

（一）关闭、破坏直接关系生产安全的监控、报警、防护、救生设备、设施，或者篡改、隐瞒、销毁其相关数据、信息的；

（二）因存在重大事故隐患被依法责令停产停业、停止施工、停止使用有关设备、设施、场所或者立即采取排除危险的整改措施，而拒不执行的；

（三）涉及安全生产的事项未经依法批准或者许可，擅自从事矿山开采、金属冶炼、建筑施工，以及危险物品生产、经营、储存等高度危险的生产作业活动的。

第一百三十五条　【重大劳动安全事故罪】安全生产设施或者安全生产条件不符合国家规定，因而发生重大伤亡事故或者造成其他严重后果的，对直接负责的主管人员和其他直接责任人员，处三年以下有期徒刑或者拘役；情节特别恶劣的，处三年以上七年以下有期徒刑。

第一百三十五条之一　【大型群众性活动重大安全事故罪】举办大型群众性活动违反安全管理规定，因而发生重大伤亡事故或者造成其他严重后果的，对直接负责的主管人员和其他直接责任人员，处三年以下有期徒刑或者拘役；情节特别恶劣的，处三年以上七年以下有期徒刑。

第一百三十六条　【危险物品肇事罪】违反爆炸性、易燃性、放射性、毒害性、腐蚀性物品的管理规定，在生产、储存、运输、使用中发生重大事故，造成严重后果的，处三年以下有期徒刑或者拘役；后果特别严重的，处三年以上七年以下有期徒刑。

第一百三十七条　【工程重大安全事故罪】建设单位、设计单位、施工单位、工程监理单位违反国家规定，降低工程质量标准，造成重大安全事故的，对直接责任人员，处五年以下有期徒刑或者拘役，并处罚金；后果特别严重的，处五年以上十年以下有期徒刑，并处罚金。

第一百三十八条　【教育设施重大安全事故罪】明知校舍或者教育教学设施有危险，而不采取措施或者不及时报告，致使发生重大伤亡事故的，对直接责任人员，处三年以下有期徒刑或者拘役；后果特别严重的，处三年以上七年以下有期徒刑。

第一百三十九条　【消防责任事故罪】违反消防管理法规，经消防监督机构通知采取改正措施而拒绝执行，造成严重后果的，对直接责任人员，处三年以下有期徒刑或者拘役；后果特别严重的，处三年以上七年以下有期徒刑。

第一百三十九条之一　【不报、谎报安全事故罪】在安全事故发生后，负有报告职责的人员不报或者谎报事故情况，贻误事故抢救，情节严重的，处三年以下有期徒刑或者拘役；情节特别严重的，处三年以上七年以下有期徒刑。

【2023年版本、三次审议稿】

第二百六十三条　公司违反本法规定，应当承担民事赔偿责任和缴纳罚款、罚金的，其财产不足以支付时，先承担民事赔偿责任。

【2018年版本】

第二百一十四条　公司违反本法规定，应当承担民事赔偿责任和缴纳罚款、罚金的，其财产不足以支付时，先承担民事赔偿责任。

【本条释义】

本条规定了公司承担法律责任的顺序。

公司违反《公司法》规定，如果应当同时承担民事赔偿责任和缴纳罚款、罚金，为保护人民生命财产权益以及维护社会经济秩序的稳定，当公司财产不足以支付时，应当先承担民事赔偿责任，有剩余再承担罚款、罚金责任，没有剩余，或者剩余部分不足以承担全部罚款、罚金责任，则仅承担部分罚款、罚金责任，无财产承担的部分不再承担。

【2023年版本、三次审议稿】

第二百六十四条　违反本法规定，构成犯罪的，依法追究刑事责任。

【2018年版本】

第二百一十五条　违反本法规定，构成犯罪的，依法追究刑事责任。

【本条释义】

本条规定了刑事责任的追究。

第十四章 法律责任

严重违反《公司法》规定的行为有可能构成犯罪，由于我国所有刑事责任均规定在《刑法》之中，其他法律不具体规定刑事责任，因此，应当根据《刑法》规定追究刑事责任。

《刑法》在第二编第三章第三节中专门规定了"妨害对公司、企业的管理秩序罪"，违反《公司法》的行为也可能构成其他犯罪，如贪污贿赂罪、渎职罪等。

【相关法律规定】

《刑法》

第三节 妨害对公司、企业的管理秩序罪

第一百五十八条 【虚报注册资本罪】申请公司登记使用虚假证明文件或者采取其他欺诈手段虚报注册资本，欺骗公司登记主管部门，取得公司登记，虚报注册资本数额巨大、后果严重或者有其他严重情节的，处三年以下有期徒刑或者拘役，并处或者单处虚报注册资本金额百分之一以上百分之五以下罚金。

单位犯前款罪的，对单位判处罚金，并对其直接负责的主管人员和其他直接责任人员，处三年以下有期徒刑或者拘役。

第一百五十九条 【虚假出资、抽逃出资罪】公司发起人、股东违反公司法的规定未交付货币、实物或者未转移财产权，虚假出资，或者在公司成立后又抽逃其出资，数额巨大、后果严重或者有其他严重情节的，处五年以下有期徒刑或者拘役，并处或者单处虚假出资金额或者抽逃出资金额百分之二以上百分之十以下罚金。

单位犯前款罪的，对单位判处罚金，并对其直接负责的主管人员和其他直接责任人员，处五年以下有期徒刑或者拘役。

第一百六十条 【欺诈发行证券罪】在招股说明书、认股书、公司、企业债券募集办法等发行文件中隐瞒重要事实或者编造重大虚假内容，发行股票或者公司、企业债券、存托凭证或者国务院依法认定的其他证券，数额巨大、后果严重或者有其他严重情节的，处五年以下有期徒刑或者拘役，并处或者单处罚金；数额特别巨大、后果特别严重或者有其他特别严重情节的，处五年以上有期徒刑，并处罚金。

控股股东、实际控制人组织、指使实施前款行为的，处五年以下有期徒刑或者拘役，并处或者单处非法募集资金金额百分之二十以上一倍以下罚金；数额特别巨大、后果特别严重或者有其他特别严重情节的，处五年以上有期徒刑，并处非法募集资金金额百分之二十以上一倍以下罚金。

单位犯前两款罪的，对单位判处非法募集资金金额百分之二十以上一倍以下罚金，并对其直接负责的主管人员和其他直接责任人员，依照第一款的规定处罚。

第一百六十一条 【违规披露、不披露重要信息罪】依法负有信息披露义务的公司、企业向股东和社会公众提供虚假的或者隐瞒重要事实的财务会计报告，或者对依法应

当披露的其他重要信息不按照规定披露，严重损害股东或者其他人利益，或者有其他严重情节的，对其直接负责的主管人员和其他直接责任人员，处五年以下有期徒刑或者拘役，并处或者单处罚金；情节特别严重的，处五年以上十年以下有期徒刑，并处罚金。

前款规定的公司、企业的控股股东、实际控制人实施或者组织、指使实施前款行为的，或者隐瞒相关事项导致前款规定的情形发生的，依照前款的规定处罚。

犯前款罪的控股股东、实际控制人是单位的，对单位判处罚金，并对其直接负责的主管人员和其他直接责任人员，依照第一款的规定处罚。

第一百六十二条 【妨害清算罪】公司、企业进行清算时，隐匿财产，对资产负债表或者财产清单作虚伪记载或者在未清偿债务前分配公司、企业财产，严重损害债权人或者其他人利益的，对其直接负责的主管人员和其他直接责任人员，处五年以下有期徒刑或者拘役，并处或者单处二万元以上二十万元以下罚金。

第一百六十二条之一 【隐匿、故意销毁会计凭证、会计账簿、财务会计报告罪】隐匿或者故意销毁依法应当保存的会计凭证、会计账簿、财务会计报告，情节严重的，处五年以下有期徒刑或者拘役，并处或者单处二万元以上二十万元以下罚金。

单位犯前款罪的，对单位判处罚金，并对其直接负责的主管人员和其他直接责任人员，依照前款的规定处罚。

第一百六十二条之二 【虚假破产罪】公司、企业通过隐匿财产、承担虚构的债务或者以其他方法转移、处分财产，实施虚假破产，严重损害债权人或者其他人利益的，对其直接负责的主管人员和其他直接责任人员，处五年以下有期徒刑或者拘役，并处或者单处二万元以上二十万元以下罚金。

第一百六十三条 【非国家工作人员受贿罪】公司、企业或者其他单位的工作人员，利用职务上的便利，索取他人财物或者非法收受他人财物，为他人谋取利益，数额较大的，处三年以下有期徒刑或者拘役，并处罚金；数额巨大或者有其他严重情节的，处三年以上十年以下有期徒刑，并处罚金；数额特别巨大或者有其他特别严重情节的，处十年以上有期徒刑或者无期徒刑，并处罚金。

公司、企业或者其他单位的工作人员在经济往来中，利用职务上的便利，违反国家规定，收受各种名义的回扣、手续费，归个人所有的，依照前款的规定处罚。

【受贿罪】国有公司、企业或者其他国有单位中从事公务的人员和国有公司、企业或者其他国有单位委派到非国有公司、企业以及其他单位从事公务的人员有前两款行为的，依照本法第三百八十五条、第三百八十六条的规定定罪处罚。

第一百六十四条 【对非国家工作人员行贿罪】为谋取不正当利益，给予公司、企业或者其他单位的工作人员以财物，数额较大的，处三年以下有期徒刑或者拘役，并处罚金；数额巨大的，处三年以上十年以下有期徒刑，并处罚金。

【对外国公职人员、国际公共组织官员行贿罪】为谋取不正当商业利益，给予外国公职人员或者国际公共组织官员以财物的，依照前款的规定处罚。

单位犯前两款罪的，对单位判处罚金，并对其直接负责的主管人员和其他直接责任人员，依照第一款的规定处罚。

行贿人在被追诉前主动交待行贿行为的，可以减轻处罚或者免除处罚。

第一百六十五条 【非法经营同类营业罪】国有公司、企业的董事、经理利用职务便利，自己经营或者为他人经营与其所任职公司、企业同类的营业，获取非法利益，数额巨大的，处三年以下有期徒刑或者拘役，并处或者单处罚金；数额特别巨大的，处三年以上七年以下有期徒刑，并处罚金。

第一百六十六条 【为亲友非法牟利罪】国有公司、企业、事业单位的工作人员，利用职务便利，有下列情形之一，使国家利益遭受重大损失的，处三年以下有期徒刑或者拘役，并处或者单处罚金；致使国家利益遭受特别重大损失的，处三年以上七年以下有期徒刑，并处罚金：

（一）将本单位的盈利业务交由自己的亲友进行经营的；

（二）以明显高于市场的价格向自己的亲友经营管理的单位采购商品或者以明显低于市场的价格向自己的亲友经营管理的单位销售商品的；

（三）向自己的亲友经营管理的单位采购不合格商品的。

第一百六十七条 【签订、履行合同失职被骗罪】国有公司、企业、事业单位直接负责的主管人员，在签订、履行合同过程中，因严重不负责任被诈骗，致使国家利益遭受重大损失的，处三年以下有期徒刑或者拘役；致使国家利益遭受特别重大损失的，处三年以上七年以下有期徒刑。

第一百六十八条 【国有公司、企业、事业单位人员失职罪】【国有公司、企业、事业单位人员滥用职权罪】国有公司、企业的工作人员，由于严重不负责任或者滥用职权，造成国有公司、企业破产或者严重损失，致使国家利益遭受重大损失的，处三年以下有期徒刑或者拘役；致使国家利益遭受特别重大损失的，处三年以上七年以下有期徒刑。

国有事业单位的工作人员有前款行为，致使国家利益遭受重大损失的，依照前款的规定处罚。

国有公司、企业、事业单位的工作人员，徇私舞弊，犯前两款罪的，依照第一款的规定从重处罚。

第一百六十九条 【徇私舞弊低价折股、出售国有资产罪】国有公司、企业或者其上级主管部门直接负责的主管人员，徇私舞弊，将国有资产低价折股或者低价出售，致使国家利益遭受重大损失的，处三年以下有期徒刑或者拘役；致使国家利益遭受特别重大损失的，处三年以上七年以下有期徒刑。

第一百六十九条之一 【背信损害上市公司利益罪】上市公司的董事、监事、高级管理人员违背对公司的忠实义务，利用职务便利，操纵上市公司从事下列行为之一，致使上市公司利益遭受重大损失的，处三年以下有期徒刑或者拘役，并处或者单处罚金；致使上市公司利益遭受特别重大损失的，处三年以上七年以下有期徒刑，并处罚金：

（一）无偿向其他单位或者个人提供资金、商品、服务或者其他资产的；

（二）以明显不公平的条件，提供或者接受资金、商品、服务或者其他资产的；

（三）向明显不具有清偿能力的单位或者个人提供资金、商品、服务或者其他资产的；

（四）为明显不具有清偿能力的单位或者个人提供担保，或者无正当理由为其他单位或者个人提供担保的；

（五）无正当理由放弃债权、承担债务的；

（六）采用其他方式损害上市公司利益的。

上市公司的控股股东或者实际控制人，指使上市公司董事、监事、高级管理人员实施前款行为的，依照前款的规定处罚。

犯前款罪的上市公司的控股股东或者实际控制人是单位的，对单位判处罚金，并对其直接负责的主管人员和其他直接责任人员，依照第一款的规定处罚。

第十五章　附　　则

【2023 年版本、三次审议稿】

第二百六十五条　本法下列用语的含义：

（一）高级管理人员，是指公司的经理、副经理、财务负责人，上市公司董事会秘书和公司章程规定的其他人员。

（二）控股股东，是指其出资额占有限责任公司资本总额超过百分之五十或者其持有的股份占股份有限公司股本总额超过百分之五十的股东；出资额或者持有股份的比例虽然低于百分之五十，但依其出资额或者持有的股份所享有的表决权已足以对股东会的决议产生重大影响的股东。

（三）实际控制人，是指通过投资关系、协议或者其他安排，能够实际支配公司行为的人。

（四）关联关系，是指公司控股股东、实际控制人、董事、监事、高级管理人员与其直接或者间接控制的企业之间的关系，以及可能导致公司利益转移的其他关系。但是，国家控股的企业之间不仅因为同受国家控股而具有关联关系。

【2018 年版本】

第二百一十六条　本法下列用语的含义：

（一）高级管理人员，是指公司的经理、副经理、财务负责人，上市公司董事会秘书和公司章程规定的其他人员。

（二）控股股东，是指其出资额占有限责任公司资本总额百分之五十以上或者其持有的股份占股份有限公司股本总额百分之五十以上的股东；出资额或者持有股份的比例虽然不足百分之五十，但依其出资额或者持有的股份所享有的表决权已足以对股东会、股东大会的决议产生重大影响的股东。

（三）实际控制人，是指虽不是公司的股东，但通过投资关系、协议或者其他安排，能够实际支配公司行为的人。

（四）关联关系，是指公司控股股东、实际控制人、董事、监事、高级管理人员与其直接或者间接控制的企业之间的关系，以及可能导致公司利益转移的其他关系。但是，国家控股的企业之间不仅因为同受国家控股而具有关联关系。

【本条释义】

本条规定了相关术语的含义。

高级管理人员，是指公司的经理、副经理、财务负责人，上市公司董事会秘书和公司章程规定的其他人员。董事有可能兼任高级管理人员，也有可能不兼任高级管理人员。公司章程可以规定其他高级管理人员，例如部门经理、经理助理、总法律顾问、总会计师、总经济师、总审计师等。

控股股东分为形式控股股东和实质控股股东，形式控股股东是指其出资额占有限责任公司资本总额超过 50% 或者其持有的股份占股份有限公司股本总额超过 50% 的股东。实质控股股东是指出资额或者持有股份的比例虽然低于 50%，但依其出资额或者持有的股份所享有的表决权已足以对股东会的决议产生重大影响的股东。

实际控制人的范围大于控股股东，是指通过投资关系、协议或者其他安排，能够实际支配公司行为的人。控股股东是实际控制人，但实际控制人还包括控股股东以外的其他人员，如其原材料供应商、经销商、技术授予方等。

关联关系，是指公司控股股东、实际控制人、董事、监事、高级管理人员与其直接或者间接控制的企业之间的关系，以及可能导致公司利益转移的其他关系。判断关联关系，主要看交易向对方是否是公司的关联人。公司控股股东、实际控制人、董事、监事、高级管理人员均是公司的关联人，普通职工不是关联人。与同一主体均有关联关系的主体之间也具有关联关系。例如，张某同时担任甲公司和乙公司的董事，则张某与甲公司之间、张某与乙公司之间、甲公司与乙公司之间均具有关联关系。国家控股企业的股东均为国家，如根据一般规定，应当全部属于关联企业，未来它们之间的关系很难处理，同时也因为国家是一个抽象的主体，国家不会损害国家控股企业的利益，因此，国家控股的企业之间不仅因为同受国家控股而具有关联关系。例如，甲公司和乙公司均是国务院国资委所属企业，如果甲公司与乙公司之没有其他关联关系，则甲公司和乙公司不具有关联关系。再例如，甲公司持有丙公司 80% 的股权，持有丁公司 60% 的股权，则丙公司与丁公司之间具有关联关系。

【2023 年版本】

第二百六十六条　本法自 2024 年 7 月 1 日起施行。

本法施行前已登记设立的公司，出资期限超过本法规定的期限的，除法律、行政法规或者国务院另有规定外，应当逐步调整至本法规定的期限以内；对于出资期限、出资额明显异常的，公司登记机关可以依法要求其及时调整。具体实施办法由国务院规定。

【三次审议稿】

第二百六十六条　本法自　　年　月　日起施行。

【2018年版本】

第二百一十八条　本法自2006年1月1日起施行。

【本条释义】

本条规定了生效日期。

修改后的《公司法》自2024年7月1日起施行。由于《公司法》修改内容较多，需要给社会留出一定的学习和适应时期。

2024年7月1日前已登记设立的公司，出资期限超过5年的，除法律、行政法规或者国务院另有规定外，应当逐步调整至5年以内；对于出资期限、出资额明显异常的，公司登记机关可以依法要求其及时调整。例如，有的公司出资期限为2050年12月31日，《公司法》施行后，应当按相关规定逐步调整至2029年7月1日。

【相关司法解释规定】

《最高人民法院关于适用〈中华人民共和国公司法〉若干问题的规定（一）》

第一条　公司法实施后，人民法院尚未审结的和新受理的民事案件，其民事行为或事件发生在公司法实施以前的，适用当时的法律法规和司法解释。

第二条　因公司法实施前有关民事行为或者事件发生纠纷起诉到人民法院的，如当时的法律法规和司法解释没有明确规定时，可参照适用公司法的有关规定。

第五条　人民法院对公司法实施前已经终审的案件依法进行再审时，不适用公司法的规定。